DICTIONNAIRE

DE

PROCÉDURE CIVILE

ET COMMERCIALE.

TOME III.

F—J.

Chaque volume de cette édition sera numéroté, revêtu du cachet de l'administration, et signé par l'auteur, comme il suit.

N° *672.*   Cachet de l'administration, Signature de l'auteur.

On ne reconnaîtra pour non contrefaits que les volumes ainsi numérotés, timbrés et signés.

DICTIONNAIRE

DE PROCÉDURE

CIVILE ET COMMERCIALE,

CONTENANT LA JURISPRUDENCE, L'OPINION DES AUTEURS, LES USAGES DU PALAIS,
LE TIMBRE ET L'ENREGISTREMENT DES ACTES, LEUR TARIF, LEURS FORMULES ;
ET TERMINÉ PAR UN RECUEIL DE TOUTES LES LOIS SPÉCIALES QUI COMPLÈTENT
OU MODIFIENT LE CODE DE PROCÉDURE, ET PAR UNE TABLE DE CONCORDANCÈ
DU DICTIONNAIRE AVEC LES ARTICLES DE CE CODE ET LES LOIS SPÉCIALES;

PAR M. BIOCHE,

Docteur en droit, Avocat à la Cour royale de Paris;

M. GOUJET, avocat à la Cour royale de Paris,

ET PLUSIEURS MAGISTRATS ET JURISCONSULTES.

———

DEUXIÈME ÉDITION, revue, corrigée et augmentée.

———

TOME TROISIÈME.

PARIS,

VIDECOQ, LIBRAIRE-ÉDITEUR,

PLACE DU PANTHÉON, N° 6.

—

1840.

CET OUVRAGE SE TROUVE AUSSI

A Bordeaux. . Chez THEYCHENEY, LAWALLE.
Strasbourg. . .   DESRIVEAUX, LAGIER.
Marseille. . . .   MOSSY.
Dijon. . . . .   LAMARCHE, DECAILLY, BENOIST.
Toulouse. . .   LEBON, DAGALIER.
Rennes. . . .   MOLLIEX, Mad. DUCHÊNE.
Aix. . . . . .   AUBIN.
Nantes. . . .   FOREST.
Rouen. . . . .   EDET, LEGRAND.
Grenoble. . .   PRUD'HOMME.
Le Mans. . .   BELON.
Besançon. . . .   BINTOT.
Caen. . . . . .   CLERISSE, HUET-CABOURG.
Poitiers. . . .   BOURCES, FRADET.
Colmar. , . .   REIFFENGER.
Bruxelles. . .   BERTHOT.

IMPRIMERIE DE J.-B. GROS, SUCCESSEUR DE J. GRATIOT,
Rue du Foin-Saint-Jacques, 18, Maison de la Reine Blanche.

DICTIONNAIRE

DE

PROCÉDURE CIVILE

ET COMMERCIALE.

F.

FABRICANT. — V. *Acte de commerce*, nᵒˢ 75 et suiv. ; *Brevet d'invention* ; *Dessin de fabrique* ; *Prudhomme* ; *Tribunal de commerce.*

FABRIQUE (Dessin de). — V. *Dessin de fabrique.*

FABRIQUE d'église.

1. Les fabriques ne peuvent plaider, soit en demandant, soit en défendant, sans une autorisation du conseil de préfecture, donnée après délibération du conseil de fabrique et du bureau des marguilliers réunis. Décr. 30 déc. 1809, art. 77. (Art. 59 J. Pr.)

2. Cette autorisation est nécessaire, — spécialement pour intenter une action en complainte relative à un droit de servitude au profit d'une cure. Cass. 8 fév. 1837 (Art. 1455 J. Pr.). — Dans l'espèce, le curé non autorisé fut déclaré non recevable.

3. Peu importe que l'objet réclamé soit de peu de valeur et que la propriété n'en soit pas contestée : le décret de 1809 exige l'autorisation en *toute affaire*. — Toutefois la distinction a été admise : Cormenin, vᵒ *Fabrique*, 3, 160, 4ᵉ édition ; Dupin, *Lois des communes*, 1149 ; Affre, *Administration des paroisses*, 62 ; Noyon, *Législation sur les cultes*, 289 ; Arg. Cass. 24 juin 1808, P. 6, 754 ; Carré, *Gouvernement des paroisses*, nᵒ 509.

4. Mais l'autorisation n'est pas nécessaire : — 1ᵒ Dans les affaires qui sont de la compétence des conseils de préfecture. Noyon, 294 ; — 2ᵒ Lorsqu'une ordonn. royale renvoie la fabrique devant les trib., à moins que cette ordonn. ne lui impose l'obligation de l'obtenir. Noyon, *ib.*

5. En tout cas, l'autorisation de plaider n'est plus nécessaire si les fabriciens s'engagent personnellement à supporter le résultat du procès. Cons.-d'État, 25 fév. 1848.

6. Le trésorier, pour obtenir l'autorisation, adresse au préfet les titres justificatifs de la demande ou de la défense, avec une copie certifiée de la délibération prise par le conseil de fabrique et le bureau des marguilliers.

7. L'adhésion de l'autorité municipale n'étant point requise par le décret de 1809 ne devient indispensable, que dans le cas où les communes supportent les frais du procès, à raison de l'insuffisance de revenus des fabriques. Affre, 252; Carré, nº 606. — MM. Noyon, 294, Cormenin, 158, exigent dans tous les cas cette adhésion.

8. Dans l'usage, la demande d'autorisation est appuyée de l'avis de trois jurisconsultes; mais aucune loi n'exige cet avis. Carré, nº 513.

9. Le conseil de préfecture, en cas de refus, rend un arrêté motivé, — qui peut être infirmé par le Cons.-d'État sur la demande de la fabrique appuyée de l'avis de trois jurisconsultes.

Le Cons.-d'État peut aussi refuser l'autorisation, surtout quand cet avis est contraire. Arrêt Cons. 5 juin 1848; 6 juin 1850. — L'avis d'autres avocats ne peut être opposé à la consultation des trois jurisconsultes. Cons.-d'État, 11 janv. 1813.

10. Le conseil de préfecture ne doit point s'établir juge du fond du droit en refusant l'autorisation. Cons.-d'État, 9 et 24 déc. 1808; 13 juill. 1813; 25 janv. 1828.

11. Toutefois, il n'en résulterait pas une nullité de l'arrêté portant refus. Noyon, 290.

12. Les autorisations de plaider ne constituent que des actes de tutelle administrative sur lesquels les conseils de préfecture peuvent revenir lorsqu'ils se trouvent plus éclairés par de nouveaux renseignemens. Cons.-d'État, 6 sept. 1826.

13. Mais l'autorisation, une fois accordée, ne peut être discutée, ni par les adversaires de la fabrique, ni par des *tiers*. Cons.-d'État, 11 fév. 1820; 22 fév. 1821; 25 mars 1850; 17 janv. 1851; 27 août 1853.

14. Les fabriques comme les *communes* (—V. ce mot, nº 24) ont besoin d'une nouvelle autorisation pour se pourvoir devant un autre degré de juridiction; — à plus forte raison en *cassation*. —V. ce mot, nº 47.

15. Mais l'autorisation d'interjeter appel d'un jugement, permet de défendre à la demande en péremption sans autorisation nouvelle. Arg. 8 juill. 1828, *Journ. des communes*, 2, 225.

16. L'autorisation de plaider n'entraîne pas la faculté d'acquiescer au jugement à intervenir.

La fabrique, malgré l'acquiescement du trésorier, peut interjeter appel par l'intermédiaire d'un agent que le préfet nomme en remplacement du trésorier. Colmar, 31 juill. 1823, Dalloz, vº *Fabrique*, 5, 296.

17. Au surplus, les règles relatives à la nécessité et à l'étendue de l'autorisation pour les *communes* sont applicables aux fabriques. — V. ce mot, n°s 29 et suiv.

18. Ceux qui veulent plaider contre une fabrique doivent en obtenir la permission du conseil de préfecture, qui ne peut jamais la refuser. Cormenin, 4e édit., t. 3, p. 158, note; Noyon, 292. — V. *Commune*, n°s 4 et 20.

19. Toutes les règles ci-dessus s'appliquent aux consistoires des églises protestantes. Arg. C. pr. 1032; Colmar, 13 nov. et 13 déc. 1835, D. 34, 81.

20. A qui appartient l'exercice des actions relatives aux droits immobiliers des églises?

Les uns l'accordent aux communes : elles sont propriétaires des églises, en vertu du concordat et des actes subséquens. Poitiers, 20 fév. 1835; Paris, 29 déc. 1835 (Art. 1437 J. Pr.).

21. D'autres l'attribuent aux fabriques, à l'exclusion des communes. Nanci, 31 mai 1827, S. 27, 218.—*Contrà*, Noyon, 174. Dans l'espéce, il s'agissait de la revendication d'un droit de passage pour arriver à l'église, et un pourvoi fut admis contre cet arrêt le 31 juill. 1828, mais il y a eu transaction.

Du moins, les fabriques, lorsque l'autorité municipale refuse de prendre l'initiative, peuvent revendiquer un terrain invendu et compris dans la restitution ordonnée par l'arrêté du 7 therm. an 11. Bordeaux, 6 fév. 1838 (Art. 1436. J. Pr.).

22. Une dernière distinction a été consacrée par un jugement du trib. de Chartres, 13 juin 1834 (Art. 1437 J. Pr.) : — S'il s'agit d'églises ou de presbytères, dont l'acquisition ou la construction a été faite nouvellement par les communes, il paraît juste d'admettre qu'elles soient, en qualité de seules propriétaires, investies du droit de diriger toutes actions réelles;— Au contraire, à l'égard des églises et presbytères anciens, ils appartenaient incontestablement aux fabriques ; ces biens furent confisqués comme biens des *fabriques*, et non comme biens communaux ; la restitution qui en a été faite par les décrets du 18 germ. an 10; 7 therm. an 11 ; 30 mai, 31 juill. 1806, a **eu** lieu en faveur des fabriques auxquelles ces biens appartenaient précédemment. Le décret de l'an 2 porte que les églises non vendues seront remises à la disposition des évêques. Enfin le décret du 11 prair. an 3 n'a fait qu'accorder provisoirement aux communes le libre usage des édifices autrefois consacrés au culte. —Cette distinction n'est vraie que pour les presbytères. Les églises appartiennent toujours aux communes. Affre, 82 et 85.

23. Toutes contestations relatives à la propriété des biens, et toutes poursuites à fin de recouvrement des revenus, sont portées devant les juges ordinaires. Déc. 30 déc. 1809, art. 80. Cons.-d'État, 1er déc. 1819.

24. Ainsi les tribunaux ordinaires connaissent exclusivement des contestations : 1° entre une fabrique envoyée en possession d'une rente et ses débiteurs, sur la propriété ou la féodalité de cette rente. Cons.-d'État 28 mai 1812, 5 mars 1814 ; 24 oct., 19 déc. 1821 ; Affre, p. 221.—2° Entre une fabrique et les tiers revendiquant la propriété des immeubles en possession desquels elle a été remise par le gouvernement. Cons.-d'État. 22 sept. 1812 ; 16 mars 1816 et 1er déc. 1819. — 3° Entre les fabriques et les héritiers du testateur, sur l'existence, la validité et les effets des legs. Arr. régl. 7 therm. an 11 ; déc. 18 sept. 1811 ; Affre, *ib.* — 4° Entre les créanciers d'une fabrique et une caution qui a renoncé au bénéfice de discussion. Arr. 28 mai 1809 ; Carré, *ib.* n° 504. — 5° De la question de savoir si les administrateurs d'une fabrique ont payé une dette ou s'y sont obligés en leur propre nom comme particuliers, et de l'effet de cet engagement. Arr. 11 janv. 1808, 11 oct. 1808 ; Carré, *ib.* ; Affre, p. 224. — 6° Des contestations concernant l'exécution d'un engagement, même approuvé par le préfet, et contracté entre les membres d'une municipalité et un ecclésiastique, pour lui assurer une rétribution à raison de ses fonctions, pourvu que la contestation ne donne pas lieu à statuer sur les charges communales ou sur les rôles de répartition. Cons.-d'État, 20 oct. 1818 ; *ib.* — 7° Des droits de servitude réclamés par un particulier contre une fabrique, ou par une fabrique contre un particulier. Av. Cons.-d'État 9 oct. 1808 ; Affre, p. 225. — 8° De toutes les questions préjudicielles relatives à une affaire qui, au fond, serait de la compétence de l'autorité administrative, lorsqu'elles réclament l'application d'une disposition du droit civil : par exemple, d'une exception de prescription dans une cause soumise au fond à un conseil de préfecture. Arr. Cons. 26 fév. 1809 ; *ib.*

25. Les trib. ordinaires sont encore compétens pour condamner le trésorier à rendre compte, sur la poursuite de son successeur, ou du procureur du roi, d'office. Décr. 30 déc. 1809, art. 90. — Le second trésorier devant poursuivre son prédécesseur dans le délai d'un mois (*ib.* art. 90), n'a pas besoin de se faire autoriser par le conseil de préfecture. — *Contrà*, Paris, 16 janv. 1834.

26. Mais l'autorité administrative connaît exclusivement, 1° des difficultés relatives aux divers articles de ce compte. Arrêt. 7 therm. an 11, art. 5 ; Cass. 9 juin 1823 (D. v° *Fabrique*, 17). — 2° Des contestations entre les entrepreneurs et les fabriques, pour marché relatif au transport des corps. Décr. 18 mai 1806, art. 15. — 3° Des contestations entre un curé et une fabrique, relativement aux avances qu'il aurait faites pour le service du culte. Arr. Cons. 22 juin 1810 ; Macarel, *Juris.*

admin. t. 2, p. 111 ; Trib. Seine, 19 janv. 1855 (D. 54, 5, 2). — *Contrà.* Arr. Cons. 16 janv. 1822. — Les trib. seraient compétens si les dépenses avaient été autorisées par le budget : il n'y aurait plus rien d'administratif ; il suffirait d'appliquer le principe sur le paiement d'une dette par un tiers, principe de pur droit civil. Carré, n° 505. — 4° Des débats relatifs à la distribution des places dans une église. — Les tribunaux sont compétens sur la question de savoir si la fabrique a droit de louer des bancs qu'elle prétend n'avoir pas été valablement concédés. Av. Cons.-d'État 4 juin 1826 ; Affre, p. 224; Carré, *ib.* — 5° Des demandes intentées contre l'acquéreur d'un bien vendu comme national, s'il s'agit d'interpréter la vente. Arr. Cons. 23 août 1800 ; *ib.* — 6° Des difficultés à raison des dépenses auxquelles doivent faire face les biens et revenus confiés à l'administration des marguilliers. Arr. Cons. 11 avr. 1810 ; Carré, *ib.* — 7° Les débats entre un hospice et une fabrique, sur l'envoi en possession d'une rente. Arr. Cons.-d'État. 50 avr. 1807 ; Affre, p. 225 ; — entre une fabrique et le domaine, sur la propriété des rentes transférées par celui-ci après l'envoi en possession de la fabrique. Décr. 20 juin 1815; ordonn. 19 déc. 1824; Affre, *ib.* ; — entre le domaine représentant les anciens chapitres et les chanoines, sur la propriété de maisons canoniales par eux occupées; *ib.* ; — entre une fabrique et un séminaire, sur la propriété ou l'origine de biens nationaux à eux respectivement rendus. Arr. 17 nov. 1824 ; *ib.* ; — entre deux fabriques, sur les préférences d'attribution à l'une d'elles de biens et rentes ayant appartenu à des églises supprimées. Arr. 10 févr. 1806 ; *ib.* — 8° Des contestations relatives au remboursement des rentes qu'un particulier prétend avoir payées au domaine, et qui sont réclamées par une fabrique. Av. Cons.-d'État, 10 mars 1815 ; Affre, p. 228.

27. Lorsque des biens affectés par le gouvernement à l'entretien d'un séminaire sont situés dans un département qui, par l'effet d'une nouvelle circonscription, passe sous le régime d'un autre diocèse, la répétition de ces biens doit, en cas de contestation entre les deux évêques, être portée devant l'administration. Av. Cons.-d'État 50 oct. 1825 ; Affre, p. 227. — V. d'ailleurs Noyon, 511 et suiv.

28. Les biens d'une fabrique sont insaisissables. — Ainsi les créanciers, même porteurs de condamnations, ne peuvent les exécuter par voie de saisie-arrêt, ni de saisie, soit mobilière, soit immobilière. Av. Cons.-d'État 10 avr. 1807 ; Carré, n° 550, 551 ; Cormenin, v° *Fabrique*, n° 417; Noyon, p. 297; Roger, *Saisie-arrêt*, n° 260.

29. C'est à l'autorité administrative seule à régler le mode de paiement des dettes et celui d'exécution des jugemens qui ont condamné des fabriques au paiement de sommes ou frais mis à leur charge. Cormenin, Carré, *ib.*

Les créanciers doivent obtenir du préfet l'assignation de fonds disponibles, et s'il n'y en a pas, se pourvoir devant le ministre de l'intérieur, afin que sur son rapport le roi ordonne l'aliénation des biens jusqu'à concurrence de la créance, sauf le recours du créancier au Cons.-d'Etat. Arg., art. 62, Décr. 30 déc. 1809, Carré, *ib.* n° 556.

50. Du reste, l'avis du 10 août 1807 n'ôte pas aux créanciers la faculté de faire des actes conservatoires ; aussi ils peuvent prendre inscription sur les biens d'une fabrique. Noyon, p. 299.

De même, si la créance a été reconnue, liquidée, le paiement ordonné, et que les fonds aient été assignés sur les revenus de la fabrique, les trib. peuvent valider la saisie arrêt pratiquée sur la fabrique, en cas de refus de paiement. Dans cette circonstance, l'administration a consommé son mandat. Ordonn. 3 déc. 1817.

51. En tout cas, les créanciers ne pourraient, pour inexécution des condamnations, ou pour défaut de paiement de leurs créanciers, contraindre les fabriciens à payer pour les fabriques, *ib.* et Arg. Merlin, *Quest.* v° *Communes.*

52. Les actions intéressant une fabrique sont soutenues au nom de cet établissement, et les diligences faites à la requête de son trésorier, qui donne communication de la procédure au bureau. Décr. 30 déc. 1809 ; Carré, n° 550. — V. *Exploit,* formule 2.

Il y a lieu à constitution d'avoué.

53. Les assignations données en la personne du trésorier doivent être visées par lui. Liége, 2 juill. 1810, P. 8, 427 ; Paris, 8 janv. 1836 (Art. 588 J. Pr.), — et remises, non chez lui, mais au lieu du bureau de la fabrique. Liége, 15 juill. 1814, P. 12, 514. —V. *Exploit,* n° 224.

54. Indépendamment des actes de procédure, le trésorier est tenu de faire tous actes conservatoires pour le maintien des droits de la fabrique, et toutes diligences nécessaires pour le recouvrement de ses revenus. Décr. 30 déc. 1809, art. 78 ; Noyon, 299 et suiv.

Ainsi il peut, sans autorisation, empêcher les péremptions d'instance, Arg. Arrêt, 8 juill. 1828 ; — qui courent contre les fabriques comme contre toute autre partie, Arg. C. pr. 598 ; — à moins que la fabrique n'eût pas été autorisée à plaider. Toulouse, 26 févr. 1829 ; S. 29, 511.— *Contrà,* Paris, 17 janv. 1809 ; Nîmes, 31 août 1812, P. 14, 704. — V. *Péremption.*

55. Le trésorier qui interjetterait un appel malgré un refus d'autorisation ne devrait pas être réputé faire un acte conservatoire, et il serait personnellement passible des frais de cet appel. Bastia, 13 nov. 1823, Dalloz, 8, 17.

36. Il a besoin d'un pouvoir spécial pour répondre à *l'interrogatoire sur faits et articles.* Arg. C. pr. 556 ; Carré, *ib.* n° 535. — V. ce mot.

37. Les membres d'une fabrique ne sont pas des agens du gouvernement, et ils peuvent être poursuivis sans autorisation du Cons.-d'État, à raison de faits commis dans l'exercice de leurs fonctions. Cass. 3 mai 1838 ; Limoges, 17 août 1838 (Art. 1363 J. Pr.).

38. Toutefois il a été jugé que l'enlèvement des chaises placées dans la nef d'une église, opéré par un fabricien par suite de la délibération du conseil, est un acte d'administration qui ne peut entrer dans les attributions des trib., et ne constitue pas à l'égard des propriétaires des chaises une voie de fait dont ils puissent se plaindre en simple police. Cass. 9 déc. 1808, P. 7, 246 ; Merlin, *Rép.* v° *Chaises* ; Besnier, *Légis. des fabriques*, v° *Conseil de fabrique* ; Cormenin, v° *Fabrique*, 147.

39. Les fabriques ne peuvent compromettre. Carré, n° 498 ; Affre, p. 188. — V. *Arbitrage*, n° 52.

40. Mais elles peuvent : — 1° *transiger* en suivant les formes tracées par l'arrêté du 24 frim. an 12, combiné avec l'art. 50 de la loi du 18 juill. 1837, sur les attributions municipales. Noyon, 294 ; — 2° se rendre adjudicataires sans autorisation d'un bien dont elles poursuivent l'expropriation. Carré, n° 418 ; — 3° former une surenchère, même lorsque l'expropriation n'est pas poursuivie à leur requête. Carré, n° 419.

41. La vente d'un bien de fabrique ne peut avoir lieu qu'en justice, sur une expertise contenant estimation de l'immeuble.
— V. *Commune, Établissement public, Vente.*

FACTEUR. — V. *Tribunal de commerce.*

FACTURE. Une *facture acceptée* est l'un des modes de preuve admis par l'art. 109 C. comm. pour constater les achats et ventes en matière de commerce.

FACULTÉ de droit.

1. Les facultés de droit sont régies par plusieurs lois, décrets et ordonnances. — V. LL. des 11 flor. an 10, art. 24 à 26 ; 22 vent. an 12, art. 1 à 58 ; Décrets 4 complém. an 12, art. 1 à 71 ; 28 flor. an 13, art. 1 ; 10 fév. 1806 ; 25 janv. 1807, art. 1 ; 17 mars 1808, art. 6, 11, 16, 17, 25, 26 ; 4 juin 1809, art. 2, 7, 10, 26 ; Ordonn. 5 juill. 1820, art. 1 à 24 ; 15 juin 1830 ; 9 août 1836 (1).

(1) V. d'ailleurs le *Memento de l'étudiant en droit*, ou législation générale des écoles de droit, qui précède l'édition in-18 *des Codes* par Teulet et Loiseau, à la librairie de Videcoq.

2. Les inscriptions dites de *capacité* (— V. *Avoué*, nº 18), prises à partir du 1ᵉʳ nov. 1850, ne comptent, ni pour le baccalauréat, ni pour la licence en droit. Ordonn. roy. 13 juin 1850, art. 1.

3. Nul ne peut être admis à prendre sa première inscription dans une faculté, à quelque titre que ce soit, s'il ne justifie du diplôme de bachelier-ès-lettres. Sont exceptées les inscriptions dites de capacité, art. 2.

— V. *Docteur en droit*, *Licencié*.

FAILLITE. La faillite est l'état de tout commerçant qui cesse ses paiemens. — Cet état prend le nom de *banqueroute*, si le failli se trouve dans l'un des cas de faute grave ou de fraude prévus par la loi. —Dans la première hypothèse, la *banqueroute est simple*, dans la seconde, elle est *frauduleuse*.

1. Le livre III du Code de commerce de 1808, sur les faillites et banqueroutes, ainsi que les art. 69 et 635 du même Code, ont été remplacés par les dispositions de la loi du 28 mai 1858 (1), promulguée le 8 juin suivant (Art. 1160 J. Pr.).

Néanmoins, les faillites déclarées antérieurement à la promulgation de cette loi continuent à être régies par les anciennes dispositions du Code de commerce, sauf en ce qui concerne la réhabilitation et l'application des art. 527 et 528. — V. *inf.* nᵒˢ 406 à 413 (Art. 1442 J. Pr.).

2. Les principales modifications apportées par la loi nouvelle sont relatives — aux effets de la déclaration de faillite à l'égard des actes du failli depuis la cessation des paiemens, ou dans les dix jours qui l'ont précédée. — V. *inf.* nº 91 et suiv. ; — à la suppression de l'agence ; — V. *inf.* nº 146 et suiv. ; — au mode et au délai fixé pour la vérification des créances ; — V. *inf.* nº 240 et suiv. ; — à l'admission provisoire des créances contestées ; — V. *inf.* nº 268 et suiv. ; — à la clôture de la faillite en cas d'insuffisance de l'actif ; — V. *inf.* nº 406 et suiv. ; — à l'excusabilité du failli et à la suppression de la cession de biens en matière commerciale (2) ; — V. *inf.* nº 356 et suiv., 445 et suiv. ; — aux effets de l'homologation du concordat ; — V. *inf.* nº 377 et suiv. ; — aux droits des créanciers coobligés ou cautions du failli ; — V. *inf.* nº 455 et suiv. ; — au privilège accordé aux ouvriers et commis employés par le failli ; — V. *inf.* nº 467 et suiv. ; — à l'abolition du privilège du vendeur d'objets mobiliers non payés et de l'action en revendication autorisée par l'art. 2102-4º C. civ. ; —V. *inf.* nº 467 et suiv. ;—

---

(1) C'est aux articles du Code de 1838 que nous renverrons dans le cours de cet article.

(2) Cette suppression avait été proposée par M. Romiguière, *Observations sur les faillites*, 1833.

aux droits de la femme du failli ; —V. *inf.* n° 476 et suiv ; — à
la revendication des marchandises expédiées, mais non encore
livrées au failli ; — V. *inf.* n° 536 et suiv. ; — aux voies de recours contre les jugemens rendus en matière de faillite ; —
V. *inf.* n° 594 et suiv. ; — aux cas de banqueroute simple ou
frauduleuse ; —V. *inf.* n° 645 ; — aux peines prononcées contre
les tiers qui se rendent complices du failli ou cherchent à se
procurer un avantage frauduleux au préjudice de la masse des
créanciers ; — V. *inf.* n° 636 et suiv., etc.

Un pouvoir plus étendu a été conféré au trib. de commerce
pour fixer l'époque de la cessation de paiemens et de l'ouverture de la faillite, — V. *inf.* n° 24 ; — et au juge-commissaire
qui intervient d'une manière plus efficace. — V. *inf.* n° 117,
184, 185, 227, etc.

Le Code de 1838 a eu pour objet principal de pourvoir à la
juste et prompte distribution des ressources qui composent
l'actif du débiteur ; de simplifier la liquidation, de la rendre
plus rapide, et de diminuer les frais. Circul. Min. de la justice, 8 juin 1838 (Art. 1170 J. Pr.).

DIVISION.

SECTION I. — *Caractères de la faillite. — Cas dans lesquels
elle a lieu.*

SECTION II. — *Déclaration de la faillite.*

§ 1. — *Forme de la déclaration de la faillite.*
§ 2. — *Fixation de l'ouverture de la faillite.*
§ 3. — *Effets de la déclaration de la faillite.*

Art. 1. — *Relativement à la personne du failli ;*
Art. 2. — *Relativement aux biens du failli ;*
Art. 3. — *Relativement aux actes antérieurs ou postérieurs au jugement
déclaratif de la faillite.*

SECTION III. — *Nomination du juge-commissaire.*

SECTION. IV. — *Apposition des scellés ; Mesures à l'égard du failli.*

§ 1. — *Apposition des scellés.*
§ 2. — *Mesure à l'égard de la personne du failli.*

SECTION V. — *Nomination et remplacement des syndics provisoires.*

SECTION VI. — *Fonctions des syndics.*

§ 1. — *Mesures conservatoires.*
§ 2. — *Mise en liberté provisoire du failli et secours alimentaires à sa famille.*
§ 3. — *Clôture des livres du failli, et rédaction du bilan.*
§ 4. — *Levée des scellés et inventaire.*

SECTION Ire. — *Caractères de la faillite ; cas dans lesquels elle a lieu.*

3. La faillite est l'état d'un commerçant qui cesse ses paiemens.

4. *D'un commerçant.* — Le simple particulier qui n'acquitte pas ses dettes, et dont l'actif se trouve inférieur au passif, est en état de *déconfiture.* — V. ce mot, n° 6 et suiv. ; *Distribution par contribution*, n° 13.

5. Les règles de la faillite s'appliquent seulement au commerçant de profession, — et non à celui qui se livre à quelques actes de commerce isolés. Paris, 21 mars 1810, P. 8, 191 ; Cass. 16 mars 1818 ; Dalloz, v° *Faillite*, 8, 25 ; Locré, C. comm., art. 437 ; Vincens, 1, 553 ; — ou qui même prend la qualité de commerçant dans certaines occasions. Cass. 15 mai 1815, S. 15, 356.

6. Toutefois, l'exercice d'une profession déterminée, autre que celle de négociant, ou même incompatible avec le commerce, n'est point un obstacle à l'état de faillite pour celui qui fait habituellement des actes de commerce. Boulay-Paty, 1, n° 14.

Ainsi jugé à l'égard : — 1° d'un notaire qui se livrait *ordinairement* à des opérations de banque et de courtage. Cass. 28 mai 1828, S. 28, 269 ; Paris, 24 fév. 1831, D. 31, 104 ; — 2° d'un receveur de l'enregistrement. Bruxelles, 25 janv. 1809, P. 7, 354 ; — 3° d'un percepteur des contributions. Arg. Paris, 25 juill. 1811, P. 9, 493 ; — 4° d'un receveur particulier des finances. Cass. 5 juill. 1837 (Art. 1434 J. Pr.). — V. d'ailleurs C. comm. 89 ; *Agens de change*, n° 2, et *Courtiers.*

7. La faillite peut même être déclarée après le décès du commerçant, C. comm. 437, — soit d'office, soit sur la poursuite des créanciers. C. comm. 437.

Mais il faut, 1° que ce soit dans l'année qui suit le décès (*ib.*) ; la réputation d'un commerçant décédé ne devait pas rester plus long-temps exposée aux poursuites de ses créanciers.

2° Que le commerçant soit mort en état de cessation de paiemens, *ib.*, peu importerait que sa succession fût insolvable, et qu'il eût eu recours à une mort violente pour éviter une cessation de paiemens imminente, mais qui ne se serait manifestée qu'après son décès. *Discussion* à la Ch. des Dép. *Moniteur*, 28 mars 1858, p. 704 et suiv.

On le décidait ainsi, même avant la nouvelle loi. Lyon, 28 avr. 1828, S. 29, 105 ; Douai, 27 mai 1811 ; Nîmes, 16 oct. 1842, S. 14, 258 ; Montpellier, 15 fév. 1836 (Art. 1427 J. Pr.). — V. d'ailleurs *inf.* n° 558.

8. Les étrangers établis en France peuvent, comme les regnicoles, être déclarés en faillite, s'ils cessent leurs paiemens : ils sont soumis au Code de commerce pour toutes les contestations relatives à leur négoce ou à leur industrie, et, à plus forte raison, la loi des faillites, qui punit la fraude et la négligence coupable, doit-elle leur être appliquée dans l'intérêt des créanciers français.

9. *Cesse ses paiemens.* La cessation de paiemens est non seulement un signe matériel de faillite, mais encore le fait constitutif de la faillite, même indépendamment de la déclaration du tribunal de commerce. Cass. 7 mars et 8 juin 1857; 15 nov. 1858 (Art. 1426 J. Pr.); Pardessus, 4, n° 2108; Troplong, *Hypothèques*, 5, 52, n° 656. — *Contrà*, Toulouse, 26 août 1828, S. 29, 145.

10. Ainsi, le trib. civil peut reconnaître, en jugeant une contestation qui lui est soumise, l'existence du fait caractéristique de la faillite, de la cessation de paiemens, et en appliquer les effets aux parties en cause (spécialement à la femme qui réclame dans un ordre l'exécution de l'hypothèque légale), bien que la faillite n'ait pas été déclarée par le trib. de commerce. *Mêmes arrêts.* — De même, le jury peut reconnaître ou rejeter l'existence de l'état de faillite de celui qui est traduit devant lui pour banqueroute frauduleuse.

11. Il y a cessation de paiemens seulement lorsqu'il y a refus d'acquitter des engagemens de commerce. — Vainement on oppose que l'inconvénient pour le créancier civil d'avoir un débiteur qui peut demander à être déclaré en faillite, doit être compensé par le droit de provoquer contre lui la déclaration de faillite; qu'autrement le débiteur paiera de préférence ses créanciers pour dettes commerciales; et que cependant le principal but des règles sur les faillites est de rendre égale la position de tous les créanciers.

L'expérience apprend que les commerçans ne retirent pas toujours leur confiance à celui qui, acquittant ses dettes commerciales, est moins exact à payer les autres. Pardessus, n° 1101. — Sous le Code de 1808, l'art. 441 exigeait le refus d'acquitter ou de payer des *engagemens de commerce.* Arg. Metz, 17 août 1818, S. 19; 20; Boulay, n°s 26 et 47. — Et rien n'indique que dans la nouvelle loi on ait entendu établir le contraire. — V. d'ailleurs *inf.* n° 40.

12. Mais lorsqu'un commerçant cesse ses paiemens, on ne scinde point sa situation pour appliquer seulement à la partie commerciale de ses affaires les règles de la faillite, et soumettre la partie civile aux règles de la déconfiture. Pardessus, n° 1095.

13. Le refus d'exécuter un engagement commercial autre que celui d'une somme d'argent, par exemple de livrer une

certaine quantité de marchandises de cette espèce donne lieu
seulement à une action en *dommages-interêts* (— V. ce mot) et à
une condamnation ; la faillite ne peut être déclarée qu'à défaut de paiement du montant de la somme à laquelle les dommages-intérêts ont été liquidés.

14. Peu importe la cause de la cessation de paiemens, serait-
elle étrangère au commerce, comme l'arrestation du débiteur à
la requête du ministère public. Arg. Cass. 18 mars 1826 , S.
26, 420.

15. Il n'est pas nécessaire qu'il y ait cessation de *tous* paiemens ; autrement quelques paiemens modiques, et peut-être
même frauduleux, seraient allégués comme preuve qu'on a
conservé un crédit évidemment perdu. *Discussion au Conseil-
d'État*; Colmar, 3 déc. 1816, S. 17, 225 ; Pardessus, n° 1101.

16. D'un autre côté, une cessation de paiemens purement
accidentelle et temporaire n'indique pas encore l'état de faillite.
Paris, 8 août 1809, 14 juin 1815, P. 7 , 745 ; 12, 768; Aix,
18 janv. 1825, S. 25, 342; — Cass. 19 déc. 1831, S. 32, 143.
—Dans l'espèce les débiteurs avaient au vu et au su et du consentement de leurs créanciers, conservé jusqu'à une certaine époque
leur existence commerciale. — Le débiteur n'avait pas tardé
à satisfaire à ses engagemens. Il n'y avait eu ni perte de crédit,
ni interruption de commerce. Lyon, 6 août 1832, S. 33, 101.

Ordinairement le trib. de commerce accorde un délai (de 25
jours à Paris) pour le paiement des effets de commerce. Les
créanciers consentent à ce délai pour obtenir immédiatement
jugement contradictoire.

17. A plus forte raison, le commerçant qui paie exactement
toutes ses dettes liquides ne doit-il pas être réputé en faillite
parce qu'il laisse en arrière des dettes susceptibles de contestation telles que des obligations résultant de marchés à terme
ou d'engagemens viciés de dol. Cass. 29 mars 1825, S. 25, 402.

18. La preuve de la cessation de paiemens résulte principalement de protêts successifs, de condamnations, ou d'atermoiement consenti par quelques créanciers seulement. Arg. Cass.
10 avr. 1810, P. 8, 274; Pardessus, n° 1319.

19. Mais le débiteur qui a des immeubles ou des marchandises peut atermoyer avec ses créanciers et empêcher que ceux
dont les créances ne sont pas exigibles, et qui sont étrangers à
l'arrangement, ne le fassent déclarer en faillite. — Cet atermoiement est volontaire, et doit être consenti par *tous* les
créanciers de sommes échues.

20. Le protêt de quelques effets, s'il n'a pas été suivi de
poursuites judiciaires et qu'il soit resté ignoré du public, ne
suffit pas en général pour constituer une cessation de paiemens.
Paris, 6 janv. 1812, S. 12, 45.

21. D'un autre coté, l'existence d'un protêt n'est pas indispensable.

Ainsi il a été jugé, depuis la nouvelle loi, qu'un commerçant peut être déclaré en état de faillite après son décès, même en l'absence de protêts ou actes judiciaires, lorsqu'il est de notoriété publique qu'il est décédé en état de cessation de paiemens et que ce fait a été confirmé depuis par les offres des héritiers aux créanciers de leur auteur de 50 p. °/₀ seulement de leurs créances. Colmar, 30 août 1838 (Art. 1577 J. Pr.).

22. Il ne s'agit pas pour le commerçant d'être solvable ou insolvable, mais de savoir si, de fait, il paie ou ne paie pas : quel que soit son actif, fût-il au-dessus de son passif, s'il manque ou cesse de payer, il a failli. Cass. 30 avr. 1810, P. 8, 274; Vincens, 1, 482, 535; Boulay-Paty, *Faillites*, n° 24; Pardessus, n° 1319. — *Contrà*, Locré, Esp. C. com. 3, 21.

Au contraire, si, par un crédit toujours soutenu, il fait constamment honneur à ses engagemens, dût-il plus qu'il ne possède, il n'est point en état de faillite. Colmar, 17 mars 1810; Bruxelles, 24 mars 1810, P. 8, 179; 205; *mêmes auteurs*.

23. La nature du commerce doit être aussi considérée : le crédit d'un banquier dont toutes les opérations ne consistent que dans des mouvemens de fonds sera plus altéré par le refus d'un seul paiement sans motifs plausibles (—V. toutefois *sup.* n° 17) que le crédit d'un fabricant ou d'un marchand. Pardessus, n° 1102.

24. Au surplus, un pouvoir absolu est accordé aux trib. pour apprécier, d'après les circonstances, s'il y a réellement cessation de paiemens.

L'ancien art. 441 C. com., indiquait comme symptômes de cette cessation un certain nombre de circonstances, telles que la retraite du débiteur, la clôture de ses magasins, les actes constatant le refus d'acquitter ou de payer des engagemens de commerce.

Cette énumération a été avec raison supprimée dans la loi nouvelle. C'est aux juges à décider, d'après les faits particuliers qui sont portés à leur connaissance, et d'après leur expérience commerciale, si le débiteur doit être considéré comme ayant cessé ses paiemens. Arg. Colmar, 30 août 1838 (Art. 1577. J. Pr.).

25. L'état de faillite autorise des mesures de rigueur contre le débiteur (—V. *inf.* n° 158); et, d'un autre côté, il lui procure certains avantages. — V. *inf.* n°ˢ 190 et 197.

26. Il fait admettre de nombreuses modifications au droit commun, soit dans le but d'établir l'égalité entre les divers créanciers — V. *inf.* n° 94 et suiv., soit pour obtenir une économie dans les frais et ne pas diminuer la masse active qui reste à partager.

Section II. — *De la déclaration de la faillite.*

§ 1. — *Forme de la déclaration de la faillite.*

27. La faillite est déclarée par jugement du trib. de comm., rendu soit *sur la déclaration du failli*, soit *à la requête d'un ou de plusieurs créanciers*, soit *d'office.* C. comm. 440.

Le trib. de comm. compétent est celui du domicile du failli. Arg. C. comm. 438 ; C. pr. 59, — et non celui du lieu où le débiteur a seulement un dépôt de marchandises.—Ainsi jugé, sous le Code de 1808, à l'égard d'une société. Cass. Règlement de juges, 19 juill. 1838 (Art. 1428 J. Pr.).

Le jugement doit être rendu en audience publique et non en la chambre du conseil. Amiens, 24 avr. 1839 (Art. 1450 J. Pr.).

28. *Sur la déclaration du failli.* Tout failli est tenu, dans les trois jours de la cessation de ses paiemens, d'en faire la déclaration au greffe du trib. de comm. de son domicile. C. comm. 438. — Le jour de la cessation de paiemens est compris dans les trois jours. *Ib.*

Si, dans le ressort, il n'y a pas de trib. de comm., la déclaration doit être faite au greffe du trib. de 1re inst., qui en remplit les fonctions. Arg. C. comm. 640.

29. Lorsqu'une société est tombée en faillite, par qui la déclaration de la cessation de paiemens doit-elle être faite ? — Il faut distinguer :

Si la société est en nom collectif, la déclaration est faite par tout associé solidaire, administrateur ou non. Il est indéfiniment responsable, et peut être lui-même déclaré en faillite. — A moins que, par des ressources personnelles, il ne satisfasse à toutes les obligations sociales. Douai, 9 fév. 1825, D. 25, 195 ; Pardessus, n° 976. — V. *inf.* n° 666.

Au contraire, s'il s'agit d'une société en commandite, la déclaration doit être faite par les gérans. En effet, le simple commanditaire n'est pas tenu solidairement des dettes sociales. Colmar, 17 mars 1810, P. 8, 170 ; Cass. 8 août 1820, D. v° *Faillite*, 29 et 31 ; Pardessus, n° 1096.

Quid, s'il s'agit d'une société anonyme ?

Le trib. de comm. de Paris a décidé qu'une société de cette nature ne peut pas être déclaré en faillite, attendu que, par l'effet du jugement de mise en faillite, les pouvoirs des administrateurs expirent et que les statuts en vertu desquels ils sont donnés cessent de régir la société après la dissolution de la société elle-même ; que si, parmi les prescriptions du C. de comm., les unes relatives aux biens du failli s'appliquent à toute espèce de société, il en est d'autres, relatives à la personne même du failli, qu'il est impossible d'appliquer aux sociétés anonymes ;

que, dans une telle société, il y a bien une aggrégation de capitaux et un être de raison, mais pas de personne faillie.

Mais ce jugement a été réformé avec raison sur l'appel. En effet, si la faillite peut donner ouverture à la demande en dissolution de la société, il n'en résulte nullement que la dissolution existe de plein droit. La faillite du mandant révoque les pouvoirs du mandataire pour leur substituer des administrateurs judiciaires, mais elle ne prive pas le mandant failli du droit de se faire représenter par des mandataires de son choix dans toutes les opérations de la faillite où il ne peut assister en personne. Les actionnaires, représentés par le conseil général convoqué conformément à ses statuts, peuvent donc donner aux anciens administrateurs ou à d'autres le pouvoir de représenter la société dans toutes les opérations de la faillite. Sans doute, ajoute M. Lainé (*Comm.*, *L. des faillites*, p. 29), il n'y a pas une personne faillie qu'on puisse mettre en dépôt dans une maison d'arrêt pour dettes, mais ce n'est pas dans ce but que la procédure de faillite est instituée; c'est afin de saisir, dès le principe, les créanciers de leur gage; c'est afin d'arriver ensuite à une égale répartition de l'actif si l'on ne peut s'entendre pour un concordat; or, toutes ces formalités peuvent s'accomplir avec les représentans de la société anonyme comme avec tout autre mandataire d'un failli absent.

Il faut donc en conclure qu'une société anonyme est, comme toute autre société commerciale, susceptible de tomber en faillite, et que la déclaration de cessation de paiemens doit être faite par les administrateurs de la société. Paris, 29 déc. 1838 (Art. 1453 J. Pr.); Pardessus, n° 1096; Lainé, 29.

Il est néanmoins à regretter que la loi nouvelle ait gardé un silence absolu sur ce point.

50. En cas de faillite d'une société en nom collectif, la déclaration doit contenir le nom et l'indication du domicile de chacun des associés solidaires. C. comm. 458.

Elle a lieu au greffe du trib. dans le ressort duquel se trouve le siége du principal établissement de la société. *Ib.* — V. *sup.* n° 27.

51. Lorsque des négocians sont intéressés dans des établissemens distincts, chaque établissement forme une société particulière dont la faillite n'est valablement prononcée que par le trib. de comm. de son ressort. Cass. 25 mars 1809, P. 7, 460, D. *ib.*, 515; Pardessus, n° 1094.

52. La déclaration du failli ne peut être suppléée par des lettres adressées à ses créanciers, dans lesquelles il fait l'aveu de sa situation.

53. L'acte de déclaration est reçu par le greffier, qui relate tous les renseignemens donnés par le failli sur son domicile, sur ses divers magasins, comptoirs, établissemens, et même sur l'instant où a commencé la cessation de paiement.

54. Le failli peut retirer sa déclaration, s'il parvient à rétablir l'équilibre entre son actif et son passif avant le jugement déclaratif de la faillite. Pardessus, n° 1097 ; Boulay-Paty, n° 33, — surtout en matière de société en nom collectif. — Mais il doit justifier qu'il n'existe plus de créanciers, ou que tous les créanciers sont désintéressés. Le trib. de comm. de Paris a sur ce point une jurisprudence sévère.

55. Si la demande en rapport de la faillite, était basée sur une convention entre le failli et ses créanciers, par laquelle ceux-ci, quoique non payés, consentiraient à ce rapport, le trib. ne devrait pas le prononcer : les dispositions relatives aux faillites sont d'ordre public ; les conventions particulières ne peuvent y déroger : ce serait une sorte de réhabilitation indirecte et déguisée. C. civ. 1135-1172 ; Cass. 28 nov. 1827, S. 28, 121 ; Rouen, 4 janv. 1839 (Art. 1448 J. Pr.) ; Horson, n° 169.

56. La déclaration du failli doit être accompagnée du dépôt de son bilan, ou contenir l'indication des motifs qui empêchent de le déposer. C. comm. 439.

57. Le bilan présente l'énumération et l'évaluation de tous les biens mobiliers et immobiliers du failli, l'état de ses dettes actives et passives, le tableau des profits et pertes, et celui des dépenses.

Il doit être certifié véritable, daté et signé par le failli. C. comm. 439. —V. *inf.* n° 207.

58. L'ancienne loi sur les faillites permettait au débiteur de ne pas joindre son bilan à sa déclaration de cessation de paiemens, sans l'astreindre à justifier des causes qui l'empêchaient de remplir cette formalité. Aujourd'hui, s'il n'accomplit pas cette obligation, il peut être considéré, selon les circonstances, comme banqueroutier simple. C. comm. 586, § 4.

59. Du reste, si, malgré la disposition précise de la loi, le failli n'a pas déposé lui-même son bilan, ou s'il a justifié de causes légitimes d'empêchement, ce bilan doit être dressé plus tard par les syndics. — V. *inf.* n° 208.

40. *A la requête d'un ou de plusieurs créanciers.* La déclaration de faillite peut être provoquée par *tout* créancier porteur de titres exigibles ou non exigibles (— V. *inf.* n° 77), commerciaux ou civils, à la charge toutefois d'établir que le débiteur laisse en souffrance des dettes exigibles et commerciales. — V. *sup.* n° 11.

Le créancier, pour dette purement civile, serait en effet non recevable à provoquer la faillite du débiteur pour défaut de paiement d'une obligation étrangère au commerce. Il a le droit de faire vendre les biens de son débiteur par les voies ordinaires ;

mais, si ces poursuites n'altèrent point son crédit, si ses créanciers commerciaux ne s'en émeuvent pas, il n'y a point lieu de
prononcer la faillite, au contraire, si le débiteur a cessé de
remplir ses engagemens commerciaux, le créancier pour dette
civile a, sans aucun doute, le droit de veiller à la conservation
de l'actif qui est son gage, et il peut dès lors, aussi bien que
tout autre, réclamer la déclaration de la faillite.

41. La déclaration de faillite peut, selon nous, être prononcée, bien que celui qui la poursuit soit le seul créancier
connu du débiteur. — La loi n'exige qu'une seule condition,
la cessation de paiemens. — Le créancier peut d'ailleurs avoir
intérêt à mettre son débiteur en faillite, soit pour faire annuler
certains paiemens effectués à son préjudice depuis la cessation
de paiemens (—V. d'ailleurs *inf.* n°ˢ 102 et suiv.), soit pour restreindre les droits de la femme. Il est, en outre, impossible de
savoir si d'autres créanciers ne se présenteront pas lors des opérations de la faillite, et notamment par suite du rapport de
plusieurs paiemens. Peu importe que le créancier unique soit
maître de disposer en quelque sorte à son gré des biens et de
la personne du débiteur ; car, s'il n'y a pas faillite déclarée, il
peut également poursuivre le recouvrement de sa créance par
toutes les voies de droit, et la procédure de faillite offre, au
contraire, au débiteur le seul moyen que la loi mette à sa disposition pour obtenir la décharge de la contrainte par corps
s'il est malheureux et de bonne foi. C. comm. 559. — On
objecte encore que les formalités relatives à la nomination des
syndics, à la vérification des créances, au concordat, au contrat
d'union, supposent nécessairement une masse de créanciers ;
mais si cette objection était fondée, on pourrait également la
faire pour le cas où il n'y aurait que deux ou trois créanciers.
Ce serait permettre à un débiteur de disposer de son actif pour
désintéresser tous les créanciers de sommes minimes au préjudice d'un ou de deux créanciers de sommes considérables. Conférence des avocats à la C. de Paris, juin 1838. — *Contrà*, Paris,
50 mai 1838 ; mais il y a eu pourvoi contre cet arrêt, et dans
l'espèce, le créancier ne justifiait d'aucune poursuite antérieure
contre le débiteur.

42. Au surplus, lorsque le fait de cessation de paiemens
n'est pas attesté par le failli, il doit être prouvé par les créanciers qui provoquent la déclaration de faillite, par la production d'un acte d'atermoiement, de protêts, de jugemens de condamnations, mais non par de simples états de situation de la
fortune du débiteur. Boulay, n° 28.

43. La faillite peut être déclarée sur la présentation d'une
simple requête, sans qu'il soit nécessaire d'assigner préalablement le débiteur, et sauf son droit à former opposition au ju-

gement à intervenir. Ainsi jugé sous le Code de 1808. Besançon, 13 mai 1808, P. 6, 684. — Et c'est ce qui résulte implicitement de la nouvelle loi, art. 440.

44. Mais, dans aucun cas, le président du trib. n'a qualité pour déclarer la faillite et ordonner l'apposition des scellés. Rouen, 10 mai 1813, P. 11, 358.

45. *D'office.* A défaut de déclaration de la part du failli et de poursuites de ses créanciers, le trib. a le droit de prononcer lui-même la déclaration d'office. C. comm. 440; — s'il est de notoriété publique que le débiteur a cessé ses paiemens.

46. Tout jugement déclaratif d'une faillite est exécutoire par provision. C. comm. 440.

47. Il est affiché et inséré par extrait dans les journaux tant du lieu où la faillite a été déclarée, que de tous les lieux où le failli a des établissemens commerciaux, suivant le mode établi pour les publications d'actes de *société.* — V. ce mot.

48. Le greffier du trib. en adresse en outre un extrait, dans les 24 heures, au procureur du Roi près le trib. de 1re inst. du ressort. — V. *inf.* n° 223.

49. Si le jugement a été rendu par défaut, est-il susceptible de péremption, faute d'exécution dans les six mois?

Pour la négative on dit : — La péremption suppose un jugement portant condamnation au profit d'une partie contre une autre, susceptible d'exécution soit sur les biens, soit sur la personne du condamné; elle est établie en faveur du débiteur, afin qu'il obtienne une connaissance prompte du jugement rendu contre lui. Elle est une peine de la négligence du créancier (— V. *Jugement par défaut.*). — Mais le jugement déclaratif de faillite constate en fait la cessation de paiemens, il ne porte aucune condamnation, pas même celle des dépens; c'est une mesure d'ordre public que le trib. peut prendre même d'office. C'est au juge de paix, au juge-commissaire, aux syndics à en poursuivre et à en surveiller l'exécution.

Toutefois la C. de Paris, 2° ch., le 6 déc. 1838 (Art. 1430. J. Pr.); — attendu que l'art. 643 C. comm. applique sans distinction l'art. 156 C. pr. à tous les jugemens émanés du trib. de comm.; qu'il n'y a aucune exception dans la loi pour les jugemens déclaratifs de faillite; que l'intérêt même du failli exige plus impérieusement que dans ce cas la prescription de l'art. 156 reçoive son application; — a décidé que le débiteur ne pouvait exciper du jugement non exécuté qui avait déclaré la faillite pour s'affranchir de la contrainte par corps, bien que ce jugement eût été rendu sur la requête d'un créancier.

Le débiteur, dans ce cas, a été considéré comme n'ayant jamais perdu l'administration de ses biens; les actes par lui faits et notamment les aliénations consenties depuis l'époque où l'ouverture de sa faillite avait été reportée, ont été réputés faits par une personne capable. Cass. 26 fév. 1834, S. 35, 222.

50. Dans certains cas, le jugement peut être frappé d'opposition, soit par le failli, soit par ses créanciers. C. comm. 580 et suiv. — V. *inf.* n° 595.

§ 2. — *Fixation de l'ouverture de la faillite.*

51. Par le jugement déclaratif de la faillite, le trib. détermine, soit d'office, soit sur la poursuite de toute partie intéressée, l'époque à laquelle a eu lieu la cessation de paiemens. C. comm. 441, — et, par suite, l'époque à laquelle la faillite s'est ouverte. — V. *sup.* n° 24.

52. Toutefois si les renseignemens nécessaires à cette fixation ne sont pas fournis au trib. au moment où il rend son jugement déclaratif de la faillite, il peut déterminer plus tard l'époque de la cessation de paiemens par un nouveau jugement rendu sur le rapport du juge-commissaire. C. comm. 441.

53. Ce jugement est affiché et publié dans la même forme et de la même manière que le jugement déclaratif de la faillite. C. comm. 442. — V. *sup.* n° 47.

54. Il est susceptible d'opposition de la part du failli et de ses créanciers. C. comm. 580 et suiv. — V. *inf.* n° 595.

55. Dans tous les cas, à défaut de détermination spéciale, la cessation de paiement est réputée avoir lieu à partir du jugement déclaratif de la faillite. C. comm. 441.

56. Cette règle souffre cependant exception à l'égard des faillites déclarées après le décès des débiteurs. La cessation de paiemens est alors présumée avoir eu lieu le jour de la mort du failli. Arg. C. comm. 457. — V. *sup.* n° 7. Discuss. à la Ch. des dép. *Monit.* du 30 mars 1838, p. 751.

§ 3. — *Effets de la déclaration de la faillite.*

57. La déclaration de faillite produit d'importants effets, tant relativement à la personne du failli qu'à l'égard de ses biens et des actes faits par lui, soit avant, soit depuis cette déclaration. — V. les art. suiv.

Art. 1. — *Effets de la déclaration de la faillite relativement à la personne du failli.*

58. Le jugement déclaratif de la faillite opère à compter du jour où il est rendu un changement d'état dans la personne du failli.

59. Ainsi, à dater de cette époque, le failli est dessaisi de l'administration de tous ses biens. C. comm. 443.. — V. *inf.* n° 67.

Toute action mobilière ou immobilière ne peut plus être suivie ou intentée que contre ses syndics. C. comm. *Ib.*

Il est destitué du droit de passer certains actes, tant à titre gratuit qu'à titre onéreux. C. comm. 446 et suiv. — V. *inf.* n° 91 et suiv.

Il ne peut plus se présenter à la bourse tant qu'il n'est pas réhabilité. C. comm. 615 ; — ni aux assemblées tenues pour l'élection des *prud'hommes.* — V. ce mot.

Il est incapable de remplir les fonctions d'agent de change ou de courtier. Arrêté, 29 germ. an 9, art. 7 ; — de tuteur ou de curateur, si ce n'est de ses enfans.

Il est dépouillé de l'exercice des droits de citoyen. *Constitution* du 22 frim. an 8, art. 5.

Enfin, il est dans certains cas privé de sa liberté. C. comm. 455. — V. *inf.* n° 191.

60. Mais il conserve l'administration des biens de ses enfans jusqu'à leur majorité, et celle des biens de sa femme tant que la communauté subsiste. Pardessus, n° 1117.

61. Il continue à pouvoir ester en justice, et intenter toutes les actions qui ont pour objet des droits attachés à sa personne. Bruxelles, 13 mars 1810, S. 11, 294.

Par exemple, celle en séparation de corps ; Pardessus, n° 1162 ; Boulay-Paty, n° 69 ; — celle en séparation de biens, Bourges, 24 mai 1826, D. 27, 553 ; — celle en réclamation d'état, sauf aux syndics à intervenir dans l'intérêt de la masse des créanciers, s'il y a lieu.

62. Il peut même se rendre intervenant dans les instances suivies ou intentées contre les syndics, si les trib. jugent sa présence utile au procès. C. comm. 443. — Spécialement dans la procédure en expropriation de ses immeubles. Cass. 8 mai 1838 (Art. 1431 J. Pr.).

63. A plus forte raison est-il recevable à s'opposer au jugement déclaratif de la faillite. — V. *inf.* n° 595 ; — ou bien à réclamer contre la gestion des syndics. Aix, 13 oct. 1826 ; — et à s'opposer à la vente de ses meubles jusqu'à la remise des hardes à son usage. Paris, 29 avr. 1812, S. 14, 147.

Enfin, à prendre contre des tiers des mesures conservatoires que les syndics négligeraient d'exercer, notamment à interrompre une prescription sur le point de s'accomplir ; — à faire courir un délai d'appel en signifiant le jugement de première instance. Lyon, 25 août 1828, D. 28, 207, — à se pourvoir en cassation contre un arrêt rendu entre les syndics et des tiers. Cass. 7 avr. 1830, S. 30, 296, — à revendiquer des biens à lui appartenant et détenus par des tiers. Poitiers, 29 janv. 1829, S. 29, 134 ; Aix, 28 fév. 1832, S. 33, 517.

64. Les procurations données ou reçues par le failli cessent de plein droit. Arg. C. civ. 2003.

65. Mais il peut s'engager dans des opérations, commerciales ou autres, s'il n'y apporte que son industrie. — V. *inf.* n°s 68 et 69.

Art. 2.—*Effets de la déclaration de la faillite relativement aux biens du failli.*

66. Le jugement déclaratif de la faillite produit quatre effets principaux relativement aux biens du failli :

1° Il dessaisit de plein droit le débiteur de l'administration de tous ses biens, même de ceux qui peuvent lui échoir tant qu'il est en état de faillite. C. comm. 443. — V. *inf.* n° 67.

2° Il rend exigibles à l'égard du failli les dettes passives non échues. C. comm. 444. — V. *inf.* n° 77.

3° Il arrête à l'égard de la masse le cours des intérêts de toute créance non garantie par un privilége, par un nantissement ou par une hypothèque. C. comm. 445.— V. *inf.* n° 84.

4° Il suspend pendant un certain délai les voies d'exécution ouvertes au propriétaire pour se faire payer de ses loyers sur les effets mobiliers servant à l'exploitation du commerce du failli. C. comm. 450.—V. *inf.* n° 87, et d'ailleurs n°s 164 et 165.

67. *Dessaisissement.* Il s'opère par cela seul que l'état de faillite existe, sans qu'il soit nécessaire d'une disposition particulière dans le jugement déclaratif, et sans que le trib. puisse en affranchir le failli.

68. Il s'étend à tous ses biens, mobiliers ou immobiliers, présens ou à venir, dépendans ou non de son commerce. — Excepté aux choses adjugées, données ou léguées au failli à titre d'alimens ; et à celles déclarées insaisissables. C. pr. 581.

69. Les biens qui adviennent au failli n'entrent dans la masse qu'avec leurs charges particulières. — Ainsi les charges imposées à une donation sont acquittées avant les dettes de la faillite sur les biens donnés. — Les frais d'éducation des enfans et la dépense du ménage doivent être prélevés sur les revenus des biens de la femme et des enfans. Arg. C. civ. 385 2°.

Si le failli se livre à quelque travail personnel, il ne doit pas être privé jour par jour de ses rétributions. — Lorsqu'il a obtenu un sauf-conduit, les syndics peuvent l'employer pour faciliter et éclairer leur gestion : le juge-commissaire fixe les conditions de son travail. C. comm. 488. — V. *inf.* n° 197.

70. Sous le Code de 1808, les tiers qui s'étaient livrés à des opérations avec le failli depuis sa faillite, avaient été déclarés fondés à exiger que le produit de ces opérations ne fût pas confondu avec les biens possédés par le failli au moment de la cessation de paiemens. Cass. 21 nov. 1828. — Et, en général, les biens acquis depuis la faillite n'étaient point considérés comme le gage exclusif des premiers créanciers. Paris , 2 fév. 1855 (Art. 5 J. Pr.).

Mais ces solutions sont inadmissibles en présence du nouveau texte de l'art. 445 qui dessaisit le failli de l'administration, *même des biens* par lui acquis postérieurement à la déclaration de faillite.

71. Ce dessaisissement diffère 1° de l'expropriation : il ne fait que suspendre l'exercice du droit de propriété.

Mais les poursuites individuelles sur les biens mobiliers du failli sont arrêtées. Angers, 51 juill. 1823, S. 23, 519. — Sauf l'exercice des droits de privilége. — V. *inf.* n° 488.

Pour les immeubles. — V. *inf.* n°ˢ 501 et suiv.

72. 2° De l'interdiction : le failli reste habile à former ou à soutenir les demandes étrangères à l'administration de ses biens. Cass. 6 juin 1851; Boulay, n° 69. — V. *sup.* n° 61.

75. Par suite du dessaisissement, la position des créanciers entre eux se trouve fixée ; nul ne peut acquérir de droits particuliers au préjudice de la masse. Les actes conservatoires ne sont plus nécessaires pour assurer les droits existant au moment de la faillite : dès-lors un créancier hypothécaire n'a plus besoin de renouveller son inscription. — V. *inf.* n° 188.

Cependant, comme le contraire a été jugé (Cass. 15 déc. 1820, S. 50, 62), il est plus prudent de la renouveler.

74. C'est du jour où la faillite est déclarée, et non du jour de la cessation de paiemens que s'opère le dessaisissement. En effet, il n'est pas autre chose que le passage de l'administration des mains du failli en celles des syndics, et conséquemment il ne peut s'effectuer que du moment où l'existence de la faillite est prononcée par le trib. de commerce. Si la faillite rétroagit quelquefois, ce n'est que dans le but de rendre nuls comme suspects de fraude les actes faits par le failli, dans l'intervalle des dix jours qui précèdent l'ouverture de la faillite. — V. *inf.* n° 94, et toutefois *sup.* n°ˢ 9 et 10.

75. A partir du jour où le jugement déclaratif de la faillite a été rendu, toute action mobilière ou immobilière ne peut plus être suivie ou intentée que contre les syndics. — Il en est de même de toute voie d'exécution tant sur les meubles que sur les immeubles. C. comm. 443. — V. *inf.* n° 164.

76. La saisie précédemment pratiquée par un créancier sur les biens du failli, ne peut plus être mise à fin par lui. Les syndics, du moment qu'ils sont nommés — V. *inf.* n° 165 , réunissent en eux les droits que possède chaque créancier individuellement, ils représentent la masse, et, dans l'intérêt commun, le soin de liquider la faillite leur est confié exclusivement. La majorité des créanciers a le droit de laisser au failli l'exploitation du fonds de commerce, ou de prendre toute autre

mesure qu'il juge nécessaire ; ne serait-ce pas paralyser complètement ce droit que de permettre à un créancier isolé de faire
vendre les biens du débiteur. Paris, 18 mars 1859.—V. *inf.* n° 90.

77. *Exigibilité des créances.* La faillite rend exigibles, à l'é-
gard du failli, toutes les dettes du débiteur, sans distinction
entre celles purement civiles et celles commerciales. Arg. C. civ.
1188. C. comm. 444.

78. Il n'y a pas davantage lieu de distinguer entre les dettes
chirographaires et celles hypothécaires ou privilégiées.

79. Toutefois, cette exigibilité accidentelle ne produit point
la compensation avec une créance exigible par elle-même.
En effet, depuis la faillite, le débiteur n'a plus qualité ni pour
payer, ni pour recevoir ; dès lors les droits de ses créanciers demeurent invariablement fixés. Cass. 12 févr. 1811, P. 9, 98 ;
17 fév. 1825, S. 24, 82 ; Lyon, 25 janv. 1825, S. 25, 126 ;
Rolland de Villargues, v° *Compensation*, n° 154 ; Pardessus,
n° 1125 ; Horson, n° 161. —V. d'ailleurs *inf.* n° 502.

80. Elle donne seulement au créancier porteur d'un titre
non échu, le droit de figurer au même rang que les créanciers
porteurs de titres exigibles dans les opérations de la faillite, et
les répartitions qui peuvent avoir lieu.

81. Lorsque la dette non échue est solidaire, elle ne devient
exigible *qu'à l'égard du failli* (C. comm. 444), et les autres obligés conservent le bénéfice du terme. -

82. Cependant, en cas de faillite des souscripteurs d'un billet
à ordre, de l'accepteur d'une lettre de change, ou du tireur à
défaut d'acceptation, les autres obligés sont tenus de donner
caution pour le paiement à l'échéance, s'ils n'aiment mieux
payer immédiatement. C. comm. 444. — V. *Effet de commerce,*
n° 119 et suiv.

83. Si c'est un simple endosseur qui tombe en faillite, la
position des autres signataires de la lettre de change n'est en
rien altérée. La loi nouvelle a sagement modifié l'ancien art.
448, qui soumettait tous les obligés à donner caution dans le
cas de faillite d'un des signataires de la lettre de change quelqu'il fût. — V. *Ib.*

84. *Cessation des intérêts.* Le jugement déclaratif de la faillite,
arrête, *à l'égard de la masse*, le cours des intérêts de toute créance
non garantie par un privilége, par un nantissement ou par une
hypothèque. C. comm. 445.

85. Mais le failli n'en demeure pas moins tenu personnellement au paiement de ces intérêts. C. comm. *Ib.*

Leur cours n'est interrompu qu'à l'égard de la masse seulement, et pour empêcher que les intérêts de créances élevées
absorbent l'actif de la faillite au préjudice du porteur de titres
d'une valeur modique.

86. Les intérêts des créances garanties ne peuvent être réclamés que sur les sommes provenant des biens affectés au privilége, à l'hypothèque ou au nantissement. C. comm. 445.

87. *Suspension des voies d'exécution.* Toutes voies d'exécution pour parvenir au paiement des loyers sur les effets mobiliers servant à l'exploitation du commerce du failli, sont suspendues pendant trente jours, à partir du jugement déclaratif de la faillite. C. comm. 450. — Ce délai est accordé pour laisser aux créanciers le temps de se réunir et de prendre les mesures nécessaires pour continuer l'exploitation appartenant au failli.

88. Mais le bailleur reste toujours maître de prendre toutes les mesures conservatoires qu'il juge convenables. C. comm. *ib.*, — et même de faire vendre les meubles du débiteur qui garnissent les lieux, et sont étrangers à l'exploitation de son commerce.

89. Il conserve également la faculté de reprendre immédiatement possession des lieux loués dans le cas où ce droit lui est acquis ; et alors toute suspension des voies d'exécution cesse de plein droit (C. comm. 450) ; les motifs qui l'on fait introduire ne pouvant plus exister. — V. *sup.* n° 87.

90. Le projet de loi présenté aux chambres en 1835, appliquait la suspension du droit du propriétaire au paiement de toutes créances privilégiées sur le mobilier du failli. Cette disposition a été retranchée lors de la rédaction définitive ; mais il ne faudrait pas en conclure que les autres créanciers privilégiés soient dans une position plus favorable que le propriétaire.

En effet, toute action, même des créanciers privilégiés, devant être intentée contre les syndics, ceux-ci pourront s'opposer à l'exécution des poursuites, et d'ailleurs c'est à eux qu'appartient le droit de faire vendre les objets mobiliers dépendant de la faillite, sauf aux créanciers privilégiés à exercer leurs priviléges sur le prix de la vente, mais après la vérification et l'affirmation de leurs créances, c'est-à-dire à une époque où il s'est écoulé un laps de plus de trente jours depuis le jugement déclaratif de la faillite. — V. *sup.* n° 76.

Art. 3. — *Effets de la déclaration de la faillite relativement aux actes faits par le failli avant ou après le jugement déclaratif de la faillite.*

91. D'après le Code de 1808, tous actes translatifs de propriété immobilière faits par le failli à titre gratuit, dans les dix jours qui précèdaient l'ouverture de la faillite, étaient réputés nuls relativement à la masse des créanciers.

Tous actes de même genre, à titre onéreux, étaient seulement susceptibles d'être annulés sur la demande des créanciers, s'ils paraissaient aux juges porter des caractères de fraude. C. comm. 444 ancien.

Tous actes ou engagemens pour fait de commerce, contractés par le débiteur dans les dix jours qui précédaient l'ouverture de la faillite, étaient présumés frauduleux quant au failli; ils étaient déclarés nuls, lorsqu'il était prouvé qu'il y avait fraude de la part des autres contractans. C. comm. 445.

Toutes sommes payées dans les dix jours précédant l'ouverture de la faillite pour dettes commerciales non échues, devaient être rapportées. C. comm. 446.

Nul ne pouvait acquérir privilége ou hypothèques sur les biens du failli dans les dix jours qui précédaient l'ouverture de la faillite. C. comm. 443.—Enfin tous actes ou paiemens faits en fraude des créanciers, devaient être annulés. C. comm. 447.

. **92.** Ce système avait donné naissance à de nombreuses et graves difficultés dans l'application, et lors de la discussion de la loi nouvelle il fut l'objet des critiques les plus vives.

Les uns voulaient, en effet, que tous les actes faits par le failli depuis l'époque de la cessation notoire de ses paiemens jusqu'au jugement déclaratif de la faillite, fussent nuls d'une manière absolue.

Les autres, au contraire, admettaient la validité de tous les actes qu'on ne prouvait pas être entachés de fraude.

. Un système mixte, consistant à distinguer entre les différens actes, à maintenir les uns et à annuler les autres, a été préféré.

Ainsi, pour déterminer la validité ou l'invalidité des actes faits par le failli, il faut avoir égard tout à la fois à l'époque où ces actes ont eu lieu, à leur nature, et à la bonne foi des tiers qui ont contracté avec le failli.

93. Au reste, dans le cas où la nullité de ces actes est prononcée, c'est uniquement en faveur de la masse des créanciers; le failli est non recevable à invoquer personnellement cette nullité.

94. Les tiers qui ont contracté avec le failli sont également dans l'impossibilité de s'en prévaloir. En conséquence, les syndics ont le droit de poursuivre l'exécution des marchés passés par leur débiteur. Cass. 5 août 1812, D. A. 8, 64.

95. *Date des actes.* On a vu *sup.* n° 59, que le jugement déclaratif de la faillite emportait, à partir de sa date, dessaisissement pour le failli de l'administration de ses biens, et que toute action mobilière ou immobilière devait, à compter de cette époque, être intentée ou suivie contre les syndics.

Tous actes, soit à titre gratuit, soit à titre onéreux, faits par le failli postérieurement à ce jugement, sont donc évidemment nuls à l'égard de la masse; de même que toutes condamnations obtenues contre lui; — à moins qu'il ne s'agisse d'une action que le failli ait pu valablement introduire ou repousser comme re-

lative à des droits exclusivement attachés à sa personne. —
V. *sup.* n° 61.

Peu importerait que le jugement déclaratif de la faillite n'eût
pas encore été rendu public par la voie des journaux. C'est, en
effet, *à compter de sa date* que le dessaisissement du failli a lieu,
et les tiers ne peuvent, dans ce cas, argumenter de leur bonne foi.
Le jugement produit tous ses effets contre eux du jour même
de sa prononciation. Cass. 2 juill. 1821, S. 21, 350.

96. Quant aux actes antérieurs au jugement de déclaration de
faillite, il faut distinguer entre ceux qui ont été faits plus de dix
jours avant la cessation de paiemens, et ceux qui sont intervenus,
soit dans les dix derniers jours qui ont précédé l'époque de la
cessation de paiemens, soit dans l'intervalle qui s'est écoulé entre la cessation de paiemens et le jugement déclaratif de la
faillite.

Les premiers sont valables quelle que soit leur nature.

Les autres doivent être annulés ou validés selon leur diverse
nature, et la bonne ou la mauvaise foi des tiers qui ont contracté avec le failli. — V. *inf.* n° 101.

97. Les actes que la loi déclare nuls, lorsqu'ils ont lieu dans
les dix jours de la cessation de paiement, doivent être réputés
faits dans cette période de temps du moment qu'ils n'ont pas
une date certaine antérieure. Metz, 17 août 1818, S. 19, 50.

98. *Nature des actes.* Tous actes, translatifs de propriété
mobilière ou immobilière, à titre gratuit,—ou constitutifs d'un
privilége, d'une hypothèque, ou d'un droit de préférence au
profit de certains créanciers sont nuls, lorsqu'ils ont été faits
par le débiteur depuis l'époque déterminée par le trib., comme
étant celle de la cessation de ses paiemens, ou dans les dix jours
qui ont précédé cette époque.

Quant aux actes à titre onéreux, ils sont valables s'ils ont eu
lieu dans les dix jours qui ont précédé la cessation des paiemens.
Discuss. Ch. des dép. *Monit.* 31 mars 1838, P. 747. — Ils
doivent même, en général, être maintenus, quoique postérieurs
à la cessation de paiemens du failli, si les tiers qui les ont passés
ignoraient cette cessation de paiemens. — V. *inf.* 101.

99. Sont en conséquence sans effet, relativement à la masse,
lorsqu'ils ont été faits dans l'intervalle qui vient d'être indiqué :

1° Tous les actes de donation ou autres ayant pour résultat
de transférer gratuitement une propriété mobilière ou immobilière. C. comm. 446.

Toutefois, s'il s'agissait d'une donation rémunératoire,
les trib. devraient apprécier, d'après les circonstances, si l'objet donné peut être considéré comme réellement acquis à titre
gratuit, soit en totalité, soit pour partie, et par suite si la do-

nation ne doit pas être maintenue au moins dans une certaine proportion.

L'acte de donation entre vifs n'étant parfait que par l'acceptation du donataire (C. civ. 952), cette acceptation ne peut plus intervenir valablement dans les dix jours qui précèdent la cessation de paiemens.

Mais il en est autrement de la transcription qui constitue une formalité extrinsèque, et n'est exigée que pour rendre la donation inattaquable par les tiers. — Ainsi jugé sous le Code de 1808, dans une espèce où une donation faite six ans avant la faillite du donateur avait été transcrite dans les dix jours qui précédaient la faillite. Grenoble, 17 juin 1822, S. 23, 273 ; Coin-Delisle, *Donations*, art. 941, n° 14. — Mais si le donataire, au lieu de faire transcrire quelques jours avant l'ouverture de la faillite, avait retardé jusqu'après le jugement de déclaration, et que les syndics eussent valablement pris inscription au nom de la masse, soit avant la transcription, soit dans la quinzaine, la transcription serait sans effet : elle aurait trouvé la masse chirographaire saisie d'un droit réel. Coin-Delisle, *ib.*

100. 2° Toute hypothèque conventionnelle ou judiciaire et tous droits d'antichrèse ou de nantissement *constitués* sur les biens du débiteur pour dettes antérieurement contractées. C. comm. 446. — V. d'ailleurs *inf.* n°ˢ 107 à 110.

101. *Bonne foi des créanciers.* Tous actes à titre onéreux passés par le failli après la cessation de ses paiemens et avant le jugement déclaratif de la faillite, ne peuvent être annulés que dans le cas où ceux qui y ont participé avaient connaissance de la cessation des paiemens. C. comm. 447. — V. *sup.* n° 98 et *inf.* n° 104.

102. Il en est de même des paiemens faits en espèces ou en effets de commerce par le débiteur pour dettes échues.

103. Mais tous paiemens, soit en espèces, soit par transport, vente, compensation ou autrement pour dettes non échues, et pour dettes échues, tous paiemens faits autrement qu'en espèces ou effets de commerce sont réputés frauduleux et nuls. C. comm. 446.

104. Toutefois le créancier qui reçoit de bonne foi le montant d'une facture à terme sous la déduction de l'escompte, ne doit pas être soumis au rapport : car il est d'usage dans le commerce de considérer le bénéfice du terme accordé à l'acquéreur comme l'équivalent de celui abandonné sous le titre d'escompte au débiteur qui se libère par anticipation : et si la loi nouvelle a déclaré nul le paiement de dettes non échues, c'est uniquement parce que de tels paiemens ne sont pas dans les habitudes du commerce , et qu'ils doivent dès lors être considérés comme suspects.

105. Si c'est une lettre de change qui a été payée entre l'époque de la cessation des paiemens et celle du jugement déclaratif de la faillite, l'action en rapport ne peut être intentée que contre celui pour compte duquel la lettre de change a été fournie. C. comm. 449.

S'il s'agit d'un billet à ordre, l'action ne peut être exercée que contre le premier endosseur. *Ib.*

Dans l'un et l'autre cas , la preuve que celui à qui on demande le rapport avait connaissance de la cessation de paiemens à l'époque de l'*émission* du titre, doit être rapportée. C. comm. *ib.*

Il résulte de cette dernière disposition que le rapport ne pourra presque jamais être exigé : car l'émission du titre remontant ordinairement à une époque assez reculée se trouvera antérieure à la cessation de paiemens, ou du moins il sera difficile d'établir que cette cessation était connue de celui au profit duquel le titre aura été souscrit. — C'est une nouvelle faveur que la loi a voulu ajouter à celles, déjà nombreuses, accordées aux effets de commerce qui sont destinés à remplacer la monnaie.

106. Quant aux actes à titre onéreux faits dans les dix jours qui ont précédé la cessation de paiemens , ils ne peuvent plus être annulés. — V. *sup.* n° 91 , si ce n'est en vertu des règles du droit commun et dans le cas où ils ont eu lieu en fraude des créanciers. Arg. C. civ. 1167.

107. Les droits d'hypothèque et de privilége valablement acquis peuvent être inscrits jusqu'au jour du jugement déclaratif de la faillite. C. comm. 448.

108. Sont considérés comme *valablement acquis* les droits de privilége ou d'hypothèque ayant pour objet de garantir une obligation contractée dans les dix jours qui précèdent la cessation de paiemens , et même jusqu'au jugement qui déclare la faillite. Arg. C. comm. 446 *in fine* et 448.

Le failli pouvant, suivant les circonstances, contracter et emprunter dans cette période de temps, il était équitable de lui accorder la faculté de prendre les engagemens accessoires aux obligations qu'il souscrivait.

Le droit de préférence acquis en pareille circonstance par un créancier qui n'aurait pas, sans cette condition, livré ses écus , ne saurait être assimilé à celui conféré à un créancier qui aurait prêté antérieurement son argent sans exiger une garantie hypothécaire.

A plus forte raison, les droits d'hypothèque acquis avant les dix jours de la cessation de paiemens, peuvent être inscrits jusqu'au jugement déclaratif de la faillite.

109. Néanmoins, comme il ne faut pas qu'un créancier puisse induire les tiers en erreur sur la position de son débiteur, et que d'ailleurs celui qui a laissé écouler un long délai sans faire inscrire une hypothèque consentie à son profit, doit être présumé complice d'une fraude concertée avec le failli, les inscriptions prises après l'époque de la cessation de paiemens ou dans les dix jours qui précèdent, peuvent être déclarées nulles s'il s'est écoulé plus de quinze jours entre la date de l'acte constitutif de l'hypothèque ou du privilége et celle de l'inscription. C. comm. 448.

Ce délai est augmenté d'un jour à raison de cinq myriamètres de distance entre le lieu où le droit d'hypothèque a été acquis et celui où l'inscription est prise. C. comm. 448.

110. Aucune disposition spéciale de la loi ne règle le sort des hypothèques légales ; mais on doit leur appliquer les principes généraux qui viennent d'être exposés. — En conséquence, si les obligations prises par le failli sont de nature à être annulées, l'hypothèque qui y est jointe légalement devient sans objet ; au contraire, l'hypothèque subsiste si l'obligation est maintenue.

111. *Quid,* des transports consentis par le failli avant la cessation de paiemens, mais signifiés depuis cette époque au débiteur cédé ?

Sous le Code de 1808, ces transports étaient déclarés nuls. Paris, 13 déc. 1814, S. 15, 98 ; Bordeaux, 18 août 1829, S. 30, 5 ; Cass. 13 juill. 1830, S. 30, 375. — Toutefois le transport d'une créance par un failli avant l'ouverture de sa faillite, par un acte sous seing-privé n'ayant pas date certaine et non signifié au débiteur, avait été jugé valable à l'égard des tiers dans une espèce où il avait été reconnu en fait que le transport avait été opéré de bonne foi et que le débiteur avait accepté pour créancier le cessionnaire. Cass. 7 janv. 1824, S. 24, 125 ; 28 mai 1825, S. 24, 7.

Nous pensons qu'il serait juste d'appliquer aux transports les dispositions de la nouvelle loi sur les inscriptions hypothécaires : l'analogie nous semble en effet complète.

112. Quant aux transports qui auraient été consentis depuis la cessation de paiemens, il faudrait, selon nous, faire une distinction : s'ils avaient été donnés par le failli comme garantie d'une dette précédemment contractée, ils seraient évidemment nuls. — V. *sup.* n° 108.

Si, au contraire, ils n'avaient eu lieu qu'en échange de sommes versées à l'instant même par un tiers de bonne foi, ils devraient être maintenus. — V. *sup.* n° 108.

113. La demande en annulation des actes consentis par le failli au préjudice de la masse est de la compétence du trib. ci-

vil ou du trib. de commerce, selon qu'il s'agit d'un acte purement civil, ou d'un acte commercial.

Section III. — *De la nomination du juge-commissaire.*

114. Par le jugement qui déclare la faillite, le trib. de
commerce désigne un de ses membres pour juge-commissaire.
C. comm. 451.

115. Ses fonctions commencent à l'instant même de sa nomination, et durent jusqu'à la liquidation définitive ou jusqu'au concordat.

116. Elles consistent spécialement à surveiller et accélérer
les opérations et la gestion de la faillite. C. comm. 452. — Et
en outre à faire au trib. le rapport des contestations qui peuvent s'élever à la faillite. C. comm. *ib.*

117. *Comme surveillant*, le juge-commissaire doit accélérer
la confection du bilan, si le failli ne l'a pas dressé lui-même
avant l'entrée en fonctions des syndics.—V. *inf.* n° 209 ; — convoquer les créanciers pour la nomination des syndics définitifs.
—V. *inf.* n° 148; — autoriser, s'il y a lieu, quelques-uns des
syndics à faire certains actes sans le concours de leurs collègues.
—V. *inf.* n° 161; — statuer sur les réclamations élevées contre
la gestion des syndics.—V. *inf.* n° 154; — proposer, si cela est
nécessaire, la révocation d'un ou de plusieurs syndics.—V. *inf.*
n° 155; — dispenser de mettre sous les scellés les effets nécessaires au failli et à sa famille, ainsi que ceux sujets à dépérissement ou dépréciation imminente. —V. *inf.* n° 182 ; — autoriser la vente de ces derniers objets.—V. *inf.* n° 184 ; —assister
à la vérification des créances, et recevoir l'affirmation des
créanciers. —V. *inf.* n° 238; — vérifier le compte des syndics.
V. *inf.* n° 426, etc.

118. *Comme juge-rapporteur*, il fait au trib. de commerce le
rapport de toutes les difficultés qui peuvent surgir des opérations de la faillite, et qui sont de la compétence de ce trib.
Elles y sont jugées sur son rapport, sans autre procédure, et
par forme de référé. C. comm. 452.

Quant aux contestations qui appartiennent par leur nature
aux juges ordinaires, tels que les droits des femmes et des
créanciers hypothécaires, fondés sur des titres authentiques, il
renvoie les parties à se pourvoir devant les trib. civils.

119. Il a voix délibérative, quand même l'affaire est portée
à une section du trib. autre que celle à laquelle il appartient.
Pardessus, n° 1142.

120. Mais il n'exerce ce pouvoir de juger qu'au trib. dont
il est membre. — Hors du trib., il n'est plus que juge-rapporteur.

121. Ses ordonnances ne sont susceptibles de recours que dans les cas prévus par la loi. — V. *inf.* 611.

Dans ces cas, le recours est porté devant le trib. de commerce. C. comm. 453. — Le juge-commissaire cesse alors d'avoir voix délibérative dans la discussion.

122. Les jugemens du trib. de commerce qui statuent sur le recours ne sont susceptibles ni d'opposition, ni d'appel, ni de recours en cassation. C. comm. 583-5°.—V. *inf.* n°s 611 et 612.

123. L'approbation du commissaire ne fait pas en général cesser la responsabilité des syndics, mais prouve leur bonne foi; par exemple, s'il s'agit de faire une dépense extraordinaire pour la défense d'un procès, ou la continuation du commerce du failli.

124. Le commissaire, après avoir recherché les causes de la faillite, en avoir appris toutes les circonstances, et après avoir vérifié l'état de l'actif et du passif dans le bilan, doit faire son rapport au trib., soit pour provoquer l'incarcération du failli, si elle n'a pas été ordonnée d'office, soit pour s'opposer à sa liberté provisoire, soit même pour réclamer cette liberté, si le failli en est digne, et, dans ce cas, conclure à l'élargissement avec sauf-conduit, ou bien avec caution. — V. *inf.* n°s 158 et 190.

125. Si le commissaire soupçonne la banqueroute, il a deux devoirs à remplir, l'un envers le trib. pour empêcher que le failli ne soit déclaré excusable, l'autre envers le procureur du Roi, pour lui dénoncer la banqueroute. Il excéderait ses pouvoirs si, dans ce cas, il se laissait aller à des informations et à des recherches qui rentreraient dans les attributions du juge d'instruction requis par le ministère public. Cass. 13 nov. 1823, D. *ib.* 102.—V. d'ailleurs *inf.* n° 144.

126. Le trib. de commerce peut, à toutes les époques, remplacer le juge-commissaire par un autre de ses membres. C. comm. 454.

Ce remplacement a lieu, soit d'office, soit sur la provocation des syndics ou des créanciers.

SECTION IV. — *De l'apposition des scellés et des premières dispositions à l'égard de la personne du failli.*

127. Le failli étant dessaisi de l'administration de ses biens à dater du jour du jugement déclaratif de la faillite, il est indispensable que ce jugement désigne les personnes chargées de gérer son actif, et de procéder à la liquidation de sa fortune. Ces personnes sont les syndics sous la surveillance du juge-commissaire. — V. *inf.* n°s 163 et suiv.

128. Des mesures conservatoires doivent en outre être prises, immédiatement, dans l'intérêt de la masse des créanciers.

· Ces mesures consistent principalement dans l'apposition des scellés sur tous les meubles et effets mobiliers appartenant au failli. — V. *inf.* n° 150, — et dans le dépôt de la personne du failli dans une maison d'arrêt pour dettes, ou la garde de sa personne par un officier de police ou de justice.—V. *inf.* n° 138.

129. Si les deniers appartenant à la faillite ne peuvent suffire immédiatement aux frais du jugement de déclaration de faillite, d'affiche et d'insertion de ce jugement dans les journaux, d'apposition de scellés, d'arrestation et d'incarcération du failli, l'avance de ces frais est faite, sur l'ordonnance du juge-commissaire, par le trésor public qui en est remboursé par privilége sur les premiers recouvremens, sans préjudice toutefois du privilége du propriétaire. C. comm. 461.

§ 1. — *De l'apposition des scellés.*

150. Par le jugement qui déclare la faillite, le trib. ordonne l'apposition des scellés sur les effets appartenant au failli. C. comm. 455.

131. Néanmoins, si le juge-commissaire estime que l'actif du failli peut être inventorié en un seul jour, il n'est point apposé de scellés, et il doit être immédiatement procédé à l'inventaire dans la forme indiquée *inf.* n° 216. C. comm. 455.

152. Les scellés sont apposés par le juge de paix.

A cet effet, le greffier du trib. de comm. adresse sur-le-champ avis de la disposition du jugement qui ordonne l'apposition des scellés.

1° Au juge de paix du domicile du failli ou de son principal établissement. C. comm. 457;

2° Aux juges de paix des divers établissemens du failli;

3° Aux juges de paix du domicile de chacun des associés en nom collectif du failli. Arg. C. comm. 458; Boulay, n° 43.

153. Chacun de ces officiers judiciaires procède, sans délai, à l'apposition des scellés sur les magasins, comptoirs, portefeuilles, caisse, livres, papiers, meubles et effets du failli, tant dans son principal établissement que dans ses établissemens auxiliaires. C. comm. 458. — Et en cas de faillite d'une société en nom collectif, tant au siége principal de la société que dans le domicile séparé de chacun des associés solidaires. *Ib.*

134. Mais cette mesure ne peut être prise contre un commanditaire; — à moins qu'il n'ait été condamné comme ayant fait des actes de gestion. Pardessus, n° 1146.

135. Si la société est anonyme, les scellés sont apposés sur les effets de cette société; et même suivant M. Pardessus (*ib.*), au domicile des administrateurs: quoique ceux-ci ne soient pas débiteurs solidaires envers les tiers, ils n'en seraient pas moins comptables de leur gestion, et susceptibles d'une responsabilité pour imprudence ou négligence.—Mais nul article n'autorise l'apposition des scellés sur les effets du mandataire, par cela seul que le mandant est en faillite.

136. Les scellés peuvent aussi, même avant le jugement déclaratif de la faillite, être apposés par le juge de paix, soit d'office, soit sur la réquisition d'un ou de plusieurs créanciers, mais seulement dans le cas de disparition du débiteur ou de détournement de tout ou partie de son actif. C. comm. 457, — et avec la plus grande circonspection. Le juge de paix doit en effet craindre de compromettre le crédit d'un négociant qui ne se trouverait pas réellement en état de faillite. Boulay-Paty, n° 41; Locré, t. 5, p. 185.

137. Dans tous les cas, le juge de paix donne, sans délai, au président du trib. de comm., avis de l'apposition des scellés. C. comm. 458.

§ 2. — *Des premières dispositions à l'égard de la personne du failli.*

138. Par le jugement qui déclare la faillite, le trib. ordonne le dépôt de la personne du failli dans la maison d'arrêt pour dettes, ou la garde de sa personne par un officier de police ou de justice, ou par un gendarme. C. comm. 455.

139. Si le failli est déjà détenu à la requête de quelque créancier, le trib. ordonne qu'il soit écroué de nouveau en vertu de son jugement.

140. Il ne peut, en cet état, être reçu contre le failli d'écrou ou recommandation pour aucune espèce de dettes (C. comm. 455), — *même civiles :* c'est là une modification apportée par la loi nouvelle à la législation antérieure qui ne prohibait l'emprisonnement du débiteur que pour dettes commerciales.

141. Si le failli n'est point incarcéré pour dettes ou pour autre cause au moment de la déclaration de sa faillite, le trib. peut l'affranchir du dépôt ou de la garde de sa personne, pourvu, toutefois, qu'il ait lui-même fait la déclaration de la cessation de ses paiemens, et qu'il ait déposé son bilan au greffe. C. comm. 456.

142. Du reste, la disposition du jugement qui affranchit le failli du dépôt ou de la garde de sa personne, peut toujours, suivant les circonstances, être ultérieurement rapportée par le trib. de comm., même d'office. C. comm. 456.

143. Les dispositions qui ordonnent le dépôt de la personne du failli dans une maison d'arrêt pour dettes ou la garde de sa personne, sont exécutées à la diligence, soit du ministère public, soit des syndics de la faillite. C. comm. 460.

144. A cet effet, extrait du jugement déclaratif de la faillite mentionnant les principales indications et dispositions qu'il contient, doit être adressé dans les vingt-quatre heures par le greffier du trib. de comm. au procureur du Roi près le trib. de 1re inst. du ressort. C. comm. 459. — V. *sup.* n° 125.

145. Si le failli a été incarcéré, il peut, plus tard et d'après l'état apparent de ses affaires, être mis en liberté avec sauf-conduit provisoire de sa personne, soit sur la proposition du juge-commissaire, soit sur sa demande directe.—V. *inf.* n° 190.

Section V. — *De la nomination et du remplacement des syndics provisoires.*

146. Sous le Code de 1808, la gestion des biens du failli était confiée d'abord à des agens nommés par le trib. de comm., et dont les fonctions ne pouvaient durer que quinze jours ou trente jours au plus, dans le cas de prorogation accordée par le trib. ; — ensuite à des syndics provisoires choisis par les créanciers, et dont la mission durait jusqu'au concordat ou au contrat d'union : — et enfin, dans le cas d'union, à des syndics définitifs également élus par les créanciers.

147. La loi nouvelle a établi un syndicat unique, nommé par le trib. et dont les fonctions continuent sans interruption, depuis le jour de la déclaration de la faillite, jusqu'à celui des dernières opérations qui la terminent.

Ainsi, par le jugement qui déclare la faillite, le trib. de comm. nomme un ou plusieurs syndics provisoires. C. comm. 462.

148. Le juge-commissaire convoque immédiatement après les créanciers présumés à se réunir dans un délai qui ne peut pas excéder quinze jours. C. comm. 462. — Dans l'usage, cette convocation est faite par lettres missives et insertions dans les journaux ; cependant la loi n'ayant pas prescrit ce mode plutôt que tout autre, on ne saurait demander la nullité des opérations sous prétexte qu'il n'aurait pas été suivi.

Les lettres sont visées par le juge-commissaire et envoyées par le greffier.

Immédiatement. La loi s'en repose sur le zèle et la vigilance du juge-commissaire.

Dans un délai qui n'excédera pas quinze jours. Le point de départ de ce délai est le jour où le juge-commissaire fait faire la convocation, et non pas celui de la déclaration de faillite. C'est ce qui résulte de la discussion à la Ch. des députés.

Les créanciers de province, et même les étrangers, doivent être appelés, en un mot tous ceux qui auront le temps de se faire représenter dans le délai. Tel est le vœu de la loi.

L'exécution de l'art. 462 est sous la sauve-garde des juges-commissaires et des trib. de commerce, qui, en cas d'irrégularité, pourraient prescrire une nouvelle convocation.

Mais, après la nomination des syndics aucun créancier ne serait recevable à invoquer cette irrégularité ; le trib. n'est pas tenu de suivre l'avis émis par la masse entière, à plus forte raison le consentement d'un créancier isolé n'est-il pas indispensable. Son attention a dû être éveillée par la publicité donnée au jugement déclaratif de la faillite.

149. Les créanciers hypothécaires ou privilégiés sont appelés comme les créanciers chirographaires à cette réunion.

Mais les créanciers non portés au bilan ne sont admis à prendre part à la délibération qu'autant qu'ils y sont autorisés par le juge-commissaire.

150. Au jour indiqué, les créanciers convoqués se réunissent dans la salle du trib., dans le domicile du failli, ou dans tout autre lieu déterminé par le juge-commissaire.

Ce magistrat les consulte sur la composition de l'état des créanciers présumés et sur la nomination de nouveaux syndics. C. comm. 462.

Il est dressé de leurs dires et observations un procès-verbal qui est représenté au tribunal. *Ib.*

151. Sur le vu de ce procès-verbal et de l'état des créanciers présumés, et sur le rapport du juge-commissaire, le trib. nomme de nouveaux syndics, ou continue les premiers dans leurs fonctions. C. comm. 462.

Mais, dans aucun cas, il n'est contraint de se conformer au vœu manifesté par les créanciers ; il reste toujours maître de maintenir les syndics provisoires ou de les changer selon qu'il le juge convenable.

152. Les syndics ainsi institués sont définitifs ; cependant ils peuvent être remplacés par le trib., lorsqu'il croit utile de les révoquer. C. comm. 462.

153. En conséquence, s'il s'élève des réclamations contre la gestion d'un ou de plusieurs syndics, soit de la part du failli, soit de la part des créanciers, le juge-commissaire a la faculté, sur les plaintes qui lui sont adressées, ou même d'office, de proposer leur révocation. C. comm. 467.

154. Si dans les huit jours, il n'a pas fait droit aux réclamations qui lui ont été adressées, elles peuvent être portées devant le tribunal. C. comm. 467.

155. Le trib. entend, en chambre du conseil, le rapport du juge-commissaire et les explications des syndics, et il prononce à l'audience sur leur révocation. C. comm. 467.

156. Le nombre des syndics peut être, à toute époque, porté jusqu'à trois. C. comm. 462.

157. Ils sont choisis au gré du trib. parmi les créanciers du failli, ou parmi les personnes étrangères à la masse. C. comm. 462.

Sous le Code de 1808, les créanciers pouvaient investir de ces fonctions, s'ils étaient eux-mêmes créanciers :

Un étranger ; Locré, *Esprit*, C. comm., p. 277 ;

Un mineur commerçant ; Pardessus, n° 1172 ;

Un failli non réhabilité, mais ayant obtenu un concordat ; Pardessus, n° 1172 ; Boulay-Paty, n° 184 ;

Une fille ou une veuve majeure, une femme majeure autorisée de son mari.

Ces solutions seraient admises plus difficilement, et offrent moins d'intérêt, aujourd'hui que le choix appartient au tribunal, et qu'il peut se porter sur des personnes étrangères à la masse.

Toutefois, aucun parent ou allié du failli, jusqu'au quatrième degré inclusivement, ne peut être nommé syndic. C. comm. 463.

158. Ils peuvent, quelle que soit leur qualité, recevoir, après avoir rendu leur compte, une indemnité que le trib. arbitre sur le rapport du juge-commissaire. C. comm. 462.

159. Mais leurs fonctions ne sont pas obligatoires ; ceux à qui le trib. les confère sont libres de les accepter ou de les refuser. Pardessus, n° 1253.

160. Lorsqu'il y a lieu de procéder à l'adjonction ou au remplacement d'un ou plusieurs syndics, il en est référé par le juge-commissaire au trib., qui procède à la nomination suivant les formes établies, *sup.* n° 151. C. comm. 464.

161. Quand il a été nommé plusieurs syndics, ils ne peuvent agir que collectivement. C. comm. 465.

Néanmoins, le juge-commissaire peut donner à un ou à plusieurs d'entre eux des autorisations spéciales, à l'effet de faire séparément certains actes d'administration. *Ib.*

Dans ce dernier cas, les syndics autorisés sont seuls responsables, *ib.* — V. *inf.* n° 176.

162. Si quelqu'une des opérations des syndics est critiquée, le juge-commissaire statue, dans le délai de trois jours, sauf recours devant le trib. de comm. C. comm. 466.

Ses décisions sont exécutoires par provision. C. comm. 466.

SECTION VI. — *Des fonctions des syndics.*

163. Les fonctions des syndics consistent à administrer la faillite dans le double intérêt du failli et de ses créanciers, et à prendre toutes les mesures nécessaires pour opérer la liquidation du débiteur commun.

164. A partir du jugement déclaratif de la faillite, toute action relative aux biens, mobiliers ou immobiliers, du failli, ne peut être suivie ou intentée que contre eux ou par eux. C. comm. 443. — V. *sup.* n°s 59, 61 et suiv.

Il en est de même de toute voie d'exécution tant sur les meubles que sur les immeubles. C. comm. 445. — V. *sup.* n° 75.

Sauf le droit individuel des créanciers ; — ou du failli, d'intervenir ou d'agir s'il y a lieu, par exemple dans le cas de négligence des syndics. —V. *sup.* n° 62.

Mais l'intervention des créanciers doit toujours avoir lieu à leurs frais.

165. Il faut, du reste, observer que les syndics ne représentent l'universalité des créanciers que lorsqu'il y a unité d'intérêts. — Ainsi, les créanciers hypothécaires sont habiles à former tierce-opposition au jugement qui leur préjudicie, quoiqu'il ait été rendu contradictoirement avec les syndics. Autrement il faudrait admettre que les syndics pourraient représenter deux classes de créanciers ayant des intérêts absolument contraires. Limoges, 15 juin 1813, P. 11, 463 ; Cass. 25 juill. 1814, P. 12, 529.

Mais ce droit de tierce-opposition cesse pour le créancier qui a figuré au jugement comme caution du failli. Cass. 24 fév. 1816, P. 13. 294.

166. Des syndics irrégulièrement nommés n'ont pas moins caractère pour représenter la faillite jusqu'à leur remplacement. — Conséquemment, les jugemens rendus contre eux en faveur des tiers de bonne foi, sont présumés rendus contre la faillite. —Sauf la condamnation aux dommages-intérêts contre les syndics qui auraient abusé de leur mandat. Cass. 25 mars 1823, S. 24, 138 ; Pardessus, n° 1183.

167. La gestion des syndics a six objets principaux :

Ils doivent, 1° prendre toutes les mesures conservatoires qui peuvent être utiles aux intérêts de la masse. — V. *inf.* n° 180 et suiv.

Toutefois, cette obligation ne s'étend pas jusqu'à intenter, aux risques et périls des créanciers, un procès éventuel d'un succès incertain et dont les frais pourraient absorber la totalité de leurs créances. — Surtout lorsqu'ils ont convoqué une assemblée de créanciers, à l'effet de délibérer si l'on entreprendrait le procès, et que les créanciers ont gardé le silence. Rennes, 1er juill. 1849, D. *ib.* 110.

168. 2° Faire mettre, s'il y a lieu, le failli en liberté provisoire, et lui accorder des secours alimentaires ainsi qu'à sa famille. — V. *inf.* n°s 190 et 198.

169. 3° Procéder à la clôture des livres du failli et à la rédaction de son bilan, s'il n'a pas été dressé antérieurement. — V. *inf.* n°208.

170. 4° Faire lever les scellés et rédiger l'inventaire du failli. — V. *inf.* n° 213.

171. 5° Procéder à la vente des marchandises et meubles et au recouvrement des dettes actives. — V. *inf.* n° 227.

172. 6° Faire vérifier les créances contre le failli. — V. *inf.* n° 258.

173. Les lettres adressées au failli leur sont remises pour les ouvrir. Si le failli est présent, il peut assister à l'ouverture. C. comm. 471.

174. Les règles sur l'administration du tuteur s'appliquent en général à celle des syndics. Pardessus, n° 1179. — Il leur est interdit d'acheter directement ou indirectement des créances contre le failli. Arg. C. civ. 450.

Toutefois, ils peuvent, avec l'autorisation du juge-commissaire, et le failli dûment appelé, transiger sur toutes les contestations qui intéressent la masse, même sur celles qui sont relatives à des droits et actions immobiliers. C. comm. 487.

Si l'objet de la transaction est d'une valeur indéterminée ou qui excède 500 fr., la transaction n'est obligatoire qu'après avoir été homologuée, savoir : par le trib. de commerce pour les transactions relatives à des droits mobiliers, et par le trib. civil pour les transactions relatives à des droits immobiliers. *Ib.*

Le failli doit, dans tous les cas, être appelé à l'homologation, et il a le droit de s'y opposer. Son opposition suffit pour empêcher la transaction, si elle a pour objet des droits immobiliers, *ib* ; — à moins, cependant, qu'il ne s'agisse d'une transaction consentie par les syndics après l'union, cas auquel l'homologation du trib. peut être donnée malgré l'opposition du failli. — V. *inf.* n° 425.

Les syndics peuvent-ils compromettre ? — V. *Arbitrage*, n° 49.

175. Ils doivent rendre compte au failli s'il y a concordat. — V. *inf.* n° 404 ; ou bien, soit aux nouveaux syndics nommés, soit aux créanciers assemblés, dans le cas d'union. — V. *inf.* n° 426.

176. Ils sont personnellement responsables dans le cas où, par négligence ou mauvais vouloir, ils ont manqué à leur mandat ; ils peuvent être condamnés pour ce fait envers les créanciers.

Il s'agit d'une administration conférée par justice :

Conséquemment, la condamnation peut être prononcée : — 1° par corps, Arg. C. pr. 126 ; Cass. 19 janv. 1814, P. 12, 57 ; — 2° Solidairement : la surveillance doit être exercée en commun par tous les syndics pour la plus grande sûreté des intérêts de la masse. *Même arrêt.*

Ainsi jugé pour la restitution des objets de la faillite constatés par inventaire, Paris, 22 sept. 1830 ; — ou des sommes qui auraient été soustraites par l'un des syndics. Paris, 26 juill. 1832.

177. Lorsque des syndics ont chargé un avoué ou un notaire de faire certains actes pour la faillite, ils peuvent, suivant les circonstances, être tenus personnellement des frais. —V. *Avoué*, n° 173. — La prudence veut que, dans le pouvoir donné à l'officier ministériel, ils déclarent s'affranchir de toute garantie personnelle. — V. d'ailleurs *inf.* n° 508.

178. S'ils ont été condamnés en *leur nom personnel*, la masse n'est point obligée envers les tiers, et les syndics sont eux-mêmes sans répétition contre elle. Cass. 27 juin 1824, S. 22, 8.

179. Mais les condamnations prononcées contre eux en qualité de syndics obligent la masse. Cass. 19 janv. 1819, S. 20, 62. — V. d'ailleurs *inf.* n° 624.

§ 1. — *Des mesures conservatoires.*

180. Les syndics doivent prendre toutes les mesures conservatoires nécessaires pour garantir les intérêts de la masse des créanciers. — V. *sup.*, n° 156.

Ces mesures consistent principalement dans l'apposition des scellés sur les effets mobiliers du failli, dans la vente des objets sujets à dépérissement ou à dépréciation imminente, ou dispendieux à conserver, dans l'exploitation du commerce du failli, dans le recouvrement des effets à courte échéance, appartenant au failli, enfin, dans la réquisition d'inscriptions hypothécaires tant sur les biens immobiliers du failli que sur les biens de ses débiteurs.

Les syndics sont en outre obligés, à compter de leur entrée en fonctions, de faire tous les actes nécessaires pour la conservation des droits du failli contre ses débiteurs. C. comm. 490. — Par exemple, de renouveler les inscriptions hypothécaires qui remontent à dix années, d'interrompre les prescriptions qui seraient sur le point de s'accomplir, etc.

181. *Apposition des scellés.* Si les scellés n'ont pas été mis sur tous les effets mobiliers du failli avant la nomination des syndics. (— V. *sup.*, n° 150), ceux-ci doivent requérir immédiatement le juge de paix de procéder à leur apposition. C. comm. 468.

182. Dans ce cas, le juge-commissaire peut, sur leur demande, les dispenser de faire placer sous les scellés, 1° les vêtemens, hardes, meubles et effets nécessaires au failli et à sa famille; l'état de ces effets est dressé par les syndics, et leur délivrance en est autorisée par le juge-commissaire. C. comm. 469;

2° Les objets sujets à dépérissement prochain ou à dépréciation imminente. *Ib.*;

3° Les objets servant à l'exploitation du fonds de commerce, lorsque cette exploitation ne pourrait être interrompue sans préjudice pour les créanciers. C. comm. *ib.*

Les objets compris dans les deux paragraphes précédens sont de suite inventoriés avec prisée par les syndics en présence du juge de paix qui signe le procès-verbal. *Ib.*

183. Si l'apposition des scellés a eu lieu avant leur entrée en fonctions, les syndics ont le droit de demander au juge-commissaire l'extraction des différens objets qui viennent d'être indiqués, et qu'ils peuvent être autorisés à ne pas faire placer sous les scellés. C. comm. 469. — V. *sup.* n° 182.

184. *Vente des objets sujets à dépérissement.* La vente de tous les objets sujets à dépérissement, ou à dépréciation imminente, ou dispendieux à conserver, a lieu de suite à la diligence des syndics sur l'autorisation du juge-commissaire. C. comm. 470.

185. *Exploitation du fonds de commerce.* Si l'exploitation du fonds de commerce du failli ne peut pas être interrompue sans préjudice pour les créanciers, le juge-commissaire a également le droit d'autoriser les syndics à la continuer. C. comm. 470 ; — et ceux-ci doivent s'empresser de solliciter cette autorisation.

186. *Recouvrement des effets à courte échéance.* Les effets de portefeuilles à courte échéance ou susceptibles d'acceptation, ou pour lesquels il faut faire des actes conservatoires, sont extraits des scellés par le juge de paix, et remis aux syndics pour en faire le recouvrement. Le bordereau en est donné au juge-commissaire. C. comm. 471.

187. Le juge de paix extrait également des scellés, pour les remettre aux syndics, après avoir été arrêtés par lui, les livres de commerce du failli : ces livres peuvent en effet être nécessaires aux syndics pour se mettre au courant des affaires du débiteur, et savoir s'il est utile de faire des actes conservatoires contre les tiers.

L'état dans lequel se trouvent les livres est constaté sommairement par le juge de paix dans son procès-verbal. C. comm. 471.

188. *Réquisition d'inscriptions hypothécaires.* Les syndics sont tenus de requérir inscription aux bureaux des hypothèques sur les immeubles des débiteurs du failli, s'il n'en a pas été pris par le failli lui-même, dans les cas où il avait le droit d'en requérir.

L'inscription est prise par les syndics au nom de la masse. Ils joignent à cet effet à leur bordereau un certificat constatant leur nomination. C. comm. 490.

189. Ils doivent en outre prendre inscription, au nom de la masse des créanciers, sur les immeubles du failli dont ils connaissent l'existence. C. comm. 490.

L'inscription est reçue sur un simple bordereau énonçant

qu'il y a faillite, et relatant la date du jugement par lequel les syndics ont été nommés. *Ib.*

§ **2.** — *De la mise en liberté provisoire du failli et des secours alimentaires à sa famille.*

190. D'après l'état apparent des affaires du failli, le juge-commissaire peut proposer sa mise en liberté avec sauf-conduit de sa personne. C. comm. 472.—V. *sup.* n° 125.

191. Les syndics sont recevables à faire valoir toutes les raisons qui s'opposeraient, selon eux, à cette mesure.

Il en est de même des créanciers qui ont fait personnellement incarcérer le débiteur avant sa faillite. Rouen, 2 avr. 1827, S. 27, 251.

192. A défaut par le juge-commissaire de proposer un sauf-conduit pour le failli, celui-ci peut présenter sa demande au trib. de comm. qui statue en audience publique après avoir entendu le juge-commissaire. C. comm. 473.

La demande est valablement formée par requête au trib.; il n'est pas nécessaire d'assigner les syndics.

193. Si le trib. accorde le sauf-conduit, il a la faculté d'obliger le failli à fournir caution de se représenter, sous peine de paiement d'une somme que le trib. arbitre, et qui est dévolue à la masse. C. comm. 472.

· **194.** Le sauf-conduit accordé, avec ou sans caution, a pour effet, non seulement de mettre le failli à l'abri de la contrainte par corps qu'il a encourue par la faillite, mais encore de faire cesser l'emprisonnement qui a eu lieu antérieurement à la faillite. Rouen, 26 avr. 1824, S. 25, 13; Montpellier, 27 avr. 1825, S. 26, 22; Colmar, 17 janv. 1824, S. 27, 545.

195. Il subsiste tant que dure la faillite, à moins qu'il ne soit limité ou révoqué. — Peu importe que plusieurs années se soient écoulées depuis son obtention et que le débiteur ne suive pas les opérations de la faillite. Paris, 12 fév. 1817, S. 18, 276. —V. *inf.* n° 406.

196. Il peut, dans tous les cas, être révoqué par le trib., soit d'office, soit sur la demande des syndics ou d'un créancier, si de nouveaux renseignemens recueillis sur la conduite du failli font juger la réincarcération nécessaire. Pardessus, n° 1149. — *Contrà*, Locré, sur les art. 466 et 467 anciens.

197. D'après l'ancienne loi, le failli n'était recevable à réclamer des secours alimentaires sur l'actif de sa faillite que dans le cas d'union des créanciers.— La loi nouvelle lui permet, par un motif d'humanité facile à comprendre, d'en demander dès le commencement des opérations de la faillite. C. comm. 474.

198. Le montant de ces secours est fixé par le juge-commissaire sur la proposition des syndics, sauf appel au trib., en cas de contestation. C. comm. 474.

§ 5. — *De la clôture des livres du failli et de la rédaction du bilan.*

199. *Clôture des livres.* Aussitôt après la remise qui leur est faite par le juge-de-paix des livres du failli — V. *sup.* n° 187 , les syndics appellent ce dernier auprès d'eux pour clore et *ar-rêter* ses écritures. C. comm. 475 : — c'est-à-dire les vérifier et faire la balance de l'actif et du passif.

200. Si le failli ne se rend pas à l'invitation qui lui est adressée, il est sommé de comparaître dans les quarante-huit heures au plus tard. C. comm. 475.

201. Dans le cas où il ne satisfait pas à cette sommation, il peut être condamné comme banqueroutier simple. C. comm. 586-5°.

202. Soit qu'il ait ou non obtenu un sauf-conduit , il doit comparaître en personne, à moins qu'il ne justifie de causes d'empêchement reconnues valables par le juge-commissaire. C. comm. 475.—Il peut alors se faire représenter par un fondé de pouvoirs. C. comm. *Ib.*

203. *Rédaction du bilan.* Le bilan est l'état de l'actif et du passif du commerçant, au moment de la cessation de ses paiemens. Il sert, 1° à faire connaître les créanciers ; 2° à faciliter la vérification des créances ; 3° à guider les syndics dans leur administration.

204. Il présente ordinairement cinq tableaux ou chapitres différens : 1° celui de l'actif; 2° celui du passif ; 3° celui des pertes ; 4° celui des profits; 5° celui des dépenses. Les deux premiers chapitres font connaître l'état des affaires du failli ; les trois derniers, les causes de la faillite.

205. L'actif offre l'énumération de tous les biens meubles et immeubles du failli, et l'évaluation de ces biens.

206. Le tableau du passif énonce : 1° le nom de chaque créancier; 2° la somme qui lui est due ; 3° la cause de sa créance. La première de ces énonciations fournit la liste des créanciers présumés: la seconde établit la balance entre l'actif et le passif, et fixe ainsi la situation ; la troisième, trop souvent négligée, est nécessaire pour la vérification des créances : en effet, la déclaration de la créance dans le bilan est une espèce d'aveu judiciaire. — Le tableau des pertes , profits et dépenses doit remonter, autant que possible, jusqu'à l'époque de l'entrée du failli dans les affaires. Un négociant n'étant tenu de garder ses livres que pendant dix ans, ces tableaux rigoureusement peuvent ne comprendre que cette période ; mais rarement on détruit des livres après dix ans, beaucoup d'actions commerciales ne se prescrivant que par trente ans. Dès qu'on n'a point cessé son commerce on serait suspect de ne pas rendre un compte exact de tous les inventaires annuels. Pardessus, n° 1151.

207. Le bilan, ainsi qu'on l'a vu *sup.* n° 36, doit être rédigé par le failli, et déposé par lui au greffe du trib. de commerce, en même temps que sa déclaration de cessation de paiemens.

208. Mais lorsqu'il n'a pas été remis à cette époque, soit par suite d'un empêchement valable — V. *sup.* n° 36, soit par suite d'une négligence du failli, il est dressé par les syndics, dans le plus bref délai, à l'aide des livres et papiers du failli, et des renseignemens qu'ils se procurent. C. comm. 476.

209. A cet effet, le juge-commissaire est autorisé à entendre le failli, ses commis et employés, et toute autre personne, même la femme et les enfans du failli. *Discuss. Monit.* 12 mai 1856, (P. 1062), sur ce qui concerce la formation du bilan. C. comm. 477.

Il peut également interroger les mêmes individus sur les causes et les circonstances de la faillite. C. comm. 477.

210. Sous le Code de 1808 on décidait que les commis du failli et ceux qui ne lui sont pas attachés par les liens du sang, ne pouvaient refuser de paraître ou de répondre, sans encourir les peines prononcées contre les témoins défaillans, et même sans s'exposer à des soupçons de complicité de banqueroute. Arg. C. pr. 263; Pardessus, n° 1152.

Mais il résulte de la discussion de la loi à la Ch. des pairs que l'instruction faite par le juge-commissaire n'a pas un caractère judiciaire, et que ce magistrat, investi de l'unique mission de recueillir des renseignemens, n'a aucune autorité coercitive pour obliger les individus qu'il appelle à faire des déclarations malgré eux. *Discuss. Monit.* 12 mai 1856, p. 1062.

211. En cas de déclaration de faillite d'un commerçant après son décès, ou de décès du failli après la déclaration de sa faillite, sa veuve, ses enfans et ses héritiers peuvent se présenter ou se faire représenter pour le suppléer dans la formation du bilan, ainsi que dans toutes les autres opérations de la faillite. C. comm. 478.

212. Lorsque le bilan est rédigé, il est déposé par les syndics au greffe du trib. de commerce. C. comm. 476.

§ 4. — *De la levée des scellés et de l'inventaire.*

213. Dans les trois jours de leur nomination, les syndics doivent requérir du juge de paix la levée des scellés, et procéder à l'inventaire des biens du failli; — ce dernier est présent ou dûment appelé. C. comm. 479.

214. Il n'est pas nécessaire d'appeler ceux qui ont fait aux scellés des oppositions fondées sur la qualité de simples créanciers. — Il en est autrement si ces oppositions sont motivées sur

des demandes en distraction, en revendication, ou en restitution de dépôt. — V. *inf.* n° 551.

215. L'inventaire est dressé en double minute par les syndics à mesure que les scellés sont levés, et en présence du juge
de paix qui le signe à chaque vacation. C. comm. 480.

L'une de ces minutes est déposée au greffe du trib. de commerce dans les vingt-quatre heures; l'autre reste entre les mains
des syndics. *Ib.*

216. Les syndics sont libres de se faire aider, pour la rédaction de l'inventaire, comme pour l'estimation des objets, par
qui ils jugent convenable. C. comm. 480.

Ils ne sont pas forcés d'avoir recours à un commissaire-priseur.

217. S'il n'y a pas eu d'apposition de scellés (— V. *sup.*
n° 151), la présence du juge de paix à l'inventaire est-elle nécessaire?

La négative a été jugée par ordonn. de référé du président
du trib. de Paris, du 8 août 1858 : — « Attendu que les syndics sont seuls chargés par la loi de procéder à l'inventaire;
qu'ainsi la présence du juge de paix n'est pas nécessaire lorsque
l'inventaire peut être terminé dans le jour; — que le juge de
paix n'intervient par l'apposition des scellés que pour la conservation de l'actif jusqu'à l'inventaire, et pendant l'inventaire,
pour la levée et la réapposition des scellés, lorsque l'inventaire
n'est pas terminé dans le jour. »

Mais l'art. 480 C. comm., qui seul détermine les formes et
les conditions de l'inventaire, ne fait, pour le cas où il n'y a
point eu apposition de scellés, aucune exception au principe
qui exige la présence du juge de paix. En l'absence de ce magistrat, il ne saurait y avoir aucune constatation régulière de la
consistance et de la valeur de l'actif. Aussi l'art. 471 veut-il que
les livres, lorsqu'ils ne sont pas mis sous les scellés, ou qu'ils
en sont extraits, soient immédiatement arrêtés par le juge de
paix qui doit également décrire les effets de portefeuille avant
d'en faire la remise aux syndics. L'art. 469 veut aussi que les
objets dispensés des scellés par le juge-commissaire soient immédiatement inventoriés par les syndics en présence du juge de
paix dont la signature est exigée. — La présence du juge de
paix est en effet requise pour garantir la fidélité de l'inventaire
dressé par les syndics, et non pas, comme le prétend l'ordonnance ci-dessus citée, uniquement pour la levée et la réapposition des scellés. Si, lorsque l'inventaire peut être fait dans un
jour, l'apposition des scellés devient inutile, c'est parce que
cette apposition a pour seul but d'assurer provisoirement
la conservation de l'actif jusqu'à l'inventaire. Mais c'est une
raison de plus alors pour ne se départir d'aucune des formes
requises comme garantie de l'inventaire.

Les syndics ne sont revêtus d'aucun caractère public, et cependant ils ont à leur disposition tous les effets inventoriés, ils en sont chargés. Or, peuvent-ils raisonnablement être tout à la fois dépositaires et seuls certificateurs de ce qui constitue le dépôt? Ce serait là ouvrir la porte à tous les abus, provoquer des tentations dangereuses et des occasions de fraude; ce serait donner aux syndics qui, le plus souvent, sont eux-mêmes créanciers, toute facilité de détourner des titres, des valeurs actives; au failli toute facilité de pactiser avec les syndics, de faire disparaître les pièces qui peuvent le compromettre, de dissimuler une partie de son actif. Bravard, *Gazette des Tribunaux*, 24 janv. 1859.

La question, à Paris, est diversement résolue dans la pratique. La plupart des juges-commissaires n'autorisent les inventaires qu'à la charge de requérir le juge de paix qui se présente, sans difficulté, dans plusieurs arrondissemens. Mais dernièrement un syndic a fait cette réquisition pour mettre sa responsabilité à couvert, et le juge de paix a répondu par écrit qu'il croyait devoir s'abstenir.

218. Il est fait récollement des objets qui, conformément à l'art. 469 C. comm. (—V. *sup.*, n° 182), n'ont pas été mis sous les scellés et ont déjà été inventoriés et prisés. C. comm. 480.

219. En cas de déclaration de faillite après décès, lorsqu'il n'a pas été fait d'inventaire antérieurement à cette déclaration, ou en cas de décès du failli avant l'ouverture de l'inventaire, il y est procédé immédiatement dans les formes ci-dessus indiquées, n° 215, et en présence des héritiers ou eux dûment appelés. C. comm. 481.

220. Peu importe que le failli ait laissé des héritiers mineurs: un inventaire notarié n'est pas nécessaire dans ce cas, sauf aux héritiers à en faire ultérieurement dresser un, si les valeurs actives de la faillite ne sont pas entièrement absorbées par le paiement des créances. *Discuss. Mon.* 5 avr. 1858, p. 777. — V. *Inventaire.*

221. Mais, s'il a été déjà dressé un inventaire dans les formes ordinaires, on y recourt et il devient inutile d'en faire rédiger un nouveau par les syndics.

222. Après la confection de l'inventaire, et dans la quinzaine de leur entrée en fonctions, les syndics sont tenus de remettre au juge-commissaire un mémoire ou compte sommaire de l'état apparent de la faillite, de ses principales causes et circonstances, et des caractères qu'elle paraît avoir. C. comm. 482.

223. Le juge-commissaire transmet immédiatement les mémoires avec ses observations au procureur du Roi.

S'ils ne lui ont pas été remis dans les délais prescrits

(—V. *sup.*, n° 222), il doit en prévenir le procureur du Roi et lui indiquer les causes du retard. C. comm. 482.

224. Les officiers du ministère public peuvent se transporter au domicile du failli et assister à l'inventaire. C. comm. 483.

225. Ils ont, à toute époque, le droit de requérir communication de tous les actes, livres ou papiers relatifs à la faillite. C. comm. 483.

La faillite emporte, en effet, présomption d'un délit, et quelquefois même d'un crime, et, dès lors, les membres du parquet doivent être autorisés à prendre tous les renseignemens qu'ils croient utiles à la découverte de la vérité.

§ 5. — *De la vente des marchandises et meubles, et du recouvrement des dettes actives.*

226. L'inventaire terminé, les marchandises, l'argent, les titres actifs, les livres et papiers, meubles et effets du débiteur sont remis aux syndics qui s'en chargent au bas dudit inventaire. C. comm. 484.

227. *Vente.* S'il y a utilité, le juge-commissaire peut, le failli entendu ou dûment appelé, autoriser les syndics à procéder à la vente des effets mobiliers ou des marchandises. C. comm. 486.

228. Il décide si la vente se fera soit à l'amiable, soit aux enchères publiques par l'entremise de courtiers ou de tous autres officiers publics préposés à cet effet. C. comm. 486.

229. Lorsque la vente est faite par un courtier de commerce, il n'est pas du reste nécessaire de se conformer aux dispositions du décret du 22 nov. 1811, sur la vente des marchandises neuves.

Ainsi, la vente a valablement lieu ailleurs qu'à la bourse ; par exemple, au domicile du failli, et en détail.

La loi nouvelle place, en effet, sur la même ligne les divers officiers publics qu'elle désigne pour opérer les ventes aux enchères, et elle a eu soin de retrancher les mots : *à la bourse,* qui se trouvaient dans l'ancien art. 492 après ceux-ci : *par l'entremise des courtiers.*

230. Les syndics choisissent dans la classe d'officiers publics, déterminée par le juge-commissaire, celui dont ils veulent employer le ministère. C. comm. 486.

231. Quant aux immeubles appartenant au failli, les syndics ne sont autorisés à les vendre qu'après l'union.—V. *inf.* n° 507.

Ils ne peuvent même les louer qu'avec l'autorisation du tribunal. Pardessus, n° 1179.

232. *Recouvrement.* Les syndics doivent, toujours sous la surveillance du juge-commissaire, procéder au recouvrement des

dettes actives du failli, C. comm. 485,—autres que celles qu'ils
sont tenus de faire rentrer dès les premiers jours de la faillite à
cause de leur urgence. —V. *sup.* n⁰ 186.

253. Autrefois, l'autorisation du juge-commissaire était nécessaire aux syndics pour leur conférer le droit de toucher les
créances du failli; mais aujourd'hui le recouvrement de ces créances est opéré par eux sur leurs simples quittances, et ils sont seulement tenus d'en prévenir le juge-commissaire. C. comm. 474.

254. Les deniers provenant des ventes et des recouvremens
sont, sous la déduction des sommes arbitrées par le juge-commissaire, pour le montant des dépenses et frais, versés immédiatement à la caisse des dépôts et consignations.

Dans les trois jours des récettes, il doit être justifié au juge-
commissaire de ces versemens. En cas de retard, les syndics
doivent les intérêts des sommes qu'ils n'ont pas versées. C. comm.
489.

255. Les deniers versés par les syndics, et tous autres consignés par des tiers pour compte de la faillite, ne peuvent être
retirés qu'en vertu d'une ordonnance du juge-commissaire. S'il
existe des oppositions, les syndics doivent préalablement en
obtenir main-levée. C. comm. 489.

256. Le juge-commissaire peut ordonner que le versement
sera fait par la caisse directement entre les mains des créanciers
de la faillite sur un état de répartition dressé par les syndics et
ordonnancé par lui. C. comm. 489.

257. Si le failli a été affranchi du dépôt, ou s'il a obtenu un
sauf-conduit, les syndics peuvent l'employer pour faciliter et
éclairer leur gestion. C. comm. 488.—Le juge-commissaire fixe
les conditions de son travail. *Ib.*

§ 6. — *De la vérification des créances.*

258. Le but principal de la procédure de faillite est de
réunir tous les créanciers du failli, et de partager entre eux, proportionnellement à leurs droits respectifs, les biens de leur
débiteur. — Mais il importe à la masse de n'admettre à la distribution que des créanciers sérieux et légitimes. —De là l'obligation imposée, d'une part, au juge-commissaire et aux syndics
de mettre tous ceux qui se prétendent créanciers en demeure de
produire leur titre, et d'autre part, aux créanciers, de faire
vérifier et d'affirmer leurs créances.

259. Le Code de 1808 laissait aux créanciers un délai de
quarante jours pour produire leurs titres (Art. 502) qui étaient
vérifiés dans la quinzaine suivante (*ib.* 503); puis on donnait
un délai de huit jours aux créanciers pour affirmer leurs
créances (*ib.* 507); enfin les syndics dressaient un procès-verbal

indiquant les créanciers qui n'avaient pas comparu (*ib.* 510);
et le trib., sur le vu de ce procès-verbal et le rapport du juge-
commissaire, fixait par jugement un nouveau délai déterminé
par les distances. *Ib.* 511.

La loi nouvelle a considérablement abrégé ces délais qui,
dans certaines circonstances, pouvaient se prolonger pendant
des années.

Art. 1. — *Présentation des titres, Mise en demeure.*

240. A partir du jugement déclaratif de la faillite, les
créanciers peuvent remettre au greffier du trib. de comm. leurs
titres avec un bordereau indicatif des sommes par eux réclamées. C. comm. 491.

Le greffier en tient état et en donne récépissé. *Ib.*

Il n'est responsable des titres que pendant cinq années à
partir du jour de l'ouverture du procès-verbal de vérification. *Ib.*

241. Les créanciers qui, à l'époque du maintien ou du
remplacement des syndics, en exécution de l'art. 462 (—
V. *sup.* n° 150), n'ont pas remis leurs titres, sont immédiatement avertis, par des insertions dans les journaux et par lettres
du greffier, qu'ils doivent se présenter en personne ou par fondés de pouvoirs, dans le délai de vingt jours à partir de ces insertions, aux syndics de la faillite, et leur remettre leurs titres
accompagnés d'un bordereau indicatif des sommes par eux réclamées, s'ils ne préfèrent les déposer au greffe du trib. de
comm. — Il leur en est donné récépissé. C. comm. 492.

242. Ce délai est augmenté d'un jour par cinq myriamètres
de distance entre le lieu où siége le trib. et le domicile du
créancier, à l'égard des créanciers domiciliés en France, hors
du lieu où siége le trib. saisi de l'instruction de la faillite.
C. comm. 492. — Les créanciers domiciliés hors du territoire
continental de la France, jouissent de l'augmentation indiquée par l'art. 73 C. pr. *Ib.*

243. Tous les créanciers, même ceux étrangers au commerce du failli, les hypothécaires, les privilégiés, doivent se
présenter à la vérification comme les chirographaires : l'art. 492
ne distingue même pas entre les créances pures et simples, et
celles qui sont indéterminées ou éventuelles. — V. *inf.* n°s 471
et 472.

244. Mais il a été jugé que le bailleur peut poursuivre devant les trib. civils l'exercice de son privilége sans être tenu de
se présenter à la faillite pour affirmer sa créance. Paris, 18 juill.
1828; 21 avr. 1831, S. 31, 160; 28 sept. 1836 (Art 674 J. Pr.)

Toutefois, la même Cour a déclaré nulle une opposition
formée par le propriétaire sur le prix de la vente des meubles
de son locataire. 1er juill. 1828 (Art. 674 J. Pr.)

245. Dans tous les cas, il n'est pas nécessaire que le créancier qui se prétend privilégié fasse vérifier son privilége, ni même qu'il déclare cette prétention lors de la vérification de sa créance. Il est seulement tenu d'affirmer la sincérité de la dette. *Rapport* de M. Tripier à la Ch. des pairs.

246. Les titres présentés à la vérification sont dispensés de la formalité de l'enregistrement. — V. *inf.* n° 682.

Il est d'usage, à Paris surtout, de transcrire ces titres sur du papier timbré, en forme de bordereau, lequel est signé et certifié conforme par le créancier. C'est ordinairement sur ce bordereau que les syndics apposent la déclaration que la créance est admise au passif de la faillite. — V. *inf.* n° 258.

247. Les créanciers se présentent à la vérification de leurs créances par eux-mêmes ou par mandataires. — — V. *Formule.*

Il suffit que la procuration soit sous seing privé et enregistrée.

La légalisation en est-elle nécessaire? Pour la négative on dit : Si le créancier est éloigné, s'il est prévenu au dernier moment, il ne faut pas que le défaut de cette formalité lui fasse encourir une déchéance. — Toutefois, à Paris, on admet difficilement les procurations enregistrées en province, si elles n'ont pas été légalisées. — Mais le plus souvent on les date de Paris où se fait également l'enregistrement.

Art. 2. — *Admission au passif ; Contredits.*

248. La vérification des créances commence dans les trois jours de l'expiration des délais déterminés ci-dessus pour la production des titres appartenant à des créanciers résidant en France. — V. *sup.* n° 241. C. comm. 493.

Elle est continuée sans interruption. *Ib.*

249. Elle se fait aux lieu, jour et heure indiqués par le juge-commissaire. C. comm. 493.

L'avertissement donné aux créanciers afin de produire leurs titres doit contenir mention de cette indication.

Néanmoins, les créanciers sont de nouveau convoqués à cet effet tant par lettres du greffier que par insertion dans les journaux. C. comm. 493.

250. Anciennement, la vérification devait avoir lieu au fur et à mesure que les créanciers se présentaient (C. comm. 504).

Mais il résulte du nouvel art. 493 (—V. *sup.* n° 248) qu'il n'en est plus de même aujourd'hui. — La vérification doit commencer dans les trois jours de l'expiration des délais accordés aux créanciers domiciliés en France pour produire leurs titres, et *être continuée sans interruption.* Si donc il existe des créanciers domiciliés hors du lieu où siége le trib. saisi de l'instruction de la faillite, il est nécessaire d'attendre, pour commencer la vérification, l'expiration des délais impartis à ces créanciers ; autrement, il serait souvent impossible d'éviter une interruption ; d'ailleurs la loi exige que l'avertissement donné aux créanciers indique le jour et l'heure auxquels il sera procédé à la vérification ; s'il fallait vérifier en suivant les échéances successives des délais, il deviendrait indispensable de faire autant d'indications, de convocations, et d'insertions dans les journaux, qu'il y aurait de délais différens ; ce qui compliquerait inutilement la procédure et augmenterait les frais.

On oppose cependant l'art. 499 qui donne au trib. le droit d'ordonner, selon les circonstances, qu'il sera sursis ou passé outre à la convocation de l'assemblée pour la formation du concordat, lorsque la contestation soulevée sur la validité d'une créance ne sera pas en état de recevoir jugement définitif avant l'expiration des délais fixés à l'égard des personnes domiciliées en France, pour produire leurs titres. — Or, si l'on décide que la vérification des créances ne doit commencer pour tous les créanciers qu'à l'expiration des délais les plus longs accordés pour la production, il devient évident que les contestations soulevées à l'occasion de la vérification ne sauraient jamais être jugées avant l'expiration d'un délai déjà écoulé avant le commencement de la vérification, l'art. 499 présenterait dès lors un non sens.

Mais les inductions que l'on pourrait tirer de la manière dont est rédigé l'art. 499 ne doivent pas prévaloir sur le sens net qu'offre l'art. 493.

251. Les créances des syndics sont vérifiées par le juge-commissaire. C. comm. 493.

Les autres le sont contradictoirement entre le créancier ou son fondé de pouvoir et les syndics, en présence du juge-commissaire qui en dresse procès-verbal. C. comm. 493. — V. *inf.* n° 255.

252. Tout créancier vérifié ou porté au bilan peut assister à la vérification des créances, et fournir des contredits aux vérifications faites et à faire. C. comm. 494.

Le désir manifeste de la loi est même que tous les créanciers soient présens à ces opérations. Elle a voulu remplacer, par une vérification faite en commun et en assemblée générale de tous les intéressés, la vérification, pour ainsi dire, clandestine qui avait lieu autrefois par les syndics. C'est pour cela qu'elle a exigé que tous les créanciers fussent avertis avec le plus grand soin des jour et heure auxquels il serait procédé à la vérification. —V, *sup.*, n° 241.

253. Le failli a également le droit d'assister à la vérification et de présenter les contredits qu'il juge convenables. C. com. 494.

Cette dernière disposition a été ajoutée par la loi nouvelle. Anciennement, on décidait qu'en l'absence d'un texte semblable, le failli se trouvait déchu de la faculté de débattre les créances ; mais on l'admettait à fournir des renseignemens aux syndics et même aux créanciers vérifiés, s'il y avait lieu. Locré, 3, 380.

254. En cas de refus des syndics de procéder à la vérification des créances, le créancier obtient du commissaire une ordonnance pour appeler les syndics à la vérification, et à défaut, pour l'autoriser à y faire procéder contre eux par le commissaire. Paris, 25 juill. 1816., P. 13, 561.

255. *Procès-verbal de vérification.* Ce procès-verbal est dressé par le juge-commissaire. C. comm. 493.

Mais il est écrit, sous sa dictée, par le greffier. Arg. C. pr. 1040 ; Décis. min. just. 27 sept. 1808. — *Contrà*, Boulay, n° 218 ; Pardessus, n° 1186.

Il est remis au greffe, et des expéditions en sont délivrées aux parties qui le requièrent. Instr. gén. Régie des domaines, 9 mars 1809.

256. Ce procès-verbal doit, 1° énoncer la présentation des titres de créance, le nom et le domicile des créanciers et de leurs fondés de pouvoirs ; 2° contenir la description sommaire des titres présentés, et la mention des surcharges, ratures et interlignes qu'on y remarque ; 3° exprimer si la créance est admise ou contestée et si le porteur a été reconnu, après vérification, créancier légitime de la somme pour laquelle on l'a admis au passif. C. comm. 495.

257. Dans tous les cas, le commissaire peut, même d'office, ordonner que les livres des créanciers lui soient représentés, quant aux articles qui prouvent leurs créances, ou compulsés, au moyen d'une commission rogatoire, par un juge du lieu où ils se trouvent, lequel juge en expédie des extraits. C. comm. 496.

258. *Admission au passif.* Les créances vérifiées sont admises par les syndics au passif de la faillite par une déclaration sur le titre, ou, s'il n'y a pas de titre, sur l'extrait des registres, des comptes, factures ou mémoires. Cette déclaration se fait en ces termes : *Admis au passif de la faillite de... pour la somme de... le... mois... an....* C. comm. 497. — Cette déclaration est visée par le commissaire, et consignée dans le procès-verbal de vérification.

259. L'admission de la créance au passif doit être prononcée unanimement par les syndics : s'il y a des dissidens parmi eux, la contestation doit être renvoyée par le commissaire devant le trib. : le commissaire ne peut statuer seul. Locré, 3, 263.

260. Les motifs des syndics provisoires, pour admettre ou rejeter une créance, doivent être pris dans les règles générales du droit, sauf à avoir égard aux circonstances de fait qui seraient de nature à prouver le mérite de la créance, d'autant plus

qu'en matière commerciale la preuve testimoniale est toujours admise. C. comm. 109; Arg. C. civ. 1353. — Ainsi, ils consulteront les livres, la correspondance du failli, et rechercheront tous les renseignemens propres à fixer leur opinion sur une créance qui ne leur sera point présentée en bonne forme, et pourront l'admettre à l'aide de présomptions graves, précises et concordantes.

261. D'un autre côté, ils ne sont pas liés même par les titres en bonne forme qu'on leur présente; ils peuvent les contester par toutes sortes de moyens. L'art. 1341, qui défend d'admettre la preuve testimoniale contre et outre le contenu aux actes, n'est pas applicable en matière commerciale. C. civ. 1341 in fine. — V. Enquête, n° 17.

La C. de cass. a même décidé que les syndics pouvaient réduire le montant de la créance réclamée, en s'appuyant sur des présomptions graves et concordantes. Cass. 12 déc. 1815, P. 13, 172.

262. Ainsi, nonobstant la production faite par un créancier à la vérification d'un acte notarié antérieur à l'époque fixée pour l'ouverture de la faillite, les syndics ont le droit d'exiger du créancier négociant la représentation de ses livres (—V. sup. n° 257), et de rejeter la créance du passif, lorsqu'il s'élève des doutes sérieux sur sa légitimité. Caen, 21 fév. 1820; Boulay, 1, 337.

263. Mais si le titre consiste en un jugement passé en force de chose jugée, ni les syndics, ni les créanciers ne peuvent l'attaquer par la voie de la tierce-opposition, ni exiger du créancier la communication de ses livres à l'appui de son droit. Rouen, 14 mars 1823, D. hoc verbo, 122.

264. Les créances dont la cause est purement civile ne peuvent être rejetées ou réduites au moyen de la preuve testimoniale ou de présomptions graves et concordantes. A leur égard, la règle écrite dans l'art. 1341 conserve toute sa force; la loi qui autorise une enquête sur les faits ou la preuve testimoniale du mérite de la créance, ne doit s'appliquer qu'aux créances commerciales. Arg. 1341-1°; Dalloz, ib. p. 116.

265. Contredits. Si la créance est contestée par un de ceux qui ont droit d'assister à la vérification (—V. sup. n° 252), le juge-commissaire peut, sans qu'il soit besoin de citation, renvoyer à bref délai devant le trib. de comm. qui juge sur son rapport. C. comm. 498.

266. Le trib. de comm. peut ordonner qu'il soit fait devant le juge-commissaire enquête sur les faits, et que les personnes qui pourront fournir des renseignemens soient à cet effet citées devant lui. C. comm. 498. — V. toutefois sup. n° 264.

267. Néanmoins, le trib. de comm. n'est compétent pour

connaître des contestations élevées sur les créances produites à la vérification, que dans le cas où ces créances sont commerciales.

S'il s'agit de dettes civiles, les difficultés qui s'y rattachent doivent être vidées par les trib. civils, spécialement en cas de contestations relatives à la cession d'une créance. Bordeaux, 8 aout 1838 (Art. 1379 J. Pr.), — sauf au trib. de comm. à statuer ultérieurement sur la vérification et l'affirmation. Arg. Cass. 10 mai 1845, P. 12, 720. Bruxelles, 10 fév. 1820 ; Pardessus, n° 1186 ; Boulay-Paty ; n° 233.

268. Dans le cas où la créance dont l'admission est contestée est commerciale, et où le procès se trouve par suite pendant devant le trib. de comm., ce trib., si la cause n'est point en état de recevoir jugement définitif avant l'expiration des délais fixés à l'égard des personnes domiciliées en France, peut ordonner, selon les circonstances, qu'il sera sursis ou passé outre à la convocation de l'assemblée pour la formation du concordat. C. comm. 499. — V. toutefois sup. n° 250.

Dans cette dernière hypothèse, ce trib. décide si le créancier contesté doit être admis par provision dans les délibérations pour une somme qui est arbitrée par le même jugement. Ib.

269. Lorsque la contestation est portée devant un trib. civil, le trib. de comm. décide s'il sera sursis ou passé outre.

S'il ordonne qu'il sera passé outre, le trib. civil saisi de la contestation doit juger, à bref délai, sur requête des syndics signifiée au créancier contesté, et sans autre procédure, si la créance sera admise par provision, et pour quelle somme. C. comm. 500.

270. Dans le cas où une créance est l'objet d'une instruction criminelle ou correctionnelle, le trib. de comm. peut également prononcer ce sursis. C. comm. 500.

Mais s'il ordonne de passer outre, il ne peut accorder l'admission par provision, et le créancier contesté ne peut prendre part aux opérations de la faillite tant que les trib. compétens n'ont pas statué. Ib.

271. Le créancier dont le privilège ou l'hypothèque seulement est contesté, est admis dans les délibérations de la faillite comme créancier ordinaire. C. comm. 501.

272. Ces diverses dispositions ont été adoptées par la loi nouvelle pour apporter un terme aux longueurs interminables qu'entraînait, sous le Code de 1808, la nécessité de suspendre les opérations de la faillite jusqu'au jugement définitif de toutes les contestations soulevées sur la validité des titres produits à la vérification.

273. Le droit de contestation accordé au failli et aux créanciers doit être exercé avant la clôture du procès-verbal de véri-

fication. Celui qui a laissé clore ce procès-verbal sans critiquer les créances vérifiées ne peut plus être admis à les contester, à moins qu'il n'offre de prouver qu'elles étaient frauduleuses. Paris, 25 juin 1812, S. 14, 187 ; Pardessus, n° 1186; Boulay-Paty, n° 220.

274. A l'expiration des délais déterminés pour la production à faire par les créanciers domiciliés en France (—V. *sup.* n° 241), il est passé outre à la formation du concordat et à toutes les opérations de la faillite, sauf la réserve de fonds faite pour les créanciers domiciliés hors de France, et pour ceux dont les créances sont contestées. — V. *inf.* n° 493. C. comm. 502.

275. A défaut de comparution et affirmation (— V. *inf.* n° 282) dans les délais qui leur sont applicables, les défaillans connus ou inconnus ne sont pas compris dans les répartitions à faire : toutefois, la voie de l'opposition leur est ouverte jusqu'à la distribution des deniers inclusivement. Les frais d'opposition demeurent toujours à leur charge. C. comm. 503.

276. Suivant M. Pardessus, n° 1188, cette opposition n'est pas introduite dans la forme d'une action ordinaire : le créancier se présente au juge-commissaire, déclare se rendre opposant et requiert la vérification de sa créance.

Mais cette marche nous semble peu compatible avec la nouvelle procédure adoptée pour la vérification des créances. La masse n'aurait pas de garanties suffisantes si la créance n'était vérifiée que par les syndics, même avec l'autorisation du juge-commissaire. D'un autre côté, il est impossible de réunir de nouveau tous les créanciers chaque fois qu'un créancier retardataire se présente; il convient qu'une autorité supérieure, celle des tribunaux, supplée à la garantie que la loi avait placée dans le contrôle des intéressés. Lainé, p. 197, 198.

Toutefois, dans l'usage, on procède sans l'intervention du trib. ; à moins que les syndics, en cas de difficulté sérieuse, n'attendent qu'on les assigne.

277. L'opposition ne peut suspendre l'exécution des répartitions ordonnancées par le juge-commissaire ; mais, s'il est procédé à des répartitions nouvelles avant qu'il ait été statué sur leur opposition, les créanciers retardataires sont compris pour la somme qui est provisoirement déterminée par le trib., et qui est tenue en réserve jusqu'au jugement de leur opposition. C. comm. 503.

278. S'ils se font ultérieurement reconnaître créanciers, ils ne peuvent rien réclamer sur les répartitions ordonnancées par le juge-commissaire ; mais ils ont le droit de prélever, sur l'actif non encore réparti, les dividendes afférens à leurs créances dans les premières répartitions. C. comm. 503.

279. Le procès-verbal d'admission d'une créance au passif de la faillite forme en général, en faveur des créanciers admis, un titre nouveau qui les dispense de représenter l'ancien, et contre lequel on ne peut plus invoquer ni la preuve testimoniale, ni le serment supplétoire. Bordeaux, 2 déc. 1831, S. 33, 49.

280. Cependant il en est différemment si, lors de la vérification, les syndics ont fait des réserves expresses de demander plus tard la réduction de la créance admise. Cass. 19 juin 1834, S. 34, 511.

Art. 3. — *Affirmation des créanciers.*

281. Dans la huitaine, au plus tard, de la vérification, le créancier doit affirmer entre les mains du commissaire que sa créance est sincère et véritable. C. comm. 497.

282. *Quid* si la créance vérifiée en temps utile n'a pas été affirmée dans les délais ? — La loi nouvelle comme la loi ancienne (Art. 513) ne prononce une sanction que pour l'inexécution des deux formalités (— V. *sup.* n° 275.).

En conséquence, le créancier dont le titre a été vérifié doit être compris dans les répartitions à faire, quoiqu'il soit en retard pour l'affirmation de sa créance. Paris, 22 déc. 1830, S. 31, 85.

. **283.** A Paris, l'affirmation ordinairement se fait immédiatement après la vérification des créances ; elle est constatée par le même procès-verbal.

284. L'affirmation peut avoir lieu par procureur spécial. Pardessus, n° 1186 ; Locré, t. 5, p. 582 ; Vincens, t. 1, p. 436. — V. *sup.* n° 247.

Elle est faite avec serment.

Section VII. — *Du concordat et de l'union.*

285. La qualité des créanciers étant définitivement fixée et la quotité de leurs créances déterminées, il ne reste plus qu'à choisir le mode de liquidation le plus favorable aux intérêts de chacun.

Les créanciers consentiront-ils à faire au débiteur malheureux la remise d'une partie de leurs créances, et le replaceront-ils à la tête de ses affaires par un *concordat*, ou bien se formeront-ils en état d'*union* pour se distribuer tout ce que possède le failli ? telle est la question qu'il s'agit de résoudre et sur laquelle les intéressés doivent être appelés à se prononcer.

286. Le but que s'est proposé principalement le législateur, et qui est le plus souvent atteint, c'est le *concordat.*

L'*union* forme l'exception à la règle générale.

287. Les bases essentielles du concordat et de l'union sont aujourd'hui les mêmes que sous le Code de 1808.

Cependant, la loi nouvelle a introduit quelques modifications importantes qui étaient réclamées par l'intérêt du commerce, et elle a tranché plusieurs questions qui divisaient la jurisprudence.

§ 1. — *De la convocation et de l'assemblée des créanciers.*

288. Dans les trois jours qui suivent les délais prescrits pour l'affirmation (— V. *sup.* n° 281), le juge-commissaire fait convoquer par le greffier les créanciers dont les créances ont été vérifiées et affirmées, ou admises par provision. — V. *sup.* n° 268. C. comm. 504.

289. Cette convocation a lieu par lettres et insertions dans les journaux. Les lettres et insertions indiquent l'objet de l'assemblée. C. comm. 504.

290. Sous l'ancienne loi, la convocation était faite par les syndics, et les créanciers reconnus pouvaient seuls être admis à la réunion.

291. Aux lieu, jour et heure fixés par le juge-commissaire, l'assemblée se forme sous sa présidence. C. comm. 505.

Les créanciers vérifiés et affirmés, ou admis par provision, s'y présentent en personne ou par fondés de pouvoirs. *Ib.*

Ils peuvent se faire assister d'un conseil.

292. Le failli est appelé à cette assemblée. Il doit s'y présenter en personne, s'il a été dispensé de la mise en dépôt, ou s'il a obtenu un sauf-conduit, et il ne peut s'y faire représenter que pour des motifs valables et approuvés par le juge-commissaire. C. comm. 505. — V. *sup.* n° 190.

293. Dans ce cas, le mandataire du failli doit être porteur d'une procuration contenant pouvoir de transiger, et des propositions signées de lui.

294. Quand il s'agit de la faillite d'une société, cette société est représentée, soit par les associés en nom collectif, soit par les administrateurs, selon que la société était en nom collectif ou en commandite, ou bien anonyme.—V. *sup.* n° 29.

295. Le juge-commissaire vérifie les pouvoirs de tous ceux qui se présentent à l'assemblée comme mandataires, soit du failli, soit des créanciers. Si, par l'exposé des syndics ou par les observations de quelques créanciers, il s'aperçoit que certaines formalités ont été omises ou irrégulièrement remplies, il ajourne l'assemblée jusqu'à ce que l'omission ou le vice de la formalité ait été réparé. Pardessus, n° 1253.

296. Les syndics font à l'assemblée un rapport sur l'état de la faillite, sur les formalités qui ont été remplies, et les opérations qui ont eu lieu. C. comm. 506.

297. L'exposé des syndics terminé, le failli ou son fondé de pouvoir est entendu dans ses explications et dans l'exposé de ses moyens à l'appui de sa demande en concordat. C. comm. 506. — Il peut se faire assister d'un conseil.

298. Si le failli ne se présente pas en personne, ou par un fondé de pouvoirs, lorsque cette faculté lui est accordée, les créanciers doivent-ils procéder de suite et nécessairement à la formation d'un contrat d'union ?

Le Code de 1808 se prononçait pour l'affirmative, mais il ne saurait en être de même aujourd'hui. La loi nouvelle a pensé que le concordat intervenait aussi bien dans l'intérêt des créanciers du failli que dans l'intérêt du failli lui-même, et elle a décidé par suite que la banqueroute simple ne formait point un obstacle insurmontable à la réalisation de ce contrat. Les créanciers peuvent, aux termes des art. 510 et 511, surseoir au concordat de leur débiteur en état de prévention de banqueroute. A plus forte raison, peuvent-ils donc surseoir à se constituer en union, lorsque le failli ne se rend pas à l'assemblée à laquelle il a été convoqué.

299. Le rapport des syndics est remis, signé d'eux, au juge-commissaire qui dresse procès-verbal de ce qui a été dit et décidé dans l'assemblée. C. comm. 506.

500. Ce procès-verbal étant rédigé par un magistrat, a le caractère d'acte authentique. Pardessus, n° 1234.

Toutefois, la signature du commissaire ne suffit pas pour donner authenticité à l'acte, sans l'assistance du greffier; il faut appliquer ici l'art. 1040 C. pr.

Dans la pratique, le greffier assiste toujours le commissaire, garde minute du procès-verbal qui est déposé au greffe, et se contente d'en délivrer des expéditions. — Mais il n'est pas nécessaire qu'un notaire intervienne pour les créanciers qui ne savent pas signer. Delvincourt, 2, p. 438 ; Pardessus, n° 1234.

§ 2. — *Du concordat.*

501. Le *concordat* est le traité que le failli fait avec la masse de ses créanciers.

Consenti par la majorité légale (—V. *inf.* n° 515), cet acte est obligatoire pour la minorité; il est soumis à des formes judiciaires. — V. *inf.* n° 545 et suiv.

502. Il a de l'analogie avec l'atermoiement, la remise, et la cession de biens; mais il en diffère sous plusieurs rapports.

Ainsi, l'atermoiement est un acte volontaire et amiable, obligatoire seulement pour ceux des créanciers qui l'ont consenti.—Affranchi des formalités du concordat, Douai, 22 juin 1820, D. v° *Faillite*, 157, il est valablement passé sous seing-privé et hors la présence du juge. Turin, 25 vent. an 12, S. 4,

578.—Il ne suppose pas nécessairement la faillite du débiteur, et peut avoir lieu dans le cas de déconfiture.

503. La cession de biens est ou purement volontaire, ou imposée par le juge aux créanciers. La cession judiciaire ne libère le débiteur que jusqu'à concurrence des biens abandonnés. — La *cession de biens* n'est plus admise en matière de commerce. C. comm. 541.—V. ce mot, n° 5; et *inf.* 449.

504. La remise est toujours volontaire, et profite ordinairement aux codébiteurs et aux cautions. C. civ. 1285, 1287.— V. toutefois *inf.* n° 453.

Art. 1. — De la formation du concordat.

505. Il ne peut être consenti de traité entre les créanciers délibérans et le failli qu'après l'accomplissement des formalités ci-dessus prescrites. C. comm. 507. — V. *sup.* n° 288, à peine de nullité. Cass. 4 fév. 1806, S. 6, 956 ; Paris, 11 fév. 1815, S. 16, 104.

506. Conséquemment, un trib. ne peut, par le même jugement, fixer la date de la cessation de paiemens et homologuer le concordat intervenu entre le failli et ses créanciers. Cass. 2 juin 1833, D. 33, 85 ; Cass., aud. solenn., 15 nov. 1837.

507. Anciennement, si l'examen des actes, livres et papiers du failli offrait quelques présomptions de banqueroute, il ne pouvait être consenti de concordat. C. comm. 521 ancien.

A plus forte raison, un traité devenait-il impossible, si le failli avait été condamné comme banqueroutier simple ou frauduleux. Pardessus, n° 1252.

508. De grandes modifications ont été apportées sur ce point par la loi nouvelle. Ainsi, lorsque le failli a été condamné comme banqueroutier frauduleux, le concordat est toujours impossible. C. comm. 510.

509. Mais, lorsqu'une instruction en banqueroute frauduleuse a seulement été commencée, les créanciers doivent décider s'ils se réservent de délibérer sur un concordat en cas d'acquittement, et si, en conséquence, ils surseoient à statuer jusqu'après l'issue des poursuites.

Ce sursis ne peut être prononcé qu'à la majorité en nombre et en somme déterminée pour la formation du concordat. — V. *inf.* n° 315.

Si, à l'expiration du sursis, il y a lieu à délibérer sur le concordat, on suit, pour les nouvelles délibérations, les règles ordinaires. C. comm. 510.

510. Si le failli a été condamné comme banqueroutier simple, le concordat peut être formé.

Néanmoins, en cas de poursuites commencées, les créanciers peuvent surseoir à délibérer jusqu'après l'issue des poursuites, en se conformant aux dispositions qui viennent d'être tracées. — V. *sup.* n° 505. C. comm. 511.

· **511.** Une société anonyme peut-elle obtenir un concordat de ses créanciers ?

Pour la négative on dit : La faillite entraîne la dissolution de la société ; ses administrateurs se trouvent révoqués de plein droit ; d'ailleurs, toutes les dispositions relatives à la nécessité de la présence du failli à l'assemblée deviennent inapplicables, et, enfin, le seul but qu'on se propose étant la liquidation de la société et le partage de son actif, aucun individu n'étant passible des mesures rigoureuses auxquelles le concordat est destiné à mettre un terme, il n'y a pas lieu d'avoir recours à cet acte. Trib. de comm. Paris, 28 mai 1838.

Mais l'on répond avec raison : — La faillite n'entraîne pas de plein droit la dissolution de la société, et si le gouvernement ne révoque point son autorisation, si, d'un autre côté, aucun des actionnaires ne provoque devant les trib. la dissolution de l'entreprise, la société continue d'exister, et dans ce cas, rien n'empêche qu'une assemblée du conseil général ne nomme de nouveaux mandataires chargés de représenter la société dans toutes les opérations de la faillite. — V. *sup.* n° 29.

La loi nouvelle a considéré la formation d'un concordat comme utile aux intérêts des créanciers du débiteur, aussi bien qu'aux intérêts de ce dernier. Pourquoi donc les priver de cet avantage et les contraindre à se former en union ? Si la dissolution de la société a été prononcée par le gouvernement ou par les trib., il ne peut plus y avoir de concordat, puisque la société a cessé elle-même d'exister ; mais, dans les autres circonstances, rien ne paraît s'opposer à sa formation.

512. Les créanciers dont les droits ont été admis, soit définitivement, soit par provision, ont en général voix délibérative au concordat. — V. *sup.* n° 268.

513. Toutefois, il faut excepter les créanciers hypothécaires inscrits ou dispensés d'inscription, et les créanciers privilégiés ou nantis d'un gage : il serait injuste de faire voter des réductions par ceux qu'elles ne doivent pas atteindre. C. comm. 508.

Suivant Locré, si le créancier hypothécaire prouvait par une estimation l'insuffisance des biens hypothéqués pour que sa créance fût colloquée en ordre utile, le commissaire ou le trib. de comm. déciderait pour quelle somme il serait admis à prendre part au concordat. — Mais cette mesure prêterait à l'arbitraire et entraînerait des longueurs. Elle a d'ailleurs été repoussée au Conseil d'État par le rejet d'un article qui la renfermait. Dalloz, *ib.* p. 124, n° 6.

Le vote de ces divers créanciers au concordat emporte de

plein droit renonciation de leur part à leurs priviléges, gages, ou hypothèques. C. comm. 508.

514. La parenté avec le failli, quelque proche qu'elle soit, ne fait pas perdre le droit de délibérer sur le concordat : la vérification de la créance est la seule garantie que la loi exige. Pardessus, n° 1235.

515. Le concordat ne peut avoir lieu avec le failli qu'autant qu'il est voté par un nombre de créanciers formant la majorité et représentant en outre les trois quarts de la totalité des créances vérifiées et affirmées ou admises par provision (— V. sup. n°268), le' tout à peine de nullité. C. comm. 507.

516. La majorité numérique se calcule sur le nombre des créanciers présens ou délibérans. — Et la majorité en sommes selon l'état des créances consignées sur le procès-verbal de vérification et des créances admises par provision.

517. Pour former les trois quarts en sommes, il faut déduire du passif les sommes dues aux créanciers hypothécaires ou nantis d'un gage (à moins qu'ils n'aient renoncé à leurs droits de préférence. C. comm. 508.). La loi ne peut être entendue dans un sens qui la rendrait souvent inutile, comme dans le cas où un débiteur failli aurait contracté des dettes hypothécaires pour plus d'un quart en sommes, comparativement aux créanciers chirographaires. Besançon, 25 août 1812, D. 122, n° 13 ; — Contrà, Arg. Cass. 26 janv. 1808, P. 6, 462 ; Pardessus, n° 1237.

518. Les créanciers porteurs de titres pour lesquels ils ont plusieurs obligés solidaires, peuvent concourir dans la faillite de l'un de ces obligés à former les trois quarts en sommes, nécessaires pour la signature du concordat, quand même les autres coobligés solidaires jouiraient encore de tout leur crédit. Arg. C. comm. 534. Paris, 6 mess. an 15, D. hoc verbo 132.

519. Si plusieurs créanciers ont cédé leurs créances à un tiers, ils peuvent, en leur qualité de garans soit de l'existence de la créance, soit de la solvabilité du débiteur, voter individuellement à la délibération du concordat. Arg. Amiens, 2 juill. 1822, D. ib. 136.

Si le cessionnaire entend figurer seul à cette délibération, et renonce à la garantie, compte-t-il pour plusieurs voix ? — D'après un arrêt de Bordeaux, 26 avr. 1836 (Art. 1437 J. Pr.), il faudrait distinguer : si les cessions sont antérieures à la faillite, les différens titres seront considérés comme s'étant confondus sur la tête du créancier qui, dès-lors, n'a qu'une seule voix dans la délibération ; au contraire, si les transports sont postérieurs à la faillite, le créancier doit être réputé avoir acquis tous les droits de ces cédans et jouir du nombre de voix qui leur aurait appartenu. — Mais cette distinction, qui ne repose sur aucun texte,

nous semble repoussée à juste titre par M. Pardessus, n°1255.
La loi ne parle que de la majorité des créanciers délibérans ;
elle n'a donc égard qu'à la qualité de créancier, chaque votant a
droit à ces suffrages, ni plus ni moins ; peu importe que sa
créance soit considérable ou modique, qu'elle procède d'une ou
de plusieurs causes. La qualité de la dette n'a de l'influence que
lorsqu'il s'agit de composer la majorité des trois quarts en
somme exigée cumulativement à la pluralité des suffrages,
pour la formation du concordat.

520. Réciproquement si un créancier a cédé sa créance à
plusieurs, soit avant, soit après la faillite, il y a autant de créanciers que de cessionnaires. — Seulement, si la cession est postérieure à la faillite, la simulation peut se présumer, et les trib.
doivent se montrer faciles dans l'admission des preuves invoquées pour écarter les cessionnaires, comme n'étant que les prête-
noms du cédant.

521. Si le même mandataire représente plusieurs personnes,
son suffrage compte pour autant de voix. Arg. *à contrario*, C.
civ. 412 ; Boulay, n° 240,

522. Les voix achetées par le failli, dans la vue de s'assurer
un arrangement avec ses créanciers, doivent être retranchées
du nombre des votes formant la majorité. Arg. Paris, 11 juill.
1857 (Art. 951 J. Pr.). — Ce seul motif peut fonder une opposition au concordat, et en faire refuser l'homologation.

Le failli lui-même est recevable à prouver que son engagement a une cause semblable, et à en faire prononcer la nullité.
C. comm. 598 — V. *inf.* n° 654.

Le créancier coupable d'une telle collusion, est en outre tenu
de rapporter les sommes ou valeurs par lui reçues en vertu de la
convention annulée, et passible d'un emprisonnement et d'une
amende. C. comm. 597. — V. *inf.* n° 651.

525. L'assemblée qui précède le concordat peut se prolonger
pendant plusieurs séances, pour l'examen des comptes des syndics et les opérations de la faillite ; mais le concordat une fois
convenu, doit être signé séance tenante, à peine de nullité
(C. comm. 509). On a voulu rémédier à l'abus des signatures
obtenues isolément et arrachées par l'importunité.

524. Néanmoins le concordat peut être proposé dans une
séance et délibéré dans une autre ; il suffit, pour la validité,
qu'il soit signé dans la séance où il a été consenti. Vincens, 1,
454 ; Pardessus, n° 1257.

525. A plus forte raison, le concordat signé, séance tenante,
par la majorité requise par la loi, n'est pas annulé par l'adhésion isolée et postérieure de quelques autres créanciers. Nîmes,
18 mai 1815, S. 15, 119 ; — ni par la présence des créanciers
hypothécaires. —V. *sup.* n° 515.

326. Toutefois, si la majorité des créanciers présens accepte le concordat, mais ne forme pas les trois quarts en sommes, ou bien si les créanciers représentant les trois quarts en sommes, et acceptant le concordat, ne forment pas la majorité en nombre, la délibération est remise à huitaine pour tout délai. C. comm. 509.

Dans ce cas, les résolutions prises et les adhésions données lors de la première assemblée demeurent sans effet. *Ib.*

327. Mais le délai de huitaine, fixé par l'art. 509, n'étant point prescrit, à peine de nullité, et ne pouvant être invoqué contre les créanciers, dans l'intérêt desquels il a été introduit, la déchéance résultant de son inobservation n'est point opposable d'office par le juge-commissaire. Paris, 15 nov. 1836 (Art. 675 J. Pr.). — Dans l'espèce, lors d'une première réunion, plus de la moitié des créanciers présens avaient consenti au concordat sans réunir les trois quarts en somme. — Même résultat à une seconde réunion. Huit jours après, le juge-commissire avait convoqué pour un contrat d'union, et s'était opposé, lors de la troisième assemblée, à ce qu'on délibérât sur un concordat. — Protestation des créanciers ; renvoi à l'audience. Jugement. — Arrêt infirmatif favorable au concordat.

328. Il n'est pas nécessaire que le concordat soit passé devant notaire (— *Contrà*, Favard, v° *Faillite*, § 8, n° 2) ; la signature du juge-commissaire assisté du greffier suffit pour conférer à l'acte l'authenticité. — V. *sup.* n° 300.

329. Aucune formalité particulière n'est requise quand des mineurs ou interdits sont intéressés au concordat : l'intervention de la justice dispense le tuteur de recourir à une assemblée de famille et à une autorisation spéciale pour concourir à cette espèce de transaction. Pardessus, n° 1237 ; Boulay, n° 257.

Art. 2. — *De l'opposition au concordat.*

330. Tous les créanciers ayant eu le droit de concourir au concordat. — V. *sup.* n° 315 ; — ou dont les droits ont été reconnus depuis, peuvent y former opposition. C. comm. 512.

331. Peu importe qu'ils aient signé le procès-verbal dressé par le juge-commissaire, s'ils ont fait des réserves.

Peu importe même qu'ils y aient adhéré, s'ils appuient leur opposition sur des faits de dol et de fraude, à l'aide desquels on aurait surpris leur consentement. Pardessus, n° 1259. — V. *inf.* n° 341.

332. Mais le droit de former opposition ne saurait être étendu à d'autres créanciers que ceux indiqués par l'art. 512.

Ainsi il n'appartient pas, 1° aux créanciers dont les droits n'ont été reconnus qu'après le concordat et la huitaine accordée pour les oppositions. — V. *inf.* n° 338 ; — sauf à eux à faire va-

loir les moyens de nullité de forme qui leur seraient personnels.
— V. *inf.* nᵒ 341.

353. 2ᵒ Au créancier hypothécaire. Besançon, 25 août 1812,
D. *ib.* 130. — Au créancier privilégié; — ou à celui nanti d'un
gage. — V. *sup.* nᵒ 313.

354. L'opposition doit être motivée, à peine de nullité.
C. comm. 512. — Mais il suffit que l'opposant déclare s'en référer aux moyens par lui consignés au procès-verbal du commissaire. Caen, 20 févr. 1822, D. *ib.* 150.

355. Elle est signifiée aux syndics et au failli également, à
peine de nullité. C. comm. 512.

356. S'il n'a été nommé qu'un seul syndic, et qu'il veuille
se rendre opposant au concordat, il est tenu de provoquer la
nomination d'un nouveau syndic, vis-à-vis duquel il remplit les
formalités prescrites. C. comm. 512.

357. L'opposition doit, en outre, contenir assignation à la
première audience du trib. de commerce. C. comm. 512.

358. Elle doit être notifiée dans les huit jours qui suivent
le concordat, à peine de nullité. C. comm. 512.

359. Ce délai de huitaine court du jour de la date du traité.
Rouen, 14 avr. 1813, D. *ib.* 146. — Il n'est point sujet à augmentation à raison des distances. Pardessus, nᵒ 1240.

540. La déchéance frappe, 1ᵒ les mineurs, les interdits et
les femmes mariées, sauf leur recours contre le tuteur ou le
mari. Pardessus, *ib.*

2ᵒ Le créancier même non signataire, sans qu'il soit besoin,
pour le mettre en demeure d'y former opposition, de lui signifier le concordat. Bruxelles, 13 févr. 1811. D. *ib.* 167; Rouen,
14 avr. 1813, S. 13, 258; Aix, 24 août 1829, S. 50, 3; Nanci,
14 déc. 1829, S. 50, 69. — Encore qu'il ait rendu plainte en
banqueroute contre le failli avant le traité : le seul fait de non-
opposition dans le délai équivaut, même à son égard, à un acquiescement. Cass. 17 juin 1812, D. *ib.* 145.

541. Mais la nullité du concordat peut cependant être demandée après l'expiration des délais ci-dessus indiqués, lorsqu'elle est fondée sur un dol du failli découvert depuis cette
époque. Arg. C. comm. 518. — V. *inf.* nᵒ 382. Cass. 27 mars
1838, D. 38, 207.

542. D'après le Code de 1808, lorsque les moyens invoqués
à l'appui de l'opposition étaient de la compétence des trib. civils, c'était à eux qu'il appartenait d'en juger la validité.
C. comm. 635 ancien. — Aujourd'hui, c'est toujours le trib. de
comm. qui est appelé à statuer sur le mérite de l'opposition.
Arg. C. comm. 512.

543. Seulement, si le jugement de l'opposition est subordonné à la solution de questions étrangères à raison de la ma-

tière à la compétence de ce trib., il surseoit à prononcer jusqu'après la décision de ces questions. C. comm. 512.

Il fixe alors un bref délai dans lequel le créancier opposant doit saisir les juges compétens, et justifier de ses diligences. *Ib.*

544. Dans tous les cas, le trib. statue sur l'opposition en même temps que sur l'homologation du concordat.

Art. 5. — *De l'homologation du concordat.*

545. Le concordat n'est rendu obligatoire pour les créanciers que par l'homologation.

546. L'homologation appartient au trib. de comm. C. comm. 513. — Lors même que tous les créanciers de la faillite ne sont pas ses justiciables.

547. Elle est poursuivie à la requête de la partie la plus diligente. C. comm. 513.—Soit par les syndics, soit par tout autre créancier, soit enfin par le failli lui-même. Pardessus, n° 1245.

548. Elle est demandée par simple requête sur laquelle le jugement intervient, sans plaidoiries et sans qu'il soit nécessaire d'assigner les créanciers, même opposans. Pardessus, *ib.*

549. Le trib. ne peut statuer qu'après l'expiration de la huitaine accordée aux créanciers pour former opposition. C. comm. 513.—V. *sup.* n° 338.

550. Si, pendant ce délai, il est intervenu des oppositions, le trib. prononce sur ces oppositions et sur l'homologation par un seul et même jugement. C. comm. 513.

551. Anciennement on statuait sur l'opposition et sur la demande en homologation par deux jugemens distincts.

Si l'opposition était rejetée, l'homologation était poursuivie dans la huitaine du jugement de rejet. C. comm. ancien 524.

Si le jugement de rejet était rendu par défaut, et que le défaillant y formât opposition dans la huitaine, ou bien encore si le jugement était frappé d'appel, l'homologation devait être suspendue jusqu'à ce qu'il eût été statué sur l'opposition ou l'appel. Vincens, 1, 440; Boulay, n° 264.

Cependant le trib. n'était pas tenu de surseoir à l'homologation, si l'appel n'était interjeté que huitaine après le concordat, et que l'homologation eût été requise dans ce délai. — Mais si, par suite de l'appel, le jugement qui avait rejeté l'opposition au concordat était infirmé, l'homologation se trouvait par-là sans effet. Pardessus, *ib.*

552. Lorsque l'opposition est admise, l'annulation du concordat est prononcée à l'égard de tous les intéressés. C. comm. 513. — Cette disposition nouvelle a eu pour but de mettre un terme aux variations qu'avait subies la jurisprudence sur ce point, et de faire cesser une anomalie qui laissait un concordat, annulé à l'égard de quelques créanciers, obligatoire pour d'autres. —V. *inf.* n° 587 et 591.

553. Dans tous les cas, avant qu'il soit statué sur l'homologation, le juge-commissaire fait au trib. de comm. un rapport sur les caractères de la faillite et sur l'admissibilité du concordat. C. comm. 514.

554. Si les règles tracées par la loi n'ont pas été observées, ou si des motifs tirés, soit de l'intérêt public, soit de l'intérêt des créanciers, paraissent de nature à empêcher le concordat, le trib. en refuse l'homologation. C. comm. 515.

555. D'après l'art. 526 du Code de 1808, le trib. ne pouvait refuser l'homologation que pour cause d'inconduite ou de fraude, et, dans ce cas, le failli était renvoyé devant le procureur du Roi sous prévention de banqueroute. Si l'homologation était accordée, le failli était déclaré excusable et susceptible d'être réhabilité.

556. Aujourd'hui, le refus d'homologation peut avoir lieu non seulement pour inconduite ou fraude, mais encore pour tout motif que le trib. trouve être de l'intérêt des créanciers, ou de l'intérêt public, et dont l'appréciation lui est entièrement abandonnée.

Aussi ce refus n'entraîne plus la présomption de banqueroute ; et, d'un autre côté, l'homologation n'emporte pas, de droit, déclaration d'excusabilité pour le failli.

557. L'acquittement du failli sur des poursuites criminelles ou correctionnelles dirigées contre lui, n'empêche pas que l'homologation ne soit refusée, si le trib. trouve dans sa conduite des preuves de fraude. Pardessus, n° 1245.

Réciproquement, le jugement d'un trib. de comm., qui homologue un concordat passé entre un débiteur failli et ses créanciers, ne forme pas obstacle à ce que le débiteur soit ensuite poursuivi par le ministère public comme prévenu de banqueroute simple. Cass. 9 mars 1811, P. 7. 152 ; Merlin, *Rép.*, v° *Faillite*, sect. 2, § 2, art. 2. — V. *inf.* n° 573.

558. Le décès du failli, postérieur au traité qu'il a souscrit avec ses créanciers, n'empêche point l'homologation du concordat : cette homologation peut être requise par les héritiers même bénéficiaires du failli. Paris, 25 févr. 1859 (Art. 1452. J. Pr.).

L'héritier bénéficiaire qui obtient l'homologation du concordat, ne doit pas être condamné à fournir caution jusqu'à concurrence des dividendes promis. *Même arrêt.*

559. Le jugement qui refuse l'homologation est susceptible d'appel de la part de la partie qui l'a provoqué.—V. *inf.*, n° 607.

Quant au jugement qui admet l'homologation, il faut faire une distinction.

Il est inattaquable de la part des créanciers qui n'ont pas formé opposition au concordat : ils ont, en effet, acquiescé à cet acte en ne recourant pas à la seule voie de réformation qui leur fût ouverte. — V. toutefois *inf.* n° 384.

Mais il en est autrement des créanciers opposans : ceux-ci ont en effet le droit incontestable d'appeler de la décision qui rejette leur opposition, et comme il est statué sur cette opposition et sur l'homologation du concordat par un seul et même jugement (—V. *sup.*, n° 350), il en résulte qu'ils sont recevables à interjeter appel de ce jugement.

Art. 4. — *Des effets du concordat.* — *Personnes auxquelles il peut être opposé.*

360. Les principaux effets du concordat sont : 1° de mettre fin au dessaisissement opéré par le jugement déclaratif de la faillite. — V. *sup.* n° 67 ;

2° D'accorder au failli des délais ou des remises ;

3° De l'affranchir de la contrainte par corps.

361. *Fin du dessaisissement.* Dans certains cas, le débiteur n'est replacé à la tête de ses affaires qu'avec quelques restrictions. — Ainsi, plusieurs des créanciers sont désignés pour surveiller l'exécution du traité, assister à la vente des biens, ou à la disposition d'une partie quelconque de l'actif. Ces clauses sont obligatoires même à l'égard des tiers qui auraient traité de bonne foi avec le failli : ils doivent se faire représenter le concordat. Bruxelles, 21 juin 1820, D. *hoc verbo*, 161., note 3.

362. Toutefois, l'art. 443 C. comm., qui veut que toute action intentée avant ou depuis la faillite, ne soit poursuivie que contre les syndics, ne s'applique pas aux commissaires nommés par le concordat. Arg. Cass. 21 juin 1825, D. 25, 225. — à moins de convention contraire.

363. Aussitôt après que le jugement d'homologation est passé en force de chose jugée, les fonctions des syndics cessent. C. comm. 519.

364. Ils rendent au failli leur compte définitif en présence du juge-commissaire. Ce compte est débattu et arrêté. C. comm. 519.

Ils remettent ensuite au failli l'universalité de ses biens, livres, papiers et effets, et le failli en donne décharge. *Ib.*

Il est dressé du tout procès-verbal par le juge-commissaire dont les fonctions cessent. *Ib.*

En cas de contestation, le trib. de commerce prononce. *Ib.*

365. *Remise.* Le failli est pleinement libéré de la portion de dettes dont ses créanciers lui ont fait remise par le concordat. Il ne peut être ultérieurement inquiété à ce sujet sur les biens qu'il viendrait à acquérir. Poitiers, 9 niv. an 11, D. *ib.* 163 ;

Vincens, 459; Pardessus, n° 1247. — V. d'ailleurs *inf.*, n°s 586 et 591.

566. Mais il n'en est pas de même des coobligés solidaires, ou des cautions du failli : c'est précisément dans la crainte de n'être pas intégralement payé par le débiteur, que le créancier a exigé de lui la garantie d'un coobligé ou d'une caution. Vainement on oppose que la remise de la dette faite au débiteur libère le codébiteur solidaire et la caution. C. civ. 1285, 1827. Il n'en est pas ainsi du concordat qui constitue une remise forcée. Lyon, 14 juin 1826, D. 26, 216; Pardessus, n° 1247.

567. L'homologation du concordat produit, en faveur des créanciers du failli, une hypothèque judiciaire qui s'étend sur tous ses immeubles présens et à venir. C. com. 517. C. civ. 2123.

568. L'homologation conserve à chacun des créanciers, sur les immeubles du failli, l'hypothèque inscrite en vertu du troisième paragraphe de l'art. 490. C. comm. 517.

A cet effet, les syndics font inscrire aux hypothèques le jugement d'homologation, à moins qu'il n'en ait été décidé autrement par le concordat. C. comm. 517.

569. Les biens composant une succession ouverte au profit du failli, à l'époque du concordat, à l'insu des créanciers, sont soumis à l'action de ces derniers, mais seulement pour l'exécution des engagemens stipulés dans le concordat. — Un supplément de dividende ne peut être réclamé que dans le cas où le failli, par fraude, dissimule l'ouverture de la succession.

570. *Contrainte par corps.* Le concordat enlève l'exercice de la contrainte par corps, même aux créanciers hypothécaires pour stellionat. Besançon, 25 août 1812, D. *ib.* 150, § 5 ; Pardessus, n° 1248. — *Contrà*, Paris, 18 mars 1833, S. 33, 245, — et les oblige comme les simples chirographaires, quant à l'exercice de leurs droits sur les biens mobiliers du failli. Cass. 26 avr. 1814, D. *ib.* 152. — *Contrà*, Paris, 26 févr. 1833, S. 33, 574; — V. *inf.* n° 577 et 446.

571. Le failli, en donnant son consentement au concordat, reconnaît par cela même les titres des créanciers qui y sont intervenus, ainsi que le montant des sommes pour lesquelles ils ont été admis. Douai, 16 avr. 1813; Colmar, 19 nov. 1813, S. 14, 286. — Il ne peut détruire l'effet de cette reconnaissance par une protestation intervenue même avant le jugement d'homologation. Cass. 23 avr. 1834, D. 34, 178. — A moins que le consentement ne soit le résultat du dol ou de l'erreur.

572. Aucune action en nullité du concordat n'est recevable après l'homologation que pour cause de dol découvert depuis cette homologation, et résultant soit de la dissimulation de l'actif, soit de l'exagération du passif. C. comm. 548. — On a voulu empêcher la minorité dissidente de renouveler le débat terminé par le vote de la majorité et par l'homologation du trib. Vainement un créancier argumenterait-il d'un prétendu dol du débiteur, s'il n'alléguait en même temps que ce dol résulte de la dissimulation de l'actif ou de l'augmentation du passif du débiteur. La loi ne fait exception que pour ce cas unique à la règle qui prohibe les actions tardives en nullité : la réunion de toutes les circonstances qu'elle énumère est rigoureusement indispensable.

573. Toutefois, l'homologation ne fait pas obstacle à ce que le failli puisse être ultérieurement poursuivi par le ministère public comme banqueroutier simple ou frauduleux. *Discuss. Mon.* 4 avr. 1838, p. 794. — V. *sup.* n° 357.

574. Les créanciers ont également le droit de poursuivre comme partie civile une plainte en banqueroute frauduleuse contre leur débiteur ; ils sont en effet recevables à demander par voie civile la nullité du concordat pour les causes qui motivent une plainte en banqueroute frauduleuse, et dès lors il n'existe aucun motif pour les empêcher d'agir par la voie criminelle, s'ils le jugent convenable.

575. Mais les faits constitutifs de la banqueroute simple n'étant pas de nature à fonder une demande en nullité du concordat, nous pensons que les créanciers ne sont pas recevables à se porter partie civile dans une pareille instance, et qu'ils ne peuvent être entendus que comme témoins dans le cas de poursuites de la part du ministère public. —V. *sup.* n° 357.

576. *Personnes auxquelles le concordat peut être opposé.* L'effet du concordat à l'égard des créanciers était diversement apprécié par les auteurs et la jurisprudence, sous le Code de 1808.

. Ainsi, l'on se demandait notamment si le créancier non porté au bilan pouvait être lié par un contrat auquel il était demeuré étranger et n'avait point été appelé. — Ou bien encore si le concordat était obligatoire pour les créanciers dont les créances avaient été contestées par les syndics et dont les droits n'avaient été reconnus qu'après l'homologation.

577. La loi nouvelle a tranché ces difficultés.

L'homologation du concordat le rend obligatoire pour tous les créanciers portés ou non portés au bilan, vérifiés ou non vérifiés, et même pour les créanciers domiciliés hors du territoire continental de la France, ainsi que pour ceux qui ont été admis par provision à délibérer, quelle que soit la somme que le jugement définitif leur attribue ultérieurement. C. comm. 516.

578. Néanmoins, le concordat ne peut être obligatoire que pour les créanciers du failli. On devrait donc admettre aujourd'hui, comme autrefois, que dans le cas où la femme du failli est intervenue au concordat et a fait cession de tous ses droits

aux créanciers de son mari, ses créanciers personnels n'en conservent pas moins la faculté de saisir-arrêter les créances trans-
portées par la femme sans signification, et que le concordat ne
leur est point opposable. Cass. 19 janv. 1820, S. 21, 100.

579. Réciproquement le concordat ne profite qu'au failli.
(— V. *sup.* n° 560). — Ainsi il ne fait pas cesser l'état de faillite
en ce sens que la femme du failli puisse dans le réglement de
ses reprises, faire considérer son mari comme non failli. Nîmes,
4 mars 1828, S. 30, 557. — La présomption que les immeubles ont été achetés avec les deniers des créanciers, existe aussi
bien dans le cas de concordat que dans celui du contrat d'union.

Art. 5. — *De l'annulation ou de la résolution du concordat.*

580. La loi nouvelle (art. 520 et suiv.) a voulu faire cesser
les controverses que le silence du Code de 1808 avait fait naître
sur l'annulation et la résolution du concordat.

581. Elle admet en principe deux modes de révocation du
concordat après son homologation, savoir : l'annulation et la
résolution. C. comm. 520. — V. *inf.* n°s 382 et 388.

Ces deux modes diffèrent tant par les causes qui y donnent
lieu que par leurs effets, soit à l'égard du failli et de ses créanciers, soit à l'égard des cautions qui se sont obligées par le concordat. —V. *inf.* n°s 586, 394 et 404.

582. *Annulation du concordat.* Elle peut être prononcée pour
deux motifs : — 1° pour dol du failli (résultant de la dissimulation de l'actif ou de l'exagération du passif.). C. comm. 520 ;
— 2° pour condamnation du failli comme banqueroutier frauduleux. *Ib.*

La banqueroute simple n'étant pas un obstacle à l'obtention
d'un concordat par le failli (—V. *sup.* n° 357.) ne pourrait, à
plus forte raison, point entraîner l'annulation du traité intervenu antérieurement à la condamnation.

583. Dans le cas de banqueroute frauduleuse, l'annulation
du concordat a lieu de plein droit, sans qu'il soit besoin d'autre
jugement que de celui de condamnation. C. comm. 522.

584. Lorsqu'après l'homologation du concordat le failli est
poursuivi pour banqueroute frauduleuse, et placé sous mandat
de dépôt ou d'arrêt, le trib. de commerce peut prescrire des mesures conservatoires. C. comm. 521. — Ces mesures cessent de
plein droit du jour de la déclaration qu'il n'y a lieu à suivre,
de l'ordonnance d'acquittement ou de l'arrêt d'absolution. *Ib.*

585. Dans le cas de dol du failli, l'annulation doit être
prononcée par le trib. de commerce. C. comm. 522, — sur la
poursuite d'un ou de plusieurs créanciers. — V. *sup.* n° 391.

La demande doit, à peine de déchéance, être formée dans les

dix ans de la découverte du dol. Arg. C. civ. 1304. Motifs, Bordeaux, 2 déc. 1836 (Art. 1453 J. Pr.).

386. L'annulation libère, de plein droit, les cautions. C. comm. 520.

387. Il suffit qu'elle soit prononcée à la requête d'un seul créancier pour avoir effet à l'égard de tous. — V. *inf.* n°s 395 à 404.

388. *Résolution du concordat.* Elle peut être prononcée pour inexécution par le failli des conditions qui lui ont été imposées. C. comm. 520.

389. Elle est poursuivie devant le trib. de commerce, en présence des cautions, s'il en existe, ou elles dûment appelées. C. comm. 520.

390. Elle est valablement provoquée par un seul créancier. Ce point a été formellement constaté par le rapporteur de la commission à la Ch. des députés en 1838. — « Après le concordat, a-t-il dit, il n'existe plus de masse, plus de communauté, plus de majorité, plus de minorité, plus de droits collectifs ; chacun peut poursuivre l'exercice de ses droits individuels par tous les moyens qui lui restent en vertu du concordat ; la majorité serait souvent impossible à retrouver s'il s'est écoulé, par exemple, plusieurs années depuis la formation du concordat ; ce serait soumettre à une condition impossible la résolution qu'il importe de prononcer. Il pourrait même arriver que la majorité fût désintéressée et qu'elle n'eût plus aucun motif de faire prononcer la résolution. » — Ces raisons ont fait rejeter l'amendement de la Ch. des Pairs, tendant à n'autoriser la résolution qu'autant qu'elle eut été demandée par la majorité des créanciers tant en nombre qu'en sommes.

391. Mais la résolution prononcée sur la poursuite d'un seul créancier a-t-elle effet à l'égard de tous ?

L'annulation du concordat prononcée sur la demande d'un seul créancier, profite évidemment aux autres créanciers : en effet, ils ont été tous induits en erreur par les manœuvres coupables du failli ; il est à présumer qu'ils ne lui auraient point accordé des conditions aussi avantageuses, s'ils eussent connu sa véritable position.

Mais, au premier abord, il semble qu'il en soit autrement, dans le cas de résolution du concordat. Le droit de chaque créancier de demander l'accomplissement des engagemens pris à son égard, et de faire prononcer la résolution du concordat en cas d'inexécution, paraît essentiellement divisible et personnelle ; pourquoi les autres créanciers profiteraient-ils de ce que l'un d'eux a intenté une action susceptible d'être exercée isolément ?

Selon nous, si on excepte le créancier qui a reçu intégralement son dividende (V. *inf.* n° 404.), il faut décider que la résolution prononcée sur la demande de l'un des créanciers, profite aux autres créanciers. En effet, cette résolution produit un résultat indivisible; elle remet le débiteur en état de faillite, à l'égard de tous ses créanciers; elle le dessaisit de l'administration de ses biens, etc., à l'égard de tous. — V. d'ailleurs *sup.* n° 41.

La décision contraire aurait pour résultat, — ou d'obliger tous les créanciers à provoquer la résolution, ce qui entraînerait des frais énormes sans aucun avantage pour le failli ni pour les créanciers; — ou d'exposer les créanciers qui n'auraient pas demandé la résolution aux inconvéniens de l'état de faillite dans lequel est replacé leur débiteur; de paralyser leur action individuelle, sans aucune des compensations accordées par le § 2 de l'art. 526. — V. *inf.* n° 404.

M. Bravard, p. 715, dans la crainte qu'un seul créancier, de connivence avec le débiteur, ne fasse résoudre le concordat au préjudice des autres créanciers qui en voudraient le maintien, pense qu'il eût été plus rationnel d'accorder à chaque créancier non payé de son dividende, le droit de demander la résolution, non pas du concordat, mais de la remise ou réduction par lui consentie.

Mais ce système aurait eu l'inconvénient de scinder la position du débiteur. — Au reste, il appartiendra aux tribunaux de déjouer tout concert frauduleux, en refusant, dans ce cas, la résolution.

592. La loi garde le silence sur la durée de l'action en résolution. Il faut donc en conclure que cette action dure trente années à compter du dernier terme fixé au failli pour l'exécution de ses obligations. Peut-être aurait-il été à désirer qu'une prescription plus courte eût été introduite.

593. La résolution n'a d'effet envers toutes les parties qu'à compter du jour où elle est prononcée; elle ne rétroagit point sur le passé.

594. Par suite, elle ne libère pas les cautions qui étaient intervenues au concordat pour en garantir l'exécution totale ou partielle. C. comm. 520.

595. *Suites de l'annulation ou de la résolution du concordat.* Sur le vu de l'arrêt de condamnation pour banqueroute frauduleuse, ou du jugement qui prononce, soit l'annulation, soit la résolution du concordat, le trib. de commerce nomme un juge-commissaire et un ou plusieurs syndics. C. comm. 522.

596. Ces syndics peuvent faire apposer les scellés. — Ils procèdent, sans retard, avec l'assistance du juge-de-paix, sur l'ancien inventaire, au récolement des valeurs, des actions et des papiers, et procèdent, s'il y a lieu, à un supplément d'inventaire. Enfin, ils dressent un bilan supplémentaire. C. comm. 522.

·597. Les syndics doivent, en outre, faire immédiatement afficher et insérer dans les journaux à ce destinés, avec un extrait du jugement qui les nomme, invitation aux créanciers nouveaux, s'il en existe, de produire, dans le délai de vingt-jours, leurs titres de créances à la vérification. C. comm. 522.

Cette invitation est faite aussi par lettres du greffier, conformément aux art. 492 et 493 (— V. *sup.* n° 241). C. comm. 522.

598. Il est procédé, sans retard, à la vérification des titres de créances produits en vertu des dispositions précédentes. — V. *sup.* n° 248 et suiv.

599. Il n'y a pas lieu à nouvelle vérification des créances, antérieurement admises et affirmées, sans préjudice néanmoins du rejet ou de la réduction de celles qui depuis auraient été payées en tout ou en partie. C. comm. 523.

400. Ces opérations mises à fin, il peut intervenir un nouveau concordat (Arg. C. com. 524.), si les causes de la révocation du premier ne créent pas pour le failli un état d'incapacité qui l'empêche de traiter avec ses créanciers. — V. *sup.* n° 383.

On suit, pour ce concordat, les mêmes règles que pour le premier.

401. S'il n'intervient pas de concordat, les créanciers sont convoqués à l'effet de donner leur avis sur le maintien ou le remplacement des syndics. C. comm. 524. — V. *inf.* n° 422.

402. Il n'est procédé aux répartitions qu'après l'expiration, à l'égard des créanciers nouveaux, des délais accordés aux personnes domiciliées en France, par les art. 492 et 497. C. comm. 524. — V. *sup.* n°s 242 et 281.

403. Les actes faits par le failli postérieurement au jugement d'homologation, et antérieurement à l'annulation ou à la résolution du concordat, ne sont annulés qu'en cas de fraude aux droits des créanciers. C. comm. 525.

404. Les créanciers antérieurs au concordat rentrent dans l'intégralité de leurs droits à l'égard du failli seulement. C. comm. 526.

Ils ne peuvent figurer dans la masse que pour les proportions suivantes, savoir : s'ils n'ont touché aucune part du dividende, pour l'intégralité de leurs créances ; s'ils ont reçu une partie du dividende, pour la portion de leurs créances primitives correspondante à la portion du dividende promis qu'ils n'ont pas touchée. *ib.*

Ceci a besoin d'être éclairci par un exemple :

Pierre est créancier de 100,000 fr. Il lui a été promis par le concordat 50 pour 100, c'est-à-dire 50,000 fr. — Il reçoit 10,000 fr.

Aux termes du concordat, Pierre a encore droit à 40,000 fr., qui représentent 80,000 fr. de la créance primitive.

Il sera admis à la nouvelle masse pour ces 80,000 fr. seulement.

Il perd donc, à l'égard de la nouvelle masse, les 10,000 fr., objet de la remise correspondante à ce qu'il a touché.

Mais, à l'égard du failli, il conserve un recours pour l'intégralité de ses droits, c'est-à-dire pour 100,000 fr., moins les 10,000 fr. qu'il a déjà reçus; ou, en d'autres termes, pour 90,000 (Art. 1444 J. Pr.).

Supposons que Pierre ait reçu *intégralement* le dividende qui lui a été promis.

A l'égard de la masse, il n'a aucun droit : en effet, l'art. 526 ne permet au créancier de se présenter que pour la portion de sa créance primitive, correspondante à la portion du dividende promis qu'il n'aura pas touchée; or, cette portion, pour Pierre, équivaut à zéro.

A l'égard du failli, nous concevons que Pierre conserve son recours de 50,000 fr., en cas d'annulation du concordat; en effet, s'il avait connu le dol du débiteur, il n'eût pas consenti à une remise.

Mais il nous semble que Pierre, intégralement payé de son dividende, n'aura aucun recours contre le débiteur, en cas de résolution du concordat : il eût été non recevable à provoquer la résolution; l'inexécution, à l'égard des autres créanciers, est pour lui chose étrangère; il n'est pas fondé à s'en prévaloir, pour revenir sur un concordat complétement exécuté à son égard.

405. Les dispositions des deux premiers paragraphes de l'art. 526 sont applicables au cas où une seconde faillite vient à s'ouvrir, sans qu'il y ait eu préalablement annulation ou résolution du concordat. C. comm. 526. — V. *sup.* n° 404.

§ 3. — *Clôture des opérations de la faillite en cas d'insuffisance de l'actif.*

406. La clôture légale des opérations de la faillite, avant le concordat ou l'union, a été introduite par la loi nouvelle, pour le cas d'insuffisance de l'actif.

407. Il devenait dès-lors inutile de continuer des opérations que l'on ne pouvait pas mettre à fin et dont l'unique résultat était de tenir en suspens l'état du failli, la condition des créanciers et des tiers avec lesquels il contracterait, et de surcharger d'affaires inutiles les rôles et les greffes des trib. de commerce. — Du reste, la clôture prononcée, dans le cas d'insuffisance de l'actif, devait avoir des effets sévères, car tout porte à croire que le failli n'est arrivé à cette absorption totale de son actif que par des fraudes ou des négligences bien peu pardonnables. *Discours de M. le Rapporteur à la Ch. des dép.* ·

408. Si donc, à quelqu'époque que ce soit, avant l'homologation du concordat ou la formation de l'union, le cours des opérations de la faillite se trouve arrêté pour insuffisance de l'actif, le trib. de commerce peut, sur le rapport du juge-commissaire, prononcer, même d'office, la clôture des opérations de la faillite. C. comm. 527.

409. Ce jugement fait rentrer chaque créancier dans l'exercice de ses actions individuelles tant contre les biens que contre la personne du failli. C. comm. 527.

410. Toutefois l'exécution du jugement reste suspendue pendant un mois à partir de sa date. C. comm. 527 ; — et par conséquent aucunes poursuites ne peuvent avoir lieu contre le failli dans cet intervalle.

411. L'état de faillite et toutes les incapacités qui en résultent continuent au surplus à subsister comme après la clôture de l'union. *Discours du Rap. à la Ch. des dép.*

Il n'y a pas lieu à excusabilité. — V. *inf.* n° 443.

412. Le failli, ou tout autre intéressé, est recevable, à quelque époque que ce soit, à faire rapporter par le trib. le jugement qui a prononcé la clôture des opérations de la faillite, en justifiant qu'il existe des fonds pour faire face aux frais de ces opérations, ou en faisant consigner entre les mains des syndics somme suffisante pour y pourvoir. C. comm. 528.

413. Dans tous les cas les frais de poursuites exercées en vertu du jugement de clôture doivent être préalablement acquittés. C. comm. 528.

§ 4. — *De l'union des créanciers.*

414. S'il n'intervient point de concordat, les créanciers sont de plein droit en état d'union, C. comm. 529, — c'est-à-dire qu'ils doivent poursuivre d'un commun accord, et dans les formes indiquées par la loi (— V. *inf.* n°ˢ 487 et 501), la vente de tous les biens du failli pour s'en partager la valeur selon leurs droits respectifs.

415. Peu importe, du reste, que le concordat n'ait pas lieu par suite de la condamnation du failli comme banqueroutier frauduleux ; — ou du refus d'homologation par le trib. de comm. ; — ou bien encore parce que la majorité des créanciers, soit en nombre, soit en sommes, a refusé de traiter avec le failli.

416. Toutefois, si c'est une société de commerce qui se trouve en faillite, les créanciers peuvent ne consentir de concordat qu'en faveur d'un ou de plusieurs des associés. C. comm. 531.

Cette faculté n'a été introduite qu'après une vive discussion. On la présentait comme inconciliable avec la règle qui recon-

naît dans toute société une personne civile ayant son individualité propre et son actif, ainsi que'son passif, parfaitement distincts de l'actif et du passif particulier de chacun des associés ;
admettre une pareille disposition, objectait-on, ce serait blesser
tous les principes de la solidarité qui soumet les biens de chaque
associé au paiement des dettes sociales, et surtout rompre l'é-
galité qui doit exister entre associés ; enfin les concordats individuels seraient un obstacle au concordat commun.

Mais M. le Rapporteur de la commission, à la Ch. des dép.,
a justifié l'innovation par les raisons suivantes : — « Le C. de
comm. se taisait sur les faillites des sociétés, il s'en rapportait
aux principes du droit commun sur la solidarité, sans permettre, en aucun cas, aux créanciers de traiter diversement
plusieurs associés, encore que leur conduite méritât des conditions différentes. Un associé pouvait être absent pendant que
ses coassociés dilapidaient l'actif ; il pouvait être de bonne foi,
lorsque des actes frauduleux ou insensés engageaient et perdaient
sa maison ; sa fortune particulière, celle de sa femme ou de sa
famille, pouvaient, en dehors de l'actif social, acquitter une
forte part de la dette ; et, devant toutes ces considérations, l'application rigoureuse des principes absolus de la solidarité et de
l'unité fictive de la personne sociale, empêchait d'adoucir en
rien sa position individuelle. Souvent cette rigueur blessait l'é-
quité et nuisait aux créanciers. Il est juste d'accorder faveur à
celui des associés qui, par une meilleure conduite, a mérité d'être
distingué des autres, et qui peut offrir à ses créanciers des avantages particuliers. — Mais cette faveur cesserait d'être équitable
si on allait jusqu'à affecter à la libération personnelle de l'un
des membres de la société aucune portion de l'actif qui appartient collectivement à tous ; ce serait briser les principes de la
solidarité qu'il n'est possible de faire fléchir dans ce cas que
pour ce qui concerne les coassociés entre eux. — Restreinte dans
ces limites, la faculté d'un concordat particulier, équitable et
humaine pour l'associé failli, tournera à l'avantage des créanciers
en leur procurant un dividende sur lequel ils n'auraient pas à
compter sans cela. »

417. Dans le cas où un traité particulier est accordé à l'un
ou à plusieurs des associés, tout l'actif social demeure sous le
régime de l'union. C. comm. 551.

Les biens personnels de ceux avec lesquels le concordat est
passé en sont exclus, et le traité particulier signé avec eux ne
peut contenir l'engagement de payer un dividende que sur des
valeurs étrangères à l'actif social. *Ib.*

418. L'associé qui a obtenu un concordat particulier, est
déchargé de toute solidarité (C. comm. 551) envers les créanciers de la faillite :—c'est-à-dire qu'il ne peut pas être contraint

de leur payer sur ses propres biens des dividendes plus considérables que ceux convenus au concordat.

419. Mais s'il veut, plus tard, obtenir sa réhabilitation, il est tenu d'acquitter intégralement toutes les dettes sociales. — V. *inf.* n° 666.

420. A l'égard de ses coassociés, il continue également d'être obligé à contribuer à l'acquittement des dettes communes pour la part dont il était tenu d'après l'acte de société. Des créanciers peuvent bien, en effet, renoncer à la solidarité envers un de leurs débiteurs, mais cette renonciation ne saurait dégager le débiteur de l'obligation qu'il a contractée envers ses codébiteurs de payer telle ou telle portion de la dette commune. (C. civ. 1215.) — Ainsi, les associés non concordataires ont toujours le droit d'examiner si la part qui appartient au concordataire dans l'actif social, jointe à ce qu'il a donné pour obtenir son concordat, équivaut à la part dont il était tenu dans les dettes sociales, et s'il y a une différence, ils peuvent exiger qu'il la fournisse.

421. Anciennement, l'union n'avait pas lieu de plein droit. Un contrat devait être formé à la majorité individuelle des créanciers présens vérifiés et admis. C. comm. 527 ancien.

Mais les conséquences de l'*état d'union* sont en général les mêmes que celles qui résultaient du *contrat d'union*.

422. Le juge-commissaire réunit immédiatement tous les créanciers, pour les consulter tant sur les faits de la gestion que sur l'utilité du maintien ou du remplacement des syndics. C. comm. 529.

423. Les créanciers privilégiés et hypothécaires, et ceux nantis d'un gage, sont admis à cette délibération. C. comm. 529.

424. Il est dressé procès-verbal des dires et observations des créanciers, et, sur le vu de cette pièce, le trib. de comm. statue comme lorsqu'il s'agit du maintien ou du remplacement des syndics nommés par le jugement déclaratif de la faillite. (— V. *sup.* n° 151). C. comm. 529.

425. Les créanciers sont également consultés sur la question de savoir si un secours peut être accordé au failli sur l'actif de la faillite.

Lorsque la majorité des créanciers présens y a consenti, les syndics en proposent la quotité qui est fixée par le juge-commissaire, sauf recours au trib. de comm. de la part des syndics seulement. C. comm. 530.

426. Si les syndics ne sont pas maintenus, ils doivent rendre leur compte aux nouveaux syndics en présence du juge-commissaire, le failli dûment appelé. C. comm. 529.

427. Les syndics nouvellement nommés ou ceux maintenus dans leurs anciennes fonctions, continuent la gestion commencée avec les premières opérations de la faillite ; ils ont toujours le même caractère , et sont révocables pour les mêmes causes et de la même manière. — V. *sup.* n° 153.

428. Ils sont principalement chargés de représenter la masse des créanciers , et de procéder à la liquidation. C. comm. 532. — V. *inf.* n°s 487 et 501.

429. Néanmoins, les créanciers peuvent leur donner mandat de continuer l'exploitation de l'actif, au lieu de vendre les valeurs dont il se compose. C. comm. 532. — V. *sup.* n° 185.

430. La délibération qui leur confère ce mandat doit en déterminer la durée et l'étendue, et fixer les sommes qu'ils pourront garder entre leurs mains à l'effet de pourvoir aux frais et dépenses. C. comm. 532.

431. Elle ne peut être prise qu'en présence du juge-commissaire, et à la majorité des trois quarts des créanciers en nombre et en somme. C. comm. 532.

432. La voie de l'opposition est ouverte contre cette délibération au failli et aux créanciers dissidens. C. comm. 532.

Mais l'opposition n'est pas suspensive de l'exécution. *Ib.* — Elle peut, du reste, être formée à quelqu'époque que ce soit ; nul délai fatal n'est fixé pour l'intenter.

433. Si la délibération n'est critiquée par aucun des intéressés , il est inutile de la soumettre à l'homologation du tribunal. — Un jugement ne devient nécessaire que dans le cas de contestation.

434. Lorsque les opérations des syndics entraînent des engagemens qui excèdent l'actif de l'union, les créanciers qui ont autorisé ces opérations sont seuls tenus personnellement au-delà de leur part dans l'actif, mais seulement dans les limites du mandat qu'ils ont donné. Ils contribuent au prorata de leurs créances. C. comm. 533.

435. Ils ne peuvent au surplus , dans aucun cas, être actionnés solidairement, ni par les tiers envers qui les syndics se sont obligés , ni par les syndics eux-mêmes pour remboursement des avances qu'ils auraient faites dans l'intérêt commun. Ce point, controversé autrefois, ne saurait plus être douteux en présence du texte de l'art. 533 C. comm., et surtout lorsque l'on songe que les syndics ne sont plus nommés par les créanciers , mais bien directement par le trib. de commerce.

436. Si les syndics n'ont pas été autorisés à continuer l'exploitation de l'actif du failli , ils doivent immédiatement poursuivre la vente de ses marchandises et effets mobiliers , ainsi que celle de ses immeubles , et liquider ses dettes actives et passives ; le tout sous la surveillance du juge-commissaire, et sans qu'il soit besoin d'appeler le failli. C. comm. 534. — V. *inf.* n°s 487 et 501.

457. Ils peuvent, en outre, en se conformant aux règles prescrites (— V. *sup.*, n° 174), transiger sur toute espèce de droits appartenant au failli, nonobstant toute opposition de sa part. C. comm. 535.

458. Sous l'ancienne loi, on décidait qu'aucune transaction ne pouvait avoir lieu qu'en présence du failli, ou lui dûment appelé. Pardessus, n° 1257.

459. Les créanciers en état d'union sont convoqués au moins une fois dans la première année, et, s'il y a lieu, dans les années suivantes, par le juge-commissaire. C. comm. 536.

440. Dans ces assemblées, les syndics rendent compte de leur gestion. C. comm. 536.

Ils sont continués ou remplacés dans l'exercice de leurs fonctions, suivant les formes prescrites *sup.*, n° 151. C. comm. 536.

441. Lorsque la liquidation de la faillite est terminée, les créanciers sont convoqués par le juge-commissaire. C. comm. 537.

Dans cette dernière assemblée, les syndics rendent leur compte. *Ib.*

Le failli doit être présent ou dûment appelé. *Ib.*

Les créanciers donnent leur avis sur l'excusabilité du failli. *Ib.*

Il est dressé à cet effet un procès-verbal dans lequel chacun des créanciers peut consigner ses dires et observations. *Ib.*

Après la clôture de cette assemblée, l'union est dissoute de plein droit. *Ib.*

442. Le juge-commissaire présente ensuite au trib. la délibération des créanciers, relative à l'excusabilité du failli, et un rapport sur les caractères et les circonstances de la faillite. C. comm. 538.

443. Le trib. prononce si le failli est, ou non, excusable. C. comm. 538.

444. Si le failli n'est pas déclaré excusable, les créanciers rentrent dans l'exercice de leurs actions individuelles, tant contre sa personne, que sur ses biens. C. comm. 539.

445. Anciennement, c'était une question fort controversée de savoir si la dissolution de l'union autorisait les créanciers à exercer des poursuites individuelles contre leur débiteur (V. Art. 400 J. Pr.). — La loi nouvelle fait cesser les doutes à cet égard. Elle permet à chaque créancier d'avoir recours à toutes les voies légales d'exécution, même à la contrainte par corps, s'il y a lieu, sans lui imposer, comme le faisaient la plupart des arrêts, l'obligation de prouver préalablement que le débiteur a acquis de nouveaux biens.

446. Si le failli est déclaré excusable, il demeure affranchi de la contrainte par corps à l'égard des créanciers de sa faillite, et ne peut plus être poursuivi par eux , que sur ses biens , sauf les exceptions prononcées par les lois spéciales. C. comm. 559 : — Par exemple, si le failli est étranger non domicilié en France, tuteur, administrateur, soumis par une loi particulière à la contrainte par corps, etc. *Discuss.*, Mon. 21 fév. 1835, n° 587.

447. Ne peuvent être déclarés excusables : les banquerou- tiers frauduleux, les stellionataires, les personnes condamnées pour vol, escroquerie, ou abus de confiance, et les comptables de deniers publics. C. comm. 540.

448. Sous le Code de 1808 , le trib. de commerce était éga- lement appelé à déclarer si le failli était, ou non, excusable. — Mais cette déclaration n'avait pour but que de rendre le failli susceptible d'être réhabilité ; elle ne l'exemptait dans aucune circonstance de la contrainte par corps.

449. Aucun débiteur commerçant n'est recevable à deman- der son admission au bénéfice de *cession de biens* (— V. ce mot, n° 5). C. comm. 541.

Cette voie, ouverte au débiteur malheureux et de bonne foi pour se soustraire à la contrainte par corps, devient, en effet, inutile au commerçant, d'après les effets attachés par la loi nouvelle à la déclaration d'excusabilité. — V. *sup.* n° 446.

La cession de biens est un abandon général fait par un débi- teur à ses créanciers. Le négociant réduit à cette extrémité est en état de faillite. Il était donc naturel de le forcer de recourir à la procédure de faillite avant de l'affranchir de la contrainte par corps, et de ne pas laisser à un trib. civil, étranger à l'en- semble des circonstances de la faillite, le soin d'apprécier la moralité d'actes qu'il ne pouvait sainement juger faute des ren- seignemens nécessaires.

450. Les créanciers peuvent-ils, pendant le cours de l'union, consentir un traité avec le failli et lui rendre l'administration de ses biens ?

Selon M. Pardessus, n° 1269, le consentement unanime des créanciers vérifiés est insuffisant pour faire cesser l'administra- tion des syndics et la surveillance du juge-commissaire ; aucun arrangement ne pourrait être valable qu'autant que le trib. lui donnerait son approbation.

Mais comment, en l'absence d'un texte précis, accorder au trib. le droit de sanctionner un atermoiement autre que le concordat ? La convention intervenue entre le débiteur et ses créanciers ne peut d'ailleurs être obligatoire que pour ceux qui l'ont signée, et tout créancier qui se présenterait ultérieurement serait recevable non seulement à poursuivre personnellement le failli, mais encore à faire reprendre les opérations de la faillite. Le jugement du trib. n'aurait donc aucune force ; il n'ajoute- rait en rien au lien résultant pour les parties de leurs conventions particulières. Il faut dès lors admettre purement et simplement la validité du traité, ou le rejeter d'une manière absolue.

Quant à nous, le premier parti nous paraîtrait plus conforme à l'équité; car, les droits des créanciers inconnus restant entiers, nous ne voyons aucun motif suffisant de refuser effet aux conventions librement intervenues entre les parties, et si d'ailleurs un créancier qui viendrait à se présenter plus tard souffrait quelque préjudice de la remise en possession du failli, il devrait s'imputer de n'avoir pas produit dans les délais déterminés par la loi. — V. toutefois *sup.* n° 55.

Section VIII. — *Des différentes espèces de créanciers, et de leurs droits dans la faillite.*

451. Le prix de tous les biens mobiliers et immobiliers du failli doit être distribué entre tous ses créanciers; mais la répartition qui en est faite se modifie suivant la nature des diverses créances et les causes de préférence, qui y sont attachées. — V. *inf.* n° 457 et suiv.

452. Le créancier peut, en outre, avoir des droits à exercer contre des tiers qui ont garanti les engagemens du failli; — et il faut distinguer si ces tiers sont eux-mêmes tombés, ou non, en faillite. — V. *inf.* n° 453 et suiv.

§ 1. — *Des coobligés et des cautions.*

453. Si les coobligés ou cautions du failli ne sont point en faillite, le créancier conserve son action contre eux pour la totalité de sa créance, nonobstant le concordat. C. comm. 545.

454. Si, au contraire, les coobligés ou cautions sont eux-mêmes en état de faillite, le créancier participe aux distributions dans toutes les masses, et y figure pour la valeur nominale de son titre jusqu'à parfait paiement. C. comm. 542.

455. Aucun recours pour raison des dividendes payés n'est ouvert aux faillites des coobligés les unes contre les autres, si ce n'est lorsque la réunion des dividendes que donneraient ces faillites excéderait le montant total de la créance en principal et accessoires, auquel cas cet excédant est dévolu, suivant l'ordre des engagemens, à ceux des coobligés qui ont les autres pour garans. C. comm. 543.

456. Dans tous les cas, si le créancier porteur d'engagemens solidaires entre le failli et d'autres coobligés a reçu, avant la faillite, un à-compte sur sa créance, il n'est compris dans la masse que sous la déduction de cet à-compte. C. comm. 544.

Et le coobligé ou la caution, tombé, ou non, en faillite, qui a fait le paiement partiel, est compris dans la même masse pour tout ce qu'il a payé à la décharge du failli. *Ib.*

Le créancier conserve, au surplus, ses droits contre le coobligé ou la caution pour tout ce qui lui reste dû. *Ib.*

§ 2. — *Des créanciers nantis de gages, et des créanciers privilégiés sur les biens meubles.*

457. *Créanciers gagistes.* Les créanciers du failli, qui sont valablement nantis de gages, ne sont inscrits dans la masse que pour mémoire. C. comm. 546.

458. Les syndics peuvent, à toute époque, avec l'autorisation du juge-commissaire, retirer les gages au profit de la faillite, en remboursant la dette. C. comm. 547.

459. Dans le cas où le gage n'est point retiré par les syndics, s'il est vendu par le créancier moyennant un prix qui excède la créance, le surplus est recouvré par les syndics.

Si le prix est moindre que la créance, le créancier nanti vient à contribution pour le surplus dans la masse, comme créancier ordinaire. C. comm. 548.

Mais il ne peut toucher aucun dividende tant qu'il n'a pas fixé sa position en faisant vendre le gage. Paris, 16 déc. 1836 (Art. 635 J. Pr.). — Il en est autrement du créancier hypothécaire. — V. *inf.* n° 471.

460. *Créanciers privilégiés.* Les créanciers privilégiés sur les meubles sont payés sur les premiers deniers rentrés et provenant des recouvremens. C. comm. 551.

461. En conséquence, les syndics présentent au juge-commissaire l'état de tous les créanciers qui se prétendent privilégiés sur les meubles, et ce magistrat autorise le paiement, s'il y a lieu. C. comm. 551.

462. Si le privilége est contesté, le tribunal prononce. C. comm. 551.

463. Par ces mots, *le tribunal*, l'art. 551 désigne évidemment le trib. de comm. Mais faut-il en conclure que ce trib. sera compétent pour connaître de l'existence de tous les priviléges, et accueillir ou rejeter les prétentions des créanciers?— Nous ne le pensons pas.

Il faut distinguer si le privilége contesté résulte d'une cause qui soit de la compétence du trib. de comm. ou du trib. civil. — Dans le premier cas, le trib. de comm. statue au fond; — mais, dans le second, il doit renvoyer les parties devant leurs juges naturels. La faillite du débiteur commun ne saurait en effet attribuer juridiction au trib. de comm. en matière purement civile. Ce principe était reconnu sous le Code de 1808 (— V. Pardessus, n° 1265; Locré, t. 8, p. 516), et le nouvel art. 551 s'est borné à reproduire les termes de l'ancien art. 553. Le doute, s'il avait pu exister, nous paraîtrait d'ailleurs complètement dissipé par l'art. 500 de la loi de 1838. Cet article admet que, si l'existence d'une créance civile est contestée lors de la vérification, le trib. de comm. est incompétent pour décider la contestation, et que les parties doivent se retirer devant le trib. de 1re inst. — V. *sup.* n° 244. — Comment donc en pourrait-il être autrement lorsqu'il s'agit de juger si une créance de même nature est, ou non, garantie par un privilége qui en forme l'accessoire ? N'y a-t-il pas analogie parfaite dans l'un comme dans l'autre cas ?

464. En cas de contestation, non plus sur l'existence même des priviléges, mais sur l'ordre dans lequel ils doivent être classés, il faut également examiner si les divers priviléges dont il s'agit ont tous une cause commerciale, ou bien si quelques-uns d'entre eux sont purement civils. Dans la première hypothèse le trib. de comm. peut prononcer, mais dans la seconde, le trib. civil est seul compétent.

465. Les frais auxquels donne lieu la contestation sont supportés par la partie qui succombe. Arg. C. pr. 130. — V. *Dépens.*

466. Pour savoir si une créance est ou non privilégiée, et dans quel ordre doivent être classés les divers priviléges reconnus, il faut, au surplus, s'en référer au droit commun. — V. *Distribution par contribution.*

467. Toutefois la loi nouvelle sur les faillites a introduit aux principes consacrés par le Code civil deux modifications importantes, l'une restrictive et l'autre extensive du droit de préférence.

Ainsi, d'une part, le vendeur d'objets mobiliers est déchu de la faculté d'exercer soit le privilége, soit la revendication établie à son profit par le n° 4 de l'art. 2102 ; il ne peut plus réclamer l'effet par lui vendu que dans les cas indiqués. —V. *inf.* n° 539. C. comm. 550 (Art. 1442 J. Pr.).

Et, d'un autre côté, les salaires dus aux commis du failli pour les six mois qui ont précédé la déclaration de faillite, ainsi que les salaires acquis aux ouvriers employés directement par le failli pendant le mois qui a précédé cette déclaration, sont admis au nombre des créances privilégiées au même rang que le privilége établi par l'art. 2101 C. civ. pour le salaire des gens de service. C. comm. 549.

§ 3. — *Des créanciers hypothécaires et des créanciers privilégiés sur les immeubles.*

468. Les créanciers hypothécaires, ou privilégiés sur les immeubles, sont payés sur le prix des immeubles affectés à leurs créances dans l'ordre indiqué par la loi civile. — V. *Ordre.*

469. Mais, indépendamment de ce droit spécial, ils peuvent, comme tous les créanciers du failli, demander leur collocation sur le prix des biens mobiliers appartenant à leur débiteur, dans le cas où le gage qui leur a été donné est insuffisant pour les remplir de leurs créances.

470. Si le prix des immeubles est distribué avant celui des meubles, ce double droit ne peut donner lieu à aucune difficulté ; les créanciers utilement colloqués sur ce prix n'ont plus rien à prétendre sur la masse mobilière, et les autres doivent venir prendre part à cette masse pour la portion de leurs créances dont ils n'ont pas été payés. C. comm. 552, 555.

471. Mais comme le plus souvent la distribution du prix des meubles précède celle du prix des immeubles, et qu'il est alors impossible de connaître quel sera le résultat de l'ordre, les créanciers privilégiés ou hypothécaires vérifiés et affirmés, concourent aux répartitions mobilières pour la totalité de leurs créances. C. comm. 553 ; — Sauf le cas échéant la distraction indiquée. — V. *inf.* n° 472 et suiv.

Les droits du créancier gagiste diffèrent de ceux du créancier hypothécaire : ce dernier a dû être protégé ; la longueur et la difficulté des ventes d'immeubles sur expropriation et des ordres pouvait retarder son paiement pendant plusieurs années ; quelques jours suffisent au créancier gagiste pour faire vendre les meubles, objet du nantissement, et obtenir l'attribution du prix. Tarrible, discours au Corps législatif ; Locré, 19, 594.

472. Si les deux distributions se font simultanément, les créanciers privilégiés ou hypothécaires, non remplis sur le prix des immeubles, concourent, à proportion de ce qui leur reste dû, avec les créanciers chirographaires sur les deniers appartenant à la masse chirographaire, pourvu toujours que leurs créances aient été vérifiées et affirmées dans les formes ci-dessus établies. C. comm. 552. — V. *sup.* n° 248 et suiv.

473. Après la vente des immeubles et le réglement définitif de l'ordre entre les créanciers hypothécaires et privilégiés, ceux d'entre eux qui viennent en ordre utile sur le prix des immeubles pour la totalité de leurs créances ne touchent le montant de leur collocation hypothécaire que sous la déduction des sommes par eux perçues dans la masse chirographaire.

Les sommes ainsi déduites retournent à la masse chirographaire, au profit de laquelle il en est fait distraction. C. comm. 554.

Quid en matière civile ? —V. *Distribution par contribution,* 15.

474. A l'égard des créanciers hypothécaires qui ne sont colloqués que partiellement dans la distribution du prix des immeubles, leurs droits sur la masse chirographaire sont définitivement réglés d'après les sommes dont ils restent créanciers après leur collocation immobilière, et les deniers qu'ils ont touchés au-delà de cette proportion dans la distribution antérieure, leur sont retenus sur le montant de leur collocation hypothécaire; et reversés dans la masse chirographaire. C. comm. 555.

475. Les créanciers qui ne viennent point en ordre utile sont considérés comme chirographaires, et soumis, comme tels, aux effets du concordat et de toutes les opérations de la masse chirographaire. C. comm. 556.

§ 4. — *Des droits des femmes.*

476. La faillite du mari modifie les droits que la femme aurait contre lui, soit d'après son contrat de mariage, soit d'après la disposition de la loi.

Ainsi, tout ce qu'elle ne justifie pas par acte authentique être sa propriété personnelle, est réputé appartenir au mari.— V. *inf.* n° 479.

Son hypothèque légale est restreinte. — V. *inf.* n° 484.

·Les avantages qui lui ont été consentis par son contrat de mariage se trouvent dans certains cas anéantis.—V. *inf.* n° 485.

La loi a craint avec raison que si elle n'avait pas recours à ces mesures rigoureuses, une partie de l'actif du failli ne fût enlevée à ses créanciers par suite d'un concert frauduleux intervenu entre les époux.

Mais du moment qu'il n'existe aucun doute sur la sincérité des droits de la femme, elle peut enlever tous les objets qu'elle a apportés en s'en réservant la propriété.

477. En conséquence, la femme, même commune en biens, reprend ses apports immobiliers exclus de la communauté, et les immeubles qui lui sont survenus par succession ou par donation entre vifs ou testamentaire. C. comm. 557.

478. Elle reprend également les immeubles acquis par elle et en son nom des deniers provenant de ces successions et donations, pourvu toutefois que la déclaration d'emploi soit expressément stipulée au contrat d'acquisition, et que l'origine des deniers soit constatée par inventaire ou par tout autre acte authentique. C. comm. 558.

479. Hors ce cas, sous quelque régime qu'ait été passé le contrat de mariage, la présomption légale est que les biens acquis par la femme du failli appartiennent à son mari, ont été payés de ses deniers et doivent être réunis à la masse de son actif, sauf à la femme à fournir les preuves du contraire. C. comm. 559.

480. L'action en reprise, lorsqu'elle est admise (— V. *sup.* n° 477), ne peut jamais être exercée par la femme, qu'à la charge des dettes et hypothèques, dont les biens sont légalement grevés, soit que la femme s'y soit obligée volontairement, soit qu'elle y ait été condamnée. C. comm. 561.

481. La femme reprend encore en nature les effets mobiliers qu'elle s'est constitués par contrat de mariage ou qui lui sont advenus par succession, donation entre vifs ou testamentaire, et qui ne sont pas entrés en communauté, toutes les fois que l'identité en est prouvée par inventaire ou tout autre acte authentique. C. comm. 560.

482. A défaut par la femme de faire cette preuve, tous les effets mobiliers tant à l'usage du mari qu'à celui de la femme, sous quelque régime qu'ait été contracté le mariage, sont acquis aux créanciers, sauf aux syndics à lui remettre, avec l'autorisation du juge-commissaire, les habits et linge nécessaires à son usage. C. comm. 560.

483. Si elle a payé des dettes pour son mari, la présomption légale est qu'elle l'a fait des deniers de celui-ci, et elle ne peut exercer aucune action dans la faillite à raison de ces paiemens, sauf la preuve contraire. C. comm. 562. — V. *sup.* n° 479.

484. Lorsque le mari est commerçant au moment de la célébration du mariage, ou lorsque, n'ayant pas alors d'autre profession déterminée, il est devenu commerçant dans l'année, les immeubles qui lui appartenaient à l'époque de la célébration du mariage ou qui lui sont advenus depuis, soit par succession, soit par donation entre vifs ou testamentaire, sont seuls soumis à l'hypothèque de la femme.

1° Pour les deniers et effets mobiliers qu'elle a apportés en dot ou qui lui sont advenus depuis le mariage par succession, ou donation entre vifs ou testamentaire, et dont elle prouve la délivrance ou le paiement par acte ayant date certaine. C. comm. 563.

2° Pour le remploi de ses biens aliénés pendant le mariage. *Ib.*

3° Pour l'indemnité des dettes par elle contractées avec son mari. *Ib.*

485. Dans les mêmes circonstances, la femme ne peut exercer dans la faillite aucune action à raison des avantages portés à son contrat de mariage, et réciproquement les créanciers ne peuvent se prévaloir des avantages faits par la femme au mari dans le même contrat. C. comm. 564.

486. — Peu importe :— 1° L'exercice d'une profession déterminée autre que celle de négociant (par exemple des fonctions de receveur particulier des finances), de la part du mari, au moment de son mariage, s'il est établi en fait qu'à la même époque le mari se livrait habituellement à des opérations de commerce étrangères à sa profession. Ainsi jugé sous l'art. 549 du Code de 1808. Cass. 5 juill. 1857 (Art. 1434 J. Pr.).

2° La cession de biens consentie par le mari à ses créanciers qui l'avaient déclaré libéré de ses dettes. Ainsi jugé sous l'art. 554 du Code de 1808. Cass. 8 juin 1857 (Art. 1426 J. Pr.),

5° Que la faillite n'ait pas été déclarée : vainement on soutiendrait que les dispositions restrictives du droit de la femme du failli, étant une dérogation au droit commun, ne doivent pas être étendues; qu'elles supposent un jugement déclaratif de faillite. Ainsi jugé sous l'empire du Code 1808. Cass. 7 mars et 8 juin 1856 ; 15 nov. 1858 (Art. 1426 J. Pr.). — *Contrà*, Toulouse, 26 août 1828, S. 29, 145. — V. *sup.* n° 9.

Section IX. — De la liquidation du mobilier, et de la répartition du prix entre les créanciers.

487. On a vu *sup.* n° 414 qu'après l'union, les syndics devaient procéder à la vente de tous les meubles, marchandises et effets mobiliers appartenant au failli, lorsque cette vente n'avait pas encore été effectuée.

Les créanciers ne peuvent, en général, entraver leur administration par des poursuites individuelles.

Les saisies qu'ils auraient pratiquées antérieurement à la déclaration de faillite, doivent même être discontinuées.—V. *sup.* n°s 76 et 90.

488. Cependant cette règle souffre exception à l'égard 1° des créanciers nantis d'un gage : ils conservent le droit de faire vendre ce gage à quelque époque que ce soit.—V. *sup.* n° 459 ; — il n'est même pas nécessaire que leur créance soit exigible avant la faillite. — V. *inf.* n° 502.

2° Du propriétaire ou locateur : l'exercice de ses droits contre le failli locataire n'est suspendu que pendant trente jours à partir du jugement déclaratif de la faillite. C. comm. 450. — V. *sup.* n° 87.

Au reste, la poursuite de la vente des meubles garnissant les lieux appartient au syndic, comme premier saisissant, par l'apposition des scellés, de préférence au propriétaire de la maison. Paris, 27 déc. 1815, D. *ib.* 185.— A moins que la saisie-gagerie n'ait été pratiquée et déclarée valable antérieurement à la faillite. Paris, 19 oct. 1808, D. *ib.* 185 ; Arg. Paris, 18 juill. 1828, D. 29, 34 ; 27 mai 1855 (Art. 123 J. Pr.).

5° Du trésor : il peut malgré la faillite faire vendre par ses agens les objets sur lesquels la loi lui accorde un privilége. La législation spéciale qui lui confère ce droit et détermine des formes particulières pour les ventes poursuivies à sa requête, n'a pas été modifiée par le C. de comm. Cass. 9 janv. 1815, P. 12, 527.

489. Quant aux droits et actions appartenant au failli et dont le recouvrement n'a pas été opéré, l'union peut se faire autoriser par le trib. de comm., le failli dûment appelé, à en traiter à forfait, et à les aliéner. C. comm. 570.

Tout créancier peut s'adresser au juge-commissaire pour provoquer une délibération de l'union à cet égard. *Ib.*

490. Au fur et à mesure des rentrées de fonds, on procède à la répartition du montant de l'actif réalisé.

On commence par prélever les sommes dues pour frais et dépenses d'administration de la faillite, pour secours accordés au failli ou à sa famille, et pour créances privilégiées. C. comm. 565. — On partage ensuite ce qui reste entre tous les créanciers au marc le franc de leurs créances vérifiées et affirmées. *Ib.*

491. A cet effet, les syndics remettent tous les mois au juge-commissaire un état de situation de la faillite, et des deniers déposés à la caisse des consignations. C. comm. 566.

Sur le vu de cet état, le juge ordonne, s'il y a lieu, une répartition entre les créanciers, en fixe la quotité, et veille à ce que tous les créanciers en soient avertis. *Ib.*

492. Aucun mode spécial d'avertissement n'est prescrit par la loi ; le juge-commissaire peut choisir celui qui lui paraît le plus sûr. Dans l'usage, les créanciers sont prévenus par lettres missives.

493. Il n'est procédé à aucune répartition entre les créanciers domiciliés en France, qu'après la mise en réserve de la part correspondante aux créances pour lesquelles les créanciers domiciliés hors du territoire continental de la France sont portés au bilan. C. comm. 567. — V. *sup.* n° 242.

494. Si ces créances ne paraissent point portées d'une manière exacte sur le bilan, le juge-commissaire peut décider que la réserve sera augmentée, sauf aux syndics à se pourvoir contre cette décision devant le trib. de comm. C. comm. 567.

495. La part mise en réserve demeure à la caisse des dépôts et consignations jusqu'à l'expiration du délai déterminé pour la production des titres appartenant aux créanciers domiciliés hors du territoire continental de la France. — C. comm. 568.

496. Elle est répartie entre les créanciers reconnus si les créanciers domiciliés en pays étranger n'ont pas fait vérifier leurs créances conformément aux dispositions ci-dessus relatées. — V. *sup.* n° 242. C. comm. 568.

497. Une pareille réserve est faite pour raison des créances sur l'admission desquelles il n'a pas été statué définitivement. C. comm. 568.

498. Nul paiement n'est fait par les syndics que sur la représentation du titre constitutif de la créance.

Néanmoins, en cas d'impossibilité de représenter ce titre, le juge-commissaire peut autoriser le paiement sur le vu du procès-verbal de vérification. C. comm. 569.

S'il refuse cette autorisation, le créancier a le droit de se pourvoir devant le trib. de comm. pour l'obtenir. Arg. C. comm. 563. — V. *inf.* n° 611.

499. Les syndics mentionnent sur le titre la somme payée par eux ou ordonnancée pour être payée par la caisse des consignations. — V. *sup.* n° 495. C. comm. 569.

500. Dans tous les cas, le créancier donne quittance en marge de l'état de répartition. C. comm. 569.

Section X. — *De la vente et de la distribution du prix des immeubles.*

501. A partir du jugement déclaratif de la faillite, les créanciers chirographaires ne peuvent plus poursuivre l'expropriation des immeubles du failli. C. comm. 571.

Poursuivre l'expropriation. Conséquemment ces créanciers, à dater de ce jugement, ne pourront pratiquer aucune saisie-immobilière.

Si une saisie-immobilière a été pratiquée antérieurement, pourront-ils la continuer? — Faut-il distinguer si elle a été ou non transcrite? — V. *Saisie-immobilière.*

502. Mais les créanciers privilégiés ou hypothécaires sont recevables à provoquer l'expropriation des immeubles affectés à leurs créances, tant que l'union n'est point formée. C. comm. 571 et 572.

Faut-il, en outre, que les créances hypothécaires soient exigibles?

Pour l'affirmative on dit : L'exigibilité résultant de la faillite ne doit s'entendre que de celle qui s'exerce par la voie du concours à la distribution entre tous les créanciers. D'ailleurs, la garantie hypothécaire remédie à l'insolvabilité provenant de l'état de faillite. Bruxelles, 5 déc. 1811, P. 9, 757; Locré, art. 552; Pardessus, n° 1164; Boulay-Paty, n° 11; Arg. Motifs, Lyon, 25 janv. 1825, S. 25, 126. — V. d'ailleurs *sup.* n° 79.

Mais pour la négative on répond: L'art. 444 C. comm. ne met aucune différence entre les effets de l'échéance légale, résultant de l'état de faillite, et ceux de l'échéance naturelle des obligations. Elle n'interdit, dans le premier cas, aucune des poursuites qu'elle autorise dans le deuxième. Arg. C. civ. 1188 ; Bordeaux, 22 août 1827, S. 28, 177. — L'art. 574 C. comm. de 1858 donne aux créanciers hypothécaires le droit de poursuite sans distinction.

Le plus souvent il y aura des intérêts échus.

503. Si les créanciers hypothécaires ou privilégiés ont commencé leurs poursuites avant l'époque de l'union, ils ont le droit de les continuer et de les mettre à fin. — V. *Saisie immobilière.*

Mais, si aucune saisie n'a été pratiquée avant l'union, les

syndics sont *seuls* admis à poursuivre la vente dans l'intérêt de
la masse qu'ils représentent. C. comm. 572. — L'ancien art.
564 n'était pas conçu dans des termes aussi restrictifs.

504. Dans tous les cas où l'expropriation peut être suivie
par les créanciers, il est inutile de dénoncer les actes de la procédure au failli ; il est valablement représenté par les syndics.
— V. *sup.* n° 59.

Cependant il peut être reçu intervenant, si le trib. le juge
convenable. — V. *sup.* n° 62.

505. Les syndics sont non-recevables à demander la conversion des poursuites de saisie immobilière en vente, par suite
du contrat d'union. Ils ne peuvent les faire cesser qu'en désin-
téressant le poursuivant et ceux qui auraient le droit de se faire
subroger dans les poursuites. C. pr. 721. Paris, 21 août 1810,
P. 8, 548. — Néanmoins, si le créancier poursuivant consent
à cette conversion, le trib. doit l'accorder. Arg. C. pr. 747,
955. Pardessus, n° 1265. — V. *Saisie immobilière.*

La vente doit-elle avoir lieu à l'audience ? — V. *Ib.*

506. Autrefois, les immeubles du failli pouvaient être saisis
jusqu'à la nomination des syndics définitifs, soit par les créanciers privilégiés ou hypothécaires, soit par les créanciers chirographaires porteurs d'un titre exécutoire et exigible. C. comm.
532 ancien.

507. Lorsqu'il n'y a pas de poursuites d'expropriation commencées avant l'union, les syndics sont tenus de procéder à la
vente dans la huitaine, sous l'autorisation du juge-commissaire
et suivant les formes prescrites pour l'aliénation des biens de
mineurs. C. comm. 572. — V. *Vente.*

L'autorisation du juge-commissaire résulte suffisamment
de sa présence et de sa signature au procès-verbal d'adjudication.
La loi ne détermine pas expressément dans quelle forme doit
être donnée cette autorisation. Angers, 14 mars 1852, S. 34,
250 ; Cass. 22 mars 1836 (Art. 487 J. Pr.).

508. Le choix des officiers qui doivent procéder à la vente
des meubles ou des immeubles du failli appartient aux syndics comme représentant la masse des créanciers, et non au juge-
commissaire. Paris, 27 févr. et 26 mai 1813, P. 11, 176, 416.

509. La vente est poursuivie devant le trib. civil, Av. Cons.-
d'Ét. 4 et 9 déc. 1810. Angers, 28 oct. 1809. Cass. 5 oct. 1810,
P. 7, 857, 8. 606 ; — de la situation de l'immeuble, et non
devant celui du lieu de l'ouverture de la faillite : il s'agit d'une
action réelle. Arg. C. pr. 59-3° ; C. civ. 2210 ; Cass. 10 mars
1813, P. 11, 190. — *Contrà* ; Boulay, Arg. C. pr. 59-7°. —
V. d'ailleurs *Saisie immobilière.*

510. Elle doit nécessairement être précédée d'une estimation faite par experts commis à cet effet. C. pr. 955 ; Douai, 13 oct. 1812, S. 13, 44. — V. d'ailleurs *sup.* n° 507.

Dans le cas où les enchères ne couvrent pas la mise à prix résultant de cette estimation, il faut avoir recours aux formalités prescrites par l'art. 964 C. pr. — V. *Vente.*

L'avis du conseil de famille est alors remplacé par l'autorisation du juge-commissaire. Cass. 21 nov. 1827, S. 28, 9. — V. toutefois *sup.* n° 507.

511. Dans la quinzaine de l'adjudication, toute personne est admise à former une *surenchère.* C. com. 573.—V. ce mot.

Les syndics, quoique mandataires chargés de la vente ne sont pas même exclus de cette faculté. *Rapp. Ch. des Pairs, Monit.* 6 avr. 1838, p. 811. — Le droit pour les syndics de se rendre adjudicataires des immeubles du failli vendus sur leurs poursuites avait été déjà consacré sous le Code de 1808. Cass. 22 mars 1836 (Art. 487 J. Pr.) — V. *Saisie-immobilière.*

512. Cette surenchère doit être d'un dixième au moins du prix principal de l'adjudication. C. com. 573.

513. Elle est faite au greffe du trib. civil suivant les formes prescrites par les art. 710 et 711. C. pr. civ. — V. *Surenchère.*

514. Toute personne est également admise à concourir à l'adjudication par suite de surenchère. Cette adjudication demeure définitive et ne peut être suivie d'aucune surenchère.

515. Sous le Code de 1808 la surenchère n'était admise que dans la huitaine de l'adjudication et de la part d'un créancier du failli. Les modications introduites par la loi nouvelle ont pour but d'appeler la plus grande concurrence possible, et par suite de faire nécessairement monter les immeubles du failli à leur juste valeur.

516. Si la vente a lieu à la requête d'un créancier, les dispositions précédentes cessent d'être applicables ; il faut se conformer entièrement, tant pour l'adjudication que pour ses suites, aux règles tracées au titre de la *saisie-immobilière.* — V. ce mot et *surenchère.*

517. La vente, une fois parfaite, le prix en est distribué entre les ayant droit par voie d'*ordre.* — V. ce mot.

518. L'ordre est ouvert devant le trib. civil du lieu de la situation de l'immeuble vendu et non devant celui de l'ouverture de la faillite. — V. *sup.* n° 509 et *ordre.*

519. On suit d'ailleurs toutes les formes tracées par le Code de procédure. — V. *ib.*

Section XI. — *De la revendication.*

§ 1. — *Caractères de la revendication ; ses diverses espèces.*

520. La revendication est en général l'action par laquelle

on réclame la restitution d'une chose dont on se prétend propriétaire.

521. Toutefois, il existe deux espèces de revendications :
— L'une dirigée par le propriétaire contre un tiers détenteur
qui a reçu l'objet revendiqué d'une personne qui n'en avait
pas la propriété ; — L'autre par le propriétaire contre celui
avec qui il a contracté personnellement, et à qui il a remis la
chose, soit à titre de vente, soit à titre de dépôt, de mandat,
ou autre.

522. La revendication de la première espèce peut être exercée par tout individu dont la chose est détenue par un tiers.

Néanmoins, le propriétaire ne peut revendiquer le meuble
qui lui appartient contre le détenteur qui l'a acquis d'une tierce
personne, que dans le cas où ce meuble a été perdu ou volé.
C. civ. 2279 ; — et même lorsque le possesseur du meuble
perdu ou volé l'a acheté dans une foire, ou dans un marché,
ou dans une vente publique, ou d'un marchand vendant des
choses pareilles, le propriétaire ne peut se le faire restituer
qu'en remboursant au possesseur le prix qu'il lui a coûté.
C. civ. 2280.

523. La faillite du détenteur n'apporte aucun obstacle à
l'exercice de cette action en revendication. — On suit alors les
règles du droit civil.

524. Quiconque est en état de justifier qu'on a compris dans
l'actif de la faillite des objets dont il est propriétaire a droit de
les revendiquer. Pardessus, no 1271. — Il ne peut pas être dans
une condition moins favorable que celui qui prétendrait que
des effets qui lui appartiennent ont été compris dans la saisie
mobilière pratiquée sur un tiers entre les mains duquel ces objets se trouvaient momentanément.

525. Mais il n'en est pas de même de la revendication de la
seconde espèce : — Cette action étant en effet intentée par le
créancier contre son débiteur, et ayant pour résultat de l'empêcher de contribuer à la perte qui est supportée par la masse,
il était équitable de la restreindre dans le cas de faillite.—V. *inf.*
n° 555 et suiv.

526. Il ne faut pas confondre la revendication avec le privilége : celui-ci donne au créancier le droit de se faire payer par
préférence du prix qui lui est dû ; celle-ci, au contraire, lui
fournit le moyen de reprendre sa chose en nature.

527. Aucun délai ne limite l'exercice de la revendication
en matière de dépôt ou de mandat : elle est valablement formée
tant que l'objet existe en nature dans la faillite.

528. Mais, dans tous les cas, le revendiquant est tenu d'indemniser l'actif du failli de toute avance faite pour fret, ou
voiture, commission, assurance ou autres frais, et de payer les

sommes dues pour mêmes causes , si elles n'ont pas été acquittées. — Et , à plus forte raison , les frais faits pour la conservation de la chose , par exemple pour magasinage , enveloppes,
réparations , etc. — V. *inf.* n°s 557 et 558.

529. Les syndics peuvent, avec l'approbation du juge-commissaire , admettre les demandes en revendication lorsqu'elles leur
semblent suffisamment justifiées. C. com. 579 :

Sauf toutefois le droit de chaque créancier de critiquer collectivement ou isolément la décision des syndics. Arg. C. com.
551 ; Aix, 11 janv. 1831, S. 31 , 149.

530. En cas de contestation, le trib. de commerce prononce,
après avoir entendu le commissaire. C. com. 579.

531. Le droit de revendication est soumis à des règles différentes, selon qu'il s'applique à des marchandises vendues , à
des objets déposés ou consignés, ou à des remises en effets de
commerce. — V. les paragraphes suivans.

532. Mais, dans tous les cas, le fait de la vente, du dépôt ou
du prêt, etc. , peut être établi par la preuve testimoniale ou
par un concours de présomptions graves, précises et concordantes, alors même qu'il n'y aurait pas de commencement de
preuve par écrit : il faut appliquer ici les règles sur la preuve
en matière commerciale. —V. *Enquête,* n° 14 et 17. —V. d'ailleurs *inf.* n° 585.

§ 2. — *Revendication des marchandises vendues.*

533. L'art. 2102, § 4, C. civ. donne au vendeur d'objets
mobiliers non payés le droit, lorsque la vente a été faite sans
terme, de revendiquer ces objets tant qu'ils sont en la possession
de l'acheteur, pourvu que la revendication soit faite dans la
huitaine de la livraison et que les effets se trouvent dans le même
état qu'au moment où cette livraison a été faite.

534. Sous le Code de 1808, la jurisprudence accordait généralement au vendeur d'effets mobiliers autres que ceux faisant
l'objet du commerce du failli : — 1° l'action en revendication
établie par l'art. 2102 C. civ. ;

535. 2° L'action résolutoire résultant de l'art. 1182 C. civ.,
— notamment en cas de vente d'un fonds de commerce.

3° Un privilége. Paris, 8 févr. 1834, S. 34, 87.

536. Le Code de 1838, pour remédier à de nombreux abus,
refuse , en termes formels, au vendeur, en cas de faillite de
l'acheteur, le privilége et le droit de revendication, établis par
le n° 4 de l'art 2102 C. civ. ; C. com. 550. — V. *sup.* n° 467.

537. Faut-il conclure de son silence à l'égard de l'action résolutoire qu'il a entendu la maintenir ? — Nous ne le pensons
pas : en effet les actions en résolution et en revendication dé-
rivent toutes deux de l'art. 1184 C. civ. ; elles ont le même

résultat, le retour de l'objet vendu dans les mains du vendeur. Dès lors si l'une de ces deux actions est proscrite, il y a nécessité de rejeter l'autre. C'est ce qui résulte de la discussion. — M. le rapporteur sur l'art. 550 a dit : Les relations commerciales, la confiance des tiers se mesurent sur l'actif apparent qui consiste le plus souvent dans le fonds de commerce, on a voulu faire cesser le droit d'un vendeur occulte qui, en rentrant tout à coup dans le fonds par lui vendu, absorbait tout un actif que les créanciers avaient été autorisés à considérer comme leur gage. — Plus tard M. Oger proposa un amendement tendant à maintenir la législation antérieure pour le cas où le vendeur d'un droit incorporel aurait stipulé expressément la réserve du droit de résolution, à défaut de paiement du prix ; cet amendement fut combattu et repoussé par la reproduction de la pensée qui avait présidé à la rédaction de l'art. 550 introduit précisément pour détruire tout droit de suite sur le fonds de commerce. — Il serait d'ailleurs étrange qu'en prenant la voie de la résolution, on pût, pendant trente ans, et sans aucune espèce de condition qu'un paiement non justifié, obtenir ce que par la revendication pourtant proscrite, l'art. 2102 ne permet que pendant huitaine et sous la condition d'une vente sans terme, d'une possession actuelle dans la main de l'acheteur, et enfin sous la condition aussi que l'objet vendu ne soit pas dénaturé. — En exprimant la volonté d'empêcher autant que possible l'inégalité entre les créanciers d'un commerçant et la fraude naissant de l'art. 2102 à l'aide d'un privilége et d'une action en revendication sans limite, le législateur n'a pas voulu abandonner le résultat de sa prévoyance à la substitution d'un mot à un autre mot. Trib. Paris, 17 avr. 1839.

Il faut donc tenir pour constant *que le vendeur* ne peut, en cas de faillite de l'acheteur, exercer d'autre action que celle en revendication autorisée par le C. de comm. dans les circonstances indiquées par l'art. 576.

558. Aux termes de cet article peuvent être revendiquées les marchandises expédiées au failli, tant que la tradition n'en a point été effectuée dans ses magasins ou dans ceux du commissionnaire chargé de les vendre pour compte du failli.

Néanmoins, la revendication n'est pas recevable si, avant leur arrivée, les marchandises ont été vendues sans fraude sur facture *et* connaissement, ou lettres de voiture signées par l'expéditeur. C. comm. 576.

559. Ainsi pour que la revendication ait lieu, la réunion de trois conditions est indispensable : il faut, 1° qu'il y ait non paiement du prix ; 2° que la tradition des marchandises n'ait point été effectuée dans les magasins du failli ou dans ceux du commissionnaire chargé de les vendre pour son compte ; 3° que

ces marchandises n'aient pas été revendues sur facture et connaissement, ou lettres de voiture.

540. *Non paiement.* Le vendeur qui a été payé en espèces
ne peut évidemment élever aucune réclamation. — Mais le
plus souvent, dans le commerce, le paiement s'opère par la
novation.

La novation n'a pas besoin d'être exprimée en termes sacra-
mentels; il suffit qu'elle apparaisse clairement de l'intention
des parties, manifestée par des factures, livres et correspon-
dances. Pardessus, n° 1288; Douai, 5 août 1818, S. 20, 211.

Néanmoins, la seule acceptation de lettres de change en paiement des marchandises vendues n'emporte pas nécessairement
novation. Cass. 9 nov. 1823, S. 24, 164; Aix, 24 avr. 1827,
S. 29, 43.

541. Un paiement partiel ne fait point obstacle à la revendication, mais le revendiquant est tenu de rembourser à la
masse les à-comptes par lui reçus. C. comm. 576.

542. *Tradition* EFFECTUÉE. Si l'acheteur au moment de l'arrivée des marchandises écrit qu'il ne les accepte pas, à cause
de leur mauvaise qualité ou pour tout autre motif, cette déclaration constitue un refus de prise de possession. Il n'y a pas
tradition effectuée.

543. *Dans les magasins.* La tradition effectuée ailleurs que
dans les magasins du failli ou dans ceux du commissionnaire
chargé de les vendre pour le compte du failli n'est point un
obstacle à la revendication. Arg. C. comm. 576. — On a voulu
lever l'espèce d'antinomie qui existait entre les art. 576 et 577
du Code de 1808; le premier permettait la revendication même
après la livraison, tandis que le second la refusait après l'entrée
dans les magasins. Au reste, déjà l'on avait jugé qu'il s'agissait
dans le premier article de la livraison antérieure à l'entrée dans
les magasins du failli. Aix, 24 avr. 1827, S. 29, 43.

544. *Au commissionnaire chargé de les vendre.* La revendication est admissible : — 1° lors même que les marchandises ont
été livrées au commissionnaire de l'acheteur, s'il n'a pas été
chargé de les vendre, mais seulement de les expédier dans un
autre lieu : ces marchandises ne sont pas réputées livrées, tant
qu'elles ne sont pas arrivées à leur destination définitive.
Arg. Caen, 7 août 1820, S. 22, 25; Cass. 9 nov. 1823, S. 24,
164. — Surtout lorsqu'il n'est pas établi que les marchandises
soient entrées dans les magasins du commissionnaire. Toulouse,
19 déc. 1826, S. 28, 20.

545. 2° Lors même que les marchandises sont entrées dans
un dépôt public, où elles doivent rester jusqu'à l'acquittement
des droits de douane ou d'octroi par l'acheteur. Bruxelles,
25 avr. 1810, P. 8, 269;—il n'y a pas en effet la tradition effec-

tuée, voulue par la loi : il en est de cette circonstance comme
de celle où la marchandise vendue serait restée dans les magasins du voiturier, faute par l'acheteur d'avoir payé le montant
de la lettre de voiture.

546. 3° Bien que les marchandises acceptées sur la route
aient été introduites dans les magasins d'un sous-acheteur.
Dijon, 11 août 1809, P. 7, 765. — Si toutefois la revente a
été jugée frauduleuse comme n'ayant pas eu lieu sur facture et
connaissement. — V. *inf.* n° 552.

547. Mais les marchandises une fois remises dans les magasins de l'acheteur ou dans ceux de son commissionnaire chargé
de les vendre, deviennent le gage commun de tous les créanciers.
Arg. C. comm. 576.

548. Alors même que ces marchandises n'auraient séjourné
que peu d'instans dans ces magasins et qu'elles auraient été
presqu'immédiatement expédiées à des tiers à qui on les aurait
vendues. Cass. 13 oct. 1814, D. v° *Faillite*, p. 260; Bruxelles,
15 avr. 1822, D. *Ib.* p. 261. — Ou bien encore qu'elles n'auraient été déposées pour le compte de l'acheteur, que dans un
entrepôt de douanes. Cet entrepôt fictif a pour unique effet de
suspendre dans l'intérêt de l'acheteur, le paiement des droits de
douane jusqu'au moment où il livre les marchandises entre-
posées à la circulation. Il ne peut en aucune façon influer sur
la position du vendeur vis-à-vis de son acquéreur. Poitiers,
23 fév. 1831, S. 31, 269.

549. La revendication a été refusée, dans une espèce où les
marchandises avaient été, sur la demande de l'acheteur, déposées
et mises à sa disposition chez un commissionnaire de roulage.
Cass. 31 janv. 1825, S. 26, 261. — Les marchandises ont été
réputées, par la C. roy., être entrées dans les magasins du failli.
— Une telle appréciation de faits a été jugée à l'abri de la censure de la C. de cass.

550. Il n'est pas absolument nécessaire que les marchandises
aient été déplacées : les magasins du vendeur peuvent dans certains cas être considérés comme devenus ceux du failli, par
exemple lorsqu'un individu, acquéreur de toutes les marchandises renfermées dans les magasins du vendeur, a reçu les clés
de ces magasins, en est resté en possession pendant plusieurs
mois, et y a vendu en détail une partie des marchandises qui
s'y trouvaient. Bourges, 25 fév. 1826, S. 26, 287.

Ou bien quand l'acquéreur d'une coupe de bois a été mis en
possession effective et que le parterre de cette coupe est devenu
le chantier sur lequel les bois ont été par lui abattus, débités,
vendus, façonnés en cordes, et convertis en charbons. Nanci,
28 déc. 1829, S. 30, 60.

551. *Non revente sur facture, etc.* La revente des marchandises, même avant leur arrivée, sur facture *et* connaissemens, ou *lettre de voiture* (— V. ce mot), est un obstacle à la revendication : le tiers a dû considérer le vendeur comme définitivement dessaisi, et se croire autorisé à acheter. — A moins que la revente ne soit le résultat de la fraude. C. comm. 576.

Cette fraude se présume à l'égard du failli dans certains cas, mais à l'égard des tiers, elle doit être prouvée. — L'appréciation des circonstances appartient aux tribunaux. Caen, 27 janv. 1824, D. *ib.* 267.

552. La facture est assimilée à un acte de vente ; — le connaissement, ou lettre de voiture, remplace la tradition réelle de l'objet vendu. Ces deux conditions sont exigées pour établir la preuve que le vendeur s'est entièrement dessaisi de ses droits, en a investi l'acheteur, et l'a autorisé à vendre une marchandise qu'il n'aurait pas encore reçue. Arg. Toulouse, 19 déc. 1826, D. 27, 175.

La facture, surtout non signée, ne peut tenir lieu de la lettre de voiture ; il ne suffit pas à l'acheteur de se faire subroger à l'utilité de la lettre de voiture restée entre les mains du voiturier, ou non adressée par duplicata. *Même arrêt.*

La vente sur facture *ou* connaissement seulement, serait suspectée de mauvaise foi : l'acheteur serait en faute de n'avoir pas exigé les pièces dont la réunion est nécessaire pour constater que l'opération entre le vendeur et l'acquéreur originaire est parfaite. Dijon, 11 août 1809 ; Liége, 26 juill. 1810 ; Rouen, 20 juill. 1819, D. *ib.* 266, 267 ; Pardessus, n° 1290 ; Boulay, n° 712.

553. Mais il n'est pas indispensable que la facture et le connaissement, ou la lettre de voiture, aient été remis en même temps, pourvu que cette remise ait eu lieu avant la faillite et l'introduction de l'action en revendication. Rouen, 2 déc. 1828, S. 30, 205.

554. Si la revente n'a pas anéanti le droit de revendication, et que cependant il y ait eu disposition de la chose de la part du second acheteur, cette circonstance n'aggrave en rien la position du vendeur : il doit obtenir contre ce second acheteur une condamnation à des dommages et intérêts équivalens à la valeur des marchandises qu'il a livrées, ou être autorisé à se procurer, aux frais de celui-ci, mêmes quantité et qualité de marchandises. Dijon, 11 août 1809, D. *ib.* 270.

555. Le Code de 1808 exigeait, en outre, que les marchandises fussent reconnues être identiquement les mêmes, et qu'il fût constaté que les balles, barriques, ou enveloppes dans lesquelles elles se trouvaient lors de la vente, n'eussent pas été ouvertes, que les cordes ou marques n'eussent été ni enlevées

ni changées, et que les marchandises n'eussent subi en nature et quantité ni changement ni altération. Art. 580 ancien.

556. Cette disposition n'a pas été reproduite par la loi nouvelle. Elle doit néanmoins recevoir son application en ce sens que la revendication n'est admissible que dans le cas où l'identité des marchandises est reconnue. Mais la preuve de cette identité résulte valablement d'autres circonstances que celles énoncées dans l'art. 580 ancien.—Elles paraissent maintenant abandonnées à l'appréciation du juge.

Un changement dans la quantité des marchandises ne ferait pas non plus aujourd'hui obstacle à la revendication, seulement la revendication ne pourrait s'exercer que sur les quantités restantes.

557. Le revendiquant ne peut réclamer l'indemnité due par l'assureur de la marchandise qui a péri. Le contrat d'assurance consenti par l'acheteur, est en effet complètement étranger au vendeur primitif. — Le droit à l'indemnité appartient à la masse des créanciers du failli ; peu importe que le revendiquant soit tenu du paiement de l'assurance, lorsqu'il obtient la restitution de ses marchandises. Cass. 8 juin 1829, S. 30, 331.

558. Le revendiquant est tenu de rembourser à la masse les à-comptes par lui reçus, ainsi que toutes les avances faites pour fret ou voiture, commission, assurance ou autres frais, et de payer les sommes qui sont dues pour mêmes causes. C. comm. 576.

559. Si les marchandises vendues n'ont pas encore été livrées ou expédiées soit au failli, soit à un tiers pour son compte, le vendeur n'a pas besoin de recourir à l'action en revendication ; il a la faculté de retenir la chose jusqu'à ce que le prix lui en ait été payé. C. comm. 577.

560. La revendication peut, du reste, dans les circonstances où elle est admise, être exercée non seulement par le vendeur lui-même, mais encore par ses représentans ou ayant-cause. — Par exemple, 1° par ses héritiers cessionnaires ou créanciers.

561. 2° Par le commissionnaire qui, ayant acheté par ordre de son commettant, lui a fait des avances ; il est subrogé aux droits du vendeur. Cass. 14 nov. 1810, P. 8, 641.

562. La revendication s'applique au cas d'échange. L'échange est en effet une espèce de vente.

563. Les syndics conservent toujours la faculté de s'opposer à la revendication, ou d'exiger la livraison des marchandises vendues, en payant au vendeur, avec l'autorisation du juge-commissaire, le prix convenu avec le failli. C. comm. 578.

564. Au surplus, il n'est pas nécessaire, pour que le vendeur exerce la revendication dans les circonstances indiquées

sup. n° 559, que la faillite de l'acheteur ait été déclarée par jugement; il suffit que l'état de cessation de paiemens soit constant. Rouen, 15 juin 1825, S. 27, 99. — V. *sup.* no 9.

§ 5. — *De la revendication des marchandises consignées.*

565. Le simple dépôt ou la consignation de marchandises n'en transfère pas la propriété au dépositaire ; le déposant continue à en être le seul maître, et dès lors il est équitable de lui accorder, en cas de faillite du consignataire, le droit de reprendre les marchandises consignées.

566. Aussi cette espèce de revendication est-elle admise beaucoup plus facilement que la revendication des marchandises vendues. — V. *sup.* n° 533 et suiv.

567. Elle a valablement lieu, aussi long-temps que les marchandises consignées au failli existent *en nature* entre ses mains, en tout ou en partie. C. com. 575.

568. *Consignées.* Peu importe du reste que la consignation ait été faite à titre de dépôt ou avec mandat de vendre les marchandises consignées pour le compte du propriétaire. C. com. 575.

569. *Existent.* La confusion des marchandises consignées ou déposées avec d'autres, ne détruit pas non plus le droit de revendication, s'il y a séparation possible entre les unes et les autres, ou si, la séparation n'étant pas possible, les marchandises consignées ou déposées sont les principales. — Seulement dans ce dernier cas, le revendiquant doit tenir compte à la masse du failli de la valeur des objets qui, par suite de la confusion, ont augmenté la valeur de la chose.

La revendication est possible, lors même qu'il n'existe qu'une partie de la chose entre les mains du dépositaire ou du commissionnaire. — V. *sup.* n°s 541 et 567.

570. *En nature.* Mais la revendication est interdite, du moment que les marchandises ont été vendues sans fraude à un tiers. — Quand bien même la livraison n'aurait pas été effectuée et que les marchandises se trouveraient encore dans les magasins du commissionnaire. Pardessus, n°s 1278, 1279.

571. Le déposant conserve seulement le droit de revendiquer le prix ou la partie du prix de ses marchandises qui n'a été ni payé, ni réglé en valeur, ni compensé en compte courant entre le failli et l'acheteur. C. comm. 575.

572. Ce droit subsiste encore bien que la somme destinée à payer les marchandises se trouve entre les mains d'un tiers, chargé de la verser en celles du commissionnaire. On peut retrouver l'origine de cette somme par les livres des parties.

573. *Quid,* si les valeurs, ou l'argent donné en paiement par l'acheteur avaient conservé des traces de leur origine, de telle sorte qu'on ne pût se méprendre sur leur identité? — Par exemple, si le prix avait été réglé en billets causés de telle sorte qu'il apparût clairement qu'ils eussent été fournis en paiement des marchandises du revendiquant; ou bien si l'argent avait été remis dans des sacs cachetés et portant une inscription qui indiquât leur destination?—La revendication a été admise, dans ce cas, sous le Code de 1808. Paris, 23 août 1828, S. 29, 81.

Mais cette solution doit être rejetée depuis la loi nouvelle : en effet l'art. 575 n'autorise plus la revendication pour le prix ou la partie du prix des marchandises qui a été payé, *ou réglé en valeur,* ou compensé en compte courant entre le failli et l'acheteur.

574. La seule insertion sur un compte ouvert entre le commissionnaire et l'acheteur du prix des marchandises vendues à ce dernier ne constitue pas la *compensation* par compte courant exigée pour rendre l'action en revendication non recevable ; il faut que ce prix ait grossi l'actif du failli en servant à payer une dette qu'il avait envers l'acheteur ; c'est pour trancher la difficulté qui s'était élevée sur ce point, que la loi nouvelle a remplacé le mot *passé* qui se trouvait dans l'ancien art. 581 C. com. par celui *compensé.* — V. d'ailleurs Toulouse, 7 fév. 1825, S. 25, 554.

575. Le paiement fait par l'acheteur, après l'ouverture de la faillite, entre les mains des syndics, ne change pas le droit du commettant, qui est dès lors fixé; les syndics doivent restituer ce qu'ils ont indûment reçu. Pardessus, n° 1280.

576. Si la chose déposée ou consignée a été donnée en gage par le dépositaire ou le consignataire en son nom, la revendication existe, mais à la charge, par celui qui l'exerce, de désintéresser le créancier nanti. Pardessus, n° 1278.

Ainsi jugé en faveur de la Douane. Rouen, 7 juin 1817, D. v° *Faillite,* 276.

577. Souvent le commissionnaire s'engage personnellement au paiement des ventes qu'il fait. En compensation de cet avantage, le commettant lui alloue une commission plus forte. Ces conventions particulières ne changent pas le droit de revendication. Toulouse, 7 fév. 1825, D. 25, 176; Pardessus, n° 1277; Boulay, n° 757.

578. Peu importe que le commissionnaire ne fasse pas connaître au commettant les noms des acheteurs (Pardessus, *ib.*), que celui-ci crédite son commissionnaire à mesure qu'il reçoit de lui avis des ventes, et que le commissionnaire en fasse autant de son côté. Ce n'est là en effet, pour les parties, qu'un mode de constater l'opération qui a eu lieu et de se rendre compte réciproquement.

579. Mais *quid*, si le commissionnaire a acheté les marchandises pour son propre compte? — Lorsque cet achat a été annoncé au commettant, et qu'il ne l'a pas contesté, il cesse d'être commettant pour devenir vendeur. Les règles de la revendication, au cas de vente, lui sont applicables. — Mais s'il a ignoré la vente, ou que, l'ayant connue, il l'ait désavouée, il conserve son droit de revendication. Le commissionnaire a reçu du commettant mandat de vendre à des tiers, et non à lui-même; s'il achète pour son propre compte il excède son pouvoir. Cet achat n'est valable qu'autant qu'il est ratifié.

§ 4. — De la Revendication des remises en effets de commerce ou autres.

580. Peuvent être revendiquées, en cas de faillite, les remises en effets de commerce ou autres titres, faites par le propriétaire avec le simple mandat d'en opérer le recouvrement et d'en garder la valeur à sa disposition, ou bien de l'affecter à des paiemens déterminés. C. comm. 574.

581. De semblables remises ne constituent en effet qu'un simple dépôt ou mandat qui n'opère aucun dessaisissement de propriété et ne sauraient compromettre les droits du déposant. — V. *sup.* n° 565.

582. Ces mots : *autres titres* s'entendent non seulement des billets et mandats non commerciaux, mais encore de tous actes et titres de créance, tels que factures, ordonnances du gouvernement pour fournitures, polices d'assurances, et autres de toute nature.

583. Deux conditions sont toutefois indispensables pour autoriser la revendication des effets indiqués *sup.* n° 580. — Il faut, 1° qu'ils n'aient pas encore été payés. C. comm. 574.

2° Qu'ils se trouvent en nature dans le portefeuille du failli à l'époque de la faillite. C. comm. 574.

Sont réputés tels les effets renouvelés par le débiteur qui n'a pu payer à l'échéance.

L'existence de ces effets entre les mains des préposés ou mandataires que le failli s'était substitués pour en opérer le recouvrement équivaut à leur présence dans son portefeuille. Cass. 5 fév. 1812, P. 10, 97; Pardessus, n° 1284.

Mais quand des traites ont été transmises par un endossement régulier au failli, ces traites ne peuvent plus être revendiquées dans les mains d'un tiers à qui il les a transmises, même *pour le compte de qui de droit* : l'expéditeur s'est en effet dessaisi de la propriété par l'endossement qu'il a consenti. Cass. 12 juill. 1832, S. 33, 25.

584. La revendication deviendrait, dans tous les cas impos-sible, si la remise était faite sans disposition ni mandat de conserver, quand bien même il y aurait stipulation de retour en cas de non paiement avec ou sans frais : cette stipulation n'empêcherait pas les effets envoyés d'entrer dans le compte courant de l'envoyeur. *Discus. Moniteur* 6 avr. 1836, p. 811. — V. *inf.* n° 587.

585. La destination des effets remis pour effectuer un paiement déterminé peut être prouvée par témoins ou par un ensemble de présomptions graves, précises et concordantes. Arg. C. comm. 109. Cass. 25 mai 1837 (Art. 1341 J. Pr.); Pardessus, n° 1285; Boulay-Paty, n° 759. — M. Devilleneuve, v° *Faillite*, n° 854, n'admet cette solution que pour le cas où il y a un commencement de preuve par écrit ayant date certaine avant la faillite. — V. *sup.* n° 532.

586. L'ancienne loi exigeait en outre que les valeurs recouvrées fussent destinées au paiement des lettres de change acceptées, ou de billets tirés au domicile du failli; mais il suffit aujourd'hui qu'il s'agisse d'un paiement quelconque à faire par le failli pour le compte du revendiquant. Arg. C. comm. 574.

587. Sous le Code de 1808, la revendication était encore recevable pour remises faites sans disposition, lorsque ces remises étaient entrées dans un compte courant qui constituait l'envoyeur uniquement créditeur : la loi nouvelle a sagement abrogé cette disposition qui donnait lieu à de fréquentes contestations : tout effet qui entre dans un compte courant est considéré comme étant devenu la propriété de celui qui l'a reçu, et par conséquent ne peut plus être revendiqué.

588. *Quid*, à l'égard des envois de traites ou de sommes d'argent, effectués *depuis la faillite*, et dans l'ignorance de cet événement? — La loi n'a prévu que le cas où cet envoi est antérieur à la faillite; toutefois, il y a lieu, à plus forte raison, d'appliquer ici les mêmes principes : le mandat est anéanti par la faillite. Arg. C. civ. 2003.

Ainsi, il a été jugé : — 1° que le propriétaire de traites envoyées pour en opérer le recouvrement après la déclaration de faillite, mais dans l'ignorance de cet événement, peut, si le failli a négocié ces traites, les revendiquer, même contre les tiers de bonne foi.—Rejet; Paris, 24 juin 1834, S. 34, 639;

2° Que les valeurs en argent envoyées à un failli depuis sa faillite, et *reçues par les syndics*, n'entrent point dans l'actif du failli. Paris, 11 juin 1825, S. 25, 391.

Section XII. — *Compétence. — Voies de recours contre les jugemens rendus en matière de faillite.*

589. *Compétence.* L'art. 635 du Code de 1808 énumérait les circonstances dans lesquelles les trib. de comm. étaient compétens pour statuer en matière de faillite.

590. La loi nouvelle a pris soin de déterminer avec précision le trib. auquel on devait s'adresser, au fur et à mesure qu'elle a parcouru les diverses phases de la procédure.

591. Nous avons également indiqué dans les sections précédentes à quelle juridiction on devait recourir pour chaque opération. — V. notamment *sup.* nᵒˢ 27, 113, 342, 345.

592. Nous dirons seulement ici que le législateur de 1838 a beaucoup étendu la compétence du trib. de commerce.

Autrefois, il ne pouvait connaître des contestations que faisait naître la faillite qu'autant qu'elles étaient d'ailleurs de sa compétence : aujourd'hui, au contraire, la faillite est considérée, dans la plupart des cas, comme un fait attributif de juridiction. On présume qu'elle a été occasionnée par le commerce, et les créances pour cause civile qui s'y trouvent comprises forment uniquement un accessoire qui suit le sort du principal.

Cependant la juridiction civile conserve une compétence exclusive sur certaines contestations que leur nature rend complètement étrangères aux attributions du trib. de commerce.

Telles sont les difficultés soulevées, lors de la vérification, sur l'existence de créances purement civiles — V. *sup.* nᵒ 463; — celles relatives à l'existence de priviléges également civils, ou au rang des divers priviléges entre eux — V. *sup.* nᵒ 244; — enfin, toutes les questions qui touchent aux immeubles, à leur vente et à la distribution de leur prix entre les créanciers hypothécaires. — V. *sup.* nᵒ 509.

593. *Recours.* Les jugemens rendus par les trib. civils sont soumis aux modes de réformation établis par la loi pour les cas ordinaires. Laîné, p. 58.

594. Mais des règles spéciales régissent les voies de recours contre les décisions des trib. de comm. en matière de faillite. — V. toutefois *sup.* nᵒ 49.

595. Le jugement déclaratif de la faillite est susceptible d'opposition de la part du failli et de tout créancier ou autre partie intéressée. C. comm. 580, — à moins, toutefois, qu'il n'ait été rendu sur sa requête; car, dans ce cas, il a à son égard la force de jugement contradictoire.

596. L'opposition peut être formée, savoir; par le failli, dans la huitaine, et par toute autre personne, dans le mois, à partir du jour où les formalités de l'affiche et de l'insertion, énoncées dans l'art. 442 C. comm., ont été accomplies. C. comm. 580. — V. *sup.* nᵒˢ 47 et 53.

597. Il n'est pas, du reste, nécessaire de signifier ce jugement au failli : vainement prétendrait-il que l'art. 580 C. comm. doit se combiner avec l'art. 436 C. pr. Il y a en matière de faillite dérogation au droit commun : on comprend que la loi ait substitué l'affiche à la signification et prescrit un court délai à l'opposition du failli. On ne verrait pas pourquoi, indépendamment du délai ordinaire de l'opposition, ou concurremment avec ce délai, elle en aurait accordé un autre de huit jours à compter de l'affiche. Cass. 15 déc. 1830, S. 52, 615; Pardessus, n° 1110; Boulay-Paty, n° 53. — *Contrà*, Riom, 4 juill. 1809, S. 14, 185.

La signification aux autres parties intéressées n'est pas non plus nécessaire.

598. Le jugement qui fixe à une date antérieure l'époque de la cessation des paiemens peut également être frappé d'opposition, dans les mêmes délais, soit par le failli, soit par toute personne intéressée. C. comm. 580, — c'est-à-dire par tout individu qui a contracté avec le failli et qui, pour échapper à la nullité dont la loi frappe leur convention, a intérêt à contester l'époque de l'ouverture de la faillite. Locré, *Esprit du C. comm.*, t. 5, p. 457.

599. Quant aux créanciers du failli, ils ont aussi qualité pour former opposition au jugement qui fixe la date de la cessation des paiemens à une époque autre que celle résultant du jugement déclaratif de la faillite ou d'un jugement postérieur.

600. Ils ne sont pas à cet égard représentés par les syndics, et ils peuvent attaquer individuellement les sentences dans lesquelles ceux-ci ont été parties. Toulouse, 8 mai 1824, S. 24, 345. — Les syndics ne représentent les créanciers que quand il s'agit d'intérêts généraux et communs à la masse entière, par exemple lorsqu'ils défendent aux procès dirigés contre le failli, ou quand ils font rentrer les dettes actives. Il en est autrement lorsqu'il s'agit d'intérêts où les créanciers sont en opposition les uns contre les autres. *Même arrêt.*

601. Mais un délai particulier leur est imparti pour intenter leur action. Ils doivent l'introduire, à peine de déchéance, avant l'expiration du terme fixé aux créanciers domiciliés en France pour la vérification et l'affirmation de leurs créances. C. comm. 581. — On n'a aucun égard au supplément de délai accordé aux créanciers résidant hors du territoire continental. *Discus. Moniteur* 30 mars 1838, p. 751. —V. *sup.* n° 242.

602. Après les époques qui viennent d'être indiquées (— V. *sup.* 596 et suiv.), le jugement déclaratif de la faillite et celui qui fixe la date de la cessation de paiemens sont irrévocables.

Ils ne peuvent plus être attaqués par personne : pas même incidemment et par voie de tierce opposition, par les tiers contre lesquels est intentée plus tard une demande en nullité d'acte passé avec le failli : les art. 474 et 475 C. pr. sont inapplicables à une matière réglée par une disposition spéciale et exceptionnelle (l'art. 580 C. comm.).

L'état de la faillite ne saurait rester perpétuellement incertain, et un intéressé n'est point admissible à remettre sans cesse en question l'époque de la cessation de paiemens; il y avait donc nécessité de faire pour ce cas une exception aux règles ordinaires; la publicité donnée aux jugemens qui déclarent la faillite ou en fixent l'ouverture est d'ailleurs assez grande pour que tous les intéressés soient réputés en avoir eu connaissance et mis en demeure d'agir. Cassation (Amiens) 10 nov. 1824, S. 25, 327; Paris, 25 juin 1825, S. 25, 329. — *Contrà*, Rouen, 22 mars 1815, P. 15, 647; Boulay Paty, n° 54. — Enfin une disposition en sens contraire avait été originairement adoptée par la Ch. des Députés, et elle a été réjetée par la Ch. des Pairs.

603. A plus forte raison ces jugemens ne sont-ils pas susceptibles d'appel : ce recours ne peut être dirigé que contre les jugemens qui ont statué sur l'opposition formée en temps utile (Arg. Cass. 9 janv. 1812, P. 10, 23); mais la partie qui ne s'est pas rendue opposante est réputée avoir acquiescé au jugement : plusieurs arrêts l'avaient déjà décidé ainsi sous l'ancien Code. Poitiers, 17 août 1828, S. 29, 156; Paris, 22 juill. 1824, D. v° *Faillite*, p. 56; Boulay-Paty, n° 60 (*Contrà*, Pardessus, n° 1110). — Et il doit en être de même sous la nouvelle loi qui a réduit le délai de l'appel. Devilleneuve, v° *Faillite*, n° 34.

604. Toutefois il a été jugé que le failli est recevable à interjetter appel de ce jugement, et que la C. roy., en cas d'infirmation pour cause d'irrégularité, peut, si elle ne veut pas évoquer le fond, renvoyer la cause à un autre tribunal. Amiens, 24 avr. 1839 (Art. 1450 J. Pr.).

605. Quand l'opposition au jugement déclaratif de la faillite est formée incidemment à une contestation pendante devant un trib. autre que celui qui a rendu le jugement, le trib. saisi de la contestation doit-il, conformément à ce que prescrivent les art. 475, 476 et suiv. C. pr., retenir la connaissance de l'opposition, dans le cas où il est égal ou supérieur au trib. qui a rendu le jugement attaqué, comme en matière de tierce-opposition; ou bien la décision sur cette opposition doit-elle être renvoyée, dans tous les cas, à ce tribunal? — La dernière opinion nous paraît préférable : il s'agit, en effet, d'une opposition simple, et non pas d'une tierce opposition. Pardessus, n° 1112. — *Contrà*, Boulay, n° 55. — V. *sup.* n° 602.

606. Les autres jugemens rendus par les trib. de comm. sont en général susceptibles d'opposition quand ils sont par défaut. — V. toutefois *inf.* n° 611.

L'opposition doit alors être intentée dans les délais et la forme tracés par le C. pr. — V. *Jugement par défaut, Tribunal de commerce.*

607. Les jugemens contradictoires, ou les jugemens par défaut, à l'égard desquels l'opposition n'est plus recevable, peuvent également être attaqués par la voie de l'appel lorsque l'intérêt de la contestation excède le taux du dernier ressort. — V. *Appel, Ressort.*

608. L'appel est signifié, instruit et jugé dans les formes ordinaires. — V. *Appel.*

Mais il doit être interjeté *quinze jours* au plus tard après la signification du jugement. C. comm. 582. — La marche de la faillite exigeait cette limitation du délai accordé par le C. pr.

609. Le délai de quinze jours est augmenté à raison d'un jour par cinq myriamètres pour les parties domiciliées à une distance excédant cinq myriamètres du lieu où siège le trib. C. comm. 582.

610. Les décisions en dernier ressort peuvent enfin être déférées à la censure de la C. de cass. pour les causes qui autorisent ce recours contre les jugemens des trib. de comm. en général. — V. *Cassation, Tribunal de commerce.*

611. Néanmoins certaines sentences en matière de faillite ne sont susceptibles ni d'opposition, ni d'appel, ni de recours en cassation ; ce sont :

1° Les jugemens relatifs à la nomination ou au remplacement du juge-commissaire, à la nomination ou à la révocation des syndics. C. comm. 583 ;

2° Les jugemens qui statuent sur les demandes de sauf-conduit et sur celles de secours pour le failli et sa famille. *Ib.* ;

3° Les jugemens qui autorisent à vendre les effets ou marchandises appartenant à la faillite. *Ib.*

4° Les jugemens qui prononcent sursis au concordat ou admission provisionnelle de créanciers contestés. *Ib.* ;

En est-il de même des jugemens qui refusent complètement d'admettre par provision, pour quelques sommes que ce soit, aux délibérations relatives au concordat, le créancier dont la créance est contestée ? — La C. de Paris a jugé la négative le 17 juin 1839, en se fondant sur ce que la prohibition d'interjeter appel, prononcée par l'art. 583 C. comm., est uniquement applicable au cas d'admission provisionnelle des créanciers ; et que l'appel étant de droit commun, celui dont la créance est rejetée ne peut, dans le silence de la loi, être privé de la faculté qui appartient à toute partie d'attaquer devant la cour le jugement qui préjudicie à ses droits. — Mais ce motif, tiré du texte de l'art. 583, ne nous paraît pas avoir une grande force ; si, en effet, le législateur s'est servi de ces expressions, ne seront susceptibles, ni d'opposition ni d'appel, 1° les jugemens qui *prononcent* sursis au concordat ou admission provisionnelle de créances contestées, c'est uniquement pour ne pas répéter les mots employés dans l'alinéa suivant : les jugemens *qui statuent sur...* , et dès-lors il a entendu désigner purement et simplement la nature de la contestation jugée par le trib., sans avoir égard au sens dans lequel elle aurait été résolue. Pour admettre une distinction contraire aux principes généraux, il faudrait, surtout en l'absence d'une disposition positive qui · la consacre, trouver une raison claire et décisive. Or, pourquoi le jugement qui refuse d'admettre provisoirement le créancier aux délibérations relatives au concordat, serait-il susceptible d'un recours, lorsque celui qui prononce son admission ne peut être attaqué en aucune façon? n'y a-t-il pas analogie parfaite dans les deux hypothèses? L'admission du créancier ne peut-elle pas avoir des conséquences tout aussi graves que son exclusion ; sa présence ne peut-elle pas , de même que son absence, motiver l'adoption ou le rejet du concordat? Nous convenons qu'à l'égard du créancier contesté, l'exclusion totale des délibérations a des résultats bien autrement graves que la réduction de la somme pour laquelle il figure dans cette délibération ; le point le plus important pour lui, est sans contredit de pouvoir discuter les propositions du failli, et de compter, au moins pour un suffrage, dans la majorité en nombre exigée pour la validité du concordat. Mais ce n'est pas sous ce point de vue que la question doit être envisagée; il faut considérer d'une part l'intérêt du créancier contesté, et d'autre part l'intérêt de la masse ou du créancier contestant; or, vis-a-vis de ceux-ci l'admission du créancier contesté a précisément la même importance que l'exclusion peut avoir pour ce dernier. — Il résulte de la discussion de la loi nouvelle, que la raison qui a déterminé à refuser tout recours contre les jugemens énumérés dans l'art. 583, a été que ces jugemens sont plutôt des actes d'administration que des jugemens véritables, et qu'il importait de ne pas retarder les opérations de la faillite en permettant de prolonger les contestations (Duvergier, sur l'art. 583); or, cette raison est toujours applicable, quelque soit le sens dans lequel le trib. se soit prononcé; il y a donc lieu, dans tous les cas, de déclarer l'appel non recevable.

5° Enfin les jugemens par lesquels le trib. de comm. statue sur les recours formés contre les ordonnances rendues par le juge-commissaire, dans les limites de ses attributions , *ib.* — V. *sup.* n° 116 et suiv.

Toutes ces décisions sont en effet des actes d'administration plutôt que des jugemens véritables.

612. Quant aux jugemens qui statuent sur le recours formé contre une ordonnance rendue par le juge-commissaire hors des limites de ses fonctions, nous pensons qu'ils sont susceptibles d'êtres attaqués par toutes les voies ordinaires.

SECTION XIII. — *Des Banqueroutes.*

613. La loi flétrit du nom de banqueroute tous les torts par lesquels un commerçant se met dans l'impuissance de faire honneur à ses engagemens.

Mais la gravité de ces torts varie : ils vont de l'imprudence, de la négligence, ou de l'inconduite, jusqu'au crime. *Disc. de M. Renouard, rapp. à la Ch. des Dép.*

614. Aussi distingue-t-on deux espèces de banqueroutes qui produisent des effets distincts et sont punies, l'une de peines correctionnelles, et l'autre de peines infamantes. — V. *inf.*, §§ 1 et 2.

615. Le Code de 1808, comme la loi nouvelle, divisait les banqueroutes en banqueroutes simples et banqueroutes frauduleuses, selon la gravité des fautes commises par le failli.

Cependant de notables modifications ont été apportées, en 1838, à l'ancienne législation. Les cas de banqueroute ont été mieux définis ; la sévérité de quelques dispositions a été adoucie ; dans d'autres circonstances, des faits criminels ont été rangés dans la classe des délits ; enfin, les frais de poursuites ont été mis à la charge du trésor public dans toutes les hypothèses, lorsqu'il s'agit de banqueroute frauduleuse, et en cas de banqueroute simple, lorsqu'il y a condamnation, ou bien quand les poursuites ont été dirigées à la requête du ministère public.

§ 1. — *De la Banqueroute simple.*

616. Les fautes, imprudences, ou négligences, de nature à motiver contre le failli une déclaration de banqueroute simple, se divisent en deux catégories, selon leur gravité.

La première catégorie comprend tous les faits qui *doivent* entraîner une condamnation ; la seconde, les faits qui *peuvent* y donner lieu.

617. Ainsi, *doit* être déclaré banqueroutier simple tout commerçant failli qui se trouve dans un des cas suivans :

1° Si ses dépenses personnelles ou les dépenses de sa maison sont jugées excessives. C. comm. 585 ;

2° S'il a consommé de fortes sommes, soit à des opérations de pur hasard, soit à des opérations fictives de bourse ou sur marchandises. *Ib.* ;

3° Si, dans l'intention de retarder sa faillite, il a fait des achats pour revendre au-dessous du cours ; si, dans la même intention, il s'est livré à des emprunts, circulation d'effets ou autres moyens ruineux de se procurer des fonds. *Ib.* ;

4° Si, après cessation de ses paiemens, il a payé un créancier au préjudice de la masse. *Ib.* ;

618. *Peut* être déclaré banqueroutier simple tout commerçant failli qui se trouve dans un des cas suivans :

1° S'il a contracté, pour le compte d'autrui, sans recevoir des valeurs en échange, des engagemens jugés trop considérables, eu égard à sa situation lorsqu'il les a contractés. C. comm. 586 ;

2° S'il est de nouveau déclaré en faillite sans avoir satisfait aux obligations d'un précédent concordat. *Ib.* ;

3° Si, étant marié sous le régime dotal ou séparé de biens, il n'a pas rendu public un extrait de son contrat de mariage, conformément aux art. 69 et 70. C. comm. *Ib.* ;

4° Si, dans les trois jours de la cessation de ses paiemens, il n'a pas fait au greffe la déclaration exigée par les art. 438 et 439 C. comm. (— V. *sup.* n° 28), ou si cette déclaration ne contient pas les noms de tous les associés solidaires. C. comm. 586. ;

5° Si, sans empêchement légitime, il ne s'est pas présenté en personne aux syndics dans les cas et dans les délais fixés, ou si, après avoir obtenu un sauf-conduit, il ne s'est pas représenté à justice. *Ib.* ;

6° S'il n'a pas tenu de livres et fait exactement inventaire ; si ses livres ou inventaires sont incomplets ou irrégulièrement tenus, ou s'ils n'offrent pas sa véritable situation active et passive, sans néanmoins qu'il y ait fraude. *Ib.*

619. Anciennement, *devait* être poursuivi comme banqueroutier simple le failli qui se trouvait dans un des cas suivans :

1° Si les dépenses de sa maison, qu'il était tenu d'inscrire, mois par mois, sur son livre-journal, étaient jugées excessives ; — 2° s'il résultait de son dernier inventaire que, son actif étant de cinquante pour cent au-dessous de son passif, il avait fait des emprunts considérables, et s'il avait revendu des marchandises à perte ou au-dessous du cours ; — 3° s'il était reconnu qu'il avait consommé de fortes sommes au jeu ou à des opérations de pur hasard ; — 4° s'il avait donné des signatures de crédit ou de circulation pour une somme triple de son actif, selon son dernier inventaire. C. comm. 586 ancien.

Pouvait être poursuivi, le failli qui n'avait pas fait au greffe la déclaration de sa faillite ; celui qui, s'étant absenté, ne s'était pas présenté en personne aux agens et aux syndics dans les délais fixés et sans empêchement légitime ; celui qui présentait des livres irrégulièrement tenus, sans néanmoins que les irrégularités indiquassent des fraudes, ou qui ne les présentait pas tous ; enfin, celui qui, ayant une société, n'avait pas énoncé dans la déclaration de sa faillite le nom et le domicile de tous les associés en nom collectif. C. comm. 587 ancien.

620. Tout failli déclaré coupable de banqueroute simple est puni d'un emprisonnement d'un mois au moins et de deux ans au plus. C. comm. 584; C. pén. 402.

Le jugement est en outre publié et affiché dans la forme prescrite pour les actes de société. C. comm. 600.

621. Cette peine est prononcée par les trib. correctionnels sur la poursuite des syndics, de tout créancier, ou du ministère public. C. comm. 584.

622. Toutefois, les syndics ne peuvent intenter de poursuites en banqueroute simple, ni se porter partie civile au nom de la masse, qu'après y avoir été autorisés par une délibération prise à la majorité individuelle des créanciers présens. C. comm. 589.

623. En cas de condamnation du failli, les frais de poursuites intentées soit par le ministère public, soit par les syndics, soit par un créancier isolément, sont supportés par le trésor, sauf son recours contre le failli. C. comm. 587, 588, 590.

S'il y a concordat, ce recours ne peut même être exercé qu'après l'expiration des termes accordés par ce traité. C. comm. 587.

624. En cas d'acquittement, les frais demeurent à la charge du trésor public, de la masse, ou des créanciers plaignans, selon que les poursuites ont été dirigées par le ministère public, par les syndics, ou par un créancier. C. comm. 587, 588, 590.

625. Sous l'ancienne loi, les frais n'étaient jamais supportés par le trésor, à moins de poursuites de la part du ministère public. Dans le cas où la poursuite était intentée par les syndics, ils demeuraient à la charge de la masse, soit qu'il y eût acquittement ou condamnation ; dans le cas de poursuites dirigées par un créancier, ils étaient supportés par ce créancier, s'il y avait acquittement, et par la masse, s'il y avait condamnation ; enfin, dans le cas de poursuites du ministère public, ils étaient payés encore par la masse, s'il y avait condamnation, et par le trésor, s'il y avait acquittement. C. comm. 589, 590 ancien.

626. Le ministère public, la partie poursuivante, s'il y en a, et le failli peuvent interjeter appel du jugement qui prononce sur la plainte en banqueroute. Arg. C. inst. crim. 199.

§ 2. — De la Banqueroute frauduleuse.

627. Le Code de 1808 énumérait les différens faits qui pouvaient motiver contre le failli une déclaration de banqueroute frauduleuse, et les divisait en deux catégories, de même que pour la banqueroute simple. — V. sup. n° 619.

628. Ainsi, *devait* être déclaré banqueroutier frauduleux tout commerçant failli qui se trouvait dans un des cas suivans :

1° S'il avait supposé des dépenses ou des pertes, ou ne justifiait pas de l'emploi de toutes ses recettes ; — 2° s'il avait détourné aucune somme d'argent, aucune dette active, aucunes marchandises, deniers ou effets mobiliers ; — 3° s'il avait fait des ventes, négociations ou donations supposées ; — 4° s'il avait supposé des dettes passives et collusoires entre lui et ses créanciers fictifs, en faisant des écritures simulées, ou en se constituant débiteur sans cause ni valeur par des actes publics, ou par des engagemens sous signature privée ; — 5° si, ayant été chargé d'un mandat spécial ou constitué dépositaire d'argent, d'effets de commerce, de deniers ou de marchandises, il avait, au préjudice du mandat ou du dépôt, appliqué à son profit les fonds ou la valeur des objets sur lesquels portait soit le mandat, soit le dépôt ; — 6° s'il avait acheté des immeubles ou des effets mobiliers à la faveur d'un prête-nom ; — 7° s'il avait caché ses livres. C. comm. 592 ancien.

Pouvait être déclaré banqueroutier frauduleux le failli qui n'avait pas tenu de livres, ou dont les livres ne présentaient pas sa véritable situation active et passive, ou bien encore celui qui, ayant obtenu un sauf-conduit, ne s'était pas représenté à justice. C. comm. 594 ancien.

629. La loi nouvelle n'a pas cru convenable de reproduire cette énumération et surtout cette distinction ; elle a compris dans une définition générale tous les cas de dissimulation ou de fraude, en abandonnant à la sagacité des magistrats et des jurés l'appréciation de la moralité des faits particuliers reprochés au failli.

Sera déclaré banqueroutier frauduleux, porte l'art. 591 C. comm., tout commerçant failli qui aura soustrait ses livres, détourné ou dissimulé une partie de son actif, ou qui, soit dans ses écritures, soit par des actes publics ou des engagemens sous signature privée, soit *par son bilan*, se sera frauduleusement reconnu débiteur de sommes qu'il ne devait pas.

Sous le Code de 1808, un failli qui avait fait figurer des créanciers fictifs dans son bilan, a été déclaré non coupable de banqueroute frauduleuse, attendu qu'il n'y avait là ni écritures simulées, ni engagemens pris dans le sens de l'art. 593 de ce Code. Rejet, ch. crim. 3 juill. 1823, S. 24, 198.

630. Le banqueroutier frauduleux est puni de la peine des travaux forcés à temps. C. pén. 402 ; C. comm. 591.

631. Cette peine est prononcée par la C. d'assises sur la poursuite du ministère public, soit d'office, soit sur la plainte des syndics ou d'un créancier.

632. L'arrêt de condamnation est publié et affiché dans la forme prescrite pour les actes de société. C. comm. 600.

633. Dans aucun cas les frais de poursuites ne peuvent être mis à la charge de la masse. C. comm. 592.

Mais si un ou plusieurs créanciers se sont rendus parties civiles en leur nom personnel, les frais, en cas d'acquittement, demeurent à leur compte, *ib*..

§ 5. — *Des crimes et délits commis dans les faillites par d'autres que les faillis.*

634. On a vu dans les deux paragraphes précédens quels étaient les faits qui motivaient contre le failli l'application de peines plus ou moins sévères.

Mais la faillite peut être aussi pour des tiers l'occasion de manœuvres qui méritent une répression.

635. L'ancienne loi était à peu près muette sur ce point; elle se bornait en effet à déclarer que les complices du banqueroutier frauduleux devaient être punis des mêmes peines que les accusés principaux, et à énumérer les principaux actes constitutifs de la complicité.

636. La loi nouvelle, après avoir reproduit avec quelques modifications ces dispositions —V. *inf.* n° 639, range dans la classe des délits, certains faits coupables commis soit par les parens du failli, — V. *inf.* n° 644 soit par les syndics. — V. *inf.* n° 648, ou par les créanciers, et qui jusqu'ici restaient constamment impunis. — V. *inf.* n° 650.

637. Les arrêts et jugemens de condamnation rendus à raison de ces différens faits sont affichés et publiés aux frais des condamnés et dans la forme établie pour les actes de société comme ceux prononcés contre les banqueroutiers frauduleux. C. comm. 600. — V. *sup.* n° 652.

638. *Complicité de banqueroute frauduleuse.* Quiconque est convaincu de complicité de banqueroute frauduleuse, doit être condamné par la C. d'assises aux mêmes peines que le banqueroutier. C. comm. 593 ; C. pén. 59.

639. Sont considérés comme complices du failli : 1° ceux qui, dans son intérêt, ont soustrait, recélé ou dissimulé tout ou partie de ses biens meubles ou immeubles. C. comm. 593;

2° Les individus qui ont frauduleusement présenté à la faillite et affirmé, soit en leur nom, soit par interposition de personnes, des créances supposées. *Ib.*;

3° Enfin tous ceux qui se trouvent dans un des cas prévus par l'art. 60 C. pén., c'est-à-dire qui, par dons, promesses, menaces, abus d'autorité ou de pouvoir, machinations ou artifices coupables, ont provoqué à la banqueroute, ou bien ont donné des instructions pour la commettre ; qui ont procuré les moyens dont on s'est servi pour commettre le crime, sachant qu'ils devaient y servir, ou qui ont aidé avec connaissance de cause le failli dans les faits qui ont préparé ou facilité ou dans ceux qui ont consommé la banqueroute. C. comm. 593 ; C. pén. 60.

640. M. Lainé, *Comm. Loi des faillites*, p. 644, prétend que les personnes désignées dans les deux premiers paragraphes du numéro précédent ne sont pas réputées complices du banqueroutier, mais bien auteurs principaux d'un crime entraînant les mêmes peines que la banqueroute.

Cette distinction aurait de graves conséquences si elle était admise; les individus dont il s'agit pourraient, en effet, être condamnés sans qu'il fût nécessaire d'établir préalablement l'existence d'une banqueroute frauduleuse; tandis qu'il est de principe constant qu'il ne saurait y avoir de complice sans un fait principal. Il est donc important de se bien fixer sur le sens véritable de la loi.

M. Lainé fonde uniquement son opinion sur les termes du nouvel art. 593 qui porte : *seront condamnés aux peines de la banqueroute frauduleuse les individus, etc.*, sans déclarer, comme le faisait l'ancienne loi, que ces individus sont *complices* du banqueroutier.

Mais il nous semble que le changement de rédaction qu'a subi l'art. 597 Code de 1808 ne saurait entraîner les résultats que l'on voudrait en tirer : Si l'intention du législateur de 1838 avait été d'introduire une modification aussi grave au droit existant, il s'en serait sans doute expliqué en termes plus clairs ou plus exprès, ou du moins l'exposé des motifs présenté par les orateurs du gouvernement et la discussion dans les Chambres nous révéleraient sa pensée; tandis que pas un seul mot ne saurait la faire soupçonner. Il y a plus; et nous trouvons dans la disposition finale du second alinéa de l'art. 593 la preuve manifeste, selon nous, qu'on a voulu maintenir l'ancien état de choses, et qu'on s'est borné à donner une énumération de certains faits constitutifs de la complicité de banqueroute frauduleuse : cet alinéa se termine en effet par ces mots : *le tout, sans préjudice des* AUTRES CAS *prévus par l'art.* 60 *C. pén.* Ce n'est donc qu'un commentaire de l'art. 60 C. pén. qui précède, et si, pour les *autres cas* de complicité, on renvoie à cet art., il est évident que les actes qui viennent d'être indiqués constituent eux-mêmes des cas de complicité de banqueroute et non point des délits spéciaux et distincts.

641. Doivent en outre être punis des peines de la banqueroute frauduleuse les individus qui, faisant le commerce sous le nom d'autrui, ou sous un nom supposé, se sont rendus coupables des faits qui constituent ce crime, C. comm. 593.—V. *sup.* n°629. C'est là une heureuse innovation de la loi nouvelle; l'intérêt du commerce exigeait qu'on ne laissât pas aux commerçans de mauvaise foi, la possibilité de commettre des fraudes sous le nom de personnes qui n'avaient à redouter aucun châtiment.

642. Dans les différents cas indiqués *sup.* n° 639 la Cour saisie statue, lors même qu'il y a acquittement, 1° d'office sur la réin tégration à la masse des créanciers, de tous biens, droits ou actions frauduleusement soustraits, — et 2° à la demande des créanciers, sur les dommages-intérêts qui peuvent leur être dus, et dont la Cour fixe la quotité. C. comm. 595.

643. Anciennement la Cour ne pouvait ordonner.la réintégration des effets soustraits et condamner à des dommages-intérêts que dans le cas de condamnation des complices du banqueroutier.

644. *Détournement d'effets appartenant à la faillite par les parens du failli.* Le conjoint, les descendants ou les ascendants du failli ou ses alliés aux mêmes degrés, qui auraient détourné, diverti ou recélé des effets appartenant à la faillite, sans avoir agi de complicité avec le failli, doivent être punis des peines du vol. C. comm. 594.

645. Cet article comble encore une lacune qui existait dans le Code de 1808; les soustractions entre conjoints parens ou alliés en ligne directe, n'étant pas qualifiées vol par le Code pénal, il en résultait en effet que les proches du failli pouvaient impunément frustrer la masse de valeurs importantes pourvu qu'ils ne s'entendissent pas à cet effet avec le failli.

646. Les peines du vol consistent dans un emprisonnement d'un an au moins et de cinq ans au plus, et dans une amende de seize francs au moins et de cinq cents francs au plus. C. pén. 401.

Les coupables peuvent en outre être interdits pendant cinq ans au moins et dix ans au plus, à compter du jour où ils ont subi leur peine, des droits civiques, civils et de famille suivans : 1° d'éligibilité, 2° de vote et d'élection, 5° d'être appelé et nommé aux fonctions de jurés ou autres fonctions publiques, ou aux emplois de l'administration, ou d'exercer ces fonctions ou emplois, 4° de port d'armes, 5° de vote et de suffrages dans les délibérations de famille, 6° d'être tuteur ou curateur, si ce n'est de ses enfans et sur l'avis seulement de la famille, 7° d'être expert ou employé comme témoin dans les actes, 8° de témoignage en justice, autrement que pour y faire de simples déclarations. C. pén. 42, 401.

Enfin ils peuvent aussi être mis par le jugement sous la surveillance de la haute police pendant le même nombre d'années. C. pén. 401.

647. Dans ce cas, comme dans celui de complicité de banqueroute, le tribunal saisi de la plainte doit prononcer, même lorsqu'il y a acquittement, sur la réintégration des objets soustraits et sur les dommages-intérêts réclamés. C. comm. 595. — V. *sup.* n° 642.

648. *Malversation dans la gestion des syndics.* Tout syndic qui se rend coupable de malversation dans sa gestion est puni correctionnellement (C. comm. 596) d'un emprisonnement de deux mois au moins, de deux ans au plus, et d'une amende qui ne peut excéder le quart des restitutions et dommages-intérêts dûs aux parties lésées, ni être moindre de vingt-cinq francs. C. pén. 406.

Le coupable peut, en outre, être interdit pendant cinq ans au moins et dix ans au plus, à compter du jour où il a subi sa peine, des droits mentionnés en l'art. 42, C. pén. — V. *sup.* n° 646.

649. Autrefois les malversations des syndics ne pouvaient donner lieu contre eux qu'à des condamnations de dommages-intérêts.

650. *Stipulations frauduleuses de la part de certains créanciers.* Il arrivait fréquemment sous le Code de 1808 que certains créanciers fissent d'un traité particulier avec le failli la condition de leur vote, ou bien, même sans vendre leur voix dans l'assemblée générale, stipulassent en dehors du concordat des avantages personnels au détriment de la masse. Dans ce dernier cas, l'actif de la faillite se trouvait frauduleusement diminué ; dans le premier, le même inconvénient se représentait, et de plus on arrivait à une majorité mensongère dans les délibérations.

La loi nouvelle a voulu empêcher ces graves abus.

651. Tout créancier qui a stipulé, soit avec le failli, soit avec toute autre personne, des avantages particuliers à raison de son vote dans les délibérations de la faillite, ou qui a fait un traité particulier, duquel résulte en sa faveur un avantage à la charge de l'actif du failli, doit être puni correctionnellement d'un emprisonnement qui ne peut excéder une année, et d'une amende qui ne peut être au-dessus de 2,000 fr. ; C. comm. 597.

652. Les trib. saisis de la plainte ont la faculté d'abaisser le chiffre de ces condamnations à leur gré, d'après les circonstances de la cause.

Cependant ils ne peuvent, dans aucun cas, réduire l'emprisonnement à moins de six jours, et l'amende à moins de 16 fr. ; car, d'une part, si l'art. 597 ne fixe aucun *minimum* aux peines dont il détermine seulement le *maximum*, il déclare que les coupables doivent être punis correctionnellement, et la durée de l'emprisonnement correctionnel ne saurait être moindre de six jours, et le montant de l'amende inférieur à 16 fr. ; et, d'un autre côté, l'art. 463 C. pén., relatif aux circonstances atténuantes est inapplicable ; cet article ne pouvant modifier la pénalité prononcée par des lois particulières que lorsque ces lois s'y référent expressément.

653. Si le traité coupable a été passé par un syndic de la faillite, l'emprisonnement peut être porté à deux ans (C. comm.

8.

597) : — Le syndic est d'autant plus coupable qu'il abuse de sa position qui lui donne une grande influence dans les opérations de la faillite.

654. Les conventions sont, dans tous les cas, déclarées nulles, à l'égard de toutes personnes, même à l'égard du failli. C. comm. 598.

A l'égard de toutes personnes. Ainsi la nullité est valablement prononcée contre ceux qui sont intervenus comme cautions au traité. Paris, 9 août 1838; Amiens, 1er févr. 1859 (Art. 1447 J. Pr.).

655. Le créancier est tenu de rapporter à qui de droit les sommes ou valeurs qu'il a reçues en vertu des conventions annulées. C. comm. 598.

656. Cette disposition tranche une grave controverse.

657. L'annulation des conventions réprouvée par la loi nouvelle est valablement demandée, soit devant les trib. correctionnels accessoirement à la plainte dirigée contre le créancier, soit directement par la voie civile devant les trib. de commerce. C. comm. 599.

§ 4. — *De l'administration des biens en cas de banqueroute.*

658. Dans tous les cas de poursuite et de condamnation pour banqueroute simple ou frauduleuse, les actions civiles, autres que celle en réintégration des objets soustraits par des tiers et en dommages-intérêts dus à raison de ces soustractions (— V. *sup.* n° 642) restent séparées, et toutes les dispositions relatives aux biens prescrites pour la faillite, sont exécutées sans qu'elles puissent être attribuées ni évoquées aux trib. de police correctionnelle, ni aux cours d'assises. C. comm. 604.

659. Néanmoins les syndics de la faillite sont tenus de remettre au ministère public les pièces, titres, papiers et renseignemens qui leur sont demandés. C. comm. 602.

660. Ces pièces, titres et papiers sont, pendant le cours de l'instruction, tenus en état de communication par la voie du greffe ; cette communication a lieu sur la réquisition des syndics qui peuvent y prendre des extraits privés ou en requérir d'authentiques qui leur sont expédiés par le greffier. C. comm. 603.

661. Les pièces, titres et papiers dont le dépôt judiciaire n'a pas été ordonné leur sont remis, sur leur décharge, après l'arrêt ou le jugement. C. comm. 603.

Section XIV. — *De la réhabilitation.*

662. La réhabilitation est l'acte qui restitue au failli la plénitude de tous les droits civils et politiques dont il avait été privé par la faillite.

663. Cet acte n'est plus, comme sous l'ordonn. de 1675, une grâce accordée par le souverain au débiteur digne d'indulgence ; c'est une justice rendue par arrêt, et après examen scrupuleux de la conduite du failli.

664. Pour être admis à la réhabilitation, il faut que le failli prouve qu'il a intégralement acquitté en principal, intérêts et frais toutes les sommes par lui dues. C. comm. 604.

665. Il ne suffit pas qu'il ait obtenu et exécuté un concordat. La remise, pour ainsi dire forcée, consentie par cet acte, ne saurait être considérée comme équivalant à un paiement intégral.

666. Si le failli est associé d'une maison de commerce tombée elle-même en faillite, il doit justifier que toutes les dettes de la société ont été intégralement acquittées en principal, intérêts et frais, lors même qu'un concordat particulier a été consenti à son profit. C. comm. 604. — V. *sup.* nos 416 et 419.

667. Toutefois, dans le cas où les syndics ont été autorisés à continuer l'exploitation du commerce du failli, les pertes occasionnées par cette exploitation ne constituent point des dettes que le failli soit obligé d'acquitter pour être admis à la réhabilitation. On ne saurait mettre à sa charge des dépenses résultant d'un commerce fait peut-être malgré sa résistance ou du moins sans son consentement. *Rapp. de M. Tripier, Ch. des Pairs,* 10 mai 1836.

668. Le failli peut être réhabilité après sa mort. C. comm. 614.

Cette faculté ne résultait anciennement que du silence du Code. La haute moralité d'une telle disposition a engagé à en faire une mention expresse. Une veuve, des enfans, des parens, des amis, a dit M. Renouard (*Rapp. à la Ch. des Dép. le 26 janv.* 1835), s'honorent eux-mêmes lorsqu'ils veulent rétablir dans toute sa pureté la mémoire de celui qui a failli Une semblable tentative suppose la probité la plus courageuse et mérite la reconnaissance publique.

Aucun délai n'est, du reste, fixé aux héritiers pour intenter l'action en réhabilitation de la mémoire de leur auteur ; la loi s'en rapporte entièrement à leur honneur.

669. Mais ne sont point admis à la réhabilitation les banqueroutiers frauduleux, les personnes condamnées pour vol, escroquerie ou abus de confiance, les stellionataires, ni les tuteurs, administrateurs ou autres comptables qui n'ont pas rendu et soldé leurs comptes. C. comm. 612.

670. Le banqueroutier simple peut, au contraire, être réhabilité, lorsqu'il a subi la peine à laquelle il a été condamné. C. comm. 612.

671. Le demandeur en réhabilitation présente à la C. roy. de son domicile une requête accompagnée de toutes les pièces,

telles que quittances et décharges, propres à justifier qu'il a
désintéressé ses créanciers. C. comm. 605.

672. Le procureur-général, sur la communication qui lui
est faite de la requête, en adresse des expéditions, de lui certifiées, au procureur du roi de l'arrondissement et au président
du trib. de comm. du domicile du pétitionnaire ; et, si ce dernier
a changé de domicile depuis la faillite, au trib. de comm. dans
l'arrondissement duquel elle a eu lieu, en les chargeant de
recueillir tous les renseignemens sur les faits exposés. C.
comm. 606.

673. Copie de la requête reste affichée, à la, diligence du
procureur du roi et du président du trib. de comm., pendant
deux mois dans la salle d'audience de chaque trib., à la Bourse
et à la maison commune, et est insérée par extrait dans les
journaux. C. comm. 607.

674. Tout créancier qui n'a pas donné quittance finale (ou
dont la quittance a été obtenue par dol ou violence), et qui n'a
pas été payé intégralement, et toute partie intéressée, a le droit,
pendant la durée de l'affiche, de former opposition à la réhabilitation par acte au greffe, appuyé de pièces justificatives. Le
créancier opposant ne peut jamais être partie dans la procédure
suivie pour la réhabilitation ; il a seulement le droit d'éclairer
la justice. C. comm. 608.

675. A l'expiration des deux mois, le procureur du roi et
le président du trib. de comm. transmettent chacun séparément
au procureur-général les renseignemens qu'ils ont recueillis sur
la conduite du failli, et sur la sincérité des faits exposés dans la
requête, ainsi que les oppositions qui ont pu être formées; ils
y joignent leur avis sur la demande. C. comm. 609. — Le failli
peut, comme dans le cas d'une instruction par écrit, fournir
des mémoires ou éclaircissemens utiles à sa défense.

676. Le procureur-général fait rendre sur le tout arrêt portant admission ou rejet de la demande en réhabilitation. C.
comm. 610.

Si la demande est rejetée, elle ne peut plus être reproduite
qu'après une année d'intervalle. C. comm. 610.

Sous le Code de 1808, la demande une fois repoussée ne
pouvait plus être jamais reproduite.

677. L'arrêt portant réhabilitation est envoyé au procureur
du roi et au président des trib. auxquels la demande a été
adressée ; ces trib. en font faire la lecture et la transcription sur
leurs registres. C. comm. 611.

SECTION XV. — *Enregistrement.*

678. La déclaration de faillite est passible d'un droit fixe de 5 fr. L. 22 frim. an 7, art. 68, § 2, n° 7 , et 28 avr. 1816, art. 44, n° 10.

D'après une circulaire du 20 sept. 1814 (Min. fin. et just.), si le failli ne pouvait faire l'avance des droits, la déclaration devait être enregistrée en débet, ainsi que tous les actes nécessaires à la marche de la faillite, jusqu'à la levée des scellés et l'inventaire; et même, si après la levée des scellés il ne se trouvait pas d'argent, l'enregistrement en débet de tous les actes devait avoir lieu jusqu'aux premières rentrées de fonds par vente du mobilier ou recouvremens de dettes actives, ou jusqu'au concordat, si les créanciers le consentaient.

Mais depuis l'art. 461 C. comm. 1838, l'avance des frais est faite maintenant par le trésor. — V. *sup.* n°s 129 et 408, et d'ailleurs Circulaire du min. de la justice, 8 juin 1838 (Art. 1170 J. Pr.).

679. Le droit d'enregistrement du bilan est fixé à 1 fr. L. 22 frim. an 7, art 68, § 1, n° 13. — Il doit être dressé sur papier timbré, puisqu'il est produit en justice. L. 13 brum. an 7, art. 12.

680. Les procès-verbaux d'apposition, de reconnaissance, de levée des scellés, ainsi que les inventaires dressés au fur et à mesure de cette levée de scellés, ne sont passibles chacun que d'un droit fixe de 2 fr., quelque soit le nombre des vacations. L. fin. 24 mai 1834. art. 11. — L'inventaire peut constater la levée des scellés, sans contravention à la loi sur le timbre. Déc. min. fin. 27 oct. 1812.

681. Les livres du failli, pour être produits en justice, devaient être sur papier timbré; en cas de contravention, les amendes devaient être payées préalablement à leur dépôt au greffe, ou à leur production en justice. Un concordat ne pouvait même être rédigé, si les registres qu'il énonçait n'étaient timbrés, ni être exécuté, si les amendes n'étaient payées. L. 28 avr. 1816, art. 74. — Le livre de caisse présenté en place du livre-journal, était sujet au timbre ou à l'amende. Déc. min. fin 30 avr. 1827.

Ces dispositions sont devenues sans objet depuis le 1er janv. 1838.

L'art. 4 L. 20 juill. 1837 (Art. 949 J. Pr.) a affranchi du timbre les livres de commerce ; et pour en tenir lieu, elle a ajouté trois centimes additionnels au principal de la contribution des patentes.

682. Ne sont pas soumis à l'enregistrement : 1° le récépissé des titres produits que les syndics ou le greffier du trib. de comm. remettent aux créanciers. Déc. min. fin. 11 oct. 1808. —

2° Les titres de créances présentés à la vérification et affirmation devant les syndics. Déc. min. fin. 24 juin 1808.

683. Les procès-verbaux d'affirmation des créances ne sont assujettis qu'à un droit fixe de 5 fr., sans avoir égard au nombre des déclarations affirmatives. L. fin. 24 mai 1834, art. 15.

684. Le droit de 50 c. p. 100 fr., qui était autrefois exigé sur toutes les sommes que le débiteur s'obligeait de payer dans un concordat, où dans un atermoiement, est remplacé par un droit fixe de 5 fr., quelles que soient ces sommes. *Ib.*, art. 14. — Cet art. 14 proscrit virtuellement la déclaration de la régie, du 14 juin 1826, qui, interprétant la loi du 22 frim. an 7, frappait du droit de 50 c. p. 100 fr. les sommes qui se trouvaient au moment du concordat dans les caisses des syndics.

685. Les ventes de meubles et marchandises, après faillite, ne sont assujetties qu'au droit proportionnel de 50 c. pour 100. *Ib.* art. 12.

686. L'état de répartition doit être sur papier timbré ; mais il n'est pas dû autant de droits de timbre qu'il y a de créanciers donnant quittance. Déc. 12 nov. 1822.

687. Les quittances que le créancier met en marge de l'état de répartition ne sont plus sujettes qu'à un droit fixe de 2 fr., quel que soit le nombre des émargemens sur chaque état de répartition. L. fin. 24 mai 1834, art. 15.

Section XVI. — *Formules.*

FORMULE I.

Déclaration de faillite.

(C. comm. — L. 28 mai 1838, art. 438.)

L'an le , au greffe du tribunal de commerce de , heure de

Est comparu le sieur , marchand de toiles, demeurant à

Lequel a dit et déclaré qu'ayant éprouvé de grandes pertes dans son commerce, il a fait les plus grands sacrifices pour faire jusqu'à présent honneur à ses engagemens ; mais qu'il en est réduit au point de n'avoir plus d'espoir de continuer ses opérations, ce qui le détermine à les cesser et à déclarer sa faillite ;

Qu'il a rédigé l'état énonciatif de son actif et de son passif, qu'il nous dépose écrit sur feuillets de papier du timbre de centimes, signé de lui à la fin de chaque page et a la fin.

Desquels déclaration et dépôt il nous a requis acte à lui octroyé après lecture, et a signé avec nous.

(*Signatures du déclarant et du greffier.*)

Nota. *Si le déclarant n'a pas dressé son bilan, il l'indique, ainsi que les motifs qui l'ont empêché de le rédiger.*

FORMULE II.

BILAN.

Du sieur   (*Nom, profession, domicile.*)

ACTIF.

Argent en caisse.			400 fr. »
Billets en portefeuille.	Bons. . . . . 3,500 fr. »	}	4,000 fr. »
	Douteux. . . . . 500 »		
Débiteurs par compte.	Bons. . . . . 4,500 »	}	5,600 »
	Douteux. . . . . 1,100 »		
Fonds de commerce, évalué approximativement.			6,000 »
Meubles meublans, effets à son usage.			900 »
Vaisselle d'argent.			1,500 »
Immeuble. Une maison située rue , évaluée.			12,000 »
			30,400 fr. »

PASSIF.

Créanciers hypothécaires.	Au sieur , par acte du 8,000 fr. »	}	18,300 fr. »
	A la dame M... pour sa dot. . . 10,000 fr. »		
Créances privilégiées. Aux contributions			300 »
Créanciers par billets à payer.	Au sieur pour billet au 15 sept. 7,000 fr. »	}	13,000 fr. »
	Au sieur pour billet au. . . 3,500 »		
	Au sieur pour billet au. . . 2,500 »		
Créanciers par compte.	M. . . . . 7,000 »	}	19,000 fr. »
	M. . . . . 6,000 »		
	M. . . . . 4,000 »		
	M. . . . . 2,000 »		

Résultat	50,300 fr. »

Le Passif est de.	50,300 fr. »
L'actif est de.	30,400 fr. »
Déficit.	19,900 fr. »

Note justificative des opérations de la gestion du failli.

Perdu dans trois faillites des sieurs.	15,300 fr. »	
Payé pour intérêts de dettes hypothécaires. . . .	3,200 »	
Id. Négociation de billets.	3,000 »	
	21,500 »	21,500 fr. »

Dépenses de maison.

En l'année.	4,000 fr. »	
Dito.	4,000 »	
Dito	4,000 »	
	12,000 »	12,000 fr. »

Dépenses et pertes.	33,500 fr. »
A déduire les bénéfices faits sur les marchandises vendues pendant les années, etc.	13,600 fr. »
Reste	19,900 fr. »

Récapitulation.

Actif réel. . . . . 30,400 fr. » ⎫
Pertes et dépenses, déduction faite des bénéfices. 19,900   » ⎰ 50,300 fr. »

Passif. . . . . 50,300 fr. »

(*Signatures du failli ou des syndics.*)
Avant la signature des syndics, on met : Certifié par nous syndics à   le

FORMULE III.

Assignation donnée par un créancier pour faire déclarer la faillite du débiteur.

(Arg. C. comm., art. 440.)

L'an   , à la requête du sieur   (*nom, prénoms, profession, domicile*), patenté, etc.

J'ai   , soussigné, donné assignation au sieur (*noms, profession, domicile*), en son domicile et parlant à   .

A comparaître d'huy à trois jours francs, à l'audience et par-devant MM. les président et juges composant le tribunal de commerce de   .

Pour s'y voir condamner et *par corps* à payer au requérant, la somme de cinq cents francs, montant d'un billet souscrit par ledit sieur   , au profit du requérant, payable le   . dûment enregistré et protesté, par exploit de   , desquels billets et protêt il est avec celle des présentes laissé copie, ensemble aux intérêts de droit et aux dépens.

Et encore, attendu que depuis plusieurs jours, on a chez ledit susnommé, refusé le paiement de tous les effets qui lui ont été présentés ; — que depuis trois jours l'atelier dudit sieur   est désert et fermé ; — que depuis le même nombre de jours, le susnommé ne paraît plus ni dans sa maison, ni dans son comptoir, ni dans sa fabrique ; — que le premier de ce mois, il a refusé, pour la première fois le paiement de ses effets.

Se voir, ledit sieur   , déclarer en état de faillite, et fixer la date de l'ouverture de ladite faillite, à partir du premier   , époque de la cessation de ses paiemens.

Voir, en conséquence, ordonner qu'il sera procédé à l'apposition des scellés prescrite par la loi, tant à son domicile que dans ses fabriques, ateliers, magasins, ainsi que sur tous ses meubles, effets, marchandises, livres, titres et papiers.

Voir nommer un de MM.   pour commissaire de la faillite, et par le tribunal, nommer un ou plusieurs syndics provisoires, et ordonner toutes autres mesures prescrites par la loi.

NOTA. La faillite peut être déclarée sur la présentation d'une simple requête, ou même d'office. Mais le tribunal, à moins que le débiteur ne soit en fuite ou que la cessation de paiemens ne soit notoire, consentira difficilement à prononcer sans une assignation préalable.

FORMULE IV.

Affiche du jugement déclaratif de la faillite.

(C. comm. 442.)

D'un jugement rendu par le tribunal de commerce de   , le   , dûment enregistré, scellé, collationné.

Il appert que le sieur   , demeurant à   , patenté sous le n°   classe, le   , a été déclaré en état de faillite ouverte, et que l'époque de la cessation de ses paiemens a été fixée au   , et le même jugement ordonne l'apposition des scellés sur les magasins et comptoirs du failli, nomme M.   juge-commissaire, et MM.   syndics.

Pour extrait certifié sincère et véritable.   (*Signature du greffier.*)

Pour le certificat d'affiche et d'insertion. — V. *Saisie-exécution.*

FORMULE V.

Requête à l'effet d'obtenir un sauf-conduit (1).

(C. comm. 473.)

A MM. les président et juges composant le tribunal de commerce de

Le sieur (*nom, prénoms, profession, domicile.*)

A l'honneur de vous exposer que des malheurs et des pertes par lui éprouvés dans son commerce, notamment celle d'une somme de　　　　dans la faillite de　　　　, l'ont obligé à cesser ses paiemens ;

Qu'il s'est empressé d'en faire sa déclaration au greffe du tribunal, où il a déposé son bilan ;

Que, par jugement du　　　　, sa faillite a été déclarée ouverte, et qu'il a été mis en dépôt dans la maison d'arrêt de　　　　, sise à　　　　;

Qu'il ne s'élève contre lui aucune présomption de fraude, ni d'imprudence ;

En conséquence, il requiert qu'il vous plaise, Messieurs,

Ordonner que l'exposant sera mis en liberté avec sauf-conduit provisoire, à quoi faire tous concierge et gardiens seront contraints ; quoi faisant, déchargés.

Subsidiairement, et, pour le cas où le tribunal ne croirait pas devoir accorder à l'exposant sa liberté pure et simple, la lui accorder provisoirement, aux offres qu'il fait de se présenter à toutes réquisitions, mandemens de justice ; fixer le montant dudit cautionnement ; et ce sera justice.

(*Signature du failli.*)

Soit communiqué à M. le juge-commissaire pour donner son avis.

(*Signature du président.*)

FORMULE VI.

Inventaire après faillite (2).

(C comm., art. 480.)

L'an　　　　, le　　　　, heure de　　　　, nous　　　　, syndics de la faillite du sieur　　　　, marchand quincaillier, nommés à ladite qualité par jugement du　　　　, assistés de M.　　　　, courtier de commerce, requis à l'effet de procéder à l'estimation des marchandises du sieur　　　　, en présence, 1° de M.　　　　, juge de paix de　　　　(3) ; 2° du sieur　　　　, failli ;

Avons procédé de la manière suivante à l'inventaire du mobilier, marchandises, titres de créances et autres papiers qui peuvent exister sous les scellés apposés au domicile du sieur　　　　, situé à　　　　, puis, sur les magasins et locaux d'habitation, lesquels ont été levés par mondit sieur le juge de paix (4), à l'instant, à mesure des présentes opérations :

Boutique.

Dans ladite boutique, 1° deux comptoirs estimés, ci　　　　;
2°, etc.
Marchandises, 1° Cinq douzaines de marteaux, estimées
Item. deux douzaines de souffliets, estimées
Item. cinquante livres de clous d'épingles, n°　　　　, estimées

(*Énoncer toutes les marchandises.*)

Arrière-Boutique.

1° Une table ronde à manger, en bois de noyer, estimée
2° Un buffet, *id.*, estimé

---

(1) Le sauf conduit peut être proposé d'office par le juge-commissaire. C. comm. 472.

(2) L'une des deux minutes est déposée au greffe du trib. de commerce, et l'autre reste entre les mains des syndics. C. comm. 480.

(3) La présence du juge de paix semble nécessaire, alors même qu'il n'y a pas eu apposition de scellés, parce l'actif du failli a été présumé susceptible d'être inventorié en un seul jour (C. comm. 455). — V. toutefois *sup.* n° 217.

(4) V. *sup.* note 3.

Appartement situé à l'entresol.
(*Décrire les meubles.*)

Papiers. Dans le secrétaire du failli se sont trouvés, 1°   , 2°   , etc.
(*Analyser les titres de créance.*)

Divers registres (*les indiquer.*)

Tous lesquels objets , marchandises , papiers , etc., ont été mis sous la surveillance desdits syndics, qui s'en sont chargés.

Et, ne s'étant plus rien trouvé, nous avons clos et arrêté le présent inventaire fait en double minute, qui a été signé par nous syndics susnommés, le sieur   , failli, le sieur   , courtier de commerce , et ᴍ. le juge de paix.
(*Signatures.*)

FORMULE VII.

Modèle de convocation des créanciers par lettres.

(C. comm. 462.)

ᴍ.   , juge au tribunal de commerce de   ., commissaire à la faillite du sieur   , ayant demeuré à   , rue   , prévient les créanciers dudit sieur   , que l'état des créanciers présumés sera dressé, le   ', heure de   , en la chambre du conseil du tribunal séant à   , en présence des créanciers qui s'y présenteront, et auxquels il sera donné connaissance de l'état de la faillite.

Les créanciers seront consultés sur la nomination, s'il y a lieu, de nouveaux syndics.

A   , ce   .

(*Signature du juge.*)

FORMULE VIII.

Liste des créanciers présumés , formée par le juge-commissaire.

(C. comm. 462.)

Nous juge-commissaire à la faillite de ·   , nommé par jugement du   ;
Vu le bilan dudit   , à nous remis, le   , par les sieurs   , syndics provisoires de ladite faillite , avons, conformément à l'article 462 du C. de comm., dressé la liste des créanciers connus dudit   , comme suit :
1° (*Noms , prénoms , profession , domicile*) ,   2°   , etc.   ,
Ordonnons que la présente liste sera par nous remise au tribunal, et que les créanciers susnommés seront convoqués pour se réunir devant nous en la chambre du conseil du tribunal, le   prochain , à   heures du matin ; laquelle convocation sera par nous faite tant par lettres missives que par l'insertion dans les journaux.

A   , le   .

(*Signature du juge-commissaire.*)

FORMULE IX.

Pouvoir à l'effet de se présenter aux opérations de la faillite.

(C. comm. 462, 467, 492 et 495.)

Je soussigné (*prénoms , nom et profession*), demeurant à   , donne pouvoir à ᴍ.   , demeurant à   ,

De , pour moi et en mon nom , se présenter à la faillite du sieur   , mon débiteur de la somme de   ;

En conséquence, requérir toutes apposition , reconnaissance et levée de scellés, procéder à tous inventaires et recolement , faire , en procédant, tous dires , réquisitions et réserves , donner tout avis qu'il jugera convenable sur la nomination ou le remplacement de tous syndics , faire vérifier ma créance , en affirmer la sincérité , comme je l'affirme par le présent pouvoir , vérifier tous titres produits par les autres créanciers , en contester la validité, se faire rendre compte de l'état de la faillite ; prendre part à toutes les délibérations de créanciers , consentir toutes remises , accorder termes et délais , traiter, transiger, composer ; et à cet effet signer tous actes, concordats ou arrangemens particuliers, s'y opposer, même par les voies extraordinaires, porter plainte en banqueroute simple ou frauduleuse, remettre ou retirer tous titres et pièces, toucher tout dividende, en donner quittance, passer et signer tous actes, élire domicile, changer les élections, et généralement faire ce qui sera nécessaire, quoique non prévu en ces présentes, promettant l'avouer.

Fait à   *Le signataire doit mettre de sa main :* Bon pour pouvoir.

NOTA. La signature du mandat doit-elle être légalisée ? — V. *sup.*, n° 247. La procuration est enregistrée. — V. *Ib.*

FORMULE X.

Modèle de convocation à la vérification des créances par insertion dans les journaux.

(C. comm. 492.)

Le greffier du tribunal de commerce de   prévient tous les créanciers de la faillite du sieur   que l'examen des livres et registres du failli est terminé, et que le   , heure de   , en la chambre du conseil du tribunal de commerce de   , séant à   , il sera procédé, par-devant M. le juge-commissaire, à la vérification des diverses créances; tous ceux qui pourraient avoir des réclamations à présenter, des droits à exercer, sont invités à s'y trouver.   (*Signature du greffier.*)

FORMULE XI.

Procès-verbal de vérification.

(C. comm. 492.)

L'an , le , dans la salle de , et par-devant nous , juge au tribunal de commerce de , et commissaire à la faillite du sieur , assisté de M° , greffier,

Ont comparu

MM. , syndics à ladite faillite,

Lesquels nous ont dit qu'ils ont terminé l'examen des livres, registres et papiers du failli; qu'ils ont dressé l'état apparent de cette faillite; qu'il en a été donné avis aux créanciers, tant par lettres du greffier que par l'insertion faite, le , dans le journal du , n° , dont un exemplaire dûment légalisé et enregistré est représenté, ladite insertion contenant annonce qu'il serait procédé aujourd'hui par-devant nous, lieu et heure ci-dessus, à la vérification des divers titres de créances, comme aussi que sommation avait été faite au sieur , failli.

Sur quoi, en présence de nous , juge-commissaire, il a été procédé à ladite vérification, ainsi qu'il suit :

Sont comparus, 1° le sieur , porteur d'un jugement rendu, etc., , portant condamnation de la somme de 1800 fr., montant de trois billets non acquittés à leur échéance, lesquels nous ont été représentés, ainsi que ledit jugement, et laquelle somme le comparant a affirmé lui être due légitimement, il a en conséquence été admis au passif de la faillite jusqu'à concurrence de ladite somme, et a signé avec les syndics.

(*Signatures du créancier et des syndics.*)

2° — Le sieur , porteur de la grosse d'une obligation, etc.

(*Signatures.*)

3° — Le sieur , porteur de trois billets de 400 fr. chacun, souscrits par le failli, le , affirmant que ladite somme de 1,200 fr. lui est due légitimement et en totalité.   (*Signatures.*)

_ Contredit.

Les syndics ont déclaré contester la sincérité de la créance réclamée par ledit sieur , par le motif (*énoncer le motif*), et en ont, en conséquence, refusé l'admission.

Le sieur . ayant persisté,

Nous juge-commissaire, vu l'art. 498 du C. comm., avons renvoyé les parties à se présenter le,   , à l'audience du tribunal de commerce, sans qu'il soit besoin de citation, pour, sur notre rapport, être statué ce qu'il appartiendra; et avons signé avec le comparant, les syndics et le greffier.

(Signatures.)

Défaut.

Et attendu que, parmi les créanciers du sieur   , un grand nombre ne s'est point présenté malgré les avertissemens à eux donnés par les voies légales;
Donnons défaut contre,
1°   , 2°   , etc., etc.
En conséquence, nous avons clos le présent procès-verbal que nous avons signé avec le greffier du tribunal, lesdits jour, mois et an.

(Signatures du juge et du greffier.)

FORMULE XII.

Procès-verbal d'affirmation de créances, par acte séparé.

(C. comm. 497.)

L'an   , le   , par-devant nous, juge au tribunal de commerce, assisté de M⁰   , greffier,
A comparu le sieur   , lequel nous a déclaré qu'il a été admis au passif de la faillite du sieur   pour la somme de   , ainsi qu'il résulte du procès-verbal de vérification des créances   , en date du   .
Et le comparant a affirmé en nos mains la légitimité de la présente créance, dont acte; et a retiré les titres dont décharge; de tout quoi, etc.

(Signatures du créancier, du juge et du greffier.)

Nota. L'affirmation est souvent faite par le procès-verbal de vérification. — V. la formule précédente.

FORMULE XIII.

Concordat.

(C. comm. 504.)

L'an   , le   , heure de   , dans la salle ordinaire des assemblées de faillite, au palais de   , et par-devant nous, juge au tribunal de commerce de   , et commissaire à la faillite du sieur   , négociant, demeurant à   ,
Sont comparus les sieurs (*indiquer les noms, professions et demeures des créanciers présens à l'assemblée, énoncer les procurations*), tous créanciers vérifiés et affirmés dudit sieur   réunis sous notre présidence, conformément à l'art. 504 C. comm., à l'effet d'entendre le compte des syndics, et les propositions du sieur   , débiteur failli, s'il y a lieu, convoqués à cet effet, tant par lettres du greffier, que par affiches et insertions dans les journaux.
Sont aussi comparus les sieurs   , syndics de ladite faillite; lesquels ont dit qu'ils étaient prêts à rendre compte de leur gestion; ce qu'ils ont fait ainsi qu'il suit (*on fait lecture du compte*),
Enfin, est également comparu *en personne* (1) le sieur   , débiteur failli.
Après lecture dudit compte, les créanciers et le failli ont déclaré l'approuver en tout son contenu.
Et, à l'instant, le sieur   , débiteur failli a fait à ses créanciers les propositions d'un concordat, ainsi conçu (*il en est fait lecture*) (2).

Projet de concordat proposé par le sieur   *à ses créanciers.*

Art. 1ᵉʳ.

MM. les créanciers font au sieur   , qui le requiert et accepte, remise

---

(1) La comparution en personne est exigée, excepté dans les cas prévus par loi. C. comm. 505.

(2) Ce concordat est transcrit dans le procès-verbal ou annexé, dans ce dernier cas (qui est le plus en usage) le concordat doit être signé, comme le procès-verbal, par tous les créanciers.

pure, simple et définitive de tous intérêts et frais, et en outre de 75 pour cent
sur le principal de leurs créances vérifiées et affirmées.

Art. 2.

Les 25 pour cent non remis seront payés, savoir : 15 pour cent quinze jours
après l'homologation du présent traité, et 10 pour cent, trois mois après ladite
époque.

Art. 3.

Les dettes privilégiées, savoir :　　　　　, et les frais faits pour l'instruction
de la faillite seront acquittés intégralement.

Art. 4.

La masse nomme M.　　　　pour son commissaire, à l'effet de toucher le
montant des sommes à verser par le sieur　　　　, conformément à l'art. 2, et
d'en opérer la répartition à chacun de MM. les créanciers.

Au moyen du paiement du dividende stipulé art. 2, MM. les créanciers déclarent
le sieur　　　　entièrement quitte et libéré à leur égard : en conséquence, ils
lui donnent dès à présent main-levée de toutes les oppositions qu'ils auraient pu
former antérieurement à sa faillite, à quelque titre que ce soit ; comme aussi ils
s'obligent de retirer de la circulation ou à acquitter à échéances les billets souscrits ou endossés par le failli, de manière à ce qu'il ne puisse être inquiété ni recherché par les tiers-porteurs ; néanmoins, ils entendent réserver tous leurs droits
et actions contre ses coobligés.

Et de suite il a été procédé à l'appel nominal de tous les créanciers vérifiés
dont le nombre est de 100, et le chiffre total de 100,000 fr.

A cet appel ont répondu voter pour le concordat, 1°,　　2°,　　3°　　, etc.,
au nombre de 70, dont les créances additionnées et réunies s'élèvent à la somme
de 90,000 fr. (1).

D'où résulte que les créanciers votant pour le concordat réunissent, conformément à la loi, la majorité en nombre, et représentent les trois quarts en
somme des créances vérifiées et affirmées, ou admises par provision.

En conséquence, lesdits créanciers, prenant en considération les malheurs du
sieur　　　　, auxquels peut être attribuée sa position, et qu'il ne s'élève aucun
soupçon de fraude ou de mauvaise foi contre lui, sont tombés d'accord d'accepter le concordat à eux proposé par le sieur　　　　.

De tout ce que dessus a été dressé le présent procès-verbal, qui a été signé,
ainsi que ledit concordat, séance tenante, par nous juge-commissaire et tous
les créanciers susnommés, ou leurs mandataires, ledit sieur　　　　, failli et le
greffier du tribunal.

(*Signatures du failli, des créanciers, du juge et du greffier.*)

Requête à l'effet d'obtenir l'homologation du concordat.

(C. comm., art. 513.)

A MM. les président et juges du tribunal de commerce de　　　　.
Le sieur　　　　, débiteur failli,

A l'honneur de vous exposer qu'après l'observation de toutes les formalités
prescrites par la loi, ses créanciers ont accepté le concordat à eux proposé ;

Que ce concordat est régulier, et qu'il a été signé par la majorité en nombre
desdits créanciers, représentant les trois quarts en somme des créances vérifiées ;
enfin, qu'il n'est survenu aucune opposition contre ledit concordat ;

Pour quoi il vous plaira, Messieurs, vu l'art. 513 du C. comm.,

Homologuer ledit concordat pour être exécuté selon sa forme et teneur, avec
les créanciers refusans, comme avec les créanciers signataires.

Et ce sera justice.

(*Signature du failli.*)

---

(1) Dans l'usage, le greffier se contente d'appeler chaque créancier par son nom, ce
qui permet de vérifier seulement si la majorité en nombre existe. Il serait bon que le greffier, en appelant chaque créancier, indiquât le chiffre de sa créance, ce qui mettrait à
même de s'assurer si la majorité en sommes est également acquise.

FORMULE XV.

Opposition au concordat.

(C. comm. 512.)

L'an   , à la requête   , j'ai   soussigné, signifié, 1º au sieur   , failli, — 2º au sieur   , — 3º au sieur   ,

Ces deux derniers syndics de la faillite du susnommé ;

Que le requérant, créancier sérieux et légitime du sieur   , est opposant, comme de fait il s'oppose par les présentes à l'homologation du concordat arrêté, le   , entre ledit sieur   et ceux de ses créanciers qui l'ont signé.

Et à même requête que dessus, j'ai donné assignation audit sieur   , et parlant comme dit est ,

A comparaître , le   , à l'audience et par-devant messieurs les président et juges du tribunal de commerce de   , pour , attendu (*déduire les motifs de l'opposition.*);

Voir admettre ladite opposition ; en conséquence, ouïr prononcer la nullité dudit concordat, et condamner les tiers contestans aux dépens , etc.

(*Signature de l'huissier.*)

FORMULE XVI.

Demande en résolution du concordat pour inexécution des conditions.

(C. comm. 520.)

L'an   , à la requête de M.   , etc., créancier du sieur   ,

J'ai   soussigné donné assignation au sieur   , débiteur failli , demeurant à   , 2º M.   , 3º M.   , 4º M.   , tous cautions dudit sieur   , failli ,

A comparaître le   , heure de   , à l'audience et par-devant MM. les président et juges composant le tribunal de commerce du département de la Seine ,

Pour , à l'égard du sieur   , attendu qu'il avait promis à ses créanciers de leur payer un dividende de dix pour cent de leurs créances , dans un délai de deux ans, aux termes du concordat passé entre ledit susnommé et ses créanciers , le   ;

Attendu que ce dividende s'élevait à la somme de 500 fr. , à raison de la créance du susnommé , montant à 10,000 fr. ;

Attendu que plus de deux années se sont écoulées sans que ledit sieur ait payé au requérant le dividende promis, bien que l'échéance soit arrivée depuis le   , et que ledit sieur   .   ait été mis en demeure par une sommation signifiée le   par acte du ministère de   , enregistré   ;

Attendu que ledit sieur   a épuisé, en partie en de folles dépenses , les ressources qui pouvaient lui rester et qui devaient servir à l'acquittement de ses nouvelles obligations envers ses créanciers ; — Attendu qu'il ne lui reste plus que des marchandises et un mobilier d'une valeur peu considérable, et qu'il peut faire disparaître au préjudice de ses créanciers ;

Voir dire et ordonner que le concordat susénoncé sera résolu faute d'exécution des conditions y contenues , et qu'il sera considéré comme non avenu ; en conséquence, que les opérations de la faillite seront continuées ; nommer à cet effet un nouveau juge-commissaire, et un ou plusieurs syndics pour être procédé sur l'ancien inventaire au récolement des valeurs, papiers dudit failli, et, s'il y a lieu, à un supplément d'inventaire, et à toutes autres opérations prescrites par la loi.

— A l'égard des sieurs   , cautions susnommées du dividende promis par ledit concordat,

Déclarer le jugement à intervenir commun avec eux ,

Sous la réserve néanmoins de poursuivre contre lesdites cautions le paiement des sommes dont elles se sont rendues garans, en vertu des dispositions de l'art. 520 C. comm. ;

Ordonner l'emploi par privilége des frais de la présente demande et du jugement à intervenir et ses suites, etc.

Et j'ai audit sieur, etc. (— V. *Exploit.*)

(*Signature de l'huissier.*)

Nota. La demande en résolution peut être formée isolément par un seul créancier. — Mais la résolution, dans ce cas, ne laisse pas d'avoir effet à l'égard des
autres créanciers non payés. — V. sup. nos 391 et 404.

FORMULE XVII.

Demande en nullité du concordat pour dol.

(C. comm. 518.)

L'an   , à la requête de M.   , créancier du sieur   , failli,
J'ai   soussigné, donné assignation au sieur   , débiteur failli, etc.,
A comparaître, etc. (— V. Formule précédente), pour, attendu qu'il a été
découvert, depuis l'homologation du concordat intervenu entre le sieur   et
ses créanciers, qu'il était propriétaire d'une fabrique de   , à   dont il avait
caché l'existence à ses créanciers, cet établissement ayant été mis sous le nom
du sieur   , qui n'en était pas réellement propriétaire ; que la dissimulation de cette valeur active constitue le dol prévu par l'art. 518 C. comm., et
donne le droit de faire prononcer l'annulation dudit concordat ;

Ouïr prononcer la nullité dudit concordat, lequel sera considéré comme non
avenu, et ordonner la continuation des opérations de la faillite, en conformité
des art. 522 et suiv. du Code de commerce ;

Ordonner que les frais de la présente instance et du jugement à intervenir seront prélevés et employés par privilége.

Et j'ai, etc.

(Signature de l'huissier.)

FORMULE XVIII.

Procès-verbal d'assemblée des créanciers unis.

(C. comm. 529, 530.)

L'an   , etc., par-devant nous juge-commissaire.
Sont comparus : 1°   ; 2°   ; 3°   ,
syndics de la faillite du sieur   , etc.
Sont également comparus : 1°   ; 2°   , créanciers
de ladite faillite.

Et à l'instant, en présence desdits créanciers, lesdits syndics ont rendu à ces
derniers le compte de leur gestion ci-annexé.

Ce compte, en recettes et dépenses, est terminé par une balance fixant le reliquat d'excédant de recettes sur les dépenses à la somme de

Après avoir entendu la lecture dudit compte, il a été approuvé par lesdits
créanciers, qui, après en avoir délibéré, ont été d'avis, savoir :

1° D'accorder au failli un secours qui est fixé à la somme de

2° De supplier le tribunal de confirmer de nouveau les susnommés comme syndics de l'union des créanciers.

Se réservant de délibérer ultérieurement après la liquidation de la faillite, sur
l'excusabilité dudit failli.

De tout ce que dessus, il a été dressé le présent procès-verbal, qui a été signé
par les comparans, nous juge-commissaire et le greffier, lesdits jour, mois et an.

(Signatures des syndics, des créanciers, du juge et du greffier.)

Nota. 1° Il est inutile, d'après la loi nouvelle, de nommer un caissier, les
syndics étant obligés de verser à la caisse des dépôts les sommes qu'ils peuvent
toucher ;

2° Le tribunal, sur le vu de ce procès-verbal, et le rapport du juge-commissaire, confirme les précédens syndics, ou en nomme d'autres, comme syndics de
l'union.

Après la liquidation, et sur le vu d'une nouvelle délibération des créanciers, le
tribunal déclare le failli excusable ou non.

Le failli, déclaré excusable, demeure affranchi de la contrainte par corps, de
même que s'il avait obtenu le bénéfice de cession de biens, aujourd'hui refusé aux
commerçans.

FORMULE XIX.

Exploit contre les syndics d'une faillite.

(C. pr. 69, 72.)

L'an   , à la requête de   , etc.
(— V. *Ajournement, Citation, Commandement, Exploit, Sommation, etc.*)
J'ai soussigné, signifié : 1° A M.   (*nom, prénoms, profession, demeure*).
2° à M.   etc.; 3° à M.   ; tous trois syndics de la
faillite du sieur   , nommés aux dites fonctions par jugement, etc.
En la personne de M.   , l'un d'eux, en son domicile et parlant à   , etc.

Nota. Aux termes de l'art. 69, § 7 du C. de pr. *les unions et directions des
créanciers sont assignées en la personne ou au domicile de l'un des syndics
ou directeurs.* Le Code a voulu rendre la procédure plus simple, plus promp'e,
moins dispendieuse. S'il s'est servi du mot *unions*, il n'en fau: pas conclure que
cette disposition ne soit applicable qu'après l'union des créanciers. Le Code de
commerce n'était pas encore rédigé; le motif de la loi s'applique également avant
comme après l'union.
L'avoué, à qui l'un des syndics remet la copie d'un ajournement qui lui a été
laissée, agira prudemment en exigeant des autres syndics un pouvoir collectif.
C. comm. 465. — V. *Avoué,* n° 173; *Désaveu.*
Toutefois, en matière grave, il serait difficile de considérer comme frustratoires
les frais de significations faites à chacun des syndics par copies séparées.
Mais un seul avoué devrait être const tué par tous les syndics sur ces diverses
copies; leur défense doit être uniforme. Ils doivent agir collectivement. C. comm.
465. — V. *sup.* n° 161.
Lorsque l'un des syndics a été chargé par le juge-commissaire d'une mission
spéciale (— V. *ib.*), et que la notification est relative à cet objet spécial, il convient de laisser la copie à la personne ou au domicile de ce syndic.
Il y a des cas où une copie de l'exploit doit être remise au failli. —V. *sup.* 72.

FORMULE XX.

Demande en revendication.

Ces demandes sont rédigées dans la même forme que les asssignations ordinaires devant le *tribunal de commerce.* — V. ce mot.

FORMULE XXI.

Requête afin d'obtenir la réhabilitation.

(C. comm., art. 604 , 605.)

A messieurs les président et juges composant la Cour royale de   ,
Le sieur   , ancien marchand   à   , ayant pour avoué Me   ,
A l'honneur de vous exposer qu'en 1834 il exerçait à   le commerce
de   ; — Que, par suite de pertes éprouvées dans ce commerce, il a été
forcé, en 1836, de manquer à ses engagemens et de déposer son bilan. — Ses
créanciers, ayant reconnu que la faillite de l'exposant était l'effet de malheurs et
pertes par lui éprouvés, et ne pouvait être attribuée ni à son inconduite, ni à
son imprudence, ont consenti à lui accorder un concordat de 50 p. °/o, qui ont
été payés exactement aux époques convenues.
Ayant été remis à la tête de ses affaires, il est parvenu à désintéresser intégralement tous ses créanciers, en capitaux, intérêts et frais, ainsi qu'il résulte des
tableaux de répartition des quittances et pièces produites à l'appui de la présente
requête.
En conséquence, il plaira à la Cour, vu le bilan du sieur   , le concordat susénoncé, en date du   , les quittances de toutes les sommes par lui
payées à ses créanciers;
Vu les dispositions des art. 604, 605 du C. comm. ;
Déclarer l'exposant réhabilité et remis dans l'exercice des droits qu'il avait
perdus par sa faillite; et ce sera justice.

(*Signature de l'avoué.*)

Opposition à la réhabilitation.

(C. comm. 608.)

Cejourd'hui, au greffe   ,
Est comparu le sieur   , demeurant à   ,
Lequel a dit qu'il est créancier sérieux et légitime du sieur   , d'une somme de   , suivant   (*indiquer la nature du titre*).

Que, depuis la faillite dudit sieur   , le comparant n'a reçu que la somme de   , à valoir sur ladite créance ; d'où il résulte qu'il lui est encore dû par ledit   la somme de   en principal, ensemble les intérêts et frais, ce qui lui donne le droit, aux termes de l'art. 608 du Code de commerce, de s'opposer à la demande en réhabilitation, formée par ledit sieur   ;

Et de fait, par ces présentes, il déclare former opposition à ladite réhabilitation, pour être statué ce qu'il appartiendra ; sous la réserve de réclamer le coût des présentes ;

De laquelle déclaration il a requis acte à lui octroyé.

Et a signé, après lecture, avec nous greffier soussigné.

(*Signatures du créancier et du greffier.*)

FAIT. Se dit, par opposition au droit, de la série des actes et des circonstances qui constituent un procès.

1. Les faits dont on demande à faire preuve sont ou non *admissibles, pertinens, et concluans; positifs*, ou *négatifs; vagues*, ou *précis*. — V. *Enquête*, nº 8 à 12.

Pour les faits *nouveaux*. — V. *Ib.*, nº 529, et *Séparation de corps*.

— V. d'ailleurs *Cassation*, 87 à 96; 103; *Interrogatoire sur faits et articles*.

2. On distingue dans les *qualités* d'un jugement le *point de fait* et le *point de droit*. — V. *Jugement*.

FAIT ET CAUSE. Se dit du droit et de l'intérêt que l'on a dans une affaire; prendre *fait et cause* pour quelqu'un, c'est intervenir en justice, afin de le garantir de l'événement d'une contestation, et même de le tirer hors de cause. — V. *Garantie*.

FAIT DE CHARGE. Fait de l'officier public qui, dans l'exercice de ses fonctions, a donné lieu contre lui à une condamnation. — V. *Cautionnement, Discipline, Responsabilité*.

FAIT (VOIE DE). — V. *Action possessoire*, nºˢ 56 et suiv.

FAMILLE (CONSEIL DE). — V. *Conseil de famille*.

FAMILLE ROYALE. — V. *Roi*.

FAUSSE APPLICATION D'UNE LOI. — V. *Cassation*, nº 86.

FAUSSE DÉCLARATION. — V. *Expertise*, nº 110 et suiv.

FAUTE. — V. *Discipline, Dommages-intérêts, Responsabilité*.

FAUX FRAIS. Certaines dépenses qu'une partie est obligée de faire, mais qui n'entrent point en taxe : tels que les honoraires de l'avocat (—V. *Dépens*, nº 4), ports de lettres, menues gratifications données pour accélérer des écritures ou des envois. — V. toutefois *Reddition de compte*.

9.

FAUX incident civil (1). Voie que l'on prend pour faire déclarer fausse ou falsifiée, et rejeter de la cause, une pièce signifiée, communiquée ou produite dans le cours d'une procédure.

DIVISION.

§ 1. — *Du Faux en général.*

1. Le faux, en général, est ce qui est contraire à la vérité; en droit c'est la suppression ou l'altération de la vérité. Boncenne, t. 4, p. 2.

2. Le faux se commet de plusieurs manières : par des faits, par des paroles, par la fabrication, l'altération ou la falsification des écritures. — Les lois civiles s'appliquent principalement à ce dernier genre de faux.

5. On distingue le faux *matériel* et le faux *substantiel* ou *intellectuel.* — Le faux *matériel* se commet par l'altération de tout ou partie d'une pièce, susceptible d'être reconnue, constatée et démontrée, soit par une opération ou un procédé quelconques, soit par la seule inspection; — le faux *substantiel* ou *intellectuel*, par l'altération, dans sa substance, d'un acte qui n'est pas faux matériellement, lorsque, par exemple, le rédacteur ou le signa-

---

(1) Cet article est de M. Lauras, avocat à la Cour royale de Paris.

taire d'un acte y atteste comme vrais des faits controuvés. Favard,
Rép. v° *Faux incident.*

Le faux se nomme aussi *formel* lorsqu'il y a fabrication d'un
acte, et *matériel* lorsqu'il y a altération d'un acte véritable.
Berriat, p. 273, note 2.

§ 2. — *Actions auxquelles le faux donne lieu.*

4. Le faux donne lieu, comme les autres crimes, à l'action publique pour l'application des peines , et à l'action civile pour la
réparation du dommage causé. C. I. cr. 1.

Mais indépendamment de ces actions du droit criminel, les
lois prévoyant le cas où , dans le cours d'une procédure, une
des parties contesterait la vérité d'une pièce signifiée, produite
ou communiquée, ont institué l'action de *faux incident.*

Cette partie a le choix entre l'action criminelle de faux principal, et l'action de faux incident. C. pr. 214, 250. — V. d'ailleurs *inf.* n°s 8 et 24. — Il convient qu'elle puisse se défendre ,
sans être obligée de recourir à la voie toujours périlleuse d'une
accusation criminelle; en outre, l'auteur du faux peut être
décédé ou n'être pas connu, et, dans ce cas, il n'y a pas lieu à
l'accusation criminelle. Thomine, 1, 582.

5. De là viennent les dénominations de *faux principal* et de
faux incident. Le faux est *principal* lorsque l'imputation en est
faite directement et à l'auteur du faux par la voie criminelle :
— *incident,* lorsqu'elle est faite dans le cours d'une procédure
qui, primitivement, n'avait pas cet objet, — c'est un procès fait
à la pièce seulement, comme si elle s'était fabriquée ou falsifiée
d'elle-même, Boncenne, 4, 11 ; — sans aucunement inculper la
personne. Berriat, p. 275.

Le *faux incident* est criminel ou civil , suivant que l'imputation s'en fait dans une procédure criminelle ou dans une procédure civile. C. I. cr. 458; C. pr. 214. — Mais comme la dernière hypothèse se présente bien plus souvent que l'autre , on
désigne, dans l'usage, par les seuls mots de faux incident, le
faux incident civil. Berriat, *ib.*

6. On trouve l'origine de ces distinctions dans les lois 16,
23 et 24 *C. ad Leg. Cornel. de falsis.* Lorsque la vérité d'une pièce
produite devant le juge était contestée, les parties avaient le droit
de poursuivre le faux par la voie criminelle ou par la voie civile.

De même, dans l'ancien droit français, on était libre ou de
s'inscrire en faux contre la pièce, ce qui avait pour résultat la
procédure de faux incident civil, ou de former une accusation
de faux principal. D'Aguesseau, Lettre 27 déc. 1748, t. 11,
p. 545. — L'ordonnance criminelle de 1670, tit. 9, qui statuait
sur le faux *tant principal qu'incident,* a été remplacée par celle de
1757, dont les formes rigoureuses, empruntées à la législation

criminelle de ce temps, furent abrogées par la loi du 16 sept. 1791, et par l'art. 535 du Code du 3 brum. an 4. Cass. 8 brum. an 7, 27 frim. an 13, S. 1, 174 ; 7, 2, 960.

Le C. de pr. reproduit la plus grande partie des dispositions de l'ordon. de 1737 ; cette ordonn. règle encore la procédure d'inscription de faux incident devant la C. de cassation. — V. *inf.* n° 20.

7. L'exécution de l'acte argué de faux *est suspendue* par l'arrêt de mise en accusation. C. civ. 1319.

En cas d'inscription de faux faite incidemment, le trib. *peut,* suivant les circonstances, suspendre provisoirement l'exécution de l'acte. C. civ. *ib.* — V. *inf.* n°ˢ 171 et 172.

Mais la disposition de l'art. 1319 C. civ. ne s'applique qu'aux actes emportant obligation et ayant la forme exécutoire : la seule plainte en faux principal contre des actes d'huissier dans la poursuite d'une saisie immobilière suffit pour suspendre l'adjudication. Cass. 15 fév. 1810, P. 8, 107 ; Merlin, *Qu. de Dr.* v° *Faux,* § 16.

— V. d'ailleurs *Appel*, n° 159 ; *Requête civile.*

§ 5. — *Compétence.*

8. L'action criminelle de faux principal est de la compétence des Cours d'assises.

9. Le faux incident criminel se suit devant la Cour ou le trib. saisi de l'affaire principale. C. I. cr. 459.

10. Les juges civils connaissent du faux incident civil.

11. La procédure de faux incident se suit devant le juge de l'action principale. Cass. 4 pluv. an 12, S. 4, 2, 95 ; Berriat, p. 276, n° 15.

12. Toutefois, cette règle souffre plusieurs exceptions :
Ne sont pas compétens pour connaître du faux incident ou pour instruire la procédure qui est la suite de l'inscription : 1° le juge de paix ; —lorsque, devant son tribunal, une des parties déclare vouloir s'inscrire en faux, le juge lui en donne acte, paraphe la pièce, et renvoie la cause devant les juges qui doivent en connaître. C. pr. 14. — V. *Juge de paix,* et toutefois *Douane,* n° 48 ;

13. 2° Le tribunal de commerce ; — si une pièce produite dans un procès commercial est arguée de faux, et que la partie persiste à s'en servir, le trib. renvoie devant les juges compétens (— V. *Tribunal de commerce*), — et il est sursis au jugement de la demande principale. — Si la pièce n'est relative qu'à un des chefs de demande, il peut être passé outre au jugement des autres chefs. C. pr. 427.

Il en serait de même si celui qui s'inscrit en faux n'était qu'un appelé en garantie, par exemple un donneur d'aval.

L'inscription de faux qu'il formerait n'empêcherait pas la condamnation de l'obligé principal et des endosseurs. Pardessus, 5, n° 1375.

14. Il peut être également passé outre, lorsque la pièce n'est pas nécessaire pour le jugement du fond. Cass. 18 août 1806, P. 5, 465. — Lorsque l'instruction de la cause démontre les vices essentiels et la nullité des actes. Cass. 19 mars 1817, P. 1, 1817, 3, 241. — Lorsque l'allégation de faux n'a d'autre objet que d'éloigner le terme du paiement. Arg. C. pr. 250; Cass. 2 fév. 1836, P. 1836, 2, 50. — Hors ces cas, le sursis doit être prononcé ; par exemple, lorsque sur une demande en paiement d'un billet à ordre, un des endosseurs s'inscrit en faux, le trib. de comm. ne peut se refuser à surseoir au jugement sur le fond par le motif que la négociation ayant été faite de bonne foi entre les endosseurs, le porteur est fondé à agir indistinctement contre tous. Cass. 20 nov. 1833, P. 1834, 1, 402.

15. Si l'instance dans laquelle s'élève le faux incident est pendante devant un trib. civil remplissant les fonctions de trib. de comm., ce trib. doit se dessaisir, en renvoyant l'incident à l'audience ordinaire. Pardessus, 5, n° 1373.

16. Il n'est pas nécessaire pour que le trib. de comm. renvoie les parties, que l'inscription de faux soit formée. Il suffit que la pièce produite soit méconnue et que la partie persiste à s'en servir. Cass. 23 août 1827, P. 1828, 1, 424.

17. Le trib. de comm. peut, en renvoyant les parties devant les juges compétens, et par une mesure de précaution et d'ordre public, ordonner le dépôt au greffe de la pièce arguée de faux. Cass. 1er avr. 1829, P. 1829, 3, 507.

18. 3° Les prudhommes. Lorsque devant le bureau général l'une des parties déclare vouloir s'inscrire en faux, le président lui en donne acte, paraphe la pièce et renvoie la cause devant les juges compétens. Décr. 11 juin 1809, art. 37. — V. *Prud-homme.*

19. 4° Les arbitres ; — s'il est formé devant eux une inscription de faux, ils délaissent les parties à se pourvoir. C. pr. 1015.

Mais ils ne sont tenus de le faire que lorsqu'il y a inscription de faux formée. L'art. 1015 ne s'applique pas au cas où il n'existerait qu'une réserve de la part des parties à fin d'inscription de faux. — V. *Arbitre,* n°s 287, 300.

20. 5° La Cour de cassation. — V. *inf.* n°s 197 et suiv.

21. 6° Le Cons.-d'État jugeant en matière contentieuse; il est compétent pour admettre ou rejeter l'inscription de faux; mais c'est le grand juge (le garde-des-sceaux) qui, dans le cas de demande en inscription de faux contre une pièce produite, fixe le délai dans lequel la partie qui l'a produite est tenue de déclarer si elle entend s'en servir. — Si la partie ne satisfait pas à cette ordonnance, ou si elle déclare qu'elle n'entend pas se servir de la pièce, cette pièce est rejetée. Si la partie fait la déclaration qu'elle entend se servir de la pièce, le Cons. d'État statue, soit en ordonnant qu'il sera sursis à la décision de l'instance principale jusqu'après le jugement du faux par le trib. compétent, soit en prononçant la décision définitive, si elle ne dépend pas de la pièce arguée de faux. Décr. 22 juill. 1806, art. 20.

22. Quel est le juge compétent dans ces divers cas de renvoi, et comment ce juge doit-il être saisi?

La jurisprudence et les auteurs ne donnent aucune solution sur ces deux questions. Sur la première, nous pensons que le juge compétent est (sauf le cas où l'incident s'élève devant la C. cass. — V. *Inf.* n° 197) le juge ordinaire, c'est-à-dire le trib. de 1re inst., du domicile du défendeur à l'action principale : en effet, la voie du faux incident n'est qu'un moyen de défense opposé par le défendeur à l'action principale, ou par le demandeur aux moyens du défendeur, c'est un incident ; si la demande principale n'avait été par sa nature attribuée au juge d'exception, elle eût été suivant le droit commun portée devant le trib. du domicile du défendeur, et elle aurait même pu l'être à raison de sa plénitude de juridiction, et par suite, c'est devant ce trib. que l'incident eût été suivi. Or, ce trib., par le défaut de pouvoir du juge d'exception reprend sa juridiction.

Sur la seconde question, la simple sommation prescrite par l'art. 216 C. pr. (— V. *inf.* n° 56) ne suffit pas : car le trib. civil n'est pas encore saisi, et il ne peut l'être que par une demande en la forme ordinaire. La partie qui veut s'inscrire en faux doit, selon nous, sans recourir au préliminaire de conciliation (Arg. 48, 49, 7° C. pr.), assigner le défendeur en faux suivant la forme ordinaire, pour voir dire qu'il sera tenu de déclarer, dans le délai fixé par la loi, lequel courra du jour de l'échéance de l'assignation, s'il entend ou non se servir de la pièce, sinon voir ordonner que la pièce maintenue fausse sera rejetée du procès.

Si le défendeur fait défaut, les conclusions de la demande lui seront adjugées. S'il constitue avoué, l'incident s'instruira en la forme ordinaire.

23. La demande en inscription de faux incident ne peut être regardée comme matière sommaire, sous prétexte qu'elle requiert célérité. Cass. 10 avr. 1827, P. 1827, 3, 590. — Car le titre étant contesté, il ne peut y avoir lieu à l'instruction sommaire. C. pr. 404. — Cependant ce motif applicable dans l'espèce de l'arrêt où le titre même de la demande était argué de faux, ne le serait pas si la demande en inscription de faux frappait une pièce produite dans le cours de l'instance à l'ap-

pui de la demande. Ajoutons que la procédure de faux incident a des règles précises et rigoureuses qui ont pour objet
de découvrir la vérité, non seulement dans l'intérêt privé, mais
aussi dans l'intérêt de la vindicte publique, et qui ne peuvent
se prêter à l'instruction sommaire; que les abréger ou les modifier exposerait au danger d'une instruction incomplète qui ne
donnerait pas à la justice les lumières dont elle doit être environnée dans une matière aussi grave.

C'est donc à tort qu'il a été jugé que l'inscription de faux
formée devant un trib. de comm. et portée par suite devant un
trib. civil, doit être instruite sommairement, par le motif que
le faux, dans ce cas, doit être traité sommairement comme le
principal dont il est l'accessoire, et comme il le serait s'il était
élevé dans une matière sommaire soumise aux tribunaux ordinaires. Paris, 6 mars 1811; P. 9, 145.

24. La voie du faux incident n'est ouverte qu'autant qu'il
existe une contestation principale. Ainsi, celui qui a été condamné par un jugement passé en force de chose jugée, ne peut
postérieurement prendre la voie de faux incident contre les
pièces qui ont motivé la condamnation. Il ne lui reste que la
voie du faux principal. Nîmes, 14 janv. 1808; Paris, 17 déc.
1808, P. 6, 442; 7, 265; Colmar, 17 mai 1816; Berriat,
509; Merlin, *Rép.* v° *Inscription de faux*, 51, n° 7; Boncenne,
4, 84; — sauf l'ouverture de requête civile. Grenoble, 8 mai
1832, S. 33, 151. — *Contrà*, Carré, n° 864.

25. Cependant il peut arriver que sans instance liée, sans contestation principale, une partie ait intérêt à faire déclarer une
pièce fausse, par exemple, un acte en vertu duquel une saisie
serait pratiquée. Quelle voie prendre contre cet acte?

Si l'auteur ou le complice du faux est vivant, et si l'action
criminelle n'est pas éteinte, la partie a la voie du faux principal. — Mais lorsque l'action criminelle ne peut être intentée,
ou lorsque, cette action subsistant, la partie veut user de la faculté que lui donne l'art. 3 C. I. cr. d'intenter l'action civile
séparément, elle peut lier l'instance au civil par une demande
principale en nullité fondée sur le faux, et dans cette instance
élever, s'il y a lieu, l'incident de faux, qui est réglé par la procédure prescrite en cette matière.

§ 4. — *Inscription de faux.*

26. Celui qui prétend qu'une pièce signifiée, communiquée
ou produite dans le cours de la procédure, est fausse ou falsifiée,
peut, s'il y échet, être reçu à *s'inscrire en faux*, encore que ladite
pièce ait été vérifiée, soit avec le demandeur, soit avec le défendeur en faux, à d'autres fins que celle d'une poursuite de
faux principal ou incident, et qu'en conséquence il soit intervenu

un jugement sur le fondement de ladite pièce comme véritable.
C. p. 214.

27. L'inscription de faux est la déclaration expresse et soumise à certaines formalités, par laquelle la partie annonce qu'elle tient pour fausse une pièce signifiée, communiquée ou produite. Cette formalité a son origine dans la loi romaine qui faisait de l'inscription une forme solennelle des accusations ; elle était passée dans le droit français pour prévenir l'abus des allégations de faux. Ce fut pour y porter remède que l'ordonn. de 1670 joignit à l'obligation de s'inscrire celle de consigner une amende. La seule formalité de l'inscription a été conservée par le C. de pr. Boncenne, 4, 25 et suiv.

Art. 1. — *Qui peut s'inscrire en faux ?*

28. La voie du faux incident est un moyen de défense dont peut faire usage toute partie habile ou autorisée à intenter l'action principale.

Ainsi, le tuteur, autorisé par le conseil de famille à demander la nullité d'un acte pour fraude et simulation, n'a pas besoin d'une autorisation spéciale pour s'inscrire en faux incident contre ce même acte. Toulouse, 2 mai 1827, S. 27, 150.

29. Mais le mandataire *ad litem* a besoin d'un pouvoir spécial et authentique. — V. *inf.* n° 60 et suiv.

50. L'inscription de faux peut être dirigée par ceux-là même qui ont concouru à la production de la pièce, et qui, ultérieurement, auraient eu de justes raisons de la suspecter. Vainement on argumente de ce qui avait lieu sous l'ordonn. de 1757, et de ce que le Code semble supposer que celui-là seul peut s'inscrire en faux à qui la pièce a été signifiée : en effet, la loi statue pour les cas les plus fréquens, et ne s'oppose pas à ce que l'action soit intentée au civil ou au criminel, toutes les fois qu'il y a intérêt. Montpellier, 16 juill. 1850, J. P. 1851, 1, 279; Carré, n° 865. — *Contrà*, Colmar, 19 juin 1828, S. 29, 18.

51. Elle peut l'être par ceux qui ont signé l'acte attaqué, par exemple un acte de mariage. Bourges, 25 mai 1822, S. 22, 515 ; — ou qui ont reconnu l'existence de l'acte. Bordeaux, 9 janv. 1829, P. 1829, 5, 565.

Art. 2. — *Contre quels actes?*

52. L'inscription de faux est admissible spécialement : contre la minute d'un arrêt : la généralité des termes de l'art. 214 n'admet pas d'exception ; on le jugeait d'ailleurs ainsi, sous l'ordonn. de 1757, dont le texte a passé dans l'art. 214. Parl. Paris 7 sept. 1740. Cass. 29 juill. 1807, S. 7, 1, 785;

26 mai 1812, 7 déc. 1818; 13 juin 1838 (Art. 1278 J. Pr.);
Merlin, R. v° *Inscription de faux*, § 1, n° 9.

33. Contre un acte privé. Merlin, *R*. v° *Inscription de faux*;
Carré, 1, 502. — La dénégation qui entraîne la vérification
n'exclut pas l'inscription de faux, si celui à qui l'on oppose un
acte sous seing privé préfère cette dernière voie, parce que, à la
différence de la vérification, le ministère public est présent à
tout, et que l'inscription de faux est plus propre que la vérification à inspirer au faussaire une frayeur capable de lui faire
abandonner l'acte faux, ou s'il ne le fait pas, à découvrir la
fausseté de cet acte. Pigeau, 1, 320; Thomine, art. 214; Boncenne, 4, 36.

34. Contre un livre de caisse produit devant des arbitres
chargés de procéder au réglement et à la liquidation d'une société. Montpellier, 16 juill. 1830, P. 1831, 1, 279.

35. Contre les chiffres insérés dans un acte. Carré, n° 866;
Merlin, *ib.*

36. L'inscription est admissible; — 1° bien que la pièce ait
été déjà reconnue véritable par jugement rendu, soit avec le demandeur, soit avec le défendeur, dans une instance autre que
celle en faux principal ou incident. C. pr. 214. Cette disposition est fondée sur le peu de confiance que la loi accorde à l'art
des experts, et sur le motif, tiré de l'intérêt public, que la procédure d'inscription peut conduire à découvrir l'auteur du faux.
Perrin. Rapport au corps législatif. Boncenne, 4, 36. — Peu
importe que la vérification ait eu lieu dans le cours même de
l'instance. Parl. de Paris, 13 juin 1691. D'Aguesseau, avocat-
général; Merlin, *ib.* n" 7; Carré, n° 863;

37. 2° Lors même que le faux ne serait pas de nature à être
puni par la loi pénale; par exemple, pour prouver qu'un testateur a antidaté son testament olographe. Cass. 16 déc. 1829,
S. 30, 25; — ou lorsque le faux a été commis sans intention
frauduleuse. Cass. 2 juin 1834 (Art. 51 J. Pr.); Boncenne,
4, 14. — Ainsi, l'inscription formée contre un exploit qui
énoncerait faussement qu'il a été remis à personne, ne peut
être rejetée par ce seul motif que l'huissier n'aurait pas agi
frauduleusement. Décr. 14 juin 1813, art. 45; Cass. 11 avr.
1837 (Art. 788 J. P.).

38. 3° Même après le jugement sur le faux principal, si la
décision n'a statué que sur la culpabilité des accusés, sans statuer
sur la vérité ou la fausseté du titre. Cass. 24 nov. 1824, S. 25,
174; — par exemple, lorsque la ch. d'accusation a déclaré n'y
avoir lieu à suivre. Cass. 12 août 1834, 20 avr. 1837 (Art. 68
et 1469 J. Pr.); lorsque le jury, sur la question de savoir si un
notaire est coupable d'avoir frauduleusement dénaturé, etc....,

a déclaré l'accusé non coupable. Caen, 15 janv. 1823, S. 24, 269. — V. *Discipline*, n° 4.

59. 4° Contre un acte qui constitue un individu débiteur envers un autre, encore que celui-ci prouve qu'il est créancier du demandeur en faux, la créance pouvant être-légitime et cependant l'acte être faux. Bordeaux, 22 juin 1831, P. 1831, 3, 555.

40. Dans tous les cas, il faut que le sort de la contestation principale dépende de la vérité ou de la fausseté de l'acte : tel est le.sens de ces mots de l'art. 244, *s'il y échet* suivant la maxime : *frustrà probatur quod probatum non relevat.* Merlin, *ib.* n° 13.

41. Les juges peuvent donc de prime abord rejeter la demande en inscription, si le faux ne doit avoir aucune influence sur la décision du fond. Cass. 8 mai 1827, 28 juill. 1827, 12 août 1829, S. 27. 503, 29, 299 ; — ou s'il résulte des circonstances du procès ou de l'état de la pièce, que l'acte argué de faux est sincère. Grenoble, 7 juill. 1810, P. 8, 445 ; 22 janv. 1810, S. 11, 161. Cass. 25 juill. 1827, P. 1828, 265 ; 23 août 1856 ; Nîmes, 1er mars 1837 (Art. 580 et 991 J. Pr.).

42. Mais l'inscription de faux n'est point recevable : 1° contre un titre vérifié précédemment entre les mêmes parties sur une plainte en faux principal ou incident, et jugé véritable. C. pr. 215. Cass. 4 mars 1817, S. 18, 85.

2° Dans les questions d'état de filiation où la preuve testimoniale n'est pas admissible. C. civ. 323 ; Cass. 29 juin 1807, 28 mai 1809 ; Merlin, *Quest. de droit,* v° *Quest. d'état,* § 3 ; Berriat, p. 274. — Autrement on éluderait les dispositions de la loi sur la preuve testimoniale en matière de filiation.

43. L'inscription de faux n'est pas admissible contre une écriture déjà volontairement et explicitement reconnue, à moins que l'on n'ait été la dupe de quelque erreur ou de quelque surprise. Boncenne, 4, 56.

Dans ce cas, les trib. ont à apprécier l'importance de la reconnaissance émanée de la partie, et la décision dépend des circonstances. Ainsi ont été jugées admissibles les inscriptions de faux formées par une partie qui avait d'abord reconnu judiciairement la sincérité de sa signature et même avait exécuté le jugement de condamnation fondé sur cette reconnaissance. Cass. 10 avr. 1827, S. 27, 279 ; — et par des héritiers qui s'étaient inscrits en faux contre une lettre de change souscrite par leur auteur et qu'ils avaient d'abord reconnue et approuvée. Riom, 28 déc. 1850, S. 53, 510.

44. L'inscription contre quelques-unes des énonciations d'un acte, doit être écartée comme étant sans objet, et dès lors inutile, lorsque la fausseté de ces énonciations est reconnue par la partie adverse. Cass. 14 août 1837 (Art. 1468 J. Pr.).

45. L'inscription de faux est, suivant les circonstances, nécessaire ou facultative, pour détruire la foi due à l'acte signifié, communiqué ou produit.

46. En principe, l'inscription de faux est nécessaire pour détruire la foi due à l'acte authentique, ou regardé comme tel par la loi. C. civ. 1319, 1322. Cass. 19 nov. 1835 (Art. 249 J. Pr.).

Ce principe souffre plusieurs exceptions :

47. 1° Il faut distinguer dans les actes authentiques les énonciations et déclarations qui ont le caractère de l'authenticité, et qui, par conséquent, ne peuvent être détruites que par la voie de l'inscription de faux, de celles qui n'ont pas ce caractère. — V. *Huissier.*

Par exemple, l'attestation d'un notaire dans un testament authentique que le testateur était sain d'esprit ; ses déclarations sur le domicile des parties ou des témoins, ou sur leurs qualités, ne font pas pleine foi en justice, parce qu'à cet égard les attestations ou déclarations du notaire sont susceptibles d'erreur. Thomine, 1, 582. — L'inscription de faux n'est pas indispensable pour les détruire. Bruxelles, 15 avr. 1811 ; Trèves, 18 nov. 1812, S. 12, 18 ; 15, 366.

Il en est autrement de la déclaration du notaire, que le testateur a dicté son testament, que les témoins étaient présens à l'acte, etc. Cass. 22 nov. 1810 ; Limoges, 13 déc. 1813, S. 11, 73 ; 15, 275 ; Carré, art. 214. — Dans ce dernier cas, les déclarations du notaire s'appliquant à des faits qu'il est dans son ministère de constater, ont un caractère authentique ; aucune preuve ne peut être admise contre ces déclarations, tant que le testament n'est pas attaqué par la voie du faux. Grenoble, 5 août 1829, P. 1831, 1, 125.

48. 2° L'inscription n'est pas une nécessité imposée par la loi aux juges, mais bien une faculté qu'elle leur accorde, et dont ils peuvent ne pas user lorsque la preuve du faux leur est déjà pleinement acquise. Cass. 10 avr. 1838 (Art. 1234 J. Pr.). — *Contrà*, Cass. 2 juin 1834 (Art. 31 J. Pr.). Suivant cet arrêt l'inscription de faux doit être admise toutes les fois que, l'inscription étant écartée, l'exécution de l'acte deviendrait inévitable (— V. sur cet arrêt nos observations, *Ib.* J. Pr.).

49. 3° L'inscription de faux n'est pas nécessaire, et l'acte, même authentique, peut être écarté sans cette formalité, 1° lorsque le faux est matériel. Cass. 14, flor. an 10, 18 août 1813, 28 févr. 1821, S. 3, 2, 605 ; 14, 40 ; 22, 11 ; Bordeaux, 7 mars 1831, P. 1831, 2, 454 ; Favard, v° *Faux incident.* — Dans ce cas, en effet, le faux peut être tellement frappant, qu'il rende frustratoire la procédure destinée à le découvrir. Merlin, *Quest. de droit*, v° *Inscription de faux*, § 1.

50. 4° L'inscription de faux n'est pas nécessaire, quand l'erreur contenue dans l'acte est évidente. Ainsi, lorsque dans l'expédition d'un jugement, un juge se trouve mal à propos porté au nombre de ceux qui y ont pris part, la preuve qu'il n'y a pas concouru peut se faire par la simple représentation du plumitif ou de la feuille d'audience, où son nom ne serait pas porté. Cass. 13 juill. 1808, P. 7, 19.—La C. cass. peut, en refusant la permission de s'inscrire en faux, et sur la représentation du plumitif établissant la fausseté du fait, annuler l'arrêt dénoncé. Cass. 13 juin 1838 (Art. 1278 J. Pr.).

51. L'inscription de faux n'est pas nécessaire non plus, lorsque l'acte est attaqué pour fraude; les cas de fraude font exception aux règles du droit sur la foi due aux actes authentiques. Cass. 31 juill. 1855, P. 1855, 3, 436, 2 mars 1837 (Art. 849 J. Pr.); Thomine, art. 214. — *Contrà*, Carré n° 867.

Art. 3. — *A quelle époque peut avoir lieu l'inscription?*

52. L'action en faux incident constitue une défense à l'action principale : de là plusieurs conséquences :

53. L'inscription de faux peut être faite en tout état de cause, en première instance comme en appel, Paris, 17 juill. 1810, P. 8, 467, — encore bien que l'on ait plaidé au fond et demandé la nullité par d'autres motifs. Montpellier, 28 févr. 1810 ; Paris, 30 août 1810 ; Amiens, 27 mars 1813, S. 14, 319, 336, 391 ; Thomine, art. 214.

54. Mais elle n'est plus admissible après les conclusions du ministère public. Berriat, 276, note 14.—V. *Conclusions*, n° 15.

55. L'action en faux incident n'est pas prescriptible suivant la règle, *Quæ temporalia sunt ad agendum, sunt perpetua ad excipiendum.* Jousse, *Justice criminelle*, 3, 393. — Elle est donc admissible, quoique l'action publique pour la punition du faux et l'action civile pour la réparation du délit, soient éteintes par la prescription. Cass. 26 mars 1829, P. 1829, 2, 575.

Art. 4. — *Dans quelle forme l'inscription doit être faite.*

56. Celui qui veut s'inscrire en faux est tenu préalablement de sommer l'autre partie, par acte d'avoué à avoué, de déclarer si elle veut ou non se servir de la pièce, avec déclaration que, dans le cas où elle s'en servirait, il s'inscrira en faux. C. pr., 215.

57. Après cette sommation, le trib. ne peut pas, sans y avoir égard et sans motiver le rejet de l'inscription, prononcer des condamnations fondées sur la pièce contre laquelle l'inscription de faux a été proposée. Cass. 12 nov. 1828, P. 1829, 2, 530.

58. La loi n'exige pas que la sommation soit signée du demandeur en faux ; mais il est prudent pour l'avoué qui, par ce premier acte, commence une procédure dont les conséquences peuvent être très graves, de se munir d'un pouvoir spécial, afin de se mettre à l'abri d'une action en *désaveu* (— V. ce mot). Carré, n° 869.

59. Dans les huit jours, la partie sommée doit faire signifier, par acte d'avoué à avoué, sa déclaration, si elle entend ou non se servir de la pièce arguée de faux. C. pr. 216.

La réponse doit être claire, formelle, sans restriction, sans équivoque, en un mot par oui ou par non. Carré, n° 875.

Toutefois le vœu de la loi est suffisamment rempli par la déclaration qu'on entend en *tel sens* une énonciation insérée dans la pièce attaquée, sans ajouter qu'on veut se servir de cette pièce. Rennes, 17 avr. 1818 ; Carré, n° 880 ; — ou par la déclaration de la partie qu'elle est dans l'intention de se servir de la pièce, tant qu'il ne lui sera pas démontré que cette pièce est fausse, alors que, d'après les circonstances, il n'est pas possible à la partie de savoir elle-même si la pièce est sincère ou non. Rouen, 5 déc. 1829, S. 31, 74.

60. Cette déclaration devient un lien judiciaire, et en conséquence excède les bornes d'un pouvoir général ; il faut qu'elle soit signée de la partie ou du porteur de sa procuration spéciale et authentique, dont copie est donnée avec la déclaration. C. pr. 216,— à peine du rejet de la pièce. Bordeaux, 9 janv. 1829, P. 1829, 3, 563 ; Carré, n° 878.

L'avoué ne peut répondre pour son client, car rien n'est plus essentiellement personnel que la déclaration de vouloir ou de ne vouloir pas se servir d'un écrit qu'on a produit. Boncenne, 4, 59. — V. *Désaveu*, n° 4.

61. Si la sommation est adressée à une maison de commerce plaidant sous une raison sociale, la réponse est valablement signée du nom de la raison sociale ; il n'est pas nécessaire qu'elle soit revêtue de la signature individuelle de chacun des associés. Montpellier, 2 déc. 1854, S. 35, 155.

62. La déclaration peut être faite par le cessionnaire des droits résultant de l'acte, et dont la cession est postérieure à la sommation. Les demandeurs en faux sont d'ailleurs non recevables à critiquer la réponse, lorsqu'ils ont fait au greffe la déclaration qu'ils entendaient s'inscrire en faux contre l'acte. Cass. 8 mars 1852, P. 1852, 3, 451.

63. Le délai de huitaine doit être augmenté à raison de la distance du domicile de la partie au domicile de son avoué, puisque ce dernier ne peut, sans la participation de la partie, répondre à la sommation du demandeur en faux. Thomine, art 216; Carré, n° 872; Boncenne, 4, 60, 65. — L'ord. de 1737, tit. 2, art. 10, le décidait formellement et avait même égard, pour la prorogation du délai, à la difficulté des chemins.

64. Le délai de huitaine n'est pas fatal. Rennes, 9 août 1809, P. 7, 755; Rouen, 24 août 1816, 5 déc. 1829; Bordeaux, 31 déc. 1823, S. 18, 291; 31, 74; 24, 272.

Le défendeur peut encore répondre lorsque la déchéance a été demandée; car l'art. 217 C. pr. n'a d'autre effet que d'ouvrir, après le délai de huit jours, au demandeur, l'action pour faire prononcer le rejet de la pièce. Le juge, d'après cet article, a le droit de statuer sur l'incident et de juger d'après les débats des parties, et suivant les circonstances, si la pièce doit-être rejetée ou non. Rouen, 5 déc. 1829, S. 31, 74; Orléans, 9 fév. 1837; Cass. 8 août 1837 (Art. 781, 982 J. Pr.); Cass. 14 août 1838 (Art. 1281 J. Pr.).

Il suit de là que la réponse peut être faite, tant que le demandeur n'a pas fait prononcer le rejet de la pièce.

65. Les juges d'appel en infirmant la sentence qui décide le contraire, peuvent renvoyer pour l'inscription de faux devant un trib., autre que celui qui a rendu le jugement réformé : l'art. 472 C. pr. consacre une règle générale à laquelle il n'est permis de déroger que dans les cas d'exception légalement prévus, et l'inscription de faux n'est pas exceptée de la règle. Cass. 8 août 1837 (Art. 982 J. Pr.).

66. Le trib. peut proroger le délai de huitaine sur la demande de l'avoué, si son client est malade ou absent, ou dans l'impuissance de faire la déclaration. Angers, 21 janv. 1809, S. 9, 504; Carré, Thomine, art. 216.

67. La partie n'est pas tenue de satisfaire à la sommation, si elle a à proposer des exceptions sur lesquelles il doit être statué préalablement. Ainsi l'intimé qui propose des fins de non recevoir contre l'appel, n'est pas tenu de répondre dans la huitaine à la sommation qui lui a été faite de déclarer s'il entend se servir de la pièce arguée de faux : il ne pourrait faire cette réponse sans déroger aux fins de non recevoir. Le délai de huitaine court du jour où les fins de non recevoir sont repoussées. Angers, 21 janv. 1809, P. 7, 328.

68. Si le défendeur à la sommation ne fait pas la déclaration prescrite, ou s'il déclare qu'il ne veut pas se servir de la pièce, le demandeur peut se pourvoir à l'audience, sur un simple acte, pour faire ordonner que la pièce maintenue fausse sera rejetée par rapport au défendeur, sauf au demandeur à en tirer telles inductions ou conséquences qu'il jugera à propos, et à former telles demandes qu'il avisera pour ses dommages et intérêts. C. pr. 247.

Le demandeur peut tirer un moyen des faits énoncés dans la pièce dont le rejet est prononcé : par exemple, si la pièce est vraie en partie, et que cette partie vraie lui soit favorable, et déduire de la production de la pièce, suivie du silence de l'adversaire, telles conséquences qu'il appartient.

La pièce n'est donc pas généralement rejetée de la cause; c'est une conséquence de la maxime : *quod produco non reprobo*, et une peine de la mauvaise foi du défendeur. Berriat, p. 277.

69. Le demandeur est encore recevable à réclamer des dommages-intérêts ; par exemple, si la production de la pièce a nui à son crédit, à sa réputation, ou a retardé le jugement. Pigeau, 1, 326 ; Boncenne, 4, 73.

Mais l'allocation des dommages-intérêts dépend du résultat de l'action sur le faux. Angers, 25 avr. 1822, P. 3, 116.

70. Si l'affaire est en état, la partie peut à la fois requérir le rejet de la pièce, et demander que ses conclusions au fond lui soient adjugées. Carré, n° 888.

Toutefois il en est autrement s'il s'agit d'un acte de mariage ; quand l'époux défendeur à une demande en nullité de mariage, déclare sur la sommation à lui faite, qu'il ne veut point se servir de cet acte, ou ne fait aucune réponse à la sommation, le juge, ne doit pas pour cela seul ordonner le rejet de la pièce comme fausse. Rejeter l'appel sur ce seul motif, ce serait admettre indirectement un divorce par consentement mutuel. Riom, 16 juin 1828, S. 28, 193. — *Contrà*, Riom, 3 juill. 1826, S. 27, 11.

71. Le défendeur qui a déclaré qu'il entend se servir de la pièce, peut, en tout état de cause, y renoncer. Favard, v° *Faux incident*, Carré, n° 877.

Mais après sa déclaration négative, il ne peut revenir contre ce désistement formel et judiciaire, à moins qu'il ne prouve qu'il a été causé par erreur, dol, fraude ou violence. Favard, *ib.* — Il ne peut plus se servir de la pièce au même procès. Jousse. *Inst. crim.* 3, 414 ; Carré, n° 876.

72. Si le défendeur déclare qu'il veut se servir de la pièce, le demandeur déclare par acte au greffe signé de lui ou de son fondé de pouvoir spécial et authentique, qu'il entend s'inscrire en faux. C. pr. 218.

73. Lorsque la partie ne sait pas signer, le greffier ne peut y suppléer par une déclaration ; il faut dans ce cas désigner devant notaires un mandataire qui sache signer. Carré, n° 886.— V. toutefois *Douane*, n° 54.

74. La signature du mari, dans le cas d'une inscription de faux poursuivie au nom de la femme, est insuffisante : la qualité de mari et de chef de la communauté ne supplée pas au pouvoir spécial. Besançon, 18 mars 1807, P. 5, 754.

75. L'avoué du demandeur peut faire lui-même la déclaration d'inscription, pourvu qu'il ait un pouvoir spécial. — Dans ce cas, il signe, tant comme avoué que comme mandataire. Carré, n° 885.

Jugé que la disposition de l'art. 218, qui exige un pouvoir spécial, ne concerne pas les avoués, et qu'ils peuvent sans ce pouvoir faire la déclaration d'inscription. — Toulouse, 2 mai 1827, S. 27, 150.

76. La loi ne fixe point de délai pour l'inscription à faire au greffe. Elle peut avoir lieu tant que le défendeur ne poursuit pas. Thomine, art. 218.

77. Après la déclaration, le demandeur poursuit l'audience sur un simple acte, à l'effet de faire admettre l'inscription, et de faire nommer le juge-commissaire devant lequel elle sera poursuivie. C. pr. 218.

78. Le défendeur en faux incident, peut exercer un recours en garantie contre l'auteur ou rédacteur de la pièce arguée de faux, — à moins qu'il n'ait laissé passer les délais fixés par l'art. 175 C. pr., surtout si l'affaire est déjà en appel, sauf toutefois le droit que conserve la partie de former sa demande en garantie par action principale, en parcourant, s'il y a lieu, les deux degrés de juridiction. Cass. 2 avr. 1828, S. 28, 177.

79. Le demandeur peut se désister de son inscription. C. pr. 247. Carré, n° 883. — Mais ce désistement n'arrête ni ne suspend l'action publique. C. inst. crim. 4. — Il peut, s'il s'agit d'un acte privé, déclarer qu'il dénie simplement la signature qui lui est opposée, ou qu'il ne la reconnaît pas.

80. Lorsque le défendeur a répondu qu'il entendait se servir de la pièce, si le demandeur, au lieu de déclarer l'inscription de faux, se pourvoit en faux principal, il est réputé avoir abandonné l'instance en faux incident. Rennes, 9 août 1809; Carré, art. 218.

Art. 5. — *Jugement sur l'inscription.*

81. Il est statué par jugement sur l'admission ou sur le rejet de l'inscription. C. pr. 218, 219.

82. En cas d'admission, on nomme en même temps le juge-commissaire devant lequel sera poursuivie l'inscription. C. pr. 218, 219. — Ce juge peut être récusé. C. pr. 257. — V. *Récusation.*

83. Le trib. ne saurait statuer à la fois sur l'admission de l'inscription et sur le mérite des moyens de faux : par une sage lenteur la loi a fixé à la procédure en cette matière, trois degrés qu'il faut successivement parcourir, et qui doivent être remplis par un jugement spécial et séparé; le premier qui admet ou rejette l'inscription de faux; le second qui statue sur les moyens de faux; le troisième qui juge le faux. Rennes, 4 mai 1812,

S. 15, 101; Favard, v° *Faux incident*, § 2, n° 5, — alors même que les moyens auraient été cumulativement présentés par la partie. Riom, 24 juill. 1826, S. 28, 157. — *Contrà*, Colmar, 5 fév. 1831, S. 31, 342.

84. Le jugement qui prononce l'admission d'une inscription de faux incident, est interlocutoire et non préparatoire. Colmar, 27 janv. 1832, P. 1832, 2, 57.

85. Le jugement doit être rendu sur l'audition du ministère public C. pr. 251 ; — à peine de nullité. Paris, 29 avr. 1809, P. 7, 532.

86. L'appréciation des faits et des circonstances qui servent de base à la demande en inscription de faux, est dans les attributions exclusives du trib. saisi de l'affaire. Sa décision est souveraine et ne peut donner ouverture à cassation. Arg. C. pr. 214; Cass. 4 mars 1817, S. 18, 83; 7 juill. 1835 (Art. 1425 J. Pr.).

87. Lorsque l'inscription a été formée, s'il s'agit d'un faux matériel dont l'existence peut être constatée ou repoussée par la seule inspection de l'acte, les juges peuvent, sans recourir à une expertise, déclarer s'il y a ou s'il n'y a pas de faux. Cass. 25 mars 1835 (Art. 39 J. Pr.).

Art. 6. — *Effets de l'inscription.*

88. En cas d'inscription de faux incident, le trib. peut, suivant les circonstances, suspendre provisoirement l'exécution de l'acte authentique. C. civ. 1319.

89. La loi a laissé au juge le soin de déterminer l'époque de cette suspension, qui a lieu, suivant les circonstances, soit après le procès-verbal de l'état de la pièce, soit en admettant les moyens de faux; en un mot, dès que les circonstances sont telles qu'il y a suspicion. Le plus ordinairement, ce sera après l'admission des moyens de faux. Carré, n° 924. —V. *inf.* n° 136.

90. Quant aux effets de la plainte en faux principal. — V. *sup.* n° 7.

§ 5. — *Dépôt des pièces arguées de faux et des minutes de ces pièces.*

91. Dans les *trois jours de la signification* à lui faite du jugement qui a admis l'inscription et nommé le commissaire, le défendeur est tenu de remettre au greffe la pièce arguée de faux. C. pr. 219.

92. Ce délai n'est pas augmenté à raison des distances : la présence de la partie n'est pas nécessaire. L'art. 94 Tarif, accorde un droit de vacation à l'avoué, non pour *assister* à l'acte de remise de la pièce, mais pour la déposer.

Toutefois, les juges peuvent accorder un nouveau délai, suivant les circonstances. Il en était autrement sous l'ordonn. de

10.

1737. Merlin, *Rép.* v°*Inscription de faux*; mais l'art. 249 C. pr. ne prononce aucune déchéance, même implicite. Cass. 2 fév. 1826, S. 27, 151; Paris, 4 août 1809, S. 14, 417; Carré, n° 892; Boncenne, 4, 80.—*Contrà*, Besançon, 18 juill. 1811, S. 14, 529.

93. La demande en déchéance, formée pour la première fois en appel, n'est pas recevable. Cass. 2 fév. 1826, P. 1826, 3, 164.

94. L'avoué, par la faute de qui le dépôt n'a pas eu lieu en temps utile, est passible des frais de l'incident. Paris, 4 août 1809, S. 14, 417.

95. Le défendeur doit signifier au demandeur l'acte de mise au greffe dans les trois jours du dépôt. C. pr. 219.

96. Si le défendeur ne satisfait pas à ce qui est prescrit par l'art. 219, dans le délai fixé par la loi ou par le jugement, le demandeur peut, ou se pourvoir à l'audience pour faire statuer sur le rejet de la pièce, suivant l'art. 217, ou demander, s'il le préfère, qu'il lui soit permis de faire remettre la pièce au greffe, à ses frais. C. pr. 220.

La demande du rejet de la pièce doit être appuyée d'un certificat du greffier, constatant que la pièce n'a pas été déposée. Favard, v° *Faux incident*, § 2.

97. Le demandeur qui fait remettre la pièce au greffe est remboursé des frais par le défendeur, comme de frais *préjudiciaux*. C. pr. 220; — c'est-à-dire sans attendre l'issue de la contestation. Carré, art. 220, note 1; Boncenne, 4, 85.

Il lui en est délivré exécutoire. C. pr. *ib.*

98. S'il y a minute de la pièce arguée de faux, et qu'il soit utile de la comparer à l'expédition pour juger le faux de celle-ci, l'apport de cette minute peut être ordonné:

1° Sur la réquisition du demandeur, par le jugement qui statue sur l'admission de l'inscription: cette procédure a l'avantage d'économiser le temps et les frais. Pigeau, 1, 527;

99. 2° Ou même d'*office*, par le trib. (ou par le juge-commissaire, Paris, 14 fév. 1825, P. 1826, 1, 26), — comme moyen d'instruction. Peu importe que la disposition de l'art. 16, tit. 2, ordonn. 1737, qui consacrait ce droit ne soit pas reproduite dans l'art. 222 C. pr.; Boncenne, *ib.*, p. 85. — *Contrà*, Carré, n° 895.

100. 3° Ou ultérieurement sur la requête présentée par le demandeur au juge-commissaire. C. pr. 221; Tar, 76.

Au bas de la requête, le juge permet d'assigner le défendeur à comparaître devant lui à jour fixe. La sommation a lieu par acte d'avoué à avoué. Tar, 70.

Au jour indiqué, le juge-commissaire ordonne, s'il y a lieu, que le défendeur sera tenu, dans un délai qu'il détermine, de faire apporter la minute au greffe, et que les dépositaires d'icelle y seront contraints , les fonctionnaires publics par corps, et ceux qui ne le sont pas , par voie de saisie, amende, et même par corps, *s'il y échet.* C. pr. 221. — V. *Emprisonnement*, n° 28.

101. Lorsqu'il y a doute , et que le juge-commissaire ne veut pas prendre sur lui de décider, il ordonne qu'il en sera par lui référé au trib. au jour qu'il fixe. Pigeau, 1 , 554. — Sans qu'il soit besoin de sommation : le défaillant doit s'imputer de ne s'être pas trouvé devant le juge-commissaire. Arg. C. pr. 1054 ; Carré , n° 898.

102. On doit, en général , attendre l'apport de la minute pour instruire la procédure ; cependant , il est laissé à la prudence du trib. d'ordonner, sur le rapport du juge-commissaire, qu'il sera procédé à la continuation de la poursuite du faux, sans attendre cet apport ; comme aussi de statuer ce qu'il appartiendra en cas que la minute ne puisse être rapportée, ou qu'il soit suffisamment justifié qu'elle a été soustraite ou qu'elle est perdue. C. pr. 222. — Ou de statuer sur les incidens ; par exemple, d'ordonner, soit le compulsoire des minutes du notaire, s'il déclare que la minute ne s'y trouve pas , soit la mise en cause de celui qui serait suspect de l'avoir soustraite. Thomine , art. 222.

103. L'impossibilité d'apporter la minute doit être constatée par certificat ou déclaration de la personne que l'on supposait en être détenteur ; — sans qu'il soit nécessaire, comme autrefois, de déléguer un commissaire pour dresser un procès-verbal de perquisition sur les répertoire et registre du dépositaire. Carré, n° 899 , note 2.

MM. Delaporte, 1 , 221, et Demiau , p. 174 , exigent un procès-verbal de perquisition. — Il faudrait, dans ce système, remplir les formalités prescrites pour un *compulsoire.* — V. ce mot. — L'appréciation de la preuve nous paraît devoir être laissée au trib. qui se décidera suivant les circonstances de la cause, et suivant la confiance que mériteront les déclarations des dépositaires. Arg. C. pr. 222.

104. S'il y a preuve que la minute n'existe pas, le trib. peut juger qu'il n'y a lieu de donner suite à l'inscription de faux. Colmar, 1er fév. 1812, P. 10, 84.

105. L'ordonnance du juge-commissaire ou la décision du trib. sont signifiées au défendeur qui les signifie lui-même au détenteur de la minute. C. pr. 224 ; Boncenne, 4, 88.

106. Si le dépositaire de la minute est trop éloigné ou ne peut l'apporter lui-même, le trib. peut ordonner qu'elle sera envoyée au greffe par les voies qu'il indique. Arg. C. pr. 201, 242 ; Carré, n° 903.

107. Le délai pour l'apport de la minute, à l'égard de ceux qui l'ont en leur possession, court du jour de la signification à leur domicile de l'ordonnance ou du jugement qui le prescrit. C. pr. 223.

Quant au défendeur, le délai qui lui a été fixé pour faire apporter la minute court du jour de la signification de l'ordonnance ou du jugement à son avoué. C. pr. 224.

108. Il résulte de ces deux dispositions que le juge-commissaire ou le trib. doivent fixer un premier délai au défendeur pour les diligences qu'il doit faire, et un second délai dans lequel l'apport de la minute sera effectué par ceux qui l'ont en leur possession. Carré, n° 904.

109. Les diligences prescrites au défendeur sont remplies par la signification qu'il fait aux dépositaires dans le délai déterminé, de la signification qui lui a été faite de l'ordonnance ou du jugement (— V. *sup.* n° 107), sans qu'il soit besoin, par lui, de lever expédition de l'ordonnance ou du jugement. C. pr. 224.

110. Si le dépositaire est personne publique, il peut faire préalablement une expédition ou copie collationnée des pièces, qui est vérifiée sur la minute ou original par le président du trib. de l'arrondissement, qui en dresse procès-verbal. C. pr. 245, 203. — V. *Vérification d'écriture.*

Cette expédition ou copie est mise par le dépositaire au rang de ses minutes, et pour en tenir lieu jusqu'au renvoi des pièces. C. pr. 205, *ib.*

111. Faute par le défendeur d'avoir fait les diligences nécessaires pour l'apport de la minute dans le délai prescrit, le demandeur peut se pourvoir à l'audience, à l'effet de faire statuer sur le rejet de la pièce arguée de faux, suivant l'art. 217. C. pr. 224. — En conséquence, le défendeur doit dénoncer au demandeur, par un nouvel acte, qu'il a fait ses diligences, afin que le dépositaire apporte la pièce. Carré, n° 902. — V. *sup.* n° 111.

112. La remise de la pièce prétendue fausse, et, s'il y a lieu, de la minute, étant faite au greffe, l'acte en est signifié à l'avoué du demandeur, avec sommation d'être présent au procès-verbal de l'état de la pièce. C. pr. 225, — aux lieu et heure fixés par le juge-commissaire. Carré, n° 914.

113. Trois jours après cette signification, il est dressé procès-verbal de l'état de la pièce. C. pr. 225.

114. Ces trois jours courent de celui où l'acte de mise au greffe est notifié au demandeur. — Toutefois, si le procès-verbal était fait après ce délai, il n'y aurait ni nullité, ni déchéance; la loi n'en prononce pas. Pigeau, 1, 550.

115. Si c'est le demandeur qui a fait faire la remise (— V. *sup.* n° 96), le procès-verbal est fait à sa requête dans les trois jours de la remise, sommation préalablement faite au défendeur d'y être présent. C. pr. 225.

116. La partie poursuivante doit demander au juge-commissaire, par requête (Arg. Tar. 76), une ordonnance indiquant le jour auquel sera dressé le procès-verbal. Pigeau, 1, 330. — Suivant M. Thomine, n° 267, cette requête est inutile.

117. Si, en vertu de l'ordonnance ou du jugement, les minutes ont été apportées, le procès-verbal est dressé conjointement, tant des minutes que des expéditions arguées de faux, dans les délais ci-dessus prescrits. C. pr. 226.

118. Le retard dans l'apport ou l'envoi des minutes ne peut préjudicier à l'instruction de l'incident; le trib. ordonne, suivant l'exigence des cas, qu'il soit d'abord dressé procès-verbal de l'état des expéditions, sans attendre l'apport des minutes. C. pr. 226. — Alors il est dressé séparément procès-verbal des minutes (*ib.*), — en la même forme que le procès-verbal de la pièce arguée de faux.

119. Le procès-verbal est dressé par le juge-commissaire, en présence du procureur du Roi, du demandeur et du défendeur, ou de leurs fondés de procurations authentiques et spéciales. C. pr. 227. — Dans le cas de non-comparution de l'une ou de l'autre des parties, il est donné défaut et passé outre. *Ib.*

120. Le procès-verbal doit contenir mention et description des ratures, surcharges, interlignes, et autres circonstances du même genre. C. pr. 227 : — Par exemple, il doit faire connaître l'état du papier, s'il est neuf, usé, déchiré, taché, gratté...; la nature de l'encre, l'écriture, etc. Berriat, 278, note 30. — Si l'une des parties omet alors de requérir un apurement qu'elle croit être dans son intérêt, elle est non-recevable à le demander plus tard. Rennes, 21 déc. 1814; 13 fév. 1815, P. 12, 588; Carré, art. 227, note 1.

Les pièces et minutes sont paraphées par le juge-commissaire et le procureur du Roi, par le défendeur et le demandeur, s'ils peuvent ou veulent les parapher, sinon il en est fait mention. C. pr. 227. — Le procureur du Roi est prévenu de se présenter par la notification qui lui est faite de l'ordonnance du juge-commissaire.

121. Le demandeur, ou son avoué (ou son avocat, Thomine, art. 228), peut, en tout état de cause, prendre communication des pièces arguées de faux, par les mains du greffier, sans déplacement et sans retard. C. pr. 228. — Il a le droit de se faire assister par un conseil expert en écriture. Carré, n° 907.

122. Il ne faut pas induire du silence de l'art. 228, à l'égard du défendeur, que la communication lui soit interdite; autrement, ce serait gêner la défense, et rappeler les rigueurs de l'ordonnance de 1737, proscrites par la nouvelle législation. —

Seulement on peut entourer de plus de précautions cette communication. Thomine, art. 228 ; Carré, n° 908.

§ 6. — *Preuves du faux.*

Art. 1. — *Moyens de faux.*

125. Dans les huit jours qui suivent le procès-verbal, le
demandeur est tenu de signifier au défendeur ses moyens de
faux. C. pr. 229.

124. Si deux procès-verbaux ont été faits séparément, l'un
pour l'expédition ou la copie, et l'autre pour la minute, le
délai ne court qu'à compter du dernier. Boncenne, 4, 94 ;
Carré, n° 909.

125. Le demandeur doit renfermer dans ces moyens les faits,
circonstances et preuves par lesquels il prétend établir la falsification. C. pr. 229. — Il ne suffit pas de simples allégations,
d'une dénégation des faits attestés par l'acte attaqué, et de
l'offre de prouver, par les voies de droit, que ces faits ne sont
pas vrais. Besançon, 31 janv. 1809, P. 7, 544 ; Douai, 19
déc. 1828, S. 30, 64 ; Toulouse, 15 déc. 1831, S. 52, 427 ;
Cass. 31 janv. 1825, S. 25, 599 ; 23 mars 1835 (Art.
244 J. Pr.).

Ainsi, pour prouver le *faux* d'un procès-verbal, en tant qu'il
affirme ou constate certains faits, il faut non seulement dénier
ce qui est affirmé, mais encore indiquer des faits et des circonstances incompatibles avec les faits déniés. Riom, 28 août
1810, P. 8, 577 ; Cass. 18 fév. 1813, S. 15, 247 ; Nanci,
24 juill. 1833, S. 55, 90.

126. Faute par le demandeur d'avoir signifié les moyens de
faux dans le délai prescrit, le défendeur peut se pourvoir à l'audience pour faire ordonner, *s'il y échet*, que le demandeur demeurera déchu de son inscription en faux. C. pr. 229.

127. *S'il y échet.* La déchéance n'est pas encourue de droit ;
elle peut ne pas être prononcée, si la requête a été signifiée
après le délai, mais avant le jugement ; — dans le cas même
où la requête n'a pas été signifiée au moment où il s'agit de
statuer, le trib. peut proroger le délai, si le demandeur justifie
son retard. Nîmes, 4 mars 1822, S. 24, 155 ; Carré, art. 229.

128. Le demandeur est recevable, après une première requête, et dans l'intervalle qui s'écoule entre la signification des
moyens de faux et le jugement, à notifier de nouveaux moyens.
Serpillon, art. 27 ; Ordonn. 1737 ; Carré, n° 911.

129. On ne peut plaider à l'audience que ceux qui ont été
signifiés : il faut que le défendeur, avant de répondre, ait le
temps de vérifier la pièce et d'examiner jusqu'à quel point les
moyens qu'on lui oppose sont fondés. Carré, n° 912.

130. Le défendeur *est tenu*, dans les huit jours de la signification des moyens de faux, *d'y répondre par écrit.* C. pr. 230.— Il ne doit pas se borner à produire ses moyens à l'audience. Boncenne, p. 99. — *Contrà*, Carré, n° 914, Arg. C. pr. 154; — la disposition exceptionnelle de l'art. 230 s'explique par la situation du défendeur qui, après l'admission de l'inscription, est dans une sorte de suspicion ; et l'on comprend que, dans une procédure qui peut amener la découverte d'un crime, la loi impose au défendeur l'obligation de consigner d'abord par écrit ses réponses aux moyens de faux.

131. Le délai fixé pour la réponse n'est que comminatoire (— V. *sup.* n° 127). Le défendeur répond valablement après la huitaine, et jusqu'au jugement. Carré, n° 913.

132. Si le défendeur ne répond pas, le demandeur peut se pourvoir à l'audience pour faire statuer sur le rejet de la pièce. — V. *sup.* n° 70, C. pr. 230.

133. Les moyens de faux et les réponses sont exposés par requêtes grossoyées. Tar. 75.

Art. 2. — *Jugement sur les moyens de faux.*

134. Trois jours après les réponses, la partie la plus diligente peut poursuivre l'audience à l'effet de faire statuer sur les moyens de faux. C. pr. 231.

135. Le jugement admet ou rejette les moyens de faux en tout ou en partie. C. pr. 231.

136. Suivant la qualité des moyens et l'exigence des cas, il est ordonné, s'il y échet, que ces moyens, ou aucun d'eux, *demeureront joints, soit à l'incident en faux, si quelques-uns ont été admis, soit à la cause ou au procès principal.* C. pr. 231. Par exemple, dit M. Boncenne, 4, 103, « Je soutiens que tel acte est faux; que ma signature a été contrefaite, et qu'il est impossible que ce soit la mienne, parce que, le jour où l'on prétend que cet acte a été passé, j'étais fort éloigné du lieu de sa date. Évidemment, si l'alibi est constaté par des titres inattaquables, ou par une imposante réunion de témoignages, il ne sera pas nécessaire de recourir aux conjectures des experts pour juger de la fausseté de ma signature; toutefois, en admettant le moyen fondé sur l'*alibi*, le trib. ne rejetera point ceux qui sont tirés de l'état matériel de la pièce, mais *il les joindra à l'incident*, c'est-à-dire qu'il se réservera d'ordonner plus tard la vérification de la signature par experts pour le cas où l'enquête qu'il ordonne dès à présent ne produirait pas une preuve suffisante de l'*alibi*, c'est toujours l'incident qui marche, et le principal qui s'arrête jusqu'à ce que la question du faux soit jugée. »

Voici une autre hypothèse : « L'admissibilité d'un moyen de faux peut dépendre de l'examen préalable de quelques cir-

constances ou de quelques points de droit qui se rattachent à
la discussion de la cause principale. Ainsi, l'on s'est inscrit en
faux contre l'énonciation d'un acte portant qu'il a été reçu par
deux notaires, et l'on offre de prouver que l'un des notaires n'y
était pas présent; mais, avant que cette offre puisse être prise
en considération, il faut vider une grande question, savoir, qui
doit l'emporter ou de l'autorité de la loi, ou de l'autorité de
l'usage... De la solution de la question dépendront la pertinence
et l'admissibilité du moyen de faux ; c'est donc le cas de le
joindre à la cause ou au procès principal. A son tour, la poursuite
de l'incident va rester suspendue jusqu'à ce que le trib. décide
ou qu'il y a lieu de la reprendre, ou qu'il n'est pas besoin de
s'y arrêter pour juger le procès principal... Ainsi, les moyens
qui tendent plus ou moins directement à la preuve du fait de la
fausseté sont admis ou joints à l'*incident;* ceux dont l'importance n'est pas assez caractérisée, assez décisive pour qu'il soit
indispensable de surseoir à l'instruction originaire, qui peuvent,
suivant les éventualités de la cause, s'y mêler ou même s'y
absorber, sont joints au *principal;* bien entendu qu'on y aura,
en définitive, tel égard que de raison. »

157. Mais joindre les moyens de faux au principal, ce n'est
pas dire qu'il sera statué sur le tout par un seul et même jugement ; on doit, dans tous les cas, prononcer particulièrement
sur l'incident de faux, avant de juger le principal ; il faut que
la pièce soit reconnue vraie ou qu'elle ait été rejetée du procès.
Ib. Carré, n° 916.

158. Lorsque les moyens constituent, en eux-mêmes, la
preuve du faux, le trib. peut, par le jugement qui statue sur
leur admission, déclarer de suite la pièce fausse, sans qu'il soit
besoin de recourir à des enquêtes ou expertises. Cass. 17 déc.
1855. S. 56, 68.

159. Le jugement qui prononce l'admission ou le rejet des
moyens de faux est interlocutoire. Carré, n° 917.

140. Ce jugement ne donne pas ouverture à la cassation.
Cass. 11 germ. an 9, P. 2, 145 ; 20 déc. 1856 (Art. 1470 J. Pr.).

141. S'il y a partage d'opinions, il est vidé par un ou plusieurs juges : l'art. 585 C. inst. crim. portant qu'en cas d'égalité
de voix, l'avis favorable à l'accusé l'emporte, ne s'applique
pas à l'incident de faux qui est purement civil. Carré, n° 918.

142. Ce jugement énonce expressément dans son dispositif
les faits qu'il admet. — Il ordonne 1° que ces faits seront
prouvés tant par titres que par témoins, devant le juge-commissaire, sauf au défendeur la preuve contraire. C. pr. 252, 253;

2° Qu'il sera procédé à la vérification des pièces arguées de
faux par trois experts écrivains qui sont nommés d'office. *Ib.*

143. Mais il n'y a pas nécessité d'ordonner à la fois ces

trois genres de preuves : l'une d'elles peut suffire. Jousse, t. 3,
p. 415 ; Cass. 17 mai 1850, P. 1850, 3, 198 ; Carré, n° 919.
— Par exemple, la preuve testimoniale, même lorsque l'inscription de faux est dirigée contre un jugement, et encore qu'il
n'existe aucun commencement de preuve par écrit ; Cass.
29 juill. 1807 ; Favard, v° *Faux incident*, — ou la preuve par
experts ; s'il s'agit par exemple de falsifications opérées à l'aide
de moyens qui ne peuvent être appréciés que par des hommes
de l'art. — D'ailleurs, le trib. peut, suivant les circonstances,
ordonner, soit d'office, soit sur la réquisition des parties, la
preuve qui aurait été omise. Carré, *ib.*, note.

144. Si les trois genres de preuves ont été ordonnés, la loi,
par son silence, laisse au juge-commissaire ou au trib. le soin
de décider, suivant les circonstances, dans quel ordre il sera
procédé.

L'enquête peut fournir des documens utiles à l'expertise :
les experts ne doivent opérer ni avant ni pendant l'enquête ;
il faut attendre que celle-ci soit terminée, afin que si les témoins
présentent eux-mêmes quelques pièces importantes, ou mettent
sur la voie de quelques découvertes, de quelques indices du
faux, ces nouveaux documens soient soumis aux experts.
Arg. C. pr. 256 ; Thomine, *ib.* ; Carré, n° 928, Boncenne,
p. 128.

La preuve par titres peut être jointe aux deux autres par le
jugement ; mais le plus souvent elle est ordonnée et pratiquée
seule : dans le cas par exemple où il ne s'agit que de prouver
par pièces, une antidate, ou la fausseté d'un acte passé sous le
nom d'un autre.

145. La preuve ne doit porter que sur les moyens expressément énoncés dans le dispositif du jugement. Peuvent néanmoins les experts faire telles observations dépendantes de leur
art qu'ils jugent à propos, sur les pièces prétendues fausses,
sauf aux juges à y avoir tel égard que de raison. C. pr. 253.

146. La preuve contraire est de droit, et le défendeur peut
y procéder par tous les moyens donnés au demandeur quand
même le jugement d'admission garderait le silence sur ce point.
Carré, n° 921.

Art. 3. — *Preuve par titres.*

147. La preuve par titres est celle que fournit la teneur
d'un écrit incontesté, par rapport aux énonciations de l'écrit
attaqué. Boncenne, p. 110.—Par exemple, on prouve l'*alibi* de
celui sous le nom duquel l'acte a été passé, par un autre acte
non contesté justifiant qu'il était alors dans un lieu éloigné.
Serpillon, art. 3, tit. 1 ; Ord. 1737.

148. On observe dans l'audition des témoins les formalités prescrites pour les *enquêtes.* C. pr. 254. — V. ce mot, § 8.

149. Les témoins instrumentaires peuvent-ils être admis à déposer sur le faux ? On cite sous l'ancien droit pour la négative plusieurs arrêts de divers parlemens. Paris, 19 fév. 1659, 7 avr. 1664, 16 juin 1745, 31 août 1779, fév. 1786 ; — Dijon, 30 août 1726, 15 mai 1756, 11 août 1759 ;—Aix, 16 juin 1753. — On ne peut faire entendre ces témoins, disait l'avocat général Séguier, à l'occasion de l'affaire jugée en 1786, parce que leur déposition serait en contradiction avec ce que constate leur signature. Merlin, v° *Témoin instrumentaire,* § 5.

Pour l'affirmative, on cite sous l'ancien droit Parlem. de Flandres, 26 juin 1694, le président Favre, Code, tit. 15 ; Merlin, Rép., v° *Témoin instrumentaire,* § 2, n° 8 ; Cujas, *Observ.*, chap. 58 ; d'Aguesseau et d'autres auteurs encore, cités par Merlin, *Quest. loco citato.* — On se fonde principalement sur la préférence qui, dans les anciens principes, était accordée à la preuve testimoniale sur la preuve littérale. Aujourd'hui, la doctrine des parlemens ne peut plus s'accorder avec les principes de la législation, qui admet à déposer tant en matière criminelle qu'en matière civile, tous les témoins qu'aucune loi expresse ne repousse ; les témoins instrumentaires se trouveront d'ailleurs souvent les seuls qui puissent être entendus sur la fausseté de l'acte attaqué ; ils ne peuvent enfin être assimilés aux témoins qui ont donné des certificats dont parle l'art. 283 C. pr.—V. *Enquête,* 11, 201.— La question nous paraît donc devoir être résolue par l'affirmative. Carré, Lois, 1, 590 ; Toullier, 9, p. 488 et suiv. ; Boncenne, 4, p. 120 et suiv.

D'ailleurs, la jurisprudence, en se prononçant pour la validité des dépositions des témoins instrumentaires, a admis des tempéramens qui en préviennent le danger.

Ainsi, les témoins instrumentaires d'un acte authentique peuvent être admis à déposer sur le faux. Cass. 1er avr. 1808, P. 6, 595 ; 12 juill. 1825, 12 avr. 1834, 12 mars 1838 (Art. 68 et 1125 J. Pr.) ; Caen, 15 janv. 1825, P. 1825, 3, 264 ; Merlin, *Quest.*, v° *Témoin instrumentaire,* 1, § 5.

Mais les juges ne doivent user du pouvoir d'admettre ces témoins qu'avec une extrême circonspection et dans des cas fort rares. Cass. 12 mars 1838.

Leurs déclarations ne doivent pas faire preuve complète, il y aurait trop de danger à laisser ces témoins maîtres d'enlever à un acte la force qu'ils lui ont conférée. Paris, 5 juin 1847 ; Riom, 17 mars 1819 ; S. 18, 55 : 19, 260.

Cependant les circonstances nous paraissent devoir fixer le degré de confiance à accorder à ces dépositions.

150. Sont représentées aux témoins : 1° les pièces prétendues fausses. C. pr. 254 ; — 2° les pièces de comparaison et autres qui doivent être soumises aux experts, si le juge-commissaire l'estime convenable. *Ib.*

Toute pièce représentée aux témoins est par eux paraphée, s'ils le peuvent ou le veulent ; sinon il en est fait mention. C. pr. 254, 255.

151. Si, lors de leurs dépositions, les témoins représentent quelques pièces, elles y sont jointes, après avoir été paraphées, tant par le juge-commissaire que par les témoins, s'ils peuvent ou veulent le faire ; sinon il en est fait mention. C. pr. 255.

152. Si les pièces représentées par les témoins font preuve du faux ou de la vérité des pièces arguées de faux, elles sont représentées aux autres témoins qui en auraient connaissance, et paraphées par ces derniers. C. pr. 255.

Cette disposition s'applique même aux témoins entendus avant la remise des pièces. En effet, le projet ajoutait à ces mots, *qui en auraient connaissance*, ceux-ci. *et qui seraient entendus depuis la remise desdites pièces ;* et ils furent retranchés sur les observations du tribunat. Le demandeur doit donc requérir, et le juge-commissaire ordonner la nouvelle audition des témoins qui pourraient avoir connaissance des pièces jointes, ou la représentation de ces mêmes pièces aux témoins précédemment entendus. Carré, n° 931.

153. L'inobservation des dispositions relatives à la présentation des pièces peut autoriser le défendeur à faire rejeter la déposition du témoin ; le juge-commissaire constate l'accomplissement de ces formalités dans son procès-verbal. *Ib.* n° 929.

Art. 5. — *Preuve par experts.*

154. Les parties ne peuvent, comme dans *le cas de vérification d'écriture* (— V. ce mot), convenir du choix des experts. L'art. du projet, qui autorisait ce choix, fut supprimé sur la demande de la section de législation du tribunat : la procédure de faux incident pouvant conduire à la découverte d'un crime, on ne saurait abandonner aux parties le choix des experts. Il est d'ailleurs nécessaire que les juges s'assurent que les experts ont les connaissances suffisantes pour l'accomplissement de leur mission.

155. Ces experts sont ordinairement choisis parmi les personnes qui font profession de l'art de l'écriture ; ils le sont aussi et ils devraient l'être plus souvent parmi ceux que leurs fonctions ou leurs études rendent propres à l'examen du faux, tels que les notaires, les greffiers, les chimistes, etc.

Ils sont susceptibles de récusation. C. pr. 237.—V. *Expertise*, nᵒˢ 54 et suiv. *Enquête*, § 7.

Les experts peuvent recourir à des pièces de comparaison; — encore qu'ils n'aient à se prononcer que sur les grattages et surcharges d'un paraphe. Paris, 23 janv. 1811, S. 14, 332.

156. Les pièces de comparaison sont convenues entre les parties ou indiquées par le juge, ainsi qu'il est dit à l'art. 200, titre de la *Vérification d'écriture*. C. pr. 200, 236-1ᵒ.—V. ce mot.

157. Il est dressé procès-verbal de la présentation de ces pièces. C. pr. 236 -2ᵒ.

158. On remet aux experts le jugement qui a admis l'inscription de faux, les pièces prétendues fausses qui doivent être par eux paraphées, le procès-verbal de l'état de ces pièces, le jugement qui a admis les moyens de faux et ordonné le rapport d'experts, les pièces de comparaison, lorsqu'il en a été fourni, le procès-verbal de présentation de ces pièces, et le jugement par lequel elles ont été reçues. C. pr. 236-2ᵒ.

159. De ce que l'art. 236 porte qu'on remettra aux experts le *jugement* par lequel les pièces de comparaison auront été reçues, doit-on conclure que ces pièces ne puissent jamais être admises par ordonnance du juge-commissaire? — Pour l'affirmative on dit : Il faut entendre, dans l'art. 236-1ᵒ, par *le juge*, non le juge-commissaire, mais le trib. qui, dans le cas où les parties ne conviendraient pas des pièces de comparaison, doit toujours les indiquer. — Mais on répond : Il ne peut y avoir de jugement que dans le cas où le trib. saisi, soit sur le rapport du juge commissaire, soit sur tout autre incident, a eu occasion de décider quelles seraient les pièces de comparaison. Ce système se concilie très bien, et avec le § 1ᵉʳ de l'art. 236, auquel il laisse son sens simple et naturel, et avec le § 2, d'où l'on ne peut pas conclure la nécessité d'un jugement sur les pièces de comparaison sans détruire la disposition du § 1ᵉʳ qui renvoie à l'art. 200 C. pr. Carré, nᵒ 954. — *Contrà*, Pigeau, 1, 543.

Ainsi, l'art. 236 n'a point modifié l'art. 200. — On remet le jugement, *s'il y en a eu un*, qui ait statué sur les pièces de comparaison ; sinon, il suffit de remettre aux experts le procès-verbal de présentation et admission des pièces, convenues entre les parties devant le juge-commissaire.

160. Dans le cas où les témoins ont joint des pièces à leurs dépositions (— V. *sup.* nᵒ 153), le juge-commissaire peut ordonner, soit sur la réquisition des parties (soit d'office. Carré, nᵒ 935), qu'elles seront représentées aux experts. C. pr. 236, — ou bien en référer au tribunal. Carré, *ib.*

161. Toutes les pièces étant remises aux experts, ils procèdent aux opérations de l'expertise.

Ils ne doivent dresser aucun procès-verbal de la remise, du paraphe et de l'examen des pièces. C. pr. 236-2₀ ; — ce procès-verbal ne serait qu'une répétition inutile. Pigeau, 1, 343.

162. On observe dans le rapport les règles prescrites au titre de la *Vérification d'écritures.* C. pr. 236-3₀. — V. ce mot.

163. Jugé que, lorsqu'une pièce arguée de faux a été déclarée fausse par les experts, on est encore recevable à en prouver la sincérité par témoins. Cette preuve peut être proposée en appel, quoiqu'elle ne l'eût pas été en première instance, surtout lorsque l'appelant s'est réservé la voie de la preuve testimoniale. Rouen, 6 frim. an 14, P. 5, 54.

§ 7. — *Jugement sur le faux, condamnations.*

164. *Jugement.* L'instruction achevée, le jugement est poursuivi sur un simple acte (C. pr. 238), par la partie la plus diligente. Thomine, art. 238.

165. Suivant l'art. 239, s'il résulte de la procédure des indices de faux ou de falsification, et que les auteurs ou complices soient vivans, et la poursuite du crime non éteinte par la prescription, le président délivre mandat d'amener contre les prévenus, et remplit à cet égard les fonctions d'officier de police judiciaire.

Mais il n'est pas nécessaire pour cela que l'instruction soit achevée, ni même qu'il y ait eu des poursuites d'inscription de faux (Carré, n° 939). L'art. 239 C. pr. a été modifié par les art. 29 et 462 C. inst. crim. En effet, tout fonctionnaire ou officier public qui, dans l'exercice de ses fonctions, acquiert la connaissance d'un crime ou d'un délit, est tenu d'en donner avis *sur-le-champ* au procureur du Roi, et de transmettre à ce magistrat tous les renseignemens, procès-verbaux, et actes qui y sont relatifs (C. inst. crim. 29) ; et, suivant l'art. 462 C. inst. crim., qui applique cette règle générale au crime de faux, si une C. ou un trib. trouve dans la visite d'un procès même civil des indices sur un faux et sur la personne qui l'a commis, l'officier chargé du ministère public, ou le président, doit transmettre les pièces au substitut du procureur-général près le juge d'instruction, soit du lieu où le délit paraît avoir été commis, soit du lieu où le prévenu peut être saisi, et il a même le droit de délivrer le mandat d'amener.

166. D'après l'art. 462 C. inst. crim., le président ne peut plus décerner de mandat que pour faire amener la personne désignée devant l'officier du ministère public ; il n'a plus le droit de procéder à son interrogatoire. Boncenne, 4, 130.

167. Le ministère public peut, dans le même cas, agir d'office, nonobstant le désistement du demandeur en inscription de faux. Nîmes, 19 janv. 1819, P. 1819, 2, 557.

168. Dans le cas de l'art. 259, il est sursis à statuer sur le civil jusqu'après le jugement sur le faux, C. pr. 240, — à peine de nullité des procédures postérieures. Perrin, *Nullités*, p. 225.

169. Toutefois, le sursis n'est de droit, et prescrit, à peine de nullité, que, lorsque les poursuites criminelles sont commencées après l'instruction sur le faux, parce qu'à cette époque de la procédure l'inscription de faux ayant été admise, il est jugé que la contestation principale dépend de la vérité ou de la fausseté de la pièce arguée de faux; mais, si le président ou l'officier du ministère public agissent en vertu des art. 29 et 462 C. inst. crim., avant le jugement qui a admis l'inscription, le trib., ayant encore à faire cette appréciation, a la faculté, suivant les circonstances, d'ordonner ou de ne pas ordonner le sursis : il n'y a encore rien de décidé sur l'influence que peut avoir la pièce qui a motivé les poursuites. Il arrive d'ailleurs que ces mesures sont prises, sans qu'il y ait au procès une poursuite de faux incident civil.

170. Lorsque le trib. prononce le sursis, il ordonne que les pièces soient transmises au procureur-général. Carré, n° 941; Demiau, art. 24.

171. Le trib., en statuant sur l'inscription de faux, peut ordonner la suppression, la lacération ou la radiation, en tout ou en partie, même la réformation ou le rétablissement des pièces déclarées fausses. C. pr. 241.

« On prononce la suppression lorsque des exemplaires, des expéditions, ou des extraits de la pièce fausse sont en diverses mains, et qu'il est impossible de les atteindre pour les lacérer ou les rayer. Supprimer un écrit, c'est le condamner au néant et lui défendre d'en sortir. Il y a même des actes qu'il n'est pas permis de lacérer ni de rayer, quoiqu'ils soient reconnus faux : tel serait un acte de l'état civil; le jugement de rectification est inscrit sur le registre, mais l'acte lui-même ne peut être matériellement ni altéré ni changé; il demeure *supprimé*; toutefois, il n'en subsistera pas moins dans son entier sur la feuille qu'il occupe.

« La pièce déclarée fausse, qui se trouve sous la main de justice, est détruite par *lacération*. — On se borne à *rayer*, soit en totalité, soit en partie, celle qui est écrite sur un papier où se trouvent d'autres actes. — Quand le sens d'un acte a été faussement changé par la substitution, la transposition, l'omission ou l'addition de quelques mots, on prononce la *réformation*; en d'autres termes, on ordonne que ce qui a été transposé sera remis à sa place, que ce qui a été omis sera écrit, et que le texte véritable sera restitué. — Enfin, si le faux a été commis en effaçant quelque disposition, c'est le cas d'ordonner le *rétablissement* de la disposition effacée. » Boncenne, 4, 151.

172. Toutes ces opérations sont du ministère du greffier.

173. Le greffier, pour sa décharge, dresse procès-verbal de la lacération en marge de l'acte de dépôt de la pièce. Arg. C. inst. crim. 463; Thomine, art. 241.

174. Mais il est sursis à l'exécution du chef du jugement relatif à la suppression, lacération, etc...., tant que le condamné est dans le délai de se pourvoir par appel, requête civile ou cassation, ou qu'il n'a pas formellement et valablement acquiescé au jugement. C. pr. 241.

175. Si le jugement qui statue sur la pièce est rendu contre un mineur, il faut attendre, pour l'exécuter en ce point, qu'il ait été de nouveau signifié au mineur, à sa majorité, pour faire courir le délai de la requête civile, et que ce délai soit expiré. C. pr. 484; Carré, n° 944.

176. Le jugement qui intervient sur le faux, statue, ainsi qu'il appartient, et sans qu'il soit rendu séparément un autre jugement, sur la remise des pièces, soit aux parties, soit aux témoins qui les auraient fournies ou représentées. C. pr. 242.

Il en est de même à l'égard des pièces prétendues fausses, lorsqu'elles ne sont pas jugées telles (C. pr. 242), et de celles qui ont été réformées ou rétablies, ou dont une partie seulement a subi la radiation. Mais dans ce dernier cas, la partie à qui elles sont rendues ne peut s'en servir que dans l'état où les a mises le jugement. Carré, art. 242.

A l'égard des pièces qui ont pu être tirées d'un dépôt public, il est ordonné qu'elles seront remises aux dépositaires, ou renvoyées par le greffier de la manière prescrite par le tribunal. C. pr. 242.

177. La remise de toutes ces pièces ne peut être faite qu'après le délai prescrit par l'art. 241 (— V. sup. n° 177). C. pr. 242.

Il est sursis, pendant le même délai, à la remise des pièces de comparaison ou autres. C. pr. 243.

178. Cependant le trib. peut en ordonner autrement, sur la requête des dépositaires de ces pièces, ou des parties qui auraient intérêt d'en demander la remise (C. pr. 243), c'est-à-dire que, sans attendre le délai de l'art. 241, le trib. ordonne la remise de toute pièce fournie ou représentée, à l'exception de celles qui auraient été l'objet de l'inscription. Carré, n° 945.

179. Il est enjoint aux greffiers de se conformer exactement aux dispositions précédentes en ce qui les regarde, à peine d'interdiction, d'amende, qui ne peut être moindre de 100 fr., et des dommages et intérêts des parties, même d'être procédé extraordinairement contre eux, s'il y échet. C. pr. 244.

180. Tant que les pièces demeurent au greffe, les greffiers ne peuvent délivrer aucune copie ni expédition des pièces prétendues fausses, si ce n'est en vertu d'un jugement. C. pr. 245.

En délivrant ces copies ou expéditions, le greffier doit faire mention sur l'expédition, du jugement qui en autorise la délivrance et du procès existant, afin que nul ne puisse être induit en erreur sur la valeur de ces pièces. Thomine, art. 245.

A l'égard des actes dont les originaux ou minutes ont été remis au greffe, et notamment des registres sur lesquels il y a des actes non argués du faux, les greffiers peuvent en délivrer des expéditions aux parties qui ont droit d'en demander. C. pr. 245.

Il leur est interdit de prendre pour les expéditions de plus grands droits que ceux qui sont dus aux dépositaires des originaux ou minutes. C. pr. 245.

181. Les dispositions précédentes sont exécutées sous les peines portées par l'art. 244. C. pr. 245. — V. *sup.* n° 179.

182. S'il a été fait par les dépositaires des minutes des pièces, des expéditions pour tenir lieu desdites minutes en exécution de l'art. 203 C. pr., les actes ne peuvent être expédiés que par ces dépositaires. C. pr. 245. — V. *Vérification d'écritures.*

183. *Condamnations.* Le demandeur en faux qui succombe est condamné à une amende qui ne peut être moindre de 500 fr., et à tels dommages et intérêts qu'il appartient C. pr. 246.

184. L'amende est encourue : 1° toutes les fois que l'inscription en faux ayant été faite au greffe, et la demande à fin de s'inscrire en faux admise, le demandeur s'est désisté volontairement ou a succombé. C. pr. 247;

2° Toutes les fois que les parties ont été mises *hors de procès*, soit par le défaut de moyens ou de preuves suffisantes, soit faute d'avoir satisfait de la part du demandeur, aux formalités ci-dessus prescrites. C. pr. 247. — Cette disposition comprend non-seulement le cas où il y a défaut de moyens, mais celui où les moyens n'ont pas été admis où ont été rejetés. Carré, n° 954.

Suivant M. Boncenne, 4, p. 187, ces mots *hors de procès*, ont été transportés dans le Code de l'ord. de 1737, qui portait que le demandeur en faux serait passible de l'amende toutes les fois que les parties auraient été *mises hors de cour.*— « Au criminel, le *hors de cour* exprimait autrefois qu'il n'y avait pas assez de preuves pour asseoir une condamnation. C'était l'expression d'un doute qui laissait subsister la tache de l'accusation. Cette manière de jugement mitoyen entre l'absolution et la condamnation n'est plus permise aujourd'hui.... D'ailleurs, comment est-il possible de mettre les parties *hors de cour* sur une question de faux incident civil ? Le tribunal, en admettant l'inscription, n'a t-il pas déjà reconnu l'extrême importance du litige, et ne faut-il pas, en définitive, qu'il déclare fausse la pièce incriminée, ou qu'il la déclare véritable ; qu'il la rejette du procès, ou qu'il l'y maintienne ?.... Le tribunat en avait fait l'observation, mais on crut devoir s'en tenir à la rédaction de l'ord. de 1737. Il est malheureux que les motifs de cette détermination ne se trouvent nulle part. »

185. L'amende est encourue en quelques termes que le jugement soit conçu, et encore qu'il n'en contienne point condamnation, le tout, quand même le demandeur offrirait de poursuivre le faux par la voie criminelle. C. pr. 247.

L'amende est encourue de plein droit, et la régie peut en poursuivre le recouvrement par voie de contrainte. Arg. C. pr. 246. Favard, v° *Faux incident* ; Carré, n° 950.

186. Si plusieurs parties avaient déclaré s'inscrire en faux contre plusieurs pièces, le trib. devrait-il prononcer plusieurs amendes ? — Il faut distinguer : si plusieurs parties déclarent conjointement s'inscrire en faux contre les mêmes pièces, elles ne doivent qu'une amende : — au contraire, si elles forment séparément des inscriptions spéciales contre différentes pièces qui ne sont opposées qu'à chacune d'elles, elles encourent individuellement l'amende et la condamnation aux dommages-intérêts. Carré, n° 952.

187. L'amende n'est pas encourue : 1° lorsque la pièce ou une des pièces arguées de faux a été déclarée fausse en tout ou en partie, ou lorsqu'elle a été rejetée de la cause ou du procès. C. pr. 248.

2° Lorsque la demande à fin de s'inscrire en faux n'a pas été admise, de quelques termes que les juges se soient servis pour rejeter ladite demande, ou pour n'y avoir pas égard. C. pr. 248.

L'amende n'est pas encourue non plus lorsque le jugement qui avait admis l'inscription est rétracté par suite d'une tierce opposition. Limoges, 12 fév. 1855 (Art. 67 J. Pr.).

188. Dans ces deux cas, il n'y a pas lieu d'adjuger des dommages-intérêts au défendeur. En effet, dans le premier, l'inscription était fondée au moins en partie, et dans le second, la demande peut avoir été rejetée sans que les juges fussent convaincus de sa sincérité, le défendeur n'a d'ailleurs souffert aucun préjudice. Carré, n° 956.

189. L'art. 247 ne s'exprime pas sur les dommages-intérêts comme l'art. 246. — V. *sup.* n° 186. — Néanmoins les trib. ont la faculté d'en adjuger suivant les circonstances. **Carré,** n° 953.

§ **8.** — *Ministère public, Transaction, Action en faux principal.*

190. Tout jugement d'instruction ou définitif, en matière de faux, ne peut être rendu que sur les conclusions du ministère public (C. pr. 251); — à peine de nullité. Turin, 7 fév. 1809; Paris, 29 avr. 1809, S. 14, 407 et 408; — Carré, n° 964. — Tandis qu'en général le défaut de conclusions du ministère public ne donne lieu qu'à *requête civile.* — V. ce mot.

191. Toutefois, le jugement qui rejette les fins de non-recevoir proposées sur une sommation tendante à inscription de faux incident, sans décider si l'inscription de faux est ou non admissible, n'est ni un jugement d'instruction, ni un jugement définitif en matière de faux; en conséquence, il n'est pas nécessaire, pour sa validité, que le ministère public soit entendu. Cass. 10 avr. 1827, S. 27, 279.

192. Nulle transaction sur la poursuite du faux incident ne peut être exécutée si elle n'a été homologuée en justice, après avoir été communiquée au ministère public, afin qu'il fasse à ce sujet telles réquisitions qu'il juge à propos. C. pr. 249.

L'homologation est nécessaire dans tous les cas : elle sert à provoquer l'action du ministère public. — Mais le trib. ne peut la refuser, en ce qui concerne l'exécution des conventions privées des parties; bien que l'art. 249, copié sur l'art. 52, tit. 2, ordonn. de 1737, ne fasse pas cette distinction, elle résulte des art. 2046 C. civ. et 4 C. inst. crim., dont les dispositions n'étaient pas aussi formellement consacrées par l'ancienne législation. Demiau, 185; Pigeau, 1, 344. — *Contrà*, Carré, n° 958.

193. Le demandeur en faux peut toujours se pourvoir par la voie criminelle en faux principal. C. pr. 250. — *Toujours*, ce mot comprend toutes les circonstances, toutes les époques, tous les cas, et même ceux où la pièce est retirée, abandonnée par celui qui l'avait produite. Le même droit appartient au ministère public. Boncenne, 4, 75.

194. Dans le cas de pourvoi par la voie criminelle, il est sursis au jugement de la cause, à moins que les juges n'estiment que le procès puisse être jugé indépendamment de la pièce arguée de faux. C. pr. 250.

A la différence du cas prévu par l'art. 240, — où le sursis est de droit. — V. *sup.* n° 174. — Ici la loi a pour but d'empêcher qu'un plaideur de mauvaise foi ne cherche à suspendre le jugement de l'affaire par une accusation de faux qui pourrait n'avoir aucune influence sur l'issue du procès. Cass. 13 août 1807, S. 8, 104; Carré, n° 960.

195. Le sursis est encore facultatif lorsque la partie se pourvoit en faux principal, après l'achèvement de l'instruction au civil. L'art. 250 ne distingue pas, et assurément la loi n'a pas voulu accorder à la partie le droit d'éloigner le jugement du faux par une plainte dont la bonne foi et l'utilité peuvent être suspectes. — Les juges ont le droit d'examiner la régularité de la plainte sur laquelle on se fonde pour demander un sursis, et de le refuser s'ils pensent qu'elle n'a pas été légalement formée. Cass. 11 juill. 1826, S. 27, 92.

196. Le jugement rendu sur l'action publique par les juges criminels détermine-t-il nécessairement les résultats des poursuites civiles? — Pour l'affirmative, on invoque l'art. 3 C. inst. cr., qui veut que l'action publique, intentée avant ou pendant la poursuite séparée de l'action civile, tienne cette action en état; d'où l'on conclut que le sort de la première action est subordonné à celui de la seconde. — Mais on répond : la déclaration du trib., portant que l'accusé n'est pas coupable, ne lie pas les juges civils : s'il en résulte qu'il ne s'est pas trouvé de preuves suffisantes de la culpabilité de l'accusé, rien n'établit que le faux n'existe pas réellement ; et dans le cas de condamnation, l'arrêt qui constate le délit n'a pas les caractères de la chose jugée entre les parties au civil. Toullier, 8, n° 34 et suiv.; Carré, n° 943. — *Contrà*, Cass., 30 avr. 1808, S. 7, 408; Merlin, *Rép.*, v° *Chose jugée*, § 15.— V. *sup.* n° 27.

L'arrêt de non lieu rendu sur la poursuite de faux principal ne fait pas obstacle à ce qu'après cet arrêt il soit statué sur l'inscription de faux incident civil pour prononcer la nullité ou le maintien de l'acte argué de faux, lorsque la décision sur le faux principal n'a prononcé que sur la culpabilité de la personne. Cass. 12 août 1834 (Art. 68 J. Pr.).

§ 9. — *Procédure de faux incident devant la C. de cassation.*

197. L'inscription de faux peut avoir lieu devant la C. cass., lorsqu'elle est nécessaire pour la preuve d'un moyen de cassation. Godard, *Manuel de la C. de cassation*, 95.

198. Dans l'instance en cassation, l'inscription de faux est recevable contre les énonciations de la feuille d'audience, sur laquelle est porté l'arrêt attaqué. Cass. 25 mai 1830; 15 juill. 1855 (J. P. 1830, 3, 24; 1833, 3, 269).

199. Elle ne l'est pas contre une pièce qui aurait servi de base au jugement. Merlin, *Rép.*, v° *Inscription de faux*, § 1, n° 5. — Ainsi jugé par la C. de cass., le 31 déc. 1812, P. 10, 931 : — « Attendu que la demande en inscription de faux formée par   ' devant la Cour ne porte ni sur les formes matérielles d'aucun des arrêts attaqués, ni sur les formes substantielles à leur régularité; qu'elle est dirigée contre un procès-verbal qui n'est qu'un acte de la procédure et de l'instruction

définitivement et souverainement jugée par le dernier desdits arrêts; qu'elle est donc absolument non-recevable. »

Ni contre les pièces sur lesquelles la C. roy. a fondé sa décision en fait. Cass. 31 mai 1831, P. 1831, 3, 429.

200. La Cour est compétente pour admettre les inscriptions de faux, ou décider qu'il n'y doit être pris aucun égard, mais elle ne l'est pas, après les avoir admises, pour procéder à leur instruction. Régl. 28 juin 1738, 2ᵉ partie, tit. 10; Cass. 28 fruct. an 4; 29 juill. 1807; 26 mai 1812; 16 août 1813; 13 juill. 1808, P. 7, 19; 7 déc. 1818, S. 19, 159; Merlin, *Rép.*, v° *Inscription de faux*, § 7; Favard, v° *Faux incident*.

201. L'inscription de faux est valablement formée devant la C. cass. après le rapport. Cass. 27 fruct. an 4, S. 7, 2, 962. — *Contrà*, Carré, n°. 871.

202. La procédure qui s'observe jusqu'à l'arrêt qui admet ou rejette l'inscription est réglée par l'ordonn. de 1737 toujours en en vigueur devant cette Cour, et à laquelle se réfère le règlement de 1738. Arg. Cass. 5 et non pas 6 avr. 1813, P. 11, 269; Merlin, *Rép.*, vⁱˢ *Inscription de faux*, § 7, *Incompétence*, nᵛ 2.

203. La partie qui veut former une demande en faux incident contre une pièce produite doit, avant tout, présenter une requête tendant à ce qu'il lui soit permis de s'inscrire en faux contre la pièce y indiquée, et à ce que le défendeur soit tenu de déclarer s'il entend se servir desdites pièces. Cette requête doit être signée du demandeur ou du porteur de sa procuration spéciale, à peine de nullité; laquelle procuration doit être attachée à la requête. Régl. 1738, part. 2, tit. 10, art. 1ᵉʳ, Ordonn. 1737, tit. 2, art. 3.

Préalablement à cette requête, la partie est tenue de consigner une amende de 100 fr. qui est reçue sans aucuns droits ni frais par le receveur des amendes; sinon, par le greffier de la Cour. Ordonn. 1737, *ib.*, art. 6.

La quittance de cette consignation est attachée à la requête du demandeur et visée dans l'arrêt. *Ib.* art. 7.

204. Cette requête était rédigée autrefois en forme de vu d'arrêt et après qu'elle avait été remise au rapporteur; le rapport devait en être fait au premier conseil; il y était statué par arrêt délibéré au conseil et en l'absence du défendeur. Régl. 1738, *ib.* art. 1 et 2. — Mais, depuis l'institution de la Cour de cassation, la requête est formée incidemment devant la chambre civile, et il y est statué par arrêt contradictoire. Cass. 5 avr. 1813; Merlin, *Rép.*, *Inscription de faux*, § 7.

205. Lorsque cet arrêt accorde la permission de s'inscrire en faux, le demandeur est tenu, dans trois jours au plus tard, de sommer le défendeur de déclarer s'il veut se servir de la pièce attaquée. Ordonn. 1737, art. 8; Régl. 1738, *ib*, art. 2.

Avant l'institution de la Cour de cassation, ces trois jours devaient courir à compter du jour de l'arrêt, sinon, le demandeur était déclaré déchu de sa demande en inscription de faux. *Ib.*

Aujourd'hui que l'arrêt n'est plus rendu, comme autrefois, sur une requête en forme de vu d'arrêt, qu'il n'est plus prononcé hors la présence du défendeur, ce qui permettait au rapporteur de le rédiger à l'avance et laissait ainsi au demandeur le temps de faire faire l'expédition pendant les trois jours, mais qu'au contraire l'arrêt est contradictoire et exige plus de temps pour la rédaction des observations des deux parties; le délai de trois jours ne court plus qu'à compter du jour où l'expédition de l'arrêt a été délivrée. *Ibid.*

206. La sommation est faite au défendeur au domicile de son avocat, auquel il est donné copie par le même acte de la quittance d'amende, du pouvoir spécial, si aucun il y a, de la requête du demandeur et de l'arrêt; le tout à peine de nullité; le défendeur y est interpellé de faire sa déclaration dans le délai ci-après. Ordonn. 1737, *ib.* art. 9, Régl. 1738, *ib.* art. 2.

207. Le délai court du jour de la sommation et est de trois jours, si le défendeur demeure dans le lieu de la juridiction, et s'il demeure dans un autre lieu, le délai pour lui donner connaissance de la sommation et le mettre en état d'y répondre, sera de huitaine s'il demeure dans les dix lieues, et en cas de plus grande distance, le délai sera augmenté de deux jours par dix lieues, sauf aux juges à le prolonger, eu égard à la difficulté des chemins et la longueur des lieues, sans néanmoins qu'il puisse être plus grand, en aucun cas, que de quatre jours par dix lieues. Ordonn. 1737, *ib.* art. 10.

Suivant Muyart, commentateur, ce n'est qu'en faveur du défendeur que l'ordonnance permet de proroger le délai. Le demandeur ne peut demander une prorogation en quelque éloignement du lieu de la juridiction qu'il demeure, et sous quelque prétexte que ce soit, attendu qu'un demandeur doit toujours être prêt et diligent.

Tous ces délais sont francs. Art. 20, tit. 3, ordonn. 1737; Serpillon, *Code du faux*, p. 168.

208. Le défendeur est tenu de faire, dans ledit délai, sa déclaration précise s'il entend ou s'il n'entend pas se servir de la pièce maintenue fausse. Cette déclaration doit être signée de lui ou du porteur de sa procuration spéciale, et signifiée à l'avocat du demandeur, ensemble la procuration, si le défendeur n'a pas signé lui-même. *Ib.* art. 11.

209. Si le défendeur déclare qu'il n'entend pas se servir de ladite pièce, ou faute par lui d'avoir fait sa déclaration, ainsi qu'il est porté en l'art. 11, Ordonn. 1737, le demandeur en faux

peut se pourvoir à l'effet de faire ordonner que la pièce maintenue
fausse sera rejetée de l'instance *par rapport au défendeur*, sauf,
s'il y a lieu, de procéder par voie d'accusation de faux principal, et y être pourvu ainsi qu'il appartiendra ; auquel cas le
jugement de ladite instance ne pourra être différé, si ce n'est
que la Cour en eût ordonné autrement. Régl. 1758, *ib.* art. 5,
et sauf au demandeur à tirer du silence du défendeur telles inductions ou conséquences qu'il jugera à propos, ou à former
telles demandes qu'il avisera pour ses dommages-intérêts.
Ordonn. 1737, art. 12.

210. L'art. 5 du Règl. 1758 et l'art. 12 de l'Ordonn. de 1737
ne portent pas déchéance pour le cas où le défendeur ne fait
pas de déclaration dans le délai prescrit par l'art. 11 ; tant que
le demandeur ne s'est pas pourvu pour faire rejeter la pièce, le
défendeur peut encore faire la déclaration ; mais, si le demandeur s'est pourvu pour demander ce rejet, le défendeur est
forclos de faire la déclaration, attendu que le défaut de déclaration, de la part du défendeur, dans le délai de la loi, a créé
au profit du demandeur un droit à faire appliquer la peine,
droit que les juges ne peuvent lui refuser quand il le demande.
Merlin, *ib.*, § 7.

211. Si l'inscription est admise, la Cour renvoie devant un
trib. ordinaire, égal en autorité à celui dont le jugement est
attaqué par recours en cassation, pour y procéder sur l'inscription de faux incident. Merlin, *ib.*, § 7, n° 5.

212. Le demandeur en faux qui succombe est condamné à
500 fr. d'amende, y compris les 100 fr. consignés. Ordonn.
1758, tit. 10, art. 6.

§ 10. — *Enregistrement.*

213. Les actes de déclaration d'inscription de faux et de dépôt
de pièces au greffe des trib. de 1ʳᵉ inst., sont soumis au droit fixe
d'enregistrement de 3 fr. L. 22 frim. an 7, art. 68, § 1, n° 23 ;
L. 28 avr. 1816, art. 43, n° 9, — plus 1 fr. 25 cent. pour
droit de greffe.

214. Les *significations* d'avoué à avoué et les *jugemens*, tant
préparatoires que définitifs, sont passibles des droits ordinaires
auxquels sont assujettis ces différens actes. — V. ces mots.

§ 11. — *Formules.*

FORMULE I.

Sommation de déclarer si l'on veut ou non se servir d'une pièce arguée de faux.

(C. pr. 215. — Tarif. 71. — Coût, 5 fr. orig. ; le quart pour la copie.)

A la requête du sieur   , demeurant à   , ayant Mᵉ   pour avoué.
Soit sommé Mᵉ   avoué au tribunal de première instance de   , et du sieur
De, dans la huitaine pour tout délai, déclarer au sieur   , s'il entend
ou non se servir de l'expédition de la prétendue quittance, en date à   , du

, signifiée (ou *communiquée* ou *produite*) audit sieur   , dans
la cause pendante entre eux en la   chambre du tribunal de première instance
de `   , et de laquelle quittance il prétend faire résulter sa libération de   ;
déclarant ledit   que, dans le cas où le sieur   se servirait
de ladite pièce, il s'inscrira en faux contre elle. et se réservant, faute de réponse à
la présente sommation, de se pourvoir, ainsi qu'il avisera, pour faire prononcer
par le tribunal le rejet de ladite pièce; à ce que du tout ledit Me   ,
pour sa partie, n'ignore, D. A.

(Signature de l'avoué.)

FORMULE II.

Déclaration qu'on veut (ou *qu'on ne veut pas*) *se servir de la pièce arguée*
de faux.

(C. pr. 216. — Tarif, 71. — Coût, 5 fr. orig. ; le quart pour la copie.)

A la requête du sieur   , demeurant à   , ayant Me
pour avoué.

Soit signifié et déclaré à Me   , avoué du sieur   ', pour satisfaire
à la sommation à lui faite, par acte du
Que le sieur   déclare formellement par ces présentes qu'il entend (ou
qu'il n'entend pas) se servir contre ledit sieur   , dans la cause actuellement pendante entre eux, de la pièce en date à   , du   , et
contenant   à ce que ledit Me   n'en ignore. D. A.

(Signatures de l'avoué et de la partie. — V. sup. n° 60.)

FORMULE III.

Avenir sur la réponse faite de n'entendre se servir d'une pièce contre laquelle
on avait déclaré vouloir s'inscrire en faux.

C. pr. 217. — Tarif, 70. — Coût, 1 fr. ; le quart pour la copie.

A la requête   soit sommé   de comparaître et se trouver le
heure de   , à l'audience et par-devant MM. les président et juges, etc.,
pour, attendu que sur la sommation faite au sieur   , par acte d'avoué à
avoué, en date du   , ce dernier a déclaré, par acte d'avoué à avoué signé de lui, et en date du   qu'il n'entendait pas se servir contre le
requérant de la pièce en date à   du   , contenant   ;
voir donner acte au sieur   de ladite déclaration du sieur   ;
ce faisant, voir dire et ordonner que ladite pièce maintenue fausse sera rejetée, par
rapport audit sieur   de l'instance existante entre les parties; sous la
réserve que fait le requérant de tirer d'icelle telles inductions et conséquences
qu'il jugera à propos, même de former telles demandes qu'il avisera pour ses
dommages-intérêts ; déclarant que, faute de comparaître, il sera pris avantage, etc.

(Signature de l'avoué.)

FORMULE IV.

Déclaration faite au greffe que l'on veut s'inscrire en faux contre une pièce
produite.

(C. pr. 218. — Tarif. 92. — Par vacation, 6 fr.)

L'an   le   , au greffe du tribunal de première instance de
sis au Palais-de-Justice à   , a comparu le sieur   , demeurant
à   assisté de Me   , avoué en ce tribunal, lequel a déclaré
s'inscrire présentement en faux contre une pièce en date à   , du   ,
faite entre les parties y dénommées, et contenant   ; laquelle pièce
a été produite contre lui par le sieur   , demeurant à
qui a déclaré, par acte d'avoué à avoué, en date du   , être dans l'intention d'en faire usage contre le comparant dans la cause entre eux pendante devant
la   chambre du tribunal civil de
Déclarant en outre, ledit sieur   comparant, et ce, conformément à
l'art. 218 du Code de procédure, qu'il entend poursuivre incessamment l'admission
de la demande en inscription de faux contre la pièce dont s'agit, sous toutes réserves de tous ses droits, et de prendre telles conclusions qu'il avisera, notamment
à fin de dommages-intérêts.

Desquels comparutions, dires, déclarations et réserves, nous avons donné acte audit sieur   , assisté de Me   , son avoué, et ont tous deux signé avec nous, greffier, après lecture faite.

(Signatures de la partie, de l'avoué et du greffier.)

FORMULE V.

Avenir à l'effet de faire admettre une inscription de faux.

(C. pr. 218. — Tarif, 70 par anal. — Coût, 1 fr. orig. ; 25 c. copie.)

A la requête   , soit sommé   de comparaître, etc.

Pour, attendu que sur la sommation qui lui en a été faite par acte du enregistré, le sieur   a déclaré par acte d'avoué à avoué, signé de lui, en date du   , qu'il entendait se servir contre le requérant de la pièce, etc.

Contre laquelle pièce le sieur   entend s'inscrire en faux, ainsi qu'il l'a déclaré au greffe du tribunal de   , par acte du   , dont est, avec celle des présentes, donné copie.

Voir admettre ladite inscription de faux, et, en conséquence, dire et ordonner que, par-devant celui de MM.   , qui sera commis à cet effet, ladite inscription de faux sera poursuivie de la manière voulue par la loi, et qu'à cet effet le dit sieur   sera tenu, dans les trois jours de la signification à avoué du jugement à intervenir, de déposer au greffe la pièce arguée de faux, d'en signifier l'acte de dépôt au requérant, lui déclarant pareillement que, faute par lui de satisfaire à la présente sommation, il sera passé outre à la poursuite de faux dont s'agit, en tout état de cause, et même sans attendre l'apport de la pièce, et sous toutes réserves de prendre tel avantage que de droit ; à ce qu'il n'en ignore. D. A.

(Signature de l'avoué.)

FORMULE VI.

Acte de dépôt de la pièce arguée de faux.

(C. pr. 225. — Tarif, 91. — Vacation, 3 fr.)

L'an   le   , au greffe du tribunal de première instance de   est comparu Me   avoué en ce tribunal, et du sieur   , lequel, en exécution du jugement du   a déposé entre nos mains un acte passé le   entre   contenant

Desquels comparution et dépôt ledit Me   a requis acte à lui octroyé ; et a signé avec nous, greffier.

(Signatures de l'avoué et du greffier.)

NOTA. *La signification de l'acte de dépôt a lieu par acte d'avoué à avoué.*

FORMULE VII.

Conclusions du demandeur en faux incident, pour être autorisé à faire lui-même apporter au greffe la pièce arguée de faux.

(C. pr. 220. — Tarif, 70 par anal. — Coût, 1 fr. ; le quart pour la copie.)

A la requête   soit sommé   de comparaître, etc.

Pour, faute par le sieur   d'avoir satisfait au jugement rendu contradictoirement entre les parties, en la   chambre du tribunal de première instance de   , le   , dûment enregistré et signifié le   , et en conséquence d'avoir déposé au greffe l'expédition de l'acte passé devant Me   qui en a la minute, et son confrère, notaires à   , le   , et contre laquelle pièce l'inscription de faux dudit sieur   , a été admise.

Voir dire et ordonner que ledit sieur   sera autorisé à faire remettre lui-même ladite pièce au greffe du tribunal de première instance de   , et que les frais qu'il sera obligé de faire pour effectuer cet apport lui seront remboursés par ledit sieur   comme frais préjudiciaux, et qu'à cet effet, exécutoire en sera délivré au requérant ; à ce que ledit Me   , pour sa partie, n'en ignore. D. A.

(Signature de l'avoué.)

NOTA. *Si, au lieu de conclure à ce qu'il lui soit permis de faire apporter au greffe la pièce arguée de faux, le demandeur se pourvoit à l'audience pour faire statuer sur son rejet. — V. Formule III.*

FORMULE VIII.

Exécutoire des dépens faits par le demandeur, pour faire apporter au greffe les pièces arguées de faux.

— V. *Exécutoire de dépens.*

FORMULE IX.

Requête au juge-commissaire pour faire ordonner l'apport de la minute de la pièce.

(C. pr. 221. — Tarif, 76. — Coût, 2 fr.)

A M.　　　, juge en la　　　chambre du tribunal de première instance de　　　, commis pour procéder aux opérations ci-après énoncées ;

Le sieur　　　, demeurant à

Requiert qu'il vous plaise, M. le juge-commissaire,

Attendu que, par jugement contradictoire rendu entre　　　, en la chambre du tribunal de　　　, le　　　, dûment enregistré et signifié, sur l'inscription de faux formée incidemment par l'exposant, contre　　　pièce produite par le sieur　　　dans une instance à fin de　　　pendante entre les parties devant ladite chambre, il a été ordonné que cette inscription de faux incident serait poursuivie par-devant vous ; — attendu qu'il existe une minute de la pièce dont s'agit, et qu'il est important pour établir le faux de faire apporter cette minute au greffe ;

Vu l'art. 221 du Code de procédure, permettre à l'exposant de faire sommer, de comparaître par-devant vous, aux jour, lieu et heure que vous indiquerez, ledit sieur　　　pour voir dire et ordonner que, dans le délai qu'il vous plaira fixer, il sera tenu de faire apporter au greffe du tribunal la minute de la pièce dont s'agit ; à quoi faire les dépositaires seront contraints par corps ; et vous ferez justice.　　　(*Signature de l'avoué.*)

Nota. *Le Code n'exige pas la comparution du défendeur ; mais il est mieux de le mettre à portée de contredire.*

Quant à l'ordonnance. — V. ce mot, et *inf.* Formule **xv.**

FORMULE X.

Sommation d'être présent à la réquisition d'apport au greffe de la minute de la pièce arguée de faux.

(C. pr. 221. — Arg. Tarif, 70. — Coût, 1 fr. orig.; 25 c. copie.)

A la requête　　　soit sommé Mᵉ　　　, de comparaître, etc., en la chambre du conseil, etc.　　　, par-devant M.　　　, juge audit tribunal, et commissaire en cette partie ;

Pour, en conséquence de l'indication de mondit sieur le juge-commissaire, contenue en son ordonnance du　　　, enregistrée, rendue sur la requête à lui présentée le　　　; desquelles requête et ordonnance copie est donnée en tête de celle des présentes, voir ordonner, sur la réquisition du requérant, que ledit sieur　　　sera tenu, dans le délai qui sera fixé, de faire apporter au greffe dudit tribunal la minute de la pièce contre laquelle l'inscription de faux a été admise par le jugement du　　　, enregistré ; lui déclarant qu'il sera statué, tant en absence que présence ; à ce que, etc.

Nota. *Pour être admis à faire déposer soi-même l'acte argué de faux, il faut un jugement que l'on poursuit sur un simple avenir motivé.* — V. *formule* **v.**

FORMULE XI.

Procès-verbal de réquisition d'apport de la minute d'une pièce arguée de faux.

(C. pr. 221. — Tarif, 92. — Vacat. 6 fr.)

L n　　　le　　　, heure de　　　, en la chambre du conseil de la　　　chambre du tribunal de　　　, et par-devant nous　　　, juge en ce tribunal, commis, etc., et assisté du sieur　　　greffier ;

A comparu M°   , avoué en ce tribunal etdu sieur   , demeurant à   , lequel nous a dit qu'en vertu de notre ordonnance en date du   , enregistrée, étant au bas de la requête à nous présentée à cet effet, ledit sieur a fait sommer le sieur   , demeurant à   , par acte d'avoué à avoué, en date du   , enregistré, de comparaître par-devant nous, à ces jour, lieu et heure, pour voir dire et ordonner, sur la réquisition du sieur   , que ledit sieur   serait tenu, dans le délai qui serait par nous fixé, de faire apporter au greffe dudit tribunal la minute de la pièce contre laquelle l'inscription de faux a été admise par jugement du   , enregistré.

Pourquoi et en conséquence de notre indication et de la sommation susdatée, ledit M°   requiert défaut contre ledit sieur   , en cas de non-comparution ; dans tous les cas qu'il soit ordonné par nous que ledit sieur sera tenu de, dans le plus bref délai, faire apporter la minute de la pièce dont s'agit au greffe, pour ensuite être procédé, ainsi que de droit ; et a signé.

(*Signature de l'avoué.*)

Desquels comparution, dire et réquisition, nous avons donné acte audit M°   , avoué audit nom ; et attendu que ledit M°   et sa partie ne comparaissent pas, quoique dûment appelés, donnons défaut contre eux ; et pour le profit, attendu que la partie de M°   articule qu'il lui est utile, pour préciser ses moyens de faux, de connaître la minute de la pièce en question ;

Faisant droit sur son réquisitoire, ordonnons que, dans la huitaine de la notification de notre présente ordonnance à l'avoué du sieur   , ce dernier sera tenu de faire apporter au greffe du tribunal la minute de l'acte passé devant M°   , notaire, le   ; à quoi faire sera ledit M°   contraint, même par corps ; quoi faisant, déchargé.

Fait en la chambre du conseil, lesdits jour, mois et an ; et avons signé avec le greffier.

(*Signatures du juge-commissaire et du greffier.*)

FORMULE XII.

Signification à l'avoué de l'ordonnance du juge commissaire, portant que la minute de la pièce arguée de faux sera apportée au greffe.

(C. pr. 224. — Tarif, 70. Coût, 1 fr. orig. ; 25 c. copie.)

A la requête du sieur

Soit signifié, et avec celle des présentes donné copie à M°   , avoué du sieur

D'une ordonnance de M.   , juge au tribunal de première instance de   , commissaire en cette partie, en date du   , dûment enregistrée, à ce que du contenu en ladite ordonnance le susnommé n'ignore, et ait en conséquence à faire les diligences nécessaires pour l'apport de la minute de la pièce énoncée en ladite ordonnance ; à ce que pareillement il n'en ignore, Dont acte.

(*Signature de l'avoué.*)

FORMULE XIII.

Signification au dépositaire de l'ordonnance ou du jugement qui prescrit l'apport de la minute au greffe.

(C. pr. 223 et 224. — Tarif, 29. — Coût, 2 fr. orig. ; 50 c. copie.)

L'an   , le   , à la requête du sieur   , pour lequel domicile est élu

J'ai   , soussigné, signifié, dénoncé, et, avec celle des présentes, donné copie à M°   , notaire à   en son domicile, en parlant à

De la copie signifiée à la requête du sieur   , demeurant à   , à M°   , avoué dudit sieur   , par acte du palais du   , de l'ordonnance de M.   , juge en la   chambre du tribunal de   , commissaire en cette partie, en date du   , à ce que de son contenu ledit M°   n'ignore ; et à pareilles réquête, demeure et élection de domicile que dessus, j'ai, huissier susdit et soussigné, domicile et

parlant comme dit est, fait audit M⁰   sommation de, dans le délai
de   ', fixé par ladite ordonnance, déposer au greffe du tribunal
de   la minute d'un acte passé en son étude le   , contenant
               , à ce que pareillement il n'en ignore ; lui déclarant que, faute par
lui de satisfaire à ladite ordonnance, il y sera contraint par corps, aux termes
d'icelle ; et je lui ai, en son domicile, et parlant comme dessus, laissé copie, certifiée sincère et véritable, et signé de M⁰·   avoué, de la copie de
l'acte sus-énoncé et du présent exploit, dont le coût est de
                              (*Signature de l'huissier.*)

Acte de dépôt de la minute de la pièce arguée de faux.

— V. *sup.* Formule vi.

*Requête pour faire fixer les lieu, jour et heure où se fera le procès-verbal de
la pièce arguée de faux et de la minute.*

(C. pr. 225, 226. — Tarif, 76 par anal. — Coût, 2 fr.)
               A M.   juge commis,
   Le sieur   a l'honneur de vous exposer que le sieur   a remis au greffe l'acte   contre lequel l'exposant a été admis à s'inscrire
en faux, et le sieur   la minute dudit acte dont il était dépositaire.
   Pourquoi il supplie qu'il vous plaise, M. le juge-commissaire, indiquer les jour,
lieu et heure auxquels il vous plaira dresser procès-verbal de l'état desdites pièces,
en présence de M. le procureur du roi et des avoués des parties, où elles dûment
appelées ; et ce sera justice.
                              (*Signature de l'avoué.*)
               Ordonnance.

   Nous juge-commissaire,
   Vu la requête ci-dessus,
   Indiquons le   , heure de   , en la chambre du conseil,
pour procéder auxdites opérations.
   Fait à
                              (*Signature du juge.*)

NOTA. *On communique la requête et l'ordonnance au procureur du roi,
avec invitation d'être présent aux lieu, jour et heure indiqués.*

Signification de l'acte de dépôt de la minute.

(C. pr. 225. — Tarif, 70. — Coût, 1 fr. orig. ; 25 c. copie.)
   A la requête du sieur   soit signifié, et avec celle des présentes donné
copie à M⁰   , avoué du sieur   , 1° d'un acte délivré par le greffier du tribunal de   , le   , dûment enregistré, constatant le
dépôt fait au greffe dudit tribunal par M⁰   , notaire à   , de
la minute d'un acte passé devant lui le   , dûment enregistré ; 2° d'une
ordonnance de M.   , juge-commissaire, en date du   , enregistrée,
par lui remise au bas de la requête à lui présentée, ensemble de ladite requête, à
ce que ledit M.   n'ignore, le sommant en conséquence de comparaître et de faire trouver le sieur   sa partie, le   (*délai de trois
jours*), heure de   , au greffe dudit tribunal de   , pour, si
bon leur semble, être présens au procès-verbal qui sera dressé en présence de
M. le procureur du roi, par M.   , juge commis à cet effet, de l'état de
la minute de l'acte dont s'agit, et de l'expédition précédemment déposée, contre
lequel acte le sieur   s'est inscrit en faux ; déclarant audit M⁰   '
que, faute par lui de comparaître et de faire comparaître sa partie, il sera contre
eux donné défaut, et passé outre au procès-verbal dont s'agit, à ce que pareillement il n'en ignore. Dont acte.
                              (*Signature de l'avoué.*)

Procès-verbal de l'état de la pièce arguée de faux et de la minute.

(C. pr. 225, 226. — Tarif, 92. — Vacation, 6 fr.)

L'an, etc. par-devant nous, etc. est comparu au greffe de ce tribunal le sieur , assisté de M⸱ , son avoué, lequel nous a dit qu'en exécution de notre ordonnance du , dûment enregistrée, étant au bas de la requête qu'il nous a présentée ; il a fait sommer le sieur , par acte signifié à M⸱ , son avoué, le, etc., de comparaître devant nous, aux lieu, jour et heure susdits, pour, en exécution du jugement du , être par nous dressé état de la pièce énoncée en ladite requête ; et attendu que M. le procureur du roi, le sieur et M⸱ , son avoué, sont présens, il nous a requis de dresser ledit procès-verbal sur la représentation qui sera faite de ladite pièce par M. , greffier de ce tribunal, dépositaire d'icelle ; et a signé ledit M⸱ (*Signature de l'avoué.*)

Est aussi comparu M. le procureur du roi et ledit sieur , assisté de M⸱ , son avoué, lesquels ont dit qu'ils n'empêchent, et requièrent même qu'il soit procédé audit état ; et ont signé. (*Signatures.*)

Desquels comparution, dire, réquisition et consentement, nous avons donné acte aux comparans ; en conséquence, avons en leur présence, et sur la représentation de ladite pièce à nous faite aux comparans par M⸱ , greffier, dépositaire, procédé à l'état d'icelle ainsi qu'il suit :

Ladite pièce est écrite sur une feuille de grand papier timbré et contient pages. — La première page commence par ces mots : et finit par ceux-ci : ; elle porte au bas deux paraphes semblables à ceux qui accompagnent les signatures qui sont à la fin de la page ; ladite première page contient lignes. Le sieur , assisté de M⸱ , son avoué, nous a fait observer qu'à la fin de la ligne le mot *dix* contient une altération : entre la lettre *d* et l'*i* il y a un intervalle qui, quoique peu considérable, est plus grand que celui qui se trouve entre les autres lettres de ladite pièce, et qui a été rempli précédemment par un *e* et le premier jambage d'un *u* ; nous avons remarqué que le papier, à cet endroit, est plus faible et plus clair qu'aux autres endroits, ce qui provient, suivant ledit sieur , de ce que le papier a été gratté en cet endroit pour faire disparaître l'*e* et le premier jambage d'un *u* qu'il prétend avoir rempli cet intervalle ; nous avons encore remarqué que la queue de l'*i* n'est pas terminée comme celle des autres *i* de la même pièce, mais bien comme celle des *u* de ladite pièce, et que le point qui est sur l'*i* est d'une encre plus foncée que les points qui sont sur les autres *i* ; d'où le sieur a conclu que le mot *deux* qui se trouvait à cet endroit on a fait le mot *dix*. La seconde page commence, etc. (*Décrire les surcharges s'il y en a.*)

Le procès-verbal de l'état de la pièce étant achevé, elle a été de nous paraphée, de M. le procureur du roi, desdits sieurs , de MM⸱⸱ , avoués, et de notre greffier, et remise audit M⸱ , greffier, pour la garder en dépôt.

De tout quoi, il a été par nous dressé le présent procès-verbal, que nous avons signé avec M. le procureur du roi, lesdits avoués et le greffier dudit tribunal.

Fait à (*Signatures.*)

A la suite ou en marge de la pièce est la mention du paraphe en ces termes : Paraphé par nous , juge au tribunal de , par M. le procureur du roi près ledit tribunal, par le sieur et M⸱ son avoué, le sieur M⸱ , son avoué, et M⸱ , greffier dudit tribunal, en exécution du jugement dudit tribunal du , et conformément à notre procès-verbal de ce jour.

NOTA. *On procède d'une manière analogue pour constater l'état de la minute.*

Requête pour présenter les moyens d'une inscription de faux incident.

(C. pr. 229. — Tarif, 75. — Coût, 2 fr. par rôle orig. ; 50 c. copie.)

A MM. les président et juges composant la chambre, etc.

Le sieur   demeurant à   , demandeur au principal, à l'inscription de faux et aux fins de la présente requête, ayant pour avoué Me

Contre le sieur   , demeurant à   , défendeur au principal, à l'inscription de faux et aux fins de la présente requête. ayant Me   pour avoué ;

A l'honneur de vous exposer que (*énoncer successivement et avec précision tous les moyens de faux.*)

Par tous ces motifs, plaise au tribunal donner acte au sieur   , de ce que, pour moyens de faux contre la pièce dont s'agit, il emploie les moyens ci-dessus énoncés et détaillés ;

Ce faisant, dire et ordonner que lesdits moyens de faux seront déclarés pertinens et admissibles, et le sieur   autorisé à en faire preuve, tant par titres que par témoins, en la manière ordinaire et accoutumée, par-devant M. juge-commis à cet effet, sauf au défendeur la preuve contraire ; comme aussi pareillement dire et ordonner qu'il sera procédé à la vérification de la pièce en question par trois experts écrivains, qui seront commis d office par le tribunal, pour, lesdits titres, enquête et rapport d'experts, faits et rapportés, être par les parties requis, et par le tribunal statué ce qu'il appartiendra, dépens réservés.

(*Signature de l'avoué.*)

FORMULE XIX.

Acte pour faire rejeter une inscription de faux quand on n'a point fourni les moyens de faux.

(C. pr. 229. — Tarif, 70. — Coût, 1 fr. orig. ; 25 c. copie.)

A la requête   soit sommé Me   , de comparaître, etc.

Pour faute par le sieur   d'avoir, dans les huit jours du procès-verbal de l'état de la pièce contre laquelle il s'est inscrit en faux, par acte au greffe en date du   , signifié ses moyens de faux contre ladite pièce. voir dire et ordonner que ledit sieur   sera et demeurera déchu de son inscription de faux faite par acte au greffe, en date du   , contre la pièce produite par le sieur   , en la cause pendante entre eux audit tribunal, laquelle pièce (*désignation*), dûment timbrée et enregistrée ;

Ce faisant, déclarer ladite inscription de faux nulle et calomnieuse, et attendu le préjudice qu'elle a causé au requérant, se voir condamner par corps, ledit sieur   à payer audit sieur   la somme de   , à titre de dommages et intérêts ; et ordonner qu'après l'expiration du délai voulu par la loi pour la remise des pièces, celle arguée de faux sera rendue au requérant ; à quoi faire le greffier sera contraint ; quoi faisant, déchargé ;

Et statuant au principal, attendu que l'inscription de faux du sieur   étant déclarée nulle et de nul effet, la quittance à lui opposée par le requérant fait tomber la demande contre lui formée par exploit de   , en date du   ; voir dire et ordonner que ledit sieur   sera purement et simplement déclaré non-recevable en ladite demande, ou, en tous cas, débouté ; et le condamner aux dépens, tant de la demande principale que de l'inscription de faux par lui formée ; à ce que ledit Me   n'en ignore, D. A.

(*Signature de l'avoué.*)

FORMULE XX.

Requête en réponse aux moyens de faux.

(C. pr. 230. — Tarif, 75. — Coût, 2 fr. par rôle, nombre non fixé ; le quart pour la copie.)

A MM. les président et juges, etc. — V. *sup.* Formule XVIII.

A l'honneur de vous exposer que (*répondre séparément à chaque moyen et suivre le même ordre que le demandeur en faux.*)

Par tous ces motifs dire et ordonner qu'en venant par les parties plaider la cause d'entre elles, elles viendront pareillement plaider sur les présentes écritures que l'exposant déclare employer comme moyens de défense aux moyens de faux proposés par le sieur   ; ce faisant, dire et ordonner que lesdits moyens de faux seront déclarés inadmissibles et non pertinens ; en consequence declarer nulle et calomnieuse l'inscription de faux par lui faite au greffe par acte du, etc. — V. *Formule*. XVIII.

(*Signature de l'avoué.*)

Acte par lequel on poursuit l'audience à l'effet d'obtenir jugement définitif

(C. pr. 238. — Tarif, 70. — Coût, 1 fr. orig. ; 25 c. copie.)

A la requête   , soit sommé Mᵉ   de comparaître, etc.

Pour, attendu que du procès-verbal de rapport dûment en forme, dressé en présence du greffier devant M.   , juge commis à cet effet, le   et jours suivans, enregistré, il résulte que les trois experts ont été unanimement d'avis que le corps d'écriture contenu en une pièce opposée par le sieur   dans la cause pendante entre les parties, est faux et falsifié (ou altéré ou surchargé), etc.

Voir dire en conséquence qu'il sera fait défense au sieur   de pouvoir aucunement l'opposer à qui que ce soit, et notamment audit sieur   comme aussi que la minute et l'expédition de la pièce en question seront lacérées par le greffier du tribunal, et que les pièces de comparaison seront remises aux parties après l'expiration du délai fixé par la loi pour effectuer cette remise :

A quoi faire le greffier sera contraint sous les peines de droit, quoi faisant déchargé ; et statuant au principal, attendu que la pièce produite par le sieur étant fausse, la demande du requérant reprend toute sa force, voir dire et ordonner que les conclusions par lui précédemment prises par son exploit d'assignation en date du   lui seront adjugées, et condamner le sieur   aux dépens, tant de la demande principale que de l'inscription de faux ; à ce que du tout Mᵉ   n'en ignore, lui déclarant que faute par lui de comparaître, il sera pris avantage. Dont acte.

(Signature de l'avoué.)

Requête pour redemander des pièces déposées au greffe dans une inscription de faux incident.

(C. pr. 243. — Tarif, 76 par anal. — Coût, 2 fr.)

A MM. les président et juges, etc.

M.   , notaire à   , demeurant,

A l'honneur de vous exposer qu'en exécution d'une ordonnance rendue le   par M.   , juge, il a déposé au greffe de votre tribunal, et pour servir de pièce de comparaison dans la procédure d'inscription de faux formée par le sieur   contre le sieur   , la minute d'un contrat passé en son étude le   , portant

Que par le jugement du   vous avez rejeté l'inscription de faux et ordonné qu'il serait sursis à la remise des pièces de comparaison, déposée en votre greffe jusqu'à l'expiration du délai voulu par la loi pour l'appel ;

Que cependant la minute dont il s'agit est absolument nécessaire audit Mᵉ pour en délivrer des expéditions figurées demandées par le sieur   , partie intéressée dans cet acte ;

Pourquoi l'exposant requiert qu'il vous plaise, MM   , ordonner que la minute dudit acte, déposée au greffe de votre tribunal le   , lui sera remise sans délai sur sa décharge ; à quoi faire le greffier dudit tribunal sera contraint ; quoi faisant déchargé ; et vous ferez justice.

(Signature de l'avoué.)

— V. d'ailleurs *Expertise, Vérification d'écritures.*

FEMME. Ce mot comprend les filles, les femmes mariées et les veuves.

1. Les femmes sont exclues des emplois publics, et spécialement des fonctions judiciaires.

2. Mais elles sont valablement appelées comme témoins dans les enquêtes.

Elles peuvent plaider leurs causes personnelles. — V. *Au-*

dience, n° 26 ; — être nommées experts, — et arbitres, dans certains cas. — V. *Arbitrage*, n° 170 ; *Expertise*.

3. La loi les affranchit en général de la *contrainte par corps.* — V. *Emprisonnement*, n°ˢ 61 et suiv.

FEMME MARIÉE (1).

DIVISION.

§ 1. — *Effets du mariage relativement à la procédure.*
§ 2. — *Exercice des actions qui intéressent la femme.*
§ 3. — *Autorisation nécessaire à la femme pour plaider.*

Art. 1. — *Autorisation du mari.*
Art. 2. — *Autorisation de la justice.*
Art. 3. — *Effets de l'autorisation.*
Art. 4. — *Nullité résultant du défaut d'autorisation.*
Art. 5. — *Qui peut l'opposer.*

§ 4. — *Formules.*

§ 1. — *Effets du mariage relativement à la procédure.*

1. Le mariage produit des effets importans sous le rapport de la procédure.

2. La femme a le même *domicile* que son mari. — V. ce mot, n°ˢ 37 à 41.

3. Elle est obligée d'habiter avec lui. C. civ. 214.

Les juges ne peuvent accueillir l'option qu'un mari laisse à sa femme ou de le rejoindre ou de lui payer une pension alimentaire. Bruxelles, 12 juill. 1806, P. 5, 412.

4. La femme qui refuse d'habiter avec son mari peut y être contrainte par la saisie de ses revenus et de ses biens personnels. Riom, 13 août 1840 ; Toulouse, 24 août 1828 ; Cass. 9 août 1826 ; Lyon, 27 nov. 1852 ; Paris, 14 mars 1834 ; Colmar, 10 juill. 1833, S. 13, 239 ; 21, 249 ; 27, 88 ; 53, 92 ; 34, 159, 127.

5. Mais la saisie des vêtemens serait une voie de rigueur trop pénible ; elle blesserait la décence et les égards qui doivent toujours être conservés pour les personnes du sexe ; cette mesure serait même de nature à entraîner dans son exécution des inconvéniens que l'honnêteté publique doit prévenir. Toulouse, 21 août 1848, S. 21, 249.

6. La femme qui refuse de se rendre au domicile marital peut-elle y être contrainte par une condamnation à des dommages-intérêts ?

Nous ne le pensons pas : les dommages et intérêts ont cela

---

(1) Cet article a été rédigé par M. Frémy-Ligneville, avocat à la Cour royale de Paris, auteur du Code des architectes.

d'immoral que la femme pourrait les acquitter et éluder l'action de la justice en vivant dans le désordre. Ce moyen de coercition toujours arbitraire constituerait une véritable confiscation de la fortune de la femme au profit du mari, condition qui ne peut être exprimée ni sous-entendue dans un contrat de mariage, puisqu'elle serait une clause léonine, tyrannique et sans réciprocité possible, et, de plus, préjudiciable aux enfans ; ce n'est pas de l'association conjugale qu'on peut dire que toute obligation de faire ou de ne pas faire se résout en dommages-intérêts, encore que dans le contrat de mariage, comme dans tous les contrats synallagmatiques, la clause résolutoire soit toujours sous-entendue ; l'application de ces maximes aux devoirs des époux est évidemment impraticable ; on ne peut régir leur association essentiellement morale et intellectuelle par les dispositions du titre 3 du Code civil sur les dommages-intérêts qui sont dus en général pour la perte matérielle que fait un des contractans, ou pour le gain matériel dont il a été privé, qui ne sont dus que pour ce qu'on a pu prévoir lors du contrat et ce qui est la suite immédiate de son inexécution ; il suffit de lire de pareilles dispositions pour être convaincu qu'elles appartiennent à un ordre de choses bien différent, à des conventions ou négociations où stipulent librement, en se soumettant à la législation existante, des parties également maîtresses de leurs droits, sans tutelle et sans dépendance de l'une envers l'autre. Colmar, 4 janv. 1847 ; 10 juill. 1833, S. 18, 123 ; 34, 127. — *Contrà*, Duranton, 2, p. 456.

7. La femme qui refuse de rentrer dans le domicile conjugal peut-elle y être contrainte par l'emploi de la force publique, lorsque son mari a vainement tenté de l'y ramener par tous autres moyens et notamment par la saisie de ses revenus ?

Pour l'affirmative on dit : Dans l'intérêt général de la société, la loi doit assurer et assure en effet l'exécution des jugemens par tous les moyens qui sont en son pouvoir ; parmi ces moyens, il existe l'emploi de la force publique ; ce moyen est même textuellement autorisé dans le mandement aux officiers de justice, qui termine nécessairement et indistinctement tous les jugemens. L'emploi de la force publique ne doit aucunement être confondu avec l'exercice de la contrainte par corps : par celle-ci, l'on s'empare de la personne pour lui enlever sa liberté et l'emprisonner ; celle-là ne fait qu'accompagner la personne pour la mettre en état de remplir ses devoirs et même de jouir de ses droits, toujours en pleine et entière liberté. Ces principes conservateurs de l'autorité essentiellement due au pouvoir judiciaire ne reçoivent aucune exception à l'égard des jugemens qui, en vertu de la disposition formelle de l'art. 214 C. civ., obligent la femme à rentrer dans le domicile conjugal ; pour

leur exécution, dans l'extrémité fâcheuse où tous les autres
moyens moins rigoureux sont demeurés sans effet, on doit employer encore la force publique pour ne pas faire dépendre du
caprice et même du crime de l'épouse un *nouveau* genre de
séparation de corps, subversif tout à la fois et des droits particuliers de l'époux et des droits généraux du corps social. Paris,
29 mai 1808; Pau, 12 avr. 1810; Turin, 10 juill. 1810;
Colmar, 4 janv. 1817; Cass, 9 août 1826; Aix, 29 mars 1831,
S. 8, 199; 10, 241; 12, 414; 18, 123; 27, 188; 33, 92.

Pour la négative on répond : L'art. 214 C. civ. n'indique
aucun moyen coercitif qui puisse être employé pour contraindre la femme à résider auprès de son mari; si le juge est évidemment en droit, d'après l'art. 4 du même Code, de suppléer
ce silence de la loi, du moins le juge ne peut le faire qu'en se
conformant aux règles ailleurs établies ; au nombre des moyens
d'exécution, introduits par le Code de procédure civile, se
trouve en effet le moyen de la contrainte personnelle; ce moyen,
tel qu'il est spécifié par ledit Code, signale évidemment cette
contrainte personnelle qui ne peut être autorisée par le juge,
d'après l'art. 2063 C. civ. et l'art. 126 C. pr.., que dans les cas
prévus par la loi, et qui, d'après l'art. 2066 C. civ., ne peut
être prononcée contre les femmes et les filles que pour cause de
stellionat. On cherche vainement à distinguer entre la contrainte personnelle suivie d'emprisonnement et la simple arrestation, l'art. 126 ne permet point *d'arrêter* un individu hors
les cas prévus par la loi, et autrement qu'en observant les
formes par elle établies. S'agissant d'introduire un mode de
contrainte qui n'est pas littéralement dans la loi, le juge doit
en prévoir tous les inconvéniens. Il serait donc possible qu'un
époux domicilié à Perpignan eût à faire reconduire dans son
domicile son épouse qui aurait affecté d'établir sa résidence à
Brest ou à Dunkerque, et indépendamment de tous les inconvéniens attachés à ce long trajet, et de nature à offenser autant
la pudeur publique que la sainteté du mariage, on doit reconnaître qu'il faudrait ménager des stations et des séjours à la
femme ainsi arrêtée; si on la logeait dans une maison privée,
on serait en contravention aux règles protectrices de la liberté
des citoyens, et aux dispositions particulières de l'art. 788 C.
pr.; si on la consignait dans une maison de détention, le concours du fait de l'arrestation et du fait de l'emprisonnement ca-
ractériserait cette contrainte personnelle à laquelle les femmes
ne sont soumises que pour cause de stellionat. On ne peut pas
se dissimuler que ces principes dirigeaient ceux qui, lors de la
discussion du Code civil au Conseil d'État, s'occupant des
moyens propres à assurer l'exécution de l'art. 214 C. civ., ne
firent aucune sorte d'allusion à la contrainte personnelle. Ces

mêmes principes dirigèrent la rédaction de l'art. 269 C. civ.
qui, prévoyant le cas où, durant l'instance en divorce, la femme
s'absenterait du lieu à elle indiqué pour sa résidence, se borne
à la priver de la pension alimentaire, sauf la déchéance de l'action, si elle est demanderesse. L'art. 214 C. civ. n'oblige pas
seulement l'épouse à retourner auprès de son mari; il l'oblige
à habiter avec lui : dès lors, pour l'exécution de cet article, le
juge ne doit pas chercher un moyen coercitif qui assure simplement le retour, mais un moyen qui assure la continuité d'habitation; la contrainte ou l'arrestation de la femme mariée ne
procurerait pas ce résultat, puisqu'une fois déposée par la force
armée dans le domicile marital, elle pourrait s'en éloigner l'instant d'après; ce qui produirait une série d'arrestations et de
suites plus funestes au mariage et à la morale publique, que la
séparation de fait. Toulouse, 24 août 1818; Colmar, 10 juill.
1853, S. 21, 249; 34, 127.—L'art. 214 recevra son exécution
par tous les moyens autres que l'emploi de la force publique,
qui est moralement impraticable et insuffisant quand il est seul.

Cette dernière opinion nous paraît préférable.

8. La femme a le droit de se refuser à résider avec son mari
tant que ce dernier ne lui fournit pas une habitation convenable
et proportionnée à son état et à sa fortune. Arg. C. civ. 214;
Colmar, 14 janv. 1812, P. 10, 54; 19 avr. 1817, S. 18, 65;
Cass. 26 janv. 1808; 9 janv. 1826, S. 7, 2, 1195; 26, 262.

C'est aux juges à apprécier si la femme est ou non traitée
convenablement par son mari.

9. La Cour de Lyon (50 nov. 1811, P. 9, 745) a condamné
à des dommages-intérêts un mari qui refusait de recevoir sa
femme dans le domicile conjugal. — V. toutefois *sup.* n° 6.

10. Ce refus constaté est une injure grave, de nature à motiver une demande en séparation de corps.

11. Les actes de commerce, faits par les femmes mariées
sans autorisation, ne sont considérés à leur égard que comme
des actes civils. En effet, la femme ne peut être marchande publique sans l'autorisation de son mari (C. comm. 4); la signature des femmes et des filles non négociantes ou marchandes
publiques, leurs lettres de change ne valent à leur égard que
comme simple promesse (C. comm. 113): lorsque des lettres
de change et billets à ordre portent en même temps des signatures d'individus négocians et d'individus non négocians, le
le trib. de commerce ne peut prononcer la contrainte par corps
contre les individus non négocians, à moins qu'ils ne se soient
engagés à l'occasion d'opérations de commerce (C. comm. 637).

12. La femme mariée ne peut ester en jugement sans autorisation du mari ou de justice. C. civ. 217, 218.—C'est une
conséquence de la puissance maritale.

13. C'est à celui qui veut intenter ou soutenir une action contre une femme à s'informer de sa condition et de sa capacité. Cass. 10 déc. 1812, P. 10, 878 ; 15 nov. 1836 (Art. 590 J. Pr.).

14. Le refus fait par une femme de réintégrer le domicile conjugal, conformément à un arrêt qui le lui enjoint sous peine de saisie de ses revenus, ne donne pas le droit au mari de lui refuser, jusqu'à ce qu'elle se conforme à l'arrêt, l'autorisation dont elle a besoin pour actionner ses débiteurs. Toulouse, 23 fév. 1832, D. 32, 141.

15. Jugé que la femme étrangère ne peut exciper du défaut d'autorisation maritale pour ester en jugement, attendu que cette autorisation n'est prescrite que pour la femme française. Bruxelles, 29 août 1811, P. 9, 612.

16. L'obligation des époux de se fournir des alimens est une obligation de droit naturel dont l'exécution peut être réclamée, même entre étrangers, devant les trib. français, si l'époux défendeur est domicilié en France. Paris, 19 déc. 1833, S. 34, 384.

17. Dans quels cas les causes concernant les femmes mariées doivent-elles être communiquées au *ministère public?* — V. ce mot.

18. La copie de l'exploit destiné à l'un des époux, en cas d'absence de ce dernier, est valablement remise à son conjoint. — V. *Exploit*, nos 175, 176.

19. Le conjoint ne peut être entendu comme témoin dans une affaire qui intéresse son conjoint.—V. *Enquête*. nos 189, 195.

La contrainte par corps ne saurait être ni prononcée ni exercée au profit de l'un des époux contre l'autre. — V. *Emprisonnement*, nos 66 et suiv.

La contrainte par corps est valablement *prononcée* pour la même dette à la fois contre le mari et contre la femme, — lorsqu'ils sont condamnés solidairement pour la réparation du même délit, — lorsque les deux époux sont étrangers et se sont engagés solidairement ; — en matière de commerce, lorsque la femme est marchande publique et que les deux époux concourent à un même acte de commerce, spécialement lorsque le mari devient tireur ou endosseur d'une lettre de change acceptée par la femme.

Mais, dans aucun cas, la contrainte par corps ne peut être *exécutée* contre le mari et contre la femme simultanément pour la même dette. — V. *Emprisonnement*, nos 69 et 70.

20. Pour la procédure de *séparation de corps* ou *de biens*, — V. ces mots.

21. Quant à la *purge* de l'hypothèque légale de la femme sur les immeubles du mari. — V. ce mot.

§ 2. — *Exercice des actions qui intéressent la femme.*

22. Le mari a seul qualité pour intenter ou soutenir les demandes concernant : 1° la communauté (Arg. C. civ. 1421), et les actions mobilières et possessoires qui appartiennent à la femme commune. C. civ. 1428. — Spécialement pour défendre à la réclamation du prix d'un immeuble vendu à l'auteur de la femme, formée par un créancier hypothécaire : cette action est réputée mobilière. Cass. 15 mars 1808, P. 6 , 559.

23. Le mari a même qualité pour exercer, dans son intérêt et pour la conservation des droits de sa femme, les actions immobilières de celle-ci : il est administrateur des biens appartenant à sa femme, responsable du dépérissement qu'ils éprouvent par le défaut d'actes conservatoires, et maître des fruits qui en proviennent pendant le mariage. Arg. C. civ. 1401 et 1428. — La femme a la faculté d'intervenir dans l'instance, si elle le juge convenable. Toutefois, les jugemens rendus avec le mari *seul*, n'ayant pas la force de chose jugée contre la femme, s'ils lui sont défavorables, le défendeur à l'action du mari a le droit de mettre en cause la femme elle-même, pour que les jugemens à intervenir soient déclarés communs avec elle. Cass. 15 nov. 1831 , S. 32 , 588.

La même décision serait applicable, sous le régime dotal, à l'égard des biens dotaux. Arg. C. civ. 1578. Cass. 15 mai 1832 , S. 32 , 588. Arg. C. civ. 1549 ; — ou paraphernaux.

24. Peut-on ordonner l'interrogatoire sur faits et articles de la femme commune en biens, qui n'a pu être mise en cause dans un procès intéressant la communauté ?—V. *Interrogatoire sur faits et articles.*

25. 2° La jouissance des biens de la femme sous le régime exclusif de communauté. Arg. C. civ. 1531.

26. 5° Les biens dotaux sous le régime dotal. Arg. C. civ. 1549.—V. *sup.* n° 23.

La femme, même avec l'autorisation du mari, n'a pas qualité, — pour poursuivre les débiteurs des sommes dotales. Montpellier, 22 mai 1807, P. 6 , 104 ; Limoges, 4 fév. 1822, S. 22 , 247 ; Rolland de Villargues, v° *Régime dotal*, n° 66. — Toutefois, il a été jugé que la femme pouvait agir contre son père, qui lui avait constitué la dot. Turin , 10 août 1811 , P. 9 , 544 ; — que l'autorisation du mari, pour agir contre les débiteurs de la dot , pouvait être assimilée à un mandat. Lyon, 16 janv. 1834, D. 55 , 2.

Pour revendiquer les meubles dotaux compris dans une saisie immobilière. Pau, 25 nov. 1836 (Art. 915 J. Pr.). — V. d'ailleurs *Partage, Saisie immobilière, Surenchère.*

27. Si dans un exploit d'ajournement à fin de révocation d'une aliénation de biens dotaux, le mari et la femme déclarent agir *en leur meilleure qualité*, les juges peuvent induire de ces expressions que le mari a agi, non seulement pour autoriser sa femme à ester en jugement, mais encore en son nom personnel. Cass. 15 juin 1857 (Art. 1472 J. Pr.).

28. Lorsque le mari a seul l'exercice des actions, il suffit d'assigner à sa requête, comme poursuivant les droits de sa femme, s'il est demandeur.

29. Si le mari est défendeur, on lui remet une seule copie de l'exploit. — Ainsi jugé, 1° sous le régime de communauté pour des droits propres à la femme. Cass. 1er avr. 1812, P. 10, 261 ; — à l'égard d'un acte d'appel, relatif à des biens de la communauté. Cass. 4 août 1817, S. 17, 374. — 2° Sous le régime dotal, lorsqu'il s'agit de biens dotaux. Bordeaux, 23 janv. 1835 (Art. 121 J. Pr.).

Néanmoins, il est quelquefois prudent de remettre une seconde copie à la femme, dans la prévoyance du cas où les époux seraient séparés de biens, soit contractuellement, soit judiciairement, à l'insu du requérant.

50. Le mari commun en biens a qualité pour se pourvoir contre une condamnation de dépens dont sa femme a été frappée, par suite d'une contestation relative à ses biens propres. — V. *inf.* n° 147 et suiv.

51. Les titres pour dettes mobilières, exécutoires contre le mari ou la femme avant le mariage, sont-ils exécutoires de plein droit contre la communauté ?

Suivant Pothier, *Communauté*, n° 242, les créanciers de la femme ne peuvent procéder par voie d'exécution contre le mari qu'après avoir obtenu jugement contre lui.

Nous pensons, avec MM. Delvincourt, t. 3, 14, note 1re; Toullier, t. 12, n° 201, que la signification du titre au mari, huit jours avant l'*exécution*, suivie d'un commandement, est nécessaire, mais suffit. Arg. C. pr. 877 ; C. civ. 1401 et 1409 ; Bruxelles; 25 juin 1807, P. 6, 174. — Dans l'espèce, le créancier de la femme avait, depuis le mariage, fait commandement au mari et rempli les formalités de l'art. 877 C. civ. — V. *Exécution*, n° 15, *Commandement*, n° 4.

Le titre exécutoire contre le mari, comme chef de la communauté, pendant que cette communauté existait, l'est également depuis sa dissolution, et contre le mari, et contre la femme, en cas d'acceptation, suivant certaines proportions (C. civ. 1484 et suiv.); — toutefois, si c'est contre le mari, il n'est pas besoin d'une nouvelle signification ; tandis que, si c'est contre la femme, il y a lieu d'appliquer l'art. 877 C. civ. — V. *Exécution*, n° 15.

A la différence de l'héritier bénéficiaire, la femme peut être poursuivie sur ses biens personnels pour dette de la commu- nauté, même lorsqu'il y a eu bon et fidèle inventaire, mais seu- lement jusqu'à concurrence de son émolument. C. civ. 1483.

52. Lorsqu'une femme contre laquelle la contrainte par corps a été prononcée se marie, le créancier qui a obtenu cette con- trainte peut exécuter son titre, sans être obligé de notifier les poursuites au mari, et de lui donner connaissance de la dette de son épouse. La loi ne prescrit aucune formalité à remplir vis-à-vis du mari avant cette exécution. Paris, 25 fév. 1808, P. 6, 551. — Il *parait* résulter des faits, que le mariage était postérieur au commandement. — Les premiers juges avaient déclaré nulles les poursuites.

53. Le mari peut-il poursuivre, sans le concours de sa femme, la réparation des injures prononcées contre elle ? — V. *Partie civile.*

54. L'action doit être intentée ou soutenue par la femme, autorisée du mari ou de justice, lorsqu'il s'agit : 1° des immeu- bles de la femme. Arg. C. civ. 1428 ; — ou de la nue-propriété des biens qui lui sont propres, sous le régime de la communauté. Arg. C. civ. 1428, 1500.

55. 2° De la nue-propriété des biens de la femme, sous le régime exclusif de communauté. Arg. C. civ. 1530, 1535. — Le mari qui a intenté seul une demande en partage d'immeu- bles propres à la femme, ne peut régulariser son action en se réduisant à la demande d'un partage provisionnel. La fin de non recevoir lui est opposable en cause d'appel, comme en pre- mière instance. Bruxelles, 15 mess. an 15, 23 brum. an 14, S. 6, 2, 58. — V. *Partage.*

56. 3° Des paraphernaux de la femme, sous le régime dotal. C. civ. 1576.

De ce que l'art. 1549 donne au mari seul l'*action* contre les débiteurs de la dot de sa femme, il ne faut pas en conclure que ce soit contre le mari que doive être dirigée l'action des tiers réclamant le fonds dotal. Elle doit être dirigée contre la femme assistée de son mari. — Spécialement, l'action en décla- ration de servitude, lorsque le fonds sur lequel on prétend que la servitude est assise appartient à la femme, n'est pas réguliè- rement intentée, si elle n'est dirigée que contre le mari seule- ment. Elle doit être dirigée tout à la fois et contre le mari et contre la femme. Bordeaux, 10 mars 1827, S. 28, 49.

57. 4° Des biens de la femme, en cas de séparation de biens. C. civ. 1536, 1449.

58. Dans toutes ces circonstances, l'exploit doit être signifié à la requête de la femme et du mari, pour la validité de la procédure, ou à la femme et au mari par copies séparées. — V. *Surenchère.*

59. L'assignation donnée à une femme séparée de biens , à raison de ses droits, et à son mari, pour l'autoriser, est nulle, s'il n'en est laissé copie séparée à chacun d'eux; peu importe que la femme soit assignée conjointement avec son mari et au domicile de celui-ci. Cass. 7 sept. 1808, P. 7, 144.

40. Mais la femme ne peut être assignée pour se défendre devant la C. cass. sur le pourvoi, lorsque l'instance a été poursuivie contre le mari seul, comme exerçant les droits de la femme. Cass. 4 vent. an 11, P. 3, 169; 25 mars 1812, P. 10, 248.

41. La nullité résultant du défaut de qualité dans la personne du mari, pour intenter une action concernant les immeubles de celle-ci, est relative : elle peut être couverte par la ratification ultérieure de la femme. Bruxelles , 15 fév. 1812, P. 10, 122 ; Arg. Colmar, 21 fév. 1815, P. 12, 602 ;—alors même que cette ratification n'interviendrait qu'en cause d'appel. Bruxelles, 15 fév. 1812.

42. Les jugemens obtenus contre deux époux doivent leur être signifiés par copies séparées. Arg. Paris , 13 juin 1807, P. 6, 145.

45. Lorsqu'un jugement a condamné solidairement les époux, ils peuvent l'un et l'autre en appeler.

Le mari qui intervient sur l'appel interjeté par la femme , ne peut plus, à l'expiration des délais, et par acte d'avoué à avoué , se rendre incidemment appelant du même jugement. Montpellier, 30 avr. 1811, S. 14, 361.

§ 3. — *Autorisation nécessaire à la femme pour plaider.*

Art. 1. — *Autorisation du mari.*

44. *Cas où l'autorisation du mari est nécessaire.* L'autorisation du mari est nécessaire à la femme mariée pour ester en justice. C. pr. 215, — soit en demandant, soit en défendant : l'art. 215 ne distingue pas.

45. L'autorisation est exigée : — 1° bien que la femme soit marchande publique, ou non commune, ou séparée de biens. C. civ. 215, — ou même séparée de corps. Cass. 6 mars 1827, S. 27, 534. — Toutefois, il a été jugé, sous la coutume de Paris , en matière mobilière, que la signification faite à la femme séparée de biens était valable, encore qu'elle n'eût pas. en même temps été faite au mari. Paris, 8 fév. 1808, P. 6, 492.

46. 2° Bien que, dans l'acte qui motive les poursuites, la femme n'ait pris que son nom de fille et qu'elle ait laissé ignorer son mariage. Cass. 15 nov. 1836 (Art. 590 J. Pr.). — V. *sup.* n° 13.

47. 3° Bien que le mari soit en faillite. Bordeaux, 18 mars 1828, D. 28, 125.

48. 4° Bien que la femme agisse comme tutrice des enfans de son premier mariage. Grenoble, 17 avr. 1831, D. 32, 47.

49. 5° Bien qu'elle réponde à une action en interdiction formée contre elle par sa famille. C'est là une action civile, quoique soumise à d'autres formes que celles prescrites pour les actions ordinaires. Cass. 9 janv. 1822, S. 22, 156. — Le mari qui n'a pas donné son autorisation peut former tierce-opposition au jugement qui a prononcé l'interdiction de la femme, et le faire annuler, ainsi que tout ce qui l'a précédé et suivi. *Même arrêt.*

50. Mais la femme qui demande la nullité de son mariage en s'inscrivant en faux contre l'acte de célébration, n'a pas besoin, pour se pourvoir en cassation de l'arrêt qui a rejeté l'inscription en faux, de demander l'autorisation de celui à qui elle conteste la qualité de mari, ni l'autorisation de la justice. Ce serait reconnaître ce qui fait l'objet du procès, l'existence et la validité du mariage. Cass. 31 août 1824, S. 24, 360.

51. 6° Bien que ce soit en matière criminelle, correctionnelle, ou de police, si la femme veut se porter *partie civile.* — V. ce mot. — Mais, en cette matière, elle n'a pas besoin d'autorisation pour se défendre. C. civ. 216, — spécialement pour donner procuration à l'effet de la défendre devant le trib. de simple police; Cass. 24 fév. 1809, S. 10, 192; — ou devant une Cour d'assises pour répondre à une demande en dommages-intérêts pour calomnie. Cass. 31 mai 1816, P. 13, 464.—Alors l'autorité du mari disparaît devant celle de la loi, et la nécessité de la défense naturelle dispense la femme de toute formalité. Portalis, *Exposé des motifs.*

52. L'autorisation d'ester en jugement n'emporte pas celle de compromettre, — ni celle de prêter le serment décisoire. Pothier, *Obligations*, n° 851; Angers, 28 janv. 1825, S. 25, 159. — Dans l'un et l'autre cas, il faut être capable de disposer de l'objet en litige.

53. Mais cette autorisation suffit pour que la femme reconnaisse valablement, dans un interrogatoire, l'existence d'une dette réclamée contre elle : cet aveu fait pleine foi contre elle, aux termes de l'art. 1356, C. civ. Cass. 22 avr. 1828, S. 28, 208.

54. L'autorisation donnée à la femme pour intenter une action ne lui permet pas de s'en désister. — V. *Désistement*, n° 52. — Ainsi jugé, 1° pour une demande en reddition de compte de tutelle. Cass. 15 juill. 1807, S. 7, 128; — 2° pour le désistement d'un acte d'appel. Cass. 12 fév. 1828, S. 28, 356.

55. La femme ne peut valablement acquiescer à aucune demande ni à aucun jugement sans autorisation de son mari. *L'acquiescement* est une aliénation. Arg. C. civ. 217. — V. ce mot, n°s 28 et 33.

56. Une autorisation générale du mari serait suffisante pour une affaire spéciale.

Ainsi, l'autorisation d'ester en justice *pour toutes les affaires* que la femme *a et pourrait avoir* par la suite suffit pour l'autoriser à ester sur l'opposition qu'elle a formée à une contrainte de la Régie. Cass. 2 mai 1815 , S. 15 , 281. — V. *inf.* n° 75.

Jugé que la femme, autorisée par son mari à intenter toutes actions relatives à ses biens personnels, à défendre sur toutes les prétentions *de tel adversaire*, et à suivre toutes demandes, etc., est suffisamment autorisée par cela même à défendre sur un pourvoi en cassation. Cass. 2 août 1820, S. 21 , 35.

57. L'autorisation accordée (par justice) à la femme de procéder au partage et à la liquidation d'une succession, renferme implicitement autorisation de former toute action ayant pour objet la délivrance de la portion afférente à la femme dans cette succession. Poitiers, 28 fév. 1834, S. 34, 167.

58. Celle de procéder sur une instance en licitation embrasse tous les actes nécessaires pour parvenir à une adjudication définitive, spécialement la poursuite de revente sur folle-enchère. Cass. 20 juill. 1835 (Art. 99 J. Pr.).

59. La femme qui, avant la publication du Code civil, a pu valablement ester en justice sans autorisation, a dû être autorisée, depuis le Code, pour pouvoir continuer l'instance. Cass. 21 germ. et 20 therm. an 12, S. 4, 142 et 166.

60. L'instance commencée par ou contre la femme, pendant qu'elle était fille ou veuve, peut-elle être continuée sans autorisation depuis le mariage ? — Il faut distinguer :

61. Si l'affaire est en état au moment du mariage, cet événement n'arrête pas le cours de la justice et ne modifie pas les erremens de la procédure ; le jugement rendu dans cette hypothèse contre la fille ou la veuve sans autorisation du nouveau mari et sans son intervention, n'en est pas moins valable. Arg. C. pr. 342 et 343.

62. Si l'affaire n'est point en état, les procédures peuvent être continuées contre la femme, tant que son changement d'état n'est point notifié à la partie adverse : cette partie doit présumer que l'état de la femme est toujours le même qu'au commencement de la procédure. Arg. C. pr. 345 ; Duranton, 2, n° 457.

63. Depuis la notification, — le tiers ne doit pas continuer ses poursuites sans mettre en cause le mari ; — et s'il est défendeur, il est fondé à demander que la femme soit déclarée non recevable à continuer ses poursuites tant qu'elle ne sera point assistée de son mari, ou au moins dûment autorisée. Il ne doit pas être forcé de subir les chances d'une procédure irrégulière.

64. Le mari peut, suivant la nature de l'affaire, reprendre l'instance ou intervenir.

65. La femme qui a été autorisée par son mari à plaider en 1re inst. a-t-elle besoin d'une autorisation nouvelle pour plaider en appel ou en cassation ?

Pour la négative on dit : Tant que le mari n'a point signifié une révocation de l'autorisation par lui donnée à sa femme, il y a présomption qu'il continue d'approuver ses actions ; la célérité des procès et le besoin d'économiser les frais doivent dispenser d'une nouvelle formalité que la loi ne met nulle part à la charge du plaideur qui a une femme pour adversaire. Montpellier, 1er mars 1825 ; Bourges, 17 nov. 1829, D. 25, 190 ; 30, 81. — V. *Préliminaire de conciliation.*

Mais on répond avec raison : La femme doit être autorisée toutes les fois qu'il s'agit pour elle d'ester en justice. Or, l'appel et le pourvoi en cassation constituent deux instances nouvelles distinctes de la première. La femme est exposée à de nouveaux frais. Duranton, 2, n° 459.

66. Ainsi jugé spécialement, 1° lorsque le mariage a été célébré avant que l'appel ait été interjeté, il y a nécessité de mettre le mari en cause et de l'assigner à l'effet d'autoriser sa femme. Cass. 7 août 1815, P. 15, 50, — surtout lorsque, dans différens actes antérieurs non seulement à l'appel, mais encore au jugement de première instance, la femme a pris le nom de son nouvel époux, et a, par là même, fait connaître son changement de qualité. *Même arrêt.*

67. 2° Lorsque le mariage a été contracté depuis l'arrêt qui a admis le pourvoi, mais avant que la femme ait été assignée devant la chambre civile : cette assignation constitue aussi une nouvelle instance. Cass. 7 oct. 1811, S. 12, 10 ; Cass. 25 mars 1812, P. 10, 247.

Si la femme est appelée en cassation, le mari doit être assigné dans les trois mois (délai légal). Cass. 14 juill. 1819, S. 19, 407. — V. *Cassation,* n° 228.

68. Si le mariage survient depuis le jugement et dans l'intervalle des deux instances, une nouvelle autorisation est nécessaire, alors même que le changement d'état n'a pas été signifié. — V. *sup.* n° 13. — Il s'agit ici de commencer une instance nouvelle et non de continuer une instance commencée, comme *sup.* n° 62.

69. Lorsque le mariage est célébré *pendant* la nouvelle instance, il faut distinguer si l'affaire est ou non en état à cette époque. — V. *sup.* nos 59 et suiv.

Un nouveau mari non assigné a été jugé non recevable à former tierce-opposition à l'arrêt rendu contre la femme sur un appel contre elle interjeté avant le mariage. Cass. 10 déc. 1812, P. 10, 878. — Dans l'espèce, la femme avait continué d'ester en justice en qualité de veuve. Le second mari qui, d'après les circonstances, n'avait pu ignorer le procès que suivait sa femme, n'avait fait conjointement avec elle aucune reprise d'instance et ne s'était point présenté. — V. *sup.* n° 61.

70. La procédure de saisie immobilière peut-elle être suivie contre la femme non autorisée, sauf à faire prononcer l'autorisation avant l'adjudication préparatoire ?—V. *Saisie immobilière.*

71. *Quid*, en matière d'*ordre*? — V. ce mot.

72. La femme peut, sans autorisation, faire des actes conservatoires, comme les protêts, les oppositions, les inscriptions hypothécaires : ce n'est pas là ester en jugement. Duranton, 2, 469.

Mais l'autorisation devient nécessaire, s'il faut assigner en garantie par suite du protêt, ou en validité pour donner effet à la saisie ou à l'opposition. — V. *Surenchère.*

73. Le pouvoir donné par une femme à son mari, pour intenter une action relative à ses droits immobiliers, est valablement révoqué par la femme, avant ou pendant l'instance, sans autorisation du mari ni de la justice; toutefois, la révocation ne fait cesser l'instance qu'en ce qui touche le fonds de la propriété de la femme : l'instance peut être continuée par le mari, en ce qui touche l'usufruit ou les revenus dont il a la jouissance comme mari. Caen, 15 juill. 1824, S. 25, 177.

74. *Par qui et quand l'autorisation du mari doit être demandée ?* L'autorisation doit être provoquée par la femme, si elle est demanderesse. Cass. 1ᵉʳ juill. 1828 ; Merlin, *Rép.*, v° *Autorisation maritale*, 1, p. 258; Berriat, 666, note 7; Duranton, 2, n° 453. — Et par les demandeurs, si elle est défenderesse. Cass. 29 mars 1808, 6, 588; Merlin, *ib.* p. 527; Berriat, 665, note 6, n° 1 ; Carré, n° 2911.—A cet effet, ils mettent le mari en cause pour voir dire qu'il autorisera sa femme.

Le mari cité pour autoriser la femme doit être en qualité dans le jugement de défaut obtenu contre elle.

Si le jugement ne prononce pas également défaut contre le mari, il est nul. Paris, 5 juin 1840, P. 8, 352.

75. Une autorisation nouvelle doit être demandée : — 1° En appel. Aix, 3 mai 1827, S. 28, 346 ; Rouen, 12 fév. 1828, D. 28, 127; Montpellier, 16 janv. 1832, D. 32, 155; Cass. 17 janv. 1838 (Art. 1473 J. Pr.). — V. *sup.* n°ˢ 65 et suiv.

76. La femme, autorisée de son mari pour interjeter appel, n'a pas besoin d'une nouvelle autorisation pour former opposition à un arrêt par défaut rendu sur l'appel ; l'autorisation d'interjeter appel s'étend à tous les actes de procédure, qui peuvent avoir lieu en cause d'appel. Montpellier, 6 mars 1828, S. 29, 2, 18.

77. 2° En cassation. Cass. 22 oct. 1807, 25 mars 1812, P. 10, 248; 14 juill. 1849, S. 19, 407. — V. *sup.* n° 66.

Ainsi, le demandeur en cassation, qui, en signifiant l'arrêt d'admission, assigne la femme devant la section civile, sans assigner son mari pour l'autoriser, est déchu de son pourvoi. *Mêmes arrêts ;* Duranton, 2, 460; Carré, 3, 214, note 8.

Alors même que le mariage est postérieur à l'arrêt attaqué. Cass. 29 nov. 1856.(Art. 647 J. Pr.).

78. Les adversaires de la femme sont obligés de la faire autoriser devant la C. de cass., quoiqu'elle ne se soit mariée que depuis l'arrêt d'admission qui a permis de l'assigner devant la chambre civile. Cass. 7 oct. 1811, S. 12, 10. — Alors même que la femme ne leur aurait pas fait notifier son changement d'état. — V. *sup.* n°s 13, 67 et 68.

79. Il ne suffirait pas que le demandeur en cassation requît la femme de se faire autoriser ; il faut que la réquisition d'autoriser la femme soit faite au mari lui-même. Cass. 7 oct. 1811, S. 12, 10.

80. Du reste, le vœu de la loi est rempli si l'autorisation est obtenue dans le cours de l'instance et avant le jugement définitif des premiers juges. Besançon, 1er oct. 1810, P. 8, 601 ; Cass. 5 avr. 1813, S. 13, 8; Bourges, 17 nov. 1829, D. 30, 81.—Ainsi, l'assistance du mari dans la procédure faite à la suite de l'opposition formée par sa femme contre le jugement arbitral ou l'ordonnance d'*exécution,* couvre la nullité de l'opposition faite sans son autorisation. Rouen, 5 oct. 1810, S. 11, 465.

81. Mais, lorsqu'il s'agit d'un appel ou d'un pourvoi en cassation, il faut distinguer :

Si les adversaires sont *demandeurs* , ils doivent obtenir l'autorisation du mari, ou l'assigner avant l'expiration des délais de l'appel ou du pourvoi. Carré, n° 2912; Duranton, 422.

82. Ainsi jugé : — 1° en matière d'appel. Colmar, 25 avr. 1817, D. 18, 24 ; Aix, 3 mai 1827, S. 28, 546 ; Nîmes, 16 janv. 1832, S. 33, 61 — *Contrà*, Paris, 13 août 1825, S. 25, 111.

83. 2° En matière de cassation. Cass. 14 juill. 1819, S. 19, 407.

Peu importe que le mari ait été mis en cause avant l'arrêt de la chambre civile, si, à cette époque, les délais de l'assignation étaient expirés. Cass. 29 nov. 1856 (Art. 647 J. Pr.).

84. Au contraire, si la femme est *demanderesse* en appel ou en cassation, elle peut, en tout temps, produire son autorisation. — La Cour ne doit pas d'office déclarer la femme non recevable (la nullité n'est introduite qu'en faveur de la femme du mari ou de leurs héritiers, C. civ. 225) ; mais elle surseoit à statuer jusqu'à ce que la femme se soit fait autoriser, en fixant un délai dans lequel cette formalité sera remplie.

85. Ainsi jugé : — 1° En matière d'appel. Cass. 21 nov. 1832, S. 35, 401; 17 janv. 1838 (Art. 1473 J. Pr.).

86. 2° En matière de cassation. Cass. 12 oct. 1807, P. 6, 314; — et dans une espèce où une veuve s'était remariée depuis le pourvoi par elle formée. Cass. 20 therm. an 12, S. 4, 166.

87. Ce délai accordé à la femme pour se faire autoriser peut, suivant les circonstances, dépasser celui de l'appel ou du pourvoi.

88. Mais, après le délai fixé, la demande de la femme non encore autorisée doit être rejetée pour défaut d'autorisation.

89. *Forme de l'autorisation maritale.* Lorsque le mari consent à autoriser sa femme, il donne pouvoir en cette qualité à l'officier ministériel, et tous les actes signifiés à la requête de la femme doivent faire mention de l'autorisation. — Le jugement rendu contre la femme qui se serait faussement qualifiée de procuratrice de son mari, sans produire aucune autorisation, serait nul. Cass. 16 juill. 1806, P. 5, 407.

90. Toutefois, l'autorisation n'a pas toujours besoin d'être expresse; elle peut être tacite.

Ainsi, le mari est censé autoriser sa femme par cela seul qu'il plaide conjointement avec elle. Le concours du mari dans une instance suivie par la femme vaut autorisation, de même que son concours dans un engagement souscrit par la femme. Cass. 26 frim. an 13, S. 4, 29; 22 avr. 1808, P. 6, 644; 2 janv. 1811, P. 9, 2; Cass. 16 nov. 1825, S. 26, 453; 22 avr. 1828, S. 28, 208; 3 juin 1835, S. 35, 880. — Encore bien que la femme ait des intérêts distincts de ceux de son mari. Cass. 10 juill. 1811, P. 9, 454; Grenoble, 21 fév. 1832, S. 33, 28. — *Contrà*, Bordeaux, 25 août 1810, P. 8, 564; Colmar, 25 avr. 1847, D. 18, 24.

91. Ainsi, est régulier l'acte d'appel interjeté à la requête du mari et de la femme, encore qu'il n'y soit pas expressément énoncé que la femme agit avec l'autorisation de son mari. Montpellier, 2 janv. 1811, S. 14, 211.

92. Mais une femme ne peut pas, sans autorisation *expresse*, demander la distraction d'immeubles compris dans une expropriation poursuivie contre son mari. Bordeaux, 25 août 1810, S. 11, 185.

93. L'acquiescement donné par le mari à l'abandon que fait sa femme du domicile conjugal emporte autorisation pour les dettes qu'elle a contractées depuis, afin de se procurer une existence convenable, eu égard à son état et à sa fortune. Trib. d'Évreux, 15 déc. 1835 (Art. 309 J. Pr.).

94. Lorsque le mari d'une femme qui a obtenu de la justice la permission d'aliéner, par la voie des enchères, devant notaires, un immeuble dotal, appose sa signature sur le cahier des charges, concourt au dépôt qui est fait chez le notaire, re-

quiert plus tard la mise aux enchères par ce fonctionnaire à
l'époque fixée, et assiste aux enchères lorsqu'elles sont ouvertes,
sans s'y opposer, il autorise suffisamment sa femme à vendre,
alors même qu'il n'a pas signé le procès-verbal d'adjudication,
et qu'il a refusé d'y donner son adhésion. Grenoble, 14 janv.
1850, S. 50, 505.

95. Le mari qui intente une action contre sa femme est censé
lui donner par cela seul l'autorisation d'ester en jugement.
Nanci, 14 avr. 1811, P. 9, 258; Duranton, 2, 427, n° 467.

Il a même été jugé que l'assignation du mari vaut non seulement autorisation à la femme pour se défendre en première
instance, mais encore pour interjeter appel. Colmar, 14 janv.
1812, P. 10, 54.

96. Mais, de ce que des poursuites sont dirigées tant contre
le mari que contre la femme, il ne s'ensuit pas que la femme
puisse ester en jugement sans une autorisation particulière et
expresse de son mari ou de la justice, *si celui-ci fait défaut*, et
qu'elle seule comparaisse. L'autorisation tacite du mari figurant
dans un jugement avec sa femme, n'existe qu'autant que le mari
comparaît, qu'il est partie *agissante*. Montpellier, 18 nov. 1828,
S. 29, 240.

97. De même, l'autorisation tacite du mari ne peut plus se
supposer lors de l'instance qui s'élève à l'occasion des poursuites
intentées par l'avoué du mari en vertu de l'exécutoire de dépens
qu'il a obtenu en son nom contre la femme.

98. L'huissier qui fait sommation au mari d'autoriser la
femme a-t-il capacité pour constater l'autorisation du mari, si
ce dernier consent à la donner? — V. *Huissier*.

Art. 2. — *Autorisation de la justice.*

99. *Cas où elle est nécessaire.* L'autorisation de la justice est
nécessaire et suffit à la femme : — 1° Si le mari *refuse* de l'autoriser. C. civ. 218.

100. 2° Si le mari est *absent*. C. civ. 222; C. pr. 865.

101. Il ne suffit pas que le mari soit non présent pour que
la femme puisse être autorisée par justice; il faut que l'absence
soit déclarée (*Contrà*, Agen, 51 juill. 1806, P. 5, 441), —
ou au moins présumée. Cass. 15 mars 1857 (Art. 854 J. Pr.).

102. Si le mari n'est pas absent dans le sens légal, il doit
être assigné à personne ou domicile pour donner ou refuser son
autorisation. *Même arrêt.*

105. Au reste, bien que le mari soit simplement éloigné,
s'il y a urgence, le juge doit autoriser la femme, mais en veil-
lant à ce qu'elle n'abuse pas du simple éloignement de son mari
pour se soustraire à l'autorisation maritale. Colmar, 51 juill.

1840, P. 8, 498; Toullier, 2, n° 631; Duranton, 2, n° 504; Carré, 3, n°ˢ 2925 et 2926.

104. 5° Si le mari est *mineur*.

Selon M. Toullier, n° 653, le juge doit ordonner que le mari mineur sera cité devant la chambre du conseil pour être consulté et donner des renseignemens. — Mais la loi n'exige pas cette formalité.

105. Si les deux époux sont mineurs, le mari peut autoriser la femme à faire tous actes permis au mineur émancipé. Toullier, *ibid.*—Pour les autres actes, elle doit se faire assister d'un curateur et obtenir l'autorisation du conseil de famille dans les cas où elle est requise. Arg. C. civ. 476, 480.

106. Si le mari est majeur et que la femme soit mineure, il autorise valablement la femme dans tous les actes du mineur émancipé, où la loi ne requiert que la simple assistance du curateur, — spécialement pour défendre à une action immobilière, et même pour l'intenter. Arg. C. civ. 482; Pau, 11 mars 1811, P. 9, 168; Duranton, n° 504; — pour défendre à l'action en expropriation forcée de ses immeubles. C. civ. 2208. — Si le mari ne veut pas assister sa femme, il lui est nommé un tuteur *ad hoc* pour la défendre. *Ib.*

107. 5° Si le mari est interdit, C. civ. 222, C. pr. 864, — la femme ne serait pas valablement autorisée par le tuteur de son mari.

Le mari, pourvu seulement d'un conseil judiciaire, a le droit d'autoriser sa femme. Duranton, 2, n° 506. — Mais il faut alors qu'il soit assisté de son conseil. Paris, 27 août 1833, S. 34, 556.

108. 6° Si le mari est condamné à une peine afflictive et infamante, C. civ. 221, — il est alors dans la position de l'interdit; mais il reprend son droit après l'expiration de la peine. L'art. 29 du Code pénal ne frappe en effet le condamné de l'interdiction légale que pendant la durée de la peine. L'art. 28 qui énumère les incapacités dont il demeure frappé après avoir subi sa peine ne dit pas qu'il ait perdu la puissance maritale et tous les droits qui s'y rattachent. Le condamné peut, après avoir recouvré la liberté, ester en jugement et contracter. Il peut donc aussi autoriser sa femme. Duranton, 2, n° 507. — *Contrà*, Delvincourt, 1, 164.

109. Le condamné par contumace recouvre ses droits aussitôt qu'il reparaît en justice.

110. Si la femme, dont le mari a été condamné à une peine afflictive ou infamante, ne requiert pas l'autorisation de la justice, la partie adverse doit la provoquer, ou les juges doivent l'ordonner d'office. Cass. 29 mars 1808, S. 8, 213.

111. 7° Pour l'aliénation de l'immeuble dotal sous le régime dotal, dans les cas où elle est permise. C. civ. 1558, 1559. — V. *Vente.*

112. La femme autorisée par justice à former une demande contre un tiers a-t-elle besoin d'une nouvelle autorisation de justice pour interjeter appel ?

La négative a été jugée (Poitiers, 21 mars 1827, S. 28, 22), attendu que l'autorisation donnée pour l'action n'avait pas été limitée au premier degré de juridiction, et qu'elle devait produire son effet pour la demande dont il s'agissait jusqu'à décision définitive. — Dans le même sens, on ajoute : — L'art. 861 C. pr. suppose que l'autorisation de justice s'étend, pour la femme, *à la poursuite* de ses droits. Or, cette expression est bien plus générale que les termes de l'art. 217 C. civ.

D'ailleurs, la demande d'une nouvelle autorisation judiciaire pour interjeter appel serait souvent sans effet ; le tribunal qui aurait rejeté les prétentions de la femme au fond, refuserait de l'autoriser à interjeter appel de ce jugement.

Ce dernier motif n'est nullement péremptoire ; car le trib. qui statuera sur le fond n'est pas toujours le même que celui qui accorde l'autorisation (— V. *inf.* n° 114). — L'art. 49 L. 18 juill. 1857 (Art. 880 J. Pr.) exige, pour les communes, une nouvelle autorisation pour chaque degré de juridiction. — V. *Commune*, n° 24.

113. Au reste, nul doute qu'une nouvelle autorisation de justice ne soit nécessaire à la femme qui veut recourir aux voies extraordinaires de la cassation ou de la requête civile. Thomine, n° 1009.

114. *Compétence.* La demande en autorisation doit être formée par la femme demanderesse devant le tribunal du domicile marital, lors même que le procès au fond est de la compétence d'un autre tribunal. Cass. 21 germ. an 12, P. 3, 695 ; Proudhon, 1, 270 ; Toullier, 2, 31.

115. S'il s'agit de suivre une instance d'appel, c'est à la Cour que la femme doit demander l'autorisation. Carré, n° 2910.

116. Si la femme est défenderesse, le trib. saisi de la contestation peut accorder l'autorisation : l'accessoire suit le principal ; c'eût été souvent rendre impossible une action contre la femme que d'exiger du demandeur qu'il s'adressât au trib. du domicile marital pour obtenir l'autorisation.

117. Cette autorisation peut être accordée par le trib. saisi, alors même qu'il serait un trib. d'exception ; — par exemple, un trib. de commerce. Colmar, 31 juill. 1840, P. 8, 498 ; Bruxelles, 29 août 1811, P. 9, 612 ; Cass. 17 août 1813, P. 11, 646 ; Duranton, 2, n° 466.

118. Mais le juge de paix devant lequel une femme comparaît en conciliation, n'étant pas juge de la contestation, ne peut autoriser la femme ni à plaider ni à compromettre sur l'action exercée contre elle. Montpellier, 17 juill. 1827, D. 51, 187.

119. *Formes de la demande.* La femme qui veut intenter une action doit d'abord faire sommation à son mari de l'autoriser, C. pr. 861,—dans un délai qui doit être au moins de vingt-quatre heures. Demiau, p. 559; Carré, n° 2918.

120. L'huissier constate la réponse du mari, s'il le trouve à son domicile.— V. *Acte respectueux*, n° 56.

Le silence du mari est assimilé à un refus. Rapport du tribun Mouricaut, édit. Didot, p. 513; Carré, n° 2918.

121. La femme présente requête au président pour demander l'autorisation. C. pr. 861. — La sommation faite au mari est jointe à la requête.

122. Il n'est pas nécessaire que la requête contienne constitution d'avoué. Le ministère des avoués n'est pas de rigueur en cette procédure; cependant rien ne s'y oppose. Carré, t. 5, n° 2922; Demiau, p. 559 et 540.

123. Les formalités précédentes sont tellement indispensables (spécialement la citation du mari en la chambre du conseil. Aix, 9 janv. 1810, p. 8, 18) que la femme ne pourrait, sans les avoir remplies, demander ni obtenir l'autorisation de la justice pour plaider, au commencement des plaidoiries. Rennes, 24 nov. 1819.

124. Toutefois, la citation du mari n'a pas été jugée indispensable dans une espèce où, le mari étant déjà en cause, la femme avait incidemment conclu à fin d'être autorisée par justice : le silence du mari a été considéré comme un refus. Rennes, 15 fév. 1818. P. 14, 649. — V. d'ailleurs *inf.* n° 131.

125. Sur la requête de la femme, le président rend une ordonnance, portant permission de citer le mari, à jour indiqué, à la chambre du conseil pour déduire les causes de son refus. C. pr. 861.

126. Le mari peut être assisté par un avocat chargé d'exposer les motifs de son refus. Pau, 50 juin 1837 (Art. 1065 J. Pr.). — Toutefois, à Paris, l'usage est contraire.

127. Il n'est pas nécessaire que le mari soit appelé ni entendu, 1° lorsqu'il est condamné à une peine afflictive ou infamante. C. civ. 221 ;

2° Lorsqu'il est mineur, interdit, ou absent. — V. toutefois *sup.* n° 103.

128. La requête doit — 1° contenir un exposé de l'intérêt de la femme à obtenir autorisation ;

2° Être accompagnée, selon les circonstances, du jugement de condamnation, ou d'interdiction, ou de l'acte de naissance du mari.

Dans le cas d'absence déclarée, la femme joint à la requête

l'expédition du jugement de déclaration d'absence ; dans celui d'absence présumée, elle joint le jugement qui a ordonné l'enquête, ou, s'il n'y a pas encore eu d'enquête, un acte de notoriété (Duranton, 2. n° 506, note), ou un certificat du maire. Thomine, 2, n° 1010.

Toutefois, la 5e ch. du trib. de la Seine a récemment accordé implicitement dans le cours de l'instance, autorisation de plaider à une femme qui n'avait pas rempli les formalités de l'art. 861, ni sommé son mari ; mais il était établi, par des documens dignes de foi, que ce mari, *quoique non interdit*, était enfermé dans une maison d'aliénés.

129. Le président ordonne la communication de la requête de la femme au ministère public, et commet un juge pour faire son rapport à jour indiqué. C. pr. 863 et 864.

130. L'art. 863 C. pr., relatif aux formalités qui doivent accompagner l'autorisation donnée par la justice à la femme mariée, à défaut d'autorisation maritale, ne s'applique pas au cas de non présence ou simple absence de fait. En conséquence, il n'est pas nécessaire, dans ce dernier cas, que le jugement d'autorisation soit rendu sur le rapport du juge. Aix, 15 mars 1837 (Art. 854 J. Pr.).

131. Les formalités qui précèdent ne sont pas applicables au cas où la femme est défenderesse. C'est alors au demandeur à provoquer l'autorisation en assignant le mari conjointement avec la femme, sans sommation préalable et sans requête adressée au juge. Carré, 3, 404 ; Berriat, 665.

132. La femme, pour obtenir l'autorisation à l'effet de contracter, peut faire citer son mari directement devant le tribunal du domicile commun, sans requête préalable au président. C. civ. 219 ; Carré, n° 2917.

133. *Jugement d'autorisation.* Après avoir entendu le mari, quand il peut l'être, le *tribunal*, sur les conclusions du ministère public, rend un jugement motivé, qui statue sur la demande de la femme. C. pr. 862.

134. Ce jugement doit-il être rendu en chambre du conseil ou publiquement à l'audience ? — D'un côté, l'on dit que les art. 861 et 862 C. pr. n'ont point dérogé à la règle importante de la publicité, et que cette règle doit être maintenue. Nîmes, 8 fév. 1825, 9 janv. 1828, S. 28, 222 ; Berriat, 666, note 12. — Mais on répond avec raison que le jugement d'autorisation n'est qu'un acte de tutelle. — Il peut y avoir des motifs de refuser l'autorisation à la femme, désagréables à révéler publiquement. L'art. 861 exige d'ailleurs que le mari soit cité en la chambre du conseil, parce que ce mode de procédure constitue un essai de conciliation toujours désirable en pareille matière. Riom, 29 janv. 1829 ; Bordeaux, 27 fév. 1834, S. 29,

542 ; 54 , 285. Motifs du C. pr. art. 862 ; Carré , n° 2923.—
A Paris le jugement est rendu à la chambre du conseil.

Mais l'appel du jugement qui a prononcé sur la demande en
autorisation doit être jugé à l'audience : en effet , il serait inutile de renouveler la tentative de conciliation, qui est restée
sans résultat devant les premiers juges; et d'ailleurs, l'art. 461
C. pr. dispose d'une manière générale que tout appel sera porté
à l'audience. Cass. 23 août 1826 , S. 27, 152 ; Nîmes, 18 janv.
1850, D. 30, 128.

135. Le trib. peut, suivant les circonstances, accorder ou
refuser l'autorisation. Orléans, 19 janv. 1827, D. 28 , 149.

156. Ce jugement est susceptible d'appel.

157. L'appel peut être interjeté, 1° par la femme, en cas
de refus d'autorisation, — contre le mari, si le jugement a
été rendu avec lui, en suivant les règles ordinaires de l'assignation;
—dans les autres cas, elle présente à la Cour une simple requête.

158. 2° Par le mari, à l'inverse, lorsque le jugement a autorisé la femme malgré ses observations. Cass. 23 août 1826 ,
S. 27, 152.

159. La Cour statue sur les conclusions du ministère public.

140. Lorsque, à défaut par le mari d'autoriser sa femme
défenderesse à ester en jugement, il y a lieu à autorisation de
justice, cette autorisation est-elle valablement accordée par le
jugement ou l'arrêt qui statue au fond? — Pour la négative on
dit : Conclure en justice, c'est former un véritable contrat judiciaire, et la femme y est inhabile tant qu'elle n'y est pas
autorisée ; il faudrait donc, par un premier jugement, autoriser
la femme avant qu'elle pût conclure ou se défendre.

Mais on répond pour l'affirmative : La femme défenderesse
n'a pas besoin, comme la femme demanderesse, d'une autorisation préalable ; il suffit que la justice l'ait admise à se défendre , et que le jugement ou l'arrêt qui statue sur la contestation fasse mention de l'autorisation avant de statuer sur le
fond, pour le cas de non présence ou de refus du mari. Cass.
17 déc. 1854, S. 35, 545; Cass. 17 janv. 1858 (Art.1475 J. Pr.).

Est-il nécessaire, lorsque le mari fait défaut et que la femme
seule a constitué avoué, de prendre un jugement profit joint
contre le mari? — V. inf. n° 149 et suiv.; jugement par
défaut.

141. L'autorisation du tribunal doit être expresse ;
Elle ne résulterait pas de cela seul, que le juge consentirait
à entendre la demande de la femme au fond. Turin, 20 mess.
an 15; Cass. 18 nov. 1828, S. 28, 240.

142. Toutefois, la femme qui fait citer son mari pour lui
demander l'autorisation d'ester en justice, n'a pas besoin d'être
autorisée expressément par la justice à ester en jugement dans
l'instance sur le refus d'autorisation maritale.

L'ordonnance de permis de citer le mari en la chambre du conseil, pour déduire les motifs de son refus, autorise suffisamment et implicitement la femme à ester en justice sur ce point. Aix, 27 août 1827, S. 28, 25.

145. Il a même été jugé : 1° que l'ordonnance du trib., qui permet à la femme de convoquer un conseil de famille pour délibérer sur la demande en interdiction qu'elle dirige contre son mari, l'autorise suffisamment à ester en justice, afin de poursuivre cette interdiction. Rouen, 16 flor. an 13; Toulouse, 8 fév. 1825, S. 5, 113; 23, 130.

144. 2° Que la femme dont le mari est absent est virtuellement autorisée à ester en justice par le jugement qui ordonne la convocation d'un conseil de famille pour lui nommer un conseil judiciaire. Cass. 9 mai 1829, S. 29, 278.

145. 3° Que l'ordonnance qui, sur requête de la femme, l'autorise à assigner son mari en séparation de corps, lui vaut autorisation pour poursuivre l'instance en séparation. Colmar, 12 déc. 1816, P. 15, 730.

146. Le jugement qui prononce la séparation de biens confère à la femme l'autorisation de faire toutes poursuites vis-à-vis de son mari pour la reprise de ses droits, et notamment de surenchérir un immeuble vendu par le mari. — V. *Séparation de biens, Surenchère.*

Art. 3. — *Effets de l'autorisation maritale ou judiciaire.*

147. Lorsque le mari n'est intervenu dans une instance que pour autoriser son épouse à opposer la nullité résultant du défaut de son autorisation, il n'est pas obligé, par le fait de son intervention, d'autoriser sa femme à plaider au fond. Colmar, 2 mars 1840, S. 11, 190.

148. Le mari peut-il être condamné aux dépens dans une instance qui intéresse la femme ? Il faut distinguer :

Si le mari plaide seul dans l'intérêt de sa femme, nul doute qu'il ne puisse être condamné aux dépens, puisqu'il est seul en cause.

Il en est de même si le mari plaide au fond conjointement avec sa femme; il est alors, comme elle, partie au procès, et par conséquent passible des dépens.

Ainsi jugé que le mari, même non commun en biens, doit être tenu, conjointement avec sa femme, des dépens d'un procès dans lequel celle-ci a figuré comme autorisée et *assistée* par lui, encore que ce procès soit relatif à l'état de la femme, et par suite, à sa capacité pour recueillir des biens qu'elle s'es, constituées en dot. Le mari doit même encourir cette condamt nation aux dépens tant de première instance que d'appel, quoi qu'il ne se soit marié que depuis l'instance d'appel d'un juge-

ment dans lequel la femme avait obtenu gain de cause. Lyon,
2 fév. 1825, D. 25, 190.

149. Mais, si le mari n'a été appelé au procès que pour
autoriser sa femme, et qu'il se borne à l'autoriser sans comparaître, il ne peut être condamné aux dépens, parce qu'il n'est
point alors partie au procès. D'ailleurs, l'admission des art.
218 et 219 C. civ. fut déterminée par cette observation de
M. Tronchet, « que, par l'autorisation, le mari ne s'oblige
point envers les tiers : » d'où il faut conclure que, dans l'esprit du législateur, l'autorisation du mari ne le rend point
responsable, même pour les dépens des condamnations prononcées contre la femme de lui autorisée. Montpellier, 10 flor. an
13; Cass. 21 fév. 1832, S. 5, 136; 32, 506. — *Contrà*, Pigeau, 1, 617.

Cependant, si, sur les conclusions prises directement contre
le mari, tendant à le faire condamner aux dépens, il n'a pas
excipé, soit de son défaut d'intérêt, soit de la séparation de
biens, il ne peut se plaindre ultérieurement d'avoir été condamné aux dépens, conjointement avec son épouse. Cass. 21
fév. 1832, S. 32, 506.

150. Le seul fait de l'autorisation du mari ne peut entraîner
contre lui une condamnation aux dépens, soit que les époux
se trouvent communs en biens, soit qu'il s'agisse au procès
d'un bien paraphernal, soit enfin que l'action de la femme ait
pour objet un droit mobilier ou un bien dotal dont les revenus
tombent dans la communauté.

En effet, si les époux sont communs en biens, on opposerait
vainement l'art. 1426 qui porte que les actes faits par la femme
n'engagent point la communauté pour en conclure à *contrario*
que la demande ou la défense de la femme étant un acte fait du
consentement du mari, celui-ci peut être condamné aux dépens.
La communauté ne peut être engagée pour des actes faits par
la femme du consentement du mari, qu'autant qu'ils ont un
objet dont la communauté pourrait profiter. D'ailleurs, en
supposant que tout acte fait par la femme du consentement du
mari obligeât la communauté, il n'en résulterait pas que le
mari, qui n'a pas été partie au procès, pût être condamné aux
dépens.

S'agit-il d'un bien *paraphernal ?* L'autorisation du mari n'est
qu'une formalité exigée par la loi, comme un hommage rendu à
la puissance maritale, ou une approbation donnée par celui sous
la dépendance duquel la loi place la femme mariée. Sous le
premier rapport, nulle raison pour condamner le mari aux dépens ; sous le second, il doit être assimilé, soit au conseil de
famille, soit au curateur d'un mineur émancipé ; et ni l'un ni
l'autre ne sont responsables des dépens pour avoir autorisé à

plaider, le premier, le pupille, le second, le mineur émancipé
Cass. 24 vend. an 7, S. 1, 170.

L'action a-t-elle au contraire pour objet un droit mobilier,
ou un bien dotal, dont les revenus tombent dans la *communauté?*
ou la femme, en vertu de son autorisation, procédera en son
nom et comme procuratrice de son mari, et alors il sera partie
au procès, et par conséquent sujet à être condamné aux dépens
conjointement avec elle; ou elle ne procédera qu'en son nom,
et, en ce cas, le mari ne pourra subir cette condamnation. La
partie adverse aura à s'imputer la faute de n'avoir pas fait déclarer la femme non-recevable dans une action sur laquelle elle
ne peut procéder seule, puisqu'elle n'est pas seule intéressée,
ou de n'avoir pas mis son mari en cause. Carré, art. 150;
Bellot, t. 1, p. 477. — *Contrà*, Boncenne, t. 2, p. 552;
Pigeau, t. 1, p. 617; et Besançon, 28 avr. 1806, P. 5, 306.

Nous ne pensons pas comme M. Boncenne, *ib.*, que
le mari, pour se soustraire à toute part dans les dépens,
doive refuser son autorisation. D'ailleurs, selon le même auteur,
si le mari a malicieusement refusé son autorisation, on peut lui
faire payer les frais que sa femme a été obligée de faire pour
obtenir l'autorisation de la justice. Le refus d'autoriser serait
donc sans aucun avantage pour le mari.

A plus forte raison, le mari n'est pas passible des dépens,
quand il n'a point autorisé sa femme à plaider : par exemple,
quand il s'agit d'une demande en séparation de corps. Ces dépens ne sont pas à la charge de la communauté. Paris, 7 fév.
1806, S. 6, 251; 8 nov. 1827, D. 28, 179; Limoges, 28
avr. 1813, S. 14, 92; Cass. 8 mai 1821, S. 22, 265; et 11
juill. 1857 (Art. 879 J. Pr.). — *Contrà*, Paris, 11 mai 1815,
P. 12, 722.

Si donc la compensation des dépens a été prononcée, le mari
ne peut être condamné à payer ceux faits par l'avoué de son
épouse. Limoges, 28 avr. 1813.

De même, si, au lieu d'assister sa femme, le mari fait défaut
sur l'assignation par elle donnée pour l'autoriser à ester en justice, il ne peut être condamné aux dépens de cette procédure;
il est censé s'en rapporter à justice. Bruxelles, 25 mars 1835,
S. 54, 559.

151. Cependant il a été jugé que le mari qui a refusé d'autoriser sa femme plaidant pour ses deniers dotaux, sans faire
connaître au trib. les motifs de son refus, a, par son silence,
adhéré à l'autorisation d'office et participé ainsi au quasi-contrat
judiciaire, et est en conséquence passible des dépens adjugés
contre sa femme. Besançon, 28 avr. 1806, P. 5, 307.

152. De même, le trib. civil de la Seine devant qui Mme Feu-
chères avait assigné son mari pour être autorisée à interjeter un

FEMME mariée.. — § 5, Art. 3.   201

appel, a autorisé par défaut et a condamné le mari aux dépens. Trib. de la Seine, 1837.

Mais cette décision n'est pas admissible. Le mari n'est engagé par son autorisation que lorsqu'il est commun en biens avec sa femme et qu'il l'assiste dans la procédure. D'ailleurs, l'art. 862 C. pr. dit que, faute par le mari de *se présenter*, le tribunal donnera ou refusera l'autorisation, mais il ne dit point que le mari sera responsable des condamnations prononcées contre sa femme. Merlin, *Rép.*, v° *Aut. marit.*

153. Les condamnations de dépens, prononcées contre la femme autorisée de son mari, ne sont même pas exécutoires sur les biens de la communauté.

154. Les condamnations de dépens ne seraient pas non plus exécutoires sur les biens dotaux ; l'inaliénabilité du fond dotal s'y oppose ; la prohibition de l'art. 1554 est absolue hors des cas expressément déterminés par les art. 1555 et suiv. Agen, 26 janv. et 11 mai 1833 ; Cass. 28 fév. 1834, S. 33, 259 ; D. 34, 47 ; S. 34, 208. — *Contrà*, Bordeaux, 12 fév. 1830.

155. Jugé cependant que les sommes dotales sont saisissables, surtout après la dissolution du mariage, par les créanciers de la femme, pour dépens prononcés contre elle dans un procès relatif à ses biens paraphernaux, soutenu du consentement du mari. On ne peut opposer aux créanciers l'inaliénabilité de la dot. Nîmes, 20 brum. an 3 ; Toulouse, 20 juill. 1822, S. 4, 537, 25, 8. —V. *Saisie-arrêt.*

156. Sous l'ancienne jurisprudence et en pays de droit écrit, le paiement des dépens auxquels une femme non séparée de biens avait été condamnée ne pouvait être poursuivi sur ses biens dotaux, qu'autant que la femme avait eu une cause raisonnable de soutenir la contestation. Toulouse, 28 août 1828, S. 30, 191.

Ainsi, l'exécution de la condamnation aux dépens ne pouvait être poursuivie sur la dot, lorsqu'il s'agissait de dépens d'une contestation relative aux biens dotaux, la femme étant sans droit ni qualité pour figurer personnellement dans une instance de cette nature. *Ibid.*

Il en était autrement des dépens prononcés dans une contestation relative aux biens paraphernaux, la femme ayant alors qualité pour figurer dans l'instance. *Ibid.*

157. Si la femme n'a plaidé qu'avec l'autorisation de la justice, au refus du mari, les poursuites ne peuvent être dirigées que contre la *nue-propriété* des biens personnels de la femme : le droit du mari de jouir de ces biens ne peut être entamé sans son consentement.

158. L'autorisation donnée par un mari à sa femme pour acheter un immeuble ne le rend passible d'aucune poursuite en paiement du prix. Bordeaux, 30 mai 1816, S. 17, 229,

Art. 4. — *Nullité résultant du défaut d'autorisation.*

159. Le défaut d'autorisation n'annule pas le jugement rendu en faveur de la femme. Arg. C. civ. 225, 1125; Cass. 29 prair. an 12; 28 mai 1823, S. 24, 7; Merlin, *ib.*, p. 89. — Mais seulement celui obtenu contre elle. Cass. 29 mars 1808, S. 8, 213.

160. Cette nullité peut être demandée par la femme, quoiqu'elle n'ait pris dans l'acte qui a motivé la condamnation, que le nom de fille, et qu'elle ait laissé ignorer son mariage (— V. *sup.* n° 15). Cass. 15 nov. 1856 (Art. 590 J. Pr.). — Dans l'espèce, il s'agissait d'effets de commerce.

161. La nullité du jugement, pour défaut d'autorisation, ne peut être demandée que par la voie d'appel et non par action principale en nullité. Cette voie de recours (C. civ. 1304) n'est applicable qu'aux contrats. A l'expiration du délai de l'appel, le jugement passe en force de chose jugée, et devient inattaquable. Cass. 7 oct. 1812, P. 10, 756. — *Contrà*, Delvincourt, 1, 157.

162. Mais le délai d'appel de trois mois ne court qu'à dater de la signification non seulement à la femme, mais encore au mari. En effet, l'appel ne peut être formé par la femme qu'avec le concours et l'autorisation du mari. La signification faite à la femme seule ne suffirait donc pas.

163. Le mari a le droit de former tierce-opposition aux jugemens rendus contre la femme autorisée par justice (Montpellier, 27 avr. 1851, S. 52, 77), pendant tout le temps nécessaire à la plus longue prescription : — peu importe que le jugement lui ait été signifié. Un jugement ne devient pas obligatoire contre les tiers qui n'y ont pas été parties par cela seul qu'il leur a été signifié.

164. La nullité provenant du défaut d'autorisation maritale peut être proposée en tout état de cause, même en appel. Toulouse, 8 fév. 1823, S. 23, 257, — et après avoir conclu au fond. Bordeaux, 1er mars 1826, S. 26, 257. — Et même pour la première fois, en cassation. Cass. 29 mars 1808; 7 août 1815, P. 6, 588; 15, 30.

165. Le défaut d'autorisation constitue un fait négatif; on ne peut exiger du mari ou de la femme qu'ils aient à l'établir; c'est à ceux qui ont plaidé avec la femme mariée à prouver qu'elle était valablement autorisée. Paris, 2 janv. 1808, P. 6, 418.

Art. 5. — *Par qui le défaut d'autorisation peut être opposé.*

166. La nullité pour défaut d'autorisation ne peut être opposée que par la femme elle-même, par le mari, ou par leurs héritiers. C. civ. 225.

167. *Par la femme.* Peu importe qu'il s'agisse d'un jugement par défaut. Cass. 29 mars 1808 , D. 8 , 151.

168. Mais la femme ne peut invoquer la nullité du jugement qui la condamne , lorsqu'elle ne s'est mariée que dans le cours de l'instance, et qu'elle n'a pas fait notifier son changement d'état. Toulouse, 27 avr. 1820. — V. *sup.* n° 62 et 68.

169. Les créanciers de la femme peuvent-ils opposer le défaut d'autorisation ? — Pour la négative on dit : l'art. 225 C. civ. est conçu en termes limitatifs ; par son silence il refuse ce droit aux créanciers. C'est d'ailleurs un droit purement personnel que l'art. 1166 C. civ. excepte de ceux qu'il permet aux créanciers d'exercer, et la position des créanciers de la femme mariée ne doit pas être plus favorable que celle des créanciers de tout autre individu. Arg. C. civ. 2012; Angers, 1er août 1810; Grenoble, 2 août 1827, S. 14, 144; 28, 186; Toullier, 7, n° 567. — Ce droit a été refusé à un individu condamné comme garant de la femme. Cass. 17 déc. 1834 , S. 35, 544.

Mais on répond avec raison : L'art. 225 n'est pas limitatif; il a seulement pour but d'exclure les adversaires de la femme. Le droit qu'il donne à la femme n'est pas exclusivement attaché à sa personne, puisqu'il passe aux héritiers. La nullité pour défaut d'autorisation n'est relative qu'en ce sens que le Code civil ne l'a pas laissée absolue comme elle était sous l'ancien droit, et rien ne s'oppose à ce que les créanciers protégés par l'art. 1166 puissent l'invoquer. Arg. C. civ. 1358, *in fine.* Duranton , 2 , n° 512. Delvincourt, 2, 525. Proudhon, n° 2317.

170. *Mari.* Le droit du mari de demander la nullité pour défaut d'autorisation n'est pas aussi étendu que celui de la femme :

Pendant le mariage, le mari peut invoquer cette nullité sans être obligé de justifier d'un intérêt pécuniaire. Il suffit que son autorité maritale se trouve méconnue. — *Contrà,* Besançon , 29 germ. an 12, P. 3, 708.

171. *Après la dissolution du mariage,* le mari n'ayant plus à maintenir les droits de son autorité doit avoir un intérêt personnel de fortune à invoquer la nullité pour défaut d'autorisation.

La femme, au contraire, n'a jamais à justifier d'un intérêt ; elle est présumée lésée par cela seul qu'elle n'a pas été autorisée.

172. Le défaut d'autorisation ne peut être invoqué par le mari qui a tenu son mariage secret : les tiers , dans l'ignorance du mariage, ont pu croire de bonne foi qu'il n'était besoin d'aucune autorisation. Le mari ne saurait se prévaloir de l'erreur dans laquelle il les a induits, et qu'il dépendait de lui de dissiper. Cass. 30 août 1808 , S. 9 , 43; Pothier, *Puissance* *maritale*, n°s 28 et 54 ; Duranton, 2, n°s 462 et 465 ; Delvincourt, 1 , 554.

175. Le mari, qui demande la nullité des inscriptions prises contre la femme en vertu de jugemens rendus contre elle sans qu'elle fût autorisée, doit préalablement attaquer ces jugemens par tierce-opposition. Montpellier, 27 avr. 1831, S. 32, 77.

174. *Héritiers.* Ceux du mari, comme ceux de la femme, ont le droit d'invoquer la nullité pour défaut d'autorisation, pourvu qu'ils aient un intérêt pécuniaire à la faire valoir.

175. Les créanciers du mari ont le même droit, en vertu de l'art. 1166 C. civ., si le mari négligeait de l'exercer. —V. *sup.* n° 169.

176. Mais il en est autrement des ayant-cause du mari. Ainsi le tiers acquéreur des biens du mari n'a pas qualité pour opposer à la femme qui forme une surenchère la nullité résultant du défaut d'autorisation maritale. Grenoble, 11 juin 1825, **S.** 26, 226.

177. Les tiers qui ont plaidé contre la femme ne peuvent invoquer la nullité, encore qu'elle ait plaidé en qualité de veuve. Cass. 28 mai 1823, S. 24, 7.

Ils ont seulement le droit de se refuser à répondre à une action intentée contre eux par la femme, jusqu'à ce qu'elle ait été dûment autorisée.

§ 4. — *Formules.*

FORMULE I.

Sommation au mari d'autoriser sa femme.

(C. pr. 861. — Tarif, 29. — Coût, 2 fr.; orig., copie, 50 c.)

L'an le , à la requête de dame , épouse du sieur , demeurant à , pour laquelle dame domicile est élu, etc.

J'ai soussigné, fait sommation audit sieur , demeurant à , en son domicile, en parlant à de, dans vingt-quatre heures pour tout délai, donner à la requérante les autorisations nécessaires et telles que de droit, à l'effet de former toute demande en justice contre le sieur , à la requête de ladite dame (*énoncer l'objet de la demande à former* (1).)

Lequel, en parlant comme dessus, a dit et fait réponse que, etc.

Pourquoi, et vu lequel refus, je lui ai déclaré que la requérante se pourvoirait pour se faire autoriser en justice aux fins ci-dessus ; à ce que du tout le susnommé n'ignore, et je lui ai, etc.

FORMULE II.

Requête pour faire citer le mari, afin qu'il déduise les motifs de refus.

(C. pr. 861. — Tarif, 78. — Coût, 7 fr. 50 c.)

A M. le président du trib. de première instance de

La dame , épouse du sieur demeurant à expose que par exploit du ministère de , huissier à , en date du enregistré, elle a fait sommation à son mari de lui donner les autorisations né-

(1) *Si la copie n'est pas remise au mari, on dit :* Lui déclarant que faute par lui de donner ladite autorisation dans ledit délai, la requérante se pourvoira, etc.

cessaires, à l'effet de former toutes demandes en justice contre le sieur   (1)
il devient nécessaire, pour la requérante, de se faire autoriser par la justice.

Pourquoi, M. le président, il vous plaira, vu la sommation ci-jointe, permettre
à la requérante de faire citer son mari à comparaître par-devant le tribunal, en
la chambre du conseil, aux jour, lieu et heure que vous indiquerez, à l'effet de
déduire les motifs de son refus de donner à ladite dame son épouse les autorisations énoncées en la sommation dont s'agit, et pour voir accorder lesdites autorisations ; et vous ferez justice.   (*Signature de l'avoué.*)

Ordonnance.

Vu la requête ci-dessus et la sommation y annexée, permettons à la dame
de faire citer le sieur   , son mari, à comparaître le   heure de
en la chambre du conseil du tribunal, pour y déduire les causes de son refus, et
voir statuer sur l'autorisation dont s'agit.

Fait au Palais-de-Justice à   le   (*Signature du président.*)

Nota. *Si le mari est absent, la requête est ainsi conçue :*

Expose que, par jugement rendu en votre tribunal, le   dûment enregistré et ci-joint, l'absence du sieur   , son mari, a été déclarée ;
Que la succession de la dame   , mère de l'exposante, venant de s'ouvrir, elle a besoin d'être autorisée de la justice, à l'effet de poursuivre les droits
et actions qu'elle a à exercer dans ladite succession.
Pourquoi il vous plaira, attendu l'absence du mari de l'exposante et les circonstances où elle se trouve, l'autoriser à procéder dans toutes les opérations que
nécessitera l'ouverture de la succession de ladite dame   sa mère, à ester
en jugement, s'il y a lieu ; et vous ferez justice.
*Si l'absence n'était que présumée, il serait besoin d'un acte de notoriété,
constatant la disparition du mari ; en cas d'interdiction, on met :*

Expose que, par jugement rendu en votre tribunal, le   dûment enregistré et ci-joint, l'interdiction de   , son mari, a été prononcée.
Pourquoi il plaira au tribunal, attendu que le sieur   , en état d'interdiction, ne peut autoriser son épouse à
Autoriser l'exposante à   etc.

Ordonnance.

Vu la requête ci-dessus et les pièces y annexées, ordonnons que le tout sera
communiqué à M. le procureur du roi, pour être par lui requis ce qu'il appartiendra ; et commettons M.   , juge en ce tribunal, pour faire son rapport le   (*Signature du président.*)

FORMULE III.

*Assignation au mari pour déduire les motifs de son refus d'autoriser sa
femme.*

(C. pr. 861. — Tarif, 29. — Coût, par anal. 2 fr. orig.; 50 c. copie.)
L'an   etc., en vertu de l'ordonnance de M. le président du tribunal
de première instance de   en date du   , dûment enregistrée,
étant au bas de la requête à lui présentée le même jour, desquelles requête et ordonnance est avec celle des présentes donné copie, et à la requête de dame
épouse du sieur   , demeurant à   , laquelle dame constitue pour
avoué Me   demeurant à   , lequel occupera, j'ai (*immatricule
de l'huissier*), soussigné, cité le sieur   , demeurant à   , en
son domicile, en parlant à
A comparaître en personne le   , heure de   , en la chambre
du conseil du tribunal de première instance de   première chambre, au
Palais-de-Justice, pour y être entendu dans les motifs du refus fait par lui (en la
sommation du   ), de donner à son épouse toutes autorisations nécessaires pour former demande en justice contre le sieur   ; voir statuer sur
les autorisations demandées ; lui déclarant que, faute par lui de comparaître, il

_____

(2) *Si la sommation n'a pas été remise au mari en personne, on dit :* que le défaut
de réponse à ladite sommation doit être pris pour un refus d'autorisation de la part dudit
sieur   , et que par conséquent, il devient nécessaire, etc.

sera donné défaut, et procédé, ainsi que de droit ; et je lui ai, en son domicile, et parlant comme dessus, laissé copie, certifiée sincère et véritable, signée dudit M° , avoué, tant des requête et ordonnance sus-énoncées, que du présent exploit, dont le coût est de *(Signature de l'huissier.)*

FORMULE IV.

Exploit donné à la requête d'une femme mariée autorisée.

L'an etc., à la requête de dame , épouse du sieur ladite dame demeurant avec son mari à , et dudit sieur pour la validité de la procédure etc. (V. — *Exploit.*)

NOTA. *Si le mari préfère ne pas être en cause directement, et s'il a donné une autorisation préalable, on met :*

A la requête de dame , épouse du sieur , de lui autorisée, à la poursuite de ses droits et actions, et spécialement à l'effet des présentes, aux termes d'un acte passé devant M° etc., dûment enregistrée, dont il est avec celle des présentes donné copie.

NOTA. *Si l'autorisation émane de la justice, on met :*

A la requête de dame , épouse du sieur etc., ladite dame autorisée, à la poursuite de ses droits et actions, spécialement à l'effet des présentes, par jugement du , dûment enregistré, dont il est, avec celles des présentes, donné copie, etc.

FORMULE V.

Demande formée directement contre le mari, pour obtenir autorisation de passer un acte.

(C. civ. 219. — Tarif, 29. — Coût, 2 fr., copie, 50 c.)

L'an etc., à la requête de , etc., j'ai, soussigné, cité, donné assignation au sieur , etc., à comparaître pardevant MM. les président et juges du tribunal de , en la chambre du conseil, etc.

Pour, attendu que ledit sieur , son mari, se refuse à donner à la dame son épouse l'autorisation de vendre au sieur une maison sise à , moyennant

Attendu qu'il est dans l'intérêt de la dame de vendre ladite maison, qui menace ruine de toute part, et dont il lui est offert un prix avantageux;

Voir accorder à la dite dame l'autorisation de vendre ladite maison, aux conditions ci-dessus.

Et j'ai, au susnommé, etc. *(Signature de l'huissier.)*

NOTA. *Cette demande n'a pas besoin d'être précédée d'une sommation ni même d'une requête.* — (—V. sup., n° 132.)

FÉRIÉ (JOUR). — V. *Fête.*

FERMAGES. — V. *Fermier.*

FERMIER.

1. Le fermier ne peut exercer ni l'action en bornage, — ni celle en complainte. — V. *Action possessoire*, n° 122.

S'il est troublé dans sa jouissance, par suite d'une action concernant la propriété du fonds, il a droit à une diminution proportionnelle sur le prix du bail à loyer ou à ferme, pourvu que le trouble et l'empêchement aient été dénoncés au propriétaire. C. civ. 1726, — ou qu'il les ait fait constater à temps. Cass. 1er déc. 1825, S. 26, 171.

2. Le preneur est tenu, 1° sous peine de tous dépens, dommages et intérêts, d'avertir le propriétaire des usurpations commises sur le fonds. C. civ. 1768. — Cet avertissement doit être donné dans le même délai que celui réglé en cas d'assignation, suivant la distance des lieux. *Ib.* 1768. — V. *Ajournement.*

2° S'il est assigné pour se voir condámner au délaissement de la totalité ou de partie de la chose louée, ou à souffrir l'exercice de quelque servitude, il est tenu d'appeler le bailleur en garantie. C. civ. 1727. — Il doit être mis hors d'instance, s'il l'exige, en nommant le bailleur pour lequel il possède. *Ib.*

3. Mais le bailleur n'est pas obligé de le garantir du trouble que des tiers apportent par voie de fait à sa jouissance, sans prétendre aucun droit sur la chose louée. C. civ. 1725. — Le fermier a l'action en réintégrande. Nîmes, 26 juin 1806, S. 6, 480 ; Arg. Cass. 5 mars 1828, D. 28, 165.

— V. d'ailleurs *Emprisonnement*, n°s 55, 56 ; *Juge de paix*, *Récusation*, *Saisie-exécution*, *Saisie-gagerie*, *Saisie immobilière*.

FÊTE.

1. Les fêtes légales sont les dimanches, les jours de l'Ascension, de l'Assomption, de la Toussaint, et de Noël. L. 18 germ. an 10 : Arrêté 29 germ. an 10.

2. On considère en outre comme telles, 1° le 1er janvier. Av. Cons. d'Ét. 13 mars 1810 ;

2° Le jour de la fête du Roi. Décis. min. fin. 28 oct. 1817. Toutefois, cette décision n'a eu pour objet que d'étendre le délai de l'enregistrement des actes;

3° Les 27, 28 ou du moins le 29 juillet. Ordonn. 6 juill. 1831.

3. Les tribunaux, greffes, administrations et autres lieux publics, sont fermés les jours fériés; — spécialement les bureaux des conservateurs des hypothèques. Décis. min. fin. 22 déc. 1807.

Toutefois, la transcription d'un acte translatif de propriété, faite un jour de fête, n'est pas nulle : l'art. 5 L. 17 therm. an 6 est inapplicable ici. Cass. 18 fév. 1808, S. 8, 255.

Les juges de paix peuvent donner audience les dimanches et les fêtes. C. pr. 8. — Il en est de même du juge des référés, en cas d'urgence. C. pr. 808.

4. Ne doivent pas être faits un jour de fête légale : 1° les exploits, significations et actes de poursuites, à moins qu'il n'y ait urgence et permission du président du tribunal. C. pr. 63, 781, 828, 1037. — V. d'ailleurs *Emprisonnement*, n° 158 ; *Exécution*, n° 100 ; *Exploit*, n° 140 à 145 ;

2° Les protêts, même ceux du ministère d'un notaire. — Si le jour indiqué pour faire le protêt est un jour de fête, le protêt doit être fait le jour suivant. C. comm. 162 ;

3° Les actes de juridiction contentieuse, tels qu'inventaires et procès-verbaux. Merlin, *Rép.*, v° *Notaire*, § 5, n° 6 ; Berriat, p. 89, Denisart, v° *Fêtes*, § 3.

5. Il en est autrement, 1° des publications de ventes et des

ventes publiques de meubles ou de récoltes. Berriat, p. 145, note. — V. d'ailleurs *Vente d'immeubles*.

2° Des actes de procédure de douanes et d'octrois.

3° Des actes respectueux. Arg. C. pr. 1030; Agen, 27 août 1829, S. 52, 298. — *Contrà*, Nouveau Denisart, v° *Fête*, § 3.

6. Les jours fériés comptent en général dans les *délais*. — V. ce mot, n° 20, et, toutefois, n° 21.

7. La loi du 22 frim. an 7, art. 42, défend de faire un acte en vertu d'un autre acte non enregistré; — mais il y a exception pour le cas où un huissier fait une signification en vertu d'une ordonnance obtenue le jour même d'une fête légale, et dont l'exécution a été ordonnée sur minute, même avant l'enregistrement. — V. *Référé*.

8. Au reste, l'exploit fait un jour de fête n'est pas nul par cela seul; il y a lieu seulement à une amende contre l'huissier. — V. *Exploit*, n° 143.

FEUILLE D'AUDIENCE. — V. *Jugement*.

FEU. Bougie dont on se sert pour certaines adjudications. On distingue le premier, le second et le troisième feu. — V. *Vente*.

FIGURÉE (COPIE). — V. *Copie*.

FIN, BUT, OBJET. Ce à quoi tendent les conclusions. On appelle *fins civiles* les demandes qui ne tendent qu'à une condamnation pécuniaire ; et *fins de non-procéder*, les motifs allégués pour que la procédure ne s'engage pas ou soit différée : telles sont les exceptions déclinatoires et dilatoires. — V. *Exception*.

FINS DE NON-RECEVOIR. Moyen par lequel on soutient que la partie adverse est non recevable dans son action.

1. Ce sont de véritables défenses au fond, proposables en tout état de cause, et dont l'effet est d'écarter définitivement l'action sans en examiner la justice ou l'injustice au fond. — V. *Exception*, n°s 5, 7.

2. De ce nombre sont : 1° le défaut d'intérêt. Cass. 4 avr. 1810, S. 10, 218. — V. *Intérêt*.

2° Le moyen résultant contre l'appel de ce que le jugement est rendu en dernier ressort. Toulouse, 24 nov. 1823, S. 24, 92; Lyon, 13 mai 1828, S. 28, 553; Corse, 2 avr. 1827, S. 27, 152, etc.

FISC. — V. *Contributions*, *Enregistrement*, *Trésor*.

FOI DUE AUX ACTES. — V. *Faux*, *Huissier*, *Vérification d'écritures*.

FOIRE.

1. Un effet de commerce, tiré payable en foire (C. comm. 129), est échu la veille du jour fixé pour la clôture de la foire, ou le jour de la foire, si elle ne dure qu'un jour. C. comm. 133, 187.

— V. d'ailleurs *Marché*, *Tribunal de commerce*, *Vente*.

FOL Appel. Se dit de l'appel qui a été rejeté.—V. *Appel*, n° 240.

FOLLE-ENCHÈRE (1). Enchère faite par une personne qui ne remplit pas les clauses de l'adjudication. La poursuite de folle-enchère est la procédure qui a lieu pour faire revendre, dans ce cas, l'immeuble adjugé.

DIVISION.

§ 1. — *Cas où a lieu la poursuite de folle enchère.*
§ 2. — *Pour quelles causes.*
§ 3. — *Par qui, et contre qui elle peut être intentée.*
§ 4. — *Devant quel tribunal.*
§ 5. — *Dans quelle forme.*
§ 6. — *Effets de la revente sur folle-enchère.*
§ 7. — *Enregistrement.*
§ 8. — *Formules.*

§ 1. — *Cas où a lieu la poursuite de folle-enchère.*

1. La revente sur folle-enchère n'a lieu, ainsi que l'indique son nom, que dans les ventes faites aux enchères publiques,— et non dans celles consenties de gré à gré. Dans ce cas, le vendeur non payé de son prix n'a que l'action en résolution et le droit de saisir immobilièrement.

2. La poursuite de folle-enchère est admise de plein droit :
— 1° Dans les ventes sur expropriation forcée. C. pr. 737 ;

2° Dans les ventes de biens appartenant à des mineurs: en effet les suites de ces adjudications (et par conséquent la folle-enchère), sont soumises aux règles posées par le C. de pr. civ. aux titres de la saisie immobilière et des incidens sur la poursuite de saisie immobilière, depuis et y compris l'art. 707 C. pr. 965.

Peu importe que ces ventes soient faites devant les trib. ou devant notaires commis (C. pr. 955, 965) ; avec cette seule différence que dans les premières la folle-enchère n'est jamais encourue que vingt jours après l'adjudication (Arg. C. pr. 745); tandis que pour les secondes elle peut l'être par l'effet d'une clause du cahier d'enchères vingt-quatre heures après l'adjudication, faute d'avoir consigné dans les mains du notaire les droits d'enregistrement et d'adjudication.

3° Dans les ventes sur conversion : les formalités dont elles sont environnées sont en effet les mêmes que celles des ventes des biens de mineurs. C. pr. 747. — Il est donc naturel que leurs suites se règlent de la même manière. La vente sur conversion et par suite la folle-enchère à laquelle elle donne lieu

---

(1) Cet article a été revu par M. Lejouteux, avocat à la Cour royale de Paris.

n'est d'ailleurs qu'un incident de la saisie immobilière. Les art. 737 et suiv. sont donc applicables. Paris, 25 mars 1835 (Art. 287 J. pr.).

4° Généralement dans toutes les ventes qui ont été judiciairement ordonnées. Cass. 12 mars 1833, S. 34,192.

5° Au cas de licitation lorsqu'un étranger s'est rendu adjudicataire. L'adjudication est alors une véritable vente, et les règles de la folle-enchère sont les mêmes que celles tracées au titre de la saisie immobilière. C. pr. 972 et 965. Cass. 11 oct. 1828, S. 29, 20; Duranton, 7, n. 520.

5. Mais en serait-il de même si l'adjudicataire était l'un des colicitans ? — Pour l'affirmative on dit : la fiction de l'art. 883 C. civ. qui dispose que le copartageant est censé avoir succédé seul et immédiatement aux biens à lui échus sur licitation, ne peut recevoir d'application qu'entre lui et ses créanciers, et n'a pour but que de restreindre l'action de ces derniers aux objets échus dans le lot de leur débiteur. Mais à l'égard des cohéritiers entre eux ils sont respectivement vendeurs et acquéreurs. Le motif de la loi qui impose à l'adjudicataire l'obligation de satisfaire aux clauses de son contrat ou de subir la revente sur folle-enchère s'applique aussi bien au cohéritier qu'à un étranger. L'un ne peut être moins rigoureusement tenu que l'autre. Ainsi jugé, Paris, 21 mai 1816, S. 18, 10, — mais dans une espèce où le procès verbal de licitation portait formellement que faute par l'adjudicataire de satisfaire aux clauses de l'enchère, il serait poursuivi par voie de folle-enchère. Arg. Cass. 17 déc. 1833, D. 34, 46.

Cependant on répond : dans l'ancienne jurisprudence la licitation entre cohéritiers ou autres copropriétaires n'était point considérée comme une vente, en conséquence l'adjudicataire n'acquérait véritablement rien de ceux dont la part était indivise avec la sienne, mais continuait seulement la propriété de l'auteur commun. L'art. 883 a consacré ces principes. On ne peut donc appliquer au colicitant adjudicataire les règles de la vente; si le C. civ., art. 1686 et suiv. a parlé des licitations au titre de la vente, c'est pour rappeler celles dans lesquelles les étrangers peuvent se rendre adjudicataires. L'art. 965 C. pr. est relatif aux licitations intéressant des mineurs, où des étrangers sont pareillement admis. Quand l'un des colicitans se rend adjudicataire, le seul moyen offert à ses copartageans à l'effet de conserver son privilége, consiste donc à prendre inscription dans les 60 jours de la licitation, 2108 et 2109 C. civ. Paris, 21 avr. 1830, S. 30, 570. Arg. Cass. 24 mars 1823, S. 23, 200; Besançon, 25 juin 1828; S. 29, 86, qui jugent que l'action en résolution n'appartient pas au colicitant non payé contre le colicitant adjudicataire.

Toutefois la fiction de l'art. 883 ne concerne point : 1° les héritiers qui se sont rendus conjointement adjudicataires sur licitation d'une partie des biens dépendant de la succession de leur auteur, ils peuvent être considérés à l'égard des autres cohéritiers comme des acquéreurs ordinaires. L'art. 883 en effet, qui, dans le Code est placé sous la rubrique *du partage*, ne peut s'entendre des actes qui, se bornant à écarter quelques-uns des héritiers et ne faisant pas cesser l'indivision à l'égard des autres ne sont réellement pas des partages. Ce sens restrictif est confirmé par les art. 884 et 885, relatif à la garantie des cohéritiers, les uns envers les autres; ces art. supposent évidemment que cette indivision a complètement cessé; la poursuite de folle-enchère serait donc admise dans ce cas. C. pr. 972, 965. Cass. 27 mai 1835 (Art. 77 J. pr.); Arg. Cass. 16 janv. 1827, D. 27, 118; 18 mars 1829, D. 29, 188; 31 janv., 16 mai, 6 nov. 1832, D. 32, 80 et 191, 33, 41.

2° L'héritier bénéficiaire, lors même qu'il se serait rendu seul adjudicataire de l'immeuble licité : en effet lorsque la succession a été acceptée sous bénéfice d'inventaire, la licitation n'est qu'un mode de vente employé pour arriver au paiement des créanciers. C. pr. 987. — Dans ce cas l'héritier qui se rend adjudicataire, devient à la différence de l'héritier pur et simple propriétaire comme un étranger; il cesse de posséder l'immeuble comme héritier bénéficiaire; dès lors il peut vendre à l'amiable et comme bon lui semble; en un mot il y a interversion de qualité de droit et de titre. C'est le caractère de vente qui prédomine. Cet adjudicataire, débiteur de son prix envers la succession bénéficiaire doit donc être soumis à toutes les poursuites, comme un acquéreur ordinaire. C. pr. 988, 972, 965. Cass. 27 mai 1835 (Art. 77 J. pr.).

Dans ces deux derniers cas la folle-enchère sera donc admise de plein droit contre les héritiers auxquels l'immeuble licité a été adjugé, comme elle le serait contre un étranger.

Mais pourrait-elle être exercée en vertu d'une clause particulière du cahier des charges contre l'héritier pur et simple ou le communiste, adjudicataires?

On peut dire, pour soutenir la validité de cette stipulation, qu'elle n'a rien de contraire à la loi, à l'ordre public et aux bonnes mœurs (1134 C. civ.); qu'elle doit être exécutée comme clause pénale à laquelle l'adjudicataire s'est soumis. C. civ. 1226. Paris, 21 mai 1816, S. 18, 20; observations du conseiller-rapporteur, Cass. 27 mai 1835 (Art. 77 J. Pr.). Arg. Paris, 2 déc. 1811. P. 9,746 qui valide une clause résolutoire insérée dans une adjudication sur licitation, faite au profit de l'un des copropriétaires.

4. Il en est de même lorsqu'il s'agit d'une adjudication pu-

blique purement volontaire, d'une vente faite aux enchères pardevant notaire. La clause de folle-enchère peut être, alors, à plus forte raison, insérée dans le cahier des charges. On ne fait que régler ainsi d'une manière particulière l'exercice de l'action en résolution qui appartient à tout vendeur non payé. C. civ. 1183, 1654. Bruxelles, 8 mars 1820 ; Merlin, *qu. dr.*, v° *folle-enchère*, n° 7.

5. En cas de surenchère, il a été jugé que s'il y a folle-enchère, il est inutile de procéder à une troisième adjudication, et que la première produit seule son effet, sauf le recours contre le fol-enchérisseur pour la différence. Turin, 15 juin 1812, D. 869. — Toutefois, cet arrêt fondé sur le motif que la première adjudication n'est pas annulée par la surenchère, mais suspendue seulement jusqu'à la décision sur la validité, soit de cette surenchère, soit de la seconde adjudication, nous paraît contraire au principe énoncé en l'art. 707 : il y a lieu de suivre les formes de la revente sur folle-enchère. Arg. C. pr. 707. — V. *inf.* § 5.

§ 2. — *Causes qui motivent la poursuite de folle-enchère.*

6. L'action du vendeur pour cause de folle-enchère est une espèce d'action résolutoire. Pothier, *vente*, n. 472. — V. *inf.* § 5.

Elle est valablement intentée toutes les fois que l'adjudicataire ne satisfait pas aux clauses de l'adjudication. C. pr. 737.

7. Ces mots : *clauses de l'adjudication*, ne doivent-ils s'entendre que des conditions de l'enchère, exigibles dans les vingt jours de l'adjudication ? — Pour l'affirmative, on dit : L'art. 738 porte que, pour poursuivre la folle-enchère, on se fera délivrer par le greffier un certificat constatant que l'adjudicataire n'a pas justifié de l'acquit des charges. Or, le greffier n'est en mesure de rien certifier relativement au paiement du prix, et ce paiement n'ayant lieu le plus souvent, qu'après le jugement d'ordre, son inexécution ne peut donner lieu qu'à la saisie-immobilière ou à l'exécution ordinaire sur les biens du fol-enchérisseur. Favard, v° *Saisie-immobilière* § 11, p. 80 ; Bruxelles, 14 juill. 1810, 19 déc. 1825. — Mais le but de la loi serait manqué s'il était loisible à un homme insolvable de se soustraire aux effets de la folle-enchère, en accomplissant les formalités accessoires dont parle l'art. 715, et en éludant impunément la principale clause de toute enchère, le paiement du prix. L'art. 715 n'est qu'énonciatif, et non limitatif : il doit se combiner avec l'art. 757, qui ne fait aucune distinction entre les diverses clauses d'adjudication. Or, il y a inexécution de ces clauses et par conséquent lieu à folle-enchère, quand l'adjudicataire refuse de consigner son prix, si on l'a astreint à le faire avant la dis-

tribution aux créanciers, ou dans le cas contraire, de payer à
ceux-ci le montant des mandemens de collocation. N'est-il pas
évident d'ailleurs que les poursuites de folle-enchère qui tendent à la résolution de la vente doivent être surtout exercées, en
cas de non paiement du prix. Arg. 1654 C. civ. — Au reste la
question dans la pratique n'est pas douteuse. Cass. 20 juill.
1808, P. 7, 33; 12 mars 1833, S. 34, 191, et 27 mai 1835
(Art. 77, J. Pr.); Paris, 20 mars et 1er mai 1810, P. 8, 188;
Bourges, 5 janv. 1822; Amiens, 13 avr. 1821; Lyon, 26 nov.
1823; Riom, 5 avr. 1824, S. 22, 229, 231, 25; 151, 328; et
l'arrêt fortement motivé de Poitiers, 4 déc. 1823, D. *Saisie-
immobilière*, p. 863; Thomine, no 845; Pigeau, *Comm.*
2, 388; Carré, no 2516.

Il en est de même, si l'adjudicataire n'a pas payé les frais
extraordinaires de poursuite, c'est-à-dire ceux relatifs à des incidens, lorsqu'il y était tenu.

8. Ne remplit pas les conditions de l'enchère : 1o celui qui
fait aux créanciers porteurs de bordereaux des offres réelles
sous la déduction des sommes pour lesquelles il a été formé
opposition entre ses mains. Paris, 20 mars 1810, P. 8, 188.
— V. *Ordre.*

9. 2o Celui qui, s'étant soumis à payer son prix dans les six
mois de l'adjudication, sans pouvoir se prévaloir du défaut d'accomplissement des formalités de droit (telles que purge légale ou
notifications aux créanciers, à l'effet de surenchérir) pour retarder ce paiement, se refuse à payer, sous le prétexte qu'il
est survenu un grand nombre d'inscriptions sur les biens vendus,
et dont il exige la main-levée. Cass. 25 nov. 1824, D. *ib.*
861.

10. Mais il a été jugé que si les conditions exigibles au moment de la clôture de l'ordre ont été remplies par l'adjudicataire, le créancier colloqué pour une créance qui n'est devenue
exigible que long-temps après, ne peut pas, à défaut de paiement, poursuivre la vente de l'immeuble sur folle-enchère,
lorsque surtout il a été transmis à des tiers. Il a seulement le
droit résultant de son action hypothécaire. Paris, 2 janv. 1816,
P. 15, 201.

Selon nous, la folle-enchère pourrait être poursuivie, dans
ce cas, mais seulement après sommation de payer dans un
certain délai, depuis l'exigibilité de la créance : la résolution
est admise à quelqu'époque que ce soit et contre tout détenteur
pour défaut de paiement du prix; or, il y a analogie entre la
résolution et la folle-enchère.

11. Le délai accordé à l'adjudicataire, pour exécuter les conditions, n'est pas une renonciation au droit de poursuivre la
revente sur folle-enchère : c'est un sursis après lequel, faute de

paiement et d'exécution entière, le créancier est recevable à exercer tous ses droits. Paris, 20 sept. 1815, P. 13, 69.

12. L'acquéreur ne peut, pour se soustraire aux conséquences de la folle-enchère, offrir de délaisser l'immeuble : il est obligé personnellement à l'exécution de l'enchère, et le délaissement par hypothèque est repoussé par l'obligation personnelle, surtout, lorsque par le jugement d'adjudication, il s'est, en cas d'inexécution des conditions de la vente soumis à la revente sur folle-enchère. Paris, 17 janv. 1846, P. 13, 231. Arg. Cass. 21 mai 1807, S. 7, 278. — Il est même non-recevable à alléguer que les biens adjugés ne sont pas la propriété de la partie saisie : c'est un droit éventuel qui ne saurait être opposé que par le tiers intéressé. Dalloz, v° *Saisie-immob.*, 867.

Les créanciers devraient se garder de conclure au délaissement, car, dit M. Troplong, n° 843, le détenteur serait en droit de les prendre au mot.

13. L'acquéreur peut-il être poursuivi sur ses biens personnels avant le résultat de la folle-enchère? — Pour la négative, on dit : l'art. 715 C. pr. ne le permet que dans le cas d'insuffisance de la revente : c'est dans ce sens qu'il faut entendre les expressions *sans préjudice des autres voies de droit*, de cet art. Arg. C. civ. 2209, Cass. 20 juill. 1808, S. 8, 40. — Mais on répond : les mots, *sans préjudice des autres voies de droit*, ne s'appliquent pas au cas où le produit de la revente serait insuffisant : cela n'avait pas besoin d'être exprimé. Il s'agit donc d'autres voies d'exécution; or, le jugement d'adjudication étant un titre susceptible comme tout autre des contraintes de droit, nul doute qu'on ne puisse les exercer simultanément (C. civ. 2092). L'art. 2209 est spécial à une espèce qui n'est pas celle dont il s'agit et il ne faut pas l'étendre au delà de ce cas; l'arrêt cité de la C. de cass. a été rendu dans une espèce régie par la loi du 11 brum., différente sous plusieurs points de la législation actuelle. Paris, 20 mars 1810, S. 15, 172; Riom, 23 juin 1821, D. *ib.* 864; Delaporte, 2, 554; Lepage, p. 409; Dalloz, *ib.* p. 864; Pigeau, 2, 46; Carré, art. 737, n° 2517; Persil, *Quest.* 2, 590.

Ceci a lieu même depuis la délivrance des bordereaux de collocation. Vainement on oppose que des saisies pratiquées isolément par les créanciers colloqués sur l'adjudicataire entraîneront sa ruine : l'art. 771 C. pr. déclare exécutoires contre l'acquéreur les mandemens de collocation, d'où l'on doit conclure qu'il peut être contraint par toutes les voies de droit ordinaires. Mêmes arrêts. — *Contrà*, Thomine, n° 845.

14. Conséquemment le vendeur ou le créancier porteur de bordereaux qui a commencé par faire saisir immobilièrement un adjudicataire qui ne paie pas son prix, n'est pas non-recevable

à procéder à la revente par folle-enchère. Bourges, 18 nov. 1834 (D. *ib.* 859).

15. L'action en revente sur folle-enchère dure trente ans. Elle est comme toute action en résolution distincte de l'action en paiement du prix, et elle n'a pas besoin d'être conservée comme cette dernière par une inscription privilégiée qui doit être renouvelée tous les dix ans. Cass. 12 mars 1833, S. 34, 191 ; Paris, 20 sept. 1815, P. 13, 69.

§ 5. — *Par qui et contre qui peut être intentée la poursuite de folle-enchère.*

16. La folle-enchère peut être poursuivie : — 1° en cas de saisie-immobilière, par celui qui a provoqué l'expropriation, — ou par les créanciers inscrits. Carré, n° 2518 ; Demiau, 461 ; — pourvu que ces derniers, suivant M. Pigeau, 2, 457, aient sommé préalablement le saisissant d'exercer les poursuites. Arg. C. pr. 750.

2° Dans les autres ventes, par le vendeur non payé, — ou par les créanciers inscrits. Ainsi jugé en matière de licitation. Paris, 12 mars 1823, D. v° *Saisie-immob.* 863.

La femme autorisée à poursuivre la licitation, est par là même autorisée à poursuivre contre l'adjudicataire qui ne satisfait pas aux clauses du contrat, la revente sur folle-enchère. Cass. 20 juill. 1835 (Art. 99 J. Pr.).

L'avoué chargé de poursuivre une *licitation* peut-il poursuivre la folle-enchère sans nouveau pouvoir ? — V. ce mot.

17. Si le poursuivant la folle-enchère est désintéressé pendant l'instance et se désiste, la procédure n'est pas éteinte : tout créancier peut la mettre à fin en se faisant subroger. Cass. 8 juill. 1828, S. 28, 337.— V. *inf.* n° 44.

18. Jugé que la revente ne saurait être poursuivie par un cessionnaire de tout ou partie du prix, par le motif que cette cession ne confère qu'un privilége hypothécaire, et non le droit de demander la résolution de la vente. Paris, 31 juill. 1816, S. 17, 169. — Il en est autrement si l'on a cédé tous ses *droits, noms, raisons et actions.* Bordeaux, 25 juill. 1858 (Art. 1306 J. Pr.).

Néanmoins, il est plus prudent d'insérer formellement dans l'acte de cession que l'on transporte même le droit de poursuivre la revente sur folle-enchère.

19. La folle-enchère étant une action résolutoire et, par conséquent, personnelle, se poursuit contre l'adjudicataire et non contre le tiers détenteur ; en conséquence, celui-ci est non-recevable à en demander la nullité pour défaut de mise en demeure préalable du fol-enchérisseur. Cass. 27 mai 1835 (Art.

77, J. Pr.); Paris, 5 juin 1806, P. 5, 566. — Dans l'espèce de ce dernier arrêt, la revente n'était que partielle. Arg. motifs, Paris, 29 mars 1816, S. 17, 47.

Mais l'effet de la poursuite de folle-enchère est de faire considérer la vente comme non avenue à l'égard des tiers. —V. *inf.* n° 53.

Il est donc convenable de les mettre en cause, si l'on veut empêcher qu'ils forment tierce-opposition au jugement d'adjudication sur poursuite de folle-enchère.

Le créancier du vendeur devenant, après la délivrance des bordereaux, créancier personnel de l'adjudicataire et se trouvant substitué aux droits de son débiteur en ce qui touche le paiement du prix, c'est à lui qu'il appartient de poursuivre la folle-enchère. Paris, 27 juill. 1809, P. 7, 716; 19 fév. 1812, P. 10, 130; Amiens, 13 avr. 1821, S. 22, 229; et 30 août 1834 (Art. 77 J. P.). — Ce droit ne pourrait lui être enlevé par la saisie immobilière pratiquée par un créancier du fol-encherisseur. Paris, 27 juill. 1809, P. 7, 716.

20. Mais la poursuite de folle-enchère pourrait être repoussée par les incapables qui ont acheté sans les autorisations nécessaires. Merlin, *Rép.*, v° *Enchère*, § 1, n° 7.

§ 4. — *Tribunal compétent.*

21. La procédure de vente sur folle-enchère n'est qu'une suite de celle en vertu de laquelle la première adjudication a eu lieu.

Conséquemment, 1° elle doit être portée devant le même trib., quel que soit le lieu de la situation des biens. Cass. 9 janv. 1834, S. 34, 191; —même quand il s'agit d'une folle-enchère après vente sur licitation. Paris, 28 sept. 1825, S. 26, 278.

2° Le jugement d'adjudication sur poursuite de folle-enchère ne peut être rendu à l'audience des criées, quand l'adjudication primitive a eu lieu à l'audience des expropriations forcées. Arg. Paris, 16 fév. 1816, S. 17, 47;

3° Si l'adjudication a eu lieu devant notaire commis par le trib., c'est devant ce notaire que doit être poursuivie la revente sur folle-enchère. Paris, 25 juill. 1823, S. 25, 170. — Jugé qu'il en serait ainsi dans le cas même où le cahier des charges porterait que la poursuite de folle-enchère serait faite devant le trib. : cette clause doit être considérée comme non écrite, en présence de la délégation de pouvoirs que le notaire commis a reçus de la justice. *Même arrêt.*

§ 5. — *Forme de la vente sur folle-enchère.*

22. Elle doit avoir lieu suivant les règles tracées par le Code de procédure.

L'adjudicataire ne pourrait éviter la revente sur folle-en-chère, en offrant de vendre lui-même sur publications l'im-meuble qu'il a acquis. Les créanciers ont le droit d'exiger que cet immeuble soit vendu à leur requête et de la manière tracée par la loi. Paris, 19 fév. 1812, P. 10, 150.

23. La clause par laquelle un adjudicataire se soumet à une revente, en cas d'inexécution dans un délai fixé, et ce, sans sommation préalable, donne le droit seulement de procéder à la folle-enchère après le délai passé, mais ne dispense point de l'accomplissement des autres formalités (destinées à donner une plus grande publicité à la vente), et pendant la durée desquelles l'adjudicataire est toujours libre d'exécuter les conditions. Amiens, 5 août 1816, S. 18, 28. — V. *inf.* n° 39.

24. Si le fol-enchérisseur n'exécute pas les conditions qui devaient s'accomplir après la délivrance du jugement, mais avant l'ordre, il est mis en demeure par un commandement; on le somme de satisfaire aux conditions de la vente, avec dé-claration que, faute d'y satisfaire, il sera poursuivi par toutes voies de droit, notamment par celle de la folle-enchère, — qui est alors poursuivie en vertu du cahier d'enchère et du jugement d'adjudication.

Si le paiement est refusé après le règlement de l'ordre, il est inutile de lever la grosse du jugement, puisque les bordereaux sont des titres exécutoires, en vertu desquels la poursuite peut avoir lieu. Il suffit de les signifier avec sommation de paiement. Bourges, 5 janv. 1822, S. 22, 230; Pigeau, *Comm.* 2, 589; Thomine, n° 847.

La délivrance du certificat prescrit par l'art. 758 C. pr. paraît, dans ce cas, surabondante; toutefois, dans l'usage, il est plus prudent de requérir et de se faire délivrer ce certificat, qui est le point de départ fixé par l'art. 759 C. pr., pour la poursuite de folle-enchère.

Si, enfin, il s'agit des conditions exigibles aux termes de l'art. 715 C. pr. avant la délivrance du jugement, le poursui-vant se fait d'abord délivrer par le greffier un certificat consta-tant que l'adjudicataire n'a pas justifié de l'acquit de ces con-ditions. C. pr. 758; Tar. 126. — Ce certificat est délivré par le notaire, si la vente a été faite devant lui par renvoi du trib. C. pr. 758, 965.

25. Sur ce certificat, et sans autre procédure ni jugement, il est apposé de nouveaux placards et inséré de nouvelles annonces judiciaires. C. pr. 759.

L'accomplissement de ces formalités est constaté dans la forme ordinaire. Hautefeuille, p. 399, 400.

26. Les placards doivent indiquer le jour de la première publication. C. pr. 759.

Ils doivent aussi contenir toutes les énonciations indispensables à la publicité de la vente, comme le nom du fol-enchérisseur. Demiau, art. 759 ; — et la désignation de l'immeuble.

L'art. 759, en disposant même que les placards et annonces seront dans la forme *ci-dessus prescrite*, semble renvoyer aux art. 682, 683 et 684.

Toutefois, il a été jugé qu'il n'était pas nécessaire que les placards continssent les énonciations prescrites en l'art. 682 C. pr. Rouen, 19 nov. 1825, S. 26, 206. — Dans l'espèce, les placards n'énonçaient ni le nom du saisissant, ni le nom du saisi.

Mais il nous paraît essentiel d'indiquer le nom du vendeur, ou saisi, indépendamment de celui de l'adjudicataire fol-enchérisseur, et d'énoncer le jugement ou procès-verbal d'adjudication.

27. La première publication ne peut être faite que quinzaine au moins après l'apposition des placards. C. pr. 759 : — ce délai de quinzaine doit être franc. Toulouse, 21 fév. 1828, S. 28, 196 ; Thomine, n° 847. — Dans l'espèce, l'apposition avait eu lieu le 8 sept., et la publication était indiquée pour le 25 du même mois.

On ne doit compter ni le jour du procès-verbal d'apposition, ni celui de la publication ; il faudrait donc, si elle est indiquée au 23 sept., faire l'apposition le 6 du même mois.

28. On passe en taxe les frais d'impression de ces nouveaux placards : le créancier saisissant n'a pas pu prévoir le cas de folle-enchère ; mais il faut imprimer en une seule fois tous les exemplaires que cet incident rend nécessaires. Carré, art. 740, n° 2519 ; Lepage, p. 500. — On remplit à la main la date de l'adjudication préparatoire ou définitive.

29. Si la poursuite de folle-enchère a lieu par suite d'une saisie immobilière, le placard est signifié : 1° à l'avoué de l'adjudicataire. C. pr. 740.

Si cet avoué est décédé ou a cessé de postuler, selon M. Thomine, n° 847, la signification peut être faite au domicile réel de l'adjudicataire : l'assignation en constitution de nouvel avoué n'a pas été jugée nécessaire, attendu que la procédure de folle-enchère est toute spéciale ; que les règles de la reprise d'instance ne lui sont pas applicables comme s'il s'agissait d'une affaire ordinaire qui ne fût pas en état. Rouen, 19 nov. 1825, S. 26, 206. — *Contrà*, Pigeau, *Comm.* 2, 591 ;

2° A la partie saisie, au domicile de son avoué, et si elle n'en a pas, à son domicile. C. pr. 740. — Cette signification, dans tous les cas, doit intervenir huit jours au moins avant la première publication. *Ib.*

Elle doit être faite par exploit et non par acte d'avoué à

avoué. Pigeau, 2, 391; Tar., art. 29, combiné avec l'art. 695 C. pr.

Si l'adjudication a eu lieu par suite de licitation ou autre vente devant notaire, contenant la clause de folle enchère, — 1° la notification est faite à domicile à l'adjudicataire ; — 2° au vendeur, si ce n'est pas lui qui poursuit la folle-enchère, mais bien ses créanciers, comme exerçant ses droits.

30. Il n'est pas nécessaire d'appeler les créanciers inscrits : ils ont dû connaître la première vente par les moyens de publicité, et s'enquérir de l'exécution des clauses ; — mais ils peuvent intervenir à leurs frais et sans répétition. Carré, art. 740, note 1 ; Pigeau, *Comm.* 2, 391.

51. Le jour de la première publication, on continue à quinzaine pour la seconde publication. C. pr. 741.

Ce délai n'est pas franc comme celui de la première publication ; il doit être compté du jour où la première publication a été faite, au jour correspondant de la troisième semaine. Ce n'est pas le cas d'appliquer les principes généraux en matière de délai. Dans le langage usuel, comme dans le langage légal, l'expression *quinzaine* n'est pas identique avec ces mots, *quinze jours.* D'ailleurs, il s'agit ici d'une formalité qui doit concourir avec la périodicité des audiences des trib. ; ce qui, cependant, ne pourrait avoir lieu, si, dans la supputation du délai prescrit pour son accomplissement, il fallait ne point compter le jour du départ ni celui de l'échéance. Toulouse, 16 fév. 1835 (Art. 129 J. Pr.); Lyon, 26 août 1837; Thomine, n° 848.

L'adjudication préparatoire peut être faite le jour de cette seconde publication. C. pr. 741. — Peu importe la modicité de l'offre. Carré, art. 741.

S'il ne se présente pas d'enchérisseur, le poursuivant demeure adjudicataire provisoire pour sa mise à prix. Arg. C. pr. 698.

52. Les moyens de nullité contre la procédure doivent être proposés, à peine de déchéance, le même jour et avant l'adjudication préparatoire. — L'incident est jugé dans la forme ordinaire. Hautefeuille, 400. — V. *Incident, Saisie immobilière.*

53. L'art. 742 C. pr. porte qu'à la quinzaine qui suit la seconde publication, ou à un jour plus éloigné qui a été fixé par le trib., il est procédé à une troisième publication, lors de laquelle l'immeuble peut être vendu définitivement. Cet art. a-t-il été modifié par l'art. 1er décr. 2 fév. 1811, qui, en cas de saisie immobilière, fixe à deux mois au moins le délai entre l'adjudication préparatoire et l'adjudication définitive ?

Pour l'affirmative on dit : Le C. de pr. comprend les poursuites de folle enchère au nombre des incidens de saisie immobilière : le décret du 2 fév. 1811 leur est donc applicable ; si des nullités sont proposées après l'adjudication préparatoire, si un appel est formé, comment un délai de quinzaine pourrait-il suffire ? Hautefeuille , 400; Pigeau , *Comm.* 2, 593.

Toutefois, on peut répondre : « Le C. pr. a établi des délais plus longs en matière de saisie immobilière qu'en matière de folle enchère, parce que le débiteur malheureux, qui ne peut empêcher la saisie de sa propriété, doit être traité plus favorablement que l'acquéreur imprudent qui n'est pas en état de payer, et que d'ailleurs la publicité déjà donnée à la première adjudication peut engager à simplifier les formalités de la seconde qui se poursuit sur le fol·enchérisseur. — La folle enchère est sans doute un incident de la saisie immobilière, mais un incident que le C. de pr. a soumis à des règles particulières. Pour qu'elles fussent abrogées , il faudrait une disposition expresse de la loi. Or , le décret de 1811 ne l'a point établie. Motifs, Bourges, 27 juill. 1822, D. *ib.* 868 ; Carré, n° 2521 ; Thomine, 2, n° 848 ; Arg. Lyon, 10 juill. 1855 (Art. 994 J. Pr.). Cet arrêt, en annulant une adjudication définitive prononcée par suite de revente sur folle-enchère, fixa le jour de la nouvelle adjudication à un délai moindre de deux mois.

54. Toutefois l'art. 2, décr. 2 fév. 1811, qui exige de celui qui propose des nullités dans une saisie-immobilière après l'adjudication préparatoire, une caution pour le paiement des frais, a été déclaré applicable à la folle-enchère. Le motif de cette disposition, est d'empêcher qu'on ne pût consumer en frais d'incidens une partie du gage des créanciers, et convient aussi bien à cette procédure qu'à celle d'expropriation. Arg. C. pr. 745. Bourges, 27 juill. 1822; Cass. 5 août 1824, D. *ib.* 868.

Il résulte aussi d'un arrêt de Toulouse, 3 fév. 1852, S. 52, 606, que l'art. 2 du décret de 1811 qui déclare non susceptible d'opposition le jugement statuant sur la demande en nullité de procédures, postérieures à l'adjudication préparatoire, s'applique à la folle-enchère. — Dans l'espèce, il s'agissait d'un jugement qui avait fixé par défaut le jour de l'adjudication définitive; l'arrêt se borne à dire qu'en cette matière l'opposition est non recevable.

55. Chacune des publications ci-dessus relatées est précédée de placards et annonces, ainsi qu'il est dit *sup.* n° 25. C. pr. 742.

Toutefois il n'est pas nécessaire que la notification à l'avoué de l'adjudicataire et à la partie saisie, que prescrit l'art. 740 , soit réitérée avant la seconde et la troisième publication : Ces expressions de l'art. 742 « chacune des dites publications sera précédée de placards et annonces *ainsi qu'il est dit ci-dessus* » ne se rapportent qu'à la forme des placards dont parle l'art. 759 C. pr.; on peut invoquer par analogie ce qui a lieu pour la saisie immobilière. Or, en cette matière, les art. qui exigent que les publications ultérieures soient précédées de nouvelles appositions

de placards ne prescrivent point qu'on renouvelle la notification
des placards qui doit précéder, aux termes des art. 700 et 701, la
première publication. Il en est ainsi lorsqu'il s'agit de la folle-
enchère. Cass. 19 mai 1850, S. 51, 71, observations de M. le
conseiller Moreau. — *Contrà*, Lyon, 26 août 1837 (Art. 994
J. Pr.), qui juge que les placards dont l'apposition doit précéder
l'adjudication préparatoire et l'adjudication définitive doivent
être dénoncés à l'avoué de l'adjudicataire et à la partie saisie,
huit jours avant ces adjudications (740 C. pr.).— Dans l'espèce,
il avait été ordonné par jugement que les placards seraient
affichés quinzaine avant l'adjudication, et *dénoncés dans les termes
de droit.*

56. Les placards doivent être apposés huitaine au moins
avant l'adjudication préparatoire. Arg. C. pr. 703.

Le même délai doit séparer cette apposition de l'adjudication
définitive : en effet, l'art. 704 qui veut que les appositions
soient faites un mois au moins (six semaines, décr. de 1811),
avant l'adjudication définitive en matière de saisie-immobilière,
est inapplicable, puisqu'il peut ne s'écouler que quinze jours
dans le cas de folle-enchère entre l'adjudication préparatoire et
l'adjudication définitive. Il ne faut donc suivre les délais du
titre de la saisie qu'autant qu'ils se concilient avec les jours fixés
pour les publications. Lepage, 501; Thomine, n° 848. —
V. toutefois Demiau.

Mais le trib. pourrait, en fixant un jour plus éloigné pour
l'adjudication définitive, ordonner que les placards seraient
affichés plus de huit jours avant cette adjudication, quinzaine
par exemple. Lyon, 26 août 1837.

Au reste, si la revente sur folle-enchère a lieu devant notaires,
il est évident qu'on doit appliquer de préférence à l'art. 704,
l'art. 965 qui *dans les ventes de mineurs ou* pardevant notaires,
n'exige qu'un intervalle de huitaine entre l'apposition des affiches et l'adjudication définitive.

57. Il est procédé à l'adjudication définitive, conformément
aux art. 707, 708, 709 ; C. pr. 742.—V. *Saisie, Vente.*

58. Ainsi, quand au jour de l'adjudication définitive trois feux
se sont successivement éteints sans enchères, le trib. doit adjuger
définitivement l'immeuble à l'adjudicataire provisoire, quelle
que modique que fût son offre.—V. *sup.* n° 31.

Si, au contraire, il renvoie cette adjudication à un jour postérieur, la C. roy. pourrait, sur l'appel, la prononcer au profit
de l'adjudicataire provisoire sans même renvoyer devant les premiers juges, ce qui occasionnerait des frais et des lenteurs inutiles. Bourges, 15 fév. 1823, D. *ib.* 866.

59. Néanmoins le fol-enchérisseur, en justifiant, avant l'adjudication définitive, de l'acquit des clauses de l'enchère, et en

consignant la somme réglée par le trib. pour le paiement des frais de folle-enchère, conserve la faculté d'empêcher l'adjudication définitive : dans ce cas, l'adjudicataire éventuel est déchargé. C. pr. 743.

40. Le fol-enchérisseur justifie des conditions exigibles par la représentation des certificats ou quittances nécessaires. — Quant aux frais à consigner, il en provoque la détermination par le trib. sur un simple acte. La consignation de la somme déterminée une fois faite, et les autres conditions remplies, l'adjudication ne peut plus être poursuivie. Demiau, 461.

41. Le tiers à qui l'immeuble aurait été vendu, venant aux droits du fol-enchérisseur, jouit du même privilége. Et d'ailleurs il ne peut avoir moins de droits que celui à qui un immeuble saisi aurait été vendu contrairement à l'art. 692 C. pr., depuis la dénonciation de la saisie. Arg. C. pr. 693. Pigeau, *Comm.* 2, 396, 397.

42. Mais l'adjudication définitive n'est suspendue que par l'acquit de toutes les conditions de la vente primitive et par la consignation de la somme à laquelle le trib. a fixé les frais de la folle-enchère.

Ainsi elle ne serait pas suspendue, 1° par l'appel du jugement qui a réglé ces frais. Cass. 8 mai 1820, S. 20, 309. — Dans ce cas, le créancier qui a seulement contesté dans l'instance en règlement des frais de folle-enchère n'est pas par cela seul présumé avoir renoncé à exciper contre le fol-enchérisseur de son défaut d'accomplissement des charges qui lui étaient imposées. *Même arrêt.*

2° Par la circonstance que l'adjudicataire a mis lui-même en vente les biens adjugés, avec condition expresse pour l'acquéreur de payer ses créanciers aussitôt après la vente. Cass. 12 mars 1855, S. 54, 191.

3° Par l'offre d'une caution pour acquitter les clauses de l'enchère et les frais réglés par le tribunal. Thomine, n° 849.

43. La consignation doit être versée à la caisse des dépôts et consignations ; le trib. ne peut ordonner qu'elle soit faite au greffe ou entre les mains de l'avoué. Arg. Ord. 5 juill. 1816, art. 1, § 14. Carré, art. 743.

44. Si le poursuivant se désiste comme désintéressé, la procédure peut être continuée par un autre créancier du fol-enchérisseur qui demande la subrogation. Arg. C. pr. 722. Cass. 8 juill. 1828, S. 28, 357. — Dans l'espèce, un seul et même jugement a prononcé la subrogation et l'adjudication définitive, parce que le désistement du poursuivant avait eu lieu à la barre, au moment où toutes les formalités étaient remplies.

45. Pendant la poursuite, le juge des référés peut autoriser le poursuivant à établir gardien, s'il est nécessaire, pour empêcher l'enlèvement du mobilier compris dans la vente, et faire réintégrer celui déjà enlevé. Paris, 16 fév. 1816, D. *ib.* 864.

46. Les articles relatifs aux nullités et aux délais et formalités de l'appel, en matière de saisie immobilière, sont communs à la poursuite de folle-enchère. C. pr. 745.— C'est-à-dire que les nullités provenant d'inexécution des délais et formalités de la vente sur saisie immobilière sont communes à la vente sur folle-enchère. Le doute naît de l'absence de la virgule après le mot *nullités;* ce qui donnerait à penser qu'il ne s'agit que de *l'appel;* mais, dans ce dernier système, il eût été absolument inutile de parler de *nullités* dans l'article, puisque, si les articles relatifs aux délais et formes de l'appel sont communs à la folle-enchère, en cas d'inobservation, la nullité s'ensuit de plein droit. D'autre part, le législateur ayant établi des nullités en faveur du saisi, il est juste qu'il en existe aussi en faveur du fol-enchérisseur. Arg. 745 C. pr. Carré, art. 745, n° 2525; Delaporte, p. 337; Thomine, n° 848; Pigeau, *Comm.* 2, 399. — V. *Saisie immobilière, Vente.*

47. La signification du jugement de folle-enchère, faite à la requête de l'adjudicataire nouveau, ne fait pas courir les délais de l'appel contre le fol-enchérisseur : cet acquéreur n'agit que dans son intérêt; lui seul peut exciper de cette signification, et non le créancier poursuivant qui n'a pas lui-même notifié ce jugement. Paris, 29 nov. 1816, D. *ib.* 867.

48. La C. de Turin (le 19 avr. 1811, S. 11, 190) a appliqué au délai d'appel de ce jugement la disposition de l'art. 734 C. pr. — Mais il y a eu erreur manifeste, provenant, dit Carré (art. 745, n° 2526), de ce que la Cour, au lieu de procéder à la poursuite de vente sur folle-enchère par adjudication nouvelle, avait fait revivre, en contravention de l'art. 707, l'enchère que le premier adjudicataire avait couverte; ce qui fit considérer la seconde adjudication comme un incident. L'art. 734 ne pouvait être appliqué, attendu qu'il est seulement relatif à l'adjudication préparatoire. Il fallait suivre la règle générale qui fixe à trois mois le délai de l'appel. Bourges, 24 déc. 1813, P. 11, 849.

49. Le fol-enchérisseur est non recevable à proposer, sur l'appel du jugement d'adjudication définitive, des moyens de nullité qu'il a négligé de faire valoir avant ou lors de ce jugement : tels, par exemple, que la nullité résultant de ce que c'était la saisie qu'on aurait dû employer, et non la folle-enchère. Riom, 5 avr. 1824, D. *ib.*, 864; — ou de ce que l'appel d'un jugement d'adjudication préparatoire est suspensif. Liége, 27 avr. 1809, D. *ib.* 867; — ou de ce que le vendeur n'avait pas rempli les obligations auxquelles il était tenu envers l'adjudicataire. Cass. 11 oct. 1828, S. 29, 20.— Il est clair, en effet, que ces moyens doivent être proposés en 1re inst. au lieu de l'être en appel.

50. Il n'est pas nécessaire, à peine de nullité, de notifier au greffe l'appel du jugement de folle-enchère. Liége, 27 avr. 1809, D. *ib.* 867.

51. Les règles tracées par les art. 737 et suiv. C. pr. ne s'appliquent point en cas de vente mobilière; dans ce cas, l'huissier peut, faute de paiement, revendre sur le champ à la folle-enchère de l'adjudicataire. C. pr. 624.

§ 6. — *Effets de la revente sur folle-enchère.*

52. L'effet de la folle-enchère est de résilier de plein droit la première vente dès le principe, de telle sorte que le premier adjudicataire soit censé n'avoir jamais eu la propriété de l'immeuble, en ce sens du moins qu'il n'a pas pu la transmettre. Il n'est pas besoin d'un jugement préalable pour faire prononcer cette résolution. Il suffit qu'il soit constaté, par le certificat du greffier par exemple, que les conditions de l'adjudication n'ont pas été remplies, pour que la revente soit poursuivie. C. pr. 759. — C'est une exception aux principes des art. 1184, 1656 C. civ. Pigeau, *Comm.* 2, 590.

53. De la résiliation de la vente faite au fol-enchérisseur résultent plusieurs conséquences :

1° S'il meurt avant la nouvelle adjudication, ses héritiers ne doivent aucun droit de mutation à raison de cet immeuble. Cass. 2 fév. 1819, S. 19, 546;

2° Cette adjudication est susceptible de surenchère; car il n'y a eu de mutation véritable que celle résultant de la revente sur folle-enchère : cette doctrine ne viole donc pas le principe que la surenchère ne peut avoir lieu que dans la huitaine de l'adjudication, puisque la première adjudication est annulée. Montpellier, 7 déc. 1825, D. 26, 106; Pigeau, *Comm.* 2, 595, 594, 595. — *Contrà*, Rouen, 17 mai 1824, S. 24, 202. — V. *sup.* n° 5, et *Surenchère.*

3° L'immeuble passe entre les mains du dernier adjudicataire franc et libre de toutes les charges dont le fol-enchérisseur aurait pu le grever. Paris, 5 juin 1806, 5 déc. 1809, D. *ib.* 870.

Mais les baux faits sans fraude et qui rentreraient dans les simples actes d'administration doivent être maintenus. Arg. C. civ. 1673, 595, 1429, 1718; Cass. 11 avr. 1821, S. 21, 254, et 16 janv. 1827, S. 27, 324. — Ce dernier arrêt casse un arrêt de Bourges, du 24 mai 1825, D. v° *Saisie immob.* 870.

Jugé même que les baux doivent être maintenus toutes les fois qu'ils sont faits sans fraude, quand bien même ils excéderaient la durée de neuf ans, l'art. 1429 C. civ. n'étant point applicable au fol-enchérisseur. Paris, 11 mai 1859, rendu dans une espèce où le bail était de quinze ans. — La C. Paris (25 juin 1814, P. 12, 282) a annulé, à la vérité, un bail de dix-huit ans fait par un fol-enchérisseur, mais comme frauduleux, attendu qu'il avait été consenti pendant le cours de la poursuite de folle-enchère.

Si le fol-enchérisseur a donné congé au fermier ou au locataire, celui-ci ne peut, en cas de revente, imposer au nouvel adjudicataire l'obligation de lui payer l'indemnité qui lui est accordée par le jugement qui a déclaré le congé valable ; cette charge est personnelle à l'adjudicataire. — Ainsi jugé dans une espèce où celui-ci avait été autorisé par le jugement d'adjudication à expulser les locataires, mais à ses risques et périls. Cass. 25 nov. 1807, S. 8, 100.

Lorsqu'une partie des biens adjugés a été revendue, ni le fol-enchérisseur, ni ses sous-acquéreurs n'ont le droit de demander que la vente sur folle-enchère soit restreinte aux biens réservés par le fol-enchérisseur. Vainement ils prétendraient que le prix de la revente de ces biens suffirait pour acquitter les charges de l'adjudication. Paris, 5 juin 1806, P. 5, 366 ; 27 juill. 1809, P. 7, 716.

54. La première adjudication étant considérée comme non avenue, c'est sur le cahier des charges, publié pour celle-ci, que la revente sur folle-enchère doit être poursuivie. C. pr. 739.

Le cahier d'enchères ne peut être modifié sans le consentement du fol-enchérisseur. Motifs, Paris, 25 juin 1813, S. 14, 302.

55. Le fol-enchérisseur est tenu de la différence de son prix d'avec celui de la revente sur folle-enchère, sans pouvoir réclamer l'excédant, s'il y en a. Cet excédant est payé aux créanciers, ou, s'ils sont désintéressés, à la partie saisie. C. pr. 744. — Quant aux intérêts de la différence du prix, ils courent seulement à compter du jour de la demande formée, et non du jour de l'adjudication. L'art. 744 C. pr. ne contient à cet égard aucune dérogation aux principes généraux. C. civ. 1153. Paris, 11 juill. 1829, S. 29, 335.

Le fol-enchérisseur est tenu par corps de cette différence. C. pr. 744. Le but de la loi, en prononçant la contrainte par corps, a été d'écarter des enchères des gens sans aveu, qui, fondant leur impunité sur leur insolvabilité, pourraient spéculer sans crainte sur les reventes d'immeubles. — Toutefois, les femmes ne sont pas tenues par corps de la différence du prix. L'art. 744 doit se concilier avec l'art. 2066 C. civ., qui dispense les femmes et les septuagénaires de la contrainte par corps, à moins qu'il ne s'agisse de stellionat. Lyon, 20 juin 1822, S. 23, 255 ; Arg. Cass. 6 oct. 1813, et 20 mai 1818, P. 14, 812 ; Pigeau, 2, 597.

Jugé que l'art. 744 est applicable au cas même où la folle-enchère a été poursuivie contre l'un des colicitans, et où, sur la revente, un autre colicilant s'est rendu adjudicataire. Cass. 17 déc. 1855, D. 54, 46.

Cet arrêt peut se concilier avec la doctrine que nous avons émise *suprà*, n° 5. Le premier colicitant, dans l'espèce de cet arrêt, eût pu, selon nous, s'opposer à la revente de folle-enchère en vertu de l'art. 883 C. civ., mais, faute par lui de l'avoir fait, la nouvelle adjudication devait être maintenue, et l'art. 744 appliqué.

La contrainte par corps doit être prononcée dans le cas même où le fol·enchérisseur se serait rendu adjudicataire après conversion d'une saisie immobilière en vente sur publication volontaire; la folle-enchère, même dans ce cas, est un incident et une suite de la saisie. Paris, 25 mars 1855 (Art. 287 J. Pr.).

Même décision pour la vente judiciaire d'immeubles, faite dans les formes voulues par les art. 955 et suiv. C. pr. : l'art. 965 renvoie aux art. 707 et suiv. C. pr., et par conséquent à l'art. 715 qui se réfère pour les règles de la folle-enchère aux art. 757 et suiv. C. pr.

Mais, dans le cas où la vente faite aux enchères est purement volontaire, on ne pourrait stipuler la contrainte par corps contre le fol·enchérisseur; l'art. 2065 C. civ. défend aux notaires de recevoir des actes dans lesquels on stipulerait la contrainte par corps, hors les cas déterminés par la loi. — Le vendeur n'aurait donc qu'une simple action en dommages-intérêts contre l'acheteur pour la différence. Les juges seuls auraient le droit, dans ce cas, de prononcer la contrainte par corps, aux termes de l'art. 126 C. pr., — et suivant M. Thomine, n° 850, pourvu que la différence excédât 300 fr.

La contrainte ne pourrait être exercée contre l'adjudicataire qui serait resté en possession, en offrant de couvrir l'offre de surenchère du quart : l'art. 712 C. pr. ne la prononce que contre le surenchérisseur. — Ce serait seulement en cas de poursuite sur folle-enchère, s'il ne payait pas ce nouveau prix, qu'il serait contraignable par corps pour la différence du prix. Pigeau Crivelli, 2, 277.

56. Pour recevoir son exécution, la contrainte par corps doit être formellement prononcée par le jugement d'adjudication; elle n'a jamais lieu de plein droit. C. civ. 2067; Carré, art. 744, n° 2523. — V. *Emprisonnement*, n° 23.

D'où il suit qu'il est nécessaire de conclure immédiatement après l'adjudication à la condamnation par corps du paiement de la différence du prix. — V. *Emprisonnement*, n° 29.

Ces conclusions peuvent être prises, soit par le créancier poursuivant, soit par les autres créanciers, soit encore par les vendeurs primitifs.

Si aucunes conclusions n'avaient été prises à ce moment, il faudrait assigner le fol-enchérisseur pour obtenir jugement de condamnation par corps.

En tout cas, le jugement doit indiquer la durée de l'*Emprisonnement*. — V. ce mot, n° 71.

57. Le fol-enchérisseur, sur lequel l'immeuble a été revendu, est-il déchargé de l'obligation de payer son prix par cela seul que l'immeuble a été adjugé pour une somme supérieure à celle de la première adjudication.

Pour l'affirmative on dit : L'effet de la revente sur folle-enchère est de résoudre la première adjudication qui est censée n'avoir jamais existé. Seulement, aux termes de l'art. 744, le fol-enchérisseur est tenu de la différence de son prix d'avec celui de l'adjudication sur folle-enchère. Si donc il n'y a pas de différence, il est complètement libéré. En poursuivant la seconde vente, les créanciers ont consenti à mettre le deuxième adjudicataire à sa place, et désormais c'est contre lui seul qu'ils peuvent réclamer le prix de l'adjudication. Cela résulte encore de l'art. 707 C. pr., d'après lequel l'enchérisseur cesse d'être obligé, si son enchère est couverte par une autre, lors même que cette dernière est déclarée nulle. On en conclut que, si le second adjudicataire ne satisfait pas aux clauses du cahier des charges et laisse de nouveau revendre l'immeuble à sa folle-enchère, le premier fol-enchérisseur n'est pas tenu de la différence qui existe entre le prix de son adjudication et celui de la troisième.

Toutefois on répond : L'art. 744, en déclarant que le fol-enchérisseur est tenu par corps de la différence de son prix d'avec celui de la revente sur folle-enchère, n'a voulu parler que du prix sérieux et effectif qui profitera aux créanciers du saisi. Si donc le prix de la seconde adjudication n'est pas payé et qu'il y ait lieu à une nouvelle folle-enchère, le premier adjudicataire sera tenu de la différence entre le prix de son adjudication et celui de la troisième, s'il est inférieur, bien que le prix de la seconde fût, au contraire, plus élevé. Le paiement de cette différence est la juste punition de la témérité de l'adjudicataire et la juste indemnité des retards apportés par lui au paiement des créanciers. Si les offres exagérées du second adjudicataire ne peuvent aggraver la position du premier fol-enchérisseur, il est clair qu'elles ne peuvent l'améliorer au point d'exonérer complètement celui-ci des suites de sa propre témérité. S'il n'en était point ainsi, il pourrait dépendre du fol-enchérisseur de se soustraire à l'application de l'art. 744, en s'entendant avec une personne insolvable qui se rendrait adjudicataire pour un prix supérieur à la première adjudication, et donnerait lieu ainsi à une seconde folle-enchère. — Vainement

15.

oppose-t-on l'art. 707 C. pr. Cet article n'a pour objet que de
régler la manière dont les enchères doivent être reçues, et les
effets qu'elles doivent produire dans le cours d'une adjudication
faite en justice. Sa disposition ne peut s'étendre au-delà de l'adjudication à laquelle ces enchères se rapportent. Cass. 24 fév.
1835 (Art. 13 J. Pr.).

. **58.** Si l'immeuble a été adjugé en plusieurs lots, et que,
lors de la revente sur folle-enchère, quelques lots seulement
subissent une dépréciation, la différence en plus de partie
des lots ne doit pas se compenser avec la différence en moins de
l'autre. — Dans ce cas, le fol-enchérisseur supporte la différence en moins, sans profiter de celle en plus. Il y a, en
effet, autant d'adjudications séparées que de lots. Il faut donc
appliquer à chacune d'elles la disposition de l'art. 744. Rouen,
31 mai 1820, S. 21, 219; Thomine, n° 850.

59. La loi n'impose au fol-enchérisseur d'autre peine que
celle d'être tenu par corps de la différence de son prix avec celui
de la revente sur folle-enchère.

Conséquemment, il doit être remboursé, 1° des frais de
poursuite que le cahier des charges l'obligeait de payer au
créancier poursuivant. Ces frais, ainsi que ceux de la seconde
adjudication, sont à la charge du nouvel adjudicataire. Arg.
C. civ. 2188; Paris, 29 nov. 1846, S. 17, 367; Paris, 25 juin
1843, P. 11, 497. — Dans l'espèce de ce dernier arrêt, les
affiches apposées pour la revente imposaient à l'acquéreur l'obligation de payer, outre son prix, les frais de la première adjudication dont partie avait été acquittée par le fol-enchérisseur.
— Même décision. Paris, 1er mai 1810, S. 15, 168. — Dans
l'espèce, le prix de la nouvelle adjudication excédait celui de
la première, augmenté des frais, et la Cour énonce en principe
que le prix de la première adjudication se composait du montant de l'enchère et des frais de poursuite;

2° Des frais de mutation et de transcription : l'adjudication
sur folle-enchère et celle qui l'a précédée n'opèrent qu'une
seule mutation ; aussi, le prix énoncé dans les deux contrats
n'est-il passible que d'un seul droit proportionnel. Or, ce droit
ne peut être qu'à la charge du second adjudicataire qui seul a
profité de la vente. Cass. 6 juin et 21 juin 1811, P. 9, 575,
407; Pau, 29 nov. 1836 (Art. 857 J. Pr.).

Jugé toutefois que le nouvel acquéreur ne doit rembourser
au fol-enchérisseur que la partie des droits proportionnels
(tels que droits d'enregistrement de l'adjudication, droit de
transcription et de greffe), dont il a profité ; qu'en conséquence,
si le prix de la nouvelle adjudication est inférieur à celui de la
première, il ne doit point rembourser les droits payés sur l'excédant. Paris, 12 juill. 1843, P. 11, 445.

FOLLE-ENCHÈRE. — § 7.

A plus forte raison, le fol-enchérisseur a-t-il droit au remboursement de tout ce qu'il a payé sur son prix.

Mais le vendeur ou ses créanciers peuvent se faire adjuger ce qui doit être remboursé au fol-enchérisseur pour couvrir d'autant la différence en moins du prix de la revente.

60. Si l'immeuble, pendant la poursuite, périt ou diminue, la perte est pour le fol-enchérisseur. Il ne s'agit pas d'une condition suspensive, mais d'une condition résolutoire, et l'adjudicataire demeure propriétaire, jusqu'à l'événement de la revente qui remet les choses dans le même état. Arg. C. civ. 1185.

61. Les fruits perçus pendant la poursuite de folle-enchère lui appartiennent : étant tenu de payer les intérêts du prix jusqu'à la seconde adjudication, il est juste qu'il profite des fruits de l'immeuble. Paris, 11 juill. 1829, S. 29, 535. — Il ne doit pas être considéré comme un possesseur de mauvaise foi. — *Contrà*, Thomine, n° 850.

62. Lorsque, depuis la clôture du règlement définitif de l'ordre ouvert sur le prix d'un immeuble, la revente sur folle-enchère a eu lieu à un prix inférieur à celui de la première vente, il n'y a pas lieu d'ouvrir nn nouvel ordre. Cass. 12 nov. 1821, S. 22, 73; Troplong, *Hypothèques*, 3, n° 721, et nos observations (Art. 1416 J. Pr.). — *Contrà*, Rouen, 4 fév. 1815, 1er août 1817, S. 22, 73.

Comment doit-il être procédé à la distribution du nouveau prix? — V. *Ordre.*

§ 7. — *Enregistrement.*

63. L'adjudication sur folle-enchère est soumise au même droit que les ventes, mais seulement sur ce qui excède le premier prix, si le droit en a été acquitté. L. 22 frim. an 7, art. 69, § 5, n° 1, et § 7, n° 1. — V. *Vente.* — Si le prix est le même, et que le droit de mutation ait été payé, le procès-verbal est enregistré au droit fixe de trois francs (L. 28 avr. 1816, art. 44, n° 1), même dans le cas où le premier acquéreur a été mis en possession, et a même déjà payé partie de son prix. Cass. 10 déc. 1822; Délib. rég. 24 janv. 1824.

64. Si la première adjudication n'a pas encore été enregistrée, l'acquéreur doit payer le droit à raison de l'adjudication totale, sauf à retenir sur son prix l'excédant du droit, à raison de l'excédant de son adjudication. La régie poursuit contre le fol-enchérisseur le double droit résultant du non-enregistrement de la première adjudication en temps utile, et le droit proportionnel sur l'excédant de l'adjudication, si l'adjudicataire définitif ne l'a pas payé et retenu sur son prix. Cass. 27 mai 1823; Inst. rég. 4 juill. 1809, n° 5436, § 56.

65. Si les parties sont convenues que la vente, tout en conservant le caractère de folle-enchère, n'aura lieu que pour partie des biens, on perçoit le droit fixe sur l'excédant de la première adjudication, d'après une ventilation de ce prix. Instr. Rég. 16 août 1850.

66. La revente sur folle-enchère peut être poursuivie, quoique la première adjudication n'ait pas encore été enregistrée. Arg. art. 68, § 1, nᵒˢ 8 et 69, §§ 5 et 7, nᵒ 1. L. 22 frim. an 7.

§ 8. — Formules.

FORMULE I.

Sommation à l'adjudicataire de justifier de l'acquit des conditions.

(C. pr. 737 et 738. — Tarif 29 par anal. — Coût, 2 fr. orig.; 50 c. copie.)
  L'an   , etc., à la requête du sieur   ·, demeurant à
lequel fait élection de domicile à, etc., j'ai *(immatricule de l'huissier)*, soussigné,
fait sommation au sieur   , demeurant à   , au domicile par lui
expressément élu par le jugement d'adjudication ci-après énoncé, en la demeure
de Mᵉ   , avoué au tribunal de première instance du département de
      , sise à   , audit domicile, en parlant à
  De, dans le jour (1) pour tout délai, satisfaire aux conditions présentement
exigibles, de l'adjudication à lui faite par jugement de l'audience des saisies immobilières dudit tribunal, en date du   ,   , enregistrée, d'une maison, jardin et dépendances, sis à   , vendus par suite de saisie immobilière sur le
sieur   et, en conséquence, de justifier au greffe de l'audience des saisies
immobilières du tribunal séant à   , au Palais-de-Justice, du paiement
des frais de la poursuite de saisie immobilière qu'il est tenu d'acquitter aux termes
de l'art.   du cahier des charges; et de satisfaire aux conditions de ladite adjudication, notamment consigner le prix, principal et intérêts, moyennant lequel il
s'est rendu adjudicataire), lui déclarant que, faute par lui de satisfaire a la présente
sommation, le requérant se fera délivrer, par le greffier du tribunal, le certificat
prescrit par l'art. 738 du Code de procédure, et qu'il poursuivra en conséquence
la revente, sur la folle-enchère du sus-nommé, des biens dont s'agit; à ce que du
tout il n'ignore, et je lui ai, etc.

FORMULE II.

Réquisition et certificat pour parvenir à la folle-enchère.

(C. pr. 738. — Tarif, 126. — Vacation à se faire délivrer le certificat, 3 fr.)
  Et le   au greffe des criées du tribunal de première instance de
au Palais-de-Justice,
  Est comparu Mᵉ   ·   , avoué du sieur   , demeurant à
  Lequel nous a dit que par exploit de   , huissier, en date du   ,
dûment enregistré, il avait fait faire sommation au sieur   , de satisfaire aux conditions de l'adjudication ci-après énoncée, laquelle sommation est
restée sans effet.
  Pourquoi il nous requérait de lui délivrer le certificat prescrit par l'art. 738 du
Code de procédure, pour parvenir à la revente sur folle-enchère, d'une maison,
jardin et dépendances, sis à   , dont le sieur   s'est rendu adjudicataire, suivant jugement de   , moyennant la somme de   ,
en sus des charges; et a, ledit Mᵉ   , signé.   *(Signature de l'avoué.)*
  A quoi obtempérant, nous, greffier soussigné, certifions à tous qu'il appartiendra, que ledit sieur   n'a pas satisfait à toutes les conditions exigibles du
jugement d'adjudication susdaté, et notamment qu'il ne nous a pas été justifié
par ledit sieur   , du paiement des frais de la poursuite de saisie immobilière dont s'agit, malgré la sommation à lui faite, susénoncée et datée.

_____

(1) Souvent on accorde un délai plus long, si l'adjudicataire est domicilié dans un lieu
éloigné ; il faut un délai moral suffisant pour recevoir la réponse.—Au reste, cette sommation se fait dans l'usage, mais elle n'est pas indispensable.

En foi de quoi nous avons délivré le présent certificat pour servir et valoir ce que de raison, les jour, mois et an susdits. (*Signature du greffier.*)

Affiche annonçant la revente sur folle-enchère.

(C. pr. 682, 683 et 759.—Tarif, 105, 106, 126.—Pour rédaction du placard, 6 fr.)

AU NOM DU ROI, LA LOI ET JUSTICE.

Vente sur folle-enchère.

En l'audience des saisies immobilières du tribunal civil de première instance de
séant à , au Palais-de-Justice.
D'une maison sise à , rue
La première publication aura lieu le jeudi, premier juin 1839, heure de midi.
La deuxième publication et adjudication préparatoire aura lieu le jeudi
1839, heure de midi.
La troisième publication et adjudication définitive aura lieu le jeudi
1839, heure de midi.
On fait savoir à tous qu'il appartiendra, qu'en vertu : 1° de la clause du jugement d'adjudication ci-après énoncé, et faute par le sieur , demeurant à
, d'avoir justifié de l'acquit des conditions exigibles de l'adjudication
à lui faite des biens ci-après désignés, et d'avoir satisfait auxdites conditions,
ainsi qu'il résulte de la sommation à lui faite le , par exploit de
huissier, dûment enregistré, et d'un certificat délivré par le greffier du tribunal
de première instance du département de , le , enregistré ;
2° et des art. 737, 738 et 739 du Code de procédure.
Et à la requête du sieur , demeurant à , créancier du sieur
, pour lequel domicile est élu à , en la demeure de Me ,
avoué au tribunal de première instance du département de , sise à ,
lequel occupera pour lui sur la présente poursuite de folle-enchère :
Il sera procédé à la revente et adjudication sur folle-enchère, en l'audience des
saisies immobilières du tribunal civil de première instance, séant à, d'une maison
sise à , dont la désignation suit :

Désignation.

Cette maison (*copier la désignation qui est dans le cahier des charges.*)
Laquelle maison et ses dépendances ont été adjugées au sieur par jugement de l'audience des saisies immobilières du tribunal de première instance
du département de , le , enregistré, rendu sur saisie immo-
bilière, poursuivie contre le sieur , demeurant à , moyennant la somme de , outre les charges.
Ladite revente sur folle-enchère se fera aux charges, clauses, conditions insé-
rées dans l'enchère déposée, lors de ladite adjudication, au greffe dudit tribunal ;
Sur la mise à prix de
La première lecture et publication dudit cahier d'enchère aura lieu le jeudi premier juin 1839, heure de midi.
La deuxième publication et adjudication préparatoire aura lieu le
La troisième publication et adjudication définitive aura lieu le
sur la mise à prix de , montant de l'adjudication préparatoire.
Fait et rédigé par l'avoué poursuivant soussigné, à le
1839.
Enregistré à , etc. (*Signature de l'avoué.*)

FOLIE. — V. *Interdiction.*

FONCTIONNAIRES. Pour la saisie de leur traitement.—
V. *Saisie arrêt.* — Pour l'autorisation préalable à l'*action* à
diriger contre les fonctionnaires publics. — V. ce mot, n° 97.
— Pour le visa des *exploits* qui leur sont laissés. — V. ce mot,
n° 226 et suiv.

FOND. Désigne l'objet principal, par opposition à ce qui n'est que de *forme*. — V. *Exception*, n° 7. — Se dit aussi de la partie la plus profonde de la terre, par opposition à superficie : ce mot est alors synonyme de *très fond*. — V. *Vente*.

FONDÉ DE POUVOIRS. Mandataire. — V. *Mandat*.

FONDS DE COMMERCE. — V. *Tribunal de commerce*.

FONDS DOTAL. — V. *Femme mariée*, *Séparation de biens*.

FORAINE (*saisie*). — V. *Saisie-foraine*.

FORCE DE CHOSE JUGÉE. Autorité d'une décision administrative ou judiciaire, rendue en dernier ressort, et contre laquelle il ne reste aucun moyen ordinaire de se pourvoir. — V. *Jugement*.

FORCE MAJEURE. — V. *Délai*, n° 29, *Effet de commerce*, n° 72 et suiv.

FORCÉE (*expropriation*). — V. *Exécution*, *Saisie immobilière*, *Utilité publique*.

FORCLUSION. — V. *Déchéance*, *Distribution*, *Ordre*.

FORMALITÉS. Ce sont les clauses et conditions dont le concours est nécessaire pour rendre un acte valable et en assurer ou prouver l'exécution.

1. On en distingue de quatre espèces, savoir : 1° les formalités *habilitantes*, ou celles sans lesquelles une personne incapable ne peut faire certains actes : telle est l'autorisation du mari pour la femme. — V. *Femme mariée*.

2° Les formalités *intrinsèques*, c'est-à-dire celles qui constituent l'essence même de l'acte, et sans lesquelles il ne saurait exister, par exemple, le consentement des parties dans tous les contrats.

3° Les formalités *extrinsèques* : ce sont celles qui ont pour objet de constater l'existence de la convention : par exemple, la signature des parties.

4° Les formalités d'*exécution*, c'est-à-dire celles exigées pour pouvoir mettre un acte à exécution : tels sont l'*enregistrement*, l'apposition de la *formule exécutoire*, la *légalisation*. — V. ces mots.

2. Ces différentes espèces de formalités sont régies par diverses lois. Ainsi, celles qui concernent les personnes sont régies par la loi de leur domicile ; celles relatives aux actes, par la loi du lieu où ils sont passés ; et celles qui concernent les biens, par la loi du lieu de la situation. Acte de notoriété du Châtelet de Paris, 15 sept. 1702 ; C. civ. 3, 999 ; Duranton, t. 1, n° 91 ; Toullier, n° 120. — V. *Exécution*, n° 38, *Rétroactif (effet)*.

3. Il est des formalités dont l'accomplissement est présumé jusqu'à preuve contraire. Ainsi, un exploit est toujours réputé avoir été signifié à une heure où la signification pouvait avoir lieu.

Mais il en est d'autres dont l'accomplissement doit nécessairement être constaté par l'acte même. Ainsi, il ne suffit pas que la copie de l'exploit ait été remise à une personne ayant capacité pour la recevoir, il faut encore que mention en soit faite dans l'acte. — V. *Exploit*, n°s 20 et 108; *Jugement*.

4. L'omission des formalités exigées par la loi entraîne, dans certains cas, la nullité de l'acte irrégulier. Au contraire, dans d'autres circonstances, et si les formalités omises ne sont pas essentielles, l'acte n'en produit pas moins son effet. — V. *Exploit*, n° 273 et suiv.; *Nullité*.

— V. *Exception*, n° 87 et suiv.

FORMELLE (*garantie*). — V. *Garantie*.

FORMULE. C'est le modèle d'un acte.

FORMULE EXÉCUTOIRE. — V. *Exécution*, n°s 37-46.

FORÊTS. — V. *Vente d'immeubles*.

FORT (*se porter*). — V. C. civ. 1119 et 1120; *Garantie*, *Responsabilité*.

FOUR. — V. *Saisie-exécution*.

FOURRIÈRE. — V. *Redhibitoire* (*vice*).

FOURNISSEURS (*privilége des*). — V. *Ordre entre créanciers*.

FOURNITURES DE BUREAU. L'acquisition de papiers, encre, etc., par un négociant pour ses besoins particuliers, ne constitue pas un *acte de commerce* (— V. ce mot, n° 15); Cass. 25 niv. an 5; Carré, *Compétence*, 2, 547, n° 32.

FRACTION. — V. *Ajournement*, n° 47; *Enregistrement*, n° 6; *Purge*, *Timbre*, *Transcription*.

FRAIS. Dépenses occasionnées par la poursuite d'un procès ou la rédaction d'un acte.

1. Ils sont en général à la charge de ceux dans l'intérêt desquels ils sont faits.

Les frais de quittance sont dus par le débiteur. — V. *Paiement*.

Les frais de procédure doivent être supportés par la partie qui succombe. — V. *Dépens*.

2. Pour la liquidation, la taxe et le paiement des frais. — V. *Tarif* et *Taxe*.

3. Dans les états de frais, on comprend les déboursés, et les émolumens alloués par le tarif. — V. *Déboursés*, *Dépens*, n° 1.

FRAIS FRUSTRATOIRES (de *frustrà* en vain). Frais relatifs à un acte qui n'est ni prescrit, ni autorisé, ni utile.

1. Les procédures et actes frustratoires doivent être mis à la charge des officiers ministériels qui les ont faits, et peuvent donner lieu contre eux, suivant les circonstances, à des dommages-intérêts de la partie, et à des peines disciplinaires, notamment à la suspension. C. pr. 74 et 1031. — V. *Discipline*, *Dommages-intérêts*, *Responsabilité* (Art. 154 J. Pr.).

2. Conséquemment la partie qui succombe, et qui est condamnée aux dépens, n'est pas tenue d'acquitter les frais frustratoires, s'ils ne sont pas compris dans la taxe des dépens. — Rennes, 19 fév. 1821 ; Besançon, 5 juill. 1828.

3. Mais le coût d'un acte inutile peut être répété contre le client lorsque ce dernier en a requis la signification. — V. *Avoué*, n° 160.

Ainsi jugé à l'égard d'une opposition à une ordonnance du président, qui autorise une assignation à bref délai (V. *Ajournement*, n° 62). Rennes, 15 janv. 1851, D. 51, 107.

De même, lorsqu'une première assignation a été donnée à jour fixe, par exemple, devant un trib. de comm., ou un juge de paix, si on n'a pas fait appeler la cause, ou si la partie ayant fait défaut, on n'a pas pris jugement le jour indiqué, et qu'une assignation nouvelle ait été donnée, le coût de la première ne doit pas être alloué en taxe, sauf recours contre le client, si c'est par son ordre qu'il n'a pas été donné suite à cette assignation.

Si l'on a fait plusieurs commandemens avant de procéder à une saisie exécution, on ne doit en allouer qu'un seul en taxe.

4. Sont réputés frais frustratoires les frais faits par un avoué dans son intérêt personnel et contre celui de ses cliens.

Ainsi, notamment, les frais de copie de pièces d'une longueur démesurée données en tête d'un ajournement, si l'intérêt du procès est minime, et qu'il suffise de notifier un extrait de ces pièces ; — des levée et signification d'un jugement obtenu contre des débiteurs que l'avoué sait être disposés à déférer amiablement aux condamnations prononcées contre eux, alors que le client s'est engagé à suspendre toute exécution ; — de commandemens devenus inutiles par les dispositions bien connues des débiteurs ; — de la rédaction des qualités où se trouvent des répétitions de noms et des détails inutiles. Cass. 26 déc. 1857 (Art. 1165 J. Pr.).

5. Il a même été jugé que des qualités de jugemens devenues définitives entre les parties, quant aux points de fait et de droit, après réglement ou expiration du délai de l'opposition, peuvent néanmoins être réduites par le juge taxateur si elles sont trop étendues. *Même arrêt.*

6. Doivent être également considérés comme frustratoires les frais de signification, en cause d'appel, des plaidoyers imprimés, soit en entier, soit par extrait. Rouen, 29 nov. 1828, D. 53, 485.

Ceux d'une demande en compulsoire, si le titre dont la copie est représentée est étranger à l'objet en litige. Rennes, 27 juill. 1809 ; P. 7, 718 ; Carré, n° 2879 ; — ceux faits contre un tiers détenteur après notification du délaissement. Grenier, n° 529. — V. d'ailleurs *Action*, n° 76.

7. Les frais ont été laissés à la charge d'un avoué qui, dans une poursuite de liquidation et partage de succession entre un grand nombre d'héritiers (297), avait établi autant de dossiers (17) qu'il y avait de souches dans la famille. Cass. 19 août 1835 (Art. 176 J. Pr.). — Dans l'espèce, les frais s'élevaient à plus de 50,000 fr., quoiqu'il y eût eu accord entre les différentes branches de la famille.

Mais, en principe, une partie qui a donné pouvoir à un avoué d'occuper pour elle, n'est pas recevable à lui contester ses frais, par cela seul qu'il a été chargé par une autre personne d'intérêts à peu près analogues, et qu'il aurait pu ne faire qu'un seul dossier pour les deux.

8. Certaines procédures sont utiles et peuvent passer en taxe, bien qu'elles ne soient point indiquées par le Code : — spécialement, l'assignation en déclaration de jugement commun ; — le procès-verbal de carence, etc.

9. La question de savoir si tels frais doivent être ou non considérés comme frustratoires est entièrement abandonnée à l'appréciation des tribunaux. — V. *Cassation*, n° 103-12°; *Dépens*, n° 59.

10. Les actes frustratoires peuvent être laissés à la charge des officiers ministériels, sans qu'il soit nécessaire de les appeler en cause. — Rennes, 11 avr. 1835 (Art. 427 J. Pr.). — Ainsi jugé à l'égard d'un huissier qui, choisi par les parties pour terminer une affaire non susceptible de contestation sérieuse, avait fait des offres réelles : il fut déclaré mal fondé dans son opposition à cette décision.

— V. d'ailleurs *Avoué, Huissier*. — *Dépens, Désaveu, Discipline, Dommages-intérêts, Responsabilité.*

FRAIS DE GARDE. — V. *Inventaire, Saisies, Scellés.*

FRAIS DE JUSTICE. Dépenses faites pour la conservation de la chose et sa conversion en deniers au profit des ayant-droit.

1. Les frais faits par un créancier pour obtenir une condamnation contre le débiteur ou une collocation dans un ordre, ou une distribution, ne peuvent être mis au rang des frais de justice. Faits dans un intérêt purement particulier, ils suivent le sort de la créance dont ils forment un accessoire. — V. *Dépens*, n° 30 à 32 ; *Distribution*, n° 68 ; *Ordre.*

2. Les frais de justice reçoivent le nom des actes ou procédures auxquels ils se rapportent. Ainsi, on les distingue en frais de *scellés*, d'*inventaire*, de *saisie*, de *vente*, de *licitation*, de *partage*, d'*ordre*, etc. — V. ces mots.

3. Ils sont payés par privilége à toutes créances. — V. d'ailleurs *Distribution*, n°s 67 et 68.

4. Le trésor fait l'avance des premiers frais nécessaires à l'administration de la *faillite*. C. comm. 461. — V. ce mot, n° 129.

FRAIS et loyaux couts. Ce sont ceux faits pour la passation d'un acte et ses suites légitimes.

FRAIS de mise a exécution. — V. *Dépens*, n° 50 et suiv.

FRAIS de retour. — V. *Effet de commerce*, n°s 78, 180 à 184.

FRAIS de transport et de voyage. — V. ces mots.

FRANÇAIS. La qualité de Français est exigée dans plusieurs cas. — V. *Avocat*, n° 8 ; *Avoué*, n° 15 ; *Huissier, Greffier, Juge*. — V. d'ailleurs *Arbitre*, n° 176 ; *Emprisonnement*, n°s 90, 215 ; *Étranger, Expert*, n° 31 ; *Judicatum solvi, Recors, Témoin*.

FRANCS. — V. *Monnaie, Ressort*.

FRAUDE, — V. *Dommages-intérêts, Prise à partie, Requête civile, Tierce opposition*.

FRÈRE. — V. *Alliance, Emprisonnement*, n° 66 ; *Parenté*.

FRUITS (restitution et liquidation de) (1).

1. Les fruits sont *naturels*, *industriels* ou *civils*. C. civ. 582, 583, 584.

2. Ils sont meubles de leur nature. — V. toutefois C. pr. 689, et *Saisie immobilière*.

3. Pour la saisie et la vente des fruits pendans par branches et par racines. — V. *Saisie-brandon*.

4. Le possesseur de bonne foi fait les fruits siens tant qu'il ignore les vices de sa possession ; mais il devient débiteur des fruits du moment où ces vices lui sont connus. C. civ. 549, 550. Les fruits perçus de bonne foi, quoique non encore consommés au moment de la constitution en mauvaise foi, ne sont pas restituables. La distinction de la loi romaine à cet égard (L. 22 Cod. *de rei vind.*) n'avait pas été admise par l'ancienne jurisprudence française, et ne l'a pas été par le Code civil. Lacombe, v° *Fruits*, sect. 1re, n° 1 ; Duranton, n° 561 ; Toullier, 5, n° 110. — V. d'ailleurs C. civ. 127, 828.

5. Le possesseur de mauvaise foi doit être condamné à restituer, non seulement les fruits par lui perçus depuis l'indue possession, mais encore ceux que le véritable propriétaire aurait pu percevoir depuis la même époque. L. 22, C. *de rei vind.* L. 17, eod. L. 5, C. *de condict. ex leg.*

6. Il en est de même du possesseur qui, d'abord de bonne foi, a connu depuis les vices de son titre : à dater de cette époque, il est soumis aux mêmes restitutions que celui qui a toujours été de mauvaise foi. Delvincourt, 2, p. 11, note ; Pothier, n° 556 ; Toullier, 5, n° 110, Duranton, 4, n° 360,

_____

(1) Cet article est de M. Cauchois, avocat à la Cour royale de Paris,

7. C'est au réclamant à établir que le possesseur a eu connaissance des vices de sa possession : à défaut de cette preuve, les fruits ne sont dus qu'à compter du jour de la mise en demeure ou de la citation en conciliation, ou de la demande en justice. C. civ. 1116, 1159 et 2244 ; C. pr. 57.

8. La constatation de la mauvaise foi du possesseur et de l'époque à laquelle cette mauvaise foi a commencé doit être faite par le jugement qui condamne à la restitution des fruits.

Dire qu'il y a eu indue possession, ce n'est pas dire nécessairement que le possesseur était de mauvaise foi, puisqu'il pouvait ignorer que sa possession fût vicieuse ; et le jugement qui, dans cet état, condamne le possesseur à restituer les fruits, non seulement du jour de la demande, mais à compter de son indue détention, doit être réformé. Cass. 24 fév. 1834, D. 34, 107.

Le cohéritier, possesseur en vertu d'un partage rescindé pour cause de lésion, ne peut être non plus condamné à restituer les fruits du jour du partage, si le jugement ne constate point qu'il les a perçus de mauvaise foi. Cass. 8 fév. 1830, D. 30, 162.

9. Les intérêts des fruits à restituer ne commencent à courir que du jour de la demande en justice, C. civ. 1153,—quelle que oit la date de la mauvaise foi. — V. *Ajournement,* nº 105 à 107.

Les intérêts des jouissances de fruits ne courent pas non plus e plein droit à dater de chaque perception, mais seulement à ompter de la demande en capitalisation, qui en est faite en ustice. C. civ. 1155 ; Cass. 15 janv. 1839 (Art. 1490 J. Pr.).

L'ordonnance de 1667, art. 2, accordait un délai d'un mois. u possesseur condamné à une restitution de fruits, pour le aiement du reliquat de son compte.

10. La demande en restitution de fruits doit être portée, avoir : lorsqu'elle est principale, devant le trib. du domicile u de la résidence du défendeur, C. pr. 59 ; — et lorsqu'elle ait suite à une action en délaissement d'immeuble, devant le rib. de la situation de cet immeuble. — V. *Action,* nº 31.

11. Les restitutions de fruits comptent-elles pour déterminer i la demande excède ou non le taux du dernier *ressort ?* — . ce mot.

12. Les fruits échus depuis le jugement de première instance euvent être, pour la première fois, réclamés en *appel.* — V. ce ot, nº 294.

13. La Cour qui condamne à cette restitution doit les liquier elle-même, et non pas renvoyer, à cet effet, devant les preiers juges. Cass. 15 niv. an 9, S. 1, 2, 286.

14. La disposition de l'art. 126 C. pr., qui autorise le juge prononcer la contrainte par corps pour dommages-intérêts en atière civile au-dessus de la somme de 300 fr., ne s'applique pas à la restitution des fruits. Boitard, 1, 505. — V. *Emprison-nement*, n° 50. — Le cas de réintégrande excepté. — V. *Ib.*, n° 43.

15. La restitution des fruits comporte, en général, trois opérations distinctes.

Il faut établir : — 1° la nature et la quotité des fruits.

Lorsque les parties ne sont pas d'accord sur ce point, on a recours à un compte dressé en justice sur des titres, ou d'après une enquête ou une expertise. — Le trib. ordonnera plutôt l'expertise que l'enquête. Thomine, art. 526.

16. 2° La valeur de ces fruits. — V. *inf.* n° 18.

17. 3° La déduction des impenses. Cette dernière opération se confond avec la première. — V. *inf.* n° 35.

18. La restitution des fruits a lieu d'après les distinctions suivantes :

Fruits perçus avant l'année qui a précédé la demande. Ils sont restitués non pas au plus haut prix, mais au prix moyen de chaque année. C. pr. 129. — Il est à présumer que le possesseur les a consommés ou vendus.

19. *Fruits perçus pendant la dernière année*, c'est-à-dire *l'année qui a précédé la demande.* Ils sont restitués en nature, — ou si cela n'est pas possible, suivant les mercuriales du marché le plus voisin, eu égard aux saisons et aux prix communs de l'année ; — ou, à défaut de mercuriales, d'après une estimation par experts. C. pr. 129. — V. d'ailleurs *inf.* n° 30.

Le possesseur n'était pas obligé de garder les fruits ; il n doit pas le plus haut prix, mais seulement le prix moyen.

20. *Fruits perçus depuis la demande.* Ils doivent être restitué en nature. Arg. C. pr. 129 ; Demiau, 115 ; Boitard, 1, 518 — ou, si cela n'est pas possible, en argent, non pas au pri moyen, mais au plus haut prix auquel on a pu les vendre du rant le cours de l'année : le défendeur, à dater de cette demand a dû les conserver ou ne les vendre, s'ils périclitaient, qu'ave l'autorisation de justice. Boitard, *ib.* — Il en était ainsi sou l'ordonn. de 1667.

21. La restitution en nature a lieu de deux manières : so identiquement, en rendant les fruits mêmes qui ont été perçu soit par représentation, en rendant des fruits en pareille qua tité, nature et bonté que ceux perçus.

22. Si le débiteur ne possède pas de fruits, mais qu'il lui so possible de s'en procurer, même à des prix plus élevés que prix commun au moment de la demande, il doit être forcé à restitution en nature : l'impossibilité de payer en nature do être réelle et absolue ; elle ne peut être un prétexte pour enrich un débiteur de mauvaise foi, au préjudice de son créancie Toullier, 7, n° 63.

23. La restitution, d'après les mercuriales, n'a lieu qu'à l'égard de certains fruits naturels ou industriels qui se portent dans les marchés publics après avoir été cueillis à l'époque de leur maturité, et dont le prix commun est constaté par cette voie. — V. *infrà*, n° 32.

24. Les mercuriales sont des registres sur lesquels les maires ou les commissaires de police, et à Paris le préfet de police, constatent le prix auquel ont été vendus à chaque marché les différens fruits qui y ont été apportés, tels que grains, foins, et autres denrées.

La rédaction des mercuriales se fait d'après les déclarations des marchands ou de leurs facteurs. Favard, v° *Mercuriales*.

25. Pour la rédaction des mercuriales, on réunit les prix différens d'une même denrée, et on divise la somme totale par le nombre représentant les différentes ventes : on obtient ainsi le prix commun d'une même denrée pour chaque marché. — Les extraits des registres sont délivrés aux parties qui les requièrent, et c'est sur ces extraits que l'on procède à l'appréciation. Ordonn. de 1667, tit. 30, art. 7 ; C. pr. 129.

26. Pour obtenir le prix commun de l'année, eu égard aux quatre saisons, on réunit les prix communs (déterminés d'après le mode précédemment indiqué) des premiers marchés, qui ont eu lieu au commencement des mois de janvier, avril, juillet et octobre ; et l'on prend le quart de la somme totale. Thomine, 1, 252.

Par exemple, soit à restituer le prix de 300 hectolitres de blé pour chaque année de perception : on prend le prix d'un hectolitre de blé constaté par les mercuriales du marché le plus voisin, on forme l'addition des quatre prix suivant qu'ils ont varié, eu égard à chaque saison. Si cette addition donne une somme de 44 fr. pour prix de quatre hectolitres, dont un aura été acheté dans chaque saison, la division par 4 donnera le prix moyen, c'est-à-dire 11, qui, multiplié par 300, formera 3,300 fr., restitution à opérer pour chaque année.

27. Lorsqu'il s'agit du paiement de fermages en dnrées stipulées livrables à une certaine époque de l'année, la valeur ne doit pas être estimée conformément à l'art. 129 C. pr., suivant les mercuriales, eu égard aux saisons et aux prix communs de l'année ; mais d'après les mercuriales de l'époque fixée pour la livraison.

28. *Quid*, s'il s'agit de fruits perçus avant leur maturité ? — Carré, n° 546, pense qu'au lieu des mercuriales, il faut suivre l'usage local, et il invoque l'art. 252 de la coutume de Bretagne. Mais le C. pr. a eu pour but de faire cesser la diversité des coutumes ; et l'art. 129 C. pr. établit en règle générale l'estimation par mercuriales toutes les fois qu'elle est possible. Vainement dirait-on que les fruits à restituer ayant été cueillis avant la maturité, ne peuvent être estimés d'après les mercuriales, qui ne constatent que le prix des fruits en maturité; car il s'agit, pour le demandeur en restitution, d'être indemnisé, non pas seulement de la valeur qu'avaient les fruits au moment où ils ont été détachés du sol, mais bien de la valeur qu'auraient eue pour lui les fruits s'ils n'eussent pas été indûment perçus avant leur maturité.

29. Il est certains fruits naturels ou industriels qui ne se portent pas dans les marchés publics, tels que les laines, le lin, le chanvre, le vin, et dont le prix commun peut être établi par les registres d'agens de change et courtiers qui sont concurremment chargés d'en constater le cours. C. comm. 73 et 78; Demiau, 116.

30. La valeur des fruits peut aussi être fixée d'après une expertise consentie par les parties, abstraction faite des mercuriales. Cass. 10 janv. 1828, D. 28, 87; 15 janv. 1839 (Art. 1490 J. Pr.).

Ou même d'après la simple déclaration du défendeur : ainsi condamné sur son propre aveu, il n'est pas recevable à se plaindre de ce que l'évaluation n'a point été faite suivant les mercuriales ou par une expertise. Cass. 30 mars 1831, S. 31, 275; 18 avr. 1832, D. 32, 245. — Dans cette dernière espèce, la C. roy. avait pris pour bases, entre autres documens : — la matrice des rôles de contributions; le prix du loyer; le projet de compte présenté par l'une des parties, et diverses circonstances.

31. Suivant M. Thomine, art. 129, s'il n'y a pas une différence notable entre les estimations présentées par les parties, et surtout s'il s'agit d'objets de peu de valeur, le trib. peut prendre un terme moyen entre ces estimations, ou réduire celle qui lui paraît exagérée, sans recourir à des experts. Thomine, art. 129.

32. Mais les trib. ont-ils le droit de faire, d'*office*, une fixation en bloc, sans un compte préalable ?

La négative a été jugée, Cass. 6 août 1822, S. 23, 182, dans une espèce où le montant de la restitution des fruits avait été déterminé cumulativement avec d'autres condamnations d'intérêts et de dommages-intérêts prononcées contre un tuteur. Cass. 20 déc. 1819, S. 20, 187.

Décision analogue dans le cas d'une antichrèse.

Au contraire, il a été décidé que les premiers juges avaient pu faire la liquidation en bloc et prononcer la compensation des fruits réclamés avec les indemnités qui étaient dues. Cass. 1er juin 1826, D. 26, 293.—Mais, dans l'espèce, les parties s'étaient bornées à demander, l'une la restitution des fruits, l'autre des indemnités, sans conclure précisément à une liquidation.

53. Lorsque le jugement qui ordonne une restitution de fruits n'indique pas le mode suivant lequel cette restitution devra être faite, on suit celui tracé par l'art. 129 C. pr. En tout cas, une pareille omission ne pourrait donner ouverture qu'à requête civile, et non à cassation. Cass. 5 fév. 1828, S. 28, 252.

54. La partie condamnée à la restitution doit en rendre compte dans la forme des comptes rendus en justice. C. pr. 526. — V. *Reddition de compte* et *sup.* n°s 15 et 17.

55. S'il s'agit de fruits à restituer en nature, on déduit les frais de labours, travaux et semences. C. civ. 548.

56. S'il s'agit, non plus de la restitution des fruits eux-mêmes, mais de leur valeur, on doit déduire non seulement les frais de labours, travaux et semences, mais encore les frais de toute nature qui ont pu précéder la vente faite au possesseur condamné à restituer, et notamment les frais de transport et d'octroi. Cass. 15 janv. 1839 (Art. 1490 J. Pr.).

57. On déduit encore les dépenses nécessaires et utiles qui ont été faites par le possesseur pour la conservation de la chose. C. civ. 1381.

58. Un arrêt peut régulièrement condamner celui auquel une chose est restituée à tenir compte, au possesseur qui la rend, des *améliorations* que ce dernier y a faites; le mot améliorations indiquant par lui-même l'utilité des dépenses que la conservation de cette chose a nécessitées. *Même arrêt.*

59. Quant à la restitution des fruits civils, il faut distinguer : s'il y a un bail non contesté dont le prix soit en argent, le montant des loyers de chaque année est dû. Arg. C. civ. 584.

S'il n'y a pas de bail, pour les maisons on ordonne une expertise ou une enquête. — Pour les biens ruraux, même lorsqu'ils sont loués, si le fermage est payable en nature, on suit les règles tracées *sup.* n. 18 et suiv.

— V. *Dommages-intérêts, Reddition de compte.*

FRUSTRATOIRES (*frais*). — V. *Frais frustratoires.*

FUREUR. — V. *Interdiction.*

G.

GAGE. — V. *Nantissement.*

GAGERIE (SAISIE). — V. *Saisie-gagerie.*

GAGES des domestiques.

1. Le juge de paix connaît sans appel jusqu'à la valeur de cent francs, et à la charge d'appel à quelque valeur que la demande puisse s'élever, des contestations relatives aux engagemens respectifs des maîtres et des domestiques ou gens de service à gages. Art. 4 L. des 25 mai et 6 juin 1838 (Art. 1166 J. Pr.). — V. *Juge de paix.*

2. Le maître est cru sur son affirmation, — pour la quotité des gages ; — pour le paiement du salaire de l'année échue ; — et pour les à-comptes donnés pour l'année courante. C. civ. 1781.

3. L'art. 1781 C. civ. ne s'applique qu'aux domestiques et aux gens de travail, lorsqu'il y a louage de services, et non lorsqu'il s'agit de travaux exécutés à prix fait et de louage d'industrie. Duvergier, *Louage*, n° 308.

4. *Le maître.* Il en est de même des enfans du défunt qui, de son vivant, habitaient avec lui, ou de son conjoint : entre eux et le domestique existent les rapports de supériorité sur lesquels est fondée la disposition de l'art. 1781. Duvergier, n° 307.

Il en serait autrement des autres héritiers. Duvergier, *ib.*

5. *Sera cru.* S'il existait un titre écrit justifiant les allégations du domestique, l'affirmation du maître ne détruirait pas une semblable preuve. Duvergier, n° 304.

6. *Sur son affirmation.* Ce mot est pris ici dans le sens de serment. On n'a pas entendu déroger aux art. 1358 et 1360. Duranton, 17, n° 256 ; Duvergier, n° 305.

GARANTIE (1). Obligation imposée à un individu d'en défendre un autre contre une action.

DIVISION.

· § 1. — *Des différentes espèces de garanties.*

1. La garantie est formelle ou simple.

Formelle. C'est l'obligation où est une personne d'en maintenir une autre dans la propriété d'une chose qu'on lui conteste, ou de l'indemniser. Elle n'a lieu que dans les matières réelles. Telle est la garantie à laquelle est tenu le vendeur envers son acheteur.

Simple. C'est l'obligation où l'on est de répondre des suites d'une action personnelle dirigée contre quelqu'un par un tiers. Telle est la garantie du débiteur envers sa caution qu'on actionne, ou celle du débiteur solidaire envers son codébiteur. Pothier, Pr. civ., ch. 2, sect. 6, art. 2 ; Thomine, n° 54.

2. Le garant peut être poursuivi de deux manières, ou par action principale devant le juge de son domicile après le juge-

---

(1) Cet article est de M. Lejouteux, avocat à la Cour royale de Paris.

ment de la demande originaire, ou par sa mise en cause devant le juge où le garanti se trouve appelé.

C'est seulement dans ce dernier cas que l'action en garantie, considérée comme exception dilatoire, est soumise à des règles et à des délais particuliers. Cette voie procure au garanti le double avantage de n'avoir qu'un procès au lieu de deux et de n'être point exposé à la perte de son droit de recours, si le garant prouve qu'il avait des moyens suffisans pour faire rejeter la demande primitive. C. civ. 1640 ; Thomine, n° 54.

C'est de l'action en garantie ainsi exercée que nous nous occuperons.

§ 2. — *Délai et forme de la demande en garantie.*

5. La loi accorde au défendeur un délai pour intenter son action en garantie ; dans l'intervalle, il est sursis à la poursuite de l'action principale ; mais ce délai est fixé à un laps de temps assez court, afin que le défendeur ne trouve pas dans l'exercice de ce droit un moyen de paralyser l'action du demandeur.

4. Au reste, l'obligation pour le demandeur d'attendre la mise en cause du garant ne l'empêche pas de solliciter du trib. des mesures provisoires. Thomine, *ib.*

5. Le demandeur lui-même peut aussi former la demande en garantie, quand il a un recours à exercer ; tel est le cas où, sur l'action intentée par le cessionnaire, le défendeur conteste l'existence du droit cédé. Dalloz, v° *Exception*, 622.

Le délai de garantie court alors du moment où la défense a été présentée. Dalloz, *ib.*

6. Lorsqu'il y a eu mise en cause du garant, celui qui a formé la première demande sur laquelle l'action récursoire a été intentée, prend le nom de *demandeur originaire* ; le garanti, celui de *défendeur originaire* et de *demandeur en garantie*, et le garant, celui de *défendeur en garantie*.

7. L'exception de garantie est valablement proposée après le déclinatoire et la demande en nullité d'actes de procédure ; il est, en effet, nécessaire de savoir si le juge est compétent pour décider si la demande en garantie peut être portée devant lui, et de savoir si la demande originaire est régulière pour diriger celle en garantie, qui en est la suite. C. pr. 177 ; Pigeau, *Comm.* art. 177.

8. Celui qui prétend avoir droit d'appeler en garantie est tenu de le faire dans la huitaine du jour de la demande originaire, outre un jour par trois myriamètres (C. pr. 175). Ainsi, le défendeur assigné, le 1er janvier, à comparaître à huitaine franche, c'est-à-dire le 10, doit signifier, le 9 au plus tard, sa demande en garantie, avec augmentation à raison des distances, s'il y a lieu.

9. S'il y a plusieurs garans intéressés à la même garantie, il

n'y a qu'un seul délai pour tous, qui est réglé selon la distance du lieu de la demeure du garant le plus éloigné. C. pr. 176.

Conséquemment, lorsque les garans ne demeurent pas dans la même direction, il ne faut pas faire entrer dans le calcul la distance qu'il y aurait entre le domicile des uns et des autres. (— *Contrà*, Thomine, n° 242). L'augmentation de délai est accordée au défendeur, plutôt pour qu'il puisse envoyer ses pièces à l'huissier du lieu, que pour qu'il fasse lui-même le voyage. Or, le délai, à raison de la plus grande distance, suffit toujours quand il y a plusieurs garans pour tous ces envois.

10. Outre le délai d'un jour par trois myriamètres, le demandeur en garantie a le même délai pour retirer l'exploit et pour en justifier au demandeur originaire. C. pr. 179, 1033 ; Pigeau, art. 175. — Il suffit que la demande soit revenue dans ce double délai ; peu importe qu'elle n'ait pas été formée dans les huit jours, et dans le délai calculé pour l'envoi. Pigeau, *ib*.

Si donc il y a quinze myriamètres de distance entre le domicile du défendeur originaire et celui du garant, et que l'assignation primitive ait été donnée le 1er, on ajoutera au délai de huitaine accordé pour la signification de l'exploit en garantie, dix jours, à raison de trente myriamètres, pour l'envoi et le retour, et le défendeur sera seulement tenu de justifier le 19, si le demandeur l'exige, qu'il a vraiment formé sa demande en garantie. Boitard, 2, 93.

Cette latitude étant donnée au défendeur, il devra, s'il n'a point encore, le 9, formé sa demande en garantie, se borner à notifier au demandeur qu'il se dispose à assigner son garant, sauf à lui à en justifier à l'expiration du délai augmenté des distances. Boitard, 2, 87.

Mais il n'a pas, pour faire cette justification, jusqu'à l'expiration de la huitaine accordée au garant pour comparaître. Ce délai ne lui est point nécessaire pour faire revenir l'exploit. Il est donné au défendeur en garantie pour comparaître et préparer ses défenses. C. pr. 1035 ; Boitard, 2, 293.

11. Si le demandeur n'a fait connaître que postérieurement à l'exploit introductif d'instance les faits qui donnent lieu à appeler garant, il ne peut s'opposer à la mise en cause du garant, sur le motif que huitaine s'est écoulée depuis la demande originaire. Bruxelles, 31 mai 1809, S. 10, 58.

Le juge pourrait même, après l'expiration de la huitaine, accorder au défendeur un nouveau délai pour justifier de la mise en cause, s'il y a motif raisonnable d'excuse, ou si la nécessité d'agir en garantie n'a été reconnue que depuis, et généralement toutes les fois que le retard ne cause aucun préjudice au demandeur. Arg. C. civ. 1244 ; C. pr. 122 ; Thomine, nos 54 et 242.

12. Dans tous les cas, la seule peine de l'inobservation des délais est la faculté donnée au demandeur de poursuivre l'audience pour avoir jugement au principal. C. pr. 178; Thomine, n° 212.

13. Le garant appelé en cause, après ce délai, ne peut s'en prévaloir pour demander son renvoi ; les délais sont établis seulement dans l'intérêt du demandeur pour empêcher le défendeur de retarder l'effet de l'action principale.

Ainsi, tant que la contestation originaire n'est pas jugée, le garant ne peut demander son renvoi devant le trib. de son domicile. Bruxelles, 10 juill. 1809, S. 10, 53 ; Limoges, 4 fév. 1824, S. 26, 178 ; Rodier, art. 2, tit. 8, ordonn. 1667 ; Berriat, 230 ; Carré, n° 764 ; Favard, v° *Exception* ; Pigeau, *Comm.* 1, 597.

14. Si le garant prétend avoir droit d'appeler un sous-garant, il est tenu de le faire dans le délai ci-dessus, à compter du jour de la demande en garantie formée contre lui : il en est de même successivement à l'égard des sous-garans ultérieurs. C. pr. 176.

15. Le garant qui a lui-même une action en garantie ne peut y renoncer au préjudice du garanti ; celui-ci est recevable à exercer cette action en son lieu et place. Bordeaux, 25 janv. 1826, S. 26, 245.

16. Si le défendeur originaire est assigné dans le délai pour faire inventaire et délibérer, le délai pour appeler garant ne commence que du jour où ceux pour faire inventaire et délibérer sont expirés. C. pr. 177.

17. Cette disposition s'applique au garant qui aurait à mettre un sous-garant en cause ; le demandeur est obligé d'attendre l'échéance de tous les délais que les sous-garans peuvent avoir pour faire inventaire et délibérer, avant de poursuivre, contre le défendeur originaire.

La raison de douter se tire de l'art. 177 qui, placé immédiatement après l'art. 176 relatif aux sous-garans, ne parle néanmoins que du *défendeur originaire*. Mais, au lieu de s'attacher à ces expressions littérales, il vaut mieux remonter aux principes généraux qui accordent à tout successible, qu'il puisse être appelé ou non en garantie, le droit de faire inventaire et de délibérer. Rodier, art. 5, tit. 8, ordonn. 1667 ; Pigeau, 1, 256 ; Carré, n° 787.

18. Il ne peut être accordé d'autre délai pour appeler garant, en quelque matière que ce soit, sous prétexte de minorité, ou autre cause privilégiée, sauf à poursuivre les garans, mais sans que le jugement de la demande principale en soit retardé. C. pr. 178. — Ainsi, les hospices et les autres établissemens publics ne peuvent faire valoir la faveur due à leur cause, s'ils n'ont pas appelé en garantie dans les délais, sauf leur recours contre l'administrateur coupable de négligence. Carré, art. 178.

19. Les demandes en garantie sont dispensées du *préliminaire de conciliation.* C. pr. 419. — V. ce mot.

§ 5. — *Effets de la demande en garantie, Compétence.*

20. La demande en garantie produit différens effets, tant à l'égard du demandeur originaire, qu'à l'égard de l'appelé en garantie.

21. A *l'égard du demandeur originaire*, si les délais des assignations en garantie ne sont échus en même temps que celui de la demande originaire, il n'est pris aucun défaut contre le défendeur originaire, lorsqu'avant l'expiration du délai il a déclaré, par acte d'avoué à avoué, qu'il a formé sa demande en garantie. C. pr. 179.

22. Cette déclaration pourrait aussi être faite par le défendeur à l'audience ; mais les frais de l'audience et ceux de l'avenir seraient à sa charge, selon les circonstances. Thomine, n° 214.

23. Si le défendeur, après l'échéance du délai pour appeler garant, ne justifie pas de la demande en garantie, le trib. peut faire droit sur la demande originaire, même le condamner à des dommages-intérêts, si la demande en garantie par lui alléguée n'a pas été formée. C. pr. 179.

24. Si le demandeur originaire soutient qu'il n'y a pas lieu au délai pour appeler garant, l'incident est jugé sommairement. C. pr. 180.

Le demandeur est surtout fondé à élever cette contestation : — 1° Lorsque le garant n'a pas été appelé dans le délai de la loi ; — 2° Quand le défendeur a défendu au fond avant d'appeler en garantie ; — 3° Lorsqu'il paraît évident que la personne appelée en garantie n'en devait aucune au défendeur. Ces trois cas étaient spécifiés dans l'ordonnance de 1667.

25. La requête pour soutenir qu'il n'y a lieu d'appeler garant, et la réponse, ne peuvent excéder six rôles. Tarif, 75.

26. Le demandeur n'a pas le droit de faire rejeter l'intervention volontaire du garant, lorsqu'elle n'est pas de nature à retarder le jugement de la cause principale. Carré, *ib.* n° 770.

27. En garantie formelle, pour les matières réelles ou hypothécaires, le garant peut toujours prendre le fait et cause du garanti, qui est mis hors de cause, s'il le requiert avant le premier jugement. C. pr. 182.

Il résulte de cet article qu'il ne suffit point, pour que le garanti soit représenté dans l'instance par le garant, que celui-ci ait pris son fait et cause ; qu'il faut encore que le garanti ait demandé sa mise hors de cause avant le premier jugement, fût-il interlocutoire (Thomine, n° 217), ou même simplement préparatoire. Boitard, 2, 113.

Dans le cas contraire, le demandeur principal doit agir contre l'un et l'autre, et signifier au garanti lui-même les actes de la procédure. Ainsi le jugement ne peut être opposé à ce dernier, s'il n'est obtenu que contre le garant. Cass. 17 nov. 1835 (Art. 268 J. Pr.).

28. Le garanti peut demander sa mise hors de cause, lors même que le garant formel, assigné ou intervenant, ne déclare pas prendre son fait et cause, pourvu qu'il ne conteste pas la garantie. En effet, la garantie formelle met le garant à la place du garanti; il dépend de ce dernier de laisser au garant le soin de combattre la demande principale. Berriat, p. 230, note 58; Carré, n° 775. — *Contrà*, Thomine, *ib.*

29. Le demandeur originaire s'opposerait-il valablement à la mise hors de cause du garanti, sous prétexte de l'insolvabilité du garant? — Non. Il ne peut requérir sa retenue en cause que pour la conservation des droits qu'il a contre lui personnellement : par exemple, s'il s'agit de liquider des fruits perçus, ou de constater des détériorations faites par le garanti; mais il ne peut le forcer de défendre à l'action originaire, puisqu'il eût été contraint de s'adresser au seul garant, si celui-ci n'eût pas transporté au garanti la chose litigieuse. Carré, n° 776.

30. Le garanti, quoique mis hors de cause, peut déclarer qu'il y assistera pour la conservation de ses droits. C. pr., 182. — Dans ce cas, il reste, il est vrai, étranger aux débats, quant aux significations respectives qu'ils entraînent. Jousse, art. 10, tit. 8, ordonn. 1667; Boitard, 2, 116.—*Contrà*, Rodier, art. 10, tit. 8, même ordonn; Carré, n° 778. Ces derniers auteurs pensent que le garant qui a pris fait et cause doit signifier au garanti tous les actes qui lui sont notifiés par le demandeur)

Mais il est recevable si ses droits sont compromis par le garant, ou avant le jugement définitif, s'il veut faire fixer les dommages intérêts qui lui seraient dus par le garant condamné (C. civ., 1630) à rentrer immédiatement en cause, sans être obligé de faire admettre préalablement son intervention, comme il y serait contraint s'il eût été entièrement hors de cause. Boitard, 2, 117. — De même il pourrait faire plaider par un avocat les moyens qui auraient échappé à celui du garant. Pothier, Pr., chap. 2, sect. 6, art. 2, § 3.

Le demandeur originaire est lui-même fondé à demander que le garanti reste en cause pour la conservation de ses droits. C. pr., 182.

31. Si le garant ne demande pas à prendre le fait et cause du garanti, et si celui-ci ne l'exige pas, le rôle du premier est purement passif.

En conséquence, le demandeur qui succombe n'est point obligé de lui notifier son pourvoi en cassation. Cass., 23 juin 1834, S., 34, 550 ; 5 déc. 1856. (Art. 825, J. Pr.)

Toutefois, le jugement qui adjuge la demande originaire doit condamner le garant aux dommages-intérêts dus aux termes de l'art. 1630. Boitard, 2, 110.

52. En garantie simple, le garant intervient seulement sans prendre le fait et cause du garanti (C. pr. 183). La raison de cette différence, c'est qu'en garantie simple, le garanti est obligé personnellement vis-à-vis du demandeur principal ; tandis qu'en matière réelle, il n'est actionné que comme détenteur, et le garant seul a des droits à discuter avec le demandeur. Berriat, 231, note 64.

53. Au reste, l'art. 183, C. pr., ne s'appliquerait pas au mandataire. Il n'est point en effet personnellement obligé, et le mandant seul doit défendre à l'action. Thomine, n° 217.

54. *A l'égard du garant.* Ceux qui sont assignés en garantie sont tenus de procéder devant le trib. où la demande originaire est pendante, encore qu'ils dénient être garans. C. pr. 181.

Peu importe qu'ils aient été assignés comme *débiteurs solidaires,* et non comme garans. C. pr. 59 ; Cass. 26 juill. 1809 ; S. 9, 412.

55. Toutefois, s'il paraît, par écrit ou par l'évidence du fait, que la demande originaire n'a été formée que pour traduire les appelés en garantie hors de leur trib., ils doivent y être renvoyés. C. pr. 181. — S'ils le demandent, avant de défendre à la demande originaire. Pigeau, *Comm.* art. 181.

56. L'appréciation des circonstances dans lesquelles la demande est formée pour distraire l'appelé en garantie de sa juridiction naturelle, ne donne pas lieu à cassation. L'erreur, sur ce point, ne constitue qu'un mal jugé. Cass. 12 juill. 1844, S. 44, 172.

57. Si le garant n'était mis en cause que sur l'appel, il aurait le droit de demander son renvoi. Thomine, n° 215. — V. *Appel,* n° 513.

58. Il en serait ainsi, à plus forte raison, si après l'arrêt de la Cour qui condamne le garanti, celui-ci actionnait *de plano* devant elle un sous-garant. Cass. 20 mars 1811, S. 11, 199.

59. Jugé toutefois que l'arrêt qui statue sur la requête civile peut en même temps statuer sur les demandes récursoires, lorsque la cause de la garantie est née seulement depuis le premier arrêt attaqué par cette voie. Cass. 4 vent. an 11, S. 3, 179.

40. Il résulte de ces principes, que le demandeur en cassation, menacé de déchéance par suite de la nullité de la signification de l'arrêt d'admission, ne peut porter devant la Cour de cassation son action en garantie contre l'huissier qui a fait cette signification. Il doit nécessairement former sa demande devant les tribunaux ordinaires. Cass. 8 nov. 1820, S. 21, 559.

41. Le principe, que le juge de l'action principale est celui de l'action en garantie, s'applique en matière commerciale comme en matière civile. Rouen, 30 août 1813, S. 16, 101.

42. Ainsi peut être appelé en garantie, 1° le tireur d'une lettre de change, par celui sur qui il a été fait retraite, devant le tribunal saisi de la demande principale. Paris, 2 juin 1808, S. 8, 212.

2° Celui qui a cautionné un crédit en faveur d'un négociant, devant le tribunal de commerce compétent à l'égard de ce dernier. Cass. 26 juill. 1809; Toulouse, 16 avr. 1856, P. 1, 1857, 550; bien qu'il fût non commerçant; il a fait ainsi acte de commerce. Caen, 25 fév. 1825, S. 26, 70. Paris, 6 juin 1851. Lyon, 4 fév. 1835.—Contrà, Poitiers, 29 juill. 1824, S. 26, 70.

3° Celui qui a promis garantie d'une action qui, par sa nature, doit être portée devant la juridiction commerciale, quoiqu'il ne fût pas lui-même commerçant, devant le trib. de comm. Cass. 26 mai 1830, S. 30, 527.

4° Le porteur d'une traite (*simple mandataire*), qui, par négligence, ne l'a ni recouvrée, ni retournée à temps pour qu'il pût être pris des mesures contre le tiré devenu insolvable, devant le trib. saisi de la demande en remboursement, formée par les endosseurs contre le tireur, encore bien que ce trib. ne soit pas celui de son domicile. Cass. 16 nov. 1826, S. 27, 301.

43. Mais celui sur qui une lettre de change est tirée ne peut, s'il ne l'a acceptée, et bien qu'il doive au tireur le montant de l'effet, être appelé en garantie devant le trib. du domicile du tireur où la demande originaire est pendante, si ce trib. n'est pas celui de son domicile. L'obligation du tiré ne se rattachant point, dans ce cas, à la convention dont on demanderait l'exécution, on ne peut le distraire de ses juges naturels. Cass. 21 therm. an 8, 22 frim. an 9; P. 1, 704; 2, 60; 12 fév. 1811; S. 11, 265, 21 mars 1825; 5 avr. 1857, P. 37, 367; Angers, 3; janv. 1810, S. 14, 199; Liége, 11 juin 1812, P. 10, 462. Merlin, R. v° *Lettre de change*, S. 4; Pardessus, 646; Vincens, 1, 166.—Contrà, Colmar, 14 janv. 1817, S. 18, 126.—On le déciderait surtout ainsi, dans le cas où le tiré aurait toujours nié son obligation à l'égard du tireur. Cass. 10 therm. an 13, P. 4, 686. — V. *Effet de commerce.*

Il en serait autrement s'il avait promis par lettre d'acquitter toute traite. Cass. 12 juill. 1814, S. 14, 172.

44. Il a également été jugé que lorsqu'un individu a souscrit une lettre de change pour indemniser le porteur, d'un fait qui lui avait causé préjudice, et qu'il est poursuivi en paiement de cette lettre de change devant un trib. compétent à son égard,

mais autre que celui de son domicile, il ne peut assigner en
garantie devant ce trib. un tiers qui était vis-à-vis de lui responsable du fait pour la réparation duquel la lettre de change
a été souscrite, mais qui ne s'est obligé par aucun titre positif
à acquitter cette lettre de change. Cass. 17 juin 1847, S. 17,
299.

45. Le trib. de commerce, saisi de la demande principale,
est encore incompétent pour connaître de celle en garantie,
lorsque l'appréciation du fait sur lequel est fondée l'action en
garantie, ne rentre pas dans ses attributions. — Ainsi l'huissier
ou le notaire, par la faute duquel un protêt a été déclaré nul,
ne peut être appelé en garantie devant un trib. de commerce,
incidemment à la demande récursoire du porteur du billet,
contre ses endosseurs. — Les art. 74 et 1031 C. pr., qui autorisent les trib. civils en annulant des actes de procédure, à condamner en des dommages-intérêts l'officier ministériel qui est
en faute, ne peuvent être étendus aux trib. de comm. D'ailleurs
pour qu'il y ait lieu à l'application de l'art. 181 C. pr., il faut
que la garantie dérive du même fait ou du même acte que l'action principale, et ait pour objet la même condamnation. Or,
l'action en dommages-intérêts contre l'officier ministériel dérive
d'un fait personnel à celui-ci, et c'est surtout d'après la gravité
de sa faute qu'on détermine le montant des réparations auxquelles il est tenu. Cass. 30 nov. 1813, S. 14, 16; 19 juill.
1814, P. 12, 523; 20 juill. 1815, S. 15, 579; 2 janv. 1816,
S. 17, 15; 16 mai 1816, S. 16, 541; 12 juin 1817, S. 17, 275 et 8
nov. 1820, Carré, n° 772; Boitard, 2, 97. — V. *Effet de commerce,* n° 82.

46. Le garant peut décliner le trib. dont le garanti a négligé
de décliner la juridiction. Cass. 4 oct. 1808, S. 9, 28. — Il
n'est pas tenu de procéder devant un trib. autre que celui de
la situation de l'immeuble ou du domicile des défendeurs.
Pigeau, *Comm.* art. 181.

47. S'il ne comparaît pas, il n'y a pas lieu de prononcer
défaut, profit joint. L'art. 153 C. pr. ne s'applique qu'au demandeur qui a fait assigner plusieurs personnes pour le même
objet. Dans ce cas, le demandeur originaire pourra obtenir jugement contre le défendeur, et celui-ci jugement par défaut
contre son garant. A la vérité, le défendeur, après avoir succombé sur la demande principale, pourra aussi succomber sur
la demande en garantie; mais il devra s'imputer de s'être mal
défendu sur cette dernière demande, et il aura la ressource de
l'appel, et s'il y a lieu de la requête civile, pour attaquer le
premier jugement par les moyens qui auront fait triompher le
garant. Thomine, n° 248, 249; Carré, n° 769. — *Contrà,* Poitiers, 4 mars 1828, S. 28, 138.

§ 4. — *Du jugement et de ses suites*.

48. Si les demandes originaires et en garantie sont en état d'être jugées en même temps, il y est fait droit conjointement. C. pr. 184.

49. Dans le cas contraire, si, par exemple, l'appelé en garantie soutenait qu'il n'y fût point tenu, et que cette contestation dût entraîner de longs débats, le demandeur originaire pourrait faire juger sa demande séparément ; le même jugement prononce la disjonction, si les deux instances ont été jointes, sauf, après le jugement du principal, à faire droit sur la garantie, s'il y échet. *Ib.*

50. Il ne résulte pas de ces mots : le demandeur pourra faire juger sa demande séparément, que la disjonction ne soit valablement prononcée d'office par les juges. — V. *Exception,* n° 35.

51. Le décès du garant ou de son avoué, la destitution, interdiction ou démission de celui-ci autorisent le demandeur originaire à faire juger sa demande séparément, si le garant n'avait pas conclu. Cass. 27 juin 1810, S. 10, 580 ; Carré, *ib.* n° 780.

52. Jugé que si la demande en garantie n'a été portée que sur l'appel du jugement qui a prononcé sur la demande principale, au lieu de l'être d'abord devant le tribunal, la Cour peut surseoir à statuer sur cet appel, si les parties consentent qu'au préalable la demande en garantie soit formée en 1re inst., dans le délai qui sera fixé, toutes choses demeurant en état. Rennes, 25 mai 1814, P. 12, 218 ; Carré, art. 184.

53. Lorsque la demande en garantie, intentée après le délai, est en état d'être jugée en même temps que la demande originaire, elle peut l'être par le même jugement. Cela résulte de ces mots de l'art. 178 C. pr., *sans que le jugement de la demande principale en soit retardé.* Pigeau, *Comm.* art. 178.

54. Les jugemens rendus contre les garans formels sont exécutoires contre les garantis (C. pr. 185). Le garanti étant en possession de l'objet réclamé, c'est à lui de le rendre au réclamant, si la restitution en est ordonnée. *Rapp. au Corps législ.*—D'ailleurs, en se retirant de la cause, il a accepté par là même le garant pour représentant.

Le juge peut prononcer la contrainte par corps contre le garanti, qui résiste à l'exécution de la condamnation en délaissement. Arg. C. civ. 2061. Demiau et Carré, art. 185 ; Thomine, n° 220.

55. Il suffit de signifier le jugement aux garantis, soit qu'ils aient été mis hors de cause, soit qu'ils y aient assisté, sans qu'il soit besoin d'autre demande ni procédure. C. pr. 185.

56. A l'égard des dépens, dommages et intérêts, les liquidation et exécution ne peuvent en être faites que contre les garans. Néanmoins, en cas d'insolvabilité du garant, le garanti est passible des dépens, à moins qu'il n'ait été mis hors de cause; il l'est aussi de dommages-intérêts, si le trib. juge qu'il y a lieu (C. pr. 185): par exemple, s'il a dégradé le fonds ou perçu les fruits de mauvaise foi. Berriat, 233, n° 72 ; Carré, *ib.* n° 784.

57. En principe, le garant, s'il succombe, doit être condamné, non seulement aux frais faits depuis sa mise en cause, mais à ceux faits sur l'instance principale avant la demande en garantie. Cass. 14 mars 1825, S. 26, 171.

58. Cependant le garanti peut être condamné aux dépens qui ont précédé la mise en cause du garant, lorsqu'en défendant au fond, il avait connaissance de la cause et du danger de l'éviction. Cass. 8 nov. 1820, S. 21, 402; Rodier et Jousse, art. 14, ordonn. 1667; Carré, n° 783.

59. Le demandeur principal qui succombe doit être condamné aux dépens des demandes en garantie que son action a nécessitées. Cass. 26 juill. 1832, S. 32, 492.

60. Si le demandeur est insolvable, le garant doit supporter en définitive, non seulement les frais sur la demande récursoire, mais encore ceux faits par le garanti sur la même demande. Quel que pût être en effet le sort de l'action principale, le garanti était en droit d'agir contre son garant. Il est donc juste qu'il soit indemnisé des suites de cette action. Arg. Angers, 18 août 1826, S. 27, 53. — Cet arrêt décide que le garant doit payer tous les frais de la procédure en garantie, sauf son recours contre le demandeur.

Jugé au contraire, mais à tort selon nous (Grenoble, 31 nov. 1824, S. 25, 383.) que le demandeur peut être condamné en tous les dépens envers le garanti, et celui-ci aux dépens de l'instance récursoire envers le garant, d'où il résulterait qu'en cas d'insolvabilité du demandeur, le garanti devrait seul supporter les frais de l'action récursoire.

61. Quand le garant a conclu au rejet, tant de l'action principale que de l'action en garantie, l'appel, par le demandeur principal, du jugement qui a rejeté son action, doit être interjeté non seulement vis-à-vis du garanti, mais encore vis-à-vis du garant. A défaut d'appel contre ce dernier, le jugement acquiert la force de chose jugée à l'égard de toutes les parties. Lyon, 14 déc. 1827, S. 28, 165. — *Contrà.* Cass. 9 janv. 1827, S. 27, 370.

Mais le garant, au contraire, ne pourrait se faire une fin de non-recevoir de ce que le garanti n'a pas fait appel à son égard d'un jugement qui, en déclarant n'y avoir lieu de prononcer sur la garantie, n'a fait qu'adjuger ses conclusions. Bordeaux, 5 août 1828, S. 29, 55.

62. Le garant qui a été obligé de rembourser au garanti le montant des condamnations obtenues par le demandeur principal, peut, si le jugement de condamnation vient à être infirmé, réclamer directement contre le demandeur principal la restitution des sommes payées. Il n'est pas obligé de s'adresser au garanti. Arg. C. civ. 1166 ; Bordeaux, 9 janv. 1829, S. 29, 251. — V. *Subrogation judiciaire.*

63. Le demandeur en garantie ne peut se pourvoir contre le jugement rendu au profit du demandeur originaire que par l'appel ; s'il est passé en force de chose jugée, il n'y a pas lieu à requête civile, nonobstant la contrariété des deux jugemens, parce qu'ils ne sont pas entre les mêmes parties. C. pr. 480. Pigeau, *Comm.* art. 178.

64. Le défendeur en cassation a le droit d'appeler devant la section civile, pour le cas éventuel de la cassation, le garant déjà mis en cause devant les juges du fond, lorsque celui-ci n'a été renvoyé de la demande en garantie que parce que le garanti a obtenu ses conclusions principales. Cass. 14 déc. 1819, S. 20, 131.

65. Si, sur la demande en garantie, formée après jugement en dernier ressort de l'action principale, le garant prouve qu'il avait des moyens suffisans pour faire rejeter la demande originaire, la demande doit être repoussée. C. civ. 1640.

66. En matière de garantie simple, les jugemens sont exécutoires contre le garanti, tant pour le principal que pour les dommages-intérêts, sauf son recours contre le garant simple, parce que le garanti est obligé lui-même personnellement. Carré, *ib.* n° 781.

Toutefois, il peut attaquer par requête civile, comme n'ayant pas été valablement défendu, le jugement en dernier ressort obtenu par le demandeur originaire. C. pr. 481. Pigeau, *Comm.,* art. 178.

67. S'il y a deux ou plusieurs garans, et que l'un d'eux seulement ait contesté à tort la garantie, il doit être seul condamné aux frais de cette contestation téméraire. Mais les frais de la demande principale doivent se diviser entre tous. Jousse, art. 11, tit. 8, ordonn. de 1667.

§ 5. — *Formules.*

FORMULE I.

Demande en garantie simple.

(C. pr. 175 et 183. — Tarif par anal., 29. Coût 2 fr. orig.; 50 c. copie.)

L'an   le   , à la requête du sieur   , etc., lequel fait élection de domicile en la demeure de Me   , avoué près le tribunal de première instance de   sise à Paris, rue   , lequel occupera sur la présente assignation ; j'ai, soussigné, dénoncé et avec celle des présentes donné copie au sieur   demeurant à   étant en

son domicile et parlant à   , d'un exploit de   huissier
à   en date du   , à ce qu'il n'en n'ignore.

Et à mêmes requête demeure et élection de domicile que dessus, j'ai huissier susdit et soussigné donné assignation au sieur

A comparaître (V. *Ajournement*, Formule 1.)

Pour, attendu que le requérant en sa qualité de caution du sieur   n'est
point obligé directement au paiement de la somme à lui réclamée p r le sieur   ,
qu'il doit être indemnisé de toutes les condamnations qui pourraient être prononcées
contre lui.

Voir dire et ordonner que le sieur   sera tenu d'intervenir dans la contestation pendante entre le sieur   et le requérant; prendre le fait et
cause de ce dernier; et dans le cas où il interviendrait contre le requérant quelques
condamnations, s'entendre, ledit sieur   condamner à acquitter, garantir et
indemniser le requérant de toutes les condamnations qui pourraient être prono-
cées contre lui au profit du sieur   , en principal, intérêts frais et dépens, ensemble de ceux de dénonciation des présentes; et j'ai, au susnommé en
son domicile, et parlant comme ci-dessus, laissé copie, certifiée sincère et véritable,
et signée de Mᵉ   tant de la copie de l'exploit d'assignation et du procès-
verbal de non conciliation, sus-énoncé que du présent, dont le coût est de
                                        (*Signature de l'huissier.*)

FORMULE II.

Acte pour déclarer que la demande en garantie a été formée.

(C. pr. 179. — Tarif, 70. —Coût, 1 fr. orig.; 25 c. copie.)

A la requête du sieur   , soit signifié et déclaré à Mᵉ   avoué,
que n'étant que caution de l'engagement, contracté par le sieur   , et usant
du droit qui lui appartient d'appeler ce dernier en garantie, il l'a fait assigner, à
cet effet, dans les délais de la loi; mais qu'il ne peut, en ce moment, justifier de
cette assignation, dont l'original n'a pu lui être encore renvoyé, à cause de l'éloignement du domicile dudit garant; la présente signification est faite, en conformité
et pour satisfaire aux dispositions de l'art. 179 C. pr., à ce qu'il n'en ignore, et ait
à surseoir à toutes poursuites relatives à la demande originaire, formée contre ledit requérant. Protestant de nullité contre toutes procédures, ou jugemens, qui
pourraient intervenir, nonobstant la présente signification.

Sous toutes réserves de fait et de droit, à ce qu'il n'en ignore. Dont acte.
                                        (*Signature de l'avoué.*)

Nota. On justifie de la demande en garantie, en signifiant au demandeur originaire copie de l'original de cette demande par acte d'avoué à avoué.

FORMULE III.

Demande en garantie formelle.

(C. pr. 182. — Tarif, 29. — Coût, 2 fr. orig.; 50 c. copie.)

L'an   le   à la requête de   (— V. *suprà* formule 1.)

Pour, attendu que, par contrat passé devant Mᵉ   , qui en a gardé minute, et son confrère, notaires à   le   dûment enregistré, et dont
il est, avec celles des présentes, donné copie, le sieur   a vendu au requérant, moyennant la somme de   , une maison sise à   , sous
la garantie ordinaire de tous troubles et évictions :

Attendu qu'aux termes de ces conventions, le sieur   doit faire cesser
le trouble éprouvé par le requérant, dans sa possession, par suite de l'action en délaissement de la maison sus désignée, formée contre lui par l'exploit susdaté, dont
ledit sieur   s'est engagé formellement à le garantir.

Voir dire et ordonner que le sieur   sera tenu d'intervenir dans la
contestation, de prendre le fait et cause du requérant, de faire cesser le trouble
apporté à sa jouissance, et de le faire mettre hors de cause; sinon et faute de ce
faire qu'il sera condamné à lui restituer la somme principale de   , prix de
son acquisition, ensemble les loyaux-coûts, accessoires et dommages intérêts; et
en cas de condamnation et de restitution des fruits de ladite maison, qu'il sera
aussi condamné aux intérêts de lacite somme principale de   , dû jour
que le paiement en a été fait; comme aussi à garantir, acquitter et indemniser le

requérant de toutes les condamnations généralement quelconques qui pourraient être prononcées contre lui en principal, intérêts, frais et dépens ; ensemble aux dépens de la présente demande ; et j'ai au susnommé, domicile et parlant comme ci-dessus, laissé copie certifiée sincère et véritable, et signé de Mᵉ   tant du contrat sus-énoncé que de la copie de l'assignation donnée par ledit sieur et du procès-verbal de non-conciliation sus-énoncé, que du présent, dont le coût est de   (*Signature de l'huissier.*)

.V. *Appel*, *Dépens*, *Exception*, *Redhibitoire (vice)*, *Responsabilité*, *Ressort*, *Tierce-opposition*, *Vente*.

GARANTIE de fonctionnaires. — V. *Fonctionnaire*.

GARANTIE de matières d'or et d'argent. — V. *Monnaie*.

GARDE particulier. — V. *Avoué*, n° 86 ; *Enquête*, n° 222.

GARDE des sceaux. — V. *Ministre*.

GARDES du commerce (1). Officiers ministériels, dont les fonctions consistent à mettre à exécution, dans l'étendue du département de la Seine, les jugemens et actes emportant contrainte par corps, et à garder le failli, dans le cas de l'art. 455 C. comm. art. 1 et 7.

1. L'institution des gardes du commerce date de Louis XV, en 1769. Améliorée par Louis XVI, en 1778, elle fut supprimée en 1791, et n'a été rétablie que par le décret du 14 mars 1808. — V. Coin-Delisle, *Contrainte par corps*, p. 46, n° 4.

2. Leur nombre est fixé à dix ; — leurs fonctions sont à vie. — Ils sont nommés par le roi. Déc. 14 mars 1808, art. 1.

3. Cette nomination, d'après l'art. 2 du même décret, doit avoir lieu sur la présentation de deux listes de candidats en nombre égal à celui des gardes à nommer, faite l'une par le trib. civ., et l'autre par le trib. de comm. — On peut conclure de cette disposition, et de ce que la loi du 28 avr. 1816 ne parle pas des gardes du commerce et n'a pas augmenté leur cautionnement, que le droit de présenter à l'agrément du roi des successeurs, ne leur appartient pas. — Mais l'administration le leur permet, et ce droit leur a même été reconnu par les motifs d'un jugement du trib. de la Seine du 8 avr. 1837 (Art. 747 J. Pr.).

4. Malgré le silence de la loi sur les conditions de capacité, comme les gardes du commerce sont investis d'une des attributions les plus importantes des huissiers, ils doivent comme ceux-ci être Français ou naturalisés tels, avoir satisfait aux lois du recrutement de l'armée, être âgés de vingt-cinq ans accomplis. — *Contrà*, Armand Dalloz, n° 6. — Cet auteur soutient que la majorité de 21 ans est suffisante.

5. Ils sont tenus, avant d'entrer en fonctions, de 1° prêter serment entre les mains du président du trib. civil. *Ib*. art. 4.

2° Verser un cautionnement de 6,000 fr. Cette obligation est commune au vérificateur du bureau. *Ib*. art. 5. — V. *sup*. n° 5.

(1) Cet article est de M. Pelletier, avocat à la Cour royale de Paris.

6. Les gardes du commerce ont été établis, dans le département de la Seine, pour l'exécution de la contrainte par corps. Décr. 14 mars 1808, art. 1er; — c'est-à-dire pour faire non seulement les arrestations, mais encore les recommandations, à l'exclusion des huissiers. — V. *Emprisonnement*, n° 255.

7. On avait douté qu'ils eussent le droit d'exercer la contrainte par corps en matière purement civile, parce que l'art. 625 C. comm. qui les rétablit, ne déroge pas formellement au droit commun ; mais les termes généraux de cet art. 625 et du décret de 1808, l'identité des motifs, repoussent une distinction qui, d'ailleurs, n'existe pas dans la pratique.

8. Ils sont tenus d'avoir un bureau au centre de Paris, ouvert tous les jours de neuf heures du matin à trois heures, et de six heures à neuf heures du soir, et de s'y trouver alternativement et aux jours nommés pour le service réglé entre eux. *Ib.* art. 6.

9. Près de ce bureau est un vérificateur nommé par le ministre de la justice (*ib.* art. 3), et dont les fonctions et obligations sont indiquées ci-après.

10. *Dépôt des pièces.* — Le créancier ou le garde doit remettre à ce préposé, qui en donne un récépissé, les titres et pièces en vertu desquels on veut exercer la contrainte par corps. Décr. 14 mars 1808, art. 9.

Ce dépôt est constaté sur un registre tenu à cet effet, arrêté chaque jour et sans aucun blanc, coté et paraphé par le président du trib. *Ib.* art. 12.

11. *Certificat de non opposition.* — Les pièces, après leur examen, ne peuvent être remises au garde du commerce, choisi par le créancier, qu'autant qu'il n'est survenu aucune opposition ou empêchement à l'exercice de la contrainte par corps, ce qui est attesté par un certificat annexé aux pièces. *Ib.* art. 12.

L'original des actes d'opposition, appel, ou autres, signifiés au vérificateur, doit être visé par lui, et il doit en faire mention sur un registre à ce destiné, tenu de la même manière que celui précédemment énoncé. *Ib.* art. 12.

Le défaut de visa par le vérificateur, n'entraîne pas nullité de l'emprisonnement. Cette formalité est exigée dans l'intérêt des gardes du commerce, et pour qu'ils n'aient pas la responsabilité de l'examen des procédures antérieures. Coin-Delisle, 50, n° 20.

12. *Avertissement des oppositions postérieures.* — Ce préposé doit donner, à l'instant, avis au garde du commerce, des oppositions formées postérieurement à la délivrance de son premier certificat. — L'officier ministériel, sur cet avis, doit surseoir à l'exécution jusqu'à ce qu'il en ait été autrement ordonné. *Ib.* art. 13.

13. Le mot *opposition*, employé dans les art. 10 et 13 du décr. de 1808, ne doit s'entendre que d'un acte légal et actuellement existant, tel qu'opposition à jugement par défaut, appel, ou autre semblable, qui, par sa nature, pourrait faire obstacle à l'exécution de la contrainte. Paris, 7 juin 1810, P. 8, 359.

14. Le garde n'est pas tenu de surseoir aux poursuites, sur l'allégation d'une opposition, dont l'original dûment visé ne lui est pas représenté, ni aucun récépissé du vérificateur, à moins que le débiteur ne requiert d'être à l'instant conduit en référé, conformément à l'art. 786 C. pr. *Ib.* art. 17. —V. *Emprisonnement*, n° 193.

15. Le salaire des gardes de commerce est fixé de la manière suivante :

Pour une arrestation ou une recommandation.	60 fr. 0 c.	
Le procès-verbal constatant que l'arrestation n'a pu s'effectuer. .	20	»
Le droit de garde au domicile d'un failli (*ib.* art. 20).	5	»
Le dépôt des pièces par le créancier.	3	»
Le visa apposé par chaque pièce produite ou signifiée par le créancier ou le débiteur	»	25
Le certificat délivré par le vérificateur, droit de recherche compris.	2	»
En outre les droits d'enregistrement (*ib.* art. 21.)		

16. Le salaire des recors est compris dans celui des gardes de commerce. Trib. Paris, 29 mai 1839 (Art. 1491 J. Pr.).

17. L'émolument de 20 fr. pour le procès-verbal constatant que l'arrestation n'a pu s'effectuer doit-il être alloué à l'huissier ?—V. *Emprisonnement*, n° 221.

18. Le tiers des droits accordés par l'art. 20 est versé toutes les semaines dans une bourse commune, pour être partagé tous les trois mois entre les gardes. *Ib.* art. 22. — Les salaires fixés par l'art. 21 sont mis en commun pour subvenir aux frais de bureau de toute nature. *Ib.* 23. — On prélève sur ces frais 3,000 fr. pour le traitement annuel du vérificateur du bureau.

19. Les fonds de la bourse commune ne sont susceptibles d'oppositions que pour faits de charges.—L'opposition ne dure que trois mois après l'époque de la distribution, à moins qu'il n'en soit autrement ordonné par le tribunal. *Ib.* art. 26.

20. Les gardes du commerce, dans l'exercice de leur ministère, sont protégés par toutes les dispositions de lois pénales établies en faveur des fonctionnaires publics.—Ils ont le droit de requérir la force armée, et de procéder en sa présence, à l'arrestation des débiteurs. *Ib.* art. 16.

21. Ils ont une marque distinctive, en forme de *baguette*, qu'ils sont tenus d'exhiber aux débiteurs condamnés lors de l'exécution de la contrainte. Décr. 14 mars 1808, art. 8.

22. Ils peuvent être assimilés aux huissiers sous divers rapports.—V. *sup.* n° 4.

Ainsi 1° ils doivent remplir dans les actes qu'ils font, toutes les formalités prescrites par la loi aux huissiers pour l'*emprisonnement.* — V. ce mot; *sup.* n° 4; et toutefois *inf.* n° 29.

Ils sont responsables des vices de forme qu'ils commettent dans leurs actes.—Ainsi jugé pour l'omission de la date dans la notification d'un acte d'écrou. Paris, 10 nov. 1834 (Art. 20 J. Pr.).—V. *Responsabilité.*

Le vérificateur est responsable des dommages-intérêts accordés au débiteur par suite d'erreur, ou de fausse énonciation dans les certificats émanés de lui. *Ib.* art. 19.

23. 2° Ils doivent avoir un pouvoir spécial du créancier pour procéder à l'exécution de la contrainte par corps. Arg. C. pr.. 556.—Aucune loi ne les dispense de cette obligation.—Vainement on oppose que la remise du jugement ne peut avoir été faite à un garde du commerce à aucune autre fin que la contrainte par corps, puisque le ministère de ces officiers est limité à cette voie d'exécution. — La simple remise du jugement aux mains d'un garde du commerce indique bien que *quelqu'un* a eu la volonté de faire arrêter le débiteur, mais ne prouve pas que cette volonté ait été celle du créancier. — Autrement les créanciers des départemens seraient forcés de payer les frais élevés qu'ils n'auraient pas été dans l'intention de faire et la liberté des débiteurs serait à la merci des correspondants. —Le décret a fixé les points sur lesquels il entendait déroger au C. de pr. Les dérogations ne sauraient être étendues.—Coin-Delisle, 50, n° 19. —*Contrà*, trib. Paris, 6 juill. 1826, P. 1827, 2, 261; Dalloz, v° *Contrainte par corps*, 822, note.

Conséquemment, si les gardes du commerce ont mis une contrainte à exécution, sans pouvoir, la partie qui veut s'affranchir de la responsabilité de cet acte n'est pas obligée de former contre eux une action en *désaveu.*—V. ce mot, n° 4.

24. 3° Ils ont le droit de consigner un mois d'alimens, sans être toutefois tenus d'en faire l'avance. Ils peuvent surseoir à l'arrestation, lorsqu'ils n'ont pas de deniers suffisans pour faire cette consignation. *Ib.* art. 18.

25. 4° Ils ont le droit de toucher les sommes à raison desquelles la contrainte est exercée, à la charge par eux de les remettre au créancier dans les vingt-quatre heures, et en cas de refus, de les consigner dans les vingt-quatre heures qui suivent le refus. *Ib.* art. 14.—V. *Dépôts et consignations.*

26. 5° Ils sont contraignables par corps pour la restitution des sommes qu'ils ont touchées par suite de leurs fonctions. — V. *Emprisonnement*, n° 45.

27. 6° Ils sont soumis à la prescription annale pour le paiement de leurs frais. Arg. C. civ. 2272. Trib. Seine, 5° ch., 9 déc. 1835, sur appel de justice de paix (Art. 256 J. Pr.).

28. 7° Ils sont déchargés des pièces à eux remises après deux années. Arg. C. civ. 2276.—V. d'ailleurs *Huissier.*

29. Mais ils n'ont pas besoin de se faire autoriser et assister du juge de paix pour arrêter le débiteur dans son propre domicile, si l'entrée ne leur en est pas refusée. Décr. 14 mars 1808, art. 15.

Par le mot *domicile,* il faut entendre la simple *résidence.* Ainsi le débiteur peut être arrêté dans l'hôtel garni qu'il habite comme dans son propre domicile. Paris, 4 janv. 1810, P. 8, 10 ; Coin-Delisle, *ib.* 51, n° 29.

Mais l'art. 15 du décr. de 1808 ne s'appliquant qu'aux arrestations faites au domicile ou à la résidence du débiteur, l'observation des formalités prescrites par l'art. 781-5° C. pr., devient nécessaire toutes les fois que l'arrestation doit être faite dans une maison tierce.

50. Ils n'ont point de chambre de discipline. Les plaintes formées contre eux à raison de leurs fonctions sont adressées à leur bureau.—V. *Discipline,* n° 111 et 112.

51. Peuvent-ils être destitués de leurs fonctions par une ordonnance de propre mouvement. — L'affirmative a été jugée dans une espèce où le garde avait encouru précédemment une condamnation disciplinaire. Paris, 27 mai 1837 (art. 813 J. pr.).—V.*Discipline,* n° 169 à 171, et *sup.* n° 5.

L'ordonnance de destitution a été déclarée inattaquable devant le conseil d'Etat par la voie contentieuse. Ordonn. cons. d'Et. 26 juill. 1837 (art. 1066 J. pr.).

GARDIEN.—V. *Saisie-exécution, scellés.*

GARNISAIRE.—V. *Contributions,* n° 10 et suiv.

GENS de *travail.*—V. *Domestique, juge de paix.*

GEOLIER.—V. *Emprisonnement,* n° 222, 278, 293.

GÉOMÈTRE. Le géomètre dont un juge-commissaire est autorisé à se faire assister pour la vérification d'un point litigieux, n'est point un véritable expert et par conséquent est affranchi des formalités que cette qualité impose. — V. *Expertise,* n°s 6 et 55.

—V. d'ailleurs *Bornage,* n° 5 ; *utilité publique.*

GOUVERNEMENT (*Causes du*).—V. *Etat.*

GRACE (*Délai de*).—V. *Délai,* § 4.

GRACIEUSE (*Juridiction*).—V. *Juridiction.*

GRAND-JUGE. *Ministre de la justice* sous l'Empire.

GRANDS-JOURS. Séances extraordinaires que tenaient autrefois les rois, les parlemens et autres cours supérieures.

GREFFE. Lieu où l'on garde et expédie les actes de justice. —V. *Greffier.*

GREFFE *(droits de)* (1). Impôt établi sur les actes du greffe; se dit aussi des émolumens propres aux greffiers.

DIVISION.

Section I. — *Historique.*

1. Les greffiers furent rétribués jusqu'au commencement du 15ᵉ siècle, par ceux de qui dépendaient les juridictions auxquelles ils étaient attachés (Fournel, *Histoire des avocats*, t. 2, p. 154; Légier, *rapport au conseil des cinq cents*, 15 vend. an 7. — V. *Mon.* 17 vend.), ils ne reçurent ensuite leur salaire que des parties, même dans les domaines du roi et au parlement de Paris, bien qu'une ordonnance de Charles VII (Montil-les-

_____

(1) Cet article est de M. Dorigny, avocat.

Tours, avr. 1454) eût défendu à ces fonctionnaires de rien réclamer pour la délivrance des arrêts et jugemens, en leur assignant un traitement fixe.

2. A dater de 1490, des ordonnances réglèrent les droits à percevoir par les greffiers.

Leurs fonctions furent ensuite érigées en titres d'offices, moyennant finance ; et enfin le gouvernement, indépendamment des émolumens qui leur étaient accordés, établit sur leurs actes une sorte de contribution sous le titre de *droits de greffe.*

3. Ces droits déclarés incommunicables et incessibles par l'assemblée nationale (L. 1er déc. 1790, art. 9) furent bientôt après supprimés. L. 19 déc. 1790, art. 1er ; L. 6 avr. 1791, art. 3.

Il avait été assigné à tous les greffiers un traitement fixe et des émolumens sur les actes du greffe. — V. *notamment pour ceux des tribunaux de district.* LL. 2 - 11 sept. 1790, art. 2 et 6 - 27 mars 1791.

4. Cependant, en instituant le trib. de cass., on lui rendit applicable le réglement du 28 juin 1738, qui fixait la forme de procéder devant le conseil des parties que ce trib. remplaçait, et l'on se crut autorisé par là à percevoir au greffe du trib. de cass. les droits qui étaient précédemment perçus à celui du conseil des parties, quoique la plupart de ces droits fussent fixés non par le réglement de 1738, mais par celui du 12 sept. 1759.

La loi du 29 frim. an 4, assura un traitement aux frais du trésor, au greffier, aux commis-greffiers et à tous les employés du greffe du trib de cass., et elle ajouta (art. 4) que les droits et émolumens du greffe seraient perçus pour le compte de la nation.

Un arrêté du 19 vent. an 11, a depuis rendu applicable aux actes et jugemens concernant les affaires de la nature de celles mentionnées en l'art. 9 de la loi du 1er déc. 1790, le droit d'expédition dû pour toutes les autres affaires de la compétence de cette Cour.

C'est en vertu de ces dispositions que des droits de greffe ont été jusqu'à présent perçus au profit du trésor à *la Cour de cassation.*

5. La loi du 21 vent. an 7 établit la perception de droits de greffe dans les trib. civ. et de commerce. — On voulut la faire repousser comme contraire à l'art. 205 de la constitution de l'an 3, qui portait que la justice serait rendue gratuitement ; mais il fut répondu que cet art. ne s'appliquait qu'aux juges qui ne pouvaient rien recevoir des parties, et qu'il n'empêchait pas plus l'établissement des droits de greffe qu'il n'avait empêché celui des droits de timbre et d'enregistrement. *Mon.* 21 et 24 niv. an 7.

Cette loi fut complétée par celle du 22 prair. suiv. qui régla les droits de greffe en matière de vente volontaire et d'expropriation forcée ; mais le jour même où l'on votait cette dernière loi, on rejetait le projet tendant à établir des droits de greffe dans les trib. *criminels* et *correctionnels*, conformément à l'art 27 L. 21 vent., portant qu'il serait statué à cet égard par une résolution particulière, et ce projet n'a jamais été reproduit ; le décr. du 18 juin 1811 a seulement fixé les émolumens des greffiers en matière criminelle, correctionnelle et de police.

Après la promulgation du C. civ. et du C. de pr., qui introduisaient des changemens dans plusieurs des actes désignés par les lois des 21 vent. et 22 prair. an 7, le décr. du 12 juill. 1808 a de nouveau fixé une partie des droits de greffe, d'après les bases établies par ces deux lois, dont la première est encore la seule à consulter sur beaucoup de points.

Aux différens droits de greffe fixés par ces dispositions, il faut ajouter le *décime pour franc* établi, à titre de subvention de guerre, par la loi du 6 prair. an 7, sur ces droits comme sur ceux d'enregistrement.

6. Des droits de greffe spéciaux furent établis sur les actes relatifs aux majorats par les décrets des 1er mars et 24 juin 1808 et 2 fév. 1809.

7. La loi du 21 avr. 1832, art. 7, prescrit que les droits perçus au *Conseil d'État*, en vertu de l'ordonn. du 18 janv. 1826, sous le titre de frais de greffe, soient versés au trésor public.

Quant à la *C. des comptes*, le décr. du 28 sept. 1807 porte, art. 51, « les premières expéditions des actes et arrêts de la Cour seront délivrés gratuitement aux parties. Les autres seront soumises à un droit d'expédition de 75 cent. par rôle. » Le produit de ce droit unique est compté tous les mois par le greffier au receveur de l'enregistrement. *Dict. de l'enreg.* v° Greffe (droit de) n°s 273 et 274.

8. La perception des droits de greffe, comme celle des droits d'enregistrement, de timbre, d'hypothèque, etc., est autorisée chaque année par la loi portant fixation du budget des recettes.

9. Indépendamment du traitement fixe que tous les greffiers reçoivent aujourd'hui du gouvernement (—V. *Greffier*), il est accordé à ceux des C. roy., et des trib. civ. et de comm. des remises sur les différens droits de greffe, et des émolumens, tant à ces greffiers qu'à ceux des justices de paix, et aux secrétaires des conseils de prud'hommes.

Section II. — *Droits de greffe à la C. de cassation.*

10. Les droits suivans sont perçus, en matière civile, au greffe de la C. de cass., conformément au Régl. 12 sept. 1759. — V. *sup.* n° 4.

Enregistrement de chaque production. . . . . 4 fr. »
On y a ajouté le droit attribué par le réglement de 1738 au secrétaire
du rapporteur, pour entrée des pièces. . . . . 3 »
Port des productions. . . . . 1 »
Retrait de chaque production, à la chambre des requêtes. . . . . 3 »
Idem, à la chambre civile. 4 »
Ordonnance de *committitur* ou de *subrogatur* d'un rapporteur. . 3 »
Signature de l'expédition d'un arrêt sur demande en cassation ou
en prise à partie. . . . . 12 »
Droit de recherche. 3 »
Certificats de toute nature. . . . . 4 »
Contrôle des requêtes et des arrêts d'admission, par chaque rôle. . » 20 c.
Droit d'expédition, par chaque rôle. . . . . » 50 c.
Sur les demandes en renvoi d'un tribunal à un autre, celles en réglement de
juges ou autres de pareille nature, on ne perçoit que le droit d'expédition de
50 c. par rôle. Arr. 19 vent. an 11.

11. Il faut en outre ajouter à chacun de ces droits le décime
pour franc. L. 6 prair. an 7. — V. *sup.* n° 5.

12. Le greffier doit, à l'expiration de chaque mois arrêter
l'état des droits qu'il a perçus, le faire viser par le premier président de la Cour et par le procureur-général, et en verser le
montant entre les mains du percepteur de l'enregistrement.
L. 29 frim. an 4, art. 4.

13. La plupart des règles générales concernant les droits de
greffe perçus dans les C. roy. et dans les trib. civ. et de comm.,
s'appliquent à ceux perçus à la C. de cassation.

SECTION III. — *Droits de greffe dans les C. roy., et dans les*
trib. de 1ʳᵉ inst. et de comm.

14. Ces droits sont de trois sortes. — V. *inf.* § 1, 2 et 3.

§ 1. — *Droit de mise au rôle.*

15. La loi du 21 vent. an 7, art. 3, s'exprime ainsi : « Le
» droit perçu lors de la mise au rôle est la rétribution due pour
» la formation et la tenue des rôles, et l'inscription de chaque
» cause sur le rôle auquel elle appartient. » — Il semble que
l'on ait voulu ici dissimuler l'impôt ; mais il suffit, pour le
mettre en évidence, de faire observer que le greffier n'a qu'une
faible remise sur ce droit.

La perception de ce droit a continué depuis la mise en activité du C. de proc., conformément à la loi du 21 vent. an 7.
Déc. min. just. et fin. 30 juin et 14 juill. 1807 ; décr. 12
juill. 1808, art. 5.

Art. 1. — *Quotité du droit de mise au rôle.*

16. Le droit de mise au rôle est de 5 fr. pour les causes portées devant les C. roy., sur appel des trib. de 1ʳᵉ inst. et de
commerce ; de 3 fr. pour les causes ordinaires portées devant
les trib. civils en première instance ou sur appel des juges de
paix ; de 1 fr. 50 c. pour les causes sommaires et provisoires,

ainsi que pour celles déférées aux trib. de commerce. L. 21 vent. an 7 art. 3.

17. Lorsqu'à défaut de trib. de commerce dans un arrondissement, les affaires commerciales sont portées au trib. civil, le droit de mise au rôle pour ces sortes d'affaires est de 1 fr. 50 cent., et non de 3 fr., parce que le trib. civil fait, dans ce cas, les fonctions de trib. de commerce. Arg. C. comm. 640 et 641; Circ. min. 14 prair. an 7, n° 1577.

18. L'art. 404 C. pr. met les appels des juges de paix au nombre des affaires réputées *matières sommaires* : cependant ils doivent donner lieu au droit de 3 fr., puisque la loi de vent. les y a nominativement soumis, quoique antérieurement la loi du 24 août 1790, t. 3, art. 12, les eût déjà rangés parmi les causes sommaires. Décis. min. just. et fin. 30 juin et 14 juill. 1807.

19. Il faut, au contraire, n'appliquer que le droit de 1 fr. 50 c. pour toutes les autres causes déclarées *sommaires* par le C. de pr., même pour celles qui n'étaient pas considérées comme telles auparavant. C'est en effet *la nature de la cause*, telle qu'elle est fixée par la loi, qui détermine la quotité du droit *dans tous les cas où il n'y a pas d'exception*, et il n'en existe que pour les causes sur appel des justices de paix. *Journal de l'Enregistrement*, art. 2814. — On doit également le décider ainsi pour les causes désignées par l'art. 1er, L. 11 avr. 1838 (Art. 1141 J. Pr.).

20. L'art. 3, L. 21 vent. an 7, après avoir fixé les droits de mise au rôle, ajoute : « Le tout sans préjudice du droit de 25 c., » qui est accordé aux huissiers audienciers pour chaque place- » ment de cause. » Cette disposition est aujourd'hui sans effet. Ce sont les avoués qui sont chargés de faire inscrire les causes au rôle, et les huissiers audienciers n'ont un émolument que pour leur appel à l'audience. Tarif, 16 fév. 1807, art. 152 et 157; Décr. 30 mars 1808, art. 19, 21, 56 et 59.

21. L'article précité ajoute : L'usage des placets pour appeler » les causes est interdit; elles ne pourront l'être que sur les » rôles et dans l'ordre du placement. » Cependant à Paris les causes sont appelées sur placets (— V. *Audience*, n° 11 et suiv.). Mais la prohibition de la loi de ventôse avait pour but d'empêcher que des causes pussent être soustraites au droit de mise au rôle : or, ce but est atteint à Paris comme partout ailleurs; car malgré les placets, les causes y sont portées sur le rôle général. — V. *Rôle des Cours et tribunaux*.

Art. 2. — *Quand et comment a lieu la perception du droit de mise au rôle.*

22. La perception du droit de mise au rôle est faite par le greffier avant d'inscrire la cause sur le rôle. Il en donne une quittance (L. 21 vent. an 4, art. 4 et 24), qui n'est assujettie à aucun autre droit qu'à celui du timbre. *Ib.* art. 24.

23. Dans quelques siéges les greffiers font imprimer ces quittances et en font supporter les frais aux parties, au moyen d'une légère rétribution. Cela est illégal.

A Paris on est dans l'usage de faire représenter, lors de la mise au rôle, l'original de l'exploit d'assignation, et d'y porter en marge une mention signée du greffier ou de son commis, contenant seulement le numéro de la cause et la date de son inscription.

24. Le droit de mise au rôle est dû pour toutes les affaires civiles ou commerciales que l'on appelle dans la pratique *affaires du rôle;* c'est-à-dire pour toutes celles qui sont susceptibles d'être portées au rôle général dont la tenue est prescrite par les art. 19 et 55, décr. 30 mars 1808, ou au rôle particulier tenu pour les affaires de commerce dans les trib. civils qui jugent ces sortes d'affaires. — V. *Rôle des Cours et tribunaux.*

Il s'applique aux causes qui sont jugées par défaut, comme à celles qui sont jugées contradictoirement. Déc. min. fin. 30 juin, 14 juill., 22 oct. 1808; Inst. gén. 25 mars 1808, n° 368.

25. Mais ne sont pas assujettis au droit: 1° les *référés* (—V. ce mot). Décr. 12 juill. 1808, art. 5.

2° Les affaires renvoyées à l'audience en état de *référé;* elles ne sont pas portées au rôle. Décr. 30 mars 1808, art. 66.

3° Les appels des ordonnances ou des jugemens de référé; les règles qui leur sont particulières sont tracées dans le titre du Code de procédure qu'indique l'art. 5, Décr. 12 juill. 1808, et les affaires qui y donnent lieu ne changent pas de nature pour être soumises à un second degré de juridiction.

4° Les demandes portées devant le juge, non par exploit d'ajournement, mais *par simple requête*, et qui ont pour objet, soit d'obtenir l'autorisation nécessaire à une femme mariée, à défaut de celle de son mari, pour poursuivre ses droits et actions; soit de procéder à une saisie d'effets mobiliers, dans les cas où la permission du juge est exigée; soit de faire nommer un curateur à une succession vacante, etc. Ces affaires appartenant à la juridiction volontaire, et ne présentant rien de contentieux, puisque aucune partie ne contredit, ne sont pas de nature à être inscrites sur le rôle. — Mais s'il y a opposition à la demande formée en pareil cas, s'il s'élève des débats judiciaires, il y a lieu à l'inscription de la cause sur le rôle avant qu'elle soit appelée, et dès lors à l'acquittement du droit. Circ. 14 prair. an 7, n° 1577.

26. Le droit de mise au rôle ne peut être exigé qu'une seule fois. L. 21 vent. an 7, art. 3.

S'il y a radiation, la cause est replacée gratuitement à la fin du rôle avec mention du premier placement, sauf à l'avoué à payer personnellement le coût de l'expédition du jugement de radiation, dans le cas de l'art. 29. Décr. 30 mars 1808.

Les causes qui auraient déjà acquitté le droit de mise au rôle dans un trib. supprimé depuis, n'en devraient pas un nouveau dans celui où elles seraient portées. Déc. min. fin. 28 vend. an 9 ; Circ. 9 frim. suiv., n° 1956.

L'instance sur une opposition ne donne pas lieu à la perception du droit de mise au rôle ; il suffit que la cause principale l'ait acquitté. Circ. min. 14 prair. an 7, n° 1577.

27. Il faut en dire autant pour la requête civile et pour la tierce-opposition incidente ; mais le droit est dû pour la tierce-opposition formée par action principale, car alors c'est réellement une nouvelle contestation qui s'élève. — V. *Tierce-Opposition.*

28. Sont affranchies du droit de mise au rôle : 1° toutes les demandes incidentes. Arg. art. 3, L. 21 vent., an 7.

2° Les demandes en intervention ou en mise en cause pour garantie : ce sont des accessoires de causes qui déjà l'ont acquitté. Déc. min. 2 fruct. an 7 ; *Journ. Enreg.* 258.

29. Faut-il excepter les demandes en garantie qui, n'ayant pas été jointes à la demande principale, sont instruites séparément ? — M. Dalloz (*Droits de Greffe*, sect. 1re, n° 8), se prononce pour l'affirmative. Cette décision suppose qu'il a été préalablement rendu un jugement déclarant qu'il n'y a pas lieu à la jonction des deux instances, ou prononçant leur disjonction (C. pr. art. 180, 181, 184) ; sinon le greffier ne pourrait savoir s'il doit exiger le droit de mise au rôle. — Mais nous croyons qu'il suffit dans tous les cas, pour qu'une demande ne soit pas sujette à ce droit, qu'elle se rattache à une affaire déjà *pendante* devant le tribunal. Il nous semble, au contraire, que le droit de mise au rôle est dû pour les demandes en garantie formées après le jugement de la contestation originaire.

30. Nous faisons la même distinction pour les demandes en déclaration de jugement commun.

§ 2. — *Droit de rédaction et de transcription.*

31. Ce droit représente les émolumens du greffier pour les actes rédigés ou transcrits au greffe.

Art. 1. — *Perception de ce droit, ses différentes espèces.*

32. La perception de ce droit est faite sur la minute des actes qui y sont sujets. L. 21 vent. an 7, art. 5 et 10 ; Décr. 12 juill. 1808, art. 1er.

33. Elle a lieu par l'intermédiaire du greffier qui donne quittance aux parties. L. 21 vent., art. 24 ; L. 25 juill. 1820, art. 2.—Cette quittance, comme celle du droit de mise au rôle, n'est assujettie à aucun autre droit qu'à celui du timbre. L. 21 vent., art. 24.

54. Les greffiers sont censés avoir reçu les droits de rédaction et de transcription au moment où ils rédigent ou transcrivent les actes ; et dès-lors ces droits sont acquis au trésor. *Circ. adm. enreg.* 16 germ. an 7, n° 1537.

55. Les droits de rédaction et de transcription, définitivement fixés par le décr. du 12 juill. 1808, sont ou *proportionnels* ou *fixes,* et leur quotité varie suivant la nature des actes.

Art. 2. — *Actes sujets au droit proportionnel de rédaction.*

56. Les actes sujets au droit proportionnel de rédaction sont : 1° les adjudications faites en justice ; et 2° les mandemens ou bordereaux de collocation.

57. *Adjudications faites en justice.* Elles sont soumises à un droit de 1/2 p. cent sur les cinq premiers 1,000 fr., et de 25 c. par 100 fr. sur ce qui excède 5,000 fr. Décr. 12 juill. 1808, art. 1 et 2.

58. Les adjudications de biens meubles sont sujettes aux mêmes droits de rédaction que celles des immeubles. *Dict. de l'enreg. droit de greffe,* n° 201.

Il en est de même des adjudications de baux emphytéotiques. trib. de Versailles, 21 déc. 1836. —Trouillet, *Dict. de l'enreg.,* eodem v°, n° 63.

59. Si les biens adjugés sont situés en pays étranger, il n'y a pas lieu à la perception du droit proportionnel d'enregistrement ; mais il y a lieu à celle du droit proportionnel de rédaction. Cass. 11 déc. 1820 (*Journ. Enreg.,* art. 6917).

40. En cas de revente sur folle-enchère, le droit de rédaction n'est dû que sur ce qui excède la première adjudication. Décr. 1808, art. 3.

Au contraire le droit à percevoir sur une surenchère par suite de vente volontaire doit porter sur la totalité du prix. Décis. min. 12 mars 1832. *Dict. de l'enreg., droit de greffe,* § 2, n° 78.

41. Pour les licitations, il n'est exigible que sur la valeur de la part acquise par le colicitant, s'il reste adjudicataire. Décr. 1808, art. 3.

42. Dans aucun cas la perception ne peut être au-dessous du droit fixé de 1 fr. 25 cent., déterminé pour les moindres actes par l'art. 5. L. 24 vent. an 7. *Ib.*

43. Pour l'adjudication de jouissance emphytéotique, le capital s'établit sur dix fois le prix annuel pour tout bail dont la durée n'excède pas trente ans, et sur vingt fois ce prix pour ceux au-dessus de ce terme, en y joignant les deniers d'entrée. Déc. min. fin. 5 mai 1812 (*Journ. Enreg.,* art. 4076 et 4664).

44. Lorsque l'adjudication est faite en plusieurs lots, le droit de rédaction doit être perçu sur le prix *cumulé* des différens lots, à raison de 50 cent par 100 fr. sur les 5 premiers 1,000 fr., et de 25 cent. pour le surplus, attendu qu'il n'y a qu'une minute de rédigée, sauf aux adjudicataires à répartir entre eux le montant du droit au prorata de la somme pour laquelle chacun d'eux est acquéreur. *Ib.*, art. 925.

45. Le droit proportionnel de rédaction est dû pour *une déclaration de command* faite après le délai utile, dans le cas où le droit proportionnel d'enregistrement serait dû pour cette déclaration. L. 22 frim. an 7, art. 59, § 7, n° 5 (*Journ. Enreg.*, art. 5145). Cette solution ne s'applique qu'à la déclaration de command que ferait au greffe, postérieurement à une vente judiciaire, soit l'avoué dernier enchérisseur, hors du délai fixé par l'art. 709 C. pr., soit l'adjudicataire déclaré par cet avoué.

46. Mais peut-on assimiler à cet égard le droit de rédaction au droit d'enregistrement? — Lorsque le droit proportionnel d'enregistrement est exigé pour la déclaration de command, c'est que celle-ci est considérée comme une revente. Une semblable déclaration faite au greffe ne constitue pas une seconde adjudication, et surtout ne donne pas lieu de nouveau à *la rédaction d'une adjudication,* ce que suppose le décr. du 12 juill. 1808 pour la perception du droit proportionnel. Il semble donc qu'il n'y a lieu alors qu'à la perception du droit fixe de 1 fr. 25 cent. — V. *inf.* n° 54.

47. C'est ainsi que le droit de rédaction n'est pas dû sur un jugement portant résolution de vente pour défaut de paiement du prix, lors même qu'il serait sujet au droit proportionnel de mutation, comme opérant une rétrocession de propriété : la loi n'y assujétit que les *adjudications faites en justice,* parce que c'est le greffier qui les rédige. Trib. Paris, 5 mars 1820; Déc. min. fin. 24 juill. suiv., D. v° *Droits de Greffe*, sect. 2, n° 55.

48. Le droit proportionnel de rédaction doit porter non seulement sur le prix de l'adjudication, mais encore sur les frais et autres charges, notamment sur la valeur de l'usufruit lorsqu'il est réservé. Décl. rég. 4 sept. 1822.

49. Le décret de 1808 et la décision du 12 juill. 1810 voulant que les droits proportionnels de greffe soient perçus comme ceux d'enregistrement, on doit suivre les sommes de 20 en 20 fr. inclusivement et sans fraction. Trouillet, *Dict. de l'Enreg.* p. 2, n° 59.

50. Lorsque par suite d'appel une adjudication est annulée, il y a lieu de restituer le droit proportionnel de rédaction. Décr. 12 juill. 1808, art. 4.

51. *Mandemens ou bordereaux de collocation.* Ils sont soumis chacun à un droit de 25 cent. par 100 fr. du montant de la créance colloquée. Décr. 12 juill. 1808, art. 1 et 2.

Art. 3. — *Actes sujets au droit fixe de rédaction et de transcription.*

52. Sont soumis à un droit fixe de 5 fr. : 1° la transcription au greffe d'une saisie immobilière. Décr. 12 juill. 1808, art. 1 et 2.

2° Le dépôt de l'extrait, certifié par le conservateur des hypothèques de toutes les inscriptions existantes, qui doit être annexé au procès-verbal d'ordre. C. pr. 752. *Ib.*

Dans l'usage on annexe l'état des inscriptions au procès-verbal sans dresser d'acte de dépôt.

Si la transcription d'une saisie immobilière constate en même temps que l'extrait en a été inséré au tableau, il est dû 3 fr. pour la transcription et 1 fr. 25 cent. pour publication. *Dict. de l'enreg.*, v° *Greffe* (droits de), n° 173. — V. *inf.*, n° 61.

Dans l'usage, on fait un acte de dépôt séparé pour l'extrait de saisie.

53. Sont soumis au droit fixe de 1 fr. 50 cent. : 1° le dépôt de titres de créances pour la distribution de deniers par contribution ou par ordre, et ce, *pour chaque production, ib.* ; mais non pas *pour chacune des pièces produites. Diction. Enreg.*, v° *Droits de Greffe*, § 2, n° 82.

2° La *surenchère* faite au greffe. Décr. 12 juil. 1808, art. 1 et 2. —V. ce mot.

3° La radiation de saisie immobilière. *Ib.*

54. Sont soumis au droit fixe de 1 fr. 25 cent. , dans tous les cas où un droit plus fort n'est pas expressément exigé : 1° les actes, procès-verbaux et rapports faits ou rédigés par le greffier. *Ib.*, art. 1ᵉʳ. — Cette disposition générale doit prévenir toutes les objections qui auraient pu être tirées de l'omission de désignation spéciale de certains actes, ou de leur défaut d'analogie avec ceux expressément énoncés. Inst. gén. 3 sept. 1808, n° 598.

2° Les consignations de sommes au greffe, dans les cas prévus par l'art. 301 C. pr. et autres déterminés par les lois. Décr. 1808. *Ib.*

3° Les *dépôts* faits au greffe de registres, répertoires et autres titres ou pièces, de quelque nature et pour quelque cause que ce soit. *Ib.* — Les greffiers doivent dresser acte de chaque dépôt, et transcrire ces actes à la suite les uns des autres sur un registre en papier timbré, coté et paraphé par le président du tribunal. *Ib.* art. 2.

4° Les actes de décharge de ces mêmes dépôts. *Ib.* — Ces actes sont portés sur le registre en marge de l'acte de dépôt. *Ib.*

55. Les dispositions précitées dispensent de faire la nomenclature des actes assujettis à ce droit, *indiqués ou non* par le décret; on s'occupera seulement des cas où la perception peut paraître douteuse, de ceux où elle ne doit pas avoir lieu, et enfin de ceux qui exigent quelque observation particulière.

56. La perception du droit de 1 fr. 25 c. doit avoir lieu dans les différens cas et suivant les règles ci-après indiquées :

Certificats délivrés en brevet. On avait d'abord pensé que ces actes étaient exempts du droit de rédaction qui, aux termes de la loi, se perçoit sur la minute. Inst. gén. 3 sept. 1808, n° 398; mais depuis, il a été décidé qu'ils y étaient soumis, comme compris dans les termes généraux de l'art. 1er du décr. 12 juil. 1808. Délib. Régie, enreg. 8 oct. 1832, D. 33, 3, 26.

57. *Déclarations* affirmatives et autres faites au greffe (*ib.* art. 1er-1°); celles faites à la requête du ministère public sont exemptes du droit (*ib.*); — pour l'acte d'affirmation de voyage, il est dû autant de droits de rédaction qu'il y a d'individus. Déc. min. fin. 18 niv. an 8; Circ. enreg. n° 1771.

58. *Dépôt* de signature et paraphe des notaires, suivant l'art. 49, L. 25 vent. an 11 (*Ib.* art. 1er-1°). — La perception a lieu lors même que le dépôt est fait par le procureur du roi; mais il n'est dû qu'un seul droit, bien que la feuille déposée contienne la signature de plusieurs notaires de la même résidence. Déc. min. fin. 11 therm. an 12 et 3 vend. an 13; inst. gén. 3 fruct. an 13 et 3 sept. 1808, n°s 290 et 398.

59. *Dépôt* que les notaires sont obligés de faire au greffe chaque année, du double de leur répertoire. Inst. gén. 9 oct. 1806, 28 juill. et 3 sept. 1808, n°s 318, 390 et 398; *J. enreg.* art. 2943. — Il doit être dressé autant d'actes de dépôt qu'il y a de notaires déposans. *Ib.* art. 3547.

Le même droit et le même mode de perception s'appliquent à tout dépôt de répertoire que font au greffe d'autres officiers publics. — V. *Répertoire.*

60. *Enquêtes.* Indépendamment du droit de 1 fr. 25 c. perçu pour les procès-verbaux, elles sont sujettes à un droit de 50 c. pour chaque déposition de témoin. L. 21 vent. an 7; Décr. 12 juill. 1808, art. 1er-1°.

En matière sommaire ou de commerce, pour affaires non susceptibles d'appel (C. pr. 410, 432), le droit de rédaction ne se perçoit pas sur le jugement contenant le nom des témoins et le résultat de leurs dépositions. *Dict. enreg.* v° *Droits de greffe*, § 2, n° 78.

Cette décision s'applique aux deux droits ci-dessus mentionnés, puisque l'un et l'autre représentent l'émolument du greffier pour la rédaction du procès-verbal, et que, dans ces circonstances, il n'y a pas de procès-verbal; mais ces droits sont dus, dans les mêmes matières, pour les procès-verbaux

qui sont dressés lorsqu'il s'agit d'affaires susceptibles d'appel.
—V. *Enquête*, n° 351.

Le droit de rédaction de 1 fr. 25 c. n'est dû que sur l'ensemble du procès-verbal d'enquête, et non par vacation. *Dict. Enreg.* — *Ib*. n° 149.

61. *Insertion au tableau placé dans l'auditoire*. Il n'est dû aucun droit de dépôt pour *la remise* au greffe des actes dont la publication est ordonnée par les Codes ; mais le droit de rédaction est dû pour *leur publication*. Décr. 1808, art. 1er-1°.

62. Les insertions doivent être constatées par un acte dont il reste minute. C'est sur cet acte que la perception du droit est faite, quelle que soit la forme dans laquelle il est rédigé. Inst. gén. 3 sept. 1808, n° 398 ; Déc. min. fin. 19 oct. 1828 ; Circ. min. just. 2 mars 1829.

Dans le cas prévu par l'art. 2194 C. civ., pour la purge des hypothèques légales, il n'est pas dû plusieurs droits de greffe pour un acte de vente par adjudication consentie à plusieurs personnes. Délib. cons. d'adm. enreg. 18 juill. 1828.

Mais on ne peut conclure de là qu'en réunissant en un cahier les expéditions de plusieurs contrats de ventes faites séparément par le même propriétaire à divers particuliers, on forcera le greffier à ne percevoir qu'un droit de greffe. Déc. min. fin. 14 nov. 1829.

63. *Récusation de juges* (Décr. 1808, art. 1er-1°). Il ne s'agit ici que des récusations auxquelles est relatif l'art. 384 C. pr. Inst. gén. 3 sept. 1808, n° 398. — Les récusations des juges de paix ne sont pas soumises à ce droit. Chauveau, *Comment. Tarif*, t. 1, p. 40.

64. *Transcription et enregistrement sur les registres du greffe*, d'oppositions et autres actes désignés par les Codes (à l'exception de la saisie immobilière.—V. *sup.*, n° 52), le droit n'est dû qu'autant qu'il est délivré expédition de la transcription. Décr. 1808, art. 1er-1°. — Les Codes prescrivent, suivant les cas, *la transcription*, *l'enregistrement*, *la mention* sur les registres du greffe de divers actes. Le décret porte que le droit sera perçu, soit que les actes soient transcrits ou seulement enregistrés ; mais en même temps il désigne nommément les oppositions dont il ne doit être fait que mention sommaire (C. pr. 163). Il est donc constant que les simples mentions sur les registres du greffe sont considérées comme des enregistremens, et passibles du droit lorsqu'il en est délivré expédition. Inst. gén. 3 sept. 1808, n° 398.

65. *Vérification de créances*. Le juge-commissaire doit être assisté du greffier qui rédige le procès-verbal sous sa dictée, et perçoit pour cet acte le droit de 1 fr. 25 c.—La vérification des créances, en matière de faillite, doit avoir lieu par un seul

procès-verbal. Arg. C. comm. 1838, art. 495. — V. *Faillite,*
n° 255.

Mais il n'est dû qu'un seul droit de rédaction pour un procès-verbal de vérification de plusieurs créances, affirmées par
chacun des créanciers. *J. enreg.,* art. 1555.

66. Il n'y a pas lieu à la perception du droit de rédaction
dans les cas et pour les actes suivans :

*Actes passés devant les juges de paix et leurs greffiers, ou devant
les notaires,* en qualité de commissaires délégués par les tribunaux civils ou de commerce : le droit de rédaction représente le
salaire des greffiers de ces tribunaux, or, les actes dont il s'agit
ne sont pas rédigés par eux. Déc. min. fin. 21 mars 1809;
Inst. 28 avr. 1809, n° 429 ; *J. enreg.,* n° 5185.

67. *Communication des pièces par la voie du greffe.* Elles ne
donnent lieu, de la part du greffier, à la rédaction ou à la transcription d'aucun acte. C. pr. 106, 108, 109, 114 et 115, *Dict.
enreg.,* v° *Droits de greffe,* § 2, n° 74.

68. *Dépôt de registres de l'état civil.* C'est une mesure nécessaire d'ordre public, qui ne doit pas être onéreuse aux communes. Décr. min. fin. 24 sept. 1808 ; Inst. gén. 10 nov. suiv.,
n° 405 ; *J. enreg.,* art. 5058.

69. *Dépôt de timbre.* Ce dépôt est fait par mesure d'ordre
public, et dans l'intérêt du trésor. *J. enreg.* n° 2586.

70. *Dépôt des titres de créances à vérifier.* Lorsque ces titres
sont déposés au greffe, suivant l'art. 491 C. comm., le greffier
doit seulement en donner récépissé ; on ne peut l'astreindre à
faire un acte de dépôt. Inst. gén. 9 mars 1808, n° 420.

71. *Prestation de serment.* Les déclarations affirmatives dont
parle le décret de 1808 (—V. *sup.* n° 57) ne doivent s'entendre
que de celles faites au greffe par des tiers saisis ou autres, et
non des sermens que prêtent à l'audience, soit des parties, soit
des fonctionnaires publics. Déc. min. fin. 11 août 1807 ; *J. enreg.* n°s 1062 et 2661. — V. *inf.* n° 141.

72. Il en est de même de la prestation de serment faite par
des experts devant le commissaire, en vertu de l'art. 305 C. pr.:
ce magistrat ne fait que remplacer le tribunal. *J. enreg.,*
art. 2599.

73. Il n'y a également aucun droit à percevoir pour la mention faite sur la commission des employés appartenant à la régie
des contributions indirectes ou aux autres régies et administrations de la prestation de serment de ces employés. Décr. min.
just. et fin. 21 mai 1811.

§ 5. — *Droit d'expédition.*

74. Ce droit représente la rétribution due aux greffiers pour l'expédition des jugemens et actes faits ou déposés au greffe.

Art. 1. — *Quotité et perception du droit d'expédition.*

75. La quotité de ce droit varie suivant la nature des actes ; ainsi, il y a des droits d'expédition de 2 fr., de 1 fr. 25 c., et de 1 fr. par rôle. L. 21 vent. an 7, art. 7, 8 et 9.

76. Sa perception a été maintenue par le décret du 12 juill. 1808, art. 5, telle qu'elle était établie par la loi du 21 vent. an 7.

77. Ce droit est perçu des parties ou de leurs représentans par l'intermédiaire du greffier. C'est le receveur de l'enregistrement qui en donne quittance en marge des expéditions. L. 21 vent., art. 10 et 24 ; L. 25 juill. 1820, art. 2.

78. Les greffiers ne peuvent délivrer aucune expédition que les droits de greffe n'aient été acquittés, sous peine de restitution du droit et de 100 fr. d'amende, sauf, en cas de fraude et de malversation évidente, à être poursuivis devant les tribunaux conformément aux lois. L. 21 vent., art. 11.

79. Ils ne doivent exiger aucun droit de recherche des actes et jugemens dont ils font l'expédition, ni des actes et jugemens rendus dans l'année. L. 21 vent. an 7, art 14. V. *inf.*, nᵒ 135.

80. Aucune expédition ne doit payer moins du droit taxé pour le rôle. Si elle en comprend plusieurs, le droit pour un rôle écrit en partie est dû comme pour un rôle entier. Circ. adm. enreg. 16 germ. an 7, nᵒ 1537 ; Inst. gén. 3 sept. 1808, nᵒ 598.

81. Chaque expédition doit contenir 20 lignes à la page, et 8 à 10 syllabes à la ligne, compensation faite des unes avec les autres. L. 21 vent. an 7, art. 6.

82. A l'égard des actes dans lesquels il n'est pas défendu par la loi d'énoncer les sommes et les dates en chiffres, pourvu que l'expédition ne contienne que le nombre de lignes voulues à la page, compensation faite des unes avec les autres, il est permis d'insérer dans chaque ligne autant de chiffres qu'elle peut en comporter, indépendamment du nombre de syllabes fixé par la loi. Ins. enreg. 20 juill. 1820, nᵒ 942.

83. Dans les expéditions des actes renfermant des tableaux de chiffres qui ne peuvent être syncopés sans en détruire l'intelligence, il est permis de reproduire ces tableaux, sauf aux greffiers à établir à la fin, par une récapitulation certifiée, le nombre de lignes y contenues, pour, qu'après vérification, les droits de timbre et de greffe soient perçus à raison du nombre de lignes fixé par la loi. *Ib.*

Art. 2. — *Actes sujets aux différens droits d'expédition.*

84. *Sont soumises au droit de 2 fr. par rôle* les expéditions d'arrêts *définitifs*, soit contradictoires, soit par défaut, rendus sur appel des tribunaux civils et de commerce. *Ib.*, art. 7.

85. Lorsqu'un arrêt contient tout à la fois des dispositions définitives, et d'autres seulement préparatoires, il doit être considéré pour la perception du droit d'expédition comme purement *définitif*. Il n'est pas permis de n'exiger que sur une moitié des rôles, le droit de 2 fr. fixé pour les arrêts définitifs, et sur l'autre moitié, celui de 1 fr. fixé pour les arrêts et jugemens préparatoires. Cass. 20 juin 1810, P. 8, 587; *J. enreg.*, art. 3648.

86. *Sont soumises au droit de 1 fr. 25 c. par rôle:* 1° les expéditions des jugemens *définitifs* rendus par les trib. civ. soit par défaut, soit contradictoires, en dernier ressort ou sujets à l'appel, en première instance ou sur appel des juges de paix. *Ib.* art. 8. — Il faut y comprendre les jugemens qui condamnent des avoués à des remises de pièces. *J. enreg.*, art. 2514; et ceux qui homologuent des délibérations des chambres de discipline. — Décis. min., fin. 3 janv. 1823.

2° Celles des décisions arbitrales. L. 21 vent., art. 8;

3° Celles des ventes et baux judiciaires. *Ib.*

Leur résiliation par jugement donne lieu au même droit. Déc. min. fin. 3 mai 1812, *J. enreg.*, art. 4664.

87. *Sont soumises au droit de 1 fr. par rôle:* 1° les expéditions des arrêts ou jugemens *interlocutoires, préparatoires et d'instruction. Ib.* art. 9.

2° Celles de tous jugemens, quels qu'ils soient, des trib. de comm., *ib.*, ou des trib. de 1re inst., lorsqu'ils en remplissent les fonctions. *J. enreg.*, art. 2588. — De ce nombre sont celles des jugemens qui déclarent l'ouverture de la faillite, aux termes de l'art. 440 C. comm., 1838. *J. enreg.*, art. 2920.

3° Celles des enquêtes, interrogatoires, rapports d'experts délibérations, avis de parens, dépôt de bilan, pièces et registres, déclarations affirmatives, renonciation à communauté ou succession, et généralement *de tous actes faits ou déposés au greffe*, pour lesquels il n'est pas exigé un droit d'expédition de 2 fr. ou de 1 fr. 25 c. L. 21 vent. *ib.*

88. Il faut comprendre dans cette classe tous actes ou procès-verbaux du ministère du juge, lorsque celui-ci est assisté du greffier, C. pr. 1040; — Notamment les procès-verbaux de vérification de créances en matière de faillite. Déc. min. fin. 30 oct. 1810.

89. Les minutes des enquêtes et interrogatoire sur faits et articles ne doivent pas sortir du greffe pour être lues à l'audience; c'est aux parties à s'en faire délivrer des expéditions en forme. Décr. 17 therm. an 7; Circ. 14 vent. an 9, n° 1974; Inst. gén. 3 sept. 1808, n° 398.

90. Le droit d'expédition de 1 fr. par rôle doit être perçu en vertu de ces dispositions dans les cas suivans.

91. *Exécutoire de dépens.* C'est moins un jugement qu'une ordonnance qui n'étant désignée par la loi du 21 vent. an 7, ni dans son art. 7, ni dans son art. 8, rentre dans la disposition de l'art. 9. *J. enreg.* art. 1053.

92. *Référés.* Les ordonnances auxquelles ils donnent lieu sont de leur nature provisoires. C. pr. 809.

Lorsque, dans les cas d'absolue nécessité, le juge ordonne l'exécution de son ordonnance sur la minute (C. pr. 811), le droit d'expédition est provisoirement réglé sur le nombre des rôles présumés, sauf la perception définitive sur l'expédition qui se délivre ensuite. Déc. min. just. et fin. 12 juin 1810, Inst. gén. 12 juill. suiv., n° 482.

Ceci s'applique aux jugemens intervenus sur affaires renvoyées à l'audience en état de référé, et même aux arrêts qui statuent sur appel en cette matière. — V. *sup.* n° 25.

93. Le même droit est dû : 1° pour l'expédition de la mention sommaire de l'opposition à un jugement par défaut, ou de l'appel, sur le registre tenu au greffe, conformément aux art. 163 et 549 C. pr. *J. enreg.* art. 2376.

2° Pour celles des actes de présentation et d'enregistrement au greffe des lettres de réception des médecins, officiers de santé et sages-femmes, et des titres de nomination et de réception des notaires, en exécution des lois des 19 et 25 vent. an 11. Inst. gén. 28 pluv. an 12, n° 204 ; *J. enreg.* art. 1554 ;

3° Pour celles des actes d'enregistrement au greffe des dispenses d'âge ou de parenté pour mariage. *Dict. Enreg.* (droits de greffe), n° 221.

94. *Il y a lieu à la perception du droit d'expédition* pour les expéditions des jugemens et actes des anciens trib. supprimés en 1790 ou depuis, et dont les minutes ont dû être déposées aux greffes des C. ou des trib., en vertu de l'arrêté du 18 mess. an 8. *J. enreg.* art. 418 et 2404.

95. Lorsque, par suite d'une instance en faux incident civil, des actes et registres se trouvent déposés au greffe, les greffiers ne peuvent délivrer aucune copie ni expédition des pièces prétendues fausses, si ce n'est en vertu d'un jugement. C. pr. 245. — Dans ce cas, l'expédition est passible du droit de 1 fr. par rôle. *J. enreg.* art. 2905.

96. A l'égard des actes non argués de faux, les greffiers peuvent en délivrer des expéditions, sans jugemens, aux parties qui ont droit d'en demander ; mais ils ne peuvent prendre de plus forts droits que ceux qui seraient dus aux dépositaires ordinaires des minutes et registres. C. pr. *ib.*

C'est, sous cette restriction, que le droit de 1 fr. par rôle doit être encore perçu alors ; et quand il s'agit d'actes de notaires, ce droit est toujours inférieur à celui attribué à ces officiers publics pour leurs expéditions. *J. enreg. ib.*

97. S'il a été fait par les dépositaires des minutes des pièces des expéditions pour tenir lieu desdites minutes, en exécution de l'art. 205 C. pr., ces actes ne peuvent être expédiés que par lesdits dépositaires. C. pr. *ib.*

98. Les expéditions que les greffiers des juges de paix délivreraient d'actes qu'ils auraient faits en vertu de commission des C. ou des trib., ne seraient pas passibles du droit de greffe dont il s'agit ici ; mais si les expéditions étaient délivrées par le greffier du trib. qui a délégué les pouvoirs, les droits de greffe seraient exigibles suivant la nature de l'acte et du trib. Déc. min. fin. 21 mars 1809.

99. *Le droit d'expédition ne doit pas être perçu* pour les actes suivans :

Ordonnances sur requête de l'une des parties. Elles ne doivent pas être expédiées ; ce ne sont que de simples formalités qui ne préjugent rien. Déc. min. just. et fin. 12 juin 1810 ; Inst. gén. 12 juill. suiv., n° 482.

Arrêts de délégation rendus par les Cours roy., à l'effet de commettre un trib. civil pour recevoir le serment des juges de commerce. C. comm. 629.

Certificats de non-opposition au remboursement des cautionnemens. Il n'en reste pas de minute au greffe. Déc. min. fin. 21 oct. 1806 ; Circ. 11 déc. suiv.

Extraits des registres de l'état civil, délivrés par les greffiers des trib. Ceux délivrés par l'autorité administrative n'y étant pas soumis, il y a parité de raison ; d'ailleurs, ils sont en général exempts de l'enregistrement. *J. enreg.* art. 1974. — *Id.* Déc. min. fin. 2 janv. 1836 (Art. 821 J. Pr.). — **V.** *inf.,* n° 147, et d'ailleurs *actes de l'état civil,* n° 93.

§ 4. — *Affaires exemptes des droits de greffe.*

100. Nous indiquons ici les différentes natures d'affaires rentrant dans les attributions des C. roy. et des trib. de 1re inst., et pour lesquelles la perception des droits de greffe ne doit pas avoir lieu, ou peut paraître douteuse.

101. *Affaires criminelles et correctionnelles.* On a vu (*sup.* n° 5) qu'il n'y a pas pour elles de droits de greffe proprement dits.

102. *Affaires civiles poursuivies par le ministère public.* Celles qui doivent l'être *d'office* sont assimilées aux affaires criminelles et correctionnelles pour les frais et leur recouvrement (Décr. 18 juin 1811, art. 2, n° 14, 118 et suiv.). Elles sont exemptes des droits de greffe, même lorsque les parties sont solvables, et les frais doivent être taxés conformément au décret précité. — V. inf. nᵒˢ 139 et 141.

Il en est autrement pour celles où le ministère public agit soit dans l'intérêt du domaine de l'Etat ou de la couronne, soit dans l'intérêt d'un établissement public. Ces causes, comme celles concernant de simples particuliers, sont passibles de tous les droits de greffe pour les actes et jugemens auxquels elles donnent lieu. Av. Cons.-d'Et. 5 niv. an 12; Inst. gén. 9 pluv. suiv., n° 201.

103. *Instances civiles relatives aux droits d'enregistrement, de timbre, de greffe, d'hypothèques et de contributions indirectes proprement dites.* La loi du 22 frim. an 7, en fixant les règles particulières aux instances concernant l'enregistrement, porte, art. 65-3° : « Il n'y aura d'autres frais à supporter pour la partie qui succombera, que ceux du papier timbré, des significations et du droit d'enregistrement des jugemens. » Bien que la loi qui a établi les droits de greffe soit postérieure, la disposition précitée étant *spéciale* et *limitative*, exclut la perception de ces droits.

Il en est de même de toutes les affaires ci-dessus indiquées à raison de l'analogie. L'art. 17 L. 27 vent. an 9, soumet aux mêmes règles toutes les instances que la Régie doit suivre pour les différentes perceptions qui lui sont confiées; et l'art. 88. L. 5 vent. an 12 veut que les trib. civils prononcent, en matière de contributions in directes, sur les contestations qui ont rapport au fond du droit, dans la chambre du conseil, et avec les formalités qui sont observées en matière d'enregistrement.

104. *Appels des décisions des juges de paix, sur les contestations civiles en matière de douanes.* La procédure, en cette matière, est presque entièrement régie par des règles spéciales (— V. *Douane*, § 4), et aucune disposition n'a abrogé l'art. 17 tit. 6, L. 4 germ. an 2, qui porte : « En première instance, et « sur l'appel, l'instruction sera verbale, sur simple mémoire, « et sans frais de justice à répéter de part ni d'autre. »

105. *Affaires électorales.* Elles sont affranchies des droits d'enregistrement. — V. *Election*, nᵒˢ 78 et 79. — Faut il en conclure qu'elles sont exemptes des droits de greffe ? — La négative semble résulter du silence de la loi, et du rejet de la proposition formelle qu'en avait faite M. Isambert, lors de la discussion de l'art. 33 L. 19 avr. 1831. *Monit.*, 3 mars 1831. — Cependant ces affaires jouissent de l'exemption des droits de timbre et de greffe dans un grand nombre de localités.

106. *Les déclarations de translation du domicile politique* sont soumises à l'enregistrement. *Même loi*, art. 10. — Et passibles des droits de greffe. Déc. min. fin. 25 mai 1831; Circ. min. just. 29 juin 1831.

107. *Expropriation pour cause d'utilité publique.* Tous les actes judiciaires faits en cette matière, dans les cas prévus par les lois des 30 mars 1831 et 7 juil. 1833, sont affranchis des droits de greffe. L'ordonn. du 18 sept. 1833 contient pour eux un tarif particulier. — V. *Utilité publique.*

Antérieurement, il avait été décidé que les adjudications faites à l'Etat, au Sénat, à la Légion-d'Honneur, ainsi que celles qui avaient lieu au profit de l'administration de l'enregistrement, par suite d'expropriation forcée, étaient exemptes des droits de greffe. Inst. gén. 21 pluv. an 12, n° 202.

108. Cette décision, dans les cas où elle est encore applicable aujourd'hui, ne nous semble pas pouvoir priver les greffiers des remises que la loi leur accorde sur les droits de greffe, car les administrations publiques et l'Etat lui-même, lorsqu'ils agissent comme personnes civiles pour leurs intérêts matériels, et principalement lorsqu'il est fait pour eux des actes relatifs à la propriété, sont soumis aux mêmes règles que les particuliers; et s'il est permis de ne pas les astreindre au paiement d'un impôt, lorsque les moyens de l'acquitter devraient leur être fournis par le trésor, au profit duquel il est établi, on ne peut, sans une disposition expresse, les affranchir des droits dus aux officiers publics qu'ils emploient : or, les remises des greffiers sur les droits de greffe sont pour eux le véritable salaire de leurs actes. — V. *inf.* § 7.

§ 5. — *Règles générales concernant les droits de greffe:*

109. Les droits de greffe sont avancés par la partie qui requiert soit la mise au rôle, soit la rédaction ou transcription, soit l'expédition des actes qui y sont sujets.

110. Ils sont alloués dans la taxe des dépens pour être répétés de la partie qui a succombé, sur les quittances des receveurs de l'enregistrement mises au bas des expéditions, et sur celles données par les greffiers de l'acquit du droit de mise au rôle, et de celui de rédaction. L. 21 vent. an 7, art. 24.

111. Tous les droits de greffe, comme on l'a vu (*sup.* n°s 22, 55, 77), sont perçus par l'intermédiaire des greffiers, qui doivent ensuite en verser le produit entre les mains des receveurs de l'enregistrement. *Ib.* art. 1, 4 et 10. — V. *inf.* § 6.

112. L'art. 4 décr. 12 juil. 1808, porte : « Le droit fixe de « rédaction et de transcription, et celui d'expédition étant le « salaire de la formalité, ne seront, en aucun cas, restituables. » Il en est de même du droit de mise au rôle.

113. Il est défendu aux greffiers et à leurs commis d'exiger ni de recevoir d'autres droits de greffe que ceux fixés par la loi, ni aucun droit de prompte expédition, à peine de 100 fr, d'amende et de destitution. LL. 21 vent. an 7, art. 23, et 22 prair. an 7, art. 5.

114. Ces peines sont applicables au greffier qui délivre des expéditions ne contenant pas le nombre de lignes à la page et de syllabes à la ligne prescrit par l'art. 3 L. 21 vent. an 7.

Les tribunaux peuvent prononcer eux-mêmes la destitution. Cass. 16 mai 1803 ; *J. enreg.* art. 2342.

115. L'art. 12 L. 21 vent. an 7 est ainsi conçu : « Ne sont pas compris dans les droits ci-dessus fixés le papier timbré et l'enregistrement qui continueront d'être perçus conformément aux lois existantes. » — En vertu de cette disposition, les greffiers ont le droit de faire payer aux parties le papier timbré employé pour les expéditions qu'ils leur délivrent.

Il en est de même pour celui des minutes d'actes et procès-verbaux qui ne sont pas portés sur les registres du greffe.

116. Mais ils ne peuvent répéter des parties le coût du papier timbré des répertoires pour les actes qui y sont inscrits. Déc. min. fin. 7 germ. an 7.

117. *Quid*, pour celui des feuilles d'audiences et minutes des jugemens ? On avait d'abord pensé qu'il était à la charge des greffiers, vu la difficulté de déterminer exactement dans quelle proportion les parties en rembourseraient le prix. Av. com. du cont. Cons.-d'Et. 14 déc. 1822. Déc. min. just. 13 fév. 1823. Mais, depuis, il a été reconnu « que les greffiers « ne doivent pas supporter le prix du papier timbré employé « aux feuilles d'audience ; qu'il convient de le mettre à la « charge de la partie qui succombe, conformément à l'art. 130 « C. pr. Av. Cons.-d'Et. 30 août 1828. Déc. min. just. 15 sept. suiv. Cette solution est basée sur l'art. 12 précité de la loi du 21 vent. an 7, et sur l'art. 16, qui ne mentionne que le *papier libre* parmi les dépenses auxquelles les greffiers ont à pourvoir. L'impôt du timbre doit, d'ailleurs, en règle générale, être acquitté par les parties que concernent les actes faits par des officiers publics.

Dans un grand nombre de trib., il est alloué au greffier, pour cet objet, un *droit fixe* par chaque jugement. Il serait plus rigoureusement légal de proportionner toujours le droit à la quantité de papier timbré réellement employée ; mais les inconvéniens de ce mode doivent faire adopter l'usage contraire. Le droit fixe ne devrait, du reste, s'élever nulle part au-delà de 70 c.

118. On a vu (*sup.*, n° 78) que, suivant l'art. 11 L. 21 vent. an 7, les greffiers ne peuvent délivrer aucune expédition que les droits de greffe n'aient été acquittés, sous peine de restitution du droit et de 100 fr. d'amende ; aucune peine n'étant prononcée pour le défaut d'acquittement de ces droits, il en résulte que les actes judiciaires ne sont point passibles d'un double droit de greffe, quoiqu'ils soient sujets à l'enregistrement dans un délai fixé. *J. enreg.*, art. 2005.

119. Les prescriptions établies par l'art. 61 L. 22 frim. an 7, s'appliquent aux droits de greffe comme à ceux d'enregistrement. Décr. 12 juill. 1808, art. 6. (— V. *Enregistrement*, n° 94 et suiv.) Ce principe avait été antérieurement posé par la jurisprudence, comme résultant de la force même des choses. Cass. 25 germ. an 11 et 16 brum. an 13 ; Inst. gén. 3 sept. 1808, n° 598.

120. Il faut, d'après l'art. 6 décr. 12 juill. 1808, et l'analogie frappante qui avait antérieurement paru décisive, appliquer à l'amende prononcée par l'art. 11 L. 21 vent. an 7, pour la délivrance des expéditions avant le paiement des droits de greffe, l'art. 14 L. du 16 juin 1824, concernant la prescription des amendes et de l'action pour les faire prononcer en matière d'enregistrement et de timbre, quoique cet article ne fasse pas mention des droits de greffe. Dalloz, v° *Droits d'Enregistrement*, chap. 1er, sect. 17, art. 1er, n° 12.

Mais un greffier ne peut invoquer la prescription biennale relativement au droit de mise au rôle dont il doit compte au trésor. Déc. min. fin. 3 juin 1824 ; Inst. 7765.

Cette prescription ne peut également être appliquée au cas où d'autres droits que ceux fixés par la loi auraient été perçus (L. 21 vent., art. 23) ; car l'amende établie pour ce cas est la peine d'un délit, et doit être réglée par les lois criminelles. Dalloz, *ib.* n° 13.

Par les mêmes motifs, l'art. 10 L. 16 juin 1824, qui réduit à 20 fr. les amendes de 100 fr. prononcées par les lois sur l'enregistrement, le timbre et le notariat, modifie l'art. 11, mais non l'art. 23 L. 21 vent. an 7.

121. Les droits de greffe et les amendes encourues par les greffiers peuvent être recouvrés par voie de contrainte. Inst. 7110.

§ **6.** — *Obligations particulières des greffiers relativement à la perception des droits de greffe.*

122. Les greffiers des C. roy., ceux des trib. civ. et de comm., doivent verser, à la caisse du receveur de l'enregistrement, 1° chaque mois, le montant des mises au rôle sur la représentation des rôles cotés et paraphés par le président. L. 21 vent. an 7, art. 4.

2° Le montant des droits de rédaction et de transcription, en représentant les minutes des actes qui y sont sujets.

3° Celui des droits d'expédition, en représentant les expéditions avant de les délivrer. *Ib.* art. 10.

123. Ces versemens ont lieu, déduction faite des remises accordées aux greffiers par les art. 18 et 19 L. 21 vent. , L. 25 juil. 1820 , art. 2.

Le receveur donne quittance pour le premier de ces droits sur le rôle , pour le second sur les minutes , pour le troisième sur les expéditions ; et il tient de cette recette un registre particulier. *Ib.* — V. *inf.* n° 125.

124. Avant la loi du 25 juill. 1820, les remises du greffier étaient versées au receveur de l'enregistrement avec le droit perçu au profit du trésor public. Le premier de chaque mois , le receveur de l'enregistrement comptait , avec le greffier, du produit des remises à lui accordées par la loi ; il lui en payait le montant sur le mandat qui lui était délivré au bas du compte , par le président du trib. L. 21 vent. an 7, art. 21.

Actuellement, d'après l'art. 2 L. 23 juill. 1820, les droits et remises des greffiers sont perçus directement par eux des parties qui en sont tenues. Mais, les receveurs de l'enregistrement doivent mentionner, en toutes lettres , dans la relation au pied de chaque acte, 1° le montant des droits de greffe appartenant au trésor ; 2° le montant de la remise qui revient au greffier pour l'indemnité qui lui est allouée par la loi.

Cette mesure a eu pour but une économie sur la remise des receveurs de l'enregistrement, à raison des émolumens des greffiers, mais elle complique davantage la perception et la comptabilité : elle donne lieu à la question de savoir, si, comme certains avoués l'ont prétendu, ce n'est pas à tort que l'on perçoit encore aujourd'hui le 10ᵉ sur la remise des greffiers , quoique cette remise n'entre plus dans les caisses du trésor. Trouillet, n° 6, *nota* 7.—Ces raisons pourraient déterminer à rétablir l'ancien mode de perception des droits de greffe. Toutefois, les greffiers préfèrent le mode actuel , qui leur procure l'avantage de toucher plus promptement le montant de leurs remises.

125. Les greffiers des C. et trib. où sont établis des droits de greffe doivent tenir un registre coté et paraphé par le président, sur lequel ils inscrivent, jour par jour, les actes sujets à ces droits, les expéditions qu'ils délivrent, la nature de chaque expédition , le nombre des rôles , le nombre des parties, avec mention de celle à laquelle l'expédition est délivrée. — Ils sont tenus de communiquer ce registre aux préposés de l'enregistrement toutes les fois qu'ils en sont requis. *Ib.* art. 15.

126. Ce registre n'ayant pour objet que d'assurer le recouvrement des droits de greffe au profit de l'État, participe à l'exemption du timbre prononcée par l'art. 16 L. 13 brum. an 7 ; Déc. min. fin. 6 frim. an 8 ; Inst. gén. 3 sept. 1808, n° 598.

Ce registre , qui doit toujours concorder avec celui du receveur de l'enregistrement, n'est plus aussi utile, depuis que les greffiers perçoivent directement la remise qui leur est accordée. Autrefois il servait au greffier à dresser l'état de sa remise, qui n'était arrêté par le receveur de l'enregistrement qu'autant que le registre du greffier se trouvait d'accord avec celui du receveur.

127. La loi du 21 vent. an 7 devait, d'après l'art. 26, être affichée dans les greffes ; mais cette obligation n'ayant pas été répétée par celle du 22 prair. suivant et par le décr. du 12 juil. 1808, a cessé d'être accomplie, ou du moins ne l'est pas généralement.

§ 7. — *Remise accordée aux greffiers sur les droits de greffe.*

128. Cette remise est le véritable salaire des actes sur lesquels ces droits sont assis.

Elle ne peut s'étendre au décime pour franc perçu à titre de subvention. En effet, l'art. 2 L. 6 prair. an 7 porte que cette subvention sera perçue en même temps que le principal, et par les mêmes préposés, *sans donner lieu à aucune retenue pour ceux-ci.* J. Enreg., art. 134 ; Dalloz, v° *Droits de greffe*, n° 5. — *Contrà* Chauveau, *Comm. Tar.*, t. 1er, *Introd.*, p. 104.

129. Elle est fixée : 1° à 10 cent. ou un déc. par fr. pour le droit de mise au rôle, ainsi que pour celui de rédaction ou de transcription ; — 2° à 30 cent. par chaque rôle d'expédition. L. 21 vent. an 7, art. 19.

La remise sur les expéditions est réduite à 20 cent. par rôle pour celles que les agens du gouvernement demandent en son nom et pour soutenir ses droits. *Ib.* art. 20.

130. Les droits et remises attribués aux greffiers par la loi du 21 vent. an 7, sont perçus par eux directement des parties qui en sont tenues. L. 23 juil. 1820, art. 2. — V. *sup.* n° 124.

131. Les administrations publiques doivent payer sur leurs crédits les remises accordées aux greffiers. *Dict. Enreg.*, v° *Droits de greffe*, § 6, n° 7.

132. Ces remises leur sont payées par le receveur de l'enregistrement pour les affaires concernant l'administration des domaines, suivant le mode fixé par l'art. 21. L. 21 vent. an 7. *Ib.* n° 6.

133. Quant aux frais dont les greffiers sont chargés au moyen de ces remises et de leur traitement fixe. — V. *Greffier.*

SECTION IV. — *Émolumens des Greffiers.*

134. Nous indiquerons dans cette section les honoraires attribués aux greffiers sans aucune perception de droits au profit du trésor, dans certaines parties de leurs fonctions auprès des siéges auxquels ils sont attachés ; — pour ceux auxquels ils ont droit comme officiers ministériels, lorsqu'ils procèdent à des *ventes publiques de meubles.* — V. ce mot.

§ I. — *Greffiers des Cours royales.*

155. *Recherche des actes.* On a vu (*sup.* n° 79) que les greffiers ne peuvent exiger aucun droit de recherche pour les actes et jugemens dont il leur est demandé expédition; il en est de même pour ceux faits ou rendus *dans l'année.* L. 21 vent. an 7, art. 14. — Le législateur a voulu par là désigner l'espace d'un an, à partir du moment où l'acte est demandé, et non l'année civile ou l'année judiciaire. Déc. min. just. 12 nov. 1838 (Art. 1421 J. pr.). — Autrement, le jugement rendu le 31 oct., ou le 31 déc. d'une année, donnerait lieu à un droit de recherche, dès le 1er nov. ou le 1er janv. de l'année judiciaire ou civile suivante.

Hors ces deux cas, il leur est dû comme droit de recherche :

Pour la première année indiquée. . . . .   50 c.
Pour chacune des années suivantes.   25

156. *Représentation des pièces dont les greffiers sont dépositaires.* En matière de vérification d'écriture ou d'inscription de faux incident, il est alloué pour cet objet, indépendamment des frais de voyage, par chaque vacation de trois heures ;

Aux greffiers des Cours roy. de Paris, Lyon, Bordeaux et Rouen. . . . .   12 fr. » c.
A ceux des autres Cours royales   10   80
Décr. 16 fév. 1807, art. 166, 5° décr. *ib.* art. 1er.

157. *Transport des greffiers hors de leur résidence.* Lorsque ce transport a lieu en matière *d'interdiction*, dans le cas prévu par l'art. 196 C. civ., il est dû, par jour, aux greffiers, pour tous frais de voyage, de nourriture et de séjour, conformément aux art. 88 et 89 Décr. 18 mai 1811 :

S'ils se transportent à plus de 5 kilomètres. . . . .   6 fr.
S'ils se transportent à plus de 2 myriamètres. . . .   8
Ordonn. 4 août 1824. Cette ordonnance, principalement destinée aux greffiers des trib. de 1re instance, s'applique à ceux des Cours royales dans les mêmes circonstances.

158. Dans le cas de transport des greffiers pour *enquête* ou *descente sur les lieux* (C. pr. 295 et suiv.), l'indemnité qui leur est due n'est fixée ni par ce Code ni par le tarif. Elle varie suivant la distance et les localités. Favart, v° *Descente sur les lieux,* n° 6. — V. *Descente sur les lieux*, n° 27 et suiv.

159. *Expéditions des actes et jugemens dans les affaires poursuivies d'office par le ministère public.* Il est dû pour ces expéditions par rôle de 28 lignes à la page, et de 14 à 16 syllabes à la ligne (Décr. 18 juin 1811, art. 48). . . . .   0 fr. 40 c.

Cette disposition déroge à l'art. 20 L. 13 brum. an 7 sur le timbre.

140. *États de liquidation de frais dans ces sortes d'affaires.* Les copies qui en sont délivrées par les greffiers doivent être payées à raison de 5 cent. par article. *Ib.* art. 51.

Aucun droit n'est dû aux greffiers, lorsque les personnes contre lesquelles les poursuites du ministère public sont dirigées sont dans un état d'*indigence*, dûment constaté par certificat, visé et approuvé par le sous-préfet et par le préfet. *Ib.* art. 120.

§ 2. — *Greffiers des tribunaux de première instance.*

141. Ces greffiers ont droit aux mêmes honoraires et indemnités que les greffiers des C. roy. pour *recherche des actes, transport hors du licu de leur résidence, expéditions des actes et jugemens dans les affaires poursuivies d'office par le ministère public,* et *copies des états de liquidation de frais dans ces sortes d'affaires.* — V. *sup.* nᵒˢ 135, 137 et suiv.

Il n'est dû aux greffiers des trib. de 1ʳᵉ inst. aucun droit de recherche pour la délivrance des certificats de non opposition au remboursement des cautionnemens des notaires, officiers ministériels et fonctionnaires publics. Ils ne peuvent exiger pour ces certificats que le droit de légalisation. *Décis. min. fin. et just.* 1ᵉʳ et 8 avr. 1836 (Art. 820 J. Pr.). — V, *inf.* nᵒ 144.

142. Dans certains trib., les greffiers reçoivent 10 et 15 cent. pour les *bulletins de distribution* qu'ils remettent aux avoués. L'utilité de ces bulletins détermine M. le prés. Carré à penser que le faible droit dont ils sont l'objet doit être alloué. *Taxe en mat. civ.,* nᵒˢ 16 et 60. — Les mesures prescrites par le décr. de 1808, art. 55, 62 et 68, en ce qui concerne le rôle général, le rôle particulier et l'affiche des causes, ne rendent pas complètement inutile le mode d'avertissement par bulletin ; à Paris notamment l'on ne peut, à raison de la multiplicité des affaires, exiger que chaque avoué aille tous les jours au Palais consulter l'affiche des causes.

143. *Communication du procès-verbal d'ouverture d'ordre, de l'extrait des inscriptions, et des titres et pièces produits.*
Pour cette communication à chaque créancier... 0 fr. 75 c.
L. 22 prair. an 7, art. 4.

144. *Légalisation.* Pour chaque acte...... 0 fr. 25 c.
L. 21 vent. an 7, art. 14.

145. Pour *représentation, devant un autre tribunal, des pièces dont ils sont dépositaires* (— V. *sup.* nᵒ 136), il est dû, pour chaque vacation de 3 heures :
Aux greffiers des tribunaux de première instance de
Paris, Lyon, Bordeaux et Rouen.......... 10 fr.

A ceux des autres tribunaux de première instance. . .   9
Décr. 6 fév. 1807 , art. 166 , 5ᵉ Décr. *id.*, art. 2.

146. Il leur est attribué des émolumens particuliers pour les instances en expropriation pour cause d'*utilité publique*. — V. ce mot, § 8.

147. *Actes de l'état civil.* Les greffiers , pour les extraits qu'ils délivrent des registres de l'état civil déposés au greffe, ont droit aux émolumens fixés pour les officiers de l'état civil par le décret du 12 juill. 1807 ; c'est-à-dire :

	fr.	c.
Pour chaque expédition d'un acte de naissance, de décès, ou de publication de mariage.	»	30
Pour celles des actes de mariage, d'a loption et de divorce . . .	»	60
Dans les villes de 50,000 âmes et au-dessus , pour chaque expédition d'un acte de naissance, de décès et de publication de mariage.	»	50
Pour celles des actes de mariage, d'adoption et de divorce. . . .	1	»
A Paris, pour chaque expédition d'un acte de naissance, de décès et de publication de mariage.	»	75
Pour celles des actes de mariage, de divorce et d'adoption. . . .	1	50

Il est défendu , d'après l'art. 4 du même décret, d'exiger d'autres taxes et droits, à peine de concussion, sauf le remboursement du papier timbré employé pour les expéditions , conformément à l'art. 63. L. 28 avr. 1816 — V. *sup.* n 99.

148. Les greffiers peuvent-ils , malgré cette défense, exiger pour la recherche des actes de l'état civil, lorsqu'ils n'en délivrent pas expédition, le droit fixé par l'art. 14, L. 24 vent. an 7 ? (— V. *sup.* nᵒˢ 135 et 141).

Il semble juste que cette perception ait lieu. Peu importe qu'en l'an 7 les doubles des registres de l'état civil ne fussent pas déposés au greffe du tribunal, la disposition précitée concerne tous les actes dont les greffiers sont dépositaires, quand même ce ne serait qu'en vertu de la législation ultérieure. Si la force de l'analogie a fait considérer le décret du 12 juill. 1807 comme applicable aux *expéditions* délivrées par les greffiers, il convient de se référer à la loi générale pour les *recherches* dont ce décret ne parle pas. Il est dû un émolument à ces fonctionnaires chaque fois qu'une partie de leur temps est réclamée dans un intérêt privé, en dehors des fonctions qu'ils remplissent auprès des juges.

Il est à regretter cependant qu'il n'existe pas à cet égard une disposition spéciale ; car, dans l'état actuel des choses, le droit de recherche se trouve le plus souvent égal ou même supérieur au droit d'expédition.

149. Quand les greffiers sont appelés à faire des copies d'actes de l'état civil , en cas de perte des registres d'une commune, ils n'ont droit qu'à 20 cent. par acte, sans distinction. Décis. min. int. 17 déc. 1817.

150. *Tables décennales.* Il est dû aux greffiers, pour l'expédition destinée à chaque commune et pour celle qui est envoyée à la préfecture, *un centime* par nom; chaque feuille doit contenir 96 noms ou lignes. Décr. 20 juill. 1807.

§ 3. — *Greffiers des tribunaux de commerce.*

151. L'art. 624 C. comm. promettait un réglement qui fixerait les droits, vacations et devoirs des greffiers des tribunaux de commerce; un décret du 6 janv. 1814, rendu en vertu de cette disposition, attribua des droits particuliers au greffier du trib. de comm. de Paris; postérieurement, une ordonn. du 9 oct. 1825, abrogeant ce décret, a établi, au profit des greffiers de tous les trib. de comm., des droits dont nous reproduisons le tarif, avec les modifications rendues nécessaires par la loi du 28 mai 1838 sur les faillites.

§ 1. *Jugement.*

	fr.	c.
Nº 1, pour chaque jugement interlocutoire et préparatoire porté sur la feuille d'audience, ceux de simple remise exceptés.	»	50
Pour chaque jugement expédié et dont les qualités se rédigent dans le greffe, savoir :		
S'il est par défaut.	1	»
Et s'il est contradictoire	2	»

§ 2. *Procès-verbaux.*

	fr.	c.
Pour chaque procès-verbal,		
Nº 2, de compulsoire (art. 849 et suiv. C. pr., 15 et 16 C. com.). .	4	»
Nº 3, d'interrogatoire sur faits et articles (2e partie, art. 428 C. pr.).	2	»
Nº 4, de l'assemblée des créanciers, pour la composition de l'état des créances présumées et la nomination définitive des syndics. C. comm. 1838, 462. ·	2	»
Nº 5, (sans objet depuis la nouvelle loi.)		
Nº 6, de vérification et affirmation des créances (*id.* art. 493) pour chaque créancier.	»	50
Et pour un contredit consigné au procès-verbal, et sur lequel il y aurait renvoi à l'audience	»	50
Nº 7, (sans objet.)		
Nº 8. de l'assemblée des créanciers dont les créances ont été admises pour passer au concordat ou au contrat d'union (*id.* art. 504-506.).	4	»
Nº 9, de reddition du compte définitif des syndics provisoires au failli, en cas de concordat (*id.* art. 519.).	4	»
Nº 10, de reddition de compte des syndics qui ne seraient pas maintenus aux nouveaux syndics, en cas d'union (*id.* art. 529.). . .	4	»
Nº 11, de reddition du compte définitif des syndics aux créanciers, de l'union (*id.* art. 537.).	4	»
Nº 12, de l'assemblée des créanciers pour prendre une délibération quelconque, non prévue par les dispositions précédentes. . . .	3	»

§ 3. *Actes spéciaux aux tribunaux de commerce des villes maritimes.*

	fr.	c.
Nº 13, pour la rédaction du rapport d'un capitaine de navire, à l'arrivée d'un voyage de long cours ou de grand cabotage (*id.* art. 242-243.)	3	»
Nº 14, pour la rédaction des causes de relâche dans le cours d'un voyage (*id.* art. 245.).	2	»
Nº 15, pour la rédaction du rapport du capitaine en cas de naufrage ou échouement.	3	»

§ 4. *Formalités diverses.*

No 16, pour l'affiche et pour l'insertion dans les journaux, à faire dans les cas prévus par les art. 442, 492, 504, 522 C. comm. . . 1 »

No 17, pour la rédaction, l'impression et l'envoi des lettres individuelles de convocation aux créanciers d'une faillite, dans le cas prévu par les art. 462, 492, 504 et 522 C. comm. ; par chaque lettre. . . . . » 20

No 18, pour la rédaction des certificats délivrés par le greffier, dans les cas prévus par les lois, réglemens ou jugemens. . . . . . 1 »

152. Ces émolumens sont indépendans des droits et remises accordés aux greffiers des trib. de comm. par la loi du 21 vent. an 7, et par le décr. du 12 juill. 1808. Ord. 9 oct. 1825, art. 1.

153. Ils ne sont pas dus aux greffiers des trib. civils qui exercent la juridiction commerciale, ni à ceux des justices de paix, pour les actes spécifiés dans ce tarif, que les juges de paix sont autorisés à recevoir. *Ib.* art. 5.

154. D'après le silence gardé à cet égard par le tarif ci-dessus, il n'est dû aucun droit pour les autorisations accordées par le juge-commissaire dans les cas prévus par les art. 470, 486, 487 et 535 C. comm., que ces actes soient rédigés par le juge lui-même ou par le greffier.

155. Le droit de 1 fr., qui est accordé par le no 16 de ce tarif, n'est dû qu'une fois pour chacun des cas prévus par les art. 442, 492, 504, 522 C. comm., et il s'applique à la fois à l'affiche et à toutes les formalités relatives à l'insertion dans les journaux. — Mais il suffit pour le percevoir qu'il y ait insertion dans les journaux, quoiqu'il n'y ait pas affiche. — Il est juste aussi d'allouer le droit fixé par le no 17 dans tous les cas où doit avoir lieu aujourd'hui la convocation par lettre.

156. Il est, en outre, alloué aux greffiers des trib. de comm. : 1° pour l'*expédition du procès-verbal constatant le dépôt du modèle d'une marque.* . . . . 5 fr. 0 c.
Décr. 20 fév. 1810 ; juin 1809, art. 60.

2° Pour *représentation devant un autre trib. des pièces dont ils sont dépositaires* (—V. *sup* no 136), par chaque vacation de 3 heures.
Décr. 16 févr. 1807, art. 166, no 5. . . . . . . 6 fr. 0 c.

157. Ils ont droit aux mêmes honoraires que les greffiers des tribunaux de 1re instance *pour recherche des actes.* — V. *sup.* nos 135 et 144.

158. Ils doivent 1° inscrire le détail des déboursés et des droits auxquels chaque acte a donné lieu, au pied des expéditions qu'ils délivrent aux parties, ou, à défaut d'expédition, sur des états signés d'eux et qu'ils remettent aux parties. Ordonn. 9 oct. 1825, art. 2.

2° Porter sur le registre prescrit par l'art. 13 L. 21 vent. an 7, toutes les sommes qu'ils perçoivent en vertu du tarif ci-dessus, ou en vertu des lois et réglemens antérieurs. *Ib.*

159. Les peines prononcées par l'art. 25 L. 21 vent. an 7, s'appliquent aux greffiers des trib. de comm., dans le cas où ils receyraient, sous quelque prétexte que ce soit, d'autres ou de plus forts droits que ceux qui leur sont attribués (— V. *sup.* nos 115 et 114). Il est enjoint aux présidens de ces trib. d'en informer immédiatement le procureur général, et il en doit être fait rapport au garde des sceaux. *Ib.* art. 5.

§ 4. — Greffiers des justices de paix.

Art. 1. — Droits à percevoir.

160. Les émolumens des greffiers des justices de paix, comme ceux des juges de paix, sont réglés par le décr. du 16 févr. 1807, contenant le tarif civil pour le ressort de la C. de Paris. D'après le troisième décret de la même date, les droits fixés par ce tarif pour les justices de paix de Paris sont également attribués à celles de Lyon, Bordeaux et Rouen. Ils doivent être appliqués à celles des autres villes où siège une C. roy., ou dont la population excède 30,000 âmes, mais avec la *réduction d'un dixième*; enfin, les droits fixés pour les justices de paix des autres villes et des cantons ruraux s'appliquent à celles-ci, dans toute l'étendue de la France, sans distinction de ressort.

161. Il n'est attribué aucun émolument aux greffiers, pas plus qu'aux juges de paix eux-mêmes pour la délivrance d'une cédule. Tar., art. 7; Chauveau, *Comm. tar.*, t. 1er, p. 7.

Il ne leur en est attribué également aucun, en règle générale, pour la *rédaction* des minutes d'actes du greffe, et spécialement pour celle de la déclaration des parties qui demandent à être jugées par le juge de paix. Tar. 11, c. 3, c. 7.

Les lettres d'avertissemens préalables à la citation ne sont l'objet d'aucune rétribution au profit du greffier, lorsqu'il est chargé de les délivrer; les parties doivent être par ce mode appelées *sans frais* devant le juge de paix. L. 25 mai 1838, art. 17.

L'usage contraire qui existait avant cette loi ne peut plus être toléré. Lettre minist. 30 août 1838 (Art. 1492 J. Pr.).

162. *Il est dû aux greffiers des justices de paix* (1) :

Pour les *expéditions* qu'ils délivrent, par chaque rôle qui doit contenir 20 lignes à la page et 10 syllabes à la ligne. Tar., art. 9. . . . .   0 fr. 50 c.   0 fr. 40 c.

---

(1) Nous plaçons, les uns à la suite des autres et dans l'ordre du tarif qui est reproduit ici, les droits que sont autorisés a percevoir les greffiers des justices de paix : 1° a Paris, 2° dans les villes où il y a un tribunal de première instance, 3° dans les autres villes et cantons ruraux.

Lorsque nous ne donnons que *deux chiffres*, c'est que le droit est le même pour les villes où siège un tribunal de première instance et pour les autres villes et cantons ruraux, lorsque nous n'en donnons qu'*un seul*, c'est qu'il est le même pour toutes les justices de paix.

163. Dans le cas de *citation en conciliation*, pour l'expédition du procès-verbal qui constate sommairement que les parties n'ont pu être conciliées. . . . . 1 fr. 0 c.   0 fr. 80 c. Tar. 10; C. pr. 54.

Il n'est rien alloué pour la mention sur le registre du greffe, et sur l'original ou la copie de la citation en conciliation, quand l'une des parties ne comparaît pas. Tar. 13; C. pr. 58.

Lorsque les parties se sont conciliées, si elles demandent une expédition du procès-verbal qui le constate, elles doivent acquitter le droit fixé par l'art. 9 du tarif pour les expéditions de tous autres actes. Chauveau, *Comm. tar.*, t. 1, p. 43; Vervoort, p. 10, note *a*; Sudraud, n° 68, § 2.

164. Dans le cas de *récusation*, pour la transmission au procureur du roi de l'acte qui la contient et de la réponse du juge, tous frais de port compris. Tar. 14; C. pr. 45 et 47.   5 fr.

Indépendamment de cette allocation, le greffier a droit, pour l'expédition qu'il doit faire, conformément à l'art. 47 C. pr., à l'émolument fixé par l'art. 9 du tarif. Chauveau, *Comm. tar.*, t. 1, p. 39.

Avant de faire l'envoi, il a droit d'exiger que le réquérant lui remette le montant des émolumens qui lui sont alloués, et consigne une somme pour les frais du jugement qui doit intervenir, et du renvoi des pièces. *Ib.*

165. Les greffiers ont droit à des *vacations* comme les juges de paix; elles doivent pour eux, comme pour ceux-ci, être chacune de 3 heures au moins.

166. Il est alloué aux greffiers les *deux tiers* de la taxe des juges de paix.

Pour *transport*, sur les lieux contentieux, par chaque vacation (Tar. 8, 12; C. pr. 30, 38). 3 fr. 35 c. 2 fr. 50 c. 1 fr. 67 c.

Devant le président du trib. de 1re instance, par chaque myriamètre. . . . . 1 fr. 35 c.

Autant pour le retour. . . . . 1 fr. 35 c.

Et par journée de 5 myriamètres. . . . . . 6 fr. 65 c.

Il n'est alloué qu'une seule journée, quand la distance n'est pas de plus de 2 myriamètres et demi, y compris la vacation devant le président du trib. Si la distance est de plus de 2 myriamètres et demi, il est payé deux journées pour l'aller, le retour et la vacation devant le président du trib. Tar. art. 3, 16, § 7.

A l'effet d'être présent à l'ouverture des portes, en cas de saisie exécution, par chaque vacation. Tar. 6, 16, § 7, C. pr. 587, 781. . . . . 3 fr. 35 c.   2 fr. 50 c.   1 fr. 67 c.

A l'effet d'être présent à l'arrestation d'un débiteur condamné par corps, dans le domicile où ce dernier se trouve. Tar. *ib.* . . . . 6 fr. 65 c.   5 fr. 00 c.   3 fr. 35 c.

167. Pour assistance aux *conseils de famille*, par vacation. Tar. 4, 16; C. pr. 406.   5 fr. 35 c.   2 fr. 50 c.   1 fr. 67 c.

168. Aux appositions, reconnaissances et levées de *scellés*, par chaque vacation. . .   5 fr. 35 c.   2 fr. 50 c.   1 fr. 67 c. Tar. art. 1er, 16; C. pr. 909, 952.

Dans la première vacation sont compris les temps du transport et du retour; s'il n'y a qu'une seule vacation, elle est payée comme complète, encore qu'elle n'ait pas été de trois heures. *Ib.* — V. *Scellés.*

169. Aux *référés*, les vacations sont les mêmes que ci-dessus. Tar. 2, 12; C. pr. 924, 916, 955.

170. Aux *actes de notoriété*, destinés à remplacer l'acte de naissance en cas de mariage, et qui sont dressés sur la déclaration de sept témoins. . .   5 fr. 35 c.   2 fr. 50 c.   1 fr. 67 c. Tar. art. 5, 16; C. civ. 70, 71.

A tous autres actes de notoriété délivrés par le juge de paix. Tar. *ib.* . . . .   0 fr. 70 c.   0 fr. 50 c.   0 fr. 65 c.

171. Les greffiers ne peuvent délivrer d'expéditions entières des procès-verbaux d'apposition, reconnaissance et levée de scellés qu'autant qu'ils en sont positivement requis par les parties.

Ils sont tenus de délivrer les extraits qui leur sont demandés, quoique l'expédition entière n'ait été ni demandée ni délivrée. Tar. art. 16, § 8 et 9.

172. Il leur est en outre accordé,

Pour la *déclaration* de l'apposition de scellés au greffe du trib. de 1re instance, dans les villes où elle est prescrite, les deux tiers d'une vacation du juge de paix, c'est-à-dire. . . . .   5 fr. 35 c.   2 fr. 50 c.   1 fr. 67 c. Tar. 1, 2, 17; C. pr. 925.

173. Pour chaque *opposition aux scellés* formée par déclaration sur le procès-verbal de scellés. . .   0 fr. 50 c.   0 fr. 40 c. Tar. 18; C. pr. 926.

Il n'est rien alloué pour les oppositions formées par le ministère des huissiers, et visées par le greffier. Tar. 19; C. pr. 1039.

Pour chaque *extrait* des oppositions aux scellés. Tar. 20; C. pr. 926. . . . .   0 fr. 50 c.   0 fr. 40 c.

174. Pour *représentation devant un autre trib.* des pièces dont ils sont *dépositaires* (— V. *sup.* n° 156) par chaque vacation. Tar. 166, n° 5. . . . .   6 fr. 00 c.

175. En cas *d'expertise*, l'art. 517 C. pr. porte que si tous les experts ne savent pas écrire, la rédaction du rapport sera écrite et signée par le greffier de la justice de paix du lieu où ils procéderont. Dans ce cas, cet officier a droit aux *deux tiers* des vacations allouées à un expert par les art. 159, 160 et 161 du tarif. *Ib.* art. 15.

Il y a lieu d'appliquer ces dispositions, bien que les experts sachent écrire, si aucun d'eux n'est capable de le faire d'une manière correcte et lisible. Chauveau, *Comm.*, Tar., t. 1er, p. 35. — V. *Expertise*, nos 80-84.

176. *Papier timbré.* Les greffiers ont droit de faire payer aux parties le papier timbré qu'ils emploient pour les expéditions, pour les procès-verbaux, certificats et autres actes qui ne sont pas portés sur les registres du greffe. — Ils sont également fondés à se faire rembourser par les parties le papier timbré des feuilles d'audience (— V. *sup.* n° 117). Les juges de paix doivent veiller à ce que les greffiers ne fassent pas de cet objet un moyen de bénéfice et de spéculation. Chauveau, *Tarif*, t. 1, 3, 14.

Art. 2. — *Mesures pour assurer la régularité de la perception.*

177. Aucuns frais ni émolumens ne peuvent être perçus par les greffiers des justices de paix que sur des états dressés par eux, et qui sont vérifiés et visés par le juge de paix. Ces états sont écrits au bas des expéditions, lorsqu'il en est délivré. Ordonn. 17 juill. 1825, art. 1.

178. Ces greffiers doivent tenir un registre sur lequel ils inscrivent, par ordre de date et sans aucun blanc, toutes les sommes qu'ils reçoivent pour les actes de leur ministère. Les déboursés et les émolumens sont inscrits dans des colonnes séparées. *Ib.* art. 2.

Ce registre est exempt du timbre, comme n'ayant pour objet qu'une mesure d'ordre et de discipline. Circ. min. just. 20 janv. 1827.

Il doit être coté et paraphé par le juge de paix, et tenu sous la surveillance de ce magistrat qui, à chaque trimestre, et plus souvent, s'il le juge convenable, le vérifie, l'arrête et en dresse un procès-verbal, dans lequel il consigne ses observations. Ce procès-verbal est envoyé au procureur du roi près le trib. civil, qui en rend compte au procureur-général près la C. roy. *Ordon.* précitée, art. 3.

Les procureurs du roi peuvent en outre, lorsqu'ils l'ont reconnu nécessaire, procéder à cette vérification par eux-mêmes ou par leurs substituts. *Ib.* art. 4.

En cas d'infraction aux règles ci-dessus, il en doit être fait rapport au garde des sceaux pour être pris à l'égard des contrevenans telle mesure qu'il appartient. *Ib.* art. 5.

179. Si les greffiers ou leurs commis reçoivent, sous quelque prétexte que ce soit, d'autres ou plus forts droits que ceux qui leur sont attribués par les lois et règlemens, il est enjoint aux juges de paix d'en informer les procureurs du roi, et il en doit être fait rapport au garde des sceaux. *Ib.* art. 6.

180. Les contrevenans sont, selon la gravité des circonstances, destitués de leur emploi, traduits devant la police correctionnelle pour être condamnés aux amendes déterminées par les lois, ou poursuivis extraordinairement en vertu de l'art. 174 C. pén., sans préjudice, dans tous les cas, de la restitution des sommes indûment perçues, et des intérêts, quand il y a lieu. *Ib.*

§ 5. — *Secrétaires des conseils de prud'hommes.*

181. Leurs émolumens sont fixés par le décret du 20 fév. 1840, qui rectifie celui du 11 juin 1809. — Ses dispositions sont limitatives : c'est surtout pour cette juridiction que l'on a eu en vue d'économiser les frais.

182. Les secrétaires des conseils de prud'hommes ne peuvent, en général, rien réclamer des parties pour la *rédaction* des minutes d'actes reçus par eux dans l'exercice de leurs fonctions.

Spécialement il ne leur est rien dû pour la déclaration des parties qui se présentent volontairement devant les prud'hommes, à l'effet d'être conciliées par eux. Décr. 20 fév. 1810, art. 58.

183. Il leur est alloué :

Pour la lettre d'invitation de se rendre au conseil (*id.* art. 59.). .	0 fr.	30 c.
Pour chaque rôle d'*expédition* qu'ils délivrent et qui doit contenir 20 lignes à la page et 10 syllabes à la ligne (*id.*)	»	40
Pour l'*expédition du procès-verbal* constatant par une mention sommaire que les parties n'ont pu se concilier (*id.*).	»	80
Pour l'*expédition du procès-verbal* constatant le dépôt du modèle d'une marque (*id.*).	3	»
Pour *représentation* devant un tribunal des pièces dont ils sont dépositaires (V. *sup.* n° 136) par chaque vacation de trois heures.	6	»

Tarif, 16 février 1807, art. 166, n° 5.

184. L'art. 62 du décr. du 20 fév. 1810 porte : « Au moyen de la taxation dont il est question dans les art. 59 et 60, les frais de *papier*, de *registre* et d'*expédition* seront à la charge des secrétaires des conseils de prud'hommes et des greffiers des tribunaux de commerce. » Il est évident, par la ponctuation seule, que cette disposition n'oblige pas les greffiers et secrétaires à fournir le papier des expéditions. Chauveau, *Comm. Tar.* t. 1, introd. p. 55 ; Vervoort, p. 257, note *a*.

Mais de quel papier cet article veut-il parler ? — M. Chauveau (*loc. cit.*) pense qu'il est impossible de supposer que l'on ait voulu mettre à la charge de ces officiers le papier timbré nécessaire pour les feuilles d'audience, les minutes des procès-verbaux, etc. « Nous pencherions, dit-il, à croire, avec M. Vervoort, qu'il ne s'agit que du papier des lettres d'invitation dont parle l'art. 59. » — Il est clair, d'abord, que cette disposition s'applique au *papier libre*, pour quelque objet qu'il soit employé ; relativement au *papier timbré*, elle ne peut être expli-

quéc, à raison de l'analogie, par les art. 12 et 16 L. 21 vent.
an 7 (—V. *sup.* n°s 115, 117). Du reste, on ne sait ce que l'art.
62 ci-dessus transcrit veut dire par les *frais d'expédition*, à moins
qu'il ne faille entendre par là le salaire du copiste ; mais cela
était inutile à exprimer. Chauveau, *loc. cit.*

185. Cet article, en faisant mention des *greffiers des tribunaux de commerce*, n'a trait qu'au cas prévu par l'art. 60, où
ils reçoivent le dépôt du modèle d'une marque (—*sup.* n° 183) ;
mais non pas, comme paraît le supposer M. Chauveau (*loc.
cit.*), aux affaires qui, après avoir été soumises aux conseils
de prud'hommes, sont portées en appel devant les tribunaux
de commerce : ces affaires rentrent dans la classe de celles jugées en première instance par ces tribunaux ; elles donnent lieu
aux mêmes droits de greffe et aux mêmes émolumens pour les
greffiers.

186. Tout secrétaire de conseils de prud'hommes convaincu
d'avoir exigé une taxe plus forte que celle qui lui est allouée,
est puni comme concussionnaire. Décr. 20 fév. 1820, art. 63.

GREFFIER. (1) Fonctionnaire établi près les Cours et tribunaux, et dont le principal emploi est d'écrire les arrêts, jugemens et tous autres actes du ministère des juges, d'en garder
les minutes, et d'en délivrer des expéditions.

DIVISION.

§ 1. — *Institution et organisation des greffiers.*
§ 2. — *Admission aux fonctions de greffiers.*
§ 3. — *Fonctions des greffiers ; incompatibilités.*
§ 4. — *Droits et devoirs des greffiers.*
§ 5. — *Des commis-greffiers.*
§ 6. — *Des secrétaires des conseils de prud'hommes.*
§ 7. — *Timbre et enregistrement.*

§ 1. — *Institution et organisation des greffiers.*

1. L'institution des greffiers se retrouve à des époques très-
reculées, à Rome et chez les Grecs.

En France, sous les rois de la troisième race, les juges com-
mettaient leurs clercs pour greffiers ; de là vient le mot de
clergie, remplacé depuis par celui de greffe. Ces commissions
furent prohibées par Philippe-le-Bel ; et, en 1319, une ordonnance déclara que les greffes faisaient partie du domaine.

« De toutes les fonctions qui entrent dans l'ordre de l'administration de la justice, dit Domat (*Droit public*, liv. 2, tit.
5, sect. 1ʳᵉ), il n'y en a point qui aient autant de liaison aux

---

(1) Cet article est de M. de Belleval, avocat à la Cour royale de Paris.

fonctions de juges que celles des greffiers ; car ils doivent écrire ce qui est dicté ou prononcé par les juges , et demeurer dépositaires des arrêts , jugemens et autres actes qui doivent subsister , et en délivrer des expéditions aux parties ; c'est leur seing qui fait la preuve de la vérité de ce qu'ils signent. »

2. Il existe un greffier dans chaque Cour ou tribunal , soit de première instance, soit de commerce , et dans chaque justice de paix.

3. Le greffier de la C. de cass. , celui de la C. des comptes , et ceux des C. roy. prennent le titre de *greffier en chef*. Ordonn. 15 janv. 1826 , art. 72 ; L. 16 sept. 1807, art. 2 ; Décr. 6 juill. 1810 , art. 54.

4. Tous les greffiers fournissent un *Cautionnement*. — V. ce mot n° 7, et toutefois *inf.* n° 7.

5. Ils sont nommés par le roi , sur la proposition du garde-des sceaux. L. 27 vent. an 8, art. 92.

6. Ils ont le droit, ainsi que leurs héritiers ou ayant-cause , de présenter un successeur à son agrément (— V. *inf.* n° 18), excepté dans le cas de destitution. — V. *Office.*

7. Mais le greffier en chef de la C. des comptes est nommé sur la proposition du ministre des finances. Le premier président peut faire une présentation de candidats ; le titulaire ou ses héritiers n'ont pas le droit de présenter un successeur ; il ne fournit pas de cautionnement , et ne peut se prévaloir de la loi de 1816.

8. Les greffiers ont aujourd'hui, comme autrefois , la qualité de *membres des cours* ou *tribunaux* auxquels ils sont attachés, et prennent rang après les magistrats du ministère public. L. 20 avr. 1810, art. 63 ; Merlin, *Rép.*, v° *Greffier*, n° 11.

Conséquemment, 1° ils ne doivent pas être rangés dans la classe des *officiers ministériels*. — V. *Discipline*, n° 70.

9. 2° Ils sont dispensés du service ordinaire de la garde nationale. Arg. L. 22 mars 1831, art. 28. Cass. 21 juill. 1832. D. 53, 587 ; 21 mars 1834, D. 34, 348 ; Cons. d'ét., 21 mai 1831; Joye, *Annuaire de la magistrature*, 132.

10. 3° S'ils se présentent pour être notaires, ils peuvent être dispensés de la justification du temps d'étude exigé. Arg. L. 25 vent. an 11, art. 42 ; Décr. min. just. 31 janv. 1836 (Art. 343 J. Pr.).

11. Ils sont évidemment des fonctionnaires publics.

Mais ils ne doivent pas être regardés comme des *agens du gouvernement*, et ils peuvent être poursuivis pour des faits relatifs à leurs fonctions, sans l'autorisation préalable du cons. d'Et. L'art. 75 Constit. 22 frim. an 8 ne doit s'entendre que des fonctionnaires publics qui sont tellement sous la dépendance du gouvernement qu'ils ne peuvent jamais, dans l'exerc cice de leurs fonctions habituelles et journalières, avoir d'autre opinion que la sienne, ni tenir une conduite opposée à celle qu'il leur trace, soit par lui-même, soit par ses agens supérieurs. Cass. 26 déc. 1807, S. 7, 2, 526 ; Favard, v° *Greffier*, n° 8 ; Merlin, *Rép.* v° *Garantie des fonctionnaires publics*, n° 6 ; Carré, *Comp.*, n° 145 ; Joye, *ib.*

12. Le costume des greffiers est réglé par le décr. du 2 niv. an 11, de la manière suivante :

Cours royales. Les greffiers en chef portent le même costume que celui des conseillers, mais sans galons à la toque. — Les commis greffiers tenant la plume, portent, — aux audiences ordinaires, la toge noire, sans simarre, et la toque noire, sans galons ; — aux grandes audiences et cérémonies, la toge noire, avec simarre et ceinture. *Même décr.*, art. 5.

Tribunaux de 1re instance. Les greffiers portent le même costume que les juges, mais sans bord à la toque. — Les commis greffiers tenant la plume portent la toge fermée, sans simarre. *Ib.* art. 5.

Justices de paix. Les greffiers des juges de paix portent le même costume que les greffiers des trib. de 1re instance. *Ib.* art. 7.

§ 2. — *Admission aux fonctions de greffiers.*

13. Pour être admis aux fonctions de greffier, il faut : 1° jouir de l'exercice des droits civils et de citoyen.

14. 2° Avoir satisfait aux lois sur le recrutement. — V. *Avoué*, n° 16.

15. 3° Etre âgé de 25 ans accomplis, s'il s'agit d'une place de greffier près d'un trib. de 1re instance, de commerce ou de paix, L. 16 vent. an 11, art. 1 ; — et de 27 ans aussi accomplis, s'il s'agit d'une place de greffier en chef à la C. de cass. (Ordonn. 15 janv. 1826, art. 75) ; ou de greffier près d'une C. roy. L. 20 avr. 1810, art. 65. — Le greffier en chef à la C. des comptes doit être âgé de 50 ans accomplis. Décr. 28 sept. 1807, art. 45.

16. L'exercice des fonctions de greffier forme une présomption légale que le gouvernement ou ses agens ont fait préalablement toutes les vérifications nécessaires. Arg. ch. crim. 8 mars 1816, P. 13, 518. — Cette présomption ne doit pas tomber devant la preuve contraire, pas même devant la production de l'acte de naissance qui établirait que le greffier n'a pas l'âge requis.

Jugé qu'il n'entre pas dans les attributions de la C. cass. de vérifier si le greffier d'un trib. réunit les qualités nécessaires pour exercer ses fonctions. *Même arrêt.* — *Contra*, Dalloz, 11, 43. Arg. cass. 13 sept. 1811, P. 9, 656. — Cet arrêt a admis la nullité d'une décision à laquelle avait concouru un juré qui n'avait pas l'âge.

17. 4° Remplir certaines conditions de capacité : il faut être licencié en droit pour être nommé greffier en chef près la Cour de *cassation* (— *V*. ce mot n° 19) ; — ou près une C. roy. (L. 20 avr. 1810, art. 65) — et dans ce dernier cas, avoir suivi le barreau pendant deux ans. *Ib.*

Les greffiers des trib. de 1re inst., de commerce, de paix et de police, doivent autant que possible justifier qu'ils ont travaillé soit dans l'étude d'un notaire, soit dans celle d'un avoué, soit dans un greffe, soit enfin au bureau d'un receveur de l'enregistrement. Joye, *ib.*

18. 5° Etre présenté par un titulaire, sa veuve, ses héritiers ou ayant-cause, à moins qu'il n'y ait une vacance. L. 28 nov. 1816, art. 91.

19. 6° Etre nommé par ordonn. du roi. — V. *sup.* n° 5.

20. 7° Justifier du versement du cautionnement exigé, et de l'acquit des droits d'enregistrement. L. 28 avr. 1816, art. 92, 96. — V. *inf.* n° 80.

21. 8° Prêter *serment*. — Ce serment est le même que celui des autres fonctionnaires publics. — V. ce mot.

22. Nul ne peut, sans une dispense du roi, être greffier d'une cour ou d'un trib., s'il est parent ou allié d'un membre de cette cour ou de ce trib., jusqu'au degré d'oncle et neveu inclusivement. — Il n'est accordé aucune dispense pour les trib. composés de moins de huit juges. L. 20 avr. 1810, art. 63. — En cas d'alliance survenue depuis la nomination, celui qui l'a contractée ne peut continuer ses fonctions sans une dispense. *Ib.*

23. Lorsqu'il s'agit de pourvoir au greffe de la C. de cass. ou d'une C. roy., la demande et les pièces sont transmises au garde des sceaux par le procureur général. Pour les autres greffes, l'instruction est faite par le procureur du roi, qui en communique le résultat par l'intermédiaire du procureur général de son ressort. Joye, *ib.*, 152.

§ 5. — *Fonctions des greffiers ; — incompatibilités.*

24. Les fonctions des greffiers consistent : 1° à écrire et à rédiger, sous la dictée du juge (Décis. min. des fin. 11 nov. 1808, S. 9, 12), qui doit toujours en être assisté. C. pr. 1040. — V. toutefois *inf.* n° 30.

2° A présider à certains actes judiciaires d'instruction et d'exécution, tels que vérification d'écritures faite par experts, affirmation des parties, soumission de cautions, délivrance des mandemens de collocation, transcription des saisies-immobilières, etc., etc. — V. *inf.* n° 40.

5° A garder minute, de tous les actes qui doivent porter minute (V. ce mot), à conserver les titres et pièces déposés au
greffe et à en délivrer des copies, s'il y a lieu. — V. inf. n° 31
et suiv., et *Grosse*.

4° A recevoir et à transmettre au juge les notifications qui
l'intéressent directement. — V. *Récusation, Renvoi.*

25. Ils sont rédacteurs et dépositaires *exclusifs* des déclarations faites à l'audience.

Toute copie de ces déclarations, tirée par un autre que par
le greffier dépositaire des minutes, ne peut servir que de commencement de preuve. C. civ. 1335.

26. Les jugemens rendus sans l'assistance du greffier sont
radicalement nuls. — V. *Jugement.*

Il en est de même de tous les actes du juge, dont il doit rester
minute : le greffier qui les écrit devient responsable de leur
conservation. Boncenne, 1, 569.

Cette minute est signée par le président et par le greffier.
C. pr. 138. — V. *infr.* n° 50.

27. La présence du greffier est suffisamment constatée par
sa signature sur la minute du jugement ; on ne peut la contester
que par la voie de l'inscription de faux. Cass. ch. req. 19 nov.
1835 ; 3 janv. 1838 (Art. 249 et 1084 J. Pr.).

Il n'est pas nécessaire, à peine de nullité, que l'expédition
du jugement mentionne la présence du greffier à l'audience.
Cass. ch. req. 19 août 1834, D. 34, 452 ; 3 janv. 1838.

28. L'ordonn. de clôture d'ordre n'est définitive qu'après
qu'elle a été signée par le juge-commissaire et par le greffier.
Tant que ce dernier ne l'a pas signée, les créanciers peuvent
produire à l'ordre. Bourges, 24 janv. 1838 (Art. 1237 J. Pr.).

29. La taxe des dépens est signée par le juge et par le greffier. Décr. 16 févr. 1807, art. 5. — V. *Taxe.*

La minute de l'exécutoire doit-elle présenter cette double
signature ?

Suivant les uns, la signature du greffier suffit : en effet,
l'art. 5 du décret ajoute : — lorsque le montant (de la taxe)
n'aura pas été compris dans l'expédition de l'arrêt ou du jugement, il en sera *délivré* exécutoire par le greffier. Entendre le
mot *délivré* de la simple remise de l'expédition, ce serait supposer à la loi une superfluité. Dans des cas très-graves, tels que
ceux d'une distribution par contribution et d'un ordre, le greffier est autorisé à délivrer seul, et sans l'intervention du juge,
des mandemens et des bordereaux de collocation. Arg. C. pr.
665 et 758 (— V. *Distribution,* n° 125). Rome, 1er mars 1811,
P. 9, 156 ; Bourges, 9 janv. 1832, D. 32, 129 ; concl. de
l'avocat général Boucher, P. 9, 586 ; Rivoire, v° *Dépens,* n° 27.

Selon d'autres, il faut tout à la fois la signature du greffier et celle du président. Il en était ainsi sous l'ordonn. de 1667, tit. 51, qui assimilait l'exécutoire à un jugement. Le décret de 1807 n'est point introductif d'un droit nouveau ; on ne peut argumenter de ce qui a lieu en matière de distribution et d'ordre : dans ces deux cas, la loi a *spécialement* attribué au greffier le pouvoir, non pas de faire un jugement, mais de délivrer copie *exécutoire* du procès-verbal de collocation à chacun des créanciers en ce qui le concerne. Rome, 11 juin 1811, P. 9, 586 ; Chauveau, *tarif,* 2, p. 64, n° 29 ; Arg. Pigeau, 2, 557.

Il est plus prudent de suivre ce dernier système. — V. *Exécutoire,* formule 1.

50. L'assistance du greffier n'est pas nécessaire pour les ordonn. que le juge donne dans son hôtel, qu'il met au bas des requêtes (Arg. C. pr. 1040), et qui restent aux mains des parties. Boncenne, *ib.*

51. Les greffiers sont chargés de tenir dans le meilleur ordre les rôles et les différens registres ; — de veiller à la conservation des lois et autres ouvrages à l'usage de la Cour ou du trib., de même qu'à la garde des pièces qui leur sont confiées, et de tous les papiers du greffe en général. Décr. 30 mars 1808, art. 92, 93 ; C. pén. 173.

52. Ceux des trib. de 1re inst. sont dépositaires de l'un des doubles des registres de l'état civil (C. civ. 43), et des procurations et autres pièces qui doivent demeurer annexées aux actes de l'état civil. *Ib.* 44. — V. *Actes de l'état civil,* n°s 2, 4 et 5.

53. Aux termes de l'art. 853 C. pr., les *greffiers* et dépositaires de registres publics doivent en délivrer, sans ordonn. de justice, expédition, copie ou extrait à tous requérans, à la charge de leurs droits, à peine de dépens, dommages et intérêts. — V. *Copie,* n° 3.

54. Cela s'applique aux jugemens comme aux autres actes. Pigeau, 2, 396.

55. Ainsi, il n'y a pas lieu à compulsoire, lorsqu'on veut avoir expédition de jugemens ou autres actes déposés dans un greffe. Pigeau, *ib.;* Colmar, 14 juin 1814, S. 15, 155. — V. *Compulsoire,* n° 2.

56. Le refus du greffier de se conformer à l'art. 853, après sommation de la partie, peut l'y faire condamner même par corps. *Même arrêt.*

57. En principe général, le greffier d'un trib. ne peut pas être forcé de donner expédition ou même communication d'un acte judiciaire de pure discipline. — V. *Copie,* n° 4.

Jugé cependant que le procureur du roi qui, de l'ordre du garde des sceaux, a demandé l'avis du trib. sur la question de savoir si un notaire peut être remplacé pour défaut de résidence, a le droit d'exiger du greffier, sous peine pour ce dernier d'y être contraint par corps, expédition de l'avis du trib., inscrit sur le registre de ses délibérations, et que le président a transmis directement au garde des sceaux. Poitiers, 1er juill. 1831 , D. 32, 72.

58. De ce que les greffiers sont tenus de délivrer, sans ordonn. de justice, expédition, copie ou extrait à tous requérans, à la charge de leurs droits, des registres dont ils sont dépositaires , résulte-t-il qu'ils soient obligés de donner communication des minutes des jugemens ou autres actes judiciaires dont l'expédition n'a pas encore été délivrée, ou même d'en laisser prendre copie ?

Nous ne le pensons pas : le contraire peut même s'induire de la manière dont l'art. 853 C. pr. est rédigé. — Il y a plus ; l'art. 11 L. 21 vent. an 7, qui défend aux greffiers , sous peine d'amende, de délivrer aucune expédition avant que les droits n'aient été acquittés , justifie le refus des greffiers. Si la faculté de prendre communication, et surtout copie des minutes, existait, elle offrirait dans plusieurs cas un moyen facile d'éluder le paiement des droits de greffe, de timbre, etc.

59. Les greffiers des justices de paix et des trib. de 1re inst. peuvent, en outre, faire les ventes mobilières, concurremment avec les huissiers et commissaires-priseurs. A cet égard, les lois des 26 juill. 1790 et 17 sept. 1793 sont encore en vigueur. — V. *Huissier, Ventes*.

40. Pour le détail des fonctions des greffiers. — V. d'ailleurs; C. pr. 18, 30, 39, 42, 107 et suiv., 115, 138 et suiv., 205, 218 et suiv., 273 et suiv., 295 et suiv., 432, 433, 441, 644, 653, 665, 666, 915, 926, 927, 983, 1040, *Descente sur les lieux, Distribution par contribution, Enquête, Expertise, Faux, Instruction par écrit, Juge de paix, Jugement, Licitation, Ordre, Partage , Saisie, Séparation de biens , Scellés, Vérification d'écriture, etc.*

41. *Incompatibilités.* Les fonctions de greffier sont incompatibles avec toutes autres fonctions judiciaires, administratives et notariales ; — avec toute fonction publique sujette à comptabilité pécuniaire, telle que celles de membre des administrations forestières , de receveur d'enregistrement, d'employé dans le service des douanes, postes et messageries. L. 20 mars 1791, art. 5 ; 24 vendém. an 3 , tit. 3 et tit. 4, art. 1 et 2 ; 25 vent. an 11 , art. 7 ; — avec la profession d'avocat. Ordonn. 20 nov. 1822 , art. 42 ;—celle d'*avoué*.—V. ce mot, n° 96 ;—ou d'huissier. Cass. 6 prair. an 10 ; Merlin, *Quest. Dr.*, v° *Huissier*, § 3.

Toutefois , les fonctions de greffier de justice de paix sont compatibles avec celles de commissaire-priseur dans toutes les villes autres que Paris. Ordonn. 26 juin 1816 , art. 11. — Mais le ministère permet rarement ce cumul,

42. Les greffiers ne peuvent, 1° devenir cessionnaires des procès, droits et actions litigieux de la compétence du trib. dans le ressort duquel ils exercent leurs fonctions, à peine de nullité et des dépens, dommages et intérêts. C. civ. 1597. — V. *Litigieux* (*Droits*).

2° Se rendre adjudicataires des biens dont la vente se poursuit au trib. près duquel ils exercent leurs fonctions. C. pr. 713. — V. *Vente*.

43. Mais aucune loi ne leur interdit, 1° d'être mandataires d'une partie près le trib. auquel ils sont attachés. Rennes, 16 et non 6 avr. 1817, P. 14, 186. — Dans l'espèce, la nullité pouvait d'autant moins être admise, que la partie intéressée à la proposer s'y était rendue non recevable en procédant volontairement avec le mandataire dont elle avait ensuite contesté la qualité.

2° D'exercer les fonctions d'experts devant le même tribunal. — V. *Expertise*, n° 52.

Toutefois, il est plus convenable pour un greffier de se renfermer dans l'exercice de ses fonctions.

44. Un greffier peut-il être récusé pour cause de parenté avec l'une des parties ? — La loi est muette sur ce point, et l'art. 378 C. pr. ne saurait s'étendre aux greffiers.

Le parlement de Paris a bien jugé, le 3 août 1729, que le greffier qui est parent de l'une des parties doit se récuser, sous peine de nullité; mais plus tard, le 23 juin 1741, dans un procès criminel où le greffier qui avait écrit les informations était parent de l'une des parties, il ordonna qu'un autre greffier serait commis à la continuation de la procédure, sans annuler ce qui avait été fait antérieurement. Merlin, v° *Greffier*, n° 17.

45. Les greffiers ne sont pas soumis au désaveu. — Il faut se pourvoir par inscription de faux contre les énonciations mensongères que contiendraient les actes rédigés par eux. — V. d'ailleurs *Désaveu*, n° 39.

§ 4. — *Droits et devoirs des greffiers.*

46. *Droits.* Les greffiers reçoivent un traitement fixe de l'État. L. 27 vent. an 8, art. 92. — Quant à la quotité de ce traitement, — V. pour *les greffiers des Cours royales*, L. 21 vent. an 7, art. 17, et Décr. 50 janv. 1811, art. 6, combinés avec la L. 27. vent. an 8, art. 28 ; — pour *ceux des tribunaux de première instance*, L. 21 vent. an 7, même article ; — pour *ceux des tribunaux de commerce*, même loi, art. 17 ; pour *tous*, arrêt du 8 mess. an 8 ; — pour *ceux des justices de paix*, L. 21 prair. an 7 ; — pour ceux des tribunaux de police dans les villes où il y a plusieurs justices de paix, arrêté du 50 fruct. an 10.

Certains avantages leur sont aussi accordés sur les droits de greffe qu'ils perçoivent. — V. *Greffe (droits de)*, sect. III, § 7, et sect. IV.

47. *Devoirs.* Les greffiers des C. roy. et des trib. de 1re inst. doivent : 1° tenir leur greffe ouvert tous les jours, excepté les dimanches et fêtes aux heures réglées par le trib. ou la C., de manière néanmoins qu'ils soient ouverts au moins huit heures par jour. Décr. 30 mars 1808, art. 90.

Le greffe de la C. de cass. est ouvert tous les jours, excepté les dimanches et fêtes, aux heures fixées par la Cour. Ordonn. 15 janv. 1826, art. 78.

48. Tenir la plume, soit par eux-mêmes, soit par leurs commis pendant toute la durée des audiences. Décis. 30 mars 1808, art. 91.

Le droit du greffier de se faire suppléer par ses commis dans toutes ses fonctions cesse à moins d'empêchement légitime, lorsqu'il s'agit d'assister aux audiences solennelles et aux assemblées générales. L. 6 juill. 1810, art. 56 et 57; Décr. 30 mars 1808, art. 91.

49. 3° Porter dans toutes leurs fonctions, soit à l'audience, soit au parquet, soit aux comparutions et aux séances particulières devant les commissaires, le costume prescrit. — V. *sup.* n° 12.

50. 4° Ne délivrer des expéditions des jugemens rendus, qu'après que la minute en a été signée conformément à la loi, sous peine d'être poursuivis comme faussaires. C. pr. 139.

Les moyens d'excuse et de bonne foi ne peuvent être appréciés que par la C. d'assises. Cass. 22 août 1817, S. 18, 207.

51. 5° Ne délivrer aucune expédition avant l'*enregistrement* (— V. ce mot, n° 63 et suiv.), et n'énoncer aucun acte non enregistré, — sous peine d'amende. L. 22 frim. an 7, art. 42.

52. Tout certificat délivré par un greffier, spécialement celui qui constate qu'il n'est survenu aucune opposition à une levée de scellés, doit, sous peine du double droit et de l'amende, être enregistré dans les 20 jours. Trib. de la Seine, 8e ch., 1er fév. 1838 (Art. 1075 J. Pr.).

53. 6° Tenir acte de la remise qui leur est faite annuellement par les notaires du double de leur répertoire, en exécution des lois des 6 oct. 1791 et 16 flor. an 4, 27 juin 1808. Circul. du grand-juge, S. 8, 2, 288.

54. 7° Avoir un répertoire à colonnes, sur lequel ils inscrivent jour par jour, sans blanc ni interligne, et par ordre de numéros, tous les actes et jugemens qui doivent être enregistrés sur les minutes, à peine de 10 fr. d'amende (réduits à 5 fr. par la loi du 16 juin 1824) pour chaque omission. L. 22 frim. an 7, art. 49.

Chaque article du répertoire contient : son numéro ; la date de l'acte ; sa nature ; les noms, prénoms et domicile des parties ; la relation de l'enregistrement. *Ib.* art. 50. — V. *Enregistrement*, n°ˢ 74 et suiv. — V. *Répertoire.*

55. Les greffiers sont tenus de porter sur leurs répertoires même les certificats délivrés en brevet et dont il ne reste pas minute. Cass. 14 nov. 1837 (Art. 1067 J. Pr.) ; jugement précité du 1ᵉʳ fév. 1838 ; Décis. min. fin. 19 janv. 1824.

56. Les greffiers des trib. de commerce sont tenus des mêmes obligations. Lettre minist. 14 déc. 1813, S. 14, 2, 243, et doivent, comme ceux des trib. civil s porter tous les jugemens sur une feuille d'audience. Décis. grand-juge, 31 oct. 1809.

57. 8° Présenter à la C. ou au trib. auquel ils sont attachés, et faire admettre au serment le nombre de commis-greffiers nécessaire pour le service. L. 28 flor. an 10 ; Décr. 28 sept. 1807 ; Décr. 6 juill. et 18 août 1840 ; Ordonn. 15 janv. 1826. — V. *inf.* § 5.

58. 9° Subvenir au traitement des expéditionnaires et autres employés, ainsi qu'à tous les frais et dépenses du greffe. L. 21 vent. an 7, art. 16 ; L. 27 vent. an 8, art. 92.

59. 10° Exercer la plus active surveillance sur les commis, d'autant plus qu'ils sont solidairement responsables de toutes amendes, restitutions, dépens et dommages-intérêts, résultant des contraventions, délits ou crimes dont ces derniers se rendent coupables dans l'exercice de leurs fonctions, sauf leur recours contre eux. Décr. 6 juill. 1840, art. 59, et 18 août 1840, art. 27.

60. 11° Résider dans la ville où est établi le tribunal près lequel ils exercent. La même obligation pèse sur les commis de service aux audiences. Décr. 30 mars 1808, art. 100.

Quant aux autres obligations des greffiers. — V. *sup.* n° 24, 31 à 543 ; *Grosse,* n° 23.

61. Les greffiers sont avertis ou réprimandés par les présidens de leurs Cours et trib. respectifs, et dénoncés, s'il y a lieu, au ministre de la justice. L. 20 avr. 1810, art. 62.

62. Les greffiers sont révocables à la volonté du gouvernement, d'après la loi du 27 vent. an 8, art. 92.

La loi du 28 avr. 1816 l'a-t-elle laissée subsister ?

Pour la négative on dit : Si les greffiers sont révocables à volonté, le droit établi en faveur de ces fonctionnaires de présenter un successeur, droit qui leur est accordé à titre de dédommagement pour l'augmentation de cautionnement qu'on leur a fait subir, peut devenir entièrement illusoire.

Néanmoins, l'art. 92, loi de ventôse an 8 n'ayant point été abrogé positivement par la loi du 28 avril 1816, nous paraît avoir conservé toute sa force. Il faut remarquer d'ailleurs que la loi de 1816, privant le titulaire *destitué* de la faculté de présenter un successeur, reconnaît par cela même qu'une destitution peut avoir lieu. Le ministre de la justice use quelquefois du droit de révocation; mais, pour écarter toute idée de confiscation, il est dans l'usage d'autoriser le greffier révoqué ou ses créanciers à toucher le prix de son office d'après l'estimation faite par le tribunal ou la Cour près desquels il exerçait. — V. *Office*.

Le droit de révocation s'exerce, dans l'usage, à l'égard des greffiers des justices de paix, bien que la loi de l'an 8, d'où il dérive, ne s'occupe pas de cette sorte de juridiction.

63. Le droit de révoquer les greffiers, qui appartient au gouvernement, n'empêche pas que les trib. n'aient le pouvoir de destituer eux-mêmes ces fonctionnaires dans les cas où la destitution est prononcée comme peine par la loi pour faits de charge, par exemple, pour infraction à l'art. 23 L. 21 vent. an 7. Cass. 16 mai 1806, S. 6, 920; Merlin, *Rép.*, v° *Greffier*, n° 14; Carré, 6, *Org.*, art. 118, *Quest.*, 144; Dard, *Offices*, p. 8. — V. *Greffe* (*droits de*).

§ 5. — *Des commis-greffiers.*

64. Le personnel d'un greffe se compose ordinairement de trois sortes d'employés : 1° du greffier en chef; 2° des commis assermentés; 3° des commis expéditionnaires. — V. *sup.* n° 59.

Il doit y avoir dans chaque C., et dans chaque trib. de 1re inst., composé de plusieurs membres, un nombre de commis-greffiers assermentés, égal à celui des chambres de la C. ou du trib.; et un commis-greffier près chaque C. d'assises. Ces commis sont salariés par l'Etat. Décr. 30 janv. 1811, art. 6, 7, 8, 12, 16. Les greffiers des justices de paix ont également le droit d'avoir un commis qui est reçu au serment par le juge de paix. Lettre du grand-juge, 24 pluv. an 12. S. 7, 2, 993.

65. Les actes auxquels a concouru un commis non assermenté sont radicalement nuls. Carré, *Comp.* n° 148.

66. Les commis-greffiers ne sont pas, comme les greffiers, *membres des cours ou tribunaux;* ils ne peuvent donc pas réclamer les priviléges attachés à ce titre, notamment le droit d'exemption du service de la garde nationale.—V. *sup.* n° 9.

Ils ne sont pas non plus *officiers ministériels;* ce titre n'appartient qu'à des fonctionnaires institués par le roi, et les commis-greffiers n'exercent qu'en vertu d'une délégation du greffier. Carré, *ib.* n° 143.

Mais ils sont tenus à la résidence.—V. *sup.* n° 60.

67. A l'exception de quelques obligations personnelles imposées aux greffiers titulaires, les commis assermentés sont placés, quant à leurs fonctions, sur la même ligne. Carré, *ib.*

n° 149; Merlin, *Rép.* v° *Greffier*, n° 8. — L'administration regarde comme étant encore en vigueur l'art. 2, tit. 9, L. 24 août 1790, portant que les commis-greffiers seront âgés de 25 ans au moins.

68. Nul ne peut être commis-greffier près la Cour de cassation, s'il n'est licencié en droit et âgé de 25 ans. Ord. 15 janv. 1826, art. 75.

69. Les commis assermentés sont soumis aux mêmes incompatibilités que les greffiers. Joye, p. 152.—V. *sup.* n° 41.

70. Les commis-greffiers peuvent êtres destitués ou suspendus de leurs fonctions par les tribunaux.—V. *Discipline*, n°ˢ 72, 75; — ou révoqués par le greffier en chef. Décis. min. just. 22 mars 1835.—V. *ib.* n° 74.

Toutefois, le greffier en chef près la Cour de cassation ne peut révoquer ses commis qu'avec l'agrément de la Cour. Ord. 15 janv. 1826, art. 75.

71. En cas de vacance de la place de greffier, le premier commis assermenté n'est pas appelé de *plein droit* à tenir le greffe pendant la vacance : aucune loi ne lui confère cette prérogative; c'est au trib. qu'il appartient de commettre qui il juge convenable. Carré, *ib.* n° 147. — Mais en général le premier commis sera préféré.

72. Si le greffier et ses commis-greffiers sont empêchés, ils peuvent être provisoirement remplacés par un citoyen qui est admis au serment par la C. ou le trib. près duquel il doit exercer. Favard, v° *Greffier*, n° 1.

75. En cas de vacance d'une place de greffier dans une C. roy. ou dans un trib. quelconque, celui qui la remplit par *intérim* jouit du traitement, ainsi que des émoluméns qui y sont attachés, à la charge de pourvoir à toutes les dépenses du greffe. Décr. 50 janv. 1811, art. 52.

74. Celui qui a prêté serment comme greffier provisoire, mais dont les fonctions ont cessé par la nomination du titulaire, est tenu de prêter un nouveau serment, s'il reste attaché au greffe en qualité de commis (Caen, 5 mai 1829, J. P. 51, 1, 104); — à peine de nullité du visa qu'il aurait donné sur un procès-verbal de saisie-immobilière.—Jugé que cette nullité ne serait pas couverte par la bonne foi de l huissier, fondée sur l'opinion commune que celui qui a donné le visa ayant continué de remplir les fonctions de commis-greffier, est assermenté en cette qualité. *Même arrêt.*

75. Les *commis expéditionnaires* ne sont autre chose que des copistes auxquels le greffier confie le soin d'écrire les expéditions qu'il délivre. Ces employés subalternes n'ont aucun caractère légal, et ne peuvent remplir aucune des fonctions attribuées aux greffiers.

§ 6. — *Des secrétaires de conseils de prud'hommes.*

76. Il est attaché auprès de chaque conseil de prud'hommes un secrétaire et un commis, pour y remplir les fonctions de greffier. Ils reçoivent un traitement de 1000 fr. L. 18 mars 1806, art. 51. — V. *Prud'hommes.*

77. Ces secrétaires sont nommés à la majorité absolue des suffrages, et peuvent être révoqués à volonté; mais, dans ce cas, il faut que la délibération soit signée par les deux tiers des prud'hommes. Décr. 11 juin 1809, art. 26.

78. Ils doivent avoir soin des papiers, tenir la plume pendant les séances du conseil (*ib.*); — porter sur la feuille de séance les minutes des jugemens (*ib.* art. 4); signer les expéditions (*ib* art. 27); — lorsqu'il y a lieu à enquête dans les causes sujettes à appel, dresser procès-verbal de l'audition des témoins (*ib.* art. 52); — recevoir les actes de récusation des prud'hommes. *Ib.* art. 55.

V. d'ailleurs *Greffe (Droit de)*, sect. IV, § 5.

§ 7. — *Timbre et enregistrement.*

79. Toutes les pièces produites par les aspirans doivent être revêtues de la formalité du timbre. L. 13 brum. an 7, art. 12.

80. Les ordonnances de nomination des greffiers sont assujetties à un droit d'enregistrement de 10 pour 100 sur le montant de leur cautionnement. L. 21 avr. 1832, art. 34. — Ce droit est augmenté du dixième, qui est perçu en même temps que le principal. L. 6 prair. an 7.

Il est perçu sur la première expédition des ordonnances, dans le mois de sa délivrance, à peine du double droit. L. 21 avr. 1832, art. 34.

GRIEFS. Moyens articulés par une partie contre son adversaire; se dit surtout des moyens proposés en *appel* contre un jugement. — V. ce mot, n° 193.

GRIFFE. — V. *Signature.*

GROSSE. Vient de *grossoyer*, vieux terme de pratique qui exprime l'action d'écrire en lettres grosses ou allongées : c'est le contraire de minuter. — Se dit de la copie de la minute d'un acte notarié ou d'un jugement, revêtue de la forme exécutoire. — Se dit encore, mais improprement, de l'original des requêtes grossoyées par les avoués.

1. *Droit de délivrer les grosses.* Ce droit n'appartient qu'aux greffiers et aux notaires. — V. d'ailleurs *Exécution*, n° 29.

2. *Actes qui peuvent être délivrés en forme de grosse.* — Ce sont, 1° les jugemens et, en outre, certaines ordonnances exécutoires émanées d'un juge, telles que les ordonnances de référé, les bordereaux de collocation. — V. *Distribution par contribution,* *ordre*, *référé;* — l'ordonnance qui oblige un avoué à restituer des pièces prises en communication. — V. *Exception*, n° 138 ; —*l'Exécutoire de dépens.* — V. ce mot et *Exécution*, n° 39.

5. 2° Les actes notariés, pourvu que les obligations qu'ils renferment soient de nature à autoriser des contraintes, en vertu de l'acte même, contre celui qui refuse d'exécuter ses engagemens. — Si cet acte était insuffisant et qu'il fallût avoir recours à un jugement, ce serait en vertu de ce jugement que les contraintes seraient faites et non d'après l'acte notarié.

Ainsi, l'acte doit avoir pour objet des sommes liquides et déterminées, payables à la première réquisition du créancier, ou à une époque fixée. — V. *Exécution*, n° 34 ; *Possession* (*envoi en*); *Vente.*

4. La grosse d'un titre prescrit peut être délivrée tant que la question de prescription n'a pas été jugée.

5. *Par qui la délivrance d'une grosse peut être requise.* — Il faut distinguer.

Lorsqu'il s'agit d'un jugement, on ne délivre qu'une seule grosse à celui des avoués qui a rédigé les qualités et qui a le plus d'intérêt dans la contestation.

6. *Quid,* s'il y a plusieurs condamnations prononcées les unes contre certaines parties, les autres contre d'autres, délivrera-t-on plusieurs grosses du même jugement soit entières, soit par extrait ? — Ou bien n'en délivrera-t-on qu'une seule au premier requérant ? — V. *Jugement.*

7. Lorsqu'il s'agit d'un acte notarié, une grosse peut être demandée par chacune des *parties intéressées.* L. 25 vent. an 11, art. 26. — C'est-à-dire par chaque créancier d'une somme liquidée.— V. *sup.* n° 5.

La grosse d'un contrat de vente dont le prix n'est point payé, appartient au vendeur, celle d'un bail au bailleur, celle d'un prêt au prêteur.

8. Lorsque différens individus, créanciers distincts, demandent chacun une grosse, on énonce le nom de celui à qui elle a été délivrée tant sur la grosse même que sur la minute. — V. *inf.* n° 21.

9. S'il y a plusieurs covendeurs, copropriétaires ou créanciers, le notaire ne remettra pas indistinctement une grosse de l'acte à chacun d'eux.

10. L'étendue des droits de chaque partie, leurs intérêts communs ou respectifs seront pris en considération : on fait en sorte qu'il n'existe pas contre l'acquéreur, le locataire ou le débiteur, plusieurs grosses pour raison de la totalité d'une seule et même créance.

11. *Forme et mode de délivrance des grosses.* — Les grosses

doivent, — 1º être intitulées au nom du roi. C. pr. 146. — V. *Exécution*, nº 57 et *inf.* nº 17.

12. Il faut que la grosse d'un acte non encore délivré, dont la date est ancienne, soit intitulée au nom du souverain qui gouverne, au moment où la délivrance est demandée.

13. Mais, il n'est plus nécessaire de rectifier les grosses des actes et jugemens déjà délivrées, au nom d'un souverain, ou d'un gouvernement qui a cessé d'exister. — V. *Exécution*, nº 38.

14. 2º Contenir la copie fidèle de l'acte ou du jugement, sauf les légères modifications ou variations adoptées par l'usage.

Il en est de même des expéditions.

15. S'il y a sur la minute des renvois ou apostilles, qui ne soient pas signés ou paraphés des parties ou du dépositaire, notaire ou autre, l'expédition ou la grosse doit en faire mention.

16. Toutefois, on peut délivrer des extraits en forme de grosse exécutoire, de certains actes, par exemple des procès-verbaux ou jugemens d'adjudication. — Ces extraits peuvent contenir seulement la copie de la désignation des biens ou des clauses qui concernent chaque adjudicataire. — Souvent dans les enchères une clause expresse autorise les notaires ou greffiers à faire cette délivrance par extrait.

17. 3º Etre terminées au nom du roi conformément à l'art. 57 de la Charte. C. pr. 146.

18. La formule exécutoire (— V. *Exécution*, nº 37) est copiée textuellement, sans abréviation, et placée à la fin de l'acte ou du jugement. Arg. C. pr. 146.

Toutefois, a été déclaré régulier un exécutoire de dépens, ainsi conçu : « *Charles, par la grâce de Dieu, roi de France et de Navarre, à tous présens et à venir salut*, etc... *mandons et ordonnons à tous huissiers sur ce requis, à la requête du sieur... de contraindre par les voies de droit le sieur... au paiement*, etc. Nanci, 9 juill. 1829, S. 29, 353. — On soutenait que le mandement étant placé au commencement de la grosse de cet exécutoire au lieu d'être à la fin, et étant restreint aux huissiers, la formule exécutoire était incomplète, puisqu'on avait omis de donner mandement aux procureurs-généraux et de première instance d'y tenir la main, et aux officiers de la force publique d'y prêter main-forte lorsqu'ils en seraient légalement requis.

19. 4º Etre signées du greffier; — ou du notaire qui les a délivrées. L. 25 vent. an 11, art. 27.

20. La grosse d'un acte notarié doit-elle, à peine de nullité de l'exécution, porter l'empreinte du cachet du notaire qui l'a délivrée? — V. *Exécution*, nº 36.

21. Il doit être fait mention sur la minute des actes notariés, de la délivrance d'une première grosse faite à chacune des parties intéressées. L. 25 vent. an 11, art. 26. — Cette mention est paraphée par le notaire.

Les greffiers sont dans l'usage de faire la même mention sur leurs minutes.

22. Les grosses et expéditions des contrats de mariage en suite desquels il existe des changemens ou contre-lettres ne peuvent être délivrées à peine de dommages-intérêts des parties et sous plus grande peine s'il y a lieu, sans que ces changemens ou contre-lettres soient transcrits ensuite de ces grosses ou expéditions. C. civ. 1397.

23. Les expéditions délivrées par les greffiers doivent contenir 20 lignes à la page, 8 à 10 syllabes à la ligne, compensation faite des unes avec les autres. L. 21 vent. an 7, art. 6.

Il suit de là et de l'art. 23 de la même loi qui défend aux greffiers d'exiger, ni de recevoir d'autres droits que ceux spécifiés à peine de 100 fr. d'amende et de destitution, que le greffier encourt les deux peines si les expéditions qu'il délivre ne sont pas conformes à la loi, puisqu'il peut être censé avoir agi pour augmenter son émolument. — Cass. 16 mai 1806, P. 5, 334.

Les expéditions délivrées par les notaires ne peuvent avoir plus de 25 lignes par page pour moyen papier et 30 lignes de grand papier, 35 lignes par page de grand registre, à *peine de 25 fr. d'amende.* L. 13 brum. an 7, art. 20 et 26. — V. *Timbre.*

24. L'émolument des grosses est fixé à raison de tant par rôle. — V. *greffe (Droit de), Tarif.*

25. *Effets des grosses.* Quant à l'exécution du contrat, les grosses ont plus de force que la minute même ou l'original : elles seules autorisent l'*exécution* parée. —V. toutefois ce mot, n° 42.

26. La remise volontaire de la grosse du titre par le créancier au débiteur, fait présumer la remise de la dette ou le paiement, sans préjudice de la preuve contraire. C. civ. 1283. — La remise de la grosse du titre à l'un des débiteurs solidaires a le même effet au profit de ses codébiteurs. C. civ. 1284.

27. *Volontaire.* Il en est autrement si la remise de la grosse n'a pas été spontanée de la part du créancier, par exemple si elle est le résultat d'un vol.

Mais la preuve de ce fait est à la charge du créancier. Besançon, 8 juill. 1806, P. 5, 402.

28. La remise de la grosse à l'huissier vaut pouvoir pour toutes les exécutions autres que la *saisie-immobilière et l'emprisonnement* (—V. ces mots.), pour lesquels il est besoin d'un pouvoir spécial. C. pr. 556.

29. La remise de la grosse faite au débiteur par l'*huissier* qui en est porteur fait-elle présumer la libération?—V. ce mot.

30. La grosse de l'acte est indispensable lorsqu'il s'agit d'exécution, c'est-à-dire de saisie.

31. Mais l'expédition suffit, s'il s'agit simplement de prouver la créance, par exemple de produire dans un ordre ou dans une contribution.

Ainsi jugé à l'égard d'un ordre. Cass. 15 mars 1828; D. 28, 173. — Dans l'espèce la grosse paraissait avoir été égarée ou perdue. La délivrance d'une seconde grosse n'a pas été jugée nécessaire.

32. Toutefois, lors du paiement, le débiteur, l'acquéreur ou le tiers détenteur ne peut-il pas exiger la remise de la grosse? — V. *Ordre*.

33. *Foi due aux grosses.* Lorsque l'original subsiste, les grosses, comme toutes les copies, en général, ne font foi que de ce qui est contenu dans l'original. C. civ. 1334.

La représentation de l'original peut toujours être exigée. *Ib.*

34. Mais la demande de représentation de l'original n'autorise pas les juges à surseoir à l'exécution de l'acte : la grosse est exécutoire de plein droit jusqu'à l'inscription de faux. — V. d'ailleurs *Exécution*, nos 73 et 74; *Faux*, no 7.

35. Les grosses font foi, non-seulement quand elles ont été délivrées sur la minute même de l'acte reçu par le notaire, mais encore lorsqu'elles ont été délivrées sur un acte déposé pour minute.

36. Lorsque l'original n'existe plus, les grosses font la même foi que l'original. C. civ. 1335.

GROSSE (*seconde*). Une seconde grosse est l'expédition en forme de grosse, qui est obtenue et délivrée en vertu d'une décision judiciaire, du consentement du débiteur ou lui duement appelé.

1. L'art. 844 C. pr. autorise la délivrance d'une seconde grosse, soit d'une *minute d'acte*, soit par forme d'*ampliation*, sur une grosse déposée. —V. *Copie*, nos 36 et suiv.

Par *ampliation*, on entend la copie d'une expédition, et non celle de la minute, c'est une sorte de *duplicata*.

2. Le pouvoir de lever toutes expéditions (—V. *Copie*, no 14) ne donne pas le droit de requérir la délivrance d'une *seconde grosse* : un pouvoir exprès est nécessaire; il doit rester annexé au procès-verbal constatant la délivrance de la seconde grosse.

H.

HABILE. Signifie capable. *Habile à se porter héritier*, se dit de celui qui a droit à une *succession* ouverte. — V. ce mot.

HABITANT. — V. *Commune*, nᵒˢ 21 et 58.

HÉRITIER. — V. *Succession.*

HEURE. 1. Les significations et exécutions sont prohibées pendant certaines heures. — V. *Emprisonnement*, nᵒˢ 154 à 157; *Exécution*, nᵒ 102 ; *Exploit*, nᵒˢ 140 à 143.

2. Les juges de paix et de commerce, les juges de référé peuvent, en cas d'urgence, permettre d'assigner d'heure à heure. C. pr. 8, 417, 418, 808. — V. *Juge de paix*, *Référé*, *Tribunal de commerce.*

3. Les délais se comptent-ils par heure? est-il plus utile de faire un acte à telle heure plutôt qu'à telle autre ? — V. *Date*, nᵒ 19 ; *Délai*, nᵒˢ 24 à 27.

4. La date des actes doit-elle mentionner l'heure ? — V. *Date*, nᵒˢ 8 à 13.

HIÉRARCHIE JUDICIAIRE. — V. *Organisation judiciaire.*

HOMOLOGATION. Confirmation donnée par la justice à un acte.

1. L'homologation est nécessaire : 1° en matière de tutelle, d'émancipation, et d'*interdiction* dans plusieurs cas. — V. ce mot et *Mineur;* — 2° en matière de *licitation* ou de *partage* faits en justice. — V. ces mots ; — 3° pour rendre le concordat obligatoire. — V. *Faillite*, nᵒ 345 ; — 4° dans le cas de transaction sur une poursuite de *faux incident*. — V. ce mot, nᵒ 10 ; — ou d'*expertise*. — V. ce mot, nᵒˢ 96 et suiv. — On se sert alors surtout du mot *entérinement* pour désigner l'homologation du rapport des experts. C. pr. 972, 988, Tarif 75.

HONORAIRE. On donne cette qualification aux juges et aux officiers ministériels qui, après avoir exercé leurs fonctions pendant un certain nombre d'années, et s'en être démis, conservent les honneurs et quelques prérogatives dont ils jouissaient lorsqu'ils étaient titulaires.

1. Parmi les magistrats honoraires, les uns conservent simplement leur titre, leur rang et leurs prérogatives honorifiques (Décr. 2 oct. 1807, art. 3), sans exercer aucune fonction ; — les autres, s'ils appartiennent à une C. roy., conservent, outre cette prérogative, en vertu des lettres qui leur sont données par le roi, le droit d'assister avec voix délibérative aux assemblées de chambres et aux audiences solennelles. Décr. 6 juill. 1810, art. 77 ; L. 16 juin 1824, art. 13. — V. *Retraite.*

2. Un arrêt est nul, s'il a été rendu, même en audience solennelle, avec le concours d'un président ou de conseillers honoraires qui n'auraient pas reçu du roi des lettres qui leur accordent la prérogative spéciale de remplir, en certains cas, les fonctions de juges. Cass. 10 janv. 1821, S. 21, 175.

HONORAIRES. Synonyme d'émolumens et de salaire. On dit les *honoraires* de l'*avocat*. — V. ce mot, nᵒˢ 60 à 68 ; — les

émolumens de l'officier ministériel. — V. *Avoué*, n°s 155 à 205 ;
— le *salaire* du conservateur des hypothèques. — V. *Inscription hypothécaire, Dépens, Tarif, Taxe*.

HORS DE CAUSE. — V. *Débouté, jugement*.

HOSPICES et bureaux de bienfaisance.—1. Ces établissemens sont assimilés aux communes pour leurs actions, soit devant les tribunaux, L. 16 vend. an 5 ; Arrêt. régl. 9 vent. an 10 ; — soit devant l'autorité administrative, ainsi que pour le paiement de leurs dettes. Cormenin, 4e édit., 3, 207. — V. *Commune, Établissement public*.

2. Ils ne peuvent plaider, soit en demandant, soit en défendant, sans une autorisation du conseil de préfecture (Arrêté réglementaire 7 mess. an 9, art. 11, 12 et 13), donnée après la délibération de la commission administrative et du conseil de charité, l'avis du comité consultatif, et du sous-préfet.

Le renvoi par le Cons. d'ét., devant les trib., sur une demande formée contre un établissement public par des particuliers, équivaut à une autorisation. Cass. 22 mai 1822, S. 22, 501.

3. Leurs créanciers doivent se retirer devant les trib. pour faire reconnaître la dette, et obtenir un titre. Ordonn. 11 fév. 1820. — Mais ils ne peuvent poursuivre le paiement de la dette que par voie administrative, et non par voie de saisie ou autres exécutions judiciaires. Arrêtés des consuls 17 vend., 9 vent. an 10 ; Ordonn. 8 janv. 1817 et 17 nov. 1822.

4. L'autorisation n'est pas nécessaire pour faire des actes conservatoires, et même des significations, ou commandemens aux débiteurs. Toutes poursuites peuvent être exercées *jusqu'à la saisie-exécution des meubles*. Instr. min. 3 brum. an 13.

Les hospices du département de la Seine, sont dans l'usage de faire précéder la saisie d'une délibération des membres de la commission administrative, qui a pour but de mettre le receveur à l'abri de la critique des poursuites et des frais qu'elle peut occasionner.

Au reste, si le débiteur élève des contestations, pour paraître en justice, il faut justifier de l'autorisation prescrite par la loi.

5. L'exercice des actions d'un hospice varie, suivant qu'il s'agit des revenus, ou de la propriété.

Revenus, l'exploit est formulé au nom des administrateurs de l'hospice, poursuite et diligences du receveur.

Propriété, même formule, terminée par ces mots, poursuite et diligences du maire de la commune où est situé l'hospice.

A Paris, l'exploit est fait à la requête du préfet du département, agissant dans l'intérêt des hospices. Quelquefois l'exploit est fait poursuite et diligences de l'un des membres de la commission administrative. — V. *Exploit*, formule 11, n°s 9 et 10

6. L'hospice est assigné en ses bureaux, dans le lieu où réside son administration. — Et dans les autres lieux en la personne et au bureau de son préposé. C. pr. 69, n° 5.

7. A été déclarée valable la notification d'un acte d'appel à MM. les administrateurs des hospices de . . . en la personne de M. . . . maire de la commune (du lieu où siégeait l'administration), et président de ladite administration. Cass. 11 janv. 1850, S. 50, 49. — Dans l'espèce, l'administration des hospices n'avait pas de bureau spécial.

8. La signification d'un jugement faite à l'administrateur d'un hospice, parlant *en domicile*, lorsqu'elle est d'ailleurs revêtue du visa de cet administrateur en sadite qualité, a pu être réputée faite non au domicile personnel de l'administrateur, mais bien au bureau de l'administration, par appréciation des circonstances. Cass. 27 avr. 1850, S. 50, 516.

9. Les affaires concernant les domaines et rentes cédés aux hospices par le gouvernement sont jugées sommairement et sans frais. Arrêté 7 mess. an 9, art. 14. — C'est-à-dire sur un simple acte, sans autres procédures, ce qui n'exclut pas la plaidoirie. Limoges, 15 mai 1828, S. 29, 26.

10. Le défaut d'intervention du ministère public dans une instance concernant un hospice, n'est pas opposable pour la première fois devant la C. cass. Cass. 8 fév. 1837 (Art. 941 J. Pr.).

11. *Enregistrement.* Sont passibles du droit proportionnel : 1° les acquisitions, donations et legs au profit des hospices, L. 18 avr. 1831, art. 17; — 2° les ventes de leurs immeubles. Déc. min. fin. 24 déc. 1827; Inst. Rég. 22 mars 1828, n° 1256, § 8.

Les actes portant vente ou location des biens des hospices et autres établissemens publics de bienfaisance ou d'instruction publique, consentis devant notaires, ne doivent être soumis à la formalité que dans la quinzaine de l'arrivée de l'approbation du préfet à la mairie, certifiée par le maire en marge de l'acte. Inst. Rég. 7 fév. 1812, n° 561.

— V. *Établissement public*, n° 12, *Garantie*, n° 18, *Huissier*, n° 45, *Timbre*.

HOTEL DES AMBASSADEURS. — V. *Ministre public.*

HOTEL GARNI. — V. *Maison meublée.*

HOTEL DU JUGE. La justice doit être rendue dans les bâtimens publics consacrés à cet usage. — V. *Audience*, n° 1; toutefois, elle peut l'être en l'hôtel du juge, s'il s'agit : 1° de *référés urgens.* C. pr. 808. — V. ce mot; — 2° d'affaires de justice de paix : dans ce dernier cas, les portes doivent rester ouvertes. *Ib.* 8. — V. *Juge de paix.*

HOUILLE. — V. *Actes de commerce*, 76, *Mines.*

HUIS-CLOS. Signifie portes fermées. — V. *Audience*, n° 4.

HUISSIER (1). Officier ministériel, chargé de signifier les exploits et actes de procédure, de faire les notifications extra-judiciaires et de mettre à exécution les arrêts, jugemens, ordonnances de justice et enfin les actes authentiques, ayant force exécutoire.

1. On nomme improprement *huissiers* les employés chargés d'annoncer, dans la maison du Roi et les ministères, les personnes qui se rendent à une audience, ou de transmettre les messages des chambres, et de veiller au maintien de l'ordre dans les salles et les tribunes de nos assemblées.

Ces derniers ont assigné plusieurs fois, à la requête de MM. les présidens, des prévenus à comparaître devant les chambres pour y être jugés, soit correctionnellement, soit même criminellement. La communauté des huissiers serait fondée à réclamer contre cet abus que l'on prétend motiver sur les besoins du service et l'économie des frais. La disposition d'un réglement intérieur et la délégation d'un président ne suffisent pas pour conférer un pouvoir que la loi seule peut accorder et qu'elle n'accorde que sous certaines conditions, (—V. *inf.* n° 20 et suiv.)—*Contrà*, Armand Dalloz, v° *Huissier*, n° 3.

DIVISION.

§ 1. — *Institution et organisation des huissiers.*

2. A Rome les huissiers s'appelaient *apparitores.*

---

(1) Cet article, rédigé par feu M. Urbain Loiseau dans la première édition, a été revu par M. Gustave Loiseau, avocat à la Cour royale de Paris.

En France, on donna le nom d'huissiers, du mot *huis*, porte, à ceux qui gardaient les portes du trib. et aux autres celui de *sergens*. Aujourd'hui la première dénomination est générale; mais ceux qui font le service des audiences s'appellent *huissiers-audienciers*.

La vénalité des charges d'huissiers fut supprimée en 1791 ; toutefois il fut permis à ceux qui les possédaient de continuer leurs fonctions. — La loi du 19 vend. an 4 affecta à chaque section de trib. deux huissiers nommés et révocables par le trib., et un à chaque justice de paix ; ce dernier ne pouvait instrumenter que dans le ressort de la justice de paix près laquelle il exerçait. Ceux qui n'avaient pas été attachés à ce service spécial, purent continuer leurs fonctions dans le département concurremment avec les premiers. — Plus tard, la nomination des huissiers fut donnée au chef du gouvernement sur la présentation des tribunaux. L. 27 vent. an 8.

Enfin l'institution des huissiers a été complètement organisée, telle qu'elle existe aujourd'hui (V. toutefois, *inf.* n°s 4 et 8), par le décret du 14 juin 1813. Joye, *Ann. magis.* v^o *Huissier*.

3. Les huissiers sont nommés par le roi, et révocables par lui, en cas de fautes graves. — Les décisions ministérielles portant révocation constituent des actes purement administratifs qui échappent à la censure du Cons.-d'Et. — V. *Discipline*, n° 171.

Ils peuvent être suspendus par les tribunaux. — V. *Discipline*, Sect. III, § 2 et *infrà*, § 7.

4. Ils ont le droit, ainsi que leurs héritiers ou ayant-cause, de présenter à l'agrément du Roi leurs successeurs , sauf le cas de destitution. L. 28 avr. 1816, art. 91. — V. *Office*.

5. Ils doivent, avant d'entrer en fonctions, prêter serment devant le trib. de 1re inst., et fournir un *cautionnement*. — V. ce *mot*, n° 8.

Ils sont en outre assujettis à une *patente*. — V. ce *mot*.

6. Ils ont pour se faire reconnaître, lorsqu'ils exploitent, une médaille où leur immatricule se trouve gravée. — V. *inf.* n° 12.

7. Ils sont fonctionnaires publics et jouissent par suite, *pendant l'exercice de leurs fonctions*, de la protection accordée par la loi à ces fonctionnaires. Paris, 2 août 1835, D. 35, 204.

En cas de rébellion, ils peuvent appeler à leur secours les habitans des villes et des campagnes. L. 27 juill. 1794, art. 22; Merlin, *Rép.* t. 5, p. 750; Chauveau, *Tarif. introd.*, p. 94 , n° 23.

On doit considérer comme outrage envers un dépositaire de l'autorité publique, punissable des peines portées par l'art. 224

C. pén. *Même arrêt,* — et non comme voies de fait et violences contre un officier ministériel, et comme rébellion punissable d'emprisonnement, les menaces, avec gestes, de frapper un huissier qui exécute une saisie. Bourges, 13 et non pas 14 août 1817, P. 14, 425. — V. *inf.* n° 39.

8. Quand sont-ils réputés dans *l'exercice de leurs fonctions?* — Un avis du Cons.-d'Ét. du 24 fév. 1805 (5 vent. an 13) porte que : « leurs fonctions ne commencent qu'*au domicile* des particuliers auxquels ils ont à notifier quelque acte de leur ministère, et non au moment où ils sortent de leurs maisons pour s'y rendre, ou pour aller vaquer à leurs propres affaires. »

9. Par une conséquence du principe posé *sup.* n° 7, et aux termes de l'art. 114 C. pén., un huissier convaincu d'un acte arbitraire, et, par exemple, d'avoir arrêté illégalement et détenu sans mandat un citoyen, encourerait la dégradation civique. Cass. 1er frim. an 13 ; 16 juill. 1812, P. 10, 576.

10. Mais un particulier n'a pas le droit d'opposer la violence matérielle aux exécutions faites par un huissier, sous prétexte de l'irrégularité des poursuites. Cass. 15 juill. 1826, D. 26, 417 : — par exemple, à un récolement d'objets saisis, fait un jour férié, sans l'autorisation du juge. Cass. 20 fév. 1830, D. 30, 131. — Il peut seulement recourir aux tribunaux. — V. *Référé.*

11. Quoique fonctionnaires publics, les huissiers peuvent être poursuivis sans autorisation préalable du Cons.-d'Ét. — V. *Greffier*, n° 9.

12. Ils sont affranchis du péage des ponts et chemins, lorsqu'ils marchent pour leur service, accompagnant les membres du trib. auquel ils sont attachés, ou quelques prévenus ou condamnés. Avis Cons.-d'Et. 5 vent. an 12.

13. Le nombre des huissiers près chaque trib. d'arrondissement a été fixé par diverses ordonnances (en 1817, 1820, 1823). — A Paris, il est de 150. Ordonn. 1817.

14. Ils ont tous le droit d'exploiter dans le ressort du trib. de leur résidence. Décr. 14 juin 1813, art. 2.

15. Ils sont répartis par le trib. dans les divers points de l'arrondissement, et fixés, autant que possible, dans les chefs-lieu de canton. — V. *inf.* n° 23 à 73.

16. Les trib. de 1re inst. ont-ils seuls le droit de fixer et de changer la résidence des huissiers de leur ressort? Leurs décisions à cet égard sont-elles sans appel? — La question a beaucoup d'intérêt, car la résidence étant un des élémens de la valeur d'un office, le déplacement d'un titulaire peut être considéré comme une atteinte à sa propriété. Les lois et décrets des 27 vent., 22 therm. an 8, 30 mars 1808, 6 juill. 1810, ne s'occupaient ni de la *fixation,* ni du *changement* de résidence.

Le décr. du 18 juin 1811, est le premier qui ait donné aux Cours le droit de *fixer* la résidence des huissiers de leur ressort, et de la *changer* sur la réquisition du procureur général (art. 66). Puis le décr. du 14 juin 1813 a prescrit aux huissiers de garder la résidence *qui leur a été assignée par le trib.* de 1re inst. Ces textes tranchent la question affirmativement. Circ. min. de 1825 ; Cass. 4 fév. 1834, D. 54, 105.—La C. roy. qui se déclarerait compétente pour connaître des décisions du trib. à cet égard commettrait un excès de pouvoir. *Même arrêt.*

Au reste, les trib. sans être liés par des conventions relatives à la transmission des offices doivent les prendre en considération.

17. Le procureur-général a la faculté d'assister à la délibération de la C. roy. qui donne son avis sur le nombre des huissiers de l'un des arrondissemens de son ressort. Déc. 30 mars 1808, art. 88 ; Cass. 14 juin 1836 (Art. 867 J. Pr.).

18. Tous les huissiers résidant et exploitant dans le ressort du trib. civ. d'un arrondissement, sont réunis en communauté. — Le département de la Seine n'ayant qu'un trib. civil, il y a communauté entre tous les huissiers de ce département : ceux de la C. cass. y sont compris.

Chaque communauté a une chambre de discipline. — V. *inf.* § 8.

19. Dans les colonies, les huissiers sont à la nomination des gouverneurs sur la proposition des procureurs-généraux. Ordonn. 24 sept. 1828.

§ 2. — *Admission aux fonctions d'huissiers.*

20. Pour être admis aux fonc ions d'huissier, il faut : 1° être français, ou naturalisé français, et jouir des droits civils. — V. *Avoué*, n° 15 ;

2° Avoir satisfait aux lois du recrutement. Décr. 14 juin 1813, art. 10. — *Ib.* n° 16 ;

3° Être âgé de 25 ans accomplis. *Même décret.* — V. *Ib.* n° 17.

4° Avoir travaillé au moins pendant deux ans, soit dans l'étude d'un notaire ou d'un avoué, soit chez un huissier, ou pendant trois ans au greffe d'une C. roy. ou d'un trib. de 1re inst. *Ib.* ;

5° Avoir obtenu de la chambre de discipline de l'arrondissement un certificat de moralité, bonne conduite et capacité. — Dans le cas où la chambre accorde trop légèrement ou refuse sans motif valable ce certificat, il y a recours au trib. de 1re inst., savoir : dans le premier cas, par le procureur du Roi, et dans le second, par la partie. Le trib., après avoir pris connaissance des motifs d'admission ou de refus de la chambre, ainsi que des moyens de justification de l'aspirant, le procureur du Roi entendu, peut refuser ou accorder le certificat par une délibération dont copie doit être jointe à l'acte de présentation. *Ib.* — V. *Avoué*, n° 20.

6° N'exercer aucune fonction incompatible avec les fonctions d'huissiers. — V. *inf.* n° 105 et suiv.;

7° Être présenté à la nomination du Roi par un titulaire, sa veuve, ses héritiers ou ayant-cause (L. 28 avr. 1816, art. 91), après avoir été agréé par le tribunal. —V. *Office.*

8° Être nommé par le Roi. Décr. 14 juin 1813, art. 1; L. 27 vent. an 8, art. 96;

9° Certifier par une quittance que l'on a versé le cautionnement fixé par la loi (*ib.* art. 12), et acquitter le droit d'enregistrement du dixième de ce cautionnement. L. 21 avr. 1832, art. 34;

10° Se présenter, sous peine de déchéance, dans le mois qui suit la notification faite au candidat de l'ordonnance de sa nomination, à l'audience publique du trib. de 1re inst., pour y prêter le serment prescrit par la loi du 2 sept. 1830. Décr. 14 juin 1813, art. 11. — On ne peut être admis à prêter serment après le délai, qu'en cas d'excuse appréciée par le tribunal. *Ib.* art. 13;

11° Prêter, en outre, et dans les formes et délai ci-dessus, serment de se conformer aux lois et règlemens concernant la profession d'huissier, et d'en exercer les fonctions avec exactitude et probité. *Ib.* art. 7 et 11;

12° Se munir d'une *patente.* — V. ce mot.

21. Jusqu'à l'entier accomplissement de ces formalités, l'huissier ne peut faire aucun acte de son ministère (*ib.* art. 12), sous peine d'une amende de 16 fr. à 150 fr. C. pén. 196.

L'exploit serait nul, — à moins que l'huissier n'exerçât publiquement ses fonctions. Montpellier, 30 nov. 1824, D. 25, 33. — V. d'ailleurs *Exploit*, n° 131.

§ 5. — *Attributions des huissiers, foi due à leurs actes.*

22. Les attributions des huissiers sont de trois espèces : Celles conférées, 1° aux huissiers ordinaires — V. *inf.* art. 1; — 2° aux huissiers audienciers. — V. *inf.* art. 2; — 3° aux huissiers commis. — V. *inf.* art. 3.

23. Autrefois, par un étrange abus, certains huissiers avaient le privilége d'instrumenter dans tout le royaume; et le coût du transport dépassait souvent la valeur du procès.

Aujourd'hui, aucun huissier n'a le droit d'exploiter hors du ressort du trib. de l'arrondissement où il réside; les trib. peuvent même restreindre, dans certains cas et sans appel, cette compétence à un canton de l'arrondissement. Cass. 4 fév. 1834, S. 34, 91. — V. d'ailleurs *inf.* n° 252.

24. Aussi est nul, en principe, tout exploit signifié par un huissier hors de son arrondissement, sans exception pour les actes faits à la requête des préfets agissant pour le Gouvernement, ni pour les arrêts d'admission des pourvois formés devant la Cour suprême, bien que la juridiction de cette Cour s'étende à tout le royaume. Cass. 12 niv. an 10, et 12 avr. 1808, P. 6, 625; Favard, v° *Huissier*; Merlin, *Rép.*, t. 5, v° *Huissier*, § 1, n° 17; *Quest. dr.*, *ibid.*, § 1; Pigeau, 1, 110.

25. Un huissier demeurant (ce qui n'est plus permis) hors du ressort du trib. où il est assermenté, ne pourrait instrumenter valablement dans l'arrondissement de sa résidence; la résidence d'un huissier, comme officier public, est au siége du trib. auquel il est attaché. — *Contrà*, Bruxelles, 15 juin 1815, P. 12, 772.

26. En matière correctionnelle ou criminelle, les huissiers ne peuvent instrumenter hors du canton de leur résidence; toutefois, un mandat exprès du procureur du Roi ou du juge d'instruction leur donnerait le droit d'exploiter dans tout le ressort du tribunal (Décr. du 14 juin 1813, art. 29 et 30).

Ils pourraient même, avec l'autorisation du procureur-général, se transporter, pour des causes graves, dans les divers départemens du ressort de leur Cour. *Ibid.* art. 33; Décr. 18 juin 1811, art. 84.

De même, en matière civile, un débiteur, sur sa demande, a pu être transféré d'une prison dans une autre, en vertu d'un arrêt et par le ministère d'un huissier près la Cour, requis à cet effet par le procureur-général. Agen, 22 fév. 1837 (Art. 1350 J. Pr.). — Un procès-verbal de translation et d'écrou ne peut être scindé. Il convient donc que l'opération soit confiée de préférence à un huissier de la C. roy. commis par le procureur-général. —V. toutefois, art. 1495 J. Pr.

27. Les exploits sont des actes authentiques; comme tels, ils font foi jusqu'à inscription de faux : l'inscription de faux n'est pas suppléée par l'aveu ou la condamnation de l'huissier, ni par un procès-verbal du procureur du Roi. Riom, 14 mai 1827; Chauveau, 35, 358.

Tel est le principe qui domine cette matière; mais il faut sainement l'entendre et l'appliquer avec discernement.

Ainsi, à l'égard des formalités en quelque sorte intrinsèques, et des énonciations qui tiennent à l'*essence* même de l'acte, et dont la loi exige l'accomplissement d'une manière impérieuse, tous les exploits font foi jusqu'à inscription de faux :

· Spécialement, — 1° de leur date; — 2° du transport de l'huissier; — 3° de la remise de la copie (— V. *inf.* n° 207); — 4° du lieu où elle a été déposée; — 5° de la personne qui l'a reçue; — 6° en cas d'absence, de l'acceptation par un voisin ou du refus de ce voisin ; — en un mot, de toutes les circonstances qui ont trait à la confection légale et à la remise matérielle de l'exploit.—V. *Exploit*, n° 270 ; *Désaveu*, n°ˢ 3, 4, 11, 21 ; *Désistement*, n° 56 ; *Faux*, n°ˢ 46 et 47 (—V. *inf.* n° 207).

S'agit-il d'un acte d'exécution, tel qu'une saisie mobilière ou immobilière, un emprisonnement, une recommandation, l'exploit fait foi de l'opération elle-même, et, par conséquent, de tous les actes qui constituent cette opération ou qui s'y rattachent nécessairement. Au nombre de ces faits il faut ranger la description, le déplacement, la carence, la représentation des objets énoncés en l'acte, l'indication des témoins instrumentaires, l'absence ou la présence des parties ; ce sont là autant de circonstances qui se lient essentiellement à l'opération elle-même ; dès lors l'huissier a caractère pour imprimer l'authenticité à son procès-verbal.

Mais, lorsque l'huissier ne procède pas dans la sphère naturelle ou légale de ses attributions, confère-t-il la force authentique à ces actes ?—Ici plusieurs distinctions doivent être faites.

Il faut d'abord distinguer l'existence matérielle de l'acte et les faits en quelque sorte extrinsèques constatés dans l'exploit.

L'acte est réputé exister, *pour le demandeur* seulement, jusqu'à désaveu (— V. ce mot), à moins qu'un consentement spécial et par écrit ne fût nécessaire (— V. *inf.* n° 118).

Mais, quant aux circonstances relatées par l'huissier, comment pourrait-il leur communiquer la moindre authenticité, si cette constatation n'était pas dans ses pouvoirs, s'il a franchi les bornes de son ministère ? Berriat, 82, n° 60 ; Boncenne, 2, 243.

Il faut tenir que les énonciations qui n'étaient formellement prescrites par la loi, ou qui ne rentraient pas dans le cercle naturel et régulier des attributions de l'huissier, ne font pas foi complète, et qu'elles peuvent être repoussées par le défendeur, sans qu'il ait besoin de s'inscrire en faux.

Au nombre des énonciations dont la foi est incomplète on doit ranger : — 1° les déclarations, aveux et consentemens que l'huissier aurait consignés comme émanés du défendeur. Une réponse improvisée à la hâte peut être surprise, altérée, mal saisie, mal rendue ; l'huissier ne doit ni la solliciter, ni même la recevoir si elle est inutile ; autrement, il sortirait du cercle de ses attributions ; c'est dans le sens de cette doctrine qu'a été modifiée la rédaction primitive de l'art. 61 C. pr. qui portait : « *L'ajournement* contiendra les noms et demeure du défendeur et *ses réponses*. Boncenne, *ibid.*

Toutefois, il est des cas où, suivant nous, la réponse du défendeur, consignée par l'huissier, ferait foi complète, quoi que la partie eût refusé de signer, par exemple, lorsque l'exploit, tel qu'un commandement, une sommation, un acte d'offres réelles, exigeait ou comportait une réponse. En constatant les déclarations du défendeur, l'huissier, loin de violer les termes du mandat qu'il a reçu, soit de la loi, soit de son client, accomplit un acte de son ministère. Il a donc mission et qualité pour dresser procès-verbal des réponses qui lui sont faites, et le refus ou la résistance de la partie ne sauraient, dans ce cas, altérer la force probante de l'acte; mais, d'un autre côté, il est des actes dans lesquels l'huissier ne pourrait, même en mentionnant l'assistance des témoins, certifier valablement la déclaration émanée d'une partie qui n'aurait pas voulu la signer. Ainsi, chargé seulement de signifier un jugement, il n'aurait pas caractère pour constater dans son exploit les réponses de la personne qui reçoit cette signification. Grenoble, 6 juill. 1826, S. 27, 35.

2° Les injures, voies de fait ou mauvais traitemens dont l'huissier ou les témoins auraient été victimes, la rébellion qu'il aurait éprouvée.

Sans doute, le procès-verbal qui contiendrait de pareilles énonciations aurait de la gravité aux yeux des magistrats.

Sans doute encore, lorsque l'huissier insère dans un acte des déclarations que la loi ne prescrivait pas, son témoignage ne peut être reproché sous prétexte qu'il a instrumenté dans le cours du procès. Arg. Bordeaux, 13 juin 1857 (Art. 1033 J. Pr.).

Mais, d'une part, le pouvoir de conférer l'authenticité jusqu'à inscription de faux est exceptionnel; d'autre part, l'officier ministériel est partie intéressée dans ces déclarations; il faut que le défendeur puisse combattre par la preuve contraire des incriminations peut-être exagérées.

Jugé que l'opposition à l'exécution des actes des agens de l'autorité est un délit distinct de la rébellion, et que le procès-verbal des agens des douanes, qui le constate, en fait pleine foi jusqu'à inscription de faux, tandis que la rébellion peut être détruite par toute espèce de preuve. Douai, 28 oct. 1855, D. 54, 64.

28. C'est d'après les principes qui précèdent que doit se résoudre la question de savoir si l'huissier qui signifie un acte a qualité pour recevoir et constater l'acquiescement du défendeur. — La prudence exige que, dans tous les cas, il demande la signature de la partie qui veut acquiescer, et d'ordinaire cette précaution n'est pas négligée.

Mais, si elle n'a pas été prise, ou si l'acte porte que la partie a déclaré ne savoir signer, cette énonciation fait-elle foi complète?

Il a été jugé qu'un huissier n'avait pas qualité pour rédiger un acte d'acquiescement à un jugement quelconque ; qu'en conséquence la signature de la partie était indispensable. Grenoble, 6 juill. 1826.

Selon nous, cette décision ne doit pas être admise sans distinction. Il est vrai qu'en principe la signature du défendeur est nécessaire pour valider un pareil acquiescement. Néanmoins, si, dans le cours d'une saisie ou d'un autre acte d'exécution, une partie veut en arrêter les effets en acquiesçant, il nous semble que l'huissier a qualité pour imprimer force probante à cette déclaration, surtout s'il constate que la partie ne sait pas signer. La signature n'est pas en effet exigée par la loi comme condition essentielle de l'acquiescement, et, en outre, l'huissier semble suffisamment autorisé par la nature de l'acte auquel il procède. Il est manifeste d'ailleurs que cette déclaration doit être formelle et précise et que l'huissier ne peut jamais induire un acquiescement de faits qui se passent en sa présence.

Art. 1. — *Huissiers ordinaires.*

29. Sous l'ordonnance de 1667, les parties pouvaient, à défaut d'huissiers, donner elles-mêmes assignation avec l'assistance de deux témoins qui signaient l'exploit. Boncenne, 2, 89. — Aujourd'hui, le ministère de l'huissier est toujours forcé.

30. Les huissiers ont, en général, le droit *exclusif* de faire toutes citations, notifications et significations requises pour l'instruction des procès, tous exploits nécessaires à l'exécution des ordonnances, jugemens, arrêts et actes authentiques, et à la conservation des droits des particuliers. Décr. 14 juin 1815, art. 2 et 24.

31. Leur privilége comprend les actes extrajudiciaires aussi bien que les actes judiciaires.

Toutefois, on a prétendu que certaines significations extrajudiciaires, notamment celles de transports, ou de titres à des héritiers, etc., etc., pourraient être faites par des notaires sans qu'il y eût nullité ; on a invoqué en ce sens les attributions des notaires sous l'ancienne législation. Dissertation de M. Rodière, Dalloz, 35, 1, 335.

Mais cette opinion ne nous paraît pas fondée. D'une part, les fonctions de notaires sont réglées par la loi du 25 vent. an 11, qui ne leur attribue pas le droit de faire des significations ; d'autre part, lorsque la loi veut leur conférer exceptionnellement ce pouvoir, elle l'exprime formellement, comme pour les protêts, les ventes mobilières, les actes respectueux (— V. *inf.* n° 32). Bruxelles, 23 mars 1841, P. 9, 209.— D'ailleurs, la signification d'un transport équivalant à une saisie, peut être considérée comme un acte judiciaire. *Même arrêt.*

« Le ministère des huissiers, dit M. Rolland de Villargues, *Répertoire du Notariat*, v° *Notaire*, n° 50, commence là où finit celui des notaires. Ils sont chargés *exclusivement* de toutes les notifications, de l'exécution des actes ou traités que les autres ont passés. Si les notaires ont, en certains cas, le droit de faire des notifications, c'est par des considérations particulières et en vertu d'exceptions formelles établies par les lois. »

52. Le privilége des huissiers reçoit de nombreuses exceptions : ainsi, ils font, *concurremment* 1° avec les notaires, les protêts de lettres de change et billets à ordre. — V. *Effet de commerce*, n° 59. — V. d'ailleurs *Acte respectueux*, n° 8, *Mariage.*

2° Avec les gardes de l'administration , toutes citations et significations d'exploits en matière de forêts. — Mais les actes d'exécution appartiennent exclusivement aux huissiers. C. for. 173.

3° Avec les commis des contributions indirectes, les assignations à fin de condamnation. Décr. 1er germ. an 13, ch. 7, art. 28. — V. *Contributions publiques*, n° 8.

4° Avec les préposés des douanes, tous exploits. Art. 18, t. 13, L. 22 août 1791. Cass. 1er déc. 1830, D. 51, 324,—significations des jugemens. Cass. 10 déc. 1830, D. 51, 24,—et actes d'appel relatifs aux droits de ladite administration. *Ib.* — V. *Douane*, n° 51.

5° Avec les agens de l'autorité, les exploits en matière de garde nationale. L. 22 mars 1831 , art. 111; Cass. 18 fév., 16 mars et 12 mai 1832, D. 52, 106, 213 et 330.

6° Avec les gendarmes et les agens de police, les citations et significations de jugemens ou arrêts, en matière d'*élection.* — V. ce mot, n° 27, et en — matière correctionnelle ou criminelle à la requête du ministère public, mais seulement en concurrence avec les gendarmes. L. 5 pluv. an 13.

7° Avec les agens de l'administration , les significations et notifications, à la diligence du préfet, en matière d'expropriation pour cause d'*utilité publique.* — V. ce mot.

8° Avec les maires des communes non chefs-lieux de canton, les citations en matière de simple police. C. inst. crim. 166, 169, 170.

9° Avec les secrétaires des conseils de prud'hommes, la première citation devant ces conseils. Décr. 20 fév. 1840, art. 29.

— A défaut par les parties de comparaître sur cette invitation, elles sont citées par les huissiers attachés aux conseils. *Ib.* 30.

— Ce sont les huissiers ordinaires, qui ont le droit exclusif de faire tous les actes de la compétence de ces conseils. *Ib.* 60. — V. *Prud'hommes.*

53. Le :gendarmes ont le droit de notifier aux jurés les extraits constatant que leur nom est porté sur la liste du jury, formée en audience publique, et de les sommer de comparaître au jour indiqué. L. 28 germ. an 6, art. 153; C. inst. crim. 389.

Devant les conseils de guerre, les témoins civils sont appelés à la requête du ministère public, par de simples cédules portées par des plantons.

Mais les citoyens qui veulent assigner des témoins doivent employer le ministère des huissiers : les agens de l'autorité ne peuvent être à la disposition des particuliers.

54. A Paris, le droit d'exécuter la contrainte par corps appartient exclusivement aux gardes du commerce, ce qui comprend non seulement les arrestations, mais encore les recommandations. — V. *Emprisonnement*, n°. 255.

Quant aux significations qui précèdent la prise de corps, elles ne peuvent être faites que par un huissier. — V. *ib.* n° 155.

55. Les huissiers ont-ils *seuls* qualité pour notifier les décisions administratives en matière contentieuse?—L'art. 11 régl. 22 juill. 1806 se borne à exiger une *notification* pour faire courir les délais du recours au Cons. d'ét. ou autres, sans s'expliquer sur la *fôrme même* de cette notification. De là, l'incertitude.

Il a été décidé 1° que la lettre d'un préfet portant mention, extrait ou copie d'un arrêté de conseil de préfecture ou d'une décision ministérielle n'équivaut pas à une signification et ne fait pas courir les délais du pourvoi. Arr. Cons. d'ét. 18 mars 1846; — 2° que dans une contestation *entre une commune et un particulier,* le délai du recours contre un arrêté administratif ne peut courir contre ce dernier qu'à la date d'une signification faite par huissier à la requête de la commune. Ordonn. Cons. d'ét. 9 mars 1832, D. 33, 3, 8.

Néanmoins, et par suite d'un usage peu régulier, les ministres ont l'habitude de notifier leurs décisions, même en matière contentieuse, par simples lettres mises à la poste, et le Cons. d'ét. a jugé, le 2 août 1826, D. 26, 3, 30, qu'un particulier était non recevable à se plaindre de cette notification amiable, lorsqu'il avait donné un récépissé; mais les nombreuses difficultés qui s'élèvent chaque jour détermineront sans doute l'administration à faire signifier régulièrement ses décisions, soit par des huissiers, soit par des agens spéciaux.

56. Les huissiers ont encore le droit exclusif, — 1° de dresser procès-verbal de la déclaration faite à la maison com-

mune, en l'absence d'un trib. de comm., par le débiteur en
déconfiture, qui réitère en personne la cession de biens. C.
pr. 901.

2° De constater l'insolvabilité des débiteurs du trésor public
par des procès-verbaux de perquisition ou de carence. Avis du
Cons. d'état 6 mess. an 10.

57. Ils ne peuvent faire des actes d'exécution qu'en vertu
de titres parés, ni des significations que sur des grosses ou expéditions régulières, à moins que les trib. n'aient ordonné une
exécution sur minute en raison de l'urgence. En matière criminelle, ils peuvent signifier à la requête du ministère public
tous actes et jugemens sur minute. Décr. 18 juin 1811,
art. 70.

58. En général, les huissiers impriment seuls à leurs exploits la force d'actes authentiques. — V. *sup.* n°s 27 et 28.

Toutefois, ils doivent être assistés de deux témoins ou recors,
s'il s'agit 1° de saisies mobilières, C. pr. 585 ; — 2° de contrainte par corps, C. pr. 783 ; — 3° de protêts, C. comm. 173;
— 4° de sommation à une personne qui refuse de délivrer un
certificat de vie. Décis. du min. dés fin. du 13 août 1807 ; —
5° de ventes mobilières. L. 22 pluv. an 7, art. 5.

59. On a contesté aux huissiers le droit de s'introduire dans
le domicile des citoyens, auxquels ils sont chargés de signifier
des actes; ce droit ne nous paraît pas douteux, alors surtout
que ces actes exigent une réponse. — V. *sup.* n° 8.

Sous l'ancienne législation, il ne leur fut jamais refusé ; les
huissiers se faisaient même payer leurs salaires et vacations au
domicile des parties, et prenaient chez elles leurs repas (Joussé,
de la Justice, t. 2, p. 642; Raviot, *Quest.* 266, n° 6, t. 2,
p. 560).

Il leur a été conservé par — 1° l'art. 68 C. pr., qui porte
que tout exploit doit être fait à personne ou *domicile,* que copie
doit *en être laissée;* — 2° les art. 184 C. pén., 587, 1037, 1039
C. pr.; — 3° l'avis du Cons. d'état du 24 fév. 1805 sur l'exercice des fonctions d'huissier. D'ailleurs, si l'acte demande des
explications, on ne peut exiger que l'huissier aille et revienne,
et perde un temps précieux, lorsqu'il y a urgence, qu'un délai
va expirer et que les distances sont grandes.

Aussi la C. Paris a-t-elle jugé avec raison, le 2 août 1833
(— V. *sup.* n° 7), que l'huissier pouvait rester dans le domicile
d'un citoyen, et malgré la résistance de celui-ci, tout le temps
nécessaire pour dresser son procès-verbal. — V. d'ailleurs *Emprisonnement,* n° 167.

40. Les huissiers ont le droit de procéder aux prisées et
ventes publiques, *au comptant,* de meubles proprement dits,
concurremment avec les notaires et les greffiers, dans les lieux

où il n'existe pas de commissaires-priseurs. L. 17 sept. 1793 ;
Arr. 12 fruct. an 4 et 27 niv. an 5; Décr. 14 juin 1813, art. 37.

Ils ont ce droit à l'exclusion des simples particuliers, qui ne
peuvent s'immiscer dans de telles opérations, ni procéder aux
prisées et estimations de meubles dans un inventaire après
décès. Orléans, 24 nov. 1819, D. A. 7, 657, n° 2 ; Trib. de
Lorient, 18 déc. 1834, D. 35, 3, 33; Bourges, 8 juin 1832, D.
33, 8; — Trib. Bourbon-Vendée, 6 avr. 1835 (Art. 96 J. Pr.).
— *Contrà*, Nîmes, 22 fév. 1837 (Art. 726 J. Pr.), dans le cas
de l'art. 453 C. civ.

Jugé cependant qu'un notaire a pu appeler un tiers pour
donner son avis sur quelques-uns des objets mobiliers à estimer
et inventorier, sans que les huissiers du lieu puissent se plaindre,
alors que ce tiers a donné de simples renseignemens d'après
lesquels le notaire lui-même a fait les prisées et estimations ;
peu importerait dans ce cas le serment qu'il aurait prêté entre les
mains du notaire. Cass. 19 déc. 1838 (Art. 1012 et 1475 J. Pr.).

41. A l'égard des ventes publiques d'objets mobiliers, mais
à terme de crédit, on s'est demandé si elles rentraient dans le
droit des commissaires-priseurs, et par suite des huissiers, ou
si elles n'appartenaient pas exclusivement aux notaires. — La
question a été résolue en faveur des commissaires-priseurs.
Nanci, 20 déc. 1833, D. 34, 234; Cass. 8 mars 1837 (Art.
687 J. Pr.). — *Contrà*, Colmar, 30 janv. 1827, D. 27, 131 ;
27 mai 1837 (Art. 896 J. Pr.). — Ces deux derniers arrêts
proclament le droit exclusif des notaires.

42. Les huissiers peuvent procéder aux enchères publiques
à la vente des effets mobiliers ou des marchandises en cas de
faillite. C. comm. 486. — V. ce mot, n°s 228 et 229, et *Commissaire priseur*, n° 10 —Avant la nouvelle loi, ce droit était attribué aux courtiers de commerce. Cass. 9 janv. 1833, D. 33, 92.

Mais le droit de vendre à l'encan les marchandises neuves
n'appartient aux commissaires-priseurs et aux huissiers que lorsqu'ils remplacent les courtiers de commerce, et alors ils sont soumis aux mêmes obligations que ces derniers. Circ. min. just. 8 mai
1829, D. 30, 2, 13; Angers, 31 déc. 1829, D. 30, 15; Bordeaux,
29 janv. 1830, D. 30, 285 ; Bourges, 5 avr. 1837 (Art. 754
J. Pr.). Cass. 12 juill., 24 août 1836, 13 fév. 1838 (Art. 439
et 1102 J. Pr.). — *Contrà*, Dijon, 13 janv. 1829 ; Besançon,
2 mars 1829 ; Rouen, nov. 1829; Toulouse, 24 juill. 1829,
D. 30, 13; Bourges, 14 déc. 1829, D. 30, 284 ; Caen, 31 déc.
1829 ; Paris, 8 août 1832, D. 33, 162; Caen, 26 sept. 1836 ;
Rennes, 28 nov. 1836 (Art. 499 et 609); Rouen, 4 janv.
1837; Grenoble, 17 mars 1837 (Art. 754 J. Pr.); Douai,
17 août 1837, D. 38, 16 ; Conférence des avocats à la C. Paris,
12 mars 1836 (Art. 364 J. Pr.).

En cas d'inaccomplissement des formalités, tout négociant est fondé à former opposition à la vente. Cass. 12 juill. 1836. — Même lorsqu'il y a cessation de commerce. Bourges, 5 avr. 1837.

Le négociant qui a fait procéder à cette vente peut être condamné à des dommages-intérêts envers les autres négocians de la ville.

43. Ils ne peuvent procéder 1° à la vente des meubles incorporels, notamment de l'achalandage d'un établissement de commerce, ni à la vente en bloc des outils, ustensiles et autres objets mobiliers affectés à cet établissement. Ce droit appartient exclusivement aux notaires. Colmar, 30 janv. 1827, D. 27, 131. Paris, 26 mai 1832 et 15 juin 1835, D. 35, 235. Cass. 23 mars 1836 (Art. 341 J. Pr.).

2° A la vente d'un brevet d'invention, ou de la cession d'un droit à un bail. Cass. 15 fév. 1826, D. 26, 140.

3° A celle des marchandises comprises dans les tableaux dressés par les trib. de comm., en exécution du décret du 13 avr. 1812.

4° A celle des rentes sur l'État. Ce droit appartient exclusivement aux *agens de change.* — V. ce mot, n° 9.

44. Peuvent-ils faire *concurremment* avec les notaires, les ventes *des récoltes sur pied*, des fruits pendans par racines, des coupes de bois, des bâtimens à démolir, des fouilles à faire dans les carrières, et des autres extractions du sol ? — Cette grave question a été résolue négativement par Pigeau, t. 2, p. 115; Toullier, t. 3, n° 10 et suiv., et par la C. cass., notamment par arrêt rendu, toutes les chambres assemblées, le 8 juin 1831, ainsi conçu :

Vu l'art. 6 du décret du 20 juill. 1796, l'art. 1er du décret du 17 sept. 1793, le § 3 de l'art. 37, tit. 2, du décret d'organisation des huissiers, en date du 14 juin 1813, et les art. 520 et 521 C. civ. ; — attendu que les attributions des huissiers sont spéciales, et que les lois et réglemens qui les concernent ne leur ont accordé que le droit de procéder aux prisées et ventes publiques de meubles et effets mobiliers ; — attendu que, par ces termes de la loi : *meubles et effets mobiliers*, on ne doit entendre que les choses qui sont meubles de leur nature, ou par la détermination de la loi avant la vente ou au moment de la vente, et non celles qui ne seraient mobilisées ou ameublies que par l'effet de la vente elle-même, sauf les exceptions spéciales portées par les lois, et notamment celle énoncée au Code de procédure, titre de la saisie-brandon ; — attendu que les récoltes et les fruits pendans par les branches et les racines, les bois non coupés, les matières minérales non extraites des mines et des minières, les matériaux des édifices à démolir, ne sont ni meubles par leur nature, ni actuellement mobiliers par la détermination de la loi ; que, dès lors, ils ne sont pas compris au nombre des choses que les huissiers ont le droit de priser et de vendre, et qu'en jugeant le contraire, l'arrêt attaqué a violé les lois précitées, ainsi que les art. 520 et 521 C. civ.

Par ces motifs, casse, etc.

Même décision, Cass. 18 juill. 1826, 10 déc. 1828, 8 avr. 1829, 11 mai 1837; 28 août 1838 (Art. 869 et 1245 J. Pr.);

Douai, 25 août 1834; Paris, 1er juin 1838 (Art. 1476 J. Pr.).
— *Contrà*, Amiens, 21 nov. 1823; Rouen, 18 fév. 1826;
Paris, 16 mai 1829, 29 fév. 1832, 6 août 1835 (Art. 148 J.
Pr.); Orléans, 8 mars et 5 déc. 1833, D. 33, 107, 162. —
V. le projet de loi soumis aux chambres et l'analyse des dis-
cussions (Art. 302 J. Pr.).

45. Le ministère des huissiers n'est pas nécessaire pour la
vente des objets mobiliers appartenant — 1° à l'État : les employés du domaine sont investis du droit de vendre ces objets.
Orléans, 20 juin 1833, Jurispr. des Huissiers, t. 2, p. 382.
— V. *Vente.* — 2° Aux communes, hospices et fabriques; le
concours des maires suffit. Décr. min. fin. 16 germ., 17 frim.
an 7, et 13 déc. 1808; instr. Rég. 15 avr. 1820, n° 927; —
3° Enfin des objets saisis par les préposés des octrois municipaux, et qui doivent être adjugés par le ministère des régis-
seurs de ces octrois, lorsque leur valeur n'excède pas 200 fr.
ibid.

46. Avant de procéder aux ventes publiques, les huissiers
doivent en faire la déclaration au bureau de l'enregistrement,
à peine d'amende. L. 22 pluv. an 7, art. 2 et 3.

47. Ils doivent, sous la même peine renouveller cette déclaration lorsque la vente ne peut avoir lieu faute d'enchéris-
seurs, et qu'elle est remise *au premier jour,* sans préciser le jour
ni l'heure. Cass. 23 juill. 1828, D. 28, 348.

Le détournement fait par l'huissier du prix des ventes par lui
effectuées, constitue le crime de vol déterminé par les art. 169
et 170 C. pén. Cass. 18 déc. 1812, S. 17, 95. — V. *Responsabilité.*

48. Après la vente ils sont tenus de déclarer au pied de la
minute du procès-verbal, en le présentant à l'enregistrement,
et de certifier par leur signature qu'il y a ou n'y a pas d'opposition, ou qu'ils ont ou n'ont pas connaissance d'opposition aux
scellés ou autres opérations qui ont précédé ladite vente.
Ordonn. 3 juill. 1646, art. 7.

49. Ils sont obligés de verser à la caisse des dépôts et consignations, 1° les deniers comptant saisis chez un débiteur, si
le saisissant, le saisi et les opposans ne conviennent pas d'un
séquestre volontaire dans les trois jours du procès-verbal de
saisie. — V. *Saisie-exécution.*

50. 2° Les sommes saisies-arrêtées entre les mains des dépositaires ou débiteurs, à quelque titre que ce soit.—V. *Saisie-
arrêt.*

51. 3° Celles qui proviennent de ventes de biens meubles
de toute espèce par suite de toute sorte de saisie ou même *de
ventes volontaires,* lorsqu'il y a des oppositions.—V. *inf.* n°s 154
et 155.

Art. 2. — *Huissiers audienciers.*

52. Les huissiers-audienciers, indépendamment des fonctions conférées aux huissiers ordinaires, et qu'ils exercent concurremment avec eux dans l'étendue de l'arrondissement du trib. de 1ᵉ inst. dans le ressort duquel ils résident, ont le droit *exclusif* de faire, 1° le service personnel auprès des C. ou trib. auxquels ils sont attachés, et 2° les significations d'actes de procédure entre les avoués des mêmes tribunaux. Décr. 14 juin 1813, art. 2, 20, 26.

53. Autrefois, ils étaient nommés directement par les C. et trib.; mais depuis la loi du 27 vent. an 8, et les décrets des 6 juill. 1810, 18 juin 1811 et 14 juin 1813, ils ne peuvent l'être que parmi les huissiers ordinaires.

54. Le nombre des huissiers-audienciers n'est fixé par aucune loi ou ordonnance : il est déterminé par chaque trib., selon les besoins du service. Décr. 30 mars 1808, art. 94. — Ils sont renouvelés au mois de novembre de chaque année. Tous les membres en exercice peuvent être réélus. Décr. 14 juin 1813, art. 4.

55. Tous les huissiers sont obligés par leur seule qualité, de faire le service des audiences, quand ils sont désignés par une C. ou par un trib., et cette obligation leur donne à tous le même droit aux avantages qu'ils peuvent en tirer. Décr. 14 juill. 1813, art. 20; Chauveau, 14, 642, n° 96; Carré, *Compétence*, 1, 355.

56. Les huissiers-audienciers doivent, à peine de destitution, résider dans les villes ou siégent les C. et trib. auxquels ils sont spécialement attachés. Décr. 15 juin 1813, art. 15.

57. Est radicalement nul le traité par lequel les huissiers d'un chef-lieu d'arrondissement conviennent 1° que le service de l'audience sera fait par un seul d'entre eux; — 2° que les actes seront exclusivement signifiés par les uns dans la ville, les autres dans la campagne; — 3° qu'une amende sera prononcée contre celui qui engagerait les parties à ne pas plaider ou à ne pas mettre leurs titres à exécution; — 4° enfin, que les émolumens seront partagés entre eux dans des proportions autres que celles fixées par les réglemens. Décr. 30 mars 1808, art. 94; 14 juin 1813, art. 42; Montpellier, 28 août 1830, D. 31, 59. — V. toutefois trib. Clermont-Ferrand, 2 août 1838 (Art. 1288 *bis* J. Pr.).

58. *Service personnel.* Les huissiers-audienciers font tour-à-tour le service aux assemblées générales ou particulières des C. et trib., aux enquêtes et autres commissions, aux interrogatoires, ainsi qu'au parquet; ils assistent aux cérémonies publiques, avec la C. ou le trib. auxquels ils sont attachés, et

marchent en avant (Arr. Gouv. 22 therm. an 8, art. 7;
27 vent. an 8, art. 96; 30 mars 1808, art. 95 et 99; 14 juin
1813, art. 20). Ils sont particulièrement chargés de maintenir
le silence, et de faire sortir ceux qui troublent l'audience.—Ils
doivent se rendre au lieu des séances une heure avant l'ouverture de l'audience, prendre au greffe l'extrait des causes qu'ils
doivent appeler. Décr. 30 mars 1808, art. 96. — Et veiller à
ce que personne ne s'introduise en la chambre du conseil sans
s'être fait annoncer, à l'exception des membres de la Cour ou
du tribunal. *ib.*

59. Ils font en outre : 1° l'appel de chaque cause sur le
rôle, art. 21, décr. 30 mars 1808 ; — 2° la publication du cahier
des charges dans toute espèce de vente judiciaire, et les autres
publications, lors des adjudications préparatoire ou définitive.
Tarif, 152 et suiv.

Ils ont *exclusivement* droit aux émolumens fixés par le tarif
pour ces actes, art. 152, 153, 154, 155, 156, décr. 16 fév. 1807.
—V. *inf.* n° 276.

60. Ils ont, près la C. ou le trib. une chambre ou un banc
où se déposent les actes et pièces qui se signifient d'avoué à
avoué (Art. 97, décr. 30 mars 1808).

Ce décret ne reçoit guère application qu'à Paris ; en province
les avoués envoient habituellement les originaux et copies des
significations au domicile des huissiers-audienciers.

61. *Signification.* Ils ont le droit *exclusif* de signifier, 1° les
actes d'avoué à avoué ; — 2° les notifications requises en matière criminelle et correctionnelle par le ministère public,
dans le lieu de leur résidence. Décr. 6 juill. 1810, art. 116 ; —
3° les significations des actes et jugemens par défaut, lorsque
les parties à qui ces significations doivent être faites sont domiciliées dans le ressort du lieu de leur résidence. Tel est l'u-
sage constant ; mais aucune loi ne défend aux trib. de commettre des huissiers ordinaires. — V. *Jugement par défaut.*

62. La signification par huissier ordinaire d'un acte réservé
aux huissiers-audienciers est-elle nulle? A l'égard des huissiers
audienciers des justices de paix, cette question était généralement résolue par les auteurs dans le sens de la nullité absolue,
mais elle recevait une solution contraire de la jurisprudence
sous l'empire de la précédente législation. Bruxelles, 25 prair.
an 12 ; Cass. 15 brum. an 13 ; Rennes, 14 juill. 1813 ;
Bruxelles, 1er fév. 1816, D. A, 7, 696 ; Cass. 23 fév. 1815,
D. A, 620 ; Cass. 5 déc. 1822, D. A, 9, 20, n° 1 ; Montpellier,
30 nov. 1824, D. 25, 33 ; Cass. 8 août 1834, D. 34, 330 ;
Merlin, *R. et qu. de droit,* v° *Huissier.*—V. *inf.* n°ˢ 78 et 79.

Ces décisions conservent encore aujourd'hui leur autorité,
en effet, la question s'élève toujours sur la validité des actes

qui, attribués aux huissiers audienciers, soit des C. roy., soit des trib. de 1re inst. seraient signifiés par des huissiers ordinaires.

Pour établir la nullité de pareilles significations on peut dire : elles sont affectées d'un vice essentiel en ce qu'elles émanent d'individus sans caractère et sans pouvoir pour y procéder ; le privilége accordé aux huissiers audienciers de faire certains actes n'est qu'une compensation du service personnel qu'ils remplissent auprès des trib. auxquels ils sont attachés, et ce privilége n'est pas suffisamment garanti par l'amende qui ne leur profite jamais.

Mais on répond : la capacité des huissiers ordinaires et des huissiers audienciers est absolument la même, sauf les dispositions réglementaires qui établissent entre eux des droits différens ; du reste, la loi n'ayant prononcé dans ce cas aucune nullité, il serait trop rigoureux de faire réfléchir contre les tiers des réglemens introduits dans l'intérêt exclusif des huissiers ; enfin ces réglemens, en cas d'infraction, trouveraient une sanction suffisante, soit dans des poursuites disciplinaires, soit dans une action en dommages-intérêts contre le délinquant.

Toutefois le contraire a été jugé avec raison suivant nous, pour les audienciers de la C. cass. : les huissiers près cette Cour ont une compétence tout-à-fait exceptionnelle ; seuls ils ont le droit d'exploiter dans les affaires portées à la Cour suprême *dans l'étendue de la ville où elle réside*. Ils trouvent leur privilége non dans une mesure de police intérieure, ni dans le choix de la Cour, mais dans leur nomination elle même, en vertu de la loi organique du 2 brum. an 4, art. 11. Aussi peuvent-ils seuls instrumenter près la juridiction à laquelle ils sont attachés. Cass. 2 frim. an 3 ; 10 brum. an 12 ; D. 9, 23 ; 8 nov. 1831 (ch. réunies), D. 31, 345.

63. A Paris et dans quelques autres villes, le costume des huissiers consiste, lorsqu'ils sont à l'audience, en une robe et un bonnet semblables à ceux des avoués. Dans les autres tribunaux, ils portent un petit manteau de serge noire. — V. d'ailleurs *sup.* n° 6.

64. *Audienciers près les trib. de 1re inst. et de commerce.* — Les audienciers du trib. civil remplissent les mêmes fonctions près les Cours d'assises siégeant dans les lieux où il n'y a pas de C. roy. *Ib.* art. 24, décr. de 1813.

65. Il y a près chaque trib. *de commerce* des huissiers nommés par le Roi. C. comm. 624. — Leur nombre est fixé à quatre pour Paris, à deux pour les autres villes. Décr. 6 oct. 1809.

66. Les art. 5 et 6 de ce décret et l'art. 7 de la loi du 28 flor. an 10, supposent que les huissiers audienciers près le trib. de

commerce peuvent n'être pas pris parmi les huissiers ordinaires du ressort. Dans ce cas, ils seraient évidemment sans caractère pour faire les notifications qui sortiraient de la juridiction du trib. de commerce.

Toutefois une décision du ministre des finances du 22 mai 1824, ayant pour objet les droits à payer au fisc lors de la prestation de serment des huissiers, suppose que les trib. de commerce n'ont plus le droit de prendre leurs huissiers audienciers que parmi les huissiers ordinaires; déjà le décr. de 1813 et l'art. 624 C. comm. impliquaient cette décision en exigeant pour tout huissier *la nomination du Roi.*

67. C'est ce qu'a jugé implicitement la C. cass. en décidant qu'un trib. de commerce était tenu de choisir ses audienciers parmi les huissiers exerçant dans la ville où il siège et non dans tout le ressort. Cass. 14 déc. 1856. (Art. 641 J. Pr.).

68. Les audienciers du trib. de commerce ont la même capacité que les huissiers ordinaires établis dans l'arrondissement du trib. de 1re inst.

Conséquemment 1° l'huissier qui s'intitule dans son immatricule, *audiencier près le trib. de commerce de...,* fait suffisamment connaître ses pouvoirs, et indique implicitement qu'ils s'étendent à tout l'arrondissement du trib. civil. Rennes, 4 août 1827. — V. *Exploit,* nos 83 et 84.

69. 2° Un huissier près un trib. de commerce peut valablement signifier un acte d'appel contre un jugement du trib. civil. L. 19 vend. an 4, art. 27; Cass. 6 frim. an 8, P. 1, 544, note; Praticien franç., t. 1, p. 300.

70. *Audienciers des justices de paix.* Dans l'origine, les juges de paix ruraux n'eurent point d'huissiers; les citations devant eux étaient données en vertu de cédules qu'ils délivraient, par le greffier de la municipalité du domicile des parties assignées. L. 14 oct. 1790, tit. 1, art. 5.

71. Les juges de paix des villes pouvaient commettre un huissier pour le service de leur juridiction, cet huissier avait seul le droit de signifier les citations et jugemens de la justice de paix, sous peine de 6 livres d'amende contre les huissiers ordinaires qui signifiaient ces actes. *Même loi,* art. 3 et 5. L. 6 et 27 mars 1791, art. 13.

72. Plus tard, la loi du 28 flor. an 10, art. 3, 5, 6 et 7 en permettant aux juges de paix de commettre un huissier au moins, deux au plus, avait exigé que leur choix portât sur des huissiers reçus par une C. ou un trib., à moins qu'aucun d'eux ne résidât dans son canton; dans ce cas, ils pouvaient nommer tout autre citoyen, sauf confirmation par le trib. de 1re inst.

73. Est survenu le décret du 14 juin 1813 qui voulait que les trib. civ. fixassent la résidence des huissiers ordinaires, au-

tant que possible dans les chefs lieux de canton, ou au moins dans l'une des communes les plus rapprochées ; les juges de paix ne pouvaient donc plus se trouver dans le cas de nommer des huissiers. Lonchampt, v° *Huissier*, n° 2.

74. Ces huissiers audienciers avaient le droit exclusif de signifier les citations aux parties, les demandes en garantie, les citations aux témoins en cas d'enquête, aux experts ou gens de l'art en cas d'expertise, les citations en conciliation, les citations aux membres qui doivent composer les conseils de famille, les avis de ces conseils, les sentences des juges de paix (à moins que le juge n'en eût commis d'autres. C. pr. 20), les oppositions aux jugemens par défaut, les sommations de fournir caution, ou d'être présens à la soumission d'une caution, les oppositions aux scellés, et sommation d'être présens à la levée. L. 6 mars 1791, art. 13, 19 vend. an 4, art. 27 ; C. pr. 4 ; Décr. 16 fév. 1807, art. 21 ; 14 juin 1813, art. 24.

75. Ils avaient le droit de faire ces actes non-seulement dans les affaires de la compétence du juge de paix auquel ils étaient attachés, mais dans tout le ressort de leur canton, lorsqu'il s'agissait d'affaires de la compétence d'autres juges de paix. C. pr. 4 ; Décr. 14 juin 1813, art. 28.

76. Toutefois ils ne pouvaient mettre à exécution les sentences des juges de paix, ni signifier les appels de ces sentences que concurremment avec les autres huissiers.

77. Ils servaient auprès des trib. de simple police et avaient aussi le droit exclusif de faire tous les actes de la compétence de ces trib. (L. 3 brum. an 4, art. 166, C. Instr. cr. art. 141.) En cette matière ils ne pouvaient instrumenter hors du canton de leur résidence. Décr. 14 juin 1813, art. 54.

78. On se demandait, sous l'empire de cette législation, si les actes rentrant dans les fonctions des huissiers audienciers des juges de paix étaient nuls lorsqu'ils étaient signifiés par des huissiers ordinaires. Cette difficulté, comme on l'a vu *suprà* n° 62, était diversement résolue par la jurisprudence et par la doctrine. *Pour la nullité.* Carré, 1, 9, n° 9, 104, n° 220 ; Merlin, *Rép.* v° *Huissier*, §. 8 ; Thomine, 35. — M. Pigeau distingue si l'huissier qui a donné la citation réside ou non dans le ressort de la justice de paix. — V. *sup.* n° 62.

79. Mais depuis la nouvelle loi sur les justices de paix, tous les huissiers d'un même canton ont le droit de donner toutes les citations et de faire tous les actes devant la justice de paix ; dans les villes où il y a plusieurs justices de paix, ils exploitent concurremment dans le ressort de la juridiction assignée à leur résidence, art. 16, L. 6 juin 1858 (Art. 1166 J. Pr.).

—V. D'ailleurs nos observations sur cet art. *ib.* p. 308 et la pétition des huissiers de Limoges (Art. 1002 J. Pr.).

80. Les huissiers d'un même canton sont tenus de faire le service des audiences et d'assister le juge de paix quand ils en sont requis ; toutefois les juges de paix peuvent choisir leurs audienciers. *ib.*

81. Le juge de paix peut interdire aux huissiers de sa résidence de donner aucune citation en justice, sans qu'au préalable il n'ait appelé, *sans frais,* les parties devant lui à moins 1° qu'il n'y ait péril en la demeure ; 2° que le défendeur soit domicilié hors du canton ou des cantons de la même ville. — V. *Préliminaire de conciliation.*

82. Quelle que soit la qualité de l'huissier, à quelque trib. qu'il soit attaché, il n'a droit qu'aux émolumens fixés par le ch. 3, liv. 1er du tarif, quand il fait un acte du ministère des huissiers de la justice de paix.

83. Les préposés des douanes qui ne jugent pas à propos de faire eux-mêmes les significations nécessaires, peuvent-ils les faire faire par d'autres huissiers que ceux des justices de paix où elles doivent être portées ? — L'affirmative a été jugée par la C. cass. 1er déc. 1830, D. 31, 321; 10 déc. 1830, D. 31, 21 ; — Et doit être suivie aujourd'hui surtout que tous les huissiers ont indistinctement le droit d'instrumenter devant les justices de paix. — V. *Douanes*, n° 51.

84. Pour la notification des contraintes en matière d'*enregistrement.* — V. ce mot, n° 126.

85. *Huissiers attachés aux conseils de* PRUD'HOMMES. — V. ce mot et *sup.* n° 32-9°.

86. *Audienciers près les C. royales.* Ils exercent en même temps près les C. d'assises siégeant dans le lieu de la résidence des C. roy. (Décr. 14 juin 1813, art. 21); ils ont le droit de faire seuls les actes d'avoué à avoué; d'assigner les témoins devant la C. d'assises, et de faire les notifications de la liste des jurés, de celle des témoins, etc. aux accusés, à la requête du ministère public.

Toutefois, un arrêt de la C. de Bruxelles, du 14 août 1840 (D. A. 9, 755) a décidé que la signification d'un arrêt par défaut faite par un huissier du trib. civil à un avoué d'appel, était valable, et faisait courir les délais de l'opposition.

87. Les huissiers audienciers des C. d'assises ne peuvent, pendant la durée des sessions, sortir du canton de leur résidence, sans un ordre exprès du ministère public. Art. 22 décr. du 14 juin 1813.

88. Le salaire de leurs actes en matière criminelle est réglé par l'art. 71 du décr. du 18 juin 1811. Ils doivent présenter

leur état de frais d'après un modèle arrêté par le ministre de la justice, à peine de rejet de la taxe. *Ib.* art. 82.

89. Les huissiers audienciers près les C. roy. n'ont pas le droit d'instrumenter dans toute l'étendue du ressort de la Cour, mais seulement dans le ressort de l'arrondissement ou ils résident. Décr. 14 juin 1813, art. 16 et 24.—V. toutefois *sup.* n° 26.

90. En matière correctionnelle, l'acte d'appel est nul lorsqu'il est notifié par l'huissier d'une C. d'assises hors de l'arrondissement où elle siége, quoique cependant dans son ressort. Poncet, 1, 538 ; Carnot, 1, 590.

91. *Audienciers à la C. de cass. et au Cons. d'état.* Ils ont, dans l'étendue *du lieu de la résidence de ces tribunaux*, c'est-à-dire dans l'intérieur des murs de Paris, et non dans l'étendue du ressort du trib. civil de la Seine, le droit d'instrumenter *exclusivement* à tous autres huissiers pour les affaires portées devant ces trib. LL. 2 brum. an 4, art. 47; 27 vent. an 8, art. 70; Décr. 14 juin 1813, art. 25. — Par exemple, de signifier les arrêts d'admission, les ordonnances de soit-communiqué et les arrêts définitifs aux parties, et les notifications d'avocat à avocat.

92. Il a été jugé que les significations dans des affaires de la C. de cass., faites à Paris par des huissiers ordinaires, étaient radicalement nulles.—V. *sup.* n° 62.

93. Les huissiers audienciers de la C. de cass. peuvent instrumenter pour toutes les autres affaires, *concurremment* avec les huissiers ordinaires dans le ressort du trib. civil du lieu de la résidence de la C. de cass.

94. Jusqu'en 1830, le Cons. d'ét. avait ses huissiers spéciaux (Décr. 22 juill. 1806, art. 51), qui ne pouvaient faire aucun autre acte ; mais par une décision de M. Courvoisier, ministre de la justice, les huissiers audienciers de la C. de cass. ont été chargés des attributions des huissiers au Cons. d'ét.; ils en prennent le titre dans leur immatricule, et font le service aux audiences publiques de ce conseil.

Art. 3. — *Huissiers commis.*

95. Dans certaines circonstances que la loi prévoit (— V. *Cession de biens*, n° 25 ; *Emprisonnement*, n° 135 ; *Jugement par défaut*, *Purge*), ou que l'importance de la procédure justifie (— V. *Ajournement*, n° 57), les magistrats commettent des huissiers, et ordonnent que tel acte sera signifié par tel huissier investi de leur confiance.

96. Leur choix porte souvent sur leurs audienciers; nul doute cependant qu'ils puissent en désigner d'autres.

97. Ces huissiers ne peuvent exiger d'autres droits que ceux fixés par le tarif pour les huissiers ordinaires.

98. Pour la signification d'un arrêt par défaut, une Cour peut commettre un huissier résidant hors du ressort, par exemple l'huissier audiencier de telle justice de paix, sans qu'il en résulte de nullité. Cass. req. 18 juill. 1833, D. 34, 69. — Souvent aussi les magistrats, en rendant une décision par défaut, délèguent au trib. d'un autre ressort le pouvoir de commettre un huissier pour en faire la signification.

99. Mais la commission d'huissier n'est qu'une exception au principe qui veut que les parties soient libres de choisir les officiers ministériels ; aussi, lorsqu'un huissier résidant dans la commune du débiteur condamné, ou à une distance telle qu'il n'y a pas lieu à transport, a été commis pour la signification d'un jugement par défaut, le créancier peut charger un autre huissier, même plus éloigné, pour les actes ultérieurs d'exécution ; par suite, les frais de transport de cet huissier ne doivent pas être rejetés de la taxe comme frustratoires. Paris, 11 janv. 1834, D. 34, 65. — V. *inf.* n° 253.

100. La signification, faite par le ministère d'un huissier ordinaire, alors qu'un autre huissier a été commis, est-elle nulle ?

Pour la négative, on dit : Nulle part la loi ne porte une telle sanction ; et l'on a jugé qu'une assignation à bref délai n'était pas nulle, pour avoir été remise par un huissier autre que celui qui avait été commis. Paris, 8 fév. 1834, D. 34, 123. — — Cette décision se justifie en ce qu'en matière d'assignation à bref délai, la commission d'huissier n'est pas exigée par la loi (C. pr. 72); c'est une mesure de prudence, purement facultative, et lorsque la copie est réellement parvenue, l'infraction à l'ordonnance d'abréviation de délai reste une faute purement disciplinaire. — V. *Ajournement,* n° 57.

101. La question nous paraît beaucoup plus douteuse lorsqu'il s'agit d'actes qui, aux termes de la loi, devaient être signifiés par *huissiers commis,* comme en matière de jugemens par défaut ou de défaut profit joint. C. pr. 153 et 156. — Il semble que dans ces hypothèses, l'huissier n'a pas le droit de signifier ces actes pour lesquels il n'a pas été commis, et que dès lors la nullité doive être prononcée. — V. d'ailleurs *Emprisonnement,* n° 135 et 148.

102. Ainsi jugé pour les assignations en référé en cas d'urgence. Bourges, 29 août 1838 (Art. 1477 J. Pr.).

103. *Quid,* pour les notifications prescrites par l'art. 2183 C. civ. — V. *Purge.*

§ 4. *Fonctions et opérations incompatibles avec celles des huissiers ; personnes pour lesquelles ils ne peuvent instrumenter.*

104. Les huissiers sont spécialement institués pour faire exécuter les mandemens de justice, et pour signifier les actes de procédure.

105. Conséquemment, l'exercice de leur profession est incompatible avec — 1° toute autre fonction salariée.

2° La profession d'avocat. Arrêté 18 fruct. an 11 ; Arg. ordonn. 20 nov. 1822, art. 42.

3° Celle de notaire et d'avoué et les fonctions de greffier. Arrêté 6 prair. an 10 ; Merlin, *Rép.*, v° *Huissier*, t. 5, p. 750.

4° Les fonctions de défenseur officieux devant les trib. de comm. Arrêté 18 fruct. an 11 ; Décr. 14 juill. 1813, art. 59 ; Riom, 2 avr. 1830, D. 33, 172.

En vain soutiendrait-on que les décrets qui précèdent ont été abrogés par le C. de pr.; il faut appliquer ce principe que les lois générales ne dérogent pas aux lois spéciales. Amiens, 24 juill. 1833, D. 34, 83.

5° Les fonctions de conseil ou de fondé de pouvoirs devant les justices de paix. L. 25 mai 1838, art. 18. — Sous peine d'une amende de 25 à 50 fr., qui est prononcée sans appel par le *juge de paix. Ib.* — V. ce mot.

Ces dispositions ne sont pas applicables aux huissiers qui se trouvent dans l'un des cas prévus par l'art. 86 C. pr. (— V. *Audience*, n° 29). *Même article.*

106. Mais les fonctions d'huissier sont compatibles dans les villes autres que Paris, avec celles de commissaire-priseur. Ordonn. 26 juin 1816, art. 11.

107. Il est interdit aux huissiers, — 1° de faire le commerce, notamment de tenir auberge. café, cabaret, tabagie ou billard, même sous le nom de leurs femmes, à moins qu'ils n'y soient spécialement autorisés, sous peine d'être remplacés. Décr. 14 juin 1813, art. 41.

L'autorisation ne peut être accordée que par le garde des sceaux, à l'exclusion des trib. Cass. 26 sept. 1834 (Art. 285 J. Pr.).

Toutefois, s'ils se livrent habituellement à des actes de commerce et cessent leurs paiemens, ils peuvent être déclarés en *faillite.* Bordeaux, 9 déc. 1828 ; Chauveau, 56, 181. — V. ce mot, n° 6.

2° De se rendre cessionnaires de procès et droits litigieux qui sont de la compétence du trib. dans le ressort duquel ils exercent, à peine de nullité de dépens, dommages-intérêts. C. civ. 1597. — V. *Litigieux (droits).*

3° De se rendre adjudicataires, directement ou indirectement, des objets mobiliers qu'ils sont chargés de vendre. C. civ. 1596 (—V. *sup.* n° 40), sous peine de suspension pendant trois mois, et d'une amende de 100 fr. pour chaque article acheté, sans préjudice de plus fortes peines dans les cas prévus par le C. pén.

La récidive entraîne toujours la destitution. Décr. 14 juin 1813, art. 38.

Mais l'huissier ne peut être assimilé à un mandataire pour vendre; partant il n'est pas incapable d'acheter, lorsqu'il s'agit d'objets dont la vente est poursuivie par des personnes pour lesquelles il a signifié des actes, spécialement par lès créanciers d'un failli. Bordeaux, 8 janv. 1833, D. 33, 99.

108. Les huissiers près les trib. de 1re inst. ne peuvent exploiter 1° pour eux-mêmes ou pour leurs femmes. — V. *Exploit*, n° 156.

Est considéré comme exploitant pour lui-même, à cause de son intérêt personnel, l'huissier qui signifie un acte d'appel, sur une action en revendication d'immeuble, pour celui auquel il a vendu lui-même ses droits indivis dans cet immeuble, et dont il est garant; l'acte est nul, mais seulement vis-à-vis de cet acquéreur, il est valable pour l'appelant, copropriétaire de l'immeuble, défendeur à la revendication, et qui ne tient pas ses droits de l'huissier; l'intérêt des deux copropriétaires est distinct, et la nullité ne doit pas les atteindre également. Poitiers, 22 nov. 1822, D. A. 7, 700.

109. 2° Pour leurs parens et alliés en ligne directe jusqu'à l'infini. C. pr. 66; — pour les parens et alliés de leurs femmes aussi en ligne directe à l'infini. *Ib.*

110. *Quid*, si la femme d'un huissier est décédée? Il semble, en raison de l'analogie de l'art. 66 avec les art. 283, 310 et 378 C. pr., que, lorsque la femme a laissé des enfans, la prohibition subsiste à l'égard de ses alliés en ligne directe; — mais qu'elle doit cesser entièrement si la femme ne laisse pas d'enfans. — *Contrà*, Thomine, 1, 163; — ou tout au moins à l'égard des neveux et des cousins; Carré, 1, 172, n°s 340 et 341. — V. d'ailleurs *Alliance*, n°s 4 et 5.

111. 3° Pour ses parens et alliés collatéraux jusqu'au degré de cousin issu de germain inclusivement. C. pr. 66.

112. La prohibition ne doit pas s'étendre aux parens et alliés collatéraux de la femme : l'art. 86 n'a pas répété l'interdiction pour ce cas. — *Contrà*, Carré, n° 342.

Ainsi, un huissier a pu instrumenter pour un allié de sa femme au degré de cousin-germain. Lyon, 29 juill. 1824, D. 25, 46; — ou même pour le mari de la tante de sa femme. Pau, 9 nov. 1831, D. 32, 29.

113. Mais l'art. 66 ne doit-il s'entendre que de la parenté ou alliance légitime?

Pigeau, t. 1, p. 190, applique la prohibition à toutes les personnes dont l'huissier peut hériter; celui-ci ne pourrait instrumenter pour l'épouse de son frère, le mari de sa sœur, naturels, puisqu'il est, dans le cas de l'art. 766 C. civ., le successible des frères et sœurs dont s'agit; mais hors de ce degré , l'alliance n'entraînerait pas prohibition. Carré pense, au contraire, n° 343, que , les liens naturels étant constans, il y a même raison de suspecter la foi de l'huissier , quoiqu'aux yeux de la loi civile, les enfans naturels n'aient pas d'alliés.

114. 4° Pour ceux dont ils sont mandataires généraux et spéciaux. — V. *Exploit*, n°ˢ 133 et 136.

115. La nullité de l'exploit signifié par un huissier pour son parent ne saurait être opposée par ce parent lui-même, sous prétexte de parenté. Carré, 1 , 172, n° 339 ; Pigeau, *Comm.* , 1 , 190. — *Contrà*, Chauveau , 14, 639 , n° 88 , qui se fonde sur ce que l'art. 66 admet la nullité sans distinction.

116. La prohibition de l'art. 66 ne s'applique pas aux significations d'actes d'avoué à avoué.—V. *Exploit,* n° 7.—L'huissier reçoit ces actes des mains de l'avoué; il les confond pour les porter à chacun des avoués qu'ils concernent. Il ne pourrait les lire quand il le voudrait, à cause de leur multiplicité et de leur étendue, il ignore pour qui il fait ces significations. Pigeau , *Commentaire,* 1, 189 ; Chauveau , 14, 640, n° 92.

117. Au reste, ces incapacités sont de droit étroit et ne peuvent s'étendre par analogie ; ainsi, la suspicion de bienveillance envers une partie ne suffirait pas pour empêcher l'huissier d'instrumenter pour elle. — V. *Citation* , 26.

118. Le motif de la prohibition n'existe plus, et tous les huissiers instrumentent valablement, 1° pour leur femme divorcée et les parens de celle-ci ; —2° contre leurs parens.— V. *Exploit*, n° 155.

119. La prohibition , en matière de justice de paix, n'est pas aussi étendue. — V. *Citation,* n° 25.

120. Un huissier peut signifier un exploit intéressant 1° la chambre de discipline de la communauté à laquelle il appartient. Amiens, 14 juill. 1824 , S. 24, 278.

121. 2° Une société anonyme dont il serait membre, ou même mandataire salarié , ou dont l'un de ses parens ou alliés au degré prohibé, serait également membre.

122. Ainsi jugé à l'égard d'un notaire : l'intérêt de chaque actionnaire n'est ni assez grand ni assez direct pour que l'impartialité de cet officier puisse être soupçonnée ; il peut même très souvent ignorer l'existence de cet intérêt de la part d'un de ses parens au degré prohibé ; autrement, la validité des actes intéressant les sociétés anonymes dépendrait souvent du hasard de la découverte de cette circonstance ; la mauvaise foi pourrait même en profiter pour ménager d'avance frauduleusement, et à l'insu du notaire même , le moyen d'anéantir ou de confirmer ces sortes d'actes, suivant que l'avenir les rendrait onéreux ou profitables aux complices de la fraude. La possibilité de pareils dangers pour une espèce d'association si favorable au développement de l'industrie, dangers que la facilité de transmettre ces actions par la voie de l'endossement multiplierait encore, doit faire repousser la nullité. Grenoble, 8 mars 1852, D. 52, 132. — Le pourvoi contre cette décision a été rejeté. Cass. 30 juill. 1854, D. 54, 421.

123. La prohibition d'instrumenter frappe-t-elle l'huissier chez lequel un créancier a fait *élection de domicile*? Ainsi, l'huissier, chargé de faire une sommation au domicile élu, peut-il sommer le créancier dont s'agit au domicile élu chez lui, ou doit-il emprunter le ministère d'un autre huissier.

Il est plus prudent de suivre cette dernière marche.

Toutefois, il n'y aurait pas nullité dans le cas contraire : l'huissier serait responsable de sa négligence s'il ne prévenait pas le créancier. Thomine, 2, 313, n° 861.

§ 5. — *Nécessité d'un pouvoir pour l'huissier ; actes dont il résulte.*

124. Les huissiers ne peuvent, sous peine de *désaveu* (—V. ce mot, n°s 3 et suiv., 37 et 94), faire aucun acte au nom d'une partie, sans avoir reçu d'elle un pouvoir, soit tacite, soit exprès.

125. L'huissier peut-il être désavoué lorsque, *sans pouvoir*, il constate dans un exploit des faits étrangers à ce qui se passe en sa présence, et qui peuvent compromettre son client ?

L'affirmative est soutenue par Berriat, p. 82, n° 60, et Chauveau, t. 10, p. 389.

La solution dépend, suivant nous, de l'appréciation des circonstances. Le désaveu est recevable, si les faits certifiés par l'huissier exigeaient un pouvoir spécial; si, par exemple, ils contiennent des offres, aveux ou consentemens; dans le cas contraire, il n'est pas admissible; le mandat tacite ou légal conféré à l'huissier lie la partie elle même.— V. *sup.* n° 27.

126. *A l'égard du client*, le mandat tacite s'induit en général de la remise des pièces. — V. *Avoué*, n°s 99 et suiv.

Ainsi, la remise de l'acte ou du jugement vaut pouvoir pour toutes les exécutions autres que la saisie immobilière et l'emprisonnement. C. pr. 556.

Spécialement la remise de la requête d'abréviation de délai et de l'ordonnance du juge, portant autorisation d'assigner, sont des pouvoirs suffisans pour l'huissier; dans ce cas, on ne peut admettre le désaveu contre l'exploit d'assignation, donné en vertu de cette ordonnance. Paris, 4 fév. 1808, P. 6, 487. — Bien que cet arrêt ait précédé le Code de procédure, la même solution devrait être adoptée aujourd'hui. Carré, art. 556.

127. La remise doit être faite à l'huissier, ou par le client lui-même, *Même arrêt*, — ou par son mandataire.

22.

128. L'*avoué* est présumé avoir mandat à cet égard. — V. ce mot, n° 145 *in fine*.

Ainsi, un huissier a été déclaré suffisamment autorisé à signifier un appel, lorsqu'il en avait été chargé par un avoué de 1re inst., bien que ce dernier n'eût réellement pas un pouvoir spécial à cet effet. Metz, 28 août 1821 ; Chauveau, 5, 375. — V. toutefois *Appel*, n° 69.

129. Mais, lorsqu'il s'est écoulé un long intervalle de temps depuis la remise des titres, et que, d'après les circonstances, l'huissier a dû penser que le créancier était désintéressé, il s'expose à un désaveu s'il exerce de nouvelles poursuites sans prendre de nouvelles instructions auprès du client, — surtout, si, dans l'origine, il a été chargé d'agir par un intermédiaire. Paris, 31 janv. 1815, P. 12, 570.

130. Lorsque l'acte, objet du désaveu, a été notifié par un huissier d'après les ordres de l'avoué, le désaveu doit être formé contre l'huissier.

131. *Quid*, dans le cas inverse ? — V. *Avoué*, n° 149.

132. La remise du titre exécutoire faite par le client à l'huissier emporte, pour ce dernier, pouvoir de toucher et de donner quittance : il est juste que le débiteur puisse arrêter immédiatement les poursuites dirigées contre lui. Cass. 3 déc. 1858 (Art. 1440 J. Pr.); Toullier, 7, n° 20; Duranton, 12, n° 50. — V. *Commandement*, n° 12.

133. Chargé de pratiquer une saisie, l'huissier pourrait même, sans pouvoir spécial, subroger aux droits du saisissant le tiers qui payerait la somme due par le saisi. Arg. C. civ. 1250; Colmar, 21 déc. 1832, D. 33, 147.

154. En tout cas, il n'a mandat de recevoir le paiement que *dans l'exercice de ses fonctions* (C. civ. 2060, 557), c'est-à-dire au moment où il instrumente et seulement dans les termes de l'obligation ou de la condamnation; dès que le débiteur forme opposition aux poursuites, la libération entre les mains de l'huissier n'est plus possible, alors surtout que le créancier a constitué un avoué chez lequel il a élu domicile. Colmar, 25 janv. 1820, S. 20, 185.

155. L'huissier, porteur d'une obligation par acte authentique n'a pas mandat suffisant pour recevoir le paiement en lettres de change, surtout lorsque ces lettres sont souscrites au nom de l'huissier lui-même. Il y aurait là une novation qui n'entre pas dans la nature de ses pouvoirs. *Même arrêt*.

156. L'huissier n'est pas en effet un mandataire privé, librement choisi, arbitre des intérêts de son client; il n'est appelé qu'à instrumenter; là sont les limites de son ministère, quelque général que soit le pouvoir à lui donné. — V. *Avoué*, n° 104.

Ainsi, chargé par un avoué d'une saisie-exécution, il ne peut pas accepter pour la partie des offres réelles faites sous certaines conditions, ni l'obliger à l'accomplissement des charges imposées aux offres. Aix, 15 fév. 1833, D. 33, 176.

157. Aucune offre, aucun aveu ou consentement ne peuvent être donnés ou acceptés sans un pouvoir spécial. C. pr. 352.— V. *Avoué*, n° 102 et suiv.

158. *A l'égard des tiers*, les huissiers sont en général, jusqu'au désaveu, présumés avoir reçu un pouvoir. On ne peut en exiger la représentation, — excepté en matière de saisie-immobilière et d'emprisonnement. — V. *Emprisonnement*, n° 151 à 153, *Exécution*, n° 94, *Saisie-immobilière*.

Hors ces deux cas, l'huissier n'est pas tenu de rapporter un pouvoir écrit lorsqu'il fait des actes de son ministère. Metz, 22 déc. 1827; Chauveau, 35, 364.

§ 6. — *Devoirs et responsabilité des huissiers.*

159. Les huissiers sont soumis à plusieurs obligations qui ont été indiquées précédemment. — V. *sup.* § 2 et 3; et d'ailleurs *inf.* §§ 9 et 10, et *Exécution*, n° 92 et suiv.

140. Ils doivent en outre 1° se faire inscrire sur un registre tenu au greffe du trib. de leur ressort : c'est ce qui constitue leur *immatricule*. — V. *Ajournement*, n° 8, *Exploit*, n° 82.

141. 2° Garder la résidence qui leur a été assignée par le trib., sous peine d'être remplacés. Décr. 14 juin 1813, art. 15, 16, 17.—Lorsqu'ils sont de service près les Cours d'assises. — V. *sup.* n° 87.

Mais l'huissier qui se transporterait habituellement plusieurs fois par semaine dans la résidence d'un autre huissier du même ressort, où il tiendrait étude ouverte, pourrait-il être poursuivi devant les trib., en dommages-intérêts, à raison du détournement de clientelle éprouvé par son collègue?

Quoique l'affirmative ait été jugée à l'égard des notaires (Riom, 18 mai 1833, D. 54, 14; trib. Brignolles, 10 août 1836, Art. 840 J. Pr.), les raisons de décider ne sont pas absolument les mêmes pour les huissiers. Il est certain que si l'un d'eux prenait logement dans une résidence autre que la sienne et dans celle d'un confrère, pour lui soustraire sa clientelle, il pourrait être poursuivi en dommages-intérêts. Cependant il faudrait que les faits fussent bien constans, car les occupations d'un huissier l'obligent à s'absenter sans cesse de son domicile, à se trouver dans des lieux différens les jours de marché, afin de poursuivre des débiteurs, prendre des renseignemens ou s'entendre avec ses clients, à se rendre souvent aux audiences des justices de paix : on ne peut l'empêcher de profiter de son séjour dans une commune pour s'y occuper de ses affaires. Arg.

Paris, 14 mai 1852 (Art. 840 J. Pr.). — Au reste, le plus souvent les huissiers reçoivent leurs cliens chez un confrère.

142. 3° Prêter leur ministère, sur la réquisition des parties, sans acception de personnes, les cas de maladies et d'autre excuse légitime exceptés, sous peine de tous dépens, dommages et intérêts et même d'interdiction. C. pr. 507; décr. 14 juin 1813, art. 42. — En vain l'huissier alléguerait-il s'être conformé à la défense à lui faite par le juge de paix. Cass. 7 juill. 1847, S. 17, 347.

143. Il peut refuser si l'exploit pour lequel il est requis est contraire au respect dû aux lois et actes du gouvernement. Mais s'il ne s'agit que d'une irrégularité de forme, il peut seulement exiger de la partie une réquisition spéciale et précise qui mette sa responsabilité à couvert. Montpellier, 24 juin 1826, D. 27, 18. — V. *sup.* n° 81.

144. En cas de refus de l'officier ministériel, on doit s'adresser au président de la C. ou du trib., afin d'obtenir une injonction d'instrumenter; Décr. 14 juin 1813, art. 42. — Si l'huissier persiste, il encourt la destitution. Décr. 18 juin 1811, art. 85. — Toutefois, il conviendrait, à moins d'urgence, de s'adresser d'abord à la chambre de discipline. — V. *Avoué*, n° 93.

145. 4° Se renfermer dans les bornes de leur ministère et de leur compétence. Décr. 14 juin 1813, art. 39.

146. Peuvent-ils assigner un agent diplomatique étranger en son hôtel ? — V. *Ministre public.*

147. 5° Justifier, dans leurs actes, de leur compétence, en y énonçant leur nom, leur demeure et leur immatricule, à peine de nullité et de responsabilité quant aux effets de cette nullité. Grenoble, 14 avr. 1848, S. 25, 110.—V. *Exploit.*, sect. 2, § 3.

148. 6° Énoncer la patente des particuliers à la requête desquels ils agisssent, et qui sont soumis à cette formalité. L. 1er brum. an 7, art. 57; Ordonn. 25 déc. 1814. — V. *Exploit*, n° 61. — V. d'ailleurs, quant à l'enregistrement, *inf.* n° 212.

149. 7° Se conformer, pour la rédaction et la remise de leurs actes, aux formalités prescrites par la loi (— V. *Ajournement, Assignation, Citation, etc.*); et aux règles qui déterminent les jours, lieux et heures où l'on peut instrumenter. — V. *Exécution*, § 8; *Exploit*, n° 10 à 21.

150. 8° Remettre à personne ou domicile l'exploit ou la copie des pièces qu'ils sont chargés de signifier, sous peine d'être condamnés, par voie de police correctionnelle, à une suspension de trois mois, à une amende qui ne peut être moindre de 200 fr., ni excéder 2,000 fr., et aux dommages-intérêts des parties,—ou même d'être poursuivis criminellement et punis d'après l'art. 146 C. pén., en cas de fraude constatée. Décr.

14 juin 1813, art. 44, 45. — V. toutefois *Discipline*, et *inf.* n°s 200, 206 et suiv.

Autrefois ils ne pouvaient faire signifier leurs exploits par leurs clercs, à peine de faux. Ordonn. mars 1556, 1498.

151. 9° Écrire correctement et lisiblement les copies de pièces, à peine du rejet de la taxe (Décr. 29 août 1813, art. 2) et d'une amende de 25 fr., dont le ministère public peut poursuivre la prononciation par action directe, lors même qu'il ne produit l'acte illisible qu'après la fin de l'instance. Cass. 17 déc. 1828, D. 29, 76. — V. *Ministère public*.

152. 10° Régler le nombre des lignes de chaque page, selon la dimension du papier, également à peine d'amende. Décr. 29 août 1813, art. 1. — V. *Copie de pièces*, n°s 3, 4, 5, 8, 9. Le décret s'applique aux copies d'exploit. (—V. *Copie de pièces*, n° 9.)—*Contrà*, Gaillard, *Traité des copies de pièces*, n°s 34 à 44.

Mais il ne saurait atteindre l'original. *Même auteur*.

La poursuite pour cette dernière contravention n'appartient qu'à la régie de l'enregistrement et non au ministère public. Douai, 26 mars 1855 (Art. 112 J. Pr.). *Même auteur*, *ib.* et p. 77.

153. En cas de récidive (—V. *sup.* n°s 151 et 152), l'huissier peut-il être suspendu ou même destitué selon les circonstances?

Cette faculté était accordée aux trib. par le décret du 14 juin 1813, art. 44. — Mais cette disposition paraît abrogée par le décret du 29 août 1813, art. 3. — Ce dernier article indique l'abrogation des art. 43 et 57; au lieu de 57, il faut lire 44. Gaillard, *ib.* — V. Codes, Loiseau et Teulet, qui relèvent cette erreur typographique. — L'amende est une peine suffisante.

154. L'amende pour illisibilité de pièces n'a pas été réduite à 5 fr. par l'art. 10 L. 16 juin 1824. Cass. 8 nov. 1836 (Art. 676 J. Pr.); — elle continue d'être de 25 fr. aux termes du décret du 14 juin 1813; Poitiers, 23 mars 1839; Gaillard, 57.

Elle peut être prononcée directement par la C. de cass., sauf recours de l'huissier contre l'officier dont la copie émane, Décr. 29 août 1813, art. 2, — soit par la chambre des requêtes, Cass. 11 août 1855; 21 avr. 1856 (Art. 199 et 562 J. Pr.); — soit par la chambre civile. Cass. 29 fév. 1836 (Art. 402 J. Pr.). —V. *Discipline*.

155. 11° Mentionner, sous peine d'une amende de 5 fr., C. pr., art. 67, au bas de l'original et de la copie de chaque acte le montant de leurs droits, et en outre pour faciliter la taxe des frais, indiquer en marge de l'original le nombre de rôles des copies de pièces, et y marquer le détail de tous les

articles de frais formant le coût. Décr. 14 juin 1813 , art. 48.
— Toutefois, la loi ne prononce pas la nullité de l'acte pour
l'omission de cette formalité, qui est très fréquente : l'huissier
est seulement passible d'une amende qu'on néglige presque toujours de faire prononcer.

156. Les huissiers-audienciers doivent mettre au bas des
significations d'avoué à avoué le coût de ces significations. Décis.
min. 21 fév. 1824. — V. la Formule d'*avenir*, et toutefois *Exploit*, n° 8.

157. Mais les dispositions de l'art. 67 C. pr. s'appliquent-
elles aux huissiers des justices de paix ? — L'affirmative doit
être suivie à cause de la généralité de l'art. 48. Décr. de 1813 ,
qui reproduit l'art. 67 C. pr. — *Contrà*, Pigeau, *Comm.* 1, 3.

158. 12° Mentionner l'heure du jour où ils instrumentent,
dans certains cas, par exemple, dans un acte de surenchère sur
adjudication d'une coupe de bois faite par l'État : cet acte doit
être signifié le lendemain de l'adjudication avant *midi*. C. forest. 25. — V. d'ailleurs *Date*, n° 8 à 15.

159. 13° Tenir des répertoires (L. 22 frim. an 7) cotés et
paraphés, savoir : — Ceux des *huissiers* audienciers, par le président de la C. ou du trib, ou par le juge commis à cet effet ;
— ceux des *huissiers* ordinaires résidant dans les villes où siégent
les trib. de 1re inst. , par le président du trib. ou par le juge
commis à cet effet ; — ceux des autres huissiers, par le juge de
paix du canton de leur résidence. Art. 46 décr. du 14 juin 1813.

Une décision du ministre des finances, du 19 fév. 1825 ,
permet aux huissiers audienciers de tenir deux répertoires , l'un
pour les actes qu'ils font comme huissiers audienciers , l'autre
pour les actes qu'ils dressent et signifient comme huissiers ordinaires. — V. *Répertoire*.

160. 14° Inscrire, sur leurs répertoires, tous les actes et
exploits de leur ministère, et, dans une colonne particulière, le
coût de chaque acte ou exploit, déduction faite de leurs déboursés, le tout sous peine de 5 fr. d'amende pour chaque
omission. L. 22 frim. an 7, art. 50. — V. d'ailleurs *Répertoire*.

161. 15° Donner un récépissé des pièces et une quittance
de l'argent qu'ils reçoivent des parties. Décr. 16 fév. 1807,
art. 66.

162. Il leur est défendu, sous peine d'interdiction et de tous
dépens, dommages et intérêts des parties, d'accorder des délais
à un débiteur, sans y être autorisés par le créancier. Arrêt
réglem. 15 mai 1714, art. 23.

163. *Responsabilité.* Les huissiers, dans un grand nombre
de cas, tels que ceux de nullité d'un protêt, d'un acte d'appel,
d'un exploit destiné à interrompre une prescription ou une

déchéance, etc., peuvent être condamnés à des dommages-inté-rêts, selon les circonstances. — V. *Responsabilité*.

Cette appréciation appartient aux tribunaux.

164. Jugé que bien que l'art. 171 C. pr. dise que l'huissier *pourra* être condamné, la condamnation est nécessaire, le fait de la nullité établi, à moins qu'il n'y ait aucun préjudice. Arg. C. pr. 1031 ; Poitiers, 28 fév. 1825, S. 26, 334 ; 18 juin 1830, S. 30, 217. — V. *Exploit*, n° 288.

165. Les huissiers sont contraignables par corps pour la restitution des pièces qui leur sont confiées, et des deniers par eux reçus pour leurs cliens, par suite de leurs fonctions, pour le paiement de l'amende prononcée contre eux, à défaut de re-mise de la copie de leur répertoire, ou d'acquit des sommes qu'ils doivent verser à la bourse commune. Décr. 14 juin 1813, art. 97, 98 ; C. civ. 2060, § 7.—Et pour le rétablissement des minutes de jugemens et d'arrêts qui leur ont été confiées par le greffier pour les notifier en cet état. Décr. 18 juin 1811, art. 70. — V. *Emprisonnement*, n°s 45 et 46, et *Référé*.

166. La contrainte par corps, pour restitution de deniers, ne peut être prononcée contre eux, que s'il s'agit de valeurs excédant 300 fr. — *Contrà*, Cass. 4 fév. 1819, D. A. 3, 734. — Mais la doctrine de ce dernier arrêt, uniquement basée sur le dol et la fraude, est justement critiquée. Favard, *Rép.*, t. 1, p. 678, § 1, n° 5 ; Pig., *Comm.*, t. 1, p. 299. Dalloz, *loc. cit.*— V. *Emprisonnement*, n° 71.

167. S'ils conservent des sommes de nature à être versées à la caisse des consignations, ils doivent être dénoncés au ministre de la justice par le procureur du roi, pour leur révocation être proposée au roi, s'il y a lieu, sans préjudice des peines qui sont ou pourront être portées par les lois. Ordonn. 3 juill. 1816, art. 10.

168. Ils doivent, en outre, être condamnés à payer les inté-rêts qu'aurait payés la caisse des consignations. Cass. req. 21 juin 1825, D. 25, 342 ; C. civ. 813 et 1956 ; Av. du Cons. d'ét. 13 oct. 1809 ; Ordonn. 3 juill. 1816.

169. Dans ce cas, les intérêts courent *de plein droit*, et à partir de l'encaissement par eux fait, sans qu'il soit besoin de mise en demeure, et alors même qu'il n'y a pas d'opposition. *Même arrêt*.

Jugé qu'ils courent seulement du jour de la sommation à eux faite *par un seul des créanciers*. C. civ. 1956 ; Ordonn. 28 avr. 1826, D. 27, 92. — V. *Distribution*, n° 26.

170. Ils ne pourraient exercer aucun recours en garantie contre le créancier privilégié, entre les mains duquel ils au-raient versé le prix d'une vente par eux faite des biens d'une succession vacante, pour les condamnations que le défaut de consignation entraînerait contre eux, à moins de stipulation contraire ; ce créancier n'étant pas officier public, mais simple dépositaire, n'est pas tenu de consigner. *Même arrêt.*

171. Jugé que lorsqu'un officier public reste dépositaire du prix d'une vente mobilière, *du consentement de tous les cointéressés*, un seul d'entre eux peut le mettre en demeure de consigner, et que, dans ce cas, il doit, faute de consignation, les intérêts à partir de la sommation à lui faite. Arg. C. civ. 1936. Cass. 12 déc. 1826, D. 27, 92.

172. L'huissier serait-il responsable de la nullité d'un exploit, par suite d'omission de date, ou d'une des formalités prescrites par l'art. 68 C. pr. ?—Jugé que l'omission de la date dans la notification d'un écrou, constitue une faute grave, qui donne lieu à responsabilité. Paris, 10 nov. 1834 (Art. 20 J. Pr.).

Même décision à l'égard de l'omission de la date, soit dans l'original, soit dans la copie d'un acte d'appel. Colmar, 28 août 1842 ; Metz, 18 juin 1819, D. A. 7, 728 et 729. — *Contrà*, Rennes, 20 fév. 1828, D. 28, 143.

Ces décisions se concilient par ce motif, qu'il faut, avant tout, apprécier le préjudice causé au client par l'irrégularité de l'exploit ; à défaut de préjudice, l'huissier ne devrait supporter que les frais de l'acte nul, et peut-être ceux de la demande en garantie formée contre lui. Poitiers, 28 juin 1830 ; Chauveau, 59, 190. — *Contrà*, Metz, 18 fév. 1825. *Ib.* 29, 296.

173. Il *pourrait* être poursuivi à fin de dommages-intérêts, si l'exploit était nul,

1° Faute *de parlant à.* . . Paris, 22 sept. 1809 ; Bruxelles, 11 nov. 1811, P. 9, 687 ; Berriat, 202, note 52, n° 2.

2° *Le parlant à* étant écrit au crayon. Colmar, 25 avr. 1807 ; Grenoble, 6 août 1822, D. 10, 821, n° 2 ; Berriat, *ib.*; Pigeau, *Comm.*, 1, 178.

3° Faute de signature sur la copie. Poitiers, 13 août 1819 ; Chauveau, 13, 269.

4° Faute de qualité pour instrumenter. Grenoble, 14 avr. 1818; *ib.* 14, 622, n° 74.

174. A l'égard de l'omission des formalités de l'art. 68, M. Carré, t. 1, 198, n° 577, soutient la responsabilité absolue de l'huissier. Cette doctrine ne peut être acceptée sans réserve ; il est des cas où l'huissier doit être excusé. En cette matière, il faut s'en référer aux circonstances. Pigeau, *Comm.*, 1, 200 ; Berriat, 84, n° 58. On invoque à tort, en sens contraire, un arrêt de Rouen, 1er août 1810, D. A. 7, 794, qui ne résout pas la question.

175. En principe, l'huissier n'est pas responsable 1° des nullités qui se trouveraient dans un exploit qui lui serait remis, dressé et signé par la partie. Caen, 27 mars 1813, P. 11, 247 ; Pigeau, *Comm.*, t. 1, 200 et t. 3, 745. — *Contrà*, Carré, 3, n° 3399, dont l'opinion n'est pas suivie et avec raison.

Jugé en ce sens qu'il n'est pas responsable de la péremption qui peut frapper un jugement commercial exécuté par un procès-verbal de carence de son ministère, alors, qu'en agissant ainsi, il s'est conformé aux ordres à lui donnés. Nancy, 21 nov. 1831, Chauveau, 44, 47.

176. 2° Ni de la nullité d'un acte d'appel à lui remis par un avoué, *alors que les formalités intrinsèques des exploits ont été respectées*, et que l'acte est nul, comme prématuré; l'avoué seul peut, dans ce cas, être poursuivi. Aix, 17 juin 1828, D. 28, 190. — *Contrà*, Grenoble, 14 déc. 1832, D. 33, 93, dans une espèce où l'appel était nul, pour omission dans la copie du nom de l'avoué constitué.

177. Un huissier peut être intimé en garantie à la Cour sur un appel argué de nullité; en prononçant la nullité, la Cour peut condamner l'huissier aux dépens de l'acte nul, même à des dommages-intérêts, *s'il n'y a pas d'opposition.* Cass. 20 juill. 1830, D. 30, 375. — Toutefois, l'huissier peut invoquer les deux degrés de juridiction, et demander son renvoi devant le trib. *de son domicile.* Décr. 14 juin 1813, art. 75; Riom, 6 déc. 1830, D. 33, 231.— V. *Degré de juridiction*, n° 23.

178. Il ne répond pas, envers la partie contre laquelle il instrumente, de l'irrégularité du commandement qu'il a signifié. Rennes, 21 mars 1816, P. 13, 347; Carré, 3, 487, n° 3397; Berriat, 78, n°s. 40 et 81, n° 58; Pigeau, *Comm.*, 2, 742.

179. *Protêt.* Lorsqu'un protêt est nul pour n'avoir pas été fait au véritable domicile, l'huissier n'est pas responsable, si l'erreur vient du mandat qui lui a été donné. En vain dirait-on qu'il a dû dresser un acte de perquisition. Toulouse, 8 mai 1830, D. 31, 155. — Le porteur du billet serait en tout cas non recevable à exciper de la nullité contre l'huissier, s'il avait reçu les pièces et payé les frais sans réserves. *Même arrêt.* Cass. 29 août 1832; 7 juill. 1837.—V. *Effet de commerce*, n° 117.

180. Un huissier est-il responsable de la nullité d'un protêt à l'égard de tous les endosseurs sans distinction?—Nous pensons qu'il n'est responsable que vis-à-vis du porteur au nom duquel il a protesté, parce qu'il tient son mandat de cette personne seulement, et qu'un mandataire ne doit compte de sa mission qu'à son mandant. Cass. 29 août 1832, D. 32, 364.— *Contrà*, Paris, 15 janv. 1834, D. 34, 43.

181. Mais la responsabilité n'est encourue qu'autant que la nullité de l'acte a été préalablement prononcée par les juges compétens, et vis-à-vis des parties auquel l'acte pouvait être opposé. Ainsi, avant de poursuivre l'huissier pour nullité d'un protêt, le porteur du billet doit avoir dénoncé ce protêt aux endosseurs, et fait prononcer avec eux la nullité. Poitiers, 2 fév. 1825, D. 25, 166.

182. *Vente volontaire de meubles.* En principe, l'huissier est responsable, dans ce cas, du montant des adjudications. Jugé toutefois qu'il faut examiner les circonstances, les clauses du cahier des charges, le taux du salaire qu'il reçoit. Caen, 4 fév. 1828 ; Chauveau, 37, 75.

185. *Saisie-Exécution.* Les jugemens qui autorisent les voies coercitives doivent être exécutés avec modération, sous peine de dommages-intérêts. Ainsi, la précipitation et la violence dans l'exécution d'un jugement qui ordonne l'éjection de meubles sur le carreau, peuvent entraîner la nullité des poursuites, ou tout au moins donner lieu contre l'huissier à une condamnation de dépens et de dommages-intérêts. Ordonn. de 1667, tit. 33; Colmar, 7 juill. 1809, P. 7, 671. — V. *Exécution*, n° 99.

184. L'huissier serait-il responsable, en raison d'une saisie prématurément faite en vertu d'une obligation conditionnelle ou à terme?

La négative a été jugée dans une espèce où la C. a déclaré en fait que le préjudice causé était peu considérable, attendu qu'il n'avait pas été procédé à la vente des objets saisis. Rennes, 21 mars 1816, P. 13, 547.

Suivant M. Carré, n° 3398, l'action en dommages et intérêts doit être intentée contre la partie qui a fait agir l'officier ministériel sauf à celle-ci à recourir contre son mandataire.

Nous pensons, au contraire, que la partie poursuivie à tort peut attaquer directement ou le créancier ou l'officier ministériel, si elle a éprouvé un préjudice assez considérable. Arg. C. civ. 1382. Ainsi une saisie pratiquée au domicile d'un commerçant suffit pour porter une grave altération à son crédit.

Mais à part la question de préjudice, il semble que les frais d'une procédure aussi vexatoire doivent toujours être mis à la charge de l'huissier.

185. Il serait passible de dommages-intérêts, s'il accordait frauduleusement main-levée d'une saisie exécution. — En vain dirait-il qu'il a reçu mandat d'un avoué, un pareil mandat n'aurait d'autre effet que de diviser entre eux la responsabilité. Besançon, 23 mars 1808, P. 6, 577.

La responsabilité ne cesserait pas par la remise des pièces au créancier; la décharge de celui-ci ne porte que sur le fait matériel de la remise et n'est pas une approbation de la conduite de l'officier ministériel. *Même arrêt.*

186. Le créancier est-il toujours responsable du fait de l'officier ministériel qu'il a choisi?

Selon Bornier et Jousse il faut distinguer : si le saisissant a agi en vertu d'un titre nul ou éteint, il est responsable des actes d'exécution faits par l'huissier.

. Mais lorsque la nullité ne provient que d'un vice de forme imputable à l'huissier, lui seul est responsable, il n'est pas, à vrai dire, le mandataire du créancier, mais un officier ministériel dont celui-ci emploie forcément le ministère.

Toutefois la responsabilité du créancier a été admise sans distinction. — Spécialement, pour une nullité commise par l'huissier dans une poursuite d'expropriation. Bruxelles, 2 juin 1806, P. 5, 564 ; — Pour des extorsions commises par l'huissier à la suite d'une saisie-exécution. Bruxelles, 10 mars 1808, P. 6, 555. — V. *Exploit*, 288.

187. L'huissier est-il responsable des faits et de l'insolvabilité du gardien qu'il a établi après une *saisie-exécution* ? — V. ce mot.

188. *Emprisonnement.* S'il se refuse lors de l'arrestation d'un débiteur à le conduire en référé devant le président, il est passible d'amende et de dommages-intérêts. — V. *Emprisonnement,* n° 194 et suiv., et *Référé.*

189. La nullité d'un emprisonnement n'entraîne pas toujours et nécessairement contre l'huissier des dommages-intérêts; par exemple, lorsqu'aucune mesure vexatoire n'a été prise. Riom, 21 sept. 1821, D. 23, 168. — V. *Emprisonnement,* n° 272.

190. Le trib. saisi d'une demande en nullité d'emprisonnement peut connaître des demandes en garantie formées par le créancier contre les officiers ministériels qui y ont procédé. Nanci, 21 nov. 1831, Chauveau, 44, 47.— V. *sup.* n° 177.

191. Toutefois, si l'emprisonnement a été déclaré nul en 1ʳᵉ inst. pour vices de forme, l'huissier intimé en garantie à la C. peut revendiquer les deux degrés de juridiction. Bruxelles, 25 mai 1822.

192. Outre les dommages-intérêts, les juges peuvent ordonner l'impression et l'affiche du jugement qui condamne l'huissier. — V. *Emprisonnement,* n° 271.

193. Lorsqu'un avoué charge un huissier d'une signification, la responsabilité de l'acte ne doit peser sur le premier qu'autant que cet acte rentrerait dans ses attributions spéciales ; il ne pourrait donc répondre d'un commandement tendant à saisie réelle, qui doit être réputé le fait de l'huissier. Cass. 21 fév. 1821, S. 22, 34.

Ce dernier répondrait pareillement seul de la nullité d'un emprisonnement fondée sur l'absence de la formule exécutoire dans la copie du jugement et d'une élection de domicile dans le commandement, encore que ces copies lui eussent été remises certifiées par l'avoué. Besançon, 24 juin 1826. Chauveau, 33, 255.

194. L'huissier qui a négligé de remplir la commission dont on l'a chargé ou qui l'a remplie d'une manière irrégulière, peut, pour éviter ou faire réduire une condamnation à des dommages-intérêts, être admis à prouver l'insolvabilité de la personne contre laquelle il devait agir. Caen, 2 avr. 1827. D. 50, 62, Poitiers, 18 juin 1850, D. 50, 259; Nanci, 29 janv. 1851, D. 51, 107.

195. Les huissiers sont déchargés des pièces qui leur ont été confiées, après deux ans, depuis l'exécution de la commission ou la signification des actes dont ils étaient chargés. C. civ. 2276.

Mais cette prescription de deux ans ne peut être invoquée contre le débiteur qui s'est libéré sur poursuites, et réclame de l'huissier la remise des titres en vertu desquels on agissait contre lui. Paris, 28 déc. 1825, Chauveau, 30, 230.

196. Lorsqu'un huissier chargé de faire un commandement ou une exécution a reçu pour le créancier les sommes réclamées, l'obligation de rendre compte de ces recettes dure 30 ans. Rouen, 1er juill. 1828, D. 29, 57; Troplong, *Prescription* n° 1000.— Toutefois le contraire semble résulter d'un considérant d'un arrêt récent de la même C. ainsi conçu : — « Le droit qui concerne ces sortes d'officiers ministériels a établi en leur faveur un terme de prescriptions successives, qui exclut toute idée de comptabilité ordinaire sujette à la prescription de 30 ans (Art. 1505 J. pr.). »

197. L'huissier auquel un banquier remet habituellement des effets de commerce soit pour les encaisser soit pour en faire le prôtet, ne peut être considéré comme un comptable ordinair et assujetti aux obligations imposées par les art. 1392, 1995. C. civ. Rouen, 24 nov. 1857 (Art. 1505 J. pr.).

198. Les huissiers peuvent être : 1° désavoués et condamnés aux frais, dans certains cas. — V. *sup.* n°s 172 à 184.

199. 2° Suspendus ou destitués, et dans ce cas ils ne peuvent instrumenter sans encourir les peines portées par l'art. 197, C. pén. Cass. 11 avr. 1835 (Art. 49 J. Pr.).

En outre l'exploit serait nul, à moins que le jugement de suspension ne leur eût pas encore été signifié. Cass. 25 nov. 1813, P. 11, 790.—V. *Exploit.* n° 151.

§. 7. — *Discipline des huissiers.*

200. Les fautes imputables aux huissiers donnent lieu ' deux modes de répression bien distincts, qui sont soumis ' deux juridictions indépendantes l'une de l'autre. — V. *Discipline,* n° 4.

201. Ainsi, un huissier suspendu sur la réquisition et le conclusions du ministère public par un trib., jugeant comme conseil de discipline, peut être poursuivi correctionnellement pour le même fait. Riom, 1er déc. 1829.

L'arrêt d'une chambre d'accusation qui déclare n'y avoir lieu à suivre contre un huissier, sous prétexte de l'absence de fraude, n'empêche pas que ce dernier puisse, pour le même fait, être poursuivi disciplinairement. Cass. 1er mai 1829, D. 29, 235.

Jugé toutefois qu'une chambre d'accusation épuise sa juridiction en décidant que tel fait ne constitue ni crime ni délit ; qu'elle ne peut enjoindre au ministère public de poursuivre disciplinairement, il y aurait dans cette décision incompétence et excès de pouvoir ; au ministère public seul il appartient d'examiner s'il y a lieu ou non de suivre par la voie disciplinaire. Cass. 8 oct. 1829, D. 29, 368.—V. *Ministère public.*

202. L'action criminelle et l'action disciplinaire sont tellement distinctes, que cette dernière ne tombe pas en prescription. Cass. 23 avr. 1839 (Art. 1478 J. Pr.).

203. Les peines disciplinaires doivent être prononcées par le trib. en chambre du conseil, et non par le trib. correctionnel. Grenoble, 16 mai 1827, D. 28, 101.

A l'exception 1° des condamnations pécuniaires, telles qu'amende ou dommages-intérêts, qui doivent être prononcées en audience publique. Cass. 3 mars 1829, D. 29, 162.

2° De l'emprisonnement. Cass. 17 nov. 1830, D. 53, 245.

204. Mais c'est à huis clos, administrativement, par un simple arrêté soumis à l'approbation du ministre de la justice, que doivent être jugés les officiers ministériels pour fautes commises ailleurs qu'aux audiences publiques. Cass. 13 mars 1827; Chauveau, 33, 248.

Cet arrêté n'est pas un jugement susceptible d'appel. Nîmes, ch. réunies, 31 janv. 1831, D. 31, 177.

Toutefois, il a été décidé que le jugement rendu en audience publique et qui interdit un huissier peut être attaqué par la voie de l'appel. Besançon, 25 mars 1808, D. 9, 14, n° 3.

205. L'huissier peut-il être condamné disciplinairement sans avoir été entendu ?

La négative a été jugée dans des espèces où il s'agissait de la peine de la suspension. — V. *Discipline*, nos 159 et 160.

206. Les huissiers sont dans l'habitude, surtout à Paris, de faire remettre par des clercs les copies de leurs exploits ; cet usage est toléré à cause de la multiplicité des actes et malgré les prescriptions rigoureuses de la loi. En effet, l'art. 45 du décret de 1813 prononce, dans ce cas, l'amende, et la suspension, — V. *Discipline*, n° 153, et *sup.* n° 150.

Il a été jugé que ces peines ne comportaient pas les réductions autorisées par l'art. 463 C. pén. Cass. 7 mars 1817, P. 14, 118.

207. Il a été également jugé que l'huissier commet un faux, 1° lorsqu'il *certifie* avoir remis lui-même un exploit et que, dans la réalité, il l'a fait remettre par un tiers. Cass. 17 niv. an 12, 16 fév. 1806, 22 mai 1806, 24 juin, et non pas 24 juill. 1810, P. 8, 390; Carré, 1, 193, nᵒˢ 569, 197, 575; Pigeau, 1, 192; Berriat, p. 78, n° 43; Favard, 1, 158 et 495; Merlin, *Rép.*, v° *Huissier*, sect. 5, § 1, n° 6; — 2° que sa présence à la remise de l'exploit ne serait pas une excuse suffisante. Cass. 7 août 1828, D. 28, 375; — 3° que les prescriptions qui précèdent sont absolues, et que nulle contravention ne peut être excusée soit à cause de la bonne foi de l'huissier, soit enfin par cette circonstance que l'exploit serait réellement parvenu à sa destination. Cass. 25 mars 1856 (Art. 453 J. Pr.), et Bordeaux, 3 juin 1856 (Art. 564 J. Pr.). La loi a voulu proscrire tout intermédiaire entre l'huissier et la partie, et prévenir les négligences et les infidélités auxquelles l'intervention d'un tiers pourrait donner lieu. Cass. 7 août 1828, D. 28, 575. — 4° que l'huissier commet le même crime, lorsque volontairement il insère dans des actes de fausses énonciations ou de fausses dates, et qu'il n'est pas excusable par ce motif qu'il n'avait pas l'intention de nuire. Cass. 2 janv. 1807, P. 5, 612; *Théorie du C. pén.*, 3, p. 288; — 5° qu'il ne peut faire remettre ses copies même par son fils. Bordeaux, 3 juin 1856.

Les principes qui précèdent ont été consacrés dans un arrêt de C. cass. 18 avr. 1828, D. 28, 219, rendu au rapport de M. Mangin. Après avoir reconnu qu'il fallait distinguer la fraude de la légèreté ou de la négligence, cet arrêt a décidé cependant que, dans aucun cas, l'huissier ne pouvait être renvoyé de toute peine, amende, ni dépens, *spécialement* lorsqu'il constatait avoir remis à la partie elle-même un exploit qui, sur la demande de cette partie, avait été déposée chez un tiers; que la bonne foi et l'absence de préjudice ne pouvaient lui épargner que des poursuites criminelles ou des dommages-intérêts.

208. Mais il n'y a pas le crime de faux dans la réclamation d'un salaire pour actes non faits, si, à l'appui de la demande, on ne produit aucune pièce fausse ou falsifiée. Cass. 7 sept. 1810, D. A. 8, 557; *Théorie du C. pén.* 3, 273.

209. Toutefois, l'huissier commet le crime de concussion en exigeant de plus forts droits que ceux qui lui sont attribués par les règlemens, et surtout en refusant d'en donner quittance. Cass. 15 juill. 1808, P. 7, 27; 15 mars 1821, aff. Gallet.

210. La suspension et l'amende doivent être appliquées à l'huissier qui perçoit deux droits de transport pour des actes faits le même jour dans le même lieu. Bordeaux, 3 juin 1856

(Art. 561 J. Pr.). — La contravention peut être établie par la production des deux originaux faisant mention des deux droits. *Même arrêt.*

211. On a condamné à une amende et même à la suspension, l'huissier qui avait signifié un appel d'un jugement en dernier ressort. Colmar, 24 déc. 1807, P. 6, 407. — On a considéré cette signification comme frustratoire et attentatoire à l'autorité du tribunal.

212. En tous cas, l'huissier serait passible de l'amende prononcée par la loi du 22 frim. an 7, art. 41 ; — 1° s'il assignait en paiement d'une lettre de change protestée ou d'un billet à ordre, *non enregistrés.* Cass. 7 nov. 1820 et 20 juill. 1821; Chauveau, t. 14, p. 628, n° 83.

·2° S'il énonçait dans un exploit un acte non enregistré, cette énonciation fût-elle inutile. Cass. 31 janv. 1814, P. 12, 64.

3° S'il oubliait de transcrire sa patente ou celle du commerçant à la requête duquel il agit, encore que sa patente de l'année ne lui eût pas été délivrée et que le commerçant fût patenté lui-même au moment de l'acte qui a nécessité l'exploit. Cass. 21 therm. an 9 ; Pigeau, 1, 191.

213. La faculté de suspendre les huissiers ne saurait être contestée aux tribunaux. — V. *Discipline*, nos 115 et suiv.

§ 8. — *Chambre des huissiers.*

214. Cette chambre est présidée par un syndic. Décr. 14 juin 1813, art. 52.

215. Elle tient ses séances au chef-lieu d'arrondissement au moins une fois par mois. *Ib.* art. 69.

216. Elle se réunit sur la convocation du syndic; il *peut* la convoquer seul extraordinairement, et *doit* le faire, 1° sur la demande motivée de deux membres ; — 2° sur l'ordre du président du trib. ou du procureur du Roi. *Ib.* art. 69.

217. Le nombre des membres de la chambre, y compris le syndic, est fixé à quinze dans le département de la Seine, à neuf dans les arrondissemens où il y a plus de cinquante huissiers, à sept si le nombre est de trente à cinquante, et à cinq s'il y a moins de trente huissiers. *Ib.* art. 53.

Ils sont élus en assemblée générale sur la convocation et sous la présidence du syndic, au scrutin secret, par bulletin de liste et à la majorité absolue. *Ib.* art. 59, 60.

Ils ne peuvent être choisis, à Paris, que parmi les huissiers qui ont dix années d'exercice (Ordonn. 26 août 1829); dans les arrondissemens où il y a vingt huissiers et plus, parmi les plus anciens en exercice formant la moitié du nombre total ; lorsqu'il y en a moins de vingt, tous sont éligibles. Ordonn.

6-24 oct. 1852, D. 55, 5, 155. — Le décret ne faisait aucune distinction d'ancienneté.

218. Le syndic est nommé, tous les ans, par le premier président de la C. roy. dans les arrondissemens où siégent ces Cours, sur la présentation de trois membres, faite par le procureur-général, et par le président du trib., dans les autres arrondissemens, sur la présentation de trois membres, faite par le procureur du roi.

519. Ce syndic est indéfiniment rééligible. *Même décr. Ib.* art. 52, 56. — La loi n'exige pas qu'il soit membre de la chambre de discipline. — V. *sup.* n° 218, et *inf.* 223.

220. Les membres de la chambre de discipline nomment entre eux, au scrutin secret, un rapporteur et un secrétaire ; cette nomination est renouvelée tous les ans : les mêmes personnes peuvent être réélues. *Ib.* art. 65.

221. Le trésorier est nommé par l'assemblée générale, au scrutin secret, à la majorité absolue ; il doit résider au chef-lieu d'arrondissement ; il est toujours rééligible ; il fait partie de la chambre, et doit par suite cesser ses fonctions après trois ans, s'il n'est pas réélu. *Ib.* art. 54, 60, 63.

222. La nomination des membres de la chambre de discipline, du rapporteur et du secrétaire, doit se faire dans la première quinzaine d'octobre de chaque année, de manière à ce qu'ils entrent en exercice le 1er novembre. *Ib.* art. 67 et 68.

225. Cette chambre se renouvelle toutes les années par tiers, ou, si le nombre n'est pas susceptible de cette division, par portions les plus approchantes du tiers, de manière à ce qu'aucun membre ne puisse rester en fonctions plus de trois années consécutives (— V. toutefois *sup.* n° 221). Les membres sortant ne sont rééligibles qu'après un an d'intervalle. *Ib.* art. 62 et 64.

224. Le syndic et deux autres membres doivent résider dans le chef-lieu de l'arrondissement ; trois membres doivent y résider quand c'est le siége d'une C. royale, et les deux tiers au moins à Paris. *Ib.* art. 55 et 55.

225. *Attributions relatives à la discipline.* La chambre des huissiers est chargée notamment de veiller au maintien de l'ordre et de la discipline parmi tous les huissiers de l'arrondissement, et à l'exécution des lois et règlemens qui les concernent, et de s'expliquer sur la conduite et la moralité des huissiers en exercice, toutes les fois qu'elle en est requise par les C. et trib. ou par les officiers du ministère public. Décr. 14 juin 1843, art. 70-1° et 7°. — V. *Avoué,* n° 10.

226. C'est le rapporteur qui doit déférer à la chambre les faits qui peuvent donner lieu à des mesures de discipline, dans les mêmes cas où ce devoir est imposé au syndic de la chambre des avoués. *Ib.* art. 77. — V. *Discipline,* 95.

227. Le syndic de la chambre des huissiers est investi des mêmes attributions que le président de la chambre des avoués. — Il a la police d'ordre dans la chambre, propose les sujets de délibération, recueille les voix, et prononce le résultat. (*Ib*, art. 76). — Il a voix prépondérante en cas de partage. (*Ib*, art. 97).

228. Il faut appliquer les mêmes règles que pour les avoués en ce qui concerne la forme de la citation, qui doit être signée par le rapporteur (art. 84), le délai de la comparution (art. 80), la citation des tierces-parties (art. 82), qui, dans tous les cas, peuvent se présenter aux séances de la [chambre volontairement et sans citation préalable (art. 84), la nécessité d'entendre le rapporteur (art. 85), le nombre des votans nécessaire pour la validité de la délibération. Art. 86. — V. *Discipline*, n°° 86 et suiv.

229. Les délibérations sont prises à la majorité absolue des voix. — Elles sont inscrites sur un registre coté et paraphé par le syndic, et signées par tous les membres qui y ont concouru. — Les expéditions sont signées par le syndic et le secrétaire. Art. 87 et 88.

230. La chambre est tenue de représenter aux procureurs-généraux et aux procureurs du Roi, toutes les fois qu'ils en font la demande, les registres de ses délibérations et tous autres papiers déposés dans ses archives. *Ib.* art. 99.

231. Elle peut prononcer les mêmes peines que la chambre des avoués, avec cette différence toutefois que l'interdiction de l'entrée de la chambre ne peut durer plus de six mois. *Ib.* art. 71. — V. *Discipline*, n°° 86 et suiv.

232. L'application de ces peines ne préjudicie point à l'action des parties intéressées, ni à celle du ministère public. *Ib.* art. 72. — V. *sup.* § 7.

233. Le décret de 1813 ne prévoit pas le cas où la chambre estimerait qu'il y a lieu de suspendre l'huissier inculpé; il se borne à établir que la suspension ne peut être prononcée que par les C. et trib. (art. 74); ce qui n'empêcherait pas la chambre d'émettre, s'il y avait lieu, un avis tendant à la suspension, et de charger son syndic de poursuivre l'application de cette peine devant l'autorité compétente. Arg. art. 73 et 76.

234. Elle n'a droit de statuer que sur des affaires particulières et non par voie de disposition générale et réglementaire. Cass. 24 juill. 1832, D. 32, 347.

235. Ses décisions doivent-elles être motivées? — La raison de douter vient du silence que garde le décret de 1813; mais il faut appliquer le principe général qui veut que tout jugement ou décision soient motivés. Carré, 1, 364, note.

23.

§ 9. — *Bourse commune.*

236. Dans chaque communauté d'huissiers, il y a une bourse commune (Décr. 14 juin 1813, art. 94),—exclusivement destinée à subvenir aux dépenses de la communauté, et à distribuer, lorsqu'il y a lieu, des secours, tant aux huissiers en exercice qui seraient indigens, âgés, et hors d'état de travailler, qu'aux huissiers retirés pour cause d'infirmités et de vieillesse, mais non destitués, et aux veuves et orphelins d'huissiers. Ord. 26 juin 1822, art. 1.

237. Elle se forme, 1° d'une portion qui ne peut être au-dessous d'un vingtième, ni excéder le dixième des émolumens attribués à chaque huissier, pour les originaux seulement de tous exploits et procès-verbaux portés à son répertoire, et faits, soit à la requête des parties, soit à la réquisition et sur la demande du ministère public, tant en matière civile qu'en matière criminelle, correctionnelle et de simple police. *Ib.* art. 2.

La quotité de la somme à verser entre ce *maximum* et ce *minimum*, est fixée par délibération de la chambre, homologuée par le trib., sur les conclusions du ministère public. *Ib.* art. 44; 2° du quart des amendes prononcées contre les huissiers, pour délits ou contraventions relatifs à l'exercice de leur ministère. Ces amendes sont perçues en totalité par le receveur de l'enregistrement du chef lieu de l'arrondis., qui en tient compte tous les trois mois à la communauté. Décr. 14 juin 1813, art. 100.

238. Les actes non susceptibles d'être inscrits sur le répertoire, ne sont pas sujets à ce versement. Ord. 26 juin 1822, art. 3.

239. A l'égard des actes pour lesquels le tarif n'alloue qu'un seul droit dans lequel sont confondus les vacations et diligences, la contribution ne s'exerce que sur la somme allouée pour l'original seulement. *Ib.* art. 4.

Les huissiers-audienciers ne versent à la bourse commune aucune portion de leur traitement. —Les dispositions précédentes leur sont au surplus applicables.

240. Le versement doit être fait sur le montant des droits accordés par le tarif; l'huissier devrait donc supporter personnellement les réductions qu'il s'imposerait pour les actes qui lui ont été remis tout faits. Grenoble, 19 avr. 1815, P. 12, 685.—V. d'ailleurs *sup.* n° 57.

241. Le droit de transport est-il soumis aux règles qui précèdent, quant au versement à la bourse commune.—L'affirmative a été jugée par l'arrêt précédent.—Mais il paraît juste que l'huissier prélève sur le droit les frais et dépenses occasionnés par le déplacement, et que la retenue ne s'opère que sur le surplus. Décis. min. 29 nov. 1813, 17 juin 1815; Paris, 4 janv. 1822, Palais, 63; 215.

242. Les huissiers-audienciers près la C. d'ass. versent leurs émolumens dans la bourse commune des huissiers de l'arrondissement. Néanmoins ils ne doivent pas compte à cette bourse des significations faites aux prévenus et aux accusés. Décr. 14 juin 1813, art. 95 et 103. Rouen, 13 mars 1819; Palais, 21, 197.

243. Les versemens sont faits par trimestre, entre les mains du trésorier, dans les quinze jours qui suivent le trimestre expiré sans distinction des actes dont l'huissier a été payé d'avec ceux dont le compte lui est encore dû. *Ib*. art. 7.

A l'appui des versemens, l'huissier, après avoir fait viser son répertoire par le receveur de l'enregistrement, en remet au trésorier un extrait sur papier libre, certifié véritable et contenant sur quatre colonnes, le numéro d'ordre, la date des actes, leur nature, et le coût de l'original. Ord. 26 juin 1822, art. 8.

Le syndic peut exiger la représentation de l'original du répertoire. Décr. 14 juin 1813, art. 99.

244. Les huissiers suspendus ou destitués, versent dans les proportions ci-dessus les émolumens par eux perçus, jusqu'à l'époque de la cessation effective de leurs fonctions. Ord. 26 juin 1822, art. 5.

245. La somme à prélever sur la bourse commune, tant pour droit de recette, que pour frais de bureau et autres dépenses de la chambre, est fixée chaque année par un arrêté, pris en assemblée générale, homologuée par le trib. sur les conclusions du ministère public. Décr. 14 juin 1513, art. 101.

246. Les quatre cinquièmes des fonds versés chaque année à la bourse commune, peuvent être employés par la chambre aux besoins de la communauté et aux secours à accorder. Le dernier cinquième, et ce qui n'est pas employé sur les autres, forment un fonds de réserve, qui doit être placé en rentes sur l'Etat dès qu'il est suffisant. — Les intérêts des fonds sont successivement accumulés avec le capital, jusqu'à ce que l'intérêt annuel de la réserve suffise à la destination déterminée par l'art. 1er. Ord. du 26 juin 1822. *Ib*. art. 9.

247. Les secours sont accordés nominativement chaque année par une délibération de la chambre, soumise à l'homologation du trib. sur les conclusions du ministère public. *Ib*. art. 10.

248. Le refus de payer les droits à la bourse commune, et de remettre copie du répertoire sur papier libre, est puni d'une amende de 100 fr.; la remise d'une copie du répertoire non conforme à l'original, est punie d'une amende de 100 fr. pour

chaque article omis ou infidèlement transcrit. Décr. 14 juin
1813, art. 98, 99.

Ces amendes sont prononcées par le trib. civ. *Ib.* art. 73.

249. Le trésorier doit chaque année, dans la première
quinzaine d'octobre, rendre compte de ses recettes et dépenses
en la forme ordinaire. *Ib.* art. 110.—En cas de retard ou de
refus, il peut y être contraint par toutes les voies ordinaires de
droit, même par corps. *Ib.* art. 111.—Il tient un registre coté
et paraphé par le président du trib., et dans lequel il inscrit
jour par jour ses recettes et dépenses; la chambre peut se faire
représenter ce registre et l'arrêter aussi souvent qu'elle le juge
convenable; elle doit l'arrêter chaque année, lors de la vérification du compte général. *Ib.* art. 112.

Il est tenu de fournir caution pour le montant présumé de
ses recettes pendant quatre mois, si l'assemblée générale l'exige
Ib., art. 113.

§ 10. — *Emolumens et frais dus aux huissiers.*

250. Les huissiers ne peuvent exiger, pour les actes de leur
ministère, que le remboursement de leurs avances et les émolumens fixés par le *Tarif.*—V. ce mot.

Ainsi, ils sont non-recevables à demander : 1° un droit de
vacation pour l'enregistrement de leurs actes sur leurs répertoires. Colmar, 24 déc. 1807, D. A. 9, 11;

2° Le remboursement des frais frustratoires. — V. *Avoué*,
n° 95;

3° Des droits plus élevés que ceux du tarif, et ce, sous peine
de destitution et d'une amende de 500 à 6000 fr. Décr. 18 juin
1811, art. 86 et 64.

251. En conséquence la promesse d'une somme de 200 fr.
à titre d'indemnité extraordinaire pour l'arrestation à faire d'un
individu a été annulée. Cass. 27 avr. 1851, D. 54, 596.

252. *Transport.* Il n'est jamais alloué qu'un seul droit de
transport pour la totalité des actes que l'huissier a faits dans
une même course et dans un même lieu.—Ce droit est partagé
en autant de portions égales qu'il y a d'originaux d'actes; et à
chacun de ces actes, l'huissier applique l'une desdites portions :
le tout à peine de rejet de la taxe ou de restitution envers la
partie, et d'une amende qui ne peut excéder 100 fr., ni être
moindre de 20 fr. Décr. 14 juin 1813, art. 55. — V. *sup.*
n° 210.

Tout huissier qui charge un confrère d'une autre résidence
d'instrumenter pour lui, à l'effet de se procurer un droit de
transport qui ne lui aurait pas été alloué s'il eût instrumenté
lui-même, est puni d'une amende de 100 fr.—L'huissier qui a
prêté sa signature est puni de la même peine.—En cas de réci-

dive, l'amende est double et de plus l'huissier est destitué. — Dans tous les cas, le droit de transport, indûment alloué ou perçu, est rejeté de la taxe ou restitué à la partie..Même décr., art. 36.

253. Mais un créancier peut charger un huissier du chef-lieu de faire une saisie dans un canton de l'arrondiss., et les frais de transport doivent être mis à la charge du saisi. Cass. 17 fév. 1830, D. 30, 129.—Comment forcer un client à abandonner l'huissier, en qui il a confiance, quand la loi lui permet de s'en servir? D'ailleurs les frais de correspondance avec les huissiers des cantons, d'envois et de renvois de pièces, seraient quelquefois aussi considérables que les frais de transport.

254. En matière correctionnelle, l'huissier qui se transporte *sans mandement* hors du canton de sa résidence, peut-il exiger un droit de transport? — Non, la défense portée en l'art. 29, règlement de 1843, a pour objet d'économiser les frais; l'huissier ne peut donc invoquer en sa faveur une contravention.—Toutefois M. Chauveau, *Tarif, Introd.* 90, n° 2, distingue le cas où l'huissier agit à la requête d'un particulier ou du ministère public, et dans le premier cas il alloue le transport.

255. Mais lorsque le déplacement a lieu par ordre d'une C. roy., les magistrats ne peuvent, sans contrevenir au tarif, prescrire à l'huissier de ne percevoir que les émolumens accordés aux huissiers les plus voisins du lieu où il faut instrumenter. Chauveau, *ib.* p. 95; n° 32.—V. *sup.* n° 26.

256. *Copie de pièces.*—Les huissiers ont-ils seuls, à l'exclusion des avoués, le droit de faire les copies de pièces à signifier en tête des exploits et d'en percevoir les émolumens?

En faveur des avoués on invoque les art. 28 et 72 du décret du 16 fév. 1807, portant que le droit de toute copie de pièces ou jugemens appartient à l'avoué, quand les copies sont faites par lui, à la charge de les signer, et de répondre de leur exactitude. Les lois qui constituent les avoués et les huissiers, ajoute-t-on, ne contenaient aucune disposition relative aux copies de pièces, mais le tarif a résolu la question par le principe dérivant de la nature même des choses, en accordant le droit de copie de pièces à celui qui en est le dépositaire, par suite de la confiance que la partie peut avoir dans l'officier ministériel qu'elle a choisi. Souvent le sort d'une contestation et l'exécution d'un jugement dépendent de la régularité des actes et significations qui ont précédé et suivi l'instance; aussi la loi reconnaissant l'usage presque général où sont les parties de faire reposer leur confiance exclusive dans leur avoué, lui a accordé un droit de consultation, et lui a imposé l'obligation d'occuper pendant un an après l'instance terminée. Il est donc juste de dire qu'il a un caractère légal hors de l'instance, et sans faire d'acte de postulation (Arg. C. pr. 492, 548, 1058). Enfin, aucun article du tarif n'autorisant l'huissier à certifier les copies de pièces autres que celles qui sont en tête de l'exploit qu'il signifie, l'avoué dépositaire des titres serait souvent obligé de les envoyer dans les divers arrondissemens, pour en faire faire les copies, ce qui, indépendamment des inconvéniens qui pourraient en résulter, exposerait à des déchéances; la concurrence accordée aux avoués, est donc non seulement prescrite par la loi, mais est encore justifiée tout à la fois par l'usage et l'intérêt des parties. Consult. M. de Vatimesnil, D. 52, 1, 228; Paris, 9 fév. 1855, D. 55, 170; 5 août 1834 (Art. 4 J. Pr.).

Toutefois, on répond dans l'intérêt des huissiers : La loi exigeant que les copies de pièces soient signées par un officier public qui leur donne l'authenticité, et non par un simple mandataire des parties, il en résulte évidemment qu'elles ne peuvent, en général, être certifiées que par l'huissier qui est seul compétent pour faire l'acte, dont elles sont en quelque sorte le complément. C'est par exception, et seulement pour les actes signifiés dans le cours d'une instance, que la faculté de s'immiscer dans un acte d'huissier par une copie de pièces à signifier avec cet acte, a été accordée à l'avoué. Mais en dehors de l'instance dans laquelle il est constitué, il n'est plus qu'un simple particulier, qui ne peut avoir ni droit ni qualité de s'interposer entre la partie et l'huissier, et de restreindre les droits accordés à ce dernier pour les actes de son ministère. — Vainement on argumente des art. 28 et 72 du Tarif; ce décret, uniquement destiné à fixer les émolumens dus aux officiers ministériels, ne saurait en effet déroger aux lois de leur organisation, et modifier les droits qui leur ont été conférés par elles. Ce système, adopté par plusieurs Cours royales, a été consacré par la Cour de cassation, chambre des requêtes, et par la chambre civile, le 5 déc. 1852, D. 55, 100. L'arrêt est ainsi conçu :

« Attendu que les articles invoqués du tarif, exactement analysés, se réduisent à dire que le droit de copie de pièces appartient, soit à l'avoué, soit à l'huissier, selon que cette copie a été faite par l'un ou par l'autre; mais que la question à résoudre, qui est celle de savoir dans quel cas l'avoué a, privativement à l'huissier, qualité pour faire cette copie de pièces, n'est pas décidée par ces articles, et doit être résolue par les principes résultant de la nature même des choses, et celle des actes dont la copie de pièces est le complément;

« Attendu qu'un principe fondé sur la nature même des choses est que l'accessoire suive la nature du principal, et par conséquent que l'officier ministériel à qui la loi confère le droit exclusif de faire un acte, ait exclusivement aussi le droit de faire la copie de pièces que la loi déclare partie intégrante, et qu'on doit considérer comme complément de ce même acte. Rejette. » Metz, 25 nov. 1830, D. 31, 150; Rouen, 20 janv. 1830, D. 30, 92; Cass., Req., 24 août 1831, D. 31, 278; 22 mai 1832, et 5 déc. 1832, D. 33, 160, D. 52, 228; Consult. M. Montigny, D. 32, 1, 228.

Cette dernière distinction est aujourd'hui consacrée, et avec raison, par plusieurs arrêts de la Cour suprême. — V. *inf.* nᵒˢ 257 et suiv.

257. Ainsi, le droit des avoués.de faire les copies de pièces et d'en percevoir les émolumens est limité aux copies se rattachant à des actes qui font partie intégrante ; soit d'une instance dans laquelle ils occupent, soit des fonctions spéciales à eux attribuées par la loi. Cass. 22 mai 1834; 19 janv. 1836; Amiens, 24 nov. 1836; Paris, 29 mai 1837; Cass. 28 nov. 1837; 22 mai 1838 (Art. 4, 304, 654, 859, 1095, 1212 J. Pr.).

258. Sont considérées comme telles les copies signifiées en tête de l'exploit d'ajournement. Cass. 22 mai 1834 (Art. 4 J. Pr.); les copies du jugement qui termine l'instance devant les trib. civils. Cass. 22 mai 1834; — celles des requête et ordonnance données [avec l'exploit de saisie-arrêt; — celle de l'exploit de saisie-arrêt donnée avec l'exploit de dénonciation ; — la copie de pièces signifiées en tête d'une notification relative à la purge des hypothèques inscrites; — la copie d'une ordonnance de référé. Amiens, 24 nov. 1856.

259. Mais les huissiers ont seuls, à l'exclusion des avoués, le droit de faire les copies de pièces qui ne rentrent pas dans les conditions indiquées *sup.* nᵒ 257, et d'en percevoir les émolumens.

Ainsi jugé pour les copies de pièces signifiées en tête de : — 1ᵒ la copie d'un commandement. Amiens, ch. réunies, 24 nov. 1836 (Art 654 J. Pr.), — tendant à saisie immobilière. *Même arrêt.* Cass. 28 nov. 1837 (Art. 1095 J. Pr.);

2ᵒ La copie d'un acte de dépôt, donnée avec un exploit de notification relative à la purge légale. Amiens, 24 nov. 1856;

3ᵒ La copie d'un jugement du trib. de commerce. Amiens, 24 nov. 1836; Paris, 29 mai 1837 (Art. 859 J. Pr.).

260. Les huissiers n'ont pas le droit de supprimer les copies de pièces qui leur sont remises par les avoués, d'en faire de nouvelles et d'en réclamer l'émolument, sous prétexte que ces copies contiennent plus de 55 lignes à la page; dans ce cas, les avoués sont responsables de la contravention, si elle existe. Délib. rég. du 9 nov. 1832; Cass. 22 mai 1834 (Art. 4 J. Pr.).

261. Les frais, salaires, vacations et déboursés des huissiers sont susceptibles d'être taxés sur la représentation des pièces

justificatives, à la réquisition des parties intéressées.—V. *Taxe,*
Et sauf réclamation contre toute erreur ou fraude , même après
un paiement amiable. — V. *Avoué*, n⁰ˢ 161, 162.

262. Mais leurs demandes en paiement de frais n'ont pas
besoin d'être précédées de la taxe, sauf aux parties à la requérir et au trib. à l'ordonner dans le cours de l'instance. Il suffit
de signifier le mémoire en tête de l'assignation. 2ᵉ décret du
16 fév. 1807, art. 9 ; Décis. min. fin, 10 oct. 1809 ; Chauveau,
Tarif, *introd.* 97, n° 40.

263. Les sommes qui leur sont dues pour déboursés et émolumens ne produisent des intérêts que du jour de la demande
en justice. Arg. Caen, 7 juin 1857 (Art. 918 J. Pr.).—V. *Avoué*,
n° 163.

264. Ils jouissent en général, pour le paiement de leurs frais
de mise à exécution, du privilége accordé aux frais faits pour
la conservation de la chose, par l'art. 2102 C. civ. — V. *Distribution par contribution*, n⁰ˢ 67 et 68. — V. *Avoué*, 164, 165.

Ils ont le droit de retenir les actes de procédure qu'ils ont
faits jusqu'à ce qu'ils leur soient payés. — Mais ils ne peuvent
retenir les titres des parties que jusqu'au paiement des déboursés relatifs à ces titres. Pothier, *Mandat*, n° 153 ; Berriat, p. 73.
— V. *Avoué*, 169.

265. Ils peuvent conserver, pour se payer de leurs frais,
sauf à compter, les sommes par eux touchées pour leurs cliens
dans le cours d'une saisie immobilière. Colmar, 22 janv. 1824,
D. 11, 708, n° 4.

266. Les huissiers ont-ils une action contre les avoués qui
les ont chargés sans qu'ils aient été en relation avec les parties?

L'affirmative a été jugée par le trib. de Bruxelles, le 4 janv.
1815 ; — et le pourvoi contre ce jugement a été rejeté, attendu
que cette décision ne pourrait constituer qu'un mal jugé , ne
donnant pas lieu à cassation. C. sup. Bruxelles, 4 nov. 1815,
P. 13, 94. —V. d'ailleurs *Avoué*, n° 173.

Mais l'huissier n'a pas de recours contre le fonctionnaire
public qui l'a chargé de recouvrer des sommes dues au trésor,
alors surtout que celui-ci n'est plus en fonctions : il est d'ailleurs de principe que le mandat conféré à raison d'une fonction
publique ne peut donner lieu à une action personnelle contre
celui qui l'a donné. Cass. 24 mars 1825, D. 25, 259.

267. L'action des huissiers pour le salaire des actes qu'ils
signifient et des commissions qu'ils exécutent se prescrit par
un an. C. civ. 2272.

268. Cette prescription s'applique aux déboursés : il y a
mêmes motifs. Trib. Seine, 28 mars 1857 (Art. 684 J. Pr.);
Chauveau, *Tarif*, introduction, 98, n° 44. — V. *Avoué*,
n° 189.

Elle ne s'applique pas aux actes que les huissiers font en. dehors de leurs fonctions à titre de mandataires. — V. *Avoué ;* n° 190.

Elle court, quoique l'huissier ait en sa possession les actes qu'il a faits pour ses clients. Cass. 10 mai 1836 (Art. 456 J. Pr.).

269. Mais quel est le point de départ de cette prescription ? — C'est, pour les actes isolés, le jour où ils ont été faits, et pour les commissions qui comportent une série d'actes, le jour du dernier acte, ou celui où la procuration a été révoquée. Chauveau, *Tarif*, introd., p. 98, 43 ; Carré, 1, p. 386, n° 170. — V. *sup.* n° 196.

270. La demande est portée devant le trib. où les frais ont été faits. C. pr. 60. — V. *Tribunal de 1re instance.*

La double créance d'un huissier pour actes de son ministère faits devant le trib. civil, et pour avances relatives à l'obtention et à l'exécution d'un jugement commercial doit être réclamée devant le trib. civil. Bourges, 18 déc. 1824, S. 25, 209. — V. *Avoué,* n° 179.

271. Au reste, cette action doit, en général, être intentée contre les mêmes personnes et dans la même forme que celle des avoués en paiement de leurs frais. — V. *Avoué*, n° 182.

272. Cette demande est-elle dispensée du *Préliminaire de conciliation* ? — V. ce mot.

273. Les huissiers peuvent-ils, comme les avoués, demander la distraction des *dépens* ? — V. ce mot, n° 163.

274. La C. de Colmar, remettant en vigueur un ancien règlement de l'Alsace, avait décidé, 1° que les huissiers de son ressort, qui se transporteraient hors de leur résidence, ne pourraient exiger que le salaire dû à l'huissier le plus voisin ; 2° qu'ils seraient tenus de numéroter chaque jour leurs exploits et de répartir les droits de transport entre les différentes commissions pour lesquelles ils l'auraient fait ; cet arrêté a été annulé avec raison pour excès de pouvoir et comme violant l'art. 5 C. civ. Cass. 22 mars 1825, D. 25, 224. — V. *Compétence*, n° 5, et *sup.* n° 253.

275. De même une chambre de discipline ne peut, par une mesure générale et réglementaire (— V. *sup.* n° 234), établir des peines et la suspension contre ceux de ses membres qui consentent à signifier des pièces signées par des avoués, dans le cas où ceux-ci n'ont pas le droit d'en percevoir les émolumens. Cass. 24 juill. 1832.

Mais peut-elle traduire devant le trib. ceux qui auraient signifié des actes *à vil prix* en les faisant rédiger par des individus auxquels ils abandonnent une partie de leurs émolumens ? — L'affirmative a été jugée. Cass. 11 nov. 1828 et 21 fév. 1819,

Journal des Huissiers, 10, 156 et 161.—V. d'ailleurs *sup.*, n° 57, et *Intervention.*

Cependant, aucune loi ne défend aux huissiers de confier la rédaction de leurs actes à des tiers, ni de faire la remise d'une partie des émolumens qui leur sont *individuellement* réservés, lorsque, d'ailleurs, ils ont versé dans la bourse commune la part qui lui est attribuée. Cass. 5 juin 1822, S. 22, 412.

Ainsi, le traité par lequel un huissier consent à laisser rédiger les différens actes de son ministère par des agréés ou autres mandataires près des trib., en leur faisant une remise, a été considéré comme un abus réprimable par des mesures disciplinaires, mais ne pouvant servir de fondement à une demande en dommages-intérêts de la part de la communauté des huissiers. — *Même arrêt.* Chauveau, *Tarif, introd.,* p. 96, n°s 34 et 55.

Jugé que deux huissiers peuvent convenir que l'un travaillera dans le cabinet de l'autre, moyennant un émolument fixe, et que ce dernier retiendra à son profit les honoraires de tous les deux. Cass. 18 fév. 1825; Chauveau, *Tarif*, 96, n° 56.

276. Les huissiers audienciers ont droit à des émolumens qui sont fixés par les art. 152 à 156 du tarif pour ceux près le trib. de 1ʳᵉ inst., —et par les art. 157 et 158 pour ceux de la C. roy.

Ces émolumens se partagent également, et n'entrent pas dans la bourse commune de tous les autres huissiers.

Il ne leur est dû qu'un seul droit, quel que soit le nombre d'audiences que nécessite une cause. Ce droit n'est jamais dû en matière criminelle, correctionnelle ou de police. Delmas, 172.

277. Les huissiers audienciers des trib. de comm., sans distinction de lieu, ont droit à 50 cent. par chaque appel de causes. *Ib.* 94.

Ceux des justices de paix ont droit à 15 c.

§ 11. — *Timbre et enregistrement.*

278. *Timbre.* Les huissiers doivent faire tous leurs actes sur papier timbré, à peine de 20 fr. d'amende pour chaque acte sur papier non timbré. Art. 24 et 26, L. 15 brum. an 7; art. 10, L. 16 juin 1824, — à moins d'une dispense formelle de la loi : par exemple, en matière de grand criminel, de garde nationale (L. 22 mars 1831, art. 124); d'expropriation forcée pour cause d'utilité publique (L. 7 juill. 1853, art. 58); dans les affaires d'indemnité de Saint-Domingue. L. 50 avr. 1826, art. 10.

Mais en matière correctionnelle, ils doivent employer du papier visé pour timbre, même pour délivrer copie des exploits qu'ils font à la requête du ministère public. Cass. 28 janv. 1855, D. 55, 112.

279. Il leur est interdit, 1° d'écrire sur les empreintes du timbre ou de les altérer, à peine de 25 fr. d'amende. *Ib.* art. 24 et 26 § 2. — Toutefois, il n'y a pas de contravention dans le cas où le verso seulement des empreintes des deux timbres est couvert d'écriture ou de traits de plumes. Déc. min. fin. 16 juin 1807.

2° De faire timbrer du papier à l'extraordinaire, si ce n'est du parchemin, pour les expéditions de leurs procès-verbaux de vente mobilière; ils sont obligés de se servir du papier débité par la régie. L. 15 brum. an 7, art. 18.

3° De délivrer les expéditions de leurs procès-verbaux de ventes mobilières sur du papier autre que celui de 1 fr. 25 c. (*Ib.* 9 L. 2 avr. 1816, 63.) — A peine de 5 fr. d'amende. L. 16 juin 1824, art. 26, § 4 et 10.

280. *Enregistrement.* Ils doivent faire enregistrer leurs actes dans les quatre jours de leur date (L. 22 frim. an 7, art. 20). Et ils sont personnellement tenus d'en acquitter les droits (*Ib.* art. 29), sans pouvoir différer ce paiement pour quelque motif que ce soit (*Ib.* art. 28), à peine d'amende et de nullité des actes.

Ils ne peuvent faire d'exploits en vertu d'actes sous seing-privé non enregistrés, excepté les protêts des lettres de change. — V. *Enregistrement.*

281. Les droits d'enregistrement des actes de leur minis-tère varient suivant la nature de ces différens actes.—V. *Ajournement, Citation, Exploit, Saisie, Vente,* etc.

HYPOTHÉCAIRE (*Action*).—V. *Action*, n° 40, *Hypothèque, Inscription.*

HYPOTHÈQUE (1). Droit réel sur les immeubles affectés à l'acquittement d'une obligation.

1. L'hypothèque est, de sa nature, indivisible, et subsiste en entier sur tous les immeubles affectés, sur chacun et sur chaque portion de ces immeubles.—Elle les suit dans quelques mains qu'ils passent. C. civ. 2114.

DIVISION.

§ 1. — *Différentes espèces d'hypothèques.*
§ 2. — *Comment elles se conservent.*
§ 3. — *Effets de l'hypothèque vis-à-vis des tiers-détenteurs; Délaissement.*
§ 4. — *Perte du rang hypothécaire.*
§ 5. — *Extinction des priviléges et hypothèques.*
§ 6. — *Enregistrement et timbre.*
§ 7. — *Formules.*

(1) Cet article est de M. Pelletier, avocat à la Cour royale de Paris.

§ 1. *Différentes espèces d'hypothèques.*

2. L'hypothèque est *légale*, *judiciaire* ou *conventionnelle*.

3. *Légale.* Elle existe pour les droits, — 1° des *femmes mariées* sur les biens de leurs maris; — 2° des *mineurs* et des *interdits* sur les biens de leurs tuteurs; — 3° de l'*état*, des *communes* et des *établissemens publics*, sur les biens des receveurs et administrateurs comptables. C. civ. 2121. — V. *Purge.*

4. *Judiciaire.* Elle résulte des *jugemens* (—V. ces mots), soit contradictoires, soit par défaut; définitifs, ou provisoires, en faveur de celui qui les a obtenus. — Et des reconnaissances ou vérifications faites en jugement des signatures apposées à un acte obligatoire sous seing privé. (— V. *Vérification d'écritures.*)
— V. d'ailleurs *Arbitrage*, n° 398; *Exécutoire*, n° 5; *Faillite*, n°ˢ 367, 368; *Préliminaire de conciliation.*

5. Le créancier porteur d'un acte notarié peut-il, à l'échéance, actionner le débiteur en paiement, à l'effet d'obtenir hypothèque? — V. *Action*, n° 76.

6. *Conventionnelle.* Elle ne peut être consentie que par ceux qui ont la capacité d'aliéner les immeubles qu'ils y soumettent, et par acte notarié. C. civ. 2124, 2127.

7. L'hypothèque existe, non-seulement pour le principal, mais encore pour les accessoires. C. civ. 2148. — Et au même rang. Persil, art. 2135; Grenier, 1, n° 38; Troplong, n° 702.

Par accessoires on entend: — 1° les intérêts. — Toutefois les intérêts ne sont colloqués au même rang que le principal que pour deux années et pour l'année courante. Au-delà il faut une nouvelle inscription qui ne donne rang à ces nouveaux intérêts qu'à compter de la date. C. civ. 2151;

2° Les dépens et frais de mise à exécution. Mêmes auteurs.

Il n'est pas nécessaire, mais il convient, dans l'inscription prise pour le capital, d'évaluer ou du moins de porter pour mémoire les frais que pourrait nécessiter le recouvrement de la créance. — V. *Ordre.*

M. Troplong, n° 702 *bis*, suppose et admet qu'un créancier ayant pris inscription pour un capital de 50,000 fr. et pour dépens évalués à 5,000 fr., devrait être colloqué à la date de son inscription, pour les dépens liquidés postérieurement à 4,000 fr. par un jugement.

La femme mariée peut être colloquée au rang de son hypothèque légale, pour les frais et dépens de la séparation de corps prononcée contre son mari. Riom, 4 mars 1822; Douai, 1ᵉʳ avr. 1826, S. 27, 40; Caen, 25 nov. 1824; D. v° *Hypothèque*, p. 129, note 1; Grenier, n° 231. — *Contrà*, Rouen, 12 mars 1847, S. 17, 170.

8. L'avoué prend valablement inscription en son nom personnel en vertu du jugement qui a prononcé à son profit la distraction des *dépens*. — V. ce mot, n° 156.

L'inscription ne peut pas être prise en vertu d'un exécutoire de dépens, simple ordonnance du juge qui n'emporte pas hypothèque. Il faut, en outre, indiquer le jugement qui a prononcé la condamnation aux dépens sans les liquider.

§ 2. — *Comment se conserve l'hypothèque?*

9. *A l'égard du débiteur*, — l'hypothèque régulièrement établie, étant une garantie accessoire du droit ou de la créance, peut être exercée de même que l'action résultant de l'obligation, pendant 30 ans.

10. *A l'égard des créanciers entre eux*, l'hypothèque n'existe qu'autant qu'elle est inscrite, à moins qu'elle n'ait été dispensée d'inscription. — La publicité est la base du régime hypothécaire.

11. Quant au mode d'*inscription*. — V. ce mot.

§ 3. — *Effets de l'hypothèque vis-à-vis du tiers détenteur.*

12. Le tiers détenteur est tenu de purger ou de délaisser.

13. Les formalités de la *purge* (— V. ce mot) varient selon que les *hypothèques* sont ou *non inscrites*.

14. Il y a lieu à délaissement, lorsque le tiers détenteur n'a point purgé, et ne veut ni payer les dettes hypothécaires, ni être exproprié. C. civ. 2166, 2167, 2168.

15. Le délaissement diffère du *déguerpissement* (—V. ce mot, n° 3). — Le déguerpissement avait pour effet de reporter la propriété sur la tête du vendeur; le délaissement investit seulement les créanciers du droit de faire vendre aux enchères l'immeuble délaissé.

16. Le délaissement peut être fait par tout détenteur qui n'est pas personnellement obligé à la dette, et qui a capacité d'aliéner. C. civ. 2172. —V. *Discussion*.

17. *Par tout détenteur.* Toutefois, l'acquéreur n'est pas recevable à délaisser tant qu'il n'a pas été sommé de payer la totalité des dettes hypothécaires : lorsqu'on lui demande seulement le paiement de son prix par voie d'ordre entre les créanciers, il ne peut, par caprice, renoncer à une acquisition dont il serait mécontent.

18. *Quid*, lorsqu'il a notifié son contrat ?

Suivant M. Troplong, n° 931, l'offre de l'acquéreur peut être rétractée par lui tant que les créanciers ne l'ont pas acceptée.

Mais on répond avec raison : L'acquéreur, déjà débiteur du prix de la vente d'après son acquisition, ne pouvait se dégager de cette obligation qu'en usant de la faculté de délaisser. En notifiant, il offre de payer; il renonce au délaissement; il fait

une option sur laquelle il ne peut plus revenir au préjudice de
ceux qui y sont intéressés, et sans leur consentement. Il y a
contrat judiciaire entre l'acquéreur et les créanciers inscrits.
Grenier, 2, n° 458.

19. Il n'est pas même nécessaire, comme l'exige M. Troplong,
n° 951, que le délai de 40 jours dont parle l'art. 2185 C. civ.
soit expiré. — V. d'ailleurs *inf.* n°s 57 et 58.

20. *Qui a capacité d'aliéner.* Le tuteur peut-il délaisser ? —
Cette question a donné lieu à plusieurs systèmes.

1er *système.* L'autorisation du conseil de famille est nécessaire,
mais suffit : le délaissement est moins une aliénation directe,
qu'un acquiescement donné à la sommation de payer ou de délaisser. Arg. C. civ. 464 ; Dalloz, v° *Hypothèque,* p. 342, n° 5 ;
Troplong, n° 820. — Ainsi le tuteur peut avec cette autorisation renoncer à une succession même immobilière.

2e *système.* L'homologation du tribunal est indispensable :
il s'agit de l'aliénation de l'immeuble. Persil, art. 2172, n° 4 ;
Battur, 2, 24.

5e *système.* Si le délaissement par hypothèque est une véritable aliénation, toutes les formalités prescrites par les art.
955, 956 et suiv. pour les ventes de biens de mineurs seront nécessaires. — Ainsi il faudrait, 1° une expertise pour savoir si
l'incapable a plus d'intérêt à délaisser l'immeuble qu'à payer
le prix ou la dette aux créanciers du vendeur ; — 2° le compte
sommaire des ressources du mineur, dont parle l'art. 457
C. civ.

4e *système.* Le tuteur ne peut pas délaisser. Les formalités
qu'il faudrait observer seraient trop longues et trop dispendieuses. Le créancier hypothécaire n'est pas obligé d'en attendre
l'accomplissement. A l'expiration du mois de la sommation, il
peut poursuivre l'expropriation contre le tiers détenteur, sauf
le recours du pupille contre le tuteur qui aurait eu entre les
mains des deniers suffisans pour payer, et qui néanmoins n'aurait pas arrêté les poursuites. Grenier, 2, n° 527.

Selon nous, le délaissement fait par le tuteur avec l'observation des formalités exigées dans le troisième système serait seul
régulier.

Mais le mineur n'a pas plus d'avantage à délaisser qu'à se
laisser exproprier.

Dans ce dernier cas, la discussion préalable du mobilier prescrite par l'art. 2205 remplace les justifications qui seraient imposées au tuteur pour obtenir du conseil de famille l'autorisation de délaisser. Cette discussion prouvera que le mineur était
dans l'impossibilité de conserver l'immeuble ; — au contraire,
s'il y a un avantage considérable à le conserver, le tuteur ob-

tiendra certainement du conseil de famille l'autorisation de faire un emprunt, ou de vendre d'autres biens pour payer le prix de cet immeuble. Arg. C. civ. 457.

21. Faute par le détenteur de payer les créances inscrites, ou de délaisser, chaque créancier hypothécaire a droit de faire vendre sur lui l'immeuble hypothéqué trente jours après commandement fait au débiteur originaire, et sommation faite au tiers-détenteur de payer la dette exigible, ou de délaisser l'héritage. C. civ. 2169. — Le créancier n'est plus obligé, comme autrefois, d'obtenir un jugement qui condamne le tiers-détenteur au délaissement, et nomme un curateur. Pothier, *Hypoth.*, chap. 2.

22. Toutefois, le créancier dont le titre est un jugement par défaut, ne peut poursuivre le tiers-détenteur qu'autant qu'il a obtenu le certificat de non-opposition du greffier, prescrit par l'art. 164 C. pr.: l'acquéreur est un tiers à l'égard duquel on ne peut exécuter sans justifier de ce certificat. — Colmar, 7 mars 1835 (Art. 27 J. Pr.).

23. Après le commandement fait au débiteur originaire, la procédure d'expropriation est poursuivie contre le tiers-détenteur, seulement, il est inutile de notifier aucun des actes au débiteur originaire. Cass. 4 janv. 1837 (Art. 701 J. Pr.).

24. La sommation au tiers-détenteur dont parle l'art. 2169 C. civ., est la même que celle indiquée art. 2183. — V. *Purge des hypothèques inscrites*, n° 6. — Il est inutile de sommer le tiers-détenteur de purger, avant de le sommer de payer ou de délaisser; c'est à lui de prendre l'initiative, et de remplir les formalités de notifications prescrites par les art. 2183 et suivans, pour purger et éviter de payer toutes les dettes hypothécaires, ou d'être exproprié, s'il ne veut délaisser.

25. Une sommation au tiers-détenteur, de notifier son contrat d'acquisition, ne fait courir, ni le délai pour payer ou délaisser, ni même celui pour notifier. Il ne court que de la sommation ou commandement de payer ou délaisser, prescrit par l'art. 2169. Orléans, 4 juill. 1828, S. 29, 56. — V. *sup.* n° 24.

26. Dans l'usage, et suivant M. Persil, art. 2169, la sommation à faire au tiers-détenteur doit l'être en forme de commandement, avec les énonciations, visas, etc., prescrits pour la *saisie immobilière*. — V. ce mot.

Il en est de même du commandement à faire au débiteur originaire.

Ces deux actes ont pour but l'expropriation.

27. Le commandement au débiteur originaire et la sommation au tiers-détenteur, peuvent-ils avoir lieu le même jour? — Non.

Le commandement doit précéder la sommation, par le motif que le débiteur originaire étant poursuivi le premier, peut satisfaire et payer le créancier, et par suite rendre inutile l'expropriation du tiers-détenteur. Aussi, dans l'usage, on donne copie du commandement en tête de la sommation, et on laisse au moins 24 heures d'intervalle entre ces deux actes. Pigeau, 2, 444; Troplong, n° 791.

Toutefois MM. Grenier, 2, 99, Persil, art. 2169, n° 2, soutiennent, au contraire, que la sommation doit précéder le commandement.

28. Le commandement fait au débiteur originaire, en vertu de l'art. 2169, ne se périme pas faute d'avoir été suivi dans le délai de trois mois d'un procès-verbal de saisie sur le tiers-détenteur; l'art. 674 est inapplicable à ce cas. La poursuite de vente contre le tiers-détenteur est réglée par l'art. 2169 C. civ., qui autorise la revente un mois après la mise en demeure prescrite à l'égard du tiers-détenteur; ce dernier ne peut invoquer la faveur d'une disposition introduite seulement pour le débiteur originaire lorsqu'il n'a pas cessé d'être propriétaire. Cass. 9 mars 1836 (Art. 424 J. Pr.).

29. La sommation doit être faite au tiers-détenteur, soit qu'il possède l'immeuble à titre gratuit ou onéreux, et soit que la propriété lui en ait été transmise en tout ou en partie : la loi ne fait aucune distinction. Persil, art. 2169.

50. Toutefois, l'héritier du débiteur n'est pas assimilé à un tiers-détenteur, il n'est pas nécessaire de lui faire la sommation prescrite par l'art. 2169 ; il ne peut purger ni délaisser. Cass. 19 juill. 1837 (Art. 988 J. Pr.).

51. La sommation doit être faite séparément à tous les acquéreurs de l'immeuble hypothéqué. — Mais s'ils ont déclaré dans le contrat acquérir solidairement, la sommation peut n'être signifiée qu'à l'un d'eux pour tous. Arg. C. civ. 1206, 1207. Persil, ib. — Toutefois, il est plus prudent de la faire à tous.

52. La sommation faite par le cessionnaire d'une créance hypothécaire doit-elle contenir copie de l'acte de cession ? — Aucun texte n'exige cette signification. Cass. 16 avr. 1824, S. 24, 414.

Cependant, il est plus régulier de donner copie de tous les actes qui établissent les droits et les qualités du créancier, quand bien même il y aurait un grand nombre de cessions successives. — Le tiers-détenteur a droit d'examiner comme le débiteur lui-même, s'il peut payer valablement à celui qui réclame la créance.

55. Le tiers-détenteur peut opposer : — 1° le défaut de

commandement fait au débiteur originaire : ce dernier aurait pu désintéresser le créancier poursuivant.

2° La nullité du commandement provenant du défaut de qualité en la personne de celui qui l'a reçu : il y a mêmes motifs. Nîmes, 6 juill. 1812, P. 10, 549 ; Nanci, 5 mars 1827 ; Troplong, n° 795. — Dans la première espèce, le commandement avait été notifié au mort civilement, et non pas à ses représentans.

Quid, s'il s'agit d'une pure nullité de forme? — Selon MM. Grenier, 2, n° 343, Troplong, *ib.*, elle ne peut être opposée que par le débiteur principal, s'il n'est pas en état de payer; — on ne saurait le forcer à élever un incident de procédure sur lequel il craindrait de succomber, et duquel il résulterait de nouveaux frais qu'il supporterait. — Quant à nous, un acquiescement formel du débiteur principal nous paraît sans doute suffisant pour couvrir la nullité, et rendre le tiers-détenteur non-recevable à l'opposer; mais jusque là le débiteur principal n'a pas été régulièrement mis en demeure; l'une des conditions prescrites au créancier par l'art. 2169 n'est pas remplie. Arg. motifs Nîmes, 6 juill. 1812.

34. La vente a lieu dans les formes prescrites pour la *saisie immobilière.* Arg. C. civ. 2154. — V. ce mot.

35. Toutefois, le tiers-détenteur qui n'est pas personnellement obligé à la dette, peut s'opposer à la vente de l'héritage hypothéqué qui lui a été transmis, s'il est demeuré d'autres immeubles hypothéqués à la même dette dans la possession du principal ou des principaux obligés, et en requérir la discussion préalable. — V. *Discussion*, n°s 10 à 17.

36. Le délaissement peut avoir lieu même après que le tiers-détenteur a reconnu l'obligation ou subi condamnation en cette qualité seulement. C. civ. 2173.

37. En est-il de même après que la saisie de l'immeuble a été pratiquée sur lui? — Pour l'affirmative, on soutient que la loi ne fixe aucun délai pour le délaissement par hypothèque. — Mais on répond que la négative résulte des art. 2169 et 2174: en effet, le premier de ces art. accorde au créancier le droit de faire vendre l'immeuble sur le tiers-détenteur, faute par lui de payer ou de délaisser dans les trente jours de la sommation qui lui en est faite (—V. *sup.* n° 21). Or, ce droit deviendrait illusoire si le délaissement pouvait avoir lieu après ce délai de trente jours; en outre, l'art. 2174 prescrit, dans le cas de délaissement, la nomination d'un curateur sur lequel la vente de l'immeuble doit être poursuivie, ce qui suppose nécessairement que le délaissement a été fait avant la saisie; il ne peut pas dépendre du tiers, qui est en demeure de payer ou de délaisser, d'entraver la marche de l'expropriation, et de multiplier les frais. Persil, *ib.* art. 2173, n° 2; Delvincourt, 3, 180.

38. La surenchère n'autorise pas l'acquéreur à délaisser.

Si elle a pour effet de délier l'acquéreur de son obligation, c'est pour lui substituer le surenchérisseur ou l'adjudicataire définitif sur surenchère. Admettre le délaissement dans ce cas, ce serait priver les créanciers du bénéfice de la surenchère, et nécessiter une vente sur expropriation forcée qui entraînerait des formalités plus longues et plus dispendieuses. Troplong, n° 931 *bis.* — *Contrà*, Persil, art. 2484, n° 12; Dalloz, *Hypothèques*, n° 575, 52.

Surtout lorsque l'adjudication sur surenchère a eu lieu. Paris, 26 déc. 1855 (Art. 310 J. Pr.).

39. Le délaissement se fait au greffe du trib. de la situation des biens, et il en est donné acte par ce trib. C. civ. 2174.

40. Sur la pétition du plus diligent des intéressés, il est créé à l'immeuble délaissé un curateur sur lequel la vente de l'immeuble est poursuivie dans les formes prescrites pour l'expropriation. C. civ. 2174. — V. *Saisie immobilière.*

41. Cette pétition doit être présentée en forme de requête non grossoyée, adressée au trib. Lorsque la loi veut que la requête soit présentée au président, elle s'exprime en termes précis; et d'ailleurs, dans les cas analogues, par exemple, lorsqu'il s'agit de nommer un curateur à une succession vacante, ou un administrateur aux biens d'un absent, c'est toujours au trib. qu'elle attribue juridiction.

42. Le délaissement doit nécessairement être notifié au créancier qui a fait la sommation de payer ou de délaisser, afin qu'il puisse faire procéder à la nomination du curateur, et qu'il ne continue pas contre le tiers-détenteur des frais qui deviendraient frustratoires.

Il est également utile de le signifier au débiteur principal, car il peut arrêter les poursuites en payant ou en opposant des moyens valables au créancier. Grenier, n° 529.

43. Quelquefois le délaissement se fait d'abord par acte devant notaire; dans ce cas, il doit contenir constitution d'avoué, avec pouvoir de le réitérer au greffe.

44. L'effet du délaissement n'est point d'anéantir la propriété de celui qui abandonne l'immeuble. Il est limité à l'abandon de la détention ou possession purement naturelle. La translation de la propriété n'est opérée que par la vente faite par suite du délaissement.

En conséquence, jusqu'à l'adjudication, le tiers-détenteur peut reprendre l'immeuble par lui abandonné, en payant toute la dette et les frais. C. civ. 2173.

§ 4. — *De la perte du rang hypothécaire.*

45. Lorsque l'inscription a été nécessaire pour opérer l'hypothèque, le renouvellement est nécessaire pour sa conservation. Av. cons. d'état, 22 janv. 1808.

Lorsque l'hypothèque existe indépendamment de l'inscription, et que celle-ci n'est ordonnée que sous des peines particulières, ceux qui ont dû la requérir, doivent la renouveler sous les mêmes peines. *Même avis.* — V. C. civ. 2136.

Lorsque l'inscription a dû être faite d'office par le conservateur, elle doit être renouvelée par le créancier qui y a intérêt. *Même avis.*

46. Les inscriptions conservent l'*hypothèque* et le *privilége* pendant *dix années*, à compter du jour de leur date. C. civ. 2154.

Le jour *à quo* ne compte pas dans le délai de dix ans ; mais le jour *ad quem* est compté : ainsi, une inscription prise le 1er juill. 1830 doit être renouvellée au plus tard le 1er juill. 1840. Il n'est pas nécessaire de renouveler l'inscription le 30 juin, on ne jouirait plus de la dixième année toute entière. Troplong, *Hypothèque,* n°s 303 et 714. — V. *Délai,* n° 12.

47. *Conséquence du défaut de renouvellement en temps utile.* — Le créancier perd son rang hypothécaire. C. civ. 2154. Ainsi, il n'a plus droit à être colloqué dans un ordre à la date de l'inscription originaire, il ne peut être admis qu'à la date d'une nouvelle inscription. Il est primé par tous les créanciers inscrits dans l'intervalle.

48. Il en est de même si l'inscription de renouvellement, bien que faite en temps utile, est entachée d'une nullité.

49. Cette inscription doit contenir les mêmes formalités que l'inscription primitive. Arg. Cass. 14 juin 1831, D. 31, 230 ; Instr. de la Régie de l'enregist. 11 sept. 1806.—*V. Inscription.*

Et la rappeler. Cass. 29 août 1838(Art. 1252 J. Pr.); Merlin, v° *Inscription hypoth.,* § 8, n° 11 ; Grenier, 2, n° 117 et 240 ; Battur, 3, 188, n° 745. — *Contrà,* Troplong, *Hypothèques,* 3, 188, n° 715. — Cet auteur soutient que cette énonciation est inutile, parce que tous les créanciers inscrits depuis l'inscription primitive ont su qu'ils étaient primés par cette inscription ; peu leur importe, dit-il, d'être primés par la première inscription, ou par celle prise en renouvellement.—Mais on répond : Les conservateurs des hypothèques ne doivent pas comprendre dans leurs états les inscriptions qui ont plus de dix ans de date (— V. *Inscription*); dès-lors une inscription en renouvellement, sans date de celle primitive, induirait les tiers en erreur ; ils pourraient penser pouvoir primer l'inscription de renouvellement dans laquelle se trouverait omise la date de

l'inscription primitive. — Le juge-commissaire chargé de faire
le travail de l'ordre, entre les créanciers, ne trouverait pas dans
l'état d'inscriptions les élémens qui doivent faire colloquer les
plus anciens créanciers par la date de leur inscription primitive.

50. Ce défaut de renouvellement peut être opposé, soit par
tout possesseur à titre onéreux ou à titre gratuit, soit par les
divers créanciers hypothécaires, intéressés à s'en prévaloir.

51. *Le renouvellement* cesse-t-il d'être obligatoire en cas
d'aliénation de l'immeuble hypothéqué ? — Il faut distinguer
si la vente a lieu à l'*amiable*, ou par suite d'expropriation
forcée.

52. En cas de vente volontaire, il paraît nécessaire de renouveler l'inscription, — soit après la transcription du contrat
et l'expiration du délai de quinzaine. Cass. 15 déc. 1829, D.
50, 6 ; — dans l'espèce la péremption a été prononcée sur la
demande d'un autre créancier.

Soit après les notifications à l'effet de faire courir le délai de
la surenchère. Bordeaux, 17 mars 1828, D. 28, 104; Troplong, n° 725. — *Contrà,* Orléans, 12 mars 1838 (Art. 1497
J. Pr.) — Paris, 29 août 1815, P. 15, 57 ; 16 juin 1824, S.
25, 186; 21 févr. 1825, S. 26, 55; Cass. 50 mars 1851, D.
51, 178.

Lors des deux premiers arrêts la péremption était proposée
par l'acquéreur ; — dans les autres espèces par un créancier.—
Lors des deux derniers arrêts, il y avait eu surenchère.

Jugé que l'*acquéreur* qui n'a ni transcrit ni notifié, peut opposer la péremption de l'inscription, même après une saisie-
immobilière exercée contre lui. Rouen, 14 févr. 1826, D.
26, 142 ;

Soit après l'expiration du délai de 40 jours sans surenchère.
La péremption peut encore être opposée par les créanciers entre
eux. — V. *Ordre.*

L'acquéreur serait-il encore recevable à l'opposer ? — V.
Purge.

55. En cas de vente sur expropriation forcée, plusieurs systèmes se sont élevés.— Le renouvellement de l'inscription n'est
plus nécessaire :

Suivant les uns, après la transcription et la dénonciation de la
saisie. C. Paris, 23 avr. 1818, Persil, art. 2154, n° 6. — *Contrà,*
Cass. 51 janv. 1821, S. 21, 180; Toulouse, 20 mai 1828, D.
28, 203; Grenier, *Suppl.* 1, n° 108 ; Troplong, 5, n° 720.

Selon d'autres, après la notification des placards aux créanciers inscrits enregistrée au bureau des hypothèques. Bruxelles,
20 fév. 1811, D. *Hyp.* 510 ; Rouen, 29 mars 1817, P. 14, 165.
— *Contrà,* Bruxelles, 26 juin 1815, P. 14, 500; Rouen, 14 fév.

1826, D. 26, 142 ; Cass. 9 août 1821, S. 22, 58 ; 18 août 1830,
D. 30, 377 ; Grenier et Troplong, *ib.*

Selon d'autres, enfin, après l'adjudication définitive. Cass.
7 juill. 1829, D. 29, 290 ; 14 juin 1831, D. 31, 230. — Sur
tout lorsque le créancier dont on critique l'inscription est en
même temps adjudicataire. Grenoble, 8 avr. 1829, S. 29, 265.
— Ainsi jugé lorsque la péremption avait été proposée par un
créancier. *Mêmes arrêts.* — Ou par l'adjudicataire. Cass. 30 déc.
1831, D. 32, 6.

Ce dernier système nous paraît préférable, pourvu que le
paiement soit effectué ultérieurement.

Toutefois il en est qui exigent encore, les uns, l'ouverture de
l'ordre. — Les autres, la production des titres, d'autres enfin, la
délivrance des bordereaux. — V. *Ordre.*

54. Au reste, que la vente soit volontaire ou forcée, il est
prudent de renouveler l'inscription, tant que le prix n'a été
ni payé, ni consigné.

§ 5. — *Extinction des priviléges et hypothèques.*

55. D'après l'art. 2180 C. civ. les priviléges et hypothèques
s'éteignent :

1° Par l'extinction de l'obligation principale ;

2° Par la renonciation du créancier à l'hypothèque ;

3° Par l'accomplissement des formalités prescrites aux tiers-
détenteurs pour purger les biens par eux acquis. (— V. *sup.*
n. 12, et *inf.*, *purge des hypothèques* ;

4° Par la prescription.

56. La prescription est acquise *au débiteur*, quant aux biens
qui sont dans ses mains, par le temps fixé pour la prescription
des actions qui donnent l'hypothèque ou le privilége. C. civ.
2180, 2262.

Quant aux biens qui sont dans la main d'un tiers-détenteur
la prescription lui est acquise par le temps réglé pour la prescription de la propriété à son profit. — Elle peut être acquise au
bout de dix ou vingt ans, à dater de la transcription du titre
translatif de propriété. C. civ. 2180, 2265, 2266 combinés.

57. Les inscriptions prises par le créancier n'interrompent
pas le cours de la prescription établie par la loi, en faveur du
débiteur ou du tiers-détenteur. C. civ. 2180.

58. Mais que doit faire le créancier pour empêcher la prescription de s'accomplir ? — Il faut assigner le tiers-détenteur en
déclaration d'hypothèque, ou plutôt afin d'interruption de la
prescription. Troplong, n° 779 ; Arg. Colmar, 1. déc. 1810,
P. 8, 673 ; Cass. 27 avril 1812, P. 10, 340.

59. Le tiers-détenteur peut-il prescrire les inscriptions dont
il a eu connaissance ?

L'affirmative a été jugée par le trib. de la Seine, le 15 déc.
1838 (Art. 1307 J. Pr.), dans une espèce où le tiers-détenteur
.avait eu connaissance de l'inscription par l'effet de la transcription.

La négative a été décidée au contraire par la C. de Bourges,
17 av. 1839 (Art. 1495 J. Pr.), dans une espèce où l'acquéreur
avait eu connaissance de l'inscription par son contrat d'acquisition, et pour raison de laquelle il avait obtenu une hypothèque en garantie. — Cette dernière circonstance a été considérée comme exclusive de la bonne foi exigée pour pouvoir prescrire.

La bonne ou la mauvaise foi du tiers-détenteur doit certainement servir de point de départ. Troplong, n° 780, 885,
art. 2180.

60. Le tiers-détenteur renonce-t-il à la prescription de l'hypothèque lorsqu'il fait la notification prescrite par l'art. 2185
C. civ. ?—ou lorsqu'il remplit à l'égard de la femme ou du mineur les formalités de la *Purge* prescrites par les art. 2194 et
suiv. ?—V. ce mot et l'art. 683 de notre Journal.

§ 6. — *Enregistrement et timbre.*

61. Il est perçu deux espèces de droit, celui d'inscription et
celui de transcription.—V. *inscription*, n° 107 et suiv.

Il n'est dû aucun droit que celui d'obligation ou de condamnation lors des actes ou jugemens, à raison de l'hypothèque
conférée, c'est seulement au moment où l'inscription, ou la
transcription sont requises que le droit est perçu.

Quant au timbre des bordereaux.—V. *ib.*

62. Le délaissement n'emportant pas translation de propriété, ne constitue qu'un abandonnement assujetti au droit
fixe de 5 fr. L. 22 frim. an 7, art. 68, § 4, n° 1.

63. Mais si, par le délaissement, les créanciers étaient investis personnellement de la propriété, il y aurait mutation, et par
conséquent le droit proportionnel de vente deviendrait exigible.

64. L'adjudication sur délaissement est soumise à un nouveau droit de mutation sur la totalité du prix, sans aucune compensation avec les droits perçus sur la vente volontaire. Cass.
19 avr. 1826; instr. rég. n° 1200, § 19.

— V. *Inscription hypothécaire, Ordre entre créanciers.*

§ 7. — *Formules.*

FORMULE I.

Bordereau d'inscription.

— V. *Inscription hypothécaire* aux formules.

FORMULE II.

Sommation au tiers-détenteur de payer ou de délaisser.

(C. civ. 2169. — Tarif, 27. — Coût, 2 fr. orig.; 50 c. copie.)
L'an   le   , à la requête de M.   demeurant
á   , pour lequel domicile est élu à   , créancier inscrit sur
une maison sise à   , en vertu d'un acte, etc,, dont il est donné copie
en tête de celle des présentes.

J'ai (*immatricule*), soussigné, signifié, fait sommation et commandement au
sieur   , tiers détenteur, parlant à, etc.

Faute par le sieur   débiteur originaire d'avoir satisfait au commandement à lui fait par exploit de   ., dont il est avec celle des présentes donné
copie, de, dans trente jours pour tout délai, payer au requérant, ou à moi huissier pour lui porteur de pièces, la somme de   , composée, savoir, 1° de
celle de   , montant en principal de ladite obligation ; 2° de celle
de   , pour deux ans d'intérêts de ladite somme principale. Si mieux
il n'aime délaisser l'immeuble sur lequel ladite créance est hypothéquée, et dont
il est actuellement détenteur ; lui déclarant que, faute par lui d'obéir à la présente
sommation dans ledit délai, et icelui passé, le requérant fera procéder à la saisie
et vente de la maison dont s'agit, conformément à l'art. 2169 du Code civil, et en
remplissant toutes les formalités prescrites par la loi.

A ce qu'il n'en ignore, je lui ai, audit domicile, et parlant comme ci-dessus,
laissé, sous toutes réserves, copie desdits actes et du présent.

Lui déclarant que j'allais remettre semblable copie à M. le maire de
ce que j'ai fait à l'instant, et lequel a mis son visa sur le présent original. Le
coût de l'exploit est de
                              (*Signature de l'huissier.*)
Visa. — Comme en matière de *saisie immobilière.* — V. ce mot.

FORMULE III.

Acte de délaissement par le tiers détenteur.

(C. civ. 2174. — Tarif, 92 par anal. — Coût : par vacation 5 fr.)
L'an   le   , au greffe du tribunal de   , est comparu le sieur   , demeurant à   , assisté de Me
avoué près ledit tribunal, lequel nous a déclaré que pour satisfaire à la sommation à lui faite par exploit de   , etc., etc., pour faire cesser les poursuites
dirigées contre lui par M.   , créancier du sieur   , inscrit sur
une maison sise à   acquise par le comparant dudit sieur   ,
suivant acte passé devant Me   et son collègue, notaires à
le   enregistré, et en vertu des dispositions de l'art. 2168 du Code
civil, il délaisse en justice la maison ci-dessus énoncée, se réservant tous les droits
et actions contre son vendeur, à raison de l'éviction qu'il souffre de ladite maison,
et en outre de répéter la plus value résultant de toutes les impenses et améliorations qu'il a faites à l'immeuble délaissé. Desquelles comparution et déclaration
il a requis acte, à lui octroyé, et à signé avec Me   et nous greffier.
                      (*Signatures de la partie, de son avoué et du greffier.*)

FORMULE IV.

Signification de l'acte de délaissement au créancier poursuivant et au vendeur.

(Tarif, 27. — Coût, 2 fr. orig. ; le quart pour chaque copie.)
L'an   le   , j'ai   soussigné, signifié avec
celle des présentes, laissé copie
    1° à M.
    2° à M.

D'un acte fait au greffe du tribunal de   le   enregistré,
contenant délaissement par le requérant d'une maison sise à   par lui
acquise dudit sieur   le   par acte passé devant Me
et son collègue, notaires à   , enregistré.

A ce qu'ils n'en ignorent, et ait, le sieur   à cesser les poursuites par
lui commencées contre le requérant, comme détenteur de ladite maison, faisant,
le requérant, toutes réserves contre ledit sieur   son vendeur, afin de
restitution des sommes qu'il lui a payées sur le prix de la vente de ladite maison,
à raison des frais et loyaux coûts de son acquisition, ainsi que de tous dommages-
intérêts à raison de l'éviction par lui soufferte ; se réservant en outre de réclamer

contre qui de droit la plus-value résultant des dépenses et améliorations faites à ladite maison ; à ce qu'ils n'en ignorent, je leur ai, auxdits domiciles, et parlant comme ci-dessus, laissé à chacun séparément copie tant de l'acte sus-énoncé que du présent, dont le coût est de

FORMULE V.

Requête pour faire nommer un curateur au délaissement.

(C. civ. 2174. — Tarif, 77 par anal. Coût, 3 fr.)

A MM. le président et juges du tribunal de

Le sieur   demeurant à   ayant Me   pour avoué, Expose qu'en sa qualité de créancier inscrit sur une maison sise à appartenant à M.   et par lui vendue à M.   , suivant acte reçu par Me   en date du   enregistré, il a exercé des poursuites contre ledit Me   détenteur de ladite maison, par acte fait au greffe de ce tribunal, le   dont copie a été signifiée à l'exposant par exploit du ministère de   huissier à   en date du   enregistré.

Pourquoi, et vu la copie dudit acte de délaissement ci-annexée, et les dispositions de l'art. 2174 C. civ., il vous plaira donner acte à l'exposant du délaissement sus-énoncé, et créer à l'immeuble ainsi délaissé un curateur, sur lequel la vente en justice sera poursuivie dans les formes voulues par la loi ; et vous ferez justice.

(*Signature de l'avoué.*)

I.

IDENTITÉ. — V. *Acte de notoriété*, n° 2.

ILLISIBLE. Doivent être écrits lisiblement :

1° Les exploits des huissiers et les copies de pièces. — V. *Huissier*, n°ˢ 151 et 154.

2° Les actes notariés, à peine de 20 fr. d'amende (Autrefois 100 fr. L. 25 vent. an 11, art 15) ; L. 16 juin 1824, art. 10.

IMMATRICULE. — Se dit de l'inscription du nom de l'huissier au tableau de la corporation des huissiers admis par un trib. à exercer leurs fonctions dans son ressort. — Et de la partie de l'exploit dans laquelle l'huissier indique à la fois ses noms, sa demeure, le trib. auquel il est attaché, et sa patente. — V. *Exploit*, n° 82 à 89 et les formules.

IMMEUBLE. Qui ne peut être transporté d'un lieu à un autre.

1. Tous les biens sont meubles ou immeubles. C. civ. 516. — V. Chavot, *Traité de la propriété mobilière.*

2. Les biens sont immeubles par leur nature, ou par leur destination ou par l'objet auquel ils s'appliquent. C. civ. 517 à 526 ; — ou par la détermination de la loi. Décr. 1ᵉʳ mars 1808, art. 2 et suiv. — V. *Meuble.*

— V. *Acte de commerce*, 56 ; *Action*, § 1, art. 2 ; *Saisie-immobilière, Tribunaux.*

IMMOBILIÈRE (*Action*). — V. *Action*, § 1, art. 2.

IMMOBILIÈRE (*Saisie*). — V. *Saisie-immobilière.*

IMPERTINENS (*Faits*). — V. *Enquête*, n° 8 ; *Fait.*

IMPOTS. — 1. Les décisions administratives, relatives aux

impôts, rendues dans les limites de la compétence de l'autorité, peuvent être attaquées devant le Cons.-d'Ét. — V. d'ailleurs *Contributions*, n°s 17 et 18.

2. Le pourvoi peut être formé sans le ministère d'un avocat au conseil. LL. 21 mars 1821 ; 21 avr. 1852 ; arr. Cons.-d'Et. 24 janv. 1855.

5. Ces pourvois doivent être formés sur papier timbré et être accompagnés d'une expédition des avis donnés sur la réclamation par les autorités compétentes, et des observations du préfet. Ils sont adressés, non au ministre des finances, mais au garde des sceaux. Circ. min. 11 nov. 1855.

V. *Contributions publiques, Douanes, Élections, Enregistrement, Octroi, Saisie-arrêt, Saisie-exécution,* etc.

IMPRIMERIE. — V. *Saisie, Société, Vente de meubles.*

IMPUGNATION. Se disait dans l'ancien droit de l'action de débattre un compte contre le rendant. — V. *Reddition de compte.*

IMPUTATION. — V. *Paiement.*

INAMOVIBILITÉ. — V. *Organisation judiciaire.*

INCESSIBLE. — V. *Saisie.*

INCIDENT. Événement qui survient dans le cours d'une instance principale.

1. Dans son acception la plus générale, ce mot comprend les exceptions de toute espèce, les divers modes de vérifier et de prouver la vérité des actes ou des faits, les *récusations* de juges ou d'experts, les demandes en *reprise d'instances* et constitution de nouvel avoué, *l'intervention*, la demande en déclaration de *jugement commun*, enfin toutes les contestations ou demandes formées postérieurement et successivement à la demande principale. — V. ces mots.

2. Si l'incident est élevé par un tiers contre l'une ou plusieurs des parties figurant au procès, il prend le nom d'*intervention*. — V. ce mot. — Lorsqu'au contraire, il est formé par l'une des parties contre un tiers, il constitue l'action en déclaration de *jugement commun*. — V. ce mot. — Enfin, s'il survient entre les parties elles-mêmes, il conserve plus spécialement la qualification de *demande incidente*. Carré, *ib.*

5. Les demandes incidentes se distinguent elles-mêmes en *additionnelles* et *reconventionnelles*, selon qu'elles sont présentées par le demandeur ou par le défendeur au principal. — V. *Prorogation de juridiction, Reconvention.*

4. La plupart des incidens ne tiennent qu'à l'instruction du procès, et ne changent rien à son état quant au fond. Quelques-uns au contraire font naître de nouvelles contestations, et prorogent ainsi la juridiction du trib. qui doit pro-

noncer sur eux en même temps que sur l'instance principale par un seul et même jugement. Carré, t. 1, p. 792.

5. Les trib. ne sauraient admettre comme demandes incidentes que celles qui sont nées depuis l'action principale, ou qui lui servent de réponse, ou enfin celles qui ont avec elle une connexité évidente, et non celles qui devraient former une action principale : autrement on pourrait se soustraire au préliminaire de conciliation et éterniser les instances.

6. Les demandes incidentes sont formées par un simple acte contenant les moyens et les conclusions, avec offre de communiquer les pièces justificatives sur récépissé ou par dépôt au greffe. C. pr. 357.

Un simple acte, ce qui veut dire un acte de conclusions signifié à avoué : — une requête *grossoyée* serait rejetée de la taxe.

Si le défendeur à la demande principale n'a pas constitué avoué, le demandeur ne peut former de nouvelles demandes incidentes que par exploit ; Boitard, 2, p. 258. — Mais pour éviter de prendre deux jugemens, il vaudrait mieux se désister de la première demande pour n'en former qu'une seule plus complète.

7. Les demandes incidentes ne peuvent avoir lieu par de simples conclusions posées à l'audience : vainement on objecte que les frais se trouveraient ainsi diminués ; la loi veut que le défendeur connaisse à l'avance les prétentions de son adversaire pour pouvoir préparer ses réponses. Carré, n° 1268 ; Merlin, *Qu. dr.* v° *Intervention*, § 2.

Toutefois, il en est autrement devant les trib. de commerce et de paix, où il n'existe pas d'avoué, et où il est par conséquent impossible de se conformer à l'art. 357. Carré, art. 357, n° 1267.

8. Le défendeur à l'incident donne sa réponse, comme le demandeur, par un simple acte. C. pr. 357 ; — à moins que l'affaire ne soit sommaire : dans ce cas la loi défendant une réponse écrite contre la demande principale, la prohibe à plus forte raison contre la demande incidente. Carré, art. 357, note 4.

9. Le Code ne fixe pas le délai dans lequel cette réponse doit être faite. Si l'audience provoquée par le demandeur a lieu avant que le défendeur ait signifié sa réponse, il la donne verbalement, ou sollicite du trib. une remise, qui lui est accordée ou refusée selon les circonstances, mais qui ne peut jamais être qu'à bref délai : le but de la loi est que la procédure se suive avec célérité.

10. Toutes les demandes incidentes doivent être formées en même temps. C. pr. 558 ; — à peine de déchéance, pour toutes

les demandes, en matière civile, qui ne sont pas entièrement justifiées par écrit. Arg. C. civ. 1346. — Afin que le demandeur ne 'puisse pas en divisant sa réclamation, la prouver par témoins, bien qu'elle s'élève au total, au-dessus du taux fixé par la loi.

Et dans les autres cas, à peine de supporter les frais des demandes proposées postérieurement, et dont la cause existait à l'époque des premières. C. pr. 338. — Un seul acte de conclusions incidentes doit être passé en taxe, mais rien n'empêche de réparer par des actes subséquens les omissions faites dans une première signification. — Le trib. n'est point obligé de surseoir à prononcer par suite de conclusions proposées tardivement. Les parties ne doivent pas abuser du droit que la loi leur accorde de former des demandes incidentes jusqu'au jugement, pour entraver la marche de la procédure.

11. Les demandes incidentes 'sont jugées par préalable, *s'il y a lieu*, et, dans les affaires sur lesquelles il a été ordonné une instruction par écrit, l'incident est porté à l'audience pour être statué ce qu'il appartiendra (C. pr. 338); c'est-à-dire que le trib. juge l'incident sur-le-champ, s'il est possible, ou le joint au fond pour prononcer sur le tout par le même jugement.

Ainsi, lorsqu'un locataire est assigné en paiement de loyers, ceux échus postérieurement à l'ajournement étant réclamés incidemment par des conclusions, il y a lieu de prononcer sur le tout par un seul jugement.

Au contraire, une demande en compensation formée reconventionnellement par le défendeur, peut, lorsqu'elle paraît dénuée de fondement, être jugée préalablement, si la cause principale n'est point en état. Boitard, 260.

12. Néanmoins, lorsqu'il s'élève un incident à l'audience d'une C. roy. jugeant en audience solennelle, elle peut en renvoyer le jugement à l'une de ses chambres. Cass. 18 mars 1847, S. 18, 72.

Formule.

Acte pour former une demande incidente.

(C. pr. 337. — Tarif, 71 par anal. Coût, 5 fr. orig.; le quart pour la copie.)

Pour, le sieur , défendeur au principal, et demandeur aux fins des présentes, ayant pour avoué Me

Contre le sieur , demandeur au principal, et défendeur aux fins des présentes, ayant pour avoué Me

Plaise au tribunal, — attendu que, par exploit du , le sieur , a formé contre le sieur une demande à fin de paiement de la somme de pour

Attendu que le défendeur a prêté audit sieur le ; une somme de ainsi qu'il résulte de

Donner acte au sieur de ce qu'il se rend incidemment demandeur contre le sieur à fin de paiement de ladite somme de qu'il lui a prêtée le , et statuant sur ladite demande incidente, attendu que

ladite somme de , et celle qui est demandée par le sieur
au sieur sont toutes deux exigibles et liquidées, et qu'ainsi il y a lieu
à la compensation ; dire et ordonner que ladite somme de sera compensée, par voie de déduction, avec la somme de qui fait l'objet
de la demande du sieur , et en cas de contestation. condamner ce
dernier aux dépens.

(*Signature de l'avoué.*)

Nota. La réponse de la partie adverse se fait dans la même forme. — V. *sup.* n° 8.

INCIDENT (*Faux*). — V. *Faux*.

INCOMPATIBILITÉ. Impossibilité légale de la réunion de certaines fonctions dans la même personne. — V. *Avocat*, § 4 ; *Avoué*, n° 96 ; *Greffier*, n° 29 et suiv. ; *Huissier*, § 6 ; *Juge de paix, Juge, Notaire*, etc.

1. Lorsqu'un fonctionnaire public, pourvu de deux emplois déclarés incompatibles, a accepté l'un d'eux, il ne peut plus s'immiscer dans l'exercice des fonctions de l'emploi pour lequel il n'a pas opté : il est alors sans capacité pour agir, et les actes auxquels il concourt sont nuls.

INCOMPÉTENCE. — V. *Cassation*, n° 109 ; *Compétence, Exception*, n° 21 et suiv.; *Tribunaux*.

INDEMNITÉ. — V. *Dommages et intérêts*.

INDEMNITÉ DE VOYAGE ET DE NOURRITURE. — V. *Descente sur les lieux*, n° 26 et suiv. ; *Taxe, Voyage*.

INDICATION DE JUGES (*demande en*).—V. *Réglement de juges*.

INDIGENCE (*certificat d'*). — V. *Indigent*, n° 22 et suiv.

INDIGENT (1).

1. La proposition faite par plusieurs députés, lors de la discussion de la loi du 11 avril 1838, de mettre à la charge du trésor, sous certaines garanties, et sauf recouvrement, l'avance des frais pour les indigens, a été rejetée : on a craint les inconvéniens et les abus qui pourraient en résulter, et l'on a pensé que l'état actuel des choses suffisait pour que le bon droit ne restât jamais sans défense. *Mon.* 24, 27 et 28 fév. 1838; J. P. n° 1167.

Aucune disposition ne permet d'accorder aux indigens la faveur du timbre *en débet*. Décis. min. fin. 14 janv. 1812. — Le ministre avait ajouté que dans les instances où les indigens succomberaient, les droits de timbre, d'enregistrement et de greffe que les avoués auraient avancés, d'après l'avis favorable du bureau de consultation gratuite, pourraient leur être remboursés sur un exécutoire du trib., visé par le préfet, et en vertu de l'autorisation spéciale du ministre de la justice ; mais cette seconde partie de la décision n'a jamais reçu d'exécution.

2. *Obligations imposées aux avocats et aux avoués à l'égard des indigens.* D'après l'art. 24 Décr. 14 déc. 1810, dans toutes les

---

(1) Cet article est de M. Dorigny, avocat.

villes où il existe un barreau, les *avocats* doivent former dans
leur sein un bureau de consultations gratuites pour les indigens. Si la cause soumise à ce bureau paraît juste et fondée en
droit, et qu'un avocat soit nécessaire pour la défendre, l'un des
membres de l'ordre doit en être chargé. Cette disposition s'exécute encore dans un grand nombre de barreaux, comme résultant des anciens usages, malgré l'abrogation du décret.

3. A Paris, il se tient tous les samedis, à la bibliothèque des
avocats, une conférence présidée par le bâtonnier. C'est là que
sont données les consultations gratuites, sur le rapport d'un
avocat désigné par le président. Cet avocat reste chargé de
l'affaire s'il y a lieu. — Dans quelques villes, c'est le conseil
de discipline lui-même qui forme le bureau de consultations
gratuites, et qui distribue les causes des indigens aux membres
de l'ordre. Dans d'autres, ce bureau est composé d'un certain
nombre d'avocats choisis au commencement de chaque année
judiciaire, et dont les noms sont portés à la suite du tableau.

4. Dans quels cas les trib. doivent-ils désigner d'office un
avocat à la partie qui ne trouve pas de défenseur? — V. ce mot,
nos 54 à 59.

5. Les consultations délivrées gratuitement aux indigens
sont-elles exemptes du timbre? — Une décision négative du
ministre des finances, des 31 janv. 1825 et 17 août 1827, paraît
fort rigoureuse. S'il n'existe pas de disposition formelle à citer
en faveur de l'exemption du timbre dans ce cas, il en est plusieurs que l'on peut invoquer par analogie (— V. *inf.* n° 18 et
suiv.). On doit éviter de forcer les avocats et les avoués à faire
un déboursé à l'occasion d'un acte de bienfaisance. Au surplus,
ces consultations sont généralement délivrées sur papier libre,
et il ne paraît pas que l'administration de l'enregistrement
s'attache à faire réformer cet usage.

6. Les chambres des *avoués* forment aussi un bureau de consultations gratuites pour les indigens.

7. Les affaires soumises à ce bureau sont préalablement
examinées par un des membres de la chambre qui donne son
avis; et s'il y a lieu de les suivre, le président les distribue aux
divers avoués. Arr. 13 frim. an 9, art. 2, 5°, et 7-2°.

8. Dans les lieux où les avocats ont le droit exclusif de
plaider (— V. *Avoué*, n° 57 et suiv.), la chambre des avoués
serait autorisée à renvoyer préalablement les indigens devant
cet ordre pour obtenir une consultation gratuite; mais elle ne
serait pas liée par cette consultation, quelle que fût son autorité
morale; elle pourrait examiner l'affaire de nouveau, et apprécier si elle doit désigner un avoué pour la suivre.

9. Aucune disposition ne règle le mode de constater l'indigence à l'égard des avocats et des avoués. Ceux-ci peuvent se

contenter de tout moyen qui suffirait à leurs yeux pour établir
ce fait; mais nous ne pensons pas qu'ils puissent en exiger
d'autres que ceux fixés par la loi dans divers cas. — V. *inf.*
n° 18 et suiv.

10. Les avoués ne sont pas tenus de faire eux-mêmes les
avances pour les affaires qui leur sont envoyées par la chambre;
lorsqu'ils s'y refusent, quelquefois la chambre leur permet de
prendre ces avances sur les fonds de la bourse commune, selon
le vœu de l'art. 18, § 4, arrêté 15 frim. an 9, sauf remboursement, si le succès de la cause ou les moyens des parties rendent plus tard cette rentrée possible.

11. L'avoué chargé par la chambre de suivre une affaire pour
un indigent, a évidemment le droit de se faire payer ses *déboursés* et ses *honoraires* par la partie adverse, si elle est condamnée.

Quid, si celui pour lequel il a occupé succombe, ou si l'adversaire se trouve insolvable? — Nous pensons qu'il ne conserve
aucun recours contre son client pour le paiement de ses *honoraires.* Il est dans l'esprit de la loi que le ministère de l'avoué
soit gratuit en pareil cas pour l'indigent. Quant aux *déboursés,*
s'il les avait faits lui-même, il serait recevable à en poursuivre
le recouvrement contre son client, dans le cas où celui-ci viendrait à avoir quelques ressources. Si les avances avaient été faites
par la chambre, elle pourrait se réserver les mêmes droits;
mais il est plus conforme à l'arrêté du 15 frim. an 9 d'en faire
définitivement l'abandon.

12. Souvent des parties indigentes demandent qu'il leur soit
désigné d'*office* un avoué par le président du trib. où leur cause
doit être portée, et il arrive que ce magistrat fait droit à leur
demande. Il serait préférable de renvoyer toujours ces parties
devant la chambre des avoués; car une désignation d'office n'o-
blige pas l'officier ministériel sur lequel elle porte à faire les
déboursés.

Du reste, une semblable désignation rentre dans la classe des
ordonnances de *référés* qui, aux termes de l'art. 809 C. pr.,
ne sont pas susceptibles d'opposition, et ne peuvent être annulées par le trib. auquel appartient le magistrat duquel elles
émanent. Cass. 13 fév. 1859 (Art. 1500 J. pr.).

13. Les règles précédentes s'appliquent aux avoués près les
Cours royales.

14. Il en est de même des *avocats à la C. de cassation,* qui, à
cet égard, suivent l'arrêté du 15 frim. an 9.—V. ce mot, n° 57.

15. Aucune disposition spéciale n'a pour objet de mettre les
indigens à même d'obtenir l'avance des frais devant les trib. de
commerce; mais ces frais sont ordinairement peu considérables,
et il est rare que, dans ces juridictions, les parties ne puissent
pas pourvoir aux déboursés.

16. Les juges de paix peuvent appeler *sans frais* les parties devant eux, art. 17 L. 25 mai. Ces magistrats font, en outre, fort souvent, dans l'exercice de leur juridiction gracieuse, l'abandon de leurs vacations en faveur des indigens.

17. *Cas où le ministère public est autorisé à agir d'office dans l'intérêt des indigens.* Le ministère public ne peut agir d'office en matière civile que dans les cas spécifiés par la loi (L. 20 avr. 1810, art. 46); même en faveur des indigens.

18. Il a ce droit pour faire réparer les omissions et opérer les rectifications sur les registres de l'état civil d'actes qui intéressent les individus *notoirement indigens*. Dans ce cas, les actes et jugemens sont *visés pour timbre* et *enregistrés gratis*. L. 25 mars 1817, art. 75. — Les frais sont à la charge de l'État. —V. *Actes de l'état civil*, nᵒˢ 58, 61, 66, et *inf.* nᵒ 19.

Le *visa pour timbre* et l'*enregistrement gratis* doivent être accordés, si l'indigence de la partie intéressée est attestée par un certificat du maire, sauf au procureur du Roi à faire constater dans les actes et jugemens, qu'ils concernent des indigens notoirement insolvables. Circ. Dir. enr. 19 avr. 1821.

Malgré la production d'un certificat d'indigence, appuyé d'autres pièces justificatives, le ministère public reste maître d'apprécier s'il doit agir. — Néanmoins, si son refus était réellement mal fondé, il y aurait lieu de s'adresser au ministre de la justice.

19. Lorsque le ministère public poursuit d'office l'interdiction d'un individu (C. civ. 494), si celui-ci, ses père, mère, époux ou épouse, sont dans un état d'indigence dûment constaté par certificat du maire, visé et approuvé par le sous-préfet et par le préfet, les frais d'interdiction restent à la charge de l'État; ils sont toujours avancés par l'administration de l'enregistrement; les actes sont visés pour timbre, et enregistrés en débet. Décr. 18 juin 1811, art. 118, 119, 120.

20. L'exemption des droits de timbre et d'enregistrement, prononcée par l'art. 75 L. 25 mars 1817 (—V. *sup.* nᵒ 18), s'étend en faveur des indigens aux *actes de notoriété* prescrits par les art. 71, 72 et 155 C. civ. (Décis. min. fin. 19 juin 1819, 11 nov. 1824); mais les procureurs du Roi ne peuvent agir d'office pour obtenir ces actes et les faire homologuer. Décis. min. just. 19 fév. et 24 mars 1829.

21. L'indigence d'un individu ne l'autorise pas à réclamer l'intervention du ministère public pour faire la recherche et obtenir la communication sans frais des actes qui pourraient être relatifs à une succession qu'il prétend lui être échue. Décis. min. just. 26 nov. 1855 (Art. 1042 J. Pr.).

22. *Exemption de la consignation d'amende.* La loi du 1ᵉʳ therm. an 6, qui dispensait les indigens de consigner l'amende pour se pourvoir par *requête civile*, se trouve abrogée par les art. 494 et 1041 C. pr. civ. Il n'en est pas de même des dispositions qui les dispensent de la consignation d'amende pour se pourvoir en *cassation*. Avis Cons. d'Ét. 20 mars 1810 (*inséré au Bull. des lois*).

Dans ce dernier cas, les indigens doivent représenter, 1° un certificat d'indigence délivré par le maire de la commune de leur domicile, visé par le sous-préfet de l'arrondissement, visé et approuvé par le préfet du département, Cass. 14 août 1837 (Art. 933 J. Pr.) ; 2° un extrait de leurs impositions. L. 8 juill. 1793, 2 brum. an 4, art. 17-2° ; 14 brum. an 5, art. 2 ; 28 pluv. an 8, art. 2, 9 et 13 ; — ou un certificat du percepteur, constatant qu'ils ne sont pas imposés. Cette addition, tirée de l'art. 420 C. inst. crim., ne peut faire difficulté. Le même article exige que le taux des contributions soit inférieur à 6 fr. Cette disposition n'est pas rigoureusement applicable en matière civile ; mais on ne peut supposer que le législateur ait voulu accorder plus de faveur au pourvoi en cette matière, que lorsqu'il s'agit de condamnations correctionnelles ou de simple police. — V. *Cassation*, n° 205.

23. N'ont qualité pour délivrer un certificat d'indigence, ni un *receveur des contributions*, ni un *commissaire de police*. Cass. 22 prair. an 12.

24. N'est pas valable un certificat antérieur au jugement contre lequel le pourvoi est dirigé. Cass. 25 therm. an 12 (D. v° *Cassation*, p. 275) ; — ou légalisé seulement par le sous-préfet. Cass. 27 vend. an 9 ; — ou visé et approuvé seulement par ce fonctionnaire : il faut qu'il soit *approuvé* par le préfet.

25. Mais le défaut d'approbation du préfet peut être réparé par un acte postérieur, jusqu'au jour où il doit être statué sur la demande en cass., et même après l'expiration du délai fixé pour le pourvoi. Cass. 1ᵉʳ fruct. an 9, P. 2, 292.

La légalisation fournie postérieurement au dépôt du pourvoi suffit également pour régulariser et authentiquer la preuve de l'indigence. Cass. 16 août 1857 (Art. 934 J. Pr.).

26. On ne peut tirer une fin de non-recevoir devant la C. de cass. de ce que le certificat d'indigence aurait été délivré à tort dès qu'il émane de l'autorité compétente. Cass. 10 mai 1856 (Art. 456 J. Pr.).

27. Malgré la dispense de consignation, les indigens doivent être condamnés à l'amende s'ils succombent. — V. *Cassation*, n° 205, et *inf.*, n° 52.

28. *Immunités diverses.* L'administration, suivant à cet égard la pensée du législateur, se prête dans certains cas à étendre par analogie les exemptions de droit en ce qui concerne l'éta des personnes. Ainsi, de même que le *visa pour timbre* et *l'enre* *gistrement gratis* ont été étendus aux *actes de notoriété.* (—V. *sup.* n° 20), on les accorde souvent pour les pièces relatives à la *nomination d'un tuteur.*

29. Souvent aussi, par dérogation à l'art. 378 du C. civ., on n'exige pas la consignation pour les enfans d'indigens détenus par voie de correction paternelle.

30. De semblables extensions n'ont jamais lieu lorsqu'il s'agit de droits de propriété et d'intérêts pécuniaires.

31. Du reste la loi elle-même veut que l'on enregistre *gratis* : — 1° les actes de poursuites et tous autres actes, tant en action qu'en défense, ayant pour objet le recouvrement des sommes dues pour mois de nourrice. L. 16 juin 1824, art. 7 ;

. 2° Les actes de reconnaissance d'enfans naturels appartenant à des individus notoirement indigens. L. 15 mai 1818, art. 77, § 2.

32. Sont exempts du timbre les certificats d'indigence. L. 13 brum. an 7; art. 16-1°, § 12.

33. Les expéditions des actes, arrêtés et décisions des autorités administratives, ne portant pas transmission de propriété, d'usufruit et de jouissance, peuvent être délivrées sur papier libre aux citoyens indigens, à la charge d'en faire mention dans ces expéditions. L. 15 mai 1818, art. 80.—Cette disposition s'applique dans l'usage aux actes de l'Etat civil.

34. La remise de tout ou partie des droits de sceau pour la délivrance des lettres de naturalité, et des dispenses d'âge et de parenté pour mariage, peut-être accordée par ordonnance du roi, sur la proposition du ministre de la justice, lorsque les impétrans justifient qu'ils sont hors d'état d'acquitter les droits fixés par la loi du 28 avril 1816. — Le droit d'enregistrement établi sur les lettres est réduit proportionnellement à la remise prononcée sur le droit du sceau. L. 21 avr. 1832, art. 1er.

INDIVIS, INDIVISION. — V. *Licitation, partage.*

INITIALE (*lettre*). Les prénoms doivent être écrits en toutes lettres et non pas rappelés par de simples initiales, dans les *exploits*. Bruxelles, 27 janv. 1818, P. 14, 601.—V. ce mot n° 42 et suiv.

—V. toutefois *Abréviation, Copie de pièces, Huissier.*

INJONCTION. Ordre ou commandement donné à quelqu'un, par la loi ou par le juge, de faire quelque chose. — Se dit aussi d'une mesure de discipline appliquée à l'occasion d'un fait digne de blâme. Ainsi, les trib. peuvent, suivant la gravité des circonstances, faire aux officiers ministériels qui ont contrevenu aux lois ou aux règlemens, aux avocats, et même aux juges, l'injonction d'être plus circonspects à l'avenir. C. pr. 1036; C. inst. crim. 112; C. pén. 377; Décr. 30 mars 1808, art. 102; L. 17 mai 1819, art. 23.—V. *Discipline.*

25.

INJURE. — V. *Audience*, n°s 35 et 40 ; *Discipline* ; *Juge de paix.*

INSAISISSABLE. — V. *Saisie.*

INSCRIPTION des clercs. — V. *Stage.*

INSCRIPTION de faux. — V. *Faux.*

INSCRIPTION hypothécaire (1). Déclaration faite par un créancier, sur un registre public à ce destiné, de l'hypothèque ou du privilége qu'il a sur les immeubles de son débiteur.

DIVISION.

§ 1. — *Cas où l'inscription est nécessaire.*

1. Entre les créanciers, l'hypothèque, soit légale, soit judiciaire, soit conventionnelle, n'a de rang que du jour de l'inscription. C. civ. 2134.— La publicité est la base de notre régime hypothécaire.—V. *Hypothèque.*

2. Néanmoins, l'hypothèque légale existe indépendamment de toute inscription : 1° au profit des mineurs et interdits, sur les immeubles appartenant à leur tuteur, à raison de sa gestion ; 2° au profit des femmes, pour leurs droits et créances, sur les immeubles de leur mari. C. civ. 2135.

Mais les maris et les tuteurs sont tenus de prendre eux-mêmes, sans délai, inscription à cet effet sur leurs immeubles (C. civ. 2136), — sous peine d'être réputés stellionataires (— V. *Emprisonnement*, n°s 40 et 44), s'ils le négligent et s'ils consentent ou laissent prendre des priviléges ou des hypothèques sur leurs immeubles, sans déclarer expressément cette hypothèque légale. *Ib.*

Les subrogés-tuteurs sont tenus, sous leur responsabilité personnelle, et sous peine de tous dommages-intérêts, de veiller à ce que les inscriptions soient prises sans délai sur les biens du tuteur pour raison de sa gestion, même de faire faire lesdites inscriptions. C. civ. 2137.

3. Les priviléges s'exercent à compter du jour où ils ont pris naissance, pourvu qu'ils soient inscrits. C. civ. 2406.

_____

(1) Cet article est de M. Pelletier, avocat à la Cour royale de Paris.

Toutefois, les priviléges généraux sur les meubles et les immeubles sont dispensés d'inscription, à l'égard des autres créanciers. C. civ. 2106, 2107.

Le vendeur d'un immeuble conserve son privilége par la transcription de l'acte de vente constatant que tout ou partie du prix lui est dû; mais le conservateur des hypothèques est tenu, sous peine de dommages-intérêts envers les tiers, de faire d'office l'inscription sur son registre au profit du vendeur. C. civ. 2108. — V. *inf.*, n° 73.

4. Tous les créanciers inscrits le même jour exercent en commun une hypothèque de la même date, sans distinction entre l'inscription du matin et celle du soir, quand cette différence serait marquée par le conservateur. C. civ. 2147.

5. L'inscription ne produit aucun effet si elle n'a été prise que par l'un des créanciers depuis l'ouverture d'une succession acceptée sous bénéfice d'inventaire. C. civ. 2146.

Quid, si elle a été prise depuis l'ouverture de la *faillite?*—V. ce mot, n° 107 à 110.

6. L'inscription doit être renouvelée dans les dix ans de sa date. C. civ. 2154. — V. *Hypothèque,* § 5.

§ 2. — *Forme de l'inscription.*

7. Les inscriptions se font au bureau de conservation des hypothèques, dans l'arrondissement duquel sont situés les biens soumis au privilége ou à l'hypothèque. C. civ. 2146.

8. L'inscription peut être requise, soit par le créancier lui-même, soit par un tiers. C. civ. 2148.

9. *Par le créancier.* Peu importe qu'il soit majeur ou mineur. La femme peut prendre inscription sans l'autorisation de son mari. Arg. C. civ. 2139. — C'est un acte conservatoire qui ne produit pas d'engagement.

10. *Par un tiers.* Ce tiers n'a pas besoin d'une procuration écrite : le conservateur des hypothèques n'est pas en droit de l'exiger. — L'inscription est valablement prise par un *negotiorum gestor,* un parent, un ami. Troplong, n° 673.

11. Tout créancier peut prendre inscription pour conserver les droits de son débiteur. C. pr. 778.—V. *Ordre.*

12. Le créancier seul peut critiquer l'inscription prise en son nom sans mandat. Arg. Cass., 11 juill. 1827, D. 27, 301.

13. Pour opérer l'inscription, le requérant (V. *sup.* n° 8) représente, au conservateur des hypothèques (V. *inf.,* § 3), l'original en brevet ou une expédition authentique du jugement ou de l'acte qui donne naissance au privilége ou à l'hypothèque. C. civ. 2148.

14. La représentation du titre n'est pas une formalité substantielle de l'inscription.

Le conservateur des hypothèques peut l'exiger, et refuser l'inscription, tant qu'elle n'a pas eu lieu.

Mais s'il a procédé à l'inscription, il n'y a pas nullité : la loi n'exige pas la mention de cette formalité. Cass. 18 juin 1825, S. 25, 557 ; Merlin, 16, 480, n° 15. — V. d'ailleurs *Hypothèque*, n° 4 et *inf.* n° 16.

15. La représentation du titre n'est pas exigée pour les renouvellemens des inscriptions : le conservateur des hypothèques ne peut douter que la réquisition à fin de renouvellement ne soit fondée sur un titre qui lui a déjà été représenté. Paris, 27 déc. 1851, S. 52, 49 ; Merlin, *R.* v° *Inscript.*, *Hyp.*, § 9, n° 15 ; Troplong, art. 2154, n° 745.

Ainsi jugé, à plus forte raison, à l'égard d'une créance hypothécaire antérieure à l'art. 40. L. 11 brum. an 7, qui n'exigeait même pas la représentation du titre pour prendre la première inscription. Cass. 14 avr. 1817, P. 14, 181.

16. Il n'est pas nécessaire que le titre soit enregistré avant l'inscription. Riom, 6 mai 1809, P. 7, 545 ; Toulouse, 27 mai 1850, S. 51, 50 ; Cass. 19 juin 1833, S. 33, 641. — Dans l'espèce, le conservateur avait consenti à recevoir l'inscription sans exiger la représentation du titre. — V. *sup.* n° 14.

17. Le requérant doit joindre au titre deux bordereaux écrits sur papier timbré, dont l'un peut être porté sur l'expédition. C. civ. 2148.

18. Selon M. Troplong, *Hypothèques*, n° 678, si le bordereau porté sur l'expédition du titre se réfère, pour les indications requises, au contenu de ce même titre, le conservateur peut, à l'aide de ce renvoi, compléter l'inscription, sans qu'il y ait nullité, parce que les tiers ne peuvent critiquer que l'inscription et non les élémens dont le conservateur s'est servi pour la formaliser. — Mais il est prudent de rédiger les bordereaux d'une manière complète.

19. Les bordereaux doivent contenir tout ce que contiendra l'inscription, savoir :

1° les nom, prénoms, domicile du créancier, sa profession, s'il en a une, et l'élection d'un domicile pour lui dans un lieu quelconque de l'arrondissement du bureau. C. civ. 2148. — V. *inf.* n° 50.

Ces indications sont nécessaires dans plusieurs cas. — V. C. civ. 2185 ; C. pr. 695, 695. — V. *Purge*, *Saisie immobilière* et *inf.* n° 72.

20. 2° Les nom, prénoms, domicile du débiteur, sa profession, s'il en a une connue, ou une désignation individuelle et spéciale, telle que le conservateur puisse reconnaître et distinguer dans tous les cas l'individu grevé d'hypothèque. C. civ. 2148.

21. Les inscriptions à faire sur les biens d'une personne décédée peuvent être faites sous la simple désignation du défunt. C. civ. 2149.

Cette désignation doit être parfaitement précise pour prévenir les erreurs.

L'inscription prise sur les héritiers *Duplessis-Richelieu* a été déclarée valable, quoique les prénoms du défunt ne fussent pas indiqués. Cass. 2 mars 1812, P. 10, 167.

22. Lorsque l'immeuble a changé de main, ce n'est pas sur le propriétaire actuel que l'inscription doit être prise, mais sur le débiteur direct. Liége, 3 août 1809, P. 7, 735; Bruxelles, 24 janv. 1812; Cass. 27 mai 1816, P. 13, 455; Troplong, n° 681 *ter*, —surtout, lorsque le tiers détenteur n'a pas purgé. Cass. 27 mai 1816. — V. d'ailleurs *Purge*.

23. 3° La date et la nature du titre. C. civ. 2148. —Ces indications sont utiles pour faire connaître si le créancier inscrit jouit d'un privilége ou d'une hypothèque, et qu'elle est la nature de cette hypothèque.

24. 4° Le montant du capital des créances exprimées dans le titre, ou évaluées par l'inscrivant, pour les rentes et prestations, les droits éventuels, conditionnels ou indéterminés, dans les cas où cette évaluation est ordonnée; comme aussi le montant des accessoires de ces capitaux et l'époque de l'exigibilité. —Si cette époque est omise ou inexactement énoncée, l'inscription peut être rectifiée au moyen d'une mention marginale. L. 4 sept. 1807; Cass. 5 mai 1813, P. 11, 344.

25. L'évaluation du capital d'une rente en grains est-elle irrévocablement fixée à l'égard du créancier par *sa déclaration?* — V. *Ordre*.

26. Peut-il, lors de l'ordre, demander une augmentation dans la fixation de ce capital, en prenant pour base le prix actuel des mercuriales? — V. *ib.*

27. L'inscription prise pour une somme trop forte n'est pas nulle, mais peut être réduite à sa juste valeur sur la demande du débiteur et des tiers intéressés. C. civ. 2152.

28. 5° L'indication de l'espèce et de la situation des biens sur lesquels on entend conserver le privilége ou l'hypothèque. — Mais, à défaut de convention, une seule inscription pour les hypothèques légales ou judiciaires frappe tous les immeubles compris dans l'arrondissement du bureau. C. civ. 2148.

29. La loi n'exige pas que les bordereaux soient signés du requérant; mais cette formalité est d'usage dans plusieurs localités.

30. Les formalités de l'art. 2148 C. civ. doivent-elles être remplies à peine de nullité? — Le législateur ne s'en est pas expliqué; de là de nombreuses controverses et plusieurs variations dans la jurisprudence.

Suivant M. Troplong, n° 668 *bis*, les formalités substantielles, dont l'omission peut entraîner la nullité de l'inscription, se réduisent à trois : — 1° la désignation de l'immeuble hypothéqué ; — 2° l'indication des sommes pour lesquelles cet immeuble est grevé; — 5° l'indication du débiteur.

La jurisprudence actuelle tend à considérer encore comme substantielle la mention de l'élection de domicile : elle est exigée, non seulement dans l'intérêt de l'inscrivant, mais encore dans celui des tiers qui veulent assigner en main-levée. Douai, 7 janv. 1819, S. 20, 99 ; Cass. 2 mai 1826, 27 août 1828 ; 6 janv. 1855 ; 12 juill. 1856 (Art. 514 J. Pr.); Orléans, 1er déc. 1856 (Art. 653 J. Pr.). — *Contrà*, Metz, 2 juill. 1812 ; Grenoble, 10 juill. 1823, S. 24, 79 ; Riom, 7 mars 1825, S. 28, 77 ; Paris, 8 août 1852, S. 53, 95; Grenier, *Hypoth.*, 1, n° 97 ; Merlin, *Quest. dr.*, v° *Inscription hypoth.*, § 4 ; *Rép.*, t. 16, p. 430, n° 8 ; Toullier, 7, n° 510 et suiv. ; Rolland de Villargues, *Rép.*, *not.*, n° 168; Troplong, 3, n° 679.

Mais on a déclaré insuffisante pour annuler l'inscription :

1° L'erreur dans la date du titre de créance, quand il n'en résulte pas de méprise dommageable. Cass. 17 août 1815, P. 11, 647 ; 9 nov. 1815, P. 15, 102; 2 août 1820, S. 21, 55 ; Grenier, 1, p. 156 ; Troplong, *ib.* n° 682. *Contrà*, Cass. 22 avr. 1807, D. 270; 11 mars 1816, P. 13, 522; 5 fév. 1819, D. p. 276 ; 12 déc. 1821, D. p. 273. — Arg. Cass. 19 juin 1833, S. 53, 641.

2° L'erreur dans la mention de l'exigibilité de la créance. Cass. 3 janv. 1814, P. 12, 1.

5° La simple mention que la créance était *exigible* sans dire depuis quelle époque. Nîmes, 15 juill. 1808, P. 7, 22 ; 1er fév. 1825; 26 juill. 1825, D. 25, 95 et 579. — *Contrà*, Rouen, 1er août 1809, P. 7, 728 ; Cass. 9 juill. 1811, P. 9, 45 ; Liége, 1er juin 1821 ; Dalloz, 9, 294 ; Cass. 15 janv. 1817, S. 17, 551.

4° L'omission de la désignation de la commune de la situation des biens, attendu que cette omission n'avait pu entraîner le subséquent prêteur dans une erreur qui aurait déterminé sa confiance. Nanci, 28 avr. 1826, D. 27, 45, — surtout, lorsqu'il y a d'autres désignations suffisantes. Cass. 25 nov. 1815 ; Dalloz, *ib.*, p. 297. — Spécialement, on a déclaré valable une inscription prise sur les maisons, vignes et autres immeubles appartenant au débiteur *dans tel arrondissement*. Cass. 15 fév. 1836 (Art. 465 J. Pr.) ; une inscription prise sur *tous les biens appartenant au sieur*   , et situés dans la commune de   , par le motif que, dans l'espèce, tous les biens hypothéqués étant situés dans la même commune, une désignation générale

et non détaillée était suffisante. Cass. 6 mars 1820, S. 20, 173 ;
28 août 1821 ; Dalloz, *ib.*, p. 298.

Mais une désignation circonstanciée des tenans et aboutissans
est nécessaire, lorsqu'il s'agit d'une inscription relative à l'hypothèque spéciale d'un arpent de terre, dépendant d'un domaine. Troplong, n° 689.

Une seule inscription suffit pour frapper les biens à venir du
débiteur en faveur du créancier ayant hypothèque générale.
Rouen, 22 mai 1846, S. 18, 230; Cass. 3 août 1849; Dalloz,
ib., p. 181; Lyon, 18 fév. 1829, D. 29, 109; Troplong,
n° 691.

31. L'inscription des hypothèques légales de l'État, des
communes et des établissemens publics, des mineurs ou interdits, et des femmes mariées, se fait sur la représentation de deux
bordereaux contenant seulement : 1° les nom, prénoms, profession, et domicile réel du créancier, et le domicile qui est par
lui ou pour lui élu dans l'arrondissement;

2° Les nom, prénoms, profession, domicile et désignation
précise du débiteur ;

3° La nature des droits à conserver, et le montant de leur
valeur, quant aux objets déterminés, sans être tenu de le fixer
quant à ceux qui sont conditionnels, éventuels ou indéterminés. C. civ. 2153.

32. Quant aux inscriptions que les syndics doivent prendre
sur les immeubles du failli et des débiteurs du failli. — V.
Faillite, n°s 188 et 189.

33. Les inscriptions hypothécaires sur les immeubles affectés
aux cautionnemens des conservateurs des hypothèques, et les
renouvellemens de ces inscriptions, doivent être faits dans une
forme particulière, prescrite par une instruction de la régie du
13 avr. 1825. — V. *inf. Formule* v.

34. Le conservateur fait mention, sur son registre, du contenu aux bordereaux, et remet au requérant, tant le titre ou
l'expédition du titre, que l'un des bordereaux, au pied duquel
il certifie avoir fait l'inscription. C. civ. 2150.

Si le conservateur omet de faire l'inscription sur les registres, bien qu'il ait délivré le certificat prescrit au pied des bordereaux, l'inscription est réputée n'avoir pas été faite. —
Mais le conservateur est responsable envers le créancier. C.
civ. 2198.

De même, les irrégularités sur les registres, ne peuvent être
combattues par la représentation du bordereau, sauf le même
recours.

Pour être certains de la conformité de l'inscription sur les registres avec les bordereaux, les notaires sont dans l'usage de se

faire délivrer un extrait des registres en retirant le bordereau
du créancier.

55. L'inscription une fois opérée sur les registres ne peut
être rectifiée, il faut en prendre une nouvelle si la première
contient des irrégularités, ou est viciée par des omissions.
Troplong, n° 695 *bis*.

56. Celui qui a requis une inscription, ses représentans ou
cessionnaires par acte authentique, peuvent changer sur le registre des hypothèques le domicile par lui élu, à la charge d'en
choisir et indiquer un autre dans-le même arrondissement. C.
civ. 2152.

57. Cette déclaration est signée en marge de l'inscription,
et faute d'espace à la date courante du registre, en faisant toutefois mention des volumes et numéros. ·

Le déclarant est tenu de représenter le bordereau de l'inscription ; le changement de domicile y sera mentionné ; s'il agit
par procuration, il en remet l'expédition en forme au conservateur ; si c'est en qualité d'*héritier*, il laisse entre ses mains
l'acte de décès du créancier inscrit, et les titres authentiques
prouvant qu'il est seul et unique héritier ; s'il est *cessionnaire*,
il déposera l'expédition de l'acte notarié portant cession et subrogation à l'hypothèque du cédant. Instr. gén. 19 vent. an 11.
— V. *Formule* iv.

58. Les frais d'inscription sont à la charge du débiteur, s'il
n'y a stipulation contraire ; l'avance en est faite par l'inscrivant, si ce n'est, quant aux hypothèques légales, pour l'inscription desquelles le conservateur a son recours contre le débiteur.
Les frais de la transcription sont à la charge de l'acquéreur. C.
civ, 2155.

§ 3. — *Des Conservateurs des hypothèques.*

59. *Institution.* Il existe un bureau des hypothèques dans
chaque chef-lieu d'arrondissement. — Le préposé prend le nom
de *Conservateur des hypothèques.* — Il est nommé par le ministre
des finances, sur la présentation du directeur général de l'enregistrement. Ordonn. 5 janv. 1821 ; Instr. rég. n° 970.

Les fonctions de conservateur sont conférées aux employés
de l'administration de l'enregistrement. L. 21 vent. an 7.

40. Un receveur de l'enregistrement, conservateur des hypothèques, doit prêter, outre le serment politique prescrit par
la loi du 31 août 1830, le serment spécial imposé par l'art. 6.
L. 1er juin 1791 ; Cass. 14 déc. 1836 (Art. 660 J. Pr.).

41. Avant d'entrer en fonctions, il doit 1° faire enregistrer
sa commission au greffe du trib. de 1re inst. de l'arrondissement, et prêter serment devant ce trib. L. 21 vent. an 7, art. 4.

42. 2° Fournir deux cautionnemens : l'un en immeubles

(L. 21 vent. an 7, art. 5), l'autre en numéraire. L. 28 avr. 1816, art. 96.

Le cautionnement en numéraire est réglé par l'art. 86 L. 28 avr. 1816.

Le cautionnement en immeubles est de 20,000 fr., pour une population, dans l'arrondissement du bureau, de 50,000 âmes et au-dessous ; de 50,000 fr., pour 50,000 à 100,000 ; de 40,000 fr., pour 100,000 à 150,000 ; de 50,000 fr., pour 150,000 à 200,000 et au-dessus. A Paris il est de 100,000 fr. L. 21 vent. an 7, art. 11. — L'acte qui établit ce cautionnement, rédigé par acte notarié, est enregistré au droit fixe d'un franc. Il est reçu par le trib. civil de la situation des biens contradictoirement avec le procureur du roi. *Ib.* art. 5.

43. 3° Prendre lui-même inscription sur les biens qui font l'objet du cautionnement, et la renouveler pendant toute la durée de sa responsabilité. Av. Cons. d'ét. 22 janv. 1808.

44. Le conservateur n'a pas qualité : 1° pour faire des actes concernant les parens dont il est héritier présomptif, ou qui doivent lui succéder ; — 2° pour délivrer un certificat négatif d'inscription sur lui-même. Paris, 22 janv. 1811, S. 12, 14.

Il a été jugé néanmoins qu'il peut recevoir des inscriptions. Paris, 13 nov. 1811, S. 12, 16 ; — et délivrer des certificats sur lui-même. Paris, 31 août 1837 (Art. 1045 J. Pr.).

45. En cas d'absence ou d'empêchement du conservateur, il est suppléé par le vérificateur ou l'inspecteur de l'enregistrement dans le département, ou, à leur défaut, par le plus ancien surnuméraire du bureau. Le conservateur demeure garant de cette gestion, sauf son recours contre ceux qui l'ont remplacé. L. 21 vent. an 7, art. 12.

Les mêmes personnes, en cas de vacance d'un bureau, remplissent provisoirement les fonctions de conservateur, sous leur responsabilité : la régie pourvoit sur le champ à la place vacante. *Ib.* art. 7.

46. Nul préposé démissionnaire ne peut quitter ses fonctions avant l'installation de son successeur, à peine de répondre de tous dommages et intérêts auxquels la vacance momentanée du bureau peut donner lieu. *Ib.*

47. *Attributions.* Les conservateurs des hypothèques sont chargés, 1° de l'exécution des formalités prescrites pour la conservation des hypothèques et la consolidation des mutations de propriétés immobilières ; 2° de la perception des droits établis au profit du trésor pour chacune de ces formalités. L. 21 vent. an 7, art. 3.

48. Ils doivent 1° avoir tous leurs registres en papier timbré, cotés et paraphés à chaque page, par première et dernière, par

l'un des juges du trib. dans le ressort duquel le bureau est établi, et arrêter chaque jour ces registres. C. civ. 2204.

49. 2° Inscrire sur un registre particulier, jour par jour et par ordre numérique, les remises qui leur sont faites d'actes de mutation pour être transcrits, ou de bordereaux pour être inscrits.

Les registres du conservateur doivent être arrêtés jour par jour, comme ceux des receveurs de l'enregistrement. C. civ. 2201, 2202.¹

50. 3° Donner au requérant une reconnaissance sur papier timbré, qui rappelle le numéro du registre sur lequel la remise a été inscrite.

Ils ont le droit de forcer la personne qui soumet un acte de mutation ou une inscription à la formalité hypothécaire, de prendre le *récépissé* dont il vient d'être parlé. Déc. min. just. 14 vent. an 13.

Ce récépissé doit être rapporté par les parties lors du retrait des pièces. A défaut de sa représentation, le conservateur a droit d'exiger une décharge constatant le retrait des pièces ; cette décharge sera donnée sur le registre de dépôt, en marge de l'article qu'elle concernera. Inst. régie 17 juin 1855 (Art. 159 J. Pr.).

51. 4° Transcrire les actes de mutation, et inscrire les bordereaux sur les registres à ce destinés, à la date et dans l'ordre des remises qui leur en ont été faites. C. civ. 2200. — Sans aucun blanc ni interligne, à peine, contre le conservateur, de 1000 à 2000 fr. d'amende, et des dommages et intérêts des parties, payables par préférence à l'amende. *Ib.* 2203.

52. 5° Effectuer sans retard (les jours de *fêtes* exceptés,—V. ce mot, n° 5) la transcription des actes de mutation, l'inscription des droits hypothécaires, la délivrance des certificats requis, sous peine des dommages-intérêts des parties ; à l'effet de quoi, procès-verbaux des refus ou retardemens sont, à la diligence des requérans, dressés sur le champ, soit par un juge de paix, soit par un huissier audiencier du trib., soit par un autre huissier ou un notaire assisté de deux témoins. C. civ. 2199.

53. 6° Délivrer à tous ceux qui le requièrent copie des actes transcrits sur leurs registres, et des inscriptions existantes ou le certificat qu'il n'en existe aucune. C. civ. 2196.

Mais ils ne peuvent donner connaissance soit verbalement, soit par notes sur papier libre et non signées, des actes transcrits ou des inscriptions hypothécaires existant sur leurs registres. Délib. rég. 24 avr. 1827 ; Déc. min. fin. 5 juin 1827, 29 mai 1829.

Cette prescription est dans l'intérêt du fisc.

54. 7° S'abstenir de rédiger par eux ou par leurs commis les bordereaux d'inscription pour le compte des particuliers. Déc. min. fin. 11 août 1828 ; Inst. rég. 22 août, n° 1253.

55. 8° Se refuser à remplir les formalités hypothécaires, en vertu d'actes qui ne sont pas sur papier timbré, et qui n'ont pas été enregistrés en France, qu'ils aient été passés en France, dans les colonies ou en pays étranger. LL. 22 frim. an 7, art. 23, 42 ; 13 brum. an 7, art. 25.

56. 9° Constater les contraventions au timbre qu'ils reconnaissent dans les actes dont la production leur est faite. Décis. min. fin. 24 mai 1809.

57. *Salaires.* Les salaires des conservateurs des hypothèques doivent leur être payés par ceux qui requièrent les formalités, indépendamment des droits de timbre et d'hypothèque. L. 21 vent. an 7, art. 15. — V. toutefois *sup.* n° 38.

Ils sont réglés par un décret du 21 sept. 1840, de la manière suivante :

1° Pour l'enregistrement et la reconnaissance des dépôts d'actes de mutation pour être transcrits, ou de bordereaux pour être inscrits. . . . . 25 c.

2° Pour l'inscription de chaque droit d'hypothèque ou de privilége, quel que soit le nombre des créanciers, si la formalité est requise par le même bordereau. . . . . 1 fr.

3° Pour chaque inscription faite d'office par le conservateur, en vertu d'un acte translatif de propriété soumis à la transcription. . . . . 1 fr.

4° Pour chaque déclaration, soit de changement de domicile, soit de subrogation, soit de tous les deux par le même acte. . . . . 50 c.

5° Pour chaque radiation d'inscription. . . . . 1 fr.

6° Pour chaque extrait d'inscription ou certificat qu'il n'en existe aucune. 1 fr.

7° Pour la transcription de chaque acte de mutation, par rôle d'écriture du conservateur, contenant 25 lignes à la page et 18 syllabes à la ligne. . . . 1 fr.

8° Pour chaque certificat de non-transcription d'un acte de mutation. . 1 fr.

9° Pour des copies collationnées, des actes déposés ou transcrits dans les bureaux des hypothèques, par rôle d'écriture du conservateur, contenant 25 lignes à la page et 18 syllabes à la ligne. . . . . 1 f.

10° Pour chaque duplicata de quittance. . . . , ... 25 c.

11° Pour la transcription de chaque procès-verbal de saisie immobilière (C. pr. 677), par rôle d'écriture du conservateur, contenant 25 lignes à la page et 18 syllabes à la ligne. . . . . 1 fr.

12° Pour l'enregistrement de la dénonciation de la saisie-immobilière au saisi, et la mention qui en est faite en marge du registre (C. pr. 681). . . . . . 1 fr.

13° Pour l'enregistrement de chaque exploit de notification de placards aux créanciers inscrits (C. pr. 696), tenant lieu de l'inscription des exploits de notification des procès-verbaux d'affiches. . . . . 1 fr.

14° Pour l'acte du conservateur, constatant son refus de transcription en cas de précédente saisie (C. pr. 679). . . . . , . . . 1 fr.

15° Pour la radiation de la saisie-immobilière (C. pr. 696). . . . . . . 1 fr.

58. Il n'est dû aux conservateurs des hypothèques que le salaire d'un franc par chaque extrait d'inscription hypothécaire, compris au cahier des charges ; ils sont tenus de délivrer aux parties requérantes, sans qu'il puisse être rien exigé, tout certificat de clôture, attestant que les inscriptions délivrées sont les seules subsistantes sur les individus grevés ; le salaire d'un franc pour le certificat négatif ne leur est dû que dans le seul cas où il n'existerait aucune inscription hypothécaire sur l'individu qui en est l'objet. Av. Cons. d'Ét. 16 sept. 1811.

59. Quand les actes sont de nature à être transcrits au bureau des hypothèques, le droit d'enregistrement est augmenté d'un et demi pour cent; mais alors la transcription ne donne plus lieu à aucun droit proportionnel. L. 28 avr. 1816, art. 54.

60. Un conservateur n'est pas fondé à percevoir plusieurs salaires pour l'inscription d'un bordereau contenant plusieurs créances, s'il y a unité de créanciers ou de débiteur. Décis. min. fin. 4 juill. 1809, S. 9, 2, 597.

61. *Responsabilité.* Le conservateur des hypothèques est responsable du préjudice résultant : 1° de l'omission sur ses registres des transcriptions d'actes de mutation, et des inscriptions requises en ses bureaux; 2° du défaut de mention, dans ses certificats, d'une ou de plusieurs des inscriptions existantes, à moins, dans ce dernier cas, que l'erreur ne provienne de désignations insuffisantes qui ne pourraient lui être imputées. C. civ. 2197.

Doit-il transmettre la sommation de produire à l'ordre au créancier qui a élu domicile dans ses bureaux. — V. *Responsabilité.*

62. Jugé que le préjudice causé à un créancier hypothécaire par suite de la radiation d'une inscription dont le numéro a été, par erreur, substitué à un autre dans l'acte de main-levée, peut être mis à la charge commune du notaire qui a rédigé l'acte, du conservateur qui aurait dû la reconnaître à une simple lecture, et du créancier qui a négligé de vérifier l'acte. Cass. 19 av. 1856 (Art. 517 J. Pr.).

63. Le conservateur peut ne pas comprendre dans l'état qu'il délivre l'inscription de l'hypothèque légale survenue depuis la purge. — Peu importe que l'immeuble eût été revendu avant le paiement du prix par le premier acquéreur. Paris, 50 déc. 1856 (Art. 650 J. Pr.).

64. Les conservateurs sont en outre tenus de se conformer aux art. 2196 à 2202 C. civ., à peine d'une amende de 200 à 2,000 fr. pour la première contravention, et de destitution pour la seconde, sans préjudice des dommages-intérêts des parties, lesquels sont payés avant l'amende. C. civ. 2202.

65. Leur cautionnement demeure spécialement et exclusivement affecté à leur responsabilité pour les erreurs et omissions dont la loi les rend garans envers les citoyens. — Cette affectation subsiste pendant toute la durée de leurs fonctions, et dix ans après. Passé ce délai, les biens servant de cautionnement sont affranchis de plein droit de tout recours pour les actions qui n'ont point été intentées dans cet intervalle. L. 24 vent. an 7, art. 8.

66. Ils ont leur domicile dans le bureau où ils remplissent leurs fonctions, pour les actions relatives à leur responsabilité; toutes poursuites à cet égard peuvent y être dirigées contre eux, quand même ils seraient sortis de place, ou contre leurs ayant cause. *Ib.* art. 9.

67. Leur responsabilité cesse dix ans après l'expiration de leurs fonctions. Cass. 22 juill. 1816, S. 16, 297.

Mais l'action en garantie, à raison de la nullité d'une inscription provenant de leur fait, peut être exercée dans ce délai, encore qu'il se soit écoulé plus de dix ans depuis la date de l'inscription. Cass. 2 déc. 1816, S. 17, 317.

§ 4. — *Radiation des inscriptions.*

68. Cette radiation ne peut avoir lieu que du consentement des parties capables, ou en vertu d'un jugement en dernier ressort, ou passé en force de chose jugée. C. civ. 2157. — V. *Jugement* et *inf.* n° 79 et suiv.

69. *Radiation volontaire.* Elle a lieu en vertu d'un acte notarié.

Si la main-levée est consentie par un mandataire, il faut un mandat spécial, ou, au moins, que le mandat exprime formellement le pouvoir de donner toutes main-levées.

70. Une procuration sous seing privé est insuffisante : autrement, une inscription pourrait être rayée au préjudice et contre la volonté du créancier, en vertu d'une fausse procuration. Lyon, 29 déc. 1827, D. 28, 105; Cass. 21 juill. 1830, D. 30, 376.

71. Ceux qui requièrent la radiation déposent au bureau du conservateur l'expédition de l'acte authentique portant consentement. C. civ. 2158.

72. *Radiation forcée.* La demande en main-levée d'inscription est formée par exploit notifié à la personne du créancier. C. civ. 2156, — ou au dernier domicile élu sur les registres, nonobstant le décès, soit du créancier, soit de celui chez lequel l'élection de domicile a été faite. *Ib.*

73. La radiation de l'inscription d'office, prise dans l'intérêt du vendeur par le conservateur, lors de la transcription du contrat, doit être demandée contre le vendeur, et non contre le conservateur, alors même que l'acte de vente portait renonciation de la part du vendeur à son privilége. C. civ. 2108, 2160; Nîmes, 27 juin 1838 (Art. 1297 J. Pr.).

74. Cette demande est portée au trib. dans le ressort duquel l'inscription a été faite.

Toutefois, la demande en radiation d'une inscription prise pour sûreté d'une condamnation éventuelle ou indéterminée, sur l'exécution ou liquidation de laquelle le débiteur et le créancier prétendu sont en instance, ou doivent être jugés, dans un autre trib., doit être portée ou renvoyée à ce tribunal. C. civ. 2159. — V. *Exception*, n° 44.

La convention faite par le créancier et le débiteur de porter, en cas de contestation, la demande à un trib. qu'ils ont désigné, reçoit son exécution entre eux. C. civ. 2159.

75. La demande en radiation est une demande ordinaire et susceptible des deux degrés de juridiction. Paris, 23 mai 1817, S. 18, 20.

76. Est-elle dispensée du *préliminaire de conciliation?* — V. ce mot.

77. La radiation est prononcée, si l'inscription n'est fondée ni sur la loi, ni sur un titre régulier, ou si le titre est éteint, ou les droits de privilége ou d'hypothèque effacés par les voies légales. C. civ. 2160. — V. *Purge.*

78. Ceux qui requièrent la radiation déposent au bureau du conservateur l'expédition du jugement. C. civ. 2158 ; — ou bien un extrait signé du greffier, revêtu du sceau du tribunal, pourvu qu'il y soit exprimé que la radiation est pure et simple. Lettre du grand-juge, 15 mars 1809.

79. Il faut que le jugement soit en dernier ressort ou passé en force de chose jugée. C. civ. 2157, — et que l'on justifie de l'accomplissement de certaines formalités d'après les distinctions suivantes :

80. *Jugement par défaut contre partie.* La signification préalable du jugement à la partie est nécessaire. Arg. C. pr. 147.

81. Si la signification n'a pas lieu à personne, doit-elle être faite au domicile réel de la partie ; suffit-il qu'elle soit donnée au domicile élu dans l'inscription ?

En faveur de ce dernier système on dit : — Le jugement peut, aussi bien que l'assignation, être signifié au domicile élu (—V. *sup.* n° 19) ; le jugement ne termine l'instance qu'autant qu'il est signifié. — L'art. 147 C. pr. laisse entière la question de savoir si un jugement peut, ou non, être signifié à un domicile élu. Enfin, une élection volontaire de domicile, d'après l'art. 111, C. civ., donne le droit d'y faire toutes significations ; le domicile élu est alors assimilé au domicile réel. Troplong, n° 759. — Ainsi, a été jugé suffisante la signification *au domicile élu*, d'un jugement qui ordonnait une radiation. Paris, 17 juill. 1813, P. 11, 565. — Spécialement, lorsque le domicile réel de la partie n'a pu être découvert ; que son décès a été annoncé au domicile élu, et que ces circonstances sont constatées par un procès-verbal de perquisition. Paris, 26 août 1808, P. 7, 117.

Mais on répond avec raison : — L'instance est terminée par le jugement avant la signification ; l'art. 2157 C. civ. n'est plus applicable ou rentre dans les termes du droit commun, sous l'empire de l'art. 147; — or, on a toujours entendu qu'une signification prescrite à domicile ne pouvait être remise à domicile élu. Ainsi, on a annulé la signification au domicile élu, 1° de l'ajournement (—V. *Exploit*, n° 167); — 2° de l'acte d'*Appel*. — V. ce mot, n° 178.

L'art. 111 C. civ. n'autorise les significations au domicile élu que pour ce qui concerne l'exécution de l'acte. Mais, après le jugement de main-levée, il ne s'agit plus de l'exécution de l'inscription hypothécaire. Circ. min. fin. 21 juin, 5 juill. 1808; Cass. 29 août 1815, P. 13, 57; Paris, 8 août 1831; D. 31, 55; Pau, 21 janv. 1834, S. 34, 554; Merlin, *Rép.*, *Domicile élu*, p. 201; Grenier, *Hypoth.* 2, 449; Persil, *Rég. hypoth.*, art. 2157, n° 9. — V. d'ailleurs *Jugement*.

82. Il faut produire, même après les délais de l'opposition ou de l'appel, un certificat de l'avoué, contenant la date de la signification du jugement (—V. *sup.* n° 81); —et une attestation du greffier constatant qu'il n'existe contre le jugement ni opposition, ni appel. C. pr. 548.

83. Le conservateur peut-il refuser la radiation, sur la représentation de certificats délivrés avant l'expiration des délais d'opposition ou d'appel? — V. *Jugement par défaut*.

84. Comment un jugement par défaut contre partie pourra-t-il être réputé avoir acquis l'autorité de la chose jugée? — Quelle exécution lui donner pour rendre l'opposition non recevable?

S'il y a eu condamnation aux dépens, les poursuites afin d'en obtenir le paiement sont un des modes d'exécution du jugement. Arg. Pau 21 janv. 1834, S. 34, 553. — On a soin quelquefois de ne pas conclure aux dépens pour n'être pas obligé de justifier de l'exécution de ce jugement sous ce rapport.

À défaut de condamnation aux dépens, le jugement n'est à vrai dire exécuté que par la radiation qu'il prononce; mais, dans l'espèce, la signification est réputée suffisante. — V. *Jugement par défaut*.

Ainsi, un conservateur des hypothèques a été déclaré tenu d'opérer la radiation ordonnée par jugement par défaut contre partie sur un certificat de non opposition ni appel. Paris, 26 août 1808, P. 7, 117. — Le domicile réel du créancier était d'ailleurs inconnu. Il avait été déclaré décédé (au domicile élu). Ces circonstances avaient été constatées par un procès-verbal de perquisition.

85. Le conservateur des hypothèques a qualité pour opposer la péremption d'un jugement par défaut ordonnant la radiation d'une inscription hypothécaire, s'il n'est pas justifié que le jugement ait été exécuté dans les six mois. Pau, 21 janv. 1854, S. 54, 555.

86. Mais ce jugement est réputé exécuté par la signification, *Même arrêt.* — Le demandeur avait en outre sommé le créancier de se trouver à jour et heure déterminés au bureau du conservateur pour voir opérer la radiation. — Cette sommation n'étant pas prescrite par la loi nous paraît surabondante.

87. *Jugement par défaut contre avoué.* Il faut signifier le jugement tant à avoué qu'à partie (— V, *sup.* n° 84), et produire les certificats dont il est parlé *sup.* n° 82.

88. *Jugement contradictoire en premier ressort.* Il faut produire, même après les délais de l'appel, un certificat de l'avoué contenant la date de la signification du jugement (— V. *sup.* n° 81), et une attestation du greffier constatant qu'il n'existe contre le jugement aucun appel.

89. *Jugement contradictoire en dernier ressort.* Il faut, mais il suffit que l'on justifie de la signification de ce jugement. Arg. C. pr. 147.

90. *Arrêts par défaut contre partie.* Il faut justifier de la signification et de l'exécution de l'arrêt, et produire un certificat de non opposition. — V. *sup.* n° 82.

91. *Arrêt par défaut contre avoué.* La radiation peut être opérée huit jours après la signification à avoué, sur la remise tant de l'expédition de l'arrêt signifié à avoué et au domicile réel de la partie, que du certificat du greffier constatant qu'il n'y a pas eu d'opposition.

92. *Arrêt contradictoire.* Il faut, mais il suffit qu'on justifie de la signification. Arg. C. pr. 147. — V. *sup.* n° 89.

93. Un jugement exécutoire par provision ne suffit pas pour opérer la radiation. Le créancier qui, plus tard, ferait réformer le jugement, serait réduit à prendre une nouvelle inscription, il aurait perdu son rang hypothécaire. — Un tel jugement ne peut être considéré comme rendu en dernier ressort, ou passé en force de chose jugée. —V. *sup.* n° 41. — Cependant, le ministre de la justice a décidé le contraire le 25 fruct. an 12, par le motif que le conservateur des hypothèques ne doit pas s'immiscer dans ce qui tient à l'autorité judiciaire; que son devoir consiste uniquement à exécuter ce qui lui est prescrit, et que sa responsabilité est garantie par la décision du trib. dont il garde expédition. Dans ce système, le créancier ne pourrait empêcher la radiation qu'en obtenant des défenses sur l'appel, et en les faisant signifier au conservateur. — V. *Appel,* n° 259 et suiv.

94. En matière d'*ordre*, suffit-il de justifier de l'ordonn. de radiation du juge commissaire, sans produire un certificat de non appel? — V. ce mot.

95. Les inscriptions sur les immeubles affectés au caution-

nement du conservateur ne peuvent être rayées que dix ans
après la cessation de leurs fonctions, et en vertu d'un jugement
contradictoirement rendu avec le procureur du roi. Inst. Rég.
15 avr. 1825, n° 1159. — V. *sup.* n° 67.

96. Mais les hypothèques légales de l'état sur les biens des
comptables peuvent être rayées sans jugement, faute par le
trésor de fournir et déposer au greffe, dans les trois mois de la
notification, un certificat constatant la situation de ces comptables. Décr. 5 sept. 1807, art. 9.

§ 5. — *États d'inscriptions.*

97. Le certificat, ou *état d'inscription,* est la copie littérale
des inscriptions dont la délivrance est requise.

Toute personne peut requérir état des inscriptions prises
contre un individu,—V. *sup.* n° 53, pour connaître sa position,
spécialement dans le but d'un prêt, d'une vente, d'un mariage.

98. Toute demande d'états d'inscriptions doit être faite par
écrit en la précisant.

99. Si l'immeuble de la personne indiquée est franc d'hypothèques, le conservateur délivre un certificat négatif d'inscriptions.

100. Si le certificat d'inscription est demandé sur un individu, *sans désignation de biens,* on délivre l'état des inscriptions
qui peuvent grever tous les biens situés dans l'arrondissement
du bureau, appartenant à la personne désignée. Déc. min. fin.
17 vent. an 13.

101. Si, au contraire, *la personne et le bien* ont été précisés,
le certificat ne doit indiquer que les inscriptions grevant le bien
désigné. — Même instruction.

102. Les conservateurs peuvent même délivrer des états
d'inscriptions *partiels,* sur la demande des parties, à partir
d'une date déterminée jusqu'à une autre époque, ou jusqu'à la
délivrance de l'état. Déc. min. fin. 8 mai 1822.

Dans tous les cas, en tête de l'état, on exprime la demande
qui a été faite. Trouillet, v° *État,* n° 4.

103. L'adjudication sur folle-enchère résout de plein droit
les hypothèques inscrites, du chef du fol-enchérisseur. — Elles
ne peuvent être comprises dans l'état délivré après la transcription de l'adjudication sur folle-enchère. Paris, 29 mars 1822;
Trouillet, *État,* n° 6.

104. Les *états sur transcription* peuvent être exigés avant l'expiration de la 15e de la date de cette transcription, sauf à se
faire délivrer particulièrement un état ou certificat de 15e.
Déc. min. fin. 24 sept., 11 oct. 1808; Trouillet, *ib.,* n° 10.

Le conservateur des hypothèques, à qui l'on demande l'état
des inscriptions grevant les immeubles d'une personne, n'est

26.

pas tenu par cela seul de délivrer en même temps un extrait du registre des transcriptions constatant que cette personne n'est plus propriétaire. Cass. 18 mars 1855 (Art. 210 J. Pr.).

105. Les inscriptions périmées ne doivent pas être comprises dans les états, à moins que les parties averties de la caducité de ces inscriptions, n'en n'aient expressément requis la délivrance. Déc. min. 7 sept. 1815, inst. 49. — V. *Hypothèque.*

106. Toutefois, si l'état est requis après transcription d'une vente sur expropriation, le conservateur délivrera les inscriptions, même ayant atteint dix ans de date, depuis la transcription, lorsque ce délai n'est pas expiré au moment de cette transcription. La question de savoir si le renouvellement des inscriptions est nécessaire, après expropriation étant controversée, le conservateur ne doit pas la préjuger. Trouillet, *ib.*, n° 12.

§ 6. — *Droits d'hypothèque et de timbre des inscriptions.*

107. *Droits d'hypothèque.* Le droit d'inscription est de 1 pour mille du capital des créances hypothécaires. — Il est passible du décime par franc. L. 6 prair. an 7, art. 1. — La perception suit les sommes de 20 fr. en 20 fr., inclusivement et sans fractions. L. 18 avr. 1816, art. 60.

108. Le droit n'est point dû sur les arrérages à échoir, — mais seulement sur les arrérages échus liquidés par le bordereau : ils sont considérés comme un accroissement de créance.

Lorsque le bordereau d'inscription prise plus de deux ans après la date du titre fait mention de deux années d'intérêts, sans indiquer si elles sont échues ou à échoir, elles sont considérées comme échues pour la perception du droit. Déc. min. fin. 10 sept. 1823 ; Inst. Rég. 8 sep. 1824, n° 1146.

109. Il est dû un nouveau droit proportionnel : 1° sur les inscriptions de renouvellement, prises même dans le délai de dix ans. Déc. min. fin. 29 juill. 1806 ; Inst. Rég., n° 516. — Mais il en est autrement s'il s'agit seulement de réparer des erreurs ou omissions dans des inscriptions précédentes dont la durée n'est pas expirée. Déc. min. fin. 15 mai 1816 ; Solut. Rég. 4 juin 1812, 24 fév. 1819.

2° Sur les inscriptions supplétives qui, relatives aux mêmes créances, frappent néanmoins sur d'autres immeubles que ceux désignés dans les premières inscriptions, quoique non périmées, et même lorsqu'il s'agit d'une inscription formée sur les immeubles d'une caution solidaire. Déc. min. fin. 29 juill. 1806, 28 déc. 1813.

110. Il n'est payé qu'un seul droit d'inscription pour chaque créance, quel que soit d'ailleurs le nombre de créanciers requérans et celui des débiteurs grevés. L. 21 vent. an 7.

Mais il faut une inscription particulière pour chaque créan-

cier ou pour chaque débiteur, dès qu'il n'existe point d'unité de
créance, ni d'obligation solidaire. Lettre min. fin. 16 floréal an 7.

111. S'il y a lieu à inscription d'une même créance dans
plusieurs bureaux, le droit est acquitté en totalité dans le
premier bureau; il n'est payé, pour chacune des autres inscriptions, que le simple salaire du préposé, sur la représentation
de la quittance constatant le paiement entier du droit, lors de
la première inscription.

Le préposé a droit à 25 cent. pour chaque *duplicata* de la
quittance, outre le papier timbré. L. 21 vent. an 7; Inst. génér.,
n⁰ 494.—V. *sup.* n⁰ 57-101.

112. Sont soumises au droit fixe de 1 fr. les inscriptions
prises : 1° par les hospices de Paris, pour transporter sur les
biens ruraux qui leur appartiennent celles qui grèvent des maisons qu'ils possèdent dans cette ville. Décr. 27 fév. 1811 ; —
2° par les entrepreneurs de desséchement de marais et autres
travaux publics, pour la conservation des indemnités dues par
les propriétaires riverains. Déc. min. fin. 19 déc. 1809 ; Inst.
Rég. 12 fév. 1810, n⁰ 464.

115. Peuvent être faites sans avance des droits : 1° les inscriptions des créances appartenant à l'Etat. L. 21 vent. an 7,
art. 23 ; — 2° celles appelées *indéfinies*, et qui ont pour objet
la conservation d'un simple droit d'hypothèque éventuel, sans
créance existante. L. 6 mess. an 7, art. 1 ; — 3° celles également indéfinies sur les comptables publics qui fournissent un
cautionnement en immeubles. *Ib.* art. 4 ;—4° celles de toutes
les autres hypothèques légales ;—5° celles prises par les procureurs du roi sur le cautionnement fourni par les envoyés en
possession des biens d'un absent pour sûreté de leur gestion en
cas de retour de l'absent. Solut. Rég. 31 janv. 1823.

Si le droit éventuel qui a donné lieu à l'inscription indéfi-
nie se convertit en créance réelle, le droit proportionnel est dû
sur le capital de la créance. L. 6 mess. an 7, art. 2.

114. Toutes les fois que l'inscription a lieu sans avance du
droit et des salaires, le préposé est tenu : 1° d'énoncer, tant sur
les registres que sur le bordereau à remettre au requérant, que
les droits et salaires sont dus ; — 2° d'en poursuivre le recouvrement sur les débiteurs, dans les vingt jours après la date de
l'inscription. — Ces poursuites s'exercent suivant les formes
établies pour le recouvrement des droits d'*enregistrement*. L.
21 vent. an 7, art. 24. — V. ce mot.

115. Sont dispensées de tout droit d'hypothèque : 1° les
inscriptions faites d'office par les conservateurs lors de la transcription des contrats de vente. Inst. Rég. 6 déc. 1808,
n⁰ 374; Déc. min. fin. 31 juill. 1808 ; — 2° celles prises en
vertu de l'art. 500 C. comm.; sur les biens du failli. Inst. Rég.
6 déc. 1808, n⁰ 409.

116. Le droit sur la transcription des actes emportant mutation de propriété immobilière avait été fixé à 1 et demi pour cent du prix intégral. L. 21 vent. an 7, art. 25.

Dans le cas où le même acte donnait lieu à transcription dans plusieurs bureaux, le droit était acquitté suivant l'art. 22. L. 21 vent. an 7.—V. sup. n° 111.

Mais ce droit, depuis l'art. 54, L. 28 avr. 1816, est perçu avec celui d'enregistrement.

Le droit de transcription n'est plus qu'un droit fixe de 1 fr., outre le salaire du conservateur, lorsque le droit de transcription a été perçu à l'enregistrement.

117. Le double droit encouru pour défaut d'enregistrement dans les trois mois de leur date des actes sous seings privés, translatifs de propriété, porte non seulement sur l'enregistrement, mais encore sur la transcription. L. 29 frim. an 7, art. 22 et 58; 28 avr. 1816, art. 52.

118. Hors les cas d'exception prononcés par les lois des 21 vent. et 11 brum. an 7, les droits et salaires dus pour les formalités hypothécaires, sont payés d'avance par les requérans.

Les préposés en expédient quittance au pied des actes et certificats par eux remis et délivrés; chaque somme y est mentionnée séparément et en toutes lettres.

119. Les états, extraits, ou certificats fournis par le conservateur, sont considérés comme des quittances de droits et de salaire, et en conséquence dispensés de l'enregistrement. Décis. minist. 21 mai 1809; S. 10, 2, 531.

120. *Timbre.* Il est dû en outre : 1° le droit de timbre de la partie du registre employée pour l'enregistrement de l'inscription; — 2° 6 cent. pour droit de timbre de la partie du registre employée pour l'enregistrement du dépôt des pièces; 3° le salaire du conservateur. —V. sup. n° 57.

§ 7. — *Formules.*

FORMULE I.

Inscription d'hypothèque conventionnelle.

Bordereau de créance à inscrire au bureau des hypothèques de
Au profit de M. (*nom, prénoms, profession, domicile.*)
Pour lequel domicile est élu à (*lieu de l'arrondissement du bureau*).
Contre M. (*nom, prénoms, profession, domicile*).
Pour sûreté, 1° de la somme de exigible le.......... ci....
2° Et de deux années d'intérêts à échoir et de l'année courante. ci. *Mémoire.*
Résultant d'un contrat passé devant Mᵉ , notaire à ,
Sur une maison située à , appartenant au sieur
Pour réquisition , (*Signature du requérant.*)
Dans le cas où la femme du débiteur a consenti subrogation dans l'effet de son hypothèque, on met :
Et en outre, le conservateur des hypothèques est requis de faire mention sur ses registres de la subrogation consentie, suivant l'obligation sus-énoncée, par la dame au profit du sieur , jusqu'à concurrence du montant en principal et intérêts, de la créance, et par priorité et préférence à elle, et à tous autres créanciers, dans l'effet entier de son hypothèque légale contre son mari, ésultant soit de son contrat de mariage, soit de tous autres titres.

Nota. *Le bordereau de renouvellement d'inscription se fait dans la même forme; seulement on met en tête :* Bordereau de renouvellement d'une inscription prise au bureau des hypothèques de   le   vol.   nº   au profit de, etc.

FORMULE II.

Inscription en vertu d'un jugement de condamnation.

Bordereau de créance à inscrire, etc.

Au profit de M.   , pour lequel domicile est élu   ; contre M.

Pour sûreté, 1º de la somme de   montant en principal des condamnations prononcées au profit de M.   , contre ledit sieur   par le jugement ci-après daté, *exigible le*. . . . . ci. . .

2º Des intérêts de cette somme, à raison de 5 p. 100 par an (*ou bien* à raison de 6 p. 100 par an, attendu la nature commerciale de ladite créance), à compter du   , jour de la demande. ci. . . *Mémoire.*

3º De la somme de   montant des frais liquidés par le jugement. . . . . ci. . .

4º Des frais et mise à exécution, évalués à. . . . . ci. . .

Le tout résultant d'un jugement rendu contradictoirement (ou par défaut) par le tribunal de   séant à   , le   , enregistré, (—V. toutefois *sup.* nº 16.)

Sur tous les biens présens et à venir du sieur   , et situés dans l'étendue du bureau des hypothèques de l'arrondissement de

Pour réquisition,   (*Signature.*)

FORMULE III.

Inscription d'hypothèque légale.

Bordereau de créance à inscrire, etc.   , au profit de dame   , épouse de M.   , pour laquelle domicile est élu, etc.   ; contre ledit sieur   , son mari, en vertu du contrat de mariage desdits sieur et dame   , passé devant Me   et son collègue, notaires à   , établissant

Pour sûreté, 1º   , etc. . . . . ci. . .

Total des créances déterminées et des créances éventuelles. ci. . .

Sur tous les biens présens et à venir de M.   , situés dans l'étendue du bureau des hypothèques de   ; pour réquisition.   (*Signature.*)

Nota. *Si l'hypothèque est limitée à tel immeuble, on met :* Sur (*désignation*) *Si l'inscription est prise au profit d'un mineur ou d'un interdit, on met :* Au profit de M.   mineur (*ou* interdit), sous la tutelle (*légale, ou énoncer le procès-verbal de nomination de tuteur, si la tutelle est dative*) de   , et pour lequel domicile est élu à   ; contre E.   , tuteur dudit sieur   ; pour sûreté de la gestion et administration que le sieur   a des biens de   ; ensemble du paiement des sommes et créances dont, par suite de cette gestion, il se trouvera reliquataire ou débiteur envers ledit sieur   ; le tout actuellement indéterminé.

FORMULE IV.

Bordereau de renouvellement au profit d'un cessionnaire.

Bordereau de renouvellement d'une inscription prise au bureau des hypothèques de   le   vol.   nº

Au profit de M.   (*nom, etc. de l'ancien créancier*).

Et, encore, au profit de M.   (*nom, etc. du cessionnaire*), cessionnaire de la créance ci-après énoncée.

Pour sûreté, 1º   etc.

Résultant, 1º d'une obligation (*copier l'inscription primitive*).

Et 2º d'un acte de transport passé devant Me   , etc. (*énoncer*).

Sur une maison, ou autres biens (*copier la désignation de l'inscription primitive*).   Pour réquisition   (*Signature.*)

FORMULE V.

Inscription sur les immeubles affectés au cautionnement du conservateur des hypothèques.

A la diligence du sieur   , conservateur des hypothèques dans l'arrondissement du tribunal de   , département de   , et au profit de toutes personnes qui, pour cause d'erreurs ou omissions, dont la loi rend ledit conservateur responsable, auront à exercer une action en garantie sur les biens affectés à son cautionnement, et ci-après désignés, savoir : etc.

INSCRIPTION D'OFFICE. — V. *Inscription hypothécaire.*

INSCRIPTION dans une FACULTÉ DE DROIT. — V. ce mot.

INSERTION.

1. Il y a lieu à insertion aux journaux judiciaires dans plusieurs cas. — V. *Cession de biens*, n° 32 ; *Faillite*, n°s 47, 148 ; *Possession (envoi en)*; *Purge, Saisies, Séparation de biens, Société, Vente.*

2. On justifie de l'insertion par la feuille du journal contenant l'extrait, avec la signature de l'imprimeur, légalisée par le maire (C. pr. 683, 868, 962) ; — ou par l'adjoint en remplacement du maire. La délégation ou l'empêchement du maire se présume du moment que l'adjoint agit pour lui. Bastia, 16 nov. 1822, S. 23, 41.

3. Il existe un tableau dans l'auditoire des tribunaux pour certaines insertions. — V. *Cession de biens*, n° 30 ; *Interdiction*, n° 59 ; *Mariage (dépôt des extraits des contrats de)*; *Purge, Saisie, Séparation de biens, Vente.* — V. d'ailleurs *Chambre des Avoués*, n° 11 ; *Notaire.*

4. *Timbre et Enregistrement.* Les extraits des demandes en séparation de biens, des jugemens de séparation, soit de corps, soit de biens, des jugemens d'interdiction ou de nomination de conseils peuvent être écrits sur papier au timbre de 35 cent. — Ils doivent être enregistrés avant leur remise.

Ceux de contrats de mariage de commerçans doivent être sur papier de 1 fr. 25 cent.

5. La remise et la publication de ces divers extraits est suffisamment constatée par un certificat du greffier ou du secrétaire de la chambre des notaires et des avoués, sur papier au timbre de 35 cent. Ce certificat est soumis à l'enregistrement. Déc. min. fin. 19 oct. 1828, et 12 juin 1829 ; Circ. min. just. 2 mars 1829 ; Rég. 18 déc. 1828, 26 sept. 1829.

6. Les insertions au tableau de l'auditoire des tribunaux sont constatées par un acte de dépôt qui est assujetti au droit d'enregistrement de 3 fr., et au droit de greffe de rédaction de 1 fr. 25 cent. Déc. min. fin. et garde des sceaux.

L'acte constatant l'insertion au tableau des séances de la mairie est exempt d'enregistrement. L. 15 mai 1818, art. 78, 80.

7. L'exemplaire du numéro du journal judiciaire, dans lequel est insérée l'annonce légale, est soumis à la formalité de l'enregistrement, lorsque l'on veut annexer cet extrait à un autre acte. — Mais il n'y a pas de délai pour remplir cette formalité; il suffit que l'enregistrement précède la date de l'acte auquel est annexé l'exemplaire du journal.

8. Le certificat de l'imprimeur apposé au bas de la feuille du journal est sujet au droit fixe de 1 fr. L. 22 frim. an 7, art. 68, § 1-5°.

INSINUATION. — V. *Transcription.*

INSTALLATION. Entrée en fonction d'un officier public.—
V. *Juge, Serment.*

INSTANCE. Se dit d'une demande formée judiciairement
(*Stare in judicio, ester en jugement*). *Première instance,* est la
poursuite d'une action devant le premier juge.—V. *Ressort,
Tribunal de première instance, Reprise d'instance.*

INSTRUCTION par écrit (1).—Instruction faite à l'aide de
requêtes et de productions de pièces, et suivie d'un rapport.

DIVISION.

§ 1. — *Cas dans lesquels il y a lieu à instruction par écrit;
comment elle est ordonnée.*
§ 2. — *Signification des moyens et communication des pièces.*
§ 3. — *Restitution des pièces communiquées.*
§ 4. — *Rapport, jugement, retrait des pièces.*
§ 5, — *Formules.*

§ 1. — *Cas dans lesquels il y a lieu à instruction par écrit; comment
elle est ordonnée.*

1. L'instruction par écrit, qu'il ne faut pas confondre avec
le *délibéré* (—V. ce mot), était connue dans l'ancien droit, où
elle était fort en usage, sous le nom d'*appointement*. Dans la
pratique, on distinguait l'appointement *à mettre* de l'appointement *en droit*. Ces deux espèces d'appointemens formaient, suivant M. Boncenne, (2, 520), comme deux degrés d'instruction par écrit. Dans l'un, les délais, les écritures et les épices
étaient moindres. Il n'y avait pas d'autre différence (2).

Le Code n'a admis qu'un seul mode d'instruction par écrit,
et a supprimé la vieille dénomination d'appointement.

2. Il y a lieu à instruction par écrit lorsqu'une affaire est
trop compliquée pour être jugée sur plaidoirie ou délibéré.
C. pr. 95.—La prohibition d'instruire par écrit dans les affaires
sommaires, faite par l'ordonn. de 1667, tit. 17, art. 10, a été
implicitement maintenue par le Code. En effet, la marche
tracée pour les affaires sommaires par l'art. 405 C. pr. est incompatible avec une instruction par écrit. Carré, n° 448 ; Pigeau, 1, 584 ; Boncenne, 2, 526 ; Berriat, 271, 6e édit. ;
Demiau, 89 ; Favard, v° *Instruction par écrit. — Contrà,* Arg.
Cass. 5 juin 1839.

---

(1) Cet article est de M. Billequin, avocat à la Cour royale de Paris.

(2) Il existait plusieurs autres espèces d'*appointemens,* l'appointement à *fournir débats,* l'appointement de *conclusion,* l'appointement *sommaire,* etc. Mais
ces distinctions n'ont plus aujourd'hui qu'un intérêt historique. Il suffit de savoir
que, dans l'ancienne procédure, certains appointemens ne pouvaient être ordonnés qu'en 1re inst. ou sur des questions qui n'avaient pas subi le 1er degré de juridiction, et qu'il y en avait d'autres qui ne pouvaient être ordonnés qu'en appel.
— V. Bayard et Camus, , v° *Appointemens,* 212, n° 2 ; Jousse, Ord. civ. 1, 245.

3. Du reste, ce mode d'instruction peut être prescrit, soit sur la demande de l'une des parties, soit d'office par les juges qui sont libres de l'admettre ou de le rejeter, selon qu'ils se trouvent ou non assez éclairés.— V. *Interrogatoire*, n° 71.

4. Il faut qu'il soit ordonné par un jugement rendu à la pluralité des voix (C. pr. 95), et prononcé à l'audience (*Ib.*), à peine de nullité. Carré, n° 447; Delaporte, 1, 110. Ordonn. 1667, tit. 11, art. 9.

5. Ce jugement est motivé (C. pr. 141, Demiau, 89), et désigne le juge au rapport duquel la sentence sera rendue. C. pr. 95.

6. Il doit être levé et signifié pour faire courir les délais (C. pr. 96, 147), à la différence du jugement qui ordonne un *délibéré*.—V. ce mot, n° 15.

7. La signification est faite par la partie la plus diligente; dans l'usage, c'est le demandeur qui prend l'initiative. Carré, n° 450; Demiau, 90 et 92; Delaporte, 1, 111.

8. Pigeau, 1, 384, n° 2, est d'avis que l'instruction par écrit ne peut être ordonnée que *contradictoirement*; mais, quoiqu'il n'y ait peut être pas un seul exemple, depuis le Code, d'une semblable procédure ordonnée *par défaut*, nous ne voyons rien dans la loi qui puisse enchaîner, à cet égard, la conscience du juge.—V. *Délibéré*, n° 10. — Ce qui est bien certain, c'est que, dans l'ancienne jurisprudence, malgré la déclaration du 12 août 1669, il était rare que les appointemens à mettre fussent prononcés *contradictoirement*.

9. Au surplus, il est un cas où il est impossible de nier que l'instruction par écrit ne puisse être ordonnée par défaut, c'est celui prévu par l'art. 155 C. pr. — Dans cette hypothèse, il est évident qu'après le défaut profit-joint le trib. peut, malgré l'absence de la partie qui n'a pas constitué avoué, ordonner une instruction par écrit nécessaire à la manifestation de la vérité. Autrement, la non comparution d'une partie serait une entrave pour la justice; ce qui ne doit pas être.

10. Si cette opinion est admise (et nous la croyons incontestable), il va de soi que, lorsqu'une instruction par écrit a été ordonnée par un jugement rendu en l'absence de l'une des parties, et après un premier jugement par défaut, profit-joint, la signification doit être faite au défaillant. En effet, rien n'empêche ce dernier de figurer dans cette nouvelle procédure, et conséquemment il faut qu'on l'informe de ce qui se passe, afin qu'il soit en demeure de produire et de se défendre. Carré, n° 452.

11. Dans ce cas, la signification doit nécessairement être faite à personne ou domicile; — autrement, elle est notifiée seulement à l'avoué de l'adversaire. Carré, n° 451.

§ 2. — *Signification des moyens, production et communication des pièces.*

12. Dans la quinzaine de la signification du jugement, le demandeur doit faire signifier à avoué la requête contenant ses moyens, avec un état des pièces dont il entend se prévaloir, le tout par un même acte (C. pr. 96). — « Cette requête, dit M. Boncenne, 2, 528, exige beaucoup de soin et de talent ; les juges doivent y trouver les éclaircissemens qu'ils ont désespéré d'obtenir en laissant plaider. »

15. L'original de cette *requête* peut être grossoyé. — V. ce mot.

14. L'émolument en est fixé à raison du nombre de rôles qu'elle contient et qui doit être énoncé au bas de l'original et de la copie, à peine de rejet de la taxe. Tar., 73, 74 ; C. pr. 104. — Le tarif n'a pas dit quel serait l'émolument de la copie ; mais il doit être fixé au quart de l'original suivant l'usage. Arg. Tar., 75 *in fine ;* Chauveau, *Tarif,* 1, 178, n° 24.

15. Le demandeur est, en outre, tenu, dans les vingt-quatre heures de la signification de sa requête, de déposer ses pièces au greffe, et de faire signifier un acte d'avoué à avoué, contenant déclaration de la production faite, et indiquant le nombre de rôles de la requête. C. pr. 96, 104 ; Tar. 70, 91.

16. Il est d'usage de coter les pièces produites, et de leur donner un numéro d'ordre. Jousse, art. 53, tit. 11, Ordonn. 1667 ; Carré, 1, 244, n° 454.

17. S'il y a des défaillans, la requête et l'acte de produit doivent leur être notifiés à personne ou domicile : ils peuvent constituer avoué et contredire tant que les délais ne sont pas expirés ; telle est du moins l'opinion de M. Carré, n° 452. — D'après le même auteur, les deux significations leur sont faites par actes séparés, comme aux parties présentes dans l'instance ; car l'art. 96 exige qu'il y ait un intervalle de vingt-quatre heures entre la première et la seconde. — *Contrà,* Demiau, 91.

18. M. Demiau pense que, si le défaillant constitue avoué dans le cours de l'instruction, il est nécessaire de prendre un jugement de *pure forme,* qui déclare que l'instruction sera continuée avec lui. Mais cette opinion ne s'appuie sur aucun texte ; le jugement qui ordonne l'instruction par écrit devant être signifié au défaillant (— V. *sup.* n° 10), il se trouve suffisamment averti de produire et de déclarer qu'il a constitué avoué ; le défendeur peut procéder contre lui sans que le trib. l'ordonne. Carré, n° 453.

19. Le défendeur a, pour prendre communication des pièces invoquées contre lui, un délai de quinzaine, à partir de la production faite par le demandeur, ou plutôt à partir de la signification de l'acte de produit. C. pr. 97.

Toutefois, le juge peut, selon l'importance de l'affaire et le nombre des pièces, proroger les délais accordés à l'avoué du défendeur. Bordeaux, 15 juin 1833, D. 54, 48.

20. Si le demandeur a omis quelques moyens dans la requête, il peut en signifier une seconde additionnelle ; mais les frais qu'elle occasionne doivent être rejetés de la taxe. Arg. C. pr. 105 ; Carré, n° 455.

21. Le défendeur doit : 1° dans le même délai, faire signifier sa requête en réponse, avec état au bas des pièces à l'appui. C. pr. 97 ;

2° Dans les vingt-quatre heures de cette signification, rétablir la production par lui prise en communication, faire la sienne et en signifier l'acte. C. pr. 97, § 1.

22. Le tarif alloue à l'avoué du défendeur une vacation pour prendre communication des pièces produites et les rétablir (Art. 91) ; mais il ne dit pas si cet avoué a droit à une vacation pour faire sa production, et l'avoué du demandeur à une vacation semblable, pour prendre communication. C'est une lacune ; dans l'usage, cette double vacation est toujours accordée. Chauveau, *Tarif*, 1, 181, n° 56.

23. Lorsqu'il y a plusieurs défendeurs ayant le même intérêt, quoique représentés par des avoués différens, il ne doit y avoir qu'une seule communication et qu'un seul délai pour tous. Arg. C. pr. 97. — La communication, dans ce cas, doit être donnée à l'avoué le plus ancien. Arg. C. pr. 529 et 556 ; Carré, n° 457 ; Pigeau, 1, 403 ; Boncenne, 2, 329, note 1.

24. Si les défendeurs ont tout à la fois et des intérêts et des avoués différens, chacun d'eux, à commencer par le plus diligent, jouit d'un délai de quinzaine pour prendre communication, fournir sa réponse et produire. C. pr. 97 ; Pigeau, 1, 404 ; Berriat, 274.

25. Dans ce cas, ce n'est pas seulement de la production du demandeur que chacun des défendeurs peut obtenir communication, mais de toutes les productions faites par des parties ayant un intérêt opposé au sien, et à cet effet il jouit des mêmes délais que le demandeur. Lepage, 129 et 130 ; Carré, n° 459.

26. Si le demandeur ne produit pas dans les délais, le défendeur doit faire sa production (C. pr. 98, 101) ; et, dans ce cas, mais dans ce cas seulement, la loi accorde au demandeur un délai de huitaine pour prendre communication et pour contredire. C. pr. 98.

27. S'il y a plusieurs productions successives de la part des défendeurs, le délai de huitaine ne commence à courir qu'après la production du dernier d'entre eux. Carré, n° 464 ; Demiau, 3 ; Pigeau, 1, 84, Dalloz, 9 526, n° 28.

28. Comme le demandeur pourrait avoir laissé écouler le premier délai sans produire, à dessein et de mauvaise foi, afin de se prévaloir, dans sa réponse, de pièces inconnues à son adversaire et de faits faux, le défendeur a le droit de répliquer, s'il le juge convenable, pourvu que ce soit à ses frais et sans nouveau délai. Rennes, 6 mai 1813, P. 11, 349 ; Carré, n° 463 ; Demiau, 93 ; Delaporte, 1, 116.

29. Le défendeur, au lieu de produire à l'expiration des délais accordés au demandeur, est-il recevable à appeler le demandeur à l'audience pour faire rejeter sa demande faute de justification ? — Non. Le principe que le défendeur doit être renvoyé de la demande faute par le demandeur de l'avoir justifiée, ne s'applique pas au cas où l'instance a été liée entre les parties. — D'ailleurs, la loi, en accordant au demandeur un délai pour produire après le défendeur, a eu l'intention d'obliger celui-ci à faire sa production. Carré, n° 462. — *Contrà*, Demiau, 93.

30. Faute par l'une ou l'autre des parties de produire ou de défendre dans les délais, il est procédé au jugement sur la production de l'adversaire (C. pr. art. 98, 99, 100), sans que ce jugement soit susceptible d'opposition (C. pr. 113) : c'est ce qu'on appelle être forclos. Carré, n° 482 ; Boncenne, 2, 332 ; Lepage, 129 ; Favard, 3, 89 ; Delaporte, 1, 123.

31. Cependant, la partie forclose peut toujours prendre communication et produire, tant que l'adversaire n'a pas requis, comme il en a le droit, que le rapport fût fait et le jugement rendu sur les seules pièces produites. Pothier, *Procédure*, ch. 3 ; Jousse, tit. 11, art. 20, Ordonn. 1667 ; Boncenne, 2, 333 et 272 ; Carré, n° 461 ; Demiau, 92 ; Delaporte, 1, 114.

Du reste, les délais ne sont pas *comminatoires*, et les juges ne peuvent les proroger. Arg. C. pr. 98, 99, 100, 1029 ; Boncenne, 335 ; Carré, n° 460 ; *Praticien franç.*, 1, 363. — *Contrà*, Demiau, 92 ; Favard, n° 4 ; Hautefeuille, 94.

32. Les parties sont autorisées à produire de nouvelles pièces au besoin ; dans ce cas, il faut en signifier un état détaillé qui peut être motivé et contenir de nouvelles conclusions. C. pr. 102 ; Carré, n° 465 ; Dalloz, 9, 526, n° 29 ; Pigeau, 1, 585 ; Demiau, 93 et 94 ; Delaporte, 1, 115 ; Boncenne, 2, 336.

Cette signification est valable tant que le rapport n'est pas commencé, quoique les pièces aient déjà été remises au rapporteur. Caen, 1er fév. 1824 ; Chauveau, 26, 68.

33. L'émolument de l'avoué pour la nouvelle production et la signification de l'acte de produit est fixé par les art. 90 et 71 Tar. ; si d'autres écritures avaient eu lieu, elles seraient rejetées de la taxe. C. pr. 102 et 105 ; Chauveau, *Tarif*, 1, 182, n° 44.

34. Dans la huitaine de la signification de l'acte de production nouvelle, l'autre partie doit en prendre communication et fournir sa réponse, qui ne peut excéder six rôles. C. pr. 103 ; Tar. 75 et 90.

55. C'est au greffe qu'ont lieu toutes les productions ; il y est tenu un registre sur lequel elles sont portées suivant leur ordre de date ; ce registre, divisé en colonnes, contient la date de la production, les noms des parties, de leurs avoués, et du rapporteur : il est laissé une colonne en blanc. C. pr. 108.

56. Les communications sont prises au greffe sur les récépissés des avoués (C. pr. 106) ; ce qui suppose communication avec déplacement.

Mais, lorsqu'une pièce importante est produite, et qu'il n'en existe pas minute, la communication se réduit à une simple exhibition, à moins que celui auquel elle appartient ne consente au déplacement. Boncenne, 2, 538.—V. *Exception*, n° 134.

57. Une fois produites, les pièces deviennent communes à toutes les parties, et ne peuvent être retirées que de leur unanime consentement. Duparc-Poullain, 9, 143 ; Carré, n° 470 ; Boncenne, 2, 539.—Toute partie, coupable de soustraction d'une pièce par elle produite est passible d'amende.—V. *Ib.* n° 143.

58. La communication ne peut plus être permise quand les pièces ont été remises au rapporteur (Arg. C. pr. 106), qui n'a pas le droit de s'en dessaisir sans le consentement de la partie adverse. Dalloz, 9, 526, n° 31 ; Carré, n° 468.

59. Les avoués sont également non recevables à demander, après les délais, une nouvelle communication, sous prétexte de l'insuffisance de la première. Carré, n° 469 ; Dalloz, *ib.*

§ 5. — *Restitution des pièces communiquées.*

40. Si les pièces prises en communication n'ont pas été rétablies dans les délais, l'avoué en retard peut être personnellement condamné à faire cette remise, à peine de 10 fr. de dommages-intérêts par chaque jour de retard. C. pr. 107.

41. Cette condamnation est prononcée à l'audience, sur le certificat du greffier constatant que les pièces n'ont pas été rétablies, et sur un simple avenir : elle est *sans appel. Ib.*

Les frais du jugement et les dommages-intérêts ne peuvent jamais être répétés contre la partie. *Ib.*

42. Si l'avoué ne tient pas compte de cette première condamnation, et ne rétablit pas les pièces dans la huitaine de la signification du jugement, le tribunal peut prononcer contre lui, et toujours *sans appel*, de plus forts dommages-intérêts, même le condamner par corps, et l'interdire pour tel temps qu'il juge convenable. C. pr. 107.

43. Cependant, comme il peut se faire que, dans l'intervalle d'un premier à un second jugement, les productions soient rétablies, il faut, avant d'obtenir une seconde condamnation, prendre un nouveau certificat du greffier, et donner un nouvel avenir. Carré, 1. 253, n° 472 ; Demiau, 95 ; Boncenne, 2, 341,

44. Le premier, comme le second jugement, peut être prononcé sur la demande des parties et sans le ministère d'aucun avoué : il suffit qu'un simple mémoire soit remis au président, au rapporteur, ou au procureur du roi. C. pr. 107, 191, Carré, n° 471 ; Demiau, 95 ; Thomine, 1, 217 ; Lepage, 128.

45. L'avoué condamné par défaut en vertu de l'art. 107, a-t-il le droit de former opposition au jugement?

M. Boncenne (2, 341 et 342), pour la négative, se fonde sur ce que l'avoué n'a pas pu ignorer les poursuites dont il était l'objet, et sur ce que tout ce qui tend à différer la restitution des pièces est en désaccord avec l'esprit du code.

MM. Carré (n° 475) et Demiau (p. 95) font une distinction. Ils admettent l'opposition, si le jugement a été obtenu sur le mémoire de la partie ; ils la rejettent si c'est sur la demande d'un avoué que la condamnation a été prononcée, parce que dans ce cas il y a eu une sommation d'audience.

Nous ne saurions adopter aucune de ces opinions. En principe, l'opposition est recevable toutes les fois que la loi ne l'a pas expressément interdite. Arg. Cass. 29 avr. 1817, P. 14, 204 ; or, l'art. 107 ne défend que l'appel. Favart, Pigeau, 1, 403 ; Comment., 1, 260 ; Dalloz, 9, 527, n° 55. — V. Exception, n° 142.

§ 4. — Rapport, jugement, retrait des pièces.

46. Lorsque la production a été faite par toutes les parties, ou même par une seule, pourvu que les délais soient expirés, les pièces sont remises au rapporteur par le greffier, sur la réquisition de la partie la plus diligente. C. pr. 109.

47. On n'est pas d'accord sur la manière dont cette réquisition doit être faite.

Suivant MM. Delaporte, 1, 121, et Hautefeuille, 96, une réquisition *verbale* suffit : mais l'opinion de ceux qui veulent que la réquisition soit faite *par écrit* est la plus générale et la plus sûre. Seulement il y a difficulté sur le point de savoir si elle sera faite par acte séparé ou sur le registre des productions tenu au greffe, aux termes de l'art. 108 C. pr. (— V. sup. n° 34). Carré, n° 474, et Demiau, se prononcent dans ce dernier sens ; Pigeau et Favart embrassent l'opinion contraire. La réquisition nous semble plus régulièrement constatée, lorsqu'elle a été écrite sur le registre des productions. Cependant l'inobservation de ce mode n'entraînerait pas nullité.

48. Le rapporteur se charge des pièces en signant sur la colonne restée en blanc au registre des productions. C. pr. 109 108. — V. sup. n° 34.

49. Si le rapporteur décède, s'il se démet, ou s'il se trouve dans l'impossibilité de faire son rapport, le président du tribunal en commet un autre sur la requête de la partie la plus diligente. C. pr. 101 ; Tar. 76, § 1.

Le poursuivant fait notifier cette nomination aux autres parties trois jours au moins avant le rapport : il faut les mettre en demeure d'exercer, s'il y a lieu, leur droit de récusation. C. pr. 110 ; Carré, art. 110 ; Boncenne, 2, 344.

50. Selon M. Demiau, l'ordonnance qui nomme un nouveau rapporteur doit rester au greffe.

Dans tous les cas, il n'est pas indispensable de la relater dans les qualités du jugement définitif. Merlin, *Rép.*, v° *Mariage*, § 8 ; Berriat, 27, note 3.

51. Lorsque la cause est communicable, les pièces sont remises au procureur du Roi, soit directement par le rapporteur, soit par la voie du greffe.

52. C'est à l'audience que le rapport est fait ; — le rapporteur n'ouvre pas son avis (Carré, n° 475) ; il résume seulement les faits et les moyens. Les avocats n'obtiennent pas la parole après lui ; mais ils peuvent remettre au président de simples notes. C. pr. 111. — V. *Délibéré*, n°s 28 et 29.

53. Il convient de donner avenir à l'audience où le rapport doit se faire ; — néanmoins cela n'est pas indispensable : c'est à chacune des parties à s'informer du jour où le rapport aura lieu, et à s'y trouver si elle le juge convenable. Carré, n° 476 ; Delaporte, 1, 122.

54. Si la cause est sujette à communication, le procureur du Roi doit être entendu après le rapporteur (le rapport est une partie de l'instruction, Boncenne, 2, 521), et donner ses conclusions à l'*audience*. C. pr. 112. — Le jugement en fait mention, à peine de nullité. — V. *Jugement, Enregistrement*, n°s 142 et 150.

55. Le Jugement est rendu à l'audience dans la forme ordinaire. — V. *Jugement.*

56. Après le jugement, le rapporteur remet les pièces au greffe, et il en est déchargé par la seule radiation de sa signature sur le registre des productions. C. pr. 114. — A défaut de cette remise, il reste exposé à une action en dommages-intérêts, qui dure 30 ans pour les procès non jugés. Carré, n° 483 ; Malleville, 4, 404 ; Favard, n° 11.

57. Le retrait des pièces se fait contradictoirement sur la sommation, par un simple acte, de l'avoué le plus diligent. Tar. 70 ; Carré, n° 484 ; Demiau, 382.

S'il s'élève des difficultés sur la propriété des pièces, elles sont jugées, non en référé, mais par le trib. saisi du fond, sans rapport, sur conclusions et plaidoiries à l'audience. Pigeau, *ib.*

Les avoués, en retirant leurs pièces, émargent le registre des productions, et cet émargement sert de décharge au greffier. C. pr. 115, Tar. 94.

§ 5. — Formules.

FORMULE I.

Production des pièces au greffe.

(C. pr. 96. — Tar. 91. — Vacation, 3 fr.)

L'an   le   , au greffe du tribunal de   , et pardevant nous, greffier soussigné, a comparu M⁰   , avoué près ledit tribunal et du sieur   , lequel nous a dit que, en exécution de l'art. 96 C. pr. civ., il venait déposer entre nos mains l'original d'une requête signifiée hier par exploit de   ' à M⁰   et les pièces invoquées à l'appui des conclusions prises en ladite requête; lesquelles pièces consistent en, 1°   , 2°   ; et ledit M⁰   a en effet remis entre nos mains les pièces sus-énoncées, et a, des comparution, dire, réquisition et dépôt ci-dessus, requis acte à lui octroyé par nous ; et a signé avec nous après lecture faite.

FORMULE II.

Acte de déclaration de production par le demandeur.

(C. pr. 95. — Tarif, 70. — Coût, 1 fr. orig. ; 25 c. copie.)

A la requête du sieur   , demeurant à
Soit signifié et déclaré à M⁰   , avoué près le tribunal de première instance de   et du sieur   , que la requête en   rôles, signifiée hier (1) par le sieur   a été aujourd'hui, avec les pièces y jointes, déposées et produites audit greffe de   ; à ce qu'il n'en ignore, le sommant en conséquence de prendre communication de ladite production, faire la sienne, et en signifier l'acte dans le délai de la loi. Dont acte.

(Signature de l'avoué.)

Nota. *L'acte de déclaration de production de la part du défendeur est fait dans la même forme que celui ci-dessus ; il en est de même de l'acte de production nouvelle.*

FORMULE III.

Acte pour obtenir jugement qui ordonne la remise des pièces données en communication par le greffier.

(C. pr. 107. — Tarif, 70 par anal. — Coût 1 fr. orig ; 25 c. copie.)

A la requête du sieur   , ayant pour avoué M⁰   , soit sommé M⁰   avoué au tribunal de   , et du sieur   , de comparaître le   , heure de   , à l'audience et pardevant MM. les président et juges composant la   chambre du tribunal de
Pour attendu que les pièces appartenant au sieur   , et déposées au greffe dudit tribunal par le ministère de M⁰   , son avoué, par suite du jugement qui a ordonné l'instruction par écrit de la cause d'entre les parties, ont été par le greffier dudit tribunal données en communication à M⁰   , sur son récépissé du
Attendu que, depuis ledit jour .   , ledit M⁰   n'a pas encore rétabli ce dépôt, ainsi que le constate le certificat délivré par le greffier dudit tribunal, se voir condamner à rétablir le dépôt dont s'agit, entre les mains du greffier dudit trib., qui lui remettra son récépissé; et se voir en outre condamner personnellement, et sans aucune répétition, à payer audit sieur   dix francs de dommages et intérêts pour chaque jour de retard apporté à ladite remise, à compter du jour de la signification du jugement à intervenir, et aux dépens ; à ce que ledit M⁰   n'en ignore, dont acte.

(Signature de l'avoué.)

FORMULE IV.

Requête pour faire nommer un autre rapporteur.

(C. pr. 110. — Tarif, 70. — Coût. 2 fr.)

A M. le président du tribunal de

---

(1) *Cette requête est faite dans la forme ordinaire (—V. Requête) ; seulement on met au bas un état des pièces produites à l'appui (—V. sup. n° 12) : avec mention du nombre de pièces sur l'original et la copie.*

Le sieur, etc.; exposé que, par jugement rendu en votre chambre le il a été ordonné que la cause entre lui et sieur   serait instruite par écrit, au rapport de M.   , juge commis à cet effet par le susdit jugement. Mais que M.   vient de décéder; pourquoi il vous plaira, M. le président, nommer un de MM. les juges composant votre chambre aux lieu et place de M.   ; pour faire le rapport dont s'agit; et vous ferez justice.

(Signature de l'avoué.)

Nota. *L'ordonnance du juge se met au bas de cette requête (— V. Ordonnance). On signifie le tout par acte d'avoué à avoué.*

FORMULE V.

Sommation d'être présent au retrait des pièces produites.

(C. pr. 115. — Arg. Tarif, 29. — Coût 1 fr. orig.; 25 c. copie.)

A la requête du sieur   , etc.; soit sommé M^e   avoué du sieur   de comparaître le   , heure de   , au greffe de la   chambre du tribunal de   , pour être présent, si bon lui semble, au retrait que fera ledit sieur   des pièces par lui produites dans l'instruction par écrit de la cause d'entre les parties, au rapport de M.   ; à ce que ledit M^e   n'en ignore; lui déclarant qu'il y sera procédé tant en absence que présence. Dont acté.   *(Signature de l'avoué.)*

— V. *Délibéré, Jugement.*

INSTRUCTION MINISTÉRIELLE. — V. *Circulaire ministérielle, Décision ministérielle.*

INSTRUCTION DE LA RÉGIE DE L'ENREGISTREMENT. — La régie de l'enregistrement adresse à ses préposés des instructions sur toutes les matières de perception qui leur sont confiées. Chaque trimestre, elle réunit dans une instruction spéciale les arrêts de la Cour suprême, les décisions du ministre des finances, et ses propres solutions. Lorsque la régie était constituée en administration collective, ses instructions portaient le titre de *Circulaire de la Régie*. Depuis que la régie a à sa tête un directeur-général, elles portent celui d'*Instructions générales.*

INSTRUMENTAIRE. *Instrumenter* exprime l'action de faire un acte public; les greffiers, les huissiers et les notaires, ne peuvent instrumenter hors de leur ressort; on dit des témoins qui figurent dans un acte, que ce sont des témoins *instrumentaires.*

INTENDANT. — V. *Liste civile.*

INTERDICTION (1), état d'un individu incapable des actes de la vie civile, et privé de l'administration de sa personne et de ses biens.

L'interdiction est prononcée par la loi civile ou par la loi criminelle.—V. *inf.* § 1 et 2.

DIVISION.

§ 1. — *Interdiction en matière civile.*

_____

(1) Cet article est de M. Herson, Docteur en droit, avocat à la Cour royale de Paris.

§ 1. — *Interdiction en matière civile.*

Art. 1. — *Pour quelles causes, par qui et contre qui l'interdiction peut être provoquée.*

1. La loi reconnaît trois causes d'interdiction : l'imbécillité, la démence et la fureur. C. civ. 489.—Il faut que cet état soit habituel ; mais il importe peu qu'il présente des intervalles lucides. C. civ. 489.

La prodigalité autorise seulement la nomination d'un *conseil judiciaire.* — V. ce mot.

2. La provocation de l'interdiction est admise contre les majeurs. C. civ. 489.

3. Un mineur peut-il être interdit? — Oui : la disposition du projet qui la restreignait aux mineurs émancipés, fut supprimée sur les observations de la Cour de cassation. Arg. C. civ. 174, 175, 904 ; Metz, 30 août 1825 ; Dijon, 24 avr. 1830, S. 25, 315 ; 30, 218 ; Toullier, 2, n° 1314 ; Delvincourt, 1, 475 ; Duranton, 3, 669. — Dans la dernière espèce, il s'agissait d'un mineur en état de démence furieuse. En général, les trib. ne devront prononcer l'interdiction d'un mineur non émancipé qu'autant qu'il sera près d'atteindre sa majorité, et pour empêcher qu'on n'abuse de sa nouvelle position : jusque-là il est protégé par son tuteur.

4. Sont recevables à provoquer l'interdiction : 1° *tout parent* (C. civ. 490), par exemple, les enfans, soit par eux-mêmes, soit par leur tuteur, s'ils sont mineurs (Bruxelles, 15 mai 1807, S. 7, 706) : cette action, fondée sur la nécessité, ne peut être considérée comme injurieuse (Arg. C. civ. 495 ; Toullier, 2, 447) ; — ou tout autre parent, quoiqu'il existe des parens plus proches (Duranton, 2, 671) — s'opposant à l'interdiction. Besançon, 4 pluv. an 13, S. 5, 507.

5. Est-il nécessaire que ce parent le soit au degré successible? — Oui. C'est ce qui résulte de l'exposé des motifs par Emmery (Locré, C. civ. art. 490), et du principe que, sans intérêt, point d'action en justice.

6. Mais les alliés ne sauraient provoquer l'interdiction : c'est une action de famille. Toullier, 2, 447; Duranton, 2, 671; Proudhon, 2, 345.

Conséquemment, le beau-père n'a pas qualité à provoquer l'interdiction de son gendre, et la fin de non recevoir tirée de ce défaut de qualité est proposable en tout état de cause, même en appel. Paris, 23 mai 1855 (Art. 117 J. Pr.)—*Contrà*, Delvincourt, 1, 522, note 3.

7. 2° Le conjoint. C. civ. 490).

La femme qui veut user de ce droit doit se faire autoriser par justice. Arr. réglem. 17 avr. 1734. (Denisart, v° *Interdiction*, n° 55); Merlin, *Rép.* v° *Autorisation*; Delvincourt, 522; Duranton, 672. — De même la femme, dont l'interdiction est provoquée par tout autre que par le mari (—V. *Femme mariée*, n° 49), doit être autorisée de ce dernier ou de justice. Cass. 5 mai 1817; 9 janv. 1822, S. 22, 156.

8. 5° Dans le cas de fureur, si l'interdiction n'est provoquée ni par l'époux ni par les parens, elle doit l'être par le procureur du Roi, qui, dans le cas d'imbécillité ou de démence, peut aussi la provoquer contre un individu qui n'a ni époux ni épouse, ni parens connus. C. civ. 491.

9. Nul ne peut provoquer lui-même sa propre interdiction. On n'a pas reproduit dans le Code un chapitre intitulé du *Conseil volontaire*, d'après lequel, conformément à l'usage du Châtelet de Paris, un individu était autorisé à demander qu'il lui fût nommé un conseil judiciaire. D'ailleurs, le jugement d'interdiction établissant contre les actes antérieurs un préjugé qui peut amener leur annulation (C. civ. 503), il y aurait toujours lieu de soupçonner le demandeur en interdiction de n'avoir pour but que cette annulation. Enfin, il n'est pas permis de déroger par des conventions particulières aux lois qui intéressent l'ordre public et règlent l'état des citoyens. Cass. 7 sept. 1808, S. 8, 468.

10. Le tuteur du mineur à interdire (— V. *sup.* n° 3) est-il recevable à provoquer l'interdiction? Le cas de l'interdiction d'un mineur n'ayant pas été prévu par le législateur, il résulte des art. C. civ. 490 et 491 combinés qu'aux parens seuls appartient ce droit. S'il n'y avait point de parent connu, le tuteur préviendrait le procureur du Roi, et celui ci provoquerait l'interdiction.

Art. 2. — *Procédure pour faire prononcer l'interdiction.*

11. La demande en interdiction doit être portée devant le trib. civil du domicile de la personne que l'on veut faire interdire. C. civ. 492; C. pr. 59.

12. Peut-elle être portée devant le trib. de la résidence du défendeur?

Selon les uns, le trib. du domicile du défendeur est seul compétent : la loi n'a pas fait d'exception au principe général. Trib. Seine, 27 juin 1837 (Art. 997 J. Pr.); Proudhon, 2, 316; Delvincourt, 1, 135; Toullier, 2, n° 1349; Duranton, 3, 675; Carré, n° 3013; Thomine, n° 1048; — Mais le trib. de la résidence du défendeur devient compétent dans le cas où le ministère public poursuit d'office l'interdiction d'un furieux : il s'agit alors d'une véritable mesure de police. Cass. 24 déc. 1838 (Art. 1314 J. Pr.); Thomine et Carré, ib.

D'autres, au contraire, attribuent compétence exclusive au trib. de la résidence du défendeur : il jugera d'une manière plus prompte, moins dispendieuse, et avec plus de lumières. Il pourra interroger le défendeur en la chambre du conseil; or, cet interrogatoire est l'un des élémens les plus importans de l'instruction.

D'autres enfin induisent du silence des art. 492 C. civ. et 890 C. pr., qu'il a été dans l'intention du législateur de laisser le choix entre le trib. du lieu du domicile et celui de la résidence, selon qu'il est plus facile de faire la preuve des faits contenus dans la requête, attendu qu'ils se seraient passés dans l'un de ces lieux. Demiau, 593. — Ainsi il a été jugé que la demande en interdiction d'une femme, absente du domicile conjugal, avait été valablement portée, par son mari, devant le trib. de la résidence que l'épouse s'était choisie depuis plusieurs années. Bordeaux, 20 germ. an 13, P. 4, 487.

Le premier système nous paraît préférable.

13. Lorsque le trib. de la résidence n'est pas compétent, le ministère public peut demander le renvoi devant le trib. du domicile. Trib. Seine, 1re ch., 27 juin 1837.

14. La demande s'introduit, sans préliminaire de conciliation (C. pr. 48; C. civ. 492) par requête (non grossoyée, Tar. 79) présentée au président du trib., dans laquelle sont énoncés les faits d'imbécillité, de démence ou de fureur. On y joint les pièces justificatives, telles que les actes ou écrits émanés du défendeur, prouvant l'égarement de sa raison, les procès-verbaux constatant des excès commis dans sa fureur; enfin, on doit y indiquer les témoins. C. civ. 493; C. pr. 890. — L'indication des témoins donne au trib. les moyens d'apprécier si les faits sont de nature grave et sont susceptibles d'être prouvés, ce qui n'empêche pas de faire entendre d'autres témoins que ceux dénommés dans la requête, si, plus tard, on en découvre d'autres qui puissent éclairer la justice. Thomine, n° 1048.

Toutefois, le défaut de jonction, à la requête, des pièces justificatives n'emporte pas nullité. Rennes, 6 janv. 1814, P. 12, 13; — Il n'est pas non plus indispensable de détailler tous les faits qui donnent lieu à la demande, car la démence est un fait général qui se reconnaît par une multitude de faits particuliers dont les témoins pourront déposer. Thomine, art. 892.

15. Le président rend au bas de la requête son ordonnance de *soit communiqué* au ministère public, et commet un juge pour faire le rapport à jour indiqué. C. civ. 515; C. pr. 891.

16. Sur ce rapport fait en la chambre du conseil, et sur les conclusions du ministère public, le trib. statue. C. pr. 892.

17. Si les faits articulés ne sont ni admissibles ni concluans, ou si le demandeur n'a pas qualité, la demande peut être rejetée sans plus ample information. Toullier, 2, 449; Carré, n° 5014; Thomine, *ib.* — V. *Enquête*, nos 8 et 9.

Ainsi pourrait être rejetée la demande de l'épouse qui, au lieu de provoquer la séparation de corps, formerait une demande en interdiction, et présenterait quelques excès ou violences de son mari comme un état habituel de fureur. Thomine, n° 1048, p. 506.

18. S'il y a lieu, le trib. ordonne une convocation du conseil de famille pour donner son avis sur l'état de la personne dont on demande l'interdiction. C. pr. 892.

19. Il n'est pas nécessaire de convoquer le conseil de famille lorsque l'interdiction est provoquée par le procureur du roi contre un furieux.

20. Le poursuivant peut requérir du juge de paix la convocation du conseil de famille; à cet effet, il lève le jugement qui l'ordonne.

Les parens sont assignés aux jour, lieu et heure fixés par le juge de paix pour la réunion du *conseil de famille.* C. civ. 411. —V. ce mot, nos 26, 27.

21. Le conseil de famille est composé suivant les règles fixées pour la nomination d'un tuteur au mineur; C. pr. 892. — V. *Conseil de famille*, nos 1 et suiv.

Mais ceux qui ont provoqué l'interdiction ne peuvent, dans aucun cas, en faire partie. Cependant le conjoint ou les enfans du défendeur peuvent assister à la délibération, mais sans y avoir voix délibérative. C. civ. 495.— Il eût été peu convenable de les obliger de prononcer sur l'état d'un père ou d'un époux malheureux, qu'ils doivent entourer de respects et de tendresse.

Peuvent assister, par conséquent on n'est pas tenu d'y appeler le conjoint; il ne fait pas partie nécessaire du conseil de famille. Paris, 28 fév. 1814, P. 12, 124.

22. L'exclusion prononcée par l'art. 495 C. civ. est limitative (Cass. 15 oct. 1807, S. 7, 475.) — Mais son inobservation entraîne la nullité de la procédure. Montpellier, 18 mess. an 13, S. 7, 1025.

23. Au reste, ce conseil peut être composé en partie d'amis, quoiqu'il y ait des parens dans l'arrondissement, s'ils n'ont pas été connus. Paris, 28 fév. 1814, P. 12, 124.

24. Le tuteur du mineur à interdire peut et doit, s'il n'a pas provoqué l'interdiction, C. civ. 495, faire partie du conseil de famille. Le père, qu'il représente C. civ. 402, 405, 407, n'y serait-il pas appelé? La confiance accordée au tuteur lui donne naturellement entrée dans ce conseil, où ses intérêts ne se trouvent point en opposition avec ceux du pupille.—D'ailleurs, si le tuteur n'est pas parent, il peut être appelé comme ami.

25. L'avoué du poursuivant a droit d'assister à la délibération du conseil de famille. Tar. 92. — Pour donner des renseignemens, sans y avoir toutefois voix délibérative.

26. Ce conseil délibère dans la forme ordinaire; il entend, s'il le juge convenable, soit le demandeur, soit le défendeur en interdiction, afin de s'éclairer.

27. Il ne donne qu'un avis, et ne prononce pas un jugement. En conséquence, il n'y a pas lieu de se pourvoir contre sa délibération. Carré, n° 3016; Carré, art. 892; Pigeau, 2, 246.

Chacun des parens peut se borner à donner son avis sur l'état du défendeur, sans s'expliquer sur la question de savoir s'il convient ou non de l'interdire. Paris, 28 fév. 1814, P. 12, 124.

28. Après la délibération du conseil de famille quelle qu'elle soit, une nouvelle requête est présentée au président du trib., pour qu'il fixe le jour et l'heure auxquels le défendeur sera interrogé. Arg. Tar. 79.

29. L'art. 895 C. pr. prescrit de signifier au défendeur à personne au domicile 24 heures avant l'interrogatoire, avec assignation au jour indiqué par le trib. Arg. C. pr. 329, 1° la requête à fin d'interdiction; — 2° l'avis du conseil de famille.

Le jugement qui a ordonné l'interrogatoire doit-il être aussi signifié en même temps que les deux actes sus-énoncés?

Pour la négative on dit : Les nullités ne peuvent être suppléées; la règle que tout jugement doit être préalablement signifié ne s'applique qu'aux jugemens qui prononcent une condamnation, et non pas à des jugemens qui prescrivent une mesure préparatoire dans le but d'éclairer le trib.; — d'ailleurs la procédure d'interdiction est soumise à des règles particulières. Bourges, 28 mai 1828, S. 29, 202.

Pour l'affirmative, on insiste sur la nécessité de signifier les jugemens avant de les mettre à exécution : il importe que le défendeur soit averti, qu'il se prépare à donner ses explications; autrement, l'émotion subite pourrait occasionner un trouble et un dérangement accidentel dans ses idées. Thomine, n° 1049, p. 508. — Dans l'usage la signification a lieu.

50. Le jugement est-il susceptible d'opposition? — Oui.

Ce mode de recours est de droit commun : les exceptions ne se présument pas, surtout lorsqu'il s'agit de l'état des personnes, et de priver la partie lésée du droit de démontrer au trib., avant l'avis du conseil de famille et l'interrogatoire, que les faits articulés, même en les supposant vrais, ne sont ni pertinens ni admissibles. Trib. Bourges, 21 août 1836 (Art. 893 J. Pr.). — *Contrà*, Carré, n° 3030 ; Demiau, 595. —V. d'ailleurs *Interrogatoire et inf.* n. 50.

31. Le défendeur est interrogé par le trib., en la chambre du conseil, ou, s'il ne peut s'y présenter, par l'un des juges à ce commis, assisté du greffier, dans sa demeure. Le procureur du Roi assiste à l'interrogatoire dans tous les cas. C. civ. 496.

32. Le trib. n'a pas le droit de commettre le juge de paix du domicile du défendeur, même lorsque ce domicile n'est pas dans la ville où siége le trib., ou lorsque le défendeur ne peut se présenter. L'art. 496 C. civ. repousse l'application de l'art. 1035 C. pr. L'ordonn. du 4 août 1824 fixe d'ailleurs une indemnité pour celui des juges qui se transporterait hors de la ville où siége le tribunal.

33. Les juges peuvent faire au défendeur, par l'organe du président, toutes les questions qu'ils croyent convenables pour apprécier son état par ses réponses et sa contenance.

Le procès-verbal de l'interrogatoire en mentionne les circonstances importantes.

34. Le trib. n'a pas le droit, sur le seul avis de la famille et les conclusions du procureur du Roi, de prononcer l'interdiction, quand même l'état de démence serait notoire. Duranton, 3, n° 734.

35. Le préliminaire de l'interrogatoire doit être tenté même dans le cas de stupidité ou de fureur du défendeur, sauf à constater par procès-verbal l'impossibilité de procéder. Carré, art. 893.

36. Selon M. Duranton, *ib.* n° 754, le trib. ne peut pas davantage, sans avoir interrogé le défendeur, et sur l'avis de famille, même appuyé des conclusions du ministère public, rejeter une demande en interdiction. Orléans, 26 fév. 1819, S. 19, 167.

Mais pourquoi la demande ne pourrait-elle pas être rejetée après l'avis de famille, si cet avis démontrait au trib. la fausseté des faits allégués ? Elle peut l'être de prime abord, lorsque les faits énoncés dans la requête ne paraissent point assez graves pour donner suite à la demande. — V. *sup.* n° 17.

Le trib. n'est point lié par le premier jugement qui a ordonné la convocation du conseil de famille. — Il peut être plus éclairé par cet avis. Pourquoi soumettre le défendeur à l'humiliation d'un interrogatoire inutile ? — Ce sera au demandeur à faire réformer en appel la décision des premiers juges.

37. Si le défendeur ne veut pas comparaître sur la citation qui lui est donnée, on pourrait considérer ce refus comme un indice de démence; mais ce ne serait pas un motif pour prononcer son interdiction; une enquête devrait être ordonnée. M. Thomine, n° 1049, rapporte qu'une femme s'était enfuie au moment où le juge se présentait à sa demeure pour l'interroger. Une enquête fut ordonnée pour suppléer à l'interrogatoire, et il en résulta la preuve que cette femme jouissait parfaitement de sa raison.

38. La présence du poursuivant ou de son avoué à l'interrogatoire n'est pas une cause de nullité. L'art. 333 ne saurait s'appliquer par analogie. Carré, n° 3023. — V. *sup.* n° 25.

39. Après le premier interrogatoire, le trib. peut commettre, s'il y a urgence, un administrateur provisoire pour prendre soin de la personne et des biens du défendeur. C. civ. 497.— Si le défendeur a été interrogé dans sa demeure, l'administrateur est nommé sur le rapport du juge commis à l'interrogatoire. — Le procureur du Roi est entendu dans tous les cas. *Ib.*

40. Les scellés peuvent avoir été apposés par le juge de paix d'office, suivant l'urgence, ou en vertu d'une ordonnance du président ; — ils sont levés à la réquisition de l'administrateur.

41. Il convient de renouveler l'interrogatoire dans certains cas : par exemple, si la démence n'existe que par intervalle. Arg. C. civ. 497 ; Merlin, *Rép.*, v° *Tuteur.*

42. Lorsque l'interrogatoire et les pièces produites sont insuffisans, et que les faits sont susceptibles d'être prouvés par témoins, le trib. ordonne, s'il y a lieu, l'enquête, et si les circonstances l'exigent, qu'elle soit faite hors la présence du défendeur, qui est alors représenté par son conseil. C. pr. 893.

43. L'assistance du procureur du Roi aux dépositions des témoins n'est pas indispensable, mais facultative.

Elle est utile afin qu'il soit à même de faire adresser au défendeur, par l'organe du juge-commissaire, les interpellations qu'il juge convenables. Carré, n° 3025.

44. Des parens sont valablement entendus comme témoins sur les faits reprochés au défendeur, encore qu'ils aient fait partie du conseil de famille qui a donné son avis. Bruxelles, 15 mai 1807, S. 7, 706.

45. L'interrogatoire ou l'enquête, s'il y en a eu, étant terminé, on doit signifier au défendeur les procès-verbaux d'enquête ou d'interrogatoire, — et l'assigner à l'audience publique, dans les délais de l'ajournement. Pigeau, 2, 490.

Le procureur du Roi est entendu dans ses conclusions. C. pr. 83; Arg. C. pr. 891.

46. Indépendamment du mineur que l'on veut faire interdire, on doit assigner son père, — ou son tuteur. Arg. C. civ. 450, 464, 572; Toullier, 2, n° 1258; Dijon, 24 avr. 1830, D. 50, 270. — V. *Action*, n° 143. — *Contrà*, Metz, 50 août 1825, S. 25, 545.

47. Le trib. peut, si les circonstances l'exigent, en rejetant la demande, nommer un conseil pour assister la personne dont on poursuivrait l'interdiction. C. civ. 499.

48. De ce que le trib. rejette la demande en interdiction, sans soumettre le défendeur à un conseil judiciaire, il ne s'ensuit pas qu'il doive nécessairement accorder des dommages-intérêts contre le demandeur. Tout ici dépend des circonstances. Locré, 6, 459; Carré, n° 3029.

49. L'*acquiescement* de l'interdit au jugement qui prononce l'interdiction est-il valable? — V. ce mot, n°ˢ 16, 18 et 19.

Jugé à tort, selon nous, que l'individu dont un jugement a prononcé l'interdiction peut valablement se désister de l'appel de ce jugement. Bordeaux, 5 juill. 1829, D. 29, 179. — Il s'agit alors d'une question d'état, c'est-à-dire d'une matière intéressant l'ordre public.

50. A-t-il le droit de former opposition au jugement, lorsqu'il a fait défaut? — Pour la négative, MM. Demiau, art. 895, et Carré, n° 3050, se fondent sur ces mots de l'art. 498 C. civ., *partie appelée*, et sur ce que l'art. 895 C. pr. ne lui accorde que la voie de l'appel.

Mais M. Thomine, n° 1051, soutient avec raison qu'on ne peut priver le défendeur de ce moyen légal. En vain dirait-on que la cause est jugée avec rapport; ce n'est pas une affaire instruite par écrit. Il s'agit d'un rapport sur simple délibéré. — Lorsque le défendeur fait défaut sur l'assignation, il n'a pas déduit ses moyens à l'audience qui a ordonné le délibéré.

Cependant, si le défendeur laissait faire une enquête avant de former son opposition, il serait non recevable à demander à faire une contre-enquête, parce que l'enquête principale et la contre-enquête doivent être terminées en même temps. Thomine, *ib.*

51. Son appel est dirigé contre le provoquant. C. pr. 894.

52. Si l'interdiction est refusée, le droit d'appeler appartient non seulement au provoquant, mais encore à tout membre du conseil de famille pourvu qu'il ait voté en faveur de l'interdiction. Carré, art. 894.

L'appel est alors dirigé contre le défendeur. C. pr. 894.

53. L'appel doit être interjeté dans les délais ordinaires, c'est-à-dire dans les trois mois du jour de la signification du jugement à personne ou domicile (— V. *Appel*, n° 84 et

suiv.) : la loi n'a fait aucune exception au principe général.
art. 895.

54. La femme de celui dont l'interdiction est provoquée,
ne peut intervenir sur l'appel, sauf à elle à introduire une
instance en interdiction devant les premiers juges : elle n'aurait pu former tierce-opposition au jugement qui ne préjudicie
pas au droit qu'elle a de provoquer elle-même l'interdiction.
Arg. C. pr. 466 ; Paris, 23 mai 1835 (Art. 117 J. Pr.).

55. La Cour peut, si elle le juge nécessaire, interroger de
nouveau la personne dont l'interdiction est demandée, ou la
faire interroger par un commissaire (C. civ. 500) pris dans son
sein, ou un juge de paix, ou un des juges de première instance
qui n'ont pas connu de l'affaire, et qu'elle délègue à cet effet.
— Le Code n'exige pas que le procureur général soit présent à
l'interrogatoire. Toullier, 2, 453.

56. L'arrêt est rendu en audience solennelle. — V. *Conseil
judiciaire*, n° 15.

57. Celui qui provoque l'interdiction n'est pas tenu de
mettre en cause les créanciers et les donataires du défendeur,
dont les droits se trouvent compromis par le jugement qui prononce l'interdiction.

Ceux-ci peuvent-ils attaquer le jugement par *tierce-opposition ?* — V. ce mot.

Au reste, si le donataire est intervenu dans l'instance d'interdiction, il est recevable à interjeter appel du jugement qui
la prononce. Bordeaux, 2 avr. 1833, D. 33, 238.

Art. 3. — *Suites et effets du jugement d'interdiction.*

58. Tout arrêt ou jugement portant interdiction ou nomination d'un conseil, est, à la diligence du poursuivant, levé et
signifié à partie dans les dix jours. C. civ. 501.

59. Dans le même délai, le jugement est inscrit sur les tableaux qui doivent être affichés dans la salle de l'auditoire, et
dans les études des notaires de l'arrondissement. *Ib.*

On en remet à cet effet un extrait au greffier et au secrétaire
de la chambre des notaires qui en donne un *récépissé*, et qui le
communique à ses collègues, lesquels sont tenus d'en prendre
note et de l'afficher dans leurs études. Tar. 92, 175. Toullier,
454. — A peine des dommages-intérêts des parties. L. 26 vent.
an 11, art. 18.

On fait insérer pareil extrait dans le journal judiciaire. Arg.
Tar. 92.

60. Le délai court du jour où le jugement a été prononcé,
et non de celui de la signification : il est urgent de faire rendre
publique l'incapacité du défendeur. Lepage, *Quest.*, p. 592.

61. L'appel du jugement d'interdiction suspend la nomination du tuteur et du subrogé-tuteur. Thomine, art. 895, n° 1055.

62. L'extrait de l'arrêt confirmatif est inséré dans la même forme que le jugement. — V. *sup.* n° 60.

65. La nomination des tuteur et subrogé-tuteur ne peut avoir lieu qu'après la signification du jugement ou de l'arrêt confirmatif; — elle serait nulle, si elle était faite antérieurement à cette signification. Cass. 15 oct. 1807, S. 7, 475; — ou postérieurement à la déclaration d'appel. Toullier, p. 457.

Cependant la vente des biens de l'interdit, par son tuteur, n'est pas annulable sur le motif que la nomination du tuteur a eu lieu avant la signification du jugement par défaut qui a prononcé l'interdiction, si d'ailleurs la vente n'a été faite qu'après cette signification. Surtout lorsque l'interdiction a été provoquée par le procureur du roi. Cass. 24 déc. 1838 (Art. 1514 J. Pr.).

64. On suit, pour la nomination du tuteur, les règles prescrites au titre des avis des parens. C. pr. 895.—Il est toujours nommé par le conseil de famille. Cass. 11 mars 1812, 27 nov. 1816. S. 12, 217; 17, 35. — Le mari est de droit tuteur de sa femme interdite. C. civ. 506.

Un frère ne doit pas être exclu du conseil de famille, quoiqu'il ait eu des motifs de voter contre l'interdiction de son frère. Caen, 15 janv. 1811, S. 12, 206. — V. d'ailleurs C. civ. 507, 508, 511.

Si l'appel est interjeté après la nomination, les fonctions du tuteur sont suspendues jusqu'à l'arrêt.

65. L'administrateur provisoire, nommé en exécution de l'art. 497 C. civ., cesse ses fonctions et rend compte au tuteur, s'il ne l'est pas lui-même. C. pr. 895.

66. Les actes antérieurs à l'interdiction peuvent être annulés, si la cause de l'interdiction existait notoirement à l'époque où ils ont été faits. C. civ. 503.

Mais après la mort d'un individu, les actes par lui faits ne sauraient être attaqués pour cause de démence, qu'autant que son interdiction aurait été prononcée ou provoquée avant son décès, à moins que la preuve de la démence ne résultât de l'acte même. C. civ. 504. — V. toutefois *inf.* n° 101.

67. Le jugement d'interdiction ou de nomination d'un conseil judiciaire produit tous ses effets, à dater du jour où il est prononcé, en ce qui concerne, 1° la publicité qui doit lui être donnée. — V. *sup.* n° 60.

2° La nomination d'un administrateur provisoire. Thomine, art. 895. — V. *sup.* n° 47.

5° Les actes consentis par l'interdit : en conséquence, tous ceux passés par lui postérieurement à ce jugement sont nuls de droit, C. civ. 502 ; — quand même il y aurait eu appel, — et quand même le jugement d'interdiction n'aurait point reçu de publicité, sauf le recours en dommages-intérêts des parties lésées contre ceux qui auraient négligé de remplir les formalités prescrites par la loi. Carré, art. 897.

68. La demande en annulation des actes antérieurs à l'interdiction, faits pendant qu'il y avait *démence notoire*, exige une nouvelle enquête, dont les témoins peuvent être ou récusés ou contredits par les tiers intéressés au maintien de ces actes. Nîmes, 10 mars 1819, S. 20, 829.

69. L'interdit est, en général, assimilé au mineur pour sa personne et pour ses biens. C. civ. 509. —V. toutefois *ib.* 144, 904 ; C. comm. 2.

Il n'est jamais contraignable par corps. Arg. C. civ. 2064.

Ses revenus doivent être essentiellement employés à adoucir son sort et à accélérer sa guérison. Le conseil de famille, selon le caractère de la maladie, et l'état de la fortune de l'interdit, peut arrêter qu'il sera traité dans son domicile, ou qu'il sera placé dans une maison de santé, et même dans un hospice. C. civ. 510.

70. L'avis du conseil de famille, qui a décidé l'aliénation des immeubles, est homologuée par le trib. qui a prononcé l'interdiction. Cass. 24 déc. 1838 (Art. 1314 J. Pr.).

Art. 4. — *Quand et comment cesse l'interdiction.*

71. L'interdiction doit cesser avec les causes qui l'ont fait prononcer. C. civ. 512.

72. La demande en main-levée est instruite et jugée dans la même forme que l'interdiction. C. civ. 512 ; C. pr. 896.

73. Ainsi, l'interdit présente requête au président, qui rend l'ordonnance de *soit communiqué au procureur du roi*; celui-ci donne ses conclusions, un rapporteur est nommé : jugement intervient, qui ordonne la convocation d'un conseil de famille, pour donner son avis sur l'état actuel de l'interdit ; il est interrogé ; on ordonne, s'il y a lieu, une enquête. Enfin, le trib. prononce la main-levée, ou maintient l'interdiction.

74. L'interdit n'a pas besoin d'autorisation pour former sa demande en main-levée. Bordeaux, 8 mars 1822, S. 22, 205 ; Riom, 2 déc. 1830, S. 33, 494; Carré, n° 3037 ; Toullier, 2, 559.

75. Il n'est pas obligé d'appeler : son tuteur. *Même arrêt*; Pigeau, 2, partie 4ᵉ ; Toullier, n° 1364. — *Contrà*, Riom, 2 déc. 1830, S. 33, 494 ; — ni ceux des membres du conseil de famille qui n'ont pas été d'avis de la main-levée (— *Contrà.* Carré, art. 896, n° 3037 ; Berriat, p. 682, note 10); — à

moins qu'ils ne lui signifient leur opposition. Cass. 12 fév. 1816, P. 15, 277.

Dans ce dernier cas, il doit les appeler pour faire rendre le jugement avec eux; autrement, ils pourraient former tierce-opposition au jugement qui serait rendu en leur absence. Arg. C. pr. 888; Pigeau, 2, 495.

76. La demande en main-levée doit être portée devant le trib. du *domicile* de l'interdit (— V. ce mot, n° 47), et non pas devant le trib. qui a prononcé l'interdiction : il s'agit d'une nouvelle demande principale, d'un procès reposant sur des faits qui se sont passés au nouveau domicile de l'interdit, et qui peuvent, mieux que partout ailleurs, être vérifiés par le trib. de ce domicile. Peu importe que le même *conseil de famille* soit compétent pour donner son avis (Cass. 23 mars 1819, S. 19, 525. — V. ce mot, n° 22) : cet avis n'est pas une délibération susceptible de contestation (— V. *sup.* n° 27). Parl. Paris, 24 mars 1781; Carré, n° 5038; Lepage, p. 592; Chauveau, v° *Interdiction*, n° 2. — *Contrà*, Thomine, n° 1054.

77. Est-il nécessaire de donner de la publicité au jugement de main-levée ? — Non : les tiers n'ont pas le même intérêt à être prévenus de la capacité recouvrée, qu'ils avaient à connaître l'incapacité survenue. Delvincourt, p. 550, note 5; Thomine, n° 1054. Arg. Cass. 12 fév. 1816, S. 16, 7, 247. — Mais celui qui a obtenu la main-levée de l'interdiction s'empressera de le faire connaître.

§ 2. — *Interdiction en matière criminelle.*

78. Quiconque a été condamné *contradictoirement* aux travaux forcés à temps, à la détention, ou à la réclusion, est, pendant la durée de la peine, en état d'interdiction légale. — On lui nomme un tuteur et un subrogé-tuteur (— V. *sup.* n° 61 et suiv.), C. pén. 29. — Si la condamnation est par contumace, les biens du condamné sont régis comme biens d'absens. C. inst. crim. 471.

79. Les trib. jugeant correctionnellement peuvent, dans les cas spécifiés par la loi, interdire en tout ou en partie l'exercice de certains droits civiques et civils. C. pén. 42, 43.

§ 3. — *Du placement des aliénés dans un établissement.*

Art. 1. — *Des aliénés non interdits.*

80. L'aliéné peut être placé dans un établissement public ou privé. Art. 1 à 7, L. 30 juin 1838 (Art. 1195 J. Pr.).

81. Le placement est, — ou demandé par toute personne parente ou non de l'aliéné, qui aura eu des relations avec lui. *Ib.* Arg. art. 8, § 2;

Ou ordonné d'office, à Paris, par le préfet de police, et dans les départemens par les préfets, lorsque l'état d'aliénation compromet l'ordre public ou la sûreté des personnes. *Ib*. art. 18.

82. Les chefs ou directeurs des établissemens d'aliénés ne peuvent recevoir une personne atteinte d'aliénation mentale, s'il ne leur est remis :

1° Une demande d'admission, contenant les noms, profession, âge et domicile, tant du requérant que de celui dont le placement est réclamé, et l'indication du degré de parenté, ou, à défaut, de la nature des relations qui existent entre eux. Cette demande est écrite et signée par celui qui la forme, et, s'il ne sait pas écrire, elle est reçue par le maire ou le commissaire de police, qui en donne acte. Art. 8, § 2.

Les chefs ou directeurs doivent s'assurer, sous leur responsabilité, de l'individualité du requérant, lorsque la demande n'a pas été reçue par le maire ou le commissaire de police. *Ib*. art. 8, § 2.

83. 2° Un certificat de médecin constatant l'état mental de l'aliéné, et indiquant les particularités de sa maladie et la nécessité de le faire traiter dans un établissement, et de l'y tenir renfermé. *Ib*. § 3. — Ce certificat ne peut être admis, s'il a été délivré plus de quinze jours avant sa remise au chef ou directeur; s'il est signé d'un médecin attaché à l'établissement, ou si le médecin signataire est parent ou allié, au second degré inclusivement, des chefs ou propriétaires de l'établissement ou de la personne qui fait effectuer le placement. — En cas d'urgence, les chefs des établissemens publics peuvent se dispenser d'exiger le certificat du médecin. *Ib*. art. 8, § 3.

84. 3° Le passeport ou toute autre pièce propre à constater l'individualité de la personne à placer. *Ib*. art. 8, § 4.

85. Il est fait mention des pièces produites dans un bulletin d'entrée qui est envoyé dans les 24 heures, avec un certificat du médecin de l'établissement et la copie de celui indiqué *sup*. n° 83, à l'autorité administrative. *Ib*. art. 8, *in fine*.

86. Si le dépôt a lieu dans un établissement privé, le préfet du département de sa situation, dans les trois jours de l'avis à lui transmis du placement de l'aliéné, charge un ou plusieurs hommes de l'art de le visiter, de constater son état mental et d'en faire rapport sur le champ. Il peut leur adjoindre telle autre personne qu'il désignera. *Ib*. art. 9.

87. Dans le même délai, le préfet notifie administrativement les noms, profession et domicile, tant de la personne placée, que de celle qui aura demandé le placement, et les causes du placement : — 1° au procureur du roi de l'arrondissement du domicile de la personne placée; 2° au procureur du roi de l'arrondissement de la situation de l'établissement : ces disposi-

tions sont communes aux établissemens publics comme aux établissemens privés. *Ib.* art. 10.

Quinze jours après le placement, il est adressé au préfet un certificat du médecin de l'établissement; ce certificat confirme ou rectifie, s'il y a lieu, les observations contenues dans le premier certificat (— V. *sup.* n° 86) en indiquant le retour plus ou moins fréquent des accès ou des actes de démence. *Ib.* art. 11.

88. Il y a dans chaque établissement un registre coté et paraphé par le maire sur lequel on inscrit avec différentes mentions chaque individu que l'on admet. *Ib.* art. 12.

89. Les aliénés placés dans un établissement public ont pour administrateur provisoire l'un des membres de la commission administrative de l'hospice. — Cet administrateur procède au recouvrement des sommes dues à l'aliéné et à l'acquittement de ses dettes; il passe des baux qui ne peuvent excéder trois ans, et peut même, en vertu d'une autorisation spéciale accordée par le président du trib. civil, faire vendre le mobilier. Les sommes provenant soit de la vente, soit des autres recouvremens, sont versées directement dans la caisse de l'établissement, et sont employées, s'il y a lieu, au profit de l'aliéné. Le cautionnement du receveur est affecté à la garantie de ces derniers, par privilége aux créances de toute autre nature. *Ib.* art. 31.

90. Néanmoins, sur la demande des parens de l'époux ou de l'épouse, sur celle de la commission administrative ou sur la provocation d'office du procureur du roi, le trib. civil du lieu du domicile peut, conformément à l'art. 497 C. civ., nommer, en chambre du conseil, un administrateur provisoire aux biens. Cette nomination n'aura lieu qu'après délibération du conseil de famille, et sur les conclusions du procureur du roi. Elle n'est pas sujette à appel. *Ib.* art. 32.

91. Les causes de dispense d'incapacité, d'exclusion ou de destitution, en matière de tutelle, sont applicables à l'administrateur provisoire.

92. Sur la demande des parties intéressées, ou sur celle du procureur du roi, le jugement de nomination peut en même temps constituer sur les biens de l'administrateur une hypothèque générale ou spéciale, jusqu'à concurrence d'une somme qu'il détermine. Le procureur du roi doit, dans le délai de quinzaine, faire inscrire cette hypothèque, qui ne date que du jour de l'inscription. *Ib.* art. 34.

93. Les significations à faire à l'aliéné sont faites à l'administrateur nommé par jugement.— V. *sup.* n°90.—Les significations faites au domicile peuvent, suivant les circonstances, être annulées par les trib. Il n'est point dérogé aux dispositions de l'art. 173 C. comm. *Ib.* art. 35.

94. A défaut d'administrateur provisoire, le président, à la requête de la partie la plus diligente, commet un notaire pour représenter l'aliéné dans les inventaires, comptes, partages et liquidations qui l'intéressent. *Ib.* art. 56.

95. Le trib., sur la demande de l'administrateur provisoire, ou à la diligence du procureur du roi, désigne un mandataire spécial à l'effet de représenter en justice l'aliéné engagé dans une contestation judiciaire au moment du placement, ou contre lequel une action est intentée postérieurement. Le trib. a aussi le droit, dans les cas d'urgence, de désigner un mandataire spécial à l'effet d'intenter, en son nom, une action mobilière ou immobilière. L'administrateur provisoire peut, dans les deux cas, être désigné pour mandataire spécial. *Ib.* art. 33.

96. Les pouvoirs conférés en vertu des articles précédens cessent de plein droit dès que la personne placée dans un établissement d'aliénés n'y est plus retenue. Les pouvoirs conférés par le trib. en vertu de l'art. 32 cessent également de plein droit à l'expiration d'un délai de trois ans : ils peuvent être renouvelés. Cette disposition n'est pas applicable aux administrateurs provisoires, donnés aux personnes entretenues par l'administration dans des établissemens privés. *Ib.* art. 37.

97. Sur la demande de l'intéressé, de l'un de ses parens, de l'époux ou de l'épouse, d'un ami, ou sur la provocation d'office du procureur du roi, le trib. peut nommer, en chambre du conseil, par jugement non susceptible d'appel, en outre de l'administrateur provisoire, un curateur à la personne aliénée, lequel devra veiller, 1° à ce que ses revenus soient employés à adoucir son sort et à accélérer sa guérison; 2° à ce que ledit individu soit rendu au libre exercice de ses droits aussitôt que sa situation le permettra. Ce curateur ne peut être choisi parmi les héritiers présomptifs de l'aliéné. *Ib.* art. 38.

Le curateur est une sorte de subrogé-tuteur chargé de contrôler la conduite de l'administrateur.

98. Sa nomination n'est pas précédée d'une délibération du conseil de famille. Il est inutile de la consulter, puisqu'elle a déjà donné son avis sur la nomination d'un administrateur provisoire.

Elle a lieu dans la même forme que celle de l'administrateur provisoire. Les causes d'incapacité, d'exclusion, etc., sont encore les mêmes. Arg. *ib.* art. 34.

99. L'administrateur provisoire semble ne pouvoir être nommé curateur. — La loi ne reproduisant pas cette faculté, comme elle l'avait fait pour le mandataire *ad lites*. — V. *sup.* n° 95.

100. Toutes les causes qui concernent l'aliéné placé dans

un établissement, doivent être communiquées au procureur du
roi. *Ib.* art. 40.

101. Les actes faits par cet aliéné pendant le temps qu'il
est retenu, alors même que son interdiction n'a pas été provoquée, peuvent être attaqués pour cause de démence. *Ib.* art. 39.
— Cette disposition modifie l'art. 504 C. civ.

102. Les dix ans de l'action en nullité courent à l'égard de
l'aliéné qui a souscrit les actes, à dater de la signification qui
lui en a été faite, ou de la connaissance qu'il en a eu après sa
sortie définitive de la maison d'aliénés. *Ib.* art. 39.

À l'égard des héritiers, à dater de la signification qui leur
en a été faite, ou de la connaissance qu'ils en ont eu depuis la
mort de leur auteur. *Ib.*

Lorsque les dix ans ont commencé de courir contre celui-
ci, ils continuent de courir contre les héritiers. *Ib.*

103. L'espèce de tutelle de l'aliéné cesse avec sa détention :
— 1° Lorsque les médecins de l'établissement ont déclaré sur
un registre *ad hoc* que la guérison est obtenue. — Si l'aliéné est
mineur, il est immédiatement donné avis de la déclaration des
médecins à celui sous l'autorité duquel il est placé par la loi,
et au procureur du roi. — *Ib.* art. 13.

2° Avant même que les médecins aient déclaré la guérison,
lorsque la sortie de l'aliéné est requise par l'une des personnes
ci après désignées, savoir : — 1° Le curateur nommé en exécution de l'art. 58. — V. *sup.* n° 97 ; — 2° L'époux ou l'épouse ;
— 3° S'il n'y a pas d'époux ou d'épouse, les ascendans ; —
4° S'il n'y a pas d'ascendans, les descendans ; — 5° La personne
qui a signé la demande d'admission, à moins qu'un parent n'ait
déclaré s'opposer à ce qu'elle use de cette faculté sans l'assen-
timent du conseil de famille ; — 6° Toute personne à ce autorisée par le conseil de famille. *Ib.* art. 14.

104. S'il résulte d'une opposition notifiée au chef de l'établissement par un ayant droit qu'il y a dissentiment, soit entre
les ascendans, soit entre les descendans, le conseil de famille
prononce. — Néanmoins, si le médecin de l'établissement est
d'avis que l'état mental du malade peut compromettre l'ordre
public ou la sûreté des personnes, il en est donné préalablement connaissance au maire, qui peut ordonner immédiatement un sursis provisoire à la sortie, à la charge d'en référer,
dans les vingt-quatre heures, au préfet. Ce sursis provisoire
cesse de plein droit à l'expiration de la quinzaine, si le préfet
n'a pas, dans ce délai, donné d'ordres contraires. — En cas de
minorité, le tuteur peut seul requérir la sortie. *Ib.* art. 14, § 2.

105. Le préfet peut toujours ordonner la sortie immédiate
des personnes placées volontairement dans un établissement
d'aliénés. *Ib.*

106. Le mineur n'est remis qu'à ceux sous l'autorité desquels il est placé par la loi. *Ib.* art. 17.

107. Si l'on poursuit l'interdiction de l'aliéné, on suit les formes ordinaires.—V. *sup.* § 1er.

Art. 2. — *De l'aliéné interdit.*

108. L'interdit peut aussi être placé dans un établissement public ou privé, avec les formalités indiquées. *Sup.* nos 80 à 88.

Si le placement est demandé par le tuteur, il doit en outre fournir à l'appui un extrait du jugement d'interdiction. L. 1838, art. 8, § 1.—V. d'ailleurs *ib.* art. 12.

Ce jugement est mentionné sur le registre dont il est parlé *sup.* sous le n° 88.

109. L'administration des biens de l'interdit continue d'être réglée par le Code civil.—V. *sup.* nos 63 à 70.

110. Lorsque les médecins de l'établissement déclarent que la guérison de l'interdit est obtenue, il en est donné avis immédiatement à son tuteur et au procureur du roi. *Ib.* art. 13.

L'interdit doit cesser d'être retenu dans l'établissement. *Ib.* —Mais il ne peut être remis qu'à son tuteur. *Ib.* art. 17.

111. Avant cette déclaration, la sortie ne peut être demandée que par le tuteur de l'interdit. *Ib.* art. 14 et 29.

§ 4. — *Formules.*

FORMULE I.

Requête contenant demande à fin d'interdiction.

(C. pr. 890 ; C. civ. 493. — Tarif, 79. — Coût, 15 fr.)

A M. le président du tribunal de première instance de
Le sieur , frère (*ou* autre parent) du sieur , demeurant à
ayant Me pour avoué, a l'honneur de vous exposer ce qui suit :
Le sieur , âgé de , demeurant à , est depuis tombé dans
un état de démence et d'imbécillité qui le rendent incapable d'administrer ses affaires et de gouverner sa personne. Depuis le mois de le sieur (*Détailler les faits qui caractérisent l'état habituel de démence, d'imbécillité ou de fureur.*)
Pourquoi il vous plaira, M. le président, attendu que les faits ci-dessus articulés prouvent l'état de démence du sieur , ordonner que, pour procéder à son interdiction, la présente requête et les pièces à l'appui seront communiquées à M. le procureur du roi, et commettre un de MM. les juges du tribunal pour faire, sur la présente requête, son rapport au jour que vous voudrez bien fixer.
Déclarant l'exposant, qu'il produit pour justification des faits par lui articulés, pièces, qui sont : la première, , la seconde etc.; déclarant également qu'il présente pour témoins des faits par lui articulés, les sieurs (*noms, prénoms, profession et domicile*); et vous ferez justice. (*Signature de l'avoué.*)

FORMULE II.

Requête pour faire ordonner l'interrogatoire du défendeur à l'interdiction.

(C. pr. 893. — Tarif, 76 par anal. — Coût, 2 fr.)

A MM. les président et juges du tribunal de
Le sieur , etc., a l'honneur de vous exposer que, par jugement de la chambre du conseil de la chambre de votre tribunal, en date du , il a été ordonné, avant de faire droit sur la demande en interdiction du sieur , que, pardevant M. le juge de paix de , un conseil de famille serait convoqué et assemblé pour délibérer et donner son avis sur l'état dudit sieur
Qu'en exécution de ce jugement, ledit conseil de famille a été assemblé par

devant M. le juge de paix de   , et qu'il a déclaré à l'unanimité être d'avis
qu'il y a lieu de prononcer l'interdiction dudit sieur   , ainsi que le tout est
constaté par procès-verbal, reçu par mondit sieur le juge de paix, le   , enregistré; qu'il s'agit aujourd'hui de procéder à l'interrogatoire dudit sieur
&. Pourquoi il plaira au tribunal, ordonner que le défendeur sera assigné pour
comparaître en la chambre du conseil du tribunal, au jour qu'il lui plaira d'indiquer, pour y subir l'interrogatoire prescrit par la loi,
   Si le défendeur est hors d'état de se présenter en la chambre du conseil, on
met :
   Ou commettre l'un de MM.   à l'effet de se transporter au domicile du
sieur   avec M. le procureur du roi, pour l'y interroger.
   Pour être ensuite statué et conclu ce qu'il appartiendra.
   Et ce sera justice.   (*Signature de l'avoué.*)
   NOTA. *Au bas de cette requête, le président ordonne la communication au
procureur du roi, et commet un juge pour en faire son rapport. — Le procu-
reur du roi met à la suite ses conclusions.*
   Enfin le tribunal rend un jugement en ces termes :
   Le tribunal, vu la présente requête, ensemble l'avis de famille sus-énoncé,
oui M. le procureur du roi en ses conclusions, M.   , juge en son rapport;
Vu les dispositions des art. 508 C. civ., 893; C. de pr.,
   Ordonne que par   , huissier audiencier, que le tribunal commet à cet
effet, le sieur   sera assigné à comparaître en la chambre du conseil du tribunal le   , heure de   pour y subir l'interrogatoire prescrit par la loi,
et que préalablement et en tête de ladite assignation il lui sera donné copie 1°
de la requête à nous présentée, afin de prononcer l'interdiction dudit sieur   ;
2° de l'avis du conseil de famille du   ; 3° et du présent jugement.
   Fait et jugé, etc.

FORMULE III.

Sommation au défendeur de comparaître pour subir l'interrogatoire.

(C. pr. 893. — Tarif, 29 par anal. — Coût, 2 fr. orig.; le quart pour la copie.)
   L'an   le   , à la requête du sieur   , pour lequel domicile est élu
   J'ai   (*immatricule*), soussigné, signifié, et avec celle des présentes, donné
copie au sieur   , demeurant a
   1° De la requête présentée par le requérant à M. le président du tribunal
de première instance de   , contenant demande à fin d'interdiction dudit
sieur   , les faits qui y donnent lieu, les pièces produites à l'appui, et les noms
des témoins;
   2° De la délibération des parens et amis dudit sieur   , reçue pardevant
M. le juge de paix du   , arrondissement de   , le
   3° Et du jugement rendu le   , par lequel il a été ordonné que ledit sieur
     serait interrogé conformément à la loi; a ce que du tout le susnommé n'i-
gnore; et je lui ai, en parlant comme dessus, laissé copie desdites requête, délibération du conseil de famille et jugement; ensemble du présent exploit, dont le
coût est de
   NOTA. *Lorsque la personne que l'on veut faire interdire se trouve dans une
maison de santé, il n'est pas besoin de lui déclarer le jour de l'interrogatoire;
mais lorsqu'elle doit être interrogée en la chambre du conseil, on ajoute dans
cette signification :*
   Et à pareilles requête, demeure et élection de domicile que dessus, j'ai, huissier susdit et soussigné, fait sommation audit sieur   , en son domicile et parlant comme dessus, de comparaître en personne le   , heure de   , en la
chambre du conseil du tribunal de première instance de   chambre, séant à
     , au Palais-de-Justice, pour subir devant le tribunal, en présence de M. le
procureur du roi, l'interrogatoire ordonné par le jugement sus-énoncé; déclarant
au sus-nommé que, faute par lui de comparaître, il sera statué par le tribunal ce
qu'il appartiendra, à ce que du tout pareillement le sus-nommé n'ignore, et je
lui ai, etc.

FORMULE IV.

Assignation pour entendre prononcer l'interdiction.

(C. civ. 498. — Tarif, 29 par anal. — Coût, 2 fr. orig.; le quart pour la copie.)
   L'an   le   à la requête du sieur   , pour lequel
domicile est élu en la demeure de Me   , avoué au tribunal de
sis à   , lequel occupera sur l'assignation ci-après;

J'ai   (*immatricule*), soussigné, donné assignation au sieur,
demeurant à   , en parlant à   , à comparaître après
huitaine franche suivant la loi le   . , heure de   , à
l'audience de la   chambre du tribunal de première instance de   ,
séant à   .   , au Palais-de-Justice, heure de   , pour, attendu
que l'état de démence et d'imbécillité du sieur   est complètement
prouvé, et par l'avis du conseil de famille dudit sieur   , et par
l'interrogatoire subi par ce dernier ainsi qu'il résulte du procès-verbal dressé à la
date du   dûment enregistré. — En conséquence, répondre et procéder
sur la demande d'interdiction formée contre lui , être présent , si bon lui semble,
au rapport qui sera fait par M.   , l'un des juges dudit tribunal, commissaire en cette partie, ou par tel autre de MM. les juges qui le remplacera, de la
poursuite d'interdiction provoquée contre ledit sieur   par le requérant,
pour cause de démence, et entendre ensuite prononcer son interdiction, aux termes
de la loi, et en outre nommer un administrateur provisoire des personne et biens
dudit sieur   , lui déclarant qu'il sera procédé à tout ce que dessus
tant en absence que présence ;
Et pour répondre et procéder comme de raison à fin de dépens. etc.; et j'ai, etc.

FORMULE V.

Signification du jugement d'interdiction.

(C. civ. 501. — Tarif, 29 par anal. — Coût, 2 fr. orig. ; le quart pour la copie.)
— *Cette signification a lieu dans la forme ordinaire.* — V. *sup.* Formule III.

FORMULE VI.

*Extrait du jugement d'interdiction, pour être remis au greffe du tribunal et
à la chambre des notaires.*

(C. civ. 501. — Tarif, 92 par anal. — Coût, 6 fr.)
D'un jugement de la   chambre du tribunal de première instance de
          séant à   , rendu le   , sur le rapport de M.   , juge
commis à cet effet, et sur les conclusions de M. le procureur du roi, dûment enregistré, collationné, scellé et signifié,
Il appert que le sieur   , demeurant à   , est et demeure interdit de la
gestion et administration de ses personne, biens et affaires ; en conséquence, qu'il
lui a été fait défense d'engager, vendre, aliéner ni hypothéquer aucuns de ses
biens , meubles et immeubles, de passer et signer aucuns actes, et à tous officiers
publics de les recevoir, à peine de nullité.
Et que le sieur   , demeurant à   , a été nommé administrateur provisoire
dudit interdit, en attendant l'expiration du délai d'appel , après lequel il pourra
lui être nommé un tuteur et un subrogé tuteur.
Pour extrait certifié sincère et véritable du jugement sus-énoncé, par moi,
avoué au tribunal de première instance de   , et du sieur   , ayant poursuivi l'interdiction du sieur   (*Signature de l'avoué.*)
— V. *Conseil de famille, Interrogatoire sur faits et articles.*

FORMULE VII.

*Demande adressée au chef d'un établissement public ou privé, à l'effet d'y
faire admettre un aliéné.*

(*L.* 30 *juin* 1838, art. 8.)
A M.   , directeur de la maison d'aliénés de
Le sieur   , demeurant à   , a l'honneur de vous exposer que le
sieur   (*noms, profession, âge; domicile*), son frère, est malheureusement
atteint depuis   d'une maladie mentale qui exige des soins spéciaux qui ne
peuvent lui être donnés en son domicile ;
Que cet état de maladie a été constaté par M.   , docteur en médecine,
et qu'il consiste dans la monomanie du suicide (ou autres détails); — pourquoi
il vous prie de recevoir dans votre établissement ledit sieur   .
Et à l'appui de la présente demande , l'exposant produit :
L'acte de naissance du sieur   ; son passeport en date du   (1); le
certificat délivré par M.   , médecin, etc.   (*Signature.*)

_____

(1) A défaut de passe-port, on joint toute autre pièce propre à constater l'individualité
de la personne à placer. Loi 1838. art. 8.

FORMULE VIII.

Requête à fin de nomination d'un administrateur provisoire des biens d'un aliéné non interdit.

(*L. 30 juin 1838, art. 32.*)

A MM. les juges du tribunal de
Le sieur   , etc., ayant Me   pour avoué,
A l'honneur de vous exposer que le sieur   , son frère (ou autre parent), a été placé, comme atteint d'aliénation mentale, dans l'établissement de
      ; que le conseil de famille dudit sieur   a été d'avis qu'il lui fût nommé un administrateur provisoire pour gérer ses biens et sa fortune, et de présenter au tribunal la personne de M.   pour remplir lesdites fonctions, ainsi qu'il résulte de la délibération prise par le conseil de famille, sous la présidence de M. le juge de paix, en date du   , enregistré.
Pourquoi il plaira au tribunal:
Nommer pour administrateur provisoire   la personne de M.   susnommé, ou tel autre que le tribunal jugera à propos de désigner; le tout en conformité de l'art. 497 C. civ., et de l'art. 32 de la loi du 30 juin 1838.
Nota. Les requêtes à fin de nomination d'un mandataire *ad lites*, — d'un notaire pour représenter l'aliéné dans les inventaire, compte, partage et liquidation,— et de nomination d'un curateur,— sont présentées dans la même forme.
— Pour les avis du *conseil de famille*. — V. ce mot.

INTERDICTION d'officiers ministériels. État d'un officier ministériel privé de l'exercice de ses fonctions.

1. Si l'interdiction est perpétuelle, elle prend le nom de *destitution*; si elle n'est que temporaire, on la nomme *suspension.* —V. *Discipline.*, nos 115 et suiv.

2. L'officier ministériel interdit ne peut remplir aucune fonction de sa charge, à peine de nullité de l'acte qu'il aurait fait, et des dommages-intérêts des parties.

INTERDIT possessoire.—V. *Action possessoire*, nos 13, 57.

INTÉRÊT (défaut d').—Par *intérêt*, on entend ce qui importe, ce qui convient à l'utilité ou à l'honneur des personnes.

1. L'intérêt est la base des actions; *point d'intérêt, point d'action.*—V. *Action*, nos 65 et suiv.; *Exception*, n° 7.

2. Le défaut d'intérêt est une fin de non recevoir proposable en tout état de cause, — non seulement contre la demande introduite en 1re inst., mais encore contre tous les modes de recours, tels que *Opposition, Appel, Cassation, Requête civile, Tierce-opposition.* — V. ces mots, *Jugement par défaut*, et toutefois *Femme mariée*, n° 149; *Juge de paix*, 214.

3. Doit être rejeté comme sans intérêt le pourvoi:
1° Formé contre un jugement dont le dispositif est favorable à la partie, bien que, parmi les motifs, il s'en trouve de contraires à son honneur, et que l'affiche de l'arrêt ait été ordonnée. —V. *Appel*, n° 22.

4. 2° Formé contre un jugement préjudiciel, qui rejette une exception d'incompétence proposée, lorsqu'au fond la partie obtient ensuite gain de cause. Cass. 15 janv. 1838, D. 58, 70. — Ainsi jugé à l'égard d'un préfet en matière électorale.

5. 3° Fondé sur ce que la contrainte par corps aurait été à tort prononcée contre un litis-consort, fût-ce son époux. Cass. 27 mars 1832, D. 32, 168.

6. 4° Fondé sur ce que sans statuer sur une demande en annulation d'un arrêt irrégulier, cet arrêt aurait de suite statué au fond. Il ne résulte pas du défaut d'annulation un grief pour la partie qui la requérait, attendu que la Cour aurait toujours jugé le fond comme elle l'a fait. Cass. 7 mars 1833, D. 33, 145.

7. 5° Formé sur ce que l'appel déclaré tardif, a été rejeté si les juges tout en considérant l'appel comme nul, ont néanmoins examiné et jugé le fond de l'affaire. Cass. 22 mars 1825, D. 25, 231.

8. 6' Fondé sur ce qu'on a eu dans sa propre défense, une latitude plus grande que celle que la loi comporte. Cass. 9 juil. 1834, D. 34, 307.

9. 7' Fondé sur ce que, dans le cas où une partie principale aurait présenté une demande en nullité (de mariage), l'arrêt aurait admis l'intervention d'un individu qui réclamait la même nullité ; lorsque cette nullité a été admise, non pas sur la demande de l'intervenant, mais bien sur celle de la partie principale. Cass. 8 mars 1851, D. 51, 111.

10. Dans le cas où il n'y a pas d'intérêt, la C. de cass. peut se dispenser d'examiner un moyen qui présente une question jugée précédemment et irrévocablement entre les parties par d'autres arrêts. Cass. 17 avr. 1832, D. 32, 215.

— V. D'ailleurs *Exception, Moyen nouveau.*

INTÉRÊTS (DOMMAGES-). — V. *Dommages-intérêts.*

INTÉRÊTS JUDICIAIRES.

1. Les intérêts judiciaires sont ceux qui ne courent que par l'effet d'une demande en justice ; ils sont appelés moratoires, parce qu'ils ne sont adjugés que pour compenser le retard apporté au paiement d'une créance exigible.

2. En général les intérêts moratoires ne courent pas de plein droit. — Ils ne sont dus qu'à compter du jour de la demande judiciaire qui en est faite par le créancier. — V. *Ajournement*, n° 106 ; *Commandement*, n° 16 ; *Préliminaire de conciliation.*

3. Si le créancier a négligé de réclamer des intérêts par son exploit introductif d'instance, il peut réparer cette omission dans le cours de la procédure par des conclusions incidentes. — V. *Incident.*

4. Les intérêts dans certains cas, courent de plein droit, ou par suite d'une simple mise en demeure. Ainsi : ceux des sommes dont le dépositaire ou le mandataire doivent compte, courent par la mise en demeure de restituer ou de rendre compte. C. civ. 1936 et 1996. — Et réciproquement les inté-

rêts des avances faites par le mandataire ou le dépositaire courent contre le mandant ou le déposant du jour où elles ont eu lieu. C, civ. 1947 et 2000. — Toutefois est à l'abri de la censure de la C. de cass. l'arrêt qui n'accorde au mandant que les intérêts à partir du jour de la demande des sommes omises sciemment par le mandataire dans son compte, lorsque la cour, au lieu de décider que le mandataire a fait emploi à son profit, s'est bornée à le constituer reliquataire. Cass. 15 fév. 1857 (Art. 740 J. Pr.).

5. Un acte extrajudiciaire suffit quelquefois, pour faire courir les intérêts moratoires.

Ainsi, les intérêts d'une lettre de change ou d'un billet à ordre, courent du jour du protêt. C. comm. 184, 187.

6. La demande formée par un cohéritier, contre son cohéritier devant le notaire commis pour procéder à la liquidation, est-elle une demande judiciaire ?

Pour la négative on dit : La mise en demeure de payer les intérêts de la créance ne peut résulter d'un simple dire consigné sur le procès-verbal du notaire commis. Comme incidente, la demande manque des conditions prescrites par le législateur, la signification d'un acte de conclusions faite d'avoué à avoué.

Mais on répond avec raison : Le notaire a qualité pour recevoir les dires des parties ; tout ce qui est requis devant lui porte le caractère judiciaire ; la procédure est censée continuée devant cet officier public délégué par le trib. pour le remplacer. Arg. C. pr. 976, 977 et C. civ. 837. Cass. 22 fév. 1815, P. 11, 157 ; Rolland de Villargues, v° *Partage*, n° 130, 161.

7. *Quid* de la demande en collocation, à l'égard des intérêts réclamés dans la requête de production.

Selon les uns, cette demande est insuffisante (attendu qu'elle n'est pas formée contre le débiteur qui le plus souvent n'a pas constitué avoué), pour faire courir : — 1° Les intérêts des arrérages d'une rente viagère. Peu importe même la délivrance des bordereaux, quoique le prix à distribuer soit productif d'intérêts. Cass. 17 nov. 1815, P. 13, 145.

2° Des intérêts du montant de frais d'inventaire, réclamés par un notaire. Paris, 27 mars 1824, S. 25, 193.

Selon d'autres, la demande en collocation renfermant constitution d'avoué, doit être assimilée à une demande judiciaire, qui, lorsqu'elle en contient la demande formelle, sert de point de départ pour les intérêts moratoires. Carré, n° 2604. Merlin, v° *Intérêt* § 14, n° 4.

Ainsi jugé, — à l'égard d'un usufruitier, qui avait réclamé par sa production les intérêts du montant des réparations par lui faites. Amiens, 25 fév. 1824, S. 22, 114.

En faveur d'une femme mariée, qui avait réclamé les intérêts du montant de ses reprises matrimoniales, par sa production à un ordre, ouvert sur son mari. Toulouse, 26 janv. 1853, D. 53, 203.

En faveur du créancier hypothécaire d'un failli, dont le titre ne produisait pas d'intérêts. Cass. 2 avr. 1853, D. 53, 195.

En admettant ce dernier système, nous reconnaissons,
1° Que les intérêts ne peuvent être alloués, si on n'y a pas conclu formellement, soit par exploit (— V. *Ajournement*, n° 106), soit par la requête de production ;

2° Qu'ils ne peuvent être accordés dans certains cas et pour certaines créances.

Ainsi, ils devraient être refusés dans une distribution par contribution, sur un failli, entre les créanciers chyrographaires. Arg. C. comm. 1838, art. 445. — Telle était l'ancienne jurisprudence. — V. *Faillite*, n° 84 à 86.

Dans l'usage, et par application à la déconfiture de ce qui a lieu en matière de faillite, on n'alloue jamais les intérêts des intérêts échus, — ni les intérêts des frais, soit de poursuite d'ordre ou contributions, soit de notifications aux créanciers inscrits, réclamés par l'avoué distractionnaire.

8. La condamnation à des dommages et intérêts fait-elle courir de plein droit les intérêts de ces dommages-intérêts à partir du jugement, — ou seulement de la mise en demeure ?

Suivant M. Merlin, v° *Intérêts*, § 4, n° 5, la dernière opinion doit être admise, si une somme fixe a été adjugée, et lorsque les dommages et intérêts n'ont été adjugés que suivant la liquidation qui en serait faite, les intérêts n'en peuvent être demandés qu'après cette liquidation.

Ainsi, il a été jugé que, dans le cas où l'évaluation du préjudice causé par un mandataire a fait l'objet d'une expertise, les intérêts des dommages-intérêts ne sont dus qu'à dater de la signification de cette expertise. Cass. 15 fév. 1837 (Art. 740 J. Pr.). — Dans l'espèce, le jugement avait alloué expressément les intérêts des dommages et intérêts à partir de la signification qui serait faite de l'expertise.

Mais, en l'absence d'une telle disposition, quelle serait la mise en demeure suffisante ? — Faut-il une demande en justice, un simple commandement suffit-il ? La même question se reproduit pour une condamnation de dépens. — V. *inf.* n° 9.

Suivant nous, un commandement est insuffisant. Ainsi jugé pour la réclamation formée dans un ordre, d'intérêts d'intérêts échus, que l'on prétendait avoir courus à dater du commandement fait au débiteur. — Cette prétention a été repoussée avec raison par le motif que le commandement ne peut remplacer la demande judiciaire, qui a pour but de laisser au juge le droit d'examiner si le retard de paiement.est, ou non , susceptible d'être excusé. Grenoble, 9 mars 1825, S. 25 , 510.

9. Les intérêts des dépens adjugés à celui qui a gagné son procès sont-ils dus, — soit à la partie, soit à l'avoué qui a obtenu la distraction, — soit à partir du jugement de condamnation qui les a liquidés, — soit à partir de l'exécutoire, lorsque la liquidation n'est faite que par ce dernier acte ?

Rien n'autorise à réclamer les intérêts d'une condamnation de dépens, pas plus que ceux des dommages et intérêts, sans demande judiciaire.

La partie condamnée peut toujours se libérer par l'offre.des dépens liquidés. Arg. C. civ. 1258.

Jugé, au contraire, que les intérêts de la condamnation de dépens sont dus à partir du commandement de les payer. Toulouse, 22 janv. 1829, D. 29, 168.

Mais cette décision peu motivée se trouve contredite par arg. de l'arrêt ci-dessus, Grenoble, 9 mars 1825, qui, avec raison, a reconnu qu'un commandement n'est pas l'équivalent d'une demande judiciaire. Bien plus, l'avoué distractionnaire n'a pas même le droit de réclamer contre son client les intérêts des frais et dépens. — L'art. 2201 n'est applicable aux avoués que pour les avances par eux faites comme mandataires ordinaires *ad negotia.* — V. *Avoué*, n° 165. — Il n'en est pas de même relativement aux sommes allouées à titre de dépens. L'obligation où est le client d'acquitter cette dette à son avoué rentre dans la classe des obligations , consistant dans le paiement d'une somme d'argent dont les intérêts ne sont dus que du jour de la demande, excepté dans le cas où la loi les fait courir de plein droit. C. civ. 1153. — Il n'existe aucune loi qui fasse courir de plein droit les intérêts des sommes dues à un avoué, en cette qualité, pour avances, frais de procédure, salaires, vacations, relatifs à l'instruction des affaires dont il est chargé ; on ne peut donc allouer les intérêts des frais et dépens à compter des derniers erremens de chaque procès. Motifs d'un arrêt de Cass. 23 mars 1819, S. 19, 527.

Toutefois , lorsque la partie a touché les dépens sur un commandement fait par l'avoué, elle doit, en ce cas, en rembourser les intérêts à l'avoué , à partir de la date du commandement, et non pas seulement à partir de la demande en remboursement formée par l'avoué contre sa partie : il est juste que la partie ne profite pas d'un paiement qui devait être fait à cet avoué. Nîmes, 23 fév. 1832, D. 32, 203.

10. En matière d'enregistrement, il n'est point adjugé d'intérêts moratoires à la régie pour les condamnations qu'elle obtient contre les particuliers, de même que ceux-ci n'en obtien-

nent point contre elle, si elle succombe. — V. *Enregistrement*, n° 87.

· **11.** Les notaires n'ont droit à l'intérêt des sommes avancées pour droit d'enregistrement que du jour de la demande. Cass. 30 mars 1830, et Caen, 7 juin 1837 (Art. 918 J. Pr.). — *Contrà*, Grenoble, 14 juill. 1838 (Art. 1599 J. Pr.).

12. Les intérêts échus des capitaux peuvent produire des intérêts, ou par une demande judiciaire, ou par une convention spéciale, pourvu que, soit dans la demande, soit dans la convention, il s'agisse d'intérêts dus au moins pour une année entière. C. civ. 1154.

Néanmoins, les revenus échus, tels que fermages, loyers, arrérages de rentes perpétuelles ou viagères, produisent intérêt du jour de la demande ou de la convention. — La même règle s'applique aux restitutions de *fruits* (—V. ce mot, n° 9), et aux intérêts payés par un tiers en l'acquit du débiteur. C. civ. 1155.

´ Il résulte de ces dispositions que le créancier, dans ces cas, a le droit de demander la capitalisation des intérêts échus, et d'en faire prononcer la condamnation *avec intérêts*. — Il faut prendre des conclusions formelles; la demande à fin de condamnation des intérêts échus serait insuffisante. Toullier, 6, n° 272.

13. Une demande en capitalisation d'intérêts dus en vertu d'une condamnation de 1re inst., peut-elle être valablement formée durant le cours de l'instance d'appel ?

Pour la négative on dit : Les intérêts ne sont qu'une indemnité du retard dans l'exécution d'une obligation, dès lors il ne peut être permis, au moyen d'une capitalisation, d'accorder à l'avance des intérêts d'intérêts, non encore échus et non exigibles. Cass. 14 juin 1837 (Art. 1343 J. Pr., note 1).

Mais on répond : L'appel a l'effet d'une condition suspensive; lorsqu'il est écarté, le jugement doit produire tous ses effets; il reprend toute sa force. Cass. 10 déc. 1838 (Art. 1343 J. pr.). — Dans l'espèce, il y avait eu une demande formée après le premier jugement à fin de capitalisation des intérêts de plusieurs années du capital.

14. L'intérêt légal est, en matière civile, de 5 pour cent, et en matière commerciale de 6 pour cent sans retenue. L. 3 sept. 1807. — V. toutefois *Tribunaux des colonies*.

15. Les intérêts adjugés à titre de dommages intérêts par un jugement peuvent être réduits au-dessous du taux légal. Cass. 18 mars 1817 ; P. 14, 137. — V. d'ailleurs *Dépôts et consignations*, n° 5 et 56.

16. Les intérêts des condamnations prononcées à titre de dommages-intérêts ne sont dus qu'au taux de 5 pour cent, bien que le préjudice ait été éprouvé par la masse des créanciers d'une faillite, et que les dommages-intérêts aient été fixés au marc le franc des créances de ceux qui avaient causé ce préjudice, lesquelles créances étaient commerciales. Paris, 15 juill. 1857 (Art. 1056 J. Pr.).

17. Doit-on allouer des intérêts pour deux jours seulement ? — La loi n'a pas distingué. — Quelque minime que soit la fraction d'intérêts, il est plus prudent d'en faire l'allocation que de l'omettre.

18. Peut-on poursuivre une saisie immobilière pour les intérêts échus d'un capital ou en vertu d'un exécutoire de dépens ? — V. *Saisie immobilière.*

19. Les intérêts moratoires comptent-ils pour déterminer si la demande excède ou non le taux du dernier *ressort ?* — V. ce mot.

20. Les intérêts des condamnations judiciaires se prescrivent par cinq ans. Arg. C. civ. 2277. Amiens, 21 déc. 1824, S. 25, 340 ; Bourges, 10 mars 1825, S. 26, 269 ; Limoges, 26 janv. 1828 ; S. 29, 31. Cass. 12 mars 1833, S. 33, 299 ; Amiens, ch. réun., 18 juil. 1833, D. 34, 84. — *Contrà,* Paris, 2 mai 1816, S. 24, 362 ; Bordeaux, 13 mars 1820 ; S. 22, 251 ; Agen, 18 mars 1824, S. 25, 127 ; Paris, 21 déc. 1829, S. 30, 104.

21. Au reste, cette prescription ne s'applique pas aux intérêts moratoires pendant l'existence de l'instance. Cass. 12 juill. 1836 (Art. 628 J. Pr.).

INTERLIGNE. Espace blanc qui est entre deux lignes écrites ou imprimées ; se dit aussi des mots mêmes qui sont écrits dans l'intervalle que deux lignes laissent entre elles.

1. Dans les actes des notaires il ne doit y avoir, ni interligne, ni addition. L. 25 vent. an 11, art. 16.

2. Pour qu'il y ait un interligne prohibé, il ne suffit pas que des lignes soient plus serrées que d'autres, il faut que des mots soient au-dessus d'autres mots pour achever le sens de la phrase. Cass. 20 mai 1825, D. 29, 194.

3. Par *addition,* la loi entend ce qu'on ajoute dans le vide d'un alinéa ou dans l'espace qu'on doit laisser au commencement ou à la fin d'une page.

4. L'addition de quelques mots seulement sur une ligne brisée par des points constituerait une contravention, lors même que l'addition aurait eu lieu avant la clôture de l'acte. Colmar, 1er février 1831, S. 32, 26.

5. Les mots interlignés ou ajoutés sont nuls. L. 25 vent. an 11, art. 16.

Le même article punit le notaire contrevenant d'une amende de 50 fr. réduite à 10 fr. de dommages-intérêts, et de destitution, en cas de fraude. — V. d'ailleurs *Répertoire.*

6. Les mêmes dispositions n'ont pas été reproduites à l'égard des greffiers et des officiers ministériels.

Toutefois ils doivent avoir soin de ne faire dans leurs actes ni additions ni interlignes. — V. *Exploit*, nᵒˢ 15 et 18.

7. Lorsque ces additions ou interlignes rendent les copies illisibles, l'huissier qui les signifie est passible de l'amende de 25 fr., sauf son recours contre l'avoué. — V. *Copie de pièces*, nᵒ 4 et *Huissier*.

Ces copies sont considérées comme frustratoires et restent à la charge de l'officier ministériel. Tarif, 28.

— V. d'ailleurs *Exploit*, nᵒˢ 280 à 288.

8. Dans les actes sous seing-privé, les mots *ajoutés* ou interlignés ne sont pas nuls par cela seul qu'il n'y a pas d'approbation, — s'ils sont écrits de la main de la partie qui désavoue l'interligne : écrire de sa main les mots interlignés est une approbation aussi efficace que celle dont on ferait suivre sa signature au bas de l'acte. Bordeaux, 17 juin 1829, D. 29, 205.— En cas de contestation et d'incertitude sur ce point, il y a lieu de procéder à la vérification d'écriture. *Même arrêt.*

INTERLOCUTOIRE. — V. *Jugement*.

INTERPELLATION. Demande adressée à une partie, ou à un témoin, pour en obtenir des explications sur un fait.

1. En matière civile, le défaut de réponse à une interpellation faite par le juge en forme d'interrogatoire, sur des faits et articles, peut être pris pour l'aveu du fait qui est l'objet de cette interpellation. — V. *Interrogatoire sur faits et articles.*

2. Un huissier interpelle la personne à qui s'adresse son exploit de décliner ses noms et qualités, et de désigner sa réponse s'il y a lieu.

Dans ce cas, le mot interpellation est synonyme de *réquisition*.

Interpellation en justice signifie aussi quelquefois assignation.

INTERPRÈTE juré ou traducteur assermenté (1).

1. L'interprète-juré reconnu par les autorités judiciaires ne doit pas être confondu avec les divers interprètes attachés aux ambassades ou aux ministères : ces interprètes sont sans mission près des tribunaux, à moins qu'ils n'aient été officiellement reconnus en cette qualité.

2. Dans les villes maritimes, les courtiers de commerce cumulent avec leurs fonctions celles d'interprète-juré. C. comm. 77, 80. — V. *Courtier*, nᵒ 8. — Ils doivent, indépendamment des langues étrangères, connaître ce qui tient à la construction des navires et à l'appréciation de leur portée ou capacité, la législation maritime et celle des douanes.

(1) Cet article est de M. Eugène Henrion, avocat à la Cour royale de Paris, et interprète juré près la même Cour.

5. La mission de l'interprète-juré ne se borne pas à l'interprétation *verbale*, il a souvent à *traduire*, soit intégralement (—V. *Ajournement*, n° 88), soit par analyse des pièces judiciaires ou des documens extra-judiciaires de la plus haute importance : il s'agit de déchiffrer des écritures quelquefois illisibles, d'expliquer par l'analogie ou par l'usage des abréviations étranges, de saisir la pensée fondamentale d'une phrase ou d'une clause rédigée souvent d'une manière obscure ou ambigue, de conserver à l'acte traduit sa couleur locale, de reproduire fidèlement des expressions techniques et des formules judiciaires.

4. Il n'est pas nécessaire que l'interprète soit français et jouisse des droits civils. Arg. Cass. 2 mars 1827, S. 27, 433.— Mais il doit être majeur. Arg. C. civ. 37.

5. Le candidat présente sa demande au premier président de la Cour, ou au président du trib. Il est reçu, s'il y a lieu, en qualité d'interprète-juré pour telle ou telle langue après un rapport de l'un des membres de la Cour ou du trib. qui l'a interrogé, et le ministère public entendu.

6. Il prête, en audience publique, serment de fidélité au Roi des Français, d'obéissance à la Chârté constitutionnelle, aux lois, ordonnances et règlemens, et de remplir ses fonctions avec zèle et exactitude.

7. La nomination confère à l'interprète-juré un caractère tout personnel. Il ne peut céder son titre.

8. Si un arbitre ignore la langue dans laquelle est rédigé l'acte litigieux, il doit être assisté d'un interprète-juré.

Jugé toutefois que des arbitres doivent énoncer eux-mêmes leur opinion au tiers-arbitre, et non par interprète ni truchement, ou autre personne intermédiaire. Cass. 7 flor. an 5, P. 1, 154. — V. d'ailleurs *Douane*, 15.

9. Lorsqu'il y a lieu d'interroger une partie, ou d'entendre un témoin ; qui ne sait pas parler le français, le trib. nomme l'un des interprètes-jurés pour transmettre ses réponses.

10. Dans l'usage ; et même en matière civile, l'interprète, avant de procéder à ses opérations, prête serment de bien et fidèlement remplir sa mission. — V. *Enquête*, n° 259.

Toutefois l'omission de cette formalité ne nous paraît pas devoir entraîner nullité, puisque l'interprète a déjà prêté serment lors de sa réception.

Ainsi il a été jugé que l'expert nommé par un trib. de comm. n'est pas tenu, s'il est courtier-juré, de prêter serment pour l'opération particulière dont il est chargé. Rennes, 17 août 1812, P. 10, 657.

11. L'interprète, certifie au bas de la traduction qu'elle est conforme et fidèle à l'original qu'il a paraphé et signé *ne varietur*.

12. Dans le ressort de la *Cour ou du tribunal* qui a reçu l'interprète, sa signature n'est légalisée que par le maire de l'arrondissement dans lequel est établi son domicile. — Hors du ressort. — V. *Légalisation*.

13. L'interprète n'est responsable du dommage résultant pour les tiers d'une traduction infidèle que dans le cas de fraude ou de faute grave.

14. En matière criminelle les honoraires sont réglés par le décr. 18 juin 1811, art. 16 à 25.

Le tarif, en matière civile, ne contient rien à cet égard.

INTERROGATOIRE sur faits et articles (1). Voie d'instruction par laquelle une partie cherche à obtenir de son adversaire des aveux sur des faits qui doivent influer sur la décision du procès.

DIVISION.

§ 1. — *Quand il y a lieu à interrogatoire sur faits et articles.*
§ 2. — *Époque à laquelle il doit être demandé.*
§ 3. — *Personnes que l'on peut faire interroger.*
§ 4. — *Mode de procéder à l'interrogatoire.*
§ 5. — *Effets de l'interrogatoire.*
§ 6. — *Enregistrement.*
§ 7. — *Formules.*

§ 1. — *Quand il y a lieu à interrogatoire sur faits et articles.*

1. L'interrogatoire peut avoir lieu en toutes matières, pourvu que les faits soient pertinens et concluans. C. pr. 324.

2. *Pertinens* C'est-à-dire qu'ils aient un rapport direct à la contestation, et qu'ils concernent seulement la matière dont il est question C. pr. *ib.*; — ceux qui n'ont pour but que de satisfaire à l'animosité des parties ou qui s'écartent de la cause doivent être rejetés. — V. *inf.* n° 29.

3. *Concluans.* C'est-à-dire, tels que, si la partie les avoue ou refuse d'y répondre, son aveu ou son silence puisse conduire à une décision contre elle. Pigeau, 1, 305; Berriat, 285, 313. — Ainsi, en matière de séparation de corps, une femme ne doit pas être admise à faire interroger son mari sur des faits de sévices commis envers elle. Dans ce cas, et autres semblables, l'aveu ne dispensant pas des preuves (C. civ. 307), les faits ne sont pas concluans. Thomine, art. 324, 329.

4. Les juges prononcent souverainement sur la pertinence et l'admissibilité des faits: le refus d'ordonner l'interrogatoire ne peut donner ouverture à cassation. Cass. 30 avr. 1808,

(1) Cet article est de M. Virmaître, avocat à la Cour royale de Paris.

P. 6, 58 ; 12 déc. 1827, D. 28, 54 ; 5 déc. 1852, D. 33, 146.
— V. *inf.* n° 18.

5. *En toutes matières.* Peu importe que les affaires soient
ordinaires ou sommaires ; — instruites par écrit ou à l'audience (—V. *inf.* n° 16) ; qu'elles dépassent ou non la somme
de 150 fr., que la preuve testimoniale soit ou non prohibée. Il
s'agit d'obtenir le témoignage des parties intéressées, et non
celui des tiers. Pigeau, 249 ; Favard, 5, 118.

— V. toutefois, *sup.* n° 5 ; *inf.* n°s 6 et 7.

Ainsi, l'interrogatoire sur faits et articles est admissible pour
établir un fidéi-commis tacite. Cass. 18 mars 1818, P. 14,
718 ; — pour arriver à la preuve d'une transaction verbale.
Bruxelles, 1er déc. 1810, S. 12, 19 ; — d'un congé ou d'un
bail verbal. Carré, n° 1226, note 2. Duvergier, *Louage*, n° 490;
Contra, Rennes, 6 août 1815 et non pas 1812, P. 11, 610. Arg.
C. civ. 1715. — Duranton, 17, n° 122 ; — pour annuler un
compromis surpris par dol. Turin, 4 août 1806, P. 5, 445.

6. Il peut avoir pour but de détruire l'effet d'actes privés ou
même authentiques. — Dans ce dernier cas néanmoins, si les
questions devaient porter sur un fait auquel l'officier public
confère un caractère d'authenticité, ce n'est pas la voie de
l'interrogatoire qu'il faudrait prendre, mais celle de l'inscription de faux (Demiau, p. 255 ; Favard, v° *Inscription de faux*).
Ainsi, on ne saurait exiger que le créancier fût interrogé sur
le fait de la numération des espèces, lorsque le notaire l'a attestée, mais bien sur le fait, qu'après la numération des espèces
devant le notaire, le créancier les a retirées des mains de l'em-
prunteur. Pigeau, 1, 502. -- V. *Faux*, n° 47.

7. *Quid* en matière de prescription ? — Il faut distinguer.

S'agit-il de prouver qu'une créance n'a pas été payée, l'interrogatoire ne doit pas être ordonné, si la prescription est
opposée et non déniée : elle constitue une présomption légale
de libération, qui ne peut être détruite que par le serment
dans le cas où la loi réserve cette preuve contraire. Pau,
19 nov. 1821; Rouen, 10 juin 1854 (Art. 9, J. Pr.). —
M. Vazeilles, *Prescription*, 2, n° 742, cite en faveur de l'interrogatoire dans le cas de la prescription des art. 2271, 2272,
2275 C. civ., un arrêt de Paris, du 22 août 1825, D. 25, 250;
mais cet arrêt a seulement décidé que, dans une espèce ou une
comparution de parties avait été ordonnée en première instance,
la prescription annale invoquée pour la première fois en appel,
pouvait être rejetée s'il résultait des présomptions de mauvaise
foi de l'audition de la partie qui l'opposait.

S'agit-il de prouver un fait interruptif de prescription ou
une renonciation à la prescription acquise (Paris, 18 mars 1812,

p. 10 , 225.), l'interrogatoire est admissible. Carré, art. 324 , note 5; Berriat, 312, note 2.

8. On ne saurait accueillir l'interrogatoire pour détruire des faits qui auraient acquis l'autorité de la chose jugée. Paris, 5 mai 1825, S. 26, 117.

9. L'interrogatoire peut rouler sur des faits qui tendent à découvrir le dol de la partie interrogée : par exemple sur des faits tendant à l'inculper d'usure. Liége, 15 avr. 1811, S. 14, 344 ; Berriat, 312. — Si le contraire a été autrefois jugé dans une espèce où il s'agissait d'obtenir d'une veuve la preuve des soustractions qu'elle aurait opérées dans la succession de son mari. (Parl. Normandie, 12 mars 1778 ; Merlin, v° *Compellation*, n° 4), c'est que le serment que l'on exigeait alors de la partie interrogée, la mettait dans l'alternative ou de violer la vérité , ou de découvrir sa turpitude.

10. Il est valablement ordonné , — 1° par le tribunal civil ;

2° Par le trib. de commerce. Rouen, 18 mars 1828, S. 28 , 174 ; Nîmes, 4 mai 1829, S. 30, 308 ; Carré, n° 1227 ;

3° Par le juge de paix.,

Seulement , dans ces deux derniers cas, la procédure souffre les modifications que nécessite l'absence d'avoué auprès des juridictions exceptionnelles.

11. La comparution des parties est préférable à l'interrogatoire sur faits et articles ; il y a d'abord célérité, économie des frais. La comparution a lieu en outre devant le tribunal entier ; les questions ne sont pas communiquées à l'avance à la partie interrogée , qui d'ailleurs a toujours en sa présence un contradicteur dans la personne de son adversaire : mais il est indispensable de recourir à l'interrogatoire, lorsqu'une comparution personnelle est impossible , à raison de l'éloignement ou de l'empêchement résultant d'une maladie grave.

§ 2. — *Epoque à laquelle l'interrogatoire doit être demandé:*

12. L'interrogatoire sur faits et articles suppose une instance engagée : l'art. 324 ne permet qu'aux *parties* de le demander ; or, il n'y a point de *parties* sans instance. Berriat, 315, note 8 ; Carré, n° 1228.

13. Au reste , il peut être demandé en tout état de cause , mais sans retard de l'instruction ni du jugement. C. pr. 324.

14. *En tout état de cause.* Il serait injuste d'invoquer une fin de non-recevoir contre la recherche de la vérité.

Ainsi, l'interrogatoire est valablement demandé : 1° avant même que la partie qui doit le subir ait dénié les faits allégués. Cass. 8 août 1826, S. 27, 47; — au moment même où , d'après le rôle, l'affaire vient pour être plaidée. Poitiers, 29 nov. 1851, S. 52, 137. — Le trib. a d'ailleurs le droit de surseoir à l'ordonner jusqu'à l'expiration du délai accordé pour fournir les défenses. Bruxelles , 22 juil. 1809, P. 7, 708. Carré, n° 1231; — et le plus souvent, ce n'est qu'à cette époque que l'on conclut à l'interrogatoire, comme moyen supplétif d'instruction.

15. 2° Même en appel : les parties étant replacées par l'appel dans le même état qu'en première instance , peuvent réparer toutes les omissions faites devant les premiers juges. Cass. 13 niv. an 10 ; Carré, n° 1229. — V. *Appel*, n° 296.

Par le même motif, si une partie a requis l'interrogatoire en première instance , et que son adversaire ne l'ait pas subi , celui-ci est recevable à se faire interroger en appel. Duparc-Poullain, t. 9, p. 458; Carré, n° 1230.

16. *Sans retard de l'instruction ou du jugement.* On ne doit pas avoir égard à une demande d'interrogatoire qui n'aurait pour motif que le désir de gagner du temps : c'est un conseil plutôt qu'un ordre donné aux tribunaux. Berriat, 314 ; Pigeau, 1, 229.

17. Ainsi , il convient de refuser l'interrogatoire lorsque l'instruction de l'affaire est terminée. — Après les plaidoiries des avocats et les conclusions du ministère public. Berriat, 312 ; Rennes , 12 avr. 1809 ; Cass. 30 déc. 1813, S. 15, 160. — Lorsque l'affaire est au moment d'être jugée. Bourges , 23 nov. 1830 , S. 31, 156. — Après un arrêt de partage , ou qui fixe le jour où le partage sera vidé : l'instruction est consommée par le partage d'opinions. Rouen , 11 avr. 1809 , P. 7, 487.

De même dans une instance sur l'opposition à l'exécution d'un acte , on ne saurait retarder cette exécution par la demande d'un interrogatoire. Berriat, 314 ; Turin , 12 déc. 1809, P. 7, 919.

Mais il pourrait encore être obtenu après un serment supplétif prêté en l'absence de la partie. Montpellier, 6 fév. 1810, P. 8, 85.

18. Au reste , les juges du litige apprécient d'une manière souveraine si la demande en interrogatoire est formée en temps utile. Carré, *ib.* note 2 ; Demiau , art. 324. — V. *sup.* n° 4.

Ils peuvent ordonner deux interrogatoires dans la même affaire , si le second est relatif à des faits nouveaux, ou du moins explicatifs de ceux qui ont fait l'objet du premier. Duparc-Poullain , t. 9, p. 455; Rodier, art. 1, tit. 10, ordon. 1667; Carré, n° 1235 ; Demiau , art. 324.

§ 3. — *Personnes que l'on peut faire interroger.*

19. Toutes personnes peuvent respectivement se faire interroger sur faits et articles.

Mais il faut : 1° qu'elles soient parties dans la cause ; c'est-à-dire que l'on ait pris contre elles des conclusions comme parties réellement intéressées au procès. Autrement, il serait facile, au moyen d'un interrogatoire, de se procurer des témoins, dans les cas où la preuve testimoniale est inadmissible.

2° Que la partie que l'on veut faire interroger ait la libre disposition de ce qui fait l'objet de l'interrogatoire.

20. Ainsi ne peuvent être interrogés : 1° les mineurs en tutelle, si ce n'est par l'intermédiaire de leurs tuteurs, sauf au trib. à peser leurs réponses et à y avoir tel égard que de raison, pour ne pas trop compromettre les intérêts des mineurs par suite de réponses inconsidérées. — S'il s'agit de faits d'administration, le tuteur est personnellement en cause. Dalloz, *ib.* 571, n° 3; Merlin, v° *ib.* n° 3.

21. 2° Le mineur émancipé ; — si ce n'est sur ce qui concerne l'administration de ses biens ou de son commerce. Pigeau, 1, 503.

22. La femme mariée peut, évidemment, être interrogée sur faits et articles relativement aux objets dont elle a l'administration, par exemple lorsqu'elle est séparée de biens, ou lorsque, étant mariée sous le régime dotal, elle s'est réservé de toucher annuellement ses revenus ; — ou lorsqu'il s'agit de l'administration de ses paraphernaux.

Mais *quid,* lorsque le mari est seul en cause pour actions qui concernent la dot ou la communauté ?

Selon les uns, la femme, pas plus que le mineur non émancipé, ne peut être ni mise en cause, ni interrogée sur faits et articles, relativement à des actions pour lesquelles le mari la représente. — Jugé que la femme ne peut être interrogée : — 1° A la requête du fermier sur le fait de savoir s'il a obtenu une remise sur le prix du bail consenti par le mari, encore que le fermier soutienne que la remise a été consentie par les deux époux. Caen, 10 avr. 1823, S. 25, 174; — 2° quand il s'agit d'un quasi délit, tel que le fait d'incendie reproché au mari comme locataire. — Dans l'espèce la femme n'avait pas été assignée avec le mari en dommages et intérêts. Orléans, 10 juill. 1812, P. 10, 564.

Selon d'autres, la femme commune est considérée comme partie dans l'instance relative aux biens de la communauté ou à la dot. Arg. C. civ. 1428, 1531, 1549. Pigeau, *Comm.* 1, 583.

— D'ailleurs l'intérêt éventuel qu'elle a dans la contestation autorise le juge à chercher à découvrir la vérité de la bouche des deux époux, Jousse, sur l'art. 1, tit. 10, ordon. 1667; Carré, n° 1224; Demiau ; 237.

Ainsi, l'interrogatoire de la femme commune a été ordonné pour établir l'existence :

1° D'un marché fait par un mari négociant en présence de la femme commune. Bruxelles, 11 oct. 1808, P. 7, 167;—même décision pour un fait personnel à l'épouse, et relatif à l'administration que le mari lui aurait confiée. Arg. C. civ. 1384. Thomine, n° 575.

2° D'un bail verbal d'un immeuble de la communauté. Bruxelles, 4 fév. 1813, P. 11, 103;

3° Du concours frauduleux de la femme dans un acte de société. Poitiers, 13 fév. 1827, D. 30, 49.

23. Les sociétés civiles, les unions des créanciers, et les sociétés en nom collectif, peuvent être interrogées dans la personne de tous leurs membres, de quelques-uns seulement, ou des administrateurs; celles en commandite dans la personne de tous leurs membres responsables et solidaires; celles anonymes en la personne de leurs mandataires, mais non des associés personnellement, parce qu'ils n'ont aucune part à l'administration. — V. *Société.*

24. Les administrations, les communes et établissemens publics ne pouvant être collectivement parties dans un procès, ne peuvent non plus être interrogés collectivement, et sont représentés à cet effet par un agent spécial. C. pr. 536. — V. *inf.* n° 53.

§ 4. — *Mode de procéder à l'interrogatoire.*

25. Quoique le juge ait le droit, quand il l'estime convenable, d'adresser aux parties des interpellations, et d'ordonner, en conséquence, leur comparution, il ne peut néanmoins ordonner d'office un interrogatoire sur faits et articles (Arg. C. pr. 525); s'il n'est pas demandé par les parties, on doit supposer qu'elles veulent ensevelir certaines circonstances dans le silence. — Cependant, s'il avait été ordonné d'office, la nullité serait couverte faute de l'avoir opposée devant les premiers juges. Arg. Cass. 15 vent. an 12, P. 5, 647.

26. L'interrogatoire ne peut être ordonné que sur une requête contenant les faits sur lesquels il doit porter. C. pr. 525.

Toutefois, en matière sommaire, l'interrogatoire est demandé verbalement, et c'est alors le jugement qui énonce les faits. Favard, v° *Interrogatoire;* Locré, *Esp. C. com.* t. 1, p. 452.

27. La requête ne doit pas être signifiée, ni la partie appelée avant le jugement qui admet ou rejette l'interrogatoire. Tar. 79. — V. *inf.* n° 39. — Cette requête est remise au président, qui fait lui-même son rapport, s'il n'y a pas eu de juge commis à cet effet.

28. Ce rapport est fait dans la chambre du conseil; autrement, la partie que l'on veut faire interroger pourrait, en assistant au rapport, acquérir une connaissance des faits qu'elle ne doit avoir qu'à une époque plus rapprochée de celle où elle sera interrogée. Çarré, n° 1239, note 5. — Par la même raison, le jugement se borne à décider que la partie sera interrogée sur les faits contenus en la requête, sans énoncer quels sont ces faits. Carré, *ib.*

29. Les juges peuvent se refuser à ordonner l'interrogatoire : 1° Si d'après leur conscience ils le croient inutile, surtout s'ils se réservent d'ordonner, en cas de besoin, une comparution personnelle. Cass. 11 janv. 1815. P. 12, 550.—Jugé, au contraire, que ce seul motif est insuffisant pour refuser l'interrogatoire. Nîmes, 4 mai 1829, S. 30, 587. — V. d'ailleurs *sup.* n° 4.

2° S'il n'est pas demandé dans la forme prescrite par l'art. 525 C. pr. Par exemple, si dans la requête présentée en appel à fin d'interrogatoire, on s'en réfère aux motifs énoncés dans un acte d'avoué à avoué signifié en 1re inst. Rennes, 26 déc. 1811, P. 9, 800.

50. Lorsque, au contraire, la mesure est jugée utile et les faits trouvés pertinens, le trib. ordonne qu'il y sera procédé sur les faits énoncés en la requête, et dans la forme voulue par la loi.

51. Ce jugement est prononcé à l'audience. C. pr. 325. — Le plus souvent en l'absence de la partie.

52. Est-il alors susceptible d'opposition ?

Pour la négative on dit : Il s'agit moins d'un jugement que d'une ordonnance : la partie peut bien se faire relever du défaut prononcé contre elle, mais non par la voie de l'opposition : admettre ce moyen de recours, c'est méconnaître l'esprit de la loi qui veut que l'interrogatoire soit prêté sans retard de l'instruction et du jugement, et qui ne donne que vingt-quatre heures entre la signification du jugement et l'interrogatoire à l'ajourné pour comparaître.

Mais on répond, avec raison, la partie peut obtenir un sursis en supposant des empêchemens, et si elle ne comparaît pas au jour indiqué, ne lui sera-t-il pas permis plus tard de se faire relever du défaut obtenu contre elle. Pourquoi l'obliger à se déplacer et à déplacer un juge-commissaire, si elle ne doit pas en définitive subir l'interrogatoire, si elle soutient n'être pas partie intéressée, si elle montre que les faits ne sont pas pertinens. Il vaut mieux prévenir ces incidens en recevant l'opposition conformément au droit commun. Il suffit qu'elle ne soit pas interdite pour qu'on l'admette comme complément de la défense. Bruxelles, 1er déc. 1840, S. 11, 282 ; Paris, 28 mai 1808, S. 14, 339 ; Cass. 13 niv. an 10, S. 7, 1073 ; Bruxelles, 1er déc. 1840, S. 12, 19 ; Grenoble, 27 fév. 1812 ;

Lyon, 28 janv. 1824, S. 25, 49; Montpellier, 27 déc. 1825, S. 27, 42; Paris, 5 mai 1825, S. 26, 117; Rouen, 9 fév. 1829, S. 30, 216; Angers, 14 fév. 1835 (Art. 109 J. pr.); Trib. Seine, 1re ch., 31 janv. 1837 (Art. 644 J. Pr.); Thomine, n° 576; Demiau, 259.—*Contrà*, Amiens, 26 juill. 1822, 8 avr. 1824, S. 24, 244; Rouen, 29 janv. 1825, S. 26, 118; Grenoble, 26 fév. 1851, S. 52, 85; Paris, 11 janv. 1856 et 18 déc. 1857 (Art. 407 et 1103 J. Pr.).

53. Si la partie est présente, elle peut déduire ses motifs pour empêcher d'ordonner l'interrogatoire. Paris, 28 mai 1808, D. *hoc verbo*, 578.—*Contrà*, Bruxelles, 28 fév. 1809, D. *ib.* 578.

54. Le jugement peut être considéré comme interlocutoire. — V. *Jugement.*

Conséquemment, il est susceptible d'appel, — même avant le jugement définitif. Angers, 14 fév. 1855 (Art. 109 J. Pr.). —*Contrà*, Paris, 11 janv. 1856 (Art. 407 J. Pr.), qui a décidé qu'un pareil jugement n'était rendu que pour l'instruction de la cause, et sans qu'il pût en résulter aucun préjugé sur le fond du procès, et qu'aux termes de l'art. 451 C. pr., aucun appel ne pouvait en être interjeté qu'après le jugement définitif.

55. L'interrogatoire a lieu, soit devant le président, soit devant un juge commis par lui. C. pr. 325.—Cependant, dans l'usage, cette nomination est faite par le trib. et insérée dans le dispositif, pour simplifier les frais et éviter la requête qu'il faudrait présenter au président, à fin de commission d'un juge. Hautefeuille, 480.

56. Jugé que l'ordonnance du président portant commission d'un juge est susceptible d'opposition de la part de celui qui doit subir l'interrogatoire, s'il n'a pas été présent à l'ordonnance; et que, dans ce cas, c'est au président à connaître de l'opposition. Rouen, 9 fév. 1829, S. 30, 216.

57. En cas d'éloignement de la partie qui doit subir l'interrogatoire, le président (ou le trib.) peut commettre le président du trib. dans le ressort duquel cette partie réside, ou le juge de paix du canton de cette résidence. C. pr. 326, 1035; Ordonn. 1667.

Le trib. saisi peut même, dans ce cas, autoriser le trib. de la résidence à nommer directement, soit un de ses membres, soit un juge de paix, pour procéder à l'interrogatoire ordonné. C. pr. 1035.

58. Toutefois, cette commission n'est que facultative; d'où il suit que nul, à moins d'impossibilité matérielle, ne peut se refuser à venir répondre en personne devant le juge saisi, si cela est utile pour la cause; — il a même été jugé que la qualité d'étranger domicilié hors de France ne suffisait pas pour justifier un pareil refus. Colmar, 26 avr. 1754.

39. Si le juge a été commis par une ordonnance du président, il indique au bas de cette ordonnance les jour, lieu et heure de l'interrogatoire, le tout sans qu'il soit besoin de procès-verbal contenant réquisition ou délivrance de son ordonnance. C. pr. 327.—Il est inutile de présenter requête à ce juge, à fin d'indication de jour. Le tarif d'ailleurs est muet à cet égard. Carré, n° 1244 ; Delaporte, p. 512. — Le défaut d'indication du local ne serait pas une cause de nullité, tous les actes et procès-verbaux devant être dressés au lieu où siége le tribunal. Arg. C. pr. 1040.

Mais si le juge a été commis par le jugement (— V. *sup.* n° 55), il y a lieu de lui présenter requête à fin d'indication de jour. Pigeau, 1, 251 ; Demiau, 257.

40. La partie qui doit subir l'interrogatoire peut demander une remise, sauf à supporter les dépens occasionés par le retard. Bruxelles, 11 fév. 1809, S. 14, 41 ; Carré, n° 1234.

41. Vingt-quatre heures au moins avant l'interrogatoire, on assigne à comparaître aux jour et lieu indiqués la partie qui doit subir l'interrogatoire ; en tête de l'assignation on délivre copie de la requête contenant les faits et articles du jugement qui a ordonné l'interrogatoire, de l'ordonnance de commission du juge, et de celle du juge commis.

L'interrogatoire étant personnel, l'assignation doit être donnée à personne ou au domicile réel, et non à aucun domicile élu, ni à celui de l'avoué. Paris, 8 prair. an 12, D. *hoc verbo*, 580.

42. L'assignation est notifiée par un huissier commis que désigne le juge-commissaire (C. pr. 329 ; Tar. 29-92), à peine de nullité ; en ce sens, que dans le cas de non comparution du défendeur, on ne saurait tenir pour avérés les faits énoncés dans la requête. Le trib. pourrait seulement ordonner à la partie de répondre à l'interrogatoire dans un nouveau délai, pendant lequel on réitérerait la signification irrégulière. Carré, n° 1248.

43. Le délai de vingt-quatre heures (— V. *sup.* n° 41) se compte d'heure à heure, si la signification est datée d'une heure fixe, sinon le jour est franc. Pigeau, t. 1, p. 592.

44. En cas d'empêchement légitime et de nature à se prolonger, le juge se transporte au lieu où la partie à interroger est retenue. C. pr. 528.

45. Si le jour même de l'interrogatoire la partie justifie d'un empêchement légitime pour ce jour, le juge en indique un autre, et il n'est pas besoin de nouvelle assignation. C. pr. 332.

46. Si au jour indiqué la partie ne comparaît pas ou refuse de répondre après avoir comparu, il en est dressé procès-verbal sommaire, et les faits peuvent être tenus pour avérés. C. pr. 330.

47. Néanmoins, la partie peut se refuser à répondre aux

questions qui lui sont adressées, si elles portent sur des faits non pertinens, encore bien que ces questions aient été admises par le jugement : cette faculté résulte positivement des explications données par le rapporteur au corps-législatif (— V. *édit.* Didot, p. 108 et 109); Demiau, art. 330 ; Carré, n° 1249.— Alors le juge renvoie les parties à l'audience, pour voir statuer sur le refus de réponse. Pigeau, p. 245 ; Favard, 3, 115.

48. En cas de non comparution au jour indiqué, la partie peut encore ultérieurement se présenter pour subir l'interrogatoire, et les juges sont obligés de l'entendre. Cass. 13 niv. an 10, S. 7, 1073. — Les faits cessent alors d'être tenus pour confessés; mais elle porte la peine de sa négligence, en payant sans répétition les frais du premier procès-verbal et de sa signification. C. pr. 331.

49. Celui qui a requis l'interrogatoire ne doit pas y assister (C. pr. 333), — non plus que son avoué ou tout autre représentant dont la présence pourrait troubler la partie interrogée. Pigeau, 1, 592.

50. L'interrogé n'est plus obligé, comme autrefois, de prêter serment, de dire vérité dans ses réponses, ni d'en affirmer la sincérité par serment. Florence, 19 mars 1810, P. 8, 183.

51. Les réponses doivent être faites par la partie en personne, sans qu'elle puisse lire aucun projet de réponse par écrit, ni être assistée d'un conseil. C. pr. 333.—V. *Avoué*, n° 77.

52. Elles portent non seulement sur les faits contenus en la requête, mais encore sur ceux à l'égard desquels le juge croit convenable d'adresser d'office des questions. *Ib.* — Il arrive même presque toujours que l'on réserve des questions spéciales destinées à amener la découverte de la vérité, et qui, par cela même qu'elles sont imprévues, ôtent toute possibilité à la partie interrogée de préparer une réponse mensongère. (Merlin, v° *Interrogatoire*, n° 7.) L'inconvénient des demandes prévues était tellement senti jadis, que l'ordonn. de 1667 ne voulait pas que l'on donnât connaissance à l'adversaire des questions auxquelles il aurait à répondre.

53. Les administrations, communes, ou établissemens publics quelconques, se font représenter par un fondé de procuration spéciale et authentique. Il faut que les réponses à chaque fait y soient détaillées et affirmées véritables, autrement les faits peuvent être tenus pour avérés. C. pr. 356, 1032; — sans préjudice du droit de faire interroger les administrateurs et agens sur les faits qui leur sont personnels, pour y avoir par le trib. tel égard que de raison. C. pr. 356.—Comme l'agent spécial ne peut rien changer à son mandat, il s'ensuit que le juge ne doit pas lui proposer de faits secrets. Rodier, t. 10, art. 9; Berriat, 515; Pigeau, 246 ; Carré, n° 1264.

54. Le mot *agens*, dans le sens de la loi, n'appartient ici qu'à des personnes attachées à l'établissement, même par leurs fonctions. Ainsi un avoué occupant pour un hospice et muni de son mandat spécial, n'a pas qualité pour se présenter comme l'agent de cet établissement devant le juge-commissaire, à l'effet d'y subir un interrogatoire. Toulouse, 27 juin 1838 (Art. 1238 J. Pr.). — *Contrà*, Thomine, n° 582, qui pense que si l'on n'a pas conclu à faire interroger spécialement tel agent de l'administration, celle-ci peut désigner à cet effet toute personne, pourvu qu'elle soit munie d'un mandat spécial.

55. Les réponses doivent être précises et pertinentes sur chaque fait, et sans aucun terme injurieux ou calomnieux, sinon le juge pourrait se refuser à les écrire. C. pr. 333. — Dans le cas où ils auraient été écrits, si ces termes étaient de la nature de ceux énoncés aux art. 367, 375 et 376 C. pén., la partie serait recevable à demander réparation; le trib. aurait même le droit de l'ordonner d'office. C. pr. 1036; — Le jugement qui prononcerait la réparation ordonnerait la radiation des termes injurieux ou calomnieux, et sa mention en marge de l'interrogatoire. Pigeau, 1, 592.

56. Si la partie déclare ne pas se rappeler les faits, le juge apprécie la bonne ou la mauvaise foi qui préside à cette déclaration, et le trib. décide d'après les circonstances. Arg. L. 142. D. R. J.; Rodier, t. 10, art. 9.

57. Les réponses doivent être écrites séparément les unes des autres.

58. L'interrogatoire achevé, il en est donné lecture à la partie, et elle doit être interpellée de déclarer si elle a dit vérité et persiste. Si elle ajoute à sa déclaration, l'addition est rédigée en marge ou à la suite de l'interrogatoire : elle lui est lue; la même interpellation lui est faite; elle signe l'interrogatoire et les additions, sinon mention est faite qu'elle ne sait ou ne veut signer. C. pr. 334, 271; Tar. 70.

59. La partie qui veut faire usage de l'interrogatoire le fait lever et signifier, sans qu'il puisse être un sujet d'écriture de part ni d'autre. C. pr. 335; Tar. 70. — V. *inf.* n° 60.

60. Les frais de l'interrogatoire sont supportés en définitive par la partie qui succombe dans l'instance (Merlin, v° *Interrogatoire*; Carré, n° 1263). Autrefois ils l'étaient par celui qui avait requis l'interrogatoire. Ord. 1667, tit. 10, art. 10.

§ 5. — *Effets de l'interrogatoire.*

61. Les aveux résultant de l'interrogatoire sont réputés aveux judiciaires, et en produisent les effets. — V. *Aveu*, n°s 1, 7 et suiv.

62. La partie peut tirer des réponses de l'interrogatoire telles conséquences qu'elle juge convenables ; notamment argumenter contre son adversaire des contradictions qui s'y manifestent.

63. Toutefois, en principe, *l'aveu* est indivisible. — V. ce mot, n°s 11 et 12.

Ainsi, je reconnais que je vous ai emprunté 1000 fr., mais je soutiens en même temps vous les avoir rendus ; vous ne pouvez accepter la première partie de mon aveu et rejeter l'autre.

64. Le principe de l'indivisibilité de l'aveu cesse d'être applicable :

1° Si l'un des membres de l'aveu n'offre ni connexité ni défense relativement à l'autre. Douai, 15 mai 1856 (Art. 478 J. Pr.). — Par exemple, si j'avoue le prêt d'une certaine somme, en prétendant d'autre part avoir sur votre propriété un droit de servitude. Boncenne, 2, 481.

Mais si de deux faits compris dans un aveu, et qui ne se rapportent ni au même temps, ni au même objet, l'un sert de défense à l'autre, c'est-à-dire si en avouant le fait d'où naît l'action intentée contre moi, j'en ajoute un autre qui tend à neutraliser le premier, mon aveu sera indivisible, bien qu'il n'y ait pas de connexité. Par exemple, je mentionne dans une lettre un prêt d'argent que vous m'avez fait, et je rappelle que votre père me devait telle somme. Boncenne, 2, 481. — V. d'ailleurs *inf.* n°s 66 et 69.

65. 2° Lorsque la portion contestée se trouve combattue par une présomption légale (C. civ. 762, 908, 911), ou lorsque l'une des parties de l'aveu choque ouvertement la vraisemblance, et dégénère en absurdité. Boncenne, 2, n° 480. — V. d'ailleurs *Aveu,* n° 12.

66. Lorsqu'un notaire avoue avoir reçu le mandat de présenter à l'enregistrement une déclaration de command dans les 24 heures de l'adjudication, et l'avoir remise au receveur dans ce délai, les trib. ont pu, sans diviser son aveu, le considérer comme mandataire, et néanmoins décider qu'il a remis la déclaration après le délai, lorsque ce dernier fait est constaté par la date de l'enregistrement. Cass. 22 déc. 1835 (Art. 526 J. Pr.).

67. L'interrogatoire diffère du serment décisoire. Cass. 9 fév. 1808, P. 6, 493 :

68. Si les réponses faites peuvent former une preuve décisive contre l'interrogé, elles ne sauraient en former une en sa faveur. Pothier, *Obligations,* n° 826 ; Berriat, 548.

69. Si les aveux rendent vraisemblables les faits sur lesquels le trib. cherche à s'éclairer, ils peuvent être considérés comme un commencement de preuve par écrit propre à faire ad-

mettre la preuve testimoniale. C. civ. 1547; Cass. 20 fruct.
an 12; 6 avr. 1856 (Art. 426 J. Pr.); Merlin, *Rép.*, v° *Suppression de titres*; Carré, n° 1262; Toullier, 9, n° 116. —
Contrà, Thomine, art. 335.

Dans ce cas même les réponses de la partie peuvent être
scindées sans qu'il y ait violation du principe de l'indivisibilité
de l'aveu judiciaire, et par conséquent violation de l'art. 1356
C. civ. Cass. 6 avr. 1856.

70. L'audition de la partie n'est donc pas un obstacle à la
preuve testimoniale des mêmes faits qui ont formé la base de
l'interrogatoire, ou à la délation d'un serment décisoire. Carré,
p. 774; Favard, t. 3, p. 115; Cass. 6 frim. an 13, 9 fév.
1808, S. 8, 214; Turin, 1er mai 1810.

71. Le trib. pourrait même ordonner une instruction par
écrit à propos d'un interrogatoire demandé. L'art. 335 C. pr.
prohibe seulement les écritures que les parties se permet-
traient elles-mêmes à l'occasion de l'interrogatoire. Favard, 3
117; Chauveau, n° 37; Dalloz, p. 577. — *Contrà*, Carré,
n° 1264; Berriat, 51, note 32.

72. On ne peut tirer avantage, — 1° des aveux d'un tuteur
contre son mineur, à moins qu'il ne s'agisse de faits personnels
au tuteur. Berriat, 317.

2° Ni des réponses de l'agent contre une administration.
Pigeau, *Comm.*, 1, 250. — V. *sup.* n° 20 et suiv.

§ 6. — *Enregistrement.*

75. Les procès-verbaux d'interrogatoire sur faits et articles,
devant les trib. de 1re inst. ou de commerce, sont soumis au
droit fixe de 3 fr. LL. 22 frim. an 7, art. 68, 28 avr. 1816,
art. 44.

Les *significations d'avoué à avoué, requêtes et ordonnances*, sont
soumises aux droits ordinaires établis pour ces différens actes.
— V. ces mots.

§ 7. — *Formules.*

FORMULE I.
Requête pour être autorisé à faire interroger sur faits et articles.

(C. pr. 324. — Tarif, 79. — Coût, 15 fr.)

A MM. les président et juges, etc.

Le sieur   etc., expose que le sieur   a formé contre lui,
par exploit du   , en date du   , une demande à fin de paiement
de la somme de

Que le sieur   n'a d'autre moyen de se défendre de cette demande
qu'en faisant interroger le sieur   sur les faits qui suivent (*énoncer
les faits*);

Pourquoi, et attendu que tous ces faits sont pertinens et concluans, il vous
plaira MM., permettre au sieur   de faire interroger ledit sieur
sur les faits et articles ci-dessus énoncés, pardevant M. le président, ou celui de
MM. les juges qu'il lui plaira commettre à cet effet; et vous ferez justice.

(*Signature de l'avoué.*)

FORMULE II.

Requête au juge-commissaire pour obtenir l'indication du jour de l'interrogatoire.

(C. pr. 327. — Tarif, 76 par anal. — Coût, 2 fr.)

A M.   juge au tribunal de   , commis à cet effet.
Le sieur   ayant Me   pour avoué.
A l'honneur de vous exposer que par jugement rendu en ce tribunal le
vous avez été commis pour procéder à l'interrogatoire sur faits et articles du
sieur
Pourquoi il vous plaira, M. le juge-commissaire,
Indiquer les jour, lieu et heure auxquels il vous conviendra de procéder au
dit interrogatoire, et ce sera justice.

(*Signature de l'avoué.*)

Ordonnance. — Nous, juge-commissaire, indiquons le   heure
de   , en la chambre du conseil, pour procéder à l'interrogatoire dont
s'agit. — Et sera l'assignation donnée au sieur   par   que nous
commettons à cet effet.
Fait en notre cabinet à   le

(*Signature du juge-commissaire.*)

FORMULE III.

Requête pour faire commettre un juge pour faire l'interrogatoire sur faits et articles, si le jugement a omis de le faire.

(C. pr. 325. — Tarif, 76 par anal. — Coût 2 fr.)

A M. le président du tribunal de
Le sieur   etc., expose que, par jugement rendu en votre chambre
le   dûment enregistré, il a été ordonné que le sieur   serait
interrogé sur les faits et articles énoncés audit jugement, soit par vous, M. le président, soit par l'un de MM.   que vous commettriez;
Pourquoi il vous plaira, M. le président, commettre l'un de MM. les juges de
votre tribunal, à l'effet de procéder audit interrogatoire, si mieux vous n'aimez
indiquer les jour, lieu et heure auxquels il sera procédé devant vous, et, dans ce
dernier cas, commettre l'huissier qui donnera l'assignation; et vous ferez justice.

(*Signature de l'avoué.*)

Nota. *Le président commet un juge au bas de cette requête.*

FORMULE IV.

Signification de la requête et des ordonnances du tribunal, du président et du juge commis.

(C. pr. 329. — Tarif, 29. — Coût, 2 fr. orig. : 50 c. cop.)

L'an   le   , à la requête du sieur   , demeurant à   .
pour lequel domicile est élu en la demeure de Me   , avoué au tribunal
de   , sis à   , lequel occupera sur l'assignation ci-après, j'ai
(*immatricule de l'huissier*), commis à cet effet, soussigné, signifié, et avec celle
des présentes donné copie à
1° De la requête contenant les faits et articles sur lesquels le sieur   a demandé à être autorisé à faire interroger le sieur   ; ladite requête en date
du
2° D'un jugement rendu sur ladite requête, en la   chambre du tribunal
de   , le   , enregistré, portant permission de faire procéder audit
interrogatoire;
3° D'une ordonnance de M. le président du tribunal   , en date du   ,
enregistrée, étant au bas d'une requête à lui présentée le   ; ensemble de
ladite requête, par laquelle ordonnance il a commis M.   pour faire l'interrogatoire sur faits et articles dont s'agit;
(1) 4° Et de l'ordonnance en date du   , contenant indication par mondit
sieur   des jours, lieu et heure auxquels il procédera à l'interrogatoire.

_____

(1) *Si le jugement a nommé le juge-commissaire*, on met : **D'une** ordonnance de
M. le juge-commissaire étant au bas de la requête à lui présentée, portant indication, etc.

A ce que du tout le surnommé n'ignore, et à pareilles requêtes, demeure, élection de domicile et constitution d'avoué que dessus, j'ai, huissier susdit et soussigné, donné assignation au sieur   , en son domicile, et parlant comme dessus, à comparaître en personne le   , heure de   , en la chambre du conseil du tribunal de   , séant à   , pardevant mondit sieur   , juge au tribunal, commissaire en cette partie, pour subir l'interrogatoire sur les faits et articles qui sont détaillés en la requête ci-dessus énoncée ; lui déclarant que, faute par lui de comparaître et subir ledit interrogatoire, lesdits faits et articles seront tenus pour confessés et avérés ; se réservant, le sieur   , de prendre par la suite telles autres conclusions qu'il appartiendra ; à ce que du tout il n'ignore, et je lui ai, domicile et parlant comme dessus, laissé copie, certifiée sincère et véritable, et signée de M^e   , avoué, des requêtes, jugement et ordonnances sus-énoncés, et du présent exploit, dont le coût est de

(*Signature de l'huissier.*)

FORMULE V.

Procès-verbal d'interrogatoire.

L'an   le   , heure   , au greffe du tribunal de première instance de   , séant à   , et pardevant nous, juge audit tribunal   , nommé à l'effet de procéder à l'interrogatoire ci-après, par jugement dudit tribunal du   assisté de   , greffier.

A comparu le sieur   , demeurant à   , lequel nous a dit qu'il se présente en exécution dudit jugement et de notre ordonnance du   , pour satisfaire à l'assignation à lui donnée en vertu d'iceux, à la requête du sieur   par exploit de   , huissier, en date du   , à l'effet de subir interrogatoire sur les faits et articles insérés en la requête sur laquelle a été rendu ledit jugement, et autres sur lesquels il nous plaira l'interroger d'office ; desquelles comparution et offres il nous a demandé acte ; et a signé. (*Signature.*)

Sur quoi, nous   , juge-commissaire susdit, avons audit sieur   donné acte de ses comparution et réquisition, pour lui servir ce que de raison ; et avons à l'instant procédé audit interrogatoire ainsi qu'il suit :

Enquis de ses noms, surnoms, âge, qualités et demeure,

A dit se nommer, etc.

Enquis en quel temps et où il a fourni au sieur   etc.

A répondu, etc. (*rapporter littéralement les demandes et les réponses*).

Enquis d'office si   ., a répondu, etc.

Lecture à lui faite de son interrogatoire ci-dessus et de ses réponses, a dit lesdites réponses contenir vérité, y a persisté, déclarant n'avoir ni à ajouter ni à diminuer, et a signé avec nous et notre greffier. (*Signatures.*)

NOTA. Au lieu de faire précéder chaque interrogation et chaque réponse des mots : *enquis de, a répondu*, on met quelquefois : *demande, réponse*, en ayant soin toujours de distinguer les demandes faites d'office de celles indiquées par la partie.

La signification de ce procès-verbal se fait par acte d'avoué à avoué dans la forme ordinaire.

INTERRUPTION D'INSTANCE. — **V.** *Péremption.*

INTERRUPTION DE POURSUITES EN MATIÈRE D'ENREGISTREMENT. — **V.** ce mot, n° 104.

INTERVALLE. — **V.** *Blanc, Interligne.*

INTERVENTION (1). Action de s'introduire dans une instance pendante entre deux ou plusieurs parties, pour prendre part aux débats, et faire statuer par le même jugement sur les droits et l'intérêt que l'on prétend avoir dans l'affaire.

DIVISION.

§ 1. — *Des différentes espèces d'interventions.*

___

(1) Cet article est de M. Allenet, avocat, ancien principal clerc d'avoué à Paris.

§ 1. — *Des différentes espèces d'interventions.*

1. L'intervention est volontaire ou forcée.

2. *Volontaire.* — V. *inf.* § 2 et les suivans.

3. *Forcée.* — Elle a lieu soit en 1ʳᵉ inst., soit en appel, lorsqu'un tiers a un intérêt semblable et identique à celui d'une autre partie, et qu'il pourrait former tierce opposition au jugement.— V. *Jugement commun (demande en déclaration de)* et *Femme mariée,* n° 25.

§ 2. — *Personnes qui peuvent intervenir.*

4. Pour pouvoir intervenir, il faut avoir *droit* et *qualité.*

5. *Droit.* L'intérêt est, dans tous les cas, la mesure des actions. On a donc le droit d'intervenir dans une contestation, toutes les fois qu'on a intérêt à être en cause.

6. Ainsi, peuvent intervenir : 1° celui dont la chose, les droits ou la qualité sont l'objet des prétentions respectives des parties, ou l'occasion du procès.

7. 2° Celui qui veut prévenir l'action en *garantie* à laquelle il est exposé. — V. ce mot.

8. 3° Celui qui succède entre vifs aux droits de l'une des parties, lorsque celle-ci a continué de procéder. Cette partie n'ayant plus d'intérêt personnel dans la contestation, pourrait se défendre mal : il est juste de permettre à son ayant-cause de prendre sa place ; ce qu'il fait en notifiant à la partie adverse le titre en vertu duquel il succède, et en demandant d'être subrogé dans l'instance aux lieu et place de la partie qui lui a transmis ses droits. Pigeau, 1, 479 ; — Mais l'adversaire peut exiger que celle-ci reste en cause : la circonstance qu'elle a transmis ses droits, n'empêche pas qu'en cas de perte du procès, elle ne soit personnellement tenue des frais qu'elle a occasionnés, et de la restitution des fruits par elle perçus pendant sa possession. Pigeau, *ib.*

9. 4° Les créanciers, dans les instances où leurs débiteurs sont en cause : ils ont intérêt à veiller à la conservation de leurs droits. Arg. C. civ. 1166, 882, 2225 ; Cass. 10 août 1825, S. 26, 6. — Spécialement, dans une instance en reddition de compte. C. pr. 556. — V. *Tierce-opposition.*

10. De même peuvent être reçus intervenans :

1° Le cessionnaire d'une créance, dans une instance relative à cette créance, pendante entre le cédant et le débiteur, quoiqu'il n'ait pas encore fait signifier son intervention au débiteur, alors que, dans sa requête, il a signifié ces titres à ce dernier. Douai, 17 déc. 1813, P. 11, 838.

11. 2° Quand bien même il n'aurait pas offert de supporter les frais de cette intervention. Bordeaux, 14 avr. 1828, S. 28, 221.

12. Mais les créanciers d'un débiteur, qui n'attaquent point un jugement comme ayant été l'effet d'une collusion frauduleuse, et qui n'articulent aucuns faits à cet égard, ne peuvent intervenir qu'en faisant usage des mêmes voies qui seraient ouvertes au débiteur lui-même. Orléans, 5 mars 1823 ; Dalloz, 9, 585.

13. Au contraire, on a admis l'intervention : 1° du créancier à qui un immeuble était affecté par antichrèse,—dans une instance en nullité de la vente faite par le propriétaire postérieurement à l'antichrèse. Cass. 7 mars 1820, S. 20, 290.

14. 2° D'un créancier inscrit sur un immeuble saisi, à qui la notification prescrite par l'art. 696 C. pr. avait été faite,—dans l'instance relative à la validité des poursuites pendantes entre le poursuivant et le saisi. Cass. 26 déc. 1820, S. 22, 37. — V. *Saisie immobilière.*

15. 3° De celui qui serait chargé de payer un legs, si un testament était déclaré valable,—dans la cause où l'on demande la validité de ce testament. Cass. 23 pluv. an 9 ; Berriat, 520, note 4.

16. Mais celui qui se prétend propriétaire d'objets mobiliers saisis ne peut être reçu intervenant, pour les revendiquer, dans l'instance existante entre le saisissant et le saisi sur la validité de la saisie : il est tenu d'exercer la revendication dans la forme prescrite par l'art. 608 C. pr. Cette voie lui est toujours ouverte, en quelques mains que passent les meubles. Par conséquent, son intervention est sans intérêt. Poitiers, 21 août 1832, S. 32, 444. — V. *Saisie-exécution.*

17. En général, l'intérêt doit être né et actuel. —V. *Action,* n° 66. —V. toutefois *inf.* n° 24.

18. On a déclaré non recevable, attendu qu'elle n'était pas relative aux intérêts généraux que la communauté a qualité de défendre, et que la décision à intervenir n'oblige que des individus isolés, l'intervention, — 1° de la communauté des avoués dans un débat où le ministère public contestait à l'un d'eux le droit de plaider certaines causes. Aix, 2 août 1825, S. 26, 255. — *Contrà,* Metz, 28 janv. 1826, S. 26, 299.

19. 2° De syndics des avoués et des huissiers, dans une

instance entre un avoué et un huissier, concernant des émolumens de copies de pièces. Nanci, 25 juill. 1833; Paris, 9 fév. 1833 (Art. 4 et 504 J. Pr.).

20. 3° De la chambre syndicale des courtiers de commerce comme partie civile, sur les poursuites exercées contre les courtiers qui auraient enfreint les devoirs de leur profession, soit en accordant des remises de droits de courtage, soit en s'intéressant personnellement à des actes de commerce. Cass. 29 août 1834, S. 35, 221. — Toutefois, on opposait, notamment dans ce dernier cas, que les faits imputés aux prévenus devaient causer un préjudice évident à la communauté des courtiers, soit en aliénant la confiance du public, soit en monopolisant les profits entre les mains de quelques-uns de ses membres, soit en faisant baisser le prix des charges.

21. On a, au contraire, reçu l'intervention :

1° Des avocats d'un trib., même en appel, sur la demande d'un avoué, tendante à être admis à plaider certaines causes. Nîmes, 20 déc. 1833, S. 34, 150. — Le ministère public, dans l'espèce, avait conclu à l'admission de l'intervention, et les parties en cause ne s'y étaient point opposées.

22. 2° De la chambre des notaires dans une instance où l'on contestait à un notaire de l'arrondissement le droit de procéder, en sa qualité, à des ventes d'une certaine nature. Colmar, 30 janv. 1827, S. 27, 154.

23. 3° De la chambre des huissiers en pareil cas. Colmar, 27 mai 1837 (Art. 896 J. Pr.).

24. Un intérêt futur et conditionnel peut suffire pour autoriser l'intervention. Favard, v° *Intervention*, n° 1 *bis*; Dalloz, *ib.*, 1re sect., n°. 6; Thomine, art. 359. —V. *Action*, n° 67.

Ainsi, 1° lorsqu'une mère remariée, et non maintenue dans la tutelle de son enfant du premier lit, a introduit tant en son nom que dans l'intérêt de cet enfant, une instance tendant à obtenir la réduction des avantages indirects faits par elle à son second époux, le tuteur de cet enfant peut intervenir dans cette instance, tant pour y requérir au besoin des actes conservatoires de ses droits éventuels, que pour suppléer au défaut de qualité de la mère qui, n'étant pas tutrice, procédait dans l'intérêt du mineur. Turin, 19 août 1807, S. 9, 118; Cass. 27 mars 1822, S. 22, 345; 25 janv. 1832, S. 52, 155 ;

2° Celui qui n'est pas créancier actuel du mari, qui a contre lui des droits éventuels auxquels la séparation de biens, demandée sans fraude par la femme, pourrait porter préjudice, est recevable à intervenir dans ce procès en séparation, bien que le mari défende lui-même sérieusement à la demande. L'art. 1447 C. civ. doit être expliqué par l'art. 1180 du même Code, et les art., 466 et 474 C. pr. Cass. 28 juin 1808, S. 22, 542 ; Carré, n° 1681.

25. L'intérêt s'entend non seulement de l'intérêt pécuniaire, mais encore de l'*intérêt d'honneur.*

Ainsi, celui qui se prétend injurié ou diffamé dans des mémoires imprimés et signifiés dans un procès où il n'est point partie, a le droit d'intervenir dans ce procès pour demander la suppression de ces mémoires. En effet, d'après l'art. 1036 C. pr., les trib., suivant la gravité des circonstances, peuvent, dans les causes dont ils sont saisis, prononcer, *même d'office,* des injonctions, *supprimer des écrits*, les déclarer calomnieux, etc. — On oppose que cet article ne s'applique qu'aux parties en cause ; que l'intervenant n'a pas, dans ce cas, un intérêt direct à l'objet même du procès, et que, quel que soit le jugement, il ne peut préjudicier à ses droits. — Mais on répond : Si les droits de l'offensé restent entiers en ce sens qu'il peut toujours, par une action directe et séparée, poursuivre et obtenir réparation, cette réparation est bien plus complète et plus efficace lorsqu'elle ressort de la cause même qui a donné occasion à l'injure. D'ailleurs, ce n'est que par l'intervention qu'il est recevable à faire supprimer immédiatement de la procédure les mémoires calomnieux, et à empêcher que les traces du délit ne disparaissent. En outre, l'injure n'est pas toujours le fait de la partie ; elle peut provenir de l'avoué. Or, cet officier ministériel n'est justiciable que des magistrats sous la surveillance desquels il est placé. Thomine, art. 1036, n° 586. — *Contrà*, Favard, *Rép.*, v° *Intervention*, n° 1 *bis*. — V. d'ailleurs *inf.* n°s 73 et 74 ; *Responsabilité.*

26. Ainsi a été admise l'intervention d'un notaire qui se plaignait de la production d'un mémoire contenant des allégations attentatoires à sa réputation d'officier public. Amiens, 15 mars 1835, D. 55, 225.

27. Les notaires peuvent également être reçus intervenans dans des procès où leurs actes sont attaqués par la voie de faux. Paris, 29 juin 1826, S. 27, 89.

28. L'intervention n'est utile qu'en faveur des *tiers ;* elle ne saurait avoir d'objet pour celui qui est déjà partie dans la cause, ou qui a été dûment appelé.

Jugé qu'un créancier d'une succession bénéficiaire, déjà partie dans l'instance du bénéfice, peut opposer des exceptions aux demandes de reprises ou de créances, soit d'une veuve, soit de créanciers, par un simple acte d'assignation à l'audience, sans intenter une demande principale, en conformité de l'art. 64 C. pr., ou sans présenter une requête d'intervention, aux termes de l'art. 539 C. pr. Rennes, 18 mai 1811, P. 9, 334, Carré, art. 539, note 5, n° 2.

29. *Qualité.* Intervenir, c'est ester en jugement : il faut donc être capable et maître de ses droits et actions. — V. *Action*, n° 109 et suiv.

30. En conséquence, est non recevable l'intervention formée par un fondé de pouvoir au nom du mandant. Cass. 6 juill. 1811, S. 44, 189. — V. *Exploit*, n° 52.

Mais il en est autrement de celle formée par un prête-nom, en son nom particulier ; toutes poursuites ou actions exercées par lui sans fraude, sont régulières, surtout en matière commerciale, à l'égard du véritable ayant-droit, qui se substitue valablement à son prête-nom, en tout état de cause, même à l'audience, sans qu'il soit nécessaire d'une requête en intervention. Cass. 2 janv. 1828, S. 28, 319 ; Toulouse, 22 fév. 1828, S. 28, 262 ; Bordeaux, 21 nov. 1828, S. 29, 253.

51. L'incapable peut, dans certains cas, intervenir sans son représentant légal. Ainsi, lorsqu'un tuteur demande contre son pupille des moyens coercitifs pour le contraindre à se rendre dans une demeure désignée, ce mineur est recevable à intervenir sans autorisation. Arg. C. civ. 582 ; Corse, 31 août 1826, S. 28, 56.

— V. d'ailleurs *Faillite*, n° 62.

52. Le nouveau tuteur nommé par délibération du conseil de famille, en remplacement du tuteur destitué, peut-il intervenir dans l'instance d'homologation de la délibération, quoiqu'il n'ait pas fait partie du conseil ? — Le doute vient de l'art. 449 C. civ., qui ne parle que des parens qui ont requis la convocation du conseil de famille. Mais les termes de cet art. ne sont qu'énonciatifs, et l'on doit accueillir tous les moyens de connaître les faits qui intéressent la personne et les biens du mineur. Angers, 29 mars 1821, S. 21, 260.

53. Le subrogé-tuteur a qualité pour intervenir dans toute instance introduite par le tuteur dans l'intérêt du mineur ou de l'interdit ; sa présence ne peut jamais nuire à ce dernier, et peut quelquefois lui être profitable. Grenoble, 12 fév. 1835 (Art. 274 J. Pr.). — V. toutefois *inf.* n° 79.

54. L'admission d'une intervention ne peut être attaquée, lorsqu'elle n'a causé aucun préjudice.

Spécialement, n'est pas susceptible du recours en cassation la décision qui a mal à propos admis l'intervention d'un tiers, sur une action en nullité de mariage, alors que l'annulation du mariage a été prononcée sur la demande même de l'autre contractant. Cass. 8 mars 1831, D. 51, 111.

§ 5. — *Procédure.*

55. L'intervention a lieu devant le trib. saisi de la contes-

tation ; le privilége de *committimus* qui permettait à l'intervenant d'attirer l'affaire devant un autre trib. n'existe plus.

56. Elle est recevable : 1° devant les trib. de commerce ;
2° Devant les justices de paix ;
3° Devant les arbitres.

La loi ne fait aucune distinction, et c'est surtout dans ces
trib. qu'il importe de simplifier la procédure et d'économiser
les frais.

L'intervention dans ces divers cas doit être formée par exploit signifié au domicile réel des parties, et non pas au domicile d'un agréé, ni à un domicile élu. Carré, n° 1267 ; Lepage,
223 ; Thomine, n° 587.

57. Les demandes en intervention sont dispensées du *préliminaire de conciliation.* C. pr. 49-3°. — V. ce mot.

58. L'intervention devant la juridiction ordinaire de 1re inst.
ou d'appel, est formée par requête contenant les moyens et
conclusions. Cette requête est grossoyée et signifiée d'avoué à
avoué, en autant de copies qu'il y a de parties intéressées à
combattre l'intervention. Chaque copie doit être précédée de
celle des pièces justificatives. C. pr. 339 ; Tar. 75.

59. Seraient insuffisantes de simples conclusions verbales
prises à l'audience et sans dépôt des titres justificatifs. Arg.
C. pr. 339.

Cette disposition s'applique également aux interventions sur
Saisie immobilière. — V. ce mot.

40. En matière sommaire, la requête ne contient que des
conclusions motivées. C. pr. 406.

41. La requête n'est pas nulle par cela seul que la copie
signifiée n'est pas accompagnée de la copie des pièces justificatives : ce serait suppléer une nullité que l'art. 339 C. pr. n'a
point prononcée. — Seulement, il peut être interdit à l'intervenant de plaider, jusqu'à ce qu'il ait donné copie des pièces
sur lesquelles il fonde son intervention. Rennes, 26 juin 1815,
21 juin 1817, P. 12, 781 ; 14, 304, Carré, 1, 801, note 1re.
— V. *Ajournement*, n° 89.

42. Cette copie est alors donnée à ses frais (Arg. 65 C. pr.) ;
et si elle n'est pas donnée en temps utile, l'intervention doit
être rejetée. Berriat, 321, note 12.

43. Si le défendeur n'a pas d'avoué constitué, la requête en
intervention ne peut être signifiée qu'à personne ou domicile.
Des auteurs pensent que c'est le cas d'obtenir contre le défaillant un jugement de jonction qu'on lui ferait signifier en le
réassignant. Mais cette marche serait irrégulière et dispendieuse.
Irrégulière, car l'intervenant ne pourrait pas réassigner une
partie qui n'aurait pas reçu de lui une première citation : *dispendieuse,* puisqu'on surchargerait la procédure d'un jugement

30.

par défaut, sans avoir mis la partie défaillante en demeure de le prévenir. Dalloz, v° *Intervention*, sect. 5, n° 8.

44. La requête ne doit pas être présentée au juge et répondue par une ordonnance, comme on l'exigeait autrefois. — Cette formalité n'est point nécessaire pour les requêtes sur lesquelles doit s'engager un débat contradictoire suivi d'un jugement. Carré, n° 1272 ; Thomine, n° 587. — *Contrà*, Colmar, 22 fév. 1809, S. 14, 435.

45. L'intervention est, de la part de l'intervenant, une demande nouvelle ; elle doit énoncer ses noms, profession et domicile, *à peine de nullité*. Une requête en intervention faite en nom collectif par plusieurs parties ayant même intérêt, par exemple à la requête des héritiers de *tel*, ne serait pas valable. Arg. C. pr. 61 ; Colmar, 22 fév. 1809, S. 14, 435.

Toutefois a été jugée valable l'intervention de plusieurs copropriétaires prétendus débiteurs d'une rente, sous la dénomination des habitans de telle commune, sans désignation de leurs noms. Cass. 6 avr. 1830, D. 30, 203. — Mais dans l'espèce les possesseurs prétendus débiteurs avaient été déjà mis en cause, et avaient figuré dans une instance au Cons. d'Et. pour obtenir l'annulation d'arrêtés administratifs, qui avaient déclaré la rente féodale et supprimée. .

46. Les parties principales qui reçoivent copie de la requête en intervention ont la faculté d'y répondre par requête aussi grossoyée, et dont le nombre de rôles n'est pas fixé. Tarif, 70. — Et en matière sommaire, par un simple acte. Arg. C. pr. 557 ; Demiau, P. 297. — *Contrà*, Dalloz, *ib.* sect. 5, n° 15.

Le Code ne détermine pas de délai pour cette réponse ; elle doit être signifiée immédiatement et sans retard de l'instance. *Ib.* Lepage, p. 223.

47. L'intervenant ne peut pas retarder le jugement de la cause principale, *lorsqu'elle est en état*. C. pr. 340.

48. L'intervenant doit alors prendre la procédure dans l'état où elle se trouve, et être prêt à plaider, — ou s'il n'est pas prêt à plaider, laisser prononcer sur la contestation, sauf à se pourvoir par tierce opposition. Armand Dalloz, v° *Intervention*, n° 118.

49. *Quand l'affaire est-elle ou non en état ?* — V. *Délibéré*, n°s 19 à 21 ; *Reprise d'instance*.

50. Du reste il n'y a pas lieu de distinguer le cas où l'intervenant attaque les deux parties, de celui où il se joint à l'une d'elles. Arg. Thomine, n° 588. — *Contrà*, Berriat, p. 287 ; Carré, n° 1274 ; Arg. Riom, 7 mai 1825, S. 26, 146.

51. Mais lorsque la cause *n'est pas en état*, nul doute que le tiers-intervenant doit pouvoir, même en retardant la marche de

la procédure, exposer et développer pleinement ses moyens, et opposer de nouvelles voies d'instruction à celles déjà existantes dans la cause : s'il en était autrement, on éluderait le but réel de la loi, qui n'a permis l'intervention que pour éviter des frais et des lenteurs. En effet, le tiers-intéressé ne trouvant pas dans cette voie les garanties nécessaires, opterait toujours pour la tierce-opposition. Thomine, n° 588.

52. A quelle époque peut-on intervenir dans une instance sur expropriation ? — V. *Saisie-immobilière*.

§ 4. — *Du jugement qui statue sur l'intervention.*

53. Trois cas peuvent se présenter : 1° ou l'affaire est de nature à être jugée immédiatement sur plaidoiries ; — 2° ou une instruction par écrit a été ordonnée ; — 3° ou la cause a été mise en délibéré.

54. Dans la première hypothèse, la demande en intervention doit être jugée par préalable, s'il y a lieu. Arg. C. pr. 338.

En effet, pour simplifier la procédure et épargner les frais, les contestations sur la recevabilité de l'intervention sont ordinairement plaidées, avec le fond, et un seul jugement fait droit sur le tout. — Il en est de même à *fortiori* lorsque la demande en intervention n'est pas contestée par les parties principales. Favard, v° *Intervention*, n° 5 ; Carré, art. 541 ; Hautefeuille, p. 186 ; Rodier ; Thomine, n° 589. — Du reste, lorsque les parties viennent à l'audience, c'est toujours l'intervenant qui plaide le premier. Berriat, p. 287, note 12-1°.

55. Dans les affaires où il a été ordonné une instruction par écrit, si l'intervention est contestée, les parties reviennent à l'audience pour plaider et voir statuer au préalable sur l'incident : le jugement rejette ou admet l'intervention. C. pr. 541. — Dans le premier cas, l'intervenant est écarté de la cause ; dans le second, le jugement joint l'incident à l'instance principale, pour être statué sur le tout par un seul jugement.

56. Mais si l'intervention n'est pas contestée, il n'est pas besoin de jugement préalable ; l'intervenant produit dans l'instruction sa requête et les pièces à l'appui ; le juge-rapporteur comprend l'incident dans son rapport, et le jugement définitif statue sur l'intervention en même temps que sur le principal, en exprimant que la jonction résulte du consentement des parties. Favard, v° *Intervention*, n° 5.

57. Le jugement qui admet ou rejette l'intervention est préparatoire ; car, s'il était *interlocutoire*, on pourrait en interjeter appel avant le jugement définitif (C. pr. 451) ; ce qui serait, pour l'intervenant, un moyen de rendre illusoire l'art. 540 C. pr., puisque l'instance principale serait nécessairement suspendue jusqu'à ce qu'il eût été statué en C. roy. sur le mérite

de la demande d'intervention. Montpellier, 12 avr. 1809, D. v°
Jugement, 772; Poitiers, 24 juin 1856 (Art. 519 J. Pr.); Carré,
n° 1275.

Il en doit être autrement si l'admission ou le rejet de l'intervention était de nature à influer sur la décision au fond.—
V. *Jugement*.

58. Le jugement qui statue sur la demande en intervention,
l'admet ou la rejette purement et simplement; quelquefois
cette demande n'est admise qu'à la charge par l'intervenant
d'en supporter les frais sans répétition. C. civ. 882.

Dans ce cas, le trib. ne peut pas, par le jugement définitif,
condamner aux frais de l'intervention celle des parties principales qui succombe. Rennes, 2 juill. 1810, P. 8, 426; Carré,
art. 359, note 5, n° 9.

59. Lorsque l'intervenant est un étranger, le jugement peut,
avant d'admettre son intervention, l'obliger à donner préalablement caution des frais et dommages-intérêts auxquels il peut
être condamné. — V. *Judicatum solvi*.

§ 5. — *Intervention sur appel.*

60. Par exception au principe qui défend de présenter en
cause d'appel des demandes nouvelles (C. pr. 464), la loi permet aux tiers-intéressés d'y intervenir, mais seulement dans le
cas où ils auraient le droit de former *tierce-opposition*. C. pr.
466. — V. ce mot.

61. Les dispositions de l'art. 466 C. pr. sont générales, il
n'y a pas lieu de distinguer si la tierce-opposition est ouverte
à l'égard du jugement de 1re instance, ou seulement à l'égard
de l'arrêt à intervenir. Carré, art. 466; Berriat, 430, n°s 102 et
105. Merlin, *hoc verbo*, § 1. — V. *inf.* n° 72.

62. Pour intervenir en cause d'appel, il ne suffit pas toujours, comme en première instance, de justifier de son intérêt.
— Par exemple, les créanciers d'une partie, bien qu'ils établissent leur intérêt, ne seraient pas reçus intervenans, puisque
n'étant que les représentans ou ayant-droit de leur débiteur,
partie au procès, ils ne seraient, dans aucun cas recevables à
former tierce-opposition. Dalloz, *ib.* sect. 1re, n° 4; Thomine,
n° 386.

63. Lorsqu'un jugement rendu contre un débiteur n'a pas
été attaqué par lui dans les délais, et a ainsi acquis à son égard
l'autorité de la chose jugée, un créancier même hypothécaire
n'est pas recevable à intervenir sur l'appel dirigé, contre ce
même jugement, par d'autres créanciers qui étaient intervenus
en 1re instance, et à adhérer aux conclusions des appelans.
Poitiers, 6 mars 1828, S. 28, 261.

64. Le créancier qui a laissé passer le délai d'un mois fixé

par l'art. 756 C. pr. sans contredire personnellement l'état de collocation provisoire, et sans prendre part en 1re inst. à la contestation née de contredits formés par d'autres créanciers, ne peut intervenir en cause d'appel dans cette même contestation ; ce serait éluder l'effet de la forclusion encourue. Limoges, 5 juin, 1823, S. 23, 284. — V. *Ordre*.

65. L'intervention est pareillement non recevable de la part du créancier d'une société, sur l'appel d'une sentence arbitrale qui a déclaré l'un des commanditaires déchu de sa qualité, et personnellement responsable comme s'étant immiscé dans la gestion. En effet, les jugemens arbitraux ne peuvent, aux termes de l'art. 1022 C. pr., être opposés aux tiers, ni par conséquent leur préjudicier. Paris, 9 janv. 1836 (Art, 383 J. Pr.).

66. Lorsqu'il y a *fraude* de la part du débiteur, les créanciers sont recevables à intervenir en appel comme ils le seraient à former tierce opposition aux jugemens rendus à leur préjudice. Grenoble, 7 janv. 1831, S. 32, 18.

67. Ainsi, les créanciers d'une société en liquidation peuvent intervenir sur appel d'un jugement rendu contradictoirement entre l'associé liquidateur et un tiers se prétendant créancier de la société, lorsqu'un concert frauduleux paraît exister entre les associés, parties au procès et un tiers, pour faire déclarer dette sociale la créance de celui-ci. C. civ. 1167 ; C. pr. 466, 474 ; Cass. 13 mai 1855 (Art. 250 J. Pr.).

68. Toutefois, il a été décidé que dans une instance en expropriation forcée, où tous les créanciers du saisi sont représentés par le poursuivant, la demande en intervention, formée par l'un d'eux sur l'appel d'un jugement rendu contradictoirement avec le poursuivant, est non recevable, bien qu'il y ait de la part de celui-ci négligence, collusion avec le saisi : le créancier qui se prétend lésé a seulement le droit de demander à être subrogé aux lieu et place du poursuivant. C. pr. 721, 722 ; Toulouse, 7 mai 1848, S. 48, 252. — V. *Saisie immobilière*.

69. Est également non recevable à intervenir en cause d'appel le garant qui n'a pas été mis en cause en 1re instance ; il ne saurait éprouver aucun préjudice du jugement ou de arrêt prononcé contre le défendeur principal ; car si celui-ci a succombé par insuffisance des moyens de défense présentés, le garant peut échapper aux conséquences de la condamnation, comme n'ayant pas été appelé en cause, en prouvant qu'il existait des moyens suffisans pour prévenir cette condamnation. Arg. C. civ. 1640 ; Pigeau, 1, 615. — V. *Appel*, n° 513 ; *Garantie*, 57.

70. Mais l'intervention est recevable, même en cause d'appel, de la part du cessionnaire de l'une des parties. Bordeaux, 21 mai 1834, S. 34, 294. — Pourvu que l'acte de cession soit

authentique ; ce n'est qu'ainsi que la qualité de cessionnaire est réellement établie en justice. Arg. Paris, 7 mai 1832, S. 32, 551.

71. La femme de celui dont l'*interdiction* est provoquée n'est pas recevable à intervenir sur l'appel. — V. ce mot, n° 54.

72. L'intervention est-elle admissible, même lorsque le jugement dont est appel est avantageux à l'intervenant ? — L'affirmative résulte de la généralité des termes de l'art. 466 C. pr. Cet art. s'applique au tiers qui aurait le droit de former tierce-opposition au jugement attaqué, et à celui qui aurait intérêt de former tierce-opposition ou bien à intervenir. Or, par cela même que le jugement dont est appel lui est avantageux, l'arrêt qui doit statuer sur l'appel peut lui être préjudiciable, s'il est infirmatif. Turin, 19 août 1807, S. 7, 709.

73. L'intervention pour un intérêt d'honneur peut être admise en appel — V. *sup.* n° 25 à 27.

Ainsi, l'avocat d'une partie injurié ou diffamé dans les mémoires produits au procès, par son adversaire, a qualité pour intervenir en appel, afin d'en demander la suppression. Rouen, 25 mars 1807, P. 5, 761.

Même décision à l'égard d'un notaire dont un des actes, invoqué au procès, se trouve être l'objet de reproches qui peuvent blesser son honneur, porter atteinte à sa considération. Nîmes, 11 juill. 1827, S. 28, 76. — V. *sup.* n° 26 et 27.

74. Toutefois, le droit d'intervention a été refusé (en appel): 1° à un tiers qui prétendait avoir été injurié dans un mémoire imprimé. Rouen, 29 nov. 1808, P. 7, 227. — *Contrà*, Thomine, art. 1036. — Dans l'espèce, la partie intervenante avait en outre conclu à des dommages et intérêts.

2° A des experts injuriés dans des écrits signifiés. Grenoble, 28 janv. 1832, D. 32, 88. — Mais la Cour déclara d'office improuver formellement les expressions injurieuses contre les experts.

75. En général, il est d'une bonne jurisprudence de favoriser par une large interprétation, les demandes d'intervention, même en cause d'appel; elles doivent être admises, toutes les fois qu'elles sont sérieuses et fondées sur un intérêt réel, parce qu'elles tendent plus que toute autre voie au but principal que le législateur s'est proposé en procédure : rapidité dans la marche, et économie dans les frais.

Ainsi, lorsqu'une instance est fondée sur un titre commun à une partie principale et à d'autres particuliers, et qu'il y a entre tous communion d'intérêts, de moyens et de droits, ces particuliers peuvent être admis à intervenir même en cause d'appel : bien que l'arrêt n'eût pas été opposable aux intervenans, il aurait pu en résulter un préjugé fâcheux, et par conséquent préjudiciable à leurs droits. Cass. 6 avr. 1830, S. 30, 412.

76. L'intervention en appel serait suffisamment motivée par le seul intérêt que peuvent avoir plusieurs individus de faire décider, par un seul et même arrêt, une contestation qui pourrait se renouveler contre chacun d'eux séparément, et occasionner par là des frais considérables. Arg. *Même arrêt.*

77. Ceux mêmes qui n'ont que des droits éventuels peuvent, dans certains cas, former tierce-opposition, et, par conséquent, intervenir en cause d'appel.

Ainsi, un créancier conditionnel du mari peut intervenir sur l'appel d'un jugement de séparation de biens. Cass. 26 juin 1808. — V. *sup.* n° 12.

78. Lorsqu'une instance a été introduite au nom d'un mineur par le subrogé-tuteur, le tuteur intervient valablement en cause d'appel, soit qu'il ait des droits connexes à ceux du mineur, soit qu'il n'ait d'autre intérêt que celui de défendre les intérêts personnels du mineur. Cass. 27 mai 1818, S. 19, 121.

79. Mais l'intervention du subrogé-tuteur n'est pas recevable en appel, dans une instance entre le conseil de famille et le tuteur, sur la régularité de la délibération qui a investi celui-ci de la tutelle. Cass. 1er fév. 1825, S. 25, 385.

80. La circonstance que le demandeur en intervention figure dans les qualités du jugement dont est appel, n'est pas un obstacle à la recevabilité de sa demande, lorsqu'il allègue et offre de prouver qu'en réalité il n'a point été appelé en 1re inst. On ne peut se faire un moyen contre lui de la nullité et de la fraude dont il se plaint.

§ 6. — *Intervention devant la C. de cassation.*

81. Le règlement de 1738 n'ayant déterminé aucunes conditions, il faut se référer aux principes posés par le C. pr. — V. *Cassation,* n° 331 et 332.

82. Une femme mariée peut intervenir en cassation, si le jugement ou arrêt concernant les immeubles de la femme, a été rendu contre le mari seul. Arg. Cass. 15 nov. 1831, S. 32, 388.

83. Il en est autrement de celui qui n'a pas été et n'a pas dû être appelé, par exemple d'un adjudicataire d'un immeuble vendu en exécution d'un arrêt faisant l'objet du pourvoi. Cass. 14 nov. 1832, D. 33, 14. — Sauf à lui à intervenir devant la Cour saisie sur renvoi. — M. Armand Dalloz, v° *Intervention,* n° 83, trouve injuste de refuser l'intervention en cassation à un adjudicataire, qui a intérêt au maintien de la vente.

84. Quant à la forme de l'intervention. — V. *Cassation*, n° 555 à 558.

§ 7. — *Effets de l'intervention.*

85. Lorsque l'intervention d'un tiers a été admise par un jugement ou arrêt, la contestation se trouve essentiellement liée avec la partie intervenante, et le jugement définitif lui profite, lors même que cette partie n'aurait pas pris de conclusions particulières, et se serait bornée à adhérer à celles de la partie principale. — Il suit de là que si le jugement définitif est cassé, mais sur un pourvoi dirigé contre la partie principale seule, ce jugement conserve l'autorité de la chose jugée, à l'égard de la partie intervenante. Cass. 51 janv. 1827, S. 27, 549.

86. Par suite du même principe, celui qui succombe sur un appel interjeté, tant contre la partie principale que contre l'intervenant, doit être condamné aux dépens, même de l'intervention. Cass. 7 nov. 1827, S. 28, 425.

87. En est-il de même lorsque l'intervenant est un créancier d'une partie copartageante qui s'est présenté dans l'instance en partage pour assurer la conservation de ses droits ? — V. *Partage.*

88. De ce que la demande principale est rejetée ou abandonnée, il ne s'ensuit pas que l'intervention tombe avec elle ; bien qu'il y ait connexité, les droits que soutient l'intervenant peuvent lui être particuliers, et, dans ce cas, les juges sont tenus de statuer sur ces droits, nonobstant le rejet ou l'abandon de l'action principale : la partie renonçante n'a pu aliéner des droits qui ne lui appartenaient pas. Bourges, 2 avr. 1828, S. 29, 248.

Spécialement, tout créancier inscrit sur un immeuble saisi, à qui d'ailleurs la notification prescrite par l'art. 696 C. pr. a été faite, peut intervenir dans l'instance relative à la validité des poursuites pendantes entre le poursuivant et le saisi ; et la transaction qui survient entre le poursuivant et le saisi ne détruit pas les effets de cette intervention. Cass. 26 déc. 1820, S. 20, 56.

89. Mais si les intervenans ne font qu'adhérer aux conclusions de la partie principale, sans présenter aucun moyen de leur chef, on peut leur opposer les mêmes exceptions ; et le rejet de la demande principale peut entraîner celui de leur demande incidente, sans qu'ils soient liés par l'acquiescement que donne la partie principale. Paris, 18 fév. 1809, S. 9, 247.

90. Le trib. ou la Cour qui est légalement saisi d'un appel, prononce, comme second degré de juridiction et en dernier ressort, non-seulement sur la contestation principale, mais sur les interventions et tous autres incidens qui ont pu s'élever pendant l'instance d'appel. Cass. 17 fév. 1842, P. 10, 124. — V. *Jugement commun.*

§ 8. — *Enregistrement.*

91. Les requêtes en intervention sont soumises aux mêmes droits d'enregistrement que les *requêtes* ordinaires (— V. ce mot); — lorsque l'intervention doit être formée par exploit (— V. *sup.* n° 36), le droit est celui des *exploits*. — V. ce mot, § 4.

§ 9. — *Formule.*

Requête d'intervention.

(C. pr. 339. — Tarif, 75. — Coût, 2 fr. orig. ; 50 cent. copie, par rôle, nombre non fixé.)

A MM. les président et juges composant, etc.

Le sieur   demeurant à   , etc., demandeur en intervention, par la présente requête, ayant pour avoué M⁰   , lequel occupera sur la présente requête ;

Contre, 1° le sieur   , demandeur au principal, et défendeur à l'intervention, ayant pour avoué M⁰

2° Le sieur   , défendeur au principal, et défendeur à l'intervention, ayant pour avoué M⁰

Attendu   (*on expose les faits et les moyens*).

Pourquoi il plaira au tribunal recevoir ledit sieur   , partie intervenante dans la cause d'entre lesdits sieurs   , et faisant droit tant sur ladite intervention que sur la cause principale, en ce qui touche le sieur   , donner acte audit sieur   de ce qu'il entend prendre son fait et cause, et ordonner que ledit sieur   sera, s'il le requiert, mis hors de cause ; et, à l'égard du sieur   , le déclarer purement et simplement non-recevable dans la demande par lui formée contre le sieur   , par exploit du   , ou en tout cas l'en débouter, et en outre le condamner en tous dépens, tant de la demande principale que de celle en intervention, desquels dépens, distraction sera faite au profit de M⁰   , avoué, etc. ; et il est, avec celle des présentes, donné copie de   (*énoncer les pièces justificatives de l'intervention*) ; à ce qu'il n'en ignore, etc.

(*Signature de l'avoué.*)

NOTA. *La réponse se fait dans la même forme ; si l'intervention est contestée, et que la demande principale ne soit pas en état d'être jugée, on poursuit le jugement de l'intervention sur un simple acte.*

INTERVENTION À PROTÊT. — V. *Effet de commerce*, n° 51 et 176.

INTIMATION. Exploit par lequel un individu déclare qu'il est appelant d'un jugement ou d'une sentence ; l'*intimé* est celui auquel on dénonce l'acte d'*appel*. — V. ce mot, n° 12.

INTITULÉ. Se dit du titre et des qualités d'un acte. Nul acte, nul jugement ne peuvent être mis à exécution s'ils ne portent le même intitulé que les lois, et ne sont terminés par un mandement aux officiers de justice. — V. *Exécution*, n° 57.

INTITULÉ D'INVENTAIRE. — V. *Inventaire*, n° 140.

INTRODUCTIF. Ce mot se lie en procédure aux mots exploit, demande, instance, et indique les premiers actes d'un procès : ainsi, on dit *exploit introductif d'instance*, *demande introductive*. — V. *Ajournement, Assignation, Citation, Exploit.*

INVENTAIRE (1). Acte conservatoire qui constate l'existence, le nombre et la nature des biens d'une succession,
d'une communauté, d'une faillite, d'une société. — Se dit
aussi de l'état de situation que les négocians ont l'habitude de
dresser à des époques plus ou moins éloignées.

DIVISION.

§ 1. — *Cas dans lesquels il y a lieu à inventaire.*

1. Il y a lieu à inventaire dans plusieurs cas, notamment
après le décès d'une personne : 1° si, parmi les héritiers donataires, ou légataires universels, ou à titre universel, ou autres
prétendant droit, il y a des absens, mineurs, ou interdits.
C. civ. 115, 451, 461, 509, 819, 821; — ou des personnes
grevées de substitution. C. civ. 1058.

2° Lorsque certains héritiers veulent conserver la faculté de
n'accepter la succession que sous *bénéfice d'inventaire.* C. civ.
794. — V. ce mot, n° 12.

3° Lorsque la veuve commune en biens ou ses héritiers veulent conserver la faculté de renoncer à la communauté. C. civ.
1453, 1456, 1461.

4° Lorsque les scellés ont été apposés, et qu'il y a des oppositions à leur levée, ou des personnes intéressées dans la succession qui ne sont pas maîtresses de leurs droits. C. pr. 937,
940; Favard, v° *Inventaire.*

5° En cas de succession vacante. C. civ. 813 et 814; C. pr.
1000.

6° Lorsqu'à défaut d'héritier au degré successible la succession est réclamée par un successeur irrégulier. C. civ. 758,
773, 767 à 769. — V. *Possession (envoi en).*

---

(1) Cet article est de M. Legé, avocat aux conseils du roi et à la Cour de
cassation.

7° Lorsqu'il y a un exécuteur testamentaire. *Ib.* 1031.

8° Lorsque des époux mariés sous le régime de la communauté ont exclu de cette communauté leur mobilier futur. C. civ. 1504; — ou même lorsqu'ils ne l'ont pas exclu, mais que la succession qui leur est échue est en partie mobilière et en partie immobilière. C. civ. 1414; — ou encore lorsque la communauté a été réduite aux acquêts. C. civ. 1499.

Il en est de même, sous le régime exclusif de la communauté, s'il échoit un mobilier à la femme. C. civ. 1532.

2. Il y a encore lieu à inventaire : 1° en cas d'interdiction. C. civ. 509, 451.

2° En cas d'*absence*. C. civ. 126. — V. ce mot, n° 58.

3° Après la séparation de corps ou de biens, si la femme veut accepter la communauté, ou si les scellés ont été apposés à sa requête sur les effets de la communauté lors de la demande. C. civ. 270, 1441, 1463.

4° En cas de *faillite*. C. comm. 479. — V. ce mot, n° 214.

5° En cas d'usufruit, C. civ. 600, — et de droit d'usage. *Ib.* 626.

3. S'il n'y a aucun effet mobilier, le juge de paix dresse un procès-verbal de carence. Arg. C. pr. 924.

4. Lorsqu'il n'y a pas nécessité de faire inventaire, les qualités des héritiers se constatent par un *acte de notoriété*. — V. ce mot, n° 8.

§ 2. — *Délais dans lesquels doit être fait l'inventaire.*

5. Ces délais varient suivant les circonstances.

Ainsi, il doit être procédé à l'inventaire : — pour l'usufruitier et l'usager, *avant leur entrée en jouissance*. C. civ. 600 et 626. — Jusque-là le nu-propriétaire peut s'opposer à cette entrée en jouissance. — V. *inf.* n° 45.

6. *Avant toute opération*, pour le curateur à une succession vacante. C. pr. 1000.

7. *Dans les trois jours de leur nomination*, pour les syndics de la *Faillite*, C. comm. 479. — V. *Faillite*, n° 243.

8. *Immédiatement après la levée des scellés*, en cas de minorité ou d'interdiction. C. civ. 451, 509. — V. *Scellés*. — A peine de dommages-intérêts contre le tuteur, si le retard causé par sa faute porte préjudice au mineur.

L'inventaire doit avoir lieu pendant l'instance en interdiction, lorsque les scellés sont levés à la requête de l'administrateur provisoire nommé par le tribunal.

9. *Dans les trois mois du décès* pour l'héritier. C. civ. 795. — V. *Bénéfice d'inventaire*, n°s 17 et 18, et *inf.* n° 20, 25 et 26.

10. Après les trois mois pour faire inventaire ou après la confection de l'inventaire s'il a été terminé avant l'expiration des trois mois, il est accordé un délai de 40 jours pour délibérer sur l'acceptation ou la répudiation de la succession. C. civ. 1457 ; C. pr. 174.

11. S'il n'y a pas de meubles dans la succession, le délai pour délibérer court à compter de la confection du procès-verbal de carence, lequel supplée à l'inventaire. Carré, n° 759.

12. *Dans les trois mois*, pour la veuve commune. C. civ. 1456, C. pr. 174. — V. *Renonciation*, et toutefois *séparation de biens.*

13. Si la femme meurt avant les trois mois, sans avoir fait ou terminé l'inventaire, ses héritiers ont un nouveau délai de trois mois, à compter de son décès, et de quarante jours pour délibérer après l'inventaire. C. civ. 1461; Pigeau, 1, 226.

14 Si elle meurt ayant terminé l'inventaire, les héritiers n'ont qu'un simple délai de 40 jours, à compter de son décès. C. civ. 1461. — Cet article suppose que l'héritier, ayant accepté la succession de la femme, n'a plus à délibérer que sur la communauté. Dans le cas contraire, il peut requérir le double délai de trois mois et 40 jours pour accepter cette succession, et par suite la communauté : on ne peut, pendant cet intervalle, le contraindre à prendre qualité relativement à la communauté qui fait partie de la succession. Pigeau, 1, 165.

15. Le défaut d'inventaire dans le délai entraîne-t-il contre la veuve une déchéance absolue du droit de renoncer à la communauté ?

L'affirmative résulte de plusieurs arrêts. Limoges, 19 juin 1835, D. 35, 169; Bordeaux, 7 mai 1856; D. 57, 64; Agen, 9 août 1856, D. 59, 95.

Mais, selon nous, la loi n'ayant pas voulu assujettir rigoureusement la femme veuve à un acte impossible ou tout au moins inutile, il y a lieu de prendre en considération les circonstances, et de relever la femme de la déchance dans certains cas : — spécialement, si le retard n'a pu lui être imputé. Metz, 24 juill. 1824, S. 25, 534. — S'il n'y avait aucun bien à l'époque du décès, et que des procès-verbaux de carence eussent eu lieu peu de temps auparavant. Agen, 13 janv. 1856, D. 36, 120; — si la femme absente lors du décès, n'a retiré aucun émolument de la communauté, et a employé le prix de la vente par elle faite du peu d'objets dépendant de la succession, à payer les créanciers de cette succession. Paris, 10 janv. 1835, D. 35, 53.—V. *inf.* n° 21.

16. *Dans les trois mois*, pour l'époux survivant. C. civ. 1442. Jugé que le défaut d'inventaire dans le délai fait perdre au survivant la jouissance légale des biens de ses enfans mineurs, et qu'un inventaire tardif est présumé frauduleux. Douai, 15 nov. 1833, D. 34, 128.

M. Proudhon, n° 177 oblige seulement celui qui a fait un inventaire tardif à rendre compte aux mineurs du revenu de leurs biens perçus avant qu'il eût satisfait à la formalité. — Il dispense même l'époux survivant de ce rapport, si sa bonne foi est évidente d'après les circonstances.

17. *Dans les trois mois*, pour les successeurs irréguliers. C. civ. 769, 773.

18. *Dans les trois mois*, pour le grevé de restitution. C. civ. 1059. — Si l'inventaire n'a pas été fait dans les trois mois du décès du disposant, il doit être fait dans le mois suivant par le tuteur à la substitution. *Ib.* 1060.

19. Les légataires universels, ou à titre universel, peuvent réclamer les délais accordés pour faire inventaire et délibérer : s'ils ne font pas un inventaire exact, ils sont tenus de toutes les dettes, même *ultrà vires;* ils ont donc un grand intérêt à s'assurer de l'état de la succession ; et comme ils sont entièrement assimilés aux héritiers, puisqu'ils représentent ainsi qu'eux le défunt activement et passivement, on doit leur accorder le droit de n'accepter la succession qui leur est dévolue que sous bénéfice d'inventaire : enfin, quand même on admettrait qu'ils ne sont tenus des dettes que jusqu'à concurrence de l'émolument, il leur importerait néanmoins de voir s'il leur est plus avantageux d'accepter ou de répudier, afin de ne pas se jeter dans les embarras d'une liquidation onéreuse. Turin, 14 août 1809, S. 10, 229 ; Chabot, *Successions,* art. 875, n° 21 ; Carré, art. 174, n° 755 ; Pigeau, Crivelli, 1, 228 ; Merlin, *Rép.,* v° *Légataire,* n° 17.—*Contrà,* Pigeau, 1, 160, 1re édit.

20. Un nouveau délai pour faire l'inventaire peut être demandé, 1° si l'héritier justifie que l'inventaire n'a pu être fait dans le délai fixé. C. civ. 798, 1458, 1462, 1463 ; C. pr. 174. — 2° si l'héritier n'a pas eu connaissance du décès. C. civ. 799.

Dans ces cas, il lui est accordé un délai convenable pour faire inventaire, et quarante jours pour délibérer. C. pr. 174.

21. La femme, même après l'expiration des trois mois et quarante jours à partir de la séparation prononcée, est encore recevable à demander un nouveau délai, s'il est reconnu en fait que la clôture de l'inventaire provoqué en temps utile a été retardée par des discussions dont l'objet était de fixer le montant de la communauté. Cass. 2 déc. 1854, D. 35, 57.

22. La demande d'un nouveau délai est formée par requête et jugée sommairement (C. pr. 174). La requête et la réponse ne peuvent excéder six rôles. Tar. 75.

23. Si le délai est accordé, les frais sont à la charge de la succession : au cas contraire, ils sont supportés par l'héritier. C. civ. 799.

24. En cas d'insuffisance du nouveau délai, l'héritier peut en obtenir un troisième, ou même successivement plusieurs autres : le nombre et la durée des délais sont laissés à l'arbitrage des juges qui peuvent statuer en état de référé. C. pr. 944. Paris, 11 fruct. an 13, S. 7, 884. Pigeau, *Comm.* 2, 491; Carré, n° 2762.—V. *Référé.*

25. L'héritier conserve, après l'expiration des délais ci-dessus, la faculté de faire encore inventaire et de se porter héritier bénéficiaire, — ou même de renoncer, — s'il n'a pas fait d'ailleurs acte d'héritier, ou s'il n'existe pas contre lui de jugement passé en force de chose jugée qui le condamne en qualité d'héritier pur et simple. C. pr. 174.

26. Mais il ne peut opposer aux créanciers l'exception dilatoire, et si, dans le cours des poursuites il renonce, les frais qui ont été faits restent à sa charge. C. civ. 799.

27. La femme commune qui a fait inventaire dans les délais légaux, et qui ne s'est point immiscée dans les biens de la communauté, peut renoncer à quelque époque que ce soit. C. civ. 1459.—Elle peut seulement être poursuivie comme commune jusqu'à ce qu'elle ait renoncé, et elle doit les frais faits contre elle jusqu'à sa renonciation.

28. Il en est de même de la femme séparée qui voudrait accepter la communauté. C. civ. 1465.

29. L'héritier, soit naturel, soit institué, la veuve ou la femme séparée, qui sont assignés dans les délais ci-dessus énoncés, peuvent refuser de répondre à la demande dirigée contre eux, tant qu'ils n'ont pas pris qualité.

30. Mais l'assignation donnée dans ces délais n'est pas nulle. En effet, la prescription court pendant les trois mois pour faire inventaire, et les quarante jours pour délibérer (C. civ. 2259), et l'on ne saurait sans injustice empêcher le créancier de l'interrompre. Cass. 10 juin 1807, S. 7, 291.

31. Ainsi n'est point nulle l'assignation donnée pendant les délais à l'héritier en reconnaissance de la signature du défunt. Dans ce cas, d'ailleurs, le demandeur ne conclut point à une condamnation, il forme seulement une action conservatoire. *Même arrêt.* Toullier, 4, 567; Chabot, art. 797, n° 2.

32. L'assignation ne serait pas annulée quand bien même le successible viendrait à renoncer. Malgré la fiction de l'art. 785, il avait seul qualité pour recevoir avant sa renonciation les demandes dirigées dans les délais contre la succession. Arg. C. civ. 811. Boitard, 2, 65.

33. Les créanciers de la succession, dont les titres sont exécutoires, peuvent même faire saisir et vendre les biens de la succession. L'art. 174 les empêche seulement de poursuivre aucune condamnation contre l'héritier qui use de cette exception.

54. Ainsi les créanciers de la succession , pendant les délais pour faire inventaire et délibérer, peuvent : —1° Saisir-arrêter les loyers dépendant de cette succession.—V. *Saisie-arrêt.*

55. 2° Notifier un titre exécutoire contre le défunt. Chabot, art. 877 ; Delvincourt, 2 , 374, note 2.—V. *Exécution,* n° 15.

56. 3° Pratiquer sur les meubles de la succession une saisie-exécution. Douai , 4 mars 1812, S. 12, 392.

57. 4° Pratiquer sur les immeubles de la succession une *saisie-immobilière.*—V. ce mot.

58. L'exception doit être proposée avant toute défense au fond , et même avant tout déclinatoire ou toute exception dilatoire autre que celle de la caution du jugé , par exemple, avant l'exception de garantie : en effet , le défendeur accepte tacitement la qualité d'héritier en exerçant cette action , qui est une action de la succession. Pigeau , 1 , 229.—V. *Exception,* n° 15.

59. Elle peut être présentée par requête grossoyée , signifiée d'avoué à avoué. — L'adversaire peut y répondre de la même manière ; l'audience est ensuite poursuivie sur un simple avenir , sans autre procédure.—La requête ainsi que la réponse ne doivent pas excéder six rôles. Tarif, art. 75.—On pourrait signifier de simples conclusions, non grossoyées.

40. Elle ne peut être opposée lorsque la demande est purement conservatoire. Les héritiers ou successeurs ont en effet le droit de répondre à ces sortes de demandes sans prendre qualité. Arg. C. civ. 779 , 1454 ; Carré , art. 174, n° 757 ; Pigeau, 1 , 162.—Ainsi , la nomination d'un gérant à l'administration d'une succession est valablement demandée et accordée pendant les délais pour faire inventaire et délibérer. Cass. 27 avr. 1825, S. 26 , 422.

41. Celui qui, sans être héritier, est assigné comme tel , peut, s'il a défendu au fond , être retenu en cause, encore bien qu'il excipe plus tard de son défaut de qualité ; —surtout s'il eût pu être assigné valablement en une autre qualité. Cass. 15 mars 1808, S. 8 , 353.

42. Mais la retenue en cause ne l'empêche pas de faire valoir son défaut de qualité comme exception péremptoire du fond : il peut opposer cette fin de non-recevoir en tout état de cause. Arg. Cass. 31 août 1831, S. 32, 225 ; Carré, *ib.* note 1. —Même après des jugemens préparatoires ou interlocutoires passés en force de chose jugée. Amiens, 15 juill. 1826 , S. 29, 153.

43. L'inventaire après décès ne peut jamais être fait que trois jours après l'inhumation, ou trois jours après l'apposition des scellés, si elle a été faite depuis l'inhumation, à peine de nullité et de dommages-intérêts contre ceux qui ont fait et requis l'inventaire ; à moins que, pour des causes urgentes, et dont il est fait mention dans son ordonnance, il n'en soit autrement ordonné par le président du trib. de 1re inst. C. pr. 928. — Dans ce cas, si les parties qui ont droit d'assister à la levée ne sont pas présentes, on appelle pour elles, tant à la levée qu'à l'inventaire, un notaire nommé d'office par le président. *Ib.*

44. L'inventaire doit être fait *dans l'année du décès*, pour l'exécuteur testamentaire : cela résulte de l'art. 1031 C. civ. , qui veut que l'exécuteur testamentaire rende compte de sa gestion au bout de l'année du décès.

45. *Aucun délai* n'est prescrit pour l'inventaire que doivent faire les envoyés en possession provisoire des biens d'un absent. C. civ. 126.—Il doit précéder leur jouissance.

§ 5. — *Personnes qui peuvent ou doivent requérir l'inventaire.*

46. L'inventaire après décès peut être requis par ceux qui ont droit de requérir la levée des *scellés*. C. pr. 941. — V. ce mot.

C'est-à-dire, 1° par tous ceux qui prétendent droit dans la succession ou la communauté. C. pr. 909, 930.

2° Par tous créanciers fondés en titre exécutoire, ou autorisés par une permission, soit du président du trib. de 1re inst., soit du juge de paix du canton où le scellé a dû être apposé. C. pr. 930, 909.—V. *ib.*

3° Par l'exécuteur testamentaire. C. civ. 1031.

4° En cas de succession vacante, par le curateur. C. civ. 813; C. pr. 1000.

47. *Tous ceux qui prétendent droit dans la succession ou la communauté :* tels sont le *conjoint* survivant, les *héritiers* présomptifs, les *donataires* ou *légataires* universels ou à titre universel, soit en propriété, soit en usufruit (Arg. 942), les *successeurs irréguliers.*

48. Le *conjoint* survivant, pourvu qu'il soit commun en biens, ou qu'il ait la jouissance légale des biens de ses enfans mineurs, ou quelque répétition à exercer contre la succession ; autrement, il n'a que le droit d'assister à l'inventaire pour qu'on n'y comprenne pas ses propres biens. — V. d'ailleurs *inf.* n° 143.

49. Les *héritiers* présomptifs réservataires, tant qu'ils n'ont pas fait la délivrance au légataire universel. Arg. C. civ. 1004; C. pr. 909.

50. *Les héritiers* présomptifs, même non réservataires, quoi-

qu'il existe un légataire universel, tant que le testament ne leur a point été notifié. Amiens, 7 mai 1806.

51. Il en est de même depuis la notification du testament, s'il est olographe ou mystique, et qu'il n'y ait pas eu d'envoi en possession. Arg. C. civ. 1008. — V. *Possession (envoi en)*.

52. Mais si le testament est authentique, ils ne peuvent requérir l'inventaire qu'en s'inscrivant en faux contre le testament, car foi est due à l'acte authentique jusqu'à inscription de faux. Arg. C. civ. 1006, 1319. Trib. Paris, 19 mess. 11, D. A. 11, 877.

53. Les *héritiers* même non réservataires, que le testament, soit authentique ou olographe, lorsqu'il n'y a pas de légataire universel. Bruxelles, 6 mai 1813, D. 11, 878.

54. Aux termes de l'art. 929 C. pr., si *les héritiers* ou quelques-uns d'eux sont mineurs, il ne peut pas être procédé à la levée des scellés qu'ils n'aient été préalablement ou pourvus de tuteurs ou émancipés. — Cet art. se rapporte à la qualité des personnes que l'art. 941 désigne comme ayant droit de faire faire inventaire, et s'applique au cas d'inventaire comme au cas de scellés. — V. d'ailleurs *Mineur*.

55. Le mineur émancipé a-t-il besoin de l'assistance de son curateur à l'inventaire ? — Pour la négative on dit : L'art. 929 C. pr. ne l'exige pas ; l'art. 940 C. pr. donne au mineur émancipé le droit de requérir l'apposition des scellés sans assistance du curateur. Or les art. 941 et 930, en accordant le droit de faire lever les scellés et de faire inventaire à tous ceux qui avaient celui de faire apposer des scellés n'en exceptent que les personnes indiquées dans l'art 909 n° 5, et non le mineur émancipé. Enfin, les art. 481 et 484 autorisent le mineur émancipé à faire tous les actes de pure administration. — Mais on répond avec raison : A la différence de l'apposition des scellés, l'inventaire n'est point un acte de pure administration, et une mesure purement conservatoire, le mineur, non assisté de son curateur, pourrait compromettre des intérêts et des capitaux mobiliers. Arg. C. civ. 482 ; Pigeau, 2, 646 ; Carré, n° 3112 ; Armand Dalloz, *ib.* n° 96. — *Contrà*, Favart, 3, 123.

56. L'interdit doit être également pourvu d'un tuteur. — V. *Interdiction*.

57. Le mari a le droit de requérir, sans la présence de sa femme, les inventaires dans lesquels elle peut être partie intéressée, lorsqu'ils sont communs en biens. C. civ. 1428.— Dans tout autre cas, la femme est obligée de comparaître en personne ou de donner procuration à son mari. — V. *Femme mariée*.

58. *L'héritier institué* contractuellement par acte authentique (un contrat de mariage), à l'exclusion des héritiers présomptifs

qui ne sont pas réservataires. Cass. 16 avr. 1859 (Art. 1461 J. Pr.).

59. Les *donataires* et *légataires* universels en toute propriété qui ont rempli les formalités nécessaires pour être saisis des biens de la succession, à l'exclusion des héritiers présomptifs ; mais s'ils ne sont donataires ou légataires universels que de nue-propriété ou d'usufruit, ou bien donataires et légataires qu'à titre universel, ils ne peuvent empêcher les héritiers présomptifs de requérir l'inventaire. Arg. Dijon 50 frim. 12 ; Amiens, 7 mai 1806, D. A. 6, 86 ; Bruxelles, 6 mai 1815, P. 11, 350.

60. *Les successeurs irréguliers* :—par exemple, l'enfant naturel reconnu. Arg. C. civ. 756', 775, 769, 758.

61. A défaut d'enfant naturel , l'époux survivant. C. civ. 767.

62. À leur défaut, *l'État.* C. civ. 768.

65. *Tous créanciers*, etc.... de la succession : les créanciers personnels d'un héritier doivent seulement former opposition à la levée des scellés déjà apposés.

64. Cette opposition donne aux créanciers le droit d'être appelés au partage. C. civ. 820, 882 ; C. pr. 909, 954 ; Nancy, 9 janv. 1817 ; Douai, 26 mars 1824, S, 25, 55 ; Cass. 2 juill. 1858 (Art. 1250 J. Pr.).

65. Peu importe que la créance soit conditionnelle (— V. *sup. Acte conservatoire,* n° 35) ou à terme. Besançon, 9 fév. 1827, S. 27, 129.

66. L'*exécuteur testamentaire*, — à moins cependant que les héritiers ne lui offrent une somme suffisante pour le paiement des dettes et legs. Bruxelles, 16 mars 1811, D. A. 6, 134.

67. Le *curateur à la succession vacante.* C. civ. 815 ; C. pr. 1000. — V. *Curatelle*, n° 12 à 16.

68. Si plusieurs parties requièrent l'inventaire, il doit être fait au nom de celle que l'art. 909 C. pr. indique comme devant être préférée pour la poursuite de l'apposition des *scellés* . (—V. ce mot); Berriat, 699, note 5 ; Carré, 941.

69. Ainsi, l'inventaire sera fait à la requête des prétendant-droit dans la succession, de préférence aux créanciers.

70. *Quid*, si tous les prétendant-droit requièrent l'inventaire ? — Suivant MM. Pigeau, 2, 628 ; Demiau, 632, le président a le droit de choisir entre le conjoint commun, l'exécuteur testamentaire, les héritiers et les légataires universels ou à titre universel. Arg. C. pr. 955. — V. *inf.* n° 121 et suiv.

71. Toutefois, un héritier, même bénéficiaire a été préféré à un exécuteur testamentaire avec saisine. Bruxelles, 9 août 1808, P. 7, 78 ; Carré, n° 5141 ; Berriat, 699.

72. M. Rolland de Villargues, *ib.*, n° 107, admet l'exécuteur testamentaire et les héritiers à requérir concurremment l'inventaire. Arg. C. civ. 1031.

73. Dans le cas où il s'agit d'un inventaire après le décès d'une personne qui a disposé à la charge de restitution, l'inventaire a lieu à la requête du grevé de restitution. C. civ. 1059; — ou, à son défaut, à la requête du tuteur nommé pour l'exécution. C. civ. 1060 ; — ou, à défaut de celui-ci, à la diligence des personnes dénommées en l'art. 1057 C. civ. : savoir, soit des appelés, s'ils sont majeurs, soit de leurs tuteurs ou curateurs, s'ils sont mineurs ou interdits; soit de tout parent des appelés, ou même d'office, à la diligence du procureur du roi près le trib. de 1re inst. du lieu où la succession est ouverte. C. civ. 1061.

74. En cas d'*interdiction*, l'inventaire a lieu à la requête du tuteur. C. civ. 451. — V. ce mot.

75. En cas d'*absence*, à la requête des envoyés en possession, ou de l'époux qui a opté pour la continuation de la communauté. C. civ. 126 ; — quand même les scellés auraient été apposés d'office ou à la requête du ministère public, mais à la charge de faire l'inventaire en présence du procureur du roi, ou d'un juge de paix requis par le procureur du roi. *Ib.* Dalloz, v° *Scellés*, p. 882, n° 16.

76. En cas de *séparation*, à la requête de la femme. — V. ce mot.

77. En cas de *faillite*, à la requête des syndics.—V. ce mot, n° 213.

78. En cas d'*usufruit*, à la requête de l'usufruitier ou de l'usager. C. civ. 600 et 626.

79. C'est non-seulement un droit, mais encore un devoir de requérir l'inventaire, pour :

Les héritiers (donataires et légataires, — V. *sup.* n°s 47 et suiv.), qui veulent n'accepter que sous bénéfice d'inventaire. C. civ. 794;

L'époux survivant qui veut conserver la jouissance légale des biens de ses enfans mineurs.—V. *sup.* n° 48 ;

Les successeurs irréguliers. — V. *sup.* n°s 60 à 62 ;

L'exécuteur testamentaire. —V. *sup.* n° 66 ;

Le curateur à succession vacante. — V. *sup.* n° 67 ;

Le tuteur dans l'intérêt du mineur ou de l'interdit.—V. *sup.* n° 54 ;

Les envoyés en possession des biens de l'absent. — V. *sup.* n° 75 ;

La femme séparée de biens.—V. *sup.* n° 76 ;

Les syndics de la faillite.—V. *sup.* n° 77 ;

L'usufruitier et l'usager.— V. *sup.* n° 78.

§ 4.—*Personnes qui doivent ou peuvent assister à l'inventaire.*

80. L'inventaire doit être fait en présence : 1° du conjoint survivant C. pr. 942; — 2° des héritiers présomptifs (*ib.*), bien entendu s'ils sont connus ; car s'ils ne le sont pas, ou si leur existence est incertaine, il n'y a aucune formalité à remplir. Arg. C. civ. 156; — 3° de l'exécuteur testamentaire, si le testament est connu. *Ib.*; —4° des donataires et légataires universels ou à titre universel, soit en propriété, soit en usufruit. *Ib.*

La présence des légataires particuliers n'est pas exigée. Pigeau, *Comm.*, 2, 637; Demiau, 627.

81. L'allégation d'un testament olographe (Pigeau, 2, 629), ou même authentique, ne donne pas le droit au prétendu légataire d'être présent à l'inventaire ; — peu importe qu'il soit parent du défunt. Bruxelles, 18 mai 1805, D. 11, 878.

82. Mais celui qui représente un testament en sa faveur a droit d'être présent à l'inventaire, lors même que son titre est contesté. Paris, 1ᵉʳ déc. 1807, D. 11, 878.

83. On ne doit pas admettre à l'inventaire l'inconnu qui se prétend héritier sans baser sa prétention sur un titre apparent, une possession d'état. Arr. du parlem. de Paris, 4 juill. 1759.

84. Quand l'héritier institué a accepté la succession, même sous bénéfice d'inventaire, les héritiers présomptifs non réservataires n'ont pas droit à être présens à l'inventaire. Cass. 16 avr. 1859 (Art. 1461 J. Pr.).

85. Dans le cas où les personnes intéressées (c'est-à-dire, le conjoint, les héritiers présomptifs, l'exécuteur testamentaire, les donataires, légataires universels, ou à titre universel, les opposans, C. pr. 942, 951,—le tuteur, le subrogé-tuteur, Rolland, *ib.*, p. 405, ne sont pas présentes, elles doivent être appelées si elles demeurent dans la distance de cinq myriamètres; si elles demeurent au-delà, il n'est pas nécessaire de les appeler ; mais on appelle pour elles un notaire nommé d'office par le président du trib. de 1ʳᵉ inst. C. pr. 951; — et si elles demeurent, les unes au-delà de la distance ci-dessus, les autres en deçà, il est appelé pour tous les absens (c'est à-dire non présens) un seul notaire nommé par le président du trib. de 1ʳᵉ inst., pour représenter les parties appelées et défaillantes (C. pr. 942), et celles non appelées.

86. En conséquence, le notaire commis pour représenter les héritiers non présens, demeurant au-delà de cinq myriamètres, doit aussi représenter les héritiers demeurant à une distance moins éloignée, et non présens.

87. Mais, s'il ne se trouve que des absens de cette dernière sorte, il n'y a pas lieu de nommer un notaire pour les représenter; ils doivent s'imputer de ne pas avoir obtempéré à la sommation qui leur a été faite de comparaître. Cass. 27 avr. 1828, D. 28, 214.

88. Les présumés absens doivent être représentés à l'inventaire par un notaire commis par le trib., à la requête de la partie la plus diligente. — V. *Absence*, n°ˢ 15 et 16.

89. Il convient de faire représenter par un autre notaire les *non présens* : leurs intérêts peuvent être distincts. Rolland, *ib.*, p. 404.

90. Dans tous les cas, un seul notaire suffit pour chacune de ces classes de personnes, quel qu'en soit le nombre. Rolland, *ib.*

91. Un notaire nommé d'office à l'effet de représenter à la levée des scellés des héritiers non présens, a qualité pour les représenter dans tous les incidens élevés dans le cours de l'inventaire. Colmar, 11 nov. 1851, D. 52, 18.

92. On n'est pas tenu d'appeler ni de faire représenter ceux des héritiers présomptifs qui seraient absens et dont l'existence ne serait pas reconnue, C. civ. 156, — sauf le cas où ceux-ci seraient des militaires ; il faut alors les faire représenter à l'inventaire, à moins qu'on ne fasse déclarer l'*absence* ou le décès. — V. ce mot, n° 65 et suiv.

93. Doivent encore être appelés à l'inventaire : 1° l'enfant naturel reconnu. Paris, 4 fruct. an 11; Favard, v° *Inventaire*; Carré, n° 5143.

2° L'enfant né après le divorce des époux, et dont l'état peut être contesté. Paris, 6 août 1811, D. v° *Inventaire*, 884.

3° Les créanciers de la succession, qui ont formé opposition à la levée des scellés. Merlin, *Rép.*, v° *Inventaire*, § 4, Carré, n° 3142. — Ils sont appelés aux domiciles par eux élus. Arg. C. pr. 951. — Mais, s'ils n'ont pas formé d'opposition, il n'y a pas obligation de les appeler, même pour l'héritier bénéficiaire. Arg. Amiens, 25 fév. 1809, P. 7, 410.

94. Mais il faut une opposition régulière : serait insuffisante la réquisition de l'inventaire par les créanciers, lorsque la demande des héritiers ou du survivant a été préférée : les créanciers, avertis de la confection de l'inventaire, doivent s'imputer de n'y être pas intervenus. Pigeau, 2, 597.

95. Le créancier personnel d'un héritier n'a pas le droit d'assister à l'inventaire. Douai, 26 mars 1824, D. 11, 880. — V. *sup.* n° 46.

96. L'inventaire fait par un usufruitier doit avoir lieu en présence du nu-propriétaire. Dalloz, v° *Scellés*, 884. — S'il s'agit de biens substitués, il faut appeler le tuteur nommé pour l'exécution. C. civ. 1059.

97. Au reste, les art. 952, 953, 954 C. pr., relatifs au droit d'assister à la levée des scellés et au mode de faire représenter les absens, s'appliquent à l'inventaire. — V. *Scellés*.

— V. d'ailleurs *Absence*, n° 58 ; *Faillite*, n° 214.

98. Le mari peut représenter sa femme pour assister à l'inventaire comme pour le requérir, ainsi qu'il est dit *sup.* n° 57.

99. Si les intéressés sont incapables, ils doivent être pourvus de tuteur ou d'autorisation.

100. L'inventaire, auquel le tuteur d'un mineur ou d'un interdit doit faire procéder, est fait en présence du subrogé-tuteur. C. civ. 451.

101. Le *mineur* émancipé peut-il assister à l'inventaire sans l'assistance du curateur ? — V. *sup.* n° 55.

102. Si le père, administrateur légal, a, dans un inventaire, des intérêts opposés à ceux de son enfant mineur, il doit faire nommer un subrogé-tuteur (ou plutôt un administrateur) *ad hoc.* Duranton, 3, n° 415.

103. En matière de substitution, l'inventaire est fait par le tuteur ; il doit l'être en présence du grevé ou de son tuteur, s'il est mineur ou interdit. C. civ. 1060.

S'il est fait à la diligence, soit des appelés, soit de leurs tuteurs, soit de leurs parens ou du procureur du Roi, il doit l'être en présence du grevé ou de son tuteur, et du tuteur nommé pour l'exécution. C. civ. 1061.

104. Lorsqu'on conteste à une partie le droit d'assister à l'inventaire, le président du trib. qui statue provisoirement ne doit prononcer son exclusion que quand elle est évidemment sans droit. Pigeau, 2, 595. — En conséquence, dans le doute, l'inventaire peut être fait à la requête de toutes les parties sous la réserve de leurs droits respectifs. Denisart, v° *Inventaire* ; Rolland, 4, 403.

105. Toute personne peut se faire représenter par un mandataire à un inventaire auquel elle a droit d'assister, même l'exécuteur testamentaire. C. pr. 952 ; — même le tuteur, le curateur, le subrogé-tuteur. Cette faculté est de droit commun. Pothier, *Communauté*, n° 797 ; Dalloz, v° *Scellés*, 11, n° 14. — *Contrà*, Pigeau, 2, 597 ; Carré, n° 3145.

106. On peut constituer un mandataire par un dire sur un procès-verbal, par exemple, à la clôture d'une vacation. Armand Dalloz, v° *Inventaire*, n° 101.

§ 5. — *Officiers compétens pour faire l'inventaire ; personnes qui ont le droit de les choisir.*

107. Le droit de procéder aux inventaires appartient *exclusivement* aux notaires. L. 6 mars 1791, art. 10 ; Arg. C. pr. 943 ; Décis. min. de la justice, 6 therm. an 5 ; Merlin, *Rép.*, v° *Inventaire* ; Berriat, p. 700. — V. toutefois *Enquête par commune renommée*, n° 6 ; *Faillite*, n° 215 à 221 ;—à l'exclusion

des greffiers des juges de paix, même dans l'étendue de leur territoire. Cass. 11 frim. an 10, S. 2, 145.

108. La prisée est faite par un ou deux *commissaires-priseurs*
(— V. ce mot, n°s 4, 56), exclusivement aux notaires, greffiers, et huissiers, dans le chef-lieu de leur établissement, mais
concurremment avec eux dans tout le reste de l'arrondissement.
— V. *Huissier*, n° 40.

109. La prisée ne peut être faite, dans les cas ordinaires,
que par les officiers publics que la loi a investis de ce droit afin
de donner une garantie plus grande aux parties : ces officiers
ont le droit de se faire assister par des personnes qui leur don-
neront des renseignemens, mais qui leur laisseront la responsabilité de la prisée. — V. *Huissier*, *ib*.

Il n'y a lieu à nommer des experts faisant eux-mêmes la prisée, que quand il s'agit d'objets pour lesquels des connaissances
spéciales sont nécessaires. — V. *Expert*, n° 29.

110. Peut être appelé comme expert : — 1° un notaire d'un
autre ressort. Douai, 26 août 1835 (Art. 352 J. Pr.);—2° une
revendeuse. Carré, n° 3128.

111. Les notaires peuvent procéder par eux-mêmes à la prisée en même temps qu'à l'inventaire. Trib. de Rethel, 5 fév.
1836, D. 36, 3, 76; Orléans, 22 août 1837 (Art. 1012 J. Pr.);
mais, dans ce cas, ils doivent recevoir une mission expresse à
ce sujet par les parties, et mention doit en être faite dans l'inventaire (Dissertation, Art. 114 J. Pr.).

112. Dans l'usage, les notaires ne font la prisée par eux-
mêmes que dans les inventaires des successions de peu d'importance. Dalloz, v° *Scellés*, 884, n° 5.

113. Lorsque c'est un notaire ou un autre officier déjà assermenté qui fait la prisée dans son ressort, il n'a pas besoin de
prêter le serment exigé par l'art. 453 C. civ. Arm. Dalloz,
v° *Inventaire*, n° 49.

114. Mais, lorsque ce sont des experts non assermentés, ils
doivent prêter serment. C. civ. 453 C. pr. 935, — à peine de
nullité de l'estimation.

115. Peut-on demander la nullité de la prisée, bien que le
serment ait été prêté par des personnes qui ne pouvaient être
experts ? Il faut distinguer :

116. Si le motif de la demande est l'incapacité fondée sur
l'âge, l'état, l'immoralité (—V. *Expert*, n°s 30 et 31), la nullité peut être prononcée.

117. Si la demande est fondée seulement sur ce que l'opération des experts préjudicie à des corporations établies, la loi
ne portant pas de peine de nullité, et les experts étant nommés
par les parties ou acceptés par elles, la nullité ne peut être
prononcée, surtout si les opérations ont été bien faites, sauf

aux membres de la corporation à réclamer, s'ils le jugent convenable, des dommages et intérêts. Arg. Bourges, 8 juin 1852,
S. 52, 478.

118. La nullité de la prisée entraîne-t-elle la nullité de
l'inventaire? — Non. Le principal but de l'inventaire est la
constatation des objets; lorsqu'ils ont tous été représentés, il
y a seulement lieu à une seconde prisée; mais si les objets ne
peuvent plus être representés, comme alors il n'y a plus de
base pour l'estimation, et que ce serait aux parties à s'imputer
la faute, on peut suivant les circonstances, et surtout s'il y a
mauvaise foi, déclarer l'inventaire nul.

119. Le serment est prêté entre les mains du juge de paix
si les scellés ont été apposés. C. pr. 955; Pigeau, 2, 599;
Carré, art. 955.

120. S'ils ne l'ont pas été, c'est le notaire qui reçoit le serment. Pigeau, *ib.* — *Contrà*, Carré.

121. Le choix des notaires, des commissaires-priseurs et
des experts, appartient au conjoint commun en biens, aux héritiers, à l'exécuteur testamentaire, et aux légataires universels
ou à titre universel. C. pr. 955.

122. Ce choix n'appartient, — ni aux associés du défunt.
Besançon, 7 juin 1809; Armand Dalloz, *ib.* n° 54.

123. Ni à ses créanciers, — à moins que l'inventaire ne soit
fait à leur seule requête, sans conjoint ni héritiers. *Stat. Not.*
Paris, 13 mai 1684.

124. En cas de dissentiment des divers ayant-droit, les notaires, etc., sont nommés d'office par le président du trib. de
1re instance. *Ib.*

125. Au surplus, il existe à ce sujet, à la chambre des notaires de Paris, différens usages depuis long-temps reconnus.—
V. *Notaire.*

126. Toutefois, dans le cas de l'art. 455 C. civ., le choix de
l'expert appartient au subrogé-tuteur.

127. Dans le cas de faillite les syndics doivent-ils seuls procéder à l'inventaire des biens, livres et papiers du failli, s'il n'y
a pas eu apposition de scellés? — V. *Faillite*, n° 217.

§ 6. — *Forme de l'inventaire.*

128. L'inventaire doit en général être rédigé par acte notarié. C. pr. 943.

129. Il doit contenir toutes les formalités de ces sortes
d'actes. *Ib.*

130. Ainsi il est dressé par deux notaires ou par un notaire,
en présence de deux témoins.

131. Toutefois il est des cas où la présence d'un notaire
n'est pas requise. — V. *Faillite*, n°s 215 à 221, *inf.* n° 193.

152. Il doit être écrit de la main de l'un des notaires ou de celle de l'un de leurs clercs, et non par l'une des parties, même quand celle-ci serait notaire. Parlem. Paris, 4 sept. 1652;—sans cependant qu'il y eût nullité s'il en était autrement.

155. Il indique le jour de la semaine, la date de ce jour, le mois, l'heure du commencement et celle de la fin. Décr. 10 brum. an 14.

154. Il doit en rester minute. Arr. réglem. 14 fév. 1701; Arg. L. 25 vent. an 11, art. 20.

Lorsque deux notaires représentant des parties différentes concourent à un inventaire, la minute reste au plus ancien d'entre eux, bien que l'autre ait reçu le testament du défunt, et qu'il représente les parties qui ont le plus fort intérêt dans la succession. Colmar, 30 juill. 1825, S. 26, 18, — ou qu'il ait toujours été le notaire de la famille. Paris, 13 juin 1832, S. 35, 358, — ou qu'il ait été choisi par la veuve commune en biens et de plus usufruitière universelle des biens de la succession de son mari. Nancy, 24 août 1835 (Art. 1499 J. Pr.).

155. L'inventaire se fait en une ou plusieurs vacations. Chaque vacation est de quatre heures au plus, et de trois heures au moins. Décr. 10 brum. an 14, art. 4. — Quand il y a interruption, il en est fait mention, et tout le monde signe. *Ib.* art. 8.

156. Quand il y a scellés apposés, ils sont levés au fur et à mesure de la confection de l'inventaire, et réapposés à la fin de chaque vacation. C. pr. 937. — V. *Scellés.*

157. L'inventaire doit en outre contenir : 1° les noms, professions et demeures des réquérans, des comparans, des défaillans et des absens, s'ils sont connus, du notaire appelé pour les représenter, des commissaires priseurs et experts, et la mention de l'ordonnance qui commet le notaire pour les absens et défaillans. C. pr. 943.

158. Il est nécessaire de bien énoncer les qualités des parties et les degrés de parenté.

Il faut aussi avoir soin de ne donner aux présomptifs héritiers que la qualité d'habiles à se porter héritiers, avec réserve de prendre par la suite telles qualités qu'ils jugeront convenables (C. civ. 778),—et de faire déclarer à la veuve qu'elle se réserve de renoncer à la communauté ou de l'accepter. C. civ. 1454.

159. Lorsqu'un notaire a été commis pour représenter des absens, l'ordonnance qui le nomme doit être annexée au procès-verbal du juge de paix, s'il a été apposé des scellés, sinon à la minute de l'inventaire.

Mais les procurations des parties sont toujours annexées à la minute de l'inventaire. L. 25 vent. an 11, art 13; Circ. min. 28 avr. 1832, D. 32, 3, 105.

140. Les énonciations ci-dessus prescrites sont consignées dans un procès-verbal distinct que l'on nomme *intitulé de l'inventaire* (— V. d'ailleurs *sup.* n° 4). — On peut en délivrer expédition séparément.

141. 2° L'indication des lieux où l'inventaire est fait. C. pr. 943.

142. 3° La description des effets. C. pr. 943.

143. Doivent être compris dans l'inventaire, tous les objets qui dépendent de la succession (ou de la communauté) :

Spécialement les linges et hardes du survivant. Pothier, *introd.* à la cout. d'Orléans, art. 10, n° 96. — *Contrà*, Proudhon, n° 168. — Mais on lui laisse un habillement complet à son choix. Pothier, *ib.* — Les marques des ordres dont il est décoré, l'épée qu'il a coutume de porter s'il est militaire, et s'il est homme de robe, sa robe de cérémonie. Pothier, *ib.* 66. — Mais on doit inventorier les bijoux. Dalloz, v°, *Inventaire,* n° 116.

144. Le fonds de commerce : quand l'époux survivant en a la jouissance, à la charge de le restituer, par exemple en cas d'usufruit légal. Il est inutile de l'estimer, quand il doit être vendu ou que l'une des parties en a la libre disposition.

145. Les manuscrits.—V. *Propriété littéraire.*

146. Les *offices.* — V. ce mot.

147. Les fruits pendans par racine sur les propres des époux et sur les conquêts, quand l'inventaire est dressé dans les six semaines qui précèdent l'époque ordinaire de la maturité des fruits. Arg. C. pr. 626. — Autrement on n'y comprend que les semences et labours. Armand Dalloz, *ib.* n° 120.

148. On pourrait ne pas comprendre dans l'inventaire les meubles formant l'objet d'un préciput ou d'un legs de corps certain, pourvu que le préciput ou le legs ne fût pas contesté, qu'il fût certain que la réserve ne fût point entamée, qu'il n'y eût point de créanciers, car ceux-ci doivent être payés avant les légataires. Pigeau, 2, 599. — Comme la réunion de toutes ces circonstances est à peu près impossible à savoir puisque l'inventaire a pour but de présenter les forces et charges de la succession, il convient de comprendre ces objets dans l'inventaire, sauf à le faire par distinction, et avec mention de la clause qui attribue ce mobilier au survivant. On suit la même marche toutes les fois que certains objets sont susceptibles d'être réclamés par un tiers.

149. Au reste, on ne décrit que les effets appartenant à la personne ou société dont il s'agit, et non pas tous ceux trouvés dans le lieu où se fait l'inventaire. Cependant, en matière de communauté, on décrit aussi les biens personnels des époux, afin de constater l'état de la succession, en même temps que celui de la communauté, afin de connaître les reprises que les époux peuvent avoir à exercer. Rolland, 4, 415.

150. Lorsque par suite de la cohabitation de l'époux survivant avec ses enfans, il y a eu confusion du mobilier inventorié au décès de l'autre époux, avec le mobilier nouveau acquis par le survivant, on doit, au décès de ce dernier, laissant des enfans dont l'un est mineur, dresser un inventaire de tout le mobilier trouvé dans la maison, et non se borner à un simple récollement, sauf à ceux qui prétendent avoir des droits de propriété dans certains objets, à les faire valoir plus tard. Poitiers, 15 juin 1828, D. 28, 185.

151. On peut réunir les objets de même nature pour être inventoriés successivement suivant leur ordre; ils sont dans ce cas replacés sous les scellés, après chaque vacation. C. pr. 938.

152. S'il y a des meubles en différens endroits, on doit.s'y transporter pour faire l'inventaire, — à moins que les parties ne consentent à ce que les objets soient apportés à l'endroit principal où se fait l'inventaire. Carré, nᵒ 3147, — ou à ce que la description et la prisée s'en fassent par déclaration, dans le cas où les objets ne valent pas les frais d'un transport. Parlem. de Paris, 26 avr. 1760.

153. Doit-on faire la description des immeubles? Un cohéritier peut l'exiger. Gênes, 1ᵉʳ oct. 1811, P. 9, 640. — Surtout lorsqu'il n'existe pas de titres de propriété. Rolland, *ib.* n° 274. — En général, l'inventaire doit présenter l'état de la fortune du défunt, de telle sorte que le partage et la liquidation n'en soient plus que la conséquence. — Toutefois l'inventaire ne serait pas nul pour défaut de description des immeubles. Pau, 5 mars 1833, D. 33, 208.—V. d'ailleurs, *inf.* n°159.

154. Le divertissement ou le recel de quelques objets de la succession fait perdre le droit de répudier ou d'accepter sous bénéfice d'inventaire. C. civ. 792, 801, 1460. — V. *Renonciation.*

155. 4° L'estimation des effets, laquelle est faite à juste valeur et sans *crue*, 943, n° 3. — V. ce mot.

156. 5° La désignation des qualités, poids et titre de l'argenterie (ce qui ne dispense pas de la prisée), et celle des espèces en numéraire. C. pr. 943, nᵒˢ 4 et 5.

157. Les billets de banque sont compris dans l'inventaire comme argent comptant; on les désigne sans les coter.

158. 6° La description et l'analyse des papiers. C. pr. 943.

159. Ordinairement on procède d'abord au classement des papiers.

160. On commence par le contrat de mariage et tout ce qui se rapporte aux reprises des époux, s'il s'agit de communauté; viennent ensuite les titres de propriété des immeubles acquêts et conquêts, et tout ce qui s'y rapporte; puis, les titres actifs et passifs mobiliers; et on termine par les papiers justificatifs des dépenses qui ont été faites pour frais de dernière maladie ou d'inhumation.

161. Puis, on s'occupe de la description et de l'analyse des papiers. Ces papiers sont cotés par première et dernière; ils sont paraphés de la main de l'un des notaires. S'il y a des livres et registres de commerce, l'état en est constaté; les feuillets en sont cotés et paraphés, s'ils ne le sont. Lorsqu'il y a des blancs dans les pages écrites, ils sont bâtonnés. C. pr. 945-6°.

162. Si un précédent inventaire relate la description d'autres papiers, on procède à leur récollement en signalant ceux qui sont en *nature* ou en *déficit*.

163. Lorsqu'il se trouve des inscriptions de rentes, ou autres effets publics, ou valeurs dont les intérêts se paient au porteur, l'usage est de les décrire et de les comprendre sous une cote; mais de ne pas les parapher, afin de pouvoir toucher sans être obligé de justifier des qualités.

164. S'il se trouve un papier cacheté, il est remis au président du trib. de l'ouverture de la succession. Arg. C. civ. 1007.

165. S'il s'agit d'un inventaire fait après le décès d'un avoué, on inventorie les pièces trouvées dans son étude par liasse, et sur le dossier de chacune de ces liasses on constate le nombre des pièces. Carré, n° 3148. — Le même mode doit être suivi, s'il s'agit d'un autre officier ministériel.

Si, lors d'un inventaire fait après le décès d'un ancien notaire, on trouve à la levée des scellés des papiers étrangers à la succession, mais non réclamés par les tiers auxquels ils appartiennent, le juge de paix ne peut ordonner d'office, pour le cas où ces papiers seraient réclamés, qu'il en sera fait un état descriptif. Ils peuvent, du consentement des ayant-droit, rester sous le scellé particulier qui y a été apposé. Paris, 8 sept. 1825, D. 26, 57.

166. Les objets et papiers étrangers à la succession et réclamés par des tiers sont remis à qui il appartient. S'ils ne peuvent être remis à l'instant et qu'il soit nécessaire d'en faire la description, elle est faite sur le procès-verbal des scellés et non sur l'inventaire. C. pr. 959.

167. La remise dont parle cet article ne peut avoir lieu qu'autant qu'elle est réclamée par des tiers. Aix, 28 juill. 1830, D. 31, 23.

168. S'il se trouve dans les papiers des titres de créance non timbrés ou enregistrés, on peut néanmoins les décrire dans l'inventaire; mais le défaut de timbre ou d'enregistrement est exprimé par le notaire. Carré, n° 3150.

169. 7° La déclaration des titres actifs et passifs (C. pr. 945

7°), dont les actes ne se trouvent pas dans les papiers; car, à l'égard de ceux qui s'y trouvent, ils doivent être décrits; — et la déclaration des créances existant sans titre.

170. Ces déclarations se font ordinairement sous la réserve de réparer les erreurs qui pourraient y être commises; elles doivent être signées par ceux qui les font. Favard, v° *Inventaire.*

Elles ne font aucunement preuve contre les tiers qui sont indiqués comme débiteurs, ni en faveur de ceux qui sont indiqués comme créanciers, soit qu'elles émanent de la veuve, à l'occasion d'une dette de communauté, soit qu'elles émanent des héritiers, au sujet d'une dette du défunt. Toullier, 9, n° 66. Si cependant la déclaration était faite sans réserve en présence du créancier, il semble qu'elle pourrait être regardée comme reconnaissance de la dette. — Il en serait de même si l'un des héritiers déclarait qu'il doit à la succession une certaine somme. Pothier, *Obligations*, n° 835.

171. Le successible donataire doit, s'il en est requis, déclarer dans l'inventaire les objets qu'il a reçus du défunt. Gènes, 1er oct. 1811, Arm. Dal., v° *Invent.*, n° 125.

172. Avant de clore l'inventaire, le tuteur doit faire la déclaration de ce qui lui est dû par le mineur, *à peine de déchéance;* et ce, sur la réquisition que l'officier public est tenu de lui en faire, et dont mention doit être faite au procès-verbal. C. civ. 451.

173. Lors même que la créance serait établie par titre authentique. Toullier, 2, n° 1194; Duranton, 3, n° 539. — Il est à craindre que le tuteur ne fasse disparaître la quittance qu'il aurait donnée.

174. La déchéance ne peut être prononcée si le notaire à omis de faire la réquisition. Pau, 6 août 1835, D. 35, 28. — Et il n'y a pas même lieu, dans ce cas, de rendre le notaire responsable; car il ne résulte de son omission aucun dommage. Rolland, *ib.* p. 412.

175. La déchéance est applicable à tous les tuteurs, même au père et à la mère: l'art. ne distingue pas.

176. Il en est autrement du subrogé-tuteur. Paris, 14 fév. 1817, S. 18, 59.

177. Il faut autant que possible que le tuteur indique le montant de la créance. S'il l'ignore parce qu'il y a compte à faire, il l'énonce. Du reste, une déclaration inexacte faite sans mauvaise foi, n'entraînerait aucune déchéance: la loi a voulu prévenir la fraude et non punir une méprise.

178. 8° La mention du serment prêté lors de la clôture de l'inventaire, par ceux qui ont été en possession des objets avant l'inventaire, qu'ils n'en ont détourné, vu détourner, ni su qu'il en ait été détourné aucun. C. pr. 945-8°.

Si c'est une veuve commune qui était en possession, elle doit, en outre, affirmer l'inventaire sincère et véritable. C. civ. 1456.

Sans que cependant l'omission de cette formalité entraîne la nullité de l'inventaire ; elle ne saurait présenter qu'une présomption d'inexactitude, qui peut être combattue par des preuves ou présomptions contraires. Bordeaux, 24 fév. 1829, S. 30, 72.

179. Dans le cas où les objets n'étaient pas en la possession d'une personne déterminée, le serment doit être prêté par ceux qui ont habité la maison dans laquelle sont lesdits objets. C. pr. 943-8°.

180. Ce serment est reçu par le notaire. C. civ. 1456 ; — même quand il y a scellés. Arg. C. pr. 943, n° 8 ; Dalloz, v° *Scellés*, 884.

181. Il doit être prêté lors de la clôture de l'inventaire. Cependant, il n'y a pas nullité s'il l'est au commencement, comme cela avait lieu avant le C. de pr. Rolland, v° *Inventaire*, 413. — Dans l'usage, lors de l'intitulé de l'inventaire, la personne qui est en possession des objets promet d'en faire la représentation fidèlement, et est avertie du serment qu'elle aura à prêter lors de la clôture de l'inventaire.

182. A supposer que le serment prêté au commencement d'un inventaire dût être prêté de nouveau lors de la clôture, le défaut de réitération de ce serment n'a pu être opposé, alors que les parties renvoyées par le notaire à se pourvoir en référé sur cette difficulté, n'y ont donné aucune suite, et que la partie qu'on voulait assujétir à la réitération du serment est depuis décédée. Cass. 23 fév. 1836 (Art. 1498 J. Pr.).

183. Lorsque le serment des personnes de la maison a été reçu à la clôture des scellés, on ne doit pas en exiger un nouveau lors de la clôture de l'inventaire. Le doute naît de l'art. 943-8°, qui paraît exiger ce serment comme une formalité de l'inventaire, et sans faire aucune distinction ; — mais la disjonctive *ou*, qui suit l'obligation du serment imposée à ceux qui ont été en possession des objets avant l'inventaire, fait voir que le serment des habitans de la maison n'est exigé, lors de l'inventaire, qu'à défaut de personnes ayant été en possession des objets. Mais quand il y a apposition de scellés, il doit être nommé un gardien.

184. 9° La remise des effets et papiers, s'il y a lieu, entre les mains de la personne dont on convient, ou qui à défaut est nommée par le président du trib. C. pr. 943-9°.

Le dépôt des deniers comptans à la caisse des *Dépôts et Consignations* (— V. ce mot, n° 17) peut être ordonné.

185. L'inventaire doit être signé à la fin (de même qu'à l'intitulé et à chaque vacation) par les parties, les experts, les témoins, les officiers publics.

186. Si, lors de l'inventaire, il s'élève des difficultés, ou s'il est formé des réquisitions pour l'administration de la communauté ou de la succession, ou pour autres objets, et qu'il n'y soit déféré par les autres parties, les notaires délaissent les parties à se pourvoir en référé devant le président du trib. de 1re instance. Ils peuvent en référer eux-mêmes, s'ils résident dans le canton où siége le trib. : dans ce cas, le président met son ordonnance sur la minute du procès-verbal. C. pr. 944.

187. Les notaires ne sont recevables à introduire eux-mêmes le référé que quand il n'y a pas eu apposition de scellés ; car s'il y a eu apposition, c'est au juge de paix à l'introduire. C. pr. 936, 944 ; Pigeau, 2, 603 ; Carré, art. 944, n° 3154.

188. Le référé ne peut être introduit qu'à l'occasion des incidens qui s'élèvent dans la confection de l'inventaire. Il ne saurait avoir lieu à l'occasion de la demande en nomination d'un gérant ou administrateur formée après l'apposition des scellés : une telle demande doit être portée devant le trib. civil. Cass. Règl. de juges 27 avr. 1825, S. 26, 422.

189. Si une réquisition était faite après la clôture de l'inventaire, le notaire ayant rempli son ministère n'aurait plus qualité pour en référer. Ce serait aux parties à aller chez le juge sur une sommation faite par l'une d'elles aux autres.

190. Lors même que les intéressés défèrent aux réquisitions qui sont faites, le référé devient nécessaire si l'héritier ou le conjoint survivant veulent, sans perdre le droit de renoncer dans la suite à la succession ou à la communauté, être autorisés à faire des actes excédant les limites d'une administration provisoire. Armand Dalloz, v° *Invent.*, 185. —Mais, dans ce cas, le référé ne peut être introduit par le notaire, mais seulement par les parties.

§ 7. — *Effets de l'inventaire.*

191. L'inventaire régulier (— V. *sup.* n° 128 et suiv.) fait foi entre les parties des énonciations qu'il contient. Arg. cass. 2 déc. 1835 (Art. 1498 J. Pr.).—V. d'ailleurs *Faillite*, n° 476, 478, 481.

192. Il empêche l'apposition des scellés, à moins qu'il ne soit attaqué et qu'il ne soit ainsi ordonné par le président du trib. C. pr. 923. — Dans le cas, par exemple, où un inventaire informe a été dressé sans le concours des héritiers présomptifs non présens. Bruxelles, 28 mars 1810, P. 8, 214.

Si l'apposition des scellés est requise pendant le cours de l'inventaire, les scellés ne sont apposés que sur les objets non inventoriés. C. pr. 923.

193. Si l'inventaire est fait sous seing privé, il n'est qu'un

simple état des biens, et ne peut produire d'effet qu'entre les
personnes qui l'ont signé, et lorsqu'elles sont capables de contracter. *Ib.* — Il sert d'élémens de preuve dans le cas d'enquête par commune renommée. Arg. cass. 1er juill. 1828, S.
28, 386; Bordeaux, 25 nov. 1834, D. 35, 18.

Il n'empêche pas d'apposer les scellés d'office. Arg. *à contrario* C. pr. 923; Bruxelles, 28 mars 1810, P. 8, 214.

194. L'assistance du créancier à l'inventaire n'est pas un
acte interruptif de la prescription. Troplong, *Prescription*,
n° 586. — V. *Scellés.*

195. Le défaut d'inventaire, — autorise les parties intéressées (le mari excepté. C. civ. 1415 et 1504) — à prouver
la valeur du mobilier par titre, par témoins, et même par commune renommée. C. civ. 1442.

196. Il peut quelquefois être opposé à l'héritier à réserve
qui prétend faire réduire comme excédant la quotité disponible,
une disposition faite par le défunt. Armand Dalloz, *ib.*, n° 27.

197. Le défaut d'inventaire n'opère plus comme autrefois
la continuation de la communauté. C. civ. 1442.

Fait-il perdre au survivant des époux la jouissance légale
des biens de ses enfans mineurs? — V. *sup.* n° 48.

198. Jugé que le défaut d'état en bonne forme pour constater un fonds de commerce apporté en dot par une femme
mariée sous le régime de la communauté réduite aux acquêts,
n'enlève pas à ce fonds la qualité de propre de la femme, pour
le rendre le gage des créanciers du mari, lorsque ce fonds a
été désigné dans le contrat de mariage, et n'a pas changé de nature ni cessé d'être géré par la femme seule hors du domicile
de son mari. Paris, 23 fév. 1855, D. 55, 52.

§ 8. — *De quelques inventaires particuliers.*

199. Les inventaires des biens des personnes de la famille
royale sont faits par tous officiers compétens, mais en présence
du chancelier de France, ou d'un conseiller d'état délégué par
lui, lorsque l'opération doit avoir lieu hors du palais de la résidence royale. Ordonn. 25 mai 1820.

200. Après le décès d'un officier supérieur de toute arme,
d'un commissaire ordonnateur, intendant militaire, officier de
santé en chef des armées, retiré ou en activité, les scellés sont
apposés sur les papiers, cartes, plans et mémoires militaires
autres que ceux dont le décédé est l'auteur, et le général com-
mandant la division nomme, dans les dix jours qui suivent, un
officier pour être témoin à la levée des scellés et à l'inventaire
des objets ci-dessus mentionnés. — Lors de l'inventaire de ces
objets, ceux qui sont reconnus appartenir au gouvernement, ou
que l'officier nommé par le général juge devoir l'intéresser,

sont inventoriés séparément et remis audit officier sur son reçu. — Copies de l'inventaire et du reçu de l'officier sont adressées au ministre de la guerre, qui veille à ce que les objets ainsi recouvrés ou qui auraient été acquis soient remis sans délai dans les dépôts respectifs qui les concernent. Arr. 13 niv. an 9.

201. Lorsque c'est le titulaire d'un majorat qui est décédé, il est enjoint au juge de paix, au notaire, ou autre officier public qui procède à la levée des scellés ou à l'inventaire, de se faire représenter, avant la levée des scellés, le certificat constatant la notification du décès au secrétaire général du ministère de la justice, et de faire mention dudit certificat dans l'intitulé du procès verbal de levée de scellés ou de l'inventaire, à peine d'interdiction. Décr. 4 mai 1812 ; Ordonn. 31 oct. 1830, art. 3. — Si ce certificat n'est pas représenté, le notaire peut faire lui-même la notification. Lettre du proc. gén. du sceau des titres à la chambre des notaires de Paris, 16 oct. 1809.

202. Quand l'héritier présomptif est un militaire absent, on doit le faire représenter par un curateur. L. 11 vent. an 2.

203. Les consuls résidant en pays étranger sont tenus de faire l'inventaire des biens et effets de ceux de leur nation qui décèdent sans héritiers sur les lieux, et d'en charger le chancelier du consulat au pied de l'inventaire, en présence de deux notables marchands qui doivent le signer. Ordon. de la marine, août 1681, liv. 1, tit. 9, art. 20.

Copie de l'inventaire doit être adressée au ministre de la marine, qui prend les mesures convenables pour rendre public le décès, afin d'avertir les héritiers. *Ib.* Arg. C. civ. 60.

204. A l'égard des personnes décédées en mer, l'inventaire est fait par le capitaine du navire, conjointement avec l'écrivain, pour être déposé, à l'arrivée du bâtiment dans le port du désarmement, au bureau du préposé de l'inscription maritime, où les parties intéressées peuvent le réclamer. C. comm. 224 ; C. civ. 87, 988.

205. Dans certains cas, il peut être suppléé à l'inventaire par une *enquête de commune renommée* que reçoit le juge. — V. ce mot, n°ˢ 1 à 6 (Art. 1110 J. Pr.).

§ 9. — *Frais de l'inventaire.*

206. Ces frais se composent des vacations du notaire ou des notaires qui l'ont rédigé, des frais d'expédition, des vacations du notaire ou des notaires nommés pour représenter les absens et défaillans, et de celles de l'avoué qui représente les opposans. C. pr, 932, 933, 942, — des vacations du commissaire-priseur ou des experts. —V. *Tarif.*

207. Dans l'usage on comprend aussi dans les frais d'inven-

32.

taire un droit pour la confection du dépouillement de l'inventaire pour l'acquit des droits de mutation.

208. Les frais d'inventaire sont à la charge de la succession (C. civ. 810), — ou de la communauté. *Ib.* 1482.

En cas de renonciation à la communauté ils sont à la charge du mari ou de ses représentans pour ce qui se rapporte à la communauté.

209. Ils ne sont pas supportés par les légataires de la quotité disponible. Paris, 1er août 1811, D. A. 5, 425.

Ces frais sont avancés par le requérant, qui en est remboursé par privilége sur le prix des biens inventoriés, comme faits dans l'intérêt général. C. civ. 810, 1482, 2104, n° 1, 2104, 2105. — V. *Distribution*, n° 68. — Bien que tous les héritiers soient majeurs, et que l'inventaire n'ait été requis que par l'un d'eux. Caen, 22 fév. 1820 ; Armand Dalloz, v° *Inventaire*, 188.

210. Mais celui qui a requis l'inventaire comme héritier en est seul chargé s'il est ensuite reconnu qu'il n'a pas cette qualité. — Sauf toutefois le cas où celui qui le remplace n'avait pas une existence reconnue au moment où a été fait l'inventaire. Arg. C. civ. 136, 138.

211. Un nouveau greffier qui,—au lieu de faire dresser par le juge de paix un bref état *sans frais* des registres et papiers du greffe. Décr. 18 juin 1811, art. 130, — requiert expressément un inventaire détaillé, en supporte les frais. Cass. 7 mai 1823, S. 23, 375.

§ 10. — *Enregistrement.*

212. Les inventaires doivent être enregistrés au droit fixe de 2 fr. par vacation. L. 22 frim. an 7, art. 68, § 2, n° 1.

213. Le délai pour l'enregistrement de l'inventaire est, à compter de sa date, de dix jours, si l'inventaire est fait par un notaire qui habite dans une ville où est un chef-lieu de bureau ; —quinze jours, si l'inventaire est fait par un notaire qui n'y réside pas ; — vingt jours, si l'inventaire est judiciaire. Circ. rég. 14 niv. an 8.

214. Chaque vacation aux inventaires, à commencer par la première est soumise à l'enregistrement dans le délai voulu par la loi. *Ib.*

215. Les nominations d'experts et la prestation de serment contenues dans l'inventaire ne donnent lieu à aucun droit particulier. Décis. min. fin. 25 mai 1821.

216. Les déclarations des parties n'engendrent de droit d'enregistrement qu'autant qu'elles font titre contre les déclarant. Inst. min. fin. 30 flor. an 11.

Ainsi ne donne pas lieu au droit proportionnel de donation

la déclaration d'un héritier qu'une somme déterminée lui a été donnée par le défunt, lorsque précédemment il avait déclaré l'apporter en mariage comme étant le fruit de ses épargnes. Délib. de la régie, 12 janv. 1858, D. 58, 5, 124.

On ne peut considérer comme arrêté de compte, ni comme promesse de payer, la déclaration d'un mandataire d'être comptable d'une somme envers la succession. Cette déclaration ne deviendrait susceptible du droit proportionnel que dans le cas où l'on en ferait usage en justice. Cass. 22 mars 1814, P. 12, 156 ; Rigaud, *Droits d'enregistrement*,, 2, n° 907.

217. Il n'y a pas lieu à amende, si le notaire procède à l'inventaire sans énoncer dans l'intitulé l'acte de nomination du tuteur ou subrogé-tuteur. Cass. 5 janv. 1827, S. 27, 542 ; Inst. gén. 30 juin 1827 ; — ou s'il l'énonce avant qu'il ait été enregistré. *Ib.* — On ne peut considérer l'inventaire comme un acte fait en conséquence de l'acte de nomination.

Il en est de même dans le cas où il s'agit du procès-verbal de nomination des experts. Délib. Rég. 30 juin 1827.

218. La description des titres non timbrés ou non enregistrés, lorsqu'elle indique cette irrégularité, ne donne lieu à aucune amende. La loi du 22 frim. an 7, qui défend aux notaires de faire mention dans leurs actes de titres non enregistrés, ne s'applique pas à l'inventaire qui doit présenter le tableau de tous les meubles et titres qui se trouvent dans la succession. Favard, v° *Inventaire*; Délib. Dir. exéc. 22 vent. an 7 ; Circ. rég. 9 therm. an 7. — Mais l'administration de l'enregistrement a le droit, en enregistrant l'inventaire, de prendre note de ces titres, et s'ils sont suffisamment constatés et prouvés, de recourir contre les parties pour réclamer les droits d'enregistrement et les amendes s'il y a lieu.

219. N'est pas suffisamment prouvé le bail dont il est dit dans l'inventaire, *une pièce qui paraît relative à un bail fait par. . . à. . . . pour. . . . d'une maison. . . . moyennant. . . . .;* surtout si la description de la pièce ne constate ni date ni signature, et si l'une des parties contractantes, n'est pas présente à l'inventaire. Trib. Compiègne, 26 nov. 1835.

220. L'inventaire qui a été suspendu par l'introduction d'un référé peut être continué avant que l'ordonnnance du référé soit enregistrée, pourvu que les deux actes soient enregistrés ensemble. Décis. min. fin. 29 déc. 1807, 26 déc. 1818.

221. Pour le cas de *faillite*. — V. ce mot, n°s 678 et 680, et *Timbre*.

§ 11. — *Formules.*

FORMULE I.

Modèle d'inventaire.

L'an   , — à la requête, 1° de M.

Agissant au nom et comme exécuteur testamentaire de M.
nommé à cette qualité, par son testament reçu par acte public, par M^e
notaire à   , etc.

2° De dame   , veuve du sieur   , etc.
Agissant dans les qualités suivantes :
1. A cause de la communauté de biens qui a existé entre elle et son défunt
mari, aux termes de leur contrat mariage, passé devant M^e   et son
collègue, notaires à   le   , et dont une expédition sera
ci-après inventoriée; laquelle communauté elle se réserve d'accepter ou de répudier, ainsi qu'elle avisera par la suite.
2. Comme créancière de cette communauté, et même de la succession de son
mari, pour raison de ses reprises et conventions matrimoniales.
3. Comme donataire ou légataire (*énoncer le titre*).
4. Comme tutrice légale de
5. Comme ayant la jouissance légale des biens de ses enfans mineurs, et de son
défunt mari.

3° De M.
Au nom et comme maître des droits et actions mobilières et possessoires de
dame   son épouse, avec laquelle il est commun en biens, ainsi qu'il le
déclare, aux termes de leur contrat de mariage passé, etc.
En présence, et même à la requête de M^e   , notaire, au nom et
comme représentant M.   , commis à cet effet par ordonnance de
M. le président du tribunal de   , mise au bas de la requête, à lui
présentée, l'original desquelles requête et ordonnance est demeuré ci-annexé.

4° De M.
Au nom et comme subrogé tuteur des mineurs   , nommé et élu à cette
qualité qu'il a acceptée par délibération de famille de ces mineurs, reçue et présidée par M. le juge de paix du   arrondissement; expédition de laquelle
délibération, représentée par M^e   , lui a été à l'instant rendue.
Le sieur   , les mineurs   , tous frères et sœurs germains,
habiles à se porter héritiers chacun pour   , de feu sieur   , leur père.
La mineure   , par représentation de
A la conservation des droits et intérêts des parties, et de tous autres qu'il appartiendra, il va être par M^e   et son collègue, notaires à
(*ou par* M^e   , notaire à   , en présence de témoins), procédé à
l'inventaire fidèle et description exacte de tous les meubles, effets mobiliers, et
deniers comptant, titres, papiers, renseignemens, dépendant tant de la communauté, qui a existé entre les sieur et dame, que de la succession de M.   ,
le tout trouvé et étant dans lesdits lieux ci-après désignés, faisant partie d'une
maison sise à   , rue   , dont M.   est propriétaire, et où le sieur   est décédé, le
Sur la représentation qui m'a été faite de tous ces objets, par madame veuve
          et par le sieur   domestique au service du défunt,
demeurant dans ladite maison, à ce présent, comme gardien des scellés; lesquels
ont fait serment, ès-mains de M^e   , en présence de M^e
(*ou des témoins*), de tout fidèlement représenter, mettre en évidence, faire comprendre et déclarer au présent inventaire, de n'avoir pris ni détourné, vu ni su
qu'il ait été pris ou détourné aucuns des biens, titres et papiers desdites communauté et succession, sous les peines de droit, à eux expliquées, et qu'ils ont dit
bien comprendre.
Ces objets seront représentés et inventoriés, et la prisée de ceux qui en seront
susceptibles aura lieu au fur et à mesure que les scellés apposés par M. le juge
de paix, suivant procès-verbal en date du   , auront été par lui reconnus sains et entiers, et comme tels levés, en vertu de son ordonnance, en date
du   , étant ensuite du procès-verbal d'apposition.
La prisée des choses qui y sont sujettes sera faite par M.   ,
commissaire-priseur, à ce présent, lequel a promis de faire ladite prisée, à juste valeur et sans crue, conformément à la loi, et en ayant égard au cours du temps
actuel.

Si l'inventaire est fait en présence de témoins, on met : ce fait en présence
de   , témoins instrumentaires pour ce requis.
Il a été vaqué à la rédaction de l'intitulé du présent inventaire, depuis
jusqu'à   , à double (ou simple) vacation — Ce fait, les scellé
et effets à inventorier, sont restés en la garde du sieur   , qui le re-

connaît et s'en charge, pour en faire la représentation quand et à qui il appartiendra.

Et la vacation pour continuer le présent inventaire a été remise au jour et heure, auxquels chacune des parties a promis de se rendre, sans aucune sommation, consentant au besoin la continuation du dit inventaire, tant en sa présence qu'en son absence.

Et ont les parties, sous toutes réserves et protestations de droit, signé avec le commissaire-priseur, le gardien des scellés et les notaires (ou témoins), après lecture. *(Signature.)*

Et le   , en présence des parties susnommées, il a été procédé à la continuation dudit inventaire, et à la description et estimation des effets mobiliers desdites successions, ainsi qu'il suit :

— V. *Faillite*, formule VI.

Après le mobilier on passe à la description et à l'estimation des linge et vêtemens du défunt; — du linge et des vêtemens de la veuve; du linge de lit, table et ménage.

Suivent les bijoux (*les énoncer*).

Suit l'argenterie (*indiquer les pièces, — le poids*).

Suivent les deniers comptans, billets de banque, espèces.

Suit la bibliothèque (*désigner les principaux ouvrages*).

Suivent les papiers :

Cote 1. — Deux pièces :

La première est l'expédition d'un contrat de mariage, etc. (*analyser les clauses*),

La seconde pièce est la copie de l'acte de célébration de mariage, etc.

Lesquelles pièces ont été cotées et paraphées par Me   et inventoriées sous la cote 1   .   *Cote une.*

. Déclare madame veuve   , que durant son mariage elle a recueilli la succession de   (*et autres déclarations*).

Titres relatifs aux propres de la veuve.

Partage de la succession de M.

Cote 2. — Une pièce, qui est l'extrait d'un acte de partage, etc. (*Déclarations qui peuvent être utiles*).

Titres relatifs aux propres de feu M.

Partage, etc.

Titres et papiers relatifs aux acquêts de communauté.

Titres du domaine de   , etc.

Baux, s'il y en a.

Suivent les déclarations actives.

Créances certaines.

Créances douteuses.

Suivent les déclarations passives.

Déclare madame veuve qu'il est dû par lesdites successions et communauté, savoir : A M.

Déclaration de la tutrice.

Et sur la réquisition que Me   , notaire, a faite à madame s'il lui est dû quelque chose par ses enfans mineurs, dont elle est tutrice. Cette dame a déclaré qu'il ne lui était rien dû personnellement par lesdits mineurs, mais qu'elle avait à exercer contre lesdites successions et communauté les reprises et créances résultant de son contrat de mariage, et des successions à elle échues pendant le mariage.

Clôture.

Et, ne s'étant plus rien trouvé à dire, comprendre ni déclarer au présent inventaire, madame veuve   a affirmé, devant les notaires, que cet inventaire est sincère et véritable. Et, au même instant, elle a prêté, entre les mains des mêmes notaires, le serment de n'avoir détourné, vu ni su qu'il ait été caché ou détourné aucun des objets, titres et papiers dépendant desdites communauté et succession. — Pareil serment a été également fait entre les mains desdits notaires, par ledit sieur   , gardien des scellés.

Ce fait, tout le contenu au présent inventaire a été, du consentement des parties, laissé en garde et possession du sieur . qui le reconnaît et s'en charge pour en faire la représentation quand et à qui il appartiendra.

Et il a été vaqué depuis dix heures du matin jusqu'à quatre heures de relevée, par double vacation.

Et ont, les parties, sous toutes réserves et protestations de droit par elles ci-devant faites et qu'elles réitèrent, signé avec et les notaires, après lecture. (*Signatures*).

FORMULE II.

Requête pour demander un nouveau délai pour faire inventaire.

(C. pr. 171. — Tarif, 75. — Coût, 2 fr. par rôle; orig. 50 c.)

Le sieur
Contre le sieur } (*comme à la formule* 1, v° *Conclusions.*)
A l'honneur de vous exposer, etc.

Il plaira au tribunal,

Accorder au sieur un nouveau délai de trois mois pour terminer l'inventaire dont s'agit, et quarante jours, a partir de la confection de cet inventaire, pour délibérer et ordonner que, pendant ce temps, les poursuites dirigées contre lui par le demandeur seront suspendues; et, en cas de contestation, condamner le demandeur aux dépens de l'incident, sous toutes réserves.

(*Signature de l'avoué.*)

Pour les requêtes afin de commettre un notaire qui représente les héritiers non présens, et l'ordonnance du président qui nomme les officiers publics qui procéderont à l'inventaire. — V. les formules de *scellés.*

INVENTAIRE DE PRODUCTIONS. État contenant dénombrement des pièces produites dans un procès dont *l'instruction par écrit* a été ordonnée. — V. ce mot.

INVENTION (BREVET D'). — *Brevet d'invention, dessin de fabrique, propriété littéraire.*

IRRITANT. Se dit d'une clause ou d'une loi qui annule expressément ce qui est contraire à ses dispositions. — V. *Nullité.*

ITÉRATIF COMMANDEMENT.—V. *Emprisonnement,* n° 206; *Saisie-exécution.*

J.

JETON DE PRÉSENCE. Médaille qui se distribue à chaque séance aux membres présens à des assemblées ou conférences des officiers ministériels. — Les avocats à la Cour de cassation donnent, lors de leur réception, deux jetons à chacun de leurs confrères.

JONCTION (*d'instance*). Action de joindre deux instances entre lesquelles il y a connexité, ou une demande incidente à une demande principale, pour être statué sur le tout par un seul et même jugement.

1. On joint aussi quelquefois au fond des requêtes contenant demande provisoire, lorsqu'on ne trouve pas qu'il y ait lieu de statuer sur le provisoire.

2. De ce que plusieurs demandes auraient été formées contre la même personne, devant le même trib. et sur la même question, il n'en résulte pas que la jonction des causes doive être ordonnée, si les demandeurs ont des intérêts distincts. Paris, 31 août 1808, P. 7, 128.

3. Quand de deux parties co-assignées, l'une seulement comparaît et l'autre fait défaut, il y a lieu de joindre le profit du défaut à l'instance engagée contradictoirement, pour statuer sur le tout par un seul jugement. — V. *Jugement par défaut.*

4. La jonction est toujours ordonnée par jugement, — soit sur la demande de l'une des parties, formée par requête ou conclusions signifiées, soit d'office par le tribunal, sauf à disjoindre ultérieurement, s'il y a lieu. — V. *Exception*, nos 54, 55.

5. Les assignations données en vertu de jugemens de jonction indiquent seulement le lieu, le jour et l'heure de la première audience; elles n'ont pas besoin d'être réitérées, quoique l'audience ait été continuée à un autre jour. C. pr. 1034.

JOUR. Ce mot se dit du temps que la terre emploie à faire une révolution sur son axe, c'est-à-dire des vingt-quatre heures, depuis minuit jusqu'à minuit (— V. *Délai*). Il s'entend aussi des heures pendant lesquelles il est permis de faire des significations et exécutions. — V. *Emprisonnement*, n° 154 à 157; *Exécution*, n° 102; *Exploit*, 140 à 143.

La date des actes comprend l'indication du jour où ils sont faits, c'est-à-dire le quantième. — V. *Date*, n° 5. — Quelquefois il est utile d'indiquer le jour de la semaine. — V. *ib.*, n° 7.

JOUR BISSÈXTILE. C'est celui qui est ajouté tous les quatre ans au mois de février.

Il est compté dans les délais qui se calculent par jours. — V. *Délai*, n° 23.

JOUR FÉRIÉ. — V. *Fête.*

JOURS FRANCS. — V. *Délai*, nos 15 et suiv.

JOURS UTILES. Ce sont ceux pendant lesquels il est possible d'agir. — V. *Délai.*

JOURNAL. — V. *Insertion, Saisies, Ventes.*

JUDICATUM SOLVI (*Caution*), ou *Caution du jugé*. Caution que tout étranger demandeur principal ou intervenant est tenu de fournir pour la garantie des frais et dommages-intérêts, résultant du procès.

1. Cette caution diffère de celle que doit fournir le saisi qui argue de nullité la procédure postérieure à l'adjudication préparatoire : celle-ci n'a pour but que d'assurer le paiement des frais d'un incident, — V. *Saisie immobilière*, — et de la consignation de 150 fr. exigée de tout demandeur en requête civile. Cette voie extraordinaire ouverte contre un jugement en dernier ressort n'est pas l'introduction d'une instance primitive. Boncenne, 3, 176.

2. La caution du jugé peut en général être exigée de tous étrangers demandeurs principaux ou intervenans. C. pr. 166.

Peu importent leur rang et leur dignité. Ainsi, la caution doit être fournie : 1° par un prince souverain, s'il plaide en France. Il n'est souverain que dans ses Etats ; sa qualité, au contraire, est un titre de plus pour exiger de lui la caution, puisqu'il ne serait pas possible de mettre à exécution dans ses Etats les condamnations qui seraient prononcées contre lui. Parl. Paris, 23 mai 1781 ; Denisart, v° *Caution judicatum solvi* ; Favard, v° *Exception* ; Boncenne, 3, 173 ; Coin-Delisle, *Commentaire analytique*, art. 16, n° 2.

2° Par un ambassadeur. Parl. Paris, 15 mars 1752 ; Denisart, *ib.* ; Merlin, *Rép.* et *Qu. dr. eod.*, v° ; Favard, *ib.* ; Boncenne, *ib.* — V. *Ministre public.*

3. Toutefois, l'obligation de fournir caution cesse à l'égard, 1° de l'étranger admis par le Gouvernement à établir son domicile en France, et qui y réside (Arg. C. civ. 13) ; la liberté de plaider sans cautionnement peut être considérée comme un droit civil. Boncenne, 180 ; Coin-Delisle, *ib.*, n° 2.

4. 2° De celui qui est dispensé de cette obligation par les traités intervenus entre la France et la nation à laquelle il appartient. Parl. Paris, 6 fév. 1630 (*Journal des aud.*, t. 1, liv. 2, chap. 66) ; Dijon, 11 sept. 1678, Raviot sur Perrier, quest. 202 ; Toulouse, 1ᵉʳ fév. 1715 ; Serres, *Inst. au droit franç.* ; Paris, 23 mars 1787 ; Denisart, v° *Caution jud. solv.* — Il existe un traité semblable avec la Suisse. Traité 4 vend. an 12 ; Cass. 9 avr. 1807, S. 7, 508 ; Colmar, 28 mars 1810, P. 8, 214.

5. Il ne suffirait pas que la loi de l'étranger dispensât le Français demandeur de fournir caution : les lois de France ne peuvent être ainsi modifiées par celles d'un autre pays. Boncenne, 181.

6. 3° De l'étranger qui possède en France des immeubles d'une valeur suffisante pour assurer le paiement des frais et dommages-intérêts résultant du procès. C. civ. 16 ; C. pr. 167. — V. *inf.* n° 51.

7. Le Français peut-il , dans ce cas, prendre inscription sur les biens de l'étranger ? — Le doute naît de ce que la garantie que ces biens offrent au défendeur pourrait devenir illusoire par suite de l'aliénation qu'en ferait l'étranger, ou des hypothèques qu'il conférerait à des tiers. D'ailleurs, le jugement qui intervient préalablement à l'effet de constater la suffisance des biens, si elle est déniée par le Français, paraît devoir emporter au profit de ce dernier une hypothèque judiciaire. — Mais on répond : aucun texte ne confère au défendeur une hypothèque sur les biens de l'étranger, et l'on ne peut ajouter à la rigueur du droit accordé contre lui. Il est certain qu'on ne

serait recevable à prendre hypothèque qu'en vertu du jugement
rendu sur la contestation du défendeur relative à la suffisance
des biens. Or, il serait déraisonnable que le défendeur pût se
créer un droit par une contestation injuste. D'ailleurs, l'art.
2123 C. civ. accorde une hypothèque à celui qui a *obtenu le jugement*, et non à celui qui a succombé sur la contestation;
Toullier, 1, 265; Merlin, *Rép.*, v° *Caut. jud. solv.*; Duranton,
1, 104, note 2. — *Contrà*, Delvincourt, 1, 199, note 7;
Favard, v° *Exception*, n° 7; Pigeau, *Comm.*, 1, 375; Boncenne, 194.

8. *Immeubles situés en France*, c'est-à-dire sur le continent;
des immeubles dans les colonies françaises seraient d'une discussion trop difficile. Coin-Delisle, n° 9.

9. 4° En matière de commerce : c'est afin de favoriser les
transactions commerciales. C. civ. 16; C. pr. 425.

10. L'étranger, demandeur devant le trib. de comm., qui
est renvoyé incidemment devant les trib. civils, en vérification
d'écriture, est dispensé de fournir caution. Cet incident, né
de la défense, ne dénature point l'action principale, et ne
convertit pas l'affaire commerciale en une affaire civile. Metz,
26 mars 1821, S. 23, 126.

11. L'obligation imposée à l'étranger de donner caution est
applicable en matière criminelle : si l'action de la partie civile n'est pas fondée, elle donne lieu à des dépens et dommages-
intérêts (C. inst. crim. 366); l'art. 16 C. civ., en n'exceptant
que les affaires de commerce, n'a fait que confirmer la
règle générale établie à l'égard des autres. Cass. 3 fév. 1814,
S. 14, 116; Carnot, sur l'art. 63 C. inst. crim.; Legraverend,
1, 201; Mangin, *Action publique*, 1, 259; Carré, 1, n° 705;
Berriat, 227; Favard, *ib.* § 1er, n° 2; Duranton, 1, n° 161;
Coin-Delisle, n° 6.

12. Il en est de même dans les affaires de la compétence des
juges de paix. Carré, n° 701; Coin-Delisle, *ib.*

13. Au reste, le Français n'a aucun intérêt à exiger la caution, si l'étranger consigne une somme déclarée suffisante par
le juge. C. pr. 167; — ou s'il donne un gage en nantissement
d'une valeur suffisante. Arg. C. civ. 2044; Carré, art. 167; —
ou si le défendeur se reconnaît le débiteur de l'étranger d'une
somme exigible assez considérable pour répondre des frais, et
de nature à n'être pas compensée. Parlement, Flandre, 12 janv.
1784; Carré, *ib.*; Favard, v° *Exception*, § 1er; Merlin, *Rép.*
hoc verbo, § 1er.

14. L'étranger ne peut pas, à titre de cautionnement, déléguer des gages à échoir qui lui seront dus par un Français
au service duquel il est attaché : ces gages ne sont pas exigibles,
et peuvent ne l'être jamais. Metz, 15 mars 1821, D. 585.

15. Ce n'est qu'à l'étranger demandeur, et non à l'étranger défendeur (eût-il même formé une demande reconventionnelle), qu'on peut demander la caution du jugé : la défense est de droit naturel. Denisart, v° *Caut. jud. solv.*

16. En conséquence, l'étranger défendeur en première instance, qui interjette appel du jugement rendu contre lui, n'est point tenu de donner caution. Il n'agit pas de son plein gré contre celui qui a entamé le procès, l'appel n'est que la continuation de sa défense à l'action intentée contre lui. Parl. Paris, 4 mai 1736 ; Metz, 27 août 1817, S. 32, 595, note ; Paris, 31 janv. 1835 (Art. 220 J. Pr.) ; Denisart, *ib.*; Pigeau, 1, 220 ; Favard, v° *Exception*, § 1, n° 2 ; Delvincourt, 1, 197 ; Carré, art. 166, n° 700 ; Boncenne, 179.

17. Par la raison contraire, l'étranger demandeur en première instance, et intimé sur l'appel, ne cesse pas d'être tenu de fournir caution pour les frais d'appel. Merlin, *ib.*, § 1. Parlem. Douai, 12 janv. 1784 ; Carré, *ib* ; Boncenne, *ib.*

18. L'intervenant peut exiger caution de l'étranger demandeur principal, s'il intervient pour le défendeur : par exemple, comme étant lui-même caution de ce dernier ; mais il ne peut exiger la caution qu'après que son intervention a été admise par les parties, ou par le juge, lorsqu'elle a été contestée : jusqu'à cette admission, il n'est pas encore partie dans l'instance. Pigeau, *Comm.* 1, 374.

19. L'étranger intervenant est également tenu de fournir caution (C. pr. 166), mais seulement lorsqu'il intervient activement, et non lorsque son intervention est forcée par suite de sa mise en cause par l'une des parties. Berriat, 227.

20. La caution peut être réclamée par le défendeur étranger comme par le Français : l'art. 166 C. pr. ne distingue point. Il a voulu remédier à l'impuissance où l'on serait de faire exécuter hors France une condamnation de dépens et de dommages-intérêts. Vainement on objecte que l'étranger a un autre moyen de se garantir de l'action intentée contre lui par un autre étranger, en déclinant la juridiction des trib. français : ces motifs, qui ne s'appliquent d'ailleurs qu'aux matières personnelles, ne peuvent en effet déroger à la disposition générale de l'art. 166 ; et l'on peut dire que si l'étranger a consenti à se laisser juger en France, ce n'est qu'à raison de la caution qui a dû lui être fournie aux termes de cet article. Paris, 30 juill. 1834 ; Coin-Delisle, n° 3 ; Favard, n° 702 ; Merlin, *Rép. ib.*; Favard, v° *Exception*, § 1er ; Boitard, 2, 10 et 184 ; Lepage, 157. — *Contrà*, Orléans, 26 juin 1828, S. 28, 195 ; Pigeau, 1, 159 ; Duranton, 1, 105.

21. L'étranger n'est pas tenu de donner caution, 1° lorsqu'il poursuit en France l'exécution d'un titre paré : dans ce cas, ce

n'est plus un demandeur qui agit pour obtenir une condamnation, c'est le souverain qui mande et ordonne à ses magistrats
de prêter mainforte à l'exécution du titre, — surtout, lorsque
le débiteur a la garantie de ses frais dans le montant de l'obligation par suite de laquelle il est poursuivi. Cass. 9 avr. 1807,
P. 6, 14; Duranton, 1, n° 164; Delvincourt, 1, 197; Merlin, *ib.*; Demiau, 138; Berriat, 227, Boncenne, 178.

2° Lorsqu'il exécute un jugement en dernier ressort rendu à
son profit : peu importe que le défendeur allègue qu'il s'est
pourvu en cassation contre le jugement qui l'a condamné, et
que l'étranger est sur le point d'emporter hors de France l'objet
du litige : le pourvoi en cassation n'est pas suspensif. Cass.
4 prair. an 7, P. 1, 593.

5° Lorsqu'il demande la nullité de la saisie pratiquée contre
lui : il est véritablement défendeur. Parlem. Douai, 4 janv.
1772; Boncenne, 178. — Aussi l'art. 567 C. pr. attribue-t-il
compétence à son trib., même lorsqu'il est demandeur en main-
levée. Coin-Delisle, n° 14.

22. Les jugemens rendus au profit des étrangers qui ont obtenu des adjudications dans les matières pour lesquelles il y a
recours au Conseil-d'État, ne peuvent être exécutés pendant le
délai accordé pour le recours, qu'autant que l'étranger a préalablement fourni en France une caution bonne et suffisante.
Décr. 7 fév. 1806, — pour assurer, en cas de réformation par
le Conseil-d'Etat, le remboursement des condamnations encourues par l'étranger : cette caution doit être réglée par
l'art. 135 C. pr. Carré, n° 699, note 2.

23. L'exception de la caution du jugé doit être proposée
avant toute exception. C. pr. 166.

Doit-elle l'être même avant les exceptions déclinatoires?

Pour soutenir que l'exception de la caution doit précéder la
demande en renvoi, on dit : La loi n'a pu vouloir rectifier
l'art. 166 C. pr. par deux dispositions du même titre (Art. 169
et 173). Ces deux articles n'ont entendu parler que des exceptions dont il est question dans des textes postérieurs, par exemple de celles de garantie et de communication de pièces. On
doit donc présenter les exceptions selon l'ordre d'énumération
suivi aux paragraphes du titre.—Lors de la rédaction du C. de
pr., le tribunat avait demandé que l'art. 166 fût ainsi conçu :
« Tous étrangers demandeurs principaux et intervenans seront
tenus, si le défendeur le requiert, avant toute exception *autre
que celle de renvoi et de nullité*, de fournir caution, etc. » Mais
ces derniers mots ne furent point admis dans la rédaction définitive. Si la demande de la caution ne devait point précéder le
moyen d'incompétence, on exposerait le Français défendeur à

perdre les frais faits sur le déclinatoire. Boncenne, 201 ; Boitard, 2, 28.

Au contraire, pour donner la priorité au déclinatoire, on argumente de l'art. 167, qui prescrit aux juges de fixer la somme jusqu'à concurrence de laquelle la caution doit être fournie, ce qui le force à prendre au moins quelque connaissance du fond de la cause. Pigeau, 1, 222 ; Delvincourt, 1, 298 ; Berriat, 228.

Enfin M. Carré (art. 166, n° 704) pense que les art. 166 et 169 plaçant sur la même ligne les deux exceptions, on ne peut raisonnablement supposer que le défendeur qui accorde la priorité à l'une des deux indifféremment, soit non-recevable à intenter l'autre. Selon lui, il faut donc résoudre la contradiction des art. 166 et 169 par ce principe général d'interprétation, que toutes les fois qu'il y a contrariété entre deux dispositions législatives, on doit les interpréter de manière que chacune d'elles ait son effet.

Nous pensons que la demande en caution doit précéder toutes les exceptions dont la caution doit garantir les frais comme ceux du jugement du fond. Coin-Delisle, n° 11. — Jugé en conséquence qu'une nullité d'exploit n'est pas couverte par une demande à fin de caution. Metz, 26 avr. 1820, S. 25, 126.

24. L'exception de la caution du jugé étant établie dans l'intérêt privé du défendeur, ne peut être suppléée par le juge, si la partie garde le silence. Denisart, *ib.*, n° 13 ; Carré, n° 705.

25. Mais elle est valablement proposée en appel pour les frais faits devant la Cour. Paris, 14 mai 1831, S. 51, 177 ; Carré, *ib.*—*Contrà*, Toulouse, 27 déc. 1819, S. 20, 342 ; Coin-Delisle, n° 12.

Si le défendeur n'a été condamné que par défaut en première instance, il peut même demander caution des frais faits devant les premiers juges ; car, dans ce cas, la caution est réellement demandée avant toute autre exception.

26. La demande de la caution se forme par requête grossoyée, signifiée d'avoué à avoué, et il y est répondu de la même manière. La requête et la réponse ne peuvent excéder deux rôles. Tarif, 75.

Le trib. doit fixer le délai dans lequel la caution sera fournie; elle l'est dans les formes prescrites par l'art. 519. Carré, *ib.* n° 706. — V. *Caution (réception de)*.—La caution offerte doit remplir les conditions prescrites par les art. 2018 et 2019 C. civ. —C. civ. 2040.

Comme toute autre caution judiciaire, elle doit être susceptible de contrainte par corps. C. civ. 2040.

27. Devant le juge de paix la réquisition est faite verbalement, et la caution est reçue au greffe de la justice. Boncenne, 189.

28. Le jugement qui ordonne la caution détermine la somme jusqu'à concurrence de laquelle elle doit être fournie. C. pr. 167.

Si la somme, d'abord fixée, est reconnue insuffisante et se trouve épuisée pendant le cours du procès, le défendeur peut exiger une caution supplémentaire ; le système contraire serait défavorable à l'étranger lui-même, puisque le juge serait obligé d'exiger une somme souvent plus considérable, afin de ne pas exposer le régnicole au danger de perdre une partie des frais faits pour sa défense, ce qui rendrait difficile à l'étranger l'accès des tribunaux. Metz, 13 mars 1821, D. 584 ; Carré, n° 708 ; Boncenne, 192.—*Contrà*, Coin-Delisle, n° 16.

29. Le jugement qui ordonne la caution est un simple jugement préparatoire. Colmar, 5 fév. 1821, D. 584. — Il ne peut dès-lors prononcer de condamnation définitive aux dépens. *Même arrêt.*

30. La caution ne répond que des *dommages-intérêts* et des frais du procès, et non du principal : elle n'est exigée que pour empêcher l'étranger d'abuser de sa position, en obligeant l'autre partie de lui céder, dans la crainte du préjudice que lui occasionerait le procès. Nouv. Denisart, *ib.* § 2, n° 2.—V. toutefois *sup.* n° 22.

31. Par *dommages-intérêts*, il faut entendre ceux *résultant* du procès (C. civ. 16), c'est-à-dire ceux que le procès même peut occasioner, par exemple si la demande est diffamatoire, mais non pas des dommages antérieurs : l'art. 166 C. pr., bien qu'il soit rédigé en termes plus généraux, ne doit pas être présumé avoir voulu déroger au Code civil. Pigeau, 2, 1, 223 ; Delvincourt, 1, 299 ; Carré, n° 697 ; Boncenne, 189 ; Boitard, 2, 12 ; Coin-Delisle, n° 17.

32. La caution n'est point tenue des amendes encourues par le demandeur étranger, l'amende étant une condamnation pénale, même en matière civile. Boncenne, 191.

33. En cas d'opposition ou d'appel, la caution est tenue des frais faits sur ces incidens : elle doit tous les frais causés par l'action de l'étranger.

Mais elle est déchargée par un jugement rendu en dernier ressort, quand même il serait rétracté sur requête civile, ou cassé. La requête civile et la cassation étant des voies extraordinaires auxquelles la caution n'a pu s'attendre, elle a dû se regarder comme valablement déchargée après le jugement, et considérer celui qu'elle avait cautionné comme déchargé à son égard, elle a pu par conséquent se dispenser de faire les diligences nécessaires pour conserver ses sûretés. Nouv. Denisart, *ib.* n° 6.

34. Lorsque l'étranger obtient, pendant l'instance, des lettres de naturalisation, la caution est déchargée pour l'avenir ; mais elle ne l'est pas pour le passé. Denisart, *ib.* n° 5.

FORMULE.

Requête pour obtenir d'un étranger demandeur la caution du jugé.

(C. pr. 166. — Tarif, 75. — Coût, 2 fr. par rôle orig., le quart pour la copie.)
A MM. les président et juges du tribunal de

Pour le sieur   , demeurant à   , défendeur, aux fins de l'exploit introductif d'instance du   et demandeur aux fins des présentes, ayant Mᵉ   pour avoué ;

Contre le sieur   , Anglais, demeurant à   , logé présentement à   , demandeur aux fins de son exploit introductif d'instance susdaté, et défendeur aux fins des présentes, ayant Mᵉ   pour avoué.

Il plaise au tribunal,

Attendu que le sieur   est étranger, qu'il n'est point admis à exercer en France les droits civils, et qu'il n'a pas en France de biens qui puissent répondre des condamnations à intervenir contre lui sur la demande qu'il a formée, et que cependant il n'a pas, par son exploit introductif d'instance, offert caution de payer le montant desdites condamnations, comme il y était obligé, aux termes de l'art. 16 du Code civil.

Ordonner avant faire droit, sous la réserve de toutes les autres exceptions, moyens de nullité, fins de non-recevoir et de droit, que le sieur   sera tenu de, dans huitaine pour tout délai, donner bonne et solvable caution jusqu'à concurrence de la somme de   , pour sûreté des condamnations de frais dommages et intérêts qui pourraient être prononcés au profit du requérant contre lui, sur la demande formée par ledit sieur   suivant exploit de   huissier, en date du   ; sinon, et faute par ledit sieur   de fournir ladite caution dans le délai ci-dessus (*ou* celui fixé par le tribunal), déclarer par le jugement à intervenir, et sans qu'il en soit besoin d'autres, le sieur   purement et simplement non-recevable en sa demande, et le condamner aux dépens, et vous ferez justice.

(*Signature de l'avoué.*)

JUDICATURE. — V. *Juge, Organisation judiciaire.*

JUDICIAIRE, EXTRA-JUDICIAIRE (*Acte*). — V. *Acte judiciaire.*

JUGE. Magistrat chargé de rendre la justice au nom du roi.

1. Les membres des trib. de 1ʳᵉ inst. et de commerce, et les juges de paix, conservent le titre de *juges.*

Ceux des C. roy., de la C. des comptes, et de la C. de cass., prennent le nom de *conseillers.*

2. *Institution des juges.* Toute justice émane du roi : elle s'administre en son nom par des juges qu'il nomme et qu'il institue. Charte 1830, art. 48.

3. Toutefois, les juges des *trib. de comm.* et les *prud'hommes* sont élus par des assemblées convoquées à cet effet. — V. ces mots.

4. L'institution diffère de la nomination en ce qu'elle ne résulte que de l'installation du magistrat. — V. *inf.* n° 30.

5. Les juges nommés par le roi sont inamovibles. *Ib.* 49 ; — excepté les juges de paix, *Ib.* 52 ; — les membres des trib. de commerce et des conseils de prud'hommes ne sont pas non plus institués à vie. — V. d'ailleurs *Ministère public.*

Cette inamovibilité s'étend non seulement au titre, mais encore à la résidence : un juge ne peut donc être changé de siége sans son consentement. Autrement, la garantie qui résulte pour les justiciables, de l'indépendance des juges, perdrait toute sa force.

6. L'inamovibilité des juges, consacrée par les anciennes lois de l'État, abolie par l'assemblée constituante, puis rétablie par la constitution du 22 frim. an 8, abolie de nouveau par le sénat.-cons. du 10 oct. 1807, a été proclamée par la charte de 1814, et maintenue par la charte de 1830.

7. Néanmoins, les juges sont destituables dans certains cas, mais seulement après une condamnation prononcée par les trib. compétens. — V. *Discipline*, nos 6, 18 et suiv.

Ils peuvent également être suspendus dans les circonstances et de la manière prévues par la loi. — V. *Ib.* nos 6, 21 et suiv.

8. Les juges que des infirmités graves et permanentes empêchent de continuer leurs fonctions doivent être admis à la *retraite.* L. 16 juin 1824, art 1er. — V. ce mot.

9. Les juges institués par le roi reçoivent un traitement de l'État, excepté les membres des trib. de comm. dont les fonctions sont gratuites ainsi que celles des prud'hommes.

Les juges-suppléans, ceux de Paris exceptés, n'ont point de traitement. L. 10 déc. 1830, art. 4.

10. Du reste, les magistrats rendent la justice gratuitement, en ce sens qu'il leur est défendu de rien recevoir pour les actes qu'ils font dans l'exercice de leurs fonctions. LL. 3 août 1789, art. 7 ; 24 août 1790, t. 2, art. 2 ; Const. 22 frim. an 8, art. 205.

Cette règle souffre cependant exception : pour certains droits alloués aux juges de paix par le *tarif* du 16 fév. 1807 ; — et pour les frais de *descente sur les lieux.* —V. ce mot, n° 27.

11. Le costume des juges est réglé de la manière suivante : *Cour de cassation.* Les conseillers portent, aux jours d'audience ordinaire des chambres séparées, simarre de soie noire, ceinture rouge à glands d'or, toge de laine noire à grandes manches, toque de soie noire unie, cravatte tombante de batiste blanche. — Les présidens ont un galon d'or à la toque.

Aux audiences des chambres réunies, jours de cérémonie, toge de laine rouge, toque de velours noir, brodée d'un galon d'or et de deux pour les présidens, et cravatte en dentelle. — Décr. 12 oct. 1802. — Les présidens peuvent porter l'épitoge (ou chaperon). — Décr. 4 juin 1806.

Cours royales. Les conseillers portent, aux audiences ordinaires, simarre de soie noire, toge de laine noire à grandes manches, ceinture de soie noire pendante et franges pareilles, toque de soie noire unie, cravatte tombante de batiste blanche, plissée. — Les présidens ont, au bas de la toque, un galon de velours noir liseré d'or.

Aux grandes audiences et aux cérémonies publiques, ils portent la toge de même forme, en laine rouge, toque de velours noir, bordée, au bas, d'un galon de soie liseré d'or. — Le président a un double galon à la toque. Art. 2. Décr. 2 niv. an 11, art. 2.

Trib. de 1ʳᵉ inst. Les juges portent, aux audiences ordinaires, simarre ou togé de laine noire, à grandes manches, ceinture de de laine noire unie, bordée de velours noir, cravatte tombante, de batiste blanche, plissée. — Les présidens et vices-présidens ont, au bas de la toque, un galon d'argent. Art. 4. — Aux audiences solennelles et aux cérémonies publiques, ils portent une simarre de soie noire, une ceinture de soie couleur bleu clair, à franges de soie, un galon d'argent au bas de la toque. — Le président a un double galon. Art. 4.

Juges de paix. Ils portent, dans l'exercice de leurs fonctions le même costume que les juges des trib. de 1ʳᵉ inst. Art. 7.

12. Le rang que les juges tiennent entre eux dans les cérémonies publiques, dans les assemblées de compagnies et aux audiences, est déterminé par les art. 36, Décr. 6 juil. 1810, et 28, Décr. 18 août 1810. — V. *Préséance.*

13. Ce rang, et la répartition des juges dans les différentes chambres des tribunaux qui en ont plusieurs, sont l'objet d'une liste renouvelée chaque année dans la quinzaine qui précède les vacances, et selon laquelle doit avoir lieu le *roulement.* — V. ce mot.

14. *Admission aux fonctions de juge.* Le choix des juges appartient au roi. — V. *sup.* n° 2. — Mais les lois ont déterminé des conditions de capacité que le souverain lui-même doit nécessairement respecter.

15. Ces conditions varient suivant le degré de la hiérarchie et la nature de la juridiction à laquelle doivent être attachés les magistrats.

Elles sont relatives, 1° à l'âge; 2° au temps d'étude fixé; 3° à l'exercice de la profession d'avocat.

Nul ne peut en outre être nommé juge, s'il n'est Français ou naturalisé tel.

16. L'âge est de 25 ans accomplis pour les juges ou suppléans des trib. de 1ʳᵉ instance; — De 27 ans pour les présidens des trib. de 1ʳᵉ instance; L. 28 avr. 1810, art. 64; — et pour les conseillers de Cours royales; — De 30 ans pour les présidens de Cours royales. *Ib.*, art. 65; — pour les juges de paix, et les suppléans des juges de paix. Const. an 3, art. 209; — pour les juges et les suppléans des trib. de commerce (C. comm. 620), et les prud'hommes. Décr. 11 juin 1809; — De 40 ans pour les présidens des trib. de commerce. C. comm. 620.

17. Le gouvernement ne peut, dans aucun cas, accorder de dispense d'âge; de pareilles dispenses seraient illégales et nulles. Carré, *Lois d'organis.*, 1, 113. — Cependant, les jugemens auxquels auraient participé des juges ainsi nommés pourraient être déclarés valables, d'après la règle *Error communis facit jus.* Carré, *ib.*

18. Nul ne peut être nommé juge d'un trib. d'arrondissement ou conseiller d'une C. roy., s'il n'est licencié en droit, et s'il n'a suivi le barreau pendant deux ans, après avoir prêté serment devant une Cour, ou s'il n'est dans un cas d'exception prévu par la loi. L. 20 avr. 1810, art. 64, 65.

19. Ces conditions ne sont point exigées, 1° pour les *juges de paix.* — V. ce mot, n° 6. — 2° Pour les juges des trib. de commerce; il suffit, dans ce cas, d'exercer le commerce avec honneur et distinction depuis cinq ans. C. comm. 620. — V. *Trib. de commerce.* — 3° Pour les *prud'hommes.* — V. ce mot.

20. Aucune dispense ne peut être accordée par le gouvernement. — Si un juge nommé ne réunissait pas les conditions exigées par les lois, le trib. devrait surseoir à son installation, jusqu'à ce que le roi eût fait droit aux remontrances qui lui seraient adressées. Carré, *ib.* 1, 116. — V. *sup.*, n° 17.

21. Les candidats sont présentés au roi par le garde des sceaux, qui, lui-même, se détermine par les listes de présentation qui lui sont envoyées par les procureurs généraux et les chefs des Cours et trib., avec les observations propres à déterminer la préférence.

22. Tout juge ou suppléant doit prêter serment et être installé dans ses fonctions avant de pouvoir siéger. L. 24 août 1790, tit. 3, art. 3; Ordonn. 3 mars 1815, art. 3.

23. Le serment est prêté, devant le trib. de 1re inst., par les juges de paix et leurs suppléans; — devant la C. roy., par les présidens, juges et suppléans de leur ressort. Décr. 4 mess. an 12, art. 2 et 3; — devant les premiers présidens, par les conseillers des C. roy., art. 4; entre les mains du roi, par les premiers présidens des C. roy., s'ils sont à Paris, ou entre celles des fonctionnaires délégués par le roi, s'ils ne sont pas à Paris. Ordonn. 3 mars 1815, art. 3.

Les juges des trib. de comm. prêtent serment à l'audience de la C. roy., si elle a son siége dans le même arrondissement communal; dans le cas contraire, la Cour commet, si les juges le demandent, le trib. civ. de leur arrondissement. C. comm. 629.

Quant aux prud'hommes, ils prêtent leur serment entre les mains du préfet ou du fonctionnaire qui le remplace. — V. *Prud'hommes.*

24. Le jugement émané d'un magistrat qui n'aurait pas prêté serment serait entaché de nullité : c'est le serment qui seul lui donne le complément du caractère de juge. — V. *Jugement.*

25. Un serment prêté devant une autorité incompétente

doit être réputé nul et non avenu. Carré, 1, 159 ; Toullier, n° 356. — Cependant Carré (*ib.*) pense que, dans ce cas , les jugemens rendus par le juge ne devraient pas être annulés, que seulement il y aurait lieu à une nouvelle prestation de serment devant l'autorité compétente.

26. Lorsqu'un juge, après avoir prêté serment et exercé ses fonctions, est promu à une fonction égale ou supérieure dans un autre ressort, il doit prêter un nouveau serment : la juridiction ne s'étend pas au-delà du territoire fixé, et le nouveau serment peut seul conférer le sceau de la puissance publique dans un autre territoire. Carré, 156 ; Toullier, n° 357.

27. Mais il en est autrement quand le magistrat est nommé à une fonction égale dans le même ressort ; un nouveau serment devient alors inutile. Ce cas ne peut guère, du reste, se présenter que lorsqu'un juge est nommé juge d'instruction.

28. A plus forte raison, la prestation d'un nouveau serment est-elle inutile lorsqu'un juge titulaire ou suppléant est appelé en l'absence des membres du parquet à remplir momentanément les fonctions du ministère public auprès du trib. dont il fait partie : dans ce cas, il change de service, mais non pas de qualité judiciaire. Cass. 22 avr. 1855 (Art. 169 J. Pr.).

29. Les greffiers des Cours et trib. tiennent un registre des ordonnances portant nomination des juges, sur lequel ils mentionnent la prestation de serment. Les magistrats ont le droit de se faire délivrer un extrait des minutes, qui leur tient lieu de provision. Dalloz, v° *Org. jud.*, chap. 1, sect. 4, n° 7.

50. L'installation consiste dans la lecture donnée de l'extrait des minutes constatant la prestation de serment, et la solennité avec laquelle le juge nouvellement nommé est admis à siéger pour la première fois au trib. où il doit exercer ses fonctions.

51. *Incompatibilités.* L'exercice des fonctions de juge est incompatible : 1° avec plusieurs professions ; 2° avec certaines relations de famille ; 5° avec certains actes.

52. Les fonctions de juge sont incompatibles avec toutes autres de l'ordre judiciaire. LL. 24 vend. an 5, 24 mess. an 15, art. 11 ; — avec toutes fonctions de l'ordre administratif, et avec celles de conseiller de préfecture. LL. 27 mars 1791, art. 27 et suiv. ; 14 juin 1795, 24 vend. an 5 ; — avec la profession d'*avocat*. Ordonn. 20 nov. 1822 (— V. ce mot, n° 88) ; — avec celle de *notaire*. L. 25 vent. an 11, art. 7 ; — avec toutes fonctions ecclésiastiques. L. 11 sept. 1790, art. 1er ; — avec toute fonction sujette à comptabilité pécuniaire. L. 24 vend. an 5, tit. 1, art. 2.

55. Cependant, les juges suppléans peuvent être en même temps *avocats, notaires* ou *avoués*. — V. ces mots. — Mais ils ne peuvent pas être pris parmi les huissiers, les greffiers, ou les fonctionnaires administratifs. L. 27 mars 1791, art. 8.

54. Le magistrat qui, exerçant une fonction judiciaire, est nommé à un emploi incompatible, doit, dans les dix jours de la notification de sa nomination, faire son option. L. 24 vend. an 3, tit. 4, art. 3.

55. Les incompatibilités doivent se restreindre plutôt que de s'étendre. En conséquence, il faut décider qu'il n'y a pas incompatibilité avec les fonctions judiciaires et celles, 1° de pair de France ou de député. La législation a varié à cet égard pendant la révolution ; mais la compatibilité a été prononcée par un avis du Cons. d'ét. du 6 mai 1811, et la Charte est muette sur ce point.

2° De membres des conseils de département et d'arrondissement : ce ne sont pas là des fonctions administratives proprement dites. Carré, 1, 124.

3° De professeurs des universités : le contraire était décidé par l'art. 9 L. 11 sept. 1790 ; mais cette loi doit être considérée comme abrogée tacitement par celle du 22 vent. an 12, qui a rétabli les écoles de droit ; le gouvernement a appelé un grand nombre de magistrats à l'enseignement, et choisi des magistrats parmi les professeurs. Carré, 125.

56. Aucune loi n'interdit aux magistrats tout emploi ou service salarié par un particulier. Néanmoins, si un juge oubliait assez sa dignité pour se livrer à des actes de cette nature, il devrait être puni des peines de *discipline* autorisées par la loi (— V. ce mot, n° 9). Carré, p. 126.

Il en serait de même s'il faisait un négoce ou exerçait une profession quelconque interdite à un *avocat*. — V. ce mot, n° 88. — Les convenances exigent qu'on applique par analogie ces prohibitions aux magistrats.

57. Les parens et alliés jusqu'au degré d'oncle et de neveu inclusivement, ne peuvent être simultanément membres d'un même trib. ou d'une même Cour, soit comme juges, soit comme officiers du ministère public, ou même comme greffiers, sans une dispense du roi. Il n'est accordé aucune dispense pour les trib. composés de moins de huit juges. En cas d'alliance survenue depuis la nomination, celui qui l'a contractée ne peut continuer ses fonctions sans obtenir une dispense du roi. L. 20 avr. 1810, art. 63.

Ces règles s'appliquent aux juges suppléans comme aux autres juges. — Mais les juges suppléans ne doivent pas être comptés dans le nombre de huit juges au-dessous duquel il n'est plus accordé de dispense.

58. Les parties ont en outre la faculté de demander le renvoi

d'un tribunal à un autre pour cause de parenté ou alliance. — V. *Renvoi*.

59. Il est interdit aux juges, 1° de devenir cessionnaires des procès, droits et actions litigieux qui seraient de la compétence du trib. dans lequel ils exercent leurs fonctions, à peine de nullité et de dommages-intérêts. C. civ. 1597. — V. *Litigieux*. — 2° De se rendre adjudicataires des biens dont la vente se poursuit et se fait en leur trib., ou de leur autorité, à peine de nullité de l'adjudication, et de tous dommages-intérêts. C. pr. 713. — V. *Saisie immobilière, Vente.* — 5° De se charger de la défense, soit verbale, soit par écrit, même à titre de consultations, et dans les trib. où ils n'exercent pas leurs fonctions, des parties autres que leurs femmes, parens ou alliés en ligne directe, et leurs pupilles. C. pr. 86. — V. *Audience*, n° 28.

40. Cette dernière prohibition ne s'applique pas aux juges suppléans.

41. Quant aux *juges de paix, prud'hommes,* membres du *trib. de commerce.* — V. ces mots.

42. *Droits et prérogatives des juges.* Ils sont exempts de tout service étranger aux fonctions judiciaires (L. 27 vent. an 8, art. 5); — notamment de celui de la garde nationale. L. 22 mars 1831, art. 28. — Toutefois, ils peuvent être reçus dans la garde nationale, s'ils se présentent volontairement. La loi ne prononce d'incompatibilité que pour les juges d'instruction et les membres du ministère public qui ont le droit de requérir la force armée. *Ib.* art. 11.

Ils sont électeurs et éligibles dans certaines assemblées, telles que les conseils municipaux.

43. Ils ont droit à un traitement pendant l'exercice de leurs fonctions. — V. d'ailleurs *Retraite.*

Les juges en activité de service reçoivent en outre des droits *d'assistance,* qui se distribuent par séance entre les membres présens. — V. *Discipline,* n° 65 et suiv.

44. Un rang particulier est assigné aux magistrats dans les cérémonies publiques ; les honneurs civils et militaires doivent leur être rendus dans certains cas.

Les juges peuvent conserver leurs droits honorifiques, même après la cessation de leurs fonctions, à titre de magistrats *honoraires.* — V. ce mot.

45. *Devoirs des juges.* Le principal devoir des magistrats est de rendre bonne justice à tous ceux qui la demandent ; ils ne peuvent se dispenser de prononcer en matière civile, sous prétexte du silence, de l'obscurité ou de l'insuffisance de la loi, sous peine d'être pris à partie et poursuivis comme coupables de *déni de justice.* — V. ce mot et *Prise à partie.*

46. Ils ne doivent, sous aucun prétexte, recevoir par eux-mêmes, ni par personnes interposées, aucun don des parties : s'ils l'ont fait, ils peuvent être récusés (— V. *Récusation*), — et punis, selon la gravité des cas, de la dégradation civique et même de peines plus sévères. C. pén., art. 177, 178.

47. Ils sont en outre obligés : 1° de résider au lieu où siége la Cour ou le trib. dont ils font partie. Le défaut de résidence est assimilé à l'absence. — V. *Discipline*, n° 63. — Les juges suppléans sont seulement astreints à la résidence dans le canton. Décr. 18 août 1810, art. 29.

2° D'obtenir un congé dans les formes prescrites par les Décr. des 6 juill. 1810, art. 24, 25, 26, 27 et 28, et 18 août 1810, art. 30, 31, 32, 33, pour pouvoir s'absenter. — V. *ib.* n°s 58 à 65.

3° D'assister avec assiduité aux audiences, sous peine, dans le cas de simple négligence, d'être privé des droits d'assistance; et dans le cas de négligence grave, d'être assimilé aux absens. Carré, p. 157. — V. *ib.* n° 65.

4° De s'abstenir de certains actes. — V. *sup.* n°s 35 et 39.

48. Ces différentes obligations sont communes aux membres du ministère public comme aux autres magistrats. — V. *Discipline*, n° 66 ; *Ministère public.*

JUGE COMMISSAIRE. Magistrat commis par le trib. pour présider à une opération. — V. *Descente sur les lieux*, *Distribution par contribution*, *Enquête*, *Faillite*, *Faux*, *Instruction par écrit*, *Licitation*, *Ordre*, *Partage*, *Reddition de compte*, *Ventes*:

JUGE DE PAIX (1). Magistrat établi dans chaque canton pour juger sommairement, sans frais et sans ministère d'avoué, les contestations de peu d'importance, pour remplir les fonctions de conciliateur, d'officier de police judiciaire, et autres qui lui sont attribuées par les lois.

DIVISION.

(1) Cet article est de M. Bertin, avocat à la Cour royale de Paris.

Section Ire. — *De l'institution des Juges de Paix.*

1. L'institution des juges de paix n'est pas entièrement moderne. — On en trouve le germe dans la législation romaine : les défenseurs de la cité jugeaient certaines affaires d'une valeur modique. Novelle 118 ; Victor Augier, *Encyclopédie des juges de paix*, v° *Justice de paix*, § 1.

2. L'établissement des juges de paix en Angleterre remonte au règne d'Édouard Ier, en 1275.

5. En France, dès le quatorzième siècle, on avait senti la nécessité de soumettre à une juridiction particulière les affaires peu importantes : — il y avait au Châtelet de Paris des *auditeurs* qui jugeaient jusqu'à 60 sous, sommairement et sans appel (Ordonn. 1515).

En 1749, deux édits autorisèrent les bailliages d'Orléans et de Tours à statuer au nombre de trois juges, dans une audience particulière et sans ministère de procureur, toutes les causes pures, personnelles, non procédantes de contrats passés sous le sceau du Roi, et qui n'excédaient pas la somme de 40 livres ; — ces deux édits furent étendus à tous les bailliages et à toutes les sénéchaussées par un autre édit de sept. 1769, enregistré le 4 sept. 1770.

4. La loi du 24 août 1790, tit, 5, art. 1, a établi un juge de paix dans chaque canton.

Les deux assesseurs dont il devait être assisté furent supprimés par l'art. 1er L. 29 vent. an 9.

Depuis cette loi, les juges de paix ont rempli seuls les fonctions judiciaires et autres attribuées aux justices de paix. *Ib.*, art. 2.

5. L'institution des juges de paix en France a eu d'utiles résultats. Ces magistrats terminent, dès le commencement, les deux cinquièmes environ des contestations que la loi ordonne de soumettre au *préliminaire de conciliation* (— V. ce mot). — Art. 623 J. Pr., p. 18 et 19. Ils décident rapidement et à peu de frais des procès dont l'importance est souvent modique ; ils interviennent dans une multitude d'actes pour en garantir la sincérité.

6. La loi du 25 mai 1838 a donné une grande extension à la compétence des juges de paix (Art. 1166 J. Pr., p. 289 et 290); et *inf.* n° 36 et toutefois n° 38.

7. En cas de maladie, absence ou empêchement du juge de paix, ses fonctions sont exercées par un suppléant : à cet effet, chaque juge de paix a deux suppléans. L. 24 août 1790, tit. 3, art. 5. — V. toutefois *Enquête*, n° 7.

8. L'empêchement est toujours présumé, jusqu'à preuve contraire. Cass. 6 avr. 1819, S. 20, 85; Bourges, 17 juill. 1825.

9. En cas d'empêchement légitime d'un juge de paix et de ses suppléans, le trib. de 1re inst. dans l'arrondissement duquel est située la justice de paix renvoie les parties devant le juge de paix du canton le plus voisin (L. 16 vent. an 12, art. 1er), — à la demande spéciale de la partie la plus diligente, sur simple requête et après les conclusions du procureur du Roi, parties présentes ou dûment appelées. *Ib.* art. 2. — Ce renvoi ne peut être ordonné d'une manière générale pour toutes les affaires et pendant le temps que doit durer l'empêchement. Cass. 1er oct. 1830 et 25 mai 1831, S. 31, 16 et 206 ; 4 mars 1834, S. 34, 250.

10. Le mode de nomination des juges de paix et la durée de leurs fonctions ont beaucoup varié.

Elus d'abord pour *deux ans* par les *assemblées primaires* (L. 24 août 1790), ils furent ensuite nommés pour *dix ans*, ainsi que leurs suppléans, par l'*empereur*, sur une liste de deux candidats pour chaque place, présentée par ces assemblées. S. C. 16 therm. an 10.

Enfin, les Chartes de 1814 et de 1830 (art. 52) disposent que « les juges de paix, quoique nommés par le Roi, ne sont point inamovibles. »

D'où l'on a conclu, — 1° que leurs fonctions étaient à vie et révocables ; — 2° que le Roi devait les nommer directement et

sans présentation de candidats. — Le premier point n'est pas
contesté ; — mais, quant au second, Carré (*Organ. et Compét.*,
2, 275) pense que la nomination déférée au Roi n'exclut pas
nécessairement la candidature. — Quoi qu'il en soit, depuis
1814, le Roi nomme les juges de paix sans consulter les assemblées cantonnales.

11. Les seules conditions d'éligibilité sont l'âge de trente
ans accomplis et la qualité de citoyen français. L. 24 août 1790;
Constit. an 3, art. 209 (Art. 1166 J. Pr., p. 290).

Selon M. Augier, p. 38, le gouvernement peut accorder une
dispense d'âge. Arg. Décr. 9 déc. 1811. — V. toutefois *Juge*, n° 17.

12. Les juges de paix et leurs suppléans ne peuvent (à peine
de nullité de leurs actes et jugemens) entrer en fonctions qu'a-
près avoir prêté serment à l'une des audiences du trib. civil de
l'arrondissement. L. 28 vent. an 9, art. 8; Décr. 24 mess. an
12, art. 2; L. 31 août 1830, art. 1. — V. *Juge*, n° 22 et suiv.

13. Le juge de paix doit résider dans le canton. L. 14 sept.
1790, art. 2. — En cas de non-résidence ou de longue absence,
il est réputé démissionnaire. L. 28 flor. an 10, art. 8 et 9.

Au reste, il n'est pas tenu d'habiter la commune du chef-lieu;
il suffit qu'il réside dans le canton. *Ib.*

14. Il ne peut s'absenter pour plus d'un mois sans l'autorisation du garde des sceaux, et pour moins d'un mois sans celle
du procureur du Roi. L. 28 flor. an 10, art. 9.

Toute demande de congé formée par un juge de paix doit
être accompagnée d'un certificat du premier, et, à son défaut,
du second suppléant, constatant que le service public ne souffrira pas de l'absence. *Ib.*, art. 10.

L'obligation de résider dans le canton est également imposée
par la loi aux suppléans. *Ib.* art. 8. — Ils ne peuvent s'absenter
qu'après en avoir obtenu l'autorisation de la même manière
que les juges de paix. Circ. min. just., 24 nov. 1822.

15. Les juges de paix n'ont point de *vacances*. — V. ce mot
et *inf.* n° 152.

16. Les juges de paix et leurs suppléans sont soumis à la
surveillance du garde des sceaux et des trib. de première instance de leur arrondissement. — V. *Discipline*, sect. 11, § 1,
art. 1.

17. Un greffier est attaché à chaque justice de paix (L. 6
mars 1791); — Il peut être remplacé par un commis assermenté. — V. *Greffier*, n° 64.

18. Le juge de paix a un traitement fixe, réglé selon l'importance du canton : le *maximum* est de 2,400 fr., et le *minimum*
de 800 fr. par an (L. 8 vent. an 7); — il a en outre des rétributions particulières pour vacations aux appositions de *scellés*,
aux délibérations des *conseils de famille*, etc. — V. ces mots et *Tarif.*

19. Les suppléans n'ont point de traitement ; mais, lorsqu'ils remplacent le juge de paix pour les actes auxquels des vacations sont attribuées, elles leur appartiennent ; — si le juge de paix est pendant plus de huit jours consécutifs sans remplir ses fonctions, il est tenu de remettre au suppléant qui l'a remplacé la part correspondante de son traitement. L. 6 mars 1791, art. 14.

20. Les fonctions de juge de paix sont incompatibles avec celles , 1° de maire ou adjoint, de préfet, de sous-préfet, de conseiller de préfecture (L. 6 et 27 mars 1791 , art. 1er; 24 vend. an 3, art. 1er; Décr. 16 juin 1808; 21 mars 1831 , art. 6); — 2° de juge de première instance et de commerce, de conseiller à la Cour royale ou à celle de cassation , et du ministère public (Lois préc. de 1791 et de l'an 3); 3° de greffier, d'avoué et d'huissier (*Mêmes lois*); 4° de membre des administrations forestières , de receveur de l'enregistrement, d'employé des douanes , postes et messageries, de comptable public (L. 24 vend. an 3, art. 2); 5° d'ecclésiastique (L. 11 sept. 1790, art. 1er) ; 6° de notaire (L. 24 vend. an 3, art. 2 ; 25 vent. an 11 , art. 7) ; 7° d'avocat. Ordonn. 20 nov. 1822, art. 42.

21. Quoique les incompatibilités ne puissent pas s'appliquer par analogie , cependant les convenances exigent que le juge de paix s'abstienne de ce qui est défendu aux avocats. — Ainsi , il ne doit pas exercer d'emploi à gages, exploiter une agence d'affaires ou un négoce quelconque. Arg. Ordonn. 20 nov. 1822.

22. Si celui qui a été nommé exerçait des emplois ou des fonctions incompatibles avec celles de juge de paix, il est tenu de renoncer à ces emplois ou fonctions dans les dix jours de la notification de sa nomination , sous peine de révocation. L. 24 vent. an 3, tit. 4, art. 3. — Cette disposition n'est pas exécutée à la rigueur; la prise de possession des fonctions judiciaires est réputée emporter démission de l'emploi. Carré, *Lois d'organ.*, art 22.

23. Les juges de paix peuvent être membres des conseils municipaux. L. 21 mars 1831, art. 11, 15 et 16,—des conseils d'arrondissement et des conseils-généraux de département.

24. Les suppléans n'ayant point de fonctions habituelles et ne recevant pas de traitemens , ne peuvent être frappés des mêmes incapacités que les juges de paix ; — ils ont en conséquence le droit de cumuler avec leurs fonctions toutes celles qui ne sont pas totalement inconciliables avec ces fonctions : telles sont celles de notaire. Lettre min. just. 22 janv. 1827 ; — d'avocat, avoué, instituteur, même salarié, maire, adjoint. L. 24 mars 1831, art. 7.

25. Peuvent-ils remplir celles de suppléant d'un trib. de 1re instance ? — La C. de cass., le 2 frim. an 14 (S. 6, 2, 749),

s'est fondée pour décider l'affirmative sur ce que la loi du
14 vent. an 5 n'oblige les suppléans à faire option que lorsqu'ils
sont appelés définitivement aux fonctions de juges. — Toutefois, il nous semble que dans ce cas, l'incompatibilité résulte
de l'impossibilité où est un individu d'être en même temps
juge de différens degrés de juridiction.

26. Les juges de paix ne peuvent faire partie de la garde
nationale ; ils président le jury de révision, et ils ont le droit
de requérir la force publique. L. 22 mars 1851, art. 11 et 23.

27. Cette incompatibilité s'étend aux suppléans. — V. toutefois *Juge suppléant.*—On a déclaré nuls les jugemens d'un conseil de discipline, lors desquels un *suppléant* du juge de paix
présidait ou siégeait comme *rapporteur.* Cass. 30 sept. et 20 oct.
1851 ; 7 janv. 1852, S. 52, 347 ; 14 mars 1854, D. 34, 210.

28. Le juge de paix fait partie de droit des assemblées des
électeurs communaux. L. 21 mars 1851, art. 11.

29. Dans les cérémonies publiques, il marche après le trib.
de comm., et avant les commissaires de police. Décr. 24 mess.
an 12, art. 8.

30. Son costume est le même que celui des juges de 1re instance. Arr. 2 niv. an 11, art. 7.
— V. d'ailleurs *Greffier*, n° 12.

SECTION II. — *Compétence des juges de paix.*

51. La compétence des juges de paix est *contentieuse et judiciaire, ou gracieuse et extrajudiciaire.*

52. La compétence, soit judiciaire, soit extrajudiciaire, se
divise encore en compétence *d'attribution* et compétence *territoriale.* — La compétence d'attribution èst celle en vertu de
laquelle les juges de paix en général, sont appelés à connaître
de telle ou telle nature d'affaires.— La compétence territoriale
est celle dévolue à chaque juge de paix en particulier, à raison
de la situation de l'objet litigieux ou du domicile des parties.
—V. *inf.* § 3.

55. Enfin, la compétence des juges de paix est tantôt de
premier ressort seulement, et tantôt de premier et de dernier
ressort tout à la fois. — V. *Ressort.*

§ 1. — *Compétence judiciaire.*

54. La juridiction des juges de paix est extraordinaire et
d'exception. — V. *Compétence*, n° 15. — De là plusieurs conséquences :

1° Ils ne sont compétens pour juger que les affaires qui leur
sont spécialement attribuées, et dans les limites que la loi a
déterminées.

2° Les parties ne peuvent, même d'un consentement réciproque, étendre leur juridiction que dans le cas où il s'agit d'une espèce d'affaires pour laquelle ils sont compétens jusqu'à une certaine somme, et jamais lorsque la contestation est étrangère à leurs attributions : il n'y a lieu à prorogation de juridiction d'un juge d'exception, qu'autant qu'il y a en lui principe de juridiction. —V. *Prorogation de juridiction*, et *inf.* n° 166.

3° Ils ne peuvent connaître de l'exécution de leurs jugemens : l'art. du projet qui le disposait a été rejeté comme consacrant un principe *incontestable* (Tribun Favart). Henrion, *Comp. des juges de paix*, ch. 5. — V. d'ailleurs *Exécution*, n°s 111 et 112.

55. Un juge de paix compétent *ratione materiæ* peut-il, sans déni de justice, refuser de juger des parties qui ne sont pas ses justiciables, lorsqu'elles sont d'accord pour lui soumettre leur différend? — Pour la négative, on soutient que les termes de l'art. 7 C. pr., *auquel cas il jugera leur différend*, sont impératifs: mais on ne doit pas permettre d'imposer au juge, malgré lui, un surcroît d'occupations qui pourrait lui devenir extrêmement pénible, et nuire à ses véritables justiciables. — *Contrà*, Carré, art. 7.— Au reste, le juge de paix s'empressera d'accepter cette mission de confiance toutes les fois que ses travaux ordinaires n'en souffriront point.

56. Les juges de paix connaissent aujourd'hui, *dans les limites que la loi a déterminées*, des actions purement personnelles ou mobilières;—des contestations entre les hôteliers, aubergistes ou logeurs et les voyageurs ou locataires en garni;—entre les voyageurs et les voituriers, bateliers, carrossiers ou autres ouvriers;—des actions en paiement de loyers ou fermages, en congés, en résiliation de baux, en expulsion de lieux, en validité de saisie-gagerie; — des demandes en indemnités réclamées par le locataire ou fermier pour non-jouissance, dégradations et pertes, dans les cas prévus par les art. 1732 et 1735 C. civ. ; des réclamations pour dommages faits aux champs, fruits et récoltes; — de celles relatives à l'élagage des arbres; — au curage des fosses, ou au mouvement des usines et aux réparations locatives; — des contestations entre les maîtres et domestiques pour gages et salaires; — de celles relatives au paiement des nourrices; — des actions pour diffamation verbale et injures publiques ou non publiques; — des actions possessoires, — en bornage, — et en pension alimentaire.

Chacune de ces attributions fera l'objet d'un article séparé.

57. Les juges de paix connaissent en outre, 1° des contraventions en matière *de douanes.* — V. ce mot, § 5.

2° Des contestations civiles en matière de droit d'*octroi.* — V. ce mot. L. 27 frim. an 8, art. 13.

Ils ont aussi des attributions comme juges de simple police.

58. Mais l'art. 20 L. 25 mai 1838, leur a enlevé la connaissance des contestations relatives aux *brevets d'invention* (Art. 1166 J. Pr., p. 515). — V. ce mot, n° 5.

Art. 1. — *Actions personnelles et mobilières.*

59. Le juge de paix connaît de *toutes actions purement personnelles ou mobilières*, en dernier ressort, jusqu'à la valeur de 100 fr.; et, à charge d'appel, jusqu'à la valeur de 200 fr. L. 25 mai 1858, art. 1er. — Cette loi a reproduit la disposition de l'art. 9, tit. 3, L. 16-24 août 1790, en portant seulement au double le chiffre du premier et du dernier ressort.

40. *Actions purement personnelles ou mobilières.* Il ne peut connaître des actions réelles immobilières et mixtes, à l'exception toutefois des actions possessoires, qui lui sont formellement attribuées par la loi. Carré, *L. Org.* 2, 282. — V. *Action possessoire*, § 5.

41. Mais il est compétent pour statuer sur toutes les actions personnelles et mobilières, n'excédant pas 200 fr., encore bien qu'elles se rapportent indirectement à des immeubles : telles que, 1° la demande en paiement des travaux faits à un immeuble.

2° Celle de *demande* en paiement d'arrérages de rentes foncières non contestées, si le montant de la demande n'excède pas sa compétence. Arg. Cass. 15 oct. 1813, P. 11, 719.

Si la dette de la rente elle-même était contestée, il s'agirait alors du capital, et le juge de paix ne serait compétent qu'autant que ce capital n'excéderait pas 200 fr.

42. Peu importe que le titre soit contesté : cette circonstance ne fait pas perdre à l'action son caractère personnel et mobilier; pour l'apprécier; il faut bien juger de la validité du titre. Carré, 2, 285; Favard, *Rép.* v° *Justice de paix*, § 2.

43. Les demandes indéterminées, quel que modique qu'en soit la valeur, doivent être portées devant les trib. ordinaires (Art. 1166 J. Pr., p. 292). —V. *toutefois inf.* 56.

44. Les affaires commerciales, quelle qu'en soit la valeur, sont soumises à la juridiction commerciale. —V. *Prud'homme, tribunal de commerce.*

Art. 2. — *Contestations entre les hôteliers ou voituriers, et les voyageurs ou locataires en garni, etc.*

45. Le juge de paix prononce sans appel jusqu'à la valeur de 100 fr.; et, à charge d'appel, jusqu'au taux de la compétence en dernier ressort des trib. de 1re inst. (1,500 fr.), sur les contestations entre les hôteliers, aubergistes ou logeurs et les voyageurs ou locataires en garni, pour dépenses d'hôtellerie et pertes ou avarie d'*effets* déposés dans l'auberge ou l'hôtel. L. 1858, art. 2, § 1er.

Le besoin d'une justice prompte et locale a motivé cette nouvelle attribution donnée au juge de paix. Garde des sceaux, séance 23 avr. 1858, *Monit.* du 24, 2ᵉ supplém.

46. Le mot *effets* comprend non-seulement les linges et hardes, mais encore l'argent et les valeurs apportés dans l'hôtel par le voyageur. On le décidait ainsi sous l'empire de l'art. 1952 C. civ. (Toullier, 11, n° 252 ; Paris, 7 mai 1858, P. 1858, 1, 639), dont la loi de 1858 a reproduit les termes.

47. Quant à l'étendue de la responsabilité des aubergistes et des hôteliers. — V. C. civ. 1953 et 1954.

48. Cette responsabilité est encourue relativement aux objets qui composent ordinairement le bagage des voyageurs, sans que ceux-ci aient besoin de faire aucune déclaration à cet égard.

49. Mais le voyageur doit-il faire connaître à l'aubergiste l'importance des valeurs en argent ou en bijoux qu'il a déposées, afin que ce dernier exerce une surveillance plus active ?— V. *Responsabilité.*

50. Le dépôt dont il s'agit est considéré comme *nécessaire.* C. civ. 1952.

Conséquemment, lors même que la valeur des objets déposés dépasse 150 fr., la preuve testimoniale est admissible (— V. *Enquête*, n° 14) ; — et le juge peut se déterminer par des présomptions précises et concordantes. C. civ. 1348 et 1353.

51. Le juge de paix prononce, sans appel, jusqu'à la valeur de 100 fr. ; et, à charge d'appel, jusqu'au taux de la compétence en dernier ressort des trib. de 1ʳᵉ inst., sur les contestations entre les voyageurs et les voituriers ou bateliers, pour retards, frais de route et perte ou avarie d'effets accompagnant les voyageurs. L. 1858, art. 2, § 2. — V. C. civ. 1782 à 1786.

52. Les voituriers, entrepreneurs de messageries et bateliers sont responsables des effets des voyageurs, alors même que ceux-ci n'ont pas déclaré et fait inscrire ces effets.—V. *Responsabilité.*

53. L'art. 2 L. 25 mai 1858, dispose formellement que le juge de paix connaît des contestations relatives « à la perte ou avarie d'effets *accompagnant les voyageurs,* » — d'où il résulte que, dans tous les cas où les voyageurs n'auront pas été accompagnés de leurs effets, le juge de paix est incompétent pour statuer sur leurs réclamations.

Cependant, si les effets étaient destinés à accompagner les voyageurs, et que, par suite d'un oubli de la part de l'administration ou du retard du voyageur, ces effets n'aient été expédiés que le lendemain, le juge de paix serait compétent pour connaître de la contestation. *Benech*, 70.

54. Le juge de paix prononce sans appel jusqu'à la valeur de 100 fr. ; et, à charge d'appel, jusqu'au taux de la compétence en dernier ressort des trib. de 1ʳᵉ inst., sur les contestations entre les voyageurs et les carrossiers ou autres-ouvriers, pour fournitures, salaires et réparations faites aux voitures de voyage. L. 1838, art. 2, § 3.

55. Le juge de paix compétent pour connaître de ces différentes actions est celui du domicile du défendeur : on n'a pas cru devoir déroger au droit commun ; il y aurait eu inconvénient à forcer un voyageur à paraître en justice là où il ne devait se trouver qu'un instant ; de l'y retenir ou de l'y ramener d'une longue distance, par la nécessité de s'y défendre ; tout au moins de le forcer à laisser un mandat là où il n'aurait aucune relation ; là, où pourraient ne pas exister des officiers ministériels que leur caractère recommande à sa confiance. Loin qu'il y ait des motifs pour faire exception au principe ordinaire de la compétence à raison de la personne, un examen attentif n'a pu que déterminer à le maintenir. Discours de M. le garde des sceaux (Art. 1166. J. Pr., p. 293).

Art. 3. — *Contestations entre propriétaires et locataires.*

56. Le juge de paix connaît, sans appel, jusqu'à la valeur de 100 fr. ; à charge d'appel, à quelque valeur que la demande puisse monter, des actions en paiement de loyers ou fermages, des congés, des demandes en résiliation de baux, fondées sur le seul défaut de paiement des loyers ou fermages ; des expulsions de lieux et des demandes en validité de saisie-gagerie ; le tout, lorsque les locations verbales ou par écrit n'excèdent pas annuellement, à Paris, 400 fr., et 200 fr. partout ailleurs. Si le prix principal du bail consiste en denrées ou prestations en nature appréciables d'après les mercuriales, l'évaluation est faite sur celles du jour de l'échéance, lorsqu'il s'agit du paiement des fermages ; dans tous les autres cas, elle a lieu suivant les mercuriales du mois qui a précédé la demande. Si le prix principal du bail consiste en prestations non appréciables d'après les mercuriales, ou s'il s'agit de baux à colons partiaires, le juge de paix détermine sa compétence en prenant pour base du revenu de la propriété le principal de la contribution foncière de l'année courante multiplié par cinq. L. 1838, art. 3.

57. Cet article doit être entendu de la manière suivante :

Le juge de paix ne statuera pas sur les contestations relatives à des baux d'une valeur supérieure à 400 fr., à Paris, et à 200 fr. partout ailleurs. Mais si la location est d'une valeur inférieure, le juge de paix aura une compétence illimitée, encore bien que par suite d'une accumulation de loyers arriérés, les sommes réclamées s'élèvent au-delà de 200 et 400 fr. Ainsi, un juge de paix est incompétent, à Paris, pour statuer sur une demande en paiement d'une somme de 500 fr., prix d'une année de loyer ; mais il peut connaître d'une demande en paiement de 2,000 fr., pour cinq années de loyer.

58. Cependant le propriétaire peut porter une demande en paiement de 150 fr. et même de 200 fr., pour un seul terme de loyer, devant le juge de paix; en vertu, non pas de l'art. 3, mais bien de l'art. 1er.

Toutefois, le juge de paix ne peut, dans ce cas, valider la saisie-gagerie, ni ordonner l'expulsion du locataire (Art., 1166, J. Pr. p. 294).

59. *Congés, résiliation de baux.* Les congés sont valables, soit qu'ils aient été signifiés en temps utile, par acte d'huissier, soit qu'ils résultent de conventions intervenues entre le locataire et le propriétaire.

Le droit accordé au juge de paix de prononcer la résiliation du bail, est restreint au cas unique où cette résiliation est provoquée pour défaut de paiement de loyer. Du moment qu'il s'agit d'interpréter le contrat et d'apprécier les conditions du louage, il y a nécessité de recourir aux trib. ordinaires, quelque modique que soit le prix de là location. *Rapport à la chambre des pairs.*

60. *Expulsion de lieux.* Les demandes en expulsion de lieux doivent être soumises au juge de paix, quels que soient les motifs, et encore bien qu'il faille apprécier les actes intervenus entre les parties. —V. *Lieux (expulsion de).*

61. *Saisie-gagerie.* — V. ce mot.

62. La saisie est dénoncée au locataire avec assignation en validité devant le juge de paix.

63. Dans les cas où la saisie ne peut avoir lieu qu'en vertu de permission du juge, cette permission est accordée par le juge de paix du lieu où la saisie doit être faite, toutes les fois que les causes rentrent dans sa compétence.

S'il y a opposition de la part des tiers pour des causes et pour des sommes qui, réunies, excèderaient cette compétence, le jugement en est déféré aux trib. de 1re inst. L. 1838, art. 10.

64. Le juge de paix a donc à examiner, dans ce dernier cas, si la quotité des sommes réclamées par les tiers opposans excède le taux de sa compétence; et ne doit retenir la connaissance des affaires qu'autant que cette quotité est inférieure à 200 fr. — V. art. 1er.

65. Dans ce cas, le juge de paix doit se borner à constater le droit de chaque réclamant, — sans jamais établir entre eux aucune distribution de deniers; ce serait-là, en effet, connaître de l'exécution de son jugement. — V. *sup.* no 34.

66. Si la saisie-gagerie a été formée, non par un bailleur, mais par un créancier ordinaire, sur les meubles de son débiteur forain, en vertu d'une permission du juge de paix, celui-ci sera-t-il compétent pour apprécier les réclamations du créan-

cier?—Non ; car aucune loi n'attribue, dans ce cas, juridiction au juge de paix (Art. 1166, J. Pr.).

67. *Réparations locatives.* Le juge de paix connaît sans appel jusqu'à la valeur de 100 fr ; et, à charge d'appel, à quelque valeur que la demande puisse s'élever, des réparations locatives *des maisons ou fermes*, mises par la loi à la charge du locataire. L. 1838, art. 5, § 2.

68. Les réparations locatives sont énumérées dans l'art. 1754 C. civ., — et mises à la charge des locataires ou fermiers, à moins qu'ils ne prouvent qu'elles proviennent de vétusté ou de force majeure. *Ib.* 1730.

Le juge de paix statue sur les difficultés qui peuvent naître à l'occasion des états de lieux, dressés ou à dresser ; il constate ces états par jugement, lorsque les parties ne sont pas d'accord , soit sur les choses qui doivent être décrites, soit sur la manière d'opérer : par exemple, si le propriétaire se refuse à faire un état de lieux, le preneur en fait dresser un, et assigne le bailleur devant le juge de paix, pour l'accepter ou le contester, et réciproquement. Lepage, 2, 191 ; Vaudoré, 2, 247 ; Carré, 377.

69. *Des maisons et fermes.* Ce qui comprend les réparations locatives : 1° des usines, telles que moulins, verreries, etc. Vaudoré, 2, 246 ;

2° Celles des presbytères, dont sont tenus les curés et desservans, d'après l'art. 21 Décr. 6 nov. 1813 ;

3° Celles à faire aux champs et vergers , dont se compose la ferme, par suite de l'obligation du fermier d'entretenir les terres en bon état de culture, les arbres bien abrités, et les fossés soigneusement curés, et de tenir les haies en bon état de clôture. Vaudoré, *ib.* 1, 17 ; Carré, 2, 378.

70. Sous la loi de 1790, il avait été jugé qu'il en était autrement, 1° des contestations entre un propriétaire et son locataire, à l'occasion de réparations qui, de leur nature, ne sont pas à la charge de ce dernier, mais auxquelles il s'est obligé par son bail. Cass. 13 juill. 1807, S. 7, 2, 1029 ; Henrion, 296 ; Favard, *Rép.* v° *Justice de paix*, § 7, n° 1. — 2° Des demandes en indemnité pour dégradations d'une valeur indéterminée , survenues après l'expiration du bail, et provenant de l'inexécution de jugemens qui condamnaient les preneurs à certaines réparations locatives. Cass. 15 juin 1819, S. 20, 67 ; Carré, *ib.*; Favard, *Rép.* v° *Justice de paix*, § 7.

Ces difficultés ne sauraient se présenter aujourd'hui ; la loi nouvelle ayant disposé que la juridiction des juges de paix ne peut s'étendre aux contestations relatives aux réparations locatives qui ne sont pas *mises par la loi* à la charge du locataire.

71. Si l'action comprend en même temps des réparations

locatives et d'autres qui n'ont pas ce caractère, elle doit être portée devant le trib. civil : ainsi, le juge de paix ne peut statuer sur une demande tendante à des réparations d'entretien à faire à des bâtimens, et en même temps à certaines prestations de pailles et engrais que le fermier s'est obligé de laisser à sa sortie des lieux. Cass. 13 juil. 1807, S. 7, 2, 1029; Vaudoré, 2, 247 ; Carré, 2, 376 ; Henrion, 296.

72. *Dégradations et pertes.* Le juge de paix connaît, sans appel, jusqu'à la valeur de 100 fr., et, à charge d'appel, jusqu'au taux de la compétence en dernier ressort des trib. de 1re inst. (1,500 fr.) des actions intentées par le propriétaire contre son locataire pour *les dégradations ou les pertes* qui sont arrivées *pendant la jouissance* de celui-ci. L. 1838, art. 4, § 2.

73. Cependant, la responsabilité du locataire cesse s'il prouve que les dégradations ou pertes n'ont pas eu lieu par sa faute. C. civ. 1752.

74. *Dégradations et pertes.* Ainsi, le juge de paix connaît, 1° de l'action du propriétaire, ayant pour but le rétablissement dans la ferme des pailles, foins et engrais, qu'il dit avoir été enlevés par le fermier, et une indemnité pour le non-fumage des terres. Cass. 29 mars 1820, S. 20, 526.

2° De la demande en indemnité pour dégâts, commis par le fermier dans les bois taillis, soit par la coupe d'un plus grand nombre de baliveaux que celui déterminé par le bail, soit par l'étronçonnage de plusieurs arbres. Trib. Poitiers, 25 mars 1847.

75. Le juge de paix devient incompétent : 1° si la qualité de fermier ou de locataire est contestée. Cass. 5 pluv. an 11, 10 mars 1829, S. 29, 89.

2° Si l'action est intentée par le propriétaire contre l'usufruitier. Cass. 10 janv. 1810, S. 20, 497; Henrion, p. 300 ; Favard, *Rép.,* v° *Justice de paix,* § 7 ; Merlin, *R.,* t. 6, p. 197; Berriat, 51, note 49 ; Carré, 2, 384.

76. Toutefois, il en est autrement de la réclamation d'un fermier ou locataire principal contre un sous-locataire ou un sous-fermier ; le fermier ou locataire principal n'est pas obligé d'attendre pour agir qu'il soit attaqué par le propriétaire, il n'agit pas en son nom personnel, mais en celui du propriétaire, qui, par cela seul qu'il lui a cédé la jouissance de la chose pendant un certain temps, l'a subrogé dans toutes ses actions, quant à cette jouissance et aux droits qui s'y rattachent. Le locataire principal a d'ailleurs un grand intérêt à faire statuer en temps utile sur ces réparations ; car s'il ne le fait qu'après que le sous-locataire est sorti des lieux, son recours peut devenir illusoire. Il y a en outre identité de motifs. Arg. C. civ. 2102; C. pr. 819; Curasson, p. 102. — *Contrà,* Carré, 2, 382.

La même solution s'applique au cas où le sous-fermier ou le sous-locataire réclame du fermier ou du locataire principal une indemnité pour non-jouissance. — V. *inf.* n° 81.

77. *Pendant la jouissance.* Le juge de paix est-il compétent si les dégradations ont eu lieu après l'expiration du bail et pendant le temps que le preneur a joui illégalement des lieux ? — Pour la négative on dit : La loi de 1790 n'attribuait juridiction au juge de paix que pour dégradations alléguées par le propriétaire contre le locataire ou fermier ; et l'expiration du bail détruisant ces qualités respectives, l'attribution exceptionnelle doit cesser de produire ses effets. Cass. 15 juin 1819, S. 20, 67. — Mais on répond avec raison : Les qualités de propriétaire ou de locataire ne sont pas détruites par l'expiration du bail, lorsque le preneur détient les lieux après cette époque. C'est toujours comme locataire qu'il est actionné pour les faits tant antérieurs que postérieurs au bail. S'il en était autrement, il faudrait admettre que pour les loyers échus depuis la détention illégale des lieux, le propriétaire ne serait plus qu'un créancier ordinaire qui n'aurait aucun privilége, ce qui ne saurait être, car il ne peut être loisible au locataire de dépouiller son propriétaire d'un droit que la loi lui garantit.

D'ailleurs, la loi exige seulement, pour attribuer au juge de paix la connaissance des dégradations, que ces dégradations aient eu lieu *pendant la jouissance* du locataire. La loi n'a pas distingué entre la jouissance légale et illégale, elle exige seulement un fait à savoir que les dégradations aient eu lieu pendant la jouissance : or, ce fait existe lorsque le locataire qui s'est maintenu illégitimement dans les lieux a commis des dégâts dans les lieux pendant son indue possession.—*Contrà*, Benech, p. 99.

78. Le locataire est tenu des dégradations et des pertes qui arrivent par le fait *des personnes de sa maison*, ou de ses sous-locataires. L. 1838, art. 4, § 2 ; C. civ. 1735.

79. Par *personnes de sa maison*, il faut entendre, non seulement la femme, les enfans, les domestiques ou commensaux du locataire, mais encore les ouvriers qu'il emploie, ses hôtes et tous ceux qu'il admet dans sa maison. Benech, p. 98.

80. Néanmoins, le juge de paix ne connaît des pertes causées par incendie ou inondation que dans les limites de l'art. 1er L. 1838, c'est-à-dire en dernier ressort jusqu'à 100 fr., et en premier ressort jusqu'à 200 fr. *Même loi,* art. 4.

81. *Indemnités réclamées par le locataire pour non jouissance.* Le juge de paix connaît sans appel jusqu'à la valeur de 100 fr., et, à charge d'appel, jusqu'au taux de la compétence en dernier ressort des trib. de 1re inst. (1,500 fr.), des indemnités réclamées par le locataire ou fermier pour non jouissance *provenant* *du fait du propriétaire, lorsque le droit à une indemnité n'est pas contesté.* L. 1858, art. 4, § 1.

82. *Provenant du fait du propriétaire.* La compétence du juge de paix, dans ce cas, est soumise à une double condition : il faut que la non-jouissance *provienne du fait du propriétaire*, et *que le droit à l'indemnité ne soit pas contesté*, c'est-à-dire qu'il n'y ait de difficulté que sur la quotité de cette indemnité , autrement, les trib. ordinaires sont seuls compétens. Cass. 21 juin 1857 (Art. 910 J. Pr.).

83. Il n'est pas nécessaire toutefois que la non-jouissance provienne du fait personnel du propriétaire; il suffit que la cause de l'obstacle puisse remonter jusqu'à lui, ce qui arrivera lorsque le locataire aura été troublé dans sa jouissance par des tiers qui exercent des actions qu'ils tiennent du chef du propriétaire. Benech, 85.

84. *Lorsque le droit à une indemnité n'est pas contesté.* Il ne suffit pas que le propriétaire demande son renvoi, en se bornant à soutenir qu'il conteste le fond du droit sans alléguer de motif; — il faut que la prétention du propriétaire constitue une fin de non recevoir contre la demande du fermier : par exemple, qu'il argumente de la nature des engagemens contractés avec le fermier et des clauses du bail, pour soutenir que, quand même il aurait éprouvé quelques troubles dans sa jouissance, il n'aurait droit à aucun dédommagement. Dans ce cas, en effet, le procès présente à juger une question d'interprétation d'actes dont la solution exige l'examen du bail et l'application des lois sur l'interprétation des conventions ; ce qui est en dehors des attributions du juge de paix, qui a seulement caractère pour apprécier si le motif tiré du fond est sérieux ou non, sauf à voir son jugement réformé, si le trib. en décide autrement. Henrion, 299 ; Carré, 2, 581, 382 ; Favard, *Rép.*, v° *Justice de paix*, § 7 ; Benech, 85.

85. L'incompétence du juge de paix, à raison de la contestation du droit à l'indemnité pour non jouissance, n'est que relative ; elle peut être couverte par la plaidoirie du défendeur sur la quotité de l'indemnité. Cass. 17 mai 1820, S. 20, 428 ; Carré, 2, 385 ; Benech, 89. — *Contrà*, Favard, v° *Justice de paix*, § 7. — V. *Exception.*

86. Les actions dont il est parlé dans cet article ne se prescrivent que par trente ans. Dans le silence de la loi on les soumet à la règle générale. Thomine, t. 1, p. 52.

Art. 4. — *Dommages aux champs, fruits et récoltes.*

87. Le juge de paix connaît sans appel jusqu'à la valeur de 100 fr., et, à charge d'appel, à quelque valeur que la demande puisse s'élever, des actions pour dommages faits aux champs,

fruits et récoltes, soit *par l'homme*, soit *par les animaux*, de celles relatives à l'élagage des arbres ou haies, et au curage soit des fossés, soit des canaux servant à l'irrigation des propriétés ou au mouvement des usines, lorsque les droits de propriété ou de servitude ne sont pas contestés. L. 1838, art. 5, § 1.

88. *Par l'homme.* Ce qui s'applique au préjudice qui ne résulte pas du fait immédiat de l'homme, mais de sa négligence ou de constructions vicieuses faites par lui. Cass. 9 déc. et 18 nov. 1817, P. 14, 498; Henrion, 173; Carré, 2, 294; — sans qu'il soit nécessaire de faire constater le vice des constructions par l'autorité administrative. Cass. 23 mai 1831, S. 31, 295.

89. Le juge de paix est-il compétent pour prononcer sur les dommages causés aux champs, fruits et récoltes par un établissement industriel insalubre autorisé, et qui s'est conformé aux conditions imposées par l'administration? Il faut distinguer :

Le juge de paix est compétent s'il s'agit d'un dommage *actuel* causé à la récolte sur pied. En vain dirait-on que la loi n'a parlé que des dommages faits par l'homme ou par les animaux, le dommage causé par un établissement insalubre provient toujours du fait de l'homme indirectement. Cass. 19 juill. 1826 (aff. Lebel), S. 27, 236; Arg. cass. 2 janv. 1833, S. 33, 135.

Au contraire, le trib. civil (et non le juge de paix), est seul compétent pour statuer sur les prétendues dégradations ou dépréciations causées à un immeuble, par suite du voisinage d'un établissement insalubre. Aix, 25 janv. 1827, D. 27, 119; Arg. motifs; Cass. 2 janv. 1833.

A l'égard des établissemens non autorisés, le juge de paix est également compétent pour condamner en simple police les délinquans. Cass. 20 fév. 1830, S. 30, 275.

90. *Par les animaux.* Il n'y a pas lieu de distinguer les animaux sauvages des animaux domestiques. Les dégâts provenant des lapins de garenne doivent être réparés par le propriétaire du bois où ces animaux se retirent, si ce propriétaire n'a pris aucune mesure pour les détruire. Cass. 3 janv. 1810, P. 8, 5; Merlin, *R.*, v° *hoc*, 5 *bis*; — ou s'il n'a pas autorisé les propriétaires voisins à les détruire chez lui. Cass. 14 nov. 1816, P. 13, 671; ou s'il a favorisé la multiplication de ces animaux. Cass. 22 mars 1837, S. 37, 298.

91. Mais la compétence cesse si le droit à l'indemnité est contesté. — Ainsi, lorsque le défendeur prétend avoir le droit de donner au canal de son usine telle direction, le juge de paix ne peut ni ordonner la déviation du canal, ni condamner le défendeur à des dommages-intérêts. Bourges, 17 mai 1831, S. 32, 50. — V. toutefois *sup.* n° 42.

92. Sont considérés comme dommages aux champs et récoltes : les prises de terre que se permettent les laboureurs, Circ. minist. 1er fruct. an 5 ; — la destruction de quelques parties de grains par le pied des chevaux, ou avec des instrumens aratoires; — les détériorations faites aux arbres ou arbustes, par imprudence ou autrement; — les brèches faites à des clôtures; — les comblemens de fossés; les renversemens de clôtures; — les dégâts causés en montant dans les arbres; — les dommages causés aux guérêts par le passage des voitures, pour exploiter d'autres héritages, ou autrement; — la dégradation des digues d'une rivière, causée par des bois, ou autres objets déposés dans son lit, de manière à en faire déverser les eaux sur les terres voisines; — les dégâts occasionnés par un égoût; — les inondations causées par l'élévation des déversoires ou écluses tenus trop haut pendant un orage. Cass. 26 janv. 1810, 18 nov. 1817, P. 14, 498; — les dommages causés à des fonds par les hommes ou les animaux, en y frayant des sentiers ou passages, etc.; — les dégâts commis à la chasse ou à la pêche; — les dégradations faites aux immeubles par les troupeaux et bêtes de somme; — le préjudice causé par suite, soit du pacage exercé au mépris des lois et réglemens sur les parcours et la vaine pâture, soit du chômage, grapillage, quand le droit n'est pas contesté: — Dans le cas contraire, le juge de paix doit surseoir à statuer sur le préjudice causé, jusqu'à la solution, par les trib. compétens, de la contestation sur le droit. Vaudoré, *Droit rural;* Carré, 2, 295.

93. L'action pour dommages aux champs, fruits et récoltes, à la différence de l'*action possessoire* (—V. ce mot, n° 115), n'a pas besoin d'être intentée dans l'année: Cass. 29 déc. 1830, S. 32, 267.

94. *Elagage, curage.* Les contestations relatives à l'élagage des arbres ou haies, au curage, soit des fossés, soit des canaux, servant à l'irrigation des propriétés, ou au mouvement des usines, seront mieux appréciées par le juge de la localité, qui peut se transporter sur les lieux, et y puiser tous les renseignemens nécessaires.—Il était regrettable de voir pour de telles causes introduire devant les trib. d'arrondissement des procès soulevés par l'amour-propre plutôt que par un véritable intérêt, et qui, plus tard, n'entretenaient la mésintelligence entre des voisins qu'à raison des frais que chaque plaideur s'efforçait de rejeter sur son adversaire. Garde des sceaux, séance 15 fév. 1838.

Art. 5. — *Engagemens entre les maîtres et les gens de travail, domestiques ou gens de service.*

95. Le juge de paix connaît sans appel jusqu'à la valeur de 100 fr., et, à charge d'appel, à quelque valeur que la demande puisse monter, des contestations relatives aux engagemens respectifs des gens de travail au jour, au mois et à l'année, et de ceux qui les emploient ; des maîtres et des domestiques, ou gens de service à gages, des maîtres et de leurs ouvriers, ou apprentis, sans, néanmoins, qu'il soit dérogé aux lois et règlemens relatifs à la juridiction des prud'hommes. L. 1838, art. 5, § 3.

96. *Gens de travail.* Tels sont en général tous les journaliers, c'est-à-dire ceux dont l'engagement peut commencer et finir dans la même journée ; par exemple ceux qui travaillent chez autrui à la terre, ou se livrent à d'autres services, comme les artisans travaillant à la journée en la maison de ceux qui les emploient. Henrion, 311 ; Carré, 2, 387 ; Merlin, *Rép.* v° *Juge de paix.*

Mais il en est autrement : 1° des entrepreneurs et des ouvriers qui exécutent des travaux par devis ou marchés à prix fait (Carré, *ib.*) ; — 2° des fermiers travaillant ou faisant travailler pour leur propriétaire.

97. *Domestiques ou gens de service.* Dans cette catégorie sont compris les valets de pied, valets de chambre, laquais, portiers, cochers, cuisiniers, garçons d'écurie, etc. Henrion, *ib.* ; Carré, 2, 388.

98. MM. les juges de paix de Paris avaient demandé que l'on comprît nommément dans cet article les secrétaires, bibliothécaires, intendans, précepteurs, clercs, et autres personnes salariées d'une condition supérieure à celle des domestiques proprement dits. Cette prétention a été combattue lors de la discussion du premier projet par MM. Gasparin (7 juin 1837), et Amilhau. — Le silence de la loi de 1838 laisse la question entière.

Si le mot *domestique* désignait anciennement, suivant son étymologie, les habitans de la maison, cette expression a pris, dans l'usage actuel, une signification plus restreinte ; elle ne s'applique qu'aux serviteurs à gages. C'est dans ce sens usuel du mot qu'il a dû être pris dans la loi qui s'adresse aux juges de paix, simples citoyens, souvent étrangers aux connaissances du droit. On n'a voulu soumettre aux juges de paix que des questions simples de peu d'importance. Or, la réunion des salaires des gens de travail et des gages des domestiques dans le même numéro de la loi, fixe le sens qu'elle attachait à cette dernière expression, et ne permet pas de l'étendre à des aumôniers, à des bibliothécaires, à des secrétaires, à des précepteurs qui reçoivent des honoraires, des traitemens, et non des gages, qui rendent à celui qui les emploie des services, et ne sont pas à son service. Bourges, 30 mai 1829, S. 50, 118 ; Benech., 194. — *Contrà*, Henrion, ch. 30 ; Carré, *Compétence*, n° 445 ; Coin-Delisle, Encyclopédie des juges de paix, v° *Domestique*, n° 4.—Arg. Paris, 12 mai 1759, qui a décidé qu'un ecclésiastique, bibliothécaire du sieur Baudot, devait participer au legs fait par celui-ci *à ses domestiques* en général. — V. d'ailleurs *Enquête*, n°s 204 et 205 ; *Exploit*, n°s 179 et suiv. ; et *inf.* n° 105.

99. Ne peuvent être considérés comme domestiques les élèves et pensionnaires ; ils ne sont nullement, à raison de services, sous la dépendance de la personne dont ils sont les commensaux moyennant paiement. Carré, 2, 392.

100. Le juge de paix ne connaît des contestations entre maîtres et domestiques qu'autant qu'elles sont relatives à des engagemens intervenus à l'occasion du service.

Conséquemment, il ne peut statuer : 1° sur une demande formée par un domestique contre son maître, tendante à la restitution de meubles servant à son usage personnel, et des titres qui lui appartiennent. Cass. 22 frim. an 9 ; Merlin, *Quest. Dr.*, v° *Justice de paix*, § 1 ; Favard, *eod.* § 8 ;—2° sur une demande en restitution d'un billet prétendu souscrit par le maître défunt, et mis sous les scellés. Le décret du 6 pluv. an 2, relatif au recouvrement d'objets mis sous les scellés, n'est pas applicable dans cette circonstance. *Même arrêt;* Merlin, *ib.*

101. Son incompétence, quant aux contestations qui sont étrangères aux engagemens entre maître et ouvrier, pour raison du service est absolue ; il doit la suppléer d'office, lorsqu'elle n'a pas été opposée par les parties. On est recevable à l'invoquer pour la première fois en appel. Cass. 22 frim. an 9, et 28 nov. 1821, D. 5, 295.

102. Si par la demande on réclame en même temps le paiement de salaires et de fournitures, le juge de paix doit retenir la demande en paiement de salaires, et renvoyer celle en paiement de fournitures devant le trib. de 1re inst., si le montant des fournitures excède sa compétence. Carré, 2, 392.

105. *Ouvriers et apprentis.* Les ouvriers sont ceux qui travaillent habituellement pour le compte d'un maître, à raison d'un prix fixé par jour, par mois, ou par pièce d'ouvrage confectionnée.

Les apprentis sont ceux qui sont placés chez un maître pour y apprendre une industrie.

104. Les trib. civils doivent se dessaisir d'office d'une telle demande, encore bien qu'on ait plaidé au fond. Paris, 16 août 1835, D. 54, 1050. — A moins qu'elle ne soit jointe à une autre de leur compétence. Bordeaux, 15 juin 1833, D. 33, 234.

105. On a refusé aux juges de paix la connaissance des contestations entre les commerçans et leurs commis : elles ont un caractère commercial, et se compliquent, d'ailleurs, le plus souvent de redditions de compte, de demandes en partage de bénéfice et autres questions qui rentrent dans le domaine des trib. de commerce et de 1re instance (Art. 1166 J. Pr., p. 298).

Toutefois, le contraire a été jugé par application de la loi de 1790. Rennes, 7 fév. 1839. (Art. 1494. J. Pr.).

Art. 6. — *Paiement des nourrices.*

106. Le juge de paix connaît, sans appel, jusqu'à la valeur de 100 fr., et, à charge d'appel, à quelque valeur que la demande puisse s'élever des contestations relatives au paiement des nourrices, sauf ce qui est prescrit par les lois et règlemens d'administration publique à l'égard des bureaux de nourrices de la ville de Paris et de toutes les autres villes. L. 1838, art. 5, § 4.—V. L. 25 mars 1806; Règl. 30 juin 1806.

Art. 7. — *Diffamation, injures, rixes et voies de fait.*

107. Le juge de paix connaît, sans appel, jusqu'à la valeur de 100 fr., et, à charge d'appel, à quelque valeur que la demande puisse s'élever des actions civiles pour diffamation verbale et pour injures publiques ou non publiques, verbales ou par écrit, autrement que par la voie de la presse; des mêmes actions pour rixes ou voies de fait : le tout lorsque les parties ne se sont pas pourvues par la voie criminelle. L. 1838, art. 5, § 3.

108. La loi de 1838 a ajouté aux attributions conférées aux juges de paix par l'art. 10 L. de 1790, la *diffamation verbale* et *l'injure par écrit autrement que par la voie de la presse*. Cette dernière restriction était nécessitée par la gravité qui s'attache nécessairement à une diffamation résultant d'une publication de la presse. (Art. 1166 J. Pr., p. 298.).

109. Si la justice criminelle a été saisie, il n'en résulte pas une incompétence absolue de la justice civile, il y a seulement lieu de surseoir au jugement du procès civil jusqu'à la décision au criminel. Cass. 21 nov. 1825, S. 26, 85.

110. Le juge de paix est compétent pour statuer sur la demande de la partie qui, s'étant d'abord pourvue au criminel, a vu son action repoussée par une décision d'incompétence, si, d'ailleurs, il n'a été fait aucun acte de poursuite depuis cette décision. *Même arrêt.*

111. Il suffit pour que des dommages-intérêts soient accordés que le fait dont se plaint le demandeur lui ait causé un préjudice, bien qu'il ne réunisse pas les caractères exigés par la loi pour constituer un crime ou un délit. Cass. 13 therm. an 13, 6 déc. 1808, 12 déc. 1809, 21 déc. 1813, P. 11, 839; Carré, 2, 597; Benech, 224.

112. Mais le juge de paix ne peut condamner l'auteur d'une injure à déclarer qu'il tient l'offensé pour un homme d'honneur et de probité, et que les propos qu'il a tenus contre lui sont calomnieux : cette espèce d'amende honorable serait une peine qui ne doit pas être appliquée au cas d'injures, puisqu'elle n'est pas établie par la loi. Cass. 28 mars 1821; Henrion, 159; Carré, 2, 597.

Il ne peut non plus, en prononçant une condamnation pour réparation d'injure, interdire au condamné d'approcher du domicile de la personne injuriée, etc. Cass. 19 fév. 1807, P. 5, 686.

113. Toutefois, il a le droit d'ordonner l'impression et l'affiche de son jugement : l'impression et l'affiche ne peuvent être considérés ni comme peine, ni comme aggravation de peine, mais comme simples dommages-intérêts accordés à la partie lésée. Arg. Cass. 25 mars 1813, P. 11, 252; Henrion, 160; Carré, *ib.*; Carnot, 2, 507.

Art. 8. — *Actions possessoires.*

114. Le juge de paix connaît, à charge d'appel, des entreprises commises, dans l'année, sur les cours d'eau, servant à l'irrigation des propriétés et au mouvement des usines et moulins, sans préjudice des attributions de l'autorité administrative dans les cas déterminés par les lois et règlemens; des dénonciations de nouvel œuvre, complaintes, actions en réintégrande, et autres actions possessoires fondées sur des faits également commis dans l'année. L. 1838, art. 6, § 1. — V. *Actions possessoires.*

Art. 9. — *Bornage.*

115. Le juge de paix connaît, à charge d'appel, des actions en bornage et de celles relatives à la distance prescrite par la loi, les réglemens particuliers et usages des lieux, pour les plantations d'arbres ou de haies, *lorsque la propriété ou les titres qui l'établissent ne sont pas contestés.* L. 1838, art. 6, § 2. — V. *Bornage,* nos 10 et 11.

116. S'il s'élève des contestations sur la propriété du terrain qu'il s'agit de borner ou sur les titres établissant cette propriété, le juge de paix doit surseoir à statuer, et renvoyer les parties devant les trib. civ.; mais, dès que ces difficultés ont été résolues, toutes les questions relatives au bornage lui appartiennent.

117. Les contestations sur la propriété doivent être sérieuses; si elles ne paraissent être soulevées que pour entraîner des frais et des lenteurs, le juge de paix peut passer outre immédiatement et statuer sur la question de bornage.

118. Peu importe d'ailleurs que la demande ne soit pas intentée dans l'année où les plantations auraient été faites; car il

ne s'agit pas ici d'une action possessoire (Art. 1166 J. Pr., p. 299).

Art. 10. — *Constructions et travaux pouvant nuire à la propriété d'autrui.*

119. Le juge de paix connaît, à charge d'appel, des contestations relatives à l'établissement des puits ou fosses d'aisances près des murs mitoyens ou non ; à la construction des cheminées, âtres, forges, fours ou fourneaux, étables et magasins de sel près de ces murs, lorsque la propriété ou la mitoyenneté ne sont pas contestées. C. civ. 674 ; L. 1838, art. 6, § 3.

120. Celui qui fait les constructions est obligé de laisser la distance prescrite par les réglemens et usages particuliers sur ces objets, ou à faire les ouvrages prescrits par ces mêmes réglemens et usages pour ne pas nuire au voisin. C. civ. 674.

121. A défaut de réglemens et d'usages à cet égard, le juge doit fixer lui-même la distance des constructions, en prenant en considération la nature des établissemens et constructions à faire, des matières qui doivent être déposées, et en ordonnant les mesures propres à concilier tous les droits et tous les intérêts. Benech. 285.

Art. 11. — *Pensions alimentaires.*

122. Le juge de paix connaît, à charge d'appel, des demandes en pension alimentaire n'excédant pas 150 fr. par an, et seulement lorsqu'elles sont formées en vertu des art. 205, 206 et 207 C. civ. L. 1838, art. 6, § 4.

123. Lorsque la demande a lieu en vertu d'une convention ou d'un titre, le juge de paix est incompétent, quel que soit le taux de la somme réclamée.

124. La demande en cessation de pension alimentaire accordée en vertu des art. 205 à 207 C. civ., rentre dans la compétence du juge de paix : il y a même motif : la nécessité d'économiser les frais.

Art. 12. — *Demandes principales, reconventionnelles et en compensation.*

125. *Demandes principales.* Lorsque plusieurs demandes formées par *la même partie* sont réunies dans une même instance, le juge de paix ne prononce qu'en premier ressort si leur valeur totale s'élève au-dessus de 100 fr., lors même que quelqu'une de ces demandes serait inférieure à cette somme. Il est incompétent sur le tout si ces demandes excèdent, par leur réunion, les limites de sa juridiction. L. 1838, art. 9.

126. Cet article n'est applicable qu'au cas où les différentes demandes sont formées *par la même partie*, et non à celui où, par le même exploit, des parties ayant des intérêts distincts, auraient formulé différents chefs de demande contre le même

défendeur. Henrion, ch. 14; Merlin, Q. de droit, v° *dernier ressort*, § 6.

127. L'art. 9 L. de 1838 a consacré le système de la jurisprudence et de la doctrine qui admettaient que les différens chefs d'une demande formée par la même partie, devaient être considérés comme formant un tout qui, par la réunion des sommes, déterminait la question de savoir si le jugement sur cette demande devait être en premier ou dernier *ressort*. — V. ce mot.

128. Cette loi, d'ailleurs, n'a rien innové aux anciens principes, d'après lesquels, pour déterminer la compétence, on ajoute au capital réclamé les intérêts échus avant la demande, sans avoir égard à ceux courus depuis la demande, ni aux accessoires, tels que frais d'enregistrement de l'acte constitutif de la créance et autres de même nature. — V. *ib.*

129. *Demandes reconventionnelles.* Le juge de paix connaît de toutes les demandes reconventionnelles ou en compensation qui, par *leur nature ou leur valeur*, sont dans les limites de sa compétence; alors même, que dans les cas prévus par l'art. 1er, ces demandes réunies à la demande principale s'élèveraient au-dessus de 200 fr. L. 1838, art. 7.

130. Lorsque chacune des demandes principales, reconventionnelles ou en compensation est dans les limites de la compétence du juge de paix en dernier ressort, il prononce sans qu'il y ait lieu à appel. L. 1838, art. 8.

Si l'une de ces demandes n'est susceptible d'être jugée qu'à charge d'appel, le juge de paix ne prononce sur toutes qu'en premier ressort.

131. Si la demande reconventionnelle ou en compensation excède les limites de sa compétence, il peut, soit retenir le jugement de la demande principale, soit renvoyer sur le tout les parties à se pourvoir devant le trib. de 1re inst., sans préliminaire de conciliation. L. 1838, art. 8.

132. Le juge de paix ne peut, en conséquence, connaître des *demandes reconventionnelles* ou en compensation, que lorsque ces demandes sont par *leur nature et leur valeur* dans les limites de sa compétence; mais peu importe que par leur réunion à la demande principale elles excèdent le taux du premier ressort: elles doivent être considérées isolément et comme si elles avaient été formées seules; de sorte que si la demande principale est inférieure à 100 fr., ainsi que la demande reconventionnelle ou en compensation; le juge statue sur le tout en dernier ressort.

133. Si, au contraire, l'une d'elles seulement est de nature à être jugée en dernier ressort, il prononce en premier ressort sur le tout. Le juge du second degré étant appelé à connaître d'une des demandes reconventionnelles, doit pouvoir statuer également sur l'autre.

154. Enfin, si l'action reconventionnelle dépasse, même en premier ressort, les limites de la compétence du juge de paix (500 fr.), celui-ci peut, selon les circonstances, se dessaisir de cette action et retenir la demande principale, ou bien renvoyer le tout au trib de 1ʳᵉ inst. — La loi ne pouvait, sur ce point, que s'en rapporter à l'appréciation du magistrat; s'il reconnaît que l'action reconventionnelle est formée sérieusement, qu'elle a une telle relation avec l'action principale, qu'il ne soit possible de les bien juger qu'ensemble, il se dessaisit entièrement; dans le cas contraire, il faut bien qu'en retenant la cause principale seule, le juge puisse déjouer le calcul par lequel, pour échapper à sa décision et lasser le bon droit par la crainte des longueurs et des frais, la seconde demande serait formée sans conscience, exagérée avec intention, ou n'aurait pas de rapport avec le premier objet du litige. La connexité, dans ces circonstances, ou n'existe pas ou n'est qu'apparente; la disposition est alors favorable à la justice et sans inconvéniens. — Garde des sceaux (Art. 1166 J. Pr., p. 501).

155. Le législateur a créé une exception au principe d'après lequel le juge de paix ne peut connaître de la demande reconventionnelle lorsque cette demande excède les limites de sa juridiction, pour le cas où la demande reconventionnelle a pour but l'obtention de dommages-intérêts fondés exclusivement sur la demande principale elle-même. — Dans cette circonstance, le juge de paix connaît des demandes de cette nature, à quelques sommes qu'elles puissent monter. L. 1838, art. 7.

156. Cette exception a pour but de détruire la spéculation de certains plaideurs qui, pour éluder la compétence des juges de paix, forment une demande de dommages-intérêts qui n'a rien de sérieux.

157. Ces demandes doivent-elles être jugées en dernier ressort, quelle que soit leur quotité, toutes les fois que la demande principale est inférieure à 100 fr.? L'affirmative, déjà résolue (Cass. 19 avr. 1830, S. 30, 190; Toulouse, 18 mars 1833), résulte évidemment de la discussion lors de la loi de 1838 : tous les orateurs ont déclaré que les demandes de cette nature ne devaient être considérées que comme des accessoires des demandes principales, et suivre *le sort de celles-ci*. Rapport de M. Amilhau, 2 avr. 1835 ; M. Renouard, 29 mars 1857 ; Gasparin, 19 juin 1857. Benech, 1, 557. —V. *R sort.*

§ 2. — *Compétence extrajudiciaire.*

158. La loi a donné au juge de paix de nombreuses attributions en matière extrajudiciaire.

159. Il entend les parties au moment'où un débat va s'engager entre elles, et tente de les concilier. — V. *Préliminaire de conciliation.*

140. Le Code civil lui confère le droit : 1° de convoquer et de présider le *conseil de famille* des mineurs et interdits. — V. ce mot, § 1.

2° De recevoir le serment de l'expert qui estime les meubles appartenant à l'enfant mineur, meubles que les père-et mère préfèrent conserver en nature. C. civ. 453.

3° De dresser des actes *d'émancipation* et *d'adoption*, et de *tutelle officieuse.* — V. ces mots.

4° De délivrer des actes de notoriété. — V. *Acte de l'état civil,* n° 20 et suiv.

5° D'assister, sur la réquisition du procureur du roi, à l'inventaire du mobilier et des titres de l'absent. — V. *Absence,* n° 58.

6° De dresser procès-verbal du refus ou retard que mettraient les conservateurs des hypothèques à transcrire des actes de mutation, à inscrire des droits hypothécaires, ou à délivrer des certificats de ces transcriptions et inscriptions. — V. *Inscription hypothécaire,* n° 52.

7° De rédiger les testamens faits dans un lieu avec lequel toute communication est interceptée à cause de la peste, ou de toute autre maladie contagieuse. *Ib.* 985.

141. Le C. de pr. le charge : 1° de recevoir la déclaration affirmative des tiers-saisis domiciliés dans son ressort, lorsque ces tiers n'habitent pas les lieux où siége le trib. devant lequel ils ont été assignés. C. pr. 571. — V. *Saisie-arrêt.*

2° D'assister à l'ouverture des portes, à l'effet de pratiquer une *saisie-exécution. Ib.* 587. — V. ce mot.

3° D'établir un gérant à l'exploitation, en cas de saisie d'animaux ou d'ustensiles servant à l'exploitation. *Ib.* 594.

4° D'assister à l'arrestation d'un individu faite dans une maison quelconque, lorsque cette arrestation a été par lui ordonnée. *Ib.* 784. — V. *Emprisonnement,* n°s 162 et suiv.

5° D'apposer et de lever les *scellés. Ib.* 907 et suiv. — V. ce mot;

6° Enfin, il peut être délégué pour procéder à une *enquête.* — V. ce mot, n° 64.

— V. d'ailleurs *Préliminaire de conciliation.*

142. Le C. comm. lui donne compétence pour: 1° nommer, à défaut de président du trib. civ., les experts, qui doivent, en cas de refus ou contestation pour la réception des objets transportés par un voiturier, vérifier ou constater leur état. C. comm. 106.

2° Autoriser, dans le cas où il n'y a pas dans les lieux de

trib. de comm., le capitaine dont le navire a besoin de radoub,
ou d'achat de victuailles, à emprunter sur le corps et la quille
du vaisseau. *Ib*. 234.

5° Recevoir, dans le même cas, le rapport du capitaine qui
se serait trouvé dans la nécessité d'abandonner son navire pendant le voyage. Il doit, dans cette circonstance, envoyer ce rapport, sans délai, au président du trib. de comm. le plus voisin.
Ib. 243.

4° Recevoir, toujours à défaut du trib. de comm., la déclaration des causes qui auraient obligé le capitaine à relâcher dans
un port français. *Ib*. 245.

5° Nommer, également à défaut de trib. de comm., les experts qui doivent constater, en cas de déchargement du navire
dans un port français, les pertes et dommages résultant du jet
en mer du chargement en tout ou en partie. *Ib*. 414.

143. D'après le code forestier, il doit assister à l'introduction dans l'intérieur des maisons et enclos, des gardes-champê-
tres et forestiers qui veulent opérer une saisie (C. for. 161); —
ordonner la vente des bestiaux saisis qui n'ont pas été réclamés dans les cinq jours du séquestre, ou pour lesquels il n'a pas
été fourni bonne et valable caution. — Il taxe dans ce cas les
frais de séquestre et de vente. *Ib*. 169; — il peut donner main-
levée provisoire des objets saisis, à la charge du paiement des
frais de séquestre, et moyennant une bonne et valable caution.
Ib. 168.

144. Des lois spéciales ont aussi étendu la juridiction extrajudiciaire du juge de paix dans les cas suivans :

1° Il vise et déclare exécutoires, sans frais, les contraintes dé-
cernées par la régie; il ne peut refuser le visa, sous peine de
répondre personnellement des valeurs pour lesquelles la contrainte est décernée. Décr. 1er germ. an 13, art. 44. — V. *Enregistrement*, nos 123, 132.

2° Il reçoit le serment des experts nommés dans les affaires
d'enregistrement. — V. *Expertise*, n° 121; — et l'affirmation
des procès-verbaux par les préposés de l'enregistrement, des
douanes, des impôts directs et des octrois, et les gardes-cham-
pêtres. — V. *Enregistrement, Douane*, n° 24.

5° Il nomme le tiers-expert dans le cas d'expertise requise
par la régie pour évaluation d'immeubles transmis à titre onéreux ou gratuit. — V. *Expertise*. n° 123.

4° Dans certaines circonstances, il est tenu de procéder à la
vérification des registres de l'état civil. Ordon. 26 nov. 1823.

5° Il délivre aux notaires, greffiers, huissiers et autres officiers
publics, *exécutoire* pour le montant des droits d'enregistrement
qu'ils ont avancés pour leurs cliens. — V. ce mot.

6° Il appose les scellés à la mort d'un officier général, ou officier supérieur de toutes armes, d'un intendant militaire, officier de santé en chef des armées, retiré ou en activité de service. — V. *Scellés.*

7° Il cote et paraphe sans frais les répertoires des greffiers et huissiers du canton. L. 22 fr. an 7, art. 53; Décr. 14 juin 1813, art. 46. — V. *Répertoire.*

8° Dans les lieux où il n'y a pas de commissaire de police, il saisit, à la requête des auteurs, compositeurs ou de leurs héritiers ou cessionnaires, les exemplaires des éditions imprimées ou gravées sans leur permission formelle et par écrit. L. 19 juil. 1793, art. 3 et 25 prair. an 3.

9° Il peut, dans les ports où il n'y a pas de trib. de comm., recevoir les procès-verbaux de visite, dressés en exécution de l'art. 225 C. comm.—Dans les vingt-quatre heures de ce dépôt, il est tenu d'envoyer les procès-verbaux au président du trib. de comm. le plus voisin, et le dépôt en est fait au greffe du trib. Ord. 1er nov. 1826.

10° Certaines attributions sont confiées au juge de paix par la loi de 1791 relative au sauvetage des navires.

11° Il a le droit d'exiger de tout individu qui expose des marchandises en vente, l'exhibition de sa *patente.* — V. ce mot.

12° Il préside le jury de révision de la garde nationale, et tire au sort les jurés en audience publique. L. 22 mars 1831, art. 23, 24. L. 14 juill. 1837, art. 6.

13° Le plus ancien des juges de paix de chaque arrondissement est appelé à faire partie du comité chargé de surveiller et d'encourager l'instruction primaire. L. 28 juin 1833, art. 19.

§ 5. — *Compétence territoriale.*

145. *Matière judiciaire.* Dans les causes purement mobilières, la citation est donnée devant le juge du domicile du défendeur; s'il n'a pas de domicile, devant le juge de sa résidence. C. pr. 2.

·Lorsque la citation est donnée devant le juge de la résidence, le défendeur peut demander son renvoi devant celui de son domicile; — mais dans ce cas, la citation n'est pas annulée, si d'ailleurs le demandeur ignorait l'existence de ce domicile. Carré, art. 2.

146. S'il y a eu élection spéciale de domicile, le juge de paix compétent est celui du domicile élu. Arg. C. civ. 111; C. pr. 59; Carré, *ib.*

147. La citation est donnée devant le juge de la situation de l'objet litigieux, lorsqu'il s'agit : 1° des actions pour dommages aux champs, fruits et récoltes; — 2° des demandes en bornage des usurpations de terre, arbres, haies, fossés et autres clôtures, commis dans l'année, des entreprises sur les cours d'eau com-

mises pareillement dans l'année, et de toutes autres actions possessoires ; —3°des réparations locatives ; —4° des indemnités prétendues par le fermier ou locataire pour non-jouissance, lorsque le droit n'est pas contesté, et des dégradations alléguées par le propriétaire. C. pr. 3. — V. *Action possessoire*, n° 147.

Le magistrat du lieu, dans ces divers cas, est plus à portée de juger en connaissance de cause.

148. Mais ces exceptions ne sauraient être étendues par analogie à d'autres actions pour lesquelles la loi n'a pas expressément dérogé au droit commun : — ainsi, les demandes des salaires des gens de travail et gages des domestiques, doivent être portées devant le juge du domicile du défendeur. Carré, 1, 2; Commaille, 24 ; Paillet, art. 2 — *Contrà*, Lepage, 64, 95; Thomine, 1, 50.

Il en est de même de celles pour dépenses faites par un voyageur dans une auberge. Carré, *ib.* ; Thomine, *ib.* p. 52.

149. Quant à la demande en indemnité pour injures verbales, rixe ou voie de fait, elle doit être portée devant le juge de police du lieu où le délit a été commis. C. inst. cr. 139, 140, 166 ; Carré, 2, 595.

Toutefois, l'incompétence d'un trib. de simple police, tirée de ce qu'il n'est pas celui dans le ressort duquel la contravention a eu lieu, n'est pas absolue et peut être couverte par le consentement des parties. Arg. C. inst. cr. 159. Cass. 3 mai 1811, P. 9, 301.

150. *Matière extrajudiciaire.* La compétence territoriale du juge de paix varie selon l'espèce des attributions extrajudiciaires qui lui sont conférées. — Ainsi, en cas d'adoption, le juge compétent est celui du domicile de l'adoptant (— V. *Adoption*, n° 6) ; tandis que le procès-verbal des demandes et consentemens relatifs à la tutelle officieuse doit être dressé par le juge du domicile de l'enfant. C. civ. 363.

— *V.* d'ailleurs *sup.* § 2.

Section. III. — *Tenue des audiences.*

151. Les règles ordinaires sur la tenue et la police des audiences, sur les mesures contre les personnes qui les troublent, s'appliquent en général aux trib. de paix. — V. *Audience.*

152. Toutefois, les juges de paix sont tenus d'indiquer au moins deux audiences par semaine. C. pr. 8.

155. Ils peuvent juger tous les jours, même ceux de dimanches et fêtes, le matin et l'après-midi. C. pr. 8 ; — mais l'urgence justifierait seule l'usage de ce droit les jours de fêtes.

La prohibition faite, au juge de paix, par la loi du 29 oct. 1790, de tenir audience pendant les heures consacrées a u service divin, paraît être abrogée. Carré, art. 8 ; — mais les convenances veulent qu'il indique pour son audience une he ₽ r

qui permette aux parties d'accomplir les devoirs de leur religion.

154. Les juges de paix, s'ils habitent au chef-lieu de canton
(Arg. L. 29 vent. an 9 ; Rouen, 18 janv. 1806; Déc. min. 11
avr. 1807), ont la faculté de donner audience chez eux, en
tenant les portes ouvertes. C. pr. 8.

En conséquence, ils y procèdent valablement à une enquête,
quoiqu'ils tiennent ordinairement leurs séances dans un autre
lieu. Paris, 16 pluv. an 11, S. 5, 253 ; Carré, *ib.*

Dans ce cas, il convient d'énoncer dans le jugement qu'ils
ont tenu les portes ouvertes. Toutefois, à défaut de cette énonciation, et jusqu'à preuve contraire, on doit supposer que la loi
a été exécutée. *Même arrêt.*

155. Les juges de paix peuvent en outre statuer, sans désemparer, sur les lieux contentieux où ils se sont rendus pour en
faire la visite et entendre des témoins. Arg. L. 26 oct. 1790, tit.
5, art. 4 ; Berriat, 510, note 10 ; Carré, *ib.*

156. Tous les huissiers du même canton sont tenus de faire
le service des audiences, et d'assister le juge de paix toutes les
fois qu'ils en sont requis. L. 25 mai 1838, art. 16.

157. Les juges de paix choisissent leurs huissiers audienciers. *Ib.*

158. En cas de refus d'un huissier de faire le service des
audiences de la justice de paix de son canton ou d'assister le
juge de paix, celui-ci peut lui défendre de citer devant lui pendant un délai de quinze jours à trois mois. *Même loi*, art. 19.

Cette décision est sans appel, et ne fait pas obstacle à l'action
disciplinaire des trib. et des dommages-intérêts de la part des
parties, s'il y a lieu. *Ib.*

159. Le pouvoir accordé aux juges de paix de prononcer
sans appel cette suspension de quinze jours à trois mois, est une
dérogation grave aux règles ordinaires en matière disciplinaire :
ils doivent, en conséquence, user de ce pouvoir avec une juste
réserve. Circul. garde des sceaux, 6 juin 1838. (Art. 1169 J. Pr.).

Section IV. — *Instruction.*

§ 1. — *Comparution des parties.*

160. Le juge de paix *peut*, s'il le croit convenable, interdire aux huissiers de sa résidence de donner aucune citation en
justice, si ce n'est après avoir appelé sans frais les parties devant lui. L. 1838, art. 17. — V. *Greffe*, n° 161.

Aucun mode particulier n'est indiqué, à cet égard, par la
loi : elle s'en rapporte à la sagesse des juges de paix. Ils peuvent, en conséquence, donner cet avertissement par lettre ou
de toute autre manière.

161. Ce droit du juge de paix ne cesse que dans les cas de péril en la demeure, ou lorsque le défendeur est domicilié hors du canton de la même ville. *Même loi*, art. 17.

162. C'est au juge de paix à apprécier l'urgence et à dispenser lui-même de l'avertissement.

163. Toutefois, si le péril est tel que l'officier ministériel n'ait pas le temps de consulter le juge de paix, par exemple, s'il s'agit d'interrompre une prescription sur le point de s'accomplir, il peut prendre sur lui de citer immédiatement. Sa justification sera alors dans les faits mêmes qui caractérisent l'urgence ; ce sera à lui de les apprécier, et de n'engager qu'avec discernement sa responsabilité. Circul. garde des sceaux, 6 juin 1838. (Art. 1169 J. Pr.).

164. Le défaut d'avertissement, lorsqu'il est nécessaire, ne rend pas nulle la citation, seulement l'huissier devient passible des peines portées par la loi.—V. *sup.* n° 158.

165. Les parties comparaissent sur *citation* (— V. ce mot), ou volontairement (—V. *sup.* n° 34), et sans aucun acte préalable. C. pr. 7.

166. La déclaration des parties qui comparaissent volontairement et demandent jugement, doit désigner d'une manière claire et précise, l'objet en litige. Colmar, 13 août 1828, S. 29 , 227.

Elle est signée par elles, ou mention est faite si elles ne peuvent signer. C. pr. 7.

Mais le juge de paix , une fois saisi d'une affaire, doit constater seul les aveux et reconnaissances des parties. Cass. 11 mars 1807, S. 7 , 73.

167. La citation et tous les actes et exploits ressortissant du trib. de paix, devaient être signifiés par les huissiers audienciers des justices de paix, à l'exclusion de tous autres.—V. *Huissier*, n° 62. — Mais depuis la loi de 1838, tous les huissiers d'un même canton ont le droit de donner toutes les citations, et de faire tous les actes devant la justice de paix. — Dans les villes où il y a plusieurs justices de paix, les huissiers exploitent concurremment dans le ressort de la juridiction assignée pour leur résidence.—V. *ib.* n° 79.

168. Les huissiers qui résident dans une même ville, divisée en plusieurs cantons, ont-ils le droit d'y exploiter concurremment auprès des divers juges de paix ? — L'affirmative résulte de la circulaire du 6 juin 1838. — Mais les modifications apportées lors de la discussion à l'art. 16 nous empêchent d'adopter cet avis : — Le projet de 1837 était ainsi conçu : « Les huissiers pourront exploiter concurremment *dans tous les cantons de la même ville.* Le principe de cette disposition fut vivement contesté ; il fut même repoussé par la chambre des pai

rs

qui redoutait qu'en appelant un grand nombre d'huissiers à participer aux actes ressortissant des trib. de paix, les juges de paix ne perdissent de leur autorité sur les huissiers, et qu'ils ne trouvassent pas d'officiers ministériels pour faire le service de leurs audiences (Séance du 19 juin 1837). Cependant, le principe de l'art. 16 fut maintenu dans le projet de 1838, mais on en changea la rédaction d'une manière notable. Aux expressions *dans tous les cantons de la même ville*, on substitua celle-ci : *dans le ressort de la juridiction assignée à leur résidence.* — Cette modification indique suffisamment le but que les rédacteurs du projet s'étaient proposé. « On n'a pas à craindre, disait M. Amilhau, rapporteur de la commission, le défaut d'autorité du juge sur les huissiers, ni que les audiences soient désertes. — Par des dispositions spéciales et en rentrant dans les termes du décret de 1813, les huissiers se trouveront *circonscrits dans chaque canton de la même ville, et par suite, leur nombre sera très restreint.* Séance du 9 avr. 1838. — Au surplus, les termes de l'art. 16 « exploiteront concurremment *dans le ressort de la juridiction assignée à leur résidence,* ne laissent aucun doute. Benech, 428 et suiv.

169. La citation donnée par un huissier résidant dans un canton autre que celui du juge de paix compétent pour connaître de la demande n'est pas nulle, mais l'officier ministériel qui l'a notifiée est passible d'une amende et d'une peine disciplinaire. L. 25 mai 1838, art. 19. Benech, 443. — V. *Huissier,* n° 62.

170. Au jour fixé par la citation, ou convenu entre les parties, elles comparaissent en personne, ou par leurs fondés de pouvoir. C. pr. 9; — sans qu'il soit nécessaire de justifier de l'empêchement du mandant.

171. La procuration peut résulter d'un mandat général ou spécial; mais elle doit énoncer, d'une manière claire et précise, la volonté du mandant de se faire représenter dans la contestation. Carré, *ib.*

172. Elle peut être donnée par acte sous seing privé enregistré.

173. La partie qui veut se faire assister ou représenter, peut choisir qui bon lui semble pour son conseil ou son mandataire.

Toutefois, la loi de 1838 a fait revivre une exception de la loi du 18 therm. an 2, exception tombée en désuétude.

Aucun huissier ne peut, *dans les causes* portées devant la justice de paix, assister comme conseil, ni représenter les parties en qualité de procureur fondé, à peine d'amende. — V. *Huissier,* n° 105-5°.

174. *Aucun huissier.* La prohibition s'applique non seule-

ment à l'huissier qui a signifié des actes dans l'affaire, mais à tous ceux qui exercent cette fonction.

175. Elle ne s'étend pas au droit qu'a l'huissier, — de donner des avis aux clients dans son étude. Benech, 469 ; — de comparaître aux actes de juridiction gracieuse, par exemple aux assemblées de famille, aux levées de scellés, aux inventaires, soit comme conseil, soit comme mandataire. Benech, p. 470.

176. En cas d'infraction aux dispositions de l'art. 18, le juge de paix peut défendre aux huissiers du canton de citer devant lui pendant un délai de quinze jours à trois mois, sans appel, et sans préjudice de l'action disciplinaire des trib. et des dommages-intérêts des parties s'il y a lieu. L. 25 mai 1838, art. 19.—V. *sup.* n° 158.

177. La prohibition dont il est parlé *sup.* n° 175 ne s'applique pas aux clercs d'huissiers. — Bien que la présence des clercs d'huissiers devant la justice de paix fasse revivre une partie des inconvéniens que la loi a voulu éviter, il est impossible de donner à l'art. 18 une extension que ses termes ne comportent pas. (Art. 1166 J. Pr. p. 311.)

178. Il en est de même, et, à plus forte raison, des agens d'affaires.

Mais le juge pourra, lorsqu'il le croira convenable, ordonner la comparution des parties en personne devant lui. *Moniteur*, 26 avr. 1836, p. 1031 (Art. 1166 J. Pr., p. 312).

179. Les parties ne peuvent signifier aucune défense. C. pr. 9.

Cette prohibition, qui a pour but d'éviter les frais, n'exclut pas, 1° la signification d'un acte indispensable, ou d'une utilité évidente ; tel que des protestations ou des actes conservatoires. Carré, art. 9.

2° La lecture à l'audience des moyens de défense. Carré, *ib.*

Les parties peuvent même remettre des notes et mémoires au juge de paix.

180. Elles sont tenues de s'expliquer avec modération devant le juge, et de garder en tout le respect qui est dû à la justice.

Si elles y manquent, le juge les y rappelle d'abord par un avertissement. — En cas de récidive, elles peuvent être condamnées en une amende dont le maximum est de 10 fr., avec *affiches* (— V. ce mot, n° 2 et suiv.) du jugement, dont le nombre ne doit pas excéder celui des communes du canton. C. pr. 10.

181. Dans le cas d'insulte ou d'irrévérence grave envers le juge, il en dresse procès-verbal, et peut condamner en un emprisonnement de trois jours au plus (C. pr. 11) ; — pourvu que le fait ait eu lieu pendant la tenue de l'audience.

182. Les jugemens rendus par le juge de paix, dans les cas précédens, sont exécutoires par provision. C. pr. 12.

— V. d'ailleurs *Audience*, n° 12.

183. Les parties, ou léurs fondés de pouvoirs, sont entendus contradictoirement. C. pr. 13.

184. La cause est jugée sur-le-champ ou à la première audience. *Ib.*

Cette disposition ne fait pas obstacle à ce qu'il y ait plusieurs remises successives, — en cas d'absolue nécessité, lors même que les parties comparaissent volontairement sans citation préalable, ou à un jour autre que celui de la citation. Carré, *ib.*

Toutes les causes qui ne peuvent être discutées dans la même audience sont successivement renvoyées, afin que la présence des parties pour chacune d'elles soit constatée, ainsi que l'obligation où elles sont de se représenter au jour indiqué. Carré ; art. 13.

185. Le juge peut, s'il le croit nécessaire, se faire remettre les pièces. C. pr. 14. — Il n'est plus tenu, comme sous la loi du 18 oct. 1790, de se livrer, séance tenante, à leur examen ; il reste libre, en ordonnant le délibéré, de fixer le jour où il doit rendre son jugement définitif. Carré, *ib.*, Thomine, 1, 69.

§ 2. — *Mise en cause des garans.*

186. Le défendeur qui veut mettre garant en cause (—V. *Garantie*), doit former sa demande le jour de la première comparution ; le juge de paix lui accorde, dans ce cas, un délai suffisant à raison de la distance du domicile du garant. La citation donnée au garant est libellée sans qu'il soit besoin de lui notifier le jugement qui ordonne sa mise en cause. C. pr. 32.

187. Toutefois, le défendeur peut, avant le jour de sa comparution, former la demande en garantie. Dans ce cas, il déclare à la première audience qu'il a assigné en garantie et demande un délai pour que son garant puisse comparaître. Ce délai lui est accordé, s'il paraît convenable au juge de paix. Carré, n° 143.

188. Il en est de même à l'égard du garant qui a un sous-garant à mettre en cause. Arg. C. pr. 176 ; Demiau, 59.

189. L'appel du jugement qui accorde un délai pour citer un garant ne peut être interjeté qu'avec celui du jugement définitif : ce jugement se borne à statuer sur un incident qui ne préjuge en rien la demande principale. Arg. C. pr. 451 ; Carré, *ib.* — *Contrà*, Delaporte, 1, 52.

Il en est autrement du jugement qui rejette la demande en garantie ou qui accorde au défendeur un délai que celui-ci trouve insuffisant pour citer le garant. Ce jugement a les caractères d'un interlocutoire ; il peut exercer, relativement au défendeur, une certaine influence sur la solution du procès.

190. Si la mise en cause n'a pas été demandée à la première comparution, ou si la citation n'a pas été faite dans le délai fixé, il est procédé sans délai au jugement de l'action principale, sauf à statuer séparément sur la demande en garantie. C. pr. 55. — L'action en garantie devient elle-même principale ; elle est par conséquent soumise aux règles générales de la compétence, et ne peut être portée devant le juge de paix qui a connu de la demande originaire qu'autant qu'il est le juge naturel du défendeur. Carré, n° 145. — *Contrà*, Hautefeuille, 58.

Toutefois, si la demande en garantie, quoique tardivement formée, se trouve en état avant que le jugement soit intervenu sur la demande originaire, le juge de paix peut statuer sur l'une et l'autre en même temps : le jugement de la demande principale n'éprouve, dans ce cas, aucun retard. Thomine, 1, 105.

191. Si la citation a été donnée au jour fixé pour le jugement, et que le défendeur en garantie ne comparaisse pas, le juge de paix statue sur la demande originaire, puis donne défaut contre le garant, et adjuge, s'il y a lieu, les conclusions prises contre lui par le défendeur principal. Carré, n° 146.

§ 5. — *Jugemens préparatoires et interlocutoires ; Expertise.*

192. Le juge de paix a le droit d'ordonner divers modes de preuve pour éclairer sa religion. — V. *Descente sur les lieux*, n°ˢ 21, 22, 46 ; *Enquête*, sect. 4.

195. S'il y a lieu à expertise, le juge de paix l'ordonne, et nomme les experts par le même jugement (C. pr. 42), — à moins que les parties ne s'accordent à l'instant sur leur choix. Carré, n° 174.

La modicité des intérêts, qui se débattent le plus souvent devant le juge de paix, l'autorise à ne nommer qu'un seul expert. Carré, n° 175 ; Favard, sect. 2, n° 2.

S'il s'agit de la visite de lieux contentieux, l'expert, ou les experts commis, procèdent à la visite en sa présence. Il peut prononcer le jugement sur les lieux mêmes, sans désemparer. C. pr. *ib.* — V. *Descente sur les lieux*, n° 46.

194. La récusation des experts nommés d'office, tenant au droit de la défense, doit être admise malgré le silence de la loi. Pigeau, *Comm.* 1, 106 ; Carré, n° 176.

Les causes de récusation sont les mêmes que celles déterminées pour les *experts* ordinaires. — V. ce mot, n° 54.

195. Mais le juge de paix est le maître d'avoir ou non égard à la récusation proposée, s'il s'agit d'une affaire au-dessous de 100 fr. Lepage, p. 89, 5ᵉ *quest.* — Quant aux affaires qui ne sont jugées qu'en premier ressort, on a la ressource de l'appel pour se plaindre de ce que le juge de paix n'a pas eu égard à la récusation qui lui a été proposée. Carré, n 176 ; Lepage, *ib.*

196. Il ne doit être fait aucune procédure pour la récusation. Il suffit que le motif en soit exprimé au procès-verbal ou dans le jugement, ainsi que la décision qui intervient. Carré, *ib.*

197. Dans les causes non sujettes à l'appel, il n'est pas dressé de procès-verbal ; mais le jugement énonce les noms des experts, la prestation de leur serment, et le résultat de leur avis (C. pr. 43). — Peu importerait que le juge de paix ne voulût pas user de la faculté qui lui est accordée de statuer sur les lieux sans désemparer ; car la loi ne fait aucune distinction. Vainement on soutiendrait que, dans ce cas, il ne restera aucune trace de la constatation des lieux. Carré, n° 180. — *Contrà*, Biret, 2, 299.

Par *résultat* de l'avis des experts, on entend l'énoncé pur et simple de leur opinion, sans aucune mention des motifs sur lesquels elle repose. Carré, n° 181.

198. Dans les causes sujettes à l'appel, le procès-verbal de l'expertise doit être dressé par le greffier de la justice de paix, qui constate le serment prêté par les experts (C. pr. 42). — Il est signé par le juge, le greffier et les experts, et si ceux-ci ne savent ou ne peuvent signer, il en est fait mention. *Ib.*

199. Si, dans ce cas, les parties croient devoir faire quelques observations ou déclarations, le juge de paix est tenu de les insérer dans le procès-verbal. Il peut être utile de les constater pour l'instruction de l'affaire devant le juge supérieur. Carré, n° 178.

200. Le rapport des experts n'est, pour le juge de paix, comme pour les trib. ordinaires (— V. *Expertise*, n° 106), qu'un simple document destiné à éclairer sa conviction, et non une décision qui lie son jugement ; il peut donc y avoir tel égard que de raison. Carré, n° 177.

201. Si le trib. d'appel réforme le jugement du juge de paix, et ordonne une expertise, il doit y être procédé dans la forme prescrite pour les expertises ordinaires. Les appels du juge de paix sont en effet réputés matières sommaires, et aucune disposition du Code ne fait exception pour ces sortes d'affaires aux règles portées pour les expertises ordinaires. Carré, n° 1183.

202. Mais, lorsqu'une partie déclare vouloir s'inscrire en faux, dénie l'écriture, ou déclare ne pas la reconnaître, il lui en donne acte, paraphe la pièce, et renvoie la cause devant les juges qui doivent en connaître (C. pr. 14. — V. *Faux*, n° 22 ; *Vérification d'écriture*); à moins qu'il ne fasse pas dépendre sa décision au fond de la vérité ou de la fausseté de la pièce attaquée. Carré, n° 56. — V. d'ailleurs *Douane*, n° 48.

203. Le trib. qui statue sur l'incident ne peut prononcer sur le fond, qui n'a pas cessé d'appartenir au juge de paix, dont la solution a été seulement suspendue jusqu'au jugement de cet incident. Carré, n° 55; Paillet, art. 14. — *Contrà*, Thomine, 1, 70.

204. Ces jugemens ne sont point expédiés, quand ils sont en dernier ressort, et qu'ils ont été rendus contradictoirement et *prononcés en présence des parties*. C. pr. 28. — Cette dernière circonstance doit être énoncée dans le jugement. Carré, n° 137.

205. Mais le jugement rendu lorsque l'une des parties s'était retirée de l'audience doit être expédié et signifié, si l'exécution a lieu à la requête de la partie adverse. Carré, n° 138.

206. Le jugement en premier ressort, quoique rendu en présence des parties, doit être expédié par le greffier, sur la présentation qui lui est faite de l'acte d'appel. Arg. C. pr. 31.

207. Lorsque le jugement ordonne une opération à laquelle les parties doivent assister, il indique le lieu, le jour et l'heure, et la prononciation vaut citation. C. pr. 28.

208. Si le jugement ordonne une opération par des gens de l'art, le juge délivre à la partie requérante cédule de citation pour appeler les experts. Elle fait mention du lieu, du jour, de l'heure, et contient le fait, les motifs, et la disposition du jugement relative à l'opération ordonnée. — V. *Cédule.*

Si le jugement ordonne une enquête, la citation mentionne la date du jugement, le lieu, le jour et l'heure. C. pr. 29.

209. Toutes les fois que le juge de paix se transporte sur les lieux contentieux, soit pour en faire la visite, soit pour entendre les témoins, il est accompagné du greffier qui apporte la minute du jugement *préparatoire* (C. pr. 50): la qualification de *préparatoire*, donnée d'une manière générale par cet article au jugement qui ordonne une visite de lieux ou une enquête, est inexacte : il peut se faire que ce jugement préjuge la question du fond; alors il est interlocutoire. Arg. C. pr. 452; Carré, n° 140.

210. Il n'y a lieu à l'appel des jugemens préparatoires qu'après le jugement définitif, et conjointement avec l'appel de ce jugement; leur exécution ne porte aucun préjudice aux droits des parties sur l'appel, sans qu'elles soient obligées de faire aucune protestation ni réserve.

Mais l'appel des jugemens interlocutoires est permis avant que le jugement définitif ait été rendu. Dans ce cas, il est donné expédition du jugement interlocutoire. C. pr. 51. — V. *Appel*, n° 142 et suiv.

211. La règle que le juge de paix ne connaît pas de l'exécution de ses jugemens reçoit exception pour ceux qui ordonnent des moyens de preuves; c'est-à-dire pour les jugemens préparatoires et interlocutoires. On comprend que ces jugemens ne

uvent, en effet, être exécutés que par le juge qui les a pro-
ncés. — V. *inf.* Sect. VII.

§ 4. — *Récusation.*

212. Les cas de récusation sont moins nombreux pour les
ᵒᵉˢ de paix que pour les juges ordinaires : le peu d'importance
la plupart des affaires qui leur sont soumises les met plus à
bri du soupçon de partialité.

213. Ils ne peuvent être récusés que dans les circonstances
ivantes : 1° quand ils ont intérêt personnel à la contestation.
pr. 44.

214. Jugé qu'ils n'ont pas intérêt personnel à la solution
une contestation dans laquelle est partie une fabrique dont ils
·ésident le conseil. Cass. 21 avr. 1812, S. 12, 341 ; — ou la
mmune qu'ils habitent. Thomine, 1, 12.

215. 2° Quand ils sont parens ou alliés d'une des parties
squ'au degré de cousin-germain inclusivement. C. pr. 44.

216. 3° Si, dans l'année qui précède la récusation, il y a eu
ocès criminel entre eux et l'une des parties, ou son conjoint,
ses parens et alliés en ligne directe. *Ib.* — Ce qui comprend
s procès correctionnels et de simple police ; même dans ce
ernier cas, l'animosité qui doit être présumée exister entre les
arties justifie la récusation. Carré, n° 180 ; Thomine, 122. —
ontrà, Delaporte, 1, 347. — Mais il n'y a pas lieu à récusa-
ion, s'il y a eu seulement plainte ou dénonciation non suivie
e poursuite ; car alors il n'y a pas eu *procès.* Carré, *ib.*

217. 4° S'il y a procès civil existant entre eux et l'une des
arties, ou son conjoint. C. pr. 44.

218. S'ils ont donné *un avis écrit* dans l'affaire. *Ib.* — Peu
mporte de quelle manière l'avis ait été donné, soit dans une
ettre missive, ou autrement. Carré, n° 188 ; Delaporte, 39 ;
homine, *ib.*

Le juge de paix doit donc, s'il écrit aux parties, éviter soigneusement de faire connaître son opinion personnelle sur la
contestation qui s'est élevée ou qui peut s'élever entre elles.

Mais il faut que l'avis ait été écrit ; l'avis verbal serait insuffisant pour motiver la récusation. Carré, n° 187.

219. Lorsque le récusant n'apporte pas preuve par écrit ou
commencement de preuve des causes de la récusation, il est
laissé à la prudence du trib. de rejeter la récusation sur la
simple déclaration du juge, ou d'ordonner la preuve testimoniale (Arg. C. pr. 589). Il arrive souvent que l'écrit contenant
l'avis est entre les mains de l'adversaire du récusant ; si dans ce
cas la preuve testimoniale n'était pas admissible, il deviendrait
très difficile, sinon impossible, de récuser pour avis donné.
Carré, n° 189. — *Contrà*, Delaporte, 39.

220. Les causes de récusation ci-dessus énoncées sont 1 seules que l'on doive admettre ; en conséquence, le juge de pai n'est pas récusable, par cela seul qu'il est le maître de l'une d parties. Carré, n° 190 ; Locré, 1, 96.

221. La récusation ne s'étend pas à la juridiction gracieus par exemple, lorsque le juge ne fait que constater des fai comme en matière d'apposition de scellés : il faut qu'il y a contestation (Carré, n° 184) ; ou même lorsqu'il préside u conseil de famille. Car, bien qu'il ait dans cette circonstan voix prépondérante, il n'existe pas de procès, et il ne saura être assimilé à un juge. — *Contrà*, Carré, *ib.*

222. La partie qui veut récuser un juge de paix est tenu de former la récusation et d'en exposer *les motifs* (ou le motif un seul suffit, Carré, n° 191) par un acte. — Cet acte est si gnifié, par huissier, au greffier de la justice de paix, qu vise l'original. C. pr. 45. — Si le greffier refuse son visa l'huissier obtient celui du procureur du roi. Carré, n° 194 Thomine, 124.

223. L'exploit de récusation est signé sur l'original et l copie par la partie ou son fondé de pouvoir spécial. La copi est déposée au greffe, et communiquée immédiatement au jug par le greffier. C. pr. 45.

224. Si la partie ne sait pas signer, l'huissier ne peut y suppléer par une déclaration. Le récusant doit constituer devan notaire un mandataire qui sache signer. Carré, n° 195.

225. La récusation ne peut avoir lieu que de la manière ci dessus indiquée ; elle ne saurait être faite à l'audience. Carré, n° 196.

226. Elle n'est plus recevable, lorsqu'il y a eu défense a fond : cette défense suppose nécessairement un consentemen de la partie à être jugée par le magistrat devant lequel elle défendu : Arg. C. pr. 582 ; Carré, n° 197 ; — à moins que le motif de récusation ne soit survenu depuis les défenses au fond. Arg. C. pr. 582 ; Carré, n° 205.

227. Le juge de paix est obligé de s'abstenir, jusqu'à ce qu'il ait été statué par le trib. de 1re inst. sur le mérite de la récusation. Cass. 15 fév. 1811, S. 11, 255. Carré, *ib.* — Il ne peut en connaître lui-même. Cass. 28 therm. an 9, S. 2, 1, 60 ; 30 nov. 1809, S. 10, 309.

228. Il a le droit de s'abstenir d'office, lorsqu'il sait qu'il y a cause de récusation en sa personne. Carré, n° 192.

229. Il est tenu de donner au bas de l'acte de récusation, dans le délai de deux jours, sa déclaration par écrit, portant ou son acquiescement à la récusation, ou son refus de s'abstenir avec ses réponses aux moyens de récusation. C. pr. 46.

250. L'acquiescement donné par le juge de paix à la récu-
tion ne peut être rétracté. Carré, n° 198.

Dans ce cas, le renvoi devant le juge qui doit connaître de la
ntestation est ordonné par le trib. de 1re inst. L. Arg. 16
nt. an 12; Carré, n° 199; Thomine, 125.

251. Dans les trois jours de la réponse du juge qui refuse de
bstenir, ou faute par lui de répondre, expédition de l'acte
récusation et de la déclaration du juge, s'il y en a, est en-
yée par le greffier, sur la réquisition de la partie la plus dili-
nte, au procureur du roi près le trib. de 1re inst., dans le
ssort duquel la justice de paix est située. C. pr. 47.

252. A défaut de réquisition de l'une des parties, le gref-
r n'est pas obligé de faire l'envoi d'office : il peut exiger la
signation préalable des frais d'expédition et d'envoi; d'ail-
rs, la partie qui a déclaré vouloir récuser le juge de paix
ut se désister de cette prétention. Carré, n° 200; Demiau,
. 47.

253. La partie adverse du récusant peut-elle s'opposer à l'ac-
iescement du juge de paix, et demander, nonobstant son
nsentement, l'envoi de l'acte de récusation? — Le doute naît
ce que le juge de paix ne doit pas se dessaisir, sans motif
itime et contre la volonté des parties, d'une juridiction qui
a été attribuée dans l'intérêt des justiciables. — Mais la loi
autorisé l'envoi de l'acte de récusation que dans le cas où
juge de paix refuse de s'abstenir : cette intention résulte de
expressions : *dans les trois jours de la réponse du juge qui
use de s'abstenir;* il est d'ailleurs convenable de restreindre
tant que possible les contestations sur la récusation d'un ma-
trat, et de ne pas le contraindre à devenir juge lorsque sa dé-
atesse lui fait une loi de s'abstenir. Carré, n° 201. — *Contrà,*
laporte, 44.

254. La récusation est jugée en dernier ressort, dans la
itaine, sur les conclusions du procureur du roi, sans qu'il
t besoin d'appeler les parties. C. pr. 47. — Toutefois, le trib.
ut, s'il le juge convenable, leur demander certains renseigne-
ns, et même les autoriser à développer leurs moyens. Carré,
202; Delaporte, *ib.*

255. La loi ne règle pas la procédure à suivre sur l'action en
usation de juge de paix : on doit donc appliquer par analo-
les art. 394, 395 C. pr., qui statuent sur la *récusation* en
tière ordinaire (— V. ce mot). Carré, n° 203.

256. Toutefois, dans le silence de la loi, l'amende pro-
ncée par l'art. 390 C. pr., contre le récusant qui succombe,
saurait être appliquée ici par voie d'analogie.

257. La procédure antérieure à la demande à fin de récusa-
n est valable : la récusation est une exception qui n'a pas

lieu de plein droit, et sur laquelle il faut nécessairement statu

Mais la procédure postérieure à la récusation est nulle, qu que soit le résultat de l'exception. — V. *sup.* n° 227.

Le juge de paix peut-il être condamné aux frais? — V. l *cusation.*

§ 5. — *Péremption.*

258. Dans le cas où un interlocutoire a été ordonné, cause est jugée définitivement au plus tard dans le délai quatre mois, du jour du jugement interlocutoire. C. pr. 15.

Après ce délai, l'instance est périmée de droit. *Ib.*

259. Cette péremption diffère de celle établie par la loi 26 oct. 1790, 1° en ce que celle-ci anéantissait l'action, tan qu'elle n'anéantit aujourd'hui que l'instance (Carré, art. 1 Demiau, 22); — 2° en ce que le délai de la péremption cour du jour de la citation, et que, selon le C. pr., il ne court q du jour du jugement interlocutoire.

Elle diffère de la péremption de l'instance devant les tr ordinaires, en ce qu'elle a lieu *de droit.* C. pr. 15. — Il n' pas nécessaire d'en former la demande, ni de la faire juger suffit de l'opposer par exception contre les poursuites qui raient ultérieurement faites.

Tout jugement qui intervient après le délai de quatre mo même dans les matières dont le juge de paix connaît en der ressort, est sujet à l'appel et annulé sur la réquisition d partie intéressée. C. pr. 15.

240. Toutefois, cette péremption n'est pas d'ordre publ elle a été uniquement introduite dans l'intérêt des parties.

Conséquemment, 1° le jugement rendu même après quatre mois est susceptible d'acquiescement. Thomine, n° 3

2° Elle est couverte : — par des actes faits depuis l'époque, elle aurait pu être prononcée. Cass. 22 mar 1857 (Art. 1 J.{Pr.).—*Contrà,* Carré, n° 68 (cet auteur exige une renonciat' formelle.); et à plus forte raison, par une renonciation forme des parties. Cass. Belgique, 17 avr. 1833, D. 34, 40 ; Cass janv. 1855 (Art. 156 J. Pr.); Observations de M. Faure, ra porteur, *ib.* ; Carré, n° 68; Thomine, 1, 70; Augier, v° *remption,* 13.

241. Si le juge de paix a successivement rendu plusieurs terlocutoires, le délai de la péremption doit courir du jour premier jugement interlocutoire : la loi veut que l'insta soit terminée dans un bref délai, et il ne doit pas être au po voir du juge de paix de prolonger selon son caprice le ter fixé par la loi. Biret, Carré, *ib.* — *Contrà,* Belgique, 17 a 1833, D. 34, 2, 140; Augier, *ib.,* n° 11.

242. Mais les délais de la péremption sont suspendus, 1°

cas de décès d'une des parties pendant l'instance. Le délai cesse de courir du jour du décès, et ne reprend son cours que par la reprise d'instance, ou après le délai de six mois, à compter du décès. Arg. C. pr. 397; Carré, n° 64.

2° Lorsqu'il y a eu renvoi pour vérification d'écriture, ou inscription de faux : jusqu'au jugement de l'incident la cause est suspendue, et le juge de paix dans l'impossibilité de statuer. Carré, n° 62.

3° Quand l'instruction a été retardée par le dol ou la fraude de la partie demanderesse en péremption. Cass. 13 brum. an 10, S. 7, 2, 101; 4 fév. 1807, S. 8, 40. — *Contrà*, Cass. 16 germ. an 11, S. 3, 2, 502.

4° Tant que la question de savoir si le terrain litigieux est situé dans le ressort du juge de paix, n'a pas été vidée par l'autorité compétente. Cass. 31 août 1813, P. 11, 685.

243. Ils sont interrompus par l'appel du jugement interlocutoire. Cass. 11 juin 1834, D. 34, 274.

244. Le délai de la péremption court-il du jour de la citation, lorsqu'il n'y a pas eu d'interlocutoire ? — Pour l'affirmative, on peut dire que le législateur a voulu que les contestations soumises au juge de paix reçussent une solution rapide.

Mais on répond : Les péremptions sont de droit étroit, et elles ne sauraient être appliquées par analogie. — D'ailleurs, la C. de Grenoble avait proposé, dans ses observations sur le projet du Code, de reproduire, sauf quelques modifications, l'art. 7, tit. 7, L. 26 oct. 1790, qui faisait courir la péremption du jour de la citation ; et cet article a été repoussé. Aucune péremption ne peut donc courir tant que le juge de paix n'a pas prononcé-d'interlocutoire. Cet état de choses ne présente aucun inconvénient sérieux, puisque, si les parties sont contradictoires, le juge de paix doit statuer sur le champ, ou, au plus tard, à la première audience (— V. *sup.* n° 184), et que si l'une d'elles ne comparaît pas, il doit juger de suite par défaut, sauf la réassignation du défendeur, dans le cas où les délais de la citation n'ont pas été observés (—V. *inf.* n° 251); d'où il suit qu'il ne peut jamais s'écouler un long délai avant la prononciation d'un jugement au fond ou d'un interlocutoire. Cass. 3 prair. an 11, S. 3, 299; Carré, 15, n° 58; Merlin, *Rép.*, v° *Prescription*, § 3, n° 2; Biret, *Justices de paix*, v° *Péremption*, 2, 96. — *Contrà*, *Prat. fr.*, 1, 159. — V. *inf.* n° 254.

245. Il résulte de ces principes qu'un simple jugement préparatoire ne saurait jamais faire courir les délais de la péremption. Cass. 12 fév. 1822, S. 22, 329; Carré, *ib.*

246. Si l'instance est périmée par la faute du juge, il est passible de dommages-intérêts. C. pr. 15. — V. *Responsabilité*.

Section V. — *Jugement.*

§ 1. — *Formalités des jugemens.*

247. Les jugemens des justices de paix doivent renfermer les formalités essentielles à tout jugement, telles que le nom du juge, les noms, professions, et demeures des parties, leurs prétentions, les motifs et le dispositif du jugement. Arg. C. pr. 141 (—V. *Jugement*). Peu importe que la loi ne contienne aucune disposition spéciale sur la forme et la rédaction de ces jugemens ; les formalités substantielles d'un acte doivent être observées, lors même qu'elles ne sont pas écrites dans la loi.

Ainsi, nous pensons qu'un jugement de justice de paix non motivé serait nul. Cass. 3 mess. an 7 ; Lepage, 143 ; Augier, v° *Jugement*, p. 8. — *Contrà*, Cass. 9 vent. an 5, P. 1, 145 ; Carré, n° 596.

Le jugement énonce en outre les noms, demeure et qualité du mandataire, ainsi que la procuration qui lui confère cette qualité, dans le cas où les parties ou l'une d'elles se sont fait représenter.

248. Les minutes de tous les jugemens sont portées sur la feuille d'audience, et signées par le juge qui a tenu l'audience. C. pr. 18.—Lorsqu'un suppléant a tenu l'audience, c'est lui qui signe le jugement, et non pas le juge de paix. Carré, n° 83.

249. La minute est également signée par le greffier (C. pr. 18), — ou par le commis-greffier assermenté qui l'a remplacé.

250. Le greffier qui délivrerait expédition d'un jugement non signé par le juge, pourrait être poursuivi comme faussaire. Arg. C. pr. 139 ; Carré, n° 85 ; Thomine, 1, 78. — V. *Greffier*, n° 50.

§ 2. — *Jugemens par défaut.*

251. Si au jour indiqué par la citation, l'une des parties ne comparaît pas, la cause est jugée par défaut (C. pr. 19) ; — à moins que la citation n'ait pas été donnée dans les délais déterminés par la loi, auquel cas le juge ordonne que le défendeur sera réassigné aux frais du demandeur. *Ib.*

252. Si les parties ont comparu une première fois, et qu'il y ait lieu de penser que la non-comparution soit le résultat de l'erreur ou d'un empêchement légitime, le juge de paix peut remettre l'affaire. Carré, n° 89.

253. Le défaut ne doit être donné qu'au cas de non-comparution.

Le défendeur qui refuserait de reconnaître le bien-fondé de la demande et de la contester, devrait être considéré comme n'ayant aucun moyen valable à opposer à cette demande ; il devrait donc être condamné, non pas par défaut, mais contradictoirement. — Cependant, s'il alléguait qu'il est dans l'impuissance de se défendre, à raison de l'absence de pièces et de renseignemens qu'il peut se procurer ultérieurement, un délai devrait lui être accordé. Carré, n°. 88.

254. Le C. de pr. traite d'une manière spéciale des jugemens par défaut devant les trib. de paix, dans les art. 19 et suiv.

Conséquemment, il n'y a pas lieu de leur appliquer :

1° La péremption établie par l'art. 156 C. pr., faute d'exécution dans les six mois. Orléans, 14 avr. 1809, P. 7 ; Cass. 13 sept. 1809, 18 janv. 1820, S. 9, 419-20, 195 ; Carré, n°s 93, 642 ; Pigeau, *Comm.*, 1, 59 ; Chauveau, v° *Juge de paix*, n° 60.—V. *Jugement par défaut*.

2° La disposition de l'art. 153 C. pr. qui, dans le cas ou l'une des deux parties assignées fait défaut, prescrit la jonction du profit du défaut, et ordonne la signification du jugement de jonction à la partie défaillante. Carré, n° 86.—*Contrà*, Lepage, *Quest.*, p. 81. — La cause est jugée sans réassignation ; mais le jugement rendu est susceptible d'opposition en faveur du défaillant.

Section VI. — *Voies contre les jugemens.*

255. Les jugemens des trib. de paix peuvent être attaqués par opposition, appel, tierce-opposition, cassation ; — mais non par *requête civile.*—V. ce mot.

— V. d'ailleurs *Prise à partie.*

256. *Opposition.* La partie condamnée par défaut peut former opposition *dans* les trois jours de la signification faite par l'huissier du juge de paix ou autre qu'il a commis. C. pr. 20.

257. Ce délai ne comprend pas le jour de la signification ; mais il expire le troisième jour de ceux qui le suivent. Ainsi, pour un jugement par défaut signifié le 2 mars, le délai d'opposition expire le 5. Cass. 25 nov. 1824, D. v° *Jugement*, 723 ; Carré, n° 90.—*Contrà*, Commaille, 1, 49 ; Thomine, 1, 83. —V. *Délai*, n° 19.

Peu importe que le dernier jour du délai soit férié.—V. *Délai*, n° 20.

Mais le délai doit être augmenté à raison des distances. Arg. C. pr. 1033 ; Carré, n° 94 ; Thomine, 83.

258. Si le juge de paix sait par lui-même ou par les représentations qui lui sont faites à l'audience, par les proches voisins, ou amis du défendeur, que celui-ci n'a pu être instruit de la procédure, il peut, en adjugeant le défaut, fixer pour le délai de l'opposition le temps qui lui paraît convenable. C. pr. 21.—Souvent le juge de paix donne défaut, et pour en adjuger

le profit remet à quinzaine, notamment lorsque la demande ne
lui paraît pas fondée.

Le juge de paix n'est pas dans l'obligation de motiver la prorogation du délai qu'il accorde. Carré, art. 21 ; Delaporte, 1,
19. — D'où il suit que les motifs à l'appui d'une demande en
prorogation peuvent lui être donnés confidentiellement, et non
à haute voix. Carré, n° 97.

259. Lorsque la prorogation n'a été ni accordée d'office, ni
demandée, le défaillant peut être relevé de la rigueur du délai
et admis à opposition, en justifiant qu'il n'a pu être instruit de
la procédure, à raison d'absence ou de maladie grave (C. pr. 21),
— ou de tout autre motif plausible. L'art. 21 est démonstratif,
et non limitatif. Carré, n° 99.

La demande à fin d'être relevé de la déchéance, est valablement formée, ou par requête (Delaporte, 1, 20),—ou par une
opposition signifiée avec citation. Carré, n° 98.

260. La partie condamnée par défaut n'est pas obligée d'attendre la signification du jugement pour y former opposition.
Vainement on dirait qu'elle ne peut s'opposer à un jugement
qu'elle ignore jusqu'au moment où il lui est signifié. La présomption d'ignorance, introduite en sa faveur, ne peut être invoquée contre elle ; elle doit d'ailleurs cesser en présence de la
réalité. Cass. 1er août 1808, P. 7, 56 ; Carré, n° 94.

261. L'opposition contient sommairement les moyens de la
partie et assignation au prochain jour d'audience, en observant
toutefois les délais prescrits pour la citation. Elle indique les
jour et heure de la comparution. C. pr. 20.—V. *Citation.*

262. Elle est signifiée par un huissier quelconque.—V. *sup.*
n° 167.

263. Dans le silence de la loi, il convient de faire l'opposition en la forme ordinaire, sans qu'il soit besoin de demander
par requête le droit de former opposition, sauf au juge de paix
à prononcer si elle est ou non recevable. Carré, n° 98.

264. L'opposant qui se laisse juger une seconde fois par
défaut n'est plus reçu à former une nouvelle opposition. C.
pr. 22.

265. *Appel.* Il y a lieu à appel : 1° de tout jugement rendu
contradictoirement et en premier ressort, par le juge de paix.
— V. *Appel, Compétence, Ressort.*

2° Des jugemens en premier ressort rendus par défaut, et non
susceptibles d'opposition.—V. *Appel.*

3° Des jugemens qualifiés en dernier ressort s'ils ont statué,
soit sur des questions de compétence, soit sur des matières dont
le juge de paix ne peut connaître qu'en premier ressort. art. 14,
L. 25 mai 1838. (Art. 1466 J. Pr. p. 307).

266. Si le juge de paix s'est déclaré compétent, l'appel ne peut être interjeté qu'après le jugement définitif. Ib.

267. Toutefois, l'appel du jugement de compétence est recevable avant le jugement sur le fond, lorsque la compétence a été déclarée en même temps qu'un interlocutoire a été ordonné. — V. *sup.* n° 189.

268. N'est pas recevable, l'appel des jugemens mal à propos qualifiés en premier ressort, ou qui, étant en dernier ressort, n'auraient point été qualifiés. L. 1838, art. 14.

269. L'appel est valablement interjeté avant la signification du jugement. Cass. 17 mars 1806, 4 mars 1812, S. 12, 194; Carré, n° 94. — V. *sup.* n° 260.

Mais il ne saurait l'être avant l'expiration des trois jours qui suivent la prononciation du jugement, à moins qu'il n'y ait lieu à exécution provisoire. Art. 13, L. 25 mai 1838 (Art. 1166 J. Pr., p. 306).

270. L'appel doit être interjeté dans les *trente jours* de la signification, à l'égard des personnes domiciliées dans le canton. L. 25 mai 1838, art. 15.— Le délai de trois mois établi par l'art. 16 du C. de pr., était évidemment trop long et hors de proportion avec la nature et l'importance des affaires soumises aux juges de paix.

271. *Trente jours.* Ce délai est uniforme; si la loi eût accordé un mois, il eût varié de vingt-huit à trente-un jours. (Art. 1166 J. Pr., p. 305).

272. Les personnes domiciliées hors du canton jouissent en outre du délai réglé par les art. 73 et 1033 C. pr.; *même loi,* art. 13.

273. Dans le cas où l'appelant est absent du territoire européen du royaume pour service de terre ou de mer, ou employé dans des négociations extérieures pour le service de l'état, il jouit, indépendamment du délai de trente jours, de celui d'une année, fixé par l'art. 446 C. pr. — Discussion, *Moniteur,* 25 avr. 1838, p. 1015 (Art. 1166 J. Pr., p. 306).

274. La signification du jugement peut être faite par tout huissier. — V. *sup.* n° 167.

275. L'acte d'appel doit, à peine de nullité, contenir constitution d'avoué, assignation, etc. (—V. *Appel,* n°s 165 et suiv.) L'art. 456 dispose d'une manière générale et absolue : il s'applique donc aux actes d'appel de toute espèce de jugemens. Cass. 6 sept. 1814, S. 15, 41; Carré, *ib.*

276. *Tierce-opposition.* La voie de la tierce-opposition est ouverte contre les jugemens de justice de paix, dans les mêmes circonstances que contre les jugemens rendus par les trib. de 1re inst. et les C. royales. — V. *Tierce-Opposition.*

277. *Requête civile.* L'art. 480 C. pr. n'ayant pas mentionné les jugemens de justice de paix, la voie de la requête civile ne saurait donc être employée contre ces jugemens. Merlin, rép. V. *Requête civile*, p. 518; Pigeau, 2, 707. — *Contrà*, Carré, p. 441.

278. *Cassation.* Quant au pourvoi en cassation, il n'est pas recevable pour simples contraventions à la loi, mais seulement pour excès de pouvoir. Art. 15, L. 21 mai 1838. (Art 1166 J. Pr., p. 507).

Section VII. — *Exécution des jugemens.*

279. L'exécution provisoire des jugemens est ordonnée dans tous les cas où il y a titre authentique, promesse reconnue ou condamnation précédente dont il n'y a point eu appel. L. 25 mai 1838, art. 11.

280. Dans ces divers cas, elle est ordonnée sans caution; c'est ce qui résulte de la discussion. Benech, p. 565. — Quelque soit le montant de la demande, la loi n'a pas fixé de limite.

281. Si, dans ce cas, l'inexécution provisoire n'a pas été ordonnée, elle ne peut avoir lieu qu'en vertu d'une autorisation donnée sur l'appel. *Moniteur*, 12 mai 1837, P. 1157 (Art. 1166 J. Pr., p. 504). — *Contrà*, Carré, n° 80. — V. *Appel*, n⁰ˢ 203 et suiv. *Jugement.*

282. Dans les autres cas, le juge *peut* ordonner l'exécution provisoire, nonobstant appel, sans caution, lorsqu'il s'agit de pension alimentaire, ou lorsque la somme n'excède pas 500 fr. L. 25 mai 1838, art. 11. — L'art. 17 C. pr. disposait que les jugemens des justices de paix, jusqu'à concurrence de 500 fr., étaient exécutoires par provision, nonobstant l'appel, et sans qu'il fût besoin de fournir caution.

Le nouvel art. 11 a laissé au juge de paix *la faculté* d'ordonner l'exécution provisoire, sans caution, lorsque la somme n'excède pas 500 fr. Cette dérogation a été motivée sur l'extension donnée à la juridiction des juges de paix, qui sont appelés à statuer sur un plus grand nombre d'affaires et qui doivent présenter beaucoup plus d'importance (Art. 1166 J. Pr., p. 504).

283. Les jugemens des justices de paix ne sont pas exécutoires par provision, nonobstant opposition. La disposition de l'art. 11, L. 25 mai 1838, conforme en ce point à l'art. 17 C. pr., ne s'explique que pour le cas d'appel, ne saurait s'étendre à celui d'opposition, qui d'ailleurs doit être formée et jugée dans des délais fort courts : il n'y a pas lieu de craindre alors que la suspension de l'exécution porte préjudice aux parties. Carré, n° 78.

284. Lorsque la somme réclamée est supérieure à 500 fr.,

le juge de paix . peut ordonner l'exécution provisoire avec
caution. L. 25 mai 1838, art. 11.

285. La caution est reçue par le juge de paix, *ib.* — à l'audience. *Moniteur*, 23 avr. 1838, p. 1008 (Art. 1166 J. Pr., p. 304).

286. Celui qui doit fournir cette caution assigne son adversaire à comparaître à l'audience indiquée par le juge de paix. S'il s'élève alors des contestations *sur la solvabilité* ou la capacité de la caution, le juge de paix statue.

287. S'il y a péril en la demeure, l'exécution provisoire peut être ordonnée sur la minute du jugement, avec ou sans caution, selon les distinctions indiquées *sup.* n°ˢ 279 et suiv. ; *même loi*, art. 12.

288. L'exécution des jugemens rendus par les juges de paix appartient au trib. de 1ʳᵉ inst. — V. ce mot. — Peu importe qu'il s'agisse de sommes inférieures à 200 fr. Arg. Turin, 6 mai 1813, S. 14, 47.

Section VIII. — *Enregistrement.*

289. Pour le coût de l'enregistrement des différens actes de procédure faits devant les justices de paix. — V. *Citation, Jugement, Signification, Sommation*, etc.

Pour les actes de juridiction gracieuse. — V. *Inventaire, Scellés*, etc.

Section IX. — *Formules.*

FORMULE I.

Pouvoir donné pour comparaître au tribunal de paix.

Je soussigné   (*nom, prénoms, profession et domicile*), donne pouvoir à
M.   de, pour moi et en mon nom, comparaître devant le tribunal de
paix du   canton de   , sur la citation qui m'est donnée,
à la requête du sieur   , par exploit de   , huissier à
, en date du   ; présenter toutes exceptions et défenses ;
nommer, s'il y a lieu, tous experts, assister à leurs opérations, composer, traiter,
transiger, compromettre ; signer tous actes et procès-verbaux, élire domicile, et
généralement faire ce qui sera nécessaire, promettant l'agréer.
Fait à   le

(*Signature.*)

Nota. *Le mandataire met au bas* : certifié véritable, et signe.

FORMULE II.

Feuille d'audience.

Justice de paix du canton de   audience tenue publiquement à
l'heure accoutumée, en l'auditoire ordinaire du tribunal (*si le jugement était
rendu ailleurs, l'énoncer*), le   du mois de   an   ,
par nous   , juge de paix, assisté de Mᵉ   , greffier de cette
justice de paix, (*Cet intitulé, mis en tête de la feuille, sert pour tous les jugemens qui y sont portés : il est transcrit dans l'expédition de chaque jugement.*)

Entre le sieur   demeurant à   , demandeur, d'une part ;
Et le sieur   demeurant à   défendeur, d'autre part.
Par exploit de Mᵉ   , huissier en date du   , enregistré
à   le   registre   f°   , le sieur

a fait citer le sieur   à comparaître devant nous cejourd'hui pour, attendu (*transcrire le libellé de la citation*) se voir condamner à   (*transcrire ici les conclusions du demandeur*).

Le sieur   a comparu, et pour sa défense,a dit :
(*Analyser la défense du défendeur et énoncer ses conclusions.*)

Le sieur   a répondu (*rappeler en peu de mots la réplique du demandeur*).

Sur quoi, nous, juge de paix, jugeant en premier (*ou en dernier*) ressort,
Attendu (*motifs de la décision*).

Déclarons la demande du sieur   bien fondée ; condamnons en conséquence le sieur   à   (*dispositif du jugement.*)

Ainsi jugé à   les jour et an comme dessus; et avons signé le présent jugement avec le greffier.

                               (*Signatures.*)

FORMULE III.

Opposition à un jugement par défaut.

(C. pr. 20. — Tarif, 21. — Coût 1 fr. 50 c., orig. le quart pour la copie.)

L'an   le   , à la requête de   demeurant à   lequel fait élection de domicile en ma demeure, j'ai (*immatricule*) soussigné , signifié et déclaré au sieur   , demeurant à en son domicile,   en parlant à   , que ledit sieur est opposant, comme par ces présentes il s'oppose formellement à l'exécution du jugement surpris contre lui, par défaut, par ledit sieur   en la justice de paix de   signifié le

A ce que le sus-nommé n'en ignore; et à pareilles requête, demeure et élection de domicile que dessus, j'ai, huissier susdit et soussigné, cité ledit sieur en son domicile et parlant comme dit est, à comparaître le   heure à l'audience et par-devant M. le juge de paix, en son tribunal, sis à

Pour, attendu   , voir recevoir ledit sieur   , opposant à l'exécution du jugement par défaut, dudit jour; en conséquence, voir dire et ordonner que ledit sieur   sera et demeurera déchargé des condamnations, tant en principal qu'accessoires, prononcées contre lui au profit dudit   par le susdit jugement; et faisant droit au principal, que ce dernier sera déclaré purement et simplement non-recevable dans la demande par lui formée suivant l'exploit du   ; et pour en outre, répondre et procéder, comme de raison à fins de dépens, à ce que pareillement le sus-nommé n'en ignore ; et je lui ai, en son domicile et parlant comme dessus, laissé copie du présent exploit, dont le coût est de

                               (*Signature de l'huissier.*)

FORMULE IV.

Acte de récusation.

(C. pr. 45. — Tarif, 30. — Coût. 3 fr.)

L'an   le   , à la requête du sieur   , demeurant à   lequel fait élection de domicile en ma demeure, j'ai (*immatricule de l'huissier*) soussigné, signifié et déclaré à M.   au nom et en sa qualité de greffier de la justice de paix de   , demeurant à   , en son greffe en parlant à   que ledit sieur a récusé, comme par ces présentes il récuse, la personne de M. juge de paix du   , dans la cause pendante en son tribunal de paix, entre le requérant et le sieur   , et ce, attendu que mondit sieur est beau-frère du sieur   ; à ce que le sus-nommé n'en ignore, et ait en conséquence à communiquer la présente récusation à mondit sieur le juge de paix, aux termes de la loi, et je lui ai, en parlant comme dessus, laissé copie du présent exploit, dont le coût est de

(*Signature de l'huissier et de sa partie, ou de son fondé de pouvoir spécial.*)

NOTA. *Cet exploit doit être visé par le greffier.* — V. sup. n° 222.

Le juge fait au bas de cet acte sa déclaration en ces termes :

Nous, juge de paix de   , vu l'acte de récusation ci-dessus, déclarons (*énoncer la cause de récusation*) en conséquence acquiescer à ladite récusation, et nous abstenir de juger la cause d'entre les sieur

Ou bien : déclarons que la cause de récusation n'existe pas en fait, ou n'est pas fondée en droit (*énoncer les réponses aux moyens de récusation*). que nous réfusons en conséquence de nous abstenir de juger la cause pendante entre les sieurs　　　　devant notre tribunal.

(Signature du juge de paix.

FORMULE V.

Acte de réquisition d'envoi au procureur du roi de l'acte de récusation.

(C. pr. 47. — Tarif, 27 par analogie. — Coût 2 fr. orig.; 50 c. copie.)

L'an　　　le　　　　à la requête du sieur　　　　, lequel fait élection de domicile en sa demeure, j'ai (*immatricule de l'huissier*) soussigné, sommé et requis M.　　　　, en sa qualité de greffier de la justice de paix de　　　en son greffe sis à　　　en parlant à d'envoyer dans le plus bref délai à M. le procureur du roi près le tribunal de première instance de　　　l'expédition de l'acte contenant récusation par le requérant de la personne de M.　　　, juge de paix du dans la cause pendante en son tribunal, entre ledit sieur　　　et le sieur　　　, lequel acte a été signifié à mondit sieur greffier, par exploit de mon ministère, en date du　　　, enregistré et visé; et d'envoyer également la déclaration qu'a dû faire M. le juge de paix; à ce que du tout le susnommé n'ignore, lui déclarant que, faute par lui de satisfaire à la présente réquisition, le sieur　　　se pourvoira ainsi que de droit; et je lui ai, en son greffe et parlant comme dessus, laissé copie du présent exploit, dont le coût est de

— V d'ailleurs *Action possessoire, Appel, Cédule, Citation, Douanes.*

JUGE SUPPLÉANT. Magistrat chargé de remplacer, en cas d'empêchement, les juges titulaires ou les membres du parquet.

1. Il existe des juges suppléans auprès de tous les trib. de 1ʳᵉ inst. et de comm.—V. d'ailleurs *Juge de paix*, n° 7 et suiv.

2. Il n'y en a pas auprès des diverses Cours royales, ni auprès de la Cour de cassation.

3. Les suppléans n'ont point de fonctions habituelles; leur service n'est qu'accidentel et momentané, lorsque les juges titulaires se trouvent empêchés.

4. Ils peuvent, néanmoins, assister à toutes les audiences et assemblées générales du trib. dont ils font partie.

Mais ils n'ont voix délibérative que dans le cas où ils remplacent un juge titulaire; autrement, ils ont seulement voix consultative. L. 20 avr. 1840, art. 41; 11 avr. 1838, art. 11 (Art. 1141 J. Pr.).

5. En cas d'empêchement des membres du parquet, ils peuvent aussi être appelés à remplir les fonctions du ministère public.

6. Ils ne reçoivent en général aucun traitement.

Cependant ils ont droit de toucher la portion des appointemens du juge qu'ils remplacent, susceptible d'être distribuée en droit d'assistance. — V. *Discipline*, n° 65.

Dans le cas où le juge remplacé a été suspendu pour plus d'un mois, le suppléant touche même la totalité de son traitement. L. 11 avr. 1838, art. 9.

Toutes les fois que des suppléans sont chargés d'une opération pour laquelle la loi accorde une indemnité au juge, ils reçoivent également la totalité de cette indemnité.

Ils ont encore droit au traitement de juges pendant tout le temps qu'ils font partie d'une chambre temporaire, créée pour la plus prompte expédition des affaires. *1b.* art. 8.

7. A Paris, les juges suppléans attachés au trib. de 1re inst. peuvent, par exception, être chargés par le président, concurremment avec les juges de ce trib , de la confection des ordres et des contributions, des rapports des contestations y relatives et de la taxe des frais.

Ils ont voix délibérative dans les affaires dont ils sont rapporteurs. Décr. 23 mars 1811.

Ils reçoivent un traitement annuel.

8. Tout suppléant qui, sans motifs légitimes, refuse de faire le service auquel il est appelé, peut, après procès-verbal constatant la mise en demeure et son refus, être considéré comme démissionnaire. L. 11 avr. 1838, art. 10.

9. Les règles relatives à l'institution des juges et à leur admission sont du reste, en général, applicables aux juges suppléans qui jouissent, sauf quelques légères exceptions, des mêmes droits et prérogatives, et sont soumis aux mêmes obligations que les juges titulaires.

—V. *Juge, Juge de paix, Trib. de commerce, Trib. de* 1re *inst., Ministère public, Discipline.*

JUGEMENT (1). On entend en général par jugement toute décision que rend un tribunal ou une Cour de justice sur le différend qui lui est soumis. Mais le mot *jugement* s'applique plus spécialement aux décisions des trib. inférieurs, et le nom d'*arrêts* à celles des C. roy. et de la C. de cassation. — La décision que rend un juge seul, par exemple à la suite d'une requête ou d'un procès-verbal, s'appelle *ordonnance.* —V. ce mot.

La plupart des formalités nécessaires à la validité des jugemens de première instance s'appliquant également aux arrêts des C. roy. et aux jugemens des trib. de commerce, nous nous contenterons d'indiquer les différences qui les signalent.

Quant aux jugemens des juges de paix. — V. *Juge de paix*, n°s 247 et suiv. ; — et aux arrêts de la C. de cass.. — V. *Cassation*, n°s 225 et suiv. ; 269 et suiv.

Toutes les affaires, suivant leur nature, doivent être jugées lorsqu'elles sont instruites. Toute préférence pour le rang et le tour d'être jugé est une injustice. L. 24 août 1790, tit. 2, art. 18.

Si les juges refusent de juger l'affaire en état, ils peuvent

(1) Cet article est de M. Lauras, avocat à la Cour royale de Paris.

être pris à partie (C. pr. 505, 506. — V. *prise à partie*). —, Vainement ils argumenteraient du silence ou de l'obscurité de la loi. C. civ. 4.

Les trib. civ. ne peuvent renvoyer d'office la cause et les parties devant un avocat, un avoué ou toute autre personne pour obtenir un arrangement ou un avis. Le Cons.-d'État avait adopté dans le C. de pr. civ. un titre des renvois par-devant arbitres; mais ce titre fut rejeté par le tribunat. Les trib. civ. n'ont donc pas cette faculté que la loi attribue aux trib. de comm. C. pr. 429. C'eût été augmenter les frais et multiplier les rouages sans nécessité. Les juges n'ont pas le droit de déléguer leurs pouvoirs en masse. — Les plaideurs qui ont déjà tenté la conciliation au bureau de paix ne peuvent pas être obligés à un nouvel essai. — Enfin l'arbitrage forcé est aboli. Boncenne, 2, 581; Merlin, v^is *Arbitrage*, n° 47, *Avis d'avocat, Avocat*, § 5.

DIVISION.

Section VII. — *Voies contre les jugemens.*
Section VIII. — *Timbre et enregistrement.*
Section IX. — *Formules.*

Section I. — *Différentes espèces de jugemens.*

1. On distingue les jugemens : 1° En jugemens contradictoires, et par défaut. — V. *inf.* § 1, et *jugement par défaut* ;

2° En avant faire droit et définitifs. — V. *inf.* § 2 et 3. —
Les avant faire droit se subdivisent eux - mêmes en jugemens
préparatoires interlocutoires et de provision. — V. *inf.* § 2 ;

3° En jugemens de premier et de dernier *ressort*. — V. ce
mot ; et *Appel*, n° 23 et suiv. ;

4° En jugemens de forclusion, de délibéré ;

5° Et enfin en jugemens sur requête, d'expédient, d'homologation, et d'adjudication.

2. Les diverses dispositions d'un jugement forment autant de
jugemens distincts, lorsqu'elles sont d'une nature différente,
Ainsi, un jugement peut être *définitif* dans sa première partie,
par exemple dans la disposition qui condamne une partie à
faire des réparations, et *interlocutoire* dans la seconde partie, qui
ordonne la vérification de ces réparations. Rennes, 30 mai 1817,
P. 14, 255. — V. *inf.* n°s 10 à 29, 55 et suiv.

§ **1.** — *Jugemens contradictoires et par défaut.*

3. *Jugemens contradictoires.* Le jugement contradictoire est
celui qui est rendu sur les défenses respectives des plaideurs.
Contradicto judicio.

4. Le jugement est contradictoire dès que les conclusions au
fond ont été respectivement prises à l'audience ; les plaidoiries
sont dès lors réputées commencées, quand même l'avoué refuserait de plaider. Arg. C. pr. 342, 343 ; Décr. 30 mars 1808,
art. 28 ; Cass. 17 vendém. an 13, D. v° *Jugement*, 694 ; Aix,
31 mai 1808, P. 6, 722 ; Cass. 25 mars 1819, P. 2, 1819,
286 ; Carré, n° 615 ; Thomine, 1, 285 ; Berriat, 596, n° 5 ;
— ou aurait été révoqué sans *constitution de nouvel avoué ;* il est
tenu d'occuper jusqu'à cette nouvelle constitution. C. pr. 342 ;
Grenoble, 25 août 1832, S. 33, 253. — V. *Avoué*, n° 108.

Conséquemment, lorsque des parties renvoyées à compter
ont proposé devant le juge-commissaire leurs moyens de défense, l'arrêt rendu à l'audience est contradictoire, encore que
l'avoué de l'une des parties n'ait pas comparu devant le tribunal. Toulouse, 24 mai 1821 ; Orléans, 20 juin 1821, D. v° *Jugement*, 696.

Cependant, les conclusions prises à l'audience à l'effet d'obtenir le classement de la cause, lorsque la Cour indiquait une

audience postérieure pour engager la cause et prendre des conclusions définitives, ont pu être considérées comme n'étant pas contradictoires, et l'affaire a pu être jugée par défaut, si l'une des parties qui s'était présentée, lors de la position des qualités, ne s'est pas présentée à l'audience indiquée pour plaider et prendre des conclusions définitives. Cass. 14 août 1852, S. 55, 511.

5. Est contradictoire : le jugement rendu contre une partie dont l'avoué, après avoir dit que l'action était éteinte par une transaction, a refusé de plaider au fond. Nîmes, 5 vent. an 13, P. 4, 409, — on l'a même ainsi jugé dans une espèce où l'avoué avait conclu au renvoi à une autre audience. Bordeaux, 1er juill. 1828, S. 29, 9 ;

6. Celui dans lequel la partie déclare par son avoué n'entendre, ni avouer, ni contester la demande formée contre elle. Cass. 4 fév. 1806, D. 696 ; Carré, n° 615 ; — ou qu'elle s'en rapporte à justice ;

7. Le jugement rendu à une audience où la partie n'a pas comparu, mais qui n'est que la continuation d'une précédente audience où elle a été entendue. Dalloz, p. 694.

Néanmoins il faut distinguer : si, au lieu d'une simple remise, le trib. ordonne un interlocutoire, ce jugement étant susceptible de changer la face de l'affaire ; celui rendu à l'audience postérieure ne serait contradictoire que dans le cas où les conclusions au fond auraient été renouvelées. Cass. 5 fév. 1824, D., ib. 694. — V. inf. nos 10 et suiv.

8. *Jugement par défaut.* — V. ce mot.

§ 2. — *Jugemens avant faire droit.*

9. On appelle ainsi tout jugement qui, avant de statuer définitivement, ordonne une disposition préalable.

Les avant faire droit sont préparatoires, interlocutoires ou provisoires.

Cette distinction est importante sous le rapport des délais d'*appel* (— V. ce mot sect. 4, § 5, art. 2), et des effets de l'exécution relativement à l'*acquiescement*. — V. ce mot, sect. 4, § 2, art. 4.

Art. 1. — *Jugemens préparatoires. — Interlocutoires.*

10. Les jugemens préparatoires et les jugemens interlocutoires sont définis par le C. pr. : — « Sont réputés préparatoires les jugemens rendus pour l'instruction de la cause, et qui tendent à mettre le procès en état de recevoir jugement définitif : — sont réputés interlocutoires les jugemens rendus lorsque le trib. ordonne, avant dire droit, une preuve, une vérification, ou une instruction qui préjuge le fond. » C. pr. 452.

11. Suivant M. Dalloz, 771, cette définition est inexacte et

insuffisante : elle est inexacte, car tout jugement qui ordonne
une preuve n'est point, par cela seul, interlocutoire; d'un autre
côté, il peut être urgent et juste d'admettre de suite l'appel d'un
jugement qui ne préjuge en rien le fond : tel serait le jugement
qui refuserait de faire entendre, par le juge de son domicile,
un témoin malade ou prêt à partir pour un long voyage, ou le
jugement statuant sur la demande tendant à se procurer un titre
que le moindre délai ferait perdre pour toujours. — La définition est insuffisante; car il peut arriver que les mêmes jugemens
soient, tantôt préparatoires, tantôt interlocutoires ; il reste
toujours à décider quand le jugement préjuge le fond.

La définition de l'art. 452 C. pr. nous paraît, au contraire,
exacte et suffisante. L'urgence d'une mesure ordonnée par jugement, le danger même du moindre retard, n'ôtent pas au
jugement son caractère préparatoire. Le tort, selon nous, est
dans la disposition de l'art. 451, qui soumet au même délai
d'appel tous les jugemens préparatoires, sans distinguer ceux
qui peuvent porter un préjudice irréparable en définitive.

D'ailleurs, la qualification de *préparatoire* ou d'*interlocutoire*
donnée au jugement ne lui attribue pas définitivement l'un ou
l'autre caractère; pour en connaître la nature, il faut plutôt
consulter les vrais motifs qui l'ont dicté et le but vers lequel il
est dirigé, que les termes employés dans la rédaction. Grenoble,
22 juill. 1809, P. 7, 706. — Ces principes nous paraissent
vrais, et répondent suffisamment aux reproches qui ont été
faits à la définition du Code de procédure. Ajoutons que l'influence du jugement sur le fond est le caractère qui distingue le
plus nettement le jugement interlocutoire du préparatoire.
Ainsi, nous ne considérerons pas comme préparatoire le jugement qui, suivant l'exemple cité par Dalloz, refuserait de faire
entendre par le juge de son domicile un témoin malade ou prêt
à partir pour un long voyage. La nature de ce témoignage peut
avoir une grande influence sur le fond, et le jugement qui le
rejette préjuge nécessairement le fond; il ne peut être considéré
comme préparatoire.

12. Il résulte de ces considérations qu'il est impossible de
tracer des règles certaines pour déterminer dans quelle catégorie
on doit ranger tel ou tel jugement. On s'exposerait à confondre
très souvent les jugemens *préparatoires* avec les *interlocutoires*, et
ceux-ci même avec les jugemens *définitifs*. Nous nous contenterons de poser quelques principes et de rapporter des exemples
puisés dans la jurisprudence.

13. Le jugement préparatoire n'a d'autre but que d'instruire
la cause ; il règle la procédure et l'achemine vers l'issue de la
cause; rien n'y fait entrevoir la tendance de l'opinion du juge
sur le droit litigieux. — Le jugement interlocutoire laisse entre-

voir cette tendance, la plupart du temps, en l'attachant à un point décisif qu'il veut éclaircir. Boncenne, 2, 260. — Les contestations des parties, leur résistance à demander ou à combattre la mesure, objet du jugement sollicité, servent aussi souvent à caractériser le jugement.

14. Est préparatoire le jugement qui ordonne un compte ou une simple préparation de compte, lorsqu'il n'est ordonné que pour éclairer la conscience du juge, et ne préjuge en aucune manière le fond du procès. Cass. 28 janv. 1825, D. 9, 777.

15. Est interlocutoire le jugement qui condamne l'une des parties à rendre un compte qui lui est demandé par suite d'une société dont l'existence est niée. Cass. 28 août 1809, P. 7, 810.

16. Sont en général regardés comme préparatoires les jugemens qui ordonnent une communication de pièces, une comparution de parties. Colmar, 6 déc. 1809, D. *ib.* 771; Rouen, 27 mai 1817, P. 14, 258; — *Délibéré*, n° 15; Carré, n° 459, Lepage, 127; Pigeau, 1, 577.

17. Néanmoins, les circonstances de la cause peuvent faire quelquefois considérer comme un *interlocutoire* le jugement qui ordonne la comparution des parties, si le trib. annonce l'intention de faire dépendre la solution du fond des réponses qui seront données sur telle question. Carré, n° 1619; Orléans, 27 mai 1808, P. 6, 713; — ou une communication de pièces, lorsqu'il y a contestation sur la communication. Rennes, 4 oct. 1811, P. 9, 644; — ou la représentation d'une quittance. Orléans, 2 juin 1808, P. 6, 725.

18. Le jugement qui ordonne un interrogatoire sur faits et articles est interlocutoire suivant C. Turin, 27 janv. 1808, P. 6, 469; Lyon, 26 août 1822; Nîmes, 4 mai 1829; Paris, 19 nov. 1829, S. 30, 241; Angers, 4 fév. 1835 (Art. 109 J. Pr.). — Dans l'espèce de ce dernier arrêt, la pertinence des faits et articles avait été contestée; — il est préparatoire suivant Paris, 11 janv. 1836; — 18 déc. 1837 (Art. 407, 1105 J. Pr.).

La question nous paraît, comme la plupart de celles qui s'élèvent sur la distinction des jugemens en préparatoires et interlocutoires, dépendre des circonstances.

19. Le jugement qui ordonne la mise en cause d'un tiers est en général préparatoire. Colmar, 6 déc. 1809, P. 7, 907; Montpellier, 19 déc. 1810, P. 8, 717; Bruxelles, 12 sept. 1812, P. 10, 725; Metz, 5 juill. 1818, D. *ib.* 773; Montpellier, 19 déc. 1810, P. 8, 717; Cass. 7 août 1833, S. 33, 747.

Cependant, ce jugement peut, à raison de l'influence qu'il a sur le fond, être considéré comme interlocutoire, D. *ib.* 771; Carré, n° 1648; Favard, 1, 165; Pigeau, *Comm.* 2, 25, surtout s'il y a eu contestation. Cass. 1er juin 1809, P. 7, 592;

8 déc. 1815 , P. 11 , 849 ; Paris, 10 déc. 1823, P. 2, 1824 , 191 ; Orléans , 18 fév. 1810, P. 8, 117 ; Amiens , 26 janv. 1822, D. *ib.* 771 , 772.

20. Le jugement qui admet ou rejette une intervention est préparatoire de sa nature ; — l'intervention ne pouvant retarder le jugement de la cause principale, quand elle est en état. (C. pr., 340.) Le jugement qui reçoit l'intervention est nécessairement préparatoire, puisque, si l'appel pouvait en être reçu avant le jugement définitif, cet appel ne suspendrait pas le jugement de la cause principale, et la demande en intervention serait presque toujours vaine et illusoire, quand même elle serait trouvée fondée par l'arrêt postérieur. Montpellier, 12 avr. 1809 , P. 7, 491.

Cependant le jugement pourrait être considéré comme interlocutoire, s'il était démontré que l'admission ou le rejet de l'intervention pût influer sur le jugement à rendre au fond. Carré, *Lois*, 1, 804.

21. Est purement préparatoire le jugement qui reçoit une intervention , *quant à la forme*, et renvoie la cause à un jour plus éloigné, pour être statué sur le tout par un seul et même jugement, dépens réservés, sans rien préjuger sur le fond de la contestation. Poitiers , 21 juin 1856 (Art. 519 J. Pr.).

22. Est préparatoire le jugement par lequel un trib. ayant à prononcer sur le prix d'une fourniture, ordonne d'office que des experts feront connaître le prix courant des objets fournis. Metz, 9 mai 1820, D. v° *Jugement*, 775 ; — ou qui ordonne une expertise sans contradiction de l'une des parties. Bruxelles, 9 mars 1811, P. 9, 15, — ou *sans nuire ni préjudicier aux droits des parties en l'état de l'instance.* Rennes, 14 nov. 1815, P. 13, 109 ; — si toutefois, dans la réalité, le jugement ne porte aucun préjudice aux droits des parties, car cette clause n'ôterait pas au jugement le caractère d'*interlocutoire.* Rennes, 5 juin 1812, P. 10, 441.

23. Mais le jugement qui ordonne l'expertise est interlocutoire, lorsque l'expertise ordonnée préjuge le fond. Bruxelles, 23 mai 1807 ; Rennes, 5 juin 1812, P. 6, 105; 10, 441; Cass. 25 juin 1823 , D. *ib.*, p. 774 ; — ou lorsque l'expertise est contestée. *Même arrêt.*

24. Le jugement qui ordonne la jonction de deux instances est préparatoire, surtout lorsque la jonction n'est ordonnée que sauf à disjoindre. Rennes, 14 août 1811, P. 9, 559 ; — cependant, suivant M. Hautefeuille, p. 127, cette clause n'est pas nécessaire pour rendre le jugement de jonction purement préparatoire. Le jugement de jonction est toujours préparatoire, la disposition étant de droit et n'ayant pas besoin d'être ordonnée. Orléans, 7 juill. 1808, P. 7, 10.

25. Mais le jugement de jonction est interlocutoire, s'il peut causer à l'une des parties un préjudice irréparable. Nîmes, 8 janv. 1819, D. 773.

26. Est préparatoire le jugement qui autorise la femme à quitter le domicile de son mari dans le cas de l'art. 878 C. pr. Arg. Trèves, 11 juin 1806, P. 5, 375.

Celui qui ordonne qu'un conseil de famille sera consulté. Orléans, 23 avr. 1807, P. 6, 47.

Celui qui commet un administrateur provisoire pour prendre soin de la personne ou des biens du défendeur à l'interdiction. Turin, 5 fruct. an 13, P. 4, 725.

Celui qui, avant faire droit, ordonne aux parties de fournir leurs moyens et droits respectifs à un partage de famille, et qui nomme un sequestre pour administrer la succession. Orléans, 20 avr. 1814, P. 12, 178.

Celui rendu en vacations qui renvoie la cause après la rentrée. Grenoble, 10 mai 1809, D. 773. — à moins que l'urgence n'ait été alléguée par l'une des parties.

27. Il suffit que le jugement laisse entrevoir quelle sera la décision du fond pour être interlocutoire, quand même le trib. aurait déclaré qu'il n'entend pas préjudicier au droit des parties. C'est la loi, et non le juge, qui détermine le caractère d'un jugement. Carré, n° 1617; Berriat, 246; Poncet, 1, 130; Carré, n° 1717.

28. Est interlocutoire le jugement qui, nonobstant une quittance, renvoie devant un tiers pour faire des vérifications et concilier les parties, si faire se peut. Amiens, 15 avr. 1823, S 25, 174.

Celui qui annule une procédure tendante à interrogatoire sur faits et articles.

Celui qui ordonne que le défendeur à l'interdiction sera interrogé en la chambre du conseil. Caen, 9 juill. 1828, S. 28, 231. — V. toutefois *sup.* n° 18.

Celui qui, au cas d'opposition à un mariage fondé sur l'état de démence du futur époux, surseoit à statuer sur la demande en main-levée, jusqu'à ce qu'il ait été prononcé sur l'interdiction. Cass. 6 janv. 1829, P. 3, 1829, 286.

29. Les causes dans lesquelles il a été prononcé un arrêt interlocutoire, préparatoire, ou d'instruction, sont, après l'instruction faite, jugées dans l'ordre où elles avaient d'abord été placées. Décr. 30 mars 1808, art. 73, 50.

Art. 2. — *Jugemens provisoires.*

30. Le jugement provisoire est celui par lequel le trib. ordonne des mesures propres à pourvoir aux inconvéniens dont pourraient souffrir, soit les parties, soit les objets litigieux, pendant le temps qu'exige l'instruction d'une cause, par exemple, lorsqu'une partie a besoin d'alimens; lorsqu'une maison revendiquée peut être dégradée par le détenteur; lorsqu'un créancier porteur d'un titre a un besoin pressant d'un à-compte; lorsqu'une partie réclame d'être maintenue dans la possession d'un objet dont on lui conteste la jouissance. — Dans tous ces cas, on ordonne une provision en faveur du titre ou de la possession, ou un séquestre, s'il y a danger à conserver la possession. Berriat, 247; Pigeau, 1, 572.

51. Le jugement provisoire n'a aucune influence sur le fond ni sur l'instruction; il peut être rétracté par le juge qui l'a rendu. Berriat, 247.

52. On peut réclamer une provision en tout état de cause : 1° avant l'instance, par la voie d'un *référé* (— V. ce mot); — 2° pendant l'instance, en vertu de conclusions signifiées; — 3° et même en *appel*. Berriat, 247; Carré, n° 575; Pigeau, 1, 574. — V. ce mot, n° 255.

53. Le juge peut d'office statuer sur le provisoire, lorsqu'il reconnaît qu'il y a péril et qu'il n'est pas encore assez éclairé pour statuer sur le fond. La demande de la décision principale peut être considérée comme renfermant tacitement celle de la décision provisoire. Berriat, 247.—Mais il faut que la demande du provisoire soit implicitement comprise dans la principale. Pigeau, 1, 480. — V. d'ailleurs *Exception*, n° 75.

54. Si l'affaire est en état sur le provisoire et sur le fond, il est statué sur le tout par un seul et même jugement (C. pr. 134), pour éviter des frais inutiles; — mais cela n'a guère lieu que dans les affaires sommaires où l'instruction est peu étendue. Demiau, 120; Carré, n° 572. — Dans ce cas même, la décision de la question provisoire n'est pas inutile; il faut savoir qui supportera les dépens auxquels elle a donné lieu. Berriat, 247.

§ 3. — *Jugemens définitifs.*

55. Les jugemens définitifs sont ceux qui statuent sur la contestation et la terminent.

56. Le jugement peut être mixte; cela arrive lorsqu'il contient des dispositions définitives et des dispositions interlocutoires, par exemple si le trib. décide qu'il y a société, mais ordonne qu'un compte sera préalablement rendu. Ce jugement est tout à la fois définitif en ce qui touche l'existence de la société, et interlocutoire, quant à la reddition préalable du compte. Boncenne, 2, 561.

57. Est définitif le jugement qui prononce définitivement et explicitement des condamnations formelles en soumettant leur quotité éventuelle à une expertise. Rennes, 30 mai 1817; Metz, 3 juill. 1818, P. 14, 255, 904.

58. Peu importe que le jugement impose une condition à remplir par l'une des parties. Turin, 9 avr. 1811, P. 9, 248, ou ne fixe pas le montant des condamnations, et qu'il prescrive pour le faire des mesures préparatoires. Nîmes, 26 niv. an 13, P. 4, 342.

Ainsi, le jugement qui ordonne une expertise pour déterminer le mode d'exercice d'un droit et les dommages-intérêts résultant de sa privation est définitif en ce [sens qu'il reconnaît l'existence du droit, et ne laisse en suspens que le mode de l'exercer. Cass. 12 germ. an 9, P. 21, 147; Cass. 16 avr. 1833, S. 33, 387.

59. Est également définitif le jugement qui, dans une instance en partage, a ordonné qu'un document produit et signifié par une des parties serait pris pour base des opérations du notaire liquidateur, sans qu'aucune partie pût être admise à contester ultérieurement les résultats de ce document, lesquels étaient déclarés exacts. Cass. 14 août 1833, S. 33, 769.

40. Est définitif le jugement qui rejette une exception et ordonne de plaider au fond, lorsqu'on acquiesce en plaidant au fond, et sans réserve de l'attaquer. Cass. 14 frim. an 12, P. 3, 524; — celui qui statue sur une fin de non recevoir. Rouen, 25 brum. an 10, P. 2, 359; Riom, 3 fév. 1825, S. 25, 388; — ou sur une question de compétence. Cass. 1er vent. an 12, P. 3, 622; 2 fév. 1825, S. 25, 403; — celui qui rejette des moyens de nullité contre une enquête, car il déclare valable et régulière une preuve décisive pour le fond. Cass. 1er mai 1811, P. 9, 295; — ou des moyens de reproches contre les témoins de cette enquête. Metz, 8 déc. 1815, D. *ib.* 9, 774; Rennes, 12 janv. 1826, S. 27, 3; — celui qui rejette une demande pour défaut de préliminaire de conciliation; — celui qui ordonne un sursis, s'il contient une décision rendue sur une contestation en point de droit ou de procédure. Cass. 27 juin 1810, P. 8, 411.

Le jugement qui statue sur les qualités des parties. Bourges, 30 nov. 1825, S. 26, 225.

Celui qui, après vérifications faites, déclare une pièce écrite par celui à qui on l'attribue. Cass. 21 mess. an 9, P. 2, 247.

41. Est définitif, et non pas simplement préparatoire, le jugement qui, après une expertise faite et rapportée, rejette une demande en nouvelle expertise, et avant de faire droit sur une licitation, renvoie la partie devant le notaire commis pour se concilier sur le mode de partage. Cass. 6 déc. 1836 (Art. 942 J. Pr.).

42. Le trib. qui a rendu un jugement définitif ne peut, en général, ni le changer, ni le corriger. L. 55, D. *de re judicatâ.*

43. La distinction des jugemens en définitifs, interlocutoires et préparatoires a encore de l'importance relativement au pourvoi en *cassation*. — V. ce mot, nᵒˢ 58 et suiv.

§ 4. — *Jugemens de délibéré, de forclusion, sur requête, d'expédient, d'homologation et d'adjudication.*

44. Le jugement de délibéré est celui par lequel le trib. ordonne que les pièces seront mises sur le bureau pour être délibéré de l'affaire au rapport d'un juge nommé par le jugement, avec indication du jour auquel le rapport sera fait. — V. *Délibéré*.

45. Celui de *forclusion* est rendu contre une partie qui a négligé de produire, dans une *instruction par écrit*, un *ordre* ou une *distribution par contribution*. — V. ces mots.

46. Le *jugement sur requête* est la décision que rend un trib. sur la demande d'une partie sans contradicteur : tels sont les jugemens d'envoi en possession, ceux qui autorisent l'héritier bénéficiaire à vendre des immeubles dépendant de la succession, etc. C. pr. 957. — V. *Absence*, nᵒ 41 et suiv. *Possession (envoi en)*.

47. On nomme *expédient* (— V. ce mot) le jugement proposé par les parties.

Les jugemens d'expédiens ont la force et l'autorité des jugemens rendus après défenses contradictoires. Ils en diffèrent en ce qu'ils ne sont pas susceptibles d'appel de la part des parties qui y ont concouru. Cass. 14 juill. 1813; Paris, 15 mars 1811; 16 juin 1813, P. 14, 555; 9, 180; 11, 464. — Dans la réalité, le jugement d'expédient est l'ouvrage des parties dont il constate les conventions; c'est un contrat judiciaire revêtu des formes du jugement. La partie qui y a concouru est liée, comme elle le serait par une convention, — à la condition toutefois que les formalités prescrites pour la validité de la convention auront été observées; par exemple, si le jugement d'expédient qui renferme une transaction entre un tiers et des mineurs n'a pas été soumis préalablement à l'avis de trois jurisconsultes, il n'est pas valable. Turin, 29 juill. 1809, P. 7, 722. — Mais le jugement peut être attaqué dans les mêmes cas, et pour les mêmes causes que les conventions, par exemple pour cause d'erreur, dol ou de violence; dans ces cas il doit être attaqué par les mêmes voies que les jugemens ordinaires. Nouveau-Denizart, vᵒ *Expédient*, nᵒ 13; *Contrat*, § 2, nᵒ 12; *Avocat*, § 5, nᵒ 9. — Mais les tiers sont toujours recevables à se pourvoir contre un jugement d'expédient par les voies légales; ainsi une caution solidaire est recevable à former tierce-opposition à un arrêt d'expédient intervenu entre le débiteur principal et l'adversaire commun, dès qu'elle établit que la transaction, qui a servi de base au jugement d'expédient prend un caractère frauduleux, quand on s'en prévaut contre elle. Lyon, 8 août 1833, D. 34, 197.

48. On nomme jugement *d'homologation*, celui qui donne à une délibération du conseil de famille ou à une opération d'expert un caractère d'authenticité et de force exécutoire qu'elle n'aurait pas eu sans cela. — V. *Conseil de famille*, *Expertise*, *Faillite*, *partage*.

49. Enfin, on appelle jugement d'adjudication la déclaration faite par le juge tenant l'audience des criées que la propriété de l'immeuble mis en vente appartient au dernier enchérisseur, à la charge par lui d'acquitter les charges de son enchère. — V. *Ventes*.

Section II. — *Formation des jugemens.*

50. Les jugemens décident de l'état, de l'honneur, des biens des citoyens : leur forme est déterminée par des règles fondamentale et de droit public dont l'observation est prescrite à peine de nullité.

Ainsi les jugemens et arrêts doivent être rendus par un trib. composé de juges au nombre prescrit, et qui aient assisté à toutes les audiences de la cause ; — ils doivent être rendus publiquement ; — ils doivent contenir les motifs, — le tout à peine de nullité. L. 20 avr. 1810, art. 7.

§ 1. — *Composition du tribunal.*

51. La composition des trib. est réglée par la loi, et ne peut être arbitrairement changée par les trib. ; par exemple ils n'ont pas le droit de réunir leurs sections, sans une disposition de la loi formelle qui les y autorise. Cass. 28 fév. 1828, P. 1828, 1, 486. — Les jugemens des trib. civ. et de comm. ne peuvent être rendus par moins de trois juges. L. 20 avr. 1810, art. 40 ; C. comm. 626. — Les arrêts des C. roy., en matière civile, ne peuvent l'être par moins de sept. L. 27 vent. an 8, art. 27. — V. d'ailleurs *Appel*, nᵒˢ 342, 343.

Mais ils peuvent l'être, et le sont ordinairement par un plus grand nombre, tous les magistrats qui ont assisté aux plaidoiries devant y prendre part. Le vote de tous les juges qui ont assisté aux débats est acquis aux parties. Une Cour ne peut, malgré l'opposition de l'une des parties, ordonner que deux magistrats qui ont assisté aux plaidoiries quitteront leurs siéges et s'abstiendront de concourir à la reddition de l'arrêt, sous prétexte que l'un d'eux n'a que voix consultative, et que le concours de l'autre rendrait le nombre des juges pair, et pourrait ainsi donner lieu à un partage. Cass 14 avr. 1830, P. 3, 1830, 204.

52. Un juge ne peut sans nécessité, être appelé d'une autre chambre pour prendre part au jugement, sans donner lieu à cassation. L. 19 vend. an 4, art. 20; 30 germ. an 5, art. 16; Cass. 13 pluv. an 8; 7 vent. an 8; 4 frim. an 9, P. 1, 586, 599, 2, 48.

53. Mais, lorsqu'une chambre manque de juges, elle peut se compléter au moyen de collègues appelés des autres chambres; et cette formation est légale, bien que la majorité et même le président aient été appelés de chambres étrangères. Cass. 18 mai 1814, P. 12, 211; Thomine, 1, 228.

54. Si, par suite du roulement annuel qui a lieu parmi les juges d'un trib., un ou plusieurs des membres qui ont assisté aux plaidoiries ont été appelés dans une chambre ou un trib. différens, ils peuvent être rappelés pour concourir au jugement. Cass. 1er juill. 1818, P. 14, 899. — V. *Roulement.*

Dans ce cas, on peut rappeler tous les membres qui ont passé dans une autre chambre, et ne pas se borner à ceux qui sont strictement nécessaires pour compléter le nombre légal, lorsque les plaidoiries ont eu lieu avec un nombre de magistrats excédant celui qui est rigoureusement nécessaire pour rendre le jugement. Cass. 18 août 1818, P. 14, 995.

55. Le président ou les vice présidens d'une cour ou d'un trib. sont, en cas d'empêchement, remplacés pour le service d'audience par le juge présent le plus ancien dans l'ordre des nominations. Décr. 30 mars 1808, art. 5, 48.

56. En cas d'empêchement d'un juge, il est remplacé ou par un juge d'une autre chambre qui ne tiendrait pas audience dans le même temps, ou par un des juges suppléans. Décr. 30 mars 1808, art. 49.

57. Les juges suppléans ne sont appelés que dans le cas d'empêchement des juges et lorsque leur assistance est nécessaire à la validité du jugement. L. 6-27 mars 1791, art. 29; C. comm. 626. — Un jugement est nul par cela seul qu'un suppléant y a concouru, sans que sa présence fût indispensable pour compléter le nombre de juges nécessaire. Cass. 18, nov. 1811, P. 9, 705; 15 mars 1825, S. 26, 22; 19 juill., 9 août 1826, 4 janv. 1836 (Art. 307, 395 J. Pr.). — Même quand sa participation se serait bornée à un simple rapport. Cass. 23 avr. 1827, 11 fév. 1828, S. 27, 521, 28, 295; 4 juin 1836 (Art. 589 J. Pr.).

58. Cette rigueur est applicable aux juges suppléans du trib. de la Seine, quoiqu'ils puissent être chargés personnellement de la conduite de certaines affaires, telles que celles d'ordre et de contribution. Cass. 13 déc. 1826, 6 nov. 1827, S. 27, 255; 28, 12.

Cette adjonction vicierait également un jugement du trib. de comm. Cass. 23 déc. 1812, P. 10, 914; 30 janv. 1828. — *Contrà,* Turin, 13 nov. 1807, P. 6, 343.

59. En conséquence, doit être annulé le jugement qui porte qu'il a été fait et prononcé par MM. (suivent les quatre noms des trois juges et du suppléant). En effet, le juge suppléant est indiqué comme les autres juges, et sans indication qu'il n'ait pas coopéré comme les autres au jugement attaqué. Cass. 8 fév. 1836 (Art. 533 J. Pr.).

60. Mais l'annulation peut n'être pas prononcée, lorsqu'il ne résulte pas nécessairement de l'énonciation du jugement que le juge suppléant y ait coopéré.

Ainsi, la C. cass. a maintenu un jugement du trib. de comm. de Paris terminé par cette énonciation : « Fait et jugé à l'au-« dience où étaient en séance MM.   (juges titu-« laires en nombre suffisant), et MM.   (juges sup-« pléans). » Le jugement énonçant d'ailleurs que le trib. avait opiné et recueilli les opinions conformément à la loi, ce qui faisait supposer que les juges suppléans avaient eu seulement voix consultative. Cass. 31 mai 1827 (Art. 307 J. Pr.).

61. Ont été également maintenus, un jugement du trib. de comm. dont l'expédition constatait que l'audience était tenue par trois juges titulaires et par un suppléant, par le motif que rien n'établissait que ce juge suppléant avait concouru au jugement avec voix délibérative, et qu'il y avait présomption légale qu'il n'y avait assisté qu'avec voix consultative. Cass. 18 nov. 1834 (Art. 393 J. Pr.); et un autre jugement du même trib. rendu par un juge titulaire faisant fonctions de président, et par deux juges suppléans, en présence d'un troisième suppléant, par le motif que ces faits expliquaient suffisamment que le jugement était le résultat de la délibération du président et des deux suppléans, et que le troisième suppléant n'y avait nullement concouru, mais qu'il ne siégeait que pour remplacer un de ses collègues, au cas où celui-ci n'aurait pu vaquer à l'expédition des causes qui devaient succéder à celle sur laquelle était intervenu le jugement attaqué. Cass. 5 nov. 1835 (Art. 393 J. Pr.).

62. Il n'est pas nécessaire, à peine de nullité, que le jugement auquel a concouru un juge suppléant qui n'est pas le premier suivant l'ordre du tableau, constate que ce juge a été appelé à raison de l'empêchement des autres juges suppléans inscrits avant lui. L'art. 49, Décr. 30 mars 1808, ne prescrit l'ordre des nominations qu'autant que faire se pourra. Cass. 14 août 1837 (Art. 985 J. Pr.). — Il y a présomption suffisante que cet ordre a été suivi. Cass. 9 fév. 1836, (Art. 466 J. Pr.)

63. Pour prévenir toute difficulté, les présidens et les greffiers doivent veiller à ce que le rôle rempli par les juges suppléans soit indiqué dans les jugemens d'une manière non équivoque.

64. Les suppléans peuvent assister à toutes les audiences : ils ont voix consultative. LL. 20 avr. 1810, art. 41 ; 11 avr. 1838, art. 11 (Art. 1141 J. Pr.).

65. A défaut de juges suppléans, on appelle les avocats, et, à leur défaut, les avoués, suivant l'ordre du tableau. L. 30 germ. an 5, art. 16. — V. *Avocat*, nos 69 à 77.

66. Toutefois, comme les avocats et les avoués ne peuvent que compléter et non remplacer, ils ne peuvent être en plus grand nombre que les juges. Ainsi serait irrégulier le trib. composé d'un juge et de deux avocats ou de deux avoués. Arg. L. 30 germ. an 5, art. 16. Mais le trib. serait valablement composé d'un juge, d'un suppléant et d'un avocat. Cass. 21 déc. 1820 ; Boncenne, 2, 373 ; — ou même de deux suppléans et d'un avocat. Cass. 21 juin 1809, P. 7, 637.

67. L'avocat ou l'avoué appelé à compléter le trib. a le droit de siéger avec les juges non-seulement pendant la délibération, mais encore pendant les plaidoiries. D'Aguesseau, lettre 350.

68. Le jugement doit énoncer à la fois l'empêchement du juge titulaire et des suppléans, et celui des avocats ou des avoués qui précèdent dans l'ordre légal le dernier appelé. Boncenne, 2, p. 372. — V. *Avocat*, n° 73.

Mais il n'est pas indispensable de mentionner pourquoi l'ordre des nominations pour les juges ou l'ordre du tableau pour les avocats n'a pas été observé. Thomine, t. 1, p. 229 ; Arg. Décr. 30 mars 1808, art. 49 ; Cass. 22 juin, 7 nov. 1826, P. 1, 1827, 16. — V. toutefois *Avocat*, n° 73.

69. Dans un trib. de comm., à défaut de suppléans, le trib. est complété par des négocians pris sur la liste formée en vertu de l'art. 619 C. comm., et suivant l'ordre dans lequel ils y sont portés, si d'ailleurs ils ont les qualités requises par l'art. 620 C. comm. (Décr. 6 oct. 1809, art. 4) ; — mais le trib. ne peut s'associer ainsi des juges étrangers qu'à défaut des suppléans, à peine de nullité. Rennes, 8 sept. 1815, P. 13, 66.

70. Dans le cas où des parens ou alliés opinent dans la même cause (— V. *Juge*, n° 37), leurs voix, s'ils sont du même avis, ne comptent que pour une. Édit, janv. 1684 ; Avis Cons. d'État ; 23 avr. 1807. — Cette confusion des voix conformes atténue les inconvéniens résultant autrement de l'influence du concours simultané de parens proches dans le jugement des causes dont les uns et les autres seraient juges ensemble. Cass. 16 déc. 1820, P. 1822, 1, 254.

71. La même décision semblerait devoir s'appliquer au cas où le degré de parenté existerait entre l'un des juges et l'avocat, ou l'avoué appelé à suppléer un des membres du trib. Pigeau, *Comm.* 1, 270. — Cependant, le contraire a été admis par la C. de cass., attendu que la loi n'établit cette mesure qu'à l'égard des juges proprement dits. Cass. 18 janv. 1808, P. 6, 447.

72. Un trib. doit toujours être composé de manière qu'il n'y ait point d'incertitude sur la régularité de sa composition, et que, par des événemens indépendans des parties, cette composition ne puisse pas devenir illégale.

73. Le nombre des juges doit donc être certain, apparent, et indépendant des chances et du secret des délibérations ; en conséquence, est illégalement composé le trib. formé du nombre de juges indispensablement exigé, lorsque dans ce nombre se trouvent des juges parens ou alliés au degré prohibé, et dont les voix, en cas de conformité, ne seraient comptées que pour une. Le jugement de ce trib. est essentiellement nul. Arg. Cass. 21 oct. 1822, D. 2, 913. Favard, v° *Jugement*, p. 183.

En effet, dans ce cas, la composition du trib. était incertaine ; et par la chance de la délibération, le trib. a cessé d'être composé du nombre de juges prescrit par la loi. Bonoenne, 2, 389.

74. Est valable l'arrêt rendu par huit conseillers de la chambre correctionnelle réunis à sept conseillers de la chambre civile, en audience solennelle, quoique l'un des membres de la chambre correctionnelle soit l'oncle de l'un des membres de la chambre civile, et qu'ainsi leurs voix ne comptent que pour une seule, suivant l'avis Cons. d'Ét. 23 avr. 1807. Cass. 4 nov. 1835 (Art. 356 J. Pr.). Dans ce cas, la chambre correctionnelle étant complète, il convient de compter à la chambre civile la voix des deux conseillers qui, à cause de leur parenté, doit s'identifier. Arg. Cass. 15 janv. 1834 (Art. 356 J. Pr.).

75. Les juges doivent en outre réunir les conditions de capacité déterminées par la loi. L. 20 avr. 1810, art. 64, 65.— V. *Juge*.

76. Cependant, les parties ne peuvent proposer comme moyen de nullité d'un jugement, le défaut de capacité légale d'un ou de plusieurs des magistrats qui y concourent. Il n'appartient à aucun citoyen, ni à la C. de cass. elle-même saisie du pourvoi, de contrôler la nomination royale d'un magistrat reçu dans le corps où il a été appelé, ou qui, en cette qualité, y a prêté serment et exercé ses fonctions. Ce magistrat a en sa faveur la présomption légale qui le dispense de toute preuve. Cass. 26 août 1831, S. 31, 372. — V. toutefois *Juge*, n°s 20 et 25.

§ 2. — *Assistance des juges aux plaidoiries.*

77. Les juges ne peuvent participer au jugement qu'autant qu'ils ont assisté à toutes les plaidoiries, à peine de nullité du

jugement. L. 20 avr. 1810, art. 7. Cass. 3 déc. 1806, 30 mars 1812, P. 5, 564; 10, 259; Cass. 15 juin 1838 (Art. 1278 J. Pr.).

78. Peu importe que les juges n'aient pas assisté à toutes les audiences. le jugement est valable si les conclusions et les plaidoiries ont été reprises devant eux. Cass. 3 juill. 1820, S. 21, 107; 27 fév. 1824, S. 22, 336; 2 fév. 1825, S. 25, 403; 25 fév. 1827, S. 29, 96; 31 mai 1838, P. 1838, 2, 360.

Dans l'espèce de l'arrêt de 1824, l'affaire avait été mise en délibéré, et c'était le jour où il devait se vider que l'absence d'un juge avait eu lieu; mais les conclusions avaient été reprises. Boncenne, 2, 580.

Si une comparution des parties en personne a eu lieu à une des audiences, et que des juges n'aient pas concouru à ces audiences, il ne suffit pas que les conclusions soient reprises devant eux à une audience suivante, il faut que l'arrêt constate que les déclarations recueillies dans la comparution des parties ont été mises et débattues sous les yeux de tous les juges qui ont rendu le jugement. Cass. 25 janv. 1815, P. 12, 556.

79. Est valable le jugement rendu sur délibéré auquel ont concouru des juges qui n'avaient pas assisté au jugement de délibéré, lorsque ces juges ont entendu le rapport, les conclusions des parties reprises à l'audience, et celles du ministère public. Cass. 1er fév. 1820, P. 2, 1820, 529.

80. Est nul le jugement ou arrêt rendu sur délibéré, au rapport de l'un des juges, si l'un ou plusieurs de ceux qui y ont concouru n'ont pas assisté aux plaidoiries. Cass. 2 janv., 24 avr. 1816, P. 13, 201, 395.

81. Mais est valable le jugement sur délibéré auquel a concouru un juge suppléant qui n'avait pas assisté aux premières plaidoiries, ni aux jugemens interlocutoires, si à l'audience même du jugement, les parties ont repris devant ce juge leurs conclusions, et s'il y a eu nouveau rapport et nouvelle lecture de pièces. Cass. 28 mai 1816, P. 13, 461; Boncenne, 2, 580.

82. Le jugement définitif peut-être rendu par des juges autres que ceux qui ont concouru à rendre un jugement préparatoire. Rennes, 10 nov. 1807, P. 6, 340; — ou interlocutoire. Cass. 18 avr. 1810, 19 nov. 1818, P. 8, 261, 14, 1075.

83. Dans ces divers cas les conclusions que reprennent les avoués, les plaidoiries qui rappellent tous les erremens antérieurs forment une instruction distincte de ce qui avait été dit ou écrit d'abord pour finir les questions du procès; et des juges nouveaux peuvent, en définitive, venir statuer sur ces questions, sans qu'on puisse leur reprocher de ne pas les connaître légalement. Boncenne, 2, 580. — *Contrà*, Boitard, 1, 400.

84. Lorsqu'après que les parties ont respectivement pris leurs conclusions, l'affaire est remise à un autre jour, et que ce jour les juges qui avaient jugé à la première audience, ne se trouvant plus en nombre suffisant, appellent d'autres juges pour le compléter, la partie qui poursuit l'audience doit reprendre ses conclusions, et si l'autre partie refuse de plaider, le jugement qui intervient est par défaut faute de plaider et susceptible d'opposition. Cass. 30 mai 1837 (Art. 863 J. Pr.)

Il n'est pas nécessaire que le magistrat du parquet qui donne ses conclusions dans l'affaire ait assisté à toutes les audiences pendant lesquelles elle a été plaidée. Il peut être remplacé à ces audiences par un de ses collègues : l'art. 7 L. 20 avr. 1810, ne s'applique qu'aux seuls juges, et non aux membres du parquet ; au surplus le ministère public est un et indivisible. Cass. 18 avr. 1836 (Art. 373 J. Pr.).

Art. 1. — *Formation de la décision.*

85. Les jugemens sont ordinairement rendus après l'audition des plaidoieries, et après les conclusions du *Ministère public,* dans le cas où son audition est requise. — V. ce mot.

Les trib. ont le droit d'ordonner la réouverture des débats après que les plaidoieries sont terminées, lorsqu'une partie demande à produire des pièces qui peuvent exercer une grande influence sur la décision de la cause. Bruxelles, 28 juin 1831.

Quand le trib. ordonne un délibéré pour le jugement être prononcé à l'une des prochaines audiences, les pièces produites entre cette ordonnance et la prononciation du jugement, et communiquées aux adversaires doivent être prises en considération, la production des pièces nouvelles ne constitue pas une nouvelle demande, elle fournit de nouveaux éclaircissemens sur celle qui est soumise au tribunal. Rennes, 26 mai 1820, P. 15, 1009.

Les jugemens doivent être rendus à la pluralité absolue des voix. C. pr. 116.

86. Le président recueille les opinions après que la discussion est terminée. Décr. 30 mars 1808, art. 350.

87. Les opinions sont recueillies secrètement, Const. an 3, art. 208. et sont motivées par chaque juge. Demiau, 101. Le trib. peut se retirer dans la chambre du conseil pour délibérer. C. pr. 116.

88. Le ministère public n'a pas le droit d'être présent à cette délibération. Thomine, 1, 330.

89. Les juges opinent chacun à leur tour, en commençant par le dernier reçu (Décr. 30 mars 1808, art. 35), afin d'éviter l'influence des opinions émises par les membres plus anciens. Néanmoins, dans les affaires sur rapport, le rapporteur opine le premier. *ib. id.*

90. Les questions concernant les exceptions, telles que la nullité de l'ajournement ou l'incompétence du trib , doivent nécessairement être posées à l'entrée de la délibération.

Mais, quant au fond , doit-on poser autant de questions qu'il y a de points principaux de fait et de droit ? — Suffit-il de ne mettre aux voix qu'une seule question complexe sur l'objet de la demande ?

On ne peut tracer de règles à cet égard. La position des questions à résoudre dépend nécessairement de la nature de l'affaire et de l'instruction qu'elle a reçue.

La loi de procédure pour le canton de Genève défend aux juges de passer aux questions de droit avant d'avoir voté séparément sur chacune des questions de fait.

Nous pensons qu'il est plus sage de laisser aux juges le soin de déterminer l'ordre de la délibération.

91. Il ne faut pas confondre les moyens avec les conclusions; peu importe que les trois juges composant un trib. se décident, chacun par des moyens différens , si chacun arrive à la même conclusion , par exemple à la nullité d'un testament critiqué sous trois rapports différens. Boncenne, 2, 407. — *Contrà,* Toullier, 10, 192 et suiv.

Mais tout jugement devant être motivé, il sera toujours nécessaire que la pluralité s'accorde sur le choix des motifs.

92. Si lors de la délibération il se forme plus de deux avis, sans que l'un de ces avis ait obtenu la majorité absolue, les juges plus faibles en nombre sont tenus de se réunir à l'une des deux opinions émises par le plus grand nombre, mais seulement après que les voix ont été recueillies une seconde fois (C. pr. 117 , Décr. 30 mars 1808, art. 35), parce que les débats entre juges peuvent jeter un nouveau jour sur la question, et ramener la majorité à l'avis de la minorité. Pigeau, *Comm.,* 1, 277 ; Boncenne, 2, 576.

Il en est de même dans les Cours roy. C. pr. 467 ; Merlin , v° *Opinion* . — V. *Appel,* n° 344.

93. Ainsi, soit un trib. composé de cinq juges, deux admettent les conclusions du demandeur , deux les rejettent, le cinquième en adjuge une portion ; si une seconde collecte des voix n'apporte aucune modification, le cinquième juge est forcé d'abandonner sa propre opinion et d'accorder tout, ou de n'accorder rien.

94. Si deux opinions se sont formées, soutenues chacune par le même nombre de juges, il y a *partage de voix.* — V. ce mot.

95. Si, avant la prononciation, et depuis la convention arrêtée entre les juges , l'un des juges vient à décéder, sa voix

doit être considérée comme non avenue, et il peut en résulter une modification du jugement. — V. *inf.* n° 96.

Art. 2. — *Prononciation du jugement.*

96. Le jugement n'a d'existence légale que du jour où il a été prononcé et non de celui où il a été délibéré et arrêté. Cass. 26 vent. an 8, P. 1, 507. — Jusqu'à cette prononciation, il est susceptible de modification. Berriat, 250 ; Merlin, *Rép.* v° *Jugement,* § 3.

97. Le jugement doit être prononcé par le président ou celui qui en remplit les fonctions, immédiatement après les plaidoiries et la délibération du tribunal. — Néanmoins les juges ont le droit de continuer la cause à l'une des prochaines audiences pour prononcer le jugement. C. pr. 116.

98. Les juges ne sont pas tenus, dans ce cas, à peine de nullité, de fixer le jour où ils le rendront. L'art. 116 ne l'exige pas. Rennes, 31 juill. 1809, 31 août 1810, P. 7, 724 ; 8, 587. — L'art. 95 C. pr., suivant lequel le trib., lorsqu'il ordonne un délibéré au rapport d'un juge nommé par le jugement, doit indiquer le jour auquel le rapport sera fait, ne s'applique pas au cas où il n'est ordonné qu'un simple délibéré en la chambre du conseil. Cass. 24 juin 1818, P. 14, 881.

99. Le jugement est nul s'il est prononcé à une audience composée d'autres juges que ceux qui l'ont arrêté. L. 24 août 1790, tit. 2, art. 14; Merlin, *Rép.,* v° *Délibéré.* Cass. 26 vend. an 8, P. 1, 507; — ou par un président qui n'y a pas concouru. Cass. 7 therm. an 11, P. 3, 383.

100. La présence des juges qui ont arrêté le jugement est nécessaire, et elle donne aux parties la garantie que le jugement qui leur est prononcé est tel que celui qui a été arrêté dans la délibération; si le président se trompait ou s'il oubliait quelques dispositions, les juges qui ont délibéré avec lui l'en avertiraient.

101. Il n'est pas nécessaire, à peine de nullité, que l'officier du ministère public qui a porté la parole dans une cause soit présent à la prononciation du jugement. Cass. 12 juin 1828, P. 3, 1828, 512. — Surtout lorsqu'il n'est que partie jointe; il suffit que l'arrêt attaqué constate que le ministère public, par l'un de ses organes, a été entendu à l'audience dans laquelle les plaidoiries ont eu lieu et ont été closes. Cass. 3 janv. 1838 (Art. 1084 J. Pr.).—*Contrà,* Nîmes, 1er août 1827, S. 28, 232. — V. *sup.* n° 84.

102. Le juge consomme ses pouvoirs en prononçant le jugement. Il ne peut, après le prononcé, interpeller une partie, et donner acte de sa réponse à l'autre partie. Mais la partie qui a répondu, et l'autre qui a demandé acte de la réponse sont non recevables à se pourvoir en cassation contre la disposition du jug(ment, relative à ces interpellation et réponse. Cass. 11 juin 1810, P. 8, 366. — Dans cette espèce la disposition fut cassée dans l'intérêt de la loi.

§ 3. — Publicité.

103. Tout jugement doit être rendu publiquement, à peine de nullité. L. 20 avr. 1810, art. 7.

Cette publicité est de l'essence du jugement. Cass. 29 mai 1835 (Art. 116 J. Pr.).

Le principe de la publicité des jugemens ne fait pas obstacle à la faculté qu'ont les trib. d'ordonner que les plaidoieries se feront à *huis-clos*, si la discussion publique doit entraîner du scandale ou des inconvéniens graves. C. pr. 87, — V. *Audience*, n° 4. — Il est en outre des cas où la loi autorise à procéder dans la chambre du conseil : par exemple, lorsqu'il s'agit d'opposition à un exécutoire de dépens. Cass. 2 fév. 1826. — V. d'ailleurs *Audience*, n°s 2 et suiv. ; *Discipline*, n° 151.

104. Les jugemens doivent être rendus dans les lieux affectés à l'administration de la justice.

Mais il n'est pas nécessaire, à peine de nullité, que les jugemens soient rendus dans le local où se tiennent ordinairement les audiences. Cass. 4 août 1835 (Art. 184 J. Pr.).

Toutefois, les magistrats doivent s'abstenir, à moins d'une nécessité absolue, de tenir leur audience hors du lieu ordinaire, car ce serait un moyen de diminuer la publicité voulue par la loi. — V. *Audience*, n° 1 et suiv.

105. Les motifs des jugemens et arrêts doivent être, à peine de nullité, prononcés à l'audience publique, aussi bien que le dispositif. Cass. 25 mai 1830, P. 3, 1830, 24.

106. Le principe de la publicité est violé quand le juge omet de lire une partie intégrante du dispositif, par exemple, une balance de compte transcrite entre deux condamnations. Cass. 5 Déc. 1836 (Art. 654 J. Pr.).

107. Il ne suffit pas que les jugemens soient rendus publiquement, ils doivent en contenir la preuve d'une manière explicite, ou au moins dans des termes qui supposent nécessairement la publicité. Henrion, *Compétence*, chap. 57 ; — sans cette énonciation, le jugement ne présenterait pas, comme il le doit, la preuve de sa légalité. Cass. 30 oct. 1823, Dalloz, 613.

D'ailleurs, l'observation des règles impérativement exigées pour l'administration de la justice doit être constatée dans les ac'es mêmes pour lesquels elles ont été prescrites. Si l'on pouvait se dispenser de faire mention dans ces actes qu'elles ont été remplies, l'on pourrait bientôt les transgresser impunément. Motifs, Cass. 19 mai 1813, P. 11, 584.

108. La publicité de l'audience résulte suffisamment du

jugement qui porte : *rendu bureau ouvert au public.* Cass. 4 août
1835 (Art. 184 J. Pr.); — *rendu l'audience civile tenante.* Cass.
27 mai 1818, P. 14, 822; — *à l'audience.* Cass. 26 juin 1817, P.
14, 313. — Le mot audience entraîne l'idée de publicité. Cass.
14 janv. 1824, 23 déc. 1828, P. 3, 1824, 401 ; 2, 1829, 17 ;
— surtout si l'arrêt constate que les avoués ont été entendus
dans leurs conclusions et les avocats dans leurs plaidoiries. Cass.
20 déc. 1825, P. 1826, 453 ; — *en séance de C. roy.*, lorsque
le jugement énonce que le rapport a été fait en public. Cass.
24 juill. 1822, D. 614. — Si le jugement porte : *Ouï le rapport
publiquement fait à l'audience,* et se termine par ces mots : *Fait et
prononcé à l'audience publique de la chambre du tribunal.* Cass. 6
janv. 1836 (Art. 361 J. Pr.); — *rendu à l'audience de la cause;*
et, à la fin, qu'il a été *prononcé à l'audience de la chambre civile,*
à la C. de   tenue et présidée par M.   . Cass. 20
janv. 1835 (Art. 8 J. Pr.).

109. Cependant la C. de cass. a jugé insuffisante pour établir la publicité du jugement, 1° l'énonciation qu'il a été rendu
au lieu ordinaire des audiences, en *audience tenue en l'auditoire de
la justice de paix.* Cass. 29 mai 1835 (Art. 116 J. Pr.); — 2° la
mention; *après en avoir délibéré dans la chambre du conseil.* Le jugement qui énonce la délibération dans la chambre du conseil,
doit énoncer ensuite que les juges sont rentrés à l'audience : on
pourrait croire, autrement, que le jugement a été aussi rendu
dans la chambre du conseil, ce qui constituerait une nullité.

Vainement on oppose que si l'on ne rapporte pas la preuve
que le jugement n'a pas été prononcé en audience publique, la
présomption doit être en faveur des opérations émanées des
juges. Cass. 12 niv., 22 brum. an 7, D. 613. — *Contrà,* Aix,
21 juin 1808, D. 614 ; Pigeau, *Comm.,* 1, 276 ; Poncet, 1, 216.

Les arrêts non prononcés publiquement peuvent être également rétractés par voie de requête civile ou annulés par voie de
cassation ; c'est ce qui résulte de la combinaison des art. 480-2°
C. pr., civ., et 7; L. 20 avr. 1810. Cass. 5 déc. 1836 (Art.
654 J. Pr.).

§ 4. — *Motifs.*

110. Tout jugement ou arrêt doit être motivé , c'est-à-
dire contenir le développement succinct des raisons qui ont déterminé le juge, — à peine de nullité. L. 20 avr. 1810, art. 7. Il
en est de même des jugemens et arrêts des colonies. Ordonn.
22 nov. 1819, S. 20, 2, 341.

111. Cette nullité est d'ordre public.

La C. cass. a cassé un arrêt, dans une de ses dispositions
pour défaut de motifs, quoique ce moyen n'eût pas été proposé. Cass. 26 juill. 1837 (Art. 936 J. Pr.).

112. La nécessité d'énoncer les motifs s'applique à toute espèce de jugement : à celui de défaut. Colmar, 6 flor. an 11, P. 3, 255; Pigeau, 1, *Comm.*, 529 ; à celui qui déclare bonne et valable l'opposition à un jugement de défaut. Orléans, 9 déc. 1818 , P. 14, 114; aux ordonnances de référé. Paris, 1 frim. an 11; aux jugemens qui statuent sur des exceptions préjudicielles. Cass. 12 juill. 1819, 15 mars 1820, P. 15 , 390 , 853 ; Berriat, 252; Merlin, R. 17, 174, 182, 186 ; Favard, v° *Jugement.*

113. Mais il n'est pas nécessaire de motiver les jugemens interlocutoires qui ordonnent une enquête ou une expertise, *avant faire droit et sauf les moyens et exceptions des parties au fond.* En déclarant qu'ils ne statuent qu'*avant faire droit,* les juges expriment suffisamment qu'ils ne prescrivent la mesure ordonnée que pour s'éclairer sur le fond dont ils n'ont pas eu une connaissance assez grande pour pouvoir le décider. Paris, 2 déc. 1812, P. 10, 853 ; Cass. 4 janv. 1820, P. 15. 674; Carré, n° 595; Berriat, 764 ; — les préparatoires : il y a mêmes motifs de décider. Carré, *ib* ; — le jugement d'adjudication définitive. Toulouse, 31 janv. 1826, S. 26, 232. — V. *Vente;* — le jugement qui met une cause en délibéré sur rapport. Cass. 30 août 1837 , (Art. 1513 J . Pr.)— les jugemens *d'adoption.* C. civ. 356.—V. ce mot, n° 18.

114. L'art. 7, L. 20 avril 1810, et l'art. 141 C. pr. n'exigent pas des motifs sur tous les moyens que les parties ont pu faire valoir et sur tous les argumens qu'il leur a plu de présenter. Cass. 3 janv. 1838 (Art. 1084 J. Pr.). Ils doivent porter sur chaque chef de demande et sur chaque exception formulée dans les conclusions. Cass. 17 avr. 1822, S. 23, 70; 2 août 1825, S. 26 , 125 ; 25 nov. 1828, S. 28, 408 ; Cass. 30 mai 1810, 9 juin, 25 nov. 1818, P. 8, 344; 14 , 852, 1080 ; 3 janv. 1838.

115. Il n'est pas nécessaire de motiver la partie du jugement relative à des conclusions qu'une partie a refusé d'écrire, s'en référant, à cet égard, à sa plaidoirie et à ses conclusions verbales. Cass. 21 déc. 1833 ; D. 33, 111.

Ni celle relative à des réserves faites par un des contestans contre son adversaire, sans qu'il leur ait été donné suite. Ces réserves ne constituent pas, en effet, une demande actuelle, sur laquelle on doive prononcer. Cass. 18 déc. 1832.

116. Des conclusions prises seulement dans les plaidoiries ne peuvent être considérées comme des points de droit sur lesquels les juges sont tenus de statuer. Cass. 4 déc. 1837 (Art. 1513 J. Pr.).

117. La loi n'a pas déterminé dans quelle partie du jugement devaient être placés les motifs : ils peuvent être confondus avec le dispositif. Cass. 6 déc. 1836 (Art. 942 J. Pr.).

118. Est suffisamment motivé l'arrêt qui, dans une affaire où il s'agissait d'établir la simulation du prix d'une cession de droits successifs, après avoir établi en fait qu'il y avait simulation dans le prix de la cession dispose ainsi : « Attendu que « tout démontre au procès que R... n'a pas payé aux dames « V...., au-delà de la somme de   , admet la de- « mande... Puis, dans le dispositif, donne le détail des sommes payées. Dans cette espèce, le motif donné pour fixation du prix réellement payé, se rattachait aux motifs donnés sur la fraude et la simulation, et recevait un complément par le détail des sommes qui se trouvaient dans le dispositif. Cass 1er juill. 1835 (Art. 222 J. Pr.).

119. Si l'arrêt déclare la demande à la fois non-recevable et mal fondée, il doit y avoir des motifs sur ces deux chefs, à peine de nullité. Cass. 7 mars 1826, P. 2, 1826, 55.

120. Est nul pour défaut de motifs l'arrêt qui, sur des conclusions formelles de l'intimé, tendant à ce que l'appel soit déclaré non recevable comme tardivement formé, déclare l'appel régulier et valable, sans donner aucun motif à l'appui du rejet de la fin de non recevoir, et statue au fond. Cass. 10 août 1835 Art. 466 J. Pr.).

121. Il n'y a pas de motifs suffisans dans un arrêt qui, sur une demande principale en résolution d'un contrat de vente à laquelle on oppose une demande reconventionnelle, tendant à la nullité du même acte pour fraude, statue sur la demande principale seulement, et sur la demande reconventionnelle se borne à renvoyer les parties hors de Cour. Cass. 4 janv. 1825, S. 25, 258.

122. Est nul pour insuffisance de motifs l'arrêt qui, infirmant un jugement fondé à la fois et sur le contrat intervenu entre les parties, et sur la chose jugée, ne s'explique que sur le contrat, sans donner de motifs pour repousser le moyen de chose jugée. Cass. 13 juill. 1835 (Art. 255 J. Pr.).

123. L'absence des motifs sur quelques chefs n'entraîne pas nullité, si ces chefs ne sont que des corollaires des autres chefs motivés. Cass. 19 nov. 1818, P. 14, 1072.

124. Ainsi, les motifs d'un arrêt, donnés sur le rejet de la demande principale, s'appliquent nécessairement à une demande accessoire qui n'est que la conséquence de la demande principale. Cass. 14 nov. 1825, P. 2, 1826, 147 ; 6 déc. 1832 ; 19 janv. 1837 ; 4 déc. 1837 (Art. 1513 J. Pr.). — Telle est, par exemple, la condamnation aux dépens, qui n'est qu'un accessoire de la demande principale. Cass. 7 nov. 1827, P. 2, 1828, 591 ; Boncenne, 2, 444 ; — et aux intérêts de la somme principale. Cass. 22 janv. 1833, S. 33, 158.

125. Il en est de même lorsque, la demande principale ayant été rejetée avec motifs, la demande accessoire rejetée sans motifs, ne pouvait avoir d'objet qu'autant que la demande principale aurait été accueillie. Cass. 26 avr. 1857 (Art. 1513 J. Pr.).

126. L'arrêt qui condamne une partie à délaisser certains biens et à payer les dégradations par elle commises est suffisamment motivé par les motifs relatifs au délaissement : les motifs de l'arrêt sur les dispositions principales motivent suffisamment les dispositions accessoires sur les dégradations. Cass. 20 déc. 1836 (Art. 706 J. Pr.).

127. Si le juge accueille une fin de non-recevoir et qu'il motive cette décision, il peut rejeter le fond, sans donner de nouveaux motifs ; car alors la décision du fond n'est qu'une conséquence légale de la première. Cass. 24 fév. 1825, P. 5, 1825, 187.

128. Un arrêt est suffisamment motivé si, statuant sur l'appel de deux jugemens dont le second n'a pour objet que l'exécution du premier. Ses motifs, qui s'appliquent explicitement à l'un d'eux, se réfèrent implicitement à l'autre. Cass. 10 mai 1820, P. 15, 981.

129. Est nul pour défaut de motifs l'arrêt qui repousse des conclusions subsidiaires sans en donner aucun motif. Cass. 16 janv. 1839, B. C. 40, 52 ; — par exemple, celui qui, sur une action en revendication, rejette les conclusions subsidiaires du défendeur, tendant à prouver, tant par titres que par témoins, sa longue possession de l'immeuble revendiqué, en se fondant uniquement, comme les premiers juges, sur ce que cette possession n'est nullement justifiée. Cass. 50 avr. 1859, B. C. 41, p. 194.

150. Mais l'arrêt n'est pas nul, lorsque les motifs donnés pour le rejet de la demande principale s'appliquent, en fait et en droit, au rejet de la demande subsidiaire. Cass. 15 août 1827, P. 1828, 1, 556.

151. Dans tous les cas, lorsqu'un seul chef du jugement n'est pas suffisamment motivé, il y a seulement ouverture à cassation quant à ce chef. Cass. 1er mars 1824, S. 25, 147.

152. Un jugement n'est pas suffisamment motivé par cela seul qu'il contient des motifs quelconques. Il faut que ces motifs se rapportent directement aux questions du procès, posées dans le jugement lui-même, et qu'ils soient la réponse aux argumens qui militaient en faveur du rejet. Cass. 17 avr. 1822, S. 25, 70 ; Boncenne, 2, 444.

153. Le peu d'étendue ou de solidité des motifs n'est pas une cause de nullité. Cass. 26 août 1823, 29 avr. 1824, P. 1824, 2, 513 ; 1825, 5, 46.

154. La loi n'exige pas que les motifs d'une décision soient eux-mêmes motivés. Cass. 16 mai 1838 (Art. 1513 J. Pr.).—Ainsi, l'arrêt qui admet une preuve motive suffisamment sa décision, en déclarant que les faits sont pertinens; il n'est pas nécessaire que cette pertinence soit elle-même motivée. Cass. 22 juin 1837 (Art. 1515 J. Pr.).

155. La généralité des motifs n'entraîne pas non plus par elle-même la nullité des jugemens et arrêts; mais, comme cette généralité, si elle décidait la question par la question, pourrait soustraire à la censure de la Cour quelque violation de la loi, le demandeur en cassation est dans le droit de discuter et la Cour dans le devoir de décider d'après les qualités de l'arrêt, si la violation existe. Cass. 28 mai 1838 (Art. 1266 J. Pr.).

156. Ainsi, est nul pour défaut de motifs l'arrêt qui déclare *non valablement interrompue la prescription* invoquée dans une instance, sans s'expliquer sur les moyens par lesquels on soutient qu'il y a eu interruption de prescription : c'est décider la question par la question. Cass. 30 avr. 1839 ; B. C. 41, p. 196.

157. Un arrêt qui ne motive pas spécialement le rejet de certaines exceptions n'est pas pour cela dépourvu de motifs, si, d'ailleurs, il contient des motifs généraux qui peuvent s'appliquer à ces exceptions, quel que soit le mérite de ces motifs. Cass. 5 mars 1838 (Art. 1515 J. Pr.).

158. Est suffisamment motivé l'arrêt qui, en matière de récusation, déclare que le fait allégué contre le magistrat qu'on veut récuser ne rentre pas dans les cas de récusation prévus par la loi. Cass. 10 déc. 1835 (Art. 242 J. Pr.). — Celui qui, sur le refus de l'appelant de conclure et de plaider, donne défaut, attendu que le jugement paraît régulier dans la forme et juste au fond. Cass. 20 juill. 1835 (Art. 99 J. Pr.).

159. Il y a motifs suffisans : dans la déclaration que des faits de la cause résulte la preuve qu'un billet à ordre, actuellement entre les mains du débiteur, n'a pas été acquitté, sans ajouter que la remise du billet n'a pas été volontaire, et bien qu'on n'allègue aucun fait de dol ou de fraude. Cass. 10 avr. 1833, S. 33, 383. — Dans celle qu'un testateur, à qui l'on conteste la capacité morale de tester, avait une capacité réelle et entière. Cass. 13 déc. 1831, D. 33, 178. — Dans celle que l'on adopte les motifs énoncés dans un rapport ordonné par le trib. Cass. 19 juin 1815, P. 15, 498. — Dans l'arrêt qui statuant sur des reproches proposés contre les témoins d'une enquête et d'une contre-enquête admet les uns, « *considérant qu'ils sont fondés en fait et en droit* », et rejette les autres, considérant « *qu'ils ne sont pas fondés* » surtout dans une espèce où il n'est rien allégué qui ait pu obliger la C. roy. à s'expliquer autrement qu'en disant que les reproches étaient ou n'étaient pas fondés. Cass. 28 mars 1837 (Art. 916 J. Pr.).

140. Est suffisamment motivé le jugement qui, sur une demande en nullité de paiement formée par un acquéreur, et

fondée sur le motif que celui qui avait payé connaissait l'incapacité du vendeur, déclare la demande non recevable sur ce que le défendeur n'est tenu ni personnellement ni comme détenteur, et qui, sur la demande formée contre le détenteur, déclare que les formalités prescrites pour la purge ayant été remplies, l'immeuble est franc et quitte de toutes dettes. Cass. 20 janv. 1836 (Art. 356 J. Pr.).

141. L'arrêt qui statuant sur l'appel de jugemens qui avaient prononcé des condamnations à diverses sommes d'après des estimations faites par des experts, modifie ces estimations et diminue le montant des condamnations, motive suffisamment cette décision en exprimant que c'est *sans avoir égard à l'avis des experts*. Cass. 16 fév. 1836 (Art. 1513 J. Pr.).

142. Le jugement motivé sur des considérans erronés en droit (spécialement, la qualification d'une servitude) n'est pas non plus susceptible de cassation, si l'erreur des motifs est sans influence décisive sur le dispositif. Cass. 15 mai 1816, S. 17, 226 ; Thomine, 1, 269 ; Boncenne, 1, 446.

143. Il y a absence de motifs si le jugement se borne à déclarer qu'il adopte les motifs développés dans la requête de l'une des parties. Cass. 14 juil. 1823, S. 24, 4 ;

Si dans un procès où l'on argue de la nullité et de la fausseté d'une obligation, le trib. en ordonne purement et simplement l'exécution, sans s'expliquer sur les moyens proposés. Cass. 11 août 1824, S. 24, 414. — Spécialement sur la déclaration de vouloir s'inscrire en faux. Cass. 12 nov. 1828, S. 28, 405;

Si le trib. déclare simplement qu'un débiteur ne justifie pas de sa libération, sans s'expliquer d'ailleurs sur la valeur d'un acte produit par lui pour établir cette libération. Cass. 18 avr. 1826, P. 3, 1826, 222 ;

Ou s'il déclare un mandataire responsable d'une créance, faute d'avoir poursuivi une liquidation en temps utile, sans statuer sur le moyen de défense résultant de ce qu'il aurait été impossible de poursuivre la liquidation, et sans déclarer constant aucun fait propre à justifier l'arrêt. Cass. 24 mai 1822. P. 1, 1823, 17.

144. *L'adoption* des motifs des premiers juges est suffisante pour les juges d'appel, lorsque le jugement a été lui-même dûment motivé. Cass. 18 oct. 1814, P. 12, 433; 27 nov. 1837 (Art. 1039 J. Pr.). Carré, n° 595; Boncenne, 2, 447 ; Berriat, 252.

145. Mais si le juge d'appel, sans déclarer adopter les motifs des premiers juges, se borne à décider qu'il confirme, sans déduire aucun motif, l'arrêt est nul. Cass. 25 mai 1821, P. 1822, 1, 118. — La transcription même du jugement dans les qualités de l'arrêt, ne peut, si le jugement est confirmé, tenir lieu de motifs, quand l'arrêt n'exprime pas que les motifs des premiers juges ont été adoptés. Cass. 27 déc. 1819, P. 15, 656.

146. Est suffisamment motivé l'arrêt qui, en adoptant les motifs des premiers juges, rejette les conclusions nouvelles prises en appel, si elles s'appuient sur les mêmes motifs, et tendent au même but que celles prises en 1re instance. Cass. 24 fév. 1835, 6 juin 1837 (art. 12, 831 J. Pr.); — ou si les motifs des premiers juges offrent une raison de décider suffisante à l'égard du moyen nouveau. Arg. Cass. 12 juin 1820, 6 fév. 1827, P. 15, 1059; 1827, 3, 69, — par exemple lorsque, sur une question de bonne foi agitée pour la première fois en appel, l'arrêt adopte tous les motifs des premiers juges, lesquels établissaient en fait la mauvaise foi. Cass. 10 nov. 1824, P., 1825, 3, 453.

147. La loi n'exige pas que chaque fait articulé à l'appui des demandes, exceptions ou moyens des parties, soit l'objet d'un motif particulier. Dans ce cas, l'arrêt est suffisamment motivé par la simple adoption des motifs des premiers juges, quoique de nouveaux faits aient été articulés pour la première fois en appel. Cass. 24 mai 1837 (Art. 958 J. Pr.).

148. Lorsqu'un arrêt a confirmé un jugement de 1re inst., sans en adopter les motifs, on ne peut s'appuyer sur ces motifs non reproduits par l'arrêt pour le justifier devant la C. de cassation. Cass. 8 avr. 1814, P. 12, 172.

149. L'irrégularité résultant de ce qu'un arrêt contradictoire s'est borné à adopter les motifs de l'arrêt par défaut sans rien statuer sur une demande nouvelle, présente non pas un défaut de motifs, mais une omission de prononcer, et par suite l'arrêt doit être attaqué par requête civile et non par voie de cassation. Cass. 22 mars 1836 (Art. 1513 J. Pr.).

150. Mais au contraire lorsqu'à l'appui de son action, le demandeur indépendamment de ses conclusions principales, a pris des conclusions subsidiaires tendant à faire preuve de la prescription, par exemple, l'arrêt qui rejette l'action en se contentant de donner des motifs sur les conclusions principales sans s'occuper d'ailleurs des conclusions subsidiaires, doit être annulé pour défaut de motifs. On ne peut pas dire dans ce cas qu'il y a plutôt *omission de statuer qu'omission de motiver*, et qu'en conséquence l'arrêt doit être attaqué par requête civile et non par recours en cassation. Cass. 22 août 1836, D. 36, 139.

SECTION III. — *Voies d'exécution ordonnées par le jugement. —*
Exécution provisoire.

151. Le trib. en prononçant le jugement peut ordonner

certaines mesures qui ont pour objet ou d'éclairer la justice, ou de faire dépendre sa décision d'une affirmation, ou d'accorder un délai, ou d'assurer l'exécution du jugement.—Ainsi il peut ordonner la *comparution des parties.* C. pr. 119 ; — un *serment.* *Ib.* 121 ; — accorder des *délais. Ib.* 122. — prononcer la *contrainte par corps. Ib.* 126 ;—condamner en *des dommages-intérêts. Ib.* 128 ; — à des restitutions de *fruits. Ib.* 129.—V. ces mots.

152. Jugé que le jugement qui condamne une partie à restituer une chose dans un certain délai, et *faute de ce faire dans ledit délai, la condamne au paiement d'une somme déterminée,* ne renferme qu'une disposition comminatoire ; la quinzaine indiquée pour l'exécution n'est pas de rigueur. La partie a pu, après l'expiration du délai, faire la restitution qui formait l'obligation principale. Cass. 10 juill. 1832, S. 32, 669.

153. L'exécution est en général arrêtée par l'opposition ou l'appel. — V. *Jugement par défaut, Appel,* n° 214.

Néanmoins, la suspension de l'exécution pouvant causer, dans certains cas, de graves préjudices à celui qui a obtenu gain de cause, la loi a ordonné, dans quelques circonstances, et permis dans d'autres, aux trib., d'autoriser *provisoirement* l'exécution *immédiate* de leurs jugemens, *nonobstant opposition ou appel,* sans toutefois y préjudicier.

Le juge a même le droit, en cas d'urgence, d'ordonner que sa décision sera exécutée sur la minute et sans expédition. — V. *Exécution,* n° 42.

154. Les juges peuvent ordonner l'exécution provisoire de leurs jugemens avec ou sans caution (C. pr. 135), — suivant les circonstances. — V. *inf.* n. 162 et suiv.

155. Dans tous les cas, il faut que l'exécution provisoire soit ordonnée par le jugement qui statue sur la contestation : si les juges ont omis de la prononcer, ils ne peuvent l'autoriser par un second jugement. C. pr. 136 ;

Le peuvent-ils par le jugement qui déboute le condamné de son opposition au premier jugement par défaut ? — V. *Jugement par défaut,* n° 200.

156. Mais les parties sont recevables à la faire ordonner ou suspendre en appel sur un simple acte, et avant le jugement de l'appel. C. pr. 136, 458, 459.

157. L'exécution provisoire peut-elle être demandée en appel, lorsqu'elle ne l'a pas été en 1re inst. ?—L'affirmative a été décidée. Poitiers, 7 avr. 1837 ; Paris, 27 sept. 1838 (Art. 1060 et 1440 J. Pr.). — V. *Appel,* n° 304.

L'exécution provisoire ne peut être ordonnée d'office, elle doit être demandée. Rennes, 9 juill. 1810, P. 8, 445 ; Grenoble, 15 déc. 1820, D. 9, 650 ; Carré, n. 583 ; Thomine, 1, 253 ; si elle a été demandée purement et simplement, elle ne peut être ordonnée nonobstant appel *et* sans caution. Rennes, 27 août 1819, P. 15, 523.

158. Certains jugemens sont exécutoires provisoirement, de plein droit, sans que le juge l'ait ordonné. Favard, v° *Jugement;* Delaporte, 2, 18 ; Carré, n° 581.

Ce sont, 1° les jugemens qui prononcent des amendes contre des témoins défaillans. C. pr. 263.—V. *Enquête*, n° 163 ;

2° Ceux qui ordonnent des mesures pour la police de l'audience. C. pr. 89, 90.—V. *Audience*, n°s 32 et 33 ;

3° Ceux qui statuent sur des récusations d'experts. C. pr. 312.—V. *Expertise*, n° 52 ; — ou de juges dans certains cas. — V. *Récusation;*

4° Ceux qui ordonnent la délivrance, par un notaire ou autre dépositaire, d'expéditions d'actes, ou un *compulsoire.* C. pr. 848.—V. ce mot, n° 12 ;

5° Les ordonnances du juge-commissaire qui statuent sur les interpellations adressées aux témoins, ou les interruptions de témoignages dans les *enquêtes.* C. pr. 276.—V. ce mot, n° 272.

— V. d'ailleurs *Emprisonnement*, n° 11.

159. L'exécution provisoire ne peut être ordonnée : 1° pour les dépens, quand même ils seraient accordés pour tenir lieu de dommages-intérêts (C. pr. 137) : il n'est jamais urgent d'exécuter pour ce chef. — Toutefois cette règle souffre une exception à l'égard des frais d'une procédure dont on s'est désisté.—V. *Désistement*, n° 118.

Quid en matière commerciale ? — V. *Tribunal de commerce.*

160. 2° En matière d'ordre. Ainsi, elle ne saurait être autorisée par un jugement qui admettrait un créancier et fixerait son rang hypothécaire, bien que ce créancier fût porteur d'un titre authentique. Grenoble, 23 fév. 1828, S. 28, 288.

161. Les affaires sommaires sont soumises, quant à l'exécution provisoire, aux mêmes règles que les affaires ordinaires. Pigeau, *Comm.*, 1; 324.

162. L'exécution provisoire doit être ordonnée sans caution, s'il y a titre authentique, promesse reconnue, ou condamnation précédente par jugement dont il n'y ait point appel. C. pr. 135.

Cette disposition, ainsi que celles qui vont être examinées dans cette section, ne concernent que les trib. de 1re inst. : en effet, les jugemens des trib. de comm. sont soumis, pour la matière qui nous occupe, à des règles particulières. — V. *Tribunal de commerce.*

Pour ceux des *juges de paix.* —V. ce mot, sect. VII.

Enfin, les arrêts des C. roy. n'étant sujets qu'au pourvoi en cassation, et ce pourvoi n'étant pas suspensif (—V. *Cassation*, n° 208), il n'y a pas lieu à en ordonner l'exécution provisoire.

163. *S'il y a titre authentique.* Il y a titre dans le sens de l'art. 135, lorsque le droit est fondé sur une qualité *non contestée :* par exemple, dans le cas où il s'agit du droit d'un fils cohéritier contre son frère détenteur des biens de la succession. Cass. 1ᵉʳ fév. 1815, P. 12, 575; Favard, vᵒ *Jugement.*— *Contrà*, Agen, 20 juill. 1850, S. 52, 440.

De même, la qualité de syndic, non contestée, équivaut à l'existence d'un titre, et l'on peut ordonner l'exécution provisoire du jugement qui le condamne à rendre compte de sa gestion. Paris, 1ᵉʳ mars 1831, S. 31, 175.

164. Peut-on assimiler à un titre authentique un testament olographe ouvert et publié avec les formalités voulues par la loi ? — V. *Possession (envoi en).*

165. L'exécution du titre authentique est suspendue s'il y a mise en accusation sur une plainte en faux principal ; elle peut l'être sur une inscription de faux incident. C. civ. 1319. — V. *Faux.*

166. Cette disposition n'est pas limitative : l'exécution provisoire ne doit pas être ordonnée, lorsque le titre authentique est contesté quant à sa validité et à son essence. Nîmes, 18 nov. 1807; Limoges, 13 mars 1846 ; Rennes, 4 mars 1817, P. 6, 546; 13, 533 ; 14, 109 ; Metz, 11 mars 1824, D. 655; par exemple, s'il s'agit d'un bordereau attaqué par voie de tierce-opposition au procès-verbal d'ordre en vertu duquel il a été délivré. Montpellier, 24 fév. 1835 (Art. 142 J. Pr.); — ou lorsqu'à l'exécution d'un arrêt, on oppose qu'une transaction est intervenue sur cet arrêt. Rennes, 23 sept. 1815, P. 13, 71.

167. Mais il faut que la contestation soit sérieuse. Une contestation sans fondement et inspirée par la chicane ne pourrait arrêter l'exécution de l'acte.

168. Si le créancier a un titre notarié exécutoire, le juge a-t-il le droit d'accorder un délai?— V. *Délai,* nᵒ 55.

169. L'exécution provisoire ne peut être autorisée que contre la partie obligée ou ses ayant-cause, et non contre des tiers. Pigeau, *Comm.,* 1, 321.—V. *Jugement par défaut,* nᵒ 263.

170. *S'il y a promesse reconnue.* Par promesse, il faut entendre une promesse écrite antérieure à l'instance, et non pas une promesse verbale, ou que l'on ferait résulter d'un acquiescement tacite également antérieur. Carré, nᵒ 578.

Au contraire, une reconnaissance peut être tacite : ainsi elle s'induit du défaut de dénégation pendant l'instance (Carré, *ib.*), mais non du défaut de comparution du défendeur : le défaut emporte en effet contestation. Carré, nᵒ 579.

171. Jugé qu'il y a *promesse reconnue*, lorsque la signature seule est reconnue et que la validité de l'obligation est contestée.

Grenoble, 18 juill. 1809, D. 649.—Suivant cet arrêt, la simple promesse sous signature privée aurait plus d'effet que l'acte authentique. —V. *sup*. n° 163.

Cette doctrine ne nous paraît pas devoir être admise.

172. Il y a promesse reconnue, lorsque la dette a été reconnue devant le bureau de paix.—V. *Préliminaire de conciliation*.

173. L'exécution provisoire peut être accordée, même sans titre authentique ou promesse reconnue, si le défendeur reconnaît le fait sur lequel la demande est fondée, et se borne à contester la quotité de la réclamation. Cass. 11 juill. 1826, S. 27, 236.

174. *S'il y a condamnation précédente par jugement dont il n'y a pas appel*. Ce cas est assez rare ; mais il peut se présenter quelquefois : par exemple, lorsqu'il s'est élevé des difficultés sur l'exécution du premier jugement. Ainsi, Paul est condamné à payer 2,000 fr. à Pierre par un jugement dont il n'appelle pas. Pierre, pour arriver au paiement, fait saisir les meubles de son débiteur ; celui-ci demande la nullité de la saisie : le jugement qui rejetera sa demande devra ordonner l'exécution provisoire. Carré, art. 135, note 3. — En outre, il peut s'élever des difficultés sur l'interprétation de la condamnation précédente. Un premier jugement condamne à payer des dommages-intérêts qui seront donnés par état. Il n'est pas frappé d'appel ; un second jugement statue sur l'évaluation ; il sera exécutoire par provision.

175. L'exécution provisoire peut être ordonnée, avec ou sans caution, lorsqu'il s'agit : 1° d'apposition et levée de *scellés*, ou confection d'*inventaire*. — V. ces mots ; — 2° de réparations urgentes ; — 3° d'expulsion de lieux, lorsqu'il n'y a pas de bail, ou que le bail est expiré ; — 4° de séquestres, commissaires et gardiens ; — 5° de réception de cautions et de certificateurs. — V. *Caution* (*réception de*) ; — 6° de nominations de tuteurs, curateurs ou autres administrateurs, et de reddition de compte. — V. *Conseil de famille*, *Interdiction*, *Reddition de compte* ; — 7° de pensions ou provisions alimentaires (C. pr. 135).

176. L'art. 135 C. pr. est limitatif. La première rédaction se terminait ainsi : DANS TOUS LES AUTRES CAS, *les juges pourront ordonner l'exécution provisoire de leurs jugemens, en donnant caution ou en justifiant d'une solvabilité constante*. Ces mots furent retranchés. Il s'en suit que l'art. est limitatif et que jamais l'exécution provisoire ne peut avoir lieu hors des spécifications de la loi. Paris, 9 janv., 14 sept. 1808, P. 6, 433 ; 7, 148 ; Boncenne, 2, 577.

Toutefois, plusieurs auteurs pensent que les jugemens provisoires sont tous exécutoires par provision, quoique non compris dans la nomenclature de l'art. 135. Carré, n° 585 ; Pigeau,

2 , 33. — Ce dernier auteur enseigne même qu'ils sont de plein droit exécutoires sans caution.

Jugé que l'exécution provisoire doit être ordonnée par le jugement qui prononce la nullité de l'emprisonnement et la mise en liberté d'un détenu pour dettes. Rennes, 3 fév. 1818, P. 14, 621. — V. *Emprisonnement*, n° 270. — *Contrà*, Paris, 9 janv. 14 sept. 1808, P. 6, 433; 7, 148.

177. *Scellés.* C. pr. 921 , 928, 944. — V. d'ailleurs *Référé*.

178. *Réparations urgentes.* Si le locataire se refuse à les laisser faire, ou le propriétaire à les faire (C. civ. 1724), on obtiendra ou un jugement ou une ordonnance de référé suivant l'urgence. — V. *Référé*.

179. *Expulsion. Lorsqu'il n'y a pas de bail,* ou de bail verbal reconnu.

180. *Commissaire.* Se rapporte aux commissaires aux saisies réelles de l'ancien droit.

181. *Réception de caution.* — V. ce mot.

182. *Pension alimentaire.* — V. *Alimens.*

183. *Provision.* — V. ce mot et *Séparation de corps.*

SECTION IV. — *Rédaction du jugement.*

184. Le jugement prononcé par le juge et transcrit par le greffier sur la feuille d'audience ne comprend pas les divers élémens dont se compose la rédaction.

185. Cette rédaction doit contenir les noms des juges, du procureur du Roi, s'il a été entendu, ainsi que des avoués ; les noms, professions et demeures des parties ; leurs conclusions , l'exposition sommaire des points de fait et de droit, les motifs et le dispositif des jugemens. C. pr. 141.

186. La rédaction se divise en deux parties ; l'une comprend les noms, professions et demeures des parties, les noms des avoués , les conclusions et les points de fait et de droit. C'est l'ouvrage des avoués, ce sont les *qualités* du jugement sur lesquelles se fait la rédaction. C. pr. 142.

L'autre contient les noms des juges, du procureur du roi, s'il a été entendu, les motifs et le dispositif. Cette partie est l'ouvrage du juge et du greffier. *Id.* 138 et 141.

187. La réunion de ces deux parties forme la rédaction du jugement.

188. L'omission de l'une des formalités dont se compose le jugement dans son ensemble, entraîne-t-elle la nullité du jugement ? — Cette question est très controversée.

189. Il est de jurisprudence que les formes constitutives du jugement doivent être constatées par le jugement même, et que l'omission d'une seule en emporte nullité. Cass. 15 juill. 1815, P. 13, 7; 11 fév. 1835 (Art. 108 J. Pr.).

Mais la difficulté est de savoir ce que l'on doit entendre par
formes constitutives du jugement. On a vu (*sup.* n° 50) qu'un jugement est nul s'il n'a pas été rendu par le nombre de juges
prescrit, ou s'il l'a été par des juges qui n'ont pas assisté à
toutes les audiences, ou sans publicité, ou sans motifs. L. 20
avr. 1810, art. 7.

Mais, à côté de ces formes, il est d'autres énonciations que
l'art. 141 fait entrer dans la composition d'un jugement ; et
c'est à ce sujet que la divergence des opinions s'est manifestée.

Les uns, prenant pour règle l'art. 141, ont pensé que tout
ce qu'il exige est obligatoire dans la rédaction des jugemens, à
peine de nullité. Cass. 14 niv. an 8, 11 juin 1811, D. 620 ;
Rennes, 21 juin 1816, P. 13, 500 ; Berriat, 252, Poncet, 1,
196 ; Carré, n° 594 ; Demiau, 124 ; Boncenne, 2, 449.

D'autres, au contraire, invoquent le silence de la loi pour
rejeter le système de la nullité. Thomine, 1, 267 ; Hautefeuille, 109 ; Toullier, 10, 190 ; Cass. 8 août 1808, P. 7, 74 ;
9 mai 1823, S. 23, 347.

Enfin, plusieurs auteurs ont pensé qu'il fallait distinguer
entre les formalités provenant du fait des parties, telles que
celles exigées pour la rédaction des qualités qui sont l'ouvrage
des avoués, et celles qui sont le fait du juge. Pour les premières,
on ne pourrait demander la nullité, s'il ne s'agissait que d'irrégularités peu importantes : par exemple, s'il y avait dans les
points de fait et de droit des erreurs qui n'empêchassent pas
que la cause du litige eût été bien entendue par le trib. ; il en
serait autrement des dernières. Lyon, 22 juill. 1829, S. 29,
305 ; Pigeau, *Comm.*, t. 1, p. 330.

Quant à nous, nous pensons que la question doit se résoudre
par la distinction des formalités substantielles de celles qui ne
le sont pas ; il appartient aux trib. d'apprécier les faits, et
d'appliquer ou de rejeter la nullité, suivant la manière dont
il a été satisfait aux prescriptions de l'art. 141.

Nous ne saurions adopter l'opinion de Pigeau, qui ne reconnaît de nullité ni pour l'omission du nom des juges ou
du procureur du Roi, ni pour celle des conclusions, des points
de fait ou de droit et des motifs, attendu, dit-il, qu'un jugement peut subsister sans cela. Son opinion est, du reste, combattue par les arrêts ci-dessus rapportés, et par deux autres de
la C. de cass. des 1er mars 1831, S. 31, 182, et 19 mars
1833, S. 33, 288. — V. d'ailleurs *inf.* n° 214.

§ 1. — *De la minute.*

190. Le greffier porte sur la feuille d'audience du jour la
minute de chaque jugement aussitôt qu'il est rendu. Il fait
mention en marge des noms des juges et du magistrat du mi-

nistère public qui y ont assisté. Décr. 30 mars 1808, art. 36; C. pr. 138.

191. A l'issue de l'audience, ou dans les vingt-quatre heures, le président vérifie cette feuille, et signe, ainsi que le greffier, la minute de chaque jugement et les mentions faites en marge. Décr. 30 mars 1808 art. 36, 73, C. p. 138.

192. Si par l'effet d'un accident extraordinaire, le président se trouve dans l'impossibilité de signer la feuille d'audience, elle doit l'être dans les vingt-quatre heures suivantes par le plus ancien des juges ayant assisté à l'audience. Décr. 30 mars 1808, art. 57. — L'empêchement est constaté par un procès-verbal.

193. Si l'impossibilité de signer est de la part du greffier, il suffit que le président en fasse mention en signant. *Ib.*

194. Les feuilles d'audience sont de papier timbré de même format, et réunies par année en forme de registre. Décr. 30 mars 1808, art. 39.

195. Lorsque les feuilles d'une ou de plusieurs audiences n'ont pas été signées dans les délais ci-dessus. — V. *sup*, n° 192, le ministère public en réfère à la C. roy. devant la chambre que tient le premier président. Cette chambre peut, suivant les cas et sur les conclusions écrites du procureur-général, autoriser un des juges qui ont concouru à ces jugemens à les signer. Décr. 30 mars 1808, art. 74.

196. S'il s'agit de jugemens rendus par la C. roy., il en est référé à la chambre que tient le premier président; laquelle peut, suivant les circonstances, et sur les conclusions par écrit du procureur général, autoriser un des juges qui ont concouru à ces jugemens, à les signer. Même décret, art. 38.

197. Quant au greffier qui donne sa signature, ce doit être le greffier en chef, s'il a tenu la plume à l'audience, ou le greffier assermenté qui l'a remplacé. Arg. Décr. 30 mars 1808, art. 90; Carré, n° 590.

198. Le greffier peut faire écrire en entier les feuilles d'audience par des commis non assermentés, pourvu qu'elles soient revêtues de la signature du greffier qui a tenu la plume à l'audience. Ce dernier, en apposant sa signature au bas de la feuille d'audience, s'approprie tout ce qu'elle contient. Déc. min. just., 22 mars 1833.

199. La minute du jugement n'est pas nulle pour être signée par un greffier partie aux qualités. La jurisprudence actuelle n'autorise pas la récusation du greffier, et ne lui prescrit pas de s'abstenir : il est en effet étranger à la décision des juges. Rennes, 3 janv. 1818, P. 14, 556; Carré, n° 591; Dalloz, v° *Jugement*, 647. — V. *Greffier*, n° 44.

200. Le greffier qui délivre expédition d'un jugement sans qu'il ait été signé, est poursuivi comme faussaire.—V. *ib.* n° 50.

201. Les procureurs-généraux et les procureurs du roi se font représenter tous les mois les minutes des jugemens, et vérifient s'il a été satisfait aux dispositions ci-dessus. C. pr. 140.

ʄ En cas de contravention, ils en dressent procès-verbal, pour être procédé comme de raison. C. pr. 140.

202. Le jugement doit être rédigé de manière à ce qu'on ne puisse connaître l'opinion personnelle de chaque juge, afin d'éviter le ressentiment de la partie condamnée.

Un magistrat ne pourrait donc déclarer en signant, qu'il n'a pas été d'avis du prononcé. Arg. Cass. 27 juin 1822, P. 2, 1822, 535.

203. Il est également inutile de mentionner dans le jugement qu'il s'est élevé plus de deux opinions, et que les voix ont été recueillies de nouveau : la décision du trib. appartient en effet à tous les membres et est censée émanée de tous et de chacun d'eux. La loi s'en rapporte du reste à la conscience des magistrats pour exécuter ses prescriptions. Carré, n- 401.

204. Il ne suffirait pas que la feuille d'audience contînt une note succincte du prononcé du jugement, sauf à y donner les développemens nécessaires lors de la rédaction complète que l'on en ferait sur les qualités. Elle doit présenter les dispositions du jugement, de manière à ne rien laisser à désirer et à rendre toute altération impossible. Lettre min. just. 26 sept. 1808, S. 8, 2, 298.

205. Il n'est pas nécessaire de rédiger les jugemens de simple remise de cause, et ceux de délibéré dans la chambre du conseil. Cependant l'art. 94 C. pr. suppose qu'il y a au moins une minute de ces jugemens.

Mais si l'affaire a été mise en délibéré avec ou sans rapporteur, il y a nécessité de le constater par un jugement porté sur la feuille d'audience. C. pr. 95, 96.

206. La minute de tout jugement doit contenir les motifs, le dispositif du jugement, le nom des juges qui y ont assisté, et du procureur du roi, s'il a été entendu, et enfin la signature du président et du greffier. C. pr. 138 et 141.

207. *Noms des juges et du procureur du roi.* La mention du nom des juges qui ont assisté au jugement doit être portée en marge de la feuille d'audience, et signée comme le jugement même, par le président et le greffier. C. pr. 138. — Sans cela elle ne ferait pas foi.

Cette formalité est indispensable pour s'assurer si les juges étaient en nombre suffisant, s'ils ont assisté à toutes les plaidoiries, s'ils étaient tous compétens, etc. Pigeau, 1, 597; Dalloz, *ib.* 616. — *Contrà*, Poncet, 1, 230.

208. L'état nominatif des juges une fois arrêté régulièrement, fait foi nonobstant toute note contraire écrite à la suite par le greffier. Cass. 24 août 1825, S. 26, 26 ; — ou un certificat du greffier. Cass. 3 déc. 1827, S. 28, 167. — Aucun certificat, ni même aucune délibération des juges ne suffisent pour autoriser le greffier à rectifier cet état. L'attestation des juges est insuffisante, surtout lorsqu'elle n'est fondée que sur leurs souvenirs personnels. Cass. 6 nov. 1827, S. 28, 13 ; 14 mai 1828, S. 28, 332.

209. Si l'on énonce que l'arrêt a été rendu sous la présidence du premier président, sans nommer ce magistrat, il est suffisamment désigné d'après l'art. 141 : il est le seul de sa qualité, et d'ailleurs son nom patronymique se trouve au bas de l'arrêt. Cass. 3 juin 1829, S. 29, 225.

210. Le jugement ne peut être annulé par cela seul qu'il énonce la présence d'un juge qui n'y a pas concouru et dont le nom n'est pas porté sur la feuille d'audience, lorsque d'ailleurs le nombre des juges était suffisant. Paris, 5 avr. 1808, P. 6, 606 ; Cass. 25 janv. 1825, S. 25, 381.

Il en serait autrement si l'erreur portait sur le nom : par exemple, si l'expédition portait le nom du juge au lieu du suppléant qui l'a remplacé. Rennes, 23 juin 1820, P. 15, 1067.

211. Dans le cas ou un avoué (—V. sup. n° 68) a siégé comme juge, le jugement doit, à peine de nullité, énoncer qu'il n'a siégé qu'à défaut de juges et d'avocats. Montpellier, 22 mars 1824, S. 24, 209. — Si c'est un avocat qui a siégé, le jugement doit constater, à peine de nullité, qu'il n'a siégé qu'à défaut de juges. Cass. 19 janv. 1825, S. 25, 280, — et d'avocats plus anciens. Cass. 11 avr. 1826, S. 27, 433 ; 4 juin 1828, S. 28, 346.

Ces énonciations ne peuvent être suppléées par aucun certificat du président ou des juges. Cass. 16 juin 1824, S. 24, 284.

Mais il n'est pas nécessaire d'énoncer la cause d'empêchement. Cass. 12 pluv. an 9 ; Carré, art. 118 ; Pigeau, 1, 279 ; Merlin, *Quest.* ; Thomine, 1, 229.

212. Les juges suppléans ont au contraire le caractère de *juge* dans le sens de la loi. Cass. 21 déc. 1820, S. 21, 135 ; — en conséquence, ils peuvent être valablement appelés sans que le jugement constate l'absence ou l'empêchement des titulaires, si d'ailleurs ceux-ci étaient réellement en nombre insuffisant. Cass. 26 déc. 1826, 9 août 1826, 27 juin 1827, 31 janv. 1828, S. 27, 72, 119, 384-28, 296 ; Boncenne, 2, 373. — Dans l'usage on fait toujours cette mention.

213. Il n'est pas nécessaire que le jugement mentionne que les juges se sont retirés dans la chambre du conseil pour délibérer. Cass. 23 juin 1833, S. 33, 667.

214. *Procureur du roi.* On doit relater dans le jugement le nom du procureur du roi, s'il a donné ses conclusions, à peine de nullité.

C'est-à-dire qu'il faut que le jugement constate non-seulement la présence, mais encore l'audition du ministère public, s'il a dû être entendu. L. 24 août 1790, tit. 8, art. 3; C. pr. 85; Pigeau, t. 1, p. 329; Merlin, *Quest.* v° *Jugement;* Cass. 29 fruct. an 5, Dalloz, P. 617; 16 vend. et 29 frim. an 13, S. 5, 108, 7, 1059; — mais son nom n'est pas exigé à peine de nullité : il est suffisamment désigné par sa qualité. Cass. 12 juin 1828, S. 28, 351. — *Contrà*, Nîmes, 1er août 1827, S. 28, 232; Cass. 6 déc. 1835 (Art. 423 J. Pr.).

215. Dans le cas où la participation du ministère public à l'affaire n'est pas exigée par la loi, le défaut de mention de la présence et des conclusions d'un officier du parquet n'entraîne pas la nullité du jugement. Cass. 23 juin 1833, S. 33, 667; Pigeau, *Com.*, 1, 326.

216. Quant au greffier, aucune loi n'exige que sa présence à l'audience soit mentionnée dans l'expédition des jugemens ou arrêts. Cette présence est d'ailleurs suffisamment constatée par sa signature sur la minute à la suite de celle du président. Cass. 19 nov. 1835, 3 janv. 1838 (Art. 249, 1084 J. Pr.).

217. Suivant Pigeau, *Commentaire*, 1, 335, si la minute du jugement se perd, après qu'une grosse ou expédition en a été délivrée, cette expédition ou toute autre copie authentique est considérée comme minute, et en conséquence tout officier ou dépositaire de cette expédition est tenu de la remettre, sur l'ordre du président, dans le dépôt destiné à la conservation des arrêts. Arg. C. inst. crim. 522.— Il y est contraint même par corps; l'ordre du président lui tient lieu de décharge, et il peut, en effectuant cette remise, se faire délivrer une expédition sans frais. Pigeau, *Com.* 1, 335.

218. Sont considérées comme authentiques les copies signifiées par l'huissier sur la grosse. Il a caractère pour faire cette signification, et attester que la copie est conforme à l'original qu'il a entre les mains. Arg. C. civ. 1335; Pigeau, 1, 356.

219. Dans le cas où le jugement a été déclaré exécutoire sur la minute, et où par conséquent il n'y a pas eu de qualités signifiées, si la minute venait à s'égarer, on y suppléerait de la manière ci-dessus (n° 217); — mais lorsque les qualités n'ont jamais été signifiées on les refait sur la procédure, si elle existe; si elle n'existe plus, on peut appliquer l'art. 524 C. inst. crim., portant que s'il n'existe aucun acte par écrit d'une procédure, l'instruction est recommencée à partir du point où les pièces manquent. Pigeau, *ib.* p. 537.

220. S'il ne reste ni minute, ni grosse, ni expédition ou

copie du jugement, mais qu'il subsiste encore une mention
d'enregistrement, on peut par argument de l'art. 1336 C. civ.
considérer cette mention comme commencement de preuve par
écrit, et demander à faire entendre comme témoins ceux qui ont
rédigé l'expédition, signifié le jugement, ou qui ont une connaissance quelconque de son existence. La preuve faite, on ordonne que la minute sera rétablie d'après le résultat de l'enquête. Pigeau, *ib.* p. 337.

221. *Motifs.* — V. *sup.* sect. II, § 4.

222. *Dispositif.* La minute du jugement contient enfin le dispositif, c'est-à-dire la décision proprement dite du trib. sur les
points en contestation. C. pr. 141.— Sans dispositif, en effet,
il n'y a point de jugement.

Le dispositif doit statuer sur toutes les questions de fait et de
droit que présente le procès, et seulement sur ces questions. L.
24 août 1790, art. 15 ; Cass. 4 prair. an 9.— V. *Requête civile.*

223. Les juges ne peuvent, dans la rédaction de leur jugement, suppléer les moyens de droit principaux, mais seulement
les moyens de droit accessoires qui ne sont que la conséquence
de ceux qu'on a fait valoir. Pigeau, 1, 571.

Ainsi, lorsque le donateur au lieu d'invoquer tout à la fois et
l'ingratitude du donataire, et l'inexécution des conditions pour
faire révoquer la donation, n'emploie que l'un de ces moyens, le
juge ne doit pas se fonder sur l'autre. — Au contraire, si l'une
des parties soutient qu'un acte est nul pour défaut de
forme, et qu'elle ne signale qu'une des causes de nullité qui se
trouvent dans la forme de cet acte, le juge peut suppléer les
autres.

224. Il importe que la rédaction du dispositif soit claire et
précise.

§ 2. — *Des Qualités.*

225. Les dispositions du C. de pr. sur les *qualités*, la brièveté
du délai accordé pour l'opposition, les inconvéniens de la rédaction, qui peut être faite long-temps après le jugement, ont été
l'objet de quelques critiques. — M. Boncenne, 2, 440, préfé-
rerait que la rédaction des qualités fût, comme le reste du jugement, l'ouvrage du juge. — Nous ne partageons pas cette
opinion; peut-être dans la pratique n'a-t-on pas toujours attaché assez d'importance à la rédaction des qualités, au débat contradictoire qui en précède le règlement. Mais il est facile de
remédier à ces abus que l'on a d'ailleurs exagérés; puis, les
intérêts des parties nous paraissent mieux garantis par un débat contradictoire soumis à la décision du juge, que par l'intervention du juge comme rédacteur unique et sans contrôle.

226. Le greffier ne peut rédiger ni expédier un jugement que sur les qualités signifiées entre les parties. C. pr. 142.

227. Cette règle est soumise à quelques exceptions :

Ainsi on ne signifie pas les qualités : 1° lorsque le *jugement* est *par défaut*. — V. ce mot. Arg. C. pr. 142 ; Tar. 88 ; Pigeau, *Comm.*, 351 ; Carré, n° 597 ; Thomine, 1, 272 ; Boncenne, 2, 433. — Même quand le défaut est contre avoué, faute de conclure (Carré, *ib.* — *Contrà*, Delaporte, 1, 149. — On se contente, dans ce cas, de dresser les qualités et de les porter au greffier, qui les expédie avec le jugement ; si la partie avait à y former opposition, elle le ferait implicitement, en s'opposant au jugement, et en se faisant décharger des condamnations. Pigeau, 1, 631.

2° Dans les instances concernant l'enregistrement (— V. ce mot, n° 160), et qui s'instruisent sur simples mémoires. Il en est autrement s'il y a avoué en cause. Pigeau, *ib.* ; Carré, n° 597.

Art. 1. — *Droit de dresser les qualités.*

228. Le droit de dresser les qualités appartient à la partie qui se fait délivrer l'expédition du jugement ou lève le jugement.

229. Le droit de lever le jugement appartient à la partie qui a obtenu gain de cause. Arg. Décr. 16 fév. 1807, art. 7.

230. Cependant si le jugement prononce des condamnations en faveur de l'un et de l'autre des plaideurs, les qualités sont rédigées par l'avoué le plus diligent. Boncenne, 2, 430.

231. Si la partie qui a obtenu le jugement néglige de le lever, l'autre partie, qui peut avoir intérêt à se procurer l'expédition, fait sommation de lever le jugement dans les trois jours. Décr. 6 fév. 1807, art. 7. — Faute de satisfaire à cette sommation, celui qui a succombé peut lever une expédition du jugement, et par conséquent dresser les qualités (*ib.* art. 8) qui sont signifiées à l'adversaire.

232. Celui-ci a le droit de s'y opposer, pourvu qu'il en signifie lui-même. Pigeau, *Comm.* 1, 350.

Art. 2. — *Ce que contiennent les qualités.*

233. Les qualités contiennent les noms, profession et demeure des parties, les conclusions et les points de fait et de droit. C. pr. 142.

234. *Noms, professions et demeures des parties.* Le jugement doit nécessairement renfermer ces énonciations, puisqu'on ne saurait sans elles à qui l'appliquer. D. v° *Jugement*, 618.

235. Les parties doivent énoncer les qualités dans lesquelles elles agissent ; par exemple si elles sont *demanderesses* ou *défenderesses*, *appelantes* ou *intimées*. L. 24 août 1790, tit. 5, art. 15 ; Cass. 21 brum. an 9 ; — si elles estent en justice comme tuteurs, administrateurs, héritiers bénéficiaires, etc., les condamnations n'étant pas personnelles dans ces différentes circonstances. — Il ne s'agit pas des qualités ou des titres que les parties ont dans la société. Berriat, p. 251.

256. *Les noms des avoués.* La loi exige que les noms des avoués soient insérés au jugement (C. pr. 141) : leur assistance a été prescrite dans l'intérêt public ; et dès-lors il doit être certain pour tous qu'elle n'a pas été négligée.

257. L'omission des noms, professions et demeures de plusieurs des parties n'entraîne pas nullité. Rennes, 6 janv. 1818, P. 14, 560 ; Cass. 28 mai 1834, D. 35, 258. — Surtout lorsque les parties n'ont pas, au moyen d'une opposition aux qualités signifiées, réparé ce défaut d'énonciation. Cass. 26 août 1825, D. 625. — Pigeau, *Comm.*, 1, 550.

Dans les espèces de ces arrêts, il n'y avait pas incertitude sur les personnes auxquelles s'appliquait le jugement ; mais si par suite de l'omission on ne savait à qui appliquer le jugement, il y aurait évidemment nullité. Dalloz, P, 618 ; Pigeau, 1, 630 ; Favard, v° *Jugement*, 175.

258. Il n'y a pas nullité non plus lorsque les noms de quelques unes des parties ne se trouvent pas dans l'énoncé qui est au commencement des qualités, si d'ailleurs toutes les parties se trouvent dénommées dans l'exposé du point de fait. Cass. 15 mai 1839 (Art. 1515 J. Pr.)—Si dans la question posée dans le dispositif du jugement, une seule partie est nominativement désignée, les mots et *consorts* qui sont ajoutés suppléent aux noms des autres parties que l'on trouve dans le jugement même, en se référant aux énonciations qui précèdent. *Même arrêt.*

259. Le défaut de mention du nom de l'avoué emporte-t-il nullité ? — Le jugement, pour attester la régularité de la procédure, doit indiquer nettement la présence des avoués sans lesquels on ne pouvait figurer dans l'instance. Boitard, 1, 444.

240. Les qualifications données aux parties dans un jugement sont réputées vraies, quand il n'y a pas eu opposition aux qualités. Ainsi, la partie qui a plaidé contre une fabrique, ne peut lui reprocher un défaut d'autorisation, si le jugement ou l'arrêt mentionne l'autorisation, et s'il n'y a pas eu opposition aux qualités. Cass. 1er fév. 1825, S. 25, 189. — On ne pourrait y revenir en appel. Limoges, 30 juin 1825, S. 26, 170 ; il en est de même des points de fait reconnus et adoptés sans opposition. Rennes, 26 mai 1812, S. 15, 102.

Le certificat du greffier serait même insuffisant pour modifier les qualités. Toulouse, 9 fév. 1828, S. 28, 162.

241. *Les conclusions.* Elles sont mentionnées dans le jugement pour prouver qu'il a été statué sur toutes les difficultés qui divisaient les parties. Ces conclusions comprennent celles qui ont été prises par les parties, soit dans leurs exploits, soit pendant le cours de l'instance, pour modifier, corriger ou augmenter leurs conclusions originaires.

Quant aux motifs (ou *attendu*) des conclusions, ils ne peuvent être insérés dans les qualités; et les moyens des parties ne peuvent être rappelés dans les points de fait et de droit (Tar. 87): cette mesure a pour but d'éviter le trop grand nombre de rôles d'expéditions.

242. L'omission des conclusions entraîne la nullité du jugement. Rennes, 8 sept. 1815, P. 13, 66.

243. Cette nullité n'est pas couverte par des défenses au fond signifiées sur appel. Toulouse, 24 janv. 1825, S. 25, 411. — *Contrà*, Lyon, 22 juill. 1829, S. 29, 305. — V. *sup.* n° 188.

244. Les jugemens des trib. de comm. doivent également, et sous la même peine de nullité, contenir les conclusions des parties.

245. *Le point de fait*, c'est-à-dire l'énoncé de tous les faits constituant le procès, et qui ont amené les parties à soumettre leur différend au trib. C. pr. 142.

246. L'exposition des faits dans les jugemens résulte suffisamment de la copie des actes introductifs d'instance et des conclusions, lorsque ces actes renferment eux-mêmes une analyse des circonstances de la cause. Rennes, 23 déc. 1814, P. 12 506; 2 juill. 1816, P. 13, 526; Cass. 17 mars 1829, S. 29, 139.

247. Il est également indifférent que le point de fait ne soit pas séparé des conclusions. Rennes, 23 déc. 1814.

248. Dans tous les cas, peu importe l'ordre adopté dans l'exposition des faits. La loi n'ayant indiqué aucun mode particulier, il suffit qu'ils soient énoncés de quelque manière et en quelque part que ce soit. Rennes, 20 déc. 1815; P. 13, 187.

249. La citation explicite du point de fait n'est pas requise à peine de nullité. Pigeau, *Com.* 1, p. 330.

Il suffit par exemple que le jugement se rapporte à une précédente décision qui renferme toutes les énonciations voulues, et qu'il en ordonne l'exécution. Cass. 18 août, 1829, S. 29, 434. — Que l'arrêt renferme tous les motifs du jugement de 1re inst. dans lesquels les faits de la cause sont suffisamment énoncés. Cass. 12 déc. 1838 (Art. 1516 J. Pr.). — Ou que l'arrêt se réfère aux qualités du jugement dont il prononce la confirmation, alors surtout que les faits ressortent clairement de la relation du dispositif du jugement avec les motifs de l'arrêt et les conclusions prises devant la Cour. Cass. 7 mai 1839, P. 39, 736.

250. L'exposé spécial du point de fait peut même être suppléé par les motifs, lorsque ceux-ci sont assez étendus et explicatifs pour bien faire connaître les questions qui se présentaient à juger, et les points de fait qui leur avaient donné naissance. Cass. 23 avr. 1829, S. 29, 566 ; 2 avr. 1839 (Art. 1516 J. Pr.).

251. *Le point de droit* (C. pr. 142), c'est-à-dire l'énoncé sommaire de toutes les questions sur lesquelles le tribunal avait à statuer. Cass. 4 prair. an 9, D. 623.

252. Les questions de droit ont été considérées comme suffisamment posées dans un arrêt, par les seuls mots : *Y avait-il lieu de confirmer le jugement dont était appel?* Cass. 5 brum. an 11, S., 23, 2, 526. *Il y a lieu de vérifier si le jugement dont est appel est juridique.* Cass. 30 juill. 1816, P. 15, 570 ; ou par la formule suivante : *Si le jugement dont est appel est juste, et s'il faut ordonner qu'il sera exécuté suivant sa forme et teneur.* Cass. 7 août 1859 (Art. 1516 J. Pr.).

253. L'omission des conclusions, des points de fait et de droit entraîne la nullité du jugement. Rennes, 21 juin 1816, P. 15, 500. Cass. 11 juin, 1811, D. 650.

Art. 5. — *Signification des qualités. — Opposition.*

254. Les qualités sont signifiées à l'avoué de l'adversaire. C. pr. 142.

255. L'original de cette signification reste déposé pendant vingt-quatre heures entre les mains des huissiers-audienciers (C. pr. 143), et non pendant un jour franc. Pigeau, *Comm.* 1, 552.

256. Dans ce délai, l'avoué qui veut s'opposer aux qualités, le déclare à l'huissier, qui est tenu d'en faire mention (C. pr. 144) sur l'original.

L'avoué peut écrire lui-même et signer son opposition ; mais suivant Carré, n° 600 ; Dalloz, v° *Jugement*, 619, l'huissier doit toujours, à la suite de la déclaration, mentionner qu'elle a été faite en sa présence.

257. L'adversaire, en usant du droit d'opposition, empêchera que le rédacteur des qualités ne donne à sa cause le tour le plus favorable, dans l'arrangement des faits, ou dans la manière de poser les questions ; qu'il ne masque les points faibles par lesquels le jugement pourrait être attaqué, soit en appel, soit en cassation ; que les conclusions ne soient tronquées ou changées ; qu'on y fasse parler comme héritier pur et simple celui qui n'a plaidé que comme héritier bénéficiaire, ou qu'on n'attribue à une partie un domicile qu'elle n'a pas.

258. L'opposition peut encore être faite, parce que la partie qui la forme prétend avoir elle-même le droit de lever le jugement. Pigeau, 1, 627. — V. *sup.* n° 229.

259. Si l'opposition n'était pas faite dans le délai de vingt-quatre heures, elle pourrait avoir lieu postérieurement par acte d'avoué à avoué, dénoncé au greffier chargé de l'expédition (à la charge de l'opposant), tant que le jugement ne serait pas levé : le Code ne prononce aucune déchéance. Arg. C. pr. 1029. Pigeau, *Com.* 1, 333 ; Dalloz, vº *Jugement*, 619 ; Thomine, 1, 272 ; Carré, nº 599. — *Contrà*, Delaporte, 1, 150.

260. Sur un simple acte d'avoué à avoué, les parties sont réglées sur ces oppositions par le juge qui a présidé, et, en cas d'empêchement, par le juge le plus ancien suivant l'ordre du tableau. C. pr. 145 ; Tar. 90.

Il n'est pas même nécessaire de faire indiquer préalablement par le juge le jour du réglement. Il n'est rien alloué au tarif pour un acte de cette nature. On choisit donc simplement celui qui paraît le plus convenable. Pigeau, *Com.*, 1, 334 ; Thomine, 1, 272.

261. Les rectifications ordonnées sont faites à l'instant même sur l'original des qualités ; et pour constater le réglement, le président inscrit et signe en marge un *bon à expédier*, qui vaut main-levée de l'opposition. Carré, nº 602 ; Thomine, art. 145.

Si l'opposant ne se présente pas pour faire valoir ses griefs, il est donné défaut, et la même mention est faite en marge de l'original.

262. Le président du tribunal ne peut, sans déni de justice et excès de pouvoir, refuser de régler les qualités d'un jugement. Cass. 17 mars 1835, S. 35, 939.

Mais lorsqu'en sa présence, l'opposant aux qualités fait à la partie adverse l'offre du montant des condamnations, le président peut se refuser, *quant à présent*, à autoriser l'expédition du jugement, et renvoyer les parties devant qui de droit, pour faire statuer sur la validité des offres. *Même arrêt.*

263. Les parties sont non-recevables à se pourvoir par opposition ni par appel contre la décision rendue sur l'opposition aux qualités. Cass. 17 mars 1835, S. 35, 939.—Mais elles peuvent les faire rectifier en se pourvoyant contre le jugement. Carré, nº 603 ; Thomine, *ib.* ; Dalloz, *ib.* 619.

264. L'expédition du jugement, délivrée au préjudice de l'opposition faite aux qualités, est nulle, et ne peut servir de fondement à un appel ou à une procédure sur l'appel. Colmar, 27 nov. 1840, P., 8, 664.

265. La partie peut-elle, après le jugement définitif, révoquer son avoué, et en constituer un autre pour le règlement des qualités ?—Dans une espèce où l'avoué avait été révoqué, après opposition par lui formée aux qualités, la Cour de Riom a décidé la négative par ces motifs : que si l'art. 75 C. pr. donne aux parties la faculté de révoquer leurs avoués, cet article n'est pas applicable aux cas où, par suite du jugement rendu, il n'y a

plus d'instance, et qu'un jugement définitif étant prononcé, l'opposition aux qualités et le soutènement de l'opposition paraissent attachés singulièrement et de droit aux avoués qui, pour
leurs cliens respectifs, ont suivi les débats et qui étaient restés
leurs avoués lorsque l'arrêt a été rendu. — En fait, d'ailleurs,
la révocation fut annulée par défaut de pouvoir dans la personne
qui avait révoqué. — La C. de cass. a rejeté le pourvoi contre
cet arrêt, attendu qu'il ne violait aucun principe, soit du droit
civil, soit du C. de pr. Cass. 24 mai 1830, P. 1830, 3, 547.
— L'arrêt de la C. de Riom nous paraît au contraire violer les
principes du droit civil, en vertu desquels le mandat finit par
la révocation du mandataire (C. civ. 2003), et le mandant peut
révoquer sa procuration quand bon lui semble, *ib.* 2004. « Le
mandat *ad lites,* dit M. Boncenne, 2, 262, est révocable comme
tout autre mandat, et l'obligation de se faire représenter en justice n'est point un lien indissoluble qui enchaîne la partie à son
avoué ; rien de plus juste en matière de confiance, que de donner toute liberté au discernement, aux susceptibilités, et même
aux caprices des plaideurs. » — L'art. 75 C. pr. n'impose pas
d'autres conditions à la révocation, que la constitution d'un
autre avoué. Il suffit qu'il y ait lieu au ministère de l'avoué
pour que la partie ait le droit de confier ce ministère à celui
qu'elle juge le plus digne de sa confiance.

266. Lorsque l'avoué de la partie condamnée a cessé ses
fonctions, et qu'il n'a pas été remplacé, quelles formalités doit-
on remplir avant de remettre les qualités à l'expédition ? — Les
avis sur cette question sont partagés.

Suivant les uns, les qualités se signifient par exploit au domicile de la partie, avec mention du décès de l'avoué. Pour le
surplus, on suit les règles ordinaires. Si la partie condamnée est
domiciliée hors du trib., elle a, pour former opposition, outre
le délai de vingt-quatre heures, un autre délai de vingt-quatre
heures par trois myriamètres de distance. Elle forme cette
opposition, non au bureau des huissiers-audienciers, mais par
acte d'avoué à avoué ; car elle doit alors en constituer un nouveau. Pigeau, *Com.,* 1, 551.

Si l'opposant, n'ayant plus d'avoué, avait formé son opposition sur la signification à lui faite à domicile (—V. *sup.* n° 256),
mais sans constituer de nouvel avoué, il ne serait pas nécessaire
de l'appeler en réglement par acte extrajudiciaire ; car ce réglement a lieu entre avoués, et non entre parties (—V. *sup.* n° 260) ;
et celui qui lève le jugement ne doit pas souffrir de la négligence du condamné. Le juge ferait donc purement main-levée
de l'opposition. Pigeau, *Com.,* 553.

Périé, Nicole et Boncenne, 2, 456, voudraient, en outre, que
le défendeur fût sommé de constituer un nouvel avoué dans les

délais ordinaires de l'ajournement. Le nouvel avoué prendrait
connaissance de la procédure et du jugement ; puis, dans le
cas où il y aurait lieu, il notifierait sa constitution par un
simple acte, il formerait son opposition dans les vingt-quatre
heures suivantes, et il irait la soutenir devant le président ; —
si la partie ainsi prévenue gardait le silence et ne constituait
pas d'avoué, elle serait réputée avoir approuvé la rédaction des
qualités.

Suivant M. Thomine, 1, 262, il est inutile de signifier les
qualités. L'on procède de la même manière que si le jugement
était par défaut. Cette opinion a été adoptée par la chambre
des avoués à la C. roy. de Paris, sur le rapport de M. Perrin
Doyen ; mais pour la conservation des intérêts de tous, M. Perrin pense que l'avoué de la partie qui lève le jugement doit
être tenu, en déposant au greffe les qualités non signifiées, de
faire, avant la signature, la mention *qu'elles n'ont pu être ni signifiées, ni réglées, à cause de la cessation des fonctions de l'avoué
adverse* (Art. 1417-1418 J. Pr.). Les longueurs qu'entraînent les
deux premiers systèmes, les retards forcés qu'ils amènent au
moment où la contestation est terminée par le jugement, les in-
convénients de cette instance nouvelle qui peut s'enter sur celle
qui vient de finir, nous paraissent devoir les faire exclure. Le
dernier système est simple, il épargne les lenteurs et les frais,
et la signification des qualités ne nous paraît pas plus nécessaire dans ce cas, que la signification du jugement qui n'est
obligée que s'il y a avoué en cause. C. pr. 147, 148.

§ 3. — De l'expédition.

267. Les qualités une fois signifiées, et les oppositions qui
ont pu survenir levées, l'original est déposé entre les mains du
greffier, qui le range parmi ses minutes.

C'est sur ces qualités et sur la minute que se fait l'expédition des jugemens. — V. *sup.* n°s 190 et 225.

268. L'expédition du jugement doit contenir tout ce que
comprend la rédaction du jugement. — V. *sup.* n°s 185 et suiv.

269. L'expédition doit relater la date du jour où le jugement a été rendu.

Mais il n'y aurait pas nullité du jugement pour omission de
cette formalité. Poncet, 1, 252 ; Merlin, *Quest.*, v° *Jugement*,
§ 1.

270. Elle est en outre intitulée et terminée au nom du roi,
conformément à l'art. 57 de la Charte constitutionnelle. C. pr.
146. — V. *Exécution*, n° 57 et suiv.

271. L'expédition est signée par le greffier : il atteste ainsi
qu'elle est conforme à l'original qui reste entre ses mains. Pigeau, 1, 632.

272. Jugée nulle la copie de l'expédition d'un jugement qui ne mentionne pas la signature du greffier, quoique l'expédition porte cette signature. Besançon, 25 juill. 1814, P. 12, 331. — La signification de la copie d'une expédition non signée du greffier ne fait pas courir le délai de l'appel; cette expédition n'a aucun caractère légal ni authentique. Toulouse, 11 mai 1857 (Art. 756 J. Pr.).

273. Si l'expédition du jugement ne contient pas les noms des juges qui l'ont rendu, elle doit être annulée, bien qu'il soit attesté par un certificat du greffier que cette mention existe sur la minute. Cass. 26 mai 1819, P. 15, 294; 3 déc. 1827, S. 28, 167. — Mais cette omission ne vicie pas la copie signifiée si l'expédition est en règle sur ce point. Cass. 6 avr. 1818. P. 14, 757; — ou, si de l'extrait de la minute (laquelle mentionne les noms), il résulte que les juges ont concouru au jugement. Cass. 14 juin 1856 (Art. 1517 J. Pr.).

274. S'il y a plusieurs condamnations prononcées, les unes contre certaines parties, les autres contre d'autres, délivrera-t-on plusieurs grosses du même jugement, soit entières, soit par extrait, ou bien n'en délivrera-t-on qu'une seule au premier requérant? — Suivant M. Thomine, n° 996, l'art. 844 C. pr., doit être appliqué dans ce cas aux greffiers, lorsqu'il s'agit de jugemens qui intéresseraient plusieurs parties, et qui contiendraient des dispositions différentes pour chacune d'elles.—Cette interprétation ne nous paraît pas admissible. L'art. 844, et le titre dont il est fait partie, ne s'appliquent qu'aux actes et aux jugemens, et seulement à la délivrance d'une seconde grosse; cet article n'a aucun rapport à la question qui nous occupe. Il ne peut être délivré plusieurs grosses d'un jugement : la multiplicité de ces actes également exécutoires pourraient avoir de graves inconvéniens dans l'exécution des jugemens, par exemple élever des conflits entre les divers porteurs de grosses.

Dans l'usage, le jugement décide la question, en attribuant à l'une des parties la levée du jugement, à la charge d'en aider les autres; mais si la question n'a pas été décidée, la partie qui, par ses diligences, a obtenu l'expédition du jugement, est tenue d'en aider les autres, par cela seul qu'elle détient une chose commune.

275. Dans aucun cas on ne peut délivrer des grosses par extrait; des expéditions ainsi tronquées seraient sans force, elles manqueraient des conditions nécessaires pour leur validité.—V. toutefois *Grosse*, n° 16.

SECTION. V. — *Signification du jugement.*

276. Le jugement une fois levé, doit être signifié avant qu'il soit possible de procéder à son exécution. C. pr. 147. — V. *Exécution*, n° 79, et toutefois *inf.* n° 282.

277. *Signification à avoué.* S'il y a avoué en cause, la signification du jugement lui est notifiée, à peine de nullité. C. pr. 147.

278. *A peine de nullité*, non pas du jugement, mais des actes d'exécution auxquels on voudrait procéder.

279. La signification est nécessaire pour toute espèce de jugement, soit contradictoire, soit par défaut.

280. Même pour celui qui écarte une exception péremptoire et ordonne de plaider au fond. Cass. 4 mars 1829, S. 29, 92.

Ainsi jugé à l'égard du jugement qui homologue la liquidation d'une succession intéressant un mineur, sur la demande de toutes les parties. Paris, 10 août 1838 (Art. 1500 J. Pr.). *Quid* relativement au jugement d'adjudication. — V. *Licitation.*

281. *Quid* s'il s'agit seulement de faire courir le délai d'*appel.* — V. ce mot, n° 112.

282. Toutefois la signification à l'avoué n'est pas nécessaire s'il s'agit—1° d'un jugement qui donne acte à l'avoué de sa constitution et ordonne de plaider au fond. L'art. 147 C. pr. n'a en vue que les jugemens qui, en résultat, peuvent faire grief ou préjudice à la partie, établir contre elle un préjugé, ou porter coup en définitive et nullement un jugement de fixation de plaidoirie, de remise ou renvoi d'audience qui à proprement parler n'ont trait qu'à la police et à l'ordre du service; ces jugemens rendus contradictoirement, dont Jousse disait sur l'art. 2, tit. 27, ord. 1667, c'est à-dire sous l'empire d'une législation dont notre C. pr. a voulu simplifier les formes, qu'ils n'ont pas besoin d'être signifiés, même à procureur, et qu'ils ont leur effet dès l'instant qu'ils ont été prononcés. Poitiers, 6 avr. 1857 (Art. 978 J. Pr.).

2° D'un jugement rendu sur une simple exception dilatoire, tel que celui qui débouterait d'une demande en communication de pièces, cette décision ne préjuge rien. Poitiers, 1er juin 1832, S. 33, 74;

3° D'un jugement ordonnant une *comparution de parties*(—V. ce mot, n° 7). Arg. Tar. 70; Carré, n° 502. —*Contrà*, Boncenne, 2,471.

— V. d'ailleurs *Délibéré*, n° 15.

283. La loi n'établit aucune forme pour les significations d'avoué à avoué; en conséquence, la signification du jugement ne pourrait être annulée sur le motif qu'elle ne contiendrait pas les énonciations nécessaires aux exploits faits à personne ou à domicile, telles, par exemple, que *le parlant à.* Arg. Bordeaux, 25 août 1810. P. 8,564. —V. *Exploit*, n° 7 et 8.— Mais elle est nulle si elle ne mentionne ni le nom de l'avoué à la requête de qui la signification est faite, ni la personne à qui là copie est remise, ni la qualité de l'officier qui l'a faite. Bordeaux, 23 janv. 1811, P. 9, 50.

Ces vices de forme ne sont pas couverts par la régularité de l'original. *Même arrêt.*

284. *Signification à partie.* Les jugemens provisoires et définitifs qui prononcent des condamnations, doivent en outre être signifiés à la partie, à personne ou domicile. C. pr. 147.

Il est fait mention de la signification à avoué dans la signification à partie. C. pr. 147.

La disposition finale de l'art. 147 n'exige pas cette mention à peine de nullité. Riom, 27 déc. 1808 ; Metz, 12 fév. 1818, P. 7, 280 ; 14, 641 ; Carré, n° 613 ; Thomine, 1, 277. — *Contrà,* Delaporte, 1, 153.

Suivant M. Thomine, *ib.,* elle ne donne lieu qu'à une opposition à l'exécution jusqu'à ce qu'on ait justifié de l'accomplissement de cette formalité, et sauf recours contre l'officier ministériel, si le cas y échéait.

285. Il y a nullité des poursuites, lorsqu'il n'y a pas eu de signification à avoué. — V. *Sup.,* n° 277 ; et *Appel,* n° 212 ; — ou lorsque la signification à partie a précédé celle à avoué : le but de la loi n'est plus atteint. Il serait à craindre que la partie, en recevant la signification, n'attendît l'avis de son avoué, et que ce dernier ne pût pas donner ses conseils en temps utile. Pigeau, *Comm.* 1, n° 339.

286. *La signification du jugement qui ne contient pas copie entière de ce jugement,* surtout de la formule exécutoire qui le termine, ne fait pas courir les délais de *l'appel.* — V. ce mot, n° 115 et suiv. — Mais suivant Rennes, 12 déc. 1817, P. 14, 535, la signification est valable, quoiqu'elle ne réfère pas en entier l'intitulé et la formule exécutoire, et n'en relate que les premiers mots suivis d'un *et cætera.* — V. d'ailleurs *Grosse,* n° 18. — V. sup. n°ˢ 272 et 273.

287. *Quid* de la signification d'un jugement par une partie sur la copie qui lui a été signifiée à elle-même par une autre partie ? — V. *Appel,* n° 121.

288. Le domicile dont parle l'art. 147 est le domicile réel et non le domicile élu dans un acte. La faculté d'élire un domicile, auquel peuvent être faites les significations, demandes et poursuites relatives à cet acte, ne peut s'étendre jusqu'à la signification des jugemens rendus à l'occasion de l'acte. Cette signification est régie par l'art. 147 C. pr. Cass. 29 août 1815, P. 13, 56. — *Contrà,* Boitard, 1, 460. — Le but de la loi est que la partie ait une connaissance certaine du jugement. Colmar, 20 mars 1810, P. 8, 190. — V. *Appel,* n° 113 ; *Inscription,* n° 81.

289. Le jugement doit être signifié par copies séparées à chacun des adversaires contre qui l'on veut exécuter.

Ainsi jugé à l'égard de deux époux séparés de biens. Paris, 13 juin 1807, S. 7, 670. —V. d'ailleurs *Femme mariée*, nos 28 et 29 ; *Appel*, n° 129 et suiv.

290. En général, la signification à partie n'est exigée que dans le cas où le jugement contient une condamnation ou une disposition qui soit directement à la charge de l'une des parties : s'il n'ordonnait qu'une communication de pièces, un délibéré ou une instruction par écrit, on conçoit en effet qu'elle deviendrait inutile : ces procédures ne regardent que l'avoué. Cass. 18 juill. 1833, S. 33, 628 ; Pigeau, 1, 634, Carré, n° 607 ; Thomine, 1, 275 ; Boncenne, 2, 466. — V. *sup.* n° 282.

Jugé qu'il est inutile de signifier à partie, avant de le mettre à exécution, un arrêt qui déclare purement et simplement l'appel non-recevable; la signification à avoué est suffisante. Turin, 1er fév. 1811, P. 9, 73.

291. Au contraire, les simples jugemens interlocutoires peuvent, dans certains cas, être soumis à la nécessité d'une signification à partie, lorsque leur exécution doit être faite par la partie elle-même. Carré, n° 607.

292. Si l'avoué est décédé ou a cessé de postuler, la signification à partie est suffisante; mais il doit y être fait mention du décès ou de la cessation des fonctions de l'avoué. C. pr. 148.

L'omission de cette mention n'entraîne pas la nullité de la signification et de l'exécution qui l'a suivie ; — elle ne donne lieu, ainsi que celle de la mention de la signification faite à l'avoué existant (—V. *sup.* n° 285) qu'à une condamnation contre l'huissier, et à une opposition à l'exécution, jusqu'à ce que l'on ait justifié du décès ou de la cessation des fonctions de l'avoué. Arg. C. pr. 1030 ; Carré, n° 613. —*Contrà*, Delaporte, 1, 153.

293. Lorsqu'un jugement est signifié à une commune, le défaut de visa du maire n'entraîne pas nullité de la signification : l'art. 1039, qui exige le visa des exploits de signification, ne l'exige pas sous peine de nullité, comme les art. 69 et 70. Cass. 28 août 1835 (Art. 63 J. Pr.). —V. *Exploit*, n° 226.

294. La signification à partie a lieu dans la forme des exploits ordinaires. — V. *Exploit, Signification.*

295. Sont considérés comme frais d'instance, et non comme frais de paiement, ceux de levée et de signification de jugement; la répartition en est réglée entre les parties qui succombent par la disposition relative aux dépens. Bourges, 12 nov. 1831, D. 32, 191. — V. *Dépens*, nos 126 et 127.

Section VI. — *Effets du jugement.*

296. Le jugement produit cinq effets principaux : 1° Il est

considéré comme la vérité, tant que cette présomption légale
n'est pas détruite par les voies de droit (—V. *inf.* Section VII);
2° il produit une hypothèque ; 3° il termine la contestation,
s'il est définitif ; 4° il anéantit l'interruption de prescription
opérée par la demande, s'il la rejette ; 5° il produit l'action *judicati.*

297. Le droit déclaré par un jugement ou par un arrêt remonte toujours au jour de la demande ; ainsi, l'effet de la résolution d'un contrat doit partir à compter de la date de l'exploit
d'ajournement. Pau, 24 juill. 1855 (Art. 558 J. Pr.). —
V. d'ailleurs C. civ. 1445 ; *Séparation de biens.*

298. *Il est considéré comme la vérité.* Les parties ne peuvent
le faire rectifier que par les moyens établis par la loi.

299. *L'autorité de la chose jugée* n'a lieu qu'à l'égard de ce qui
fait l'objet du jugement. Il faut que la chose demandée soit la
même, que la demande soit fondée sur la même cause, que la
demande soit entre les mêmes parties, et formée par elles et
contre elles en la même qualité. C. civ. 1551.

300. Après deux jugemens non attaqués et exécutés, qui
ont ordonné un compte et en ont déterminé les élémens, un
trib. ne peut, sans violer l'autorité de la chose jugée, déclarer
qu'il n'y a lieu à reddition ni à apurement du compte débattu
entre les parties, sous prétexte d'un règlement antérieur qui
pouvait en tenir lieu. Cass. 26 avr. 1837 (Art. 957 J. Pr.).

301. L'exception de chose jugée est opposable en matière de
contrainte par corps, comme en toute autre matière, si la liberté des citoyens intéresse l'ordre public, la stabilité des jugemens ne l'intéresse pas moins. — V. *Emprisonnement,* n° 19.

302. *Que la chose demandée soit la même.* Mais il n'est pas indispensable qu'elle se trouve absolument dans le même état que
celui où elle était lors de la première demande : l'identité existe
encore bien que l'objet ait subi des modifications dans sa forme,
sa qualité ou son étendue. L. 14, ff. *de excep. rei jud.* ; Duranton, 13, n° 464.

303. La règle s'applique, que la chose demandée soit un
corps certain, ou une quantité, ou un droit. L. 7. ff. *eod tit. ;*
Duranton, n° 463.

On ne peut également demander une partie de la chose qu'on
a précédemment réclamée en totalité : la partie est en effet
comprise dans le tout. L. 24, ff. *eod tit.* — Mais, par la raison
inverse, on est recevable à demander le tout, après en avoir réclamé une partie. Toullier, 10, n° 153.

304. Néanmoins, ces principes reçoivent des modifications
selon les circonstances. Dans le doute, les trib. doivent rejeter
l'exception de la chose jugée. Toullier, n° 157.

305. *Que la demande soit fondée sur la même cause.* Peu importe que l'objet de la nouvelle demande soit le même que celui de la précédente, s'il est réclamé en vertu d'une autre cause. Ainsi, après un jugement qui a rejeté la demande en nullité d'une vente faite à un avoué comme ayant pour objet une chose litigieuse, on peut former ultérieurement une demande en nullité du même contrat sur le motif que la vente n'était pas sérieuse, et que le demandeur procède dans la seconde instance en une qualité autre que dans la première. Cass. 27 août 1817, P. 14, 452, 3 août 1819, S. 19, 359; Pothier, n° 46 ; Toullier, n° 158. — V. *Action*, n° 92.

506. La demande en destitution d'un tuteur, repoussée par un premier jugement, peut être intentée de nouveau, si les faits articulés sont postérieurs à la première demande. Rennes, 4 juin 1835 (Art. 279 J. Pr.). — V. *Interdiction; Séparation de corps*.

507. Par *cause* de la demande, il faut entendre la cause prochaine de l'action (*causa proxima actionis*, ff. L. 27 *eod. tit.*), et non l'espèce ou le genre d'action qui est employé pour réclamer la chose. — Si la nouvelle demande n'est fondée que sur un nouveau moyen, elle doit être écartée par l'exception de la chose jugée.

Ainsi, il a été décidé qu'après avoir demandé la nullité d'une sentence arbitrale, parce que les arbitres avaient prononcé après le délai du compromis, on était non-recevable à attaquer de nouveau cette sentence, par le motif que l'ordonnance d'exécution avait été délivrée par un juge incompétent. Ces deux actions sont, en effet, fondées sur la même cause, la nullité de l'ordonnance d'exécution, et ne diffèrent que dans les moyens employés pour les soutenir. Cass. 29 janv. 1824, S, 24, 509.

508. Mais il serait indifférent que la cause de la nouvelle demande existât ou non lors de la première action. En effet, de ce que, lors de ma première demande, je n'étais pas propriétaire en vertu de la cause que je faisais valoir, il ne s'ensuit pas que je n'en fusse pas propriétaire en vertu de celle sur laquelle je m'appuie lors de ma seconde action ; et conséquemment de ce que je ne l'ai pas proposée de prime-abord, il n'en résulte pas que j'ai perdu mes droits. Duranton, n° 1165.

A moins toutefois qu'il ne s'agisse d'une action réelle, et que lors de la première demande, j'aie libellé mon assignation d'une manière trop générale : par exemple, attendu que j'étais propriétaire, sans énoncer aucune cause particulière. L. 159, ff. R. J.; L. 14, ff. *de excep. rei jud.*; Pothier, n°ˢ 46, 47; Duranton, n° 1164 ; — ou bien encore à moins que les actions, séparées dans leur origine, et appartenant à deux personnes différentes, aient été réunies et confondues dans ma personne, par adition d'hérédité. Toullier, n° 169.

309. *Que la demande soit entre les mêmes parties.* Peu importe que la question à juger soit la même et fondée sur la même cause, si elles s'agite entre des parties différentes. Personne ne doit être condamné sans avoir été entendu. Toullier, n° 194.

Sont considérés comme ayant été parties au jugement ceux qui, sans avoir figuré personnellement dans l'instance, y étaient représentés : 1° par leurs mandataires, tuteurs, curateurs, maires ou autres administrateurs légitimes. Toullier, n°ˢ 198, 199 ; — 2° par leurs auteurs. — V. *Appel,* n°ˢ 44, 54, 71.

310. Celui qui se trouve lésé par un jugement lors duquel il n'a été partie ni par lui, ni par ses représentans, peut toujours y former *tierce-opposition.* — V. ce mot.

311. *Formée par elles et contre elles en la même qualité.* Sans l'identité de qualités, il n'y a pas identité de parties. Pothier, n° 40.

Par exemple, si j'ai formé contre vous une demande comme tuteur de Paul, je puis évidemment la renouveller en mon nom personnel ; car, lors de la première action, ce n'était pas moi, mais bien mon pupille, qui était en cause. Toullier, n° 213.

Il en est de même dans le cas ou ayant réclamé un immeuble comme m'appartenant, je viens le revendiquer plus tard comme ayant été la propriété d'un individu dont j'ai hérité.

312. Toutefois, une exception importante a été faite aux principes précédens en matière de questions d'état. — Les jugemens rendus sur ces questions peuvent en effet être opposés à ceux même qui n'y ont pas été parties, pourvu qu'ils aient été prononcés avec un contradicteur légitime, et que la question d'état ait été le principal objet du jugement. Toullier, n°ˢ 216-226. — V. d'ailleurs *inf.* n° 359.

313. Le jugement rendu au criminel sur l'instruction de faux principal a-t-il l'autorité de la chose jugée à l'égard de l'inscription de faux incident qui serait formée plus tard à raison de la même pièce dans une instance civile ? — V. *Discipline,* n° 4 ; *Faux,* n° 196.

314. Les jugemens appartiennent aux parties. Les trib. qui les ont rendus ne peuvent rien y ajouter ni retrancher. Metz, 12 fév. 1847, P. 14, 75.

315. Si la minute d'un jugement définitif n'est pas conforme au plumitif, on doit s'en rapporter à la minute, qui est l'ouvrage du trib. ; ordonner qu'on ajoutera à la minute ce en quoi elle diffère du plumitif, ce serait réformer le jugement. *Même arrêt.*

316. Le consentement même des avoués à un changement proposé ne saurait être opposé aux parties comme constituant un acquiescement qui les rendrait non recevables à interjeter appel. Agen, 14 mars 1833, S. 33, 378.

517. Lorsqu'après un premier jugement définitif, les parties consentent à considérer comme non avenu ce jugement, ce consentement ne donne pas le droit aux juges, et ne leur impose pas le devoir de statuer de nouveau sur l'instance éteinte ; à plus forte raison, l'accord des avoués ne pourrait avoir cet effet. Les parties peuvent bien stipuler sur les effets d'un jugement, mais non détruire le fait de son existence.

Dans ce cas, l'accord des avoués, s'il n'est pas justifié par le consentement exprès des parties, peut donner lieu de mettre à la charge des avoués les frais de la procédure postérieure au premier jugement. Paris, 12 janv. 1835 (Art. 180 J. Pr.).

518. Un jugement ne peut, sans violer la chose jugée, déclarer comminatoire un délai fixé par un jugement précédent. Nîmes, 14 therm. an 12, P. 4, 125. Cass. 1er avr. 1812, P. 10, 261.

519. Toutefois, la défense de modifier les jugemens prononcés ne s'étend pas aux erreurs commises soit dans les qualités, soit dans les dates de quelques actes du procès. Cass. 25 avr. 1812, P. 10, 335 ; — surtout, lorsque ces erreurs sont légères, et ne touchent pas à la substance du jugement : par exemple, lorsqu'un trib., dans le jugement qui ordonne un compte, a omis de fixer le délai dans lequel ce compte devait être rendu, et de commettre le juge devant lequel il devait être présenté, cette omission peut être réparée par un jugement ultérieur. Rennes, 29 janv. 1813, P, 11, 86. — Les erreurs de prénoms glissées dans un jugement peuvent être rectifiées de la même manière : il serait trop rigoureux, dans ce cas, d'obliger les parties à se pourvoir, par un appel toujours dispendieux, en réparation de ces erreurs. *Même arrêt.*

520. Les trib. ont également le droit d'interpréter les jugemens qu'ils ont rendus, lorsqu'ils renferment des décisions vagues ou obscures, pourvu toutefois qu'ils n'apportent aucun changement, aucune modification à la chose jugée. Amiens, 24 août 1825, S. 26, 190.

Cette faculté appartient même aux trib. d'exception ; par exemple, aux trib. de commerce. La défense qui leur est faite de connaître de l'exécution de leurs jugemens, ne touche pas à la faculté de pure interprétation. Aucun juge n'est plus en état d'interpréter sainement une décision que celui qui l'a rendue. Caen, 17 mai 1826, S. 27, 68.

La demande en interprétation de jugement s'introduit par exploit en la forme ordinaire.

521. Dans les cas où des rectifications sont possibles, elles s'identifient avec le premier jugement, et ne forment avec lui qu'un seul et même jugement.

522. Lorsqu'un trib. décide par interprétation d'un jugement portant condamnation aux dépens *de l'instance en homo-logation*, que cette condamnation ne doit pas s'entendre de tous les frais qui ont été faits dans l'instance, il n'y a point violation de la chose jugée. Cass. 10 juill. 1817, P. 14, 345.

523. Mais les juges ne peuvent, sous le prétexte d'interpréter leurs décisions, les corriger ou modifier. Cass. 3 déc. 1822, S. 25, 554. — Ainsi, ils n'ont pas le droit de restreindre, par un second arrêt, des intérêts qu'ils avaient accordés par un premier arrêt. Le second arrêt ne peut être considéré comme réglant un simple point d'exécution. Cass. 18 déc. 1815, P. 13, 181.

524. Autrefois, lorsqu'il y avait contrariété entre deux arrêts ou jugemens en dernier ressort, rendus dans deux trib. différens, entre les mêmes personnes et à raison du même fait, on pouvait se pourvoir en interprétation devant le grand conseil. Aujourd'hui, on ne peut plus prendre d'autre voie que celle du recours en cassation. Merlin, *Rép.*, v° *Interprétation*, n° 4.

Si les deux arrêts ou jugemens sont émanés du même trib., on ne peut se pourvoir que par la voie de la *requête civile.* (—V. ce mot.) Merlin, *ib*.

525. S'il s'agit d'un compte, les parties sont recevables à s'adresser aux mêmes juges pour faire redresser les erreurs, omissions, faux ou doubles emplois qui s'y rencontrent. C. pr. 541. — V. *Reddition de compte*.

526. Le principe d'après lequel les juges sont liés par leurs décisions, ne s'applique, dans la rigueur, qu'aux jugemens définitifs.

Ainsi, un jugement sur le provisoire peut être rétracté par le trib. qui l'a prononcé, s'il se trouve encore saisi du fond, et si les circonstances qui ont donné lieu à ce jugement ont cessé d'exister. Cass. 27 fév. 1812, P. 10, 156, Berriat, p. 253, note 40.

527. Les jugemens préparatoires n'ayant pour but que de mettre le procès en état d'être jugé, ne sauraient également enchaîner la décision du trib. sur le fond. Le juge peut, dans le jugement définitif, donner une décision contraire à celle que semblait annoncer le jugement préparatoire. Berriat, 253, note 40.

528. L'interlocutoire ne lie pas en général le juge, en ce sens qu'il peut rendre une décision contraire à celle que faisait supposer la mesure par lui prescrite, — lors même que l'interlocutoire a été confirmé sur l'appel. Cass. 31 janv. 1837 (Art. 876 J. Pr.).

Ainsi, lorsque la preuve par témoins de faits relatés dans un procès-verbal, a été ordonnée sur le motif que le procès-verbal ne les constate pas suffisamment, le trib. a le droit de tenir ces faits pour constans, encore bien que la partie n'ait pas entrepris d'en faire la preuve. Cass. 10 mai 1826, S. 27, 13.

Lorsque, par un premier arrêt, une preuve a été ordonnée à l'effet d'établir la nullité d'un acte de procédure, la Cour peut ultérieurement, et après l'exécution de cet arrêt, ne tenir aucun compte des preuves faites, et écarter le moyen de nullité par le seul motif que, n'ayant pas été proposé en 1re inst., il se trouve couvert. Cass. 5 déc. 1826, S. 27, 308.

Bien que l'interlocutoire n'ait pas été frappé d'appel, la cour peut, sur l'appel du jugement définitif, déclarer constans des faits contraires à ceux préjugés en 1re inst. par l'interlocutoire. Cass. 17 fév. 1825, S. 25, 379.

529. Mais le juge ne peut plus revenir sur son interlocutoire lorsqu'il a été ordonné sur discussion contradictoire des parties, et qu'elles y ont acquiescé. Dans ce cas, il y a une espèce de transaction qui fait la loi de ceux qui l'ont consentie. Berriat, *ib.*

530. Le jugement produit *hypothèque*, au profit de celui qui l'a obtenu, sur les biens présens et à venir de la partie condamnée.—V. *Hypothèque*, n° 4.

Peu importe que ce jugement soit contradictoire ou par défaut, définitif ou provisoire. *Ib.*

Mais on ne peut prendre inscription en vertu d'une décision arbitrale qu'autant qu'elle est revêtue de l'ordonnance d'*exequatur*. —V. *Arbitre*, n° 398.

Les jugemens rendus en pays étranger ne confèrent hypothèque qu'autant qu'ils ont été déclarés exécutoires en France par un trib. français, à moins qu'il n'y ait des dispositions contraires dans les lois politiques ou dans les traités. C. civ. 2125, 2128; C. pr. 546.—V. *Exécution*, n°s 53 et suiv.

531. *Il termine la contestation.* Si la demande est juste, le jugement définitif condamne le défendeur; si elle n'est pas fondée, il en déboute le demandeur, et met *hors de cause* le défendeur; si elle n'est pas admissible, il déclare le demandeur non-recevable. Berriat, 253, note 44.

532. Indépendamment de la condamnation au principal, le jugement peut prononcer des condamnations accessoires, telles que *Contrainte par corps, Dommages intérêts*, Restitution de *fruits*, *Intérêts.*—V. ces mots.

Le juge a, dans certains cas, la faculté d'accorder à la partie condamnée des *délais.*—V. ce mot, § 4.

La partie qui succombe doit toujours être condamnée aux *dépens*, au moins pour partie. C. pr. 130, 131.—V. ce mot.

533. *Il anéantit l'interruption de la prescription opérée par la demande*, s'il rejette cette demande. C. civ. 2247.

554. *Il produit l'action judicati* pour l'exécution des dispositions qu'il renferme.—V. *Désistement*, n° 15.

Cette action n'est prescriptible que par trente ans, quoique l'action primitive pût être prescrite dans un moindre intervalle de temps ; elle est personnelle, quand même l'action jugée était réelle, parce que la contestation forme entre les parties un contrat judiciaire tacite qui produit novation.

Cette action en exécution des jugemens est subordonnée à plusieurs formalités indispensables pour sa validité. — V. *Exécution.*

555. Elle dure trente ans.

Mais la prescription pourrait être suspendue par un appel auquel on n'aurait pas donné suite, en sorte qu'elle ne commencerait à courir qu'à l'expiration des trente ans depuis l'appel. Bourges, 10 fév. 1836 (Art. 520 J. pr.).

556. Un arrêt incompétemment rendu par l'autorité judiciaire sur une question de la compétence exclusive de l'administration, ne peut faire obstacle à ce que la question administrative soit ultérieurement jugée par l'administration ; — et si la décision administrative se trouve contraire à la décision judiciaire, l'autorité judiciaire ne peut, sans excès de pouvoir, maintenir sa première décision, et en ordonner l'exécution au mépris de la décision administrative, sous prétexte qu'elle aurait acquis l'autorité de la chose jugée. Arg. L. 24 août 1790, art. 13. Cass. 29 janv. 1839 (Art. 1396 J. Pr.).

557. Pendant l'instance d'appel, la prescription des condamnations portées par le jugement attaqué ne court point au profit de l'appelant ; cette suspension de prescription conserve son effet quoique l'instance soit ensuite déclarée périmée ; dès-lors l'appelant qui, durant l'instance d'appel, et pendant plus de trente ans, est resté en possession de l'objet litigieux, ne peut se prévaloir de cette possession comme fondement de la prescription, à son profit, surtout quand un arrêt préparatoire avait ordonné que toutes choses demeureraient en état. Cass. 20 fév. 1839 (Art. 1382 J. Pr.).

Section VII. — *Voies ouvertes contre les jugemens.*

558. On peut se pourvoir contre les jugemens selon les circonstances par des voies *ordinaires* et par des voies *extraordinaires.*

Les voies ordinaires sont l'opposition contre les *jugemens par défaut*, et *l'appel* contre les jugemens définitifs en premier ressort.—V. ces mots.

Les voies extraordinaires contre les jugemens sont : 1° la *requête civile*; 2° la *cassation*; 3° la *tierce-opposition.* — V. ces mots.

— V. d'ailleurs *Désaveu*, *Faux*, *Prise à partie*.

Pour l'interprétation des jugemens. — V. *sup.* n° 511 et suiv.

559. La demande principale en nullité de jugement n'est autorisée que contre les jugemens rendus par des arbitres volontaires. Cass. 7 oct. 1812, P. 10, 756. — V. *Arbitrage*, 465, 489.

Décidé qu'un jugement nul, pour défaut de contestation sérieuse, ne peut pas être attaqué directement par action en nullité : — spécialement, des enfans sont non-recevables à attaquer comme illicite par voie de nullité l'acte de divorce de leurs père et mère, quand le jugement qui a autorisé le divorce a acquis l'autorité de la chose jugée. Cass. 7 nov. 1838 (Art. 1557 J. Pr.). — V. toutefois *Tierce-opposition*.

540. Cependant, si le jugement était non pas seulement entaché de nullité, mais si à raison de l'absence d'une formalité essentielle, par exemple, de la signature du président ou du greffier sur la minute, il n'existait pas comme jugement, dans ce cas, nous croyons que les parties pourraient se représenter de nouveau devant le trib., y soutenir leurs prétentions, et si l'existence d'un précédent jugement leur était opposée, prétendre, avec raison, que ce jugement doit être considéré comme non avenu. Il y a dans ce cas nullité de *non esse*.

SECTION VIII. — *Timbre et enregistrement*.

541. *Timbre.* Les jugemens de tous les trib. civils, et les extraits, copies et expéditions qui en sont délivrés, doivent être rédigés sur papier du timbre de dimension (L. 13 brum. an 7, art. 12), — à moins d'une dispense expresse de la loi. — V. *Indigent*, n°s 18 et suiv. ; *Timbre*, *Utilité publique*.

542. *Enregistrement.* Tous les jugemens sont soumis à la formalité de l'enregistrement : sur la minute (L. 28 avr. 1816, art. 58), — dans le délai de vingt jours, sous peine d'amende ou de double droit, — au bureau dans l'arrondissement duquel les greffiers exercent leurs fonctions. LL. 22 frim. an 7, art. 7, 20, 26, 55 ; 28 avr. 1816, art. 36.

Ce principe s'applique même aux jugemens dont il y a eu appel (Avis Cons. d'Ét. 22 oct. 1808), — et à ceux de défaut auxquels on a formé opposition. Trib. Paris, 28 mai 1812.

545. Lorsque les droits n'ont pas été consignés d'avance entre les mains du greffier, leur recouvrement se fait contre la partie qui a obtenu l'adjudication de ses conclusions, lors même que, d'après la nature des conventions, ce n'est pas elle qui doit supporter ces droits. — V. *Dépens*, n° 26 ; *Enregistrement*, n°. 50.

Les droits d'enregistrement dus à raison d'un jugement par défaut ou suspendu par l'appel, ne doivent pas être acquittés par la partie condamnée, mais par celle qui a obtenu l'adjudication de ses conclusions. Cass. 24 août 1808, P. 7, 111.

544. Les droits d'enregistrement des jugemens sont fixes ou proportionnels.

545. Sont soumis au droit fixe : 1° de 1 fr. les jugemens préparatoires, interlocutoires et d'instruction des justices de paix, et ceux définitifs dont le droit proportionnel ne s'élève pas à 1 fr. L. 22 frim. an 7, art. 68, § 1, n° 46.

2° De 2 fr. les jugemens de justice de paix portant renvoi ou décharge de demande, débouté d'opposition, validité de congé, expulsion, condamnation à réparation d'injures personnelles, et généralement tous ceux qui, contenant des dispositions définitives, ne donnent pas ouverture au droit proportionnel. Ib. § 2, n° 5.

3° De 3 fr. les jugemens définitifs de juges de paix, rendus en dernier ressort d'après la volonté des parties, et en dehors de la compétence ordinaire, et lorsqu'ils ne contiennent pas de disposition donnant ouverture à un droit plus fort. L. 28 avr. 1816, art. 44, n° 9; — les ordonnances des juges des trib. civils rendues sur requêtes ou mémoires; celles de référé, de compulsoire, d'injonction; celles portant permission de saisir-gager, revendiquer ou vendre. LL. 22 frim. an 7, art. 68; 28 avr. 1816, art. 44; — les jugemens préparatoires, interlocutoires ou d'instruction des trib. civils ou d'arbitres; de réassignation, et tous jugemens préparatoires ou d'instruction des trib. de commerce. L. 28 avr. 1816, art. 44.

4° De 5 fr. les jugemens des trib. de première instance, statuant sur les appels des trib. de paix.

Ceux des mêmes trib. ou des trib. de commerce prononçant en premier ressort des dispositions définitives qui ne donnent pas ouverture à un droit plus fort. L. 28 avr. 1816, art. 45.

Les arrêts interlocutoires ou préparatoires des C. roy. Ib. n° 6.

5° De 10 fr., les jugemens rendus en dernier ressort par les trib. de 1re inst. ou par des arbitres, d'après le consentement des parties, lorsque la matière ne comporte pas le dernier ressort, et si toutefois il n'y a pas lieu à un droit proportionnel plus élevé. L. 28 avr. 1816, art. 46.

Les arrêts définitifs de C. roy., dont le droit proportionnel n'excède pas 10 fr. Ib. n° 2.

Les arrêts interlocutoires et préparatoires de la C. de cass. Ib. n° 3.

6° De 15 fr., les jugemens d'interdiction et ceux de séparation de corps ou de biens, lorsqu'ils ne prononcent pas de condamnation pécuniaire, ou que le droit proportionnel n'excède pas cette somme. L. 22 frim. an 7, art. 68.

Jugé que le droit proportionnel doit être perçu sur un jugement qui en prononçant la séparation de biens, a condamné le mari à restituer à la femme sa *dot* et ses *avantages* matrimoniaux suivant la liquidation qui en serait faite ultérieurement.
— Une condamnation indéterminée n'est point affranchie de la perception ; au contraire, c'est le cas d'exiger de la part des parties, une déclaration supplétive, d'après laquelle le droit est calculé. — A défaut de cette déclaration l'administration peut prendre pour base la liquidation faite par acte notarié. Trib. Seine, 8e chamb., 14 déc. 1837 (Art. 1016 J. Pr.).

Il n'y a lieu au droit fixe que dans le cas où le jugement ne porte point condamnation de sommes et valeurs. Cass. 2 mars 1835 (Art. 264 J. Pr.).

7° De 25 fr., les arrêts d'interdiction ou de séparation de corps ou de biens (L. 28 avr. 1816, art. 47); — les arrêts définitifs de cassation. L. 22 frim. an 7, art. 68; 28 avr. 1816, art. 47, n° 3.

8° De 50 fr., les jugemens admettant une adoption. L. 28 avr. 1816, art. 48.

9° De 100 fr., les arrêts confirmatifs d'adoption. *Ib.*

546. Sont soumis au droit proportionnel de 50 cent. par 100 fr., les jugemens contradictoires ou par défaut des juges de paix, des trib. civils, de commerce ou d'arbitrage, portant condamnation, collocation ou liquidation de sommes et valeurs mobilières, intérêts et dépens entre particuliers. L. 22 frim. an 7, art. 69, § 2, n° 9.

547. Le droit proportionnel sur le montant de la condamnation est indépendant de celui qui est dû pour titre, si la décision a été rendue sur un titre non enregistré. L. 22 frim. an 7, art. 69. — V. *Enregistrement*, n°s 28, 30, 58, 61, 72, 73.

Il se perçoit même quand les actes qui ont servi de base à la condamnation ont été enregistrés, si la relation de leur enregistrement a été omise dans le jugement. Décis. min. 16 germ. an 7 ; Cass. 1er vent. an 8. P. 1, 595.

Pour la perception, on joint le montant des dépens liquidés à celui des autres condamnations. S'ils ne sont pas liquidés, le droit proportionnel se perçoit sur la somme énoncée en l'exécutoire que la partie se fait délivrer ultérieurement. Solution Rég. 22 niv. an 10.

548. Les jugemens rendus en pays étrangers sont, comme les actes extra-judiciaires passés hors de France, soumis au même droit proportionnel que s'ils avaient été passés en France, lorsqu'on veut en faire usage en ce pays. L. 22 frim. an 7, art. 59, § 2 ; 28 avr. 1816, art. 58 ; Cass. 14 avr. 1834, D. 34, 190.

549. Dans aucun cas, le droit proportionnel ne peut être

au-dessous du droit fixe , tel qu'il est réglé ci-dessus pour les différens jugemens ou arrêts. L. frim. an 7, art. 69 ; Inst. rég., n° 386.

550. Les *dommages-intérêts* sont assujettis au droit de 2 pour cent. — V. ce mot, n° 60.

551. Si le jugement comprend plusieurs dispositions indépendantes , il est dû pour chacune d'elles un droit particulier, selon sa nature. L. 22 frim. an 7, art. 4.

Cette appréciation est fort difficile , elle se fait souvent d'une manière fort arbitraire , et donne lieu à de vives réclamations de la part des officiers ministériels.

552. Si le droit proportionnel a été acquitté lors d'un jugement par défaut , la perception , lors du jugement contradictoire , n'a lieu que sur le supplément des condamnations. S'il n'y a pas de supplément de condamnations, on ne perçoit que le droit fixe. L. 22 frim. an 7, art. 69 , § 2 , 9.

553. Sont enregistrés *gratis :* 1° les jugemens rendus à la requête du ministère public , pour rectifications des registres de l'état civil concernant les individus notoirement indigens ; — pour remplacement de registres de l'état civil perdus par des événemens de force majeure , ou suppléer à ceux qui n'ont pas été tenus (L. 25 mars 1817, art. 75) ; — ou bien encore pour exécution de commissions rogatoires de trib. étrangers , transmises par *voie diplomatique.* Décis. min. fin. 27 mars 1829; Inst. rég., n° 1274.

2° Les jugemens de prud'hommes , lorsque l'objet de la contestation n'excède pas 25 fr. Décis. min. fin. 20 juin 1809 ; Inst. rég., n° 457. — V. *Prud'hommes.*

3° Les jugemens rendus en matière d'expropriation pour cause d'*utilité publique.* — V. ce mot.

4° Ceux en matière d'*élection.* — V. ce mot , n° 78 et 79.

SECTION IX. — *Formules.*

FORMULE I.
Qualités d'un jugement contradictoire.

(C. pr. 142, — Tarif, 87, 88. — Coût, 7 fr. 50 c. ; le quart pour la copie.)
chambre, audience du
Entre le sieur   (*nom, prénoms, qualités*), demeurant à   , demandeur aux fins de son exploit introductif d'instance du ministère de huissier à   en date du   , enregistré, etc., défendeur aux fins de la requête, signifiée par le sieur   en date du   , demandeur aux fins de celle du   , comparant et plaidant par Me   , avocat, assisté de Me   , son avoué, d'une part ;
Et le sieur   (*nom, prénoms, profession*), demeurant à   , défendeur aux fins de l'exploit d'assignation sus-énoncée du   demandeur aux fins de sa requête du   , défendeur à celle signifiée le comparant et plaidant par Me   , avocat, assisté de M   , son avoué, d'autre part.
Sans que les présentes qualités puissent nuire, ni préjudicier aux droits respectifs des parties.

Point de fait. (*L'énoncer en peu de mots avant de parler de la conciliation.*)

Après avoir vainement tenté le préliminaire de la conciliation, ainsi que cela résulte d'un procès-verbal de non conciliation reçu par M. le juge de paix de   en date du   , enregistré, le sieur   fit, par exploit de   , huissier à   , en date du   , donner assignation au sieur   , à comparaître devant le tribunal, pour voir dire (*copier les conclusions de l'exploit*). Cette assignation contenait en outre constitution de Mᵉ   , pour avoué.

Sur cette demande Mᵉ   se constitua pour le sieur   par acte d'avoué à avoué, du

L'affaire ayant été distribuée à la   chambre du tribunal, avenir fut donné par Mᵉ   par acte d'avoué à avoué, en date du   , à comparaître à l'audience de ladite chambre du   ., jour auquel les parties ayant respectivement pris des conclusions au fond, l'affaire fut mise au rôle.

Par requête du   , Mᵉ   conclut à ce qu'il plût au tribunal (*copier les conclusions de la requête*).

En réponse à cette requête, Mᵉ   en signifia le   une, dont les conclusions tendaient à ce qu'il plût au tribunal (*copier les conclusions de la requête*). Dans cet état, l'affaire étant sortie du rôle, avenir fut donné pour l'audience du   ; et après plusieurs remises successives, la cause étant venue en ordre utile à l'audience de ce jour, les avoués des parties ont repris, chacun en ce qui les concernait, leurs conclusions, et en ont requis l'adjudication à leur profit.

M. le procureur du roi a été entendu en ses conclusions (*s'il y a lieu*).

La cause présentait à juger les questions suivantes :

Point de droit.

Dans l'usage, on se contente ordinairement de mettre : Le tribunal devait-il adjuger au sieur   les conclusions de sa demande du   , ou bien devait-il le déclarer purement et simplement non-recevable dans cette demande? *Mais il est plus conforme au vœu de la loi de poser d'une manière précise les questions spéciales que présente la cause sous le rapport du fait et du droit.*

Que devait-il statuer à l'égard des dépens ?

Le tribunal, etc.   Pour original :
                                                      (*Signature de l'avoué.*)

Nota. *Les qualités se signifient par acte d'avoué à avoué en la forme ordinaire,* comme les *requêtes.* — V. ce mot.

FORMULE II.

Avenir pour statuer sur une opposition formée à des qualités de jugement.

(C. pr. 145. — Tarif, 70. — Coût, 1 fr. orig.; 25 c. copie.)

A la requête du sieur   , ayant pour avoué Mᵉ   , soit sommé Mᵉ   , avoué près le tribunal de   , et du sieur   De comparaître (*jour*) prochain, (*quantième*) issue de la   chambre du tribunal de   , séant à   , en la chambre du conseil, et par-devant M. le président de ladite chambre.

Pour se régler sur l'opposition par lui formée aux qualités et à l'expédition du jugement rendu entre les parties le

Lui déclarant que faute par lui de comparaître, il sera pris avantage, et lesdites qualités remises à l'expédition.

A ce qu'il n'en ignore. Dont acte.   (*Signature de l'avoué.*)

FORMULE III.

Sommation de lever un jugement.

(Décr. 16 févr. 1807, art. 7. — Coût, 1 fr. orig.; 25 c. copie.)

A la requête du sieur   , ayant pour avoué Mᵉ   , soit sommé Mᵉ   , avoué du sieur

De, dans trois jours pour tout délai, lever l'expédition du jugement rendu contradictoirement entre les parties au profit du sieur   , en la chambre du tribunal de   le   , et d'en signifier copie

entière, correcte et lisible, par acte d'avoué à avoué, audit sieur
déclarant au sus-nommé que, faute par lui de ce faire dans ledit délai, ledit sieur
             lèvera lui-même une expédition dudit jugement ; à ce qu'il n'en
ignore. Dont acte.   (*Signature de l'avoué.*)

Nota. Après l'expiration des trois jours, celui qui a fait la sommation sus-
énoncée, signifié lui-même les qualités à son adversaire, qui a le droit de s'y
opposer, pourvu qu'il en signifie lui-même.

Pour demander de lever l'expédition du jugement, il faut supposer que ce
droit appartienne aux deux parties. Arg. Décr. 16 févr. 1807, art. 7.

FORMULE IV.

·*Expédition du jugement.* ·¹·

Louis-Philippe Ier, roi des Français, à tous présens et à venir salut : Le tribunal civil de première instance du   arrondissement de
département de   séant à   au Palais-de-Justice, a rendu
en l'audience de la   chambre, le jugement dont la teneur suit :

Entre (*on copie les qualités.* — V. Formule 1.), *puis on ajoute :*

Le tribunal, après avoir entendu en leurs conclusions et plaidoiries respectives
M^e , avocat, assisté de M^e , avoué du sieur   et
M^e , avocat, assisté de M^e , avoué du sieur
ensemble M. le procureur du roi en ses conclusions, et après en avoir délibéré
conformément à la loi, jugeant en premier (*ou en dernier*) ressort ; attendu (*on
copie les motifs et le dispositif du jugement*) *puis on termine ainsi :*

Fait et jugé à   , à l'audience publique le   , où siégeaient
M.   président, MM.   , tous juges, en présence de M.
procureur du roi, assisté de M^e , greffier. La minute a été signée par
le président et le greffier, ainsi signé (*noms du président et du greffier*) ; en
marge est écrit : enregistré à   le   f°   c   Reçu
10e compris.   *Signé*

Mandons et ordonnons à tous huissiers sur ce requis de mettre ces présentes à
exécution ; à nos procureurs-généraux et à nos procureurs près les tribunaux de
première instance, d'y tenir la main ; à tous commandans et officiers de la force
publique, d'y prêter main forte lorsqu'ils en seront légalement requis. En foi de
quoi les présentes ont été scellées. Pour expédition.

Par le tribunal, ·
Le greffier.   (Signature.)

FORMULE V.

Signification à avoué d'un jugement.

(C. pr. 147. — Tarif, 29. — Coût, 1 fr. orig., 25 c. copie.)

A la requête du sieur   , ayant M^e pour avoué, soit signifié
et donné copie à M^e avoué au tribunal de première instance du
et du sieur

D'un jugement contradictoirement rendu entre les parties, en la   chambre
du tribunal de   , le   , dûment enregistré ; à ce que du contenu audit jugement ledit M^e n'ignore et ait à s'y conformer.

Dont acte.   (*Signature de l'avoué.*)

FORMULE VI.

Signification d'un jugement à la partie.

(C. pr. 157. — Tar. 29. — Coût, 2 fr. orig. ; 50 c. copie.)

L'an   , le   , à la requête du sieur   demeurant à
             pour lequel domicile est élu en la demeure de M.   j'ai (*im-
matricule*) soussigné, signifié, avec celle des présentes donné copie au sieur
demeurant à   , en son domicile, en parlant à

1° D'un acte du ministère de   , huissier audiencier, en date du
dûment enregistré, contenant signification à M^e , avoué du jugement
ci-après daté.

2° De la grosse dûment en forme exécutoire d'un jugement contradictoirement
rendu entre les parties en la   chambre du tribunal de   le
dûment signé, collationné, scellé (1).

---

(1) *Si l'avoué est décédé ou a cessé de postuler, on met :* Lequel n'a pu être signifié
à avoué à raison du décès (*ou de la cessation de fonctions*) de M°

A ce que, du contenu audit jugement, le sus-nommé n'ignore et ait à s'y conformer; et je lui ai, en son domicile, en parlant comme dessus, laissé copie, certifiée sincère et véritable, et signée de Me   , avoué, dudit jugement et du présent exploit, dont le coût est de

— *V. *Acquiescement, Appel, Audience, Exécution, Serment.*

JUGEMENT ARBITRAL. — V. *Arbitrage.*

JUGEMENT COMMUN (*demande en déclaration de*). Action dirigée contre un tiers, afin de faire prononcer contre lui les mêmes condamnations que l'on poursuit ou que l'on a obtenues contre une autre personne.

1. Le Code ne parle dans aucun article de l'action en déclaration du jugement commun; mais elle est fondée sur la nature même des choses, et admise par les auteurs et la jurisprudence.

2. *Cas où il y a lieu à déclaration de jugement commun.* Il y a lieu d'assigner un tiers en déclaration de jugement commun, toutes les fois qu'il a un intérêt semblable et identique à celui d'une autre partie, et qu'il pourrait former tierce opposition au jugement rendu contre cette partie. Berriat, 323; Dalloz, v° *Intervention*, sect. 2, n° 1 — V. *Tierce Opposition.*

3. La demande en déclaration du jugement commun peut avoir lieu par rapport à un jugement à intervenir, ou par rapport à un jugement rendu. Carré, art. 339, note 1; Berriat, 323, note 17.

4. Dans le premier cas, elle a pour objet de contraindre le tiers à intervenir dans l'instance pendante entre deux ou plusieurs personnes, afin que le jugement étant rendu contre lui, il ne puisse plus, dans la suite, l'attaquer par la voie de la tierce-opposition. — Elle prend le nom d'*intervention passive ou forcée.*

5. Dans le second cas, elle a pour objet de faire prononcer qu'un jugement rendu entre deux personnes aura effet contre un tiers, de même que si ce tiers y avait été partie. Carré, *ib.*

6. La demande afin de déclaration de jugement commun, ou intervention forcée, peut-elle être portée *de plano*, devant la cour d'appel ?

Pour la négative on dit :

Cette action constitue une demande principale qui doit subir les deux degrés de juridiction, et ne saurait être formée, sous aucun prétexte, pour la première fois en appel. Rennes, 27 juill. 1818, P. 14, 95; Orléans, 25 août 1825, D. 19, 588; Bordeaux, 5 fév. 1825, S. 25, 96.

Mais on répond, avec raison, le droit d'intervenir entraîne nécessairement celui de contraindre à l'intervention. La partie appelée en cause n'en éprouve aucun préjudice, et celle qui l'a appelée peut avoir intérêt à faire statuer de suite sur le mérite de ses droits, pour prévenir des contestations ultérieures, et une nouvelle instance. — D'ailleurs si la partie voulait former tierce-opposition à l'arrêt qui serait rendu sans la mettre en cause, son action devrait être portée devant la C. roy.; on ne fait donc que hâter le moment de la comparution directe et immédiate devant la juridiction compétente. Cass. 13 oct. 1807, P. 6, 516; Florence, 1, fév. 1811, P. 9, 72; Cass. 17 fév. 1812, P. 10, 124; 26 juin 1826, S. 27, 95; Merlin, R. 6, 495; *Quest. dr.*, 6, 516, Favard, 5, 119; Carré, n° 1682; Berriat, 708.

7. *Procédure.* Le Code ne prescrit rien sur la manière dont doit être intentée, instruite et jugée la demande en déclaration de jugement commun. — En conséquence, il faut suivre les règles établies pour les demandes ordinaires, c'est-à-dire la former par ajournement à personne ou domicile, auquel on joint copie du titre et du jugement, s'il a été précédemment obtenu contre une autre partie. Berriat, 525; Dalloz, *ib* n° 4.

8. *Le préliminaire de conciliation* est-il nécessaire ? — V. ce mot.

9. Au reste, l'affaire est instruite et jugée d'après des principes analogues à ceux de l'*intervention.* Carré, *ib.* — V. ce mot.

Toutefois, l'assigné n'est pas obligé de prendre la cause principale en l'état où elle se trouve, et son intervention peut retarder le jugement de cette cause, quoiqu'elle soit en état; autrement il dépendrait des parties en instance de priver l'appelé en déclaration de jugement commun, des délais et moyens nécessaires pour préparer ses défenses. Dalloz, *ib*. n° 5; Berriat, *ib.* note 17.

JUGEMENT par défaut et opposition. On nomme jugement par défaut celui qui est rendu contre une partie qui ne comparaît pas, ni personne pour elle. — L'*opposition* est l'empêchement mis par la partie condamnée à l'exécution du jugement rendu contre elle par défaut; — on appelle aussi *opposition* l'acte par lequel on notifie cet empêchement.

DIVISION.

SECTION III. — *Signification du jugement par défaut.*

§ 1. — *Jugement par défaut contre partie.*
§ 2. — *Jugement par défaut contre avoué.*

SECTION IV. — *Voies contre les jugemens par défaut.*

§ 1. — *Cas dans lesquels l'opposition est recevable.*
§ 2. — *Dans quel délai.*
Art. 1. — *Jugement par défaut contre partie.*
Art. 2. — *Jugement par défaut contre avoué.*

§ 3. — *Tribunal compétent.*
§ 4. — *Formes de l'opposition ; procédure.*
Art. 1. — *Jugement par défaut contre partie.*
Art. 2. — *Jugement par défaut contre avoué.*

§ 5. — *Effets de l'opposition.*

SECTION V. — *Exécution des jugemens par défaut.*

§ 1. — *Exécution des jugemens par défaut contre partie.*
Art. 1. — *Suspension de l'exécution pendant huitaine.*
Art. 2. — *Péremption.*

§ 2. — *Exécution des jugemens par défaut contre avoué.*
§ 3. — *Exécution à l'égard des tiers.*

SECTION VI. — *Enregistrement.*

SECTION VII. — *Formules.*

SECTION I. — *Diverses espèces de jugemens par défaut.*

1. On distingue deux espèces principales de jugemens par défaut, savoir : 1° le jugement rendu contre une partie faute par elle d'avoir constitué avoué dans les délais de l'ajournement, ou de se présenter à l'audience au jour indiqué par l'assignation, si la cause est pendante devant un trib. de comm. ou une justice de paix ; — et 2° le jugement rendu, soit contre une partie dont l'avoué constitué ne se présente pas à l'audience au jour indiqué par l'avenir, ou se présente et refuse de conclure au fond ; soit contre une partie qui s'est présentée en personne ou par mandataire à une audience précédente, devant un trib. de paix ou de comm., ou qui, après avoir proposé un déclinatoire, refuse de plaider au fond.

Le premier de ces jugemens se nomme *défaut contre partie, défaut faute de constitution d'avoué*, ou *défaut faute de comparaître.*

Le second s'appelle *défaut contre avoué, défaut faute de conclure*, ou *défaut faute de plaider ;* — il ne faut pas le confondre avec le jugement rendu *faute de plaider* après *conclusions au fond posées à l'audience :* ce dernier est réputé contradictoire.— V. *Jugement*, et *inf.* n° 9. — Mais il est nécessaire que les conclusions aient été respectivement prises à l'audience ; si elles avaient été seulement signifiées, le jugement serait par défaut.

— De même, dans le cas où les conclusions ayant été prises, on a ordonné, avant faire droit, un interlocutoire, par exemple, une expertise ou une enquête, il faut que de nouvelles conclusions soient posées pour que le jugement définitif soit réputé contradictoire. L'interlocutoire peut en effet modifier la contestation, lui donner une face nouvelle et toute différente. — V. *inf.* n° 50.

Ces deux espèces de *défaut* sont les mêmes que ceux qu'admettait l'ordonnance de 1667 sous le nom de *défaut faute de se présenter*, et *défaut faute de plaider*, sauf cette différence qu'ils s'obtiennent tous les deux à l'audience, tandis que le premier se levait anciennement au greffe. Déclar. 12 juill. 1695. — V. *inf.* § 2.

Le Code a supprimé le *défaut faute de fournir défenses*; il se levait aussi au greffe, et n'avait pour but que de faire courir un nouveau délai, dont il fallait attendre l'expiration pour obtenir l'adjudication du profit qui, aujourd'hui, peut avoir lieu de suite.

2. On distingue encore le jugement par défaut rendu contre le défendeur, et celui rendu contre le demandeur; — le premier conserve le nom de *jugement par défaut*, soit *contre partie*, soit *contre avoué*, sans autre désignation. — Le second prend celui de jugement de *défaut-congé*. — V. *inf.* § 2, art. 2.

3. Il existe enfin une autre espèce de jugement par défaut : c'est celui rendu contre une partie dans les affaires instruites par écrit, *faute par elle de produire* ses pièces et mémoires dans les délais prescrits ; il est assimilé à un jugement contradictoire, et n'est pas susceptible d'opposition. — V. *Instruction par écrit*, n° 50.

§ 1. — *Du jugement par défaut contre partie.*

Art. 1er. — *Défaut contre tous les défendeurs.*

4. Si, dans les délais de l'*ajournement* (— V. ce mot, n° 27 et suiv.), le défendeur n'a pas constitué avoué en la forme prescrite par la loi (— V. *Constitution d'avoué*, n°s 2 et suiv.), il est donné défaut contre lui. C. pr. 149.

Le défendeur devrait être considéré comme n'ayant pas comparu, lors même que lui ou un tiers muni de sa procuration se présenterait à l'audience le jour où son affaire serait appelée : la loi ne permet aux parties de se présenter devant les trib. civils qu'avec l'assistance d'un *avoué*. — V. ce mot, n° 48.

5. *Quid*, lorsqu'un avoué, présent à l'audience, déclare se constituer pour le défendeur? — V. *Constitution d'avoué*, n°s 7 et 8.

6. L'avoué, assigné dans une affaire qui lui est personnelle,

ne l'est que comme particulier, et non comme avoué ; d'où il suit que, s'il ne s'est pas constitué formellement, le défaut pris contre lui est réputé contre partie. Pigeau, *Comm.*, 1, 354.

7. Dans les affaires contentieuses qui intéressent la régie de l'enregistrement, le ministère d'avoué n'étant pas requis, le jugement est réputé par défaut contre partie, tant que l'administration n'a pas signifié ses mémoires ou défenses, encore bien que le ministère public ait donné ses conclusions. Cass. 11 mars 1812, S. 12, 255 ; 24 juill. 1833, D. 54, 271. — Il en est de même dans les causes où les préfets agissent au nom de l'État. Grenoble, 29 janv. 1836 (Art. 469 J. pr.).

8. Dans les affaires de la compétence des trib. de commerce et des juges de paix, le jugement est également par défaut contre partie, tant qu'il n'y a pas eu de conclusions prises.

9. A moins toutefois que, dans ces différens cas, les parties n'aient comparu par elles-mêmes, ou par un représentant, à une audience précédente. La comparution de la partie ou de son fondé de pouvoir produit devant ces juridictions le même effet que la constitution d'avoué devant les trib. de 1re inst., parce que, dans l'une comme dans l'autre circonstance, il est certain que l'assignation a été reçue. En conséquence, le jugement ne peut être que *contradictoire*, s'il y a eu conclusions au fond ; ou par défaut, faute de *conclure*, si l'on s'est borné à présenter une exception. Cass. 26 déc. 1811 ; Favard, v° *Opposit. à jugemens*, § 3 ; Orléans, 5 mars 1815, 16 déc. 1820 ; Toulouse, 8 mai 1824, D. *ib.* 724 ; Cass. 29 janv. 1819, 15 nov. 1822, 5 mai 1824, 7 nov. 1827 ; Paris, 9 oct. 1828, S. 20, 55 ; 23, 79 ; 24, 275 ; 28, 144, 338 ; Aix, 26 janv. 1836 (Art. 496 J. Pr.) ; Cass. 11 déc. 1838 (Art. 1411 J. Pr.) ; Paris, 29 juin 1839 (Art. 1504 J. Pr.). — *Contrà*, Paris, 22 mai 1824, D. *ib.* ; 14 juill. 1835 (Art. 146 J. Pr.) ; 26 fév. 1836 (Art. 376 J. Pr.).

10. Aucun défaut ne peut être pris avant l'expiration des délais d'ajournement, à peine de nullité. Cass. 14 niv. an 10, D. v° *Jugement*, 699 ; — ni même après ces délais, si, depuis leur expiration, le défendeur a régulièrement constitué avoué. — V. *Constitution d'avoué*, n° 5.

11. Lorsque plusieurs parties ont été citées pour le même objet, à différens délais, il n'est pris défaut contre aucune d'elles qu'après le plus long délai. C. pr. 154.

12. Toutes les parties défaillantes sont alors comprises dans le même défaut. S'il en était pris contre chacune d'elles séparément, les frais de ces défauts n'entreraient pas en taxe, et resteraient à la charge de l'avoué, sans qu'il pût les répéter contre la partie. C. pr. 152.

La procédure est-elle en outre annulable, si le défaut pris

isolément contre quelques-uns des défendeurs a été requis avant l'expiration des délais impartis aux autres défendeurs ?

M. Boncenne, 5, 36, soutient l'affirmative en se fondant sur ce que, dans le cas de comparution ultérieure de certains défendeurs, il deviendrait impossible d'exécuter les règles du défaut profit-joint.

Ainsi, j'assigne par le même exploit Pierre, Paul et Jean ; le domicile de Pierre étant plus rapproché que celui des autres défendeurs, les délais de l'assignation expirent à son égard, et je prends contre lui personnellement un jugement de défaut : si, plus tard, Paul et Jean font également défaut, et que je requière jugement contre eux, on conçoit qu'il y ait seulement lieu de mettre à ma charge les frais du second jugement et que la procédure soit validée, parce que le seul préjudice causé aux défendeurs est l'augmentation des dépens occasionnés par la marche irrégulière que j'ai suivie.

Mais si, après l'adjudication du défaut prononcé contre Pierre, Paul ou Jean constitue avoué dans les délais qui lui sont impartis, il est évident que Pierre souffrira un dommage réel de la procédure vicieuse à son égard, puisqu'il sera forcé de former opposition au jugement obtenu contre lui, tandis qu'il aurait dû être réassigné et sa cause jointe à celle pendante avec les autres défendeurs. — V. *inf.* n° 27.

Toutefois, MM. Pigeau, *Comm.*, 1, 345, et Thomine, 1, 285, pensent que, la nullité de la procédure n'étant pas prononcée dans ce cas par le Code, il est impossible d'appliquer une autre peine que celle portée par l'art. 152 C. pr.

13. M. Boncenne soumet le juge à l'obligation d'attendre le plus long délai, même dans le cas où les chefs de conclusions pourraient se diviser entre les parties assignées, et où l'une d'elles, constituée en demeure de comparaître par son délai particulier, tournerait à l'insolvabilité, parce que, dit-il, rien n'empêchait le demandeur, pour un objet essentiellement divisible, d'intenter une action séparée contre chacun des défendeurs; les ayant tous réunis dans la même poursuite, il faut que le plus long délai soit expiré pour que l'on sache s'il y a lieu ou non de joindre le profit du défaut et de réassigner les défaillans. — *Contrà*, Pigeau, *Comm.*, 1, 344; Carré, art. 151.

14. Du moment que les délais de l'ajournement sont écoulés, les juges ne sauraient refuser de donner défaut contre le défendeur qui n'a pas constitué d'avoué, sans commettre un déni de justice. Poncet, 1, 188; Pigeau, 1, 561. — V. toutefois *inf.* n° 17.

15. Le défendeur n'est dispensé de se présenter dans aucun cas. S'il a à opposer une incompétence, il doit comparaître pour la faire valoir comme tout autre moyen. — V. *Exception*.

16. Le défaut se prend à l'audience sur l'appel du placet ou du rôle (— V. *Audience*, nᵒˢ 12, 15 et suiv.) par l'huissier de l'audience, et le plus souvent sans qu'il soit besoin de plaider, quoique le tarif, art. 82, passe une taxe pour cette plaidoirie.

17. Néanmoins, le profit du défaut, c'est-à-dire l'avantage qui résulte pour le comparant de l'absence de son adversaire, ne peut être adjugé au demandeur qu'autant qu'il le requiert, et que ses conclusions se trouvent *justes et bien vérifiées.* C. pr. 150.

Ainsi, les moyens d'opposition présentés contre un jugement par défaut doivent être examinés d'office par le juge, quoique l'opposant ne se présente pas pour les soutenir. Cass. 17 fév. 1836 (Art. 640 J. Pr.).

18. Mais les nullités relatives ne peuvent pas être prononcées d'office par le tribunal.—V. *Exceptions*, nᵒ 94.— Conséquemment, elles n'empêchent pas le juge de prononcer le défaut contre le défendeur non comparant, —sauf à celui-ci à les faire valoir, après avoir formé opposition au jugement rendu contre lui.

19. Les conclusions sont *justes* lorsqu'elles ne sont pas contraires à la loi. Ainsi la demande d'une dette de jeu ne serait pas juste. C. civ. 1965. — Elles sont bien *vérifiées* lorsqu'elles reposent en outre sur une preuve légale : par exemple, la demande d'un prêt non reconnu qui excède 150 fr., formée sans *titre*, ne serait pas suffisamment *vérifiée.* C. civ. 1341.

20. L'absence de la partie doit être un motif de plus pour le ministère public de discuter l'affaire avec soin, s'il y a lieu à communication, et pour les juges de l'examiner avec attention.

21. Lorsque les conclusions ne sont pas bien vérifiées, le trib. doit ordonner que les pièces seront déposées sur le bureau, pour prononcer le jugement à l'audience suivante. C. pr. 150. — Un jugement de défaut qui ne serait fondé que sur la simple allégation d'un défaut de comparution serait nul. Cass. 23 mess. an 9, 4 déc. 1816, S. 1, 465-17, 45.

Malheureusement ces sages dispositions ne sont pas exécutées avec assez d'exactitude dans la pratique; le plus souvent on adjuge au demandeur ses conclusions, par cela seul que le défendeur ne comparaît pas.

22. L'obligation de vérifier les conclusions du demandeur avant de les lui adjuger contre le défendeur défaillant, s'applique aux trib. de commerce et de paix; — et aux trib. d'appel : dans ce cas, en effet, le défaillant ayant obtenu gain de cause en 1ʳᵉ inst., la présomption est en sa faveur : d'ailleurs, ce défaillant se trouve défendeur en appel, puisqu'il est intimé. Cass. 4 déc. 1816, S. 17, 45; Thomine, 1, 284; Boitard, 576.

23. Les juges, lorsque le défendeur fait défaut, peuvent ordonner un *délibéré* (—V. ce mot, n° 10); une *enquête* (—V. ce mot, n°s 25 et 41); une *instruction par écrit.*—V. ce mot, n° 9.

24. Les conclusions adjugées contre le défaillant sont celles contenues en la demande ou dans les défenses, mais non celles que le requérant défaut ajouterait à l'audience : ces dernières ne sont pas connues du défendeur. Carré, n° 620. — V. *Jugement.*

Art. 2. — Défaut profit joint.

25. Si de deux ou de plusieurs parties assignées, les unes comparaissent, et les autres font défaut, on prononce le défaut contre les non comparans; mais on n'en adjuge pas le profit au demandeur, parce que les intérêts des défaillans étant les mêmes que ceux des parties présentes, ils peuvent obtenir gain de cause avec ces dernières; en conséquence, l'on joint le profit du défaut à la cause pendante entre les comparans, pour statuer sur le tout par une seule et même décision. C. pr. 153.

Le jugement qui ordonne la jonction s'appelle communément *jugement de défaut profit joint.*

Cette procédure a pour but 1° d'économiser les frais; — 2° d'assurer aux défendeurs un plus mûr examen de la cause; — 3° enfin d'éviter l'inconvénient possible de plusieurs jugemens rendus en sens contraire sur les mêmes faits. Thomine, 1, 287.

26. Lorsque le mari fait défaut et que la femme seule a constitué avoué, il n'est pas nécessaire de prendre un jugement de défaut profit-joint contre le mari : ce dernier n'est en cause que pour autoriser sa femme; il n'y a pas à prononcer contre lui de condamnation dont il doive être averti par la signification d'un jugement de défaut ni par une réassignation. Dès qu'en son absence les juges peuvent autoriser la femme, un jugement profit-joint contre le mari serait inutile.—V. *Femme,* n° 149.

27. Quand un des défendeurs a seul constitué avoué, et que cet avoué n'a pas conclu, y a-t-il lieu d'ordonner la réassignation de la partie défaillante? — ou bien faut-il statuer au principal, sans aucun sursis, et prononcer contre l'un des défendeurs défaut faute de conclure, et contre l'autre, défaut faute de comparaître?

Cette dernière opinion nous paraît inadmissible : l'art. 153 C. pr. décide que si de deux parties assignées l'un *fait défaut* et l'autre *comparaît*, le profit du défaut sera joint; or, dans le langage de la procédure, la partie est réputée *avoir comparu* du moment qu'elle a constitué avoué. Arg. Cass. 4 juill. 1826, S. 27, 54 ; 17 avr. 1831, D. 31, 330; Boitard, art. 153.—*Contrà,* Trib. Caen, 7 oct. 1837 (Art. 925 J. Pr.)

De même si de trois parties assignées l'une constitue avoué et conclut, la seconde constitue avoué, mais ne conclut pas, et la troisième ne constitue pas avoué, défaut ne doit pas être prononcé contre l'avoué qui ne pose pas conclusions, mais seulement après la réassignation de la partie défaillante, et il doit être statué à l'égard de tous les défendeurs par un seul jugement, autrement il faudrait deux dispositions distinctes dans le jugement rendu contre les parties qui n'ont pas posé conclusions, l'une qui adjugerait les conclusions de la demande contre la partie ayant avoué, et l'autre contre la partie qui n'en a pas. A l'égard de la première partie, le trib. jugerait le fond de la contestation, et à l'égard de l'autre, il abandonnerait la décision aux débats contradictoires qui auraient ultérieurement lieu avec les parties présentes à l'audience.

Ainsi dans la même affaire, dans la même position d'intérêts, la partie qui n'aurait pas constitué avoué pourrait gagner son procès comme les défendeurs qui auraient plaidé, tandis que celle qui aurait constitué avoué sans conclure perdrait irrévocablement sa cause si elle laissait écouler huit jours sans former opposition au jugement de défaut rendu contre elle : en joignant au contraire le profit du défaut, seulement à l'égard des parties qui n'ont pas constitué avoué, on économise les frais et on évite cet inconvénient, puisqu'il y a décision uniforme pour tous (Art. 925 J. Pr.). D'ailleurs, dans l'intervalle du délai de la réassignation, l'avoué retardataire peut recevoir des instructions de son client, et poser des conclusions, le jour où la cause est appelée de nouveau, et dont il doit être averti par un avenir.

Toutefois, si tous les défendeurs ont constitué avoué, il faut prononcer un défaut pur et simple contre ceux qui ne posent pas conclusions : l'art. 153 n'admet la possibilité d'un défaut profit-joint que dans le cas où l'un des défendeurs n'a pas constitué avoué, et la signification du jugement avec réassignation par huissier commis ne peut jamais avoir lieu quand il y a avoué en cause (—V. sup. n° 26, et inf. n° 53 et suiv.). Cass. 4 juill. 1826, S. 27, 54; 27 mai 1835 (Art. 925 J. Pr.)—Contrà, C. sup. Bruxelles, 27 avr. 1831, D. 33, 22. — V. inf., n° 54.

Il n'y a pas davantage lieu à prononcer de défaut profit-joint, si une seule partie ayant été assignée, elle a appelé en cause un garant qui ne comparaît pas. L'art. 153 n'est applicable qu'au cas où plusieurs défendeurs ont été assignés par le même individu. Poitiers, 30 juin 1835 (Art. 177 J. Pr.)

Mais si le défendeur originaire a appelé plusieurs garans, dont l'un seulement comparaît, les autres doivent être réassignés pour qu'un jugement valable soit rendu contre eux. — Contrà, Poitiers, 4 mars 1828 (Art. 177 J. Pr. p. 596).

28. La jonction du défaut doit être prononcée, en matière sommaire comme en matière ordinaire, à peine de nullité : vainement on argumenterait de ce que cette nullité n'est pas écrite dans la loi; l'art. 1030 n'est relatif qu'aux actes de procédure, et non aux jugemens. Cass. 15 janv. 1821, S. 21, 98; Rouen, 10 juin 1824, D. 25, 91; Carré, n° 622; Poncet, 1, 192; Boncenne, 3, 34 et 35.—*Contrà*, Rennes, 31 août 1810, P. 8, 587.

Peu importe qu'il s'agisse d'incidens à une *saisie immobilière* (—V. ce mot).—*Contrà*, Turin, 19 avr. 1811, S. 12, 190; — ou d'affaires pendantes en appel.

29. Devant la C. roy. comme devant le trib. de 1re inst. Toulouse, 26 janv. 1839 (Art. 1516 J. Pr.).

30. Mais la jonction du défaut n'a pas lieu en matière de justice de paix et de commerce. — V. *Juge de paix*, n° 254, et *Tribunal de commerce*.

31. Ce jugement n'étant que préparatoire à l'égard du demandeur, rien n'empêche qu'il ne soit rendu avant l'expiration des délais pour signifier des défenses de la part des parties qui ont constitué avoué, et qu'elles ne soient recevables à proposer ultérieurement des exceptions ou nullités qui doivent être opposées *in limine litis*. Thomine, 1, 288; Carré, n°s 623, 624; Demiau, 130; Boncenne, 3, 440.

32. Il ne peut ordonner un interlocutoire; il ne doit jamais préjuger le fond. Thomine, 1, 287.

Pourrait-il toutefois prononcer des mesures conservatoires et d'urgence? — M. Thomine, *ib.* admet l'affirmative. — Il nous semblerait plus régulier d'introduire un référé pour cet objet.

33. Le jugement de jonction doit, comme tous les autres jugemens, être prononcé publiquement à l'audience. Il résulte positivement de la discussion du projet du Code, que l'on a voulu abolir l'ancien usage d'après lequel les jugemens de *défaut profit-joint* étaient donnés au greffe.

34. Il est levé en la forme ordinaire, et signifié à la partie défaillante par huissier commis. C. pr. 153.

Cette commission peut avoir lieu par un jugement autre que celui qui a ordonné la jonction. Carré, n° 625. — V. au surplus *inf.* Sec. III, § 1.

Du reste, la nullité de la signification faite par un huissier, non commis, ne peut plus être demandée, — si le défendeur reconnaît qu'il a reçu la copie. Boncenne, 3, 52; — ou pour la première fois en appel par la partie qui à une audience postérieure à l'adjudication du défaut, a pris des conclusions par le ministère d'un avoué. Rennes, 31 août 1810, P. 8. 587. — V. *inf.* n° 81.

35. La signification contient assignation à comparaître au jour où l'affaire doit être appelée. C. pr. 153. — Si la cause a été remise seulement au premier jour, il est encore nécessaire de donner l'assignation à jour fixe, en observant le délai des distances, afin de donner avenir aux avoués des autres parties. —V. *inf.* n° 38.

36. Le délai des réassignations est le même que celui des *ajournemens* ordinaires. Pigeau, 1, 566. — V. ce mot, n°s 27 et suivans.

Il doit être observé à peine de nullité. Paris, 5 juill. 1834, S. 34, 401.

Il faut également observer l'augmentation des délais à raison des distances. — V. *ib.*

37. Dans le cas où la première assignation a été donnée à bref délai, celle signifiée en vertu du jugement de jonction doit-elle être donnée dans les délais ordinaires? — Oui, à moins que le jugement n'autorise à la donner à bref délai : il s'agit en effet d'une assignation indépendante de la première, et le silence du jugement replace les parties dans le droit commun. Carré, n° 628 ; Pigeau, *Com.* 1, 547.

Au surplus le trib. peut ordonner la réassignation à bref délai, si les motifs qui ont fait rendre l'ordonnance du président existent encore. Nîmes, 15 mai 1807, P. 6, 90.

38. Au jour indiqué par la réassignation (et sur un avenir donné aux parties qui ont constitué avoué), on statue sur le profit du défaut et sur la cause par un seul et même jugement; qui n'est pas susceptible d'opposition. C. pr. 153.

39. On ne pourrait statuer avant le jour fixé, à moins que les parties n'y eussent consenti en concluant au fond devant le trib. Cass. 5 déc. 1832, D. 33, 146.

Ces conclusions au fond, couvriraient même l'irrégularité résultant d'un défaut de réassignation, dans le cas où l'une des parties demanderait plus tard le renvoi de la cause au jour indiqué. *Même arrêt.*

40. Si le défendeur constitue avoué après le jugement de jonction, les plaidoiries ne peuvent avoir lieu au jour fixé par la réassignation. Tout défendeur a quinzaine pour signifier ses défenses (C. pr. 77), et le défaut profit-joint ne doit pas changer sa position.—Carré, n° 631 ;—Pigeau, *Com.* 1, p. 548, soutient l'opinion contraire, parce qu'il admet qu'on doit former opposition au jugement de *défaut profit-joint,* et que les défenses doivent être fournies avec la requête d'opposition ; mais nous ne partageons pas cet avis. — V. *inf.* n° 187.

41. Dans le cas où les réassignés faisant encore défaut, les parties présentes sont parvenues à faire écarter la demande, il ne faut pas condamner les défaillans sur le fond ; mais ils peuvent être condamnés aux dépens du jugement par défaut. Colmar, 7 janv. 1817, S. 18, 146.

42. Le jugement qui ne statuerait pas sur tous les points par une seule et même décision, ou qui négligerait de prononcer à l'égard du défaillant, devrait être annulé. Montpellier, 2 janv. 1811, S. 14, 211.

43. Le texte de l'art. 153, par sa disposition générale, refuse l'opposition à un jugement rendu définitivement sur le fond après un jugement de jonction à ceux-là même qui, après avoir comparu au jugement de jonction, font défaut à l'audience où la cause a été réappelée, bien que le défaut soit prononcé contre eux pour la première fois ; qu'on n'ait à leur reprocher qu'une seule négligence.

Le vœu de cet art. ne serait pas rempli si l'on admettait plusieurs parties qui feraient défaut tour à tour à revenir par opposition contre ce jugement, ce qui entraînerait des lenteurs, et exposerait les parties à voir rendre plusieurs jugemens renfermant des dispositions contraires dans des matières indivisibles, et pourrait faire renaître les inconvéniens qui résultaient du silence de l'ordonn. de 1667, auxquels le C. de pr. a voulu remédier. Rennes, 29 mai 1812 ; Riom, 24 juill. 1812, P. 10, 587 ; Rouen, 18 déc. 1821 ; Montpellier, 6 juill. 1822 ; Lyon, 30 nov. 1824, D. v° *Jugement*, 706 et suiv. ; 13 mars 1828, S. 28, 236 ; Colmar, 17 mai 1828, S. 28, 236 ; Carré, n° 632 ; Boncenne, 3, 41 et 42 ; Boitard, 1, 586. — *Contrà*, Besançon, 21 déc. 1808, P. 7, 272 ; Toulouse, 26 avr. 1820 ; Thomine, 1, 290 ; Pigeau, *Comm.*, 1, 549.

44. On a même étendu l'art. 155 à des parties qui n'étaient pas dans l'instance lors du jugement de jonction, et qui n'étaient intervenues que dans l'intervalle des deux jugemens. Motifs, Montpellier, 6 juill. 1822, S. 25, 79 ; Favard, v° *Jugement*, p. 169 ; Hautefeuille, 113 ; Berriat, 598, note 10. — Spécialement à des créanciers et à des syndics d'une faillite, attendu qu'ils avaient été originairement représentés dans l'instance par les agens de la faillite. *Même arrêt.*

45. L'on a décidé qu'il importerait peu : 1° que le jugement de jonction n'eût pas indiqué le jour où la cause serait de nouveau appelée ; — 2° que cette indication ne se rencontrât que dans la signification du jugement faite aux défaillans, et non dans celle faite aux comparans ; — 3° que la cause n'ayant pu être appelée au jour indiqué, eût été mise au rôle et appelée à son tour. Cass. 15 nov. 1824, S. 25, 94.

Dans tous les cas, il serait indifférent que dans l'intervalle du jugement de jonction au jugement définitif, il fût intervenu un jugement interlocutoire, contradictoire avec toutes les parties. Montpellier, 6 juill. 1822, S. 25, 79 ; Toulouse, 15 juin 1825, S. 25, 422.

46. Mais si le profit du défaut n'avait pas été joint au fond, la partie qui aurait d'abord comparu serait recevable à former opposition au jugement par défaut rendu contre elle. **Lyon**, 15 déc. 1826, S. 27, 478.

Art. 3. — Défaut contre le demandeur.

47. Si le demandeur n'a pas constitué avoué, ou s'il ne se présente pas, soit par lui-même, soit par un fondé de pouvoir, devant le trib. de paix ou de comm., le défendeur peut obtenir défaut contre lui. — V. inf. § 2, art. 2.

§ 2. — Du jugement par défaut contre avoué.

Art. 1. — Défaut contre l'avoué du défendeur.

48. Ce défaut est accordé contre l'avoué constitué par le défendeur, qui ne comparaît pas à l'audience au jour indiqué. C. pr. 149 ; — ou qui comparaît, mais refuse de conclure.

49. La condamnation par défaut prononcée en 1re inst. contre le défendeur qui ne justifie pas du paiement de l'amende encourue pour non comparution au bureau de conciliation, doit, s'il a constitué avoué, être réputée par défaut faute de plaider. Paris, 19 fév. 1854, D. 54, 285.

50. Les conclusions signifiées à avoué sont insuffisantes pour engager l'affaire, si elles ne sont pas prises à l'audience. Thomine, 1, 282 ; Boncenne, 5, 122.

Ainsi, doit être considéré comme jugement par défaut contre avoué le jugement du fond, lors duquel le défenseur a déclaré n'avoir ni pouvoir ni instruction pour plaider, encore qu'antérieurement il ait été prononcé, sur conclusions posées et plaidoiries respectives, un jugement sur un incident. Cass. 1er niv. an 8, S. 7, 2, 1052 ; — ou un jugement préparatoire. Cass. 12 mars 1846, S. 16, 167. — V. sup. n° 4.

54. Il en est de même, 1° si le trib. ayant ordonné la justification d'un fait nécessaire à l'instruction de la cause, l'avoué déclare ne pouvoir exécuter cette décision, attendu l'absence de son client. Carré, n° 614.

2° S'il a été rendu en présence de l'avoué un jugement interlocutoire, mais que sur le fond l'avoué n'ait pas renouvelé ses conclusions à l'audience. Cass. 4 mai 1842 ; 14 nov. 1820 ; 5 fév. 1824, S. 12, 548 ; 24, 252 ; Boncenne, 5, 119.

On oppose un arrêt Cass. 1er germ. an 10, qui a décidé qu'un jugement rendu sur le fond en présence de la partie ou de son avoué, qui déclarait n'avoir pas pouvoir, était contradictoire ; mais, dans l'espèce, le défendeur avait réduit et fait consister sa défense au fond dans des moyens de forme : il y avait donc eu défense. Carré, n° 616.

52. Lorsque l'avoué du défendeur déclare qu'il n'a pas reçu d'ordre de son client et refuse de conclure, le jugement est par défaut contre avoué. — En effet, d'une part, pour que le défaut fût contre partie, il faudrait qu'il n'y eût eu aucune espèce de présentation, et que l'on pût présumer que la partie n'a pas reçu l'assignation ; ce qui n'a pas lieu quand il y a eu une constitution quelconque : le client doit s'imputer de. n'avoir pas levé l'obstacle qui empêchait l'avoué de conclure au fond. — D'autre part, le jugement ne peut être considéré comme contradictoire. — V. *Jugement.*

53. La disposition par laquelle le trib. déclare, sans qu'il ait été ni conclu ni plaidé sur ce point, qu'il juge en matière sommaire ou ordinaire, est également réputée par défaut si elle influe sur la taxe des frais, encore bien que le jugement soit en lui-même contradictoire. Lyon, 8 mars 1830, S. 30, 228.

54. Si tous les défendeurs ont constitué avoué, et que quelques-uns ne se présentent pas, y a-t-il lieu à défaut profit-joint ? — Lepage soutient l'affirmative ; — mais la négative nous paraît résulter de ce que l'art. 155 dit : *faute de comparaître.* Or, faute de comparaître signifie faute de constituer avoué ; et dès qu'il y en a eu de constitué, le principe du défaut profit-joint est inapplicable. Cass. 27 mai 1835 (Art. 209 J. Pr.) ; Carré, n° 629. — *Contrà,* Bruxelles, 27 avr. 1831, D. 53, 22. — V. d'ailleurs *sup.* n° 27.

55. Ce défaut ne peut être pris qu'à l'expiration du délai de quinzaine accordé au défendeur, à dater de la constitution de son avoué, pour signifier ses défenses. Arg. C. pr. 77, — et après un avenir donné à ce même avoué. Carré, 1, 561.

56. Dans le cas où l'assignation est donnée à jour fixe, si le jugement n'est pas rendu au jour indiqué, le défendeur ne peut être condamné par défaut que sur un nouvel ajournement. Il n'est pas obligé de se présenter à un autre jour auquel il ne sait pas s'il plaira au demandeur de porter la cause. Il a pu croire qu'il y avait désistement de l'instance. — Ainsi jugé dans l'espèce d'une assignation à bref délai. Lyon, 22 juin 1831, S. 52, 343.

57. Pour que le défaut soit valablement et définitivement obtenu sur le fond, il faut en outre que toute instruction ordonnée ait été faite, que tout incident qui exigerait une décision préalable, ait reçu cette décision. Carré, 1, 561, note 1 ; Delaporte 1, 154.

58. Il se prend de la même manière que celui contre partie. — V. *sup.* n° 16.

Cependant quelquefois le défaut ne s'accorde point à la première audience pour laquelle avenir a été donné : le trib. remet alors l'affaire à la huitaine, pendant lequel temps le greffier prévient l'avoué de la partie défaillante de déposer au greffe les pièces et renseignemens nécessaires.

59. Si l'avoué se présente avant la fin de l'audience, il obtient que le *défaut soit rabattu*, c'est à-dire qu'il soit supprimé. Cet usage, consacré par l'art. 5, tit. 14, Ordonn. de 1667, n'ayant pas été reproduit par le C. de proc., on devrait rigoureusement conclure qu'il est aboli. Arg. C. pr. 1041 ; Favard, v° *Jugement*, 3, 166 ; Boncenne, 3, 117. — Mais il est admis sans difficulté dans la pratique ; il a l'avantage d'économiser les frais d'opposition. Metz, 13 oct. 1815, P. 13, 85 ; Demiau, 132 ; Carré, n° 621.

Au trib. de la Seine, les défauts ne sont accordés que *sauf l'audience*. — Le défaut se rabat au moyen de conclusions au fond, signées de l'avoué, et remises au greffier pendant l'audience. De simples conclusions tendantes à communication de pièces ne suffiraient pas : le greffier ne peut être juge de la question de savoir s'il y a lieu à cette communication, et si ce n'est pas là un moyen détourné pour gagner du temps, et paralyser l'effet du jugement de défaut.

Art. 2. — *Défaut contre l'avoué du demandeur.*

60. Le défendeur, aussitôt qu'il a constitué avoué, peut, sans avoir fourni de défenses, suivre l'audience par un simple acte, et prendre défaut contre le demandeur qui ne comparaît pas. C. pr. 154, 434, 80.— Il n'est pas nécessaire qu'il attende les délais d'*ajournement*. — V. ce mot, n° 27 et suiv.

Ce défaut est en général *faute de conclure*, puisque l'assignation contient, à peine de nullité, constitution d'un avoué. — V. toutefois *sup*. n° 47, et *inf*. n° 61.

61. Lorsque l'avoué constitué par le demandeur dans l'exploit d'assignation déclare ne pouvoir ou ne vouloir occuper pour lui, le jugement qui survient est-il par défaut contre partie ou par défaut contre avoué? — La question est fort controversée.

Ceux qui considèrent le jugement, dans l'espèce, comme étant par défaut contre partie, soutiennent qu'il n'y a point constitution d'avoué, lorsque le mandat *ad lites* n'est pas accepté, soit expressément, soit tacitement, par l'avoué. Nîmes, 12 janv., 18 nov.; Limoges, 9 nov.; Colmar, 31 déc. 1808, P. 7, 290 ; Carré, n° 616 ; Poncet, 1, 522 ; Berriat, 399, note 14.

Mais le système contraire nous paraît préférable. Il y a toujours un avoué dans la cause, tant que celui qui a été constitué n'est ni révoqué, ni suspendu, ni destitué, ni démissionnaire, ni mort. Le mandat *ad lites*, à la différence du mandat *ad negotia*, n'a pas besoin d'être accepté de la part de l'avoué, pour qu'il y ait constitution à l'égard de l'adversaire. L'avoué a bien le droit de déclarer au plaideur qui l'a constitué, ou pour lequel il s'est constitué, qu'il ne peut ou qu'il ne veut plus le représenter, de même que le plaideur est toujours libre de le révoquer; mais les fonctions de l'officier ministériel ne cessent, par rapport à la partie adverse, qu'au moment où la constitution d'un nouvel avoué lui a été notifiée avec la révocation du premier. Arg. C. pr. 75. — Autrement, le demandeur aurait un moyen facile de traîner l'affaire en longueur. Il pourrait former opposition au jugement jusqu'à l'exécution, soutenir que ce jugement est périmé, faute d'exécution dans les six mois : avantages que la loi n'a établis qu'en faveur du défendeur, parce qu'elle présume que la copie de l'assignation ne lui est pas parvenue (—V. *inf.* n° 110); Pau, 2 oct. 1840; Limoges, 26 fév. 1812, P. 40, 150; Cass. 4 mai 1811, P. 9, 503; Pigeau, *Com.*, 1, 550; Hautefeuille, 114; Favard, v° *Jugement*, 3, 164; Merlin, *Rép.*, v° *Opposition*, 8, 761; 17, 233; Boncenne, 3, 110 et suiv. — V. *Constitution d'avoué*, n° 12.

62. L'avoué qui refuse d'occuper, doit prévenir le client sur-le-champ, afin de ne pas être responsable des suites. Il doit même le déclarer à l'audience; et le trib., suivant les cas, peut accorder le délai nécessaire pour avertir le client avant d'adjuger le profit du défaut.

63. S'il y a plusieurs défendeurs et un seul demandeur, chacun peut, sans appeler les autres, prendre défaut contre le demandeur. Cependant, s'il savait qu'ils eussent constitué avoué, il devrait les appeler comme parties en cause. Carré, n° 633.

64. Lorsqu'il y a plusieurs demandeurs défaillans, le défendeur prend valablement des jugemens contre tous, sans jonction de profit : la jonction n'est en effet prescrite que dans les cas où les parties n'ont pas toutes constitué avoué; or, lorsqu'il y a plusieurs demandeurs, ils ont dû constituer avoué, et n'en constituer qu'un seul. Carré, n° 623; Favard, v° *Jugement*, 168. — V. *sup.* n° 54.

65. Pour obtenir défaut, le défendeur rédige lui-même un *placet*, qu'il dépose comme aurait dû le faire son adversaire; il demande défaut, et, pour le profit, d'être renvoyé de la demande formée contre lui : c'est ce qui fait qu'on appelle ce défaut *défaut-congé.* Carré, 1, 556. — V. *inf.* n° 70.

66. Le trib. ne doit pas, avant d'adjuger le profit du défaut, vérifier le mérite des conclusions des parties. L'art. 154 C. pr. ne reproduit pas, dans ce cas, l'obligation imposée par l'art. 150 pour l'adjudication du profit du défaut contre le défendeur : loin de là , il porte que le défendeur pourra *prendre* défaut; tandis que l'art. 150 dit seulement que le demandeur aura le droit de le *requérir*. — D'ailleurs, cette différence est conforme à la raison et à la justice; car le défaut du demandeur qui a eu le temps de méditer sa réclamation doit inspirer bien plus de soupçons que celui du défendeur. Cass. 7 fév. 1811, 18 avr. 1820 , S. 11, 215 ; 22 , 224 ; Carré , n° 617 ; Merlin, *Quest. Dr.* , v° *Défaut* ; Boncenne, 3 , 15 ; Berriat, 257 , n° 13; Thomine , 1 , 283 ; Boitard , 589.

67. Les dispositions précédentes sont communes aux *trib. de commerce*, C. pr. 454 , — V. ce mot, — et aux justices de paix. Le juge peut, en effet, accorder un délai au défendeur défaillant, mais non au demandeur, — à moins cependant qu'un jugement contradictoire ayant ordonné une mesure préparatoire ou une remise, le demandeur ne se trouve pas présent au jour indiqué ; auquel cas il a le droit, d'après les circonstances , d'user de la faculté accordée par les art. 5 et 19. Carré, n° 89. — V. *Juge de paix*, n. 252.

68. Elles s'appliquent en appel comme en 1re inst. Si l'appelant, qui était défendeur en 1re inst., ne comparaît pas pour soutenir son appel, ou refuse d'énoncer ses griefs, l'intimé doit être renvoyé des fins de l'appel, et le jugement confirmé sans vérification. — V. *Appel*, n° 353.

69. Par exemple, si on lui oppose la tardiveté de son appel, et que son avoué ne se présente pas , il peut être déclaré nonrecevable sans autre vérification ; car il est demandeur (— V. *sup.* n° 66). Les juges ne sont pas obligés de suppléer d'office les moyens de nullité qu'il aurait pu faire valoir contre la signification du jugement, pour établir que son appel est recevable. Cass. 26 fév. 1828 , S. 28 , 153.

70. Lorsque le défaut du demandeur peut être considéré comme une sorte de désistement de l'*instance* (— V. *Appel*, n° 57), l'office du juge doit se réduire à donner acte du désistement que le défendeur est censé accepter en requérant le défaut : tout le profit du défaut consiste à replacer les parties dans l'état où elles étaient avant la demande ; il n'est pas besoin de recourir contre ce jugement, soit par opposition, soit par appel, pour reproduire l'action, — si d'ailleurs elle n'est pas prescrite. Boncenne, 3 , 17 et suiv.

Mais , si le défendeur ne se borne pas à demander un simple congé, s'il discute au fond le mérite des conclusions prises dans l'ajournement, et que le trib. juge la contestation, la sentence produit tous les effets d'un jugement par défaut ordinaire, et, dès lors , elle devient susceptible d'opposition et d'*appel*. — V. ce mot, n° 57 (Art. 962 J. Pr.).

71. Dans tous les cas, le trib. ne peut ajouter à ce profit des

demandes nouvelles ou reconventionnelles opposées par le défendeur ; elles doivent faire l'objet d'une demande séparée. Rennes, 22 sept. 1810, P. 8, 597 ; Carré, n° 620, note 1.

72. Si, à l'appel de la cause, ni le demandeur ni le défendeur ne se présentent, le placet est supprimé par ordre du président ; l'avoué qui veut le faire rétablir perd son tour de rôle, et l'affaire n'est appelée qu'après les dernières inscrites. Pigeau, 1, 560. — V. d'ailleurs *sup.* n° 1.

Section II. — *Effets du jugement par défaut.*

73. Les jugemens rendus par défaut produisent, en général, tous les effets attribués aux jugemens contradictoires. Cass. 12 nov. 1806, S. 7, 145. — V. *Jugement*, n^{rs} 296 et suiv.

74. Conséquemment, s'ils ne sont pas attaqués dans les délais et par les voies de droit, ils acquièrent force de chose jugée. Cass. 15 juin 1818, P. 14, 862, — même en matière de question d'état. *Même arrêt,* — et suffisent pour autoriser toute espèce d'*exécution.* — V. ce mot.

75. Cependant leur exécution est soumise à des formalités et à des délais particuliers. —V. *inf.* n° 213 et suiv. .

— V. d'ailleurs *sup.* n° 70.

76. Avant le Code, les jugemens par défaut n'emportaient hypothèque que du jour de leur signification à procureur. Ordonn. 1667, tit. 11, art. 9 ; Riom, 9 avr. 1807, S. 7, 646 ; Cass. 13 fév. 1809, S. 9, 154. — Mais aujourd'hui on peut prendre inscription avant toute signification ; l'art. du projet qui exigeait cette formalité préalable a été retranché. L'inscription est une mesure purement conservatoire, qui ne peut être considérée comme un acte d'exécution dans le sens de l'art. 155 C. pr. (—V. *inf.* n° 124) ; Besançon, 12 août 1811, P. 9, 547 ; Rouen, 7 déc. 1812, P. 10, 867 ; Cass. 29 nov. 1824, S. 25, 152 ; Delvincourt, 5, 158, n° 7 ; Grenier, 1, n° 194, Duranton, 19, n° 358 ; Troplong, n° 443 *bis* et 444.

L'enregistrement préalable n'est même pas nécessaire. — V. *Hypothèque,* n° 4 ; *Inscription,* n°s 14 et 16.

Section III. — *Signification des jugemens par défaut.*

§ 1. — *Jugement par défaut contre partie.*

77. Tout jugement rendu par défaut contre partie doit être signifié par huissier commis, C. pr. 156, —à peine de nullité de la signification. Agen, 6 fév. 1810, S. 14, 193 ; Carré, n° 644 ; Boncenne, 3, 52 (— V. *Emprisonnement,* n°s 135 et 148 ; *Huissier,* n° 101).—*Contrà,* Arg. Bourges, 4 juill. 1812, P. 10, 542.

78. Toutefois, la signification serait valable, malgré le défaut de commission d'huissier, si le défendeur reconnaissait avoir reçu la copie qui lui était destinée ; car le but de la loi serait atteint. Cass. 7 , déc. 1813, P. 11 , 818 ; Boncenne, 3, 52, *Contrà*, Thomine, 1 , 289 ; Carré, n° 444. — Dans l'espèce, le défendeur avait fait une réponse sur l'exploit même. — V. *sup.* n° 54.

79. L'huissier est ordinairement commis par le jugement même ; — sinon par ordonnance rendue sur requête. Tar. 76.

80. Le choix de l'huissier est laissé à la volonté du trib. ; — mais il est convenable que ce ne soit pas celui qui a donné la première assignation. Thomine, 1 , 288.

81. Si le jugement doit être signifié hors du ressort, le jugement porte que l'huissier sera commis par le juge du domicile du défaillant, que le trib. désigne. C. pr. 156 , — ou par le juge de paix de ce domicile. Arg. C. pr. 1035 ; Pigeau, 1 , 563 ; Thomine , 1, 295, Carré, n° 643.

82. Le trib. pourrait directement nommer tel huissier du domicile du défaillant : par exemple, celui de la justice de paix de son arrondissement. C'est même ce qui se pratique habituellement à Paris , pour éviter les frais d'une requête. Thomine, 1 , 295 ; Boitard , 1 , 603 (— V. *Huissier*, n°ˢ 98 et 99). — *Contrà*, Carré , n° 626 ; Demiau , 130.

83. Si plusieurs parties ont intérêt à faire signifier le jugement par défaut, l'huissier commis à la requête de l'une est censé l'être pour toutes les autres, et celles-ci peuvent l'employer. Cass. 14 juin 1813 , P. 11 ; 457.

84. Si l'huissier commis a fait une signification irrégulière , il peut la réitérer sans nouvelle ordonnance. Cass. 26 nov. 1810, S. 12, 183.

85. Mais le défendeur est, dans tous les cas, recevable à opposer les nullités de la signification faite par l'huissier commis ; comme il le pourrait contre celui que le demandeur aurait choisi lui-même : ce dernier a d'ailleurs la garantie de l'art. 71 (—V. *Responsabilité*). Paris, 19 août 1807 , P. 6 , 269 ; Carré 627 ; Pigeau, *Comm.*, 1, 346.

86. Les dispositions relatives à la commission d'huissier sont applicables aux jugemens qui émanent du *trib. de commerce* et du *juge de paix.* — V. ces mots.

87. Pigeau, *Comm.*, 1 , 348 , pense que l'on doit encore commettre un huissier pour signifier le second jugement de défaut, après une jonction de profit, parce que ce défaut est contre partie.

Toutefois , la commission d'un huissier a été déclarée inutile pour la signification aux *créanciers* inscrits des jugemens de défaut rendus avec le poursuivant la *saisie immobilière.* Cass. 22 fév. 1819 , S. 19, 103. — V. ce mot ; — et pour celle d'un jugement de défaut déboutant d'une première opposition (en matière de commerce). Bourges, 24 fév. 1829, S. 29, 172. — V. *sup.* n° 58.

88. La signification doit avoir lieu à personne ou au domicile réel ; celle notifiée au domicile élu pour l'exécution de l'obligation sur laquelle est intervenu le jugement, ne ferait pas courir le délai d'opposition. Colmar, 17 mai 1828, S. 28, 227. — V. *Inscription hypothécaire,* n° 81.

Néanmoins, en matière commerciale, elle est valablement faite au domicile élu, par la partie condamnée, dans le ressort du tribunal saisi de la contestation, si elle n'y est pas domiciliée, C. pr. 422, — ou, à défaut de cette élection, au greffe du tribunal qui a rendu le jugement. C. pr. *ib.* ; Cass. 13 nov. 1822, S. 22, 79. — V. *Tribunal de commerce.*

89. La signification de ces jugemens contient en outre, sous peine de nullité, une élection de domicile dans la commune où elle se fait, si le demandeur n'y est pas domicilié. C. pr. 455.

§ 2. — *Jugement par défaut contre avoué.*

90. Ce jugement doit être signifié : — 1° à l'avoué du défaillant ; — 2° à la partie.

91. Si, depuis le jugement obtenu, l'avoué du défaillant est décédé ou a cessé ses fonctions, la signification doit être faite uniquement à la partie, en mentionnant le décès ou la cessation de fonctions de l'avoué.

92. Il n'est pas nécessaire que cette signification soit faite par un huissier audiencier : ce n'est pas là, en effet, un acte d'avoué à avoué ; elle peut avoir lieu à la requête de la partie qui a obtenu le jugement, et par conséquent, par exploit de tout huissier attaché au tribunal. Carré, n° 654. — Cependant, dans l'usage, elle est toujours notifiée par un huissier audiencier.

Jugé qu'un arrêt de défaut peut être signifié à l'avoué de C. roy. par un huissier près le trib. civil établi dans la ville où siége la Cour qui a rendu cet arrêt. Bruxelles, 14 août 1840, S. 10, 86.

Section IV. — *Voies contre les jugemens par défaut.*

93. Les jugemens rendus par défaut, soit contre partie, soit contre avoué, peuvent être attaqués par les mêmes voies et dans les mêmes circonstances que les jugemens contradictoires. — V. *Jugement,* sect. VI.

94. Ils sont en outre soumis, en général, à un recours particulier nommé *opposition,* par lequel la partie défaillante porte de nouveau la connaissance du litige devant le juge qui a statué une première fois, et lui demande de rapporter sa décision.

§ 1. — *Cas dans lesquels l'opposition est recevable.*

95. Le droit de former opposition à une décision lors de laquelle on n'a pas été entendu, est un complément du droit de défense; il n'est pas certain, en effet, que le défaillant ait été averti des poursuites dirigées contre lui.

Il existe contre tous les jugemens rendus par défaut, soit contre avoué, soit contre partie, en quelque matière que ce soit, — à moins qu'une disposition précise et spéciale n'en ait autrement ordonné. — V. *inf.* n° 97.

96. En conséquence, sont attaquables par la voie de l'opposition :

1° Les jugemens par défaut en matière de *douanes* (— V. ce mot, n° 105), — de domaines. Cass. 14 niv. an 8, D. 9, 699 ; — et d'*Enregistrement* — V. ce mot, n° 167.

2° Les arrêts par défaut rendus sur appel d'ordonnance de référé, quoique l'ordonnance de *référé* ne soit pas elle-même soumise à ce recours. — V. ce mot.

3° Les jugemens rendus sur requête pour parvenir à l'*interdiction* (— V. ce mot, n° 30); Merlin, v° *Opposition*, § 1, n° 1. — *Contrà*, Favard, v° *Opposition*, p. 40.

4° Ceux qui déclarent une partie, qui ne s'est pas présentée au jour indiqué, déchue du droit de prêter serment. Amiens, 12 août 1826, S. 28, 266 ; Besançon, 1er mars 1828, S. 28, 508.

5° Les décisions judiciaires rendues par défaut contre un *avocat* en matière disciplinaire. Arg. Cass. 27 avr. 1810, S. 20, 297. — V. ce mot, n° 161.

— V. d'ailleurs *Interrogatoire sur faits et articles*, n° 32.

97. Mais l'opposition n'est pas recevable contre les jugemens rendus :

1° Sur *délibéré* (— V. ce mot, n° 17) ou *instruction par écrit* (— V. ce mot, n° 30).—Toutefois, cette règle ne s'applique qu'aux affaires où ce mode d'instruction est facultatif, et non à celles où il a lieu de plein droit, comme en matière d'*enregistrement.* —V. ce mot, n° 167.

2° Par des arbitres : en les nommant, les parties ont su qu'elles devaient être jugées, et ne peuvent alléguer de surprise. C. pr. 1016. — V. *Arbitrage*, n°s 464 et suiv.

3° Pour constater une prestation de serment. Ils ne sont, à proprement parler, qu'un procès-verbal constatant un fait matériel et non susceptible de dénégation. Nîmes, 24 août 1829, S. 30, 165.

4° En matière de saisie immobilière et prononçant sur les nullités proposées contre la procédure antérieure ou postérieure à l'adjudication préparatoire. Décr. 2 fév. 1811, art. 3 et 4. — V. d'ailleurs *Saisie immobilière.*

5° Pour joindre le défaut; ils ne prononcent en effet aucune décision judiciaire, le profit du défaut étant toujours réservé. — V. *sup.* n° 25.

6° Après un premier jugement de jonction du défaut. C. pr. 153. — V. *sup.* n° 43.

7° Pour débouter d'une première opposition. C. pr. 165 et 22. Ces jugemens sont considérés comme contradictoires; autrement il serait loisible à une partie de mauvaise foi de retarder indéfiniment le jugement d'une affaire par des oppositions successives; il en était de même sous l'empire de l'ordonn. de 1667. Cass. 3 frim. an 9, S. 1, 640. — Ainsi, n'est pas recevable, l'opposition à un jugement de débouté d'opposition, même au cas de rejet d'une exception d'incompétence proposée pour la première fois dans la requête d'opposition. Paris, 15 avril 1836 (Art. 443 J. Pr.). — V. d'ailleurs *Ajournement*, n° 62 ; *Faillite*, n°s 595, 611 ; *Ordonnance, Ordre, Référé, Saisie-arrêt.*

98. Dans le cas du § 7, *sup.* n° 97, peu importe que le second jugement par défaut soit rendu sur assignation en constitution de nouvel avoué. Grenoble, 24 août 1824, S. 25, 167.

99. Mais la partie qui a obtenu un premier jugement par défaut peut-elle former opposition au jugement obtenu contre elle, en son absence, par le défendeur, sur son opposition au premier jugement?

Pour la négative, on dit : Le demandeur ayant pris des conclusions pour obtenir *le défaut*, et le défendeur ayant pris les siennes pour faire statuer sur son opposition, il s'en suit que les deux parties ont été respectivement entendues et que le dernier jugement doit être contradictoire. Gênes, 12 déc. 1811, P. 9, 771.

Pour l'affirmative, on répond : Il n'y a point de jugement contradictoire si les plaideurs n'ont pas conclu en présence l'un de l'autre; c'est la première fois que cette partie ne comparaît pas : le second jugement n'est point un débouté d'opposition. Poitiers, 9 mars 1827, S. 28, 545 ; Carré, n° 694 ; Boncenne, 3, 156 ; Thomine, n° 196. — V. *sup.* n° 43.

100. Au reste, trois choses sont nécessaires : 1° Un jugement par défaut ; — 2° une opposition à ce jugement ; — 3° un autre jugement par défaut qui déboute de cette opposition. — Si ces trois choses ne concourrent pas, l'opposition est recevable, encore bien que ce soit la seconde formée dans la même instance par la même partie. Rennes, 12 juin 1817, P. 14, 286 ; Carré, n° 694.

C'est ce qui a lieu lorsque, sur une opposition à un jugement par défaut, il intervient un jugement interlocutoire rendu contradictoirement; puis un jugement par défaut sur le fond : celui-ci est susceptible d'opposition. Dalloz, v° *Jugement*, 701.

Carré, n° 695, pensé même que l'opposition est recevable contre le jugement de débouté d'opposition, si celui-ci est basé sur un motif autre que celui qui a déterminé la première décision, parce que ce motif n'a pu être détruit par la première opposition. Mais nous ne saurions admettre cette opinion : l'art. 165 exige bien en effet que les deux jugemens prononcent une même décision, mais non qu'elle soit basée sur les mêmes motifs.

101. C'est ce qui aurait encore lieu au cas où, sur l'opposition du défaillant et avant qu'elle fût jugée, des conclusions incidentes auraient été prises par l'adversaire et adjugées isolément par un nouveau défaut; l'opposition au premier jugement n'en serait pas moins recevable, le second jugement ayant statué sur des conclusions nouvelles et différentes. Boitard, 1, 646.

102. L'opposition à des poursuites n'est pas la même chose que l'opposition à un jugement par défaut. En conséquence, est recevable l'opposition contre un jugement par défaut, donnant main-levée d'une opposition à poursuites tendantes à une adjudication aux criées. La règle *opposition sur opposition ne vaut*, n'est pas applicable dans ce cas. Cass. 10 août 1825, S. 26, 6.

103. La nature des jugemens étant déterminée par la loi, il n'est permis à personne de la changer. Ainsi, un jugement rendu sur conclusions et défenses respectives, quoique qualifié par défaut, n'est pas susceptible d'opposition. Cass. 22 mars 1825, S. 26, 198.

104. De même, lorsqu'un arrêt a déclaré périmé à défaut d'exécution, un jugement par défaut énonçant qu'il est rendu *faute de plaider*, on peut présenter, comme moyen de cassation, que ce jugement n'est pas sujet à péremption, en ce qu'il a été rendu *faute de plaider*; peu importe que devant les juges du fond on se soit borné à dire que le jugement n'était pas périmé. Cass. 26 déc. 1821, S. 22, 174.

105. Si la qualité du jugement est contestée, la partie condamnée ne peut se faire un moyen de cassation de ce que ce jugement aurait été qualifié par défaut, puisque cette qualification, loin de lui porter préjudice, lui ouvrait, au contraire, la voie de l'opposition. Cass. 13 mars 1826, S. 26, 350; 6 fév. 1826, S. 26, 315.

§ 2. — *Dans quel délai l'opposition est recevable.*

106. Le délai dans lequel l'opposition peut être formée, varie suivant que le jugement contre lequel elle est dirigée a été

rendu par défaut, contre partie ou contre avoué. — V. *inf.* art.
1 et 2.

Toutes les règles concernant l'opposition aux jugemens
rendus par les trib. de 1re inst., sont communes aux arrêts des
C. roy. C. pr. 470.

107. En matière de commerce, on distingue également les
jugemens par défaut faute de comparoir, des jugemens par
défaut faute de plaider, et l'on applique dans ce dernier cas,
les règles sur le délai de l'opposition au jugement rendu par
défaut contre avoué (—V. *inf.* art. 2.). S'il n'y a point d'avoué
à constituer au trib. de comm., cette circonstance ne peut avoir
aucune influence relativement au délai de l'opposition, quand
la partie défenderesse a comparu, soit par elle-même, soit par
un fondé de pouvoirs ; ce qui démontre que dans ce cas, il n'y
a ni surprise ni omission dans la remise de l'exploit. Or, c'est
pour ce motif que l'art. 645 C. comm. a déclarés applicables
aux jugemens par défaut rendus par les trib. de comm., les art.
156, 158 et 159 C. pr. Ainsi jugé par arrêt de C. cass. 13 nov.
1822 (D. v° *Jugemens*, 725).

Considérant, en droit, que la disposition de l'art. 436 C. pr. était générale, et
qu'elle a été appliquée à tous les jugemens par défaut émanés des trib. de
comm., soit faute de comparaître, soit faute de plaider, jusqu'à ce qu'elle ait été
modifiée ; — que cette modification a été faite par les art. 642 et 643 C. com., qui
ont déclaré les art. 156, 158 et 159 C. pr. applicables aux jugemens par défaut
rendus par les trib. de com. ; que lesdits art. 156, 158 et 159 ne sont relatifs
qu'aux jugemens par défaut rendus contre des parties qui n'ont pas constitué avoué,
c'est-à-dire rendus par défaut faute de comparaître ; que conséquemment ces
articles ne sont déclarés applicables aux jugemens par défaut rendus par les trib.
de com., que dans la même hypothèse, c'est-à-dire lorsqu'ils sont rendus faute
de comparaître : d'où il résulte que l'art. 436 C. pr. a seulement été modifié en
cette partie, mais non abrogé par l'art. 643 C. com. — En effet, loin de prononcer aucune abrogation, le C. de com. ordonne, par son art. 642 qui est, à bien
dire, la première partie de l'art. 643, que la forme de procéder devant les trib. de
com. sera suivie telle qu'elle est réglée par le C. de pr. civ. — Qu'il est inutile
d'objecter que le C. de com. n'a pas déclaré applicable aux jugemens par défaut
rendus par les trib. de com., l'art. 157, qui statue que si le jugement par défaut est
rendu contre une partie qui a un avoué (c'est-à-dire qui a comparu), l'opposition
ne sera recevable que pendant huitaine, à compter du jour de la signification à
avoué, et qu'ainsi on ne peut, dans les trib. de com., distinguer, comme dans les
trib. inférieurs ordinaires, les jugemens par défaut faute de plaider, des jugemens par défaut faute de comparaître. — En effet, l'art. 157 a été nécessaire pour
régler dans les trib. inférieurs ordinaires le temps utile pour former opposition
aux jugemens par défaut faute de plaider ; sans cet article, le code ne contiendrait
aucune décision sur ce point important. — Mais il n'y avait nul besoin de déclarer
cet article applicable aux trib. de com. : pour ceux-ci existait l'art. 436, qui fixait
pour tous les cas le délai de l'opposition à huitaine du jour de la signification, et
qui, n'ayant été modifié que pour les jugemens rendus par défaut faute de
comparaître, continuait de régler le temps de l'opposition pour les jugemens par
défaut faute de plaider, et le réglait de la même manière dont il est réglé pour
tous les trib. par l'art. 157. — Casse.

Paris, 10 nov. 1825, D. 26, 82 ; 26 fév. 1856 (Art. 376 J.
Pr.). 50 déc. 1857 (Art. 1044 J. Pr.). Cass. 11 déc. 1858 (Art.
1411 J. Pr. et nos observ.). (Art. 146 J. Pr.) — Paris, 29 juin
1859 (Art. 1504 J. Pr.). —*Contrà*, Paris, 29 juin 1825, D. 26,
81 ; et 14 juill. 1855 (Art. 146 J. Pr.). — V. *sup.* n° 9.

108. Quant aux jugemens par défaut rendus par les *juges de paix.* — V. ce mot, n° 256 et suiv.

109. Dans tous les cas, même avant l'expiration du délai, l'acquiescement de la partie défaillante rend son opposition non-recevable.

Ainsi, l'opposition ne doit pas être admise de la part de celui qui a épuisé la voie de cassation, bien qu'il n'y ait pas eu signification valable propre à faire courir les délais d'opposition. Cass. 19 fév. 1823, S. 23, 189.

Art. 1. — *Jugement par défaut contre partie.*

110. Le droit de former opposition au jugement par défaut contre partie, existe jusqu'à l'exécution du jugement. C. pr. 158. — V. *inf.* n°s 113 et suiv.

Ce droit étant fondé sur ce qu'il est possible que, par l'effet d'une procédure frauduleuse, ou par suite de la négligence de l'huissier, le défendeur ignore le jugement prononcé contre lui, il était juste de ne lui fermer ce recours que lorsqu'il est certain qu'il a eu connaissance de ce jugement.

L'exécution est même nécessaire. Ainsi la signification du jugement quoiqu'avouée par le défaillant, n'empêcherait pas l'opposition. Cass. 24 juin 1834, D. 34, 279.

111. Une fois l'exécution consommée, l'opposition n'est plus recevable : c'est donc le jour et à l'instant même où l'on procède à l'un des actes dont il va être question, que l'on doit la former ; le lendemain il serait trop tard. Carré, n° 662.

Toutefois, la déchéance du droit d'opposition ne peut être proposée par celui qui a exécuté le jugement frauduleusement pendant l'absence du défaillant. Amiens, 26 mars 1823, S. 23, 524.

112. D'un autre côté, la partie condamnée peut souvent avoir intérêt à ne pas attendre l'exécution pour former opposition. Il est des circonstances où cette exécution a lieu sans atteindre sa personne ou ses biens : par exemple, quand il s'agit d'un débouté d'opposition au mariage d'un fils par un père ;— ou d'une radiation d'hypothèque ; — ou d'un jugement qui ordonne une enquête en matière d'interdiction ou de séparation de corps.

Dans ces différens cas, elle a le droit de déclarer s'opposer au jugement aussitôt qu'il est rendu, et même avant l'expiration de la huitaine, pendant laquelle il ne peut être exécuté.

113. Quand le jugement est il réputé exécuté ? — « C'est, dit l'art. 159, lorsque les meubles saisis ont été vendus, ou que le condamné a été emprisonné ou recommandé, ou que la saisie d'un ou de plusieurs de ses immeubles lui a été notifiée, ou que les frais ont été payés, ou enfin lorsqu'il y a quelque acte duquel il résulte nécessairement que l'exécution du jugement a été connue de la partie défaillante. »

114. Ainsi, il est des actes qui emportent la présomption légale que le débiteur a eu connaissance de l'exécution, sans qu'il puisse être admis à la preuve contraire; il en est d'autres que la loi n'a pas énumérés, dans l'impossibilité de prévoir toutes les hypothèses, et qu'elle a abandonnés à l'appréciation des tribunaux. Cass. 23 mars 1825, S. 26, 18; 1er mai 1823, S. 23, 369; Berriat, 399, note 15; Pigeau, *Com.* 354. — V. *inf.* n° 119.

115. La partie est libre de choisir le mode d'exécution qu'elle préfère; et il suffit que, dans l'espèce d'exécution qu'elle a adoptée, elle ait fait tout ce qui lui était possible de faire. Il n'est pas indispensable qu'elle ait recours à une autre espèce d'actes. Carré, n° 663.

116. Le pouvoir qu'a le juge de déclarer que tel acte, non énuméré dans l'art. 159, emporte nécessairement pour le défaillant connaissance de l'exécution, s'étend-il aux actes énoncés dans cet art., lorsque toutes les conditions qu'il exige n'ont pas été observés?

Carré, n° 663, fonde la négative sur ce que l'art. 159 exige une exécution aussi complète que possible, puisqu'autrement il eût déclaré la saisie suffisante, sans prescrire la vente des meubles, de même qu'il se fût contenté du procès-verbal ordonné par l'art. 785 C. pr. sans exiger en outre l'emprisonnement qui n'est effectué que par l'écrou. C. pr. 789.

Toutefois, nous ne saurions adopter cette opinion. Il est bien certain en effet que l'exécution complète est indispensable pour produire la présomption légale de connaissance de l'exécution de la part du défendeur. Mais il suffit que cette exécution ait été commencée pour que le débiteur soit déchu du droit de former opposition, s'il résulte d'un acte quelconque qu'il n'a pas ignoré cette exécution. Rennes, 12 janv. 1819, P. 15, 14; Limoges, 11 août 1821 (D. v° *Jugement*, 758); Thomine, n° 190. — V. *inf.* n° 119.

117. La question de savoir si un acte doit être réputé acte d'exécution, tombe-t-elle dans l'examen de la C. de cass.? — Il faut distinguer.

Si la C. roy. juge qu'il résulte des circonstances de la cause que le débiteur a eu connaissance du jugement rendu contre lui, la décision renferme une appréciation de fait qui échappe à la censure de la Cour suprême. Cass. 1er mai 1823, S. 23, 369; 20 fév. 1839 (Art. 1583 J. Pr.).

Mais il en est autrement si elle a décidé en droit que certains actes par elle spécifiés étaient suffisans ou insuffisans pour constituer une exécution, dans le sens de l'art. 159. Cass. 30

juin 1812, S. 12, 561; 22 mai 1827, S. 27, 214; 24 juin 1834, S. 54, 596; Cass. 7 déc. 1836 (Art. 638 J. Pr.).

118. Il y a présomption légale que le défendeur a eu connaissance de l'exécution du jugement dans quatre cas.

Quand les meubles saisis ont été vendus. Ainsi, ne suffirait pas une simple saisie-exécution. Trèves, 15 fév. 1811; Cass. 18 avr. 1811, S. 11, 452 et 232; Pigeau, *Com.* 1, 365; Carré, n° 663); ou une saisie-brandon; — et à plus forte raison un commandement, même fait à la personne du condamné. Il ne constitue qu'un avertissement. Orléans, 28 mars 1814, P. 12, 166; Paris, 14 janv. 1815, S. 18, 101; Cass. 10 nov. 1817, S. 18, 121; Riom, 9 juin 1820, S. 25, 573; Amiens, 10 nov. 1827, S. 28, 312.

Il faut qu'il y ait *saisie,* et que la saisie soit suivie de la *vente.*

119. Toutefois, les trib. peuvent, d'après les circonstances, réputer le jugement exécuté, quoique la saisie n'ait pas été suivie de la vente, si cette saisie a été faite contradictoirement avec le saisi. Poncet, 1, 378; — ou bien s'il a empêché ou retardé la vente, de manière à ce qu'il soit certain qu'il a eu connaissance du défaut : par exemple, par une protestation signée de lui, et faite même sur un simple commandement. Paris, 31 déc. 1811, S. 12, 65; Cass. 3 déc. 1822, S. 24, 218; Riom, 12 fév. 1825, S. 25, 572; — par sa sollicitation dûment constatée, que la vente n'eût pas lieu. Paris, 25 juin 1810, P. 8, 402; — par la déclaration de l'huissier, qu'il avait demandé terme et délai, pourvu que cette déclaration fût signée de lui, Thomine, 1, 503; — par sa résistance à l'exécution de la sentence. Montpellier, 20 août 1810, S. 13, 283; — enfin, par une opposition à la saisie, insérée au procès-verbal, quand même il aurait refusé de la signer. Riom, 2 août 1818, S. 19, 52.

120. Il a été jugé par arrêt C. Paris, 29 août 1814, S. 14, 241, que l'aveu de la partie contre laquelle un jugement par défaut a été rendu, qu'elle en a eu connaissance, la rend non-recevable à y former opposition. Mais cet arrêt nous paraît violer l'art. 159 C. pr.; la loi dit *exécution* et non *existence.* Pigeau, *Comm.* 565.—L'aveu même de cette partie qu'elle a reçu la signification du jugement ne suffirait pas. Cass. 24 juin 1834, S. 54, 596.

121. *Quand le condamné a été emprisonné ou recommandé.* Jugé qu'un procès-verbal de capture, non suivi d'emprisonnement, ne suffirait pas, lors même que le débiteur se serait évadé pendant qu'on le conduisait à la maison d'arrêt. Colmar, 16 déc. 1812, P. 10, 893; Carré, 1, 598, et Pigeau, *Comm.* 1, 365, — Mais il nous paraît difficile de ne pas admettre que l'arrestation, dans l'espèce, emportât pour le défaillant connaissance de l'exécution, et par suite exécution d'après la fin de l'art. 159. Boncenne, 5, 99.

122. *Quand la saisie d'un ou de plusieurs de ses immeubles lui a été notifiée.* La vente n'est pas, dans ce cas, nécessaire comme en matière de saisie mobilière ; mais il est indispensable que la saisie ait été notifiée au débiteur. Carré, n° 665.

123. S'il s'agit d'un étranger qui n'a pas de domicile en France, et que les actes d'exécution aient été notifiés au procureur du roi, conformément à l'art. 69 C. pr., le défaillant a, pour former opposition, les longs délais fixés par l'art. 73 C. pr. Trèves, 17 fév. 1813, S. 16, 335.

124. Une simple inscription hypothécaire prise sur ses biens ne peut être considérée comme acte d'exécution. Limoges, 14 fév. 1822, S. 22, 169 ; Toulouse, 10 déc. 1824, S. 25, 411. — Il en est de même d'une radiation d'inscription ; ces actes ne sont pas nécessairement connus du défaillant. Trèves, 10 août 1840, S. 11, 224.—V. toutefois *inf.* n° 128.

125. *Quand les frais ont été payés.* Ce paiement emporte en effet exécution volontaire, et l'exécution volontaire doit au moins produire les mêmes effets que l'exécution forcée. — V. *Acquiescement*, n°s 65 et 89, et *sup.* n° 109.

126. Même quand ils ne l'auraient été qu'avec *protestations* et *réserves.* Ces réserves sont insignifiantes : *qui protestatur non agit.* Rennes, 7 janv. 1812, D. v° *Jugement*, p. 749 ; Pigeau, 1, 645.

Mais il en est autrement lorsque ce paiement a été fait sans le concours de la partie condamnée et au moyen d'un prélèvement ordonné par le jugement de défaut lui-même sur des sommes à elle dues et déposées à la caisse des consignations. Cass. 7 déc. 1836, S. 37, 422.

127. Doivent encore être considérés comme actes d'exécution suffisans pour rendre l'opposition du débiteur non-recevable : 1° tout acte d'exécution volontaire.—V. *Acquiescement*, n°s 65-98.

128. 2° Une inscription hypothécaire prise en vertu d'un jugement ne portant que reconnaissance d'écritures, pourvu qu'elle soit le seul acte d'exécution possible du jugement, 159 C. pr.,—et qu'il ne contienne aucune condamnation pécuniaire même pour frais, car alors l'exécution devrait avoir lieu par cette voie. Cass. 19 déc. 1820, S. 21, 369 ; 22 juin 1818, S. 19, 111 ; —pourvu que l'inscription ait été précédée de la signification du jugement ; Toulouse, 10 déc. 1824, S. 25, 411 ; — ou qu'il résulte des circonstances que le défendeur en a eu connaissance. Riom, 19 déc. 1829, S. 30, 207.

129. 3° Une saisie-arrêt, lorsqu'elle a été suivie d'une demande en validité, contenant l'énonciation expresse du jugement par défaut, et que le défaillant a constitué avoué sur cette assignation : la constitution équivaut à une reconnaissance du jugement, à compter du jour de sa date. Cass. 30 juin 1812, 22 mai 1827, S. 12, 361 ; 27, 314 ; Boncenne, 3, 82. Carré, n° 663 ; Roger, *Saisie-arrêt*, n° 478.

Mais il en est autrement lorsque le défendeur n'a pas constitué avoué sur la demande en validité : si la saisie frappe sur des effets corporels, le jugement n'est exécuté que lorsqu'il y a eu vente de ces objets. Pigeau, *Comm.*, t. 1, p. 364 ; — si elle porte sur des sommes d'argent, il n'est réputé exécuté que lorsque le paiement a été effectué. Pigeau, *ib.*

Toutefois, si une contribution s'est ouverte sur les deniers arrêtés, l'exécution résulte de l'ordonnance de clôture énoncée aux art. 664, 665 C. pr. : le débiteur ne pourrait en effet s'opposer au jugement, sans remettre en question ce que la contribution a décidé. Pigeau, *ib.*

150. 4° Un procès-verbal de carence, dressé au lieu d'un procès-verbal de saisie-exécution, lorsqu'il n'existe pas de meubles dans les lieux où l'on se présente pour exécuter, ou que les meubles existans seraient insuffisans pour payer les frais. Colmar, 27 nov. 1824, S. 25, 189 ; Limoges, 20 juill. 1821 ; Cass. 25 avr. 1846, 1er mai 1823 ; Colmar, 27 nov. 1824 ; Toulouse, 28 avr. 1828, S. 22, 116, 408-23, 369-25, 189-28, 312 ; Cass. 9 fév. 1836 (Art. 466 J. Pr.) ; 5 déc. 1838 (Art. 1389 J. Pr.).

Serait au contraire insuffisant le procès-verbal de carence qui ne porte pas le nom de la personne à laquelle l'huissier aurait parlé. Cass. 20 juin 1837 (Art. 907 J. Pr.),—ou qui a été dressé au domicile de la partie condamnée, sur la déclaration du portier que cette partie n'y demeure plus, et s'il résulte des faits de la cause qu'elle y avait toujours son domicile réel. Paris, 16 déc. 1835, S. 37, 1, 423 ; Cass. 7 déc. 1836 (Art. 658 J. Pr.).

Mais l'exploit de carence suffirait-il si le débiteur avait des meubles ailleurs que dans son domicile, et qui fussent notoirement connus pour être les siens ?—Oui ; — à moins qu'il ne fût prouvé que c'est *sciemment* que le créancier a négligé de les saisir. Poncet, 1, 380.

151. Ce procès-verbal doit être connu du débiteur, pour qu'il ne puisse pas prétexter de son ignorance du jugement. Carré, 400, note 3.

Le défendeur serait non-recevable à alléguer cette ignorance : 1° si l'acte avait été fait parlant à sa personne. Colmar, 27 nov. 1824, S. 25, 189 ; Paris, 14 janv. 1824, D. v° *Jugement*, 741 ;—même lorsqu'il s'agit d'un jugement prononçant la contrainte par corps. Cass. 21 mai 1833, D. 34, 252 ;—2° S'il avait été rédigé en présence de sa femme, à qui copie en aurait été laissée. Aix, 16 nov. 1824, S. 25, 306 ; Bruxelles, 26 janv. 1822, D. *ib.* p. 741 ; — 3° ou enfin si notification lui en avait été faite à son domicile. Toulouse, 28 avr. 1828, S. 28, 312.

Cette notification n'est même pas indispensable ; il suffit que les trib. soient convaincus, d'après les circonstances de la cause, qu'il a eu connaissance de la tentative d'exécution. Orléans, 16 fév. 1830, S. 30, 249. Cass. 5 déc. 1838 (Art. 1389 J. Pr.). —*Contrà*, Nanci, 9 mars 1818 ; Bordeaux, 9 juill. 1830, S. 18, 274 ; 30 ; 363.

152. 5° Un procès-verbal de récollement dressé lorsque les meubles sont déjà frappés d'une saisie à la requête d'un autre créancier, et qu'il en a été laissé copie au débiteur lui-même. Agen, 17 juin 1831, D. 31, 211 ; — s'il a été suivi de sommation de vendre, puis de vente et de distribution du prix. Caen, 24 août 1824, S. 25, 558 ; Cass. 23 mars 1825, S. 26, 18.

153. 6° La demande en partage d'une succession à laquelle le défaillant a droit formée en vertu d'un jugement par défaut par celui qui l'a obtenu, si le défaillant a reçu l'exploit de demande en partage et constitué avoué. Rennes, 14 janv. 1825, D. 25, 250.

154. 7° L'obtention et la signification au défendeur de l'ordonnance du juge-commissaire qui, en exécution d'un jugement par défaut ordonnant une enquête, aurait fixé l'audition des témoins (Observations sur l'art. 1185 J. Pr. et *Enquête*, n° 118) ; — et *à fortiori* l'enquête consommée ; pourvu qu'elle ne soit pas nulle, par exemple pour avoir été commencée avant l'expiration de la huitaine de la signification du jugement à personne ou domicile. Caen, 24 avr. 1839 (Art. 1449 J. Pr.).

8° Le dépôt de marchandises effectué en vertu d'un jugement par défaut dans un lieu désigné pour y être procédé à la vérification de leur qualité, alors que cette opération a été précédée, accompagnée et suivie de notifications à la partie défaillante. Cass. 27 juin 1837, S. 37, 927.

155. En matière de commerce, l'opposition était jadis non-recevable après la huitaine de la signification du jugement (C. pr. 436). Mais cette disposition, conforme à la jurisprudence antérieure) Cass. 6 therm. an 11, S. 4, 102 ; 2 août 1815, S. 16, 107), a été modifiée par l'art. 643 C. comm., qui a rendu applicables aux jugemens des trib. de commerce les art. 156, 158, 159 C. pr. D'où il résulte que si la partie n'a pas comparu, elle est recevable à former opposition jusqu'à l'exécution du jugement rendu contre elle. Paris, 21 mars 1807,

D. v° *Jugement*, p. 721, n° 8 ; Cass. 31 mars 1828, D. 28, 199 ; Colmar, 10 janv. 1816, S. 16, 367.

Mais elle n'a que huitaine si, s'étant présentée soit en personne, soit par un fondé de procuration, à l'audience où le jugement a été rendu, ou à une audience précédente, elle a été condamnée faute de plaider au fond.—V. *sup.* n° 107.

Toutefois, l'art. 643 C. comm. a étendu, loin de la restreindre, la faculté de l'opposition. Dans tous les cas, le défaillant a huitaine au moins pour se pourvoir par cette voie. Il ne perdrait pas ce délai par cela seul qu'un acte d'exécution aurait été fait et connu de lui pendant ce délai. Paris, 5 oct. 1815, D. *ib.* 722.

136. Pour le délai d'opposition au jugement déclaratif d'une *faillite.*—V. ce mot, n° 590.

Art. 2. — *Jugement par défaut contre avoué.*

137. Lorsque le jugement est rendu contre une partie ayant un avoué, l'opposition n'est recevable que pendant huitaine, à compter du jour de la signification à avoué. C. pr. 157.

Mais le délai de l'appel ne court, en général, que du jour de la signification à personne ou domicile, encore faut-il que l'opposition ne soit plus recevable.—V. *Appel*, n° 111.

La constitution d'avoué, faite par le défaillant postérieurement au jugement, quoique antérieurement à la signification, n'empêcherait pas que le jugement ne fût par défaut contre partie, et l'opposition du défendeur serait recevable jusqu'à l'exécution (—V. *sup.* n° 4, 5). Caen, 3 mai 1813, S. 14, 436.

138. Passé le délai de huitaine, l'avoué qui formerait opposition sans nouveau pouvoir risquerait de voir mettre à sa charge les frais de cette procédure frustratoire. C. pr. 1031. — Mais l'adversaire ne serait pas recevable à critiquer l'opposition sous prétexte qu'il est, à partir de l'expiration de la huitaine, déchu du droit de représenter sa partie : les avoués sont toujours présumés avoir mandat des parties pour lesquelles ils se présentent ; elles seules peuvent le contester au moyen du *désaveu.* —V. ce mot.

139. Lorsqu'il y a plusieurs parties défaillantes, la signification faite à l'une d'elles ne fait pas courir le délai à l'égard des autres. Thomine, 1, 300.

Réciproquement, quand il y a plusieurs demandeurs, la signification par l'avoué de l'un d'eux ne fait pas courir le délai de l'opposition en faveur de l'autre. Carré, n° 655. —V. *Délai,* n° 10 ; *Appel*, n° 127.

140. La huitaine accordée pour former l'opposition n'est pas franche ; l'art. 1033 ne s'applique en effet qu'aux actes signifiés à personne ou à domicile. — D'ailleurs, l'art. 157 porte que

l'opposition ne sera recevable que pendant la huitaine ; ce qui exclut le dernier jour du délai : ainsi l'opposition à un jugement signifié le 19 doit être formée, au plus tard, le 27. Bordeaux, 18 avr. 1828, S. 28, 285 ; Pigeau, 1, 646, *Comm.*, 1, 357 ; Dalloz, 9, 725 ; Carré, n° 652. — V. *Délai*, n° 18. — *Contrà*, Nîmes, 22 déc. 1807, S. 7, 683.

141. Mais le jour *à quo* est exclu. — V. *Délai*, n° 11, et *inf.* n° 168.

142. La huitaine ne doit pas non plus être augmentée à raison des distances : l'art. 1033 est inapplicable dans ce cas. Cass. 5 fév. 1811, S. 11, 134 ; Favard, v° *Opposition*, 41 ; Pigeau, *Comm.*, 1, 358 ; Boncenne, 3, 138. — V. *Délai*, n° 33.

143. Les jours fériés comptent dans la huitaine, même lorsqu'ils se trouvent être les derniers jours du délai légal. Bruxelles, 13 mars 1812 ; D., v° *Jugement*, 727 ; Cass. 6 juill. 1812, S. 12, 366 ; 7 mars 1814, S. 14, 121 ; Rennes, 19 juin 1817, P. 14, 500. — *Contrà*, Nanci, 23 juill. 1812, S. 14, 197. — V. *Délai*, n° 20.

144. Mais si, dans la huitaine, il survient une interruption de procédure, comme mort ou cessation de fonctions d'un avoué, ou décès d'une des parties, le délai de l'opposition est nécessairement suspendu. Thomine, 1, 500.

145. Quand c'est l'avoué du demandeur qui a cessé ses fonctions, le délai ne reprend son cours qu'à dater de la notification du nouvel avoué, et il ne comprend plus que ce qui reste à courir de la huitaine. Arg. C. pr. 162, 549 ; Favard, v° *Opposition*, p. 42.

146. Lorsque c'est l'avoué du défaillant, ou bien il a cessé ses fonctions avant la signification du jugement, et alors cette signification ne pouvant avoir lieu qu'à domicile et non à avoué (— V. *Jugement*, n° 292), l'opposition est recevable jusqu'à l'exécution ; car l'art. 157 est impératif, et il faut, pour que le délai courre, qu'il y ait eu signification à avoué. Favard, v° *Opposition*, p. 42 ; Pigeau, 1, 646 ;

Où bien il les a cessées dans la huitaine de cette signification, et alors le demandeur peut signifier de nouveau le jugement à partie, avec mention de la cessation des fonctions. Si le défendeur constitue un nouvel avoué, le délai reprend son cours ; s'il ne le fait pas, l'opposition est recevable jusqu'à l'exécution ; car il n'est plus certain que la signification soit parvenue au défendeur, que celle faite par l'huissier commis à une partie n'ayant pas d'avoué. Favard, *ib.*

147. Quand le défendeur meurt pendant les délais d'opposition, la huitaine ne reprend son cours qu'à partir de la signification du jugement à l'avoué constitué par l'héritier du défunt. — Si cet héritier ne constitue pas avoué, l'opposition est recevable jusqu'à l'exécution, le mandat de l'avoué finissant par le décès de la partie. Arg. C. pr. 447; Favard, *ib.*

148. Si la copie de l'exploit d'opposition n'est pas datée, l'opposition doit être déclarée non-recevable, quand bien même l'original serait daté et enregistré dans la huitaine. Cass. 24 flor. an 10; Bruxelles, 30 avr. 1807; Carré, n° 657.—V. *Exploit*, n°s 19, 29, 280 et suiv.

149. La fin de non-recevoir résultant de ce que l'opposition n'a pas été formée dans les délais, n'est pas d'ordre public; elle peut donc être couverte par la défense au fond de celui qui a obtenu le jugement par défaut. Carré, n° 653. — V. *Exception*, n° 18 et suiv.

150. Les règles précédentes s'appliquent aux jugemens rendus en matière de commerce faute de plaider.—V. *sup.* n°s 107 et 135.—V. d'ailleurs *Juge de paix*, n° 256 et suiv.

§ 3. — *Tribunal compétent.*

151. L'opposition aux jugemens par défaut, soit contre partie, soit contre avoué, se porte toujours devant le trib. qui a rendu la première décision.

Cette exception au principe qui ne permet pas aux trib. de réformer leurs propres décisions, se justifie par la facilité avec laquelle les juges ont pu être induits en erreur, n'ayant pas entendu l'une des parties dans ses moyens de défense.

152. Mais l'opposition peut être jugée par d'autres juges, en nombre différent, et même par une autre section du trib., que celle qui a statué par défaut; c'est même ce qui a presque toujours lieu lorsque le défaut est contre partie. Ces sortes de défauts se prennent, à Paris, à l'audience de la première chambre; et quand il y a eu constitution d'avoué sur l'opposition, la cause est renvoyée à la distribution qui peut être faite à toute autre chambre. Cass. 20 mars 1821, 15 nov. 1824, S. 22, 59, 25, 94; Pigeau, *Comm.*, 1, 358. — V. *Audience*, n°s 12 et 13.

§ 4. — *Forme de l'opposition.*

153. Les formes de l'opposition varient selon qu'elle est dirigée contre un jugement rendu par défaut contre partie ou contre avoué. — V. *inf.* art. 1 et 2.

Dans tous les cas, l'avoué de l'opposant doit faire mention sommaire de l'opposition sur un registre tenu à cet effet au greffe, en énonçant les noms des parties et de leurs avoués, les dates du jugement et de l'opposition. Il n'est dû de droit d'enregistrement pour cette déclaration que dans le cas où il en est délivré expédition. C. pr. 163.

Elle a pour but d'avertir le greffier qu'il y a opposition au jugement par défaut, et de l'empêcher de délivrer le certificat nécessaire pour procéder à l'exécution de ce jugement contre les tiers. — V. *Exécution*, n° 85 et suiv., et *inf.* n° 213 et suiv.

154. Si l'avoué avait négligé d'inscrire l'opposition sur le registre, et que par suite le greffier eût délivré un certificat négatif, l'exécution qui s'en serait suivie ne serait pas annulée, parce que, sur la représentation du certificat, le tiers a dû s'y soumettre ; mais l'opposant aurait un recours en garantie contre l'avoué négligeant. Carré, n° 692 ; Delaporte, 2, 137.

155. Cette mention, n'étant exigée que dans l'intérêt des tiers lorsque le jugement doit être exécuté par eux, elle n'est pas nécessaire lorsque l'opposition est faite à un jugement dont l'exécution est à la charge du défaillant seul. Pigeau, *Comm.*, 1, 370.

156. Pour l'opposition aux jugemens par défaut rendus par les trib. de commerce. (—V. *Exécution*, n°s 72 et 73, et *inf.* n° 179 ;—et par les *juges de paix*. — V. ce mot, n° 261.

Art. 1. — *Jugement par défaut contre partie.* :

157. Lorsque le jugement a été rendu contre une partie n'ayant pas d'avoué, l'opposition peut être formée, soit par acte extrajudiciaire, soit par déclaration sur les commandemens, procès-verbaux de saisie ou d'emprisonnement, ou tout autre acte d'exécution, à la charge par l'opposant de la réitérer. C. pr. 162. — V. *inf.* n° 163.

158. *Par acte extrajudiciaire.* Dans ce cas, l'exploit doit contenir les moyens de la partie opposante : — néanmoins leur omission n'entraînerait pas nullité, puisque l'opposition doit être renouvelée par requête d'avoué qui les contient. — V. *inf.* n° 163.

159. *Par déclarations sur les commandemens,* etc. L'huissier est tenu de recevoir ces déclarations, et de les mentionner sur les actes d'exécution : s'il s'y refusait, on pourrait former l'opposition par acte extrajudiciaire, et, afin d'arrêter l'exécution, introduire un référé devant le président du tribunal qui, sur la déclaration d'opposition, ne saurait se dispenser d'ordonner le sursis. A défaut de ce moyen, on fait constater par notaire le refus illégal de l'huissier. Carré, n° 676 ; Demiau, 154.

160. La partie condamnée peut-elle seule former cette opposition ? — Le doute naît de ce que la chose jugée ne doit profiter ou nuire qu'à ceux qui étaient parties en cause. Favard, v° *Opposition.* — Mais si l'on n'accordait pas la faculté de faire cette déclaration aux parens ou serviteurs de la partie condamnée, qui se trouvent à son domicile lors de la tentative d'exécution, il serait à craindre que souvent l'huissier ne saisît le moment de l'absence du débiteur pour consommer des actes d'exécution dont l'effet serait de lui fermer la voie de l'opposition. Thomine, 1, 307; Demiau, 134.

M. Carré, n° 677, restreint cette faculté à la femme et aux proches parens de la partie.

161. L'huissier qui refuserait de consigner une telle déclaration sous prétexte qu'on ne lui exhibe ni ordre ni mandat écrit de la partie, serait passible de dommages-intérêts. Demiau, 134; Carré, n° 677.

162. Au reste, l'huissier, sur une telle déclaration, doit suspendre l'exécution jusqu'à ce quelle ait été appréciée par le trib., — ou par le président en référé; l'officier ministériel n'est pas juge du mérite de la déclaration. Carré, *ib*.

163. Dans les différens cas ci-dessus, l'opposant doit réitérer son opposition dans la huitaine (— V. toutefois *inf.* n° 172), par requête, avec constitution d'avoué. Après cette époque, la requête ne serait plus recevable, et l'exécution pourrait être continuée sans qu'il fût nécessaire de la faire ordonner. C. pr. 162. Cass. 12 nov. 1806, S. 7, 145; Bruxelles, 14 vent. an 12, S. 5. 380.

Toutefois, l'opposition n'a pas besoin d'être réitérée si elle est formée par conclusions motivées sur la production faite dans le cours d'une instance d'un jugement par défaut rendu contre partie et non encore exécuté, et que les juges aient rendu la réitération impossible en mettant sur le champ la cause en délibéré. Cass. 30 mai 1837 (Art. 836 J. Pr.).

164. La requête d'opposition réitérative ne serait pas non plus nécessaire si l'opposition était formée par exploit contenant assignation avec constitution d'avoué et les moyens de la partie opposante; le vœu de la loi est suffisamment rempli; car la partie adverse a le moyen de poursuivre, sur l'ajournement, une décision qui soit inattaquable. Nîmes, 13 juin 1810, S. 14, 208; Riom, 9 juin 1820, S. 25, 373; Colmar, 22 avr. 1825, S. 27 89; Paris, 4 mars 1830, S. 30, 124; 9 mai 1831, D. 31, 247; Carré, n° 684; Favard, v° *Opposition*. — *Contrà*, Bordeaux, 30 déc. 1829, S. 30, 72; Thomine, 1, 307; Boncenne, 124.

165. Cet exploit est valablement signifié au domicile élu dans la signification du jugement, chez l'avoué de la partie qui a obtenu le jugement. Paris 4 mars 1830, S. 30, 124. — V. *inf.* n° 182.

166. Si l'opposition et l'ajournement sont compris dans le même exploit, ils doivent se diviser, en ce sens que lors même que l'acte ne pourrait valoir comme ajournement, il pourrait être bon comme opposition, et le défaillant ne saurait être privé de ce bénéfice que par un jugement de débouté. Cass. 12 fév. 1807, D. v° *Jugement*, 715.

167. La huitaine accordée pour renouveler l'opposition n'est pas franche, en ce sens que le huitième jour est le dernier jour utile. L'art. 1035 C. pr. n'est pas applicable à ce cas · ainsi serait nulle une opposition extrajudiciaire formée le 29 oct. et réitérée le 7 nov. suivant. Cass. 18 avr. 1811, S. 11, 232. — *Contrà*. Pigeau, 1, 650. — V. *Délai*, n° 19.

168. Mais on ne doit pas comprendre dans le délai le jour *à quo*. Ainsi, dans l'espèce précédente l'opposition eût été valablement réitérée le 6 nov. Rennes, 17 juin 1812, P. 10, 478.

169. Il y a lieu pour ce cas au supplément de délai à raison des distances : il serait dérisoire d'exiger qu'on réitérât l'opposition dans la huitaine ; lorsque la partie est à une distance considérable. Rennes, 16 mars 1809, S. 9, 220 ; Nîmes, 9 août 1810, D. 9, 752 ; Cass. 16 mars 1813, S. 13, 214 ; Trèves, 17 fév. 1813, S. 16, 353 ; Montpellier, 8 janv. 1824, (D. *ib.*) ; Thomine, 1, 308 ; Carré, n° 679 ; Favard, v° *Opposition*, 45 ; Berriat, 252 ; Boncenne, 128.

170. Si le jugement n'a pas encore été exécuté, le défaillant ne sera pas déchu du droit de former opposition, par cela seul qu'il n'aura pas réitéré son opposition dans la huitaine, ou qu'il l'aura réitérée par un acte irrégulier. Arg. C. pr. 162. Cass. 18 avr. 1811, P. 9, 266 ; Colmar, 10 janv. 1816, S. 16, 567 ; Turin, 27 févr. 1809, S. 7, 108 ; Grenoble, 17 avr. 1817, D. *ib.* 728 ; Metz, 12 févr. 1818, S. 19, 137 ; Nîmes, 21 août 1819, D. *ib.* ; Bourges, 15 fév. 1823 ; 1er fév. 1832, S. 25, 375 ; 52, 478. Carré, n° 682, Berriat, 401, n° 25 ; Delaporte, 1, 166.—Même après le jugement qui, sans statuer au fond, l'aurait déclarée irrégulière. Pondichéry, 30 mai 1837 (Art. 856 J. Pr.). — *Contrà*, Trèves, 19 avr. 1809, 14 nov. 1810, S. 11, 246, 262 ; Pau, 3 avr. 1837 (Art. 854 J. Pr.) ; Boncenne, 199.

171. En outre, ce délai peut être suspendu pour diverses causes, telles que décès, démission ou suspension de l'avoué, ou décès de l'une des parties avant l'expiration du délai. Pigeau, 1, 545 ; Carré, n° 658.

172. Jugé que, dans les cas d'urgence, la partie qui a obtenu le défaut, auquel on s'est opposé par acte extrajudiciaire, peut faire ordonner que cette opposition sera réitérée par requête avant l'expiration de la huitaine. Paris, 16 janv. 1807, D. *ib.* 727.— Mais Pigeau pense que cette mesure ne pourrait être ordonnée par le trib. après le jugement prononcé. *Com.*, 1, 369.

173. La requête de réitération est signifiée à avoué. Cependant l'opposition notifiée à personne ou à domicile a été déclarée valable. La seule condition imposée pour sa validité, c'est de contenir constitution d'avoué. Trèves, 10 août 1810, P. 8, 530 ; Carré, n° 680. — *Contrà*, Arg., Paris, 25 mars 1816, P. 13, 564.

174. Il n'est pas indispensable qu'elle contienne assignation pour venir plaider : chaque partie ayant désormais un avoué, il est facile à la partie la plus diligente de donner avenir. Bruxelles, 22 août 1807, D. *ib.* 712 ; Carré, n° 685.— *Contrà*, Delaporte, 1, 167.

175. Mais elle doit renfermer les moyens de l'opposant. En effet, l'art. 162 dit que les moyens fournis postérieurement à la requête n'entreront pas en taxe. Toutefois, cet article ne prononçant pas de nullité pour le cas d'omission de ces moyens, il n'y a pas lieu de l'appliquer. Demiau, 155 ; Delaporte, 1, 167 — *Contrà*, Carré, n° 688 et Dalloz, 9, 715, n° 10. — V. *inf.* n° 186 et suiv.

176. La fausse date donnée au jugement dans l'acte d'opposition ne suffit pas pour annuler cette opposition, si d'ailleurs le jugement est clairement désigné : par exemple, si l'on a énoncé la date exacte de sa signification. Cass. 2 avr. 1823, S. 23, 299,

177. Dans le cas des jugemens rendus par défaut sur requête, le Code ne trace aucune voie pour y former opposition. La partie lésée peut, sans employer cette forme de procéder, faire valoir ses droits sur une simple demande tendante à nullité de tout ce qui a été fait en exécution de ce jugement. Pigeau, 1, 643.—*Contrà*, Carré, n° 660, qui pense avec M. Merlin (*Rép.* 2, 8, p. 703) que l'opposition doit être formée par voie de simple requête, conf. aux art. 35, tit. 2 de l'ordonn. de 1667, 100 C. civ., et 40 décr. du 22 juill. 1806. — Au surplus, le résultat est le même, et ces deux modes de réformation ne diffèrent que par le nom. — Quelle qu'en soit la forme, l'opposition peut avoir lieu en tout temps. Carré. *loc. cit.* — V. d'ailleurs *Interdiction*, n° 50 ; *Interrogatoire*, n° 32.

178. Quand et comment peut-on former opposition à un *exécutoire de dépens ?* — V. ce mot, n° 12 et suiv.

179. Dans les affaires commerciales, l'opposition doit être signifiée au domicile qui a dû être élu d'après l'art. 422 C. pr., et contenir les moyens de l'opposant, et assignation dans le délai de la loi. C. pr. 455, 457 ; C. com. 643.

180. Si l'on attend l'exécution pour la former, on peut arrêter cette exécution par une déclaration sur le procès-verbal de l'huissier.— V. *sup.* n° 159.

Mais, dans ce cas, elle doit être réitérée sous la forme d'exploit contenant assignation, et notifiée au domicile élu (C. pr. 457).

Cette réitération doit avoir lieu dans les trois jours ; passé ce délai elle est censée non avenue. C. pr. 458 ; Nîmes, 9 août 1819 ; Metz, 8 mai, 1824, D. *ib.* 730 ; Lyon, 30 nov. 1830, S. 32, 391 ;—et l'exécution est continuée sans qu'il soit besoin le faire ordonner. Paris, 24 août 1831, S. 32, 300. — V. *Tribunal de commerce.*

Ces trois jours ne sont pas francs; le jour d'échéance y est compté. Ainsi, l'opposition faite le 1ᵉʳ doit être renouvelée le 4 au plus tard. Favard, vᵒ *Opposition*, nᵒ 50.—Mais le délai doit être augmenté à raison des distances. Cass. 16 mars 1813, P. 11, 207; Favard, *ib.* — V. *sup.* nᵒ 169.

Quid, si l'opposant, après avoir réitéré par assignation son opposition, ne fait point placer ni appeler la cause? — Celui qui a obtenu le jugement par défaut, doit alors assigner l'opposant pour le voir débouter de son opposition.

Pourrait-il faire appeler la cause sur la copie de l'assignation de l'opposant?— L'affirmative nous paraît devoir être adoptée.

Art. 2. — *Jugement par défaut contre avoué.*

181. L'opposition au jugement de défaut contre avoué doit se former par requête d'avoué à avoué. C. pr. 160.

182. Cette requête est valablement signifiée à l'avoué qui a obtenu le jugement ou l'arrêt par défaut, encore qu'il allègue avoir rendu les pièces à son client; car cet avoué est tenu d'occuper sur l'opposition au jugement de défaut, faute de comparaître, à moins qu'il n'ait été révoqué dans les formes de droit. Paris, 31 déc. 1807, P. 6, 415; Carré, nᵒ 686; Pigeau, *Com.*, 1, 366.

183. La requête est signifiée par un huissier-audiencier.

Elle doit être, 1ᵒ signée d'un avoué, à peine de nullité, afin de justifier que c'est un acte d'avoué à avoué. Toulouse, 2 nov. 1808, S. 14, 407; Carré, nᵒ 669.

2ᵒ Datée, aussi à peine de nullité; sans cela rien ne constaterait que l'opposition a été faite dans le délai légal.

Cette nullité serait encourue quand même l'original serait daté, si la copie ne l'était pas. Bruxelles, 30 avr. 1807, D. *ib.* 714; Carré, nᵒ 657. — V. *Exploit*, nᵒˢ 19, 29, 280 et suiv.

La date est celle du jour de la signification constatée par l'huissier.

184. Mais il n'est pas nécessaire, à peine de nullité, que la signification de cette requête contienne les formalités prescrites en l'art. 61 C. pr., pour les ajournemens. Ce n'est en effet qu'un acte d'avoué à avoué. Bruxelles, 22 août 1807, D. *ib.* 712; Carré, nᵒ 670; Favard, 4, 42. — V. *Exploit*, nᵒ 7.

185. Il a été jugé qu'elle devait, à peine de nullité, être répondue d'une ordonnance du juge autorisant la signification à avoué, parce que, disait-on, une requête n'est qu'un placet tendant à obtenir une autorisation de plaider. Riom, 18 mai 1830, D. 33, 114; 30 mai 1829, S. 32, 553; Berriat, 400, nᵒ 17; jurisp. de plusieurs parlemens. — Mais cette formalité n'est prescrite par aucun texte de loi; elle ne serait propre qu'à compromettre, par la perte de temps qu'elle occasionnerait, les intérêts du défaillant, et son droit même d'opposition. En outre, elle est contraire aux usages généralement établis. Dijon, 18 août 1840, D. 9, 712; Lyon, 25 mars 1829, S. 29, 306; Cass. 14 fév. 1831, S. 31, 155; Cass. 3 fév. 1835 (Art. 6 J. Pr.); Carré, n° 668; Boncenne, 3, 134.

186. Il est indispensable qu'elle contienne les moyens d'opposition. C. pr. 161;—elle serait nulle si l'opposant, sans les énoncer, déclarait qu'il les développera en plaidant. Toulouse, 17 mars 1807, D. *ib.* 713; — ou s'il énonçait simplement que le jugement est injuste au fond, et a mal à propos homologué un rapport d'experts inexact et vicieux. Toulouse, 17 déc. 1832, D. 33, 133.—V. *sup.* n° 175.

Ou si elle était fondée sur un article de loi sans aucun développement. Bruxelles, 5 fév. 1811, S. 11, 427; — ou sur une nullité d'acte, sans indiquer laquelle. Bourges, 24 août 1808, D. *ib.* 713; Carré, n° 672; Hautefeuille, 118; Boncenne, 135. — *Contrà*, Bruxelles, 27 janv. 1818, D. 7, 735.

Toutefois, il n'est pas nécessaire que les moyens indiqués présentent tout le développement dont ils sont susceptibles. Rennes, 29 juin 1809, D. *ib.* 713.

187. Cependant, si les moyens de défense ont été signifiés avant le jugement, on peut déclarer dans la requête qu'on les emploie comme moyens d'opposition (C. pr. 161); il suffit, en général, que les moyens d'opposition soient connus d'avance de la partie qui a obtenu le défaut. Carré, n° 672; Berriat, 400.

Ainsi, la requête d'opposition à un arrêt de défaut est suffisamment motivée, si elle se réfère à l'acte d'appel où les griefs sont énoncés. Bruxelles, 7 janv. 1808, S. 10, 502;—ou à tout acte signifié, et par suite connu de la partie qui a obtenu le jugement en première instance. Rennes, 5 juin 1811; Metz, 10 août 1808, D. *ib.* 713; — ou à des moyens plaidés, quoique non signifiés, si ces moyens se retrouvent dans le jugement signifié. Bourges, 14 mars 1809, D. *ib.*; Pigeau, *Comm.* 1, 567. — On peut même se référer aux conclusions du ministère public relatées dans le jugement. Dalloz, *ib.* 712.

188. Il est également loisible au défaillant de se contenter de signifier seulement partie de ses moyens d'opposition, sauf à ne pouvoir faire entrer les significations postérieures en taxe, conformément à l'art. 162 C. pr. Thomine, 1, 305. — Mais cette exclusion de la taxe n'empêche pas l'opposant de faire valoir en plaidant les moyens postérieurs à la requête. Carré, n° 690; Dalloz, *ib.* 716.

189. Il a même été jugé que l'opposant peut proposer à l'audience d'autres moyens que ceux qu'il a spécialement employés dans sa requête d'opposition, lorsqu'elle contient des réserves générales, *tant pour les moyens proposés qu'autrement.*

Lyon, 25 mai 1816, P. 13, 451.—En effet, l'art. 161 C. pr. n'exige pas que la requête d'opposition en contienne tous les moyens. Thomine, n° 192.

190. L'obligation d'énoncer les moyens dans la requête d'opposition s'applique aux affaires sommaires : l'art. 161 ne fait pas de distinction : d'ailleurs, le but de la loi est le même dans tous les cas; enfin, cet énoncé est d'autant plus nécessaire, en matière sommaire, qu'il y a moins de traces de l'instruction qui a précédé le jugement. Carré, n° 673 ; Favard, v° *Opposition*, p. 42 ; Dalloz, 9, 714.—*Contrà*, Pigeau, 1, 574 ; Thomine, n° 192.

191. Mais elle ne concerne que les oppositions principales. Elle ne s'applique pas, par exemple, à l'opposition incidente formée contre un arrêt qui a admis une inscription de faux. Besançon, 16 janv. 1807, D. *ib.* 712.

Au reste, elle est imposée au ministère public qui forme opposition à un jugement par défaut, de même qu'à tout autre opposant. Bordeaux, 12 août 1851, D. 32, 153.

192. L'opposition qui n'est pas signifiée dans la forme voulue par la loi est nulle. Toulouse, 17 mars 1807, D. 9, 712,— et n'arrête pas l'exécution ; elle est rejetée par un simple acte, et sans qu'il soit besoin d'aucune autre instruction (C. pr. 161). Telle serait, par exemple, celle formée au moyen de conclusions prises sur le bureau, et non réitérée par requête dans la huitaine. Rennes, 10 avr. 1810, D. 9, 712.

Au contraire, l'exécution a été déclarée suspendue dans une espèce où, sur la production d'un jugement par défaut à l'audience, il avait été frappé sur-le-champ d'opposition en cette forme, et où la cause avait été immédiatement mise en délibéré, sans réclamation d'aucune des parties. Cass. 30 mai 1837 (Art. 836 J. Pr.); —ou par exploit signifié à domicile. Paris, 25 mars 1816, D. *ib.*; Orléans, 14 nov. 1822, *ib.*

193. Quelques auteurs pensent que, malgré cette disposition, l'exécution ne pourrait être continuée avant qu'on eût fait statuer sur l'opposition. Ils se fondent sur ce que, dans le cas de l'opposition à un jugement contre partie où le législateur a voulu qu'il en fût autrement, il a eu soin de dire que l'exécution serait continuée sans qu'il fût besoin de la faire ordonner (—V. *sup.* n° 163). Delaporte, 1, 166, 167.

Mais il nous semble que la loi est formelle, et qu'une opposition nulle ne peut arrêter l'exécution. Si la loi ajoute qu'elle sera rejetée sur un simple acte, c'est qu'il fallait prévoir le cas où l'opposant, soutenant la validité de son opposition, ne pourrait être constitué juge de l'irrégularité. Seulement, cette irrégularité une fois prouvée, le tribunal devra prononcer la confirmation de l'exécution. Bruxelles, 14 vent. an 12, D. *ib.* 747 ; Pigeau, 1 , 554 ; Carré, n° 674.

194. La nullité de l'opposition n'est pas encourue de plein droit.

Elle peut même être couverte par le silence de la partie inté-ressée : par exemple, si la fin de non-recevoir qui en résulte n'a pas été présentée en C. roy., elle ne pourrait devenir un moyen de cassation. Cass. 14 mess. an 13, D. *ib.* ; Carré, n° 653.

195. D'un autre côté, la décision d'une C. roy. portant qu'il résulte des circonstances du procès que les parties ont re-noncé à se prévaloir d'une opposition tardive, échappe à toute censure. Cass. 11 mai 1830, D. 30, 236 ; Cass. 9 janv. 1827, S. 27, 347.

196. Elle serait aussi couverte par la déclaration que l'a-voué adverse ferait que ses cliens renoncent à user de la fin de non-recevoir résultant de la tardivité. Cass. 26 mars 1834, D. 34, 229.—Du reste, ils ont la voie du désaveu. C. pr. 352.

197. Le ministère des avoués n'étant pas admis devant les trib. de commerce, il est évident que les oppositions aux juge-mens rendus par défaut, faute de plaider, doivent être formées par exploit signifié à personne ou domicile, comme celles diri-gées contre les jugemens par défaut, faute de comparaître. — V. *sup.* n° 179 et suiv.

§ 5. — *Effets de l'opposition.*

198. L'opposition produit divers effets principaux :

Elle suspend l'exécution du jugement, à moins qu'il n'ait été déclaré exécutoire par provision ;

199. Elle donne à celui qui l'a formée le droit de plaider d'a-bord sur sa recevabilité ; ensuite sur le fond, c'est à-dire sur la demande en rétractation du jugement de défaut.

Le condamné ne peut opposer au défendeur les conclusions qu'il a prises lors du défaut. Toulouse, 18 déc. 1835 (Art. 495 J. Pr.).

200. Mais l'exécution provisoire peut elle être demandée et ordonnée, pour la première fois, par le jugement qui prononce sur l'opposition au jugement par défaut ?

Pour la négative, on dit : Le jugement qui déboute de l'op-position, ne doit ordonner que l'exécution pure et simple de la première décision sans y rien ajouter. Bruxelles, 13 déc. 1840, P. 8, 703.—Le second jugement n'a pas d'existence indépen-dante du défaut prononcé, il se confond avec lui tellement que le premier jugement est réputé avoir jugé seul la contestation. Metz, 21 nov. 1817, P. 14, 508 ; Arg. Cass. ch. crim. 9 mai 1823, S. 23, 547 ; Limoges, 26 mai 1823, S. 23, 272 (en matière d'emprisonnement) ; Carré, 1, 661 ; Poncet, 1, 419.

— V. d'ailleurs *Appel*, n° 36; *Cassation*, n°s 70 et 71. — On prétend enfin que l'exécution provisoire ne saurait être ordonnée, si le jugement démet de l'opposition pour vice de forme; dans ce cas, le fond de la contestation n'est pas remis en question. Bordeaux, 30 avr. 1835, D. 54, 86.

Pour l'affirmative, on répond avec raison : — L'opposition remet les parties au même état qu'elles étaient avant le jugement par défaut; la partie qui l'a obtenu, peut former incidemment de nouvelles demandes; celle de l'exécution provisoire paraît d'autant plus admissible, que l'opposition annonce le dessein de prolonger la procédure, et donne le pressentiment d'un appel. Le premier juge ne peut être considéré comme ayant été dessaisi de la contestation. Toulouse, 16 août 1825, D. 28, 218; Paris, 1er mars 1831, S. 52, 175; Arg. Toulouse, 18 déc. 1835 (Art. 495 J. Pr.); Thomine, n° 156.

201. *Elle suspend l'exécution.* En conséquence, elle empêche le jugement de défaut d'acquérir l'autorité de la chose jugée. Cet effet s'étend à *toutes* les parties du jugement, à moins que le défaillant n'ait acquiescé à quelques-unes, ou que l'acte d'opposition ne contienne des restrictions. Dalloz, v° *Jugement*, p. 701.

202. Par suite, une C. roy. ne peut, à moins d'acquiescement ou de restrictions formelles dans l'acte d'opposition ou d'interprétation de cet acte, décider sur de simples présomptions que l'opposition (dont l'acte n'est pas même représenté), ne porte point sur telle ou telle disposition du jugement de défaut. Cass. 27 avr. 1825, D. 25, 523.

203. L'exécution du jugement de défaut est suspendue par l'opposition, jusqu'au jugement de débouté d'opposition, qui ordonne que le jugement par défaut sera exécuté selon sa forme et teneur.—V. d'ailleurs *sup.* n° 165 et 195.

204. Néanmoins, à la différence de ce qui a lieu au cas d'appel (C. pr. 457), si l'opposition est irrégulière, celui à qui elle est notifiée peut, sans y avoir égard, continuer à ses risques et périls son exécution, et ses poursuites seront déclarées valables, si en définitive l'opposition est rejetée comme irrégulière. Arg. C. pr. 162. Boitard, 1, 640.

205. L'opposition formée peu de jours avant l'expiration du délai par acte extrajudiciaire, mais non renouvelée dans la huitaine, interrompt-elle la péremption ? — Le doute naît de ce qu'il y a suspension nécessaire de l'exécution pendant la huitaine, et que si le dernier jour de cette huitaine se trouve être aussi le dernier des six mois, il semble juste que le créancier ne soit pas victime de l'impuissance où il se trouve par le fait du débiteur de continuer ses poursuites. — Mais M. Carré, n° 685, répond : la loi exige formellement l'exécution dans les six mois, et le créancier doit s'imputer de n'avoir pas été plus diligent.

206. Jugé que l'opposition formée par acte extrajudiciaire et non réitérée dans la huitaine, n'interrompt pas la péremption. Lyon, 4 déc. 1810, P. 8, 678.

207. *Elle donne au défaillant le droit de plaider.* Le trib. doit d'abord examiner si l'opposition est régulière et a été formée en temps utile; auquel cas il reçoit le défaillant opposant au jugement par défaut rendu contre lui; — puis il statue sur le fond, ou renvoie les parties à une autre audience pour la dis·cussion du principal. — V. *sup.* n° 163.

208. Si·, lors de cette discussion, l'opposition paraît bien fondée, on décharge l'opposant des condamnations prononcées contre lui, et, faisant droit au principal, on déboute l'autre plaideur de la réclamation, ou bien on le déclare non-recevable dans sa demande, ou enfin on le condamne directement si c'est un défendeur.

Toutefois, le trib. a le droit, d'après les circonstances, de laisser les frais du défaut à la charge de l'opposant. —V. *Dépens*, n°s 85 et 86.

Le défaillant, avant d'être admis à plaider, n'est plus obligé de refondre les dépens.—V. *ib.* n° 84.

209. Lorsque l'opposition est irrégulière, ou n'a été formée qu'après l'expiration des délais, on déclare purement et simplement l'opposant non-recevable.

Si au contraire on la juge régulière, mais mal fondée, on reçoit le défaillant opposant au jugement par défaut, puis, statuant au principal, on annule l'opposition, et on ordonne que le premier jugement sortira son plein et entier effet, pour être exécuté selon sa forme et teneur.—V. *sup.* n° 205.

L'opposant est alors condamné aux dépens de l'incident. Berriat, 402.

210. L'opposant est non-recevable à présenter, en plaidant, des exceptions qu'il aurait couvertes faute de les énoncer dans sa requête, à moins qu'il n'eût fait des réserves à cet égard. Il faut avoir soin de faire reconnaître toutes les exceptions dans la requête, et de ne déduire les moyens du fond que sous la réserve expresse de ces exceptions. Carré, n° 689; Demiau, 135.

211. L'avoué qui a occupé pour la partie qui a obtenu le jugement par défaut, est tenu d'occuper pour elle sur l'opposition. Carré, n° 686.—V. *Avoué*, n° 108; *Désaveu*, n° 8.

212. Les différens effets de l'opposition ne sauraient profiter aux parties contre lesquelles le jugement a été rendu contradictoirement ni aux autres défaillans dont l'opposition n'a pas été formée en temps utile. Limoges, 20 fév. 1810, D. 9, 705;

Pigeau, *Comm.*, 558;—ces derniers ne peuvent revenir contre le jugement que par appel, ou par les autres voies extraordinaires de recours. Cass. 3 juin 1806, D. *ib.* 704; Nîmes, 12 fév. 1807, S. 7, 333; Carré, n° 161.

Section V. — *Exécution des jugemens par défaut.*

213. L'exécution des jugemens par défaut doit être précédée de la signification de ces jugemens (—V. *sup.* sect. III; *Jugement,* sect. V.), et de certaines formalités qui varient selon qu'ils ont été rendus contre partie ou contre avoué (—V. *inf.* § 1 et 2), et selon que cette exécution est poursuivie contre la partie condamnée ou contre des tiers.—V. *inf.* § 3.

§ 1. — *Exécution du jugement par défaut contre partie.*

Art. 1. — *Suspension de l'exécution pendant huitaine.*

214. Le jugement par défaut contre partie ne peut, en général, être exécuté avant l'échéance de la huitaine de la signification à personne ou à domicile. C. pr. 155.

215. Mais ne sont pas considérées comme actes d'exécution les simples mesures conservatoires, telles qu'une inscription hypothécaire (— V. toutefois *sup.* n° 128), ou une apposition de scellés sur les biens d'une succession échue au débiteur; ces actes ne sauraient donc être attaqués comme ayant été faits avant l'expiration de la huitaine. Cass. 19 déc. 1820, S. 21, 369.

216. Mais l'enquête ordonnée par un jugement rendu contre une partie n'ayant pas d'avoué, ne peut être commencée qu'après la huitaine. Caen, 24 avr. 1839 (Art. 1449).—V. *Enquête*, n° 149.

A peine de nullité de toute l'enquête. *Même arrêt.*

Cette nullité doit être attribuée à l'avoué de la partie et non pas au juge-commissaire : — conséquemment, l'enquête ne peut pas être recommencée. *Même arrêt.*—V. *Enquête*, n° 316 à 528.

217. La huitaine est franche, et ne court que du jour de la signification, qui ne doit pas être compté; les termes mêmes de la loi l'indiquent. Thomine, 1, 293; Carré, n° 656; Delaporte, 85; Boncenne, 47.

218. Mais elle ne doit pas être augmentée à raison de l'éloignement du domicile du défendeur de celui du demandeur : le commandement qui précède l'exécution contenant nécessairement élection de domicile sur les lieux, le condamné peut signifier ses offres ou son opposition, et il ne peut pas craindre que l'on exécute au préjudice de cette opposition. Carré, n° 657; Thomine, 1, 293.—*Contrà*, Boncenne; *ib.* Dalloz, 9, 753.

Néanmoins Carré et Thomine, *loc. cit.*, admettent eux-mêmes, et nous nous rangeons à cet avis, qu'il en serait autre ment s'il s'agissait d'un jugement qui ne serait pas directement exécutoire contre le condamné : par exemple, de celui qui ordonnerait la radiation d'une inscription. Dans ce cas, le condamné n'a que la voie d'une opposition extrajudiciaire, et pour la renouveler, il faut qu'il ait le temps d'en faire l'envoi au domicile de l'avoué adverse.

219. Après cette huitaine, on est libre d'exécuter le jugement, tant qu'il n'y a pas d'opposition, encore bien que les délais pour la former ne soient pas expirés. Tarrible, *R.* v° *Saisie-Immobilière*, § 5, n° 3. — V. *sup.* n° 106.

220. Toutefois, le jugement peut être exécuté, — aussitôt après sa signification, lorsqu'il y a urgence et que l'exécution en a été ordonnée avant l'expiration de la huitaine, dans les cas prévus par l'art. 135 C. pr.; *Ib.* 155.—V. *Jugement*, Sect. III.

Le jugement peut-il être exécuté sur minute? — V. *Exécution*, n° 42.

221. Les juges ont aussi la faculté, dans le cas seulement où il y a péril en la demeure : par exemple, si le délai de huitaine devait entraîner l'insolvabilité complète du condamné, d'ordonner l'exécution provisoire, hors les cas énumérés dans l'art. 135 C. pr., nonobstant l'opposition, avec ou sans caution, pourvu que ce soit par le même jugement. C. pr. 155, 135, 147, 455; Thomine, 1, 294; Carré, n° 639. — Elle ne pourrait donc être ordonnée en référé. Carré, n° 640.

222. La défense d'exécuter les jugemens de défaut avant la huitaine de leur signification, est-elle applicable au jugement d'adjudication définitive? — V. *Saisie-Immobilière*.

— V. d'ailleurs *Séparation de biens*.

223. Pour les jugemens du *juge de paix*.—V. ce mot, n° 285.

224. Dans les affaires commerciales, le jugement est exécutoire un jour après la signification, et jusqu'à l'opposition. C. pr. 455. — V. *Tribunal de Commerce*.

225. Les trib. de comm. peuvent, comme les trib. civils, ordonner l'exécution provisoire de leurs jugemens de défaut, nonobstant opposition, lorsqu'il y a titre non attaqué ou condamnation précédente dont il n'y a pas appel. Dans les autres cas, l'exécution provisoire ne peut avoir lieu qu'à la charge de donner caution, ou de justifier de solvabilité suffisante. C. pr. 439; Douai, 11 janv. 1813, S. 14, 157; Cass. 9 fév. 1813, P. 13, 111. — *Contrà*, Turin, 12 sept. 1812, D. *ib.* 755; 1er fév. 1813, P. 11, 91; Carré, n° 588.

Art. 2. — *Péremption.*

226. L'exécution de tout jugement rendu par défaut contre une partie qui n'a pas d'avoué, doit avoir lieu dans les six mois de son obtention; sinon il est réputé non-avenu. C. pr. 156.

227. La péremption résultant de cette disposition est acquise de plein droit. Pigeau, *Com.*, 1, 355; Boncenne, 53; Boitard, 1, 609.

Mais elle n'est pas d'ordre public, ni opposable en tout état de cause. Cass. 2 mai 1831, S. 31, 244. — *Contrà*, Metz, 26 mai 1819, S. 19, 324, Bourges 7 fév. 1822, S. 25, 78.

En conséquence, le défaillant n'a pas besoin de se pourvoir pour la faire prononcer; mais il doit l'opposer du moment que l'on veut, par un acte quelconque, mettre le jugement à exécution. Thomine, 1, 296; Carré, n° 649; Pigeau, *Com.* 1, 355; Dalloz, 745.

Elle est couverte par l'appel. Si donc l'instance d'appel vient à se périmer faute de poursuite, le jugement de défaut subsiste et acquiert l'autorité de la chose jugée. Nîmes, 16 juin 1829, S. 30, 360; Cass. 2 mai 1831, S. 31, 244.

228. L'acquiescement ou toute autre convention particulière peut aussi rendre sa force au jugement périmé. Nîmes, 5 juill. 1809; Orléans, 12 déc. 1811, P. 9, 770; Limoges, 10 mai 1819, S. 21, 62; Nîmes, 16 juin 1829, S. 30, 360; Nanci, 16 fév. 1831, S. 31, 179; Carré, n° 665; Boncenne, 3, 58; Thomine, n° 187. — *Contrà*, Metz, 26 mai 1819; Bourges, 7 fév. 1822; Orléans, 28 avr. 1831, D. 32, 52.—Sauf toutefois les droits des tiers. — V. *inf.* n° 243.

229. La péremption court même au profit des étrangers, s'ils possèdent en France des biens susceptibles d'être saisis. Trèves, 3 fév. 1813, S. 14, 196; Pigeau, *Com.*, 1, 557; Carré, n° 646. — Ce dernier pense même qu'elle doit courir aussi au cas où, sans avoir de biens en France, ils y auraient eu leur résidence. En effet, l'exécution n'est pas impossible; un procès-verbal de carence peut être dressé et signifié au parquet du procureur du roi.

230. Elle est opposable par les tiers comme par le défaillant; spécialement par le créancier inscrit qui demande la nullité d'une inscription prise en vertu d'un jugement non exécuté dans les six mois. Paris, 7 juill. 1812; Cass. 10 nov. 1817, P. 14, 494. — V. d'ailleurs *Inscription hypothécaire*, n° 85; — Toullier, 8, n° 252; Bourges, 7 fév. 1822, D. 9, 756, 757; Boncenne, 59.— *Contrà*, Carré, 1, 588, note; — par le tiers-détenteur poursuivi en vertu d'un jugement par défaut et non exécuté dans les six mois. Liège, 16 juin 1824, S. 25, 69.

231. Cette péremption de six mois emporte l'annullation du jugement.

Mais on a décidé qu'elle laissait subsister la procédure. Observations du tribunat, Locré, *Légis. civ.* n°s 21, 89; Limoges, 10 mai 1819, S. 21, 62; Paris, 25 fév. 1826, S. 26, 291; Carré, n° 648; Pigeau, *Com.* 1, 556; Berriat, 765; Favard, v° *Jugement*, 173 ; Thomine, 1, 298. Rauter, 256 ; Boncenne, 3, 55 ; Dalloz, 9, 743.—*Contrà*, arg. Limoges, 24 janv. 1816, P. 13, 243.

252. Ainsi, la partie qui a obtenu le jugement est recevable à poursuivre un second jugement sur l'assignation qui a servi de base au jugement périmé. — Ce n'est pas une péremption de l'instance : vainement on oppose l'art. 401 C. pr., relatif aux péremptions d'instance, ou l'art. 1444 du C. civ., concernant les séparations de biens : les peines ne doivent pas s'étendre ni s'appliquer d'un cas à un autre. Nîmes, 5 juill. 1809, S. 11, 452 ; Bourges, 30 juin 1829, S. 30, 101 ; Pigeau, *ib.* ; Paris, 1er mars 1832, S. 32, 317 ; Bordeaux, 20 fév. 1835, S. 35, 265 — *Contrà*, Limoges, 24 janv. 1816. Arg. Cass. 23 oct. 1810, P. 8, 622. — V. *Péremption.*

253. Quels sont les actes qui constituent une exécution suffisante pour empêcher la péremption du jugement ? — Le Code ne s'en explique pas.

Ce sont, en général, ceux énumérés en l'art. 159, et qui rendent l'opposition non recevable. — V. *sup.* n° 113 et suiv.

254. Toutefois la jurisprudence se montre, avec raison, plus facile à considérer un acte comme emportant exécution du jugement, lorsqu'il s'agit de rejeter une péremption, que lorsqu'il s'agit de déclarer une opposition non recevable. En effet, dans le premier cas, on invoque une espèce de prescription qui n'est jamais vue avec beaucoup de faveur ; et du moment que le créancier a donné au jugement toute l'exécution qui était en son pouvoir, ses droits doivent être conservés, quand bien même il ne serait pas légalement certain que le débiteur en a eu connaissance ; tandis que, dans la seconde hypothèse, on veut interdire à la partie condamnée un recours contre une décision lors de laquelle elle n'a pas été entendue ; et par conséquent, on ne doit prononcer de déchéance contre elle que dans le cas où il est évident qu'elle a acquiescé à cette décision. Boncenne, 3, 85.

Ainsi, un créancier qui a obtenu un jugement de reconnaissance d'écriture avant l'échéance de la dette empêchera la péremption en faisant signifier ce jugement ; car il ne peut faire aucun acte d'exécution contre le débiteur jusqu'à l'échéance de la créance, les dépens du jugement n'étant pas, dans ce cas, à la charge du débiteur. — Et cependant celui-ci pourra former opposition au jugement, parce qu'il ne sera pas réputé exécuté contre lui, dans le sens de l'art. 159. — V. *sup.* n°s 113 et 128.

255. Lorsque la Régie de l'enregistrement a été condamnée par défaut à la restitution d'un droit indûment perçu, la signification de ce jugement, suivie d'un commandement visé du receveur, suffit pour interrompre la péremption : en effet, la lôi ne peut exiger l'impossible : or, il est impossible, d'après la législation spéciale, de contraindre l'administration à l'exécution. Si le jugement n'est pas exécuté dans les six mois, la Régie doit l'imputer à sa négligence ou à son mauvais vouloir.

Ce commandement suffirait même pour faire courir les délais de l'opposition. — V. d'ailleurs *Mariage.*

256. La péremption n'a pas lieu non plus lorsque la partie qui a obtenu le jugement par défaut n'a eu aucun moyen de l'exécuter, et l'a fait signifier au domicile du procureur du Roi, après une recherche inutile du domicile du défaillant. Paris, 22 juin 1814, D. 9, 757 ; Bordeaux, 21 déc. 1852, S. 55, 205.

257. On a considéré comme actes d'exécution suffisans pour couvrir la péremption :

1° La nomination d'un tuteur à un interdit, précédée ou suivie de la signification du jugement par défaut, qui prononce l'interdiction, et fortifiée de la vente judiciaire publique et sans obstacle des immeubles de l'interdit. Cass. 24 déc. 1858 (Art. 1514 J. Pr.).

258. 2° La signature apposée par l'un de deux codébiteurs solidaires sur un bordereau d'inscription prise au nom du créancier, et comme son mandataire, sur les immeubles d'un codébiteur solidaire, en vertu d'un jugement par défaut qui lui est commun avec ce dernier. Cass. 20 fév. 1859 (Art. 1585 J. Pr.).

259. 3° L'assignation de la partie défaillante en nomination d'un nouveau juge-commissaire, suivie d'un jugement conforme et d'une requête présentée au nouveau commissaire, aux fins de fixer le jour de la prestation du serment des experts, s'il s'agit d'un jugement par défaut qui a ordonné un partage. Toulouse, 10 mars 1831, D. 32, 95.

240. Toutes les fois que le créancier a pu faire une exécution complète, le jugement doit être déclaré périmé, s'il a négligé d'y procéder.

En conséquence, si le jugement de reconnaissance d'écriture condamnait le débiteur aux dépens, l'exécution devrait avoir lieu pour ces frais, sinon la péremption serait acquise. Toulouse, 10 déc. 1824, S. 25, 411 ; Cass. 22 juin 1828, S. 19, 111.

Dans ce cas, le créancier pourrait refuser le paiement qui lui serait offert par un tiers. L'art. 1256 C. civ. cesse d'être applicable lorsqu'il porte un préjudice aux créanciers. Paris, 13 mai 1814, S. 15, 255. — *Contrà*, Poncet, 1, 581.

241. Sont suffisans pour empêcher la péremption : 1° la cession de biens faite par le débiteur. Tous les jugemens rendus par défaut contre lui sont réputés, à dater de cette époque, avoir reçu leur exécution. Cass. 2 mai 1831, S. 51, 161.

242. 2° La lettre par laquelle le défaillant reconnaît l'existence du jugement, et déclare implicitement ou expressément qu'il entend s'y soumettre. Rennes, 14 août 1813, P. 11, 641.

La connaissance du jugement de défaut dans les six mois ne suffirait pas. Limoges, 11 août 1821, D. 9, 758. — *Contrà*, Paris, 29 août 1814, S. 14, 241.

243. Mais la lettre ou l'acte sous seing privé, par lequel le débiteur reconnaît comme exécuté un jugement par défaut, ne peut pas être opposé aux tiers intéressés, s'il n'a pas acquis date certaine avant l'expiration des six mois. Vainement on objecte que la péremption est établie en faveur du défaillant et non des tiers. Caen, 26 avr. 1814, S. 14, 401 ; Carré, n° 650. — Les créanciers, étant fondés à opposer cette espèce de prescription de leur chef (C. civ. 2225), des actes sans date, ne peuvent leur nuire et prévaloir contre ceux qui avaient un droit acquis avant que l'acte n'eût date certaine. D'ailleurs, l'opinion contraire viole le texte des art. 1328 et 2220 C. civ. Grenoble, 6 juill. 1826, S. 27 ; 55 ; Caen, 21 mars 1825, S. 26, 279 ; Cass. 2 août 1826, S. 27, 121 ; Agen, 20 juill. 1827, S. 28, 107 ; Toullier, 8, 383 ; Favard, v° *Jugement* ; Thomine, 1, 297.

244. Pour empêcher la péremption, il ne suffit pas que l'exécution soit commencée dans les six mois de la signification du jugement ; il faut encore qu'elle soit consommée avant l'expiration de ce délai. Vainement on alléguerait que le créancier n'est souvent pas le maître de mettre à fin une exécution dans un délai déterminé. Carré, n° 647. — *Contrà*, Lepage, *Quest.* p. 150.

245. Tout obstacle légal interrompt la péremption, lorsqu'il en résulte la preuve que le condamné a eu connaissance du jugement obtenu contre lui. Telle serait une opposition sur un commandement en vertu d'un jugement par défaut ou par acte extrajudiciaire, même quand elle ne serait pas renouvelée. Lyon, 4 fév. ; Poitiers, 29 avr. 1825, D. 25, 128, 204. — *Contrà*, Lyon, 4 sept. 1810, S. 14, 211 ; Limoges, 24 janv. 1816, P. 15, 245. Reynaud, *Péremption*, n° 245. — V. *sup.* n° 234.

246. Telle serait également la faillite du défaillant, déclarée dans les six mois du jugement de défaut qui lui a été délivré et signifié, et en vertu duquel inscription a été prise au bureau des hypothèques, pourvu qu'au moment même de la faillite les meubles du failli aient été mis sous le scellé, et les mesures conservatoires prises par les syndics. Rouen, 21 nov. 1826, D. 30, 174.

247. La péremption serait encore suspendue, si c'était par le fait même du débiteur que le créancier se fût trouvé dans l'impossibilité de mettre l'exécution à fin dans les six mois. Carré, n° 667. — Par exemple, s'il avait disparu ou qu'il n'eût ni domicile ni résidence connus en France, et que le créancier eût été obligé d'adresser ses significations au parquet. Caen, 5 août 1815, P. 15, 27; Paris, 22 juin 1814, D. *ib.* 737; Bordeaux, 21 déc. 1852, S. 55, 205; — s'il avait demandé et obtenu un sursis. Poitiers, 14 juill. 1819, D. *ib.* 758.

248. L'exécution contre l'un de plusieurs débiteurs condamnés solidairement empêche-t-elle la péremption vis-à-vis de tous les autres?

Pour l'affirmative on dit : La péremption est une espèce de prescription, et conséquemment, aux termes de l'art. 1206 C. civ., les poursuites faites contre l'un des débiteurs solidaires doivent interrompre la péremption comme la prescription proprement dite à l'égard de tous les autres. D'ailleurs, l'art. 156 C. pr. ne distingue pas contre qui l'exécution doit avoir lieu, et dès qu'il est de l'essence de la solidarité de faire considérer ce qui est fait avec ou contre l'un des débiteurs comme fait avec ou contre tous, on doit conclure que le jugement exécuté à l'égard de l'un d'eux est réputé l'être à l'égard de tous. On ne peut d'ailleurs taxer de négligence celui qui, pour éviter des frais a poursuivi seulement l'un des codébiteurs. Montpellier, 20 août 1810, P. 8, 544; Cass. 7 déc. 1825, D. 26, 20; Toulouse, 22 août 1826, S. 27, 65; Paris, 22 mars 1827, 14 août 1828, S. 28, 156, 29, 154; Toulouse, 8 déc. 1850, P. 1851, 60; Pau, 16 août 1857 (Art. 1264 J. Pr.); Thomine, 1, 298; Carré, n° 645; Favard, v° *Jugement*, 172; Delvincourt, 2, 715; Merlin, *Quest. Dr.*, v° *Chose jugée*, § 18, n°s 2 et 5; Boncenne, 5, 64 et suiv.; Reynaud, *Péremption*, n° 158.

Dans l'opinion contraire on répond : La péremption ne doit pas être confondue avec la prescription; l'une a pour but d'acquérir ou de se libérer, l'autre a pour effet d'anéantir non le droit, mais la procédure, ou plutôt le jugement. Les principes de la solidarité entre débiteurs ne s'appliquent qu'aux obligations conventionnelles et non à celles qui résultent de condamnations judiciaires. Celles-ci, suivant le langage de Dumoulin, constituent plutôt des obligations *in totum* que des obligations *in solidum*. Il n'y a point en effet entre les condamnés au paiement de la totalité, *in totum*, cette connaissance personnelle, ces relations de mandat, de société que suppose la solidarité dérivant des conventions, et auxquelles la loi attache les effets dont il est parlé art. 1204 et suiv. D'un autre côté, le jugement n'est un titre que sous la condition d'être exécuté dans les six mois de son obtention. Si cette condition n'est pas remplie, le titre s'évanouit; si elle n'est remplie qu'à l'égard de l'un des condamnés, le jugement doit s'évanouir à l'égard des autres, la condition n'étant pas accomplie en ce qui les concerne. L'art. 156 C. pr. ne contient aucune exception en matière solidaire, ou indivisible ; il exige l'exécution dans les six mois, à l'égard de toute partie condamnée. — Enfin, l'art. 159 C. pr., statuant qu'un jugement n'est réputé exécuté à l'égard d'une partie qu'autant qu'il y a un acte duquel il résulte qu'elle a eu par elle-même connaissance de l'exécution, il serait évidemment violé si l'on admettait pour exécuté et non sujet à péremption à l'égard de tous le jugement qui n'a reçu l'exécution légale qu'à l'égard de l'un des condamnés solidairement. Bruxelles, 13 août 1822, D. 9, 735; Limoges, 14 fév. 1822, S. 22, 169 ; Paris, 1er mars 1826, S. 26, 291 ; Nîmes, 28 nov. 1826, 24 janv. 1829, S. 27, 64; 29, 69 ; Amiens, 7 juin 1836 (Art. 560 P. Pr.); Paris, 8 mai 1837 (Art. 796 J. Pr.); Paris, 5 mars 1838 (Art. 1179 J. Pr.); Troplong, *Prescription*, 2, 173, n° 630; Merlin, R. 17, v° *Péremption*, sect. 2, § 1, n° 12; Vazeille, *Prescriptions*, 1, 243, n° 238.

Quelque puissantes que soient ces raisons, nous croyons devoir persister dans la première opinion; mais il est plus prudent d'exécuter à l'égard de tous les débiteurs.

249. *Quid* de l'acquiescement de l'un des débiteurs solidaires au jugement par défaut ?

Cet acquiescement résultant d'un acte non enregistré, — a été déclaré insuffisant pour couvrir la péremption, — à l'égard des tiers, en matière d'ordre: Caen, 14 déc. 1827, S. 28, 144 ; Bourges, 7 fév. 1825, S. 25, 78; Cass. 2 août 1826. S. 27, 121.

À l'égard des autres codébiteurs. Arg. Paris, 2 mars 1829, D. 33, 110. — *Contrà*, Poitiers, 7 janv. 1830, S. 30, 141.

250. La péremption pour non-exécution dans les six mois, a-t-elle lieu à l'égard des jugemens par défaut rendus par le *trib. de commerce?* — V. ce mot. — Et spécialement à l'égard du jugement de déclaration de *faillite?* — V. ce mot, n° 49.

251. Elle ne s'applique pas 1° aux sentences du *juge de paix.* — V. ce mot, n° 254.

2° Aux jugemens de défaut contre avoué : l'art. 156 ne parle que de ceux rendus contre partie. Turin, 1er fév. 1811, S. 11, 289.

3° Aux jugemens constatant qu'ils ont été rendus en présence de la partie elle-même ou de son mandataire, et faute de défendre au fond ; — il serait contraire à l'esprit de l'art. 156 C. pr. de décider autrement; ce serait prétendre que la partie présente à l'audience n'a pas connu le jugement. D. 9, 742 ; Merlin, v° *Péremption*, 17, sect. 11, § 1, n° 14; Boncenne, 5, 94.

4° Aux jugemens de défaut portant débouté d'opposition. Cass. 2 juill. 1822, S. 22, 413.

5° Aux jugemens de jonction de défaut : le profit peut en être adjugé après plus de six mois. Cass. 28 fév. 1825, S. 25, 186, 18 avr. 1826, S. 26, 596 ; Agen, 1er juill. 1830, S. 33, 108. — *Contrà*, Pigeau, *Com.*, 1, 348.

6° Aux jugemens rendus sous l'empire de l'ordonn. de 1667. L'exécution peut en avoir lieu pendant trente ans, à compter de leur date. Cass. 17 avr. 1833, D. 33, 176.

— V. d'ailleurs *Saisie-immobilière.*

7° Aux jugemens d'adjudication définitive rendus hors de la présence du saisi qui n'a pas constitué d'avoué. — Ils ne sont point en effet de la nature des jugemens dont parle l'art. 156 C. pr. : ils tiennent davantage de celle des contrats, et bien que revêtus de la forme exécutoire, ils ne renferment autre chose que la copie du cahier des charges, c'est-à-dire les conditions du contrat de vente judiciaire faite pardevant le trib. Cass. 13 fév. 1827 ; Riom, 8 août 1825, S. 27, 118, 52.

252. Le défaut d'exécution dans les six mois n'entraîne pas la péremption du jugement à l'égard d'un garant contre qui le débiteur a obtenu une condamnation récursoire par défaut, si l'exécution n'a pas été provoquée dans ce délai contre le garanti ; il serait injuste que l'on pût opposer à ce dernier le retard du créancier. Arg. C. civ. 2257 ; Thomine, 1, 299.

§ 2. — *Exécution du jugement par défaut contre avoué.*

253. *Suspension d'exécution.* L'exécution du jugement par défaut rendu contre avoué est suspendue, comme celle du jugement par défaut contre partie (— V. *sup.* n° 214), pendant la huitaine de la signification (C. pr. 155), — à moins que les juges n'en aient ordonné l'exécution provisoire, dans les cas où la loi leur en accorde la faculté. — V. *sup.* n°s 220 et 221.

Mais le délai de huitaine court du jour de la signification à avoué, au lieu de courir du jour de la signification à personne ou domicile. C. pr. 155, 157.

254. La signification à avoué ne dispense pas de celle qui doit être faite, à partie ou à domicile, de tout jugement de condamnation (C. pr. 147. — V. *Jugement*, Sect. V) ; seulement l'exécution peut avoir lieu le lendemain de la signification à domicile, si la huitaine de la signification à avoué est expirée. Demiau, 131 ; Carré, n° 635.

255. Si le jugement doit être exécuté contre des tiers. — V. *inf.* n° 258.

256. La huitaine pendant laquelle l'exécution ne peut avoir lieu est franche. — V. *sup.* n° 217.

257. *Péremption.* La péremption du jugement, faute d'exécution dans les six mois, n'est pas applicable aux jugemens rendus contre avoué. — V. *sup.* n°s 251 et 252.

§ 3. — Exécution à l'égard des tiers.

258. Aucun jugement par défaut, soit qu'il prononce une main-levée, une radiation ou une réduction d'inscription hypothécaire, un paiement ou quelque autre chose à faire par un tiers, ne peut être exécuté contre lui que sur la production ; — 1° d'un certificat de l'avoué de la partie poursuivante, contenant les dates des significations de jugement faites à avoué et à domicile (— V. sup. n° 254); ou à domicile seulement ; — 2° de l'attestation du greffier constatant qu'il n'y a aucune opposition portée sur le registre tenu au greffe. C. pr. 548, 164 ; Favard, *Rép.* v° *Exécution*, § 2, n° 4, p. 476 ; Pigeau, 1, 654 ; Dalloz, 9, 442 ; Hautefeuille, 514. — *Contrà*, Carré, n° 550 ; Lépage, 2° quest., 377.

Ces auteurs estiment qu'il suffit de justifier au tiers de la seule attestation du greffier, car l'art. 548 ne dit pas positivement que le certificat de l'avoué doit être représenté au tiers, et les art. 550 et 164 semblent supposer le contraire. Toutefois, ils ne se dissimulent pas la contradiction que cette solution établit entre les art. 448 et 450 C. pr. ; mais elle disparaît, ajoutent-ils, si le greffier, avant de délivrer son certificat, a soin d'exiger celui de l'avoué, pour s'assurer de l'époque à partir de laquelle ont commencé à courir les délais de l'opposition. — V. d'ailleurs *Exécution*, n°s 81 et 85.

La pratique elle-même est en faveur de la première opinion. Dans l'usage on produit, et selon nous c'est avec raison, les deux certificats : celui du greffier vise celui délivré par l'avoué, mais ce visa n'enlève pas le droit de vérifier si celui-ci est régulier.

259. Si la contestation sur laquelle statue le jugement par défaut n'était pas de nature à être jugée en dernier ressort, le poursuivant devrait en outre produire un certificat de non-appel. — Il est délivré par le greffier de 1re *inst.*, sur le registre duquel l'avoué *près le trib.* est tenu de faire mention de l'appel, s'il est interjeté. Carré, n° 1908 ; Thomine, 247 ; Delaporte, 2, 139.

Il serait inutile si la cause n'était pas susceptible d'un second degré de juridiction, ou même s'il résultait du jugement ou de quelque pièce probante, que les parties ont consenti à être jugées en dernier ressort et sans appel ; car cette stipulation est obligatoire pour les parties. Merlin, *Qu. dr.*, v° *Appel*, p. 7 ; Toullier, 10, n° 98. — V. *Prorogation de juridiction*.

260. Toute exécution *forcée* faite sans ces justifications préalables serait nulle, tant sont impératifs les termes des art. 164, 548, 550 C. pr. ; Carré, n° 691 ; Thomine, 2, 47, n° 605 ; Demiau, 156 ; Hautefeuille, 515.

261. En conséquence, la sommation de délaisser, s'il n'aime mieux payer, faite à un tiers détenteur en vertu d'un jugement de défaut, est nulle si elle n'est accompagnée d'un certificat de non-opposition. Colmar, 7 mars 1835 (Art. 27 J. Pr.).

262. Si, en l'absence de justifications, l'exécution avait lieu *volontairement* de la part du tiers, au mépris d'une opposition ou d'un appel mentionnés sur le registre du greffe, ce serait relativement à l'opposant *res inter alios acta*, et le tiers ne pourrait pas plus tard la lui opposer; de telle sorte que si le condamné par défaut venait à triompher en définitive, le tiers serait tenu de payer deux fois ou de réparer autrement le préjudice causé par son exécution. Carré, Demiau, Thomine, *ib.*

Il en serait de même si l'exécution avait été effectuée par le tiers au mépris d'une dénonciation d'opposition ou d'appel, bien que le condamné eût négligé de faire sur le registre tenu au greffe la mention de son opposition ou de son appel. — Les moyens indiqués par les art. 163, 548 et 550 C. pr. pour empêcher l'exécution à l'égard des tiers, ne sont pas limitatifs : le Code a voulu seulement introduire une forme plus simple. Thomine, n° 605 ; Opinion du Tribunat. Locré, *Esprit* du C. de pr.

263. La production du certificat de l'avoué et de celui du greffier constatant qu'il n'y a ni opposition ni appel ne suffirait pas pour autoriser le tiers à exécuter, s'il avait entre les mains d'autres oppositions : cette formalité ne le met en sûreté qu'à l'égard du condamné. Thomine, n° 605.

La même solution s'appliquerait, bien que *l'exécution provisoire eût été ordonnée*. Le tiers ne doit pas se constituer juge de la préférence. — Il en serait autrement si le jugement portait qu'il sera exécutoire nonobstant toutes saisies-arrêts. — V. *inf.* n° 265.

264. Toutefois, les tiers peuvent-ils être légalement contraints à l'exécution d'un jugement par défaut avant l'expiration des délais de l'opposition et même de l'appel, s'il y a lieu? — Ainsi, par exemple, le conservateur des hypothèques peut-il être obligé d'effectuer sur ses registres la radiation ou la réduction d'une inscription hypothécaire ordonnée par un jugement de défaut, tandis qu'il est encore susceptible d'être attaqué par les voies de l'opposition et de l'appel?

Le doute naît de la rédaction embarrassée de l'art. 548 C. pr. et du double sens auquel peuvent se prêter, soit les mots : *même après les délais de l'opposition ou de l'appel;* soit l'expression de *jugement passé en force de chose jugée* qui termine l'art. 2457 du C. civil.

Premier système. La pensée des rédacteurs du C. de pr., attestée par Pigeau, l'un d'eux, n'a point été, en rédigeant l'art.

548, d'empêcher l'exécution à l'égard des tiers avant l'expiration des délais sus-énoncés ; au contraire, les expressions *même
après les délais, etc.*, ont été alors entendues en ce sens, que l'exécution pouvait avoir lieu *avant* comme *après* les délais ; elles ne
sauraient d'ailleurs présenter d'autre signification. Enfin, les
mots *jugement passé en force de chose jugée* doivent s'interprêter
d'après le sens qu'ils avaient en procédure lors de la préparation
et de la promulgation du C. civ. Ils indiquent donc, suivant
l'art. 5, tit. 27 de l'ord. 1667, et le commentaire qu'en donne
Pothier, *Obligations*, 2, 440, une décision qui n'est point encore
attaquée par la voie de l'opposition ou celle de l'appel, bien
qu'elle puisse l'être et que les délais n'en soient pas expirés.
Pigeau, 2, 400 ; Demiau, 377 ; Coffinières, 3, 253 ; Berriat,
3, 569, note 11, n° 2 ; Thomine, n° 603 ; Carré, n° 1906 ;
Paris, 14 fruct. an 2 ; Bordeaux, 6 pluv. an 13, D. 9, 446 ;
Décision du grand-juge et inst. gén. de la régie, S. 3, 156, 5,
198.

2° *système*. L'expiration des délais d'opposition et d'appel
est indispensable. — V. *infrà*.

3° *système*. L'exécution ne peut être exigée contre les tiers
avant l'expiration des délais de l'opposition, mais elle peut
l'être durant ceux de l'appel. Le jugement est-il *par défaut contre
avoué* ? Règle générale, il est défendu d'exécuter dans la huitaine
à partir de la signification du jugement à l'avoué du défaillant (C.
pr. 155), sauf quelques cas exceptionnels (C. pr. 135). Or, tel
est aussi le délai accordé à la partie défaillante pour former opposition (C. pr. 157) : le tiers ne peut donc être, dans ce cas,
contraint à exécuter avant l'expiration du délai de l'opposition.
S'agit-il d'un jugement par *défaut contre partie*, la solution est
la même ; car, la force de chose jugée se tirant de la présomption que le condamné se soumet au jugement, ne commence,
dans l'espèce, qu'à l'instant où la sentence a été exécutée par
l'un des moyens indiqués en l'art. 159 C. pr. ; jusques là le
défaillant est légalement censé l'ignorer, et l'on n'est pas présumé se soumettre à ce qu'on ne connaît pas : or, c'est précisément à partir de là que le délai de l'opposition est expiré et
qu'elle même est devenue non recevable. Boncenne, 3, 143 ;
Pigeau, *Comm.* 2, 144. — On conçoit pourquoi l'exécution
peut avoir lieu avant l'expiration des délais de l'appel, tandis
qu'elle ne peut s'effectuer qu'après le délai de l'opposition.
Lorsque court le délai de l'appel, la partie condamnée connaît
l'existence du jugement, elle ne peut en aucun cas l'ignorer, et
et il dépend d'elle de pourvoir à ce qu'on n'exécute pas à son
détriment. Le silence de cette partie donne au jugement, dit
Pothier, une sorte d'autorité de chose jugée que la notification
de l'appel peut seule faire cesser. Toullier, 10, n° 99. — Durant

le délai de l'opposition, au contraire, la présomption légale est , pour le cas où nous manquons de règle précise, que l'existence du jugement est inconnue de la partie condamnée, elle ne saurait donc être présumée y acquiescer, donc pas de chose jugée e tpas d'exécution possible.

Quant à nous, le second système nous paraît préférable.

Les mots *passés en force de chose jugée* sont pris, dans le C. civ., pour le jugement contre lequel il n'existe aucun moyen ordinaire de se pourvoir. — V. art. 264, 265, 2215. 2056.

La distinction admise sous l'ordonn. de 1667, entre la chose jugée définitivement et provisoirement, pouvait être nécessaire alors que le délai d'appel était de trente ans ; mais ce délai ayant été réduit à trois mois, elle est implicitement abrogée.— Si la loi de brum. autorisait la radiation d'une inscription en vertu d'un jugement *exécutoire,* ces mots ont été remplacés dans l'art. 2157 C. civ. par ceux-ci : *passé en force de chose jugée.*— Pour donner une saine interprétation à l'art. 548 C. pr., il doit être combiné avec l'art. 2157 C. civ. Il faut entendre, par ces mots : même *après l'expiration des délais* d'opposition ou d'appel, que les certificats prescrits par la loi sont nécessaires même après cette époque. — Enfin , en cas de radiation d'inscription ou de main-levée d'une saisie arrêt, le mal serait irréparable si le jugement, encore susceptible d'appel, était réformé postérieurement aux main-levée et radiation ; l'inscription ne pourrait plus être rétablie à sa date , et l'arrêt infirmatif serait inutile pour le créancier qui l'aurait obtenu. Paris , 14 mai, 26 août 1808 ; 17 juill. 1813, D. 9, 446 , 447, P. 11, 563. Arg. Pau , 14 mars 1837 (Art. 955 J. Pr.) ; Favard, v° *Exécution,* § 2, n° 5, 476 ; Persil, *Régime hypothécaire,* art. 2157, n° 14 ; Delvincourt, 3, note 2, 183 ; Hautefeuille, 514 ; *Praticien,* 4, 76 ; *Bibliothèque du barreau,* 1re part., 3, 29 ; Troplong, *Hypoth.,* 3, n° 759 ; Grenier, *Hypoth.,* 2, n° 526 ; Dalloz, 9, 442, n° 10 ; Poncet, n° 370.

En général, les conservateurs des hypothèques ou les préposés des caisses publiques ne consentent à exécuter les jugemens susceptibles d'être réformés, que sur la représentation de certificats délivrés après l'expiration des délais d'opposition ou d'appel.

265. Le double certificat de l'avoué et du greffier est-il nécessaire même dans le cas où l'exécution provisoire a été ordonnée avant l'expiration du délai de huitaine à partir de la signification à avoué ?

Pour la négative, on dit : Il est impossible qu'un tiers, par sa seule volonté, fasse obstacle aux mandemens de la justice et se constitue de son chef réformateur d'une sentence qui, vu l'urgence, ordonne l'exécution provisoire ; — si celle-ci a des inconvéniens, c'est aux juges à les apprécier, et aux justiciables, lorsqu'elle est ordonnée, à s'y soumettre sans examen.

Mais on est mieux fondé à soutenir que les termes des art. 164, 548 et 550 sont généraux et absolus ; que les dispositions des art. 135 et 155 qui autorisent les trib. à prononcer l'exécution provisoire ne s'appliquent qu'à la partie condamnée et non aux tiers ; qu'enfin l'art. 2157 C. civ. exigeant pour la radiation d'une inscription hypothécaire que le jugement soit passé en force de chose jugée, il y a lieu de décider par analogie que le tiers, pour se libérer régulièrement, doit exiger la preuve que le jugement n'est point attaqué. Dans ce cas d'ailleurs, comme dans celui de déclaration pure et simple, l'opposition, sinon le délai de huitaine à partir de la signification, est suspensive d'exécution. Il est donc important que le tiers puisse s'assurer que cette opposition n'a pas été formée. Poncet, 1, 414, n° 247 ; Pau, 14 mars 1837 (Art. 955 J. Pr.).

266. Il a même été décidé que les jugemens d'homologation rendus en conformité de l'art. 981 C. pr. sont subordonnés quant à leur exécution aux formalités prescrites par les art. 164, 548 et 550 C. pr. ; non seulement lorsqu'il y a des défaillans qu'on répute par cela même contestans, mais encore lorsque la liquidation a été réglée et son homologation prononcée sans contestation avec le concours et sur la demande de toutes les parties. Paris, 10 août 1838 (Art. 1300 J. Pr.).

Cette décision a été critiquée par un grand nombre de praticiens ; jamais on n'a été dans l'usage de signifier les jugemens d'homologation d'une liquidation, lorsqu'ils ont été rendus sur la requête collective de toutes les parties. — V. motifs du jugement du trib. de la Seine (Art. 1300 J. Pr.).

267. Les arrêts de défaut ne peuvent également être exécutés que sur le double certificat dont il est parlé art. 548 C. pr. —V. *Inscription hypothécaire*, n° 90, et sup. n° 263.

268. Mais par quel avoué et à quel greffe les mentions d'opposition à ces arrêts par défaut de C. roy. doivent-elles avoir lieu ? — Il est évident que l'avoué de 1re inst. n'a pas qualité pour occuper sur l'exécution d'un arrêt de C. roy. ; ce n'est donc pas lui qui peut faire consigner la mention d'opposition, mais l'avoué près la C. roy., que la partie opposante aura constitué, et cette mention est faite sur un registre tenu *ad hoc* par le greffier de la Cour, conformément à l'art. 163, qui, d'après l'art. 470 C. pr., sert aussi de règle en C. roy.

Toutefois, on n'est tenu de faire mention sur le registre que des appels des jugemens qui ordonnent quelque chose à faire par des tiers. Dalloz, v° *Jugemens*, chap. 1er, sect. 4, art. 1er, § 1er, n° 4 ; Lepage, p. 376, qu. 1re ; Arg. C. pr. 548 et 549 *combinés*.

269. Lorsqu'il s'agit de l'exécution des jugemens des trib. de comm., les formalités ci-dessus ne peuvent pas être observées ; car, d'une part, il n'y a pas d'avoués près de ces trib. (C. pr. 414 ; C. comm. 627) ; et, d'autre part, aucun texte de loi ne prescrit à leurs greffiers de tenir le registre d'oppositions et d'appels indiqué dans les art. 163, 548 et 549 C. pr. Toutefois, il nous semble qu'il y aurait même raison de leur appliquer ces art., et que les tiers peuvent se refuser à exécuter le jugement, si on ne leur présente un certificat du greffier du trib. de comm., attestant qu'il n'existe contre ce jugement ni opposition ni appel. Favard, v° *Opposition*, § 3, n° 4, p. 51. — A Paris, le greffier du trib. de comm. ne tient pas de semblables registres. Il délivre, s'il en est requis, un certificat constatant qu'il n'existe à sa connaissance ni opposition, ni appel; mais le plus souvent le créancier qui éprouve un refus de la part du tiers, introduit contre lui un référé pour voir dire qu'il sera tenu d'exécuter le jugement, et il appelle à ce référé la partie condamnée.

270. Les mêmes observations s'appliquent aux jugemens des juges de paix, et à plus forte raison lorsqu'ils sont par défaut : en effet, la loi laissant au juge de paix tout pouvoir de décider des cas où la partie défaillante peut être relevée de la déchéance quelle aurait encourue en ne formant pas opposition dans les trois jours, il n'y a pas, à proprement parler, de délai fatal pour cette opposition. C. pr. 21 ; Favard, *ib.*

271. Au reste, soit qu'il s'agisse d'un jugement du trib. de comm. ou d'un juge de paix, lorsque le jugement est par défaut, les tiers ont le droit d'exiger la preuve d'une exécution qui rende l'opposition non recevable. — V. *sup.* n° 263.

272. Cependant il est des tiers, tels que les garans et les cautions, vis-à-vis desquels la représentation des certificats ci-dessus n'est pas nécessaire, bien qu'ils n'aient pas été parties au jugement qui condamne le débiteur principal : ce jugement peut-être exécuté contre eux sans autre formalité que la notification et le commandement. — Cette règle est applicable aux tiers-détenteurs, dans le cas où ils deviennent débiteurs personnels.

SECTION VI. — *Enregistrement.*

273. Les jugemens par défaut sont soumis aux mêmes droits d'enregistrement que les *jugemens* contradictoires. — V. ce mot, sect. VIII.

Si le droit a été légalement perçu sur le jugement par défaut, il n'y a pas lieu à restitution au cas de rétractation du défaut par un jugement contradictoire. Cass. 24 therm. an 13 ; 6 déc. 1820 ; 7 mai 1826, S. 7, 939 ; 21, 244 ; 26, 606.

Il en est de même du droit de mutation perçu sur un jugement par défaut, qui condamne une partie à passer contrat de vente et dispose que, faute par elle de le faire, le jugement tiendra lieu de vente, bien que plus tard il ait été réformé. Cass. 14 janv. 1856 (Art. 460 J. Pr.).

274. L'acte d'opposition est passible du droit d'enregistrement établi pour les *exploits d'avoué à avoué* (—V. ces mots), selon qu'il est formé par acte extrajudiciaire ou par requête signifiée à avoué.

275. Le certificat du greffier constatant qu'il n'y a ni opposition, ni appel, est soumis au droit fixe de 1 fr. L. 22 frim. an 7, art. 68, § 1, n° 17 ; instr. 436, § 17 et 44.

— V. d'ailleurs *Cassation*, n° 194, *Requête civile*.

﹥ Sect. VII. — *Formules.*

FORMULE I.

Qualités d'un jugement par défaut, faute de comparaître.

(C. pr. 142. — Tarif, 87. — Coût, 3 fr. 75 c.)

Première chambre   audience du

Entre le sieur (*nom, prénoms, profession, domicile*) demandeur aux fins de son exploit d'assignation, du ministère de   , huissier à en date du   , enregistré, comparant par Me   , son avoué, d'une part ;

Et le sieur (*nom, prénoms, profession, domicile*), défendeur aux fins de l'exploit d'assignation susdaté, non comparant, ni personne pour lui, défaillant, d'autre part, — sans que les présentes qualités puissent nuire ni préjudicier aux droits respectifs des parties.

Point de fait.

Après avoir tenté vainement le préliminaire de la conciliation, ainsi que cela résulte d'un procès-verbal reçu par-devant M. le juge de paix de   en date du   , enregistré, le sieur   , a, par exploit de   , huissier à   , en date du   , enregistré, donné assignation au sieur   à comparaître devant la première chambre de ce tribunal, pour (*copier les conclusions de l'exploit.*)

Le sieur   n'ayant pas constitué d'avoué dans le délai voulu par la loi, et la cause ayant été appelée à l'audience de ce jour, Me   a requis pour le sieur   défaut contre le sieur   non comparant, ni personne pour lui, et pour le profit, l'adjudication des conclusions de son exploit susdaté.

La cause en cet état présentait à juger les questions suivantes :

Point de droit.

Devait-on donner défaut contre le sieur   , non comparant, ni personne pour lui ? et pour le profit, devait-on adjuger au sieur   , les conclusions de son exploit introductif d'instance ?

Quid à l'égard des dépens ?   (*Signature de l'avoué.*)

FORMULE II.

Ordonnance du juge de paix, qui commet un huissier pour signifier un jugement par défaut, faute de comparaître.

(C. pr. 156. — Tarif, 7 par analogie. — Rien alloué.)

Nous   juge de paix du canton de

Sur l'exposé qui nous a été fait que, par jugement rendu en la chambre du tribunal de   le   , au profit du sieur, demeurant à   , et par défaut contre le sieur demeurant à   , il, avait été dit que ledit jugement lui serait signifié par l'huissier qui serait par nous commis à cet effet, commettons la personne du sieur   , huissier-audiencier de notre justice de paix, pour faire ladite signification.

Fait et délivré à   (Signature.)

Nota. Il est inutile de demander cette cédule par une requête.

FORMULE III.

Signification du jugement par défaut à partie.

(C. pr. 156. — Tarif, 29. — Coût, 2 fr. orig. ; 50 c. copie.)

L'an   , le   , à la requête du sieur demeurant à   , pour lequel domicile est élu, etc.

J'ai (*immatricule de l'huissier*) soussigné, commis par le jugement ci-après daté, (*ou* par ordonnance de M. le juge de paix de   , en date du   enregistrée), signifié, laissé copie au sieur   , en son domicile, où étant et parlant à   , de la grosse dûment en forme exécutoire, d'un jugement rendu contre lui par défaut au profit du requérant, par la chambre du tribunal de   le   enregistré, à ce qu'il n'en ignore ; et je lui ai, domicile et parlant comme dessus, laissé en outre copie tant de la requête et de l'ordonnance sus-énoncées que du présent, dont le coût est de

(Signature.)

FORMULE IV.

Qualités d'un jugement de jonction.

[(C. pr. 142. — Tarif, 87. — Coût, 3 fr. 75 c.)

chambre,   , audience du.

Entre le sieur   , demeurant à   , demandeur aux fins de l'exploit d'assignation de,   , huissier à   , en date du   , enregistré, comparant par Me   , avoué, d'une part ;

Et le sieur   , demeurant à   , défendeur aux fins de l'exploit d'assignation susdaté, n'ayant pas constitué avoué, défaillant, d'autre part.

Point de fait.

Par exploit de   , huissier, en date du   le sieur   a fait assigner à comparaître en ce tribunal, 1° le sieur demeurant à   ; 2° et le sieur   demeurant aussi à   , pour voir dire (*copier les conclusions de l'exploit.*)

Sur cette demande, le sieur   seul a constitué avoué, et aujourd'hui, à l'audience, Me   , avoué du demandeur, a requis défaut contre le sieur   pour le profit être joint à la cause, distribuée avec le sieur   , à la   chambre du tribunal.

Point de droit.

Devait-on donner défaut contre le sieur   , n'ayant pas constitué avoué, et le profit du défaut contre ledit sieur   devait-il être joint à la cause distribuée avec le sieur   , pour être adjugé lors du jugement définitif ?

Les dépens devaient-ils être réservés ?

(Signature de l'avoué.)

FORMULE V.

Signification du jugement de jonction, contenant assignation.

(C. pr. 153. — Tarif, 29. — Coût, 2 fr. orig. ; 50 c. copie.)

L'an   à la requête du sieur   demeurant à   , pour lequel domicile est élu en la demeure de Me   avoué près le tribunal de   sise à   , lequel occupera sur l'assignation ci-après, j'ai (*immatricule de l'huissier*), commis à cet effet par le jugement ci-après énoncé, soussigné, signifié avec celle des présentes, donné copie au sieur   , demeurant à   , en son domicile, en parlant à

D'un jugement par défaut rendu en la   chambre du tribunal de le   dûment enregistré, scellé et collationné, et qui joint à la cause principale pendante entre le requérant et le sieur   , le profit du défaut qu'il prononce contre le sieur ; à ce que du contenu audit jugement de jonction, ledit sieur n'ignore, et à pareilles requête, demeure, élection de domicile et constitution d'avoué que dessus, j'ai, huissier susdit et soussigné, donné assignation audit sieur , en son domicile et parlant comme dessus, à comparaître le , heure de à l'audience et par-devant MM. les président et juges composant la chambre du tribunal de

Pour voir adjuger au requérant le profit du défaut prononcé contre le susnommé par le jugement sus-énoncé ; ce faisant, lui voir adjuger pareillement les conclusions qu'il a prises en son exploit d'assignation du , dûment enregistré, et pour, en outre, répondre et procéder comme de raison, à fins de dépens ; et j'ai au sus-nommé, en son domicile et parlant comme dessus, laissé copie du jugement de jonction sus-énoncé et du présent exploit, dont le coût est de

(Signature de l'huissier.)

NOTA. *On doit observer dans cette assignation les délais des ajournemens.*

FORMULE VI.

Opposition formée par requête à un jugement rendu par défaut.

(C. pr. 150 et 161. — Tarif, 75. — Coût, 2 fr. par rôle orig. ; 50 c. copie.)

A MM. les président et juges composant la chambre du tribunal de

Le sieur , demeurant à , défendeur au principal, et à l'exécution du jugement contre lui surpris, par défaut, en votre chambre, le et à lui signifié le , demandeur aux fins des présentes, ayant pour avoué Me qu'il constitue, et lequel occupera.

Contre le sieur demeurant à , demandeur au principal, et à l'exécution du jugement susdaté, et défendeur aux fins de la présente requête, ayant pour avoué Me (*détailler tous les faits de la cause, et exposer les moyens d'opposition. — V. sup. n° 156.*)

Par tous ces moyens et autres à suppléer de droit et d'équité, il plaira au tribunal recevoir l'exposant opposant à l'exécution du jugement par défaut surpris contre lui par ledit sieur , ledit jour ; ce faisant, décharger ledit sieur des condamnations contre lui prononcées par ledit jugement ; faisant droit au principal, déclarer ledit sieur purement et simplement non-recevable dans sa demande, formée par exploit de , et le condamner aux dépens, dont distraction sera faite au profit de Me avoué, qui la requiert, comme les ayant frayés et déboursés de ses propres deniers, ainsi qu'il est prêt de l'affirmer, offrant, le sieur , de communiquer les pièces à l'appui des présentes défenses, soit par la voie du greffe, soit à l'amiable, d'avoué à avoué. *(Signature de l'avoué.)*

FORMULE VII.

Opposition formée par exploit à un jugement rendu par défaut, faute de comparaître.

(C. pr. 162. — Tarif, 29. — Coût, 2 fr. orig. ; 50 c. copie.)

L'an , à la requête du sieur , demeurant à pour lequel domicile est élu en ma demeure, j'ai (*immatricule de l'huissier*), soussigné, signifié et déclaré au sieur , demeurant à , en son domicile, en parlant à , que le requérant est opposant, comme par ces présentes il s'oppose formellement à l'exécution du jugement surpris par défaut contre lui, etc., et ce, pour les causes et moyens qu'il se réserve de déduire en temps et lieu (—V. sup. n° 131) ; à ce que le sus-nommé n'en ignore, lui déclarant que ledit sieur proteste de nullité de tout ce qui serait fait en exécution dudit jugement, au préjudice de la présente opposition, que le requérant se propose de réitérer par requête, dans le délai de la loi ; à ce que pareillement ledit sieur n'en ignore ; et je lui ai, en son domicile, en parlant comme dessus, laissé copie du présent exploit, dont le coût est de . *(Signature de l'huissier.)*

FORMULE VIII.

Conclusions en débouté d'opposition.

(C. pr. 161. — Tarif, 75 par anal. — Coût, 2 fr. orig. ; le quart pour la copie.)

P. M. ayant pour avoué Me
C. M. ayant pour avoué Me
Plaise au tribunal,
Attendu que le jugement par défaut du , est régulier en la forme

et juste au fond, sans s'arrêter ni avoir égard à l'opposition formée à l'exécution dudit jugement par requête du   , dans laquelle opposition le sieur sera déclaré purement et simplement non-recevable, dont même il sera débouté. ordonner que le jugement par défaut susdaté sera exécuté selon sa forme et teneur ; en conséquence (*rapporter le dispositif du jugement par défaut*), et condamner ledit sieur   en tous les dépens.

FORMULE IX.

Certificat de non appel ni opposition, délivré par un avoué.

(C. pr. 548. — Tarif, 90. — Coût, 1 fr. 50 c.)

Je soussigné, Me   , demeurant à   , avoué près le tribunal de première instance du département de   , et ayant occupé, pour le sieur   , dans l'instance contre le sieur   , certifie à tous qu'il appartiendra, que jusqu'à ce jour il n'est parvenu à ma connaissance aucune opposition, ni aucun appel ou autre empêchement, à l'exécution du jugement rendu contradictoirement (*ou par défaut*) entre les parties sus-nommées en la   chambre du tribunal de   le   , dûment enregistré, signifié à avoué, le   et à partie le   etc.

En foi de quoi j'ai délivré le présent certificat, pour servir et valoir ce que de aison, à Paris le   (*Signature de l'avoué.*)

FORMULE X.

Certificat de non opposition ni appel délivré par le greffier.

(C. pr. 163, 164, 548.)

Je soussigné, greffier du tribunal civil séant à
Vu le certificat délivré par Me   , avoué le   ; constatant que le jugement rendu par le tribunal de, etc.   a été signifié à avoué et à domicile, et qu'il n'est survenu aucune opposition ni appel contre le dit jugement.

Vu également le registre tenu à cet effet, en conformité de l'art. 163 C. pr., sur lequel il n'existe aucune mention d'opposition ou appel.

Certifie qu'il n'existe à ma connaissance ni opposition ni appel contre le jugement sus-daté.

En foi de quoi j'ai délivré le présent certificat sur la requisition de Mo
Fait à   , ce   (*Signature du greffier.*)

JURÉ, JURY. — V. *Utilité publique.*

JURIDICTION. — V. *Degré de juridiction, Ressort.*

JURISCONSULTE (*ancien*). Avocat exerçant depuis dix ans. — V. C. pr. 468, 495 ; *Requête civile.*

JURISPRUDENCE. Se dit des principes adoptés par les tribunaux dans des affaires semblables ou analogues. — Ce mot exprime aussi quelquefois la science même du droit.

JUSTICE. Ce mot a différentes acceptions : il est synonyme de *droit* et de *raison* ; il indique le pouvoir d'appliquer la loi aux cas particuliers qui se présentent ; —il désigne les personnes qui sont chargées d'appliquer les lois : c'est dans ce sens que l'on dit : *avoir recours à justice.* — V. *Action, Compétence, Organisation judiciaire, Tribunaux.*

FIN DU TOME TROISIÈME.

www.ingramcontent.com/pod-product-compliance
Lightning Source LLC
Chambersburg PA
CBHW031439210326
41599CB00016B/2053